新 闻 与 传 播 学 译 丛

美国大众传媒法

第19版

[美] 唐·R.彭伯　克莱·卡尔弗特　著　　张金玺　译

MASS MEDIA LAW

中国人民大学出版社
·北京·

"新闻与传播学译丛"
出版说明

中华民族历来有海纳百川的宽阔胸怀，她在创造灿烂文明的同时，不断吸纳整个人类文明的精华，滋养、壮大和发展自己。当前，全球化使得人类文明之间的相互交流和影响进一步加强，互动效应更为明显。以世界眼光和开放的视野，引介世界各国的优秀哲学社会科学成果，服务于我国的社会主义现代化建设，是新中国出版工作的优良传统，也是中国当代出版工作者的重要使命。

在我们生活于其中的这个"地球村"，信息传播技术飞速发展，日新月异，传媒在人们的社会生活中已经并将继续占据极其重要的地位。中国新闻与传播业在技术层面上用极短的时间走完了西方几近成熟的新闻传播界上百年走过的路程。然而，中国的新闻与传播学教育和研究仍存在诸多盲点。要建设世界一流的大学、一流的学科，不仅要在硬件上与国际接轨，还要在软件、教育上与国际接轨，这已成为摆在我们面前的迫切的时代任务。

"新闻与传播学译丛"的创设，立意在接续前辈学人传译外国新闻学与传播学经典的事业，以一定的规模为我们的学术界与思想界以及业界人士、为我们的师生理解和借鉴新闻与传播学的精华，提供基本的养料，以便于站在前人的肩膀上作进一步的探究，而不必长期在黑暗中自行摸索。

译丛涵盖学术著作及经典教材读本。学术著作兼顾大师经典与学术前沿。所谓经典，采取观点上兼容并包、国别上多多涵盖、重在填补空白的标准，重在推介20世纪前期和中期新闻学的开创性著作和传播学的奠基性著作，也适当地关注产生广泛学术影响的新经典。所谓前沿，意在寻求当下研究中国问题所需要关注的研究对象、范式、理论、方法，有的放矢地寻找对中国的研究具有启发意义的典范作品。与我国新闻传播学专业所开设的必修课、选修课相配套，教材读本适合新闻与传播学专业教学使用，可作为重要的教学参考书以开阔师生的视野。

总之，我们希望本译丛能起到承前启后的作用。承前，就是在前辈新闻传播译介的基础上，拓宽加深。启后，是希望这些成果能够为中国的新闻传播研究提供新的思路与方法，促进中国的本土新闻传播研究。

中国人民大学出版社

FOREWORD

美国大众传媒法(第19版)

美国传媒法发展的历史记录

这部《美国大众传媒法》是张金玺博士第二次翻译成中文。上一次是在2004年,她是第一译者,底本是2003年出版的第13版,印售颇多,成为国人了解美国大众传媒法律制度的首选书。十多年过去了,有关情况发生了很大变化,此书在美国也屡次修订重版,应出版社之约,她又翻译了这部于2015年出版的第19版。据信这也是最新近的外国传媒法著作的中译本。

此书作者唐·R.彭伯(Don R. Pember)博士,我在第13版中译本序言中已经介绍过,乃华盛顿大学传播学院教授、美国著名传播学和传媒法学者。此书初版于1977年,三十八年间版行十九次,是我所见到的至今版次最多的一部美国传媒法著作。时光荏苒,彭伯已在本世纪初退休。从第14版起,他邀请克莱·卡尔弗特(Clay Calvert)博士参加此书的修订。现在第19版原序告诉读者,这是彭伯在此书上最后一次署名,以后他将把凝结了自己半生心血的这部著作移交给卡尔弗特,由后者继续修订下去。可算是学坛的一段佳话。

据网上信息,卡尔弗特先后获得太平洋大学麦乔治法学院法学博士学位和斯坦福大学传播学博士学位,是美国宪法第一修正案的研究专家,出版过多篇(部)相关论作,现在佛罗里达大学任教并主持第一修正案的研究项目;他还拥有加利福尼亚州和联邦最高法院的执业律师资格。我从网上搜寻到,卡尔弗特领衔(他又邀请了两位合作者)修订的《美国大众传媒法》第20版已于2017年底问世。

　　当初我在第13版中译本序言中写下自己对美国传媒法的一点认识,就是美国宪法第一修正案在美国整个传媒法律制度中居于核心地位,是大众传媒赖以运行的言论自由和新闻出版自由的最高护法。而第一修正案作为美国宪法诸多条文中的一条,在行使和维护它所规定的权利过程中,不能不同美国宪法和法律的其他条文或判例准则所规定的权利和利益发生这样或那样的冲突。传媒法的功能也就是调整传媒和传播权利与其他各方面权利和利益之间的关系,使之最大限度地符合社会的整体利益和根本利益。我对比了第19版与第13版的结构安排,不无惊讶地发现这相隔十余年、已经几度修订的两个版本,在"章"这个层次上并无更动,都是十六章,标题也维持原状。我进而查找此书的更早版本,发现20世纪末以来的版本都是同样的结构;更早在20世纪80年代出版的第5版则只有十二章,同如今版本具体比较:早期版本里宪法第一修正案、诽谤、侵害隐私、公正审判都只有一章,后来这四个议题分别拆分为两章、三章、两章、两章,而原先第12章商业媒体管理被并入广告管理这一章,这才从十二章扩展成十六章,至于其他各章的议题仍无变化。我理解作者这样的安排并非出于惰性,而是经过深思熟虑的。这些宪法第一修正案以及公民名誉、隐私、政府信息采集、保护消息来源、司法审判、淫秽材料管制和版权等议题,正是体现了美国大众传媒和传播活动所要处理和调整的基本社会关系,亦即美国传媒法的基本内容。这些议题下的调整规则和方式,会发生这样或那样的有时甚至是很大的变化,但是"天不变,道亦不变",这些议题构成美国大众传媒法的基本框架则是长久的、固化的。此书得以长期流传,被相当广泛地采纳为大学教材,说明这个框架得到了社会的认可。当然,此书对于美国传媒法结构安排并不是唯一的,也可能不一定是最佳的;我所见到的另一些美国传媒法著作,在章节标题、次序或重点安排方面各有不同,选择判例更是各有取舍,但是基本议题框架则可以说是大同小异,例如有的著作把公共安全单列一章,而此书则是在宪法议题下加以阐述。这说明大众传媒法在任何国家虽然都不是单一的一部法律,也不能构成如大陆法系中的一个单独法律部门,但是作为调整大众传媒和传播活动这个特定领域的法律规范的总和,同样存在一个相对完整的体系。这个体系看起来是由学者所构建的,因而会有不同的结构安排,但是由于每个国家的法律都是一个统一的、有机联系的整体,所以这些学术上的传媒法结构也总是基本体现了客观存在的这个国家的传媒法体系。

　　大众传媒法所要调整的法律关系涉及方方面面,每个国家的法律制度虽然都具有总体上的稳定性,但是随着社会发展的需要而制定或修订某些法律也是经常的,有些法律规则的变动就会涉及传媒和传播,所以大众传媒法的基本议题尽可不变,而具体内容总是要与时俱进。特别是像美国这样在普通法系制度下,一个重要判例往往就会改写某个特定的法律规则,例如本版作者序言就提到对于上一版即第18版增写了联邦最高法院的三个重要判例及其对传媒的影响,这是美国大众传媒法著作无不数年一改的重要原因。

大众传媒和传播的制度变革还取决于传播科技的发展,自从世纪之交以来互联网的发展对大众传播产生了被认为是颠覆性的影响。美国作为互联网的发源地,网络传播治理早就成为立法和司法的重要课题。比起第13版来,本版所增添的大量内容正是有关网络传播的法律规则,如:在宪法第一修正案议题中,在肯定互联网作为传媒应受宪法第一修正案最高水平保护(这在第13版已有阐述)的基础上,讨论了网上涉嫌煽动、威胁、仇恨、教唆等言论底线问题,网络中立问题;在诽谤议题中,讨论了互联网服务提供者责任和诽谤诉讼时效、管辖等问题;在隐私议题中,讨论了在互联网广泛使用过程中产生的大量隐私和个人信息的保护、网络环境中的隐私期待等问题;在保护消息来源议题中,讨论了网络传播中新闻记者身份界定、各类网络平台上匿名言论保护等问题;在淫秽材料管制议题中,特别讨论了网络空间未成年人保护问题;在版权议题中,讨论了1998年《数字千禧年版权法》颁行以来发生的若干争议问题,以及网上内容的合理使用底线等问题;在电信规管议题中,讨论了互联网电视规管、互联网宽带建设等问题;等等。作者的这样安排蕴含着一种理念,就是网络空间其实只是现实空间的延伸,现实世界的既定社会关系和基本法律准则当然适用于网络空间。而由于网络传播在传播主体、载体(管道)、走向、储存等诸多方面与传统大众传播的重大差异,各利益相关方的博弈关系愈益复杂,在适用原有基本法律准则过程中就需要做出新的安排。现实社会原有的大众传播基本规范与新兴的网络传播规范就是这样的一般与个别、普遍与特殊的关系。作为系统阐述大众传媒法原理的论作,就必须从传统的普通规范讲到如今的特别规范。而从此书修订内容变化所反映的美国传媒法的发展,似乎可以看出在那里对于互联网也从专注于保障自由而趋向寻求秩序,如网络色情规制,长期以来美国朝野存在激烈争议,第13版曾经介绍了在世纪之交,联邦最高法院先后判决美国国会通过的两部未成年人保护法中限制网络色情的规定违宪,而本版又介绍了美国国会于2003年通过一部严禁利用网络对未成年人实施性侵的法律,在2008年一次诉讼中,该法得到了最高法院的支持。这里是不是可以看出某种走向呢?

不难想见,这二十个版本的《美国大众传媒法》集结起来,真的可以成为考察美国大众传媒法发展历史的系统文献,这是彭伯学术生涯的重大业绩;相信卡尔弗特会把这件工作持久进行下去。

互联网经历了从通信工具到传媒到社会生活基础设施这样的发展,作为大众传媒法著作,此书有关网络法的内容被限定在有关信息传播范围之内,至于在美国同样十分重要的有关网络安全、网络贸易等方面的法律规范,则未予涉及。在我看来,这个界限可能并不是绝对的,很难说未来不会有所扩展。

中美两国社会制度和文化背景的巨大差异,造成两国大众传媒法也存在着本质上的不同,这是不可忽略的。有的学人看到美国某个判例原则,没有考察它同美国整个社会制度和法律制度的内在联系,就主张将它"引进"我国来,事实证明这与我国现行制度存在冲突,所以是行不通的。我们对美国大众传媒法需要从整体上和历史上有所了解,主要是着眼于发展双方的文化和传媒的积极交流,在某些具体规则上或许可以有所借鉴,这包括正面的也会有反面的。

在本书译者张金玺博士翻译第 13 版的时候,我们尚未相识。学人的传统是以文会友,正是我写那篇序言而与她有了联系,至今记得她拿到两本样书后把一本送到我手中的快乐情景。我们从此成为忘年交。她专治美国传媒法,学风细致认真,多年来对我帮助良多。其人寡言,言必有中,发表学术论作不多,但是凡发表出来的都有相当充实的内涵和见解。她正当盛年,相信会有更多成果问世。

魏永征

初稿于 2018 年 2 月 16 日,戊戌正月初一

FOREWORD

美国大众传媒法(第19版)

　　历时三年才译完《美国大众传媒法》第 19 版,这是起初没有预料到的。十余年前,经展江教授引荐,我有幸与老同学、人民法院报社的赵刚先生合作,翻译了《美国大众传媒法》第 13 版。2015 年初,我从中国人民大学出版社拿到簇新的第 19 版,当时还以为,既然有第 13 版在先,那么这次的工作,不过就是比对两个版本的异同,在原译本的基础上增删点儿内容而已。

　　然而,一动手才发现,从 2003 年的第 13 版到 2015 年的第 19 版,其间相隔六个版本、十二年光阴,大量内容已经更新,增删的内容也不是一星半点,光从页数上看,第 19 版就比第 13 版多了一百页有余,新增了大量有关互联网的内容。更重要的是,在这十多年里,我身为译者,对翻译的理解也发生了改变。翻译之难,不仅在于要将作者的原意准确地用中文表出(法律领域的翻译尤其强调精确信实),更在于要以最自然妥帖的中文来表达原文的信息,最好读起来没有或极少有翻译的痕迹,倒更像是中文作品。高明的译者,殚精竭虑,只是为了让读者读起来少花力气。翻译家思果在《翻译研究》一书中说,他佩服英国散文大师 Max Beerbohm 的话:"…to seem to write with ease and delight is one of the duties which a writer owes to his readers, to his art."(让读者以为作者写得轻松且愉悦是作者的责任,唯其如此,才对得起读者,对得起这门手艺。)其实翻译何尝不是如此,译者也应该抱持同样的态度,处处替读者设想。[1] 优秀的作品,读起来如行云流水,浑然天成,读者甚至会以为,这是作者或译者轻轻松松、开开心心写成的,殊不知这背后费了多少推敲,花了多大气力。

---

[1]　思果. 翻译研究. 北京:中国对外翻译出版公司,2001:5.

鉴于以上两方面情况,我反复思量后决定放下第13版中译本,从头、重新翻译第19版。全书译完后,经五遍校对、修改,以求完善,但仍难免疏漏,本人对此负完全的责任,还望读者指疵正误。

关于本书的内容,另有两点需要说明。第一,为精简起见,本书的译者注,均为译者反复考虑后所加,是理解本书内容必不可少且书末"专业词汇"中没有选录的法律词汇。这些法律词汇的释义,基本出自法律出版社出版的《元照英美法词典》,在此对这部经典之作的编撰者遥致由衷的谢忱。第二,本书中"defendant"一词的翻译颇费了一番思量,英文中,不分民刑,均称为"defendant",而我国在刑事诉讼中称被追诉者为被告人,在民事诉讼中称被起诉者为被告。经考虑,本书也不分民刑,一律译为被告。

本书之完成,要感谢诸多师友的鼓励与帮助,在此无法尽数。我要特别感谢魏永征教授,魏老师对译事进展的关心,是我懈怠时一剂激发精神的良药。2018年春节期间,魏老师为帮助本书尽快出版,在旁人都休假、与家人团聚的节日里抽时间为本书写了精彩的序言,令我腑篆心铭,感荷无已。我还想在此感谢展江教授和赵刚先生,没有二位当年的合作,我可能不会与本书结缘,遑论多年后再译本书。也感谢中国人民大学出版社与瞿江虹编辑信任我,将第19版的翻译工作委托于我。

张金玺

初稿于 2018 年 3 月

PREFACE

美国大众传媒法(第19版)

2013 年的初秋,正当本书作者着手写这篇前言时,哥伦比亚特区兴起了一场立法运动。其目标是敦促国会通过联邦盾法,为记者在联邦司法程序中拒绝透露秘密信源和信息提供一定程度的保护(参见第 10 章有关盾法的内容)。议案的名字是 2013 年《信息自由流通法》(Free Flow of Information Act),支持它的美国参议员中,既有民主党人,也有共和党人。这部议案吸纳了司法部新修订的一项政策。这是司法部部长埃里克·霍尔德(Eric Holder)2013 年 7 月公布的指导规则,内容涉及如何监视、搜查和获取媒体人的记录与活动。时间再回拨两个月,当年 5 月,司法部曾爆出丑闻:司法部在 2012 年秘密获取了美联社多位记者数月的电话记录,还密查了福克斯新闻(Fox News)的记者詹姆斯·罗森(James Rosen)的电子邮件。政府这么做,是为了调查是谁向记者透露了保密信息。而在媒体人看来,政府此举是对新闻出版自由的肆意践踏。我们将在本书第 10 章讨论这些冲突和争议。由此观之,美国宪法第一修正案虽已有 220 多年历史,美国政府与美国自由新闻界却依然剑拔弩张。从中可见,我们于今仍有必要学习传媒法,其重要性不容忽视。

本书第 19 版做了大量修订,每一章都有新增内容。新案例、新争议和新法律层出不穷。在第 19 版新增的司法判决中,有三起是美国最高法院于 2012、2013 年做成的判决,它们是:

"美国诉阿尔瓦雷斯案"(*United States v. Alvarez*),美国最高法院于此案宣布,《窃盗军功法》的部分内容违宪,因该法规定,凡谎称自己获过国会荣誉勋章的,便属犯罪。我们将在第 2 章中详述此案,读者能从中学到有关宪法第一修正案与传媒法的多条重要原则。

"麦克伯尼诉扬案"(*McBurney v. Young*),美国最高法院在此案中面对的问题是:在允许公众查阅公共记录的问题上,一州政府可否区别对待本州公民与外州公民? 我们将在第 9 章讨论此案。

"联邦通信委员会诉福克斯电视台案"(*Federal Communications Commission v. Fox Television Stations*),美国最高法院的判决影响了联邦通信委员会对不雅内容(尤其是稍纵即逝的污言秽语)的规管。我们将在第 16 章讨论此案。有鉴于联邦通信委员会正急于全面改革不雅规管,此案可谓意义深远。

第 19 版删除了第三章中的"战时事前限制与审查"一节。这主要是出于两方面的考虑:第一,美国对伊拉克和阿富汗的军事介入正逐渐减少;第二,读者希望本书能适当精简内容。

两位作者想在此感谢各方人士的支持。克莱·卡尔弗特(Clay Calvert)感谢佛罗里达大学选修"大众传播法"的本科生,他们让卡尔弗特体会到了教书育人的乐趣。他也想对阅读、评价本版新增内容的多位学生表达谢意,感谢他们提供了宝贵的反馈和建议。克莱·卡尔弗特还要感谢伯尔·布雷齐纳(Berl Brechner)一向以来对他研究与写作的鼎力支持。最后,克莱·卡尔弗特要感谢唐·R. 彭伯(Don R. Pember)教授邀请他加入本书的撰著。两位作者在第 19 版修订中的分工如下:克莱·卡尔弗特负责第 1、2、3、7、8、9、10、13、15、16 章,彭伯教授负责第 4、5、6、11、12 和 14 章。

这是读者最后一次在本书中见到唐·彭伯的名字了。此前近 40 年,我写作、修订了本书的前 19 个版本,现在终于到该放手的时候了。我相信,克莱·卡尔弗特将以出色的工作延续本书的生命。过去 40 年间,大众传媒法的很多方面都发生了变化,但总的来说,不变的还是更多。互联网的兴起要求相关法律领域有所调整,法院和立法机关一直在努力做出回应。

在前言中专属于我的这部分空间里,我想感谢一些人。我感谢克莱·卡尔弗特为本书最近六个版本的辛勤付出。我曾独自写作此书 25 年,自卡尔弗特加入后,其学识与热情令我受益匪浅。我也感谢多年来选择本书作为教材的大众传媒法教师,谢谢同行经年来的默默支持。最后,我要特别感谢几个人,他们在我担任记者和新闻学教师的职业生涯中给过我无私的帮助。

感谢李·皮尔(Lee Peel),1955 年,他引领一个高三学生见识了何为新闻。感谢巴德·迈耶斯(Bud Meyers)和乔治·霍夫三世(George Hough Ⅲ),他们帮助这位年轻人在密歇根州立大学新闻学院读完本科并完成了研究生的早期学业。感谢报纸发行人本·库洛基(Ben Kuroki)教我如何做记者。感谢比尔·哈克滕(Bill Hachten)和德怀特·蒂特(Dwight Teeter)指导我在威斯康星大学新闻学院完成博士学业。我还要感谢亨利·拉德·史密斯(Henry Ladd Smith)和比尔·埃姆斯(Bill Ames),在我任教于华盛顿大学后,是他们教我如何成为一名新闻学教师。最后,感谢吾妻戴安(Diann),戴安与我携手共度五十载,没有她,我不可能完成这一艰巨的工作。

本版中有关网络的材料

禁止有案底的性侵者使用社交媒体,9 页

近用理论与互联网,40 页

暴力主题的网络帖子,52 页

维基解密与事前限制,55 页

简要目录

目 录

第14章　版权 / **386**

第15章　广告规管 / **424**

第1章
美国的法律系统

在学习大众传媒法之前,读者有必要了解一些关于法律制度与司法系统的背景知识。和大多数社会相同,法律也是美国的一项基本社会存在,与经济、政治、大众传媒、文化成果及家庭一道,属于社会文明不可或缺的组成部分。

本章描摹了美国法律与司法系统的大致面貌,让读者有一个基本了解。本书不是专门讲授法律制度、司法系统的教材,故本章所谈的,仅以帮助读者顺利理解之后15章的内容为限。

本章先从法律制度入手,介绍美国最重要的几种法律渊源,继而讨论美国的司法系统,包括联邦司法系统与州司法系统。在讨论司法系统时,我们将概略介绍司法审查与民事、刑事案件的审判程序。

五种法律渊源
1. 普通法
2. 衡平法
3. 成文法(或称制定法)
4. 宪法(联邦宪法与州宪法)
5. 行政命令与行政规定

法律的渊源

法律的定义有很多种。有人说,法律是定分止争的社会规范或组织化方式。大多数论者则认为,法律应是更为复杂的存在,真正的法律制度,必须具备惩罚与救济机制。19世纪的英国法学家约翰·奥斯汀(John Austin)这样定义法律:法律是规范个人行为的明确规则,以适当的惩罚机制确保其实施。他补充指出,规则与惩罚机制皆须由正当设立的权力机构制定。[1]美国法律学者罗斯科·庞德(Roscoe Pound)认为,法律是社会工程或社会控制——旨在规范人们的行为方式。就本书的写作目的而言,我们不妨把法律视为一套指导人们行为的规则和一套在规则遭到违反时可以适用的正式的、官方的惩罚制度。

美国法律的渊源有哪些?在美国,几种主要的法律渊源是:联邦宪法与州宪法、普通法、衡平法、成文法(或称制定法)、各种行政机关(如总统、市长、州长、行政机构等)制定的行政规则。盱衡历史,美国法律可寻根溯源至英国。英国人是北美殖民地的开拓者,他们为美国人奠下了法律制度和司法系统的基本框架。事实上,由于英、美两国的法律有诸多相似之处,很多人认为,英美的法律制度是一体的。今天,美国的最高法律是联邦宪法。但在分别检视美国的五种法律渊源时,从英美法的最初渊源——普通法——入手,可能是更好的选择。

普通法

普通法(common law)[2]是英国人留给北美殖民地的伟大遗产之一,它发端于 11 世纪诺曼人征服英格兰之后的两百年间。这两百年间,一套由法官和法学家创设的统一法律制度,取代了盎格鲁-撒克逊时代原始、零散的习惯规范。这套法律制度后在英国各地普遍适用,故称为普通法。之所以唤作普通法的另一个原因,是为了区别于当时盛行一时的教会法(ecclesiastical law)。国王法院以民间习俗为法律基础,依照社会习俗裁断纷争,用惩戒手段保障判决执行。因此,普通法向有"被发现的法律"(discovered law)之称。

随着法律问题的日趋复杂化与法律业务的益增专业化(这一时期出现了最早的律师,最终还出现了专职法官),普通法所反映的,也不再只是这片土地上的习俗,它更反映了法庭中的习俗——或者更准确地说,反映了法官的习俗。法官们自然还是继续寻索既往判例,了解其他法院在面对类似案情时如何裁断(后文将谈到判例),但很多时候,他们也不得不自己创制法律。因此,普通法有时也被认为是法官所造之法。

普通法是归纳型的法律制度,由众多案情相似的案例,总结升华出法律规则与法律标准。相反,在其他许多国家常见的演绎型法律制度中,规则是事先订立的,法院根据既有规则,在具体案件情境中做出裁判。普通法适应变化的能力,令它历久不衰。

普通法最基本的理念是"遵循先例"。[3]它的拉丁文表述是"Stare decisis et non quieta movere"(大意为:应遵循先例,无须变动已确立的事项)。stare decisis 是关键词,意为遵循先例。也就是说,法官处理目下问题的方法,应与过去处理类似问题的方法相一致。换言之,法官应以过去案例的判决意见,指导当下案件的分析与判决。遵循先例有利于增加法律的可预见性与稳定性——这反过来又能促进司法的合法性。如果法院在判决程序中是可预见的、稳定如一的,公众对法院的合法性认同便会提升。

判例的作用

有人也许会以为,一套总是不断回顾过往的法律制度,恐怕很难有什么变化。假设在一连串案件中,最初的几件判决非常糟糕,难道法院将就此束手,只能永远承受恶法?答案是否定的。沿袭**判例(precedent)**固然要紧(许多人主张,法的确定性比正义更加重要),但也并非一贯正确。为确保普通法的健康发展,法官想出了一些方法,用来处理糟糕的法律。此外,在新环境中适用旧法也可能肇致不公,这时,法官也需要变通以应对新情况。

设想这样一个场景:你老家的某份报纸刊登了一篇新闻报道,内容是 12 岁少女在当地医院诞下 7 磅重的男婴,随文还配发了照片。男婴的父母对此极感不满,起诉该报侵犯隐私权。他们的律师找到一个判例:"巴伯诉《时代》案"(*Barber v. Time*)[4]。密苏里州一家法院对巴伯案的判决是:违背病人意愿,拍摄病人在病房中的照片并加以发表的行为,乃是**侵犯隐私(invasion of privacy)**。

这起判例的存在,是否意味着年轻情侣一定能胜诉?法院必须接受这个判例吗?以上二问的回答均为否定。一方面,也许曾有其他法院在类似判例中判决,发表此类照片并不侵犯隐私权。事实上,在 1956 年的"米茨诉美联社案"(*Meetze v. AP*)[5]中,南卡罗来纳州一家法院就做出过这样的判决。不过,我们还是暂时假定,"巴伯诉《时代》案"是唯一的判例。那

> 普通法有时也被认为是法官所造之法。普通法最基本的理念是"遵循先例"。

么法院就一定得受制于它吗？非也。面对1942 年的这起判例，法院有多种选择。

```
          面对先例的四种选择
  1. 接受/遵循
  2. 修正/更新
  3. 区分先例与当前案件
  4. 推翻
```

第一，法院可以接受此判例并判决：报社发表照片与报道的行为，侵犯了这对情侣的隐私权。法院如果接受先前的判决为判例，就必须采纳并遵循该判例。第二，法院可以修正或改变 1942 年的判例，理由是："巴伯诉《时代》案"发生在 72 年前，彼时，人们对去医院求医问药一事更为敏感，待在医院里常会引发病耻感。而今天，住院对大多数人而言，已不再是敏感话题。有鉴于此，法院限制传媒发表住院病人的照片是不现实的。仅当照片格调低下或给病人造成不必要的困扰时，发表照片才有可能侵犯他人的隐私权。这样一来，在我们的假想案例中，判决结果便取决于报纸发表的是何种照片和新闻：是一张夸赞年轻情侣的、令人欣悦的照片？还是一张嘲讽挖苦、令他们尴尬的照片？如果法院以这一原则断案，那它就是修正了 1942 年判例，使之能适应法官感知到的时代特征与当下情境。

第三种选择，法院也可以承认"巴伯诉《时代》案"是重要判例，但该案原告多萝西·巴伯（Dorothy Barber）乃是因罕见病症住院，而本案原告却是因怀孕生产住院，两种情况判然有别：怀孕生产是自愿行为，生病则不是。两起案件所涉问题不同，其实是截然不同的案件，故"巴伯诉《时代》案"不能适用于本案。这种方法就是"指出判例与当前案件的区别"，这在司法实务中颇为常见。简言之，法院可以基于先前判例与当下案件在案情上的相异之处或不同争点而区分二者，并因此拒绝采纳、适用先前判例。

最后，法院也可以推翻判例。推翻判例，意味着法院宣告先前的判决有误，不能再被用

作法律。通常，法院只在以下方面发生变化时，才会将先前的判决作为恶法加以推翻：

　　1. 事实性知识与情境；
　　2. 社会道德与价值观；和/或
　　3. 法庭上的法官/大法官。

例如，美国最高法院在 2003 年"劳伦斯诉得克萨斯州案"（*Lawrence v. Texas*）[6] 中，推翻了该院 1986 年的"鲍尔斯诉哈德威克案"（*Bowers v. Hardwick*）[7] 判决。美国最高法院在鲍尔斯案中支持佐治亚州的反鸡奸法，该法禁止同性恋者在知情同意的情况下发生性行为。到了 2003 年，美国社会对同性恋的接纳程度日高（可作为佐证的是，以立法方式禁止鲍尔斯案所涉性行为的州，数量逐年递减，且在鲍尔斯案之后、劳伦斯案之前，美国最高法院至少在两起案件中做出了有利于同性恋权利的判决，从而削弱了鲍尔斯案的效力）。一种共识正在形成，即知情同意的成年人，不论性取向为何，可以自行选择其性生活，这是宪法保障的个人自由。与此同时，1983—2003 年间，美国最高法院内部人事更迭，九位大法官换了六位。可见，在鲍尔斯案判决 17 年以后，社会价值观、法律情感、最高法院的人员组成都发生了变化。其结果是，最高法院在劳伦斯案中废除了得克萨斯州的反鸡奸法，尽管该法与鲍尔斯案支持的佐治亚州反鸡奸法十分相似。肯尼迪大法官（Justice Kennedy）指出，"遵循先例原则表达了对法院既往判决的尊重，有利于法的安定性，故必不可少"，"但也并非绝对不可动摇的铁律"。我们再回到 12 岁少女怀孕生子的假想案例，在此案中，只有密苏里州最高法院和美国最高法院可以推翻密苏里州最高法院的"巴伯诉《时代》案"。

2010 年，美国最高法院以微弱多数，在"联合公民诉联邦选举委员会案"（*Citizens United v. Federal Election Commission*）中推翻了 1990 年的"奥斯汀诉密歇根州商会案"（*Austin v. Michigan State Chamber of Commerce*）。最高法院曾在奥斯汀案中支持密歇根州的一部法律，该法禁止公司、企业以自身名义出资做广告，支持或反对州政府的公职候

选人。到 2010 年,最高法院的人员组成在此前 20 年间有所变化,五位保守派倾向的大法官[安东尼·肯尼迪(Anthony Kennedy)、约翰·罗伯茨(John Roberts)、安东宁·斯卡利亚(Antonin Scalia)、塞缪尔·阿利托(Samuel Alito)和克拉伦斯·托马斯(Clarence Thomas)]在联合公民案中投票推翻了奥斯汀案,宣布一部联邦法律违宪,因为该法禁止公司、会社以自有资金独立发表言论,明确拥护或反对某位公职候选人。肯尼迪大法官代表多数派执笔法院的判决意见,他在论证中强调了保护政治性言论的重要性,并指出,表达者的身份(公司、会社或普通市民)非关紧要。他总结道:"遵循先例原则不能强制本院继续接受奥斯汀案,政府或许可以通过免责声明(disclaimer)或资料披露规定(disclosure requirements)来规范公司的政治性言论,但不能全然压制此等言论。"

以上讨论无疑大大简化了司法程序。法院面前只有一起判例的情形非常罕见。事实上,律师会告诉你,既往的类似案件有好几起,都可以用作判例。判例对法院是否具有拘束力,通常是个问题。美国最高法院就美国宪法和联邦法律做出的判决,对所有联邦法院与州法院都有拘束力。联邦上诉法院就联邦事务做出的判决,仅对更低级别的联邦法院与本巡回区或本地区内的州法院具有拘束力(有关巡回区的讨论,**参见 19~20 页**)。一州的最高法院,是解释该州宪法及法律的最高权威,其判决对该州内部的所有州法院与联邦法院都有拘束力。当联邦法院解释州法律时,情况就更复杂了。在大多数情况下,州法院可以接受,也可以拒绝这些解释。因大众传媒法深受宪法第一修正案的影响,所以州法院的法官通常会突破州界限制,外求于联邦法院的判例。当案情涉及宪法第一修正案保障的言论自由与新闻出版自由时,州法院的判决相当程度上受联邦法院相关判例的指导。

律师和法学教授经常辩论一个问题:判例对法院做出判决究竟有多重要?一些人提出了所谓的司法"预感理论"(hunch theory)。该理论认为,法官会先凭着本人对是非曲直的直觉做出判断,然后再去寻找判例支持其判断。

查找普通法判例

普通法不是被特别记录在某处,供所有人查阅、使用的法律。相反,它藏身于法院数世纪以来审理的成千上万个案例之中。许多人曾努力总结这些法律。17 世纪初,爱德华·柯克爵士(Sir Edward Coke)汇集、分析了普通法判例。其后,威廉·布莱克斯通爵士(Sir William Blackstone)在他里程碑式的著作《英国法释义》(*Commentaries on the Law of England*)中进一步拓展了柯克的工作。《侵权行为法重述(第二次)》(*Restatement of the Law, Second, of Torts*)是较晚近出版的类似大部头著作,它做了类似的工作,不过范围较窄,仅限于侵权行为法。

数世纪之前,法院就开始记录判决。全面笔录所有法院判决的现代理念,可能肇始于 1785 年第一部《英国阶段案例汇编》(*British Term Reports*)的出版。

学者和律师虽说仍需以逐案积累的方法揭示普通法,但用一种简单的索引系统定位适当的案例,于今是相当容易的工作。任一法院(如美国最高法院或联邦地区法院)的案例,都收集在一个独立的**案例汇编(case reporter)**中(如"美国判例汇编"或"联邦案件判决补编")。所有案例都依年序排列,常有多卷。每起案例都有**援引码(citation)**或案号,说明它收录在哪部判决汇编的哪一卷,起始页码是多少(见图 1-1)。例如,"阿德利诉佛罗里达州案"(*Adderly v. Florida*,一起言论自由案件)的援引码是 385 U. S. 39(1966),中间的字母(U. S.)表明此案收录于"美国判例汇编"(United States Reports),"美国判例汇编"是收录美国最高法院案例的政府官方判例汇编。数字 385 代表此案所在的具体卷。第二个数字(39)代表此案的起始页码。最后,1966 代表此案做出判决的时间。综言之,我们可以在"美国判例汇编"第 385 卷第 39 页找到"阿德利诉佛罗里达州案"。

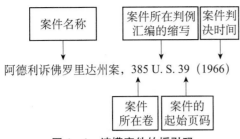

图 1-1　读懂案件的援引码

计算机在很多方面影响了法律社群。如今,我们可以透过各种网络服务来获取法院判决书。LexisNexis 与 Westlaw 是法律业者经常使用的两个法律数据库,也对大学生免费开放。这两个数据库提供法院判决意见、成文法(参见第 6～7 页)和发表在法学期刊上的论文。在大多数司法管辖区,律师可以向法庭提交电子文件。

有了正确的援引码,就能轻松地找到特定案例。查找有关某一特定问题——如诽谤诉讼——的所有案例,则是另一回事,相关的技术需由法学院传授。律师们使用大量的法律百科全书、文摘、普通法案例汇编、书籍、文章等,来追踪适当案例的名称和援引码。

衡平法

衡平法的典型救济

1. 临时禁止令(temporary restraining order)

2. 预防性禁制令(preliminary injunction)

3. 永久禁制令(permanent injunction)

衡平法(equity)是另一类法官造法。普通法与衡平法的边界如今早已模糊不清,案件在同样的法庭、由同样的法官审理。程序和救济上的差异,可能是这两类法律之间仅存的差异。不过,为了帮助读者更好地理解普通法和衡平法,我们还是分别加以讨论。衡平法最初是作为普通法的补充,与普通法同步发展起来的。

衡平法的规则和程序远比普通法灵活。事实上,衡平法总是在普通法无能为力时发挥作用,从而救济普通法之穷。衡平法案件不在陪审团前审理,裁判结果以**司法命令(judicial decrees)**的形式出现,并非“是”“否”判决。法官可以酌情行事(过去和现在都是如此)。衡平法虽也倚赖判例,但法官可以在具体个案中自由地做出他认为公平正义的裁判。

衡平法还为陷入困境的诉讼当事人提供一种有利救济——禁止令(restraining order)。在民事诉讼中,普通法提供的典型救济是**损害赔偿金(damages)**,而衡平法允许法官签发禁止性(禁止一方当事人从事其正准备实施的行为)或救济性(迫使一方当事人停止其正在实施的行为)命令。个人若能证明自己身处险境,或即将遭受严重且不可逆转的伤害,通常就能得到阻止他人实施某一行为的法庭令状,称为禁制令(injunction)或禁止令。一般情况下,法院发布的是临时禁止令或预防性禁制令,等到听完两造的论辩之后,法院再来决定是否改为永久禁制令。

例如,2013 年 3 月,纽约州的一位法官签发临时禁止令,制止有线电视频道“人生”(Lifetime)播出电影《罗密欧杀手:克里斯托弗·波科的故事》(*Romeo Killer：The Christopher Porco Story*)。禁止令在影片原定首映日之前四天发出。据“人生”频道称,该影片改编自真人真事——克里斯托弗·波科手持斧头在纽约州德尔马(Delmar)砍杀其父,攻击其母,后被定罪。铁窗中的波科起诉“人生”频道,用一道禁止令阻止电影播映。他诉称,该影片侵犯其公开权(right of publicity,有关公开权的内容,参见第 7 章)。此类禁制令,哪怕是有效期较短的临时禁止令(如“临时”一词所示),因为禁止的是有新闻价值(谋杀)的真实言论,故很有可能违反宪法第一修正案(参见第 2 章有关事前限制的内容)。而且,新闻价值恰好是对抗公开权诉讼的一种抗辩(参见第 7 章)。“人生"频道从一家上诉法院成功获得了紧急命令(emergency order),撤销了临时禁止令,最终使影片得以播出。

禁制令这种衡平法救济,更有可能在版权诉讼中出现,前提是,原告能证明被告正在销售原告的版权作品(有关版权的内容,参见第14章)。环球影业(Universal Studios)拥有《五十度灰》(*50 Shades of Grey*)系列小说的电影版权,2013年,它申请了一道禁制令,禁止成人电影制作公司"粉碎电影"(Smash Pictures)发行电影《五十度灰:XXX 改编》(*Fifty Shades of Grey:A XXX Adaption*)。嘲讽或评论原作的戏仿作品通常受到保护,可无虞于版权诉讼,但这部色情戏仿影片抄袭了原书的大量对白,几乎一字不变,只能说是原著的低级色情版。最后,双方达成和解,"粉碎电影"同意接受永久禁制令,其戏仿影片永远不得发行。

最后,诉讼一方在面临扑面而来、刻不容缓且无法以金钱补偿的伤害时,也可以请求衡平法救济(禁止令或禁制令)。

 案例

与禁制令的角斗:胡克·霍根的性爱录像

2013年4月,前摔跤选手、现电视明星胡克·霍根(Hulk Hogan)[真名为特里·吉恩·博里(Terry Gene Bollea)]从佛罗里达州的一位法官处获得一道临时禁止令,要求 Gawker 网站从30分钟的性爱录像中撤下一段,并禁止 Gawker 及其附属网站播出其他片段。据称,该录像记录了霍根与希瑟·克莱姆(Heather Clem)在一张四柱床上的性爱过程。

Gawker 虽依照临时禁止令的要求,移除了网站上的录像,但仍留下长篇文字描述。Gawker 称,霍根是公众人物,故这一文字描述具有新闻价值。Gawker 的约翰·库克(John Cook)对临时禁止令做出回应道:"宪法明白地赋予我们公开有关公众人物之事实真相的权利。"不过,如果 Gawker 拒绝遵守法庭命令,可能会被判藐视法庭,并被科处罚金。

越来越多的名人因性爱录像泄露或遭窃而成为"意外的色情明星",可以断言,在不久的将来,此类案件的数量势将增长。本案中,帕梅拉·坎贝尔(Pamela Campbell)法官是霍根的救星——尽管只是临时的。

成文法

如果说普通法有时被称作"被发现的法"或"法官创制的法",那么今日美国的第三大法律渊源,就是由地方、州及联邦层级的民选立法机关制定的法律,称为成文法或制定法。

成文法有几个重要特点,这些特点在与普通法的比较中更为凸显。第一,**成文法(statutes)**多处理关乎社会或很多人的问题,而普通法通常只处理关乎小群体或个人的问题(一些普通法判决也会影响一大群人,但这种情况极少发生)。须提醒的是,我们也不能混淆普通法与宪法,这一点很重要。法官在释宪时确立的政策,当然会影响所有人,但我们必须谨记,宪法是由民众投票产生的法律文件,不是"被发现的法"或"法官创制的法"。

第二,成文法能预测问题,普通法则不能。例如,州立法机关可以制定法律,禁止他人未经当事人同意发表学生的在校记录。在普通法的框架下,只有当学生记录已被报纸发表或已在互联网上传播,且该学生起诉发表者、请求损害赔偿时,问题才有可能解决。

第三,美国的刑事法律皆为成文法——自1812年以来,美国就不再有普通法犯罪。普通法规则欠缺精确性,不足以保护刑事被告获得正当法律程序之权利。

第四,成文法收录于法典(codes)或法律全书(law books),普通法则收入汇编。议案由政府的立法分支通过,经行政分支批准后成为法律,编入市法典、州法典等的适当章节中。但这并不意味着,一些特别重要的成文法不会在案例汇编中出现。

法律的通过并非终曲。在明确法律意涵的方面,法院也有一席之地。设计得当的成文法一般不太需要法院解释,但法官时常也得判断模棱两可的字词的确切含义。这一司法解释过程,称为**成文法之解释(statutory construction)**,可谓十分重要。即令最简单的法条,通常也需要解释。例如,有成文法规定,"向未成年人散布暴力电玩游戏为非法",其中就充满了模糊概念,法院必须先解释这些概念,才能判断该法是否侵犯了电玩游戏制作者与玩家

的宪法第一修正案权利(**参见第 52~53 页**有关电玩游戏的规管)。比如,何种内容堪称"暴力"?几岁以下是"未成年人"?"散布"是什么意思?是出售、出租电玩游戏吗?抑或免费分发?最后,鉴于游戏既可以在游乐中心玩,又可以在电脑上玩,那么"电玩"游戏的精确含义又是什么呢?

立法机关通常会留下一些线索,帮助法官理解法律的意涵。法官在根据成文法断案时,应当把握立法机关想赋予它什么含义(立法原意),而不是法官认为它应当具有什么含义。委员会听证记录、立法机关工作人员的报告、会场辩论记录等,都有助于法官判断立法机关的意图。因此,律师在研究自己感兴趣的成文法时,常常会检索案例汇编,看看法院如何解释这些法律。

> 美国的刑事法律皆为成文法——自 1812 年以来,美国就不再有普通法犯罪。普通法规则欠缺精确性,不足以保护刑事被告获得正当法律程序之权利。

 知识窗 ——————————

挑战成文法的合宪性:表层挑战 VS 适用挑战

以宪法第一修正案挑战成文法的合宪性,主要有两种方法:(1)挑剔成文法在措辞、用语上的问题,此为表层攻击;或(2)挑战成文法在特定事实情境中的实际适用,此为适用攻击。表层攻击从法律文本(词语与语言)出发检视其合宪性,但不考虑特定案件的案情与环境。比如,指出某成文法的用语过于宽泛或模糊("过宽限制原则"与"模糊即无效原则"将在本章后文论及),就是表层挑战。相反,适用挑战不着眼于法律在文字上是否合宪,它更关注的是,该法在特定事实情境下如何适用于特定人或特定群体

是否侵害其宪法第一修正案权利。通常情况下,适用挑战是攻击成文法的优先方法,正如塞缪尔·阿利托大法官 2010 年在"美国诉史蒂文斯案"(*United States v. Stevens*)[8]中所写:"受到宪法挑战的成文法,若可因适用问题而被认定为违宪,则过宽失效这剂猛药就不必,也不应下了。"但正如安东尼·肯尼迪大法官 2010 年在"联合公民诉联邦选举委员会案"[9]中所写("宪法第一修正案与竞选"部分介绍了此案,**参见第 97~98 页**),"表层挑战与适用挑战的界线并非那么泾渭分明"。

宪法

英国没有成文**宪法(constitution)**,但美国有成文宪法,而且宪法是美国重要的法律渊源。事实上,美国有多部宪法:联邦宪法、州宪法、市宪章(city charter)等。所有这些文件,

都指向相同的目标。首先,它们描绘了建立并组织政府的蓝图。其次,它们规定政府各部门的职责、责任与权力。最后,它们保障人们的基本权利,如言论自由、和平集会的自由等。

只要得到多数票,立法机关即可轻易通过成文法。相比之下,制定或修改宪法要难得多。州宪法的通过和修改,需由民众直接投票决定。修改联邦宪法就更难了。联邦宪法的修宪程序可由国会发起,也可由各州发起。如果是由国会发起修宪,必须由参、众两院三分之二的多数议员提出宪法修正案。如果是由州发起修宪,必须由三分之二的多数州议会要求召开修宪会议。被提议的宪法修正案在成为正式的法律之前,必须获得四分之三的州议会,或者四分之三的州修宪会议批准。以上两种批准程序,国会有权任选其一。民众在制宪和修宪程序中能异乎寻常地直接发声,故宪法被认为是美国最重要的法律渊源。

美国最高法院的一位大法官将宪法比喻为标尺与准绳,政府的其他所有行为的可行性与正当性,都必须以宪法为衡断。宪法是美国这片土地上的最高法。任何与美国宪法相冲突的法律和其他宪法都将归于无效。州宪法在本州的地位也大抵如此:经密歇根州立法机关通过、由州长签署的成文法,若与该州宪法抵触,就不具有法律效力。以上原则适用于其他各级宪法。

宪法通常十分精简,且极少修改,连措辞的修改也不常有。但法院推进了宪法的发展,因为法院必须决定宪法条文的具体含义,并判断其他法律或政府行为是否违宪。因此,对于统治着这个国家的宪法而言,案例汇编就是它的知识库。

美国宪法共有27条修正案。前10条修正案合称"权利法案"(Bill of Rights),保障公民的基本人权。美国宪法第一修正案规定了言论自由和新闻出版自由,你将在之后的章节中更充分地理解这些权利。

对大众传媒法而言,联邦宪法和50部州宪法十分重要。51部宪法全都有保障言论自由和新闻出版自由的条款,尽管措辞不尽相同。

很重要的一点是,州宪法为本州民众提供的权利保障,可以超出联邦宪法,但不能少于联邦宪法。因此,州宪法对于言论、新闻出版的保护,可能多于美国宪法第一修正案。例如,淫秽言论不受美国宪法第一修正案保护(参见第13章),但俄勒冈州最高法院于1987年判定,淫秽表达受俄勒冈州宪法第8节第1条保护。[10] 如此看来,律师在挑战限制言论的州成文法时,明智的做法是主张该法既违反美国宪法第一修正案,又违反州宪法保护表达自由的条款。以任何方式影响个人或大众传媒发言、出版或播出自由的政府行为,都要对照表达自由的宪法保障,以视是否违宪。

限制言论与新闻出版的法律之所以会被宣布为违宪,可能有以下几种原因。首先,这些法律可能直接限制了宪法第一修正案保障的言论或新闻出版活动。例如,内布拉斯加州的一位法官曾下令禁止新闻界报道一起即将开庭审理的凶杀案,该命令被认为是对新闻出版自由的直接限制[参见第11章"内布拉斯加州新闻协会诉斯图尔特案"(*Nebraska Press Association v. Stuart*)[11]]。

刑事淫秽法或其他相关刑事法律,有可能因表述过于模糊而被认定为违宪。根据**"模糊即无效原则"(void for vagueness doctrine)**,如果一个具有一般理性与认知能力的人,无法通过法律条文的字面意思判断何种言论将被允许、何种言论将被禁止,则该法应被宣布为违宪。换言之,具备一般认知能力的人,不应被迫去猜测法律条文的含义。正如美国最高法院在2012年涉及电视不雅言论的"联邦通信委员会诉福克斯电视台案"(*FCC v. Fox Television Station, Inc.*,关于此案与不雅言论,参见第16章)中所言,"我国法律制度的基本原则是:规范个人与团体行为的法律,必须明白告知法律的禁止事项与要求事项"。最高法院又补充道:"此种对于明确性的要求……命令我们将模糊法律归于无效。"模糊法律的问题

> 宪法是美国这片土地上的最高法。州宪法对于言论、新闻出版的保护,可能多于美国宪法第一修正案。

在于:

- 未能明白告知,哪些言论被允许。
- 给执法者(警方与法官)过度的裁量空间,执法过程中可能出现不公或歧视。

例如,2011 年,北卡罗来纳州罗利(Raleigh)的一家高级法院的法官宣布,该州某成文法因过于模糊而违宪,该法规定,"在公共街道或高速公路上,在另有两人或两人以上在场的情形下,高声喧哗不雅或亵渎言论,为三级轻罪"。该条款于 1913 年制定,距 2011 年已近百年,艾伦·巴杜尔(Allen Baddour)法官写道:"现代美国词典中的哪些词属于'不雅'与'亵渎',令人已无共识,也许曾经有过。如此一来,理性人将无法确知其言论是否违法,故可认定,该条款是模糊的违宪条款。"

违反"过宽限制原则"(overbreadth doctrine)的成文法,也会被判定为违宪。如果一部法律不仅针对政府可以合法管控的问题,而且冲击表达自由权的行使,即可称为限制"过宽"。例如,美国最高法院 2010 年在"美国诉史蒂文斯案"(United States v. Stevens)[12]中宣布某联邦成文法违宪。该法规定,出于商业目的,制作、销售和持有虐畜内容的制品为犯罪。该法将"虐畜内容"定义为"故意致残、折磨、伤害或杀死活体动物的内容",只要该类制品的制作地、销售地或持有地的联邦法或州法规定虐畜为违法,即可认定该制品是"虐畜内容"。美国最高法院首席大法官约翰·罗伯茨写道:以上法条"禁止范围过宽,令人担心。首先,根据条文的字面意思,它禁止'虐畜内容',但不要求"虐畜"行为具有残酷性。该条款适用于'故意致残、折磨、伤害或杀死活体动物的内容'……'致残、折磨'有残酷的意思,'伤害、杀死'却不然"。

2012 年,一家联邦法院在"无名氏诉金达尔案"(Doe v. Jindal)中,以"限制过宽"为由,宣布路易斯安那州某成文法违宪。该法禁止有案底的性侵者(且其犯罪行为涉及未成年人或儿童色情)使用社交媒体,包括社交网站与聊天室。这显然有利于保护未成年人免受网络猎艳者的伤害,确实关乎重大、紧迫的政府利益,但问题在于,它同时荡绝了大量受保护的言论,其数量远超出保护未成年人之所必需。例如,在路易斯安那州的该部法律中,"聊天室"(chat room)的定义是"允许用户以文本传输信息,且允许其余所有用户或一部分用户浏览该信息的互联网网站"。毋庸置疑,这一定义将大多数报社网站囊括在内,报社网站一般都允许读者发布评论,且这些评论向所有读者开放。正如法官所写,该法"不合理地限制了许多普通行为,而这些行为在当今世界的日常生活中已变得十分重要"。

案例

热爱自由言论者,憎恶过宽法律者,请鸣笛

2011 年,华盛顿州最高法院宣布,斯诺霍米什县的一部条例(ordinance)因限制过宽而违宪。该条例禁止汽车鸣笛,仅有的例外是为维护公共安全而鸣笛,或在官方批准的游行或公共事件中鸣笛。在"华盛顿州诉伊梅尔特案"(Washington v. Immelt)[13]中,海伦·伊梅尔特(Helen Immelt)清晨时分故意在邻居家门口长声鸣笛,表达对邻居的愤怒。这种鸣笛是言论吗?华盛顿州最高法院根据"象征性言论原则"(symbolic speech doctrine,**参见第 35 页**)指出,"如果行为者有意

传达某种信息,且他人在具体语境中可以理解、接收该信息,则鸣笛等行为有可能被视作言论"。法院在判决书中写道,鸣笛之为言论的例证,包括"在拼车的情形下,驾车者鸣笛催促拼车者上路;驾车者见到'力挺我军者,请鸣笛'等标语时热情回应;婚礼宾客鸣笛以示庆贺;驾车者鸣笛支持街角的举牌示威者"。

法院在推翻该条例时写道:"一部法律的禁止范围冲击了大量受宪法保护的行为,即可称之为过宽限制。"尽管斯诺霍米什县的条例强调,"当地政府在保护居民免受过度的、

令人生厌的噪声干扰方面拥有合法利益",但它行事太过,"为了消除范围很窄的一类干扰,禁止了大量表达性行为"。法院认为,更妥适、更精确定位的条例应可符合宪法的要求,比如只禁止以骚扰他人为图谋的鸣笛。

行政命令与行政规定

美国法律的最后一种渊源,共有两条分支。其一是政府民选官员发布的命令,通常称为行政命令(executive orders)。另一是联邦、州及地方各级政府的行政机构制定的规定(rules)。

政府行政官员——总统、州长、市长、县行政长官、村主席——或多或少都有颁布规定的权力,这些规定有时称作行政命令或公告(declaration)。行政官员的此项权力,通常由设置相关职位的宪法或宪章规定,且各市、各州判然有别。一些情形下,行政官员拥有相当广泛的权力,另一些情形下,行政官员的权力受到重重限制。前总统乔治·W.布什签署过大量有关反恐战争的行政命令。行政官员应在授权范围内发布行政命令,逾权发布的命令,立法机关或法院可以推翻,比如,市议会可以修改或撤销市长的命令。总统若是逾权发布行政命令,便会破坏立法、行政、司法三权的分立制衡。

美国法律中更具有实质意义的部分,是由形形色色的行政机构制定的。这些机构肇始于19世纪后半期。当时,国会所需应对的问题,已远远不止预算、战争与和约。科技进步了,新问题也纷至沓来,亟待国会解决。许多新问题复杂棘手,需要专业知识和专门技术,而这恰恰是参、众两院议员欠缺的,即便本人愿意,他们也无法轻易习得这些知识。于是,专业化的联邦行政机构应运而生,接手此类问题。①

联邦层次与州层次各自运行着无法尽数的行政机构。每家行政机构负责解决某类特定问题,这些问题不是技术性太强,就是太过庞杂,立法部门根本无法处理。与传媒法关系最为密切的**行政机构(administrative agency)**,除了联邦贸易委员会(Federal Trade Commission,FTC,参见第15章)以外,当数国会1934年设立的联邦通信委员会(Federals Communications Commission,FCC)。FCC管理着美国的广播业与电信业,这一领域的工作,国会此前仅蜻蜓点水般地尝试了一下。FCC的成员由总统任命,必须是美国公民。五位成员中,最多只能有三位同属一个政党。总统的任命须经参议院批准。

国会借由1934年《联邦通信法》(Federal Communications Act)及其后续修订,为广播电视的规管筑起了大致框架。FCC后又以《联邦通信法》为基础,自行发展出大量法律,并凭借其相当广泛的权力制定具体规则。最近,FCC又将触角伸至广播内容,打击电波中的不雅内容(参见第16章)。正如说唱歌手埃米纳姆(Eminem)所唱:"FCC不会放过我,也不让我做自己。"

要是有人不满意行政机构的做法,可以要求设立该行政机构并提供资金支持的立法机关(以FCC为例,相关的立法机关就是国会)修正或推翻行政机构的行动。FCC曾在1980年代制定过一些非常有利于消费者的规定,这些规定后被国会撤销,议员们认为,这些规定过于激进。行政机构被告上法庭的情况就更

① 行政机构往往生有"立法"和"司法"的双重权力。一方面,行政机构可以在授权范围内制定规则、下达命令;另一方面,行政机构又可以如法院般运作,当受处分人对其处分不满时,行政机构可以举行听证、调查,并作出具体"裁决"。(王泽鉴.英美法导论.北京:北京大学出版社,2012:47-48.)——译者注

常见了。不过,法院检视行政机构裁决(rul-ings)的权力是有限的,只能在以下几种情形下推翻行政机构的裁决:

- 委员会或行政机构的设立本身违宪。
- 委员会或行政机构越权行事。
- 委员会或行政机构违反自身的规定。
- 委员会或行政机构的规定毫无根据。

之所以要限制法院的权力,原因很简单:设立行政机构的初衷,是为解决复杂问题提供专业知识。如果只是因为法官见解不同,便任由在某一领域毫无专业知识的法官推翻行政机构的裁决,则设立行政机构的良善美意,就将流于空谈。

各类判例汇编收录了行政机构制定的部分法律,但行政机构自行出版的汇编(reports)收录更全。我们如今可以通过 FCC 和 FTC 的网站(www. fcc. gov、www. ftc. gov),查询最新的意见和裁决。

美国法律还有其他渊源,但前文谈到的几种——普通法、衡平法、成文法、宪法、行政命令与行政机构的规定——最为重要,也是本书最为关注的内容。宪法第一修正案问题属于宪法范畴。诽谤与隐私侵权涉及普通法与衡平法。美国的淫秽法是成文法(尽管法官试图界定"淫秽"概念的数百起案例时常会模糊这一事实)。而广播和广告的规管,主要由行政机构负责。

小　结

美国法律有几大渊源。普通法是美国法律最古老的渊源,700 多年前诞生于英国。普通法的基本理念是:法官在断案时应回首过往,遵循先前的判例。遵循先例是关键理念。不过,法官也想出了一些办法来改变普通法,使之适应当下的社会,这些方法包括修改判例、区分新旧案例、推翻判例。普通法是法官造法之一种,它的载体不是法典,而是案例汇编。在一套特别的编码系统中,每个案例都有自己的代码。

衡平法是美国法律的第二种渊源。衡平法的规则和程序比普通法灵活得多,法官(衡平法案件没有陪审团)因此得以灵活处理独特、不同寻常的问题。根据衡平法,法院可以发布禁制令等司法命令,限制个人、公司乃至政府的行为。而在普通法下,法院只能事后补偿受损的一方。

今天,大量美国法律由立法机关制定。立法机关制定的法律称为成文法,是美国法律的第三种渊源。所有刑法都是成文法。成文法通常处理影响众多人口的问题,成文法可以预测将来可能发生的问题,普通法则不能。成文法收录于法典或法律全书(statute books)之中。法院也介入了成文法的发展,它们有时需要解释成文法中某些字词的含义,这称为成文法之解释。

宪法是美国法律的第四种渊源,宪法高于其他所有法律。美国联邦宪法是美国的最高法。州宪法赋予一州民众的权利可以超出美国宪法,但不能减少或限制美国宪法赋予的权利。其他法律,无论是来自普通法、衡平法、立法机构,还是行政机构,都不能与宪法相冲突。法院负责解释宪法(一部联邦宪法和 50 部州宪法)条文的含义,将宪法中貌似刻板的规定适用于当代问题。

总统、州长等行政官员可以发布具有法律效力的命令。此外,美国还有数千家行政机构、委员会在制定规则。这些机构通常处理需要运用专业知识的技术问题或复杂问题,而这些专业知识是传统立法机关的成员一般不具备的。这些行政机构和委员会的成员通常由总统、州长或市长任命。行政机构由立法部门提供资金,并受立法部门监督。它们的任务范围很狭窄,它们的裁决虽具有法律效力,但可以被上诉。

> 法院检视行政机构裁决的权力是有限的。如果只是因为法官见解不同,便任由在某一领域毫无专业知识的法官推翻行政机构的裁决,则设立行政机构的良善美意,就将流于空谈。

司法系统

这一部分将介绍美国的法院系统。在政府的三大分支中,司法分支是大多数传播法纠纷展开的场所,所以我们有必要了解美国的司法系统。

严格说来,"美国司法系统"这种表述未尽准确。美国有52个独立的司法系统,联邦有一套司法系统,50个州和哥伦比亚特区各有一套司法系统。尽管这些司法系统彼此有别,但相似之处远比差异来得重要。每个系统内部,又可分为两套不同的法院——初审法院和上诉法院。每个司法系统都依宪法设立,不是联邦宪法,就是州宪法。每个系统中,法院都是三权分立政府中的第三大分支,另外两大分支分别是负责制定法律的立法分支与负责执行法律的行政分支,司法分支负责解释法律。

事实 vs 法律

所有司法系统的共同点,就是区分初审法院和上诉法院。每一层级的法院都有特定功能:一般而言,**初审法院(trial court)**是负责发现事实的法院,**上诉法院(appellate court)**是负责复核司法程序的法院。几乎所有案件都从初审法院开始审理。陪审团有时会出现在初审法院中(没有陪审团、仅由法官审理的案件,称为法官审判),但从不会出现在上诉法院中。初审法院在审理案件时,可以同时考察事实与法律,上诉法院通常只考虑法律。事实和法律之间的区别很重要。事实是发生过的事情,法律是基于事实之发生而需要做出的因应。

我们来看一起假想的诽谤案,以明了事实与法律的区别。假设《里弗市哨兵报》(*River City Sentinel*)刊登了一则有关私人医疗机构桑德里奇医院收费问题的新闻,全文如下:

向患者、伤者提供无效药物
桑德里奇医院药品收费过高

一项为期三周的调查揭示:桑德里奇医院的许多病人一直在服用无效药物。此外,该医院还向不少病人收取过高的医药费。

《哨兵报》获悉,医院出售给病人的大量处方药已经过期。

药房中的大量药物过期达半年之久(截至周五)。药品生产商告诉记者,过期药物的疗效可能不如新生产的药物。

医院方面否认曾向病人提供过期药品,但医院内部的消息来源称,医院的负责人无法保证这些过期药物从未向病人出售。

此外,《哨兵报》的调查还显示,医院以2013年的价格标准,向病人出售Chaos制药公司出品的药物,而该公司已于2014年大幅度降低了药品价格。

桑德里奇医院起诉报社诽谤。案件进入庭审程序后,首先得弄清楚事实,即发生了什么。医院和报社将分别提供证据和证人,以支持各自所述的事实。在这起案件中,有几个问题必须弄清楚。除了报道是否确已发表、报道内容是否针对桑德里奇医院之外,医院还必须出具证据证明:其名誉受到了损害,报道内容虚伪失实,报社工作人员在发表报道时极端疏忽或有严重过失。而报社也会竭力为自己声辩,比如证明报道所言属实,或指出报道受特许权保护,又或者主张,即便报道有误,也是无心之误,报社工作人员撰写、发表报道时并无过失。

所有证词和证据组成了事实性记录——在医院内部、在报道准备过程之中,究竟发生了什么。如果证据有冲突,陪审团将决定信任哪一方（在没有陪审团的情况下，由法官决定）。假设医院能够提供文件证明，药剂师确实已将过期药物下架、储藏起来以便归还给药品生产商；进一步地，如果医院能够证明，它虽偶发地向一些病人收取了过高费用，但旋即又将多收的钱款退还给了病人；最后，如果医院的律师证明，《哨兵报》的报道出自未经专业训练的新人之手，而这名新手的唯一消息来源，是因吸毒而被桑德里奇医院开除的药剂师，而且记者未能向读者提供医院在法庭上出示的事实（虽然他在报道发表时已掌握这些材料），那么法院很有可能判定，医院善尽了举证责任，报社没有合法的抗辩事由，故判医院胜诉。报社若是不服，可以上诉。

在上诉审中，上诉法院不再确立新的事实记录，不再接受证据，不再传唤证人。初审法院的陪审团或法官确立的事实记录依然有效。在一些特别类型的案件（如涉及宪法问题的诽谤案）中，上诉法院有权查验初审法院审核事实是否有误。但通常情况下，上诉法院的任务，是判断初审法院是否根据它所确立的事实正确运用了法律。上诉法院也许会说，虽然医院在法庭上出具了证据，但仍无法证明报道内容失实。又或许，初审法官误将某些证人证言

采信为证据，或初审法官曾拒绝某位证人出庭作证。总而言之，上诉法院在判决时只考量法律，初审阶段确立的事实记录依然有效。

> 事实是发生过的事情，法律是基于事实之发生而需要做出的因应。在上诉审中，上诉法院不再确立新的事实记录，不再接受证据，不再传唤证人。

如果有新证据浮出水面，或此前未知的新证人前来作证，那又该如何？上诉法院如果认为新证据很重要，可以下令重审。但上诉法院自己不听取新证据。这些事实将由初审法院在新一轮审理中考察。

初审法院和上诉法院在角色和程序上还有其他不同。上诉法院从不使用陪审团，初审法院则有可能使用陪审团。初审法院一般只有一位法官听审，上诉法院则是一个法官团听审，法官团一般由三位或三位以上法官组成。案件总是从初审法院开始，然后进入上诉程序。上诉法院似乎在司法诉辩中拥有最后发言权，但也不尽然。案件常常会被发回初审法院，要求法官根据上诉法院的指导重审。在这种情形下，初审法官常常自行其是。

在接下来的讨论中，我们将介绍联邦法院系统及其运作方式，并在联邦法院系统的基础上，介绍州法院系统的大概情况。

联邦法院系统

美国国会有权撤销任何一家联邦法院，但美国最高法院除外。美国宪法只规定了一家联邦法院，即美国最高法院。美国宪法第 3 条第 1 款写道："合众国的司法权属于一家最高法院。"宪法同时授权国会视具体需要设立下级法院。当然，国会早已构建起一个相当复杂的法院系统，以补充、支持最高法院。

宪法第 3 条也规定了联邦法院的管辖权（jurisdiction）。所谓法院的管辖权，指法院行使其职权的合法权利。简言之，联邦法院可以审理以下案件：

1. 涉及美国宪法、国会通过的法律和美

国所订条约的案件

2. 涉及外国大使、公使和领事的案件

3. 涉及海事法和海事管辖权的案件

4. 以合众国为一方当事人的案件

5. 两个或两个以上州之间的案件

6. 一州与他州公民之间的案件（记住：宪法第十一修正案规定，在起诉一个州之前，必须先得到该州的同意）

7. 不同州的公民之间的案件

虽然联邦专门法院的

> 自 1869 年以来，美国最高法院一直由一位美国首席大法官和八位联席大法官组成。这里的"首席大法官"不是最高法院首席大法官，而是美国首席大法官。

管辖权超出了以上范围,但普通法院通常就在这个范围内行使管辖权。上述七类案件中,第一类(称为"联邦问题管辖权")和第七类(称为"对不同州籍当事人之间诉讼的管辖权")占了联邦法院所审案件的大多数。例如,根据联邦问题管辖权,涉嫌违反联邦法律的纷争与涉及宪法权利(如宪法第一修正案)的纷争,在联邦法院审理。同时,不同州籍当事人之间的纷争,即"州籍不同"(diversity of citizenship)问题,当争议金额超过 75 000 美元时,也由联邦法院管辖。比如,以出版公司为被告的诽谤案件和隐私权案件通常在联邦法院,而非在州法院初审。如果亚利桑那州的一位公民遭到《洛杉矶时报》(Los Angeles Times)的诽谤,案件很可能在设于亚利桑那州的联邦法院审理,而不是在亚利桑那州或加利福尼亚州的州法院审理。案件将适用亚利桑那州的法律。此类案件最有可能在损害结果发生地审理,在诽谤案中,损害结果发生地就是诽谤造成名誉损害后果之地。

美国最高法院

美国最高法院是美国最古老的联邦法院,自 1789 年开始运行至今。美国宪法并未规定最高法院的大法官人数,这一任务留待国会来完成。自 1869 年以来,美国最高法院一直由一位美国首席大法官和八位联席大法官组成(注意头衔:不是最高法院首席大法官,而是美国首席大法官)。2014 年,美国首席大法官是约翰·罗伯茨,他由前总统乔治·W. 布什提名,2005 年荣任美国最高法院第 17 任首席大法官。美国最高法院的第一位拉美裔大法官是 2009 年入职的索尼娅·索托马约尔(Sonia Sotomayor),她的宣誓就职仪式,是首次向电视媒体开放采访的美国最高法院大法官的就职典礼。

美国最高法院既有初审管辖权,也有上诉管辖权。根据美国宪法赋予的**初审管辖权**(original jurisdiction),最高法院可以如初审法院般审理案件。最高法院在涉及两个或两个以上州的案件中拥有初审管辖权,这类案件往往涉及州际的土地与水权之争。最高法院的初审管辖权在于解决州与州之间的诉讼,而非解决各州内不同私主体之间的诉讼。大法官们有时会召开听证确认事实,更常见的是,大法官们会委任一名特别主事官(special master)确认事实并提出建议。例如,2010 年,美国最高法院在一起争议中行使初审管辖权,争议双方是南卡罗来纳州和北卡罗来纳州。此案关乎卡托巴河(Catawba River)的平等分配,南卡州诉称,北卡州不当授权他人在上游的河谷盆地取水,取水量超出了平等使用份额。[14] 此案中,最高法院先委派了一名特别主事官,就问题的解决方案提出建议。

美国最高法院的主要任务是作为上诉法院审理已由下级联邦法院及最高级别州法院做出判决的案件。最高法院的上诉管辖权来自国会,而非宪法。案件主要经两种途径进入美国最高法院复审:其一是直接上诉,其二是调卷令。意见确认程序(certification process)① 是案件进入美国最高法院的第三种方式,但如今极少使用。

一些情况下,诉讼当事人拥有联邦成文法规定的显见权利(apparent right),可将案件上诉至美国最高法院,此即**直接上诉**(direct appeal)。举个例子,如果一家联邦上诉法院宣布某部州法违反美国宪法或与联邦法律相冲突,该州就有权利将这一决定上诉至美国最高法院。但这也只是显见权利而已,自 1928 年以来,美国最高法院有权利拒绝受理此类上诉,因为最高法院要"处理重大的联邦问题",这就相当于最高法院说:"我们认为这是一个小问题。"几乎 90% 的直接上诉都被最高法院拒绝。

一起案件能进入美国最高法院,更常见的管道是**调卷令**(writ of certiorari)。个人无权

---

① 意见确认程序,是指联邦上诉法院在本院正在审理的未决案件中的某一法律问题需要指导时,请求美国最高法院或州最高法院对该问题给予审查的程序。——译者注

发出这种令状。这是法院依据受理上诉的自由裁量权发布的命令,前提是,法院认为某起案件提出了重要的法律问题。无论是在联邦法院体系内,还是在州法院体系内,当事人都可以申请调卷令。能使美国最高法院考虑发出调卷令的最重要条件是:申请人已穷尽了其他所有司法救济途径。虽然不无例外,但这通常意味着,如果案件起始于联邦地区法院(初审法院),则**申请人(petitioner)**在申请调卷令之前,必须已经得到美国上诉法院的复审。只有上诉法院拒绝受理上诉,或维持不利于申请人的原判,申请人才有可能得到调卷令,此时,申请人已经穷尽了其他所有司法救济途径。在州法院体系中,一起案件要得到美国最高法院的复审,也必须走完州内的上诉程序。这通常意味着历经初审法院、中间上诉法院和州最高法院。

一旦美国最高法院发出调卷令,就意味着,它命令下级法院将某起案件的卷宗资料送至美国最高法院复审。所有当事人皆可向最高法院申请调卷令,最高法院每年收到的申请超过 7 500 件(对最高法院而言,一年是一个开庭期,每个开庭期始于 10 月的第一个星期一,终于次年 10 月的第一个星期一)。每份调卷令申请,都由最高法院全体大法官共同审酌。如果有四位大法官认为有价值,最高法院就会发出调卷令,这称为"**四人原则**"(**rule of four**)。最近几年,最高法院每年只受理 75～85 起案件,工作量过大是关键原因。最高法院在每个开庭期都必须解决一些重要争议,大法官们无暇处理要求复审的绝大多数案件,故大多数调卷令申请都被拒绝。

如果案件在某个特定问题上存在"**判决分歧**"(**split of authority**)(下级法院意见不一)的情况,那么该案得到最高法院垂青的可能性就会增加。换言之,如果一家联邦上诉法院认为 A 法律违宪,而另一家联邦上诉法院认为 A 法律合宪,那么就会形成不同法院意见相左的情况,此时最高法院就有可能接手案件,以求在"A 法律是否合宪"的问题上达成统一。

需说明的最后一点是:美国最高法院感兴趣的,与其说是实现正义,不如说是确保法律按正确轨道发展。想向美国最高法院寻求救济的申请人,也许确实有绝对正当的理由认为下级法院在做出不利于自己的判决时忽略了一起重要判例,但是,如果有关该问题的法律业已定调,最高法院就很有可能拒绝申请,以便把时间留给新问题。

 知识窗

加深了解美国最高法院

若想加深对美国最高法院的了解,包括最高法院的历史、九位现任大法官的履历、待决案件和新近判决,可以访问最高法院的官方网站 http://www.supremecourt.gov,浏览其众多链接。此外,康奈尔大学法学院的法律信息研究所(Legal Information Institute)拥有十分出色的网络数据库,地址是 http://www.law.cornell.edu/supct,其中有关于最高法院、大法官和判决的丰富资料。

听审　美国最高法院在很多方面都是独一无二的,但读者理解了最高法院的运作流程,就能对大部分上诉法院的运行程序有所了解。

一旦最高法院同意复审一起案件,最沉重的负担便落在了诉讼两造的律师肩上。法院会排定口头辩论(律师在最高法院的大法官前公开辩论并接受大法官提问)的日期。双方当事人的律师必须提交载明各自法律立场的**律师辩论意见书(legal briefs)**,供大法官们在开庭前研究。向最高法院提起上诉的一方——**上诉人(appellant)**——必须向最高法院提供下级法院审理案件的完整记录,包括庭上记录、下级法院的判决和其他相关材料。

将案件一路上诉至美国最高法院,可谓旷日累时,从案件初审到美国最高法院做出判决,通常需要 5 年之久(有时更久)。詹姆斯·希尔(James Hill)1953 年在纽约州起诉《时代》公司侵犯其隐私权,美国最高法院 1967 年才做出终审判决("《时代》公司诉希尔案",*Time, Inc v. Hill*)[15]。哪怕到了这个地步,事情可能都还没完。最高法院说,希尔若想索赔,必须重回初审法院,接受新一轮审判。希尔决定放弃。

在九位大法官研究完辩论意见书(或至少读完法官助理整理的简报)后,最高法院会举行**口头辩论(oral argument)**。律师的发言时间受到严格限制。双方都只有短暂时间可亮明主张,一般不超过 30 分钟至一个小时。律师经常被大法官打断,大法官会提出问题或提出假设情境。现任大法官克拉伦斯·托马斯素以金口难开著称,但多数大法官习惯于咄咄逼人地对律师发起攻势,以检验和挑战其主张。最高法院没有证人作证——只有律师你来我往的交锋。有兴趣的读者可以访问 Oyez Project Web(http://www.oyez.org),收听美国最高法院近期很多案件的口头辩论。在一些重要案件中,"**法庭之友**"(amici curiae)会获准提供辩论意见书,参与口头辩论,有 30 分钟的发言时间。比如,美国公民自由联盟(American Civil Liberties Union, ACLU)经常在重要的民权案件中充当法庭之友。同样,记者争取新闻出版自由委员会(Reporters Committee for Freedom of the Press, http://www.rcfp.org)也可以在关涉记者权利的案件中提交法庭之友辩论意见书,哪怕它不是一方当事人。简言之,法庭之友不是案件当事人,但其利益或关切与案件结果休戚与共。

判决 口头辩论(公开举行,欢迎旁听)结束后,美国最高法院的九位大法官就会闭门商议。除大法官以外,任何人不能进入讨论室,

包括法官助理、法庭监守官和法庭文书。商议一般在口头辩论结束几天后举行,由首席大法官发起。商议时间颇为有限,首席大法官作为首位发言人,负责设定议程,也就是说,他要在每起案件中提出自己认为的关键争点。第二位发言者是其余大法官中的最资深者。之后发言的是次资深者。最高法院得在一个会议日或讨论日内处理诸多问题和案件,所以简洁明了就显得至关重要。每位大法官都有片刻时间来陈述自己对某问题的看法。讨论之后,九位大法官开始试投票,每位大法官将自己的投票结果记录在一个带锁的小记事本里。正式投票时,首席大法官之外的其他大法官先投票,首席大法官最后投票。

美国最高法院的几种判决意见

1. 法院判决意见(多数意见)
2. 协同意见
3. 反对意见(少数意见)
4. 相对多数意见
5. 法庭共同决议(未署名的法院意见)
6. 一致的节略意见

美国的司法系统极为重视法院在发展、解释法律中的作用,所以在这种制度下,仅对法律问题下是非判断是远远不够的。如果首要考虑的是法律,而不是**诉讼当事人(litigant)**的话,那么判决理由就比投票结果更重要。因此,美国最高法院,以及所有处理法律问题的法院,都会给出**判决意见(opinions)**,详述判决结果所依据的原因或理由。**法院判决意见(court's opinion)**由多数派中的一位大法官主笔。首席大法官若在多数派中,则由他选择判决意见的执笔人。首席大法官若不在多数派中,则由多数派中年资最深的大法官分配此项任务。当然,年资最深的大法官也可以自己撰写判决意见。

撰写判决意见困难重重。让五位、六位或七位大法官在是非判断上达成一致是一回事,让他们在判决理由上形成共识则是另一回事。因此,判决意见必须审慎起草。草稿拟定之

后,要交由全体大法官传阅,大法官们会提出建议,甚至自己写一份判决意见。为争取多数大法官的支持,主笔者必须尽可能多地吸纳这些观点。尽管这一切都是秘密进行的,但历史学家现已得知,法院判决意见极少是主笔者个人的工作成果。更多情况下,它是从诸位大法官的意见中采撷句子、段落和篇章,最后连缀而成的集合。

同意多数派判决结果,却又无法信服法院判决意见的大法官,可以自行撰写**协同意见**(concurring opinion)。撰写协同意见的大法官可能同意判决结果,但不同意多数派判决意见的判决理由。又或者,撰写协同意见的大法官可能想突出多数派判决意见未提及的某个特别理由。

不同意多数派的大法官,可以撰写**反对意见**(dissenting opinion),单独或多人均可。反对意见十分重要。法院有时会做出明显有误的判决。之后就同一争点起诉的当事人,可能会从反对意见的观点中寻找诉求依据。时过境迁,如果最高法院的成员结构发生巨变,又或者大法官们改变了想法,最高法院很可能转而认同反对者的观点。

支持者少于五人的判决意见,无法形成多数派判决意见,但其支持者又确实多于其他判决意见,我们可称之为**相对多数意见**(plurality opinion)。假设在一起案件中,有四位大法官因理由 A 同意某一判决结果,有两位大法官因理由 B 同意该判决结果,其余三位大法官完全反对以上判决结果。大法官中形成 4-2-3 的分裂,四位大法官的意见即为相对多数意见。美国最高法院 2012 年的"美国诉阿尔瓦雷斯案"(United States v. Alvarez)即属此例。美国最高法院宣布,《窃盗军功法》(Stolen Valor Act)违反美国宪法第一修正案对言论自由的保障(**参见 48~49 页**关于《窃盗军功法》的详细讨论)。《窃盗军功法》规定,谎称本人曾获过国会荣誉勋章是犯罪。九位大法官中,有四位大法官认为《窃盗军功法》违反言论自由,因为它未能通过宪法的**严格检视**(strict scrutiny)标准(**参见 52~53 页**对严格检视标

准的讨论),有两位大法官认为该法违反言论自由,因为它未能通过**中度检视**(intermediate scrutiny)标准(**参见 82~84 页**关于中度检视标准的讨论)。换言之,共有六位大法官认为该法违宪,但其中四位提出的理由,不同于另两位。其余三位大法官表示反对,他们认为《窃盗军功法》合宪,主张维持该法。

一位大法官有可能部分同意部分反对多数派意见。亦即,这位大法官可能同意多数派所说的一些内容,但不同意另一些方面。这种分裂会妨碍法律的有序发展,令法律业者与其他利益攸关方难以预测最高法院在下一起类似案件中的反应。

美国最高法院还可以通过另两种途径处理案件。第一是**法庭共同决议**(per curiam opinion)。这是一种不署名的判决意见,由多数派中的一人或多人起草,作为法庭意见发布。法庭共同决议并非普遍情况,但也绝不罕见。例如,最高法院曾在 2012 年"美国传统合伙公司诉布洛克案"(*American Tradition Partnership*, Inc. *v. Bullock*)[16] 中,发布了一份仅有两段文字的法庭共同决议——简洁扼要是法庭共同决议的另一特点。最高法院在布洛克案中推翻了蒙大拿州最高法院的判决(维持一部旨在限制公司、机构动用经费支持或反对公职候选人与政治团体的州法)。法庭共同决议指出,蒙大拿州的法律违反了美国最高法院 2010 年的判例"联合公民诉联邦选举委员会案"(*Citizens United* v. *Federal Election Commission*,**参见本章前文与第 97~98 页**有关联合公民案的更多信息)。四位大法官共同出具了一份同样简短的反对意见。这四位大法官(皆属自由派大法官)的姓名出现在了卷宗中,这意味着,未署名或匿名的法庭共同决议,出自另五位大法官(可归入所谓的保守派阵营)中的一位。

最后,美国最高法院还可以用**一致的节略意见**(memorandum order)处理案件,即法院只宣布投票结果,不发表判决意见。或者,一致的节略意见只援引最高法院的某起判例作为依据,支持或反对下级法院的判决。对于一些

重要程度较低的案件与个中争点实已解决的案件,法院可以用这一方法节省大量时间。

最后一个问题,关于投票。如果投票结果是等票,那该怎么办?在九位大法官全体到场的情况下,一般不可能出现等票。但如果有人缺席,就可能只有八位大法官出庭。即令九位大法官全部到齐,也可能有一位大法官没资格参与审理。如果投票结果是等票,那就维持下级法院的原判。此时无须拟写判决意见,就仿佛美国最高法院从未审理过此案一样。

在判决意见的传阅过程中,大法官们仍有机会改变投票。多数派的人数和人员组成可能会因此发生变化。如果哪位反对者提出的反对意见特别有说服力,得到对立面成员的支持,则多数派沦为少数派也不无可能。当然,这种情况很罕见。但可以说,只有等到判决宣布当日或法庭意见公布当日,投票结果才算尘埃落定。不同意见——法院判决意见、协同意见、反对意见——的作者会公开宣读或概括总结其观点。这些文件的复印件将分发给涉案双方与新闻传媒,很快也会在网上公布。

法院无法自己执行判决,必须倚赖其他政府机构。这项工作通常由政府行政分支承担。万一总统决定不执行美国最高法院的判决,最高法院也没有任何司法力量可以强制总统执行。

然而,还有一个力量在时刻监督着法院判决的执行情况:这股模糊的力量就是公共舆论,也被政治学家称为"合法性"(legitimacy)。大多数人信赖司法程序,他们相信法院能正确行事。这并不意味着他们一贯认同法院的判决,而是意味着,他们认可司法途径是定分止争的正道。法官若以温和的方式行事,将有助于培育上述精神或理念。比如,美国最高法院想出了一些办法,来避免回答具有高度争议性的问题,因为不受欢迎的判决很可能削弱最高法院的合法性。大法官可以称某项争议为政治问题、**不应由司法机构受理的争议(nonjusticiable matter)**,又或者,大法官可以基于其他理由拒绝受理一起案件。只有当大法官感知到公众已做好准备时,他们才会接受一个有争议的问题。校园种族隔离就是个很好的例子。1954 年,最高法院在"布朗诉教育委员会案"(*Brown v. Board of Education*)[17] 中判决:公立学校实行种族隔离违反了美国宪法。这一判决的基础是十年来累积的废除种族歧视的判例和行政措施,尽管它们的重要程度稍低。到了 1954 年,美国民众已准备就绪,该判决被人们普遍接受,甚至在南部许多地方也不例外。由此观之,法院判决的合法性,通常建基于法院对司法权的审慎运用上。

其他联邦法院

美国最高法院是最受瞩目,可能也是最富魅力(如果用词还算恰当的话)的联邦法院,但不是唯一的联邦法院,甚至不是工作最繁忙的联邦法院。在联邦司法系统中,美国最高法院以下还有两级联邦法院,外加各种专门法院。专门法院(如美国军事上诉法院、美国税务法院)由国会设置,专责管辖特殊事项。

美国全境、波多黎各与其他美国领地上分布着 94 家美国地区法院(U. S. District Courts),大多数联邦案件起始并终结于这 94 家法院中的一家。2014 年,地区法院共有 677 个委任法官席位(2014 年,地区法院层级尚有 70 个席位空缺),国会可以投票增减这一数字。除了这些委任的地区法院法官(又称"第三条"法官)之外,到 2014 年为止,联邦还有 525 名治安法官(magistrate judges)。治安法官由联邦地区法院任命,任期八年。他们处理某些具体事务(如刑事案件的初始程序),有时也审理案件,这些案件由地区法院法官指派,经诉讼双方同意后,交由治安法官审理(但治安法官不能主持重罪案件的审判)。

地区法院是联邦法院系统的初审法院,既审理民事案件,又审理刑事案件。每个州至少有一家联邦地区法院。人口稠密的州又分成两个或两个以上地区,所以全美共有 94 个地区。例如,宾夕法尼亚州有 3 个区(西区、中区和东区),佛罗里达州也有 3 个区(北区、中区和南区)。

联邦司法系统的中层,是 13 个巡回区的美国上诉法院(U. S. Court of Appeals)。2014

年,共有 179 个委任法官席位(2014 年初,这些席位中尚有 17 个空缺)。这些法院依 1789 年《联邦司法法》(Federal Judiciary Act)设立,1948 年以前被称为巡回上诉法院(Circuit Courts of Appeal),反映了美国立国之初最高法院大法官"巡回审判"、主持审理上诉案件的历史。巡回上诉法院的名称如今已不复使用,但美国仍划分为 11 个巡回区,每个巡回区内设一家上诉法院。

美国巡回区的划分

第 1 巡回区:缅因州、马萨诸塞州、新罕布什尔州、罗得岛州、波多黎各

第 2 巡回区:康涅狄格州、纽约州、佛蒙特州

第 3 巡回区:特拉华州、新泽西州、宾夕法尼亚州、维尔京群岛

第 4 巡回区:马里兰州、北卡罗来纳州、南卡罗来纳州、弗吉尼亚州及西弗吉尼亚州

第 5 巡回区:密西西比州、路易斯安那州、得克萨斯州

第 6 巡回区:肯塔基州、密歇根州、俄亥俄州、田纳西州

第 7 巡回区:伊利诺伊州、印第安纳州、威斯康星州

第 8 巡回区:阿肯色州、艾奥瓦州、明尼苏达州、密苏里州、内布拉斯加州、北达科他州、南达科他州

第 9 巡回区:阿拉斯加州、亚利桑那州、加利福尼亚州、夏威夷、爱达荷州、蒙大拿州、内华达州、俄勒冈州、华盛顿州、关岛及北马里亚纳群岛

第 10 巡回区:科罗拉多州、堪萨斯州、新墨西哥州、俄克拉何马州、犹他州、怀俄明州

第 11 巡回区:亚拉巴马州、佛罗里达州、佐治亚州、巴拿马运河区

第 12、13 巡回区没有数字标识。其一是哥伦比亚特区美国上诉法院(the Court of Appeals for the District of Columbia),这是一个非常繁忙的法院,对联邦行政机构决定所提之上诉,大多数由这家法院受理。其二是联邦巡回区上诉法院(the Court of Appeals for the Federal Circuit),该法院由国会于 1982 年组建,处理特殊案件的上诉。它得到特别授权,负责审理来自各家美国地区法院与专利上诉委员会(Board of Patent Appeals)等行政机构的专利及商标案件的上诉。它也负责审理来自美国索赔法院(the U. S. Claims Court)、美国国际贸易法院、美国国际贸易委员会、功绩制保护委员会(Merit Systems Protection Board)[①]的案件和许多其他特殊案件的上诉。国会之所以设立这家法院,是希望在这些特殊领域内发展统一、可信且可预测的法律。

12 家地区性的联邦上诉法院(包括以数字编码的 11 个巡回区,外加哥伦比亚特区巡回区),审理来自本巡回区内联邦地区法院的上诉案件,同时审理来自联邦行政机构的上诉案件。在联邦司法系统中,这些法院是 95% 案件的终点站。每个巡回区的上诉法官数量不同,视巡回区的地域规模与案件数量而定。第 9 巡回区美国上诉法院覆盖美西九个州,外加关岛和北马里亚纳群岛,是面积最大、最繁忙的巡回区。有人认为第 9 巡回区太过庞大(一些保守人士还认为它太过自由主义),故不时有要求将它分解的声音。一般而言,审理案件的法官团由三位法官组成。特别案件由更大规模的法官团(通常为 11 位法官)审理,称为法院**满席听审(sitting en banc)**。在三人法官团审理的上诉案件中,败诉的当事人可以向法院申请满席听审,重审案件。但法院不常同意此类申请。

2012 年 12 月,《美国律师协会杂志》(*ABA Journal*)将第 6 巡回区美国上诉法院评选为最不靠谱法院,它取代了第 9 巡回区,成为判决结果被推翻次数最多的上诉法院。七年间,从第

---

① 功绩制保护委员会依 1978 年《文官制改革法》设立,负责处理联邦政府雇员因受解雇、停职等处分提出的申诉。——译者注

6 巡回区进入美国最高法院的案件,超过 81% 被美国最高法院推翻原判。换言之,每 5 起案件中,就有 4 起被推翻。第 6 巡回区覆盖肯塔基州、密歇根州、俄亥俄州和田纳西州。

联邦法官

所有联邦法官(治安法官除外)皆由美国总统依美国宪法第 3 条任命,任期终身。参议院可以提供建议并批准任命。罢免联邦法官的唯一途径是**弹劾(impeachment)**。美国历史上曾有 11 位联邦法官被弹劾:其中 7 位被参议院定罪,其余 4 位被宣告无罪。弹劾与审判是一条漫漫长路,弹劾程序鲜少启动。

政党关系在联邦法官的任命中发挥着独特作用。民主党总统通常任命民主党人法官,共和党总统通常任命共和党人法官。但有一条是不移的,联邦法官的人选,必须是称职的司法工作人员,上诉法院法官和最高法院大法官的任命尤为强调这一点。所有联邦法官的任命,都必须经参议院批准。参议院对联邦地区法院的法官人选做一般考核,对上诉法院的法官人选则做更细致的审查。

在很多人看来,美国最高法院的现任大法官是依意识形态和政治派别站队的,因此,最高法院大法官的选任程序备受瞩目。如今,安东尼·肯尼迪是最高法院中不同派别竭力争取的关键摇摆票。所以,虽说约翰·罗伯茨是现任首席大法官,但在 2014 年,很多人将美国最高法院称为"肯尼迪法院"。

总统在美国参议院的"建议及同意"下任命美国最高法院大法官。当白宫与参议院由同一政党执掌时,任命往往进展顺利。但是,当白宫与参议院非由一党控制时,有关未来大法官人选的鏖战就会开启。有时,总统提名某位候选人的过程着实艰难,甚至得不到参议院的建议与同意。2009 年,参议院批准巴拉克·奥巴马总统提名的索尼娅·索托马约尔担任最高法院大法官,但从投票中可以看出,两党分歧严重。2010 年,激战再度上演,约翰·保罗·史蒂文斯(John Paul Stevens)大法官以 90 岁高龄荣休,奥巴马有机会再将一位自由派大法官送入最高法院,即埃琳娜·卡根(Elena Kagan)。2012 年,奥巴马总统竞选连任成功,这意味着他在 2017 年 1 月卸任之前也许还能再任命一位最高法院大法官。尤其是,自由派大法官鲁思·巴德·金斯伯格(Ruth Bader Ginsburg)2014 年已年届 81 岁,如果她决定退休,奥巴马将有机会补上另一名自由派大法官。

总统和参议员俱已发现,他们所任命的人,未必就是那个在法庭上度过余生的人。得到终身任命的大法官和法官有时也在改变。或许是受到同事的影响,又或许是因为摆脱了公共生活中的政治和社会压力。无论原因是什么,得到法官任命的男男女女们,有时会改变自己的观点。比如,现任大法官肯尼迪由共和党总统罗纳德·里根(Ronald Reagan)于 1988 年任命,但他曾主笔法院判决意见,推翻得克萨斯州的一部反鸡奸法(本章前文介绍过此案),还曾将一部反对虚拟儿童色情的法律宣布为违宪(参见第 13 章),他似乎已经疏离了保守派立场。

州法院系统

美国 50 个州的州宪法,不是直接设立本州的法院体系,就是授权州立法机关设立州法院体系。50 个州的法院体系各有不同,但同多于异。

初审法院是每个司法系统的基础。处于最低层级的是"有限管辖权法院"。其中一些法院担负着特殊职能,如专门审理机动车违章案件的交通法院。一些法院只审理不太重要的案件,如轻罪案件或索赔金额较低的民事案件(即所谓"小额诉讼法院")。还有一些是市政法院(municipal courts),审理违反城市法规(city code)的案件。这些法院的法官只行使有限管辖权,只处理特定门类的问题。

在有限管辖权法院之上,是拥有一般管辖权的初审法院(trial courts),类似于联邦地区法院。这些法院有时是县法院,有时是州法院,处理几乎所有的刑事和民事案件。它们是主要行使初审管辖权的法院,换言之,是最早审理一起案件的法院。但是,如果有限管辖权法院的判决受到挑战,它们偶尔也充任上诉法院的角色。这种情况发生时,案件会在初审法院重审,此时法院并非只是简单地审查法律问题。这一程序称为**重新审理(de novo)**案件。

陪审团(jury)最有可能出现在行使一般管辖权的初审法院。这里是大多数涉及诽谤、隐私侵权的民事案件开始的地方(如果州法院有管辖权),是违反州淫秽法的刑事指控开始的地方,也是其他许多与传媒有关的事务开始的地方。

在这一层级的法院之上,是一级或两级上诉法院。各州都有最高法院,尽管有些州不这么命名。比如,纽约州的最高法院称为"上诉法院"(Court of Appeals),但它是该州最高层级的法院,是最高上诉法院。[18]过去,大多数州只有最高法院这一家上诉法院。但随着司法事务和上诉案件的增加,设立中间上诉法院的需求变得十分突出。如今,几乎所有州都有

中级法院,通常称为上诉法院。大多数上诉案件在这里结案。一些州只设一家上诉法院,有三位或三位以上法官。更常见的是,州上诉法院设立众多分部,服务于各地理区域,每个分部有三位或三位以上法官。因为每个诉讼当事人至少有一次上诉机会,所以中级法院承担了州最高法院的大部分负担。极少有人会跳过中级法院,直接上诉至州最高法院。

州上诉法院的运作方式与联邦上诉法院基本相同,案件由小规模的法官团审理,通常一次是三位法官。

与联邦问题无关的案件,最远只能走到州最高法院。州最高法院通常有七位或九位法官,是解释州法律和州宪法的最高权威。有关州宪法的意涵,甚至连美国最高法院也不能指点州最高法院。

州法院的法官一般由选举产生。法官的产生程序通常不带党派倾向,但由于州法院的法官由选举产生,要定期经受重新选举的考验,所以他们在政治上比联邦法院的法官更为积极。美国近半数的州采用任命与选举兼具的折中制度,以尽可能减少政治的影响。具体方法是由州长从合格的候选人中选任法官,同时保留一定程度的公众控制。具体方案以率先倡导的州命名,如**加利福尼亚方案(California Plan)**和**密苏里方案(Missouri Plan)**。

司法审查

法院最重要(一度也是最具争议)的权力是**司法审查(judicial review)**权,即法院有权力宣布任何法律或政府行为因违反宪法而归于无效。我们通常在美国宪法的语境中理解这一权力。但其实,州法院也可以宣布本州立法机关的行为因违反本州宪法而失效。从理论上说,任何法院都能行使这一权力。密歇根州拉皮尔县的巡回法院(the Circuit Court of Lapeer County)可以宣布 1972 年《环境保护法》违宪,因为该法未经正当法律程序即剥夺受宪法第五修正案保护的公民财产。但这种情况不太可能发生,因为更高级别的法院很快就会

推翻这样的判决。实际上,对于任何法院,甚至美国最高法院而言,以违宪为理由推翻一部州法或联邦法都是非同寻常的事。从中可见,法院没有滥用司法审查权。法谚有云:当法院有两种或两种以上方法解释成文法时,应做合宪解释。

当问题涉及大众传媒的规管时,司法审查便极为重要。宪法第一修正案禁止任何法律剥夺公民的言论自由和新闻出版自由,国会、州议会、市议会乃至乡镇一级的立法机构在出台新规定时,都必须以宪法第一修正案为准绳。法院有权利,更有责任废除不符合第一修

正案标准的法律、行政行为和行政裁定。虽说许多律师和法律学者极少在工作中考虑宪法原则，也极少尝试对成文法发起司法审查，但代表报纸、杂志、电台、电视台和电影院的律师总是要不断地处理宪法问题，主要是涉及宪法第一修正案的问题。本书其他章节将提供司法审查的例证，尽管该项权力并未在宪法中明文规定，但作为美国民主的核心理念，它为维护美国的新闻出版自由发挥了重要作用。

小　结

美国共有 52 个司法系统：联邦一个，哥伦比亚特区一个，50 个州每州一个。每个司法系统中的法院，基本可分为两类：初审法院和上诉法院。在一起案件中，法院既要考察事实，又要适用法律。事实或事实记录是对引发纠纷之由头的陈述。法律则事关应该如何解决纠纷。初审法院认定案件事实，法官接着适用法律。上诉法院使用初审法院确立的事实记录，并判断下级法院是否正确适用了法律，是否依正当的司法程序办事。初审法院几乎排他性地行使初审管辖权，也就是说，它们是最早审理案件的法院。初审法院几乎无法选择审理什么案件、不审理什么案件。上诉法院几乎排他性地行使上诉管辖权，换言之，它们要在案件上诉后审查下级法院的工作。中间上诉法院选择案件的空间有限，州最高法院或美国最高法院通常有权力选择自己想要审理的案件。

联邦法院包括美国最高法院、美国上诉法院、美国地区法院和几家专门法院。这些法院的管辖范围包括：涉及美国宪法、美国法律、美国条约的案件；不同州的公民之间的纠纷；其他重要程度稍低的案件。每个州都有多家初审级别的法院和一家最高上诉法院，通常称为最高法院。约半数州还有中间上诉法院。凡发生在本州公民之间，且涉及州宪法或州法律的纠纷，州法院一般都有司法管辖权。

司法审查是法院宣告成文法、行政规定或行政行为因违宪而无效的权力。美国宪法第一修正案保障言论自由和新闻出版自由，故所有与观念和信息传播相关的政府行为，都有可能面临法院的审查，以验证其有效性。

诉讼

本章的最后一个话题是诉讼。在外行眼里，美国似已陷溺于讼案的汪洋大海。对于此种印象之形成，新闻界对司法问题的持续关注恐怕难辞其咎。报道法院相当容易，有关诉讼的报道通常都能刊播。

这不是说，我们并非高度好讼的民族。我们确实爱打官司，法院聚讼盈庭即为明证。今天，上法庭对越来越多的美国人而言已不再是新鲜事，而是一种普通事务、个人行为。太多案件只是为了一些鸡毛蒜皮、鸡零狗碎的蠢事。其结果是，公众必须为此类诉讼付出高额代价：联邦政府和州政府提高税收，以增建法庭，维持法庭运转，支付法院工作人员的薪水；一切保险费用也水涨船高，从汽车保险到诽谤保险都是如此。

接下来的内容，是对诉讼过程的简化描述。这里描绘的图景，省略了大量程序性行为，这些程序性行为通常会拉长诉讼，让律师们忙得团团转。

开始或提起民事诉讼的一方，称为**原告**（**plaintiff**）。其对立方称为**被告**（**defendant**）。在一起诽谤诉讼中，被诽谤者是原告，即起诉被告（报社、电视台或博客）的人。民事案件通常是两个私主体之间的纠纷。政府提供专门的机构（法院）来平息争端。当然，政府也可以对个人提起民事诉讼，如反托拉斯诉讼，个人也可以对政府提起民事诉讼。但通常情况下，民事诉讼发生在私主体之间（刑事案件总是由政府起诉)。

原告在提起民事诉讼时,先要选择一个恰当的法院,即对案件有管辖权的法院。接着,原告要向法院书记员(court clerk)提交**民事起诉状(civil complaint)**。这份起诉状或**诉状(pleading)**陈述了原告的主张,阐明了原告诉请的法律救济,通常是赔偿金。诉状的内容通常包括:

1. 原告起诉所依据的事实

2. 原告起诉所依据的法律理论或诉由(比如,诽谤就是一种诉由或法律理论)

3. 所请求的补偿或救济(原告在民事诉讼中通常诉请赔偿金,但在某些情形下也可能请求衡平法上的救济)

然后,原告将诉状送达被告,以便被告应答。原告此后也可以修改诉状。诉状提交后,法院会排定开庭日期。

不应诉的被告一般会被判缺席败诉。但被告通常都会应诉,并准备答辩状,这是对原告指控的回应。如果双方在案情事实(所发生之事)方面没有明显争议,且被告的确有不当行为,那么原、被告双方有可能庭外和解。被告可能会说:"我可能确实在这篇报道中诽谤了你,我实在也没有很好的辩词。你索赔 10 万美元,我现在给你 5 万美元,我们庭外和解如何?"原告很可能会同意,因为打官司所费不赀、耗费时日,最后还可能以败诉收场。聪明的律师会想尽办法不让当事人上法庭,能和解当然最好。其实,绝大多数案件从未进入过审判程序。

如果当事人双方对事实有争议,诉讼就会继续下去。被告对起诉状的惯常答复,是向法庭提交**答辩状(answer)**,并送达原告。答辩状一般否认起诉状中的大部分事实与所有主张,也可以针对原告的起诉提出各种抗辩。被告此时可能采用的另一种典型策略,是向法院提出驳回原告起诉的申请(motion to dismiss)①,或称**诉求不充分抗辩(demurrer)**②。被告会在

申请书中向法院提出:"本人承认曾从事原告所述之行为。本人确曾在 2014 年 6 月 5 日发表的文章中称她为社会主义者。但是,法官大人,称某人为社会主义者并非诽谤。"这一抗辩的意思是,即令原告主张的事实为真,被告也不违法。法律不能站在原告那边。法院有可能同意被告的申请,此时原告可以上诉。法院也可能拒绝被告的申请,此时被告可以上诉。如果各级法院都拒绝被告的申请,那么接下来,案件就要开庭审理。到了这一步,被告可以重新质疑原告的事实陈述,这才算是公平竞争;换句话说,他这时可以否认自己的报纸发表过含有原告诉称为诽谤内容的文章。

开庭之前,法官会安排时间召集双方当事人会面,争取庭外和解,或至少缩减争点,节省审判时间与花销。如果调解失败,则案件继续进行。如果双方对事实没有争议,争点仅在法律层面,则由法官单独审理,不设陪审团。法庭上没有证人,没有证词,只有关于法律问题的辩论。如果双方对事实有争议,则既可以设陪审团,也可由法官自行审理。请注意,如果案件由法官独自审理,则双方当事人必须同意放弃陪审团审判的权利。在这种情况下,法官身兼二职,既是事实发现者,又是依法裁判者。现在,我们假设案件由陪审团审理。所有证人出庭作证之后,所有证据开示之后,所有举证、质证结束之后,法官会在法律上指导陪审团。尽管法官有心简化,但这番指导通常又长又复杂。**司法指导(judicial instructions)**引导陪审团在确信特定事实为真的情形下做出法律判断。法官会说:如果陪审团发现 X、Y、Z 皆为真,则应做出有利于原告的裁断;如果陪审团发现 X 为假,R 为真,则应做出有利于被告的裁断。

在民事诉讼中,原告承担着以"优势证据"(a preponderance of the evidence)证明其主张的举证责任,即原告必须证明,被告有责的可能性更高(原告主张为真的可能性超过 50%)。

---

① 指被告以原告没有陈述一项法律可对之提供救济的请求,或该请求在其他方面存在法律上的欠缺为由,申请法院驳回原告的起诉。——译者注

② 又称法律抗辩,指诉讼一方当事人承认对方主张的事实为真,但认为它在法律上不足以支持其诉讼请求,或认为其诉状表面上存在某些缺陷,使得本方在法律上无义务继续推进诉讼的一种抗辩。——译者注

请注意，这里使用的概念是"有责"（liable）。在民事诉讼中，败诉的被告为有责，"有罪"（guilty）仅用于刑事案件。

陪审团审议之后做出**裁断（verdict）**，这是陪审团对案件的裁定。然后法官宣读**法院判决（judgment of the court）**，这是法庭的决定。法官并不总是受制于陪审团的裁断。如果法官觉得陪审团的裁断不公正或不合理，可以自行推翻，做出有利于另一方的判决。不过这种情况极少发生。

对判决结果不满的一方可以上诉，这时法律称谓会有所改变。上诉的一方成为上诉人（appellant/petitioner），另一方成为**被上诉人（appellee）**或应答人（respondent）。开始程序的一方，通常在案件名称中居前。如史密斯起诉琼斯诽谤。案件的名称是"史密斯诉琼斯案"。琼斯败诉后上诉。此时，在大多数司法管辖区，琼斯成为开始程序的一方，案件名称变为"琼斯诉史密斯案"。案件名称的频繁变动，常令初学者难以追踪一起案件从初审到最终上诉的全过程。如果琼斯在上诉中获胜，而史密斯决定向更高一级法院上诉，案件名称就又变回"史密斯诉琼斯案"。不过今天，在越来越多的司法管辖区，案件名称在整个上诉过程中保持不变，目的就是避免双方当事人名字不断调换所造成的混乱。例如在加州，"史密斯诉琼斯案"在整个司法程序中都称为"史密斯诉琼斯案"。

一起原告获胜的民事诉讼，通常的结果是被告支付损害赔偿金。赔偿金额有时由法律规定，例如在版权侵权案中，根据法律，败诉的被告须向原告支付的赔偿金额是原告在版权未遭侵犯的情况下可能获得的收益，或至少是某一给定金额。不过，在大多数情况下，赔偿金额的确定，取决于原告的索赔金额、原告能

证明的损失，以及陪审团认为原告应得的赔偿。这个方法未必科学。

刑事诉讼（criminal prosecution/criminal action）在很多方面类似于民事诉讼。当然，其程序更正式、更细致，且有国家机器更高程度的介入。首先是由政府提出控诉，通常是透过县检察官或州检察官。被告可在此前或此后被捕。在联邦司法系统里，在指控某人犯有重罪之前，先得由 16～21 名公民组成的**大陪审团（grand jury）起诉（indict）**该人。但大部分州不这样使用大陪审团，法律规定，只需检察官签发**检察官起诉书（information）**就够了。指控之后是**起诉认否程序（arraignment）**①，法院向被告正式宣读起诉书，被告可以做有罪答辩或无罪答辩。如果被告做有罪答辩，法官会直接做出判决。但通常不是立即做出，因为还得完成量刑前调查报告（presentencing report）②等程序。如果被告做无罪答辩，法官就得确定开庭日期。

一些州的司法系统有预审（preliminary hearing/preliminary examination）③这种中间程序，预审一般在初审法院以下的法院进行，如市政法院。州政府有责任以足够的证据说服法院（仅一位法官）相信确有犯罪发生，且有充分证据确信被告可能涉入其中。今天，在庭审前召开**审前会议（pretrial hearing）**确定各种事项的情况也很常见。

刑事案件进入庭审程序后，控方（政府）必须以"排除合理怀疑"（beyond a reasonable doubt）的证明标准承担举证责任，其要求远高于民事诉讼中的优势证据标准。

无论是在民事诉讼中还是在刑事案件中，判决结果的执行，都要等到所有上诉可能都穷尽之后。换言之，在民事诉讼中，只有等到被

---

① 《元照英美法词典》译为"传讯"，但考虑到这一程序与中国语境中的传讯有所不同，故本书采用"起诉认否程序"之译法，也有译者译成"认罪程序"。这一程序包含三项内容：（1）法院将被告传唤到庭；（2）向被告宣读起诉书的内容；（3）由被告就起诉书所指控的罪行做出答辩。被告一般可以做有罪答辩、无罪答辩或不愿争论的答辩。——译者注

② 缓刑官应法庭要求，在对已被定罪的被告进行量刑前调查后提交的详细说明其调查结果的文件，内容包括被告的教育背景、职业背景、社会经历、过去居住地情况、病史，有关被告未来处境的信息，有关任何可获得的有助于被告的资源的信息，缓刑官对被告的犯罪动机和目的的看法，被告过去的犯罪记录以及处理建议等。——译者注

③ 预审，刑事诉讼中由法官来审查对被告的指控是否有充分的证据，从而决定是否应将被告交付审判的程序。——译者注

告穷尽了所有上诉之后，赔偿金才会被偿付。刑事案件也一样，只有在最终的上诉结束以后，才有监禁和罚金。如果被告是危险人物，或无法保证被告在最终上诉结束后会服罪，法院可以要求被告缴纳保释金。保释金是为确保被告到庭而要求被告向法院缴纳的一定数额的金钱。

小　结

　　诉讼基本可分为两类——民事诉讼和刑事诉讼。民事诉讼通常由两个私主体之间的争议引发，由政府提供专门的机构（法院）定分止争。开始民事诉讼的一方是原告；诉讼所针对的一方为被告。胜诉的原告通常获得赔偿金。

　　刑事案件通常是政府指控个人，政府指控的对象称为被告。败诉的被告可能被判处罚金、监禁，在一些极端案件中甚至可能被判处死刑。民事和刑事诉讼都可以使用陪审团。陪审团是事实发现者，对案件做出裁断，但最后由法官宣布法院判决。在民事诉讼中，法官如果发现陪审团的裁断有严重错误，也可以推翻陪审团裁断，并做出截然相反的判决。任何一方当事人，都可以对判决结果提起上诉。在刑事案件中，法官可以从陪审团处接手案件，驳回起诉，但法官不能更改陪审团的无罪裁断，哪怕是不可思议的无罪裁断。被定罪的被告可以上诉，但州政府不得就无罪判决提起上诉。

参考书目

Abraham, Henry J. *The Judicial Process*. 7th ed. New York: Oxford University Press, 1998.

———. *The Judiciary: The Supreme Court in the Government Process*. 3rd ed. Boston: Allyn & Bacon, 1973.

Cohn, Bob. "The Lawsuit Cha-Cha." *Newsweek*, 26 August 1991, 58.

Franklin, Marc A. *The Dynamics of American Law*. Mineola, N. Y.: Foundation Press, 1969.

Pound, Roscoe. *The Development of the Constitutional Guarantees of Liberty*. New Haven, Conn.: Yale University Press, 1957.

Rembar, Charles. *The Law of the Land*. New York: Simon & Schuster, 1980.

Roche, John P. *Courts and Rights*. 2nd ed. New York: Random House, 1966.

注释

[1] Abraham, *Judicial Process*.

[2] 本书正文内着重突出的词汇，可在书末的"专业词汇"中查询其释义。

[3] 上诉法院常做出一些只解决特定案件，不具有先例（具有拘束力）意义的判决。法院称这些判决为"非先例判决"（unpublished decisions）。在一些司法管辖区，律师在后续案件的法律文书中援引这类判决是不合法的。

[4] 159 S. W. 2d 291(1942).

[5] 95 S. E. 2d 606(1956).

[6] 539 U. S. 558(2003).

[7] 478 U. S. 186(1986).

[8] 559 U. S. 460(2010).

[9] 558 U. S. 310(2010).

[10] *Oregon v. Henry*, 302 Ore. 510(1987). 俄勒冈州宪法第 8 节第 1 条规定："不得立法限制观点的自由表达，不得立法限制人们就任何事项自由发言、撰作或印刷，但人人均需对滥用此项权利负责。"1996 年，俄

勒冈州曾有过一次公民投票,目的之一是回应亨利案,要求修改州宪法第 8 节第 1 条,反对保护淫秽言论。此次投票以失败告终。

[11] 427 U. S. 539(1976).

[12] 559 U. S. 460(2010).

[13] 267 P. 3d 305(Wash. 2011).

[14] *South Carolina v. North Carolina*, 558 U. S. 256 (2010).

[15] 385 U. S. 374(1967).

[16] 132 S. Ct. 2490(2012).

[17] 347 U. S. 483(1954).

[18] 令问题更为复杂的是,纽约州拥有一般管辖权的初审法院称为最高法院(the Supreme Court)。电视剧《法律与秩序》的忠实粉丝谅必对此了然于胸。

第 2 章
宪法第一修正案:自由的意涵

在美国,凡与言论自由、新闻出版自由相关的法律,几乎都以宪法第一修正案为源泉。宪法第一修正案于 1791 年通过,是《权利法案》的一部分。它只有 45 个字,但在过去的两个多世纪中,法院的判决大大丰富了这一基本框架的内涵。本章将探索表达自由的演进历程,概述宪法第一修正案的诞生过程,并检视言论自由与新闻出版自由之基本意涵的发展。

 历史演进

表达自由的理念并非美国所独有,它上可溯至苏格拉底和柏拉图。过去 400 年间,这一理念得到了充分发展。16、17 世纪的英国,在印刷业起步的同时,新闻出版自由的现代史也拉开了帷幕。今日的美国宪法第一修正案是这一理念最不可磨灭的体现。18 世纪后半叶,一些人念念不忘自己早年的经历,竭力促成了宪法第一修正案,该修正案的措辞至今未改。要理解新闻出版自由和言论自由的意涵,我们有必要先明确审查(censorship)的意思。从消极自由的角度观之,表达自由可被简单定义为免于审查或免于政府控制的自由。

英国的新闻出版自由

1476 年,威廉·卡克斯顿(William Caxton)在威斯敏斯特成立了英国第一家印刷所,当时,他的印刷事业仅受想象力和能力的限制。当时并无法律规定什么内容不得印刷——他是完全自由的。五个多世纪里,英国人和美国人历经艰辛,只为重获卡克斯顿曾经享有的自由,因为就在他投身印刷活动后不久,英国王室便开始管制印刷业。印刷业在欧洲的宗教改革时期取得长足的发展,并迅速成为这场运动的重要工具。印刷机可以轻而易举地向成百上千的人开展传播,赋予了那些拥有印刷机或能够使用印刷机的小型团体与个人巨大的力量。

英国政府意识到,不受限制的发行和印刷会稀释自己的权力。信息在任何社会都是强有力的工具,而且,控制信息流通与信息内容的人拥有相当大的权力。印刷机打破了英国王室对信息流通的垄断,因此,政府必须控制印刷业。

1476—1776 年间,英国政府采用多种英国 300 年间对新闻出版的控制,整体上可谓成功,但也不无挑战。随着民主思想传遍欧洲,政府越来越难以限制表达自由。

手段钳制英国的新闻出版。**煽动性诽谤(seditious libel)**法专用于惩罚政府和王室的批评者,至于批评的内容真实与否,非为所问。印刷出版物还受制于**许可制(licensing)**或**事前限制(prior restraint)**法,印刷商在印刷传单、小册子和报纸之前,必须得到政府或教会的同意。印刷商还得向政府交纳一大笔**保证金(bonds)**。印刷材料中若出现政府认为不该出版的内容,保证金将被没收。重开印刷之前,印刷商还得再交一笔保证金。英国政府也向一些印刷商授予特许权和专营权,以换取其合作——只印刷政府能够接受的内容,并帮助王室刺探违反出版法的印刷商。

英国 300 年间对新闻出版的控制,整体上可谓成功,但也不无挑战。随着民主思想传遍欧洲,政府越来越难以限制表达自由。印刷传媒迅速向普罗大众传递思想的能力,对民主精神的培育大有裨益。尽管英国法律同样管束北美殖民地的新闻出版,但从来不曾如它在英国本土般成功。

北美殖民地的新闻出版自由

在第一份报纸诞生之前,限制新闻出版自由的法律就已在北美存在了将近 30 年。早在 1662 年,马萨诸塞便已立法规定,未经政府允许即自行出版是一种犯罪,这是在本杰明·哈里斯(Benjamin Harris)出版第一期,也是最后一期《公共事件》(*Publick Occurrences*)之前 28 年。该刊的第二期及以后各期皆被禁止出版,因为哈里斯在出版第一期之前,未能获得出版许可。第一期刊物的部分内容被解读为批评英国的殖民地政策,还有一篇报道触怒了马萨诸塞的神职人员,这篇报道说,法国国王与一位有夫之妇暗通款曲。

尽管开局不利,但与英国同辈相比,北美殖民地的人们将其观点付梓(并免于牢狱之灾)的空间要大得多。审查确实存在,但陪审团不愿将殖民地当局指控的印刷商定罪。殖民地政府的工作效率也不及英国本土的政府。

英国政府希图以许可制、税收和煽动法控制美洲的印刷商和出版商。英国本土早在 1695 年废止的许可制,在北美殖民地一直沿用至 1720 年代。1722 年,本杰明·富兰克林(Benjamin Franklin)的兄长詹姆斯·富兰克林(James Franklin)被政府监禁,因为他未经政府同意就出版了《新英格兰新闻报》(*New England Courant*)。政府这一不受欢迎的举措未能吓倒詹姆斯,而特许制也终于在殖民地寿终正寝。英国政府向新闻出版界所征的大多数税收,实际上是为了增加政府收入,但被美洲印刷商视为审查,也导致针对英国议会和王室的敌意与日俱增。大多数出版商不肯购买印花税,英国政府也很少惩罚他们。

在北美殖民地,政府实施审查的最著名案例是移民印刷商约翰·彼得·曾格(John Peter Zenger)的煽动性诽谤案。曾格发现,自己卷入了一场纽约殖民地主要政客之间的恶性政治斗争。曾格发行的《纽约新闻周报》(*New York Weekly Journal*)由刘易斯·莫里斯(Lewis Morris)和詹姆斯·亚历山大(James Alexander)资助,这两位是殖民地总督威廉·科斯比(William Cosby)的政治对手。曾格因在报纸上刊文攻击不受欢迎的科斯比,于 1734 年 11 月被捕。科斯比以为,只要把曾格(纽约仅有的两名印刷商之一)投入牢狱,就能封缄批评者之口。根据 18 世纪英国的煽动法,曾格无疑是有罪的。但他的律师,包括声誉隆盛的刑法律师安德鲁·汉密尔顿(Andrew Hamilton),说服了陪审团使其相信:出版对政府既真实且公正之批评内容的人,不应被监禁或罚款。陪审员无视煽动法,将这名德国裔印刷商无罪释放。这就是今天所称"**陪审团之拒绝**"(**jury nullification**)的早期例证——陪审团在刑事案件中弃法律于不顾(即"拒绝适用"法律),根据道德与良知做出裁断(通常是无罪裁断)。尽管"陪审团之拒绝"必然具有争议性，且相对罕见，但它可被视作立法程序的必要成分，多个陪审团屡次拒绝适用的法律，应被立法机关修改或抛弃。

曾格案判决是伟大的政治胜利，但并未改变煽动性诽谤法。换言之，该案未能确立起重要的司法先例。不过，北美陪审员的对抗确实逼使殖民当局重新考虑是否应当继续以煽动法为手段控制新闻出版。1735 年后，政府也发动了几起煽动罪指控，但没有记录表明在曾格案之后有任何一例指控在殖民地法庭上获胜。曾格案在北美和英国广为传布，其判决结果激起了公众对此类政府审查的反对情绪。

曾格案现已成为美国新闻业的一个神话，但它并不意味着英国政府就此放弃控制北美殖民地的新闻出版。英国政府不再将印刷商和编辑告上法庭，让敌视政府的陪审员决定其命运，而是将他们告上反感记者的殖民地立法机构。罪名不再是煽动，而是侵犯议会特权（parliamentary privilege）或藐视议会（contempt of the assembly）。当时的政府，三权尚未明确分立，立法机关完全可以命令印刷商到场，向他们提问，给他们定罪并施以惩罚。如此一来，印刷商和出版商仍会因"煽动性"出版物而被监禁、罚款。

出版商和印刷商虽然时不时遭遇如上强力制裁，但这一时期的新闻出版界极具活力。凡是潜心阅读 18 世纪后半期的报纸、小册子和传单的研究者，无不因这些出版物对政府审查的毫不顾忌而大为震惊。历史学家伦纳德·利维（Leonard Levy）在其著作《自由新闻界的诞生》（Emergence of a Free Press）中指出了学者们在试图理解该时期的表达自由时发现的这一貌似矛盾之处。[1] 他写道："关注法律及理论的人（学者）看到的，是政府对新闻出版的压制；而关心报纸如何评断公众人物与公共政策的人看到的，却是这场革命性论战如何加速了自由传统的不断扩张。"利维的意思是，虽然立法机关的法律和公告给人一种新闻出版受到严厉管控的印象，但实情是，记者和出版商往往无视法律，也极少受到惩罚。

然而，政治学家约翰·罗奇（John Roche）在《幻影与实质》（Shadow and Substance）[2] 一书中指出，这种自由表象或许具有欺骗性，因为社群也常会对异见表达者施加巨大压力，这种压力有时是法律以外的。罗奇认为，许多人坚信，自由是美国社会的标志，但这种信念罔顾历史事实。北美殖民地的人们并不能理解，思想自由和表达自由也意味着其他人，尤其是那些持有可恶观点的人的自由。罗奇指出，北美殖民地是一个开放社会，但其中散落着星星点点的封闭飞地——乡村、市镇与城市，这些地方的市民通常在宗教、政府等事务上共享相似的信念。市民可以抱持自己选择的任何信念，并大力发言对其支持拥护，但其人身安全，端赖社群中同意者的多寡。如果其他社群成员不同意这一信念，那么发言者不是就此沉默（自我审查，今日学者称为"寒蝉效应"的早期例证），就是移居另一处与他拥有同样信念的飞地。在罗奇看来，殖民地的思想固然丰富多元，但就单个市镇或城市而言，思想却高度同质、单一。

革命之前的宣传战是此种情形的显例。在波士顿，爱国者强烈主张在其报纸上畅所欲言甚至批评政府的权利。表达自由是他们的权利，一种天赋权利，一种自然权利，是英国国民人人得享的权利。然而，也有许多人不赞成革命，甚至不赞成脱离英国。但在 1770 年以后，这些人要想在北美许多城市发表亲英言论极为困难。在报纸和传单上发表这些思想的出版商要冒很大的风险。在波士顿等城市，印刷商饱受攻击，店铺遭到破坏，报纸俱被销毁。一旦爱国者争取到众人支持，对于反对革命的殖民地居民而言，新闻出版自由便沦为一个用处有限的概念。

社群审查　今时当日

波士顿亲英印刷商在 1770 年代遭遇的困厄，在美国历史上绝非仅有。时至今日，社群审查依然存在——在某些情势下还会滋长蔓延。

> 许多人坚信，自由是美国社会的标志，但这种信念罔顾历史事实。在北美殖民地，政府实施审查的最著名案例，是移民印刷商约翰·彼得·曾格（John Peter Zenger）的煽动性诽谤案。

社群审查不是政府实施的审查或惩罚,它是个人或商业团体对言论的压制,通常是政治活动家、公益团体和经济利益相关者所施压力辐辏而成的结果。它是自我审查,而非政府审查。2007年,电台与电视台明星主持人唐·伊穆斯(Don Imus)评论罗格斯大学(Rutgers)的女篮球员是"卷毛荡妇"(nappy-headed hos),因此被迫离开节目。CBS电台与MSNBC的高层之所以这么决定,一方面是因为收到阿尔·夏普顿(Al Sharpton)、全国有色人种协进会(NAACP)等人权领袖与人权组织的投诉,另一方面是因为商业机构撤下了伊穆斯节目中的广告。解雇唐·伊穆斯的,不是联邦通信委员会。然而,正如政治压力与广告考量将伊穆斯逐出节目一样,市场的力量(他在许多领域仍然备受欢迎)又将他迎回职场,仅8个月后,他就受雇于纽约市的77 WABC,回来主持一档全国辛迪加节目。

 案例

社群审查与乡村音乐:"南方小鸡"不是摸老虎屁股的第一人

2003年,美国多家乡村音乐电台决定不再播放"南方小鸡"(Dixie Chicks)的歌曲,因为主唱纳塔莉·梅因斯(Natalie Maines)在英国的一次音乐会上对乔治·W.布什总统出言不逊。有人专为此事制作了纪录片《闭嘴,唱你的歌》(Shut Up and Sing)。这不是乡村音乐世界中的首例社群审查。1970年代,大批乡村音乐电台共同抵制洛蕾塔·琳恩(Loretta Lynn)的《避孕药》(The Pill),理由是,这首歌的主题(节育)有伤风化,《避孕药》讲述了一位女性多次生育后欣然使用药物避孕的故事,它这样唱道:"多年来,我枯守在家,你出外花天酒地。孩子接连出世,光阴悄然流逝。该变变了……因为我有了避孕药。"其实,这首歌早在1972年就已录制完成,但就算琳恩的唱片公司,也不敢在1975年前发行。琳恩的另一首歌《X级》(Rated X)也被一些乡村音乐电台联合抵制,这首歌刻画了人们投向离婚女性的异样眼光,其中一句歌词写道:"女人全视你为坏女人,男人全巴不得你就是坏女人。"

务须牢记的一点是,宪法第一修正案只保护言论免受政府审查,这一点很重要。如果是Facebook之类的公司实施审查,宪法第一修正案就无法适用或不能保护言论。2014年,Facebook在"权利与责任声明"中明示:用户不应"发布以下内容:仇恨言论、威胁、色情、煽动暴力的言论,或含有裸体、图像暴力或无端暴力的内容",且用户不应"欺辱、恐吓或骚扰其他用户"。

2010年,美国喜剧中心(Comedy Central)频道审查了动画片《南方公园》(South Park)中出现先知穆罕默德的剧集,这是一种自我审查。喜剧中心插入了哔哔声,同时去掉了先知穆罕默德的形象。虑及这部动画片向来对一切人、事都极尽取笑之能事,此番自我审查就尤显突兀。该剧有一集出现了先知穆罕默德身着熊衣的画面,当时就有伊斯兰激进组织出面警告制作人特里·帕克(Trey Parker)和马特·斯通(Matt Stone)。许多穆斯林认为,对先知穆罕默德的任何造像皆属冒犯。帕克和斯通在该剧官网的一个新闻公告中声明:"制作《南方公园》14年以来,我们从未制作过一期我们自己无法挺身支持的节目。我们把原始版本发给喜剧中心,他们决定要修改一下。对我们而言,这不是一个关于笑话的笑话。喜剧中心插入了哔哔声。其实,凯尔(Kyle,剧中角色)在例行总结中讲的是恐吓与恐惧,根本没提穆罕默德,但也被哔哔掉了。"

有时,自我审查是出于其他考虑。例如,2012年12月康涅狄格州桑迪·胡克小学(Sandy Hook Elementary School)枪击事件发生之后,派拉蒙影业公司将汤姆·克鲁斯(Tom

Cruise）主演的暴力电影《侠探杰克》（*Jack Reacher*）推迟一周发行。派拉蒙声明，之所以这么决定，是为了"向死难者家属表达尊重与敬意"。昆廷·塔伦蒂诺（Quentin Tarantino）的暴力电影《被解救的姜戈》（*Django Unchained*）也在桑迪·胡克事件之后推迟了好莱坞首映礼。也许更出名的是，2012 年 7 月科罗拉多州奥罗拉（Aurora）发生电影院枪击事件之后，电影《黑帮传奇》（*Gangster Squad*）不仅被推迟发行，连片中发生在好莱坞中国剧院的火并场景也被删除。

2012 年，娱乐与体育电视网（ESPN）将罗布·帕克（Rob Parker）停职 30 天（且 2013 年未与他续约），因为帕克在节目中对美国橄榄球联盟（NFL）的四分卫罗伯特·格里芬三世（Robert Griffin III）品头论足。他说，他不知道格里芬究竟是"兄弟……还是乡巴佬兄弟"。他接着又流露出种族主义论调，说格里芬"不地道。他是黑人，的确有点儿出息，但那又如何。他和我们不是一路人。他是个黑人，但你不会想和他一道出去玩，他的心思在别处"。身为黑人的帕克还指出，格里芬有个白人未婚妻。不出所料，帕克的评论令观众火冒三丈，这些评论被视为种族主义言论。

有时，个别单词也会成为社群审查的对象。我们举个例子，白宫幕僚长拉姆·伊曼纽尔（Rahm Emanuel）曾用"阻滞"一词（retard）来形容激进主义者在医疗改革的激烈论辩期间采用的策略，该词后来于 2010 年成为审查的牺牲品。拉什·林博（Rush Limbaugh）有一次使用了这个词，萨拉·佩林（Sarah Palin，儿子特里格患有唐氏综合征）立即发言反对。特殊奥林匹克运动会设立网站 www.r-word.org，目的就是"消除对那个 r 开头单词的不当使用"。音乐组合"乔纳斯兄弟"（Jonas Brothers）的成员乔·乔纳斯（Joe Jonas）甚至录下一段公共服务声明，呼吁民众访问这家网站，并保证从此不再说"阻滞"一词。

宪法第一修正案不保护言论免受社群审查，只保护言论免受政府官员与政府机构的审查，理解这一点很重要。有些大学的学生曾试图阻挠右翼言论者现身。例如，一起典型的大学社群审查发生在 2012 年 11 月，奥巴马总统竞选连任成功后不久。福德姆大学（Fordham University）的校长约瑟夫·麦克沙恩（Joseph McShane）写信谴责"大学共和党人"（College Republicans）邀请有争议的保守派专栏作家、政治评论家安·库尔特（Ann Coulter）到该校演讲。麦克沙恩写道："要说我对'大学共和党人'的判断力和成熟度感到失望，那绝对是轻描淡写。许多人能诚实地、有说服力地在演讲中表达保守派观点，但库尔特女士显然不是其中之一。她的演讲常常语带仇恨，而且具有不必要的煽惑性——总是引发争吵，而非解决问题，她的信息总是直指我们天性中的阴暗面。"尽管麦克沙恩又说，"阻止库尔特女士在福德姆大学演讲，将对本校，对无畏、坚定参与的基督传统造成更大不利"，但"大学共和党人"仍然屈从于校长并不那么含蓄的反对，收回了对库尔特的邀请。麦克沙恩自然也发表了官方声明，称赞"大学共和党人"行动"迅速"，"对其决定有担当"。

这种社群审查，也会发生在相反的政治方向上。《纽约时报》的克里斯·赫奇斯（Chris Hedges）曾在伊利诺伊州罗克福德学院（Rockford College）的毕业典礼上发表演讲。演讲中，这位尖锐批评伊拉克战争的战地记者屡被嘘声打断，他的麦克风的电源两次被拔下。[3] 这就是律师所称**"起哄者否决"**（**heckler's veto**）的例证——群众或观众对言论或信息的反应，可以控制、压制言论或信息。多家法院已明确指出，恶意观众的存在，并不意味着可以否定或惩罚表达者行使宪法第一修正案的权利。换言之，政府必须保护表达者，而非起哄者。

此类审查如果发生在公立大学的校园内，自然会引发宪法第一修正案关切，这就不再只是社群审查了。例如，2010 年，一位联邦法官命令怀俄明大学（University of Wyoming）允许威廉·艾尔斯（William Ayers）在该校演讲。艾尔斯是一个极端反战团体的共同创立者，该团体的历史可追溯至越战，它与数次炸弹爆炸事件有关。艾尔斯受邀于一名学生前来演讲，但校方以出于安全考虑、恐有暴力威胁为由，拒绝提供场地。美国地区法院法官威廉·唐斯(William Downes)做出判决，强令怀俄明大学为艾尔斯提供演讲场地与安保。唐斯法官曾作为美国海军陆战队员在越南服役，他在判决书中写道："我几乎无法克制自己对艾尔斯先生的蔑视，但事实是，艾尔斯先生是一个想要发言的美国公民，仅此一条便已足够，他无须举出其他理由。"这位法官的判决，是不许"起哄者否决"压制争议性表达者的好例子。

公众对上述情形的不适感是危险的。除非所有人的自由都得到保障，否则没有一个人的自由堪称安全。这最后的一点——必须确保所有人的言论自由，而不是只保护处于政治光谱一端者的言论自由——至关重要。正如美国公民自由联盟(American Civil Liberties Union)主席娜丁·斯特罗森(Nadine Strossen)对本书作者之一所言："中立理念是关键。言论自由不仅属于你乐见的观点与你喜欢的人。"[4]有些人因为不喜欢别人说的话，就滥施社群审查，这些人应牢记言论自由蕴含的这一中立原则。

宪法第一修正案

1781年，独立战争尚未结束，新国家就通过了第一部宪法——《邦联条例》(Articles of Confederation)。《邦联条例》将13个殖民地(或州)组成一个松散联盟，中央政府或联邦政府的权力极少。《邦联条例》反映了五年前《独立宣言》(Declaration of Independence)的精神，《独立宣言》将社会成员个体的权利置于政府构建与维持和谐社会的需要之上。《邦联条例》中没有保障表达自由的条款。事实上，它没有任何人权保障的内容。这部宪法的起草者认为没有必要提供此种保障，因为13个州中的大多数已在州宪法中保障了表达自由。

然而，依《邦联条例》创建的政府系统运行不佳。1787年夏，12个州共派出55名代表齐聚费城，他们的任务是修改或修订《邦联条例》，对政府结构进行根本性改革。

新宪法

这是一群非凡之士，这样一群人汇聚一堂的景象，可能旷古绝今。他们中有商人、农场主和专业人士,无一是职业政治家。这些人在经济、社会和智识等方面,皆居于各州上层。他们的教育背景颇为相似,所学专业主要是历史、政治哲学和自然科学。一些人为了这次会议准备了数月,研究历史上诸多国家的政府。尽管一些人抱着修改《邦联条例》的目的而来,但也有很多人知道,他们需要一部新宪法。最后,这群人创造了一部全新的政府宪章。这部宪章与《邦联条例》相去甚远,它授予中央政府极大的权力。各州在部分事务上保留了最高权力,但在除此以外的其他事务上,将权力拱手让给了新的联邦政府。

这次制宪会议没有正式记录。代表们在起草新宪法时是闭门商议的。不过,有一些私人记录留存至今。比如,我们如今知道,直到制宪会议开到最后几天,代表们才讨论是否要将权利法案写入新宪法。会议开到最后一周时,弗吉尼亚州的乔治·梅森(George Mason)提出,他希望“在序言中加入权利法案……这将给人们以极大的安慰”,他说,“有各州人权宣言作为参考,一份权利法案数小时之内就能准备停当”。极少有代表响应梅森的提议。仅有一位代表,康涅狄格州的罗杰·谢尔曼(Roger Sherman)发言反对。谢尔曼说,他赞成在必要时保护民众的权利,但暂时未见有这种需要。“本宪法并未废除各州的权利宣言;这些宣言依然有效且充分。”各州在投票时一致反对梅森的计划。梅森后又尝试以逐条增列的方式将权利法案写入宪法,但制宪会议起草的宪法在提交民众批准时,并不包括权利法案。

新宪法不乏反对之声,争取它的批准通过是一场硬仗。新宪法中没有权利法案,这使它屡遭诟病。就连远在法国的托马斯·杰弗逊(Thomas Jefferson),也在写给友人詹姆斯·麦迪逊(James Madison)的信中,为宪法未能保障政治权利而感到悲哀。各州最终投票批准了新宪法,数州的宪法支持者同时承诺,他们将恳请第一届国会在新宪法中增补权利法案。

詹姆斯·麦迪逊之所以能够挫败詹姆斯·门罗(James Monroe)当选为众议院的弗吉尼亚州议员,相当程度上是因为他向选民承诺,他将在任职第一届国会期间,不遗余力地推动国会通过人权宣言。国会议事时,麦迪逊信守诺言,他建议新的立法机构将权利法案写入宪法。数月之后,12条宪法修正案终获参、众两院通过,交与各州批准,虽然其间经历过很多反对,但总算有了一个好结果。麦迪逊最初拟定的表达自由修正案这样写道:“民众以口头、书写或出版等方式发表意见的权利不得被剥夺或削弱,作为自由之坚实壁垒的新闻出版自由不可侵犯。”国会委员会数度修改措辞,并将保障表达自由的条款与保障宗教自由和集会自由的修正案合并为一。最终的版本就是我们今日所见:

> 国会不得制定有关下列事项之法律:确立一种宗教或禁止信仰自由;剥夺言论自由或新闻出版自由;或剥夺人民和平集会及向政府请愿申冤的权利。

“第一自由”的说法,我们屡见不鲜。有人说,该修正案居于“权利法案”之首,故应被视作最重要的权利。但事实上,在提交各州批准的“权利法案”里,该修正案起初位居第三。但修正案草案的第1条和第2条未获批准,没能成为宪法的一部分。

修正案草案第3条到第12条终获批准,但过程远非一帆风顺。直到交付各州两年之后,才有足够数量的州批准了这些修正案,使之得以加入美国宪法。康涅狄格州、佐治亚州和马萨诸塞州迟至1941年才批准“权利法案”,堪称宪法150周年庆典上的象征性姿态。1791年,批准修正案仅需前北美殖民地中的四分之三多数同意即可,不必每个州都批准。

> 有人说,宪法第一修正案居于“权利法案”之首,故应被视作最重要的权利。今天,宪法第一修正案的含义由美国最高法院决定。美国最高法院的多数大法官从未接受过绝对保障论。

知识窗

你知道宪法第一修正案的内容吗?
许多美国人一头雾水

2012 年,范德比尔特大学(Vanderbilt University)的宪法第一修正案中心(First Amendment Center)在全国范围内调查了 1 000 多名成人。调查发现,27% 的调查对象说不出第一修正案保障的任何一种权利。只有 13% 的调查对象知道宪法第一修正案保障新闻出版自由,这对记者而言是个不利讯号。相反,有 65% 的调查对象知道第一修正案保护言论自由。最不为人所知的第一修正案权利是向政府请愿申冤的权利——只有 4% 的调查对象能说出这种权利。完整的报告《宪法第一修正案实况:2012》可见于以下网址:http://www. firsta-mendmentcenter. org/madison/wp-content/uploads/2012/07/SOFA-2012. pdf。

18世纪的表达自由

宪法第一修正案对其支持者来说,究竟意味着什么? 严格而言,1791 年宪法第一修正案获批之时,美国对新闻出版自由的界定到今天也还是没有变。要扩大或缩小这一定义,就需要新一轮的民众投票,这将是一条新的宪法修正案。这种理念,我们称为宪法的"原旨"。

今天,大多数人认为以上理念具有误导性。223 年间,美国发生了翻天覆地的变化。1791 年的美国,没有电视、电台、电影和互联网。这是否意味着,宪法第一修正案的保障不适用于这些大众传媒呢? 答案显然是否定的。美国宪法之所以能历经两个多世纪而不衰,是因为美国最高法院——宪法含义的最终裁判者——一直在帮助它适应时代变迁。

话虽如此,但我们还是要尊重这个两个多世纪以前通过的文件。如果我们偏离它的原始含义太远,则其意义恐将尽失,政府也将无章可循。这样一来,宪法将完全由掌权者操弄,掌权者想怎么解释就怎么解释。历史主义(historicism)的司法哲学,尽管被罗德尼·斯莫拉(Rodney Smolla)教授正确地批评为"言论自由原旨的顽固幻象"[5],却仍是一些法官和大法官的重要考量因素。例如,

> 大多数人认为,表达自由至少指免于事先限制和许可制的权利。

美国最高法院的克拉伦斯·托马斯(Clarence Thomas)大法官就经常使用历史主义/原旨主义。"立国之父的经历无法明确告诉我们应当如何应对当代冲突,"斯莫拉写道,"但它传递给我们一种感觉,即言论自由,至少作为一种抽象的价值,到底有多受珍视。"[6]

1791 年时,宪法第一修正案的法律或司法定义是什么? 出人意料的是,这不是一个我们能够轻易回答的问题。这一时期的记录携带着大量混杂不清的信息。对于新闻出版自由和言论自由,彼时并无一个最高法院之类的机构给出权威定义。抑有进者,当时人们使用的词汇的意思,与它们在 21 世纪的意思都有可能不同。大多数人认为,表达自由至少指免于事先限制和许可制的权利。英国法律学者威廉·布莱克斯通(William Blackstone)于 1765—1769 年期间出版了大部头的普通法著述。布莱克斯通在这部《英国法释义》(Commentaries on Law of England)中将表达自由界定为"对出版不加事前限制",今天我们称为免于事前审查。许多学者认为,表达自由绝不只是免受事前审查,它还保护人们在发表言论之后免遭惩罚,用一些学者的话来说,就是免

遭事后惩罚。换言之，宪法第一修正案排除了煽动性诽谤罪。这些学者指出，毕竟独立革命的起因之一，正是为了消除备受憎恶的英国煽动法。

实情是，我们可能终究无从得知，新闻出版自由对 1790 年代的美国人来说意味着什么。那个时期残存下来的书面资料，如今只能揭示故事的片段。不同的人很可能有不同的理解。甚至连起草"权利法案"的那些人，也可能对宪法第一修正案的含义有不同的理解。

 知识窗

何为"言论"？

宪法第一修正案中的"言论"（speech），不只是我们惯常认知的纯粹言论，如书写、印刷或口头言论，有时（并不总是）也包括行为（conduct）。根据**象征性言论原则（symbolic speech doctrine）**，只要满足两个特定要件，法院便会将行为（比如在集会上焚烧国旗以示政治抗议）视作言论。这两个要件，一个关乎行为人，另一个关乎受众：

1. 行为人：从事某行为的行为人意欲以该行为传达特定信息。

2. 受众：在行为发生的具体情境下，目睹该行为的一些人，很可能合乎理性地理解行为人意欲传达的特定信息。

依此，为了在暴风雪中取暖，于空无一人的自宅后院焚烧美国国旗不是言论。另一方面，美国最高法院承认，人们抗议或集会时，在政治会议的会场之外焚烧美国国旗可能是言论。有法院曾判决，脱衣舞俱乐部的裸体舞是一种象征性言论（参见第 13 章），因为其中有传递色欲信息的意图，而且该信息显然有可能如其所愿被解读（至少可以通过小费判断）。2012 年 4 月，50 岁的约翰·E. 布伦南（John E. Brennan）在通过波特兰国际机场的搜身安检时，被运输安全管理局（Transportation Security Administration，TSA）的一名官员怀疑携带硝酸盐。据美联社报道，对布伦南这样一个经常坐飞机旅行、曾拒绝 TSA 全身扫描仪安检的人而言，被含蓄指斥为恐怖主义者这件事成了压倒骆驼的最后一根稻草。布伦南迅速将自己脱得一丝不挂，并于 5 分钟之后被捕，他被控"猥亵露体"（indecent exposure）。但在 2012 年 7 月，俄勒冈州马尔特诺马县（Multnomah County）巡回法院的法官戴维·里斯（David Rees）驳回了对布伦南的指控。里斯法官认为，布伦南的赤裸行为是一种象征性抗议，属于受宪法第一修正案保护的言论，他说："政府企图惩罚的是言论本身，这是不允许的。"布伦南曾说，既然 TSA 的全身扫描仪看得见一个人的裸体，那他干脆就脱光光好了。

今日的表达自由

如果说，我们无法确知宪法第一修正案在 1791 年的意涵，那我们又知道它在今天的含义吗？多多少少吧。今天，宪法第一修正案的含义由美国最高法院决定。

案例

来自宪法第一修正案预言师的讯息：我在你的未来看见言论自由，付钱吧！

2010年，马里兰州上诉法院在"尼非德罗诉蒙哥马利县案"（*Nefedro v. Montgomery County*）[7]中宣布某一地方条例（ordinance）违宪，因为它禁止人们以算命牟利。该条例规定，在蒙哥马利县，以翻纸牌、看手相等方式算命或佯装算命，并索取或接受报酬的行为是一种犯罪。尼克·尼非德罗（Nick Nefedro）想在蒙哥马利县从事算命营生，他认为，该法侵犯了宪法第一修正案赋予他的言论自由。蒙哥马利县则认为，该条例只是禁止以算命牟利（不禁止免费算命），规范的对象是行为（交易），而非言论，故与宪法第一修正案无涉。

马里兰州上诉法院判尼非德罗胜诉，它指出，"美国最高法院曾判决，限制他人因言论而获取报酬，事关宪法第一修正案"。它又说："限制言论之所以关涉宪法第一修正案，不仅是因为它限制了表达者发言的权利，也因为它限制了接收者聆听的权利。"后一句话至关紧要，因为它肯认，宪法第一修正案既保护"说"的权利，也保护"听"的权利（换言之，它承认发言者和受众皆有权利）。

马里兰州上诉法院写道："我们承认，的确有一些算命先生会信口开河，律师或记者不也如此吗？但我们查不到任何记录表明，算命一定就是欺诈。实际上，算命人与魔术师、占星师一样，能为顾客提供娱乐，或为听众带来其他好处。"该法院又说："蒙哥马利县如果担心算命先生欺诈，完全可以在诈骗发生时适用诈骗法。为达成上述目标，该县不必，也不得执行一部不当限制受保护言论的法律。"

2012年，算命与言论自由的问题又重回法院（谁能算到这一点呢？）。在"亚当斯诉亚历山德里亚市案"（*Adams v. City of Alexandria*）[8]中，美国地区法院法官迪伊·德雷尔（Dee Drell）宣布，路易斯安那州亚历山德里亚市的一部条例违宪，因为它规定，"在本市参与或从事看手相、读纸牌、占星、算命、看颅相、做灵媒或其他类似行为的，皆属违法，至于以何种方式收费或是否收费，非为所问"。德雷尔法官接受了一位联邦治安法官的建议（**本书第18～19页谈到过治安法官**），于2012年7月推翻了该条例。这位治安法官认为，"算命先生的言论也得保护。一个政府相信自己掌握了一切真理（不论它如何确信），是何等的傲慢自大。我国宪法保护我们免受此种政府压制"。亚历山德里亚市政府认为，算命究其本质是一种欺诈，但治安法官詹姆斯·柯克（James Kirk）指出，"找人算命可能只是出于好玩——与进赌场赌上一把，或在集市玩投球入圈赢毛绒熊是一样的，就是图个新鲜，找个乐子"。

美国最高法院共有九位大法官，因此，有可能出现对表达自由的九种不同定义。不过，这种情况从未发生过——至少在重要问题上没有。大法官们倒是有可能赞成各种不同的宪法第一修正案理论。这些理论能帮助大法官们在有关表达自由的问题上投出一票。自美国最高法院认真对待宪法第一修正案以来，90年间，这些理论已经有所变化。

法律理论有时很难把握。勒尼德·汉德（Learned Hand，虽未入选美国最高法院大法官，但仍是美国最重要的法官之一）法官将普及法律理论比喻为"铲烟雾"，有担水填井、徒劳无功之意。头脑中有了这样的提醒之后，我们再来看看七种重要的宪法第一修正案理论或策略，它们有助于法官在司法实务中界定表达自由。

七种宪法第一修正案理论

1. 绝对保障论（absolutist theory）
2. 逐案权衡理论（ad hoc balancing theory）

3. 优位平衡理论（preferred position balancing theory）

4. 米克尔约翰理论（Meiklejohnian theory）

5. 意见的自由市场理论（marketplace of ideas theory）

6. 近用理论（access theory）

7. 自我实现理论（self-realization theory）

绝对保障论。有人指出，宪法第一修正案以绝对的措辞反对政府审查。当宪法第一修正案规定"不得立法"剥夺言论自由和新闻出版自由时，立宪者的意思就是不得制定任何法律。这是**绝对保障论（absolutist theory）**的核心理念。政府不得以任何理由审查新闻传媒，没有例外，没有附加条件，没有限制。

极少有人全心服膺这种理论。美国最高法院的多数大法官从未接受过绝对保障论。事实上，正如本书后文所示，美国最高法院曾判决，有几种言论不受宪法第一修正案保护，政府可以取消这几种言论而无损于言论自由或新闻出版自由。安东尼·肯尼迪大法官

2002 年说过："言论自由有其边界：它不保护特定种类的言论，包括诽谤、教唆、淫秽和使用儿童真人制作的色情材料。"[9] 其他不受宪法第一修正案保护的言论还有挑衅性言论（fighting words）和真实暴力威胁（true threats of violence）。[10]

不过，美国最高法院在 2010 年的"美国诉史蒂文斯案"（*United States v. Stevens*）[11] 中，拒绝将一类言论排斥在宪法保护之外。最高法院判决一部联邦法律违宪，因为它规定，凡出于商业目的，销售或持有以虐杀动物为主题的影像材料为犯罪。该法不针对虐畜行为本身，它禁止的是以照片、录像等视觉化方式再现此类行为，于是才产生宪法第一修正案问题。该法主要针对的是"碾杀动物视频"，如女性穿着高跟鞋将仓鼠、小鸡等小动物踩碾至死，有时一边碾压一边还以施虐狂的语调对小动物喋喋不休，声音盖过小动物的尖叫声。禁止虐待动物，在美国法律中已有相当长的历史，禁止相关言论却并非如此。换言之，虐畜行为（构成犯罪，可科处刑罚）与再现该行为的言论是两码事，后者受宪法第一修正案保护。

 案例

污言秽语、礼仪与表达自由：
在公共场所说脏话

2012 年 6 月，马萨诸塞州米德尔伯勒（Middleborough）镇通过了一部条例（成文法的一种形式）。它规定，在公共场合以污言秽语搭讪、骚扰他人者，警方可处以 20 美元民事罚款。问题来了，宪法第一修正案的言论自由条款是否保障一个人在公共场所说脏话的权利呢？回答：应视情况而定。这说明，言论自由不受绝对保护。

假如是在面对面的场合向他人吐放污言秽语，这种举止很可能引发对方的即时暴力回应。在这种情况下，言论很可能不受保护，因为它可能属于少数几种不受保护的言论之

一——挑衅性言论（**参见 89～92 页**关于挑衅性言论的内容）。另一方面，限制脏话的法律往往有过于模糊的问题——比如，应该如何界定"污言秽语"呢（**参见第 8～9 页**关于模糊条款无效原则的内容）？

2002 年，一家上诉法院在"密歇根州诉布默案"（*Michigan v. Boomer*）中，根据模糊条款无效原则推翻了某一州法。这部 1897 年制定的法律规定："于妇孺在场之情形下，或在其听力所及之范围内，使用猥亵、悖德、淫秽、粗俗、侮辱的语言为轻罪。"上诉法院指出，"对理性成年人而言，何为猥亵、悖德、粗

俗、侮辱,这一点远未臻于明确"。此外,脏话若是附随政治信息而发("操蛋的医疗改革和增税"),受保护的可能性就更大。1971 年,美国最高法院在"科恩诉加利福尼亚州案"(Cohen v. California)中肯认,个人有权利在越战期间穿着印有"操蛋的征兵"(Fuck the Draft)标语的夹克衫。

另一方面,在公开法庭上以脏话辱骂法官,则不受宪法第一修正案保护,这是第 4 巡回区美国上诉法院 2012 年 10 月在"美国诉皮普尔斯案"(United States v. Peoples)中做出的判决。该案中,罗伯特·皮普尔斯(Robert Peoples)在审判庭内对法庭工作人员说:

"告诉柯里法官,别他妈插手我的案子。我以前就告诉过她,今天再警告她这个蠢货一次。"第 4 巡回区美国上诉法院做出了不利于皮普尔斯的判决,判决书写道:"我国法院曾反复指出,针对法院大发冒犯性言论,可被指控为藐视法庭。"该上诉法院的结论是:"皮普尔斯在柯里法官的审判庭中发表不敬言论,是故意妨碍司法的不当行为。"

我们必须了解,自由与责任总是如影随形,尽管在公共场合爆粗口有可能受到保护,但出于文明礼仪和对他人的尊重,稍微有所自律,有所克制,也未尝不是一桩美事。

逐案权衡理论。言论自由与新闻出版自由,是吾国吾民视若珍宝的诸种重要人权中的两种。这些重要权利有时会相互冲突。冲突发生时,法院有责任平衡、协调表达自由与其他价值。例如,政府必须保有军队,以维护国家安全。为此,军队必须对许多武器、计划和行动保密。如果有传媒试图报道某一秘密武器系统,那么表达自由权就势必要与保守军事秘密的需要相平衡。

该理论之所以称作逐案权衡,是因为每起案件所用的判准都是新的,表达自由的含义必须在个案中确定。新闻出版自由也许比新式步枪设计的保密需要更重要,但是,为新型战斗机保密的需要可能优先于表达自由。

究其实质,逐案权衡确实并非理论,而是一种策略。在个案中发展表达自由的定义,结果会导向不确定。逐案权衡之下,我们将永远无法确知宪法第一修正案的含义,除非关联到一个具体的、明确的问题(如报道一种新式军用步枪的权利)。公民若是不能合理预见一种具体类型的表达将会受到保护还是遭到禁止,便会倾向于明哲保身、保持沉默。这就是言论的"寒蝉效应"(chilling effect),它会限制所有人的表达权。而且,在做出最后决定时,逐案权衡过于倚重办案法官的个人偏好。如今,逐案权衡理论极少作为一种策略被采用,只有少数不熟悉宪法第一修正案的法官才会这么做。

优位平衡理论。美国最高法院曾在多起案件中提及,宪法规定的一些自由,主要是宪法第一修正案保障的那些自由,对自由社会而言具有十分重大的价值,故应比其他宪法价值享受更多的司法保护。[12]表达自由是确保政治程序运行的必要前提,它还确保公民在政府侵犯其宪法权利时发出抗议。如果公民在遭受违宪搜查时无力抗议,宪法第四修正案保障的免于非法搜查和逮捕的自由便将大打折扣。当然,表达自由并不优先于其他权利。例如,法院一直试图平衡表达自由与接受公正审判的宪法权利。另一方面,法院又一贯判定,表达自由优先于个人隐私权和名誉权,后二者不受权利法案的明确保护。

给予表达自由优先地位,就意味着政府以限制自由言论和自由新闻界的方式保护其他利益的做法常常是违宪的。这要求政府在挑战政府审查的诉讼中承担举证责任。市、县、州或联邦政府必须向法院证明,政府的审查确属正当合理,没有违反宪法第一修正案。若非如此,就会变成表达遭禁锢者必须向法院证明自己拥有发言与出版的宪法权利。这一差别听起来无关紧要,在诉讼中却是举足轻重的。

该理论保留了逐案权衡的一些消极特质,但向有利于表达自由的方向做了倾斜,一定程度上为表达自由的意涵增加了确定性。其平衡策略建基于一种理念——一切权利之存续,皆系于言论与新闻出版的自由践行,因此,该理论更易于在宪法第一修正案的框架内广泛地解释表达自由。

米克尔约翰理论。 20 世纪 40 年代后期,哲学家、教育家亚历山大·米克尔约翰(Alexander Meiklejohn)提出了一套有关表达自由的复杂观点。[13] 米克尔约翰认为,表达自由是实现特定目标的手段。这个目标就是成功的自治,或用米克尔约翰本人的话来说,是"投票产生明智决策"。正因为言论自由与新闻出版自由受宪法保护,我们的民主体制才得以运转,这是言论自由与新闻出版自由受保护的唯一理由。与自治相关的表达,受宪法第一修正案的绝对保护,政府不得干涉。与自治无关的表达,则不受宪法第一修正案的绝对保护。其价值必须由法院比较其他权利和价值以为权衡。

该理论的批评者认为,某种表达究竟是关乎自治(公言论),还是关乎其他利益(私言论),并非总是泾渭分明。尽管米克尔约翰未依批评者的要求给出明确定义,但他提出,广泛的言论是公民成功自治的必要前提。他将教育(历史、政治、科学、地理等)、科学、文学等主题皆收于"公言论"之中。米克尔约翰的理论也为美国最高法院的部分大法官领受,其中最著名的是威廉·布伦南(William Brennan)大法官。当布伦南引领美国最高法院为诽谤政府官员和公众人物的批评者提供宪法第一修正案保护时,美国诽谤法经历了颠覆性的变革,而这一变革正是贯彻了米克尔约翰的理路。

意见的自由市场理论。 意见的自由市场理论,就是宪法第一修正案学者丹尼尔·法伯(Daniel Farber)所称的"表达自由的追求真理说"(the truth-seeking rationale for free expression)[14]。虽然该理论的源头可以远溯至约翰·弥尔顿(John Milton)和约翰·斯图尔特·密尔(John Stuart Mill),但将"市场"概念引入宪法第一修正案判例法的,是美国最高法院的奥利弗·温德尔·霍姆斯(Oliver Wendell Holmes)大法官,这是 90 多年前的事。霍姆斯大法官在"艾布拉姆斯诉美国案"(*Abrams v. United States*)[15] 的反对意见中写下了这样一段隽永卓著的判词:

> 当众人意识到时间业已推翻诸多战斗性信念时,他们可能会开始相信,吾人所欲追求的至高之善,唯有经由意见的自由交换,才较易获致,亦即,对真理的最好检验,是在市场的竞争中让思想的力量本身为人们所接受,此种真理才是人们得以安然实现其愿望的唯一基础。[16]

时至今日,市场隐喻"仍控制着美国最高法院对言论自由的讨论"[17]。例如,在 2003 年的"弗吉尼亚州诉希克斯案"(*Virginia v. Hicks*)中,安东宁·斯卡利亚(Antonin Scalia)大法官代表意见一致的美国最高法院撰写判决意见。判决书中解释道,过宽法律(即惩罚范围过宽的法律,这种法律既惩罚了不受保护的言论,也惩罚了大量受保护的自由言论)之所以违反宪法,是因为它们有害于"社会整体,全社会都被剥夺了不受阻碍、无拘无束的意见市场"[18]。

不过,意见的自由市场理论也备受指摘。最常见的批评是:(1)大量低劣言论虽然没什么价值,却也在意见市场上流通,如仇恨言论(**参见第 89~95 页**);(2)人们对意见市场的参与并不平等,尤其是拥有丰富经济资源者(如今天的 Viacom、News Corp. 和 Clear Channel 等巨头)能够把持并控制大众传媒,反过来统治意见市场。然而,马丁·雷迪希(Martin Redish)教授观察到,"多年来,学者或法官仍然常将表达自由权类比为容纳冲突观点自由交锋、博取公众青睐的市场,这种情况并不罕见"[19]。在理想状态下,经由观点的自由、公平竞争,真理终将被人们发现,或至少有关

> 与自治相关的表达,受宪法第一修正案的绝对保护,政府不得干涉。

> 在理想状态下,经由观点的自由、公平竞争,真理终将被人们发现,或至少有关真理的构想能够得到检验和挑战。近用理论则修正了意见的自由市场理论的一些瑕疵。

真理的构想能够得到检验和挑战。[20]

近用理论。 A. J. 利布林(A. J. Liebling)曾写道:新闻出版自由属于传媒的拥有者。他的意思是,如果公民没有经济渠道行使表达自由的权利,宪法对这项权利的保障便意义不大。杂志、报纸和电台、电视台的所有者,确能得益于宪法第一修正案的承诺,普通人却欠缺这一能力。换言之,人们对意见市场的近用是不平等的,它有利于把持最多经济资源的人。利布林当日所写的如今已成现实,虽说互联网的发展至少令数百万美国人有机会以"博客"的方式与数量远甚于以往的受众分享观点,但纵然如此,绝大多数网站的受众数量仍无法与电视网、全国性杂志,甚至大都会报纸相匹敌。

1960年代中期,一些法学家——其中最著名的是乔治·华盛顿大学全国法律中心的前主任杰尔姆·巴伦(Jerome Barron)教授——提出,对大多数美国人而言,宪法第一修正案的承诺并未得到履行,因为他们欠缺行使新闻出版自由权的渠道。[21] 为使第一修正案的保障真正落到实处,报纸、杂志和电台、电视台应对读者、听众和观众的观点和意见开放版面和工作室。如果传媒不能主动、自愿地做到这一点,政府就有责任强制推行。由此可见,近用理论修正了意见的自由市场理论的一些瑕疵。

1974年,美国最高法院全体大法官在"迈阿密先驱报社诉托尼洛案"(*Miami Herald v. Tornillo*)[22]中一致拒绝了这种理论。代表最高法院执笔判决意见的首席大法官沃伦·伯格(Warren Burger)说,报纸刊载哪些材料、如何处理有关公共议题和公共官员的内容,应由编辑决定。宪法第一修正案并未赋权政府强迫一家报纸刊登公民的观点和想法。"托尼洛案"似乎为印刷媒体的近用理论敲响了法律丧钟。

在联邦法院拒绝对印刷媒体适用近用理论的同时,许多法院也用这一理论来证明规管电台、电视

> 即便言论不具有政治价值或社会价值,也仍有可能对个人具有重要意义。亦即,言论对一个人而言,具有一些内在价值,这种价值与它对其他人的影响无关——言论本身就是目的。

台的合理性。1969年,美国最高法院在"红狮广播公司诉联邦通信委员会案"(*Red Lion Broadcasting v. FCC*)[23]中判决:"公众有权以适当的方式接触社会、政治、审美、道德等方面的观点和经验,这一点至关重要。"一方面对广播媒体适用近用理论,另一方面却拒绝对印刷媒体适用同一理论,如此显见的矛盾,建基于一个理念之上,即上述两种媒体形态有所不同。印刷媒体据说可以刊载无限量的声音,电台、电视台的数量却受技术瓶颈的限制,因此在涉及广播媒体的案件中,政府必须保护公众利益。这被许多广播公司斥为无稽之谈,广播公司认为,以上推断的错误之处在于,它没有考虑到20世纪(如今是21世纪)的经济限制大大削减了印刷媒体的数量。

自我实现理论。 米克尔约翰理论以成功自治为指归,意见的自由市场理论以发现真理为目标,但言论对于个人的重要性也许不是它在一般意义上的对政治的影响或对社会的福利。换言之,即便言论不具有政治价值或社会价值,也仍有可能对个人具有重要意义。比如,在私人日记中记录思想,对记录者而言是有益的,尽管没人会读到这些记录(至少在作者希望如此的情况下)。亦即,言论对一个人而言,具有一些内在价值,这种价值与它对其他人的影响无关——言论本身就是目的。有人把自己心仪的政治候选人的名字写在衬衫上,穿在身上,这也许改变不了别人的投票,也影响不了真理的发现,但此人正是透过言论实现或表达了自己的身份。

小 结

美国的第一部宪法《邦联条例》没有保障言论自由与新闻出版自由,但当时几乎所有的州宪法都提供此等保障。美国民众坚信,对个人权利的书面宣示,应写入1787年宪法。1791年,权利法案加入美国宪法,其中有保障表达自由的内容。

18世纪末,宪法第一修正案起草及通过之时,它的含义究竟是什么?有关这一

问题,至今仍不乏争议。有人认为,它旨在同时禁止事前审查和煽动性诽谤指控。也有人认为,它只是为了禁止事前审查。我们可能永远也无从得知,表达自由对宪法第一修正案的起草者而言意味着什么,但我们可以有底气地说,制宪者对第一修正案应该也有多种解释。

如今,宪法第一修正案的意涵在很大程度上取决于美国最高法院的解释。法官在确定"国会不得立法限制言论自由或新闻出版自由"这一宪法保障的含义时,常以法学理论作为指导。相关的七种理论是:(1)绝对保障论;(2)逐案权衡理论;(3)优位平衡理论;(4)米克尔约翰理论;(5)意见的自由市场理论;(6)近用理论;(7)自我实现理论。

自由的意涵

自 1791 年以来,为定义表达自由而产生的斗争涉及一系列问题。其中最核心的三个议题是:(1)政府对批评、攻击政府之言论施加限制的权力;(2)政府利用税收审查新闻传媒的权力;(3)政府禁止出版它认为有害的思想或信息的权力。本章之后的部分,将逐一考察每个议题的经典战役。

煽动性诽谤与批评政府的权利

民主的本质,是公民参与政府的运作过程。这种参与,既包括经由选举程序选择领袖,也包括考察政府和公共官员,以视其是否适合为民众服务。在政府与民选领袖的有序换届中,讨论、批评与建议都发挥着一定作用。因此,对于一个由民选管理者治理的国家而言,发言与新闻出版的权利是其应有之义。

批评政府、反对政府的权利,是美国政治哲学的核心理念。美国最高法院曾判决,宪法第一修正案既保护人们焚烧国旗以示政治抗议[24],也保护人们在越战期间穿着写有"操蛋的征兵"字样的夹克出庭。[25] 不过,哪怕今时今日,批评政府或鼓吹政治变革也有可能引来政府的报复。

 案例

对警察竖中指
是受保护的政治性言论吗?

对警察竖中指,受宪法第一修正案保护吗?答案是肯定的(但作者不建议你以身试法!)。2012 年 11 月,犹他州的奥勒姆镇(town of Orem City)承认,不能因为塞思·戴姆(Seth Dame)2010 年 6 月对驶经他身边的一名警察竖中指就拘留他,也不能以妨碍治安为由传讯他。代表戴姆的犹他州美国公民自由联盟(ACLU)为戴姆赢得了 2 500 美元赔偿金,也为自己争取到 2 500 美元律师费。犹他州 ACLU 的法律主管约翰·梅加(John Mejia)在宣布和解的新闻稿中解释道:"多家法院得出过结论,用中指表达不满和挫败感,是受宪法保护的表达性行为。"根据本章前文谈过的**象征性言论原则**,这个手势本身就是言论。这起案件还表明,一般程度地冒犯他人的言论,受宪法第一修正案保护。但话说回来,在面对面的激烈争论中,对执法官员以外的对象"竖中指",却有可能不受宪法第一修正案保护,它可能适用第三章将要谈到的挑衅性言论原则(fighting words doctrine)。

 案例

《穆斯林的无知》与对抗言论: 美国的价值观无法通行全球

2012年9月,中东与北非各地掀起一股反美暴力浪潮。据说,这股浪潮源于电影《穆斯林的无知》(*Innocence of Muslims*)以非常负面的方式描绘先知穆罕默德。据说该影片导致美国驻利比亚大使遭到恐怖主义袭击。

在美国,宪法第一修正案和言论自由显然保护这部电影(尤其是考虑到影片中的政治与宗教评论),哪怕有人认为它具有冒犯性或惹人不快,也取消不了宪法对它的保护。正如美国最高法院1989年在"得克萨斯州诉约翰逊案"(*Texas v. Johnson*)中将焚烧美国国旗作为一种政治性言论加以保护时所写:"如果说宪法第一修正案有什么基本原则的话,那么这个基本原则就是,政府不能仅仅因为社会不认同某个观念或认为它具有冒犯性,便禁止该观念的表达。"

宪法第一修正案的另一基本价值观是,对于我们所反对的言论,最好的应对机制不是审查、暴力或谋杀,而是邀请更多的言论加入意见市场,与我们反感的言论对抗、冲突。这就是**对抗言论**(counterspeech)原则。该理念出自路易斯·布兰代斯(Louis Brandeis)1927年在"惠特尼诉加利福尼亚州案"(*Whitney v. California*)中写下的这段判词:"若仍有时间通过讨论辨明是非,或可经由教育避免弊害,则所应采取的补救措施,应是更多的言论,而非强制沉默。唯有在紧急危难的情势下,限制言论的行为始可成为正当。"

2006年,联邦政府发起了二战以来的第一起叛国案,指控对象是生于加州的亚当·加达恩(Adam Gadahn)。"基地"组织发布了五个宣传视频,鼓吹杀害美国人,据称,加达恩现身于其中,为奥萨马·本·拉登的恐怖主义网站做翻译(他录制了画外音)。在一个视频中,加达恩呼吁美国市民"逃离多疑的军队,加入必胜的一方",在另一个视频中,加达恩称"9·11"事件是"对纽约和华盛顿的神圣突袭"。2012年9月11日("9·11"事件11周年纪念日),逍遥法外的加达恩出现在"基地"组织的互联网视频《真相已现身,谬误全溃退》中。2013年底,美国国务院的"正义悬赏项目"(Rewards for Justice program)悬赏100万美元,征集有关加达恩叛国及支持"基地"组织的信息。此案将宪法第一修正案的言论自由权与宪法中极少使用的叛国罪条款(宪法第3条第3款规定:"背叛合众国,仅限于同合众国开战,或依附合众国的敌人,给予敌人帮助和援助。")对立了起来。正如本章后文在讨论"布兰登堡诉俄亥俄州案"(*Brandenburg v. Ohio*)时所说明的,抽象地鼓吹暴力,受宪法第一修正案保护;直接煽动迫在眉睫且很有可能发生的非法行为,则不受保护(参见第48页)。说到底,政府对加达恩发起的叛国罪指控表明,发表反政府的政治言论在美国仍受限制。

美国煽动法大事记	
1735	约翰·彼得·曾格无罪释放
1791	宪法第一修正案通过
1798	1798年外侨与煽动法

```
1917  《间谍法》
1918  《煽动法》
1919  "明显而即刻的危险"标准阐明
1940  《史密斯法》通过
1951  《史密斯法》被判合宪
```

```
1957  《史密斯法》的适用范围大幅
度收缩
1969  "布兰登堡诉俄亥俄州案"从
根本上限制了煽动罪指控
```

外侨与煽动法

美国成立尚不足十年之际，它保护表达自由的决心便首度遇到考验。由于约翰·亚当斯（John Adams）总统的联邦党与托马斯·杰弗逊的民主共和党（又称杰弗逊党）竞争白热化，加之忧心法国大革命中日渐膨胀的暴力会延祸美国，联邦党人控制的国会通过了一系列高压措施，即 **1798 年外侨与煽动法（Alien and Sedition Acts of 1798）**。[26]煽动法禁止出版反对美国政府、国会和总统的错误、诽谤和恶意的出版物，并惩罚那些试图煽动叛乱或呼吁抵制联邦法律的人。违反该法者，最高可处 2 000 美元罚金和两年监禁。煽动法的打击目标是杰弗逊派的政治报纸，其中不少报纸在臧否亚当斯总统及其政府时毫不留情。

政府依该法共发起 15 起指控。在被控者中，有 8 家杰弗逊派报纸（包括当时美国最重要的报纸）的编辑。想象一下，这就仿佛今天的联邦政府起诉《纽约时报》、《华盛顿邮报》和《芝加哥论坛报》的编辑。遭到指控的，还有国会的民主共和党议员。被指控的所谓煽动性诽谤，通常是轻微的，对年轻的美国政府并无威胁。然而，联邦党人法官还是审理了大多数此类案件，定罪也是司空见惯。

这些法律非但没有禁绝不同意见，反倒在亚当斯总统的众多支持者中激起了分歧。很多人认为，亚当斯之所以在 1800 年竞选连任时败北，主要就是因为公众不满于他试图封缄批评者之口。这些法律的合宪性从未经过美国最高法院全体大法官的检验，但有三位大法官在各地巡回审案期间审理过煽动法案件。他们认可这些条款的合宪性。1801 年，煽动法期满失效，新上任的托马斯·杰弗逊总统赦免了所有因该法被定罪的人，国会返还了大多数罚金。这是美国第一部和平时期的煽动法，它的口碑极差，以至于下一部和平时期的煽动法直到 1940 年才通过。

大多数研究美国表达自由的历史学家关注 19 世纪的两个时期：废奴运动时期和内战时期。在这两个时期中，审查不乏所见。1830—1860 年，政府大肆查封废奴主义报刊（尤其是在美国南部）。内战期间，联邦政府与邦联政府都审查报刊。戴维·M. 拉班（David M. Rabban）在《言论自由在其被遗忘的年代》（*Free Speech in Its Forgotten Years*）一书中指出，19 世纪后半期广泛存在着针对激进工会主义者、无政府主义者、生育控制倡导者和其他所谓自由思想者的言论审查。关于这些活动，有意义的公开讨论很少。拉班写道："在一战以前的几十年里，在美国人形成一种言论自由理论保护他们自己所反对的意见之前，美国人首先得经受政府对其观点的压制。"[27]

到了 19 世纪末，不同政见的问题才成为全国性议题。成千上万的美国人开始理解，繁荣不是美国人生来就有的权利，民主和资本主义也未必能带来繁荣。大量美国人被无政府主义等极端政治运动吸引，而主流社会认为，这些运动与美国格格不入。革命二字如幽灵般浮现于数百万美国人的头脑中。全美各地的州和城市通过了几百部法律，来限制此类不同政见。1914 年，战争在欧洲爆发；三年后，美国参战。从此，美国被推过了一条无形的边界线，此前尚存的对于不同政见和批评（对政府与经济体制的批评）的宽容，此时也消失不见了。州政府与联邦政府开始严厉打击批评者与彻底变革的鼓吹者。

一战中的煽动

第一次世界大战期间,美国政府对表达自由的压制超过美国历史上的其他任何时期。[28]比如,相较于 1918—1920 年,越战期间的政府指控要少得多。而且,在一战期间,哪怕政府不出手指控,民间治安团体也会十分活跃地迫害表达自由。

国会为对付反战人士和反美国参战人士,通过了两部联邦法律。1917 年,《间谍法》(Espionage Act)由国会通过并由伍德罗·威尔逊(Woodrow Wilson)总统批准生效。该法主要处理间谍问题,但部分条款明确针对不同政见与反战意见。该法规定,以干扰战事为目的,蓄意传播错误报道是犯罪;在军中引发或试图引发反抗、不忠、叛变或拒服兵役是犯罪;蓄意阻挠美国征兵是犯罪。以上犯罪活动,最高可处 1 万美元罚金或 20 年监禁。该法同时还规定,违反该法的材料不准邮寄。

1918 年,《间谍法》的修正案《煽动法》(Sedition Act)通过,它规定,干扰征兵是犯罪。发表、印刷、撰写或出版不忠或亵渎的文字,令人们蔑视或轻视联邦政府、宪法、军旗或军服也是犯罪。违反该法,最高可判处 20 年监禁或 1 万美元罚金,或两刑并科。依照这些间谍法与煽动法约有 2 000 人被指控,近 900 人被定罪。

此外,美国邮政局(U. S. Post Office Department)对数以千计的报纸、书籍和传单实施审查。一些出版物不能再用二级邮发费率(此费率有政府补助),被迫改用高价的一级邮发费率或另觅他法。杂志的发行全部中断,邮政局不予投递,理由是违法(或者违反了邮政局长所认为的法律)。最后,各州不再满足于仅由联邦政府处理异见人士,大多数州通过了煽动法、反**工团主义犯罪**(criminal syndicalism)的法律与禁止展示红旗或黑旗的法律等。

> 第一次世界大战期间,美国政府对表达自由的压制超过美国历史上的其他任何时期。

美国的政治压制并未随欧洲战事的结束而结束。政府仍然怀疑境内的数百万欧洲移民,也惧怕社会主义和共产主义团体的有组织政治活动。大萧条时(大萧条首先于 1920 年代降临于农业地区,并在之后十年间席卷全境),劳工动荡迅速蔓延。数百名"煽动者"在州法和联邦法下被起诉、定罪。游行示威爆发,外侨遭到拘禁并被威胁驱逐出境。

那么宪法第一修正案呢?表达自由呢?这一阶段,言论自由与新闻出版自由之宪法保障的价值极为有限。从此前的 125 年,表达自由的法律含义未能得到多少发展。1920 年之前,美国鲜有关于表达自由的案件,几乎没有重要判决。宪法第一修正案的表述——"国会不得立法"——并没有其字面意思那么重要。唯有通过 1917 年至 1930 年代中期的数千起涉及煽动罪和其他此类犯罪的法院判决,它的意涵才逐渐得以充实、明晰。

2011 年,当联邦政府考虑是否要因"维基解密"的创立者朱利安·阿桑奇(Julian Assange)在网上公开大量政府秘密文件而起诉他时,1917 年《煽动法》重新得到了传媒的关注,此时距离该法制定已近 95 载。参议员黛安娜·范斯坦(Dianne Feinstein)主张起诉阿桑奇,她认为,阿桑奇泄露国防信息,对美国不利,是蓄意伤害美国。这一指控如果进行下去,就意味着老迈的《煽动法》将经受高科技的试练,这是该法通过时始料未及的。

《史密斯法》

1940 年,国会通过了美国第二部和平时期的煽动法——《史密斯法》(Smith Act),该法规定以下行为是犯罪：鼓吹暴力推翻政府，图谋鼓吹暴力推翻政府，成立鼓吹暴力推翻政府的组织，或加入鼓吹暴力推翻政府的组织。[29] 该法直接针对美国共产党。1943 年曾有一个小型的托洛茨基团体（社会主义工人党成员）依《史密斯法》被起诉和定罪，但直到 1948 年，才有共产党人因该法被起诉。当时，美国共产党的许多高层人物被控鼓吹暴力推翻政府。经过 9 个月的审判，所有人均被定罪，上诉被驳回。1951 年，美国最高法院在一起案件中以 7 比 2 的表决结果，拒绝了被告提出的"《史密斯法》违反宪法第一修正案"的主张。[30]

1950 年代初期，政府继续发起指控。但美国最高法院却在 1957 年出人意料地改弦易辙，推翻了对西岸共产党领袖的定罪。[31] 大法官的投票结果是 5 比 2，约翰·马歇尔·哈兰（John Marshall Harlan）大法官代表多数派撰写判决意见。他写道，政府出具的证据表明，被告确曾号召暴力推翻政府，但这仅仅是作为抽象的信条，尚不足以定罪；相反，政府必须有证据证明，被告确曾鼓吹旨在暴力推翻政府的实际行动。这一判决加重了控方的举证负担，从此，政府再以《史密斯法》起诉共产党人变得极其困难，指控数量因而锐减。当然，也不排除有其他原因。时代改变了，冷战局势有所缓和，美国人对苏联和共产党人不再那么惧怕。政治学家约翰·罗奇（John Roche）一针见血地指出，事实上，正是联邦调查局（FBI）的秘密探员在 1950 年代中后期从经济上瓦解了美国共产党。

随着《史密斯法》事实上的衰落，在此后逾 45 年的时光里，煽动罪已不再是不同政见的严重威胁。在此期间，美国没有一起针对越战抗议者的煽动罪指控，美国最高法院最近一次受理煽动罪案件的上诉是在 1969 年，它推翻了对一位三 K 党领袖（布兰登堡诉俄亥俄州案）的定罪。[32] 近年来，联邦政府数次对白人至上主义者、新纳粹主义者和其他右翼分子提起煽动罪指控。陪审团虽然很愿意给实施爆炸、抢劫银行甚至诈骗的人定罪，却往往宣告被控煽动罪的被告无罪。1990 年代，联邦政府成功地运用一部内战时期的煽动法，控告 1993 年在纽约世贸中心制造爆炸事件的武装分子。奥马尔·阿卜杜拉·拉赫曼（Omar Abdel Rahman）及其 9 名追随者被判违反一部有 140 年历史的法律，该法将"图谋武力推翻、颠覆或摧毁美国政府"规定为犯罪。虽然政府无法证明阿卜杜拉·拉赫曼事实上参与了爆炸事件，但控方认为，拉赫曼对追随者的布道，相当于指导暴力阴谋。拉赫曼的律师主张，拉赫曼的言论受宪法第一修正案保护。1999 年 8 月，第 2 巡回区美国上诉法院拒绝了这一辩护意见，该院指出，权利法案不保护利用公开言论从事犯罪的人。阿卜杜拉·拉赫曼的言论不仅是在表达思想，"在一些情况下，这些言论构成了发动反美战争的犯罪图谋"。由三位法官组成的法官团写道："这种性质的言论，即指导、教唆或劝服他人实施暴力犯罪的言论——无论是发表于私下场合还是公共场合，均属违法，可被起诉。"[33] 2001 年"9·11"恐怖袭击发生以后，纽约州的联邦检察官表示，他们正着手调查此次恐怖袭击中是否有人煽动反美战争。这意味着，被怀疑在此次恐怖袭击中发挥一定作用的个人将和此前被定罪的世贸大楼爆炸事件的制造者一样，以同一部煽动法被起诉。不过政府之后并未发起此类指控。2001 年，国会通过了《美国爱国者法》（USA Patriot Act），它是反恐法的一部分。该法将恐怖主义定义为"试图挟制或压制平民"或"试图通过挟制或强制手段改变政府政策"。一些自由主义者提出，上述定义也包括某些种类的政治异见，非常类似于传统上所称的煽动。

有关《爱国者法》的另一个争议是，该法也打击了抗议反恐战争的自由言论，因为它规定，为恐怖主义者提供"专业建议或协助"是犯罪。2004 年，一个联邦陪审团无罪释放了莫斯科大学的沙特裔计算机博士生萨米·奥马尔·侯赛因（Sami Omar Al-Hussayen）。他因《爱国者法》的上述条款被控传播恐怖主义，他通过"在互联网上设计网站、张贴信息，为车臣共和国和以色列的恐怖主义活动募集资金。

他的律师则主张,他之所以被政府指控,其实是因为他发表了受宪法第一修正案保护的观点[34]。乔治敦大学(Georgetown University)的法学教授戴维·科尔(David Cole)在此案做出判决后评论道,这是"政府企图将纯粹言论入罪,结果却铩羽而归的例证"。

1917 年《间谍法》在 2006 年复苏了,一位联邦法官允许美国政府依该法指控"在美以色列公共事务委员会"(American Israel Public Affairs Committee)的两名前游说人员。据称,这二人获取了美国的保密国防信息,并将信息发送给以色列的官员与记者。[35] "美国诉罗森案"(United States v. Rosen)的两名被告都不是政府雇员或间谍,他们以言论自由挑战《间谍法》的合宪性。法官 T. S. 埃利斯三世(T. S. Ellis III)指出,两名被告发起的"宪法第一修正案挑战揭示了在民主社会不可或缺的政府公开透明与政府保护秘密信息以防意图

伤害美国者利用这一同等迫切的需要之间,存在着一种内在张力"。尽管这位法官拒绝了政府提出的主张——《间谍法》指控无须经受宪法第一修正案检视,这是无条件的规则",但他强调,政府试图惩罚的,是可能威胁国家安全的信息泄露行为。埃利斯法官总结道:"当某人泄露了事关国防的信息,明知该信息可被用于威胁国家安全,且具有恶意(比如有理由相信透露该信息可能伤害美国,或者协助外国政府)时,宪法允许美国政府指控该人。"虽然埃利斯法官支持《间谍法》并允许此案继续其司法程序,但他也建议国会重新审视这部法律的条款,以确保它们体现"国家安全与公民参与公共讨论之适切平衡的当代观点"。到 2009 年初,"美国诉罗森案"已推迟庭审 6 次以上,仍未进入庭审程序。2009 年 5 月,联邦检察官放弃此案,请求法官撤案,理由是,庭审时难免泄露保密信息。

勘定表达自由的边界

迟至 1919 年,美国最高法院才首度认真思量煽动罪指控是否违反美国宪法第一修正案。费城社会党(Philadelphia Socialist Party)委托该党总书记查尔斯·申克(Charles Schenck)散发 15 000 份传单,抗议美国参加一战。传单称,这场战争是为华尔街少数人的利益而发动的血腥、无情的冒险。传单呼吁年轻人抵制入伍。申克和该党其他成员因违反《间谍法》(参见第 44 页)而被捕、受审与定罪。此案上诉至美国最高法院,这些社会主义者声称,他们被剥夺了宪法第一修正案赋予的言论自由与新闻出版自由。奥利弗·温德尔·霍姆斯大法官代表美国最高法院执笔法院判决意见,拒绝了申克等人的宪法第一修正案主张。他说,平日里,这些传单可能是无害的,受宪法第一修正案保护。"但是,任一行为的性质,取决于该行为实施时所处的客观环

境……每起案件中的关键问题在于,言论所发表的客观环境为何,以及该言论的性质是否足以制造'明显而即刻的危险'(a clear and present danger),以至于引发国会有权防止之实质弊害。此为迫切性与程度的问题。"[36]

煽动罪指控如何与表达自由相协调呢?根据"霍姆斯标准",国会有权将可能危害国家的行为规定为非法。在某些情况下,演讲或传单中的言论可能会激发人们违反国会立法。在这些案件中,政府可以惩罚出版者或发言者而不会侵犯宪法第一修正案保障的自由。发言者或出版者的鼓吹与法律明令禁止的行为必须有多接近呢?霍姆斯说,言论必须制造"明显"(无误的? 确定的?)而"即刻"(即时的? 接近的?)的危险。

美国最高法院在驳回申克的上诉时说,这 15 000 份貌似无害的传单,对国会顺利参战的合法权利构成了实实在在的威胁。对美国的许多自由主义者而言,这一标准似乎有些牵强,霍姆斯大法官也因此受到公众的批评。但

每起有关言论自由的案件,其关键问题在于,言论所发表的客观环境为何,以及该言论的性质是否足以制造"明显而即刻的危险",以至于引发国会有权防止之实质弊害。

"明显而即刻的危险"这个具有魔法的表述，像胶水一样，从此牢牢黏附在美国煽动法上。在不到六个月的时间里，霍姆斯大法官改变了他对这一标准的看法。他在 1919 年秋的一场涉及煽动法的案件中，脱离了美国最高法院的多数派，提出了一个在一定程度上更具有自由主义色彩的表达自由的定义。[37] 但最高法院的多数派仍沿用"霍姆斯标准"，驳回了基于宪法第一修正案的上诉。

1927 年，路易斯·布兰代斯（Louis Brandeis）大法官尝试以更实用的方式解释"明显而即刻的危险"标准，然而，他的定义仅体现在"惠特尼诉加州案"（Whitney v. California）[38] 的协同意见中。此案的起因是加州政府指控 64 岁的慈善家安妮塔·惠特尼（Anita Whitney）。惠特尼在参加共产主义劳工党（Communist Labor Party）的一次会议之后，被控违反该州的《工团主义犯罪法》（Criminal Syndicalism Act）。她并非该党的活跃成员，对会上一些党员提出的以革命和罢工（工人借此以暴力手段夺权）方式夺权的提议，她还表示了反对。但加州政府认为，共产主义劳工党之成立本身，便以教导工团主义犯罪为目的，作为该党的成员之一，她自然参与了该项罪行。惠特尼不服定罪判决，上诉至美国最高法院。

爱德华·桑福德（Edward Sanford）大法官撰写了美国最高法院的判决意见，判决结果是：加州没有侵犯惠特尼的宪法第一修正案权利。这位大法官说，此案甚至不宜适用"明显而即刻的危险"标准。他指出，在申克案和此前的其他案件中，指控所依据的法律都禁止了特定行为，如阻挠征兵。故要用"明显而即刻的危险"标准来判断被告发表的言论是否带来了明显而即刻的危险，即被禁行为之发生。桑福德指出，在本案中，加州法律禁止的是鼓吹暴力促成政治变革的言论，故不适用"霍姆斯标准"。此外，加州的相关法律既非不合理也非无根据。

布兰代斯大法官同意多数派的判决结果，但他之所以同意，只是因为此案在初审时没有充分提出表达自由的宪法议题，以致该议题无法在上诉中成为争点。（如果一个司法问题未在初审中提出，上诉法院一般不能加以考虑。）在自由表达的限度问题上，布兰代斯与多数派有尖锐分歧。在此过程中，他为霍姆斯的"明显而即刻的危险"标准充实了血肉和骨架。布兰代斯在回顾申克案时指出，最高法院曾一致同意，必须存在发生实质弊害的明显而迫在眉睫的危险，政府才有权利出面干预。他描述了他认为必须存在的危险：

若欲证明压制自由言论的合理性，必须要有合理之理由担心，若言论自由付诸实践，则严重的罪恶便将发生。必须有合理之理由认为，所认定之危险是迫在眉睫的；必须有合理之理由相信，所欲阻止的罪恶是严重的……。为支持"明显而即刻的危险"之认定，必须证明，迫在眉睫的严重暴力行为很有可能发生，或正在被鼓吹，或行为人过往之行为令我们有理由相信，此种鼓吹将会变成周密谋划。[39]

布兰代斯总结道，如果尚有时间通过讨论揭露谬误、通过教育避免罪恶，则应采用的救济措施是更多的言论，而非强制沉默。换言之，布兰代斯确信，对抗性言论是理想的自力救济（比如在意见市场上加入更多言论，形成交锋态势），而政府审查不是。

美国最高法院力求调和煽动法与宪法第一修正案冲突的下一起重要判决，是 1951 年的"丹尼斯诉美国案"（Dennis v. U. S.）[40]。共有 11 名共产党员被定罪，罪名是鼓吹暴力推翻政府，即违反《史密斯法》。首席大法官文森（Vinson）代表最高法院撰写判决意见，他使用了霍姆斯大法官在申克案中提出的"明显而即刻的危险"标准的变化形式，他称之为"明显而可能的危险"（a clear and probable danger）标准。文森大法官引用勒尼德·汉德法官在一起案件中的判决文写道："法院在每起案件中都必须问这样一个问题：罪恶的严重性在与罪恶发生的可能性相互抵消之后，是否仍足以证明侵犯自由言论乃是避免危险之所必需。"该标准只是稍稍扩张了最初的霍姆斯标准，美国最高法院判决，被告的宪法第一修正案权利并未遭到侵犯。

自美国最高法院审理"布兰登堡诉俄亥俄州案"(**参见第 43 页**)以来,时间又过去了 40 多年,这是最高法院协调煽动法与表达自由之明显冲突的最后一次努力,可能也是表现最佳的一次努力。三 K 党的一位首脑因发表如下言论,被控并被判违反俄亥俄州的煽动法:"我们并非复仇组织,但是,如果我们的总统、国会和最高法院继续压制白人,我们也不排除报复事件发生的可能性。"最高法院在推翻定罪时说,该法必须区分"抽象地鼓吹观念"与"具体地教唆非法行为"。"宪法对言论自由与新闻出版自由的保障,不允许政府禁止人们鼓吹使用武力或鼓吹违法,除非这种鼓吹旨在煽动或

制造迫在眉睫的非法行为,并确实有可能煽动或制造此类行为。"[41]

这一标准是霍姆斯大法官当年"明显而即刻的危险"的当代版本,它可以分解为四个部分。第一,"旨在"一词代表言论者的主观意图要件:言论者是否确实有意使用言论来煽动非法行为?第二,"迫在眉睫"意味着系争言论与非法行为必须十分接近。第三,行为本身必须是"非法行为",这就要求,言论鼓吹的行为必须是刑事法律禁止或惩罚的事项。最后,"有可能"代表可能性要件,即非法行为必须很有可能发生,而不只是一种想象之中的结果。必须证明以上四项要件,才有可能将言论排除在宪法第一修正案的保护范围之外。

 案例

撒谎,是有限的宪法第一修正案权利:
荣誉勋章与"美国诉阿尔瓦雷斯案"

2012 年 6 月,美国最高法院在"美国诉阿尔瓦雷斯案"(*United States v. Alvarez*)[42]的相对多数意见中宣布,联邦《窃盗军功法》(Stolen Valor Act)部分违宪。《窃盗军功法》规定,谎称自己获得过国会荣誉勋章,是一种犯罪。

这部法律制定得极为粗简、宽泛(**参见第 9 页过宽限制原则**),按它的说法,凡谎称自己获得过此类勋章,就构成犯罪,不管是否有人因此受损,也不同撒谎是否出于追求某种物质利益。换言之,该法适用于任何时间、任何地点、针对任何人而发的虚假陈述,哪怕是私宅中的私密对话,也同等适用。

安东尼·肯尼迪大法官代表最高法院的相对多数撰写了判决意见,他写道,一些言论,如挑衅性言论(**参见 89~91 页**)、淫秽(参见第 13 章)等,完全不受宪法第一修正案保护,但"虚假陈述不在此列",因为美国最高法院曾在诽谤(第 4、5、6 章)等领域提出过,"要想让人们在公共讨论和私人对话中发表开放、大胆的观点,一些假话势难避免"。肯尼迪大法官拒绝了奥巴马政府提出的辩护理

由,他说:"美国最高法院从未支持过政府提出的以下无条件原则:虚假陈述不受宪法第一修正案保护。我们此前从未遇到过《窃盗军功法》之类只针对虚假陈述的法律。"

"只针对虚假陈述"这句话非常重要。一些谎言确实不受宪法第一修正案保护,比如宣誓后作的伪证、诈骗、诽谤、实施犯罪时不得不撒的谎,以上种种谎言都造成了实际损害,相关法律的适用范围也比《窃盗军功法》狭窄得多。例如,在诽谤法中,虚假陈述必须损害个人名誉(第 4 章)或者阻遏他人与受害人发生联络或业务往来。与此类似,伪证罪仅适用于宣誓场合中的谎言,且要求谎言具有实质性(即重要性)。诚实错误或粗心大意不成立伪证罪。

归根结底,宪法并未将虚假陈述和谎言悉数排除在保护之外。某些谎言不受宪法第一修正案保护,故仍可受罚,尤其是那些为了追逐物质利益而撒的谎。例如,2012 年 8 月,就在"阿尔瓦雷斯案"做出判决两个月之后,第 4 巡回区美国上诉法院判决维持弗吉尼亚州的一部立法,该法禁止普通市民冒充

执法官员。第 4 巡回区美国上诉法院在"美国诉查普尔案"(United States v. Chappell)中指出："做出阿尔瓦雷斯案判决的美国最高法院的大法官们，没有哪位会认为，诈骗、盗取身份、冒充执法人员等也应享受宪法保护。"此案中，被告向官员撒谎是为了逃避超速罚单。

进一步而言，正如第 4、5、6 三章所阐明的，根据诽谤法，损害他人名誉的虚假陈述有可能导致民事责任。除此之外，五角大楼也对最高法院的阿尔瓦雷斯案判决做出了回应。2012 年，它宣布设立军事荣誉数据库，供公众搜索之用，人人都可以在数据库里验证某人是否真的获得过荣誉或勋章。这样一个数据库，相当于揭发谎言的对抗性言论。我们采取的策略不是查禁、控制谎言，而是在意见市场上增加更多的言论（即勋章获得者数据库），以对治谎言。

最后，冒戴军事勋章，仍有可能成立犯罪。阿尔瓦雷斯案之后，第 9 巡回区美国上诉法院在 2012 年底支持一部联邦立法，该法禁止冒戴军事勋章。上诉法院在"美国诉佩雷尔曼案"(United States v. Perelman)中判决，该法并未将言论规定为犯罪，它针对的是"冒戴军事勋章并图谋欺骗之有害行为。使用实物不再只是单纯的言论，它暗示，佩戴者的谎言有政府背书"。这样一来，法院就将此案所涉之法律区别于阿尔瓦雷斯案中的《窃盗军功法》（**参见第 3 页**关于区分判例的内容），并据此认为，"本案不同于阿尔瓦雷斯案，因为纯粹言论有别于包含表达因素的行为"。

上文简要勾勒了煽动法背后的法律理论；如果有人发表言论煽惑他人实施非法行为，煽动者就有可能因此受罚。如今的政府极少提起煽动罪指控，但普通人因为大众传媒发表、记录或展示的内容煽动第三人实施非法行为而起诉大众传媒的情况，并不鲜见。这些案件在很多方面都十分类似于煽动罪指控，在这些案件中，法院发展出来的保护大众传媒免于煽动罪的盾牌也同样适用。

现实生活中的暴力：归咎于电影、电玩游戏和图书

2009 年，17 岁的凯尔·肖(Kyle Shaw)涉嫌卷入曼哈顿的星巴克爆炸事件，并因此被捕，他很可能是受了电影《搏击俱乐部》(Fight Club)的影响。如果确实是肖炸了星巴克，而且是受布拉德·皮特(Brad Pitt)在片中所饰角色泰勒·德登(Tyler Durden)的影响，那么电影制作者该为星巴克的损失承担民事责任吗？

 案例

他们在想什么？
当电台竞赛误入歧途

传媒有时会做出蠢事，惹祸上身，这时，就连宪法第一修正案也无能为力。2009 年，珍妮弗·利·斯特兰奇(Jennifer Lea Strange)参加了当地一家电台主办的竞赛，比赛中饮水中毒而死，萨克拉门托(Sacramento)的一个陪审团判给其家人 1 600 万美元。比赛要求参赛者在三小时内大量喝水，还不能上厕所。陪审团认为，根据过失原则，KDND 电台的老板应为不当致死负责，正是电台制造的可预见风险，导致了斯特兰奇的死亡。这已经不是电台竞赛首次让听众从事高风险行为并因此背上责任了。在 1975 年的一起不当致死案"韦朗诉 RKO 通用公司案"(Weirum v. RKO General, Inc.)[43]中，加州最高法院判原告胜诉。此案中，电台发起竞赛，让参赛者驾车在高速公路上寻找电台 DJ，谁先找到谁赢。法院判决道："高速交通工具之间相互竞逐，非死即伤。显然，无论是竞赛营造的娱乐效果，还是因此获得的商业回报，都不足以证明电台制造如此严重的风险是合理的。"

法院时常要在不当致死、过失侵权和产品责任之类的案件中判断：电影、唱片等大众传媒产品，是否在一定程度上煽动行为人实施了非法行为？为了明确此类案件中的责任，法院通常会适用"布兰登堡案标准"（参见本章前文，该标准适用于煽动暴力案件）。比如，第 6 巡回区美国上诉法院在 2002 年的"詹姆斯诉 Meow 传媒案"（James v. Meow Media）中判决，电影《篮球日记》（Basketball Diaries）的制片人、几个电玩游戏制作者和一些互联网内容提供商没有责任。此案起因于少年迈克尔·卡尼尔（Michael Carneal）在肯塔基州帕迪尤卡（Paducah）的西斯高中（Heath High School）制造的枪击事件。事发之后，受害学生的父母起诉被告。原告诉称，卡尼尔看过电影《篮球日记》，此片讲述了一名学生幻想自己如何杀死一位老师和几名同班同学的故事。该法院判决道："我们认为，在屏幕上射杀几个角色（数百万人有过这种行为）与在教室里射杀真人（顶多只有极少数人有这一行为）有着霄壤之别，电影与游戏的制作者无法合理预见到卡尼尔的行为。"法官们又补充道：此案所呈示的材料，远未达到布兰登堡案标准。[44] 法官是如何得出以上结论的呢？首先，本案所涉之电影，不以制造暴力为目的。"被告虽未能注意到自己所传播暴力材料的劝服力量，但他们显然无意引导消费者实施暴力，因此不符合布兰登堡案标准的要求。"[45] 该上诉法院还指出："哪怕卡尼尔的行为可被预见到，这也不等于暴力内容'很可能'导致卡尼尔如此行事（这才是布兰登堡案标准的要求），由此及彼是一个巨大的跳跃。"[46]

原告往往很难证明"布兰登堡案"标准的意图（"旨在"）部分。传媒并不希望有人在观看、玩耍或阅读了自己的产品后去从事暴力行为。相反，传媒只想提供娱乐，并从中获利！但也不能排除有例外。

1996 年，米尔德丽德·霍恩（Mildred Horn）、特雷弗·霍恩（Trevor Horn）和贾尼丝·桑德斯（Janice Saunders）的家人起诉骑士公司（Paladin Enterprises）及其总裁彼得·伦德（Peter Lund）不当致死。该公司出版了一本书——《打手：独立订约人技术手册》（Hit Man: A Technical Manual for Independent Contractors）。劳伦斯·霍恩（Lawrence Horn）垂涎于医疗失职的和解费，雇用詹姆斯·佩里（James Perry）杀害其前妻、四肢瘫痪的八岁儿子和儿子的护士。佩里与霍恩双双被捕并被判谋杀罪。佩里被判死刑，霍恩被判终身监禁。原告认为，骑士公司出版的图书是佩里的谋杀指导手册。马里兰州的一家美国地区法院 1996 年 8 月判决，该书受宪法第一修正案保护。"不管该书如何令人厌憎，它肯定不属于宪法第一修正案之言论自由保护的公认例外。"威廉斯（Williams）法官写道：在可允许的鼓吹与不可允许的犯罪或暴力煽动之间，存在着一条界线，此书尚未越过这条界线。[47]

15 个月后，第 4 巡回区美国上诉法院推翻了原判。佩里承认，骑士公司的确在知识与犯意上协助了他，罪犯和潜在罪犯可以直接使用该书教唆、策划与实施谋杀或雇凶杀人。法院称，该书不只是抽象地鼓吹而已，它协助并煽动了犯罪。法官团判决，该书"巨细靡遗地指导读者策划、实施与隐瞒犯罪，系统而全面地训练读者实施犯罪"。此类出版物不受宪法第一修正案保护。法院指出，此案具有独特性，当第三方模仿新闻报道、电影或电视节目里的犯罪或其他行为时，此案不应被解读为扩大了出版商与广播公司的潜在责任。[48] 此案上诉至美国最高法院，但被拒绝，案件发回美国地区法院重审。1999 年 5 月，骑士公司与原告庭外和解，了结了此案。尽管如此，但"布兰登堡案标准"的要求非常严苛，在要求剧本、图书、歌曲或电影为他人的非法行为负责的诉讼中，原告很难甚至几乎不可能胜诉。就这点而言，判例法是高度片面的。[49]

案例

《螳螂捕蝉，黄雀在后》：传媒对自杀或情感伤害有责任吗？

2006 年，小路易斯·威廉·康拉德（Louis William Conradt Jr.）亲手结束了自己的生命，当时，警方正要以"在网上诱奸未成年人"为由，将他从家中逮捕。其实压根没有未成年人，这是电视栏目"NBC 日界线"（NBC Dateline）和社会团体"堕落正义"（Perverted Justice）设下的圈套，目的是制作"日界线"的煽情系列节目《螳螂捕蝉，黄雀在后》（"To Catch a Predator"）。康拉德并未依约去"诱饵屋"见"未成年人"，NBC 的工作人员于是扛着摄像机赶到康拉德的住处，同行的还有一个特种武器战略小组和得克萨斯州墨菲（Murphy）的警察（携有逮捕证）。康拉德显然无法面对这一羞辱与围观，他选择了自杀。他的姐妹帕特里夏·康拉德（Patricia Conradt）起诉 NBC，索赔 1 亿美元，她诉称，"NBC 日界线"对她兄弟的死负有责任。这就是 2008 年的"康拉德诉 NBC 环球案"［Conradt v. NBC Universal, 536 F. Supp. 2d 380（S. D. N. Y. 2008）］。丹尼·钦（Denny Chin）法官拒绝驳回此案，他说，如果帕特里夏·康拉德修改后的诉状所指称的事项属实，"理性的陪审团就有可能认定，NBC 越过了新闻报道的边界，率然介入了执法领域"，而且，"NBC 制造了导致他人自杀或遭受其他损害的实质性风险"。他又说，诉状所述之事实，足令原告的主张（即自杀是可预见的，且"NBC 故意无视风险，罔顾良知"）显得真

实合理。NBC 选择不上法庭，与原告达成庭外和解，和解金额不对外公开。此事提醒记者：策划新闻时务须加倍谨慎，报道新闻与制造新闻之间的界限极易越过。

2011 年，《螳螂捕蝉，黄雀在后》节目再度被告上法庭，在一起故意制造情感伤害（intentional infliction of emotional distress，参见第五章相关内容）的案件中，NBC 向法院申请驳回原告的起诉，申请被法官拒绝了。此案的原告是在"诱饵屋"中被捕的一名男性，他诉称，电视台为了追求节目的戏剧性和煽情性，专门策划了他的被捕，对他百般羞辱。美国地区法院法官爱德华·陈（Edward Chen）在"蒂瓦里诉 NBC 环球公司案"（Tiwari v. NBC Universal, Inc）[50]中写道："理性的陪审团有可能认为，警方根本不必以如此煽情的方式逮捕蒂瓦里，或拍摄他在羁押、审讯期间手戴镣铐的画面。"在蒂瓦里案中，NBC 与加州佩塔卢马（Petaluma）的警方通力合作，NBC 为警方提供它从"堕落正义"处获得的聊天室记录和其他记录。陈法官写道，如果 NBC"引导警方以戏剧性的方式持枪逮捕蒂瓦里先生，而事实上根本无此必要，那么这种行为本身，就有可能被认定为过于粗暴"。他补充道："归根结底，新闻所呈现的煽情性质，有可能被理性的陪审团认定为过于粗暴，即违反庄重有礼的一般要求，尤其当此种行为与正当的执法目的无关时。"

随着《侠盗猎车》（Grand Theft Auto）、《真人快打》（Mortal Kombat）、《生化危机》（Resident Evil）的成功，以暴力形象、暴力故事为特色的电玩游戏，成为今日立法者的审查对象。立法者认为，这些电玩游戏会在真实生活中引发暴力，还会对玩游戏的孩子造成心理伤害。人们将校园枪击案归咎于电玩游戏（比如将 1999 年的哥伦拜恩惨剧归咎于《毁灭战士》）。数个州（加利福尼亚州、伊利诺伊州、路易斯安

那州、密歇根州、明尼苏达州、俄克拉何马州和华盛顿州）及数个城市（密苏里州圣路易斯县、印第安纳州印第安纳波利斯）以立法手段限制未成年人接触暴力电玩游戏。这些法律或是完全禁止向未成年人租售暴力电玩游戏，或是对购买暴力电玩游戏的未成年人罚款。这些法律后被联邦法院尽数认定为违宪。为什么呢？

第一，电玩游戏有故事和情节，故被视作

言论产品，受宪法第一修正案保护。政府要想证明基于游戏内容（此处为暴力内容）的限制合理，就必须满足司法审查的**严格检视**标准。特别是，州政府和市政府必须证明，政府管制游戏攸关重大利益（较高优先级别的利益），且政府采取的管制措施，是服务以上重大利益之所必需（相关法律具有明确针对性）。到 2011 年初为止，所有审查过这一问题的法院都认定，州政府和市政当局提出的社会科学证据不足以证明暴力电玩游戏会导致未成年人从事暴力行为，或对他们造成心理伤害。换言之，社会科学证据未能证明政府的重大利益。第二，针对电玩游戏的法律之所以常被认定为违宪，是因为它们未能明确界定何为"暴力"。如本书前文（**参见第 8 页**）所指出的，如果具有一般理性与智力的人无法透过法律条文辨别何种言论被允许、何种言论被禁止，那么依"模糊即无效"原则，该法律应被认定为违宪。一些州在成文法中使用了"不合适的暴力""极端暴力电玩游戏"等模糊概念。

也许，电玩游戏立法这口棺材上的最后一枚钉子，是美国最高法院在 2011 年 6 月钉上去的。最高法院的七位大法官形成多数派，在"布朗诉娱乐商业协会案"（*Brown v. Entertainment Merchants Association*）中推翻了加州的一部法律，该法禁止向未成年人租售"暴力电玩游戏"，并要求此类游戏的外包装印上警示标志"18"。

安东宁·斯卡利亚大法官主笔的多数派判决意见并未阐发多少新理论，但它加固了下级法院此前十年对全国各地类似立法竖起的高墙。它也强调了宪法第一修正案的一个关键要点——保护冒犯性言论，正如斯卡利亚所写："厌恶不是限制表达的正当理由。"

美国最高法院的多数派在"布朗案"中指出，加州政府试图创设一种新的不受保护的表达类型（即以未成年人为目标受众的暴力内容），这没有先例可循，而且是错误的。同时，斯卡利亚大法官拒绝将最高法院在"金斯伯格诉纽约州案"（*Ginsberg v. New York*）中提出的弹性淫秽理论适用于性言论以外的领域。

斯卡利亚适用了严格检视标准，并据此断定，加州提出的社会科学证据不足以证明政府的重大利益。

斯卡利亚指出，因果关系与相关性有重要区别。他观察到，加州提出的研究"顶多表明儿童接触暴力娱乐与微弱的现实效果之间有一些相关性，比如，相较于玩非暴力游戏，儿童在玩暴力游戏之后的几分钟内更具有攻击性或发出更大的噪声"。

斯卡利亚同时着重指出，系争法律其实无法全面保护未成年人免受传媒暴力内容的影响。斯卡利亚写道："加州（明智地）不限制周六早晨播出卡通片，不反对出售不适合幼儿的游戏，也不禁止发布枪支照片。其结果是，比照于它所宣称的目标，它所采取的管制措施明显不够充分。在我们看来，只此一条便足以驳倒它。"

斯卡利亚还称赞了电玩游戏业的自愿分级系统，他指出，这"在很大程度上确保了未成年人无法自行购买含有严重暴力内容的游戏，而关注这一问题的为人父母者，也能更方便地评估孩子带回家的游戏"。

在康涅狄格州纽敦市发生了桑迪·胡克小学 20 名儿童被害事件后，暴力电玩游戏因此在 2013 年再度受到关注。有几位美国参议员认为，真实世界的暴力行为，也许应部分归咎于电玩游戏。呼吁立法规制暴力电玩游戏的声音再次响起。也许是想将人们的视线从枪支转移到电玩游戏上，全国步枪协会（National Rifle Association）的韦恩·拉比尔（Wayne LaPierre）在 2013 年 1 月的国会听证会上呼吁游戏公司"停止生产如此暴力的电玩游戏"。更重要的是，奥巴马总统于同月声明，"国会应资助学者研究暴力电玩游戏对少年儿童心智的影响"。尽管美国最高法院在 2011 年布朗案中推翻了加州限制未成年人接触暴力电玩游戏的立法，但可以预见，因桑迪·胡克之类悲剧的发生，在不久的将来，可能会有更多针对此类游戏的立法。

在"布兰登堡案标准"的适用上，有一起案例颇具影响力。此案源于反堕胎人士在网上发布的帖子，这些帖子将实施堕胎手术的医生称作"婴儿屠夫"。这些帖子由"美国生命行动主义者同盟"（American Coalition of Life Activists）制作，内有堕胎权支持者（包括医生、诊所员工、政界人士与法官）的档案，即所谓纽伦堡档案（借用二战后的战犯审判之名）。该团体称，"一旦我国的民意潮流转而反对上帝之子的屠杀者，则在完全合法的法庭上"，这些档案可用于一场类似于纽伦堡的审判。已遭谋杀的堕胎支持者的姓名会从网站上删除，受伤的堕胎支持者的姓名会变灰。

计划生育协会的俄勒冈分会提起诉讼，它诉称，这份材料是对被点名者的威胁。陪审团支持这一诉求，判予原告 1 亿多美元的实际损害赔偿和惩罚性赔款。2001 年，第 9 巡回区美国上诉法院的一个法官团推翻了以上判决。法院说，这些帖子也许会令第三方更有可能对医生实施暴力，但反堕胎人士并未直接威胁医生。[51]原告申请重审此案，14 个月后，该院以 6 比 5 的投票结果改变了原判，宣布这些网络帖子不受宪法第一修正案保护。"鼓吹暴力受宪法保护，"帕梅拉·安·赖默（Pamela Ann Rymer）法官写道，"但以暴力威胁他人不受保护。"她指出，已有三位堕胎服务提供者在此类"通缉帖子"发布后被杀，这些帖子对堕胎支持者而言，形同死亡威胁。赖默法官又写道，这些帖子暗示的内容虽未明言，但行为人和受众都收到了讯息。[52]美国最高法院拒绝复查此案。[53]

有关网上的煽动性反堕胎内容，如今仍有争议。2007 年，费城的一位联邦法官签发了一道永久性禁令，禁止宾夕法尼亚州雷丁（Reading）的反堕胎人士约翰·邓克尔（John Dunkle）开设网页和博客，因为联邦政府主张，其网页和博客唆使他人对生殖健康医生使用致死暴力，包括枪击一名医生的头部。[54]邓克尔的网页上写道："虽然直射她的眉心听起来不太好，但放任她不管似乎更糟糕。"托马斯·戈尔登（Thomas Golden）法官认定，此类网络材料已构成暴力威胁，应依联邦《自由进入诊室法》（Freedom of Access to Clinic Entrances

Act，FACE 法）被禁止，它不受宪法第一修正案保护。

吉特洛案与一体适用原则

美国宪法第一修正案规定，"国会"不得立法剥夺言论自由与新闻出版自由。从字面上看，"国会"一词意味着该修正案只禁止美国国会的相关行为，并未规定州政府或地方政府的行为。如此说来，宪法第一修正案似乎不反对州政府或地方政府限制、剥夺人民的言论自由和新闻出版自由。

在美国最高法院 1925 年做成"吉特洛诉纽约州案"（*Gitlow v. New York*）[55]判决之前，这就是美国的实情。美国最高法院在"吉特洛案"中首度判决，宪法第一修正案中的"国会"一词，不应被狭隘地理解为只限制美国国会或联邦政府。该案的缘起大致如下：社会主义者本杰明·吉特洛（Benjamin Gitlow）因印刷"左翼宣言"（the Left Wing Manifesto）被控违反纽约州的刑事无政府主义法。起初，该案似与宪法第一修正案无关，因为政府指控吉特洛的依据是纽约州法律，不是国会法律。

但美国最高法院对此有不同看法，它写道，"我们可以认为，而且也确实认为，言论自由与新闻出版自由（受宪法第一修正案保护，国会不得剥夺）属于受宪法第十四修正案之正当程序条款保护的基本人权与'自由'，各州不得侵犯"。简言之，最高法院在"吉特洛案"中所做的事情，就是将宪法第一修正案与第十四修正案，尤其是第十四修正案的正当程序条款联系起来。第十四修正案的正当程序条款规定："各州非经正当程序，不得剥夺任何人的生命、**自由**或财产。"请注意，第十四修正案明文规定了各州不得如何，它限制了各州的权力。这样一来，"吉特洛案"将宪法第一修正案中的言论自由与新闻出版自由一体纳入第十四修正案的"自由"之中。

"吉特洛案"判决的重要性在于，美国最高法院经由此案承认，权利法案在限制联邦政府的同时，也约束州政府与地方政府的行为。"吉特洛案"表明，言论自由也受宪法第十四修正案保护。这被称为"一体适用原则",即宪法第一修正案的言论自由与新闻出版自由条款,经由第十四修正案的正当程序条款,作为基本自由,一体适用于州与地方政府机构及其官员,而不仅仅适用于"国会"。今天,权利法案规定的大多数权利都受宪法第十四修正案的保护,既不受联邦政府干涉,也不受州政府和市政府干涉。"吉特洛案"的重要性实在不容低估。它标志着美国公民开始获得全方位的民权。

小　结

宪法第一修正案诞生不到八年,美国便通过了它最早的(而且是最广泛的)煽动法——1798年外侨与煽动法。这些法律将批评总统与联邦政府规定为犯罪,多位重量级的政治新闻主编与政界人士因此被控。美国最高法院虽未就这些法律的合宪性听取过辩论,但审理过煽动法案件的几名大法官都拒绝否定这些法律的合宪性。公众憎恨这些法律。1800年,约翰·亚当斯竞选连任失败,取而代之的,是他的政敌及煽动法的攻击目标——托马斯·杰弗逊。这些法律声名狼藉,搞得联邦政府直到一战时期才通过另一部煽动法。

1915—1925年期间的煽动罪指控,映照出这个国家历史上最丑恶的面貌。反战人士、社会主义者、无政府主义者和其他政治异见人士沦为政府压制的对象。正是在这一时期,美国最高法院开始着手解释宪法第一修正案。美国最高法院在一系列源自一战的判决中提出了"明显而即刻的危险"标准,用以衡量州法与联邦法对抗议和其他表达的限制是否符合宪法第一修正案。1925年,美国最高法院判决,言论自由的保障适用于各级政府行为,宪法第一修正案的言论自由条款不仅保护个人免于联邦政府的审查,而且保护个人免受各级政府的审查。"吉特洛诉纽约州案"的以上声明为美国日后更广泛地保护表达自由打开了一扇大门。

1969年,美国最高法院在"布兰登堡诉俄亥俄州案"中,做出了协调宪法第一修正案与煽动法的最近一次重要努力。最高法院判决,鼓吹非法行为是受宪法保护的,除非这种鼓吹旨在煽动或制造迫在眉睫的非法行为,而且确实有可能煽动或制造此种行为。

事前限制

1760年代,英国法的伟大汇编者威廉·布莱克斯通将新闻出版自由定义为免于"事前限制"的自由。宪法第一修正案究竟是为保护政治批评而设,还是为保护新闻传媒免于不公税收而设?人们在这个问题上仍有意见分歧,但大多数人肯认,保障言论自由与新闻出版自由,至少是为了防止政府实施事前限制。话虽如此,21世纪的美国传媒仍会面临事前审查。

事前限制有多种形式。最常见的情况是政府要求传媒在刊播言论前得到政府的批准,又或是政府禁止传媒刊播特定类别的材料,本章及下一章将举例加以说明。另外,法院禁止特定言论在庭审之前发表(参见第11、12章)或法院下令禁止可能侵犯隐私权的材料公开(参见第7、8章),也可以说是事前限制。

至于涉嫌诽谤的言论(参见第4、5、6章有关诽谤的内容),美国法的传统原则是,法院不会以禁制令事前禁止此类言论发表。哪怕你事前获知某家报纸将于下周发表有关你的虚假报道,损害你的名誉,你也无法从法院得到事前限制令,提前阻止言论发表。美国诽谤法中的优先救济是允许诽谤陈述发表,再由受害人事后诉请金钱赔偿。换言之，传统的救济方式是对言论的事后惩罚。不过，一旦某陈述被认定为虚假并具有诽谤性，法院就可以发出禁制令，禁止同案被告重复发表已被认定为诽谤的陈述。[56]

法院有时也会签发事前限制令，阻止他人公开商业秘密或失窃的智慧财产，然而，只要此类信息在网上公开，哪怕是片刻公开，事前限制令就会失效。纵使法院关停某家网站，或命令该网站移除相关信息，其他国家（超出美国法院的司法管辖）仍有可能存在镜像网站，又或者，信息有可能已被他人下载并/或转发。这就是 2008 年"宝盛银行诉维基解密案"（*Bank Julius Baer & Co. Ltd. v. WikiLeaks*）的真实情况。一位联邦法官终止了他此前签发的事前限制令，限制令针对的是维基解密，这家网站专门公开由告密者泄露的独家秘密信息。[57]美国地区法院的杰弗里·S. 怀特（Jeffrey S. White）法官在维基解密案中写道："证据表明，纸已经包不住火了。"他指出，镜像网站遍及全世界，系争信息"在网上随处可见"。这道出了事前限制的一个要害：除非事前限制能有效阻止损害或伤害，否则法院一般不签发此类命令。

2010 年，维基解密公开了"阿富汗战争日记"，纸又一次无法包住火了。"阿富汗战争日记"是 2004—2010 年 75 000 多份秘密军事情报和其他有关阿富汗战争的文件的合辑。秘密文件的外泄激怒了政府官员，他们唯恐这些文件危及美国人的生命安全，威胁到美国在阿富汗的战争努力，破坏美国与巴基斯坦的脆弱关系。《纽约时报》迅速公开了多份文件，并撰写了相关文章，它告知读者："决定是否发表秘密信息总是异常艰难，在权衡风险与公共利益之后，我们有时选择不发表。但在某些情势下，信息涉及重大公共利益，比如这一次。这些文件以其他文件所不能之方式，揭示了美国及其盟友面临的极大困难。"读者在阅读本章的之后几页内容时，不妨思考以下两个问题：2010 年的这场维基解密争议，与五角大楼文件案有何异同？互联网是如何影响事前限制的？

有时，联邦、州或地方条例要求个人或团体在从事受保护的言论活动（如集会、抗议或游行）之前得到官方许可，这时也会发生事前限制。但正如本书第 3 章所阐明的，如果这些条例是内容中立的时间—地点—方式限制，那也是可被允许的。

有一些事前限制更为微妙，也更不易察觉。比如，多个州立法限制罪犯从讲述其犯罪故事的电影和图书中赚钱，从而得益于其犯罪行为（**参见第 87～88 页**）。这些法律称为"萨姆之子法"（Son of Sam laws），之所以有这个称谓，是因为首部此类州法就是为了阻止纽约州号称"萨姆之子"的连环杀手戴维·伯科威茨（David Berkowitz）出售其犯罪故事。此类法律一般可被允许，但也有一些措辞过于宽泛的法律被认定为事前限制，因为它们可能妨碍重罪案犯对各种议题表达观点。一些法院认为，限制公职候选人在竞选期间如何使用竞选经费以及使用多少经费的法律，也是事前限制（**参见第 96～98 页**）。本章的讨论将聚焦于最显见的事前限制类型，即政府对表达的直接限制。

在学习关键案件之前，我们需要理解以下规则：

1. 政府对言论的事前限制一般被推定为违宪。政府必须向法庭证明事前限制的合理性，对此承担举证责任。

2. 政府的举证负担很重，法院通常会要求政府证明重大利益或最高优先级别的利益，如此方能证明事前限制的合理性。

3. 事前限制的范围（事前限制波及的范围，多少言论因此受限）必须非常明确、狭窄。政府的限制，必须控制在实现政府所称重大利益所需的必要范围内，不能殃及超出这一范围的其他言论。

4. 政府可以限制不受宪法第一修正案保护的言论（如淫秽、儿童色情和虚假广告），但只有在法院经司法程序确认言论不受保护之

> 事前限制有多种形式。最常见的情况是政府要求传媒在刊播言论前得到政府的批准，又或是政府禁止传媒刊播特定类别的材料。

后,才能施加限制。因此,如果某色情杂志(如《好色客》)的某一期被法院认定为淫秽(参见第13章),那么在该法院的司法管辖区内,该期杂志的未来出售皆可被限制。

 案例

针对政府雇员的事前限制:放弃宪法第一修正案权利

中央情报局(CIA)可以阻止卸任间谍在写书讲述卧底故事时公开秘密信息吗?答案是肯定的。2009年,第2巡回区美国上诉法院在"普莱姆·威尔逊诉中央情报局案"(*Plame Wilson v. Central Intelligence Agency*)[58]中判决,CIA可以阻止前秘密特工瓦莱丽·普莱姆·威尔逊(Valerie Plame Wilson)公开她为CIA服务(2002年前)的相关信息。普莱姆·威尔逊加入CIA时签署过一份保密协议,承诺不以任何方式披露任职期间获知的秘密信息。她还签署过一份承诺书,同意在发表任何涉及情报数据、情报活动和保密信息的材料之前,都将材料交由CIA审查,虚构作品也不例外。第2巡回区美国上诉法院在分析此案时指出,政府对一般大众的限制,适用严格审查标准,但如果政府雇员自愿承担保密责任,那么政府对信息公开的限制,就不再受制于严格检视标准。法院判普莱姆·威尔逊败诉,此判决依循了美国最高法院1980年的先例"斯内普诉美国案"(*Snepp v. United States*)。在斯内普案中,CIA与其前雇员弗兰克·斯内普(Frank Snepp)签署的保密协议受到了宪法第一修正案挑战。斯内普出版了一本书,内容涉及CIA在南越的活动,出版前未将稿件交给CIA审查。美国最高法院拒绝了斯内普的宪法第一修正案主张。政府要求在出版前审查言论,显然是对言论的事前限制。

当然,受制于保密协议的政府雇员不止CIA的工作人员。2012年,美国海军海豹突击队第6组的几名成员,因透露击毙奥萨马·本·拉登行动的保密信息而受到惩罚。前海豹突击队员马特·比索内特(Matt Bissonnette)撰书《艰难一日》(*No Easy Day*),讲述了这次突袭事件的故事。国防部总顾问杰·约翰逊(Jeh Johnson)写信给比索内特解释道,之前签署的保密协议"在你离任后依然有效"。信中还写道:"在国防部看来,你严重违反了保密协议。书的扩大传播进一步加重了你的过犯。"

尼尔诉明尼苏达州案

美国最高法院一直没能直接审查事前限制的合宪性,在审理了第一起重要的煽动案超过十年之后,才在事前限制的领域有所作为。1931年,最高法院在"尼尔诉明尼苏达州案"(*Near v. Minnesota*)[59]中捍卫了表达自由。

此案案情大致如下:明尼苏达州明尼阿波利斯的县市官员起诉小型周报《星期六新闻报》(*Saturday Press*)的发行人杰伊·M.尼尔(Jay M. Near)与霍华德·吉尔福德(Howard Guilford)。尼尔和吉尔福德以改革者自居,二人公开宣称,其目标是净化明尼阿波利斯市政府和县政府。他们抨击政治腐败,用远

非温和的语言诽谤了一些重要官员。尼尔和吉尔福德在报道中声称,犹太匪徒控制了该市的赌博、走私与诈骗活动,市政府和执法机构却怠惰软弱,履职不力。二人以极具煽动性的方式,再三重复这些指责。[60]

明尼苏达州有一部法律,授权法院将淫秽、猥亵、色情、恶意或诽谤出版物宣布为公害。如果出版物被认定为公害,法院就可以签发禁制令,禁止它出版发行。违令者会被判藐视法庭。

1927年,县检察官弗洛伊德·奥尔森(Floyd Olson)起诉《星期六新闻报》。一家地

区法院宣布该报为公害，"永久禁止"它出版。尼尔和吉尔福德要想重新出版该报只有一个办法，就是说服法院相信，他们的报纸将不再刊载令人反感的材料。1928 年，明尼苏达州最高法院认定该法合宪，它宣布，明尼苏达州可以根据广泛的治安权规制公害，包括诽谤性报纸。

此案上诉至美国最高法院，美国最高法院推翻了州最高法院的原判。公害法被宣布为违宪。美国最高法院的投票结果是 5 比 4，首席大法官查尔斯·埃文斯·休斯（Charles Evans Hughes）代表最高法院主笔判决意见。他说，公害法的目的不是救济被报纸攻击的受害人。[61]相反，该法旨在永久压制《星期六新闻报》。休斯写道，该法的目的不是惩罚，而是审查——不仅关乎某一期报纸，而且关乎未来各期报纸——这种审查背离了新闻出版自由的传统理念。换言之，该法实施了事前限制，而事前限制显然违反宪法第一修正案。

有必要指出的一项法律原则是，法官在代表法院撰写判决意见时，应当围绕手头的争点问题展开论证，不宜主题涣散，去讨论那些与争点问题无关的问题。此类发散性评论被称作**附带意见（dicta）**，附带意见的内容不适用于当下的案件。附带意见从未被视作判决的重要部分。休斯首席大法官为"尼尔诉明尼苏达州案"写的判决意见中有大量附带意见。

休斯首席大法官在判决意见中写道，针对《星期六新闻报》的事前限制是违宪的，但他又说，在某些情况下，事前限制可被允许。哪些情形下可被允许呢？具体而言，政府可以合宪地禁止淫秽出版物，可以禁止教唆他人实施暴力行为的材料，可以在战时禁止某些种类的材料（首席大法官完全有可能是被迫做出上述声明的，目的是维持微弱的 5 票优势）。另一方面，休斯首席大法官承认，仅将新闻出版自由定义为"免于事前限制的自由"是错误的，因为在很多案件中，出版后的惩罚（即事后惩罚）也是对表达自由的有效审查。

"尼尔诉明尼苏达州案"代表了这样一种观点：根据美国法律，事前审查只在极特殊的情况下始得容许；它是例外，不是常规。自1931 年以来，美国法院无数次强化了这一解释。尽管如此，在宪法第一修正案何时容许事前限制这个问题上，大家的理解仍然不够完全，正如以下案件所示。

> 美国最高法院首席大法官查尔斯·埃文斯·休斯写道，公害法的目的不是惩罚，而是审查——不仅关乎某一期报纸，而且关乎未来各期报纸——这种审查背离了新闻出版自由的传统理念。

五角大楼文件案

关于事前限制，美国最高法院审理的另一起重要且知名的案件发生在 1971 年。此案体现了联邦政府制止失窃保密信息公开发表的能力，联邦政府认为，该信息危及越战时期的国家安全。这就是著名的五角大楼文件案。[62]此案起始于 1971 年夏，当时，《纽约时报》开始根据 47 卷政府绝密研究报告《美国对越政策决策史》（History of the United States Decision-Making Process on Vietnam Policy）的失窃复印件发表相关系列报道，《华盛顿邮报》与另几家报纸也紧随其后。第一篇报道发表次日，司法部部长约翰·米切尔（John Mitchell）要求《纽约时报》立即收手。《纽约时报》发行人拒绝了，政府向法院申请禁制令，强制该报停止发表这一系列报道。此案在向美国最高法院上诉的过程中，政府得到了法院的临时性禁令。《华盛顿邮报》开始报道五角大楼文件后，政府也向法院申请了禁令。

政府起初主张，传媒发表五角大楼文件违反了联邦间谍法。联邦下级法院不满意这一主张。政府于是又提出，根据宪法有关处理外交事务的授权，总统有权保护国家安全，其中包括将文件设定为秘密和绝密的权利。报纸发表此等材料，属于未经授权的泄密，应被制止。这一持论同样不能令法院满意。此案上诉至美国最高法院时，政府的观点是：这些文一开始被众人吹捧为"世纪之案"的五角大楼文件案,草草收场。新闻界胜利了,五角大楼文件得以公开发表。然而,美国最高法院的多数大法官并未判决此类事前限制一概违宪,他们只是判决,在这起案件中,政府未能善尽举证责任,证明此种限制是必需的。

件的公开发表,可能会对美国及其处理外交事务的能力造成不可挽回的损害。《纽约时报》与《华盛顿邮报》的主张有二。首先,它们说,秘密分级制度是虚伪的,当政府内部人士试图左右舆论或影响记者的报道时,他们几乎是随心所欲地解密文件。其次,两家报社认为,以禁制令为手段限制传媒发表五角大楼文件,违反了宪法第一修正案。有趣的是,这两家报社均未主张事前限制在任何情形下皆违反宪法第一修正案。辩护律师亚历山大·比克尔(Alexander Bickel)认为,在一些情形下,事先限制是可被接受的——比如,当一份文件的公开发表直接关系到一起迫在眉睫、可被预见的严重事件时。显然,这两家报社都认为,赢取眼前这场官司的胜利,比确立一项确切而持久的宪法原则要重要得多。因此,它们全神贯注于赢得这一场官司,承认在未来的其他案件里,事先限制可能是被允许的。[63]

6月30日,美国最高法院以6比3的表决结果,做出了有利于《纽约时报》与《华盛顿邮报》的判决,反对政府禁止五角大楼文件发表。

然而,这一判决几乎没有强化宪法第一修正案。多数派在一份十分简短的法庭共同决议中说,在涉及事前限制的案件中,政府必须承担证明其限制合理的沉重举证责任。本案中,政府未能向法院证明限制两家报社的理由。[64] 换言之,政府未能证明永久限制令的合理性。

以上判决的依据,是宪法第一修正案的优先地位理论或优先地位原则(**参见第38～39页**)。禁止出版,被推定为违反宪法第一修正案。政府必须证明,从某种意义上说,这种禁止是翼护国家之所必需。政府倘能举出这种证据,法院就会向政府倾斜,支持出版禁令。但在这起案件中,政府未能证明,为何禁制令对国家利益而言至关重要。结果,美国最高法院拒绝了政府禁止传媒发表五角大楼文件的要求,理由是,这种禁止违反了宪法第一修正案。最高法院没说所有类似案件中的禁制令都违反宪法第一修正案。它只是说,政府在这起案件中未能说明它为何需要禁制令,以及为何禁制令不侵犯新闻出版自由。

一开始被众人吹捧为"世纪之案"的官司,就如此草草收场了。新闻界胜利了,五角大楼文件得以公开发表。然而,美国最高法院的多数大法官并未判决此类事前限制一概违宪,他们只是判决,在这起案件中,政府未能善尽举证责任,证明此种限制是必需的。

《进步》杂志案

1979年,一家联邦法院在一起罕见的案件中认定系争言论关涉国家安全,应当加以事前限制。在这起"美国诉《进步》案"(United States v. Progressive)[65]中,一位联邦法官签发了临时禁令,阻止《进步》杂志刊登一篇"详细剖析氢武器制造之三个必备基本理念"的文章。法官认为,这篇文章中有"无法从公共领域获知的"信息,一旦发表,"可能会对美国造成直接、即刻与不可逆转的损害"。

不过,该判决不具有多少判例价值,这只是一位联邦地区法院(而非上诉法院)法官的意见。在此案进入上诉程序之前,威斯康星州的一家报纸发表了类似的文章,令此案失去了实际意义。我们也就无从得知上诉法院是否会维持这一事前限制了。

美国诉贝尔案

事前限制案件并不必然关乎国家安全（如五角大楼文件案和"美国诉《进步》杂志案"）或针对政府官员的无情攻击（如"尼尔诉明尼苏达州案"）。在一些情况下，政府对个人实施事前限制，是为了阻止违反联邦法的虚假言论或欺骗性言论发表。例如，2005 年，一家联邦上诉法院在"美国诉贝尔案"（*United States v. Bell*）[66]中支持一道永久禁制令，禁止瑟斯顿·保罗·贝尔（Thurston Paul Bell）推销并出售非法的税务建议。法院称，贝尔是"职业抗税者，他自己做生意，开设了一家网站，向有意逃税的客户出售造假策略"。该法院写道，贝尔的网站"教唆访问者违反税法，向他们出售材料，指导他们行事"。联邦政府从一家地区法院申请到了禁制令，禁止贝尔发表欺骗性、误导性的虚假商业言论，这些言论的内容包括："滥用减税手段、计划或安排，教唆纳税人违反本国税法，或非法逃避联邦纳税义务，或非法申请不当退税。"

第 3 巡回区美国上诉法院在贝尔案中开门见山地指出："本案签发的永久性禁令，属于'典型的事前限制'。"该上诉法院接着援引五角大楼文件案说，"事前限制一般被推定为违宪"，但它又援引"尼尔诉明尼苏达州案"说，事前限制"有时可被允许，应视系争言论的类型而定"。

第 3 巡回区美国上诉法院在此案中指出，宪法第一修正案的一般原则（即事前限制通常被推定为违宪）"不适用于宪法保护范围以外的言论，此等言论包括虚假或非法的商业言论"（参见第 15 章关于商业言论的内容）。上诉法院因此肯定，限制虚假商业言论的禁制令是有效的。该判决结果表明，如果言论完全不在宪法第一修正案的保护范围之内，政府就可以限制它传布。

小　结

几乎所有美国法学家都同意，宪法第一修正案于 1791 年通过时，其目的是废除美国的事前限制。然而尽管如此，事前限制如今依然存在。它至今尚存的原因之一，就是美国最高法院 1931 年的"尼尔诉明尼苏达州案"判决，首席大法官查尔斯·埃文斯·休斯在判决书中写道，事前限制固然在多数情形下断不可接受，但共和国若要存续，有时也必须容忍事前限制。休斯以保护国家安全为例说明此类特殊情况。过去 25 年间，新闻传媒在两起重要案件中被禁止发表法院认为过于敏感的材料。虽然美国最高法院最终允许《纽约时报》与《华盛顿邮报》发表五角大楼文件，但在此之前，两家报社被噤声了两周。最后，美国最高法院也只是判决政府未能善尽举证责任，它没说报社在一切情形下都有报道越战历史的宪法第一修正案权利。八年后，政府禁止《进步》杂志刊登一篇有关热核武器的文章。威斯康星州的一家小报刊登了同样的材料之后，政府永远禁止《进步》刊载此文的努力才宣告失败。

参考书目

Alexander, James. *A Brief Narrative on the Case and Trial of John Peter Zenger*. Edited by Stanley N.

Katz. Cambridge: Harvard University Press, 1963.

Baker, C. Edwin. *Human Liberty and Freedom of*

Speech. New York:Oxford University Press,1989.

Barron,Jerome. "Access to the Press—A New First Amendment Right." *Harvard Law Review* 80 (1967):1641.

Brooke,James. "Lawsuit Tests Legal Power of Words." *The New York Times*,14 February 1996,A12.

Carelli,Richard. "High Court Allows 'Killers' Lawsuit." Seattle Post-Intelligencer,9 September 1998,A3.

Chafee,Zechariah. *Free Speech in the United States*. Cambridge:Harvard University Press,1941.

Chemerinsky,Erwin. *Constitutional Law: Principles and Policies*. 2nd ed. New York:Aspen,2002.

Farber,Daniel A. *The First Amendment*. 2nd ed. New York:Foundation Press,2003.

Friendly, Fred. *Minnesota Rag*. New York: Random House,1981.

Gupta,Rani. "Reporters or Spies?"*The News Media and the Law*,Fall 2006,4.

Herman,Ken. "Suit Alleges Protesters Are Muzzled at Bush Events."*Atlanta Journal-Constitution*, 21 October 2004,10A.

Levy,Leonard. *Emergence of a Free Press*. New York: Oxford University Press,1985.

Meiklejohn, Alexander. *Free Speech and Its Relation to Self-Government*. New York: Harper & Brothers, 1948.

Pember,Don R. "The Pentagon Papers: More Questions ·Than Answers." *Journalism Quarterly* 48 (1971): 403.

——. "The Smith Act as a Restraint on the Press." *Journalism Monographs* 10(1969):1.

Peterson,H. C. ,and Gilbert Fite. *Opponents of War*,1917 – 1918. Seattle:University of Washington Press,1957.

Rabban,David M. *Free Speech in Its Forgotten Years*. Cambridge, United Kingdom: Cambridge University Press,1997.

Redish,Martin H. ,and Kirk J. Kaludis. "The Right of Expressive Access in First Amendment Theory." *Northwestern University Law Review* 93 (1999): 1083.

Richards,Robert D. ,and Clay Calvert. "Nadine Strossen and Freedom of Expression."*George Mason University Civil Rights Law Journal* 13(2003):185.

Roche,John P. *Shadow and Substance*. New York: Macmillan,1964.

Rutland,Robert. *The Birth of the Bill of Rights*. Chapel Hill:University of North Carolina Press,1955.

Schechter,Harold. "A Movie Made Me Do It."*The New York Times*,3 December 1995,A17.

Schmitt,Richard B. "Acquittal in Internet Terrorism Cases Is a Defeat for Patriot Act." *Los Angeles Times*,11 June 2004,A20.

Siebert,Fredrick. *Freedom of the Press in England*,1476 – 1776. Urbana:University of Illinois Press,1952.

Smith,James M. *Freedom's Fetters*. Ithaca,N. Y. :Cornell University Press,1956.

Smith,Jeffrey A. "Prior Restraint:Original Intentions and Modern Interpretations." *William and Mary Law Review* 28(1987):439.

Smolla,Rodney. *Free Speech in an Open Society*. New York:Knopf,1992.

Weiser,Benjamin. "Appellate Court Backs Convictions in '93 Terror Plot." *The New York Times*,17 August 1999,A1.

Young,Cathy. "The Tyranny of Hecklers."*The Boston Globe*,2 June 2003,A13.

 注释

[1] Levy,*Emergence of a Free Press*.

[2] Roche,*Shadow and Substance*.

[3] Young,"The Tyranny of Hecklers. "

[4] Richards and Calvert,"Nadine Strossen and Freedom of Expression,"202.

[5] Smolla,*Free Speech in an Open Society*,28.

[6] Ibid. ,39.

[7] 996 A. 2d 850(Md. 2010).

[8] 878 F. Supp. 2d 685(W. D. La. 2012). 判决意见采纳了美国治安法官詹姆斯·柯克的报告与建议。参见 *Adams* v. *City of Alexandria*,2012 U. S. Dist. LEXIS 97042(W. D. La. June 20,2012).

[9] *Ashcroft* v. *Free Speech Coalition*,535 U. S. 234,245 – 46(2002).

[10] *Watts* v.*U. S.*,394 U. S. 705,708(1969).

[11] 559 U. S. 460(2010).

[12] See *U. S.* v. *Carolene Products*, 304 U. S. 144 (1938); and *Palko* v. *Connecticut*, 302 U. S. 319 (1937). See also *Abrams* v. *U. S.*, 250 U. S. 616 (1919).

[13] Meiklejohn, *Free Speech*.

[14] Farber, *The First Amendment*, 4.

[15] 250 U. S. 616 (1919).

[16] 250 U. S. 616, 630 (Holmes, J., dissenting).

[17] Baker, *Human Liberty*, 7.

[18] 539 U. S. 113, 119 (2003).

[19] Redish and Kaludis, "The Right of Expressive Access," 1083.

[20] Chemerinsky, *Constitutional Law*, 753.

[21] Barron, "Access to the Press."

[22] 418 U. S. 241 (1974).

[23] 395 U. S. 367 (1969).

[24] *Texas* v. *Johnson*, 491 U. S. 397 (1989). 关于故意毁损国旗的立法至今仍有争议。2010 年，内布拉斯加州首席检察官在备忘录中援引 1989 年约逊案为判例，指出内布拉斯加州一部成文法违宪。他认为，该法违反了美国宪法第一修正案。内布拉斯加州的法律规定："毁损、丑化、焚烧或践踏国旗者，犯故意毁损国旗罪。"Nebraska Rev. Stat. § 28-928 (2010).

[25] *Cohen* v. *California*, 403 U. S. 15 (1971).

[26] Smith, *Freedom's Fetters*.

[27] Rabban, *Free Speech*.

[28] See Peterson and Fite, *Opponents of War*.

[29] Pember, "The Smith Act," 1.

[30] *Dennis* v. *U. S.*, 341 U. S. 494 (1951).

[31] *Yates* v. *U. S.*, 354 U. S. 298 (1957).

[32] *Brandenburg* v. *Ohio*, 395 U. S. 444 (1969).

[33] *U. S.* v. *Rahman*, 189 F. 3d 88 (1999).

[34] Schmitt, "Acquittal in Internet Terrorism Case."

[35] *U. S.* v. *Rosen*, 445 F. Supp. 2d 602 (E. D. Va. 2006).

[36] *Schenck* v. *U. S.*, 249 U. S. 47 (1919).

[37] *Abrams* v. *U. S.*, 250 U. S. 616 (1919).

[38] 274 U. S. 357 (1927).

[39] *Whitney* v. *California*, 274 U. S. 357 (1927).

[40] 341 U. S. 494 (1951).

[41] 395 U. S. 444 (1969).

[42] 132 S. Ct. 2537 (2012).

[43] 539 P. 2d 36 (Cal. 1975).

[44] *James* v. *Meow Media Inc.*, 300 F. 3d 683 (6th Cir. 2002).

[45] Ibid., 698.

[46] Ibid., 699.

[47] *Rice* v. *Paladin Enterprises Inc.*, 940 F. Supp. 836 (1996).

[48] *Rice* v. *Paladin Enterprises Inc*, 128 F. 3d 233 (1997).

[49] See *Herceg* v. *Hustler*, 814 F. 2d 1017 (1987).

[50] 2011 U. S. Dist. LEXIS 123362 (N. D. Cal. Oct. 25, 2011).

[51] *Planned Parenthood at Columbia/Willamette*, *Inc.* v. *American Coalition of Life Activists*, 244 F. 3d 1007 (2001).

[52] *Planned Parenthood at Columbia/Willamette*, *Inc.* v. *American Coalition of Life Activists*, 290 F. 3d 1058 (2002).

[53] 539 U. S. 958 (2003).

[54] Order, *Keisler* v. *Dunkle*, Case No. 07-3577 (E. D. Pa. Nov. 8, 2007).

[55] 268 U. S. 652 (1925).

[56] *Balboa Island Village Inn*, *Inc.* v. *Lemen*, 40 Cal. 4th 1141 (2007).

[57] *Bank Julius Baer & Co. Ltd.* v. *WikiLeaks*, 535 F. Supp. 2d 980 (N. D. Cal. 2008).

[58] 586 F. 3d 171 (2d Cir. 2009).

[59] 283 U. S. 697 (1931).

[60] Friendly, *Minnesota Rag*.

[61] *Near* v. *Minnesota*, 283 U. S. 697 (1931).

[62] *New York Times* v. *U. S.*, 403 U. S. 713 (1971).

[63] Pember, "The Pentagon Papers," 403.

[64] *New York Times* v. *U. S.*, 403 U. S. 713 (1971).

[65] 486 F. Supp. 5 (W. D. Wisc. 1979).

[66] 414 F. 3d 474 (3d Cir. 2005).

第3章
宪法第一修正案：当代问题

本章考察有关表达自由的种种当代课题，牵涉颇广。我们的讨论将从公立学校学生和大学生的宪法第一修正案权利开始。你将了解到，公立高中的学生确实享有一些第一修正案权利，但有别于成年人享有的权利。你还将学习有关禁书、仇恨言论和互联网表达自由的内容。最后你会发现，以上每个领域都有其独特的问题、规则和法院判决。

宪法第一修正案在学校

针对校园报纸的审查，在今日美国是一个严峻的宪法第一修正案问题。2013年，在加州斯托克顿（Stockton），贝尔·克里克高中（Bear Creek High School）的校长没收了一期学生报纸，共计1 700份。学生报纸《布鲁因之声》（*Bruin Voice*）刊出了一篇头版文章，标题是《过时的安保措施令人疑窦丛生：贝尔·克里克到底有多安全？》据当地《斯托克顿记录报》（*Stockton Record*）报道，《布鲁因之声》的总编辑兼新闻指导老师"说，该报曝光了一份安保政策（共45页）中的漏洞，许多教职工从未读过这份安保政策，自然也从不遵守，因之，校园疏于防范安全隐患。此等报道令校长十分难堪"。校长雪莉·麦克尼科尔斯（Shirley McNichols）对此表示否认，她告诉《记录报》，她认为此文很可能引发恐慌，她无非是想确保学生报纸"别造成一种错误印象，即我们没有妥适的政策，没有意识到漏洞或从未寻求改善之法，从而在学生中制造不安气氛"。

2012年，在田纳西州的勒诺市高中（Lenoir City High School），学生报纸《潘瑟新闻报》（*Panther Press*）的主编写了一篇有关无神论的社论，校方拒绝刊印。校方称，该社论很可能会对学区构成"学术挑战"。社论的标题是《毫无权利：一个无神论者的人生》，作者克丽丝特尔·迈尔斯（Krystal Myers）写道："与校园中的基督徒学生相比，作为无神论者的她，其权利受到严重限制。"她指出，一些教师在课堂上公开宣扬基督教教义。《诺克斯维尔新闻哨兵报》（*Knoxville News Sentinel*）后来发表了这篇社论，令其传播范围远远超出了《潘瑟新闻报》的有限受众，荣誉学生迈尔斯终于获得了一定程度的正义。

2011年，在俄亥俄州西尔韦尼亚（Sylvania）的诺斯维尤高中（Northview High School），校方审查了学生报纸网络版中的一组专栏文章——《深度透视同性恋》。这组文章由学生撰写，五名撰稿人各自表达了意见，同时配发了一次调查的结果。该次调查问学生：能否对好朋友的出柜泰然处之？ 显然，这一话题兼具时效性与重要性，但学校官员查禁了整组专栏文章，唯恐这些文章令部分学生不安，并使同性恋学生受到霸凌。不过，学生记者也向校方报了一箭之仇，当地报纸《托莱多刀锋报》（Toledo Blade）在社论中谴责了校方的查禁行为，并在报社网站上以 PDF 格式刊出了被查禁的内容。

这类校园查禁不仅剥夺了学生以正当方式获取信息的机会，还披挂着"政府理应如此行事"的外衣。毕竟，学校是教导学生是非对错的地方，也是学生学习行使各种宪法权利的地方。

公立高中里的言论审查

数世纪以来，人们一直认为，学生只享有极少的宪法权利。学生被视作二等公民，他们被告知：最好乖乖地服从监管，闭嘴不要发言。无论是过去还是现在，父母都拥有控制子女行动的广泛自由，这些年轻人进入学校或其他公共机构以后，政府有权利代替父母行使家长式的管控。1960 及 1970 年代，社会风云丕变，学生开始主张宪法权利。联邦法院在数起重要判例中支持学生的诉求。1969 年，美国最高法院在"廷克诉得梅因案"（Tinker v. Des Moines）中判决，公立学校的学生并未将言论自由这一宪法权利弃置于校门之外。

1966 年 12 月 16 日，16 岁的克里斯托弗·埃克哈特（Christopher Eckhardt）与 13 岁的玛丽·贝丝·廷克（Mary Beth Tinker）佩戴自制黑色臂章（上有和平口号）上学，抗议越南战争。第二天，玛丽·贝丝的哥哥、15 岁的约翰也戴上了类似的臂章。校方要求他们摘下臂章，三人断然拒绝，遂被停课。校方担心臂章会引发暴力冲突，毕竟多数学生是支持越战的。三名学生诉至法院，请求撤销停课处理。三年后，美国最高法院做出判决：如果学生的"行为并未严重、实质性地影响学校运作中的适当纪律要求，并未与他人的权利发生冲突"，学生便享有就越战等争议性话题发表意见的宪法第一修正案权利。[1] 最高法院做出了有利于廷克兄妹和埃克哈特的判决，它又说，公立学校"校方对骚乱的不加分辨的恐惧，不足以压倒学生的表达自由权"。最高法院总结道，本案"并无证据显示，有任何征兆可令校方[在得梅因]合乎常理地担心实质性混乱或冲突，

事实上也没有发生任何混乱"。

廷克案标准不仅适用于公立中学的学生，也适用于公立小学的学生。2013 年 3 月，第 3 巡回区美国上诉法院在关乎五年级小学生的"K. A. 诉波科诺山学区案"（K. A. v. Pocono Mountain School District）中写道："廷克案标准具有一定的灵活性，小学生也有在其特定年龄段关切的发展、教育与科学问题，廷克案标准同样适用。"

2003 年，廷克案标准在一家联邦地区法院审理的"巴伯诉迪尔伯恩公立学校案"（Barber v. Dearborn Public Schools）[2] 中发挥了重要作用。此案产生于密歇根州迪尔伯恩市的一场争议。迪尔伯恩市曾夸口说，"该市是全世界除中东以外，阿拉伯人最为集中的地区"，"迪尔伯恩中学的学生中，约 31.4% 是阿拉伯人"。不少当地居民为了脱离现已覆灭的萨达姆·侯赛因政权，从伊拉克逃亡至此。正是在这样的背景下，2003 年 2 月 17 日——就在美军对伊拉克发起战事之前——中学生布雷顿·巴伯（Bretton Barber）穿上了一件表达其政治见解的 T 恤衫，称乔治·W. 布什为"国际恐怖主义者"，以"表达对布什对外政策与眼下伊拉克战争的感受"。巴伯穿着这件 T 恤去上学，前三节课无人置评。午餐期间，一名学生（仅一名学生）向助理校长投诉了巴伯的政治宣

数世纪以来，人们一直认为，学生只享有极少的宪法权利。父母拥有控制子女行动的广泛自由，这些年轻人进入学校或其他公共机构以后，政府有权利代替父母行使家长式的管控。1960 及 1970 年代，社会风云丕变，学生开始主张宪法权利。联邦法院在数起重要判例中支持学生的诉求。

言。这名学生之所以感到不满,是因为他有一位亲戚正在军中服役,此次被派往伊拉克战场,而且他的家庭成员中至少有一人参加过战争。校方随即要求巴伯脱下 T 恤(他里面还穿着一件衬衫)或反穿 T 恤。巴伯不肯,他给父亲打了电话,之后离校回家。不久,他在联邦法院起诉所在学区。

摆在帕特里克·J. 达根(Patrick J. Duggan)法官面前的争点问题是:校方禁止巴伯穿着反对布什的 T 恤,是否侵犯了宪法第一修正案赋予巴伯的言论自由权与政治表达权?达根法官首先指出,本案的适当判例是美国最高法院 1969 年的"廷克诉得梅因案"(廷克案支持学生佩戴黑臂章上学抗议越战),而美国最高法院之后审理的一系列案件,如有关性冒犯言论的"贝塞尔学区诉弗雷泽案"(*Bethel School District* v. *Fraser*[3],**参见第 70 页**)、有关校方资助报纸的"黑泽尔伍德学区诉库尔迈耶案"(*Hazelwood School District* v. *Kuhlmeier*[4],**参见第 66~69 页**)等,对此案都不具有拘束力。简言之,巴伯案的案情更接近于廷克案,与贝塞尔案或黑泽尔伍德案则相距较远,法官首先对此做出区别。

达根法官援引廷克案为判例论证道,学校官员"禁止巴伯穿有争议的 T 恤,此决定仅在以下情况中才经受得住违宪审查,即校方证明,这件 T 恤对学校活动造成了实质性干扰或在校园内引发了实质性混乱。如果校方只是无缘无故地害怕干扰或混乱,那恐怕是不够的"。达根法官发现,只有一名学生和一位教师对巴伯的 T 恤表达了负面观点,而且"没有证据证明,该 T 恤在巴伯的早间课堂上、在教室之间的过道中、在巴伯的第三小时课程与午餐之间,或在午餐的前 25 分钟内造成了骚乱或混乱"。

 案例

公立学校内禁止穿全国步枪协会的 T 恤:这是基于观点的言论歧视吗?

2013 年 4 月,一名学生被警方逮捕,同时被西弗吉尼亚州洛根中学(Logan Middle School)勒令停课。事情的起因是,这名学生穿了一件印有全国步枪协会标识和一把冒烟步枪的 T 恤前去上学。学校称,这名学生严重破坏了教学秩序(廷克案标准),但学生认为,他只是在行使自己的宪法第一修正案自由,发言捍卫宪法第二修正案权利。问题的关键是,学校不能仅仅因为自己不同意学生的政治言论,或认为该言论具有冒犯性,就禁止学生发表该言论。考虑到当下有关枪支管控的论争,14 岁的贾里德·马库姆(Jared Marcum)所穿的 T 恤,显然可被视作政治宣言的表达。不过,他的 T 恤是否严重扰乱了教学秩序(根据廷克案标准,这是校方审查能被认定为合宪的必要条件),这一点并不明确。最后,据《华盛顿时报》报道,校方允许马库姆在停课一天后重返课堂,更重要的是,校方允许他(以及多名赞同马库姆主张的学生)继续穿引发争议的 T 恤。

学校官员主张,考虑到该校学生的种族结构和战事的迫近,巴伯继续穿这件 T 恤恐会引发争端。达根法官指出,"即使迪尔伯恩中学的多数或大量学生是伊拉克人,从目前的记录来看,也无从证明,这些学生会因巴伯穿着反对布什的 T 恤而受到冒犯。更重要的是,在本院检视的记录中,并无任何内容表明,迪尔伯恩中学的这些学生或任何学生,会以破坏或扰乱学校环境的方式,来对巴伯的 T 恤做出回应"。他补充道:"政府官员,尤其是学校官员想当然地认为,某个特定种族的成员在某个议题上拥有铁板一块、高度统一的观点,且对此无法自控,这种想法和推断是极不恰当的,对我们的社会最具有破坏性。"

达根法官将巴伯案的案情与廷克案中的反越战抗议做了一番比较，他写道："显然，在布什总统挺进伊拉克的决策问题上，支持者和反对者之间的紧张关系，非常类似于越战支持者与反对者之间的矛盾。"法官补充道："学校官员倘能提供一个宽松环境，确保学生能够各抒己见，并学习如何宽待他人的观点，学生们必将获益良多。"达根法官据此做出了有利于布雷顿·巴伯的判决。

2011 年，一位联邦法官在一起颇为引人瞩目的 T 恤审查案中，根据廷克案标准，支持加州一家学校禁止学生在 5 月 5 日穿印有美国国旗的 T 恤。5 月 5 日是一个墨西哥节日，称为 5 月 5 日节。这位联邦法官在"达赖厄诺诉摩根山联合学区案"（*Dariano v. Morgan Hill Unified School District*）[5] 中判决，在 5 月 5 日节当天穿着印有美国国旗的上衣，可能会严重破坏教学秩序。法官特别强调了"校园内紧张的种族关系与帮派暴力"，并指出，校方的禁令是在特别背景下发布的，"有人在上一个 5 月 5 日节展示了美国国旗，结果引发了近乎暴力的争吵"。基于莱夫奥克高中（Live Oak High School）的这一种族冲突历史，法官得出了结论："校方担心原告的衣着会严重扰乱学校活动，这种担心是合乎常理的。"

达赖厄诺案判决回顾了一长串案件，在这些案件中，多家法院允许学校在近期校内种族关系紧张或有种族矛盾的背景下，禁止学生穿戴国旗象征物。2012 年，达赖厄诺案中的学生上诉至第 9 巡回区美国上诉法院。上诉状中写道："在我国，污损国旗受到保护，同理，对国旗表达尊崇也应当受到保护。实际上，在议题涉及国家象征的竞争比较时，将美国国旗视为引发极端种族主义的不堪之物，对美国的公民教育而言，可谓糟糕的一课。"直到 2014 年 1 月，第 9 巡回区美国上诉法院尚未对此案做出判决。

政治性 T 恤，哪怕是那种只印有候选人姓名的平淡无奇的 T 恤，似乎都会引发争议。曾发生过这样一起校方审查明显违宪的案件。宾夕法尼亚州查尔斯·卡罗尔高中（Charles Carroll High School）的教师莱内特·盖蒙（Lynette Gaymon）在几何学课堂上公然奚落 16 岁的萨曼莎·波卢西（Samantha Pawlucy），因为她在 2012 年总统大选前一个月，穿了一件支持米特·罗姆尼（Mitt Romney）及其竞选搭档保罗·瑞安（Paul Ryan）的粉红色 T 恤。据称，盖蒙将波卢西逐出了教室，把她的 T 恤比作三 K 党 T 恤，并放言道："这是一家民主的学校。"学区将盖蒙调换至另一个课堂。盖蒙声辩说，这不过是开玩笑而已，她也写信为其言行道了歉，但成年教师因未成年学生的政治观点而对学生实施审查的情形，在言论自由的支持者看来，委实令人不安。

美国最高法院的廷克案判词写得大胆激越，相较之下，该案的传承便略显乏力。廷克案的"实质性干扰或破坏"标准固然堪称善法，且从未被推翻，但诸多下级法院试图将它们受理的学生言论案件区别于廷克案，以避免适用这一判例。自 1999 年科罗拉多州利特尔顿（Littleton Colo.）的哥伦拜恩高中（Columbine High School）发生惨剧以来，学生言论自由权的处境每况愈下，这是一个主要原因。法官们对哥伦拜恩惨剧和其他校园枪击事件极为敏感，以至于过度顺从学校管理人员与校长的决定，在系争言论是否可能严重或实质性地扰乱教学进程或侵害其他学生权利的问题上，他们不愿质疑校方的决定。

2012 年 12 月，康涅狄格州纽敦市（Newtown）发生了校园枪击案，20 名小学生遇害。因为此事，学校开始更严格地管控学生的暴力言论。例如，纽敦惨案发生后不久，就读于旧金山联合学区一所特许学校的高年级中学生考特尼·韦布（Courtni Webb）被校方停课，原因是她为这起惨案写了一首诗。其中写道："我能理解康涅狄格的枪击案。我懂他为何扣动扳机。"还写道："我们为何身处如此失序的社会？为何被怨憎、责难我们之人重重包围？"韦布在接受 KGO 电视台记者的采访时说，这首诗"只是在讨论社会问题，表达我对于为何会发生此类枪击事件的理解"。她说，写诗对她而言是一种疗愈。《加州教育法》第 48907 条明确规定："公立学校,包括特许学校的学生,皆有行使言论自由与新闻出版自由的权利。"

廷克案至今仍适用于有关学生在校言论的案件,但学校资助的言论(比如作为课程一部分运作的校园报纸)和淫荡、粗俗、亵渎的言论却适用完全不同的法律标准。后者适用的标准,是美国最高法院在 1988 年"黑泽尔伍德学区诉库尔迈耶案"(*Hazelwood School District v. Kuhlmeier*)[6]中创设的,我们接下来谈谈这起案件。

 ## 案例

铭记克里斯托弗·埃克哈特:廷克案中被遗忘的学生

廷克案的三名年轻原告,为公立学校学生的宪法第一修正案权利开拓了新的疆域,克里斯托弗·埃克哈特便是其中一员。2012年,埃克哈特在佛罗里达州克利尔沃特(Clearwater)去世,享年 62 岁。宪法第一修正案学者戴维·赫德森(David Hudson)在宪法第一修正案中心(First Amendment Center)网站的纪念文章中写道:埃克哈特"少年时代佩戴黑色和平臂章的英勇行为,将永垂于世",廷克案"至今仍是美国司法中有关学生言论的最重要判例。它代表着学生的言论自由权可以达到的最高界标"。2013年,玛丽·贝丝·廷克发起了"廷克之旅",她与宪法第一修正案律师迈克·希斯坦德(Mike Hiestand)一道巡游全美各地的学校,"鼓励学生直言畅论,推进言论自由与新闻出版自由"。

黑泽尔伍德案

1983 年,在圣路易斯(St. Louis)附近的黑泽尔伍德东区高中(Hazelwood East High School),校长审查了一份学生报纸,完全撤下了两个版。这两个版的文章涉及少女怀孕与父母离婚对孩子的冲击。少女怀孕的文章采访了黑泽尔伍德的三名学生(不具名),她们倾诉了意外怀孕对自己的影响,报道中还提供了节育信息。离婚报道中,几名学生(同样不具名)讲述了自己在父母分手时遭遇的问题。校方查禁这些文章的理由是保护个人隐私与确保报道平衡。学校官员说,他们担心匿名讨论怀孕之事的三名女孩的身份最终可能会被泄露。学校官员称,这完全是为了保护学生和离婚家长的隐私。校长还说,后一篇报道只提供了学生的观点,有失平衡、公正。美国最高法院 1988 年判决,校方的审查不违反宪法第一修正案。[7]

> 只要教育者之作为合理地出于"正当的教育关切",他们对学校资助出版物上的学生言论采取内容和风格上的编辑控制,就不违反宪法第一修正案。这意味着,学校官员可以删除他们认为"不合语法、文笔拙劣、研究不足、偏狭不公、粗鄙亵渎或不适合未成年受众"的材料。

重要的且需要指出的一点是,本案中校方审查的对象,是作为课程一部分出版的中学报纸。美国最高法院特别说明,此案判决未必适用于作为课外活动出版的、任何学生皆可投稿的中学报纸。拜伦·怀特(Byron White)大法官代表美国最高法院主笔判决意见,他在一个脚注中专门指出,最高法院眼下不必决断该判决是否适用于校方资助的大学报纸。

美国最高法院拒绝对此案适用廷克案标准,而是将两起案件区分开来。怀特大法官是 5 比 3 投票中的多数派,他说,廷克案涉及教育者对学生个人表达的压制,只不过这种个人表达恰巧发生在校园之内而已。黑泽尔伍德案则不同,它涉及教育者对学校资助的出版物所拥有的权威。他写道:"教育者有权对第二类学生言论行使更严格的管控,以确保参与者能够领会教学活动的教授内容,确保读者或听众不必接触到与其成熟程度不相适应的材料,并确保言论者的个人观点不被错误地归咎于学校。"只要教育者之作为合理地出于"正当的教育关切"(legitimate pedagogical concerns),他们对学校资助出版物上的学生言论采取内容和风格上的编辑控制,就不违反宪法第一修正案。这意味着,学校官员可以删除他们认为

"不合语法、文笔拙劣、研究不足、偏狭不公、粗鄙亵渎或不适合未成年受众"的材料。怀特大法官在判决中着重指出，教育美国年轻人的责任，在于父母、教师和州与地方学校的官员，而非联邦法官。只有当审查决定无关"正当的教育目的"时，才会直接而明确地引发宪法第一修正案问题。

 案例

廷伯兰德高中的禁止文身政策：不许报道文身

学生传媒法中心（Student Press Law Center，SPLC）2010 年报道，密苏里州文茨维尔（Wentzville）的廷伯兰德高中（Timberland High School）禁止学生报纸（曾获奖）和年刊提及文身或刊登文身图像。校长推出的另一项政策是：任何报道在发表之前，都必须交校长审阅批准——这是典型的事前限制（**参见第 54～59 页关于事前限制的内容**）。SPLC 指出，该校甚至没收了一期违反"文身零容忍"政策的报纸，因为上面出现了一幅邮票大小的文身图像，这枚文身是一名学生为纪念好友而特意文上的乳腺癌粉红丝带。为声援廷伯兰德的学生记者，2010 年全美中学新闻大会（National High School Journalism Convention）上出现了 2 000 多个临时文身，上面写着"文身乃一时——无知恒久远"。

校方查禁的言论，不只是有关性或暴力的报道。凡令学校管理人员与教师显得愚蠢、不称职或缺乏判断力的报道，学校官员都想禁绝。

仅在极个别情况下，法院才会根据黑泽尔伍德案的"正当的教育关切"标准，认定校方的行为实在过火，以致侵犯了学生记者的权利。我们举个例子，在密歇根州尤蒂卡（Utica），尤蒂卡中学的校方查禁了学生写的一篇文章，文章报道的是当地居民乔安妮（Joanne）与雷伊·弗朗西丝（Rey Frances）夫妇起诉尤蒂卡社区学校（Utica Community Schools，UCS）的案件。弗朗西丝夫妇诉称，他们的住所毗邻 UCS 的校车车站，二人因吸入校车喷出的柴油烟气而健康受损，身患疾病。在学生记者凯瑟琳·"凯蒂"·迪安（Katherine "Katy" Dean）为校园报纸《箭报》（Arrow）写作相关文章之前，当地报纸已经报道过此案。《箭报》由 UCS 资助出版，是中学课程的一部分，学生在报社工作有学分，有成绩，学校还委派一名教师指导学生。但教师顾问不干涉学生的报道选题，只提供建议。此外，她也检查、批评、修改文章中的语法问题。《箭报》的学生记者掌控着这份月刊的内容，自己负责重大的编辑决策，不受校方干预，通常也不把报纸交给校方做出版前审查。

迪安的文章平衡而准确，它正确地报道说，学区官员拒绝评论此案。但在文章计划刊出的前一天，UCS 的管理层下令将它撤下，理由是该报道有瑕疵、"欠准确"。比方说，UCS 管理层不喜欢迪安准确地引用《今日美国》一篇报道中的科学数据——显然，在学校官员看来，《今日美国》不是可靠的信息来源——他们也不喜欢文章使用化名代替弗朗西丝夫妇的真名。美国公民自由联盟（American Civil Liberties Union）代表迪安提起诉讼，主张校方的审查侵犯了迪安的宪法第一修正案权利。[8]

2004 年，美国地区法院的阿瑟·塔诺（Arthur Tarnow）法官根据黑泽尔伍德案的"正当的教育关切"标准，做出了有利于迪安的判决。法官称，学校对这篇文章的审查与压制是"违宪"的。他说，学校的"解释是，撤下此文是出于正当的教育目的，因为文中有偏见和事实错误，但从双方给出的证据来看，校方的解释全不可信"。[9]塔诺法官指出，《箭报》的文章不同于黑泽尔伍德案中的被禁内容，后者涉及青少年怀孕和父母离婚。他注意到，凯蒂·迪安的文章与隐私无关，因为当地报纸已经报道过此案,文章中也没有涉及性的讨论,不会被认为不适合未成年受众。除以上重要区别之外,塔诺法官还发现,涉案文章堪称公正、平衡,他指出,迪安的报道"呈现了在柴油尾气是否有害健康这个问题上的冲突观点,它的结论是,柴油尾气与癌症的关联尚不明确"。塔诺法官最后指出,该报道没有严重的语法错误,"迪安的文章在引用他人原话时,准确地指明了消息来源。对于未知事实,文章并未表达作者的个人之见"。塔诺法官因此得出结论:"凯蒂·迪安有权利从弗朗西丝一方报道案件,只要文章准确地报道了弗朗西丝一方的情况即可。"

除认定校方违反了黑泽尔伍德案标准之外,塔诺法官还指出,校方对迪安的审查违反了一条更具一般性同时也非常重要的宪法第一修正案原则,即反对"**基于观点的歧视**"(viewpoint-based discrimination)原则。塔诺法官指出,UCS 的律师"承认,如果迪安的文章站在校方的立场上说话,它就不会从《箭报》被撤下"。这显然是基于观点的歧视:政府(本案中为学区)只限制争议的一方,而不限制另一方。例如,2012 年,一位联邦法官在"美国公民自由联盟诉康蒂案"(ACLU v. Conti)中判决,北卡罗来纳州政府"在给车辆上牌照时同意上'选择生命'(Choose Life)的车牌,不肯上'保护选择自由'(主张人工流产合法)的车牌,乃是观点歧视,违反了宪法第一修正案"。简言之,政府在意见市场中应当保持中立(**参见第 39~40 页**关于意见市场的内容),不应偏向争议的任何一方。既然 UCS 的律师承认,如果凯蒂·迪安支持学校的立场,文章便能获准发表,那就意味着学校其实承认,正是观点歧视驱使它查禁了迪安的报道。

对于孜孜于审查校园刊物的中学管理层而言,"迪安诉尤蒂卡社区学校案"是个醒目的警示,此案提醒他们,即便是在黑泽尔伍德案的"正当的教育关切"标准之下,校方对学生传媒的审查仍然受到一定限制。

不少中学的校园传媒十分活跃。一些州(包括加利福尼亚州、科罗拉多州、阿肯色州、艾奥瓦州、马萨诸塞州、俄勒冈州和堪萨斯州)的立法机关已制定法律,在本州范围内更全面地保护学生记者的表达自由,其保障超出了美国最高法院在黑泽尔伍德案中提供的保障。例如,俄勒冈州 2007 年通过了一部反黑泽尔伍德案的法律,规定学生记者"有权利在校方资助的传媒上行使言论自由与新闻出版自由,传媒是否得到校方经费、是否使用学校设备、是否与中学课程相关,均非为所问","学生记者全权负责校方资助传媒上的新闻、评论和特稿内容",只要不引发美国最高法院在廷克案中提出的"实质性干扰或破坏"(不适用黑泽尔伍德案标准),不违反诽谤法和隐私法即可。[10]

2008 年,加州的"反黑泽尔伍德案法"在一起案件中派上了用场,被告是福尔布鲁克联合中学学区(Fallbrook Union High School District)与校长罗德·金(Rod King)。原告认为,校方审查学生报纸并撤下两篇文章的做法违反了该法。这两篇文章,一篇涉及前任校长的合同收购(contract buy-out),另一篇社论批评了布什政府在性教育领域一味倡导禁欲政策。[11]加州的"反黑泽尔伍德案法"禁止公立学校对学生报纸实行事前限制,除非内容涉及"淫秽、诽谤",或有可能对学校的有序运作产生"实质性干扰"。[12]福尔布鲁克事件着实令人不安,校长取消了整个新闻课,停办了作为课程一部分的校园报纸,还取消了教师顾问的岗位。2008 年,加州修订了"反黑泽尔伍德案法",禁止校方以各种形式实施报复(如解聘或更换报社顾问老师),从而保护学生记者和编辑的宪法第一修正案权利。2011 年 1 月,加州再次修订该法,不仅保护公立学校的报社顾问,也保护特许学校的报社顾问。

问题是,校方何时可以审查中学报纸?在回答这个问题之前,我们先得回答另外两个问题。第一,报纸是在公立中学出版,还是在私立中学出版?宪法保障在私立学校的意义不大。宪法第一修正案对私立中学和私立大学而言不是障碍。私立学校可以采用你能想象得到的任何方式审查校园报纸。不过,这条一般规则有一个小小例外。加州有一部《伦纳德法》(Leonard Law)，该法规定，宪法第一修正案标准也适用于私立中学。换言之，私立学校也不得侵犯学生的宪法第一修正案权利。[13] 目前，加州是唯一一个通过立法方式将宪法权利拓展至私立学校学生的州，不过，保不准其他州的立法机关今后也会制定并通过此类法律。

第二个问题聚焦于公立学校，问题是：被审查的是何种报纸？有以下三种可能：

1. 学校资助的报纸，使用学校的名号和资源，有顾问老师，是学校传授知识和技能的工具。一般而言，这类报纸是新闻课堂的产品。

2. 虽在校园内制作出版，但不受校方监管，是学生自己控制的报纸，是课外活动的成果。

3. 在校园以外制作并发行的学生报纸。

黑泽尔伍德案仅针对第一类报纸。校方可以对这类报纸实施最严格的审查。相形之下，大多数学校当局认同，学校官员在审查第二类出版物时权力较小，对第三类报纸则无权审查，除非学生试图在校园内发行。学校管理层可以禁止校外制作的材料在校内发行，如果学生想在校园内散播材料，校方就有一定程度的非正式审查权。

 案例

网络上的学生言论自由权：美国最高法院必须解决的问题

学生在校外课余时间用家庭电脑上网发言，讽刺挖苦老师、学校管理人员或同学，学校可以施以惩罚，又不侵犯宪法第一修正案赋予的言论自由吗？到 2014 年初为止，美国最高法院尚未就"校方可否管理学生的校外言论"做出判决，下级法院对此意见不一。只有一点是明确的：如果学生在校外发表网络言论，而后又在校内下载该言论，并传示给其他学生，学校就有权管理，这种情形适用延克案标准。不过，也有一些法院判决，就算发表网络言论的学生从未在校内下载该言论，校方仍可实施惩罚。

2012 年 10 月，第 8 巡回区美国上诉法院的"S.J.W. 诉利斯萨米特 R－7 学区案"(S.J.W. v. Lee's Summit R-7 School District)[14] 判决，就是典型的"校外言论，校内惩罚"。2012 年初，史蒂文(Steven)与肖恩·威尔逊(Sean Wilson)兄弟被密苏里州利斯萨米特北区(Lee's Summit North)高中停课。兄弟二人开设了一家网站，名为"北区新闻"(North Press)。学生可以在此注册博客、发表评论、吐槽学校。威尔逊兄弟也在此发帖，内容包括"各种冒犯性种族主义评论、针对女同学的具有明确性意味的贬损性评论"。据称，

他们还发表种族主义言论"嘲弄黑人学生"。

利斯萨米特北区高中得知这些帖子出自两兄弟之手后，将二人停课 10 天——后延长至 180 天，尽管兄弟俩获准就读于另一所学校，但他们说新学校的教学质量较差。利斯萨米特北区高中的教师称，该校学生得知这些帖子的当天，校园内发生了不小的混乱与骚动。"校方管理人员作证道，当日，地方传媒前来采访，学生家长也联系学校，担心子女的安全，唯恐发生霸凌和歧视。"

威尔逊兄弟是否应为他们在校外发表的网络言论受罚呢？上诉法院认为，回答是肯定的。该院指出，美国最高法院 1969 年做成的延克案判决，为本案判断校方惩罚是否合理、合法提供了正确的规则与判准。第 8 巡回区美国上诉法院写道，延克案之所以适用，是因为本案的系争言论"针对"威尔逊兄弟所在的高中。上诉法院论证道："诉讼双方的争点问题是威尔逊的言论在'校外'发布的程度，但事实上，威尔逊在哪里发言，可能不及……系争言论指向利斯萨米特北区高中这一事实来得重要。"它又说："网络霸凌的幽灵笼罩着这起案件。网络霸凌的后果是严重的，有时可能酿成悲剧。"

> 截至 2014 年初,越来越多的法院(尽管不是全部)已达成以下共识:(1)如果学生在校外发布的网络言论针对的是其他学生或学校官员,则公立学校有权惩罚;(2)廷克案确立的"实质性混乱"标准,是判断校方惩罚正当与否的正确判准。

贝塞尔案

除廷克案与黑泽尔伍德案以外,2007 年之前,美国最高法院还在一起案件中考量过公立中学学生的言论自由权。1986 年,最高法院在"贝塞尔学区诉弗雷泽案"(*Bethel School District v. Fraser*)[15] 中判决,华盛顿州皮尔斯县(Pierce County)贝塞尔高中(Bethal High School)的官员,在对学生马修·弗雷泽(Matthew Fraser)做出停课处理时,并未侵犯他的言论自由。弗雷泽在一次 600 名学生参加的集会上,以明显具有性暗示的言论提名一位同班同学担任学生会职务。他虽未使用污言秽语,但言语之间的性影射对部分现场听众来说,是十分明显的。当弗雷泽说出那些话时,一些学生大呼小叫,另一些学生则"面红耳赤,十分尴尬"。

美国最高法院的多数派拒绝了弗雷泽的宪法第一修正案主张,拒绝对此案适用廷克案的"实质性混乱"标准。最高法院指出,廷克案臂章所传达的政治信息与弗雷泽言论中的性内容有着显著区别,而且,廷克案中的言论属于"被动表达"(它是臂章),弗雷泽的言论则是他主动向聚会学生发表的。美国最高法院指出了廷克案与弗雷泽案的区别,并据此判决,学校可以惩罚发表"与任何政治观点无关"的"下流、不雅言论"的学生,因为:

● 此类表达会"破坏学校的基本教育目标";

● "禁止在公共讨论中使用鄙俗的冒犯性词语,是公立学校教育的正当功能";

● "教导学生之行止符合社会标准",对社会具有特殊价值。

因此,美国最高法院的多数派允许校方惩罚马修·弗雷泽,最高法院还指出,"弗雷泽的言论盛赞男人性事,对年方十几岁的女学生而言,实为无礼"。

综言之,在 2007 年之前,美国最高法院的判例形成一种三足鼎立的态势(廷克案、黑泽尔伍德案和贝塞尔案),每起判例都有特别的规则与判准,可供公立学校用来压制学生的言论权利。兹将三起判例总结如下:

 知识窗

2007 年以前的三起关键性学校言论案件

1. 廷克案:学校官员可以管理可合理相信为对教学秩序、教育活动有实质性损害或干扰的言论。

2. 黑泽尔伍德案:学校可以管理校方资助的言论,和/或作为学校课程之一部分发表的言论,只要此种审查合理地关涉正当的教育(如教与学)目的即可。

3. 贝塞尔案:学校可以管理粗俗、下流或不雅的性言论(也可以管理淫秽言论,因为淫秽言论完全不受宪法第一修正案保护;一些学校还成功地使用贝塞尔案所提出的"破坏学校的基本教育目标"之概念,禁止毒品、烟草、酒精图像和广告出现在校园内)。

事实上,大量学生言论案件无法严丝合缝地对应以上三起判例。一起案件的系争言论可能是政治内容与毒品图像的结合(T 恤上画着一片大麻叶子,旁边写着"给 42 号提案投一票:争取大麻合法化")。在这种情形下,下级法院只能去寻找与眼下问题最为接近的判例。

案例

"我爱乳房！（保卫乳房）"：
一起由手镯引发的联邦案件

2013 年，几家联邦法院考察了这样一个问题：公立学校是否可以合法地禁止学生佩戴乳腺癌认知手镯，这些手镯上写着标语"我爱乳房！（保卫乳房）"。一些学校根据美国最高法院的"贝塞尔学区诉弗雷泽案"，主张自己有权禁止学生佩戴这些手镯进入校园。这些学校认为，"乳房"一词粗俗下流，而且"我爱乳房！"会唤起学生对乳房的性趣，故不应被允许。

但学生反驳道，手镯传达的整条信息更具有政治意味，它是促进公众关注、认识乳腺癌的有效且有趣的途径。换言之，他们认为，当"乳房"与手镯上的其他词语联合使用时，它就不再具有粗俗下流的意味。学生们主张，宪法第一修正案应保护学生佩戴这些手镯上学。

2013 年 8 月，第 3 巡回区美国上诉法院对"B. H. 诉伊斯顿学区案"（*B. H. v. Easton Area School District*）做出判决，肯认学生拥有佩戴乳腺癌认知手镯的宪法第一修正案权利。该院指出，"本案中的手镯，不具有弗雷泽案所称的明显下流属性"，而且，学区"未能证明，这些手镯可能严重破坏廷克案所保护的学校秩序"。你觉得，学生的年龄——初中生而非高中生——会对法院的判决造成影响吗？你又如何看待公立学校禁止佩戴此类手镯一事呢？

莫尔斯案

2007 年，美国最高法院审理了一起学生言论案件——"莫尔斯诉弗雷德里克案"（*Morse v. Frederick*），此案又称"为耶稣，吸大麻"案。案情如下：2002 年 2 月的一天，冬奥会火炬接力队路过约瑟夫·弗雷德里克（Joseph Frederick）所在的高中，弗雷德里克在学校的街对面打出横幅，上面醒目地写着"为耶稣，吸大麻"。2006 年，第 9 巡回区美国上诉法院判决：在此种情形下，学生的权利受宪法第一修正案保护。[16] 在这次火炬接力活动中，阿拉斯加州朱诺 - 道格拉斯高中（Juneau-Douglas High School）的学生获准在人行道上迎接火炬接力队，现场有教师监管。弗雷德里克声称，他打出横幅只是为了好玩、抢镜头，没有别的意思，但校长德博拉·莫尔斯（Deborah Morse）并不觉得这是件逗乐的事。她认为，这条信息旨在鼓励吸毒，背离学校"提倡的'远离毒品、健康生活'这一基本教育目标"。弗雷德里克的横幅被没收，本人被停课 10 天。

第 9 巡回区美国上诉法院根据廷克案标准，做出了有利于弗雷德里克的判决。该院注意到，弗雷德里克的横幅并未严重、实质性地干扰教育活动，第 9 巡回区美国上诉法院着重强调了一个事实，即学校承认，"之所以没收横幅，是因为它与学校抑制吸毒的'目标'相冲突"。

学校请求美国最高法院复审此案，并推翻第 9 巡回区美国上诉法院的判决。校方的代理律师是肯·斯塔尔（Ken Starr），就是那位调查过克林顿与莱温斯基桃色事件的前独立检察官。斯塔尔提请美国最高法院审度以下问题：

宪法第一修正案是否允许公立学校禁止学生在校方资助、教师监督的活动中发布信息鼓励吸毒？

2007 年，美国最高法院以 5 比 4 的投票结果判决：约瑟夫·弗雷德里克的宪法第一修正案权利并未遭到侵害。首席大法官约翰·罗伯茨代表多数派执笔法院判决意见，他解释道："学校可以采取适当措施，限制可被合理视作鼓励非法吸毒的言论，以保护学生。我们的结论是，本案中，学校官员没收横幅并勒令相关学生停课，并未违反宪法第一修正案。"罗伯茨反对将弗雷德里克的横幅认定为政治性言论，他写道："使用或持有毒品是否构成犯罪是一场政治争议，但本案显然与这一争议无关。"[17] 莫尔斯案的长远影响，我们尚需拭目以待，不过，此案的判决结果十分狭窄而有限。需要指出的是，美国最高法院并未在莫尔斯案中推翻廷克案、黑泽尔伍德案和贝塞尔案，这些判例仍旧完好无损。莫尔斯案判决的适用范围，仅限于鼓励吸毒的非政治性言论。

可惜的是，在学生言论自由的支持者看来，一些法院扩张了莫尔斯案的适用范围，所限制的言论远远超出鼓吹非法吸毒的非政治性言论。莫尔斯案做出判决后仅六个月，第 5 巡回区美国上诉法院就将此案解释为一条支持审查的宽泛原则——"鼓吹严重伤害，且对在校学生的人身安全造成'特殊危险'的言论，

不受保护"。[18] 第 5 巡回区美国上诉法院在这起"蓬塞诉索科罗独立学区案"（Ponce v. Socorro Independent School District）中提出，当学生"威胁对一所学校发起哥伦拜恩式攻击时"，"正确的判准是莫尔斯案分析"，而不是美国最高法院在廷克案中设立的"严重与实质性破坏"标准，后者更传统，也更严格。第 5 巡回区美国上诉法院写道，莫尔斯案不仅可以镇制、惩罚鼓吹非法吸毒的言论，也可以适用于威胁发动大规模暴力袭击的学生言论：

> 校方之所以可以禁止学生鼓吹非法吸毒的言论，是因为"非法吸毒会对学生的人身安全造成严重且特别的威胁"……既然如此，在系争言论威胁对全校人员发动严重且特别的暴力袭击（如制造大规模人员伤亡）时，却对校方适用更严格的标准，是不合逻辑的。

审查大学报纸

"合理地出于正当的教育关切"标准是否同样适用于大学报纸呢？美国最高法院在黑泽尔伍德案中并未回答这个问题。它这样写道："我们不必现在就决断，同样的判准是否也适用于大学校方资助的表达活动。"联邦上诉法院此后审理过两起涉及大学官员审查学生出版物的案件：

- 金凯德诉吉布森案（Kincaid v. Gibson）[19]
- 霍斯蒂诉卡特案（Hosty v. Carter）[20]

第一起案件表明，联邦法院不愿透过黑泽尔伍德案扩张大学的审查权。2001 年，第 6 巡回区美国上诉法院判决，肯塔基州立大学因不满校园年刊的内容与封面色彩而禁止该刊发行，侵犯了在校学生的宪法第一修正案权利。此案以 10 比 3 的投票结果做出判决，但这一判决结果在很大程度上取决于以下事实：制作年刊不是课堂活动，学生得不到学科成绩。第 6 巡回区美国上诉法院说，该年刊是学校设立的公共论坛（**参见第 84～85 页**），旨在培育自由而负责任的公共讨论，拓展学生智识。学校官员之所为，显然是一种审查。R.

盖伊·科尔（R. Guy Cole）法官写道："将学生描写校园经历的文字与图像排除于公众视野之外，与强制学生发表官方资助的文章并无二致，都是政府通过消除言论来改变学生的表达。"话虽如此，但事实上，该法院只是将年刊区别于黑泽尔伍德案中的课程报纸而已。

联邦上诉法院审理的另一起案件令人困惑失望，但此案又非常重要，对大学传媒深有影响，这就是 2005 年的"霍斯蒂诉卡特案"。此案的核心问题是，州长州立大学（Governors State University，位于伊利诺伊州芝加哥南部）校方 2000 年要求对学生报纸《创新者》（Innovator）实行事前检查与批准。《创新者》此前发表了学生玛格丽特·霍斯蒂（Margaret Hosty）批评一位学校官员的数篇文章，由此引发了对抗。

该案的主要争点是，美国最高法院在黑泽尔伍德案中提出的"正当的教育关切"标准，是否同样适用于大学报纸？

原告（学生记者）主张，黑泽尔伍德案的"正当的教育关切"标准从未适用于大学传媒，

他们认为，大学校方不能要求学生报纸接受事前审查与批准。第 7 巡回区美国上诉法院以 7 比 4 的投票结果拒绝了原告的上述主张，断然否定了"高中报纸和大学报纸判然有别"的观点。该法院写道，美国最高法院在黑泽尔伍德案中的脚注"并未暗示高中报纸可受审查，而大学报纸不受审查"。它又写道："是否允许审查，取决于学生传媒是否属于公共论坛，表达者的年龄不影响该问题的答案。"霍斯蒂案的关键在于：学生报纸是否属于公共论坛？本章后文将讨论某个物理空间或地点是否属于受宪法第一修正案保护的公共论坛（**参见第 84～87 页**）。弗兰克·伊斯特布鲁克（Frank East-erbrook）法官代表多数派撰写了判决意见，他提出一条原则："校方可以合理地规管非公共论坛上发表的言论和由公共开支承担费用的言论，大学也不例外。"

在第 7 巡回区美国上诉法院的多数派看来，"黑泽尔伍德案的第一个问题仍是我们的主要问题：记者是公共论坛上的发言者（不允许审查）吗？抑或大学自己创设了一个非公共论坛或出版了一份报纸（一个封闭论坛，其内容可被监督）？"这意味着，该上诉法院必须在霍斯蒂案中考察《创新者》的身份，以判断它是否属于公共论坛。该法院指出，如果《创新者》"在公共论坛上运作，大学就不得审查其内容"。不幸的是，上诉法院宣布：无法通过现有记录判断《创新者》究竟属于何种论坛。不过它还是提供了一些指导原则，以供未来之用，其中包括：

● "课程之一部分可能是非公共论坛的充分条件，但并非必要条件。课程以外的活动也可能不属于公共论坛……无法免除学校的管理。"换言之，哪怕一份大学报纸是课外活动，不属于课程的一部分，也未必就不受学校控制或监管；

● "学校可以宣布开放学生报纸供学生表达之用，宣布之后，学校就不能再区别对待学生报纸上的观点或内容。"

判断大学报纸是否属于公共论坛的另一个重要因素，是大学校方对报纸的资助，校方的资助是不加任何附加条件呢，还是"明确规定了控制手段，从而使大学本身成为报纸的发行人"？

以上种种，对大学报纸意味着什么？首先，很重要的一点是，只有在第 7 巡回区美国上诉法院管辖的三个州（伊利诺伊州、印第安纳州和威斯康星州，有关联邦上诉法院的管辖区域，可**参考第 19 页**）内，该判例才具有拘束力。其次，许多大学报纸，比如佛罗里达大学的《短吻鳄》（Alligator），是独立于大学的，不接受校方的直接资助。学生传媒法中心（曾在霍斯蒂案中向法庭提交法庭之友辩论意见书）的前任主管马克·古德曼（Mark Goodman）在有关霍斯蒂案判决的新闻发布稿中写道：

实际上，大多数大学学生报纸应被视作公共论坛，享受最有力的宪法第一修正案保护，因为它们数十年来就是如此运作的。本案却令大学管理层得以主张：大量传统上独立的学生活动，如今却要接受校方审查。

2006 年，美国最高法院拒绝复查霍斯蒂案。同年，加利福尼亚州率先通过了首部"反霍斯蒂案法"。该法规定："如果学生在校外发表的言论受宪法第一修正案保护，可免于政府限制，则相同的言论在公立大学校内发表时，学校官员也不得处分学生。"[21] 简而言之，该法禁止大学校方（如加州大学和加州州立大学的官员）对公开发行的校园报纸实施事前限制或出版审查。这意味着，黑泽尔伍德案确立的规则不适用于加利福尼亚州的大学报纸；该州的大学校园报纸享受与《洛杉矶时报》《旧金山纪事报》等现实世界中的专业报纸一样的待遇。

可惜的是，一些法院在涉及大学的案件中仍沿用黑泽尔伍德案的"正当的教育关切"标准。2012 年，第 6 巡回区美国上诉法院在"沃德诉普莱特案"（Ward v. Polite）[22] 中面临如下问题：东密歇根大学是否侵犯了研究生茱莉亚·沃德（Julea Ward）的宪法第一修正案权利？沃德诉称，由于一些教授反对她的有关宗教信仰和宗教观点的言论，她被该校的咨询项目拒之门外。第 6 巡回区美国上诉法院指出，黑泽尔伍德案为判断沃德的言论自由权是否遭受侵犯提供了正确标准。该法院承认,黑泽尔伍德案发生在高中,但它又说,黑泽尔伍德案也"适用于已从高中毕业的学生。这里的关键词是学生。黑泽尔伍德案尊重各级教育机构为实现正当教育目标而必须拥有的行动自由。所有教育者都必须有能力'确保教育的参与者能够学习教育活动旨在教授的课程'"。该上诉法院又说:"黑泽尔伍德案并未区分高中生言论与大学生言论,有鉴于此,我们也拒绝在二者之间画出一条分界线。"沃德案判决只在第6巡回区有拘束力,该巡回区覆盖肯塔基州、密歇根州、俄亥俄州和田纳西州。

大学记者面临的问题

审查将在哪些方面影响大学传媒呢?首先是信息采集。学生记者往往很难拿到关于教师工作表现、学生会会议和学校纪律处分听证的报告。大学校方一般不愿学生因轻微犯罪而被检察机关提起公诉,而是更倾向于以纪律处分惩罚学生。刑事案件的庭审程序向公众和传媒开放;纪律处分听证却常常闭门召开,所以不会对学校的公共声誉造成影响。抑有进者,学校管理层还想阻挠一切记者查看大学的出警报告,理由是《家庭教育权与隐私法》(Family Educational Rights and Privacy Act,参见第9章)限制公众查阅大多数学生记录。学校官员曾主张,记录了受害人、加害人或证人姓名的犯罪报告是教育记录,依《家庭教育

权与隐私法》不得查阅。新闻传媒如果无法查阅正式的出警报告,一般就不会报道。不过,学校官员的上述主张未能得到司法机关的认同,多家法院拒绝如此解释该法。[23]

例如,2008年,北达科他州检察长谴责北达科他大学拒绝向一家报社提供与校内反犹行为有关的学生处分纪录。[24]他指出,《家庭教育权与隐私法》并不禁止校方公开学生的纪律处分记录,只要删去学生的姓名和其他身份信息即可。本案中,北达科他大学毫不考虑能否从报社申请的记录中删除身份信息,只是武断地拒绝提供文件。这位检察长总结道:

> 《家庭教育权与隐私法》并不禁止校方公开纪律处分记录,只要教育机构将个人的身份信息从这些记录中删除即可。北达科他大学却错误地答复说,《家庭教育权与隐私法》禁止公开一切处分记录,毫不考虑是否可以在删除身份信息后提供记录,这违反了北达科他州的公开记录法。

2008年,东肯塔基大学学生报纸《进步》(the Progress)的采编人员收到肯塔基州检察长办公室的一封来信,信中认同该报的主张,认为东肯塔基大学的警察局过度且不必要地删除了出警报告中的信息。该校警察局的理由是保护个人隐私,但州检察长办公室认为,警方误用了《肯塔基州公开记录法》中的隐私豁免条款。

 案例

危险警报不及时:
2007年弗吉尼亚理工大学枪杀案

2007年4月16日上午7点15分,弗吉尼亚理工大学(位于弗吉尼亚州布莱克斯堡)的学生赵承熙(Seung-Hui Cho)在宿舍内开枪射杀两名学生。上午7点24分,校内警方发现了此事。当时,赵承熙仍在校园内游荡,发泄他的怒火,他举枪自尽前一共射杀了32人。上午9点26分,校园警方发出e-mail警

告全校师生。此时距离他们最初发现枪击事件,已过去了两个多小时。

三年多后,美国教育部得出结论:弗吉尼亚理工大学未能于事发当日充分警告学生,违反了《克莱莉法》(Clery Act)。教育部的报告于2010年12月发布,它指出:"弗吉尼亚理工大学发出的警告,未能以准备充分之恰

当方式明确而及时地提醒校内人员注意人身安全。"更糟糕的是，"弗吉尼亚理工大学未能遵照其年度校园安全报告中规定的政策及时地发出警报"。

2012 年 8 月，教育部部长阿恩·邓肯（Arne Duncan）声明，弗吉尼亚理工大学 9 点 26 分发出的 e-mail 未能及时警告全体师生员工。邓肯部长认定该校违反了《克莱莉法》，应被处以 27 500 美元罚款。他进而指出，枪击事件发生时，弗吉尼亚理工大学的"警报政策前后不一致且秘而不宣"，但他并未对此罚款，而是将这个问题发回至行政法法官处，由法官酌定适当的罚款金额。

联邦《克莱莉法》[该法以利哈伊大学（Lehigh University）的学生克莱莉命名，克莱莉于 1986 年被奸杀于宿舍]规定，所有参与联邦学生资助项目的大学和学院，都必须对威胁师生安全的校园犯罪及时发出警报，并公开校园安保政策。另外，该法要求大学和学院收集犯罪数据，每年定期在校园内公布。这些数据无疑有助于学生记者报道本校的问题。《克莱莉法》的一大问题是，它没有界定何为"及时的警报"。从近年内发生在弗吉尼亚理工大学和北伊利诺伊大学的枪击惨案来看，这样的警报十分重要。部分也是因为这些惨案，《克莱莉法》于 2008 年修订，新法要求校方"一旦确认校园内发生迫在眉睫地威胁师生安全的紧急或危险情况，应当立即通知全校"。

2013 年，教育部依《克莱莉法》对耶鲁大学罚款 165 000 美元，因为耶鲁没在年度校园犯罪数据中通报 2001、2002 年的四起性犯罪案件。2013 年 4 月，教育部致函耶鲁大学校长理查德·莱文（Richard Levin），其中写道，虽说耶鲁在 2004 年收到通知后修改了报告，但"也减轻不了贵校在案发当时没有正确上报的严重性"。耶鲁虽属私立大学，但也参与了联邦学生资助项目，故受制于《克莱莉法》。

2011 年，美国教育部对宾州州立大学展开大规模调查，以视该校是否违反《克莱莉法》。事情的起因是，该校前任助理橄榄球教练杰里·桑达斯基（Jerry Sandusky）因性侵儿童而被定罪，性侵丑闻于是大白于天下。教育部派出一队调查人员进驻宾州州立大学。教育部部长阿恩·邓肯说："如果调查结果表明该校有人明知性侵之事却置之不理甚至刻意遮掩，情况就会变得更糟糕。学校及其官员有保护青少年免受暴力与侵犯的法律义务和道德责任。"

2012 年 6 月，教育部部长邓肯命令得克萨斯州的公立大学塔里顿州立大学（Tarleton State University）支付 110 000 美元罚金，因为该校未能报告三起性犯罪案件和一起抢劫案件。以上四起案件，平均每起须支付 27 500 美元。又因该校未能报告另 70 起非暴力犯罪，邓肯请求行政法法官酌定罚款金额。2012 年 7 月，塔里顿州立大学同意支付 123 500 美元罚款，与教育部达成和解。

2012 年 10 月，为抵消通货膨胀，教育部将单次违反《克莱莉法》的最高罚款金额由 2002 年规定的 27 500 美元提高至 35 000 美元。

 知识窗

有多少犯罪，发生在你所在的校园？

学生记者（及任何人）可以访问美国教育部"高中后教育办公室"（Office of Postsecondary Education）设立的一家网站，查询所在校园的犯罪数据。该网站名为"校园安全数据分析工具"（Campus Security Data Analysis Cutting Tool），网址是 http://ope.ed.gov/security，其中的数据都依《克莱莉法》获得。

一些学生报纸还面临这样的问题:有人因对某期报纸刊载的内容不满,便将该期报纸统统偷走。校园警察通常会说,他们对此无能为力,学生报纸是免费的,偷报纸不违法。

这里有个问题,即盗窃"免费"的言论,如果一样东西是免费的,又何来盗窃呢? 事实上,仅有三个州(加利福尼亚州、科罗拉多州和马里兰州)有成文法处罚盗窃免费报纸的行为。加州的法律规定,一次拿走 25 份免费报纸或赠报,"以防他人阅读",且为初犯者,可罚款 250 美元。[25]

由于仅有三个州立法禁止盗窃免费报纸,如今大学校园内的窃报事件层出不穷。学生传媒法中心专门追踪并描述了此类事件,参见其网站链接:http://www.splc.org/knowyourrights/newspapertheft.asp。该中心还在"防止窃报之注意事项"中为大学报社记者提供了有益的建议,参见 http://www.splc.org/theftchecklist.asp。

例如,2013 年 2 月 28 日的近 2 000 份《杜兰闲话报》(Tulane Hullabaloo)被杜兰大学(Tulane University)的两名学生偷走。据学生传媒法中心调查,这两名学生承认自己盗窃报纸。他们为什么偷报纸呢? 据学生传媒法中心的调查,这二人是兄弟会成员,被窃报纸的头版报道写的是发生在兄弟会的缉毒行动。两名学生被罚款 1 896 美元。之所以定这个金额,是因为《杜兰闲话报》允许杜兰大学的每名学生免费领取两份报纸,之后每份报纸收费 1 美元。

此前一年,即 2012 年 2 月,在佛罗里达大学学生会换届选举前不久,《独立佛罗里达短吻鳄》(Independent Florida Alligator)某一期有超过 250 份报纸被塞入了垃圾桶。该报在翌日的社论中写道,它认为,这些报纸是被该校学生会某一派系的一名成员丢入垃圾桶的。为什么呢? 该报编辑说,因为这名学生不服气该期报纸在头版上报道橄榄球主教练威尔·马斯卡姆(Will Muschamp)支持其竞选对手。该学生最后承认了此事,并在该报 3 月某期的头版专栏上登文道歉。另据学生传媒法中心

报道,同年,北亚拉巴马大学的学生报纸,有一期近 200 份在校内多栋建筑中失窃。失窃报纸的头版文章批评了希腊制德比日活动(Greek system's Derby Days events)。

这种情况并不罕见,大学报纸被窃已成蔓延全美之势。2012 年,学生传媒法中心共收到 27 起大学报纸被窃事件的报告。而 2011 年只收到 9 起,2010 年仅收到 6 起。2012 年,学生报纸凭空消失于报架或被偷、被弃的情况,发生在大大小小的大学校园内,公立、私立大学都有,其中包括:巴特勒大学(Butler University)、中康涅狄格州立大学(Central Connecticut State University)、克里斯托弗·纽波特大学(Christopher Newport University)、佐治亚周界学院(Georgia Perimeter College)、佐治亚州立大学(Georgia State University)、俄克拉何马市立社区学院(Oklahoma City Community College)、俄勒冈州立大学(Oregon State University)、圣安东尼奥学院(San Antonio College)、戴顿学院(University of Dayton)、佛罗里达大学(University of Florida)、北亚拉巴马大学(University of North Alabama)、南达科他大学(University of South Dakota)、南印第安纳大学(University of Southern Indiana)、佛蒙特大学(University of Vermont)、西弗吉尼亚大学(West Virginia University)和西伊利诺伊大学(Western Illinois University)。

最后,校方有时会以减少或终止资助等间接手段审查大学报纸,不过这种努力往往徒劳无功。1983 年,第 8 巡回区美国上诉法院做出一个重要判决[26],该判决 30 多年后依然有效。此案始于 1970 年代末,《明尼苏达大学日报》(University of Minnesota Daily)出版了一期岁尾特刊,据该校一位教师回忆,其中有些内容冒犯了第三世界学生、黑人、犹太人、女性主义者、同性恋者和基督徒。[27]在校学生和校外读者投诉不断,最终,校方决定着手削减该报的经费。校方的计划是让每位在校生自行决定,是否每学期捐出 2 美元资助报社。这 2 美元捐助会自动进入报社账户。两家大学评估协会提醒过校方,这个计划不够明智,校方

还是一意孤行。投票前，校方多位官员公开宣称，他们看好这一计划，因为学校不应强迫学生支持一份"粗俗无礼"的报纸。

校方的决定引来一场诉讼。第 8 巡回区美国上诉法院判决，校方此举违反了宪法第一修正案。该法院说，只要校方的目的正当合理，减少乃至取消资助都未尝不可。但本案有充分证据表明，校方削减资助是为了惩罚报纸。如此一来，校方的行为就成了查禁。法院引用了校方官员在商讨该计划时对报纸做出的负面评价，并指出，除《明尼苏达大学日报》所在的双子城校区外，明尼苏达大学的其他校区都没有采行新政策（这些校区由同一批官员管理），足证该政策的惩罚性质。法院得出结论道："因此，宪法第一修正案禁止校方削减该报的经费。"[28]

2012 年，孟菲斯大学（University of Memphis，一所受宪法第一修正案限制的公立大学）的一个学生-校方委员会投票决定削减学生报纸《舵手日报》（The Daily Helmsman）的经费，由 75 000 美元降至 50 000 美元。学生费用分配委员会为何会有这么大的动作？学生传媒法中心说，这一决定完全是针对报纸的内容，该委员会不喜欢《舵手日报》的报道内容。尤其是，该报曾刊文批评学校警察局对一起性侵案的处理，包括总编切尔西·布泽（Chelsea Boozer）在内的采编人员也曾数次与警方发生摩擦。2012 年 8 月初，学生传媒法中心主管弗兰克·洛蒙特（Frank LoMonte）在一篇博客文章中写道："预算编制者发表的公开陈述表明，报社所获资助的等级与编辑的报道选择息息相关。"如果校方削减资助经费果真是为了报复报社，那么这一举动就违反宪法第一修正案。

也许是为了打消以上顾虑，孟菲斯大学的校长雪莉·雷恩斯（Shirley Raines）同意恢复2012—2013 财政年度对报社的资助。雷恩斯在一次新闻发布会上解释道："既然报纸内容有可能是影响资助的因素之一，那我们就补上之前削减的 25 000 美元……我们认识到，有关学生报纸的任何资助决定，都不得基于内容，不论这些决定是来自学生，还是来自教职人员。"

酒类广告与大学传媒

1996 年，宾夕法尼亚州通过了《199 法》（Act 199）。该法禁止大学报纸刊登付费的酒精饮料广告。[29]《199 法》通过之后，宾州酒精饮料控制委员会（Pennsylvania Liquor Control Board）发布了一则建议性通知，说明该法如何适用于大学传媒。通知写道：

> 任何教育机构出版的，或为了任何教育机构出版的，或在任何教育机构内出版的出版物，均不得刊登广告提及酒精饮料的售卖场所与价格。大学是教育机构之一种，因此，大学报纸或大学足球比赛也不得发表酒类广告。

这意味着什么呢？它意味着，根据该法，宾州州立学院（State College）校园内的一家酒吧不可以付费在宾州州立大学的学生报纸《大学生日报》（Daily Collegian）上刊登广告，介绍优惠时段的啤酒价格。匹兹堡大学的学生报纸《匹兹堡新闻报》（Pitt News）决定对《199法》发起宪法第一修正案挑战。与《大学生日报》不同，在《199 法》实施之前，《匹兹堡新闻报》有相当部分收入来自酒类广告。拜该法所赐，《匹兹堡新闻报》1998 年损失了 17 000 美元广告收入。

宾夕法尼亚州却主张，该法无论是对控制未成年人饮酒（许多大学生和所有教职员工都已达到法定饮酒年龄 21 岁），还是对控制酒精滥用，都实属必要。控制酒精滥用的益处显然建立在以下逻辑之上：如果学生不知道哪里有便宜啤酒卖（因为他们在大学报纸中找不到广告），他们自然也就不会喝那么多。

2004 年，第 3 巡回区美国上诉法院对"《匹兹堡新闻报》诉佩珀特案"（Pitt News v. Pappert）做出判决，宣布《199 法》侵犯了《匹兹堡新闻报》及宾州其他大学报纸的宪法第一修正案权利。[30] 该法院指出，《199 法》是"对商业言论的无可容忍的限制"（参见第 15 章，以及有关商业言论的中央赫德森案标准),它是违宪的,它特别针对极窄的一类传媒(隶属于大学的报纸)。该上诉法院观察到,宾夕法尼亚州"没能提出任何证据,证明取缔此类传媒上的酒类广告会带来任何益处。就算匹兹堡大学的学生没法在《匹兹堡新闻报》上看到酒类广告,他们也还是能接收到电视广告和电台广告,还能在其他出版物上看到酒类广告,包括与《匹兹堡新闻报》一道在校园内免费赠送的报纸"。该法院又说:"宾夕法尼亚州认为,如果酒类广告销声匿迹于那些附属于教育机构的传媒,未成年人饮酒和酒精滥用的现象就会减少,这一判断乃是基于'假想'和'猜测',并无真凭实据。"法院指出,"对付未成年人饮酒和酒精滥用的最直接方式,是在大学校园内实施酒精饮料控制法",而不是限制大学报纸的言论自由和新闻出版自由。

同类案件此后再次发生。美国公民自由联盟(ACLU)代表弗吉尼亚理工大学和弗吉尼亚大学的两家学生报纸——《大学生时报》(Collegiate Times)和《骑士日报》(Cavalier Daily),在弗吉尼亚州里士满(Richmond)的一家联邦法院提起诉讼,挑战弗吉尼亚州控制酒精饮料的规定。弗吉尼亚州禁止"大学的学生出版物"为啤酒、白酒和混合酒精饮料做广告。[31] 与宾州的《199法》一样,弗吉尼亚州的规定起初也被宣布为违反宪法第一修正案。2008年,这家联邦法院颁发了永久性禁令,禁止弗吉尼亚州实施该规定。[32] 该法院虽同意弗吉尼亚州的说法,认为减少大学里的低龄饮酒与过度饮酒对政府意义重大,但它更认同《匹兹堡新闻报》案"中上诉法院的观点,即"认为这一规定能实质性地促进政府利益的想法,尚停留在猜想阶段"。然而,在2010年,第4巡回区美国上诉法院以2比1的投票结果,

推翻了地区法院的原判,裁定弗吉尼亚酒精饮料控制委员会"禁止大学学生出版物发布酒类广告,能经受得住中央赫德森案标准的检验。地区法院的原判有误"[33]。与地区法院相反,第4巡回区美国上诉法院认为,禁止大学报纸刊登酒类广告,与"大学生的酒精需求降低有关,有证据能支持这一相关性"。多数派法官的思路是:"既然酒商想在大学学生出版物上刊登广告,就恰好证明这部法律是有的放矢的。学生报纸主要面向大学生,发行量有限,酒商若非认为在这类出版物上刊登广告能促进大学生的酒精需求,就不会花这个冤枉钱。大学报社没有证据推翻这一相关性。"有一位法官提出反对,他写道,他"服膺于第3巡回区美国上诉法院在处理类似事实时所做的判决",换言之,他赞同"《匹兹堡新闻报》诉佩珀特案"的判决。

概言之,在"禁止大学报纸刊登酒类广告的法律是否合宪"这个问题上,第3与第4巡回区美国上诉法院产生了分歧,有待美国最高法院来定分止争。2010年,美国最高法院拒绝了弗吉尼亚案的调卷令申请。最高法院拒绝复审此案后,案件被发回里士满的地区法院。2012年9月,美国治安法官汉纳·劳克(Hannah Lauck)做出了有利于弗吉尼亚州的判决,维持酒类广告禁令。她适用了中央赫德森案标准——第4巡回区美国上诉法院此前也适用了这一标准(有关中央赫德森案标准的更多内容,参见第15章)。此案又回到第4巡回区美国上诉法院,2013年9月,该院推翻了劳克法官的判决。第4巡回区美国上诉法院判决道,弗吉尼亚州的酒类广告禁令不符合中央赫德森案标准,故而违宪。为什么呢?因为大学报纸的绝大多数读者已年满21岁,而系争法律"不让这些可以饮酒的人获知相关信息"。

禁书

2013年,宾夕法尼亚州安维尔-克利奥纳(Annville-Cleona)的校董会获得了托马斯·

杰弗逊表达自由保护中心(Thomas Jefferson Center for the Protection of Free Expression)

颁发的"钳口奖"。据杰弗逊中心解释，该校董会在听到一对学生父母抱怨儿童绘本《脏脏的牛仔》（*The Dirty Cowboy*）之后，将这一获奖作品逐出了小学图书馆。该绘本讲述了一个牛仔下河洗澡，衣服被狗叼走之后设法找回衣服的故事，这对父母显然不喜欢绘本中的图画。牛仔虽说丢了衣服，但并非一丝不挂，作者机智地用一只靴子、一群小鸟等东西遮住了他的下身。

2012 年，畅销小说《五十度灰》（*Fifty Shades of Grey*）成为数州政府的查禁对象，其中包括佛罗里达州。一些公立图书馆不是拒绝购入这套三部曲，就是将已经购入的《五十度灰》从书架上撤下。部分图书馆的理由是：该书文笔拙劣，不值得花纳税人的钱。但究其实质，激发如此强烈反应的，是该书的情欲主题和所谓的"妈咪色情"。同年，小说《寻找阿拉斯加》（*Looking for Alaska*）被几所中学逐出课堂阅读书目，因为其中有一小段涉及口交。

2012 年 11 月，一位母亲在联邦法院起诉犹他州的戴维斯学区，她诉称，该学区将《在我们母亲的房屋里》（*In Our Mothers' House*）撤下小学图书馆书架的行为，侵犯了她两个孩子的宪法第一修正案权利。该书是获奖作家帕特里夏·波拉科（Patricia Polacco）的作品，写的是发生在同性恋父母家庭中的故事。因有部分家长投诉此书，学区将它移到了借阅柜台，学生要得到父母的书面同意才能借阅。原告在"A. W. 诉戴维斯学区案"（*A. W. v. Davis School District*）的诉状中写道："戴维斯学区因《在我们母亲的房屋里》描写一对同性恋父母，就限制学生借阅此书，不当限制了学生接触合法言论的能力。更糟糕的是，限制孩子借阅此书，并将它与图书馆其他图书区隔开来的做法，给此书含蕴的思想和想要阅读此书的孩子贴上了污名的标签，而这是违宪的。"本书付梓之时，该案尚未审结。

美国图书馆协会（ALA）密切关注美国受挑战最多的图书。美国图书馆协会界定"受挑战图书"的标准是，图书馆或学校是否收到正式的书面投诉（抱怨图书的内容或其适当性，要求撤下图书）。2012 年，美国受挑战最多的 10 本图书中，有《五十度灰》、《一个印第安男孩的超真实日记》（*The Absolutely True Diary of a Part-Time Indian*）、《三口之家》（*And Tango Makes Three*）和《追风筝的人》（*The Kite Runner*）。2012 年，美国图书馆协会的智识自由办公室（Office for Intellectual Freedom）共收到投诉（要求将阅读素材逐出学校课堂和图书馆）450 件，相较于 2011 年的 326 件有所增长。

美国最高法院只有一起判例涉及公立学校图书馆图书下架的问题，即 1982 年的"教育委员会诉比科案"（*Board of Education v. Pico*）[34]。可惜，比科案未能形成多数判决意见（共有 7 份独立的意见书）。该案的争点问题是：校委会能否合宪地从公立学校图书馆中撤下它认为"反美、反基督教、反犹太人，以及明显猥亵"的图书，比如库尔特·冯内古特（Kurt Vonnegut）、兰斯顿·休斯（Langston Hughes）等人的作品。最高法院虽未形成多数判决意见，但还是形成了一份相对多数意见，其中写道："地方校委会不能仅因自己不喜欢某些图书中的思想和观点，就将它们从图书馆书架撤下，校委会不能'规定什么才是政治、爱国主义、宗教或其他观念领域的正统'。"相对多数意见写道，校委会

无疑可以选择校内图书馆的馆藏。但该自由裁量权之行使，不得采用明显偏狭或政治性的方式。设若一个以民主党人为主的校委会，受其党派背景驱策，命令撤下所有由共和党人撰写，或为共和党人说话的图书，那便是侵犯了学生的宪法第一修正案权利……吾国宪法不允许官方打压思想和观念。故［校委会］从学校图书馆中撤除图书一事，究竟是否剥夺［学生的］宪法第一修正案权利，取决于［校委会］此举背后的动机。

相对多数意见又写道，因为不喜欢图书表达的理念和政治观点，就将它撵出学校图书

馆,显然没有合宪的依据。相反,如果校方移除图书"是因为图书缺乏'教育适宜性'"或"充斥粗俗内容",那么移除也未为不可。美国最高法院在此处表明:校委会移除图书的动机,在判断其行为是否侵犯未成年人获取图书所含思想、理念的宪法第一修正案权利时,具有决定性的关键意义。

2006 年,佛罗里达州一家联邦法院在"美国公民自由联盟佛州分部诉迈阿密-戴德县校委会案"(*ACLU of Florida v. Miami-Dade County School Board*)[35]中,适用了比科案提出的指导原则。此案的焦点是校委会将数本图书撤出学校图书馆,这些图书描写了岛国古巴及古巴人的生活,读者是 4~8 岁的稚童。一位家长投诉,批评这些图书"虚妄不实",所描绘的"古巴生活其实子虚乌有"。学校收到投诉后将书撤下。美国地区法院法官艾伦·S. 戈尔德(Alan S. Gold)说:"争议的核心是:这些古巴图书对卡斯特罗统治下的古巴现实避而不谈。"

戈尔德法官判校委会败诉,命令校委会立即将古巴图书恢复上架,他写道:"必须强调的是,该校委会毫不考虑之前两届校委会及校长的建议,遑论听取这些建议。之所以保留图书馆内的古巴图书,是因为从教育角度而言,它们是适宜的。"请回想一下,美国最高法院曾在比科案中写道,若因"教育适宜性"之故,校委会可以合法移除图书馆内的图书。但本案有所不同,戈尔德法官论理道:

> 迈阿密-戴德县校委会的多数成员之所以移除这些图书,是为了不让学童接触校方官员反对的观点和思想。在他们做出移除决定时,这一动机乃是关键性因素。如此一来,校委会便是以违反宪法第一修正案之方式,滥用了自由裁量权。

2009 年,第 11 巡回区美国上诉法院以 2 比 1 的投票结果推翻了戈尔德法官的原判,允许校委会将争议图书《来访古巴》(*Vamos a Cuba*)撤出图书馆。[36]多数派(两位法官)开宗

明义地指出,美国最高法院在比科案中未能形成多数意见,因此,"对学校图书馆撤除图书的决定,究竟应该适用何种标准,至今仍是悬而未决的问题","我们也不必在此妄做决断"。但第 11 巡回区美国上诉法院接受了校委会的立场,校委会说,它移除此书不是出于不正当的政治原因,也不是因为书中的政治观点,而是出于正当的教育关切,因为此书内容失实,且刻意取舍事实(类似于黑泽尔伍德案,**参见第 66 页**)。多数派写道:"无论宪法第一修正案禁止什么,都不会禁止校委会因一本图书有事实性错误(无论是故意回避还是过失遗漏)而将它撤下。个人没有宪法权利要求学校图书馆收藏错误描述客观事实的图书。"《来访古巴》就属于这种情况。多数派写道:

> 这本书没说真话。在它的描述中,卡斯特罗统治下的古巴生活,比在法庭上作证的任一专家所知的实情更赏心悦目,比国务院所知的实情更赏心悦目,比本案初审法院所知的实情更赏心悦目,也比我们所知的实情更赏心悦目。一旦你也发现该书描绘了一幅有关古巴生活的错误图景,误导性地矫饰了古巴人经受的匮乏与困顿,那么认为校委会乃是出于意识形态之理由而撤除该书的观点,便会不攻自破。

查尔斯·R. 威尔逊(Charles R. Wilson)法官表示强烈反对,他写道:"校委会说《来访古巴》严重失实,不过是压制观点的借口罢了,这绝非撤书的真实原因。现有的证据支持地区法院的原判,即该书并非因正当的教育原因而被撤除。"美国最高法院拒绝审理此案,第 11 巡回区美国上诉法院的判决于是生效。

小 结

美国最高法院的四起判例——廷克案、黑泽尔伍德案、贝塞尔案和莫尔斯案——为判断公立学校学生的言论自由权提供了法律标准。以上各起案件都提出了一种专门的规则,适用于一类特定情形。

校方在审查作为学校课程一部分的学生报纸时,曾滥用黑泽尔伍德案的"正当的教育关切"标准。这四起案件都未能解决一个新问题:学校能否查禁学生使用个人电脑在校外制作的网络言论? 美国最高法院2007 年莫尔斯案判决的效果如何,尚有待观察,但适用莫尔斯案的言论,范围十分狭窄。

两家联邦上诉法院的判例——金凯德案和霍斯蒂案——涉及大学校方审查学生报纸的问题。大学报纸如今面临的另一个问题是心怀不满的学生暗地里盗窃报纸。对一些大学报纸而言,酒类广告也是个问题,因为部分州试图控制大学报纸刊登酒类广告。

禁书与公立图书馆下架图书也是今日美国面临的问题。

时间—地点—方式限制

政府实行事前审查,多数是基于材料的内容。不过,政府也有可能基于其他因素实施事前审查,如传播的时间、地点或方式。如果有人大谈蘑菇种植之法,政府自然不会反对其内容。但如果此人想站在中央大街的正中间发表这一言论,或者想凌晨两点在附近居民区的人行道上发表这一言论,政府(包括公民)必定会反对。这就是**时间—地点—方式限制**(time, place and manner restrictions or rules)。

> 政府实行事前审查,多数是基于材料的内容。不过,政府也有可能基于其他因素实施事前审查,如传播的时间、地点或方式。

案例

葬礼抗议与时间—地点—方式限制:
这是针对韦斯特伯勒(Westboro)浸信会吗?

联邦、州及地方各个层级如今越来越多地制定、颁布"葬礼抗议法",这已在全国范围内蔚然成风。例如,奥巴马总统 2012 年 8 月签署了一部法案,修订了两条联邦成文法(18 U.S.C. §1388 和 38 U.S.C. §2413),它规定,在现役及退役美军官兵的葬礼或追思会进行之时,方圆 300 英尺之内不得举行抗议和游行示威。禁令生效的时间范围,是葬礼或追思会开始前 2 小时至结束后 2 小时。换言之,该法同时限制了在葬礼附近发表言论的时间(2 小时缓冲区)与地点(300 英尺缓冲区)。在判断这些"葬礼抗议法"是否合宪时,时间—地点—方式限制尤为重要。

2012 年 10 月,一家联邦上诉法院在"费尔普斯-罗珀诉曼彻斯特市案"(*Phelps-Ro-per v. City of Manchester*)中,支持密苏里州一部类似法律的合宪性。系争法律限制人们在葬礼和追思会周围 300 英尺以内举行抗议示威,限制时间是葬礼或追思会前后一小时以内。这家上诉法院称,该法是内容中立的成文法,它管制的是扰乱或试图扰乱葬礼的任何言论,言论的主题、内容或观点非为所问,故适用中度检视标准(见本章后文)。法院指出,该法服务于一种重要利益,即保护葬礼出席者的隐私,且该法"只在葬礼或追思会举行的极短暂时间和极有限空间内限制发言者或抗议者,除此之外别无任何限制。"

全国多个地方之所以透过此类措施防止抗议示威对葬礼的干扰,主要是因为,韦斯特伯勒浸信会的教徒常在伊拉克战场死难美军士兵的葬礼附近举行抗议,传达其宗教理念,他们说,这些士兵死于上帝对美国宽待同性恋的惩罚。不过,此类"葬礼抗议法"的措辞有待进一步斟酌拿捏,以便妥当适用于所有抗议和示威,不论抗议或示威具体传达什么内容。

只要"时间—地点—方式"规则符合法院设立的一套标准,一般就不会产生严重的宪法第一修正案问题。这套标准有时被称作司法审查的"中度检视"(intermediate scrutiny)标准。具体而言:

1. **"时间—地点—方式"规则应对言论内容抱持中立态度,即法院所称之内容中立,字面上与适用上皆应如此。**内容中立的规则对所有传播一视同仁,不论内容为何。换言之,法律不能一方面允许人们广发传单支持兴建体育场,另一方面却限制人们分发材料倡议拆除高架桥。有效的时间—地点—方式限制必须内容中立。我们举一个例子:科罗拉多州曾立法规定,任何人不得在医疗设施入口100英尺范围之内,向周边8英尺以内的人员散发传单、展示标语,或从事"口头抗议、教育或咨询",否则违法。2000年,美国最高法院认定该法内容中立。最高法院说,该法禁止人们不必要地接近科罗拉多州的一切医疗设施,不管表达者意图传达什么信息。[37]

又如,拉斯韦加斯的一部市政条例禁止人们沿着拉斯韦加斯大道(Las Vegas Boulevard),即通常所称拉斯韦加斯长街(Las Vegas Strip)散发商业传单。第9巡回区美国上诉法院判定,该条例不符合内容中立的要求,因为它不适用于其他类型传单的散发者。[38]内容不中立的条例会被视作基于内容的限制,在司法审查中适用苛刻得多的"**严格检视**"标准。该标准要求政府证明极重大利益(compelling interest)——而不只是证明实质性利益(substantial interest);政府还必须证明,系争法律只限制了为实现极重大利益而绝对有必要加以限制的言论,未累及其他言论(**参见第52页**)。

有时,一部法律表面上内容中立,其实却并非如此,因为它赋予执法官员过多的自由裁量权。例如,西雅图的游行示威许可法允许当地警察局局长自行决定,游行者在游行中是否只能走人行道,不能走街道。第9巡回区美国上诉法院2008年判决,该法的以上条款违宪。[39]此案中,一群游行者(原告)想要使用街道,警方却命令他们使用人行道,理由是游行人数过少,但西雅图并未规定游行者使用街道必须满足最低人数要求。第9巡回区美国上诉法院论证道:"该条例赋予了警察局局长不受约束的自由裁量权,可强行将游行者从街道赶至人行道,不必解释理由,也不必提供质疑这一决定的管道。因此,我们认定该游行示威条例违宪。"该法院又说:"本案清楚揭示了滥用自由裁量权的危险性,本案原告想要发表的言论(抗议警方暴虐),是对西雅图主管许可事务之政府部门的直接批评。"

仅凭一部成文法限制发言音量的高低,还无法断言它必定属于内容中立。只有一视同仁地对待所有噪声——所有信息、所有声音,不论主题与内容,才堪称内容中立。2012年,佛罗里达州最高法院在"佛罗里达州诉卡塔拉诺案"(Florida v. Catalano)[40]中判定,该州某成文法(禁止驾驶者将汽车音响开到"25英尺以外清晰可辨"的音量)是基于内容的法律。为什么呢?因为该法特别规定了一种例外情形,即"用于商业或政治目的的机动车,在发挥商业或政治用途的情形下使用扩音设备"。为何这一例外使该法成了基于内容的法律,而非内容中立的法律?佛州最高法院做出了解释,它写道:"商业和政治宣传车可以扩音播出商业或政治言论,不拘音量,而行驶在高速公路上的个人为了找点儿乐子收听一类节目,不论是宗教布道还是音乐,却可能因声音太响而收到传票。"职是之故,法院对该法适用更苛刻的"严格检视"标准(**参见第52页**关于严格检视的内容),并宣布该法违宪。

2. **法律不得完全禁止某类传播。**必须有充分的替代途径可实现该类传播。1980年代,数州曾试图禁止投票点外的选民民意调查。新闻传媒开展这种民意调查主要有几个原因,原因之一是想发现不同人群(年龄、党派归属、职业等)在投票时有什么倾向。不少此类成文法,至少有部分内容被推翻。法院的理由是,传媒无法在其他地方、以其他方式提问这些问题,并期待得到相同的数据。如此一来,禁止传媒在投票点的出口开展民意调查无异于完全禁止记者提问。

时间—地点—方式限制的指导原则

1. 时间—地点—方式限制必须内容中立。

2. 时间—地点—方式限制不得完全禁止某类传播。

3. 时间—地点—方式限制必须以实质性的州利益为指归。

4. 时间—地点—方式限制不得超出必要限度。

---

3. **政府必须阐明实质性利益,证明限制言论的合理性。**禁止晚 10 点后以扩音设备传播政治信息的理由是,在这个时间段,大多数人正要休息。禁止在机场航站楼和登机口之间的通道上散发传单和募集资金也有理由可讲,因为政府要确保人流密集处畅通无阻,只有这样赶飞机的旅客才能顺利通行。[41]但是,如果政府禁止在城市道路上散发传单的理由是许多人会随手乱丢传单,导致垃圾遍地,那么这种理由一般是站不住脚的。[42]保持街道干净、清洁的政府利益,可以透过反垃圾法来实现。有时,社区会以审美方面的理由限制或禁止安设自助售报机,一些法院不允许政府仅凭这个理由限制宪法第一修正案自由。法院通常会指出,街上其他难看的东西也不少,比如电话线杆子、垃圾桶、灭火器、路标等等。[43]另有法院判决,审美原因可以是社区证明限制合理的理由之一。[44]社区若能以强有力的逻辑说明其审美关切,那么哪怕在某一特定区域内完全禁设售报机也未尝不可。1996 年,第 1 巡回区美国上诉法院允许波士顿市完全禁止

在某一历史街区的公共街道上设立售报机,建筑委员会当时正千方百计地复原这一区域数百年前的面貌。[45]

政府除了要举出实质性利益之外,还得对此承担举证责任。坐落于圣马科斯(San Marcos)的西南得克萨斯州立大学(Southwest Texas State University)曾试图限制一份社区小报在校园内发行。它对第 5 巡回区美国上诉法院说,限制该报发行的目的,是维护学术气氛和校园安全,保护校内隐私,控制交通流量,保持校园风貌,防止欺诈,以及减少不必要的开支。以上种种,皆属正当目的。但法院说,该校未能证明,将报纸的发售渠道限缩为少数几台售报机和用户直接投递,确实有助于实现上述目标。法院判决道:"被告[大学]必须承担举证责任,证明它的限制对保护特定利益而言是合理适度的。本案被告未能善尽举证责任。"[46]

4. **法律必须合理适度,既能促进政府的特定利益,又不至于过度限制言论,不超出实现政府利益之所必需。**"如果某种限制对促进政府的合理利益必不可少,且未对更多言论造成负担,便可称为合理适度。"[47]佐治亚州西尔韦尼亚(Sylvania)的官员认为,他们亟须处理一个垃圾问题。免费周报《省钱报》(PennySaver)投放于该市各家住宅的草坪或车道上。人们常常听之任之,无人捡拾的报纸堆在街道上,积在排水沟里,破坏了城市的美观。该市于是通过一项条例,它规定,向宅院、车道或门廊投放免费印刷品是违法的。《省钱报》的发行人起诉该市,称新法违反了宪法第一修正案,佐治亚州最高法院表示同意。市政府辩称,该条例是恰当的时间—地点—方式限制,法院不接受这一主张。该条例确实内容中立,但不满足合理适度的要求。该法在阻止了《省钱报》随处投放的同时,也禁止了政治候选人在私宅门阶上放置竞选材料,禁止了布道人分发宗教材料,禁止了很多人挨家挨户地发放小册子。而且,法院说,垃圾问题可以用其他不侵犯宪法第一修正案的方式解决。比如,市政府可以要求《省钱报》的发行人或该市居民回

收没人要的报纸,也可以因报纸堆积于沟渠、街道而惩罚《省钱报》的发行人。[48]

什么样的法律是内容中立,剪裁却不够合理适度的法律呢? 2012 年的"贝斯诉费尔伯恩市案"(*Bays v. City of Fairborn*)[49]就是个例子。每年夏天,俄亥俄州费尔伯恩市都会在面积达 200 英亩的市立公园里举行甜玉米节。活动内容有吃玉米比赛、现场音乐表演和手工艺品售卖。不过,甜玉米节有一项政策,禁止人们在售货棚外游说,不问理由。该政策适用于一切形式的游说,不论是举牌展示、发放传单,还是面对面的讨论,皆在禁止之列。

"不准游说"政策受到特蕾西·贝斯(Tracy Bays)和克里根·斯凯利(Kerrigan Skelly)的挑战。这两名基督徒希望在甜玉米节上发放宗教材料,并在游客四处游玩时与他们攀谈。贝斯还想带一块牌子,正面写"耶稣是道路、真理、生命。约翰福音 14:6",反面写"你得救重生了吗?"但有人告诉他们不能这么做,因为该市禁止售货棚外的任何游说活动。

第 6 巡回区美国上诉法院首先肯定,禁止

募捐政策是内容中立的,因为它平等适用于所有想要游说的个人或团体,不论游说的内容是商业、慈善,抑或宗教。其次,法院指出,该政策符合实质性利益标准,它能在甜玉米节上控制公园内的人流量,保持人员流动畅通。法院说,问题在于,该政策对实现上述利益而言,不够合理适度。法院指出,市政当局禁止展示标语或许还说得过去,但禁止所有面对面交谈就有点儿过火了。法院说,禁止"以公开演讲集结人群"是一回事,这样的禁令也许没问题,因为人群聚集一处会破坏"保持人流畅通"的实质性利益。但禁止游说者发放传单、与他人当面交谈又是另一回事。换言之,费尔伯恩市的政策如果允许面对面的交谈游说,只禁止布道会等旨在聚集听众的活动,那就更臻于合理适度了。

不符合以上四条标准的法律,可被宣布为无效。法院适用中度检视标准的方式(适用标准的严格程度、对当局所称合法利益的尊重程度、是否转而适用其他标准),取决于系争法律的实施地点。

论坛分析

美国法院迄今共提出四类论坛:

传统的公共论坛:传统的公共论坛是历来用于集会和演讲的公共场所,如街道拐角、公立公园、人行便道或市政厅广场。在传统的公共论坛上发表的言论,受最高程度的宪法第一修正案保护。

指定的公共论坛:指定的公共论坛是由政府创设,用于表达等诸项活动的场所。市属会堂、露天市场、社区会议厅,甚至向全体学生开放、供学生使用的学生报纸,都是指定的公共论坛。显而易见的是,如今,"政府必须积极创设公共论坛,发展指定的公共论坛"[50]。政府的意愿,可透过以下三种因素判断:

1. 意愿的明确表达
2. 投入公家地产的实际政策与行动历史
3. 地产与表达活动的自然契合度

例如,2006 年,一家联邦上诉法院在"鲍

曼诉怀特案"(*Bowman v. White*)[51]中认定,阿肯色大学费耶特维尔(Fayetteville)分校的三处特定区域是指定的公共论坛。这三处区域分别是:联合购物中心(校园中心邻近图书馆的户外区域,由一片优美起伏的绿茵小丘组成,四周环绕着步行道、长椅,并点缀着树木)、和平喷泉(一个塔形的金属建筑,基座上有喷泉,也位于校园中心)和校园主食堂外的一片区域。法院认定这些区域为指定的公共论坛,理由是:

大学历来就有允许人们在特定区域内自由表达的传统。该所大学允许表达者在这些地点发言的惯例,该所大学以往允许校内外机构在这些地点发言的历史,在在表明,该所大学有意促进宽待言论的环境。

虽然说政府机构不是必须创设或必须无限期维持一个指定的公共论坛（政府当然可以随其意愿地关闭指定的公共论坛），但一旦政府机构创设了一个指定的公共论坛，并决定持续开放该论坛，它"便受制于与传统论坛相同的规则"[52]。这意味着，针对传统的公共论坛和指定的公共论坛的时间—地点—方式限制，都必须经受四步骤中度检视标准的考验[53]，而基于内容的限制，必须经受更严格的检视标准（**参见第 52 页**），也更有可能被判违宪。

非公共论坛的公家地产：一些公家地产不被视为公共论坛，如监狱、军事基地。美国最高法院曾说，非公共论坛包括"传统上不用于，或不被指定用于公共传播的公家地产"[54]。法学教授拉塞尔·韦弗（Russell Weaver）和唐纳德·莱夫利（Donald Lively）观察到，法院已确认多种地点为非公共论坛，包括：

- 邮政信箱
- 电线杆
- 机场航站楼
- 政治竞选人在公共电视上的辩论[55]

除此之外，一家法院于 2010 年判决，夏威夷的公共沙滩（未用于特殊目的、未被租赁的沙滩）是非公共论坛。该法院写道："没有证据表明，夏威夷的一切州有公共沙滩传统上都是可供观点自由交流的场所。"[56]

在这些地点或场所，政府有更大的权力管理、限制言论，故"应适用相对宽松的司法审查"[57]。只要政府的规管合理、观点中立（**参见第 68 页**有关观点歧视的讨论，以及**第 31～32 页**有关观点中立性的讨论），法院就会支持。观点中立意味着，"政府不仅不能歧视观点，还得充分保障观点不受不当排斥"[58]。

我们来举例说明非公共论坛上基于观点的违宪歧视。在 2010 年的"尼托诉弗莱托案"（*Nieto v. Flatau*）[59]中，勒任营海军陆战队基地（Camp Lejeune Marine Corps Base）禁止杰西·尼托（Jesse Nieto）在通勤车的保险杠上贴"伊斯兰＝恐怖主义"贴纸。尼托的小儿子在"基地"组织制造的科尔号炸弹袭击事件中遇难。勒任营有一条政策，禁止基地内的机动车展示"极端主义、性别主义或种族主义的不当"信息。美国地区法院的马尔科姆·霍华德（Malcolm Howard）法官观察到，军事基地不是宪法第一修正案意义上的公共论坛，政府有更多权力限制军事基地内的言论，于是他重申了以下规则：政府可以限制非公共论坛上的言论，只要这些限制是合理限制且不基于观点即可。勒任营的问题是，它允许人们在保险杠上张贴亲伊斯兰的信息，如"伊斯兰是爱""伊斯兰是和平"，却禁止尼托在车上张贴反伊斯兰的信息"伊斯兰＝恐怖主义"。这是基于观点的歧视，勒任营是基于尼托对伊斯兰的特定观点而区别对待他的言论。该法官还指出，一些人的确可能因尼托的保险杠贴纸而感到大受冒犯，但仅凭这一点，尚不足以禁止该言论。

2010 年，一家联邦上诉法院在"新闻 & 观察者出版公司诉罗利-达勒姆机场案"（*News & Observer Publishing Co. v. Raleigh-Durham Airport Authority*）[60]中判决道，公立机场完全禁止在航站楼内设置自助售报架是违宪的，是对言论的不合理限制。该法院注意到，机场航站楼是非公共论坛，于是它重申了立之已久的规则：限制非公共论坛上的言论，只要限制合理，且不是出于反对言论者的观点，即可见容于宪法第一修正案。在这起案件中，机场内虽有数家商店出售报纸，但第 4 巡回区美国上诉法院仍然认为，在航站楼内完全禁绝自助售报架，"严重限制了[报纸]发行人的受保护的表达"。上诉法院指出，实际情况是，"旅客从商店买报纸比较麻烦"，"一大清早有可能买不到报纸"，且"在商店每晚 9 点关门后也买不到报纸。这意味着，预计晚 9 点后抵达机场的 37 个航班上的乘客，以及预计在晚 9 点以前抵达但因种种原因延迟的航班上的乘客，落地后将买不到报纸"。因此，禁设售报架虽然没有观点歧视，但显然也不是合理手段。为了实现机场的审美需求、维持售报商店的利润、防止航站楼内过于拥挤、确保机场安全等利益，机场限制了过多的言论。该上诉法院论证道："数量有限且精心安置的售报架不太可能造成航站楼内的拥堵",而且,"在航站楼内精心安设适当数量的售报架,不会与机场的便利空中交通及提高收入这两个目标相冲突"。

私人地产:私人地产(小到私宅后院天井,大到巨型购物中心)的所有者可以规管在其地产上发表言论的人。宪法第一修正案不保障私人地产上的表达自由。

在私人购物中心散发传单所引发的问题,历来都很麻烦。1968 年,美国最高法院在"食品雇员联合会 590 分会诉洛根谷购物广场案"(*Amalgamated Food Employees Local 590 v. Logan Valley Plaza*)[61]中判决,购物中心的功能相当于城镇的商业区域,对购物中心内某家商铺不满的人,可以传播信息加以抵制。四年后,最高法院在"劳埃德公司诉坦纳案"(*Lloyd Corp. v. Tanner*)[62]中判决,购物中心可以禁止他人在其地产上散发传单,但前提是,散发传单之行为与购物中心的经营内容无关。比如,核电的反对者不能将购物中心用作论坛。但若是消费者抗议购物中心内某家商铺的政策,那又另当别论,在这种情况下,消费者可以在购物中心散发材料。

美国最高法院 1976 年承认,它在洛根谷案和劳埃德公司案中所设之区别对待规则,是基于内容的限制(允许传播某类信息,不允许传播其他信息)。美国最高法院在"赫金斯诉 NLRB 案"(*Hudgens v. NLRB*)[63]中判决,如果购物中心在功能上相当于市镇街道,那么基于内容的限制就无法证立。但最高法院并没有因此开放购物中心,允许各类材料在购物中心内发放,而是推翻了洛根谷案。最高法院说:"只有当……私人地产具备市镇的所有特征时",才能将它视同为具有公共性。因此,私人购物中心的所有者可以禁止他人在购物中心内散发材料。

宪法第一修正案不保护人们在私人购物中心内散播材料的表达自由,并不意味着成文法或州宪法也不保护。加州的情况便是如此。1974 年,在加州坎贝尔市(Campbell),一群高中生带着一张小桌、一些传单和空白请愿表格,来到人气很旺的普鲁内亚德购物中心(Pruneyard Shopping Center)。这些学生愤愤于联合国不久前通过的反以色列决议,想在购物中心内散发传单,收集请愿签名,寄给总统和国会。这家购物中心不许任何人散发材料、演讲或收集请愿签名,学生们很快就被保安驱散,他们随后向法院起诉。1979 年,加州最高法院判决:加州宪法保护言论自由和请愿的权利,私人购物中心也不例外,只要权利主体"合理行使"上述权利即可。[64]购物中心的老板上诉至美国最高法院,上诉人主张,美国最高法院的"劳埃德公司诉坦纳案"判例禁止各州对个人权利的保护超出联邦政府。但九位大法官中有六位不同意这一主张,美国最高法院判决,各州可以自行在州宪法中规定比联邦宪法范围更广的个人自由。[65]

虽说加州最高法院在普鲁内亚德购物中心案中判决,加州宪法的言论自由条款保护人们在私人购物中心的表达自由(购物中心的所有者可以做出时间—地点—方式限制),但之后,加州较低层级的上诉法院又将普鲁内亚德等大型购物中心(普鲁内亚德购物中心面积为 21 英亩,共有 65 家商店、10 家餐厅和 1 家电影院)与大型个人零售商店(尽管这些商店位于更大的零售区域内)区别对待。这些案件提出,大型零售商店的入口区域和回车场不是公共论坛。2010 年,加州一家上诉法院判决,萨克拉门托(Sacramento)的大型仓储式杂货商店"食品公司"(Foods Co.)是零售商店,不是公共论坛。[66]该商店只有一个顾客入口——一条长约 15 英尺的步道通往将回车场与停车场区隔开来的行车道,整个入口区域宽约 31 英尺。上诉法院说,设计入口通路的目的,不是为公众提供集会场所。它指出,该区域是私人论坛,其所有者可以"有选择地允许或禁止言论"。

多个州(华盛顿州、科罗拉多州、新泽西州、俄勒冈州和纽约州等)的法院在解释本州宪法时,提供了比宪法第一修正案更多的言论自由保护和新闻出版自由保护。在联邦法院

> 美国最高法院判决,各州可以自行在州宪法中规定比联邦宪法范围更广的个人自由。

压缩宪法第一修正案的意涵之际，这一趋势益发引人注意。

小　结

有一种事前限制是可被允许的，那就是时间—地点—方式限制。也就是说，政府可以合理地规管个人与群体何时、何地、如何与他人交流。合宪的时间—地点—方式限制必须符合以下标准：

1. 这种限制必须内容中立，不应基于传播的内容进行限制。

2. 这种限制必须服务于实质性的政府利益，而且政府必须证明这种利益，以证其限制合理。

3. 不得完全禁止传播。发言者或发行人必须有合理的替代手段，可向大众展示其观点或信息。

4. 这种限制不得超出服务特定的政府利益之所必需。比如，如果政府只想解决拥挤街道上的拥堵问题，就不得禁止人们在所有公共街道上散发材料。

 # 其他事前限制

有关事前限制的主要问题，前文都已有所涉及。但每年还是会发生一些上文没有谈及的事前限制，它们在法院受到挑战，当事人常吁请美国最高法院解决这些问题。以下是其中的一部分：

萨姆之子法

美国人素来对犯罪和罪犯兴味盎然。近几十年来，我们想要窥探当代生活阴暗面的这种欲望，催生出了大量有关杀人犯、强奸犯、抢劫犯、劫机犯及其罪行的图书和电视节目。有种搞笑的说法是，那些被控高调犯罪的人在被捕时，真正想找的是经纪人，而不是刑辩律师。重罪犯卖掉自己的犯罪故事，可以从中大赚一笔，政府却不想让他们得逞。许多自由主义者说，这是一种事前查禁。目前，已有 40 个州和联邦政府通过了相关立法，即所谓的"萨姆之子法"，"萨姆之子法"得名于传媒给纽约州一名连环杀手所取的外号。在"萨姆之子"戴维·伯科威茨（David Berkowitz）被捕之前，有新闻报道说，传媒想买断他的故事。纽约州立法机关专门为此立法，允许州政府收缴个人出售犯罪经历的全部所得并持有五年。这些钱将用于补偿受害人。五年后，罪犯/作者可以取回剩余的钱。

1980 年代末、1990 年代初，纽约州的这一成文法两度受到挑战。第一次，作家尼古拉斯·皮利吉（Nicholas Pileggi）在写作畅销书《聪明家伙》（Wiseguys）（电影《好家伙》改编自该书）时，曾与职业匪徒亨利·希尔（Henry Hill）合作，还给了希尔一笔报酬。纽约州对该书适用"萨姆之子法"，西蒙 & 舒斯特出版公司（Simon & Schuster）发起挑战。第二次，琼·哈里斯（Jean Harris）出版了自传《两个世界的陌生人》（Strangers in Two Worlds），其中谈到她涉嫌谋杀情人赫尔曼·塔尔瑙尔（Herman Tarnower）并因此受审的经历。纽约州想拿走该书的收入，麦克米伦出版公司（Macmillan Publishing Co.）为此发起了挑战。

纽约州的"萨姆之子法"得到了联邦法院与州法院的支持。第 2 巡回区美国上诉法院在"西蒙 & 舒斯特出版公司诉菲谢蒂案"(*Simon & Schuster v. Fischetti*)[67]中判决,该法的目的不是镇制言论,而是防止罪犯从犯罪中获利,并确保受害人得到一定补偿,有助于实现重大的州利益,虽说连累了出版界,但尚不足以认定该法侵犯表达自由。

但美国最高法院在 1991 年底明言,它不同意以上说法,最高法院以 8 比 0 的投票结果判决,"萨姆之子法"是基于内容的限制,违反了宪法第一修正案。[68]桑德拉·戴·奥康纳(Sandra Day O'Connor)大法官写道:"该法显然只针对一种特别类型的内容施加经济妨碍。"要想让这类法律经受住宪法检验,政府必须证明,该法对于实现重大的政府利益而言是不可或缺的,而且,它规定的内容是实现该利益所必需的,没有超出必要限度。最高法院参与审理此案的全体大法官一致认为,确保罪犯无法从罪行中获利,是一项重大的政府利益,但系争法律并未止步于此,故不满足合理适度的要求。奥康纳大法官指出,只要作品表达了作者对其本人罪行的所思所忆,哪怕只是附带提及,该法即可适用。她补充道:如此一来,该法便可轻松适用于《马尔科姆·X 自传》(*The Autobiography of Malcolm X*)、梭罗的《论公民的不服从》(*Civil Disobedience*)、《圣·奥古斯丁忏悔录》(*Confession of St. Augustine*)等书。尽管奥康纳大法官特别指出,此案判决未必针对其他州的类似法律,因为它们可能各有不同,但该判决仍然逼使大多数现存的"萨姆之子法"做出实质性修订。不过,马萨诸塞州最高法院同意了一项带有明显"萨姆之子法"印记的缓刑方案。1970 年代的激进主义者凯瑟琳·鲍尔(Katherine Power)参与了一起银行劫案,一名警察因此殒命。鲍尔在庭上认罪,法庭判了 20 年缓刑,并同时要求:在这 20 年内,她不能以任何方式将自己的故事卖给新闻传媒。鲍尔根据美国宪法第一修正案和美国最高法院的西蒙 & 舒斯特案判决,对这一附加要求提出上诉。马萨诸塞州最高法院驳回了她的上诉,该法院指出,缓刑条件(通常是限制缓刑者的基本权利)与"萨姆之子法"不同,后者是普遍适用的成文法。[69]那么,"萨姆之子法"合宪吗? 当然有可能,但大多数"萨姆之子法"不够合理适度。这些法律乃是基于内容而设,故政府先得证明,有重大的政府利益正濒临险境,还得证明,除为满足重大的政府利益所必须做出的限制之外,该法不会禁阻更多的言论。

尽管法院有可能认定,此类法律牵涉两种重大利益(补偿受害人,阻止罪犯从犯罪中获利),但法院也有可能宣布,这些法律不满足合理适度的要求,因为大多数"萨姆之子法"在实现前述利益的同时,也限制了更多的言论。例如,2004 年,内华达州最高法院在"塞雷斯诉勒纳案"(*Seres v. Lerner*)中推翻了该州的"萨姆之子法",因该法规定,重罪受害人可以从罪犯处获得出版犯罪故事带来的金钱收入。[70]内华达州最高法院宣布该法违宪,因为,它"允许加害人收缴的作品收入,部分源自与犯罪有关的表达,部分源自与犯罪无关的表达,这会阻遏有关犯罪的公共讨论与非获利性讨论"。非获利性讨论可能包括:作者(重罪犯)就犯罪后果向世人发出警告,描绘铁窗后的生活,呼吁他人莫重蹈覆辙,等等。

事前限制与抗议

美国最高法院 1994 年做出的两起判决聚焦于政府对示威游行或抗议的事前限制。当年 6 月,最高法院全体成员一致投票同意,市政府不得禁止市民在自家宅院内张贴标语。玛格丽特·吉利奥(Margaret Gilleo)挑战密苏里州拉迪市(Ladue)的一部条例,她在自宅窗户上张贴 8×11 英寸的标语,抗议海湾战争。下级法院判决,该市禁止在住宅上张贴标语的规定有瑕疵,因为它不禁止在商业建筑上张贴标语;这意味着,系争法律未对不同类型的言论一视同仁。但美国最高法院在更广泛的意义上推翻了这一条例，约翰·保罗·史蒂文斯大法官在判决书中写道，在住宅上张贴标语是"一种难能可贵的传播形式，既独特，又重要。对住所内的个人自由给予特别尊重，是我国长久以来的文化与法律传统"。他又写道："有鉴于这一传统，大多数美国人若是得知从自家窗户展示 8×11 英寸的标语以表达政治观点是一种非法行为，定会惊愕不已。"[71]

时至今日，在自家院内张贴政治标语，仍有可能引发问题。2010 年 11 月，一位法官命令堪萨斯州的瓦利森特镇（Valley Center）付给贾罗德·韦斯特（Jarrod West）8 000 美元。为什么呢？因为该镇不许他在自家院内张贴标语抱怨所在社区的排水问题。标语写道："亲爱的瓦利森特镇，我买的不是湖边寓所！速速解决。我交税就是为了让你们干这个的。"瓦利森特镇指控韦斯特刑事诽谤，当地的美国公民自由联盟介入之后，韦斯特才终获胜诉。这是一起政府查禁自己不乐见之政治信息的典型案件。

在另一起涉及抗议权的案件中，美国最高法院维持了佛罗里达州一家州法院颁发的禁令，该禁令在佛州墨尔本（Melbourne）的一家堕胎诊所与反堕胎抗议者之间设置了一个 36 英尺的缓冲区。[72]设置缓冲区的目的，是确保反堕胎人士与诊所入口、停车场及公共通道保持一定的距离。最高法院以 6 比 3 的投票结果做出判决，首席大法官伦奎斯特（Rehnquist）撰写了法院判决意见。他说，该禁令"除了限制满足政府利益所必需的言论之外，未对其他言论施加负担"。不过，最高法院推翻了 300 英尺缓冲区的设置（按原先的设置，

抗议者不得在这个缓冲区内接近病人和诊所职员），最高法院也不同意在诊所医生和职员的住所周围设置同样面积的缓冲区。伦奎斯特首席大法官说，设置面积较小的缓冲区或对游行示威的规模和时长做较小限制可能是合宪的。[73]

1995 年，美国最高法院推翻了俄亥俄州的一部法律（实际上也推翻了其他州的类似法律），该法禁止散布匿名的选战材料。玛格丽特·麦金太尔（Margaret McIntyre）四处散发反对学校收费的传单，但未能依法在传单中说明其姓名和地址，被罚款 100 美元。俄亥俄州主张，该州需要这样的成文法，以便找出欺诈、虚假广告和诽谤的始作俑者，但最高法院的七位成员说，该法是对政治表达的违宪限制。约翰·保罗·史蒂文斯大法官代表多数派写道："根据我国宪法，匿名小册子不是有害的欺骗，而是发表倡言和异议的可敬传统。"史蒂文斯大法官又说："匿名是对抗多数人暴虐的盾牌。"匿名也许会掩护欺诈行为，但我国社会"更重视言论自由的价值，而非滥用言论自由的危险"。[74]

小　结

许多法律问题涉及事前限制。在美国最高法院近年来宣布为无效的法律中，有防止罪犯从讲述其犯罪故事的图书或电影中获利的法律，也有禁止居民在自家前院草坪或窗户上展示标语的市政条例。与此同时，美国最高法院允许政府对佛罗里达州一家诊所外的堕胎抗议者实施一定的限制。

仇恨言论/挑衅性言论

仇恨言论（因个人或群体的人种、种族、宗教、性别或性取向而发起的书面或口头攻击）

是有争议的，但它在美国当代生活中并不罕见。几乎没有人会公开肯定这类言论的价值，

有几类经过审慎界定且范围相当有限的言论，对之施以限制与惩罚从未被认为会引发任何宪法问题。事实上，根据美国最高法院的说法，只有极少几类言论完全不受宪法第一修正案保护。美国最高法院之所以允许各州限制挑衅性言论，是因为这些言论有可能妨害社会治安，造成争斗骚乱，而不是因为它们侮辱、冒犯和伤害了被挑衅者。

但在如何对待它的问题上，却有相当多的讨论。一边是社群成员的敏感神经，另一边是宪法第一修正案赋予的言论自由和新闻出版自由，二者该如何平衡协调呢？

70年前，美国最高法院曾尝试过平衡这二者，它判决，那些在报纸上、电台中、墙上、围栏上发言咒骂的人，通常受美国宪法保护，而那些在当面对峙中发表相同言论的人，不受此等保护。此案关涉一位名叫查普林斯基（Chaplinsky）的男性，他是耶和华见证会的成员。找人面谈、劝人改变宗教信仰，是该教派信徒的一项宗教活动。查普林斯基在新罕布什尔州罗切斯特（Rochester）散发宗教小册子，招来了一群不善之徒。该市一名执法官员介入此事后，被查普林斯基咒骂为"该死的骗子""该死的法西斯分子"。耶和华见证会后被起诉，并被判违反州法，根据该法，在公共场所内不得发表针对他人的冒犯性或侮蔑性言论。美国最高法院以9比0的投票结果，一致同意维持原判。弗兰克·墨菲（Frank Murphy）大法官执笔判决意见，提出了我们今天所知的"挑衅性言论原则"（fighting words doctrine）：

有几类经过审慎界定且范围相当有限的言论，对之施以限制与惩罚从未被认为会引发任何宪法问题。其中包括……挑衅性言论——如上言论之发表，恐将伤及他人权益或倾向于即刻妨害社会治安。细而察之，上述言论既非阐明观念之所必需，对探求真理所贡献的社会价值也甚低，从中所获益处，显然不及公序良俗之社会利益。[75]

如此说来，只要法律制定得审慎谨严，不殃及受保护的言论，禁止挑衅性言论也未为不可。同样，挑衅性言论必须是个人之间的当面对峙——实实在在的唇枪舌剑。美国最高法院1972年强调了后面这一点，它判决，禁止挑衅性言论的法律，应将限制范围严格控制于"有可能直接肇致评论对象从事暴力行为"的言论。[76]重要的且需要指出的是，美国最高法院之所以允许各州限制挑衅性言论，是因为这些言论有可能妨害社会治安，造成争斗骚乱，而不是因为它们侮辱、冒犯和伤害了被挑衅者。最后，究竟哪些言论是挑衅性言论，各级法院并未形成一个正式名单。特定词语是否属于挑衅性言论，取决于言论的使用语境和发言对象。

 案例

保护韦斯特伯勒浸信会的言论：美国最高法院2011年判例

2011年，美国最高法院对"斯奈德诉费尔普斯案"（Snyder v. Phelps）[77]做出判决，保护很多人眼中的仇恨言论。韦斯特伯勒浸信会（WBC）的成员认为，上帝因美国容忍同性恋而厌弃美国，于是杀死美国士兵作为惩罚。海军陆战队士兵马修·斯奈德（Matthew Snyder）在伊拉克殉职之后，WBC成员在他的葬礼附近表达了这一观点，他们高举反同性恋、反军队的标语，如"感谢上帝杀死士兵""海军陆战队的同性恋""神恨同性恋"

等。WBC的抗议者按当地警方的指示，站在距葬礼约1000英尺开外的公共场所。

马修·斯奈德的父亲艾伯特·斯奈德（Albert Snyder）起诉WBC的信徒故意制造情感伤害（参见第5章）与侵扰私人生活（参见第7章）。WBC则主张，宪法第一修正案保护其言论。美国最高法院的八位大法官形成多数派，支持WBC的主张，判决理由有以下几点：

第一，最高法院指出，系争言论固然具有冒犯性，但它涉及公众关切的事务，包括"美国及其国民的政治与道德行为、美国的命运、军队中的同性恋问题与天主教神职人员的丑闻"。第二，最高法院论证道："教会成员有权利站在他们所站的位置"，"警方监管下的抗议活动，距教堂约有 1 000 英尺，在教堂内参加葬礼的人们根本看不见。而且，抗议现场秩序井然，并无大声喧哗、亵渎言论或暴力活动"。最后，最高法院总结道："言论是有力量的。它能激发起人们的行动，能将他们感动得热泪盈眶，也能让他们伤痛莫名。根据眼前的事实，我们无法为安抚这一伤痛而惩罚言论者。我国选择了另一条道路——保护有关公共议题的言论，确保我们不会窒息公共讨论。"

唯一的反对者是塞缪尔·阿利托大法官。他写道："我国承诺保护自由、开放的讨论，但这并非恶毒言语攻击（如本案）的通行证……斯奈德先生只想平静地埋葬儿子，这是每位经历如此惨痛损失的为人父母者都应当享有的权利。"

另一起涉及 WBC 的争议，请**参考第 81～82 页**。

咒骂政府机关的工作人员，表达对其作为（或不作为）的愤怒，是仇恨言论吗？这是第 10 巡回区美国上诉法院在 2011 年"克伦诉拉夫兰市案"（*Klen v. City of Loveland*）[78] 中面对的问题。原告爱德华·克伦与斯蒂芬·克伦（Edward and Stephen Klen）是建筑商，他们认为，科罗拉多州拉夫兰市的政府官员无理拖延颁发许可执照。二人在多个场合谈及市政官员拖延颁发执照时，出于愤怒，说了不敬和侮辱的脏话，比如"操蛋的，你们几时才能把这个部门搞搞好？""我们那该死的执照在哪？""你要是连自己那个他妈的部门都管不好，那得有多蠢？"

第 10 巡回区美国上诉法院的结论是，上述语言不是仇恨言论，它说："克伦二人用不太礼貌的言语传达讯息，甚至以侮辱性词语描述政府官员，但没有迹象表明，他们在发言的同时还做出任何挑衅性动作或威胁。仅凭他们对一些粗俗和冒犯性语言的使用，不足以将其发泄认定为挑衅性言论。"该上诉法院又说，克伦无意挑起争斗，他们无非是想"表达观点——主要是拉夫兰市的建筑部门不称职，在处理原告的建筑执照申请时延宕过久"。此案判决指出了很关键的一点：冒犯性言论未必就是挑衅性言论。

另一方面，一家上诉法院 2010 年在"堪萨斯州诉米多尔案"（*Kansas v. Meadors*）[79] 中表明，咒骂有时也会被认定为挑衅性言论，尤其在当事人关系紧张的情况下。米多尔案的当事人是一对共同监管儿女的离婚夫妇。当女方将孩子载到前夫家门口放下时，前夫"开始大喊大叫地咒骂她：'我恨你，你这个荡妇，我恨你这个婊子。看我怎么收拾你。'他向车子走去，口吐秽语，伸出中指，并指指戳戳"。这位女性"作证道，这一幕给她本人和孩子造成了创伤"，她报了警。警察抵达后请她的前夫安静，但他仍不停地骂脏话。这名前夫后因行为不当被捕，但他声称，其言论受宪法第一修正案保护。法院判决，他的言论是不受保护的挑衅性言论。重要的是，法院指出，挑衅性言论未必非得以暴力相威胁。"在判断系争言论是否构成挑衅性言论时，暴力威胁只是法院考虑的因素之一。"

这里的另一个关键点是，立法者在规定不受宪法第一修正案保护的例外情形时，必须非常精确。事实上，根据美国最高法院的说法，只有极少几类言论完全不受宪法第一修正案保护，包括：（1）淫秽与涉及未成年人的儿童色情（参见第 13 章）；（2）根据查普林斯基案认定的挑衅性言论；（3）根据"布兰登堡诉俄亥俄州案"认定的煽动暴力言论（参见第 2 章）；（4）某些诽谤性陈述（参见第 4、5、6 章）；（5）虚假广告、误导性广告，或者有关非法产品或服务的广告（参见第 15 章）。

案例

针对总统的网上威胁：
一名大学生得到惨痛教训

"如果有人今天去迈阿密大学看奥巴马，记得要用手机录像。我随时会一枪打穿他的脑袋瓜，你一定不想错过这一幕，对吗？Youtube 见！"

这是迈阿密-戴德学院（Miami-Dade College）的学生华金·塞拉皮奥（Joaquin Serrapio）2012 年在 Facebook 上发布的一段文字。特工机关发现后，认为它很成问题。同年稍晚，塞拉皮奥因为以上文字与另一条威胁巴拉克·奥巴马总统的讯息，被判四个月家庭监禁、三年缓刑和 250 小时社区服务。联邦法律（18 U. S. C. §871）规定，"威胁刺杀、绑架或伤害美国总统、总统当选人、副总统或其他职位仅次于美国总统的官员"为犯罪。此案宣判时，美国地区法院法官马西娅·库克（Marcia Cooke）给出了一条简单而明智的建议："我想说的是，人们当然有权利批评政府，但这种批评不应威胁他人的生命。"

仇恨言论是一回事，那么旨在传达相同信息的象征性行为（如在他人草坪上焚烧十字架）又当如何呢？这是美国最高法院 1992 年面临的问题。最高法院推翻了明尼苏达州圣保罗市（St. Paul）的一部条例，该条例禁止人们展示火中的十字架、纳粹党的万字饰和任何"基于人种、肤色、宗教或性别而引发他人愤怒、惊恐或怨恨的"文字或图画。明尼苏达州的法院支持该条例，它们说，"引发他人愤怒、惊恐或怨恨"是"仇恨言论"的另一种说法。但美国最高法院认为，该法违反了美国宪法第一修正案，因为它是基于内容的限制，它只适用于基于人种、肤色、宗教或性别的仇恨言论。安东宁·斯卡利亚大法官问道：如果仇恨言论是因他人的政党派别、团体身份或出生地而发，是否就会有所不同呢？他说，圣保罗市只惩罚部分仇恨言论，不惩罚其余仇恨言论。最高法院的多数大法官同意，焚烧十字架确实应受谴责，但他们指出，市政府完全可以用其他法律来制止此类恐怖威胁，比如以侵入或故意毁坏财物论处，不必非得扯上宪法第一修正案。11 年后，美国最高法院在另一起案件中又遇到了焚烧十字架的问题，弗吉尼亚州的法律禁止焚烧十字架。美国最高法院判决道，州政府可以禁止焚烧十字架而又不侵犯宪法第一修正案自由，只要规定以恐吓受害人为目的而焚烧十字架是犯罪即可。桑德拉·戴·奥康纳大法官写道，恐吓因素是关键。州政府必须证明，十字架的焚烧者有意恐吓受害人；不能仅仅因为行为人在受害人的草坪上焚烧十字架，便推定威胁存在。[80]

第二起焚烧十字架案凸显了另一类不受宪法第一修正案保护的言论（它既不同于查普林斯基案中的仇恨言论，也不同于布兰登堡案中的煽动暴力言论），即**真实威胁**施暴（**true threats** of violence）。根据奥康纳大法官在弗吉尼亚州焚烧十字架案中的定义，真实威胁是"言论者严肃地表达一种想要针对特定个人或群体实施非法暴力的意愿"。她又写道："宪法允许政府禁止的恐吓是一种真实的威胁，言论者对个人或群体发出威胁，欲使受害人担心自己被害。"换言之，"政治性夸张"并非真实威胁。

案例

短信与真实威胁：
发短信之前，望三思

2010 年 5 月，华盛顿州的中学生 M. W. 向暗恋对象（另一名未成年人）发出如下短信：

> 我是配得上你的，你的朋友不该对我品头论足，说我是怪胎。我还以为，你讨厌那些爱对别人指手画脚的人，但现在想想，或许你只是恨我？他们比我还糟糕。也许，这群烟鬼和玛丽亚得闭上嘴了，不要再说什么我跟踪你、你相信她之类的鬼话。真要说声谢谢。我甚至不该再努力。我应该拿把 M-16 冲进学校，毙了学校中的每个人，就这样放弃一切，你们都滚蛋，你这么蠢，我受够了。

这条短信引起了校方的注意，M. W. 被学校开除。一家少年法院也认定，M. W. 威胁对校长实施严重人身伤害的罪名成立。校长作证说，他之所以严肃对待 M. W. 的短信，是因为 M. W. 画过一些表现枪杀和刺杀场景的图画。校长还作证说，M. W. 有次在袖管里藏了一把剪刀，想用它来捅另一名学生。

2011 年 11 月，一家上诉法院在"华盛顿州诉 M. W. 案"（*Washington v. M. W.*）中维持了有罪判决，并得出结论道：M. W. 的言论构成了对校长的真实威胁，不受宪法第一修正案保护。该法院首先将"真实威胁"定义为"在某种语境或情境下发表的陈述，且陈述所发表的语境或情境能令理性人合理预见到，该陈述将被解读为意欲伤害他人身体或生命的严肃表达"。法院继而将这一规则适用于具体案件，认定系争言论是真实威胁，因为校长觉得 M. W. 的威胁（用 M-16"毙了学校中的每个人"）是认真的，而且校长也认为自己身处险境，因为"每个人"包括全体学生和教职员工。该法院还指出，校长在做出这一判断时，可以参考 M. W. 既往的问题行为。

推销图书之方法，有时也有正路与歧途之分。有人就走上推销图书的歧途，惹上了官司。马克·麦克梅恩·凯泽（Marc McMain Keyser）在新书《炭疽：震惊与恐慌》（*Anthrax: Shock and Awe Terror*）出版之后，很想提高该书的知名度，于是，他给新闻传媒、民选官员和星巴克、麦当劳等商铺寄去了 120 个信封，这些信封中装有《炭疽》一书的宣传材料。到此为止，一切都很正常，那问题又出在哪里呢？

凯泽在每个信封中还装了一样东西：一小包白糖。白糖的"包装袋上贴着一张标签，大字写着'炭疽'，下面是小字'样本'，并绘有橙、黑二色的生化危险标记"。凯泽被判两项邮寄威胁性传播品罪和三项传播有关生物武器的虚假、误导性信息的"欺骗"罪。凯泽主张，宪法第一修正案保护其言论。

2012 年 12 月，第 9 巡回区美国上诉法院在"美国诉凯泽案"（*United States v. Keyser*）中拒绝了凯泽的言论自由主张。对于威胁罪名，上诉法院写道："理性人在收到标有'炭疽'和生化危险标志的粉状物时，理所当然地会视之为威胁。'样本'二字也无法减轻理性人的忧惧——'样本'可能是指小份的炭疽实物。"至于欺骗罪名，该法院认为，宪法第一修正案也保护不了凯泽，因为"谎称一起恐怖主义事件正在发生的虚假、误导性信息，不仅是谎言而已，它可能会诱发真实的负面反应。本案中，执法部门和危急事务工作者将凯泽的邮件视作潜在的恐怖主义行为，迅速带领危险品处理小组赶至现场，疏散大楼内的全体人员，将样本送到实验室检测，并投入资源调查邮件的来源"。

2011 年，多个州试图通过反网络霸凌法，以"真实威胁"原则来解决日益严重的网络霸凌问题。这类法律是否合宪,将由法院在接下来的五六年间研判。但现实情况是,此类法律即便终获通过,也未必阻止得了十几岁少年在网上霸凌同龄人。

 案例

白人至上主义与网络教唆谋杀法官: 是受宪法第一修正案保护的言论吗?

2012年10月,一家联邦上诉法院判决,白人至上主义者威廉·怀特(William White)在Overthrow.com网站上发表白人至上主义言论,构成了教唆暴力罪(联邦成文法规定的一个罪名,18 U.S.C. §373,相关言论不受宪法第一修正案保护)。具体案情如下:白人至上主义者马修·黑尔(Matthew Hale)被陪审团判为教唆谋杀联邦法官。怀特对此心怀不满,他在网站上写道:"与马修·黑尔案有关的每个人都该杀,时间不论。"怀特还在网上贴出了一名陪审员(姑且称为陪审员A)的家庭住址、手机号码、住宅电话和工作电话。不过,怀特没有明确要求伤害此人。

问题在于,威廉·怀特的帖子将陪审员A描述为犹太人、有黑人男友的同性恋者——在上诉法院看来,这些陈述会令陪审员A"遭到怀特的新纳粹网站读者的厌憎"。第7巡回区美国上诉法院于是在"美国诉怀特案"(United States v. White)[81]中得出如下结论:"一个理性的陪审团,能够基于网站内容、读者群体和其他语境因素,排除合理怀疑地认定,怀特在网站上张贴陪审员A的个人信息,乃是故意教唆针对陪审员A的暴力犯罪。""排除合理怀疑"是刑事案件中控方所需达到的证明标准。上诉法院又说:"怀特强调,饶是惹人讨厌的言论,也受宪法第一修正案保护,他说得没错。但刑事教唆不受宪法第一修正案保护。"

在过去30年间,公立学校和大学尤其致力于控制仇恨言论。1980年代及1990年代初,300多所学院颁布了言论准则,但自从法院在几起判例中反对此类政策之后,大多数学校的言论准则或被废止,或不再实施。[82]法院倾向于根据查普林斯基案和古丁案(Gooding)确立的原则,将仇恨言论限定于可能肇致人身伤害或引发暴力行为的当面冲突。

宾州州立学院校委会制定的一项政策,因过于模糊、限制过宽被一家联邦上诉法院宣布为违宪,它将学生间的"嘲讽、取绰号等行为"也纳入惩罚范围。两名学生起诉该政策违反宪法第一修正案,他们说,他们担心自己因表达宗教观念(同性恋是一种罪)而受罚。学校将"骚扰"(harassment)定义为基于人种、性别、原始国籍、性取向或其他个人特点的言语或肢体行为,且该言语或肢体行为具有制造或威胁制造恶意环境的效果。开玩笑、取绰号、涂鸦、影射暗讽,以及讥讽某名学生的衣着、社交技巧或姓氏,在在都是骚扰。上诉法院同意,制止校园歧视是合法乃至重大的政府利益。但学校的政策限制过宽,禁止了未被联邦法或州法规定为骚扰的大量言论。[83]政府不能仅仅因为一些恶言或绰号是粗俗无礼的或者伤害了某人的感情就出面禁止。2003年7月28日,美国教育部民权办公室(Office of Civil Rights)在备忘录中区分了"不受保护的骚扰"与"具有一定冒犯性但仍受保护的表达"。备忘录说,骚扰:

> 骚扰不仅仅是表达某些人认为具有冒犯性的观点、言辞、标志或思想。骚扰行为必须严重到足以剥夺或限制一名学生参加教育活动或从中受惠的能力。

不仅仅是表达某些人认为具有冒犯性的观点、言辞、标志或思想。根据民权办公室的标准,骚扰行为必须严重到足以剥夺或限制一名学生参加教育活动或从中受惠的能力。因此,民权办公室提出的标准要求从理性人的视角对行为做出评估，考察所有事实与细节，包括受害者的年龄。

以上这番陈述颇为重要，因为不少公立大学至今仍有限制学生表达权的政策，虽然这些政策已不再称作言论准则。坐落于费城的个人教育权基金会（Foundation for Individual Rights in Education）积极挑战这些政策的合宪性，捍卫大学生的言论自由权。个人教育权基金会在 http://www. speechcodes. org 网站上标注了这些政策，鼓励学生提供校园查禁的实例。

大学言论准则如今仍会被起诉，而且几乎无法避免被宣布为违宪的结局。例如，一位联邦治安法官 2007 年颁发了一道禁制令，制止加州州立大学推行一项要求所有学生"文明礼貌待人"的政策。[84]该政策的挑战者是旧金山州立大学"大学共和党人"（College Republicans）的成员。他们在一次反恐集会中踩踏了真主党和哈马斯的旗帜，为此面临"行为不文明"的纪律处分。治安法官韦恩·布拉齐尔（Wayne Brazil）宣布该文明规则因模糊而违宪（**参见第 8～9 页**因模糊而无效原则）。他在庭审辩论时说道："学校或许可以说：'嘿，我们希望你们能以礼相待。'但学校不能说：'如果你们有失文明礼貌（不管文明礼貌的意思是什么），我们就要惩罚你们。'"他又说："宪法第一修正案允许人们发表有失尊重的言论或完全情绪化的言论。"2008 年 3 月，加州州立大学同意修改文明政策和另一条过宽界定性骚扰的规则（该规则将性骚扰定义为"强调他人性别的不受欢迎之举"），并付给"大学共和党人"超过41 000美元的诉讼费，双方达成和解。[85]

2008 年，第 3 巡回区美国上诉法院判决，坦普尔大学（Temple University）的性骚扰政策（注意，它并未被命名为"言论准则"）限制范围过宽，故属违宪。[86]该上诉法院在"德约翰诉坦普尔大学案"（*DeJohn v. Temple University*）中做出了不利于坦普尔大学的判决，它评论道："过宽的骚扰政策会压抑，甚至阻遏受

保护的言论，此等政策往往会被选择性地适用，故相当于基于内容或基于观点的歧视。"该法院以极度偏向言论自由的语言写道："成年学生在大学课堂中的讨论不应受到限制。"重要的是，该法院在限制言论的问题上区分对待中学和大学，它写道："相较于公立小学和中学，坦普尔大学校方在管制学生言论方面拥有的自由度稍小。"坦普尔大学的政策之所以有瑕疵，部分是因为它惩罚个人的发言意图，哪怕言论本身并不造成伤害。

2010 年，个人教育权基金会指出了大学校园内另一个令人忧心的趋势：校方向邀请争议人士到校发言的学生团体征收极高的出警保护"安全费"。例如，坦普尔大学当年欲向邀请荷兰政治人物吉尔特·怀尔德斯（Geert Wilders，曾因发表有关恐怖主义和伊斯兰的争议性言论，在阿姆斯特丹的法庭受审）前来该校演讲的学生团体收取违宪的 800 美元安全费。后经个人教育权基金会施压，坦普尔大学才放弃收取额外的安全费。如此看来，大学可以采用提高发言成本之方式，阻遏大学校园里的争议性言论。

小　结

仇恨言论在美国不是什么新问题，但如今的法院必须判断：如果人们在谈到或写到他人时有骂人的言辞，或有基于人种、种族或宗教的辱骂，政府能在多大程度上限制其发言和写作的内容。1940 年代初，美国最高法院判决，挑衅性言论可被禁止，但必须是可能导致受害人暴力反击的当面辱骂才能被禁止。最高法院宣布，明尼苏达州圣保罗的一部惩罚此类辱骂言论的条例无效，因为该法不禁止所有挑衅性言论，只禁止社区认为不正确的那部分挑衅性言论（如基于人种或宗教的辱骂）。这一判决大大限制了州立大学、学院和公立学校动用言论准则来打压仇恨言论或其他政治不正确的评论或出版物。

宪法第一修正案与竞选

选战中也活跃着宪法第一修正案的身影。候选人发表演讲、刊播广告、分发传单,以及开展其他种种活动,显然都在宪法的保护范围之内。但自1970年代中期以来,宪法第一修正案以另一种方式与政治竞选产生了交集。国会和其他立法机构试图管控政治竞选中的资金流动,而这种努力一贯受到挑战,被视为对表达自由的侵犯。

竞选改革法不外乎以下两类:一类限制候选人及其支持者在选举中花多少,另一类限制人们向候选人和政党捐多少。相较之下,法院在限制花钱的法律中找到的宪法第一修正案问题更多、更严重,尽管也有例外。

美国最高法院有一起相关判例,即2006年的"兰德尔诉索雷尔案"(*Randall v. Sorrell*)[87]此案涉及佛蒙特州的一部竞选资助法,它不仅限制公职候选人的竞选花销数额(花销限制),也限制个人、机构和政党对竞选的捐款数额(捐款限制)。比如,州长候选人在为期两年的竞选周期内,所花经费不得超出30万美元,副州长候选人更低,不得超过10万美元(根据该法,以上限额可在计算通货膨胀后稍有上调)。佛蒙特州同时拥有全美最严格的竞选捐款限制。在为期两年的竞选周期内,单人可向一位州公职候选人(如州长、副州长)捐款的上限是400美元,可向一位州议员候选人捐款的上限是200美元。

美国最高法院在2006年宣布,佛蒙特州的花销限制和捐款限制皆"不合于宪法第一修正案。"它指出,"既往判例明确表明,花销限制违反宪法第一修正案"。最高法院所说的既往判例,就是1976年的"巴克利诉瓦莱奥案"(*Buckley v. Valeo*)[88]。在1971年《联邦竞选法》(Federal Election Campaign Act)的背景下,美国最高法院承认花销限制有别于捐款限制。最高法院在巴克利案中维持了1 000美

元的个人捐款上限,并解释道,为防止"腐败和腐败表象",捐款限制可被允许。[89]但美国最高法院又说,这一利益不足以支持花销限制,它指出,花销上限"限制了议题数量、探索深度和受众规模,必然会减少表达的数量,故不可被允许"。

至于佛蒙特州的捐款限制,美国最高法院多数大法官认为,它们"远低于本院在巴克利案中支持的上限",大法官们指出,"就实际数额而言(考虑到因通胀而做的调整),佛蒙特州对个人捐款给州长候选人所设的上限,仅是巴克利案中联邦职位捐款上限的十二分之一多一点"。美国最高法院的结论是:佛蒙特州的捐款上限"限制过高",会"抑制竞选参与者,尤其是挑战者的有效造势",并对宪法第一修正案保障的表达自由造成压力,而表达自由对于防止实际腐败和腐败表象具有"极为重要"的作用。不过,最高法院没具体指明可被允许的捐款上限。

从巴克利案到兰德尔案,美国最高法院确立了这样的规则:针对候选人的花销限制侵犯了公职候选人的表达自由权;针对捐款人的捐款限制一般可被允许,但有些情况例外(如兰德尔案),如果捐款限制苛刻至极,所阻止的言论超出了防止腐败之所必需,则捐款限制同样违宪。一些人视兰德尔案判决为"自由派改革者的失败,这些改革者试图减少金钱对政治的影响"[90]。遗憾的是,在以上两起案件中,美国最高法院内部皆有意见分歧,这意味着花销限制(不被允许)和捐款限制(在不过分的情况下可被允许)的二分法目前虽仍有效,却难免有些脆弱,如果最高法院的人员构成有变,它也可能随之而变。事实上,在兰德尔案之中,只有三位大法官同意继续采用巴克利案的二分法。

近期影响金钱、言论与政治互动的新问

题，是针对 2002 年《两党竞选改革法》（Bipartisan Campaign Reform Act）的挑战。《两党竞选改革法》规定，竞选在即之时，公司在广告中向选民力荐某位联邦职位候选人的做法是一种联邦犯罪。

2008 年，美国最高法院在"戴维斯诉联邦选举委员会案"（*Davis v. Federal Election Commission*）中，以违宪为由，推翻了《两党竞选改革法》的"百万富翁修正案"（Millionaire's Amendment）。[91]该修正案规定，国会众议员候选人若在公职竞选中动用个人资产达 35 万美元以上，其竞选对手便可豁免于一般的捐款限制（即候选人可从个人捐赠者处获得的捐款上限，2008 年，单名捐款者在两年竞选周期内可向国会候选人捐款的上限是 2 300 美元），可获得三倍于一般上限的单人捐款。而自掏腰包的候选人（花费 35 万美元以上者）仍受制于一般的捐款上限。简言之，如果哪位富有的候选人豪掷个人钱资（35 万美元以上）参选，其竞选对手就可免受一般捐款上限的限制，而富有的候选人却不得豁免。塞缪尔·阿利托大法官代表最高法院的五位多数派大法官撰写法院意见，他宣布：富有的候选人"花自己的钱发表竞选言论"是行使其宪法第一修正案权利，"百万富翁修正案"强加不对等的捐款限制，无理地加重了以上宪法权利的负担。"我们从未支持过对竞选对手实施不同捐款限制的法律。"有人认为，该条款为财富多寡不均的候选人扫平了竞选战场，有一定的合理性，但美国最高法院的多数大法官坚拒不受。

2010 年，美国最高法院在"联合公民诉联邦选举委员会案"（*Citizens United v. Federal Elections Commission*）[92]中宣布一部联邦法律违宪，该法禁止公司（包括营利与非营利的公司）和机构在初选开始后 30 天内或正式选举开始后 60 天内，自己花钱刊播广告拥护或反对某位候选人，或从事类似造势。最高法院的五位大法官认为，该法侵犯了公司的言论自由权，他们指出，宪法第一修正案"一般禁止基于言论者的身份压制政治性言论"。此案的争议焦点是某家非营利机构赞助制作的一部纪录片，该纪录片对希拉里·克林顿极尽指摘。此案判决巩固了以下两项原则：(1)公司拥有宪法第一修正案权利；(2)政治性言论——即令由公司付费——居于宪法第一修正案保障的核心。安东尼·肯尼迪大法官代表多数派撰写了法院判决意见，他写道："因言论者身份所为之言论限制，不过是控制内容的一种手段而已。"不过，最高法院保留了该法要求公司披露用于此类竞选言论之花销的规定。联合公民案推翻了 1990 年的判例"奥斯汀诉密歇根州商会案"（*Austin v. Michigan State Chamber of Commerce*）[93]，根据奥斯汀案，政治性言论可因言论者的公司身份而被禁止（**参见第 2～3 页有关"遵循先例"和"推翻判例"的内容**）。

联合公民案的后果，是超级"政治行动委员会"（political action committees，PACs）的兴起，比如保守倾向的"恢复我们的未来"（Restore Our Future）和自由倾向的"优先美国行动"（Priorities USA Action）。2012 年总统大选期间，这些超级政治行动委员会筹集了巨额资金，大力发布广告。2012 年 6 月，"优先美国行动"在网站上宣布："我们将投身于奥巴马总统的竞选连任，一旦有针对他或其他改革性领袖的误导性攻击，我们将不遗余力地拨乱反正。"而"恢复我们的未来"则声称，米特·罗姆尼（Mitt Romney）是"能够带领我国回归正轨的共和党候选人，是击败巴拉克·奥巴马的唯一之选"。

在 2012 年的"美国传统合伙公司诉布洛克案"（*American Tradition Partnership, Inc. v. Bullock*）[94]中，美国最高法院有机会重新考察它在联合公民案中做出的有争议的判决，但它放过了这次机会，发布了**法庭共同决议**。美国传统合伙公司案涉及蒙大拿州一部拥有上百年历史的法律，该法禁止公司动用资金"联络候选人或政治委员会，支持或反对某一候选人或政党"。2011 年，在美国最高法院做出联合公民案判决一年之后，蒙大拿州最高法院认定该法有效，因为公司助选确实在蒙大拿州造成了实际腐败或腐败表象。但美国最高法院的五位保守派大法官认为，此案所涉的法律与联合公民案中的法律相似，蒙大拿州在维护本州立法时，说不出它与联合公民案中相关法律的区别。因此，美国最高法院的多数派推翻了蒙大拿州最高法院的原判，认定系争州法违反了联合公民案判决。四位自由派大法官［鲁思·巴德·金斯伯格、斯蒂芬·布雷耶（Stephen Breyer）、索尼娅·索托马约尔、埃琳娜·卡根］表示反对。布雷耶大法官代表反对派写道：“本院曾以为，用于竞选的独立花销不会酿成腐败或腐败表象，但蒙大拿州的经验和自本院做出联合公民案判决以来其他地方的经验，都对此提出了疑问。”

小　结

21 世纪初，改革美国昂贵的竞选的努力劲头十足，但在美国宪法之下，竞选改革法的作为实在有限。美国最高法院曾判决，规定单人或单家企业的捐款上限是可被允许的，但限制候选人的花销金额有可能违反宪法第一修正案。如今，透过大众传媒传播竞选信息，已是竞选程序中不可或缺之部分，且所费不赀，所以，竞选花销与言论自由、新闻出版自由紧相连属，同受宪法第一修正案保障。此为美国最高法院的判决。

宪法第一修正案与信息高速公路

宪法第一修正案诞生于 18 世纪，它致力保护的新闻出版界，当时由报纸、杂志、图书和传单组成。随着新兴大众传媒（无线电台、电影、无线电视、有线电视等）的逐一出现，法院必须界定适合新兴传媒的宪法第一修正案的保护范围。互联网也不例外。本书之后的 13 章涉及诽谤、隐私侵权、近用信息、淫秽、版权和广告等内容，这些章节都将谈到相关法律如何适用于互联网传播。联邦法院曾就宪法第一修正案如何适用于互联网做出过一般指导。在接下去的几页里，我们将集中谈谈这个一般问题。

政府如何管理传媒信息，一般取决于信息的内容。倡议烧毁市政厅、杀害市长是煽动叛乱，呼吁投票罢免市长则不是。称玛丽·史密斯为小偷具有诽谤性，称她为好学生则不是。可见，法律的适用，取决于信息传达的内容。但有些时候，政府并非只根据信息的内容来管理信息，其管理也受到信息传输媒介的影响。正如一些人所指出的，美国存在着针对特定传媒的宪法第一修正案保护。这意味着，言论所获保护的范围与数量，受传媒性质的影响。

互联网初试啼声之时，人们普遍使用的传统媒体至少有四种，直至今日，法律对它们的管理也有所不同。印刷媒体——报纸、杂志、图书和小册子——是所有大众传媒中享受自由（免于政府管制）最充裕的一种。无线广播——电视台和电台——享受免于政府审查的自由最少。有线电视介于二者之间，比无线广播享有的自由多，比印刷媒体享有的自由少。经电话传输的信息极少受到限制，且相关限制必须规定得十分狭窄明确。[95] 在这一简单勾勒中有一些“如果”、“以及”和“但是”，不过，它准确概括了大众传媒享有宪法第一修正案自由的高低等级。

为何印刷媒体享有的宪法第一修正案保护最多？这主要是因为，报纸、杂志或传单在数量上并无物理限制（经济限制是另一回事，法院不考虑）。自 1789 年美利坚合众国成立以来，印刷媒体历来是自由的。此外，在印刷媒体的传播中，受众必须扮演积极角色，主动购买图书、杂志或报纸。年轻人必须有钱购买报纸或杂志，而且必须识字才能阅读。

为何广播传媒享有的宪法第一修正案保护最少，这也是显而易见的。因为广播传媒的频道数量有现实的物理限制，资源具有稀缺性。既然不是每个想拥有频道的人都能如愿以偿，政府就必须选择由哪些人获得稀缺的广播频率，并确保这些人服务于所有听众和观众的利益。因为频道稀缺性等原因，广播传媒自始便受到管制，没有自由的传统。受众收听电台、观看电视时所需做的，只是换台而已。连不识字的儿童也能换台；对儿童而言，广播传媒是轻松可即的传媒。

有线电视和电话介于以上二者之间。它们的信息传输能力接近于无限。它们在历史上也都被管制过，但受管制程度不如无线广播。受众收看有线电视频道的容易程度，相当于收看无线频道，但受众必须先申请、注册有线电视，这意味着受众得扮演更积极的角色。这一点区别看似细微，但法院从中大做文章。法官认为，有线电视的申请者应该知道自己将接收到什么内容。联邦法律要求有线电视公司为父母提供安全保护（即有线电视锁），以免子女收看暴力或色情节目。[96]这种屏蔽技术如今才逐渐应用于无线电视领域。电话的使用也需要用户更积极地参与，不像打开收音机开关或电视机开关那么简单。

在言论自由的保护等级中，计算机交互传输系统的位置又在哪里呢？美国最高法院 1999 年判决，互联网传播享有最高程度的宪法第一修正案保护，相当于报纸、杂志和图书所获之保护。[97]最高法院在这起案件中判决，1996 年《通信端正法》（Communications Decency Act）限制不雅材料在互联网上传输的核心条款违反了美国宪法。约翰·保罗·史蒂文斯大法官意识到，每种传播媒介都有其独特的宪法问题，他写道：美国最高法院的大法官们从既往判决中找不到"适用于这一媒体（互联网）的宪法第一修正案审查标准"。

投票支持《通信端正法》的国会议员们认为，经由互联网的传播应视同于经由无线广播的传播。美国最高法院不同意这种观点，它说，长期以来支持政府规管无线广播的频道稀缺性理论，并不适用于互联网，互联网断难被视作一种"稀缺的"表达性商品。

这一判决的重要性，无论怎么高估都不为过。美国最高法院不仅推翻了一部必然阻碍互联网发展的限制性联邦法，它还规定，任何想要管理互联网的政府机构，都必须以对待报纸或图书的方式对待信息高速公路。

网络中立性

互联网作为"巨型民主论坛"与"新兴意见市场"（此为史蒂文斯大法官在"雷诺诉 ACLU 案"中对互联网的形容）的潜力，受到控制互联网宽带接入的大公司的严重威胁，这些大公司可能会阻碍、降等或歧视某些互联网内容、服务与应用。换言之，如今的危险是，互联网接入管道的提供者可能会伤害互联网的开放与一视同仁。因此，"公共知识"（Public Knowledge）[98]等利益集团倡导"网络中立性"（net neutrality）。网络中立性是一个相对抽象的概念，它主张，互联网服务提供者应当平等对待一切传输与内容，不应对更快速的服务收取更

高的费用，或者阻断某些用户享受更快速的服务。简言之，用《旧金山纪事报》（San Francisco Chronicle）的话来说，网络中立性就是要求"互联网上的交通尽可能民主"。[99]

网络中立性对所有互联网用户提出了重要的宪法第一修正案问题，包括接收言论的权利（包括观点的多样性）和近用信息的权利。国会和联邦通信委员会（FCC）今日通过的法律和规章，在很大程度上决定了网络中立性能否实现，或者互联网的将来是否会如有线电视的今天一般（有线服务提供者对不同的内容和服务收取不同的费用）。随着媒介融合的发生

（可能改变美国最高法院目前接受的宪法第一修正案保护等级），随着有线电视运营商和电话公司竞争互联网的接入控制，所有人的宪法第一修正案权利都悬而未决。

2008 年，FCC 召开听证，调查与网络中立性唱对台戏的康卡斯特（Comcast），该公司涉嫌限制、干扰用户在文件分享服务 BitTorrent 上近用视频文件、歌曲和软件文档等内容。[100] 此次听证引发了有关网络中立性的热议。宽带接入服务提供商康卡斯特对点对点应用的歧视，正是网络中立性的担心忧惧所在。

2008 年，FCC 认定，康卡斯特公司过度干扰了网络用户近用合法互联网内容与自行选择的权利。[101] FCC 命令该公司披露歧视性网络管理的细节，并提交计划，说明它将如何在 2008 年底之前停止这种行为。该命令对网络中立性的倡导者而言是一个巨大胜利，它表明，FCC 愿意介入有关歧视性网络管理和用户近用合法内容的网络争议。特别是，FCC 声明，它将实施早在 2005 年通过的四项政策。这些政策规定，网络用户有权：

1. 依其选择接触合法的互联网内容；

2. 依其选择使用网络服务，只服从于执法需要；

3. 依其选择连接不危害网络的合法设备；

4. 选择网络提供者、应用与服务提供者和内容提供者。

FCC 做出裁决之后，康卡斯特公司旋即宣布，它将对下载最多的用户（也许并非巧合，这些用户也是使用点对点文件共享服务的用户）设置下载量上限。康卡斯特公司将 FCC 首开先例的命令诉至哥伦比亚特区美国上诉法院。

2010 年初，哥伦比亚特区美国上诉法院在"康卡斯特公司诉 FCC 案"（*Comcast Corp.* v. *FCC*）[102] 中判决，FCC 无权规管康卡斯特公司的网络管理，这对 FCC 而言不亚于当头痛击。FCC 主张，尽管它欠缺规管此等行为的明确授权，但它拥有禁止康卡斯特公司干扰用户使用点对点网络应用的附带管辖权

（ancillary authority）。而且，47 U. S. C. § 154 (i) 授权 FCC"采取任何必要之行动，制定任何必要之规则与规范，发布任何必要之命令……以善尽职守"。根据该条款，FCC 只要能证明其行动乃是为了有效地履行法定职权，就可以行使"附带"管辖权。上诉法院认为，FCC 没能证明这一点。这意味着，除非美国最高法院推翻此案判决，否则 FCC 就必须请求国会以立法方式明确授权 FCC 管理宽带服务提供者的行为。

FCC 的共和党委员梅雷迪思·贝克（Meredith Baker）称赞上诉法院的如上判决，她说，此判决"强调了 FCC 管理互联网的职权边界。哥伦比亚特区美国上诉法院的强硬言辞……提醒我们，作为一个独立的行政机构，我们永远受限于国会立法。偏离这一点，我们势将身犯险境"。FCC 的三名民主党委员则对这一判决表示失望，但他们声明，他们将全力推进全国宽带计划（National Broadband Plan，参见第 16 章相关内容）。

2010 年 12 月，FCC 以 3 比 2 的投票结果（三名民主党委员支持，两名共和党委员反对）通过一道命令，该命令（1）要求所有宽带提供者披露网络管理行为（目标＝提高透明度＋帮助消费者）；（2）限制宽带提供者阻断合法的互联网内容、网站和应用（目标＝无阻断）；（3）禁止宽带提供者在传输合法的网络流量时实施不合理歧视（目标＝消除网络服务提供者的不合理歧视）。简言之，该命令的目标是提高透明度，帮助消费者，禁止阻断合法的内容与应用，禁止不合理歧视。

FCC 主席朱利叶斯·格纳考斯基（Julius Genachowski）是奥巴马总统任命的民主党人，他盛赞这一命令说："消费者和革新者有权利发送并接收合法的流量——去想去之地，说想说之话，试验新想法——无论这新想法是商业性的，还是社会性的，并且可以自由选择。这样一来，我们的规定必须禁止网络服务提供者阻断合法的内容、App、服务和设备与网络的连接。"他指出，新"规定将增加市场的确定性，刺激宽带网络核心与边缘的投资，改善美国

21 世纪的就业形势"。

与之截然相反，FCC 的共和党委员罗伯特·麦克道尔（Robert McDowell）认为这是 FCC 僭越国会授权、攫取非法权力的表现（依据前文提及的康卡斯特公司案），他指出，根据新规定，"在政治上有所偏私的公司就能对三名委员施加压力，以牵制竞争对手，获得竞争优势。诉讼将取代革新。宝贵的资金将不再投入明日新科技的研发，而是被用于支付律师费。互联网规管仲裁的时代即将到来"。

2011 年，威瑞森（Verizon）公司起诉 FCC 的新规定，即"威瑞森诉 FCC 案"（*Verizon v. FCC*）。其律师在起诉声明中说："FCC 宣布对宽带网络和互联网拥有广泛的管辖权，我们对此深感忧虑。我们认为，FCC 此次宣布的管辖权远远超出国会的授权，给通信业、创新者、投资者和消费者都造成了不确定性。"2011 年 4 月，因时机方面的技术原因，威瑞森公司的起诉暂时受挫，被驳回了。为什么呢？因为 FCC 的网络中立命令尚未在官方的《联邦公报》（Federal Register）上正式发布。简单点说，威瑞森起诉得太早了；不过，一俟该命令经《联邦公报》发布，威瑞森即可成功起诉，威瑞森宣称，届时它将再次起诉。2013 年，威瑞森的挑战仍悬而未决，此案在哥伦比亚特区美国上诉法院审理，口头辩论于 2013 年 9 月举行。

 参考书目

Abate, Tom, and Verne Kopytoff. "Are Internet Toll Roads Ahead?" *San Francisco Chronicle*, 7 February 2006, C1.

Associated Press. "FCC Poised to Punish Comcast for Traffic Blocking. "26 July 2008.

——. "Shippensburg Agrees to Drop Speech Code Rules. " 25 February 2004.

——. "UNC Students Sue Over Newspaper Funding Cuts. "15 July 2004.

——. "U. S. Judge Says Utica Schools Illegally Censored Prep Paper. "13 October 2004.

Bruni, Frank. "Dueling Perspectives: Two Views of Reality Vying on the Airwaves. " *The New York Times*, 18 April 1999, A11.

Burnett, John. "Embedded/Unembedded II. " *Columbia Journalism Review*, May/June 2003, 43.

Cranberg, Gilbert. "The Gulf of Credibility. " *Columbia Journalism Review*, March/April 1988, 19.

DeFalco, Beth. "Body Piercing Photo Causes Friction Between Administration, Student Press. " *Associated Press*, 20 November 2004.

Delgado, Richard. "Words That Wound: A Tort Action for Racial Insults, Epithets, and Name Calling. " *Harvard Civil Rights—Civil Liberties Law Review* 17 (1982): 133.

Denniston, Lyle. "Son of Sam Law vs. First Amendment. "*Washington Journalism Review*, May 1991, 56.

Edmonson, George. "Suit Seeks Military Coffin Photos. " *Atlanta Journal-Constitution*, 5 October 2004, 7A.

Egelko, Bob. "CSU's Civility Rule Violates First Amendment. "*San Francisco Chronicle*, 8 November 2007, B3.

——. "Settlement Ends Rules on Civility for CSU Students. "*San Francisco Chronicle*, 8 March 2008, B1.

Estrada, Naldy, and Julio Robles. "All the News That's Fit to Print and Won't Upset the Faculty. "*Los Angeles Times*, 7 July 2003, California Metro 11.

Galloway, Angela. "Political Spending Unchecked. "*Seattle Post-Intelligencer*, 28 July 2000, A1.

Garofoli, Joe. "Flag-Draped Coffin Photos Released. " *San Franciso Chronicle*, 29 April 2005, A10.

Greenhouse, Linda. "Court Strikes Down Curb on Visits by Jehovah's Witnesses. "*The New York Times*, 18 June 2003, A12.

——. "Justices Allow Bans on Cross Burnings Intended as Threats. "*The New York Times*, 8 April 2003, A1.

——. "Justices, in a 5-to-4 Decision, Back Campaign Finance Law That Curbs Contributions. " *The New York Times*, 11 December 2003, A1.

Hentoff, Nat. *Free Speech for Me—But Not for Thee*: *How the American Left and Right Relentlessly Censor Each Other*. New York: HarperCollins, 1992.

Jacobs, Matthew J. "Assessing the Constitutionality of Press Restrictions in the Persian Gulf War." *Stanford Law Review* 44(1992): 674.

Kang Cecilia. "FCC Head Says Action Possible on Web Limits." *Washington Post*, 26 February 2008, D1.

Lewis, Neil A. , and Richard A. Oppel Jr. "U. S. Court Issues Discordant Ruling on Campaign Law." *The New York Times*, 3 May 2003, A1.

Lewis, Richard. "College Newspapers Stolen Over Reparations Ad." *The Seattle Times*, 18 March 2001, A5.

Lively Donald. "The Information Superhighway: A First Amendment Roadmap. " *Boston College Law Review* 35(1994): 1066.

MacArthur, John R. *Second Front: Censorship and Propaganda in the Gulf War*. New York: Hill and Wang, 1992.

MacCormack, Zeke. "No Snow: Texas School Bans Book." *Seattle Post-Intelligencer*, 10 September 1999, A1.

"The Message Is the Medium: The First Amendment on the Information Superhighway. *Harvard Law Review* 107(1994): 1062.

Paulk, Crystal. "Campus Crime Real Despite What you Read." *Quill*, September 1997, 48.

Preston, Julia. "Judge Says U. S. Must Release Prison Photos." *The New York Times*, 27 May 2005, A10.

Riskin, Cynthia. "Communications Students Support Some Speech, Press Censorship." *The Washington Newspaper*, January/February 1994.

Salamon, Julie. "New Tools for Reporters Make Images Instant, but Coverage No Simpler. " *The New York Times*, 6 April 2003, B13.

Savage, David G. "Kennedy Moves Front and Center on Court. "*Los Angeles Times*, 2 July 2006.

"School Censorship on Rise, Civil Liberties Group Says. " *Seattle Post-Intelligencer*, 29 August 1991.

Sharkey, Jacqueline. "The Shallow End of the Pool." *American Journalism Review*, December 1994, 43.

Sterngold, James. "For Artistic Freedom, It's Not the Worst of Times. "*The New York Times*, 20 September 1998, B1.

Tenhoff, Greg C. "Censoring the Public University Student Press. "*Southern California Law Review* 64 (1991): 511.

Thompson, Mark. "The Brief Ineffective Life of the Pentagon's Media Pool. " *Columbia Journalism Review*, March/April 2002, 66.

Vaina, David. "The Vanishing Embedded Reporter in Iraq. "*Project for Excellence in Journalism*, 26 October 2006, http://www. journalism. org/node/2596.

Weaver, Russell L. , and Donald E. Lively. *Understanding the First Amendment*. Newark, N. J. : LexisNexis.

White, Josh. "Government Authenticates Photos From Abu Ghraib. " *Washington Post*, 11 April 2006, A16.

Wilgoren, Jodi. "Don't Give Us Little Wizards, The Anti-Potter Parents Cry. " *The New York Times*, 1 November 1999, A1.

Zeller, Tom. "Unfit: Harry Potter and Potty Humour. " *The New York Times*, 15 June 2003, B2.

Zernike, Kate. "Free-Speech Ruling Voids School District's Harassment Policy. "*The New York Times*, 16 February 2001, A11.

 注释

[1] *Tinker* v. *Des Moines School District*, 393 U. S. 503 (1969).

[2] 286 F. Supp. 2d 847(E. D. Mich. 2003).

[3] 478 U. S. 675(1986).

[4] 484 U. S. 260(1988).

[5] 822 F. Supp. 2d 1037(N. D. Cal. 2011).

[6] 484 U. S. 260(1988).

[7] *Hazelwood School District* v. *Kuhlmeier*, 484 U. S. 260(1988).

[8] *Dean* v. *Utica Community Schools*, 345 F. Supp. 2d 799(E. D. Mich. 2004).

[9] *Associated Press*, "Utica Schools. "

[10] Oregon Revised Statutes § 336. 477(2009).

[11] Complaint, *Ariosta* v. *Fallbrook Union High School District*, Case No. 3: 2008CV02421 (Superior Ct. , San Diego County, Cal. 2008).

[12] California Education Code § 48907(2013).

[13] California Education Code § 48950(该法规定："管理一家或多家高中与私立初中的学区，不能因为中学生发表受美国宪法第一修正案保护、不受政府限制的言论，便对学生进行纪律处分。学区不能制定此类校规。")

[14] 696 F. 3d 771(8th Cir. 2012).

[15] 478 U. S. 675(1986).

[16] *Frederick* v. *Morse*,439 F. 3d 1114(9th Cir. 2006).

[17] *Morse* v. *Frederick*,551 U. S. 393(2007).

[18] *Ponce* v. *Socorro Independent School District*, 508 F. 3d 765,770(5th Cir. 2007).

[19] 236 F. 3d 342(6th Cir. 2001).

[20] 412 F. 3d 731(7th Cir. 2005), cert. den. , 126 S. Ct. 1330(2006).

[21] California Education Code § 66301. 伊利诺伊州于 2007 年通过了类似法律。

[22] 667 F. 3d 727(6th Cir. 2012).

[23] See *Student Press Law Center* v. *Alexander*,778 F. Supp. 1227 (1991); and *Ohio ex rel The Miami Student* v. *Miami University*, 79 Ohio St. 3d 168 (1997).

[24] Open Records And Meeting Opinion, No. 2008-O-27 (N. D. Attorney General Dec. 1,2008), available online at http://www. ag. nd. gov/documents/2008-O-27. pdf.

[25] California Penal Code § 490. 7(2009).

[26] *Stanley* v. *McGrath*,719 F. 2d 279(1983).

[27] Gillmor,"The Fragile First."

[28] *Stanley* v. *McGrath*,719 F. 2d 279(1983).

[29] 47 Pennsylvania Statutes Annotated § 4-498(2004).

[30] *Pitt. News* v. *Pappert*,379 F. 3d 96(3d Cir. 2004).

[31] Complaint, *Educational Media Co. at Va. Tech* v. *Swecker*(E. D. Va. filed June 8,2006).

[32] Order, *Educational Media Co.* v. *Swecker*, Case No. 3:06CV396(E. D. Va. June 19,2008). 在同年早些时候，同一位法官做出过有利于学生报纸的即决判决。*Educational Media Co.* v. *Swecker*, 2008 U. S. Dist. LEXIS 45590(E. D. Va. Mar. 31,2008).

[33] *Educ. Media Co. Va. Tech. , Inc* v. *Swecker*,602 F. 3d 583 (4th Cir. 2010), cert. den. , 131 S. Ct. 646 (2010).

[34] 457 U. S. 853(1982).

[35] 439 F. Supp. 2d 1242(S. D. Fla. 2006).

[36] *ACLU of Florida* v. *Miami-Dade County School Board*, 557 F. 3d 1177(11th Cir. 2009), cert. den. , 130 S. Ct. 659(2009).

[37] *Hill* v. *Colorado*,530 U. S. 703(2000).

[38] *S. O. C.* v. *Clark County , Nevada*, 152 F. 3d 1136 (1998).

[39] *Seattle Affiliate of Oct. 22nd Coalition to Stop Police Brutality, Repression & Criminalization of a Generation* v. *City of Seattle*,2008 WL 5192062(9th Cir. Dec. 12,2008).

[40] 104 So. 3d 1069(Fla. 2012).

[41] See, for example, *International Society for Krishna Consciousness* v. *Wolke*,453 F. Supp. 869(1978).

[42] *Schneider* v. *New Jersey*,308 U. S. 147(1939); and *Miller* v. *Laramie*,880 P. 2d 594(1994).

[43] See *Providence Journal* v. *Newport*,665 F. Supp. 107(1987); and *Multimedia Publishing Co. of South Carolina, Inc.* v. *Greenville-Spartanburg Airport District*,991 F. 2d 154(1993).

[44] See *Gold Coast Publications , Inc.* v. *Corrigan*,42 F. 3d 1336(1995); and *Honolulu Weekly Inc.* v. *Harris*,298 F. 3d 1037(2002).

[45] *Globe Newspaper Company* v. *Beacon Hill Architectural Commission*, 100 F. 3d 175(1996).

[46] *Hays County Guardian* v. *Supple*, 969 F. 2d 111 (1992).

[47] *Ward* v. *Rock Against Racism*,491 U. S. 781(1989).

[48] *Statesboro Publishing Company* v. *City of Sylvania*, 516 S. E. 2d 296 (1999); See also *Houston Chronicle* v. *Houston*, 630 S. W. 2d 444(1982); and *Denver Publishing Co.* v. *Aurora*, 896 P. 2d 306 (1995).

[49] 668 F. 3d 814(6th Cir. 2012).

[50] *Ridley* v. *Massachusetts Bay Transportation Authority*, 390 F. 3d 65(1st Cir. 2004).

[51] 444 F. 3d 967(8th Cir. 2006). See also *Hays County Guardian* v. *Supple*, 969 F. 2d 111, 117 (5th Cir. 1992). 该案认定,西南得克萨斯州立大学的一个户外区域是指定用于学生发表言论的公共论坛。

[52] Weaver and Lively, *Understanding the First Amendment*, 118.

[53] See *Wells* v. *City and County of Denver*,257 F. 3d 1132,1147(10th Cir. 2001). 该案判决书写道,"对传统的或指定的公共论坛的内容中立限制,应适用时间—地点—方式限制的检视标准"。

[54] *Perry Education Association* v. *Perry Local Educators'*

Association, 460 U. S. 37, 46(1983).

[55] Weaver and Lively, *Understanding the First Amendment*, 120.

[56] *Kaahumanu v. Hawaii*, 685 F. Supp. 2d 1140 (D. Haw. 2010).

[57] *Faith Center Church Evangelistic Ministries v. Glover*, 462 F. 3d 1194, 1203(9th Cir. 2006).

[58] *Child Evangelism Fellowship of Maryland v. Montgomery County Public Schools*, 457 F. 3d 376, 384 (4th Cir. 2006).

[59] 715 F. Supp. 2d 650(E. D. N. C. 2010).

[60] 597 F. 3d 570(4th Cir. 2010).

[61] 391 U. S. 308(1968).

[62] 407 U. S. 551(1972).

[63] 424 U. S. 507(1976).

[64] *Robins v. Pruneyard Shopping Center*, 592 P. 2d 341 (Cal. 1979).

[65] *Pruneyard Shopping Center v. Robins*, 447 U. S. 74 (1980).

[66] *Ralphs Grocery Co. v. United Food & Commercial Workers Union Local 8*, 186 Cal. App. 4th 1078 (2010).

[67] 916 F. 2d 777(1990).

[68] *Simon & Schuster, Inc. v. New York Crime Victims Board*, 502 U. S. 105(1991); see also *Bouchard v. Price*, 694 A. 2d 670(1998)and *Keenan v. Superior Court*, 40 P. 3d 718(2002). 罗得岛和加利福尼亚州的法院在这些案件中推翻了类似的法律。

[69] *Massachusetts v. Power*, 420 Mass. 410(1995).

[70] 102 P. 3d 91(Nev. 2004).

[71] *City of Ladue v. Gilleo*, 512 U. S. 43(1994).

[72] *Madsen v. Women's Health Center*, 512 U. S. 753 (1994).

[73] 一些反堕胎人士在 1990 年代骚扰、封锁芝加哥的堕胎诊所,被两家堕胎诊所和全美女性组织(National Organization for Women)诉至法院。2003 年,美国最高法院不允许堕胎诊所和全美女性组织在起诉反堕胎人士时适用联邦《反勒索及受贿组织法》(Racketeer Influenced and Corrupt Organizations Act,简称 RICO 法)。最高法院说,抗议不是可以适用 RICO 法的敲诈勒索行为。*Scheidler v. National Organization for Women*, 537 U. S. 393(2003). 最高法院暗示,用联邦 RICO 法做武器反对政治抗议是不合适的。

[74] *McIntyre v. Ohio Elections Commission*, 514 U. S.

334(1995).

[75] *Chaplinsky v. New Hampshire*, 315 U. S. 568(1942).

[76] *Gooding v. Wilson*, 405 U. S. 518(1972).

[77] 131 S. Ct. 1207(2011).

[78] 661 F. 3d 498(10th Cir. 2011).

[79] 268 P. 3d 12(Kan. 2012).

[80] *Virginia v. Black*, 538 U. S. 343 (2003); see also Greenhouse, "Justices Allow Bans."

[81] 2012 U. S. App. LEXIS 22229 (7th Cir. Oct. 26, 2012).

[82] See, for example, *John Doe v. University of Michigan*, 721 F. Supp. 852 (1989); and *UWM Post v. Board of Regents of the University of Wisconsin*, 774 F. Supp. 1163(1991).

[83] *Saxe v. State College Area School District*, 240 F. 3d 200(2001).

[84] Egelko, "CSU's Civility Rule Violates First Amendment."

[85] Egelko, "Settlement Ends Rules on Civility for CSU Students."

[86] *DeJohn v. Temple University*, 537 F. 3d 301(3d Cir. 2008).

[87] 548 U. S. 230(2006).

[88] 424 U. S. 1(1976).

[89] 继巴克利案之后,美国最高法院又在"尼克松诉缩减密苏里州政府政治行动委员会案"(*Nixon v. Shrink Missouri Government PAC*, 528 U. S. 377(2000))中维持了密苏里州对审计员候选人规定的捐款上限——1 057 美元。

[90] Savage, "Kennedy Moves Front and Center."

[91] 554 U. S. 724(2008).

[92] 558 U. S. 310(2010). 纪录片《希拉里》(*Hillary: The Movie*)于 2008 年民主党总统候选人初选期间发布,希拉里当时正与巴拉克·奥巴马和约翰·爱德华兹(John Edwards)酣战。

[93] 494 U. S. 652(1990).

[94] 132 S. Ct. 2490(2012).

[95] *Sable Communications v. FCC*, 492 U. S. 115(1989).

[96] 但是在 *U. S. v. Playboy Entertainment Group, Inc.*, 529 U. S. 803(2000)中,美国最高法院又提出,有线电视享有宪法第一修正案的完全保护。该理念尚未得到最高法院的进一步充实。

[97] *Reno v. American Civil Liberties Union*, 521 U. S. 844(1997).

[98] 该组织自称为华盛顿特区"捍卫新型数字文化中个

人权利的利益团体"。参见 http://www. public-
knowledge. org。

[99] Abate and Kopytoff,"Are Internet Toll Roads Ahead?"

[100] Kang,"FCC Head Says Action Possible on Web
Limits";*Associated Press*,"FCC Poised to Punish
Comcast for Traffic Blocking. "

[101] *In re Formal Complaint of Free Press and Public
Knowledge Against Comcast Corporation for Se-
cretly Degrading Peer-to-Peer Applications*,
Memorandum Opinion and Order,File No. EB-08-
IH-1518(Aug. 20,2008).

[102] 600 F. 3d 642(D. C. Cir. 2010).

第4章
诽谤:立案

美国诽谤法植根于英国普通法,已有几个世纪的历史。诽谤法原是州法,但自 1960 年代中期以来,美国最高法院"联邦化"了诽谤法的基本要素,将各州诽谤法纳入宪法第一修正案的框架,令美国法中原先相对简单的这一部分变得错综复杂。本书将用三章的篇幅讨论诽谤问题,这是第一章,我们先来谈谈诽谤这种常见的民事侵权行为的基本特点,并简要介绍原告立案时需要满足的几项要件。

 诽谤概述

诽谤(defamation)或书面诽谤(libel),属于律师所称的侵权行为(tort)或民事侵害行为。它无疑是大众传媒业者最常遇到的,通常也是最棘手的法律问题。无论在哪一年,在以大众传媒为被告的诉讼中,诽谤诉讼都占了三分之二。简而言之,所谓诽谤,就是发表或播出损害他人名誉、降低他人社会评价的陈述。凡言说、出版(包括互联网上的材料)或播放言论者,都有可能成为诽谤被告。新闻报道、新闻评论、新闻发布稿(press release)、公司业务通讯、广告、读者来信、网络聊天室评论、博客文章,甚至公共集会上口头发表的言论,都有可能潜藏着诽谤。[1]绝大多数诽谤诉讼涉及主流大众传媒,故接下来三章引用的多数案件,都脱不开报纸、电台、电视台、杂志、书籍和互联网上数量不断增长的信息定位网站。由网络材料引发的诽谤诉讼也相当常见,但一般走不完整个司法程序。这类纠纷往往发生在个人之间,多以调解结案,避免了漫长的法庭争斗,尤其是如果诽谤言论的发表者同意从网上移除冒犯性材料,双方也就不必非得在法庭上一较高下了。诽谤法的传统原则适用于所有诽谤诉讼,不论传播介质是语言还是图像。我们日常所称之大众传媒或主流媒体(如报纸、杂志、电台、电视台,甚至许多网站)享受一些宪法第一修正案保护,但公司业务通讯、新闻发布稿、Facebook 或 MySpace 上的博客和帖子也许享受不到同等保护。

索赔

诽谤原告夸大负面报道的损害并索要高额赔偿金的情况并不罕见。2012 年 9 月,牛肉制品公司(Beef Products Inc.)起诉 ABC 新闻(ABC News)及其三名记者,索赔金额高达 12 亿美元,起因是 ABC 的报道批评了该公司的牛肉制品"粉红肉末"。[2] 1994 年,菲利普·莫里斯公司(Phillip Morris Co.)起诉 ABC,索赔 100 亿美元。一年后,美国科学教会(Church of Scientology)起诉时代华纳公司,索赔 4.16 亿美元。[3] 这类案件中的原告多数得逞不了,大众传媒多能胜诉,或以少得多的金额与原告和解。既然如此,原告为什么还要诉请如此高额的损害赔偿呢? 这里有两个原因。第一,原告认为,索赔金额要得高一些,最后多多少少能得到一点儿赔偿。陪审团也许会有

这样的心理活动:原告要 1 000 万美元太多了,但至少应该意思一下,比如判个 100 万美元。而且,被告面对如此高额的索赔,为了减少麻烦,也有可能同意以 75 万美元和解。

第二个理由不太容易察觉,但更可能是真正原因。假设琳达·林赛(Linda Linsey)起诉一家电视网,索赔 4.5 万美元,这在多数大众传媒眼里没什么新闻价值。但林赛若是索赔 5 000 万美元,情况就不同了。如此一来,受害方就有机会透过传媒诉说苦情。即便败诉,原告也有机会公开否认报道中的指责,给受众留下好印象,多少能减少负面报道的损害。

既然大多数诽谤诉讼总以这样或那样的方式失败收场,大众传媒还担心什么呢? 下面我们来分析一下。

时间与金钱

打官司都很费时。部分诽谤诉讼旷日持久。1996 年,奈特-里德报团(Knight-Ridder Company)与费城前任检察官就一起诽谤诉讼达成和解,此案耗时 23 年。2004 年,《消费者报告》(Consumer Reports)的发行人消费者联盟(Consumers Union)与铃木汽车公司和解,此案始于 1996 年。[4] 这些案件虽不典型,但从中可见,由于诽谤法十分复杂,诽谤诉讼对传媒而言总归是一种威胁。案子一日不结,被告的律师就得工作,他们可是按钟点计费的。

只有十分优秀的律师,才能在诽谤诉讼中为报社或广播网辩护成功。为诽谤被告辩护,要比起草遗嘱或在机动车事故案件中代表原告索赔复杂得多。每小时数百美元的收费毫不稀奇。1990 年代,一名律师起诉西蒙 & 舒斯特图书出版公司与作家詹姆斯·B. 斯图尔

特(James B. Stewart)。原告诉称,斯图尔特的作品《窃贼之穴》(Den of Thieves)诽谤了他。《窃贼之穴》讲述了一批华尔街人的故事,这些人参与了 1980 年代末的公司收购狂潮。此案于 1999 年被驳回时,被告已花去 100 万美元为自己辩护。[5] 1980 年代中期,美孚石油公司总裁因《华盛顿邮报》对其儿子的报道而起诉该报诽谤,《华盛顿邮报》花了 130 万美元为自己辩护。历经初审和上诉后,《华盛顿邮报》终获胜诉。[6] 作家斯图尔特曾向记者坦言,被诉诽谤之后,他总觉得有人要惩罚或骚扰他。他说:"这是一次不愉快的、耗时又耗神的经历。诉讼影响了我的信用评级,我因此很难申请到贷款。想必它也威胁到了其他记者和发行人。"

时间与法律

如今的传媒负载着海量的文字与图片,出现诽谤性材料的概率也因此高得出奇。预算缩减后,主流媒体的编辑流程大打折扣。传统媒体用于判断潜在责任的时间大为减少。15年前,一则报道需经多名编辑审阅,如今,报道不仅得赶上明天的版面或今夜的节目,还要分秒必争地上网,时间也就没那么充裕了。而且,比传统媒体数量多得多的博客,既无能力也无意愿考察材料中潜伏的诽谤风险。

诽谤法是美国法中数一数二的混乱、复杂的领域,充斥着诸多界定不明的含糊概念。它的根基是传统普通法,但同时又夹杂着成文法和宪法因素。绝大多数美国法官哪怕任期再长,也没机会审理诽谤案件。法学院的侵权法课程一般只花两三天时间讲授诽谤法,所以大多数律师也从未潜心钻研过这部分内容。陪审员则是法律门外汉,很少有甚至没有法律经验,他们更是两眼一抹黑。在以上因素的辐辏作用下,诽谤案的初审常常犯错;错误判决就这样产生了。这些错误当然可以在上诉中改正——情况通常如此。但对报社或广播公司被告而言,这意味着大把地虚掷时间和金钱。

传媒聘请的律师常常采用大体相似的策略:在案件进入庭审之前,尽量争取驳回案件;

一旦失手,就主动与原告和解。在大多数情况下,和解能帮被告省钱(和解的花费,通常比诉讼所需的法律费用低得多)。赶在初审之前和解很有意义,据传媒法研究中心(Media Law Research Center)的研究,传媒被告在陪审团审判中败诉的可能性更大。为什么呢?部分原告确实受到了不当侵害,理应获得救济,但除此之外,也有其他原因:

● 如前文所述,诽谤法很复杂,法官和陪审员常会犯错。

● 诽谤的重要抗辩源自美国宪法第一修正案,这对很多人而言只是抽象概念。陪审员能够清楚看到某人的名誉受损,却无法洞察新闻出版自由的价值。

● 在美国,不尊重大众传媒、不喜欢新闻界的大有人在。外面的坏消息很多,人们(不独美国人如此)总是恨不得杀了坏消息的传播者。诽谤案让陪审员有机会以判赔的方式表达对新闻界的不满。诽谤原告的代理律师托马斯·D. 杨纳西(Thomas D. Yannucci)曾将陪审团比喻为大众传媒的"阿喀琉斯之踵"。"如果案件由陪审团审理,这些普通市民自一开始就会认定传媒有失公平。"[7]

诉讼作为武器

典型的诽谤诉讼是这样的:受害者(或称原告)起诉被告,要求(1)恢复名誉,(2)赔偿损失。要想达到以上目的,原告必须与被告和解,或在庭审中胜诉。然而,过去25年间出现了另一类诽谤诉讼。这类诉讼的原告对赔偿金不感兴趣,他们的目的是阻碍被告进一步发表有害评论。法律专家将这类诉讼命名为"反对公众参与的策略性诉讼"(Strategic Lawsuits Against Public Participation),或称 SLAPP 诉讼。[8]

请设想以下这几种情形:

● 马克斯·琼斯(Max Jones)不满意雪佛兰当地经销商的待客之道,专门创建了 Facebook 页面,名为"不满意雪佛兰的顾客"。马克斯张贴评论,并邀请他人分享体验。雪佛兰起诉琼斯诽谤,诉称该网页侵害其名誉。

● 社会活动家萨拉·纽曼(Sarah Newman)投书一名编辑,信中说,她反对市政府将一大片土地重新分区,批准一个公寓楼(350个单元)开发项目。她写道:"施坦格开发公司(Stang Development Company)曾保证在其所建的住宅楼中设置相当数量的低收入单元,却未能信守这一承诺。"施坦格公司起诉诽谤。

● 某电视新闻节目的消费者评价板块称,出售小型活动房屋的经销商误导了购买者。经销商告诉买家,买家可以在自己既有房屋的地产上安设小型拖车式活动房屋,但县分区规定却不许人们这么做。活动房屋的经销商起诉电视台诽谤。

以上三起案件,原告都是为了阻止被告进一步批评原告才起诉诽谤的。对原告而言,能否胜诉无关紧要;大多数原告并不指望胜诉。他们就是想让批评者支付昂贵的辩护费,从而令他们三缄其口。个人表达想法是一回事,雇律师来为自己辩护又是另一回事。

立法机关专门立法,以图阻止此类诉讼,这就是所谓的反 SLAPP 法或《市民参与法》(Citizen Participation Acts),具体方法是允许法院加速对原告起诉的司法审查,被告可以请求法官立即驳回起诉。此类立法虽在细节上各有不同,但都要求法官分两步审查原告的诉状。

被告必须首先使法院相信,被告的行为是受宪法保护的行为,是服务于公共利益的行为;被告乃是在行使宪法第一修正案权利。如果法院认同被告的说法,原告就必须说服法院相信自己的起诉有充分的法律依据,换言之,有充足的证据能证明原告有可能在接下去的诽谤诉讼中胜诉。在这一节点上,法院会考察:原告是否真能承担举证责任,被告是否确有抗辩能对抗诽谤诉讼。如果被告的活动受宪法保护,而原告没有充足的证据,法官就会立即驳回起诉。

28 个州已有反 SLAPP 法。国会在 2012 年考虑过联邦立法,未果。到 2013 年初为止,仅有加利福尼亚州、华盛顿州、得克萨斯州、哥伦比亚特区、伊利诺伊州、印第安纳州和路易斯安那州制定了扩展性立法,将保护范围扩大至在政府设施外发表的言论。论坛上发表的言论与关涉政府、经济事务的言论受到最有力的立法保护。加州的法院将在新闻传媒上发表的评论纳入反 SLAPP 法的保护范围,该州上诉法院于 2011 年底判决,即便是以纪录片形式拍摄的故事片《布鲁诺》(*Bruno*),也受该州反 SLAPP 法的保护。这一判决超越了大多数州法的保护范围。[9]《布鲁诺》由萨夏·巴伦·科恩(Sacha Baron Cohen)自编自导自演,曾引发广泛的社会争议。

解决问题

因诽谤而闹上法庭,对当事人双方都不是什么愉快的体验。原告很少心满意足,律师费几乎就要花去赔偿金的一半。诽谤诉讼从立案到结案一般需要四年,在这四年里,原告的生活被搅得一团糟。在大型的"艾奥瓦诽谤研究项目"(Iowa Libel Research Project)中,研究者访问的 2/3 原告说,他们对诉讼经历感到不满。[10]

新闻传媒也不高兴。辩护费和赔偿金令传媒收入锐减。记者和编辑长期不能外出。有关案件的公开报道只会徒增许多人对新闻传媒的反感。甚至连公众也受到牵累,因为诉讼成本要由税收负担。此外,打官司令新闻界趋于谨慎保守,为了避免诉讼威胁,新闻界不再向读者和观众提供重要信息。

有没有更好的方法,能解决大众传媒与受害人之间的法律争议呢?上法庭或威胁上法庭是唯一的解决之道吗?报纸、杂志、电台、电视台和其他传媒通常不愿刊播更正、撤回报道或道歉。很少有人愿意承认自己有错,更何况是在公共论坛上承认自己犯错。然而,"艾奥瓦研究项目"访问的 3/4 原告称,如果新闻传媒刊播更正或撤回报道,他们本不会起诉。过去 20 年间,传媒发表此类更正的情况越来越普遍,这无疑有助于减少诉讼。

美国约有 30 个州立法激励传媒发表更正或撤回报道。这类法律规定,诽谤原告如果不请求被告发表更正或撤回报道,就很难获得赔偿金。**本书第 176～177 页将更深入地讨论这些**"撤回报道法"(retraction statutes)。

> 诽谤是大众传媒业者面临的最常见,通常也是最棘手的问题。因诽谤而闹上法庭,对当事人双方都不是什么愉快的体验。

另有建议认为,州政府应当提供仲裁机制,解决诽谤问题,但人们对此类建议的热情不高。虽有一些小型或实验性的项目获得成功,但大规模的尝试付之阙如。大多数律师和许多传媒业者不看好仲裁机制。[11] 暂时看来,多数诽谤案件仍会进入司法系统。相关程序是本章剩余部分和第 5、6 章的重点。

小 结

诽谤是大众传媒业者面临的最常见,通常也是最棘手的问题。被告想要胜诉总是所费不赀。原告的索赔金额有时高得离谱,且与实际损害关系甚微。诽谤法十分复杂,法官与陪审团犯下的错误,要靠漫长又昂贵的上诉来修正。一些原告想方设法地利用法律阻吓、惩罚被告,而不是修补受损的名誉。多个州以立法手段对治此类 SLAPP 诉讼。研究表明,大多数诽谤原告对诉讼体验不满,他们说,如果大众传媒能够刊播更正或撤回诽谤陈述,他们就不会起诉。有一些方案雄心勃勃地想要解决诽谤问题,但新闻界和律师组织不是反对,就是一副冷脸。

 ## 诽谤法

诽谤法历史悠久,其源头可以上溯至数个世纪之前。起初,政府使用诽谤法平息侮辱和诽谤引发的纷争。比如,有人指称另一人是强盗或恶棍,受害人就要想方设法为受损的名誉报一箭之仇。在诽谤法出现以前,打架或决斗是唯一的报复途径。打架或决斗显然不是解决纷争的好办法,于是政府出面帮忙解决问题。逐渐地,诽谤法诞生了。

在世界上的其他地方,人们以不同的方式达成相似的目标。欧洲大陆的诽谤案件较美国为少。如果报纸诽谤某人,该人有权利依法反击,可以在同一家报纸的专栏上讲述自己的故事。这一权利称为答辩权(right of reply),它在美国的发展,远不如欧洲,第 6 章末还会谈到它。

一些诽谤诉讼与大众传播业者无关。比如,人际传播中的指责、某人写给他人的信函、前雇主给职员写的推荐信等,也都会涉及诽谤。本章集中探讨公共传播(public communications),即通过大众传媒刊播的材料,我们使用"公共传播"一词的最宽泛含义,包括广告、公司杂志、贸易协会的业务通讯、新闻发布稿和互联网等。报纸、杂志、电台、电视台等传媒发布的材料往往涉及公众关切的事务,因此,法院常将它们与非传媒被告区别对待。除非特别说明,否则本书讨论的对象均设定为大众传媒被告的权利与义务。

此外,读者还须牢记,诽谤法本质上是州法。我们在讨论诽谤法的特点时,很可能跨越州的界限,本书是有意如此为之。但各州之间仍有重要区别,下一章在讨论过错要件时,会谈到这些区别。学生在理解了诽谤法的骨架之后,还需要重点研究所在州的诽谤法的特点,这很重要。

诽谤包括书面诽谤和**口头诽谤**(slander or oral defamation)。150 年前,法院是区别对待这两种诽谤的。当时认为,书面诽谤比口头诽谤冒犯更重,因为它持续时间更长,传播更广,而且行为人往往是有预谋或蓄意为之(口头评论则往往出于一时激愤)。故法律对待书面诽谤更为严苛。随着电台、电视、电影和其他可以记录、保存口头传播并使之广泛传播(甚至比报纸和传单的传播范围更广)的电子传媒相继出现,诽谤法不得不做出调整。虽有部分州法至今仍区分书面诽谤和口头诽谤,但在大多数州,二者已被同等对待。[12] 今天,更有意义的做法是区别公开发表的传播(包括印刷品、电台、电视台、电影、互联网等)与纯粹的口头人际对话。

诽谤的要件

诽谤的定义很多,不过内容大致相同。费尔普斯(Phelps)和汉密尔顿(Hamilton)在《诽谤》(Libel)一书中这样定义诽谤:

> 诽谤指传达某种信息,令某人遭人憎恨、嘲弄或鄙视,降低此人在人群中的尊严,令他被孤立,损害其生意或职业。[13]

美国法学会(American Law Institute)汇编的《侵权行为法重述》(Restatement of the Law of Torts)给诽谤下的定义是:

> [诽谤即]传播某种信息,该信息倾向于损害他人的名誉,以至于降低社群对此人的评价,或阻遏第三人与此人发生联系。[14]

还有一种定义是:诽谤是致他人遭受侮辱、憎恨、嘲弄或耻笑的信息传播。

以上定义揭示了诽谤的一些关键要素:

其一,诽谤损害他人的名誉,但不一定损害他人的品格(character)。你的品格是指你事实上是谁,你的名誉则是指人们以为你是谁。法律保护的是名誉。原告在诽谤诉讼中诉称自尊受挫,未必能赢得损害赔偿。

其二,仅当言论确实损害名誉时,才有可诉之诽谤。必须有证据证明某人名誉受损。原告必须向法庭出示证据,证明系争言论降低了自己在社群中的名誉。如果原告无法说动法官和/或陪审团相信这一损害之存在,就得不到赔偿。但须说明的是,证明损害,尤其是证明名誉这种看不见摸不着的存在受损,通常十分困难。有时,陪审员愿意基于极少的证据假定名誉受到了损害,尤其当原告是颇有声望的人或名人时。

被告往往会主张,系争言论对名誉没有损害或只有极小损害,故被告不应支付损害赔偿金,或只需承担小额赔偿。过去 30 年间,甚至有这样一种主张被很多法院所接受:原告的名誉已经如此糟糕,无论别人再写什么、说什么,都无法进一步损害其名誉。这些人被称为"对诽谤刀枪不入的人"。其中最广为人知的,也许是杰克·凯沃基恩(Jack Kevorkian)医生。这名密歇根医生因协助一心求死的绝症病人安乐死而备受争议。许多医生遣责凯沃基恩医生,称他为"鲁直的死亡工具""从事犯罪活动"的医生。但安乐死的支持者视凯沃基恩医生为英雄。当凯沃基恩医生起诉美国医学会等诽谤时,密歇根州上诉法院认定他是"对诽谤刀枪不入的人"。该法院说,其名誉之现状如此,"以至于有更多人称他为凶手或圣人,都没什么意义"。[15]该法院又说,在某些情况下,系争诽谤陈述"事实上无从伤害原告的名誉,因其名誉已经如此糟糕……此时法院应当驳回起诉"。

2011 年,第 10 巡回区美国上诉法院判决,某电视节目指称罪犯杰里·李·巴斯特斯(Jerry Lee Bustos)为雅利安兄弟会成员的言论并未令他受损。巴斯特斯曾帮三个帮派将海洛因偷运入狱,雅利安兄弟会是其中之一。但巴斯特斯坚称自己不是该帮派的成员。第 10 巡回区美国上诉法院说,一些人可能认为,"某人是某帮派的正式成员"有别于"某人仅仅与帮派成员有关联"。但在诽谤案中,以上区别非关紧要。说他与帮派成员结交(属实),便足以降低其名誉,因此,指称他

> 诽谤是致他人遭受侮辱、憎恨、嘲弄或耻笑的信息传播。

为帮派成员无法进一步损害其名誉。[16]

不过,名声不佳未必就是"对诽谤刀枪不入"。霍华德·K. 斯特恩(Howard K. Stern)是性感模特、电视名人安娜·妮科尔·史密斯(Anna Nicole Smith)的律师兼情人。因一位作家写书讨论史密斯之死,斯特恩起诉该位作家诽谤。美国地区法院的法官判决,虽有充分的证据证明,斯特恩常常陷身于糟糕境地,做出一些愚蠢至极的事情,但这并未令他成为"对诽谤刀枪不入之人"。[17]

最常见的"对诽谤刀枪不入之人",可能是罪证确凿、罪刑已定的罪犯。例如,亚拉巴马州一家初审法院判决,戴维·L. 威廉斯(David L. Williams)是"对诽谤刀枪不入之人",威廉斯因伪造、盗窃被七次定罪,作为重罪惯犯被判入狱。[18]

其三,**社会上必须至少有一小部分人认为原告的名誉受损,这一小部分人必须具有代表性**。这是诽谤法的一个重要方面,如果言论只对一小部分不具有代表性的人具有冒犯性,那么传播者就不必担心自己会被起诉。假设有一家报纸报道说,有人见到阿曼达·布莱克(Amanda Black)在当地一家公园里与猫玩耍。布莱克起诉诽谤,她诉称,自己所在的团体相信,猫是撒旦的化身,与猫玩耍的女人是巫婆。前述报道暗示她是巫婆,她在团体其他成员心中的名誉将因此受损。

普通人(具有代表性的社会一员)会因这则报道轻视布莱克吗?显然不会。报社编辑又如何能够知道,报道一名女人与猫咪玩耍会具有诽谤性呢?他无从知道。由此可见,系争言论必须损害原告在一般社会大众心中的社会评价。

例如,称某人为"线人"曾引发一起诽谤诉讼。一名正在监狱服刑的罪犯起诉一家电视台,因为该电视台称他为联邦调查局的线人。原告诉称,系争言论降低了他在狱友中的名誉。更近的一起案例是,一位调查报道者(或称私人调查者)因一家报纸称他为"告密者"(informer)而起诉诽谤。他说,他认为自己是"检举告发者"(whistleblower)。以上两起案件皆以原告败诉告终。在第一起案件中,法院判决,狱中罪犯并非社会上的代表性成员。在诽谤案件中,他们如何看待这名犯人无关紧要。[19]在第二起案件中,法院判决,虽然告密者未必总是受到尊重,违法者可能会避之唯恐不及,但社群中的普通人不会如此。法院判决道:"做出相反判决有悖于公共利益,因为这意味着惩罚守法公民,庇护违法者。"[20]在以上两起案件中,原告的名誉也许受到了损害,但在思维正常的、具有代表性的社会成员心中,他们的名誉并未受损。

生者可以提起民事诽谤诉讼,死者无法起诉,这是毋庸置疑的。普通法禁止死者的亲属代表死者起诉。但请注意,如果死者生前起诉诽谤,但在法院结案前死亡,那么,在那些拥有**遗存诉因法(survival statutes)**①的州,其亲属可以继续诉讼。[21]商业公司可以起诉诽谤,非营利机构也可以,只要能证明自己确因诽谤而失去公众支持和资助即可。至于工会、政治活动团体等非法人组织能否起诉诽谤,司法实务中有不同意见。一些法院否定,另一些法院则肯定。请查询你所在州的情况。市政府、县政府、政府行政机构等各级政府都不能提起民事诽谤诉讼。这在多年前已成定论。[22]

要想理解一起诉讼,先得弄懂举证责任。"哪方负有举证责任"这个问题,在外行看来似乎无足轻重,但其实是诉讼中非常关键的问题。请记住,在我们对抗制的司法体系中,法院的工作只是评价、分析对抗双方出具的材料。法官和陪审团不会自己出去找证据。因此,谁必须向法庭提供证据就是一个重要问题。如果是原告必须证明案件中的某一特定要素,却未能在法庭上提出充分证据令法官和陪审团信服,那么原告就会败诉。

原告在诽谤诉讼中负有最初的举证责任,

---

① 指规定在某些人身伤害诉讼的受害者死亡后(无论其死亡是源于该伤害还是其他原因),诉因并不消灭,即该诉讼仍继续存在的制定法。——译者注

必须证明五个要件,才有希望胜诉。

要想胜诉,原告必须证明:

1. 诽谤被传述公开。
2. 系争言论有关原告。
3. 内容具有诽谤性。
4. 内容虚假失实。
5. 被告有过错。

上述五个要件,后文将详细剖析。原告只

有在起诉大众传媒被告时,才可能需要证明第 4 和第 5 要件。这两项要件是诽谤法新增的内容,虽已积累了大量案件,但到底该将它们推广到何种地步,法院尚未形成定论。[23] 本书讨论的是大众传媒法,所以在写作时假定,原告必须证明系争言论失实。第 5 项要件过错,同样也被推定为原告必须证明的内容。我们将在第 5 章讨论过错。

传述公开

要认定某一陈述或评论为民事诽谤,该言论必须已被传述公开。根据法律,**传述公开**(publication)的意思是,除了诽谤的始作俑者与被诽谤者之外,另有一人看到或听到诽谤性材料。一个人即为已足。但这不是与前文矛盾吗?前文(**112 页**)说,必须有相当数量的人认为原告的名誉受损,原告才能获得赔偿。这里却说,有一人看到或听到诽谤性材料,就堪称"传述公开"。其实,二者讨论的是两个不同的概念。其一是"传述公开"。原告必须证明,至少有一人看到、听到涉嫌诽谤的材料,否则法院不会允许诉讼进行下去。没有传述公开,就没有诉讼。假设原告能证明以上五项要件——传述公开、特定指向、诽谤性、失实和过错——而诽谤的发表者无法提出有效抗辩,原告便获胜诉。下一个步骤才是评估损失。在这一节点上,原告必须证明,被告发表的虚假陈述降低了自己在社会上相当数量之正常思维成员心中的名誉。如果原告证明不了,其胜利充其量是精神上的,法院不会判予赔偿金。法院甚至有可能认为,系争言论不具有诽谤性,因为它们没有降低原告在相当部分社会成员心中的名誉。

若被告是大众传媒,传述公开的问题很大程度上就是学术性的。若系争言论在报纸上发表,在电视上播出,或在互联网上发布,法院就会推定,已有第三人看到或听到该言论。[24]

转发诽谤言论是不能免责的。作家兼法

庭评论家多米尼克·邓恩(Dominick Dunne)被诉诽谤。他在电台节目中重复了来自第三人的信息,称美国国会某议员与国会实习生钱德拉·利维(Chandra Levy)的失踪有关。议员加里·康迪特(Gary Condit)起诉诽谤,邓恩设法为自己辩护,他说,自己只是重复他人告知的信息而已——不是诽谤性言论的始作俑者。[25] 在 2010 年的另一起案件中,亚拉巴马州的一家民事上诉法院拒绝了类似主张,在这起案件中,《安尼斯顿星报》(*The Anniston Star*)自辩道,它只是重复了镇上已在传布的流言。该报律师提出,被告准确地报道了流言内容,故报道是真实的。法院说,此案中的流言就是八卦小道消息,报社并未查验它的真伪。重复诽谤者承担的责任,与原始发布者没什么不同。[26] 在肯塔基州一起不同寻常的案件中,一家联邦法院面临着下面这个问题:一家网站提及某篇文章或提供链接,是否构成转发?这家网站没有登载这篇文章,也没有发表文章里的诽谤指责,但它告诉用户,哪里能找得到这篇文章。法院强调,当时很少有处理互联网上转发问题的案件,但该院判决,无论是提及此文还是提供链接,都不算转发诽谤。[27]

一些人误以为,只要指出诽谤来自第三人,自己就可以免于诉讼,这是美国新闻业的一大迷思。多数优秀记者都明白,称

> 一些人误以为,只要指出诽谤来自第三人,自己就可以免于诉讼,这是美国新闻业的一大迷思。

某人为凶手是诽谤。但相当一部分专业人士误信,只要说明了消息来源,就可以安全无虞地指称某人为凶手了。"琼斯杀了妻子"显然具有诽谤性。于是记者就写:"据邻居内德·布洛克说,琼斯杀了妻子。"报社或电台、电视台只是重复了布洛克对琼斯的诽谤(记者显然引用了消息来源的原话,原告会发现,在这种情形下,自己将更难证明被告的过错。琼斯先生可能会因此败诉。但这并未改变一个事实:这种指称——不论是否注明出处——是诽谤的转发)。由于"转发"规则的存在,严格来说,新闻报道制作流程中的每个人几乎都有责任。

出版者与散布者

转发规则有一个行之已久的例外:卖报人、书店、图书馆和印刷品的其他散布者不必为诽谤的再发表负责,除非被告能够证明,上述个人和机构明知或应知印刷品中有诽谤。"明知或应知"这个概念称为**"故意"**(scienter/guilty knowledge),是许多法律领域的基础知识。我们举个例子:某店主允许出版商在店面柜台上摆放免费报纸,与其他免费报纸一道供顾客随意取用。田纳西州上诉法院判决,店主不必为免费报纸中的诽谤性内容负责。[28] 店主是散布者,不是出版者。与此相似,电视网的附属台不必为电视网节目中的诽谤性内容负责,它们也被视为散布者。同样的规则也适用于互联网。2008 年,缅因州的一家联邦法院判决,互联网上的一家打印服务机构不必为打印书稿中的诽谤性内容负责,因为它既不知道,也没有理由知道书稿的内容。该打印服务机构为顾客打印书稿,但不提供编辑服务,也不检查内容。法院说:"传达、传输由第三人发表的诽谤性材料,应负相应之责任,但仅限于行为人明知或应知诽谤内容之时。"[29]

互联网上的诽谤

本章及之后两章讨论的大量内容,也适用于互联网上的诽谤。在法院看来,万维网上的传播,与报纸、杂志或书籍发表的材料并无二致。但有两个问题使法院和国会不得不考虑诽谤和互联网的关系。第一个问题涉及网络服务提供者(online service providers,OSP)在诽谤传播中的身份;第二个问题涉及司法管辖,我们将在第 6 章探讨司法管辖。

互联网上的诽谤发布有多种不同情形。诽谤性信息可能发送给登录某 OSP 服务器的所有用户。诽谤性材料可能含藏在一个数据库中,供用户浏览或下载。诽谤也可能张贴在电子公告板上,OSP 的部分客户或所有客户能看得到。透过 OSP 服务连接彼此的网络用户,可能会在网络实时交谈中发表诽谤性评论。又或者,诽谤性材料也可能出现在电子邮件和博客文章中。

作为诽谤信息作者或源头的 OSP,在诽谤诉讼中会被认定为出版者,适用与报纸出版者一样的规则。它必须对诽谤内容负责,可以被诉诽谤。

不过更常见的是,OSP 只是传输第三人在它的系统上发布的信息(如电子邮件、电子公告板、网站上的信息),在这种情况下,系统运营者应被视作散布者,而非出版者。早在 1990 年代初,法院便在一系列案件中讨论过这个问题。1996 年,国会通过《通信端正法》(Communications Decency Act)解决了这一问题。《通信端正法》第 230 条规定:"交互式计算机服务的提供者……不可被视作其他信息内容提供者所提供信息的出版者或发表者。"[30] 该条旨在保护网络服务提供者提供中立的信息传输服务,散布第三人制作的内容。国会之所以为 OSP 提供此等保护,据它所说是希望互联网在最少政府管制的环境下蓬勃生长,成为"多元化政治讨论的平台,为文化发展创造独特的机会,为智识活动提供丰富的渠道"。法院宽泛地解释这一免责保护。以下是近期的几个例证:

● 第 9 巡回区美国上诉法院判决,即便 OSP 选择了诽谤性评论并稍有编辑,也仍适用免责保护。[31]

● 在一家报社网站上的读者反馈中有诽谤性评论,《通信端正法》为报社网站提供保护。[32]

● 互联网图书零售商 Amazon.com 被诉诽谤，因其网站上有读者评论批评某作者的作品。《通信端正法》第 230 条免除了 Amazon 的责任。[33]

● 网站运营者拒绝从网站上移除诽谤性材料，甚至拒绝材料作者的移除请求，即便如此，免责保护也不失效。原告主张，网站运营者既然拒绝移除材料，就意味着它已接受该信息内容为己所有。联邦法院不同意原告的主张。[34]

● 第 5 巡回区美国上诉法院 2008 年判决，《通信端正法》为社交网站 MySpace 公司提供了免责保护。原告主张，MySpace 未能善尽注意义务，未能保护未成年用户免于网络色狼之害，故有过失。法院判决，网站运营者享有的免责保护，保护它既不必为传输第三人制作的内容负责，也不必为该内容导致的后果负责。[35]

● 一家电视台允许其网站访问者在一篇有关某前任新闻主播因毒品重罪指控而被捕的文章后发表评论。法院认为，该电视台对评论内容并无贡献，故属散布者，而非出版者。[36]

如果网站运营者鼓励第三人发布不当内容或非法内容，又会如何呢？相关的法院判决并不多。2008 年，第 9 巡回区美国上诉法院判决，网站运营者鼓励用户发布非法内容或设计网站要求用户发布非法内容，将失去《通信端正法》的免责保护。[37]肯塔基州的一家美国地区法院判决，网站"肮脏世界娱乐"（Dirty World Entertainment）无法适用免责保护，该网站发布了有关一名教师（同时也是辛辛那提猛虎队的啦啦队员）的评论，大谈特谈她的性生活。第 9 巡回区美国上诉法院说，有证据表明，该网站鼓励用户制作冒犯性内容。证据有：网站命名为"肮脏世界"；网站为帖子加上冒犯性标签；网站拒绝移除令人反感的材料；网站在帖子后发表评论，部分评论被认定为具有诽谤性。[38]原告得到 338 000 美元赔偿金。但是，第 4 巡回区美国上诉法院在 2009 年判决，仅当网络服务提供者要求用户发布非法内

容时，《通信端正法》的免责保护才会失效。如果只是鼓励用户发布此等内容，网络服务提供者不会失去免责保护。[39]

归根结底，网络服务提供者在传输第三人制作的诽谤性材料时，可以免于诽谤诉讼，除非网站运营者以某种方式参与了非法内容的制作，或以某种要求用户输入非法内容的方式设计了网站。

《通信端正法》是美国法，它只能在美国境内保护各家网站，无法在其他国家保护网站上的内容发布。不过，至少有两个国家的法院似乎也在朝这个方向趋近。加拿大最高法院 2011 年判决，仅凭某家网站发布的超链接指向另一家网站的诽谤性材料，未必能认定网站运营者的侵权责任。[40]2011 年，英格兰与威尔士高等法院判决，谷歌并非其用户在谷歌博客上所发评论的出版者。法院判决道，平台（可供他人发布内容）的运营者不应被认定为"用户制作内容"（user-generated content，UGC）的出版者，并因此受罚。[41]虽有这些判例在先，美国的网络服务提供者也还得谨慎。与美国法院相比，英国法院历来对诽谤原告更为友好，根据埃里克·普凡纳（Eric Pfanner）2009 年发表于《纽约时报》的一篇报道，伦敦获得过"世界诽谤之都"的称号。沙特阿拉伯人、俄罗斯人、乌克兰人，甚至好莱坞名人都远赴伦敦寻求救济，他们起诉的报道最初都在美国发表，但在世界范围内广为传播。[42]这些报道既有传统媒体上的，又有网络上的。根据英国诽谤法，除非被告能自证清白，否则即为有责，原告不必证明自己名誉受损，网站上的每次点击都被视为一次新的公开，成立一次新的诽谤。（**参见第 159 页有关"单次发表规则"的讨论。**）

美国政府对这种"诽谤旅行"（libel tourism）主动出击，所谓诽谤旅行，就是到国外某地提起在本国无望的诽谤诉讼。至少有两个州（纽约州和伊利诺伊州）现已立法，禁止本司法管辖区内的法院执行海外判决。英国法院仍有可能做出不利于美国被告的判决，但原告无法让美国法院执行这一判决。2010 年，美国国会通过立法，禁止本国法院执行与

宪法第一修正案保护不符的、不利于美国人的外国诽谤判决。巴拉克·奥巴马总统 2010 年签署了"SPEECH 法",即《捍卫吾国宪法悠久且既定之传统法》(Securing the Protection of Our Enduring and Established Constitutional Heritage Act)。

特定指向

诽谤诉讼的第二项要件是**特定指向(identification)**：受害人必须向法庭证明，系争陈述"有关他、她或它"本身。若做不到这一点，原告就会败诉。职业报税人蒂莫西·汉克斯(Timothy Hanks)起诉一家电视台。该电视台播出的有关无良报税人的新闻报道，讲述了一名纳税人的故事。这名纳税人说，"可信赖报税"(Reliable Tax)公司在处理他的返税时出错，造成了损失。该报道并未直接或间接提及汉克斯。一家美国地区法院 2012 年对此案做出判决，它说，遭诽谤的公司可以拿到赔偿金，但公司职员或股东没有获赔的权利，公司总裁(本案中的汉克斯)也不例外。法院判决，系争报道没有提及汉克斯本人，所以负面评论并非"有关"他本人。[43]原告必须能够被辨识，只有这样才能满足特定指向的要求。虽说不需要每位读者和观众都能辨识诽谤对象，但只有一两个人能认出原告也是不够的。要多少人能认出诽谤对象，才构成特定指向呢？诽谤权威对此意见不同。但请记住，原告要想赢得赔偿金，就必须证明，自己的名誉在社群相当部分成员之中有所贬损。如果没几个人能认得出原告，原告就很难证明足够的损害并赢得赔偿金。

特定指向有多种表现形式。被告可以对原告指名道姓，也可以使用与原告真名相似的名字指桑骂槐。电视节目《硬拷贝》("Hard Copy")的制片人被诉诽谤，因为他们在报道彩票骗局时用了"Sweepstakes Clearing House"这个名字。这是个虚构的名字，但确实有一家公司名为"Sweepstakes Clearinghouse"，这家公司的老板起诉诽谤。得克萨斯州的一家上诉法院推翻了有利于被告的即决判决，它说，如果了解或熟悉原告的人认为，诽谤材料指向原告，那就可以认定，系争报道"有关"原

告。[44]又如，不必指名道姓，只消说某人是益智节目"危险"(Jeopardy)的主持人或市政公共工程的负责人，就可能构成特定指向。一张没有文字说明的照片或图画，只要其中的人物能被认得出来，也满足特定指向的要求。乃至环境描述，有时也能明确指向某人。1991 年，一名年轻女子参加聚会后被人劫持，当时她正站在宾夕法尼亚大学校园附近的一栋房子前。女子自称遭到劫持者强奸。当地电视台报道了此事，一名警察在评论中表达了对受害人自述的怀疑。年轻女性诉称，这些评论诽谤了她。电视台没有使用受害人的姓名，但报道指出，她就读于布林莫尔学院(Bryn Mawr，布林莫尔学院是宾夕法尼亚大学附近的一所小学院，注册的本科生不满 1 500 人)，某日被强奸，住在布林莫尔学院的宿舍，开一辆尼桑车，被劫持前不久参加了宾夕法尼亚大学的一个派对。电视台辩称，播出这些事实不构成特定指向。但审理此案的地区法院不同意被告的主张，它特别指出了布林莫尔学院狭小的校园环境。"在这种环境下，如果有人能从报道提供的信息中辨识出原告，也丝毫不足为奇。"[45]事实上，原告出具了多名学生的宣誓口供，证明强奸报道一经播出，消息就传遍了校园。在另一起案件中，伊利诺伊州最高法院判决，《17 岁》(Seventeen)杂志的发行人诽谤责任成立。该杂志发表的一则短篇小说将女孩布赖森(Bryson)描写成荡妇。作者露西·洛格斯登(Lucy Logsdon)是南伊利诺伊州本地人，她在文中以第一人称讲述了自己与中学同学的冲突。小说中的这名同学，与原告金伯莉·布赖森(Kimberly Bryson)长相肖似，而布赖森恰好又是洛格斯登的中学同学。法院说，与原、被告双方相熟的第三人会认为，虽然小说被冠以虚构之名，但写的其实就

是原告。[46]

原告也有可能将两篇或两篇以上的报道放在一起,以证明特定指向。警方在马萨诸塞州的布鲁克莱恩(Brookline)逮捕了八个涉嫌贩毒的人。其中一人曾在海姆熟食店(Haim's Deli)工作。警方说,帮派成员有时会在熟食店里碰头。一家地方电台误报说:"布鲁克莱恩一家熟食店的店主与另七人因涉入国际海洛因团伙而被捕。"海姆熟食店的老板海姆·埃耶尔(Haim Eyal)起诉诽谤。电台辩称,报道没说熟食店的名字,而布鲁克莱恩当地有几十家熟食店,所以,它没指明埃耶尔的身份。但马萨诸塞州最高法院判决说,几乎所有报道此案的新闻都提到过海姆熟食店,因此,听到错误电台报道的听众应该知道,该报道指向哪家熟食店,并会将海姆·埃耶尔误解为被捕的帮派成员。[47]

如果诽谤陈述没有指名道姓,原告就必须以某种方式证明,诽谤性言论针对的就是他本人。许多诽谤原告诉称,某篇小说是以自己为人物原型的。这证明起来有一定难度,但也并非完全不可能。第 2 巡回区美国上诉法院1980 年判决,如果"理性读者合理地怀疑故事中的某个人物就是原告,那么无论作者和发行人如何保证这部作品是虚构作品",也仍成立特定指向。该法院说,要想证明特定指向,原告必须证明,虚构作品"以某种方式指向原告,能使那些认识她的人都明白,她就是作品中的人物。不必全世界都了解,只要认识原告的人能认出她是文中的人物就足够了"。[48] 2008年,纽约州的一家初审法院就面临着这样一起虚构作品的诽谤案。一名律师起诉电视剧《法律与秩序》(Law and Order)的制片人,该剧某集讲述了布鲁克林一位法官被控收受律师贿赂的故事。纽约市发生过一起备受传媒关注的案件,一名法官被控收受离婚律师的贿赂。电视剧中的律师与真实世界中的律师年龄相仿、外貌相似。电视剧制片人向法院申请驳回此案,遭法院拒绝。考虑到电视剧播出的语境与传媒对真实丑闻的广泛报道,法院说:"一个与巴特拉(真实世界中的律师)并无私交的普通观众,很可能将帕特尔(电视剧中的律师)的贿赂行为理解为巴特拉的真人真事。"[49]请注意,原告极少能在此类诽谤诉讼中获胜。

在特定指向的问题上,新闻记者如今面临着一种两难困境。传统的新闻教育要求记者在报道中完整地描述一个人的身份,如:约翰·史密斯,36 岁,居住于布恩街 1234 号,是一名木匠。这些信息能将这位约翰·史密斯与其同名者区别开来。然而,在个人隐私极受关注的当今社会,很多人不愿报社或电视台刊播其年龄或住址。有鉴于此,在敏感的情况下,有些新闻传媒允许记者不在报道中完整披露报道对象的身份。但记者还是应该拿到报道对象的完整信息,以免生错。最后发布多少,由报社、电台或电视台的政策来决定。

群体识别

如果诽谤性陈述关乎一个群体或组织,其中未被指明的个人能否证明特定指向呢?比如一家报纸报道说奥基莫斯(Okemos)警方是骗子,奥基莫斯的警察凯茜·米切尔(Cathy Mitchell)是否符合特定指向呢?

《侵权行为法重述》(*Restatement of the Law of Torts*)这样写道:

> 诽谤某一群体之言论的发表者,对群体每位成员皆有责任,但前提是:仅当(a)群体规模如此之小,以至于该材料可被合理地理解为指向其中的个体,或者(b)诽谤性材料的发表环境令人自然而然地得出结论,该材料特别指向他。[50]

首先需要考量的因素是群体规模。法院尚未归纳出某个魔法数字。如果群体非常小,原告一般很容易说服法院相信,系争言论确实与他本人有关。要是一家公司负责雇员新闻信(employee newsletter)的编辑指责雇员福利委员会无能,那么委员会的三名成员人人都能主张特定指向。反之,如果群体规模很大,案子就不太可能成立。2009 年,圣里吉斯莫霍克部落(St. Regis Mohawk Tribe)的三名成员起诉《纽约邮报》,起因是《纽约邮报》发表社论反对该部落经营赌场。《纽约邮报》说,赌场"相当于犯罪公司"。原告三人是部落政务会的成员,但社论并未对他们指名道姓。法院指出,该部落共有 2 700 人,是一个十分庞大的群体,无法满足特定指向的要求。法院说,即便特定指向成立,被告也没有批评部落政务会成员贪腐或纵容犯罪。[51] 2002 年,CBS 公司的《60 分钟》报道了密西西比农业区(包括杰弗逊县)的几个陪审团判几家公司赔偿数百万美元的案件。受访者中有人说,陪审员"不满于自己被夺权,故报复这些北方佬公司"。报道对象说,这些陪审员满腔怨愤。甚至有人暗示,陪审员秘密收受了钱财。杰弗逊县的几名前陪审员起诉诽谤,诉称诽谤陈述直接"指向"并与他们本人"有关"。美国地区法院的法官不以为然,他指出,原告无一人被报道点名。法院说,报道针对的是杰弗逊县等贫困农业地区的陪审团。"除了原告担任过杰弗逊县的陪审员以外,没有任何证据表明,原告与系争诽谤陈述有关。"该县担任过陪审员的人实在太多了。[52] 2007 年的故事片《美国黑帮》(American Gangster)由丹泽尔·华盛顿(Denzel Washington)和拉塞尔·克罗(Russell Crowe)领衔主演,改编自有关纽约毒枭弗兰克·卢卡斯(Frank Lucas)和纽约执法部门腐败的真实

故事。影片的结局是:弗兰克·卢卡斯"与执法部门沆瀣一气,纽约市缉毒署 3/4 的人员被定了罪"。纽约市缉毒署 400 名现任与前任工作人员中有三人起诉诽谤,但法院驳回了此案。法院说,原告证明不了该影片指向他们。他们所属的群体规模太大。[53]

除群体规模以外,法院也会考虑环境因素。一名调查非法吸毒的卧底警察向缅因州一家纸厂的老板报告:该厂职工哈里·赫德森(Harry Hudson)在上班期间饮酒。最后共有 12 名工人被解雇,其中 11 人是因为非法吸毒,赫德森则是因为在岗期间饮酒。当地一家电视台报道称,该厂共有 12 名工人因涉嫌非法吸毒而被中止了合同。报道虽未指名道姓,但指出了工厂的名称。赫德森起诉诽谤,他主张,在一个小社区里,人人都知道这 12 名工人是谁,所以电视台误将他报道成了非法吸毒者。电视台申请驳回此案,但缅因州最高法院拒绝了,法院认为,电视台的新闻节目是否指向赫德森这个问题,必须由陪审团来裁断。[54] 在以往的司法实践中,29 人的教师群体[55]、30 人的消防员群体[56]、21 人的警察群体[57] 皆因群体规模太大而无法满足特定指向的要求。

不过,记者以诽谤的方式描述一个哪怕是规模很大的群体时,也务须小心谨慎。如果群体中只有一小部分成员居住在本地,就尤需谨慎。比如指责所有星相师都是骗子,而本地只有一位星相师,这就可能很危险。原告有可能说服富有同情心的陪审团相信,该评论就是指向他本人的,他也因此受到了严重损害。

诽谤性

原告必须证明的第三项要件涉及言论本身。诽谤性言论分为两类。第一类从表面上看就具有诽谤性,明显能贬损他人的名誉。"小偷""骗子""叛徒"等字眼,是自成诽谤(libelous per se)——它们的诽谤性显而易见。

第二类表面上不具有诽谤性,只有当读者或观众了解其他事实时,才会具有诽谤性,这

通常称为他成诽谤(libel per quod)。比如,"杜安·阿诺德(Duane Arnold)娶了珍妮弗·卡特(Jennifer Carter)为妻"这句话,从表面上看没问题。但如果读者知道阿诺德已有妻室,那这句话就是指责阿诺德重婚,便具有诽谤性。

以上两类诽谤性言论的区别,以往比现

在更为重要。从前,原告必须证明第二类言论(他成诽谤)对自己造成了损害。而第一类诽谤性言辞(自成诽谤)的损害是推定的。如今,所有原告都必须证明,诽谤言论的公开对自己造成了损害。许多司法管辖区的法院也设置了重要障碍,令起诉第二类诽谤性言论的原告比起诉第一类诽谤性言论的原告更难胜诉。

法律不会列举哪些词语具有诽谤性。法院必须在每起案件中审查特定的词语、句子或段落,判断它们是否贬损了原告在社群中相当数量思维健全者心中的名誉。有时可能有一起或多起判例可作为参考。比如,大量案件确认,称女性不贞具有诽谤性。但判例有时未必有用。时代在变化,语词的含义也在改变。今天,称某人为懒鬼也许不太友善,却不会被认为具有诽谤性。但在一战期间,"懒鬼"一词专指逃避兵役者,当然具有诽谤性。作家奥斯卡·希朱洛斯(Oscar Hijuelos)在小说《曼博·金夫妇奏响爱情之歌》(*The Mambo Kings Play Songs of Love*)中这样写道:"格洛丽亚挤在桌边喝鸡尾酒。"她抚着曼博·金的"肌肤和他的一头硬发"说:"来吧,大笨蛋,何不吻我呢?"80 年前,如此描绘一个女人的举止,可能的确有损她的名誉。可在 1991 年,一家美国地区法院判决道:"报道某人求一个吻或呷饮鸡尾酒,不论真实与否,都不会令一般读者鄙视此人。"[58]

在诽谤案的初审中,法官和陪审团应当考察语词的日常意义,除非有证据证明,被告发表陈述时另有所指。特定词语是否具有诽谤性是个法律问题,一般由法官判断。法院会问,理性人是否会将系争言论视为诽谤性言论。

2002 年,罗得岛州最高法院判决,《普罗维登斯新闻报》(*Providence Journal*)周日连环画版面上刊登的漫画不能传达诽谤含义。漫画中,两个工人站在一所失火的房子前,一人身着衬衫,衬衫上写着"灭虫"二字,他手持汽油罐,躁狂地笑着。另一人正对悲痛欲绝的妇人说:"放松,夫人。这是比利·鲍勃第一天上班,这些锯蚁很顽固。"该法院问:一般读者会将这幅漫画理解为针对原告灭虫公司的诽谤性言论吗? 法院的回答是否定的。该漫画发表在连环漫画版面上,用的是夸张的戏谑语调。这都表明,它是在表达幽默观点,不是在陈述客观事实。法院还指出,"灭虫"几乎是一个不受商标保护的通用标签,原告无法把自己的生意与这幅漫画联系起来。[59]

彼得·戴蒙(Peter Damon)曾是一名预备役军人,在伊拉克作战期间失去了双臂。他在接受 NBC 访问时,对记者布赖恩·威廉斯(Brian Williams)说:"疼痛发作起来,就仿佛老虎钳夹碎了我的双手。"他说,药物多少能缓解点儿痛苦。戴蒙又说,虽然战争给他留下了伤痛,但他和其他军人并不反战,他们支持美国。电影制作人迈克尔·穆尔(Michael Moore)在反战影片《华氏 9/11》(*Fahrenheit 9/11*)中使用了戴蒙描述其疼痛的片段,但没用戴蒙支持战争的评论。戴蒙起诉诽谤,他诉称,影片这样使用他的评论,会让人误以为他支持穆尔的反战立场与反布什立场。第 1 巡回区美国上诉法院拒绝了戴蒙的主张,法院判决道,理性观众不会将戴蒙有关伤痛的区区几句话理解为支持穆尔抨击战争与总统。[60]

如果法官认为系争言论可能具有诽谤意涵,那么接下去就得由事实发现者——陪审团(如果有的话)或法官——来判断,该言论是否确实传达了诽谤意涵。马萨诸塞州小镇阿宾顿(Abington)发生过这样一个案子:据称,该镇下水管道部门的主管将镇政府的计算机用于私人事务,遂遭解雇。当地报纸报道了此事,被起诉诽谤。镇上官员说,他们在电脑上发现了一些照片,照片中的女郎一丝不挂或衣衫单薄,他们还发现了性暗示材料。报纸报道说,电脑上发现了"色情内容"。马萨诸塞州上诉法院判决,作为法律问题,指责原告在镇政府的电脑上存储"色情内容"可能具有诽谤性。但它又说,电脑上存储的图像是否确实属于公众惯常理解的"色情内容",必须由陪审团来判断。[61]

> 与直白表达相反的含沙射影也可能具有诽谤性。

与直白表达相反的含沙射影也可能具有诽谤性。请阅读《波士顿记录报》(Boston Record)发表的这则报道:

> 此间的退伍军人医院怀疑,39 岁的乔治·M. 佩里(George M. Perry)死于慢性砷中毒。联邦政府和州政府正在调查佩里的死因。
>
> 州警方说,佩里及其兄弟阿瑟(Arthur)(安眠在佩里身边)的遗体可能会被开棺检验,二人葬于普罗温斯敦的圣彼得公墓。
>
> 乔治·佩里去年 6 月 9 日死于退伍军人医院,这是他第十次入院,入院 48 小时后死亡。……他的兄弟从康涅狄格州赶来参加葬礼,在此逗留了两天,大约一个月后,他也死了。大概两个月后,9 月,乔治 74 岁的岳母、搬来与女儿同住的玛丽·F. 莫特(Mary F. Mott)太太也死了。她的遗体被火化。

虽然这篇报道写得不清不楚,但稍微有点儿眼力的读者都看得出来,记者暗示佩里夫人杀害了丈夫、丈夫的兄弟和自己的母亲。文中暗示:阿瑟在拜访原告的居所之后死亡,原告的母亲也是如此。她的遗体还被火化了,这不是太糟糕了吗?这则报道令《波士顿记录报》的发行人赫斯特公司(Hearst Corporation)损失了 25 000 美元。[62]

脱离语境的只言片语,是不可能撑得起诽谤诉讼的。我们必须将文章作为一个整体加以考察。比如,在关于棒球界传奇盗垒手里基·亨德森(Ricky Henderson)的新闻报道中,有这样一句话:"亨德森可能是有史以来最出色的小偷。"这句话其实是在称赞亨德森盗垒能力极高。亨德森不能仅凭这句话起诉诽谤,因为报道中已经说明,作者指的是哪种"盗"。不过,标题中的诽谤性评论——哪怕正文有所澄清——有可能成为诽谤诉讼的依据。

O. J. 辛普森(O. J. Simpson)曾被指控谋杀前妻及其同伴,后得无罪开释。在他获释一周后,《全国考察者》(National Examiner)的封面刊出大字标题:《警方认为卡托干了这事——他的朋友说,他担心警方会告他作伪证》。报道全文刊登于第 17 版,标题是《卡托·凯林(Kato Kaelin)……警察认为他干了这事》。报道称,警方正设法证明凯林在辛普森案中作了伪证。凯林起诉诽谤,他诉称,报道的标题暗示他是谋杀嫌疑人。《全国考察者》的律师说,这并非《全国考察者》的本意,"这事"指的是作伪证。第 9 巡回区美国上诉法院的法官们判定,根据加州法律,新闻报道的含义应以普通读者的印象判断。本案中,一般理性读者很有可能认为,"这事"指的就是谋杀。[63]1999 年 10 月,凯林与《全国考察者》达成和解。

印第安纳州最高法院审理过这样一起案件:有个餐厅老板认为,某篇报道的标题诽谤了他的餐厅。审理此案时,法院遵循了下面的原则:如果标题公正地反映了真实文章的大致内容,那么该标题就不具有诽谤性。本案中,县卫生检查人员的报告说,这家餐厅内有蟑螂和啮齿动物出没的痕迹。《韦恩堡新闻报》(Ft. Wayne Journal Gazette)的标题写道:"卫生委员会关闭了班迪多餐厅,检查人员在这家餐厅中发现了老鼠和蟑螂"。州最高法院判决,该标题未能准确地反映文章内容,它用了"老鼠"一词,而报道正文只提到"啮齿动物"。每只老鼠都是啮齿动物,但不是每只啮齿动物都是老鼠。[64]

事实陈述显然可被起诉为诽谤,但观点表达具有诽谤性吗?这要视情况而定。如果所问的问题是:观点能降低他人的名誉吗?(所谓诽谤,就是降低他人的评价)那答案是肯定的,观点可能具有诽谤性。但如果所问的问题是:诽谤性观点可以成为诽谤诉讼的依据吗?那答案可能是否定的。美国法院曾在多起案件中判定,纯粹的观点受宪法第一修正案保护。[65]原告不能根据纯粹观点成功起诉诽谤。为什么呢?因为纯粹观点不能被证明真伪——它只是观点而已。比如,"我看布伦达·贝勒(Brenda Baylor)是个蠢蛋"这句评论有可能降低布伦达在社群中的名誉,但你又如何证明或证伪某人是个蠢蛋呢?证明不了言论虚假,原告就会败诉。因此,纯粹的观点不是问题。但不幸的是,法院极难判断哪些是纯粹观点,哪些不是。显然,含有虚伪事实的观点表达可能具有诽谤性,因为其中存在虚伪事实。"我看布伦达·贝勒是个蠢蛋。你知道,她 SAT 考试只得了 150 分。"第二句话是事实陈述,如果它为假,就肯定能支持原告提起诽谤诉讼。不过,有些言论并不容易区分事实和意见。"顶点牌熔炼炉的排放物有害于环境"是事实陈述还是观点表达? 有些人或许认为,烟囱里飘出来的一切排放物都会破坏环境。但顶点牌熔炼炉有可能完全符合环保局的要求。因此,我们不能一概而论。本书第 **168～173 页**将展开讨论这一问题。我们现在需要了解的是,观点表达有可能损害一个人的名誉,因此具有诽谤性。但如果此类表达中完全没有虚伪的诽谤性事实,那它通常支撑不了一起诽谤诉讼。

本书没有篇幅详细列举诽谤词语,但列出最常见的几类问题词语还是有可能的,作者和编辑必须特别注意这些词语。

犯罪

许多诽谤诉讼都因指称某人犯罪而起。说某人有非法情事(从违反交通规则到谋杀)是诽谤性的。在许多案件中,即便记者用了"据称"一词,通常也于事无补。"据称"的意思是"被宣布为、被断言为、被描述为"。"据称"某人是凶手,就是"宣布、断言、描述"某人为凶手。但是,又是由谁做出这种宣布、断言的呢? 如果州政府以谋杀罪起诉琼斯,那就是州政府宣布琼斯为凶手。在这种情况下,记者就该写"琼斯被控谋杀罪",而不是简简单单地说"据称琼斯是谋杀犯"。不过,如果琼斯只是因涉嫌谋杀而被讯问,那就不能说他据称是凶手,只能说他据称是犯罪嫌疑人。在这种情况下,说琼斯"据称是凶手"有失准确,并具有诽谤性。记者应遵循的最佳指导原则是:报道你所知的确凿事实。如果琼斯以犯罪嫌疑人的身份被讯问,那就照实写;如果警方认为他是嫌疑人,你也照实写。把"据称"扔进桌边的废纸

篓吧。

性

说一个女人不贞,与丈夫以外的其他男人睡过觉,或者说她被人强奸过,或者说她淫乱滥交,都有可能具有诽谤性。2003 年,《波士顿杂志》(*Boston Magazine*)的某一期刊登了一篇文章,标题是《郊区中学少年的性交习惯》("The Mating Habits of the Suburban High School Teenager")。文章说,过去十年间,波士顿地区青少年的滥交情况益发严重。文章配发了斯泰茜·斯坦顿(Stacey Stanton)与另四名少年的合影。文章第一页上,有很小字号的免责声明:

> 本文配发的照片,来自有关青少年性生活的五年期获奖项目,由摄影记者丹·哈比卜(Dan Habib)拍摄。照片中的人物与本文所写的人、事无关。本文访问的青少年皆使用化名。

斯坦顿起诉诽谤,她诉称,杂志将她的照片放在文字报道旁边,暗示她是文中的滥交一员。初审法院做出了不利于原告的判决,它说,免责声明否定了原告的主张。但第 1 巡回区美国上诉法院推翻了原判,它说,免责声明的字号如此之小,读者很有可能漏读,读者也有可能只看到免责声明的第一句,即照片的来源,没看到第二句和第三句。诉讼因而得以继续。在 2006 年的另一起案件中,一家美国地区法院认定系争言论具有诽谤性,该言论称,一名女性利用她在传媒中的职务,结交有权势、有声望的人物并与他们发生性关系,靠着他们往上爬。[66]

在这个问题上,法律以往对男性的保护较少,但有迹象表明,情况可能正在发生变化。曾有一名年轻男模特起诉某同性恋出版物的发行人。这位发行人在为裸体影集《性欲》(*Lust*)做广告时,使用了该名男模特的照片。《性欲》中的照片,拍摄的是处于性唤起状态、正在进行性行为的裸体男性。广告图片中只有原告一人,且腰部以下穿着整齐,但原告诉

称，使用他的照片为这样一份出版物做广告，实则暗示他滥交。被告辩称，就算如原告所言，使用原告的这张照片确实暗示他滥交，这也不是诽谤性陈述，因为原告是男人而非女人。纽约州最高法院的上诉分院不同意被告的这种说法，它说："在现代法律中，那种认为指责女人私生活不检点是自成诽谤，而指责男人私生活不道德不是诽谤的观点不能成立。这种区别对待乃是基于性别的歧视——它违反了宪法原则。"[67]

有关其他性行为的评论也很敏感，不过，随着美国人在性的问题上日益开放，法律也在改变。30 年前，称某人为同性恋是自成诽谤。[68]今天，虽有法院仍在坚守这一规则，但许多法院已改持不同立场。马萨诸塞州一家联邦法院在 2004 年年中判决，指称某人是男同性恋不再意味着他犯罪，因此不能成为自成诽谤诉讼的依据。该案原告主张，社会上有些人认为，同性恋不如异性恋值得尊重，他还援引反同性恋结婚的法律作为证据。法院拒绝了他的主张，该法院指出，过去，误将白人称作黑人也被认为具有诽谤性，但今天不复如是。[69]2012 年，纽约州最高法院的上诉分院判决，误将他人称作女同性恋、男同性恋或双性恋，都不具有诽谤性。[70]

个人习惯

有关他人个人习惯的材料也必须仔细审核。质疑某人的诚实、正直或经济上的诚信是危险的。有关饮酒和吸毒的评论也会有问题。诽谤法传统上保护人们不被错误地指称罹患传染性疾病。受害者的朋友和熟人可能会因为害怕染病而对受害者避之唯恐不及。当然，这不是今天常见的诽谤问题。不过，指称某人罹患与滥交或不良行为有关的疾病，可能就有问题了。1990 年，内布拉斯加州最高法院维持了初审中陪审团判予斯普林菲尔德（Springfield）一名男子 23 350 美元的判决，这名男子被误称为艾滋病患者。这是一起口头诽谤诉讼，小镇上一个颇有名气的妇人四处散布有关原告的流言。[71]最后需指出的是，有关个人宗教信仰、爱国心和政治活动的评价（"她不符合所在教会的教导"）也会引发诽谤诉讼。

嘲讽

人们也可能因嘲讽而受到诽谤。不是所有幽默报道都具有诽谤性；只有当报道对象被描述得"极为愚蠢"时，才会有这种危险。错误的讣闻常将报纸卷入纠纷，有时"死人"会起诉这类报道，但法院一贯判决，说某人已死不具有诽谤性，它不会损害名誉。不过有一次，一家新英格兰报纸在嘲笑某人时说，他吝啬到了极点，甚至不舍得花钱雇人，只好自己给自己做棺材、掘坟墓。这篇报道使此人显得愚蠢不堪。[72]

商誉

诽谤法在保护职场人士时最为得力。凡可能伤及他人经商能力、有损其工作或令人难以就业的评论，一般都具有诽谤性。而且，商界人士也更有可能起诉诽谤。他们更熟谙法律，也更习惯于打官司。诽谤法在处理有关个人从业活动的评论时，有一些有趣之处。报道某商界人士或专业人士犯了一个错，未必就是诽谤。人们不能指望商界人士和专业人士个个都是完人。人人都会犯错。比如，有新闻报道说，一位医生误诊了一起病例，或一家房地产开发商的工程十分拙劣。根据"单一错误原则"（single mistake rule），这些可能都不会被认定为具有诽谤性。按常理，社会不会仅仅因为医生或商人犯了一次错误就轻视他们，因此，这类陈述不具有诽谤性。但是，如果报道指出的是一种惯常的无能，而不是一次错误，那就具有诽谤性了。[73]单一错误原则不是马虎报道的借口，但如果错误是不经意间造成的，那它还是派得上用场的。

哪家公司如果认为自己的信用遭到破坏、名誉受到损害，也可以起诉诽谤，与自然人原告一般无二。诽谤性指责的例证很多，清单可以拉得很长。指称某公司涉嫌非法经营、未能按时付清账单、故意制造不安全产品、试图破坏工会等等，都具有诽谤性。但法律不要求商业机构为顾客的不良行为负责。俄亥俄州一家酒吧的老板起诉当地一家报社,该报社将发生在酒吧附近停车场中的一起打架斗殴称为"酒吧斗殴""酒吧中的斗殴"。不过,新闻报道解释了袭击地点,也没有指责原告有任何不当行为,法院这样判决道。[74] 话说回来,如果报道暗指商业机构的经营者怂恿粗暴行为,容忍打架斗殴或允许毒品交易,那就又另当别论了。此时报道确实反映了经营者的行为,可能具有诽谤性。

批评产品

批评产品属于另一类不同的法律问题,也称为"诋毁财产"。这类批评常称为**商业诽谤** (trade libel),但它其实不是诽谤。诽谤一家公司与贬损一个产品,二者有何区别呢?

● 商业诽谤或诋毁产品,关注点是产品本身。"顶点牌汽车遇到暴风雨时总是熄火"是对产品的批评。

● 针对经营活动的诽谤,重点是经营者的失职无能。"顶点牌汽车遇到暴风雨时总是熄火。制造商为了省几个钱,没能妥善维护电力系统,雨水渗漏达到警戒标准,导致了短路。"这段话既批评了产品,也批评了公司。

原告要想在商业诽谤案中胜诉,必须证明以下三点:

1. 原告必须证明,被告有关产品的陈述虚伪不实。这有一定难度。检测产品并发布检测结果的组织在公布结果时往往十分谨慎。它们不会报告说,顶点牌汽车在暴风雨中熄火,它们常用的措辞是:被检测的顶点牌汽车熄火。顶点公司也许能证明大多数汽车运行正常;但被测车辆工作失常这一点,它难以反驳。

2. 原告必须证明,不实评论造成了特别的经济损失。法院一贯要求原告以订单取消或销量下降来证明精确的经济损失。

3. 原告必须证明,被告在发表有关其产品的不实评论时有恶意或"实际恶意"。本书**146~151 页**将更完整地介绍实际恶意。所谓实际恶意,就是被告明知陈述虚伪,或全然不顾其真伪。

这是原告所要背负的重担。光是证明陈述失实,就已经很不容易了。例如,电视节目《60 分钟》在 1989 年报道说,华盛顿州种植的苹果不安全,因为当地施用一种名叫 Alar 的化学杀虫剂,一些科学家认为,这种化学品会增加癌症风险,尤其对儿童有害。该州的果农起诉 CBS 等被告,索赔 1 亿美元,诉由之一就是诋毁产品(商业诽谤)。不过四年后,此案戛然而止,一家美国地区法院同意了 CBS 的即决判决申请,判决原告不可能证明系争陈述虚假。

> 批评产品属于另一类不同的法律问题,也称为"诋毁财产"。这类批评常称为商业诽谤,但它其实不是诽谤。

果农认为,电视节目中有以下三处错误:

1. 丁酰肼(Alar 中的一种活性成分)是食物中最强力的致癌物质。

2. 丁酰肼具有即时危险性,会大大增加人体的患癌风险。

3. 丁酰肼对儿童危害最大。

尼尔森(Nielsen)法官说,丁酰肼是否有巨大危害,科学界内部尚有争议。CBS 举出的证据是:环保署(Environmental Protection Agency)认为,丁酰肼是最容易致癌的人造杀虫剂之一,而人体无论何时摄入致癌物质,都有可能在未来罹患癌症。但尼尔森法官说,对于丁酰肼可能严重危害儿童的观点,研究者有巨大分歧。尼尔森法官说,科学界对这种化学品的危害尚且意见不一,原告又如何能够证明 CBS 报道失实呢?[75] 1995 年,第 9 巡回区美国上诉法院维持原判。[76]

银行、保险公司和蔬菜

多个州现已立法保护特定行业的名誉。许多司法管辖区有特殊的法律保护银行和保险公司,以免其经济信用被人攻击。此类攻击一旦成功,银行和保险公司的客户便会倒戈相向,并轻而易举地摧毁银行和保险公司。近年来,许多州通过了立法,将故意发表有关本州蔬果的谎言规定为违法。这些"蔬菜憎恨法"(veggie hate laws)旨在避免类似于华盛顿州果农因 Alar 争议而遭受的损失。这些法律为农场主和种植人提供了诉由,任何批评食品有健康风险的陈述,如果没有"可核实的事实、科学证据,或其他可靠证据"作为凭证,农场主和种植人即可起诉。一些法律还将证明真伪的举证责任从原告转移至被告。这种法律看似奇怪,但确实存在,粗心的记者会因此惹上官司。

1998年,得克萨斯州的数家养牛场起诉脱口秀制作人兼主持人奥普拉·温弗里(Oprah Winfrey)。温弗里脱口秀上的一位嘉宾说,美国有数千头牛感染了疯牛病,温弗里当场宣布,她今后不再吃汉堡了。节目播出后,牛肉价格一落千丈,养牛场损失了上百万美元。一些专家认为,这将是检验"蔬菜憎恨法"合宪性的第一起案件,但他们失望了,美国地区法院的法官玛丽·卢·鲁滨逊(Mary Lou Robinson)判决,根据得克萨斯州的相关法律,此案无法进行下去,因为原告无法证明,牛肉是该州法律所规定的"易腐烂食品",也无法证明被告发表了"明知为假"的陈述。[77]第5巡回区美国上诉法院维持下级法院的原判,理由是,被告没有发表明知为假的言论。[78]

虚假性

原告必须证明的第四个要件是虚假性。不过,正如前文所指出的,并非每位原告都必须满足这一要件。

诽谤原告可以分为两类:公共性人物与一般私人。公共性人物包括政府职员、民选官员、体育明星、演艺明星、著名宗教领袖或商业领袖。一般私人就是非公共性人物。你很快便会发现,根据现行法律,公共性人物要想在诽谤案中胜诉,比一般私人难得多。

公共性人物在每起诽谤诉讼中都要证明诽谤言论失实。但美国最高法院曾判决,仅当系争陈述牵涉公众关切的事项时,一般私人原告才必须证明诽谤陈述虚假。[79]何为公众关切的事项?最高法院没有给出定义,但它在另一起案件中指出,某陈述是否关涉公众关切之事项,须依该陈述的"内容、形式和语境"而定。[80]这也不是一个十分明确的定义。

假以时日,下级法院无疑将充实"公众关切之事项"的定义。有人主张宽泛地界定这一概念,将报纸、杂志、电台和电视台发表的大多数内容都涵括在内。编辑或新闻编导都巴不得吸引大量且多元的受众,这不就能证明,报道内容涉及公众关切的事项吗?不过,我们当下正处于"微媒体"时代,许多网站不再以争取广泛而多元的受众为目标,它们仅面向少量用户。如此一来,前述论证还能适用于仅有几百个同道关注的博客吗?我们不得而知。

综言之,大多数原告必须证明诽谤材料失实。只有在极少数情况下,当一般私人因非关公众关切事项的报道起诉时,才会改由被告证明系争材料真实。那么,言论的真伪又该如何证明呢?

证明真伪的第一个原则是,呈递给法庭的证据必须直指诽谤指责的核心关键。证据必须直接、明确。证据有冲突时,事实发现者(法官或陪审团)会判断谁在说真话。法院不要求诽谤指责句句为真,只要求核心部分为真就可以了。

换言之,你得把报道中损人名誉的那部分单独提取出来,看看这些内容真实与否。假设著名电台记者哈德利·赖特(Hardley Wright)对听众说,梅维斯·马丁(Mavis Martin)于周日晚间被捕,当时他正开着一辆偷来的丰田凯美瑞轿车行驶在马歇尔大街上。实情是:马丁于周六晚间被捕,他开的是一辆偷来的本田雅阁轿车,当时行驶在贝克大道上。就诽谤案而言,以上报道是否属实呢?答案是肯定的。该报道的诽谤内容(即有损名誉的内容)是:马丁因盗窃车辆而被捕。尽管其他内容有误,但关键点的报道是正确的。

有人写了一本书,描述其继姐妹的生活事件。她写道,这名女孩曾搭车前往加州,她搭上了一辆车,却遭到驾车者强奸。实情是,女孩是在中学时被强奸的,当时她与两名在派对

> 证明真伪的第一个原则是,呈递给法庭的证据必须直指诽谤指责的核心关键。

上认识的男人共处一室。系争言论的关键内容是强奸，这部分是真实的，尽管有其他种种错误。[81]密西西比州一家电视台报道说，一名男性因与盗窃团伙有染而被捕。警方只说此人收受赃物。他起诉诽谤，诉称电视台的报道让人感觉他在组织盗窃团伙或销售赃物。联邦法院不同意他的主张。报道的关键是，他因与盗窃团伙有染而被捕——这一点是真实的。[82]原告往往想要说服法院揣摩报道中的深意。得克萨斯州的一位医生主张，当一家电视台报道说，她在没有通知病人家属的情况下撤除了病人的维生设备，并因此受到调查时，电视台其实是在指责她谋杀病人（在这种情况下撤除维生设备违反联邦法，但不被视为谋杀）。但法院不认为系争报道在指责原告故意谋杀病人。法院认为，电视台的报道内容属实。[83]我们最后再举一个例子，密歇根州一家法院做出了有利于某位前国会女议员的初审判决。这名女议员诉称某报报道错误引用她的原话。她在一次采访中说，她认为，不是所有白人都心胸狭窄。"这就是为什么我爱单个的人，却不喜欢这个种族的原因。"新闻报道在引用原告原话时写道："我恨这个种族。"初审法院认为，"恨"不同于"不喜欢"。但密歇根州上诉法院推翻了原判，上诉法院说，这些词的意思都差不多。诽谤的关键内容是真实的。[84]

一名男子被拍到在狱中与另一名犯人打架，有电视节目报道称，此人是雅利安兄弟会的成员，雅利安兄弟会是美国的一个白人狱中团伙与犯罪组织。原告起诉广播公司，诉称这一指责失实。法院拒绝了他的主张，法院指出，严格来说，原告不是雅利安兄弟会的成员，但他是雅利安兄弟会某一附属帮派的成员。可以说，电视报道的指控是大体真实的。[85]此案的另一项判决参见第 111 页。

法院在评估系争言论的真伪时，会给予被告相当大的回旋余地，但也不是容忍一切错误。有时，哪怕只是一个细节被证明失实，法院也会判原告胜诉。艾奥瓦州得梅因的一个消防队员被开除了，消防局的官员说，他没能通过紧急状况下医疗救护员的书面测试，而这是每位消防员都必须通过的测试。消防局的主管告诉记者，被解雇的消防员有阅读障碍。就算消防局花纳税人的钱请人辅导他，他也只能达到小学三年级的阅读水平。传媒被告请求法院驳回此案，因为报道的内容大体真实。但初审法院拒绝了，艾奥瓦最高法院维持原判。报道中有两处错误，也许只是细节，但恰好是诽谤的关键。第一，辅导费用其实主要由这名消防员自己承担。更重要的是，测验表明，他的阅读水平相当于社区大学中成绩处于后三分之一位置的学生，而非小学三年级学生。报道内容并非大体真实。[86]

记者必须谨记：在一起诽谤案中，陪审团评判真伪的依据是报道说了什么，不是记者想表达什么。生产垃圾回收机的伦德尔制造公司（Lundell Manufacturing）曾起诉 ABC 诽谤。伦德尔制造公司将一台 300 万美元的机器卖给了佐治亚州的一个县。机器投入使用一年左右，该县有人说，新机器并未解决垃圾问题。ABC 的《今夜世界新闻》（"World News To-night"）发表了如下评论：

> 在佐治亚南部这个遍布烟草农场和山核桃林的小县里，纳税人因这台垃圾回收机而背上了 300 万美元债务，他们为此十分愤怒，他们从未对这台机器满意过，它根本不管用。

ABC 的律师称，记者想表达的意思是：这台机器没能解决该县的垃圾问题。但陪审团认同原告的说法。陪审团说，他们的解读是：这台垃圾回收机运转不了，机器有毛病。1996 年，第 8 巡回区美国上诉法院维持原判（陪审团判予原告 100 多万美元赔偿金），该院判决道，陪审团可以将 ABC 的陈述认定为失实。[87]

法院如何评估报道的真伪呢？陪审团是在法官的指导下评估的。在陪审员面前，既有关于原告的诽谤性虚假言论，也有关于原告的真实内容。虚假内容会在陪审员头脑中留下某种印象。得知实情后，这一印象会改观吗？

一篇报道哪怕通篇都是真实陈述,但如果遗漏重要事实,给人留下错误印象,也仍有可能被认定为失实。一些法院称之为含蓄诽谤。准确未必等于真实。正确地引用或准确地报道他人所言,未必就是发表真实陈述。

例如,一家电视台指称哈尔·琼斯(Hal Jones)殴打妻子。陪审员根据以上陈述形成了对琼斯的初步印象。事实上,琼斯只打过妻子一次,那是在一次争吵中,她向他扔了咖啡壶之后。这个事实会在陪审员头脑中留下不同印象吗?一家法院说:"检验真伪的一种可行标准是:诽谤是否会在读者的头脑中造成一种效果,而这种效果不同于事实真相所制造的效果。"[88]

一篇报道哪怕通篇都是真实陈述,但如果遗漏重要事实,给人留下错误印象,也仍有可能被认定为失实。一些法院称之为含蓄诽谤。南卡罗来纳州有一名驾车者在行驶中意外撞上该州伊斯托弗(Eastover)的警察局局长,造成了人身伤害。她承认自己超速行驶。一年后,警察局局长身亡,一家报社的两篇报道反复提及这起交通事故,又说,虽然警察局局长死了,这名女性也不会面临新的指控。两篇报道的内容都属实,但报社没有说明的是,这位警察局局长其实死于癌症。南卡罗来纳州上诉法院总结道,读者可能从报道中轻易得出结论——他死于交通事故造成的伤害,而这是假的。[89]艾奥瓦州最高法院 2007 年说,该州承认含蓄诽谤。但此前一年,俄亥俄州上诉法院曾判决,根据俄亥俄州诽谤法,含蓄诽谤不可以被起诉。[90]华盛顿州上诉法院也在 2010 年做出了同样的判决。[91]

请记住:真实和准确有时不是一回事。正确地引用或准确地报道他人所言,未必就是发表真实陈述。假设约翰·史密斯告诉记者:警察局局长篡改了某些囚犯的逮捕记录,让他们更容易获得保释和无罪释放。记者将这一内容写入报道,标明出自约翰·史密斯之口。报道发表后,警察局局长起诉诽谤。记者光是证明自己在报道中准确复述了史密斯的原话是

不够的。记者只有证明报道的核心内容(即警方主管篡改了逮捕记录),才能证明报道真实。关键是诽谤指责的真实性,而不是报道中引语的准确性。准确未必等于真实。

在诽谤诉讼中,最初的举证责任由原告承担,原告必须证明以下五个要件:诽谤被传述公开;诽谤有关原告;言论具有诽谤性;诽谤内容虚假失实;被告有过错。本章讨论了前四个要件。五个要件中最复杂的过错将留待第 5 章讨论。

小 结

诽谤原告首先必须证明诽谤性材料被传述公开;换言之,除了原告和被告以外,另有第三人看到过该材料。接下来,原告必须证明,诽谤内容有关他本人。在诽谤诉讼中,个人的身份可以透过名字、昵称、照片或报道中的环境描述来识别。如果陈述涉及一大群人,群体内的个别成员不能据此起诉诽谤。不过,如果群体规模较小,其中的个人也许能对有关整个群体的言论提起诽谤诉讼。原告还必须证明,冒犯性陈述中的言辞具有诽谤性,降低了他的名誉。最常见的诽谤性陈述包括:指责他人犯罪或有不洁性行为,评论他人的个人习惯或特点,怀疑原告的爱国心、政治信仰、工作能力与资质。公司或其他商业机构也可能遭到诽谤,产品的制造商可以起诉"诋毁财产",但很难胜诉。在以大众传媒为被告的诽谤诉讼中,原告通常必须证明致害陈述虚假失实。原告在法庭上出具的证据,必须直指问题的关键;诽谤的核心内容或关键内容必须是虚假的。小错误一般不会被法院认定为失实,除非这些小错误是诽谤的关键。判断失实的具体方法,是看事实真相留给陪审团的印象是否不同于诽谤性虚假陈述留下的印象。

参考书目

American Law Institute. *Restatement of the Law of Torts*, 2nd ed. Philadelphia: American Law Institute, 1975.

Ashley, Paul. *Say It Safely*, 5th ed. Seattle: University of Washington Press, 1976.

Belluck, Pam. "Boston Herald Is Ordered to Pay Judge $2 Million for Libel." *The New York Times*, 19 February 2005, A8.

Bezanson, Randall P., Gilbert Cranberg, and John Soloski, *Libel Law and the Press*. New York: The Free Press, 1987.

Cohen, Roger. "Suit Over Novel's Use of Real Name Is Dismissed." *The New York Times*, 19 July 1991.

Dill, Barbara. "Libel Law Doesn't Work, But Can It Be Fixed?" In *At What Price? Libel Law and Freedom of the Press*, by Martin London and Barbara Dill. New York: Twentieth Century Fund Press, 1993.

Hakim, Danny. "Suzuki Resolves a Dispute with a Consumer Magazine." *The New York Times*, 9 June 2004, C6.

Libel Law: A Report of the Libel Reform Project. Washington D. C. : The Annenberg Washington Program, 1988.

Lyall, Sarah. "Britain, Long Libel Mecca, Reviews Laws." *The New York Times*, December 2009 A1.

Media Law Resource Center. MLRC 2005 Report on Trials and Damages. Bulletin 2005 No. 1 (February 2005).

Moscov, Jim. "Truth, Justice and the American Tort." *Editor & Publisher*, 27 November 2000, 16.

Pfanner, Eric. "A Fight to Protect Americans from British Libel Law." *The New York Times*, 25 May 2009, B3.

——. "In Britain, Curbing Lawsuits Over Libel." *The New York Times*, 21 March 2011, 88.

Phelps, Robert and Douglas Hamilton. *Libel*. New York: Macmillan, 1966.

Pring George. "SLAPPs: Strategic Lawsuits Against Public Participation." *Pace Environmental Law Review*, Fall 1989, 8.

——, and Penelope Canan. "Strategic Lawsuits Against Public Participation." *Social Problems* 35 (1988): 506.

Prosser, William L. *Handbook of the Law of Torts*. St. Paul, Minn. : West Publishing, 1963.

Robbins, William. "A Rumor of AIDS, a Slander Suit." *The New York Times*, 23 July 1990.

Seelye, Katherine. "Jury Finds That Columnist Acted with Malice and Awards Judge $7 Million." *The New York Times*, 15 November 2006, A18.

Smolla, Rodney A. "Dun & Bradstreet, Hepps, and Liberty Lobby: A New Analytic Primer on the Future Course of Defamation." *Georgetown Law Journal* 75 (1987): 1519.

Yankwich, Leon R. *It's Libel or Contempt If You Print It*. Los Angeles: Parker & Sons Publications, 1950.

 注释

[1] 例如，*Troy Group, Inc.* v. *Tilson*, 364 F. Supp. 2d 1149(2005)是基于一封电子邮件；*600 West 115th Street Corp.* v. *von Gotfeld*, 80 N. Y. 2d 130(1992)是基于公开聚会上发表的评论。

[2] CNN, Sept. 13, 2012.

[3] *Church of Scientology International* v. *Time Warner Inc.*, 903 F. Supp. 637(1995). 该案于 1996 年 7 月被驳回。该教会的教徒迈克尔·贝巴克(Michael Bayback)也曾因 1991 年的同一篇报道起诉时代华纳，1996 年 11 月，时代华纳与贝巴克达成和解。

[4] Hakim, "Suzuki Resolves a Dispute."

[5] Carvajal, "Libel Wrangle Over Miliken Book." 1999 年 9 月 27 日，纽约州最高法院的上诉分部批准了西蒙&舒斯特公司的即决判决申请，并驳回此案。See

Armstrong v. *Simon & Schuster*, 27 M. L. R. 2289 (1999).

[6] *Tavoulareas* v. *The Washington Post Co.*, 817 F. 2d 726(1987). See also Brill, "1982: Behind the Verdict,"31.

[7] Moscov, "Truth, Justice and the American Tort,"22.

[8] See Pring, "SLAPPs"; Pring and Canan, "Strategic Lawsuits"; and Dill, "Libel Law Doesn't Work. "

[9] *Olson* v. *Cohen*, Cal. Ct. of Apps. , No. 13 221956(9/12/11).

[10] Bezanson, Cranberg, and Soloski, *Libel Law and the Press*.

[11] See Dill, "Libel Law Doesn't Work. "

[12] See, for example, *Grotti* v. *Belo Corp.* , 34 M. L. R. 1969(2006).

[13] Phelps and Hamilton, *Libel*.

[14] American Law Institute, *Restatement of the Law of Torts*.

[15] *Kevorkian* v. *American Medical Association*, 602 N. W. 2d 233(1999).

[16] *Bustos* v. *A&E Television Networks*, 646 F. 3d 762 (2011).

[17] *Stern* v. *Cosby*, 37 M. L. R. 2288(2009).

[18] *Williams* v. *Fox Television Stations Inc.*, 34 M. L. R. 1168(2005). See also *Lamb* v. *Rizzo*, 31 M. L. R. 2513(2003), aff'd 381 F. 3d 1133(2004). See also *Thomas* v. *Telegraph Pub. Co.* , 35 M. L. R. 1769 (2007),新罕布什尔最高法院在该案中判决,仅当原告的犯罪活动已向公众广泛报道时,方可将原告认作"对诽谤刀枪不入之人"。

[19] *Saunders* v. *WHYY-TV*, 382 A. 2d 257(1978); see also *Michtavi* v. *New York Daily News*, 37 M. L. R. 2591(2009).

[20] *Clawson* v. *St. Louis Post-Dispatch LLC*, 32 M. L. R. 2008(2004), aff'd 34 M. L. R. 2217(2006).

[21] See *MacDonald* v. *Time*, 554 F. Supp. 1053(1983); *Canino* v. *New York News*, 475 A. 2d 528(1984); and *Coppinger* v. *Schantag*, 34 M. L. R. 1141 (2006).

[22] *City of Chicago* v. *Tribune Publishing Co.*, 139 N. E. 2d 86(1923).

[23] See *Columbia Sussex* v. *Hay*, 627 S. W. 2d 270 (1981); *Mutafis* v. *Erie Insurance Exchange*, 775 F. 2d 593(1985); and *Philadelphia Newspapers* v. *Hepps*, 475 U. S. 767(1986).

[24] *Hornby* v. *Hunter*, 385 S. W. 2d 473(1964).

[25] *Condit* v. *Dunne*, 317 F. Supp. 2d 344(2004).

[26] *Little* v. *Consolidated Pub. Co.* , 38 M. L. R. 2569 (2010).

[27] *Sayler* v. *Southern Poverty Law Center Inc.*, 28 M. L. R. 1035(2009).

[28] *Piper* v. *Mize*, 31 M. L. R. 1833(2003).

[29] *Sandler* v. *Calcagni*, 36 M. L. R. 2286(2008).

[30] 47 U. S. C. § 230(C)(1).

[31] *Batzel* v. *Smith*, 333 F. 3d 1018(2003).

[32] *Hadley* v. *Gatehouse Media Freeport Holdings Inc.*, 40 M. L. R. 2159(2012).

[33] *Schneider* v. *Amazon. com Inc.*, 31 P. 3d 37(2001). See also *Universal Communications Systems Inc.* v. *Lycos Inc.* , 35 M. L. R. 1417(2007),该案中,一家美国上诉法院判决,运营商业信息公告板的被告是 CDA 界定的网络服务提供者。

[34] *Globe Royalties Ltd.* v. *Xcentric Ventures LLC*, 544 F. Supp. 929 (2008). See also *Barnes* v. *Yahoo! Inc.* , 37 M. L. R. 1705(2009). 该案中,Yahoo! 公司因未能移除第三人在网络信息公告板上发布的内容,被起诉过失侵权,第 9 巡回区美国上诉法院判决,CDA 保护 Yahoo! 免于责任。

[35] *Doe* v. *MySpace Inc.*, 36 M. L. R. 1737(2008).

[36] *Miles* v. *Raycom Media Inc.*, S. D. Miss. , No. 09-713, 8/26/2010.

[37] *Fair Housing Council of San Fernando Valley* v. *Roommates. com*, 36 M. L. R. 1545(2008).

[38] *Jones* v. *Dirty World Entertainment Recordings*, 40 M. L. R. 1153(2012).

[39] *Nemeet Chevrolet Ltd.* v. *Consumeraffairs. com Inc.* , 591 F. 3d 250(2009).

[40] *Crooks* v. *Newton*, 39 M. L. R. 41(2011).

[41] *Poyam Taniz* v. *Google Inc.* , No. 11-3178(2012)E. W. H. C.

[42] Pfanner, "A Fight to Protect".

[43] *Hanks* v. *Wavy Broadcasting LLC*, 40 M. L. R. 1424 (2012).

[44] *Allied Marketing Group Inc.* v. *Paramount Pictures Corp.* , 111 S. W. 3d 168(2003).

[45] *Weinstein* v. *Bullock*, 827 F. Supp. 1193(1994).

[46] *Bryson* v. *News America Publications Inc.* , 672 N. E. 2d 1207(1996).

[47] *Eyal* v. *Helen Broadcasting Corp.* , 583 N. E. 2d 228 (1991).

[48] *Geisler* v. *Petrocelli*, 616 F. 2d 636(1980).

[49] *Batra* v. *Wolf*, 36 M. L. R. 1592(2008). 该案直到 2012 年底才得以最终解决。

[50] American Law Institute, *Restatement of the Law of*

Torts.

[51] *Lazore* v. *NYP Holdings Inc.*, 876 N. Y. 52d 59 (2009).

[52] *Berry* v. *Safer*, 32 M. L. R. 2057(2004). See also *Gales* v. *CBS*, 32 M. L. R. 2067 (2004), aff'd 124 Fed. Appx. 275(2005).

[53] *Diaz* v. *NBC Universal Inc.*, 536 F. Supp. 2d 337 (2008).

[54] *Hudson* v. *Guy Gannett Broadcasting*, 521 A. 2d 714 (1987).

[55] *O'Brien* v. *Williamson Daily News*, 735 F. Supp. 218 (1990).

[56] *Olive* v. *New York Post*, 16 M. L. R. 2397(1989).

[57] *Arcand* v. *Evening Call*, 567 F. 2d 1163(1987).

[58] Cohen, "Use of Real Name."

[59] *Budget Termite & Pest Control* v. *Bousquet*, 811 A. 2d 1169(2002).

[60] *Damon* v. *Moore*, 520 F. 3d 98(2008).

[61] *Howell* v. *Enterprise Publishing Co.*, 893 N. E. 2d 1270(2008).

[62] *Perry* v. *Hearst Corp.*, 334 F. 2d 800(1964).

[63] *Kaelin* v. *Globe Communications Corp.*, 162 F. 3d 1036(1998).

[64] *Journal-Gazette Company* v. *Bandido's Inc.*, 712 N. E. 2d 446(1999).

[65] See for example, *Milkovich* v. *Lorain Journal Co.*, 110 S. Ct. 2695(1991).

[66] *Stanton* v. *Metro Corp.*, 438 F. 3d 119 (2006); and *Benz* v. *Washington Newspaper Publishing Co. LLC*, 34 M. L. R. 2368(2006).

[67] *Rejent* v. *Liberation Publications*, *Inc.*, 197 A. 2d 240(1994).

[68] *Gray* v. *Press Communications LLC*, 775 A. 2d 678 (2001).

[69] *Albright* v. *Morton*, 321 F. Supp. 2d 130(2004); See also *Donovan* v. *Fiumara*, 114 N. C. App. 524 (1994); *Miles* v. *National Enquirer*, 38 F. Supp. 2d 1226(1999); and *Amrak Productions Inc.* v. *Morton*,

33 M. L. R. 1891(2005).

[70] *Yonaty* v. *Mincolla*, 40 M. L. R. 2014(2012).

[71] Robbins, "A Rumor of AIDS."

[72] *Powers* v. *Durgin-Snow Publishing Co.*, 144 A. 2d 294(1958).

[73] *Bowes* v. *Magna Concepts*, *Inc.*, 561 N. Y. S 2d 16 (1990); see also *Sermidi* v. *Battistotti*, 27 M. L. R. 2523(1999).

[74] *BMT Management LLC* v. *Sandusky Newspapers Inc.*, 37 M. L. R. 1954(2009).

[75] *Auvil* v. *CBS* "*60 Minutes*," 836 F. Supp. 740(1993).

[76] *Auvil* v. *CBS* "*60 Minutes*," 67 F. 3d 816(1995).

[77] *Texas Beef Group* v. *Winfrey*, 11 F. Supp. 2d 858 (1998).

[78] *Texas Beef Group* v. *Winfrey*, 201 F. 3d 680 (2000).

[79] *Philadelphia Newspapers*, *Inc.* v. *Hepps*, 475 U. S. 767(1986).

[80] *Dun & Bradstreet* v. *Greenmoss*, 472 U. S. 749 (1985).

[81] *Wingard* v. *Hall*, 34 M. L. R. 1537(2006).

[82] *Green* v. *Media General Operations*, 34 M. L. R. 1898(2006).

[83] *Grotti* v. *Belo Corp.*, 34 M. L. R. 1969(2006).

[84] *Collins* v. *Detroit Free Press*, 627 N. W. 2d 5(2001).

[85] *Bustos* v. *United States*, 38 M. L. R. 1747(2010).

[86] *Jones* v. *Palmer Communications*, *Inc.*, 440 N. W. 2d 884(1989).

[87] *Lundell Manufacturing Co.* v. *ABC Inc.*, 98 F. 3d 351(1996).

[88] *Fleckstein* v. *Friedman*, 195 N. E. 537(1934).

[89] *Richardson* v. *State-Record Co.*, 499 S. E. 2d 822 (1998).

[90] *Stevens* v. *Iowa Newspapers Inc.*, 35 M. L. R. 1385 (2007); and *Stohlman* v. *WJW-TV*, *Inc.*, 35 M. L. R. 1103(2006).

[91] *Yeakey* v. *Hearst Communications Inc.*, 234 P. 3d 332(2010).

第 5 章
诽谤:证明过错

美国最高法院于 1964 年首度判决,诽谤原告必须证明被告在发表诽谤性材料时主观上有过错。此前,民事诽谤法的归责原则是严格责任原则(doctrine of strict liability)。在严格责任原则下,不论被告在准备、刊播报道时如何谨慎小心,都必须对原告之损害负责。1964 年的"《纽约时报》诉沙利文案"改变了美国诽谤法的面貌。引进了宪法第一修正案考量之后,原先相对简单的侵权问题变成复杂的法律难题。本章主要讨论与过错有关的两个基本问题:

原告是谁?

报道或材料是如何制作的?

 ## 《纽约时报》诉沙利文案

1950 年代末 1960 年代初,美国南部腹地的许多地方兴起了艰难且残酷的民权运动。在白人民权工作者的帮助下,黑人发起了种种非暴力不合作运动,挑战选举、居住、教育等领域的诸多法律,这些法律使他们沦为二等公民。电视新闻当时尚未成熟,NBC 和 CBS 每晚只播出 15 分钟新闻。民权运动的故事主要透过几家有声望的自由派报纸传遍全国,尤其是《纽约时报》。南部诸州推崇种族隔离的领袖痛恨这些报纸,这些报纸日日刊登有关和平民权抗议活动的报道和照片,而市、县、州政府官员和南部愤怒的市民则以暴力手段或其他非法行径抵制这些和平抗议。

1960 年 3 月 29 日,《纽约时报》刊登了一整版社论性广告,标题是《倾听他们日益高涨的呼声》("Heed Their Rising Voices")。该广告由民权运动领袖组成的临时联盟"保卫马丁·路德·金暨争取南部自由委员会"(Committee to Defend Martin Luther King and the Struggle for Freedom in the South)刊登。广告正文批评南部政府官员使用暴力与非法手段压制和平的民权运动。广告中指责的基本要点是真实的,但有不少事实性小错误。[1]亚拉巴马州的一些官员于是起诉《纽约时报》。第一起进入法庭的诉讼,是亚拉巴马州蒙哥马利县警察局局长 L. B. 沙利文(L. B. Sullivan)提起的。他主张广告中有关蒙哥马利县警察局的陈述失实诽谤,诉请 50 万美元赔偿。[2]广告并未提及沙利文,但沙利文认为,有关警察局行为的评论令其名誉受损。初审法院判沙利文胜诉,判令《纽约时报》赔偿 50 万美元,亚拉巴马州最高法院维持原判,全然不顾《纽约时报》

在蒙哥马利县的发行量仅有 35 份。

美国最高法院的全体成员一致同意推翻原判,最高法院判决,除非沙利文证明,《纽约时报》在刊登诽谤性失实广告时明知广告虚假或全然不顾事实真伪,否则不得获判赔偿金。[3] 换言之,蒙哥马利县警察局局长必须证明:该报在出版广告时撒谎(明知虚假),或者该广告的刊发人员(包括出资刊登广告的委员会和报社工作人员)极度疏失,未能仔细查验、审核系争陈述(全然不顾事实真伪)。威廉·

布伦南大法官将以上两种主观状态合称为“实际恶意”(actual malice);明知虚假或全然不顾事实真伪,都是实际恶意。美国最高法院的判决意见将这一规则适用于所有该法院称为**公共官员(public official)**的原告。此后,所有因有关公务行为或公职适任性的批评而起诉诽谤并想要胜诉的公共官员,都必须证明实际恶意。在考察这一新标准的不同要素之前,我们先来简单了解一下布伦南大法官及其同事用于支持诽谤法这一根本变革的论理依据。

判决的论理依据

● 本案表面上是民事诽谤,内里却是煽动性诽谤。此案中,政府官员因执行公务之方式而受到批评,报社因发表这一批评而受罚。令法院做出初审判决并导致报纸受罚的问题,与政府依 1798 年外侨与煽动法(Alien and Sedition Acts)和 1917—1918 年间谍与煽动法(Espionage and Sedition Acts)提起的刑事控诉并无分别。美国最高法院的既往判决严格限制政府利用煽动性诽谤罪惩罚批评者(**参见第 46~48 页**)。沙利文等原告实是借民事诽谤诉讼复兴煽动法。

● 美国有一种深刻且久远的信念,即有关公共事务的讨论应当充分、广泛而不受限制。公共事务之讨论,是民主进程的基本内容,应鼓励全体公民参与这一讨论。讨论正酣时,参与者发表错误陈述的情况在所难免。如果人们以为,在讨论中发表有损他人名誉的错误陈述可能会被起诉诽谤,那么许多人就会不敢参与讨论。布伦南大法官写道,诽谤领域所增加者,即是自由讨论领域被剥夺者。布伦南强调,欲使表达自由存活,必须给它呼吸空间。[4]

● 沙利文等公共官员在接受政府职务时就应预料到,其工作会受到服务对象的细致审查,甚至批评。政府官员可透过多种途径反驳这类批评。他们通常能方便地近用大众传媒,能为自己辩驳,甚至发言攻击批评者。在民主社会中,此类言论也是重要讨论的组成部分。如果警察局局长沙利文想发言说出实情,他尽

可以与蒙哥马利的记者交谈,但他却选择惩罚《纽约时报》。

早在 1964 年“《纽约时报》诉沙利文案”之前,一些州就已将实际恶意原则引入了诽谤法。沙利文案之后,所有州法院和联邦法院都必须遵循该原则。到了 1960 年代末,美国最高法院又将实际恶意原则推广适用于**公众人物(public figure)**。政府机构以外,也有人意图引领有关重要议题的公共讨论。最高法院认为,这些人与政府官员一样,也不应免于公众的批评议论。[5] 公众人物也必须证明实际恶意,始得胜诉。最后,1974 年,美国最高法院在诽谤的过错规则上做出规定,它宣布,哪怕一般私人,即非属政府机构同时也无意于影响舆论的普通人,也必须证明大众传媒在刊播诽谤时有过错。[6] 各州的法院可以自行决定,在一般私人起诉大众传媒的案件中,原告应该证明何种程度的过错。美国最高法院说,在宪法第一修正案的精神下,一般私人原告至少得证明,大众传媒被告在准备与传播新闻报道时,未能尽到合理的注意义务,即有**过失(negligent)**。但最高法院又说,各州可以自行设立更高的过错标准。至于原告必须证明的过错等级问题,本章将于后半部分讨论(**参见第 144~149 页**)。[7]

前文出现的一些词语,有待更完整的解释。何为公共官员?谁是公众人物?如何定义过

> 欲使表达自由存活,必须给它呼吸空间。

失？如何定义实际恶意？下面，我们将试着为这些骨架增添点血肉，使这些法律概念更为生动。在解释这些概念之前，我们先来简要总结一下过错规则。

1. 起诉传媒诽谤的一般私人，至少必须证明，被告在发表系争材料时有过失。过失就是未尽到合理的注意义务。

2. 起诉大众传媒诽谤的公共性人物(包括公共官员与公众人物)必须证明，被告发表系争材料时主观上有实际恶意。实际恶意就是明知诽谤性陈述虚假，或全然不顾其真伪。

公共性人物 vs 一般私人

凡起诉大众传媒的原告，都必须证明被告有过错，即被告刊播诽谤性材料不仅仅是无心之误。相较于一般私人，公共官员与公众人物必须证明更高等级的过错。但诽谤法中的公共官员和公众人物又是哪些人呢？在探讨这个问题之前，我们先要提醒诸位，诽谤法的难题之一在于，法院抽取了普通人日常使用的一些词语，赋予它们不同的含义。学生必须对此有所留意。例如，大多数人可能会对"公众人物"的一般定义具有共识。但在诽谤法中，这些词语有不同的意涵。我们需要记住这些词的法律定义，而非一般的日常定义。

谁是公共官员？

法院在判断诽谤原告是否应被认定为公共官员时，必须问以下两个问题：

1. 原告是谁——从事何种类型的政府工作？如何**描述其工作**(job description)？

2. 系争诽谤报道的内容是什么？即**报道的性质**(nature of the story)是什么？

我们将分别讨论以上这两个问题。

工作描述

在诽谤诉讼中，原告所从事的政府工作类型，是判断原告是否属于公共官员的关键。我们先来看三个一般规则：

1. 凡民选官员，即令最低职级的民选官员，皆属公共官员。

2. 被任命或被雇请从事政府工作的人，**可能是**诽谤诉讼中的公共性人物，这具体取决于其工作性质。

3. 不是只要为政府工作，就一定会被认定为公共官员。

对于法院而言，判断非民选政府职员是否应被认定为公共官员，常是十分挠头的工作。律师所称的亮线规则(bright-line rule)并不存在。(当法院一贯以同样方式对某一法律问题做出裁判时，律师便说，亮线规则已经确立。比如，如果法院在任何情形下都认定学校教师或公共产业监督员是公共官员，这就会被视为亮线规则。)尽管如此，最高法院还是为下级法院提供了一些有用的指导。

美国最高法院说：

显然，"公共官员"的名号至少适用于在政府机构内，对于公务之执行，于实际上或公众认知上，具有实质责任或控制的人员。[8]

布伦南大法官又补充道，当政府中的某个职位具有显见的重要性，公众因此对任职者的资格与表现有独立兴趣，且该兴趣又超出公众对全体政府职员之资格与表现的一般兴趣时，该任职者便符合公共官员的定义。尽管布伦南的评论非常明晰，但我们还是要略做解释。

民众关心每位政府工作人员（从福利办公室的职员，到学校外马路上的执勤人员，再到读水表的人）的工作是否高效、正当。但部分政府职员所担负的工作责任，远超于一般政府职员，例如市福利部门的头脑、学校安全项目的主管和市水务部门的主管。我们对他们的资格与工作表现有特别的兴趣。这些人更有可能被认定为公共官员。

我们来举一些案例，在这些案件中，原告是否为公共官员是双方争论的焦点。

● 加州埃尔多拉多（Eldorado）国家森林的一位木材经营官员被一家美国上诉法院认定为公共官员。ABC 新闻指摘原告在 16 份木材出售合同中严重犯错，称原告是"损失 2 500 万美元仍侥幸脱罪的官僚"。上诉法院说，原告在出售美国资源之经营活动中的角色，显然令他对政府事务的管理具有实质性责任。[9]

● 纽约州某学区一名监督各校事务的助理主管起诉一家报纸，该报刊文称，该助理主管曾因滥用学校资金而被定罪，此为不实之言。被告主张原告为公共官员，必须证明实际恶意。原告却不以为然。她自称在工作中不做最终决定，事实上没有决策权，在政策制定中亦无直接控制力。但被告认为，她的工作包括监督学校校长和部门头脑，准备课程大纲，参与评定教师终身职位，并负责拟定学校的行为规范。纽约州最高法院同意报社的主张，认定原告在其工作中事实上拥有，或在公众的认知上拥有管理学区的实质性责任。[10]

● 俄亥俄州上诉法院判决，某市执法部门刑侦分部的主管是公共官员，依据是其职位在公众眼中的责任与重要性。[11]

● 一位资历尚浅的社工被认定为公共官员，因为她的工作"具有影响他人之生命、自由、金钱与产业的义务与责任，此义务和责任可能有助或有损于他人尽享其人生"[12]。某些政府职员因处理关涉民众福利或安全的日常事务而被认定为公共官员，同理，许多公立学校教师和警察也被认定为公共官员。[13]

● 在华盛顿州的一个小县，某车辆调配场

的主管被认定为公共官员，因为他有权力开销公共经费，无须督导之同意。[14]

● 一家联邦法院判决，西雅图公共安全公务员委员会（Public Safety Civil Service Commission）的会长兼首席审查员是公共官员，因为她监管其他职员，管理警察局和消防局之应聘人员的申请程序，并监管所有应聘者的考试程序。[15]

● 得克萨斯州一个小镇的市执行长被认定为公共官员。法院说："身为市执行长，原告斯帕克斯（Sparks）……对公务行为具有实质的责任或控制。"[16]

诽谤发生的语境很重要。以州地质调查局的规划员为例，该职位一般不会吸引公众的兴趣与审视。但是，如果有位规划员受州长委派，前往州府附近某地勘测，评估建造一座危险废料堆场的可行性，那么这一特别任务将引发公众更细致的检视与监督。于此情势下，原先不是公共官员的人，可能突然变成公共官员。

综言之，我们无法提供一个详细而明晰的清单，列举哪些类型的工作会令非民选政府职员拥有公共官员的身份。不过以下标准可供参考：

● 个人所承担责任的层级。换言之，工作的重要性如何？

● 个人所承担责任的类型。警察、教师和社工也许是低阶政府职员，但他们履职的方式对民众的生活具有重要且即刻的影响。

● 个人是否有权不受监管地独立开销公共经费？

原告的工作性质为何？市政职员医疗福利工作组的领导与市反恐工作组的领导，二者在下属人数、薪酬收入、职位级别等各方面都大致相同。但公众对反恐工作组领导的任职资格和工作表现的兴趣，可能要比对职员福利工作组领导的任职资格和能力的兴趣大得多。

报道的性质

原告是谁——即他或她从事的工作——是判断公共官员的一个重要标准。但这还只是判准的一半。同等重要的是报道的性质,即诽谤性内容关于什么? 原告是否必须证明实际恶意,取决于诽谤性陈述的聚焦点。如果系争陈述关于(1)原告本人的履职方式,即原告的工作方式,或(2)原告担任公职的适任性,那么原告就必须证明实际恶意。

标准(1)关涉原告的公务职责,重点关注与原告的公共责任直接相关的内容。在前述西雅图公共安全公务员委员会案中,传媒指摘会长前往拉斯韦加斯参加一个会议。电视台说,她此行只花极少时间参加讨论会和工作坊,却豪掷大把时间流连于赌桌。法院判决,原告职务与系争陈述强相关,这意味着,系争报道直接关涉原告的工作方式。[17]

但我们也应谨记:公共官员也有私人生活,政府职员于公开场合之作为,并非事事关乎公务。拉泽尔·米凯利斯(Lazelle Michaelis)医生是明尼阿波利斯市奥特泰尔县(Otter Tail County)的验尸官,这个职务肩负着实质性责任。她同时也是一名医生,受雇于一家医学联合会。因她在病理学领域的专业知识,她偶尔也帮附近贝克县(Becker County)的验尸官验尸。有家电视台报道说,米凯利斯的尸检结论认为,贝克县一名女性死于自杀,争议因此而起。米凯利斯起诉 CBS 的下属电视台

WCCO 诽谤,诉称其名誉受到损害。电视台则主张,米凯利斯身为奥特泰尔县的验尸官,属于公共官员,有责任证明实际恶意。法院不同意被告的主张,法院说,米凯利斯是以私人医生的身份在邻县做解剖的,医学联合会为她的工作买单。她在奥特泰尔县的职位,在本案中不具有关联性。[18]

标准(2)——原告的公职适任性——要宽泛得多,它甚至可以把触角伸至官员的私人生活或个人习惯。某消防主管的个人财务十分混乱,可能与她担任消防主管的工作关系不大。但如果市财政局局长的个人财务有问题,那就要另当别论了。这可能意味着,这位财政局局长不适合执掌一市的财政大权。判断某一指摘是否关涉公共官员的公职适任性,往往具有主观性。而且,法院在做判断时,似乎采用一种依原告工作的重要性而调整的弹性标准,情况便益增复杂。美国总统的几乎一切私人生活,都可用于判断其公职适任性。但法院一般不会对政府下层官员适用同样的标准。你的职位越低,法院就越有可能认为,有关你私生活的报道与你公共官员的身份关系不大。记者在报道公共官员的私人生活时,应在报道中说明,为何报道所揭示的事实会影响政府官员的公务职责,这有助于规避诉讼。

完全公众人物

公众人物在起诉诽谤时也必须证明实际恶意。美国最高法院说,公众人物有两类:完全公众人物和有限公众人物。这两类公众人物是刘易斯·鲍威尔(Lewis Powell)大法官在"格茨诉韦尔奇案"(Gertz v. Welch)[19]的判决意见中提出的。他将"完全公众人物"定义为"拥有如此显著的权力与影响力,足可被视作完全公众人物"的人士。

鲍威尔大法官对完全公众人物的刻画貌似简单,但大多数法院其实很难认定这类诽谤原告。判断完全公众人物,是应以权力为准,还是应以名声为准呢? 有时,有权势者未必拥有很高的知名度。全美前十大公司的总裁显

然是有权势者,但几乎不为人知。例如,1980年代末,联邦法官拒绝将美孚石油(美国最大的公司之一)的总裁威廉·塔沃拉里亚斯(William Tavoulareas)认定为公众人物,他们说,完全公众人物必须是众所周知、家喻户晓的名人。另一方面,名声在外的人往往又没有实权。走笔至此,笔者脑海中便浮现出帕里斯·希尔顿(Paris Hilton)和林赛·洛汉(Lindsey Lohan)。如此一来,到底谁是完全公众人物呢?

约翰尼·卡森(Johnny Carson)[20]和韦恩·牛顿(Wayne Newton)[21]二人被认定为完全公众人物,相当程度上是因为他们名气太

大。然而,保守派作家兼编辑威廉·巴克利(William Buckley)[22] 也被认定为完全公众人物,对于他的保守派读者和追随者而言,他自然十分出名,但也达不到家喻户晓的程度。这些都是陈年旧案。出人意料的是,在这些案件之后,其他的类似案件并不多。过去十年间,原告通常会承认自己就是完全公众人物。[23] 既然公众人物的身份令原告更难胜诉,原告为何还要认同这一身份呢?最大的可能是,他们想夸大自己在公众眼中的名望,从而提出更高的索赔金额。如此循环,大量演员、体育明星和其他名人把自己拔得越来越高,需要持续的关照与养护。

不过,观照完全公众人物问题有不止一种路径。一些人在全国范围内拥有广泛的权力和影响力(鲍威尔大法官语),人人皆知。而另一些人只在本地享有此等权力和影响力,在某个镇子、地区或州中,人人都认识他们。这些人也一样有可能被认定为完全公众人物。一名女性生活在一个拥有 6 500 人口的社区内。她担任过市长,曾供职于教育委员会,一度还是家长-教师联合会的主席人选。她目前是镇上最大的房地产公司的总裁,同时还是当地银行董事会的董事,拥有当地的药房和数家洗衣店。她活跃于大量服务俱乐部,在多个市民活动中担任领袖,每次上街,镇上居民一眼就能认出她来。150 年前,她的祖先建立了这个小镇。如果她被一家仅在当地发行的社区报纸诽谤,那么主张该名女性是社区内的完全公众人物,是颇具说服力的[参见"斯蒂尔诉卡普案"(Steere v. Cupp)[24],堪萨斯州最高法院判决,此等人物是完全公众人物]。1982 年,蒙大拿州最高法院判决,投资与商品顾问拉里·威廉斯(Larry Williams)是完全公众人物。州民主党的一份新闻发布稿误称威廉斯因玩弄政治权谋而被联邦政府指控,从而引发了此案。法院列举了威廉斯的一系列行为,这些行为令法官们确信,他是蒙大拿州的完全公众人物,其中包括:他提供投资顾问服务;他写了三本有关股票的书;他是《福布斯》和《华尔街日报》的报道对象;他时不时出去演讲;他曾竞选

美国国会议员(失败告终);他是蒙大拿州共和党的主席;他是全国纳税者联合会(National Taxpayers Union)的活跃成员。[25]

因为某人在社区中很有名,他便自动变为完全公众人物,这种观念被部分法院弃如敝屣。犹他州有位电视记者起诉她工作过的一家电视台,因为该电视台发表了有关她为何会被解雇的虚假陈述。电视台认为,原告霍莉·韦蒙特(Holly Wayment)是完全公众人物。她在电视台报道了三年新闻,曾代表电视台出席推广活动和特别活动。足可想见,社区内有很高比例的民众认得原告。至少初审法院是这样推测的,所以它认定原告是完全公众人物。但犹他州最高法院推翻了原判。犹他州最高法院认为,没有证据表明,她拥有任何社会或政治影响力,而且,她曾出镜的新闻节目也并非广受关注。法院说:"如果我们承认这些事实是证明原告在地方社区内大有名气的充分证据,那么任何记者都有可能是完全公众人物。"[26]

如果诽谤性材料的发行范围超出了本地社区,向不熟悉原告的人群传播,那么又会如何呢?1985 年的一起诽谤诉讼提出了以上问题。原告是商人乔治·马丁(George Martin),被告是罗得岛州的《查里霍时报》(Chariho Times)。马丁在尚诺克村(Shannock)颇负声望,15 年间,他在当地购置并开发了大量产业。该村 300 名住户是《查里霍时报》的忠实读者,初审法院认定马丁是地方上的完全公众人物。马丁上诉时主张,《查里霍时报》共有 3 000 个订户,远多于熟识他的本村居民。罗得岛州最高法院指出,马丁已经不仅仅在尚诺克村有名气,况且,"很少有人能被一份出版物的全体订户或购买者所共知"。[27] 罗得岛州最高法院回顾了 1967 年的一起著名判例,写道:《星期六晚邮报》(Saturday Evening Post)的订户,不可能人人都认识沃利·巴茨(Wally Butts),但巴茨仍被美国最高法院认定为公众人物(**参见第 147~148 页**)。[28] 该法院判决道:"原告若能被相当一部分读者所知,便足以认定其公众人物身份。"[29] 而马丁满足这一标准。

有限公众人物

鲍威尔大法官在格茨案中提出的第二类公众人物是有限公众人物。"更常见的情况是,"他说,"被归为公众人物者,乃是主动投身特定公共争议的前沿,以期影响相关问题之解决。"[30]这类原告之所以成为公众人物,是因为他的片段生活具有公共性,通常是该人的所作所为试图影响有关公共问题的公众意见。1974—1979年,美国最高法院曾四度尝试充实有限公众人物的定义。四起判例形成了有限公众人物定义的三个要素。下级法院以这些要素为基础,各自确立起有限公众人物的定义。这三个要素是:

● 诽谤性内容刊播之前,社会上必须存在公共争议。争议的结果,必须对直接参与者以外的大众有所影响。换言之,它必须是一个公共性争议。

● 原告必须自愿参与争议。新闻界不能自行制造一个争议,再将原告拉入争议。

● 原告必须试图影响公众对争议的意见。他承担的角色不应该是疏离的、次要的。评估原告影响力的一个方法,是看他能否近用大众传媒。

现在,我们简要介绍一下促成这三个要素的四起判例。

第一起案件的原告,是著名的民权律师埃尔默·格茨(Elmer Gertz)。一名警察枪击了一名年轻男性,导致该男性死亡。官方调查此事期间,芝加哥掀起了严重的争议。最终,该名警察接受了审判并被判谋杀罪名成立。死者的亲属聘请格茨对警察和市政当局提起民事诉讼。格茨并未参与导致警察被定罪的刑事调查。极端右翼组织约翰·伯奇协会(John Birch Society)却在一份出版物中大肆指责格茨构陷警察,格茨起诉诽谤。他是有限公众人物吗?

美国最高法院的回答是否定的。刘易斯·鲍威尔大法官写道:"更可取的做法,是将公众人物问题

> 更常见的情况是,被归为公众人物者,乃是主动投身特定公共争议的前沿,以期影响相关问题之解决。

限缩……考察个人参与导致诽谤发生之特定争议的性质与程度。"此案中的争议,围绕无辜者被警察枪杀、警察受审并被定罪等事实展开。格茨处于争议的外围地带,他无意于影响有关这个问题的舆论。作为代理受害人家属提出民事索赔的律师,他在争议中的作用十分有限。[31]

第二起案件的原告,是佛罗里达州的年轻社交名媛玛丽·艾丽斯·费尔斯通(Mary Alice Firestone)。她与丈夫拉塞尔·费尔斯通(Russell Firestone,费尔斯通轮胎家族的成员)互相起诉离婚。《时代》杂志刊登短文称她为淫妇,她愤而起诉诽谤。玛丽·艾丽斯·费尔斯通是棕榈滩的精英人士,在当地广为人知,她还是一个体育团体的活跃成员。费尔斯通夫妇一方起诉离婚,一方反诉,离婚官司闹得沸沸扬扬,无论在法庭上,还是在传媒上,都是一场吸睛的好戏。玛丽·艾丽斯·费尔斯通积极会见记者,几乎日日对传媒讲述她的故事。当她起诉诽谤时,《时代》的律师主张,她显然属于公众人物。美国最高法院却不以为然。

本案中,由离婚引发的争议,并非大法官们头脑中的公共争议。威廉·伦奎斯特(William Rehnquist)大法官写道,除了在棕榈滩小有名气以外,玛丽·艾丽斯·费尔斯通在社会事务中并不承担任何"具有特别显著性的角色"。而且,她并非自愿参与离婚案件引发的争议。她只是被迫进入法庭,为其婚姻前途寻求出路。[32]

1979年,美国最高法院对另两起案件做出判决。伊利亚·沃尔斯顿(Ilya Wolston)是个地道的普通人。很不幸,他也是迈拉(Myra)和杰克·索布尔(Jack Soble)的侄子。索布尔夫妇是美国广为人知的共产主义者,二人在1950年代的"红色恐慌"中双双被捕,并被控间谍罪。政府撒下大网,在索布尔夫妇的亲友中搜寻其他间谍,沃尔斯顿也受到牵累。沃尔斯顿当时定居于华府,FBI找他谈话之后,

他又数次收到传票,被传唤到纽约州的联邦大陪审团前作证。几次之后,他不堪其扰,终于将一张传票置于脑后,未能到庭作证。他因此被判藐视法庭罪,缓刑三年。当时,共有 15 则新闻报道了沃尔斯顿及其在大陪审团前作证的情况。但是,直到所有调查结束,政府也未能发现任何证据能将沃尔斯顿与共产主义活动联系起来。

15 年后,《读者文摘》出版的一本图书指称沃尔斯顿为苏联间谍。沃尔斯顿起诉诽谤,《读者文摘》的发行人主张,因为沃尔斯顿曾被传唤到大陪审团前作证,因为他曾被判藐视法庭罪,因为这一情事曾被传媒报道,因为以上种种,沃尔斯顿应属有限公众人物。美国最高法院不同意这一主张。最高法院认为,沃尔斯顿并未自愿投入任何争议,只是因为与索布尔夫妇有亲戚关系才被卷入争议。1950 年代中期的美国,确实存在着有关苏联间谍的争议,但沃尔斯顿与此无关。他只是碰巧与两名苏联间谍有亲戚关系而已,他也从来不想影响有关该争议的社会舆论。[33]

在最后一起案件中,美国最高法院判决,密歇根州一家公立精神病院的研究主管不是有限公众人物。原告曾申请并获得 50 万美元联邦资助,从事有关动物攻击性的研究。威斯康星州的美国参议员威廉·普罗克斯迈尔(William Proxmire)被一些人视为参议院的"财政良心",他每月给挥霍公帑的联邦机构或联邦官员颁发"金羊毛"(The Golden Fleece)奖。普罗克斯迈尔不看好哈钦森(Hutchinson)的研究,认为这项研究就算称不上愚蠢,也足可谓无足轻重,故将金羊毛奖颁给了此前七年资助哈钦森研究的机构,同时对哈钦森本人也颇有微词。哈钦森于是起诉诽谤。

被告普罗克斯迈尔主张,哈钦森是有限公众人物。争议是什么呢? 争议在于,公众确实关心政府如何花纳税人的钱。而且被告提出,哈钦森在向政府申请研究经费时,便已自愿投身这一争议。美国最高法院首席大法官沃伦·伯格与另七位大法官表示反对。他们认为,在有关公款开支的公共争议中,哈钦森发挥的作用微乎其微。他并不企望影响有关该问题的公共争议——他的全部作为,不过就是申请研究经费来维持他的工作。获取公共资金以从事研究这一事实本身,不足以将哈钦森之类的人员变成公众人物。[34]

透过以上四起案例,美国最高法院发展出前文所述的三个要件。在结束本话题以前,我们有必要再做点深入的观察。在这四起案件中,美国最高法院其实没有告诉我们谁是有限公众人物——它只告诉我们,谁不是有限公众人物。哪怕只有一起判例认定原告为有限公众人物,也有助于下级法院理解有限公众人物的意涵,但在过去 30 年间,美国最高法院再未就这一问题下判。大法官们似乎想让下级法院自行充实有限公众人物的定义。而下级法院确实也这么做了。[35] 如果我们将美国最高法院的三条指导原则与下级法院的判决对比,就不难发现,最高法院的有限公众人物定义偏向于保守。具言之,原告也许未必满足美国最高法院在 1970 年代提出的公众人物定义,但在今天的司法实务中,却有可能被一家下级法院认定为有限公众人物。下级法院虽未严重偏离最高法院的定义,但在界定何为公共争议、原告在争议中充当何种角色时,似乎更具自由色彩。为了说明以上的观察结果,我们来看一些下级法院的判决。

下级法院的判决

判断谁是有限公众人物,谁不是有限公众人物,是法院在适用诽谤法时必须做出的最具主观性的判断之一。无怪乎,虽有美国最高法院的指导,下级法院对有限公众人物仍有不同的界定。下级法院中产生的各种判准,自然采用了美国最高法院相关判例中的语言,但具体

标准通常有四至五条,而不是三条。比如,华盛顿州的标准要求法官回答五个问题:

- 原告能近用大众传媒吗?
- 原告在争议中担任什么性质的角色?
- 诽谤性评论是否与争议有关?
- 争议是否在诽谤发表之前便已存在?
- 诽谤发生时,原告仍是公众人物吗?

第 4 巡回区美国上诉法院适用的标准是:

- 诽谤性材料发表之前,争议是否已经存在?
- 原告是否自愿在争议中担当特别显著的角色?
- 原告是否试图影响争议的解决?
- 原告能否近用有效的传播渠道?
- 诽谤发生时,原告是否仍保留公众人物的身份?[36]

以上两种标准以及其他法院适用的标准,固然与美国最高法院确立的标准有所不同,但保留了一些基本要素,即有限公众人物乃是自愿参与业已存在的公共争议,以期促进争议解决,同时又掌握有助于争议解决之方法(大众传媒)的人士。一些下级法院以更宽松的方式解读"自愿参与"要件。宾夕法尼亚州最高法院 2007 年指出:"一些法院认为,争议可以由原告自身的活动造成。"[37]罪犯极少有吸引他人关注的主观意愿;但一些法院说,个人在实施犯罪时应能合理预料到,自己的行为会引发公众关注,从而成为公众人物。但不同法院在这个问题上意见不一。1998 年 3 月,康涅狄格州一家美国地区法院认定一名医生的妻子是公众人物。这名医生不断招惹是非,麻烦缠身。他曾因失职获五年缓刑,缓刑期间,又因 20 起诈骗案而被捕、被控。"尽管原告无意于追求公共身份,但因为嫁给了朱普尼克(Zupnik)医生——他显然是公众人物,她也被投入了公众人物的角色中。"[38]三个月后,纽约州最高法院的上诉分部判决,电视名人琼·伦丁(Joan Lunden)的前夫不是公众人物。法院说,不能仅因他多年前曾与 ABC

《早安美国》("Good Morning America")节目的主持人结婚,就认定他为公众人物。《环球》(Globe)小报在报道中称,在伦丁夫妻离婚前的分居期间,伦丁的丈夫与一名妓女有染。"原告本身并不出名,他与伦丁的婚姻,显然也没让他获得足以被视作有限公众人物的名气。"[39]两起案件,几乎如出一辙的案情,两家法院却做出了截然相反的判断。接下来,我们再来看一些下级法院的判例,感受一下诽谤法中的一致性与矛盾性。

争议的性质

在判断原告是否为有限公众人物时,引发诽谤的争议具有何种性质,显然是重要的考察因素。在 1994 年一起呼应美国最高法院早年判决的案件中,第 4 巡回区美国上诉法院宣布:"公共争议是事实上能够吸引公众关注的争议,因其分歧能被直接参与者以外的众人感知。"[40]佐治亚州最高法院也采用了相同的标准。在一起案件中,一群整形外科医生与其他医生就何种医疗专家有资格做整形手术一事发生了争执。佐治亚州最高法院判决,这些整形医生不是公众人物。这场争议只影响医疗社群的成员,不影响普通民众。[41]黑人女性琳达·刘易斯(Linda Lewis)在彭尼百货公司(J. C. Penney store)行窃时被捕。她和她的丈夫随后起诉彭尼公司,诉称她在被商店工作人员羁押期间遭到殴打。刘易斯起诉之后,一家全国民权组织介入此事,号召人们抵制彭尼公司的各家商店。该组织还举办公共集会,让起诉彭尼公司的原告在这些集会上发言。数周之后,一家电视台播出了有关刘易斯的错误信息,她起诉诽谤。电视台认为她是公众人物,她主张自己不是公众人物。科罗拉多州上诉法院说,它在此案中看到了两个争议。第一个争议是刘易斯对百货公司提起的诉讼。在这场争议中,她不是公众人物;只是一个走上法庭,企望获得司法救济的普通人。但刘易斯之后又投入了第二场争议,即公众对彭尼公司的抵制抗议。她在号召抵制彭尼公司的集会上公开发言。法院说,此时她成了有限公众

在判断原告是否为有限公众人物时,引发诽谤的争议具有何种性质,显然是重要的考察因素。

人物。[42]

许多法院曾多次提出，大众传媒不能自行制造一个争议，又在面临诽谤诉讼时给陷入这一争议的人贴上公众人物的标签。佐治亚州不伦瑞克（Brunswick）的一家电台最近试图使用这一手段。它散布流言说，当地音乐人特拉维斯·里德尔（Travis Riddle）杀害了他的女友（也是他孩子的母亲）。里德尔在不伦瑞克小有名气。他在本地举办过饶舌音乐会，在音乐电视上露过脸，还自制过一张 CD，在当地卖得很好，至少有一篇报纸文章报道过。但有证据显示，大多数电台员工在诽谤诉讼发生之前从未听说过他。有一天，电台的一位 DJ 接到数通电话，指称里德尔杀人，他在直播节目中连通了其中的几个来电者。里德尔当时正在亚特兰大做宴会服务生的工作。他起诉诽谤，电台认为他是公众人物。

佐治亚州上诉法院问：此案中的争议是什么？被告认为，谋杀指控制造了一场争议。但里德尔从未在谋杀调查中被锁定为犯罪嫌疑人。事实上也不存在什么谋杀。他的女友只是失踪了数天而已。她的失踪可能具有新闻价值，但从未被报道过。即便失踪一事确实引发了争议，这场争议也只波及她的亲友，不是公共争议。陪审团判给里德尔 10 万美元。[43]

原告的角色

法院一旦认定公共争议存在，就得接着判断原告在争议中扮演的角色。这个问题更难。原告果真介入了导致诽谤发生的争议？抑或只是徘徊在争议外围？原告是自愿参与争议，还是被大众传媒卷入了争议？没有两起案件是完全一样的，以上问题又常得凭借主观判断来回答，因此，出现同案不同判的情况也不足为怪。不过，对于那些认为法律是由一套明确规则建构，并以完全相同之方式适用的人而言，这不啻为一个警告。这种理想状态极少存在，也许永远不存在，除非法官和陪审团被计算机取代。我们来看以下几起案例，观察不同法院如何处理原告在争议中的身份。

过去 20 年间，越来越多的女性加入了美国军队，一个实实在在的争议随之浮出水面。关于女性在战争中应该扮演何种角色，仍有巨大的意见分歧。美国海军的战斗机飞行员一职，是被男性独占的最后几个岗位之一。凯里·D. 洛伦兹（Carey D. Lohrenz）是最早成为海军战斗机飞行员的两名女性之一。她的基础飞行训练成绩全班第一，因此有机会在喷气式飞机中训练。在国会修改法律不准女性驾驶战斗机之后，她被派到一艘航空母舰上担任 F-14 战斗机的飞行员。美国政策改变以后，这一争议的热度持续升温。尤其是，另一名战斗机女飞行员在降落于航空母舰时，因飞机故障不幸失事丧生，争议进一步白热化。一些人开始抨击允许女性驾驶高性能战斗机的想法，也开始攻击洛伦兹本人，说她没能力，不够资格。她起诉诽谤。

她是公众人物吗？被告认为，在女性是否应被允许驾驶战斗机的问题上，社会中存在争议，洛伦兹作为女性战斗机驾驶员，在有关此问题的讨论中必定是公众人物。但洛伦兹的律师认为，她从未参与过这一争议——她只是受训成为海军飞行员，选择驾驶飞机的工作，并作为战斗机飞行员执行任务而已。显然，她从未公开讨论过美国的政策调整是否明智。

审理此案的美国上诉法院支持被告的抗辩。法院判决，当洛伦兹决定成为海军飞行员时，当她决定接受驾驶 F-14 战斗机的任务时，她就应该意识到，自己已被卷入了有关女性应在战斗中承担何种角色的争议。当她穿上制服，驾驶一架海军战斗机时，她便在争议中获得了特别的显著性。法院说："争议中的核心角色，与争议的领域相关。"[44]

1999 年，佐治亚州一家法院认定理查德·朱厄尔（Richard Jewell）为公众人物。该案是朱厄尔对《亚特兰大宪法报》（Atlanta Constitution）和《亚特兰大新闻报》（Atlanta Journal）的发行人考克斯有限公司（Cox Enterprises Inc.）提起的诽谤诉讼。朱厄尔曾任副警长（deputy sheriff）之职，1996 年亚特兰大奥运会期间，正是他发现了公园中的背包炸弹，并赶在炸弹爆炸之前疏散了现场的观众。

爆炸共造成 1 人死亡,11 人受伤。起初,人们视朱厄尔为英雄,接着,警方又怀疑他是犯罪嫌疑人。事件发生后,朱厄尔接受本地传媒与全国传媒的访问有十多次,他向传媒讲述了自己在发现炸弹之后如何疏散群众,也谈及公园的日常安保情况。朱厄尔成为主要嫌疑人之后,亚特兰大有两家报纸发表了评论,引发朱厄尔起诉诽谤。他的嫌疑后被洗清。法院认定朱厄尔为公众人物,因为他欣然接受传媒的访问,属于自愿介入争议。他当时并未为自己辩护澄清。"毋庸置疑,"法院说道,"原告并未拒绝这场争论中的角色,在有关该争议的报道中,他是一个显著人物,不论他在传媒露面时表现得如何沉默寡言,他都是自愿参与这些访问的。"[45]

明尼苏达州的一个建筑商为了清理卖不出去的高价房屋,策划了有奖问答竞赛。房子已被抵押权人拍卖,买主是一家银行。建筑商想用竞赛筹措资金,赎回房子。他在网站上说,他正在募集资金,偿还为建造妇儿庇护所欠下的贷款,他说,庇护所是他成立的。他隐瞒了这所房子已被抵押拍卖。竞赛参与者每人须付 20 美元,才有机会猜房屋里的一个箱子内有多少紧固件——螺帽、螺栓和螺丝钉。网站描述了箱子的尺寸,但不提供每个紧固件的规格,也没说箱子里是否还有其他物品。竞赛过程中还提供其他一些图样。

当地传媒广泛报道了这次竞赛。接着有人向警方举发,怀疑建筑商在房屋中举办非法赌博。建筑商被捕。一场法律较量拉开了帷幕,警方使用了搜查令。故事正在展开,而建筑商又开始了第二轮"猜猜紧固件数量"的竞赛,这次,螺帽和螺栓放在一个透明的水族箱里。明尼阿波利斯 WCCO 电视台的一名记者

联系建筑商,想采访有关有奖竞猜和他本人被捕的情况,建筑商同意接受采访。电视台也播出了警方的评论,警方说,该建筑商很快就会入狱,运营无家可归者庇护所的基金会并未注册,而且该所房屋已经抵押拍卖。建筑商起诉警方错误实施逮捕,起诉电视台诽谤。

电视台认为,该建筑商是有限公众人物,必须证明实际恶意才能胜诉。初审法院同意被告的主张,第 8 巡回区美国上诉法院维持原判。该法院说,有奖竞猜和建筑商被捕这两件事,显然造就了一个争议,它的影响波及竞猜参与者以外的多人。建筑商在这场争议中扮演了重要角色。他甚至雇了公关公司协助推广竞猜,并欣然接受电视台的访问(尽管之后又起诉诽谤)。他显然是有限公众人物。[46]

在肯塔基州西部,某地方医疗中心的一名放射科医生受到患者和同院另一名医生的投诉,被院方解雇。这在当地的小社区内掀起了一场争议。铺天盖地的报道,都在讨论这名医生被解雇的事情。该医生起诉当地一家报纸诽谤。被告主张,因为社区中存在争议,所以该医生是有限公众人物。但一家联邦法院不同意被告的主张,它认为,放射科医生并未主动投入争议。法院说,他其实是被拉入争议的。而且,他从未主动追求公开曝光,也没有近用传媒的特别渠道。[47]

诸如此类的同案不同判,令人如堕五里雾中,即令专攻诽谤法的律师,对此也倍感困扰。这些案件说明:第一,诽谤法仍在发展之中,一如它在此前数世纪中的表现;第二,正如第四章所指出的,诽谤法本质上仍是州法。诽谤法的宪法化确实为它的发展增添了一定的一致性,但州法官仍有相当的空间形塑自己的法律。

企业作为公众人物

> 企业和公司也可以起诉诽谤,它们也可能被认定为公众人物。

企业和公司也可以起诉诽谤,它们也可能被认定为公众人物。如果一家

公司试图在有关重要公共问题的争议中引导舆论,它自然可被归为有限公众人物。例如,如果通用汽车公司试图引导舆论,抵制政府执

行机动车强制排放标准,法院便可将它划归为有限公众人物。不过,公司、企业也可因其他标准而被归为公众人物,这些标准是在过去20年间逐渐锤炼成形的。

判断一家企业是否属于公众人物的标准,包括以下方面:

● 是否用极不寻常的广告或营销策略吸引关注?

● 是否在所在地区的普通民众中广为人知?

● 是否受政府管理?

● 相关诽谤评论是否聚焦于公众关切的问题。

● 是否受传媒频繁而严格的审视?

并非所有法院都认同以上标准。下面的案例为适用这些标准提供了一些指导。

2006 年,俄亥俄州上诉法院判决,两家以裸体舞为特色的成人俱乐部是公众人物。法院说,这两家俱乐部十年来频频现身于报章媒体,不是经营执照有问题,就是在分区听证会上受到当地民众的排斥。[48]1981 年,一家美国地区法院认定,起诉《消费者报告》(Consumer Reports)的博斯公司(Bose Corporation)是有限公众人物,因为这家音频设备制造商以极不寻常的方式推销其新产品 901 扬声器,这种营销催生了有关其产品性能的公共讨论。博斯公司在广告和推广中刻意强调新产品的独特设计。[49]

常规的广告,一般不会令公司获得成为公众人物所必需的知名度。根据第 3 巡回区美国上诉法院的判决,美国保健公司(U.S Healthcare Inc.)和宾州蓝十字(Blue Cross)公司之间的货比货广告,并未将这两家公司变成公众人物。[50]同样,企业家托马斯·贾德温(Thomas Jadwin)为他开发的产品做推销和广告,也未将他变成公众人物。明尼苏达州最高法院认为,贾德温寻求传媒关注是正常的。[51]但内华达州最高法院最近判决,一家积极寻求公共赞助的餐厅应被视为公众人物,至少在系争评论涉及食物时是这样。[52]

罗得岛州一家疗养院被该州最高法院认定为公众人物,这既是因为它受政府管理,也是因为公众十分关注此类疗养院的条件和设施。[53]1997 年,俄亥俄州上诉法院判决,尽管互动式计算机系统当时仍属新鲜玩意儿,但在互联网上做广告还没不寻常到将一家软件公司变成公众人物的地步。[54]1984 年,堪萨斯州一家美国地区法院判决,起诉《航空消费者》(Aviation Consumer)诽谤的比奇飞机公司(Beech Aircraft Company)是公众人物。《航空消费者》杂志发表了一篇有关比奇飞机发生事故的报道。审理此案的美国地区法院说:"诽谤性陈述所关涉的业务由联邦政府监管,而且该陈述发生于联邦调查的语境之下。"法院说,自比奇公司从事飞行器制造这一受政府监管的活动之日起,它实质上已处在公众的监督检视之下。[55]1988 年,第 11 巡回区美国上诉法院判定,在佛罗里达州拥有回力球球场的两名商人,在他们针对 ABC 提起的诽谤诉讼中是公众人物。法院认为,这二人涉足受政府高度管制的行业,故已进入公众视野。[56]1995 年,新泽西州最高法院说,它不会将一家普通企业认定为公众人物,除非该企业的业务涉及公共健康与公共安全,或受到政府管制。但该法院又补充道,如果某家企业被指欺诈消费者,且指摘属实,那么该企业显然违反新泽西州的《消费者欺诈法》(Consumer Fraud Act),也会被视为公众人物。在这起案件中,一家割草机修理企业被指欺骗消费者。州最高法院维持了下级法院的原判,即原告企业必须证明实际恶意才能胜诉。[57]但也有一些法院拒绝采用政府管制标准。俄勒冈州最高法院甚至完全不考虑这一标准,它在俄勒冈银行(Bank of Oregon)起诉《威廉米特周报》(Williamette Week)诽谤的案件中,认定俄勒冈银行不是公众人物。该法院判决道,"社会上显然不存在这样一种争议,可让原告投身其中。银行向公众敞开大门,为拍卖、广告提供资金,以上行为纵然可被视作主动投身公众感兴趣的事务,但也不足以认定银行为公众人物。"[58]

1990 年代的两起判决(其中之一由第 5 巡回区美国上诉法院做成)为判断企业是否属

于公众人物提出了具体判准。第5巡回区上诉法院在"斯尼德诉雷德兰地联合有限公司案"(*Snead v. Redland Aggregates, Ltd.*)中提出：法院在判断一家企业是否具备公众人物身份时，需要考察以下因素：(1)在诽谤的传播区域内，普通人对该企业的认知程度；(2)该企业因生产广为人知的产品而享有的公众知名度；(3)传媒检视该企业的频率与强度。[59]法院说，此外还要考察诽谤性言论是否关涉公共事务。该法院认定，一家经营采砂、碎石业务的英国公司不是公众人物。宾夕法尼亚州一家美国地区法院判决，判断一家企业是否属于公众人物，必须考量：(1)企业近用传媒的能力；(2)诽谤造成的风险如何影响企业(如促致诽谤发生的争议语境)。[60]以上两起案件提出的标准虽然有失精确，但它们表明，一些法院似乎更愿意以宽松的方式判断企业的公众人物身份。

第5巡回区美国上诉法院在斯尼德案中指出，适用于自然人的公众人物判准，在适用于企业时效果不佳。多数法院似乎更乐于采用个案判断的方式。记者在报道企业(甚至是具有很高知名度的企业也不例外)时应该特别谨慎，因为明确的判准至今付之阙如。

时间流逝中的公共性人物

今天的公共性人物(公共官员或公众人物)，20年后还拥有公共身份吗？答案是肯定的，但前提是，报道内容关涉今天赋予此人公众人物身份的事务。福斯特·皮尔逊(Foster Pierson)今天是公众人物，因为他在印第安纳州的投票中冲在反枪支控制的前线，在日后刊播的任何有关该争议的报道中，他都将被视作公众人物。与此类似，一位女性现在从休斯敦市市长一职退回到了私人生活中，如果25年后有传媒报道她任市长期间的所作所为，她也一样具备公共性身份。

我们再来看一个例子，一本关于1995年俄克拉何马市爆炸事件的书引发了一起诽谤诉讼，第10巡回区美国上诉法院2002年判决，在这起诉讼中，联邦调查局的前任副局长是公共性人物。该书出版时，奥利弗·雷维尔(Oliver Revell)已从FBI退休，但法院认为这非关紧要。法院写道：

> 被诽谤者已经卸任之事实，不会影响其公众人物身份。如果诽谤性评论关乎他担任公职期间的作为，且他履职的方式仍然关涉公共利益，那么，他就仍是《纽约时报》案所称之公共官员。[61]

一家美国地区法院判决，1975年救了杰拉尔德·福特(Gerald Ford)总统一命的美国秘密特工，必须被视为公众人物。[62]1975年9月，福特总统两度遭遇刺杀。1975年9月5日，特工拉里·比恩多尔夫(Larry Buendorf)挡开刺客莱内特·"叽叽叫"·弗罗姆(Lynette "Squeaky" Fromme)的胳膊，救下了福特总统，当时，总统正在访问加州首府萨克拉门托。两周后，在旧金山，杀手萨拉·简·穆尔(Sara Jane Moore)企图射杀总统，普通市民奥利弗·西普尔(Oliver Sipple)推开了这个女刺客的手臂。第二起刺杀事件成为湾区的重要新闻，报纸专栏作家赫布·凯恩(Herb Caen)撰文推测，白宫之所以没有感谢西普尔的英雄行为，是碍于他的同性恋身份。西普尔确实是同性恋，他起诉报纸侵犯隐私权。[63](有关此案的更多信息，**参见第215页**。)全国公共广播电台(National Public Radio)的研究者们混淆了以上两起事件，评论员丹尼尔·肖尔(Daniel Schorr)在关于新闻界如何践踏公众人物隐私权的报道中说，特工比恩多尔夫营救了总统之后，其同性恋身份被曝光。法院要求比恩多尔夫证明实际恶意，而他无力证明。[64]但阿肯色州最高法院1997年判决，起诉《阿肯色民主党人新闻报》(*Arkansas Democrat-Gazette*)诽谤的前联邦检察官J. 迈克尔·菲茨休(J. Michael Fitzhugh)不是公众人物。被告报社刊文称，联邦检察官小罗伯特·菲斯克（Robert Fiske Jr.）即将发起白水门调查中的第一起控诉。查尔斯·马修斯（Charles Matthews）和尤金·菲茨休（Eugene Fitzhugh）是被告。该报随文配发了二人的照片，其中马修斯的照片正确无误，但《阿肯色民主党人新闻报》误将 J. 迈克尔·菲茨休的照片当作尤金·菲茨休的照片发表了。报社主张，因为原告曾担任联邦检察官八年——那些年里应属公众人物无疑——他在此案中也应被视作公共性人物。阿肯色州最高法院不同意被告的主张，它判决说，在任何有关 J. 迈克尔·菲茨休当年公职工作的报道中，他过去是，现在仍是公共性人物，但在除此以外的其他报道，包括白水门调查的报道中，他不具有公共性身份。因为一个小错误，《民主党人新闻报》赔了 5 万美元。[65]

一般私人

在诽谤诉讼中，如果原告不符合公共官员、完全公众人物或有限公众人物的定义，法院就会将原告认定为一般私人。这意味着，原告不必证明被告故意撒谎或在发表诽谤时全然不顾事实真伪。在大多数司法管辖区中，原告只需证明，被告在准备或发表诽谤性材料时未能尽到合理的注意义务。不过，这一原则仍有个别例外。一些州（包括加利福尼亚州[66]、科罗拉多州[67]、印第安纳州[68]、阿拉斯加州[69]和纽约州[70]）要求，一般私人原告因涉及公共利益的报道起诉大众传媒诽谤时，必须证明比过失更高等级的过错。在一些州，一般私人原告必须证明重大过失或严重失职（gross irresponsibility）；在另一些州，一般私人原告必须证明实际恶意。新泽西州的法院曾判决，如果系争陈述关涉公众合理关切的事务，一般私人就必须证明实际恶意。在一起案件中，原告（有犯罪记录，共六个罪名）反对某报将他描写为职业罪犯。这篇文章着重记叙了原告如何百般阻挠一本图书的出版，此书讲述了一个盗窃团伙的故事，原告是其中一分子。[71]重大过失的过错程度高于一般过失，但低于实际恶意。要想了解你所在州的相关规定，请查找本州最高法院的最新诽谤判例。你在判决文书中很可能找得到适用于一般私人原告的过错等级。

小　结

根据过错要件，所有起诉大众传媒诽谤的原告都必须证明，被告在发布诽谤性材料时有一定程度的过错，诽谤材料的发表或播出，并非无心之误。

被法院界定为公共性人物的原告，必须证明被告在发表诽谤时有实际恶意，即被告明知系争材料虚假仍径行发表，或全然不顾事实真伪。被法院界定为一般私人的原告，至少必须证明被告有过失，即被告的行事方式会导致不合理的损害风险。依法院判决，公共性人物共分三类：

Ⅰ. 公共官员：为政府工作的人，身居要职，对政府公务有实质性控制力，其政府职位吸引公众的独立检视，且此种检视超越公众对所有政府职员之资格与表现的一般兴趣。诽谤性评论必须聚焦于原告的公务行为（即原告的工作方式）或原告的公职适任性。

Ⅱ. 完全公众人物：这些人在全国范围或社群范围内拥有广泛的权力和影响力，通常暴露于持续的传媒关注之下。

Ⅲ. 有限公众人物：自愿投身重要公共争议的人，致力于影响有关争议之解决的社会舆论。关键要素包括：

a. 公共争议,该争议的解决必须影响参与者之外的其他人。争议结果必须对社群成员有影响。

b. 原告自愿投身争议。有些人乃是被动卷入他人(例如新闻界)制造的争议,这些人通常不会被认定为有限公众人物。

c. 原告希望影响争议的结果,希望形塑有关此话题的社会舆论。这暗指原告有

能力近用大众传媒,参与有关争议的公共讨论。

法院在使用一系列判断标准后提出,在诽谤诉讼中,企业也可以被认定为公众人物。一朝成为公共性人物,终其一生都将保有这种身份,只要报道内容关乎令他们成为公共性人物的事件即可。

过错的意涵

> 过失＝未尽合理的注意义务
> 实际恶意＝明知虚假或全然不顾事实真伪

过失

"过失"是侵权行为法数个世纪以来一直在使用的概念。但迟至 1974 年,它才开始应用于诽谤法。简言之,**过失(negligence)**意味着行为人未能履行一般的注意义务。各家州法院在判断究竟是采用过失原则还是更严格的实际恶意原则时,会给出自己的"过失"定义。华盛顿州采用"合理注意"(reasonable care)标准。如果被告在判断系争陈述是否失实或是否给人留下错误印象时,未能尽到合理的注意,便会被认定为有过失。[72]田纳西州最高法院采纳"合理谨慎人标准"(reasonably prudent person test):合理谨慎人在相同情境下会如何行事? 一个合理谨慎的记者会更加全面地查验核实报道的真实性吗? 一个合理谨慎的记者会多等一天以获取更多信息吗? 一个合理谨慎的记者会更努力地工作,力求在发表批评报道之前与原告取得联系吗?[73] 在亚利桑那州,过失被定义为

> "过失"应用于诽谤法,意味着行为人未能履行一般的注意义务。法院总是会问:记者是否诚心努力地核实过报道的真伪?

肇致不合理损害风险的行为。"即未能使用一个合理谨慎人在类似环境下会使用的注意。"亚利桑那州最高法院说。[74]

被告可能被认定为过失的常见理由有:

- 听信不可靠的消息来源
- 不读或误读相关文献
- 未能求证于显见的消息来源,这个显见的消息来源可能就是报道对象
- 编辑和处理新闻时粗心大意

法院总是会问:**记者是否诚心努力地核实过报道的真伪?** 以下案例有助于阐明这些标准:

法院在判断被告是否有过失时,常会审查报道中的消息来源。在马萨诸塞州最高法院审理的一起案件中,记者倚赖的消息来源被警方描述为不可靠的线人,连记者本人也在法庭上承认,他发现消息来源提供的部分信息不正确。马萨诸塞州最高法院认为,陪审团可能会认定被告有过失。[75]但新泽西州一家高级法院 2003 年判决,被告在一则新闻报道中误称

他人为犯罪嫌疑人没有过失，因为记者乃是从警方和助理检察官处获得错误姓名的。[76]根据法院一贯的判决，如果报社、电视台的消息来源是美联社、路透社或其他合法的通讯社，报社、电视台就没有过失。[77]

当原告主张新闻传媒有过失时，法院通常会审查传媒的报道技术。不过，法院并不期待记者做出超人的努力，只要求尽到一般的努力就可以了。《圣安东尼奥新闻快报》(San Antonio Express-News)在报道一名卖淫女将一个孩子卖入妓院，并从事与毒品有关的犯罪活动时，不慎发错了照片，被起诉诽谤。原告与《新闻快报》的报道对象同名，也曾因贩卖儿童给妓院而被定罪，但她显然不是报道中的那名女性。此案中，被告有没有过失呢？这位记者有七年报道法庭新闻的经验，曾花六个月的时间研究得克萨斯州矫正局的假释制度。她向县警察局申请报道对象的面部照片。申请内容包括该名女性的姓名、生日和矫正局身份代码。警察局给错了照片。原告坚称，记者未能查证照片是否属实，她说，记者应该向报道对象的母亲核实，确认照片正确无误才能刊发。法院不同意原告的主张。"问题的关键，不在于福克斯(记者)当时怎么做才能避免错误发生，而是她的做法是否合理；换言之，她是否做到了一个理性记者在类似情况下应该做到的事情。"法院说，本案被告没有过失。[78]

南卡罗来纳州最高法院判决，如果记者在报道犯罪案件时没有查阅公开的司法记录，便可以认定记者有过失。此案原告与另四人一道被捕，被控盗版音像制品。四人在两个月后认罪，但针对原告的指控被驳回。被告报社报道说，原告也一道认了罪。记者是在给公诉人打电话时获得这一信息的。公诉人作证道，他给记者提供的是真实信息。从指控被驳回，到错误报道发表，中间有六天时间，南卡罗来纳州最高法院的结论是：真实信息就在法庭记录中，唾手可得，记者发表报道前理应查阅这一材料。但他选择相信一通电话，以致报道失实。法院判决道，陪审团毫不困难地便能认定被告有过失。[79]

最后一例是弗吉尼亚州最高法院做出的判决。一家报纸刊发了有关当地某位教师的非常负面的报道，内容多出于打电话给报社的学生家长，报道表现出过失的特征。文中引用了家长的原话，说这位教师古怪健忘、毫无条理、办事不公、贬低学生等等。撰写报道的记者访问了一两名学生以及校长和该名教师的两位同事，但收获寥寥。如此一来，报道就十分片面。法院说，既然没有时效压力，记者完全可以联系更多的学生，查验核实这些指责。法院认为，联系记者的学生家长显然对这位教师怀有恶意，这一事实本该提醒记者开展更全面的调查。[80]

原告要想证明被告有过失，也可以从编辑流程入手。编辑处理新闻稿件时的疏失大意也会被法院认定为过失。1985 年，《今日美国》(USA Today)的编辑打算刊登一篇特稿，纪念北越攻占西贡暨越战结束十周年。编辑希望每个州都有一个小故事。弗吉尼亚州的一名编辑致电该报驻佛蒙特州的一名特约记者，向他约稿。特约记者罗恩·怀曼(Ron Wyman)与他的熟人、退伍军人医院临床心理医生杰弗里·卡塞尔(Jeffrey Kassel)谈了谈，问他有什么想法。卡塞尔指出，大量在越南浴血的美国士兵觉得自己是受害者，被迫卷入了他们本不愿参加的战争。怀曼正要离开时，卡塞尔告诉怀曼，他最近在一份报纸上读到一篇文章，其中写道，有人认为，越南士兵的痛苦战时经历可能会让他们与美国老兵一样罹患"创伤后应激障碍"(PTSD)，这种观点会让越南士兵哭笑不得。怀曼整理好笔记，打电话念给弗吉尼亚的编辑听，又将笔记转交给一位统筹撰写最终稿件的编辑。"我们已成为绝望者国度。……可笑的是，凝固汽油弹和炸弹落到了越南人头上，美国老兵却觉得自己是受害者。"[81]这显然不是卡塞尔的原话，但《今日美国》说，这是心理医生卡塞尔对记者怀曼说的原话。庭审证据表明，报道发表之前，无一人打电话给卡塞尔核对引用的话，也没有编辑在报道写成之后向怀曼核实，写这篇报道的人甚至没向转述怀曼笔记的编辑核实过。第 1 巡回区美国上诉法院判决道,陪审团当然有可能将这一行为理解为过失。[82]

"过失"的定义,无疑各州不同,甚至在一州之内,不同法院也可能有不同的理解。要确立稳定适用的一般指导规则,可能尚需时日。在这一问题上,美国最高法院也许助益不大,它似乎有意将这个问题留给各州自行处理。

实际恶意

从某种意义上来说,定义"实际恶意"比定义"公众人物"或"公共官员"容易一点。布伦南大法官在《纽约时报》诉沙利文案[83]中将**实际恶意(actual malice)**定义为:"明知虚假或全然不顾事实真伪。"我们将分别考察这两个方面。

明知虚假

"明知虚假"是"撒谎"的委婉表达。如果被告撒谎,而且原告能够证明这一点,实际恶意即告成立。1969 年,巴里·戈德华特(Barry Goldwater)说服一家联邦法院相信,1964 年总统大选期间,拉尔夫·金兹伯格(Ralph Ginzburg)在《事实》(Fact)杂志的《心理传记》("psychobiography")栏目中发表了造假材料。金兹伯格向数百位精神病医生发放问卷,请他们分析戈德华特的精神状态。然而,金兹伯格只发表那些同意其预设观点(戈德华特精神上有问题)的反馈,并篡改其他问卷来迎合这一预设观点。金兹伯格的这种做法和其他证据令法院得出结论——金兹伯格在发表诽谤性材料时明知虚假。[84]

引语是大多数新闻报道的组成部分,在诽谤诉讼中,它们可能会向法院提出一个有趣的问题。一篇报道中,有可能出现两种引语。引号内的陈述称为直接引语,它应是报道对象的确切原话(或尽可能接近)。但记者有时也会使用间接引语,间接引语表达了报道对象的意思,但不一定是原话。假设参议员玛丽亚·费尔南德斯(Maria Fernandez)告诉记者"我们有必要增建美国军队"。

直接引语:"我们有必要增建美国军队。"参议员玛丽亚·费尔南德斯说。

间接引语:参议员玛丽亚·费尔南德斯说,她认为,美国需要一支更强大的军队。

这里有可能产生一个法律问题:如果记者改写了报道对象的原话,却仍以引号标示,暗示这是采访对象的原话,那么这是否可以用作证据,证明被告明知虚假,有实际恶意? 这是美国最高法院 20 年前遇到的问题。精神分析家杰弗里·马森(Jeffery Masson)起诉《纽约客》(New Yorker)杂志和作家珍妮特·马尔科姆(Janet Malcolm)诽谤。马尔科姆对马森做了 40 多小时的采访,并据此写了一篇长文,该文后又成书单独出版。马森指出,文中的许多直接引语不是他的原话,马尔科姆改动了他的原话,并有所杜撰。这些直接引语给读者留下的印象是:马森是个愚蠢、狂妄的人。马森承认自己是公众人物,必须证明实际恶意。他主张,被告改变直接引语中的原话,就是明知虚假的证据。

一家下级法院同意马森的主张,但美国最高法院以 7 比 2 的投票结果推翻了原判。最高法院指出,读者的确会以为引号中的直接引语是报道对象的原话。但安东尼·肯尼迪大法官写道,要求新闻传媒达到如此高的标准是不现实的。"如果每次改动[引语]都构成明知虚假,则宪法第一修正案保护的新闻出版自由将面临根本性变化。……我们的结论是,有意改动原告的原话不等于明知虚假……除非这种改动实质性地改变了陈述的意思。"[85]此案被发回下级法院重审,马森无法说服陪审团相信,马尔科姆在写文章时明知虚假,因此败诉。一家上诉法院维持原判。

虽说美国最高法院提供了一定的自由空间,但记者仍应确保直接引语是对报道对象原

> "明知虚假"是"撒谎"的委婉表达。如果被告撒谎,而且原告能够证明这一点,实际恶意即告成立。

话的逐字记录。可是,就连新手也知道,要想准确地记下报道对象的每句原话,实在是不小的挑战。人们的语速往往超出记者的记录速度。这样看来,间接引语是颇为有用的替代品。

2005 年,得克萨斯州最高法院在一起类似案件中判决,仅证明报道标题不是报道对象的原话而只是转述,尚不足以证明被告明知虚假。法院说,这里必须回答两个问题:第一,理性读者相信这是报道对象的原话吗?第二,转述是否改变了报道对象的原意?如果理性读者能够理解这是报道对象发言内容的转述或解释,不是原话的直接引述,那就不能认定被告有实际恶意。

最后,标题与正文内容不符,能证明被告明知虚假吗?原告会说,在这种情况下,被告应当知道标题或正文必有其一为误——即明知虚假。但法院不会这么轻率地下结论。新泽西州最高法院判决,题文不符尚不足以证明编辑严重怀疑标题的陈述。题文不符说明被告粗疏马虎,但不足以证明被告明知虚假。[86]

全然不顾事实真伪

"全然不顾事实真伪"比"明知虚假"更难界定。美国最高法院 1964 年说,如果原告能证明,被告在发表诽谤性材料时"高度意识到它可能虚假",那么"全然不顾事实真伪"便可得以证明。[87]四年后,美国最高法院又说,为了证明被告"全然不顾事实真伪",原告必须以"充分的证据证明,被告事实上对所发表内容的真实性抱有严重怀疑"。[88]如果原告只是证明被告未能实施调查,以致虚假批评传布公开,那是不足以证明实际恶意的。

全然不顾事实真伪

发表之时高度意识到诽谤性材料可能虚假

或者

有充分证据证明,被告事实上对所发表内容的真实性抱有严重怀疑

就理论层面而言,这些定义当然是有用的。我们可以设想一位记者或编辑深深怀疑某一指责的真实性,却仍将它公之于众。

> 如果原告只是证明被告未能实施调查,以致虚假批评传布公开,那是不足以证明实际恶意的。

但在司法实务中,这些定义都派不上什么用场。正如第 9 巡回区美国上诉法院的科津斯基(Kozinski)法官在一起案件[诉讼双方分别是《全国问询者报》(*National Enquirer*)和克林特·伊斯特伍德(Clint Eastwood)]的判决书中所写:"我们从未见过被告承认自己对所发表文章的真实性抱有严重怀疑,因此,我们必须接受间接证据的指引。"[89]六年后,佐治亚州上诉法院在判决书中写道:"既然被告不承认自己明知材料虚假或怀疑其真实性,公众人物(或公共官员)就必须依靠间接证据来加以证明。"[90]所幸,美国最高法院在 1967 年的一起判例中,对使用此类证据做了一些说明,这一说明对法律人和新闻人都极为有用。1967 年的判例包括两起案件:"柯蒂斯出版公司诉巴茨案"和"美联社诉沃克案"[91]约翰·马歇尔·哈伦(John Marshall Harlan)大法官在他的判决意见中提出了一种标准,用以评估两起诽谤案中被告的行为。哈伦大法官从未说过,他提出的标准就是全然不顾事实真伪的判准。他说,他正努力设定一个评判依据,判断两案的被告是否严重偏离负责任的报道。一些法院拒绝接受哈伦的标准作为实际恶意的判准。[92]但更多的法院用哈伦标准的三要件来定义全然不顾事实真伪。

产生这一评判标准的两起案件差不多同时来到美国最高法院,最高法院将它们并案审理。第一起案件中,佐治亚大学的体育主管沃利·巴茨(Wally Butts)起诉《星期六晚邮报》,因它刊发的一篇文章指称巴茨与亚拉巴马大学橄榄球教练保罗·"狗熊"·布赖恩特(Paul "Bear" Bryant)在佐治亚-亚拉巴马年度球赛前合谋"操纵"比赛。《星期六晚邮报》的消息来源是乔治·伯内特(George Burnett),他说,他有一天打电话时,电话串线了,他无意中听到巴茨和布赖恩特的通话内容。这名有过犯

罪记录的消息来源告诉《星期六晚邮报》的编辑，他仔细记下了当时听到的内容。《星期六晚邮报》的报道正是基于伯内特的回忆。

另一起案件的原告是埃德温·沃克(Edwin Walker)少将，他是得克萨斯州的保守派人士，支持种族隔离政策，当时已经退休。沃克起诉美联社及多家纸媒和电视台，这些传媒指称他在黑人詹姆斯·梅雷迪思(James Meredith)注册入学之际，带领一帮白人暴徒对抗在密西西比大学维护治安的联邦士兵。骚乱发生时，沃克的确在密西西比大学，但并未领导暴民闹事。这篇美联社报道的作者，是亲入现场采访的一名年轻的美联社记者。

美国最高法院的判决结果是：在巴茨案中，《星期六晚邮报》的行为高度不合理，但在沃克案中，没有类似证据证明这一点。我们再次提醒大家注意，虽然哈伦大法官当时未将《星期六晚邮报》的行为称为全然不顾事实真伪，但大多数权威人士将这两起案件视为美国最高法院对"全然不顾事实真伪"的解读。我们来看看两起案件的细节。

巴茨案中的报道不是"热新闻"(hot news)。报道发表时，比赛已结束数月。《星期六晚邮报》有充足的时间查证核实。报道的消息来源不是训练有素的记者，而是一个新闻外行，此人因签了空头支票而正在服缓刑。《星期六晚邮报》没有做更深入的调查，没有查看比赛录像，以视两支球队是否真如巴茨和布赖恩特密谋那般做出了战略调整。伯内特奇迹般地听到巴茨和布赖恩特的电话时，应该还有许多人在场，但《星期六晚邮报》没有采访任何人。庭审时有证据表明，曾有一两位编辑承认，伯内特的故事需要仔细核实，但《晚邮报》几乎没做任何核实工作。最后，巴茨和布赖恩特二人素以诚实、正直著称，从未有过任何从事此类行为的蛛丝马迹。

沃克案的情况则有所不同。对于身处办公室、负责接收电讯的美联社编辑而言，这是突发新闻、一篇应当立即传送出去的报道。信息的提供者虽说年轻，却是一位训练有素的记者，过往的一切迹象都表明，他值得信赖。该

记者发出的几乎所有电讯，都关乎同一件事——沃克领导暴徒，因此报道内部具有一致性。最后，虑及沃克将军此前的言行，说他在密西西比大学领导暴徒也不出人意料。报道内容不会令美联社编辑怀疑它可能有误。

如果报道描述的事实乍看就不太可能发生(比如某著名宗教首领率领暴徒)，编辑就应该更严格地审视报道，此时红灯亮起，传媒工作人员有必要更深入地核查报道。根据以上分析，可归纳出以下三个因素：

1. 报道是否迫切需要发表？它是热新闻或突发新闻吗？还是说，传媒有充足的时间，可以更全面地核查报道中的事实？

2. 消息来源是否可靠？记者应该相信消息来源吗？消息来源是一名训练有素的记者吗？编辑应该相信记者吗？大多数法院判决，美联社等通讯社和 NBC 等大型广播公司是值得信赖的消息来源，从这类消息来源处获得的报道，可以安全转发。[93]

3. 所报道的事实是的确有可能发生，还是很不可能发生，故需进一步核查？

以上三个因素，是大多数法院界定"全然不顾事实真伪"的基础。除此之外，需要证明实际恶意的原告还背负着另外两个重担。

● 原告必须以"确实清楚"(clear and convincing)的证据证明实际恶意。[94] 通常，在民事诉讼中，原告必须以优势证据(preponderance of the evidence)证明自己的主张，这意味着，原告的证据只要超出被告即可。"确实清楚"则意味着，相关证据应极少争议或没有争议。

● 美国最高法院指示上诉法院重新检视证据，以确认初审法院的记录"确实清楚地证明了实际恶意"。[95] 在一般情况下，上诉法院必须接受初审法院的事实认定(参见第 12～13 页)。但在适用宪法第一修正案抗辩的诽谤案件中，美国最高法院授权上诉法院细致地审查证据，以确认证据是否真的支持实际恶意。最高法院赋予上诉法院此等证据权力，不仅使被告有了依据事实胜诉的二次机会，还迫使初审法官更用心地审查事实，因为他们知

道,自己的工作将来很可能受到上级法院的细查。以下是有关实际恶意的法院判决,它们有助于解释实际恶意的判准与被告占据的两大有利条件。

适用实际恶意标准

　　法院以多种方式来判断被告是否全然不顾事实真伪。如前文所述,极少会有被告主动承认,自己高度怀疑所发表的内容。如此一来,间接证据就成为许多案件中的重要因素,且不同法院采用的标准各有不同。南卡罗来纳州最高法院 2005 年判决,如果原告能够证明,被告的行为极端偏离理性发行人一般应当遵守的调查和报道规则,那便足以证明被告全然不顾事实真伪。1996 年,汤姆·安德森(Tom Anderson)竞选州众议员失利,计划参选下一个秋天的特别竞选。安德森接受采访时告诉《奥古斯塔记录报》(Augusta Chronicle)的记者,上次竞选期间,他曾受邀去北卡罗来纳州工作,在伯莎、弗兰两场飓风之后为几家保险公司做公估人。他同时也参与了全国洪灾保险项目的工作。

　　记者却在报道中说,安德森自称受邀去国民警卫队(National Guard)工作。记者写的两篇报道都提到了这一点。安德森说,他从未见过那篇报道,因此未能更正错误。几个月后,同一报社的另一名记者致电安德森,问他是否将退出竞选。安德森问:为何要退出?记者答:因为你谎称为国民警卫队服务。安德森否认曾对任何人自称在国民警卫队工作。他向报社发送相关文件,表明他参选期间在做保险公估人。报社又发表一文,仍指称安德森撒谎,并附上了安德森的否认,同时发表社论攻击安德森,说他谎称为国民警卫队服务,其行径不仅自辱,还玷辱了国民警卫队。安德森起诉诽谤。此案有证据能证明报社的实际恶意吗?

　　南卡罗来纳州最高法院说,有充分的间接证据证明,报社有恶意(bad faith)。安德森告诉过第二名记者,他在北卡罗来纳州为全国洪灾保险项目工作,与国民警卫队无关。在安德森发给报社的文件中,有与该报最初报道相冲突的信息。在附近一家报社发表的报道中,安德森坚称,他竞选期间曾在北卡罗来纳州工作。该法院说,《奥古斯塔记录报》发表社论之前所知的以上事实,足令理性陪审团推断出:该报有明显之理由怀疑记者的记忆。州最高法院于是推翻原判(下级法院以缺乏实际恶意之证据为由驳回此案),将案件发回,由陪审团重审。[96]

　　但在另一起类似案件中,弗吉尼亚州最高法院得出了完全相反的结论。一名公职竞选人起诉《弗吉尼亚先锋报》(Virginia Pilot),诉称该报 2003 年发表诽谤性错误材料。他主张被告报社有实际恶意,因为在 5 年前的 1998 年,该报发表过含有正确信息的报道。原告认为,该报 1998 年发表过正确信息这一事实,可作为证据,证明它在 2003 年发表错误报道时明知实情。但法院不同意,法院说:"报社存档报道与系争诽谤性陈述相冲突这一点,并不足以证明被告有实际恶意。"[97]

　　在判断被告有无实际恶意时,法院常常被逼无奈地深入探究报道程序。2003 年 7 月,南卡罗来纳州数家报社报道说,有人见到县政府职员为副县长罗伯特·梅茨(Robert Metts)的个人产业工作,与私人企业竞争。这条消息源于县议员朱迪·米姆斯(Judy Mims)。这些指责是错误的,梅茨以公共官员的身份起诉这些报社诽谤,主张它们在发表系争陈述时有实际恶意。初审法院和州上诉法院都同意了被告的即决判决申请,因为没有证据证明实际恶意。州最高法院推翻了原判,它说,陪审团有可能发现实际恶意的证据。该院在判决书中列举了陪审团应当考察的以下因素:

　　● 报社有一份接受县政府职员服务的人员名单,原告的名字不在名单上。

　　● 它不是热新闻。

　　● 记者从未联系过梅茨,从未采访他的观点或向他证实。

　　● 记者没找米姆斯交谈,以了解她是如何发现县政府职员为梅茨打工的。

　　● 记者知道米姆斯与梅茨有宿怨。[98]

法律并不要求全面核实，尤其在突发报道的情况下。

法律并不要求全面核实，尤其在突发报道的情况下。以下两起案件即可为证。2003 年，《纽约邮报》（New York Post）改写并发表了洛杉矶时报通讯社的一篇短小报道。报道称，摇滚明星奥兹·奥斯本（Ozzy Osborne）在拍摄电视真人秀节目时，医生给他开了过量药物，令他在大部分节目时间里"呆若木鸡"。《洛杉矶时报》正确地报道说，州医疗委员会（state medical board）"正准备吊销"该名医生的执照。但《纽约邮报》报道的标题却是《奥兹的医生的执照被吊销》，正文报道说，州医疗委员会已吊销其执照。[99]这名医生以戒毒治疗著称，上过电影和电视。他是公众人物，必须证明实际恶意。记者在初审时说，他不记得自己写过医生的执照被吊销，他认为，错误可能发生在编辑阶段。编辑作证道，他们不知道错误是如何发生的，之所以没有核查报道，是因为他们认为，既然报道来自《洛杉矶时报》，应该就没有问题。他们说，核查通讯社稿件不是常规做法。[100]纽约州上诉法院说道，该院未发现确实清楚的证据能证明《纽约邮报》有实际恶意，故做出有利于该报的判决。[101]

2011 年，纽约州最高法院的上诉分部判决，没有证据证明，当作家蒂姆·奥布赖恩（Tim O'Brien）写下"唐纳德·特朗普（Donald Trump）的净资产并非如其本人所言有 30 亿～50 亿美元之多"时，奥布赖恩主观上全然不顾事实真伪。奥布赖恩写道："有三个人多年来与唐纳德亲密共事，十分了解他的财产状况。这三人告诉我，他的净资产大概在 1.5 亿～2.5 亿美元之间。"特朗普坚称这一信息有误，并认为，使用三个匿名消息来源这一事实，就能证明奥布赖恩全然不顾事实真伪。

奥布赖恩在庭上出示证据证明，他在发表系争材料之前，反复采访了这三位消息来源，三位消息来源都独立提供了相同的消息，他又在其他消息来源处证实了这一信息，这三名消息来源提供的其他信息后来也被证明属实。法院最后判决：此案没有证据证明被告全然不顾事实真伪。[102]

我们再来看一例。一名警长助理起诉一家报社诽谤，起因是报社发表了一封读者来信，指责警长助理撕去一辆私家车保险杠上的贴纸，贴纸上写着支持现任警长政敌的口号。读者来信称，这是"盖世太保的伎俩"（盖世太保是纳粹德国时期的秘密警察）。除了读者来信的作者之外，报纸发行人没有向其他人求证此事。他本可以向私家车车主查证，也可以在发表读者来信之前，向警长或警长助理求证，但他没有。2012 年，北卡罗来纳州上诉法院判决，该案没有实际恶意的证据。疏于查证也许能证明过失，但不能证明实际恶意。法院判决道，没有哪个理性陪审团能从中发现可信的证据，证明被告全然不顾事实真伪。[103]

记者、编辑要想以"信息来自秘密消息来源"为由否定全然不顾事实真伪，务须十分谨慎。法院有时会直接拒绝。华盛顿特区的一家联邦法院最近判决，《纽约时报》不能以此等信息自辩。此案原告是曾为军方工作的细菌战专家史蒂文·J. 哈特菲尔（Steven J. Hatfill）。哈特菲尔说，尼古拉斯·D. 克里斯托夫（Nicholas D. Kristof）的专栏文章指称他是 2001 年炭疽邮件事件的幕后黑手。克里斯托夫声称共有五名消息来源，但拒绝公开他们的身份。三名消息来源最后允许克里斯托夫公开身份，但仍有两名消息来源要求保密。利亚姆·奥格雷迪（Liam O'Grady）法官判决道，这些消息来源提供的信息不能被法庭采信为证据，用以证实专栏文章。[104]（有关在诽谤诉讼中使用秘密消息来源作为辩护的更多内容，**参见第 295～296 页、297～298 页**。）

与实际恶意相关的另一个问题，是被告发表诽谤性材料的动机。《纽约时报》诉沙利文案做出判决之前，"恶意"的概念便与动机有关。被告为何发表诽谤性指摘？被告仅仅是想提醒公众关注某个问题，还是因为不喜欢原告或对原告心怀怨怼？换言之，诽谤性材料的发表，是否受恶意、敌意和怨恨的驱策？美国最高法院 1964 年提出的实际恶意标准并不关注被告为何刊播系争材料，它关注的是被告的行为或被告对材料真伪性的认知。美国最高法院特别称之为"实际恶意"，以区别于传统的或普通法上的"恶意"。

美国最高法院至少曾在两起案件中明言：仅凭被告有恶意，不足以证明被告有实际恶意。[105] 2010 年，佛罗里达地区上诉法院（Florida District Court of Appeals）判决，即令被告有意刻画原告的负面形象，即令被告的行为受恶意或不良意图驱动，也不足以证明被告有实际恶意，除非被告有意以蓄意或漠然轻忽的虚假言论制造伤害。拳击推广人唐·金（Don King）曾在起诉时说，ESPN 的节目之所以指责他从事不正当交易，是因为制片人有意要抹黑他。[106] 但这还不够。

然而，肯塔基州[107]和华盛顿州[108]的一些州法院判决，在一些情境下，证明恶意和敌意的证据，也可以用于证明实际恶意。第 2 巡回区美国上诉法院 2001 年判决，一名记者对一家组织有偏见，而且有证据证明，该记者罔顾标准的调查技术，这两项证据合在一起，就有可能证明记者刻意回避真相（实际恶意）。[109] 不过，就算是愿意采纳此类证据的法院，也为原告设置了相对较高的标准。南卡罗来纳州最近的一起案例说明了这一点。

在南卡罗来纳州的一个小镇，一家报纸刊登了一篇专栏文章，内容很简单，无非就是读者来信来电提出一些问题、发表一些评论。有读者来电，质问警察局局长为何不制止本地毒贩的不法交易，并质问警察局局长是否收受了毒贩的贿赂，才任由他们恣意妄为。警察局局长起诉诽谤，初审胜诉。州最高法院面临的问题是：是否有证据能证明，系争材料的发表，乃是出于实际恶意。警察局局长是公共官员，评论内容涉及公务职责。原告主张，报社编辑没有调查、核实电话留言的信息，且电话留言已被报社工作人员删除。四年前，该编辑曾因制作大麻被捕，并主动认罪。警察局局长还说，这名编辑最近对妻子举止粗暴。原告承认，被告未能调查、核实指摘内容本身不足以证明实际恶意。但原告又说，最后三方面的事实显然证明，编辑发表系争评论，乃是出于恶意和怨

恨。州最高法院判决说，虽然被告的动机与实际恶意有一定关联，但法院必须非常小心，不能过度依赖它。该法院说，在本案中二者并无关联。即令往事确能证明编辑对警察局局长心怀恶意，也远不能确实清楚地证明，编辑高度意识到指摘内容为假。[110] 报道背后的动机问题至今尚未形成定论，记者有必要牢记：最好的因应之策，是将个人感情排除在报道之外。

小　结

在以大众传媒为被告的诽谤诉讼中，一般私人必须证明，被告在发表诽谤性材料时至少有过失。"过失"的定义是未尽到合理的注意义务，或以造成实质性损害风险的方式行事。在一些州，部分案件中的一般私人原告不仅要证明过失，还要证明严重过失，即要求被告的过失程度更高。公众人物必须证明实际恶意。实际恶意的定义是明知虚假或全然不顾事实真伪。明知虚假意味着，报道的发表者明知报道失实，还传播给大众。要想证明被告全然不顾事实真伪，原告必须证明，诽谤的出版者在发表该材料时"高度认知到它可能虚假"，或出版者在发表该材料之前，事实上"对它的真实性抱有严重怀疑"。法院设立了一套三步判准，协助判断被告是否全然不顾事实真伪。它们是：

1. 被告是否有时间调查报道内容？是否必须立即发表系争材料？

2. 消息来源是否可靠、可信？

3. 报道内容本身是合理还是牵强？

如果系争报道属于热新闻，如果消息来源是训练有素的记者，如果报道中的信息貌似合理，法院就不太可能认定被告全然不顾事实真伪。但是，如果被告有大把时间可用于调查核实，如果消息来源颇为可疑，如果报道中的信息似乎全无可能发生，法院就更有可能认定被告全然不顾事实真伪。

故意制造情感伤害

故意制造情感伤害(IIED)这种侵权最早出现于 19 世纪末。但《侵权行为法重述》(美国法学会出版的侵权法权威汇编)直到 1948 年才承认它。正如一位联邦法官 2008 年所指出的,创设这种侵权行为,是为了应对一种极为罕见的情况,即被告以非同寻常的方式,故意制造严重的情感伤害,而受害人没有其他途径可获得救济。[111] 1965 年,《侵权行为法重述》首次给出"故意制造情感伤害"的定义,它包括以下四个部分:

- 被告的行为是故意的或全然不计后果的。
- 被告的行为是极端的、粗暴的。
- 被告的行为对原告造成了情感伤害。
- 这种情感伤害是严重的。[112]

2010 年,堪萨斯州最高法院为以上要件增加了一些内容。它说,被告的粗暴行为"不只是批评、恶言恶语和不体贴、不友善的言行",该行为还必须超出庄重有礼的界限。该法院说,被告的行为必须导致原告遭受严重的情感伤害,而这种情感伤害,超出了受宪法保护的行为有可能给原告造成的伤害。[113] 2009 年,加州上诉法院说,被告的行为必须极端到超出文明社会所能容忍的一切界限。[114]

这种侵权与诽谤有什么关系呢?美国最高法院 1964 年竖起一道宪法第一修正案保障之后,一些原告自知起诉诽谤之路不通,便以故意制造情感伤害作为替代。最出名的案例发生在 1980 年代。《好色客》(Hustler)发表戏仿作品,恶搞堪培利开胃酒的广告。真正的堪培利广告访问了一些名人,这些名人谈论他们第一次品尝堪培利的体验。这些广告具有相当浓重的性暗示,因为采访对象谈论了他们的"第一次"。《好色客》的戏仿作品虚构了对杰里·福尔韦尔牧师(Reverend Jerry Fal-well)的访问,福尔韦尔是基督教福音派牧师,

在 1980 年代领导保守主义政治团体"道德大多数"(The Moral Majority)。在戏仿作品中,福尔韦尔描述了他人生中的第一次性经验——与母亲乱伦。福尔韦尔还被刻画成一个酒鬼形象。戏仿作品的末尾有很小的免责声明,《好色客》目录将这一作品归为虚构作品。

福尔韦尔起诉《好色客》杂志诽谤、侵犯隐私权及故意制造情感伤害。初审法院驳回了隐私侵权主张,但将其余两个问题交由陪审团裁断。陪审员们驳回了诽谤主张,理由是,这一戏仿作品如此牵强、匪夷所思,根本没人会相信它是真的。陪审团最后判给牧师 20 万美元,以补偿其精神伤害。

《好色客》不服,提起上诉,第 4 巡回区美国上诉法院的三人法官团一致同意维持原判,该院指出,本案所需的全部证据是:系争材料极为粗暴,对原告造成了情感伤害,且其发表是被告故意之所为。[115] 大多数记者不赞同《好色客》的戏仿方式,但仍将这一判决视为对表达自由的严重威胁。在此案中,宪法第一修正案为保护大众传媒免于诽谤诉讼而设立的坚固壁垒,被福尔韦尔轻易地绕避而过。福尔韦尔是美国保守主义宗教权利的发言人,很可能在诽谤诉讼中被认定为公众人物,必须证明实际恶意方可求偿。而在本案中,他连过失都不必证明。宪法第一修正案对观点表达的宽泛保护,也无法在诽谤法之外适用。将来,起诉讽刺作品或戏仿作品的原告不必再费力翻越诽谤法中的宪法屏障,只要起诉被告故意制造情感伤害就好了。

1988 年,《好色客》上诉至美国最高法院。最高法院全体成员一致投票推翻上诉法院的判决。首席大法官伦奎斯特承认,大多数人会认为,《好色客》的戏仿作品粗俗不堪、惹人反感,但他也拒绝接受福尔韦尔的主张,即所诉

请的赔偿金旨在救济严重的情感伤害，而非名誉损害，故应适用不同于诽谤案的标准。"如果我们不这么判，"首席大法官写道，"那么无疑，政治漫画家和讽刺家就只能支付赔偿金，而原告不必证明这些讽刺作品错误地诽谤了表现对象。"伦奎斯特大法官又写道：

政治漫画或讽刺作品的吸引力，往往在于挖掘不幸的外表缺陷或令人尴尬的政治事件——这种挖掘往往会伤害描画对象的感情。漫画艺术往往不是理性的或公平的，它的特点就是尖酸、刻薄与片面。[116]

福尔韦尔提出，将严肃的政治漫画与粗暴恶俗的《好色客》戏仿作品相提并论，实在是拉低了这些政治漫画。他认为，法律应当保护公众人物免受粗俗讽刺漫画的伤害。伦奎斯特大法官不同意这种观点，他指出，粗暴标准在本案中不起作用。

在政治和社会讨论的领域中，"粗暴"一词具有与生俱来的主观性，从而令陪审团得以依据陪审员各自的品味和观点，或依据他们对特定表达的喜好来判断责任归属。[117]

美国最高法院判决，公众人物或公共官员要想在情感伤害案件中胜诉，必须证明以下三项事实：

1. 戏仿或讽刺作品是事实陈述，而非观点表达。

2. 它是错误的事实陈述。

3. 漫画或文章的作者明知虚假，或全然不顾事实真伪。换言之，原告必须证明实际恶意。

在诸多故意制造情感伤害的案件中，颇具典型性的一起发生在佛罗里达州。梅琳达·达克特（Melinda Duckett）两岁的孩子被报失踪。CNN 的南希·格雷丝（Nancy Grace，前检察官）为制作晚间节目，电话采访了达克特。格雷丝在采访中口头攻击达克特，暗指她杀害了自己的孩子。就在采访播出之前，达克特自杀身亡。CNN 照常播出采访，此后又数次重播。达克特的亲属起诉 CNN 故意制造情感伤害及不当致死（wrongful death）。原告诉称，格雷丝伪装身份采访达克特，只是为了提高有线电视节目的收视率。CNN 申请驳回此案，被联邦法院拒绝了，法院说，原告正确举证了不当制造情感伤害诉讼所需的各项要件，故有必要开庭审理。法官指出，在佛罗里达州，原告获判赔偿金并得到上诉法院支持的故意制造情感伤害的案件极为少见。但他又说，法院倾向于认为，一般的无礼或粗心行为，如果紧随受害人家庭成员死亡发生，就有可能被认定为"粗暴"。2009 年，格雷丝与达克特的家人和解，她答应设立一个 20 万美元的信托基金，专门用于寻找达克特失踪的儿子。[118]

小　结

故意制造情感伤害是一种新的侵权，它惩罚的行为涵摄颇广，包括出版或播出粗暴且造成严重情感伤害的材料。从法院的既有判例来看，原告极难胜诉，因为法院将艰巨的举证责任分配给了受害人。1988 年，美国最高法院进一步加重了原告的负担，它判决，作为公共性人物的原告想要胜诉，也必须证明实际恶意。

参考书目

American Law Institute. *Restatement of the Law of Torts*. 2nd ed. Philadelphia: American Law Institute, 1975.

Ashley, Paul. *Say It Safely*. 5th ed. Seattle: University of

Washington Press,1976.

Austen,Ian. "Canadian Rulings Revise Law on Libel. "*The New York Times*,23 December 2009,A12.

Barron,Jerome,and C. Thomas Dienes. *Handbook of Free Speech and Free Press*. Boston;Little,Brown,1979.

Lewis, Anthony. *Make No Law*. New York; Random House,1991.

Lewis, Neil A. "Judge's Ruling Bars The Times From Using Sources' information in Defense Against Suit. " *The New York times*,17 November 2006,A12.

Prosser,William L. *Handbook of the Law of Torts*. St Paul,Minn. ;West Publishing,1963.

Smolla,Rodney A. *Suing the Press*. New York;Oxford University Press,1986.

——. "Dun & Bradstreet, Hepps, and Liberty Lobby；A New Analytic Primer on the Future Course of Defamation. "*Georgetown Law Journal* 75(1987);1519.

Stonecipher,Harry,and Don Sneed. "A Survey of the Professional Person as Libel Plaintiff. "*Arkansas Law Review* 46(1993);303.

 注释

[1] 如广告所称,武装警察在亚拉巴马州立学院的学生抗议时"包围了"校园。实情是,警方确实部署于抗议地点,但并未包围校园。广告又称,当学生拒绝注册课程以示抗议时,餐厅被关停。事实上,只有极少数未携带有效餐票的学生被拒于餐厅门外。

[2] 今日之原告动辄求偿数百万美元,相比之下,50 万美元似乎不多。但在半个世纪之前,这是一笔数额惊人的赔偿金。

[3] *New York Times Co.* v. *Sullivan*,376 U. S. 254(1964).

[4] *New York Times Co.* v. *Sullivan*,376 U. S. 254(1964).

[5] *Curtis Publishing Co.* v. *Butts*,388 U. S. 130(1967).

[6] *Gertz* v. *Robert Welch Inc.* ,418 U. S. 323(1974).

[7] 英国的最高法院 2006 年判决,该国记者在公众人物提起的诽谤诉讼中享有更多保护,只要其报道负责任且关涉公共利益,即可享受这种保护。这是欧洲国家首次采纳类似于沙利文案的诽谤规则。加拿大最高法院 2009 年做成的两起判决,也加强了对尽责报道公共事务之记者的保护。Austen, "Canadian Rulings. "

[8] *Rosenblatt* v. *Baer*,383 U. S. 75(1966).

[9] *Baumback* v. *American Broadcasting Cos.* ,26 M. L. R. 2138(1998).

[10] *Silverman* v. *Newsday Inc.* ,38 M. L. R. 1613(2010).

[11] *Scaccia* v. *Dayton Newspapers Inc.* ,30 M. L. R. 1172(2001).

[12] *Press* v. *Verran*,589 S. W. 2d 435(1978).

[13] See,for example,*Soke* v. *The Plain Dealer*,69 Ohio St. 3d 395(1994);and *Clark* v. *Clark*,21 M. L. R. 1650(1993).

[14] *Clawson* v. *Longview Publishing Co.* ,589 P. 2d 1223(1979).

[15] *Harris* v. *City of Seattle* ,315 F. Supp. 2d 1105(2004).

[16] *Sparks* v. *Reneau Publishing Inc.* ,35 M. L. R. 2185(2007).

[17] *Harris* v. *City of Seattle* ,315 F. Supp. 2d 1223(2004).

[18] *Michaelis* v. *CBS,Inc.* ,119 F. 3d 697(1997).

[19] 418 U. S. 323(1974).

[20] *Carson* v. *Allied News*,529 F. 2d 206(1976).

[21] *Newton* v. *NBC*,677 F. Supp. 1066(1985).

[22] *Buckley* v. *Litell*,539 F. 2d 882(1976).

[23] See *Masson* v. *New Yorker Magazine,Inc.* ,881 F. 2d 1452(1989),for example.

[24] 602 P. 2d 1267(1979).

[25] *Williams* v. *Pasma*,565 P. 2d 212(1982).

[26] *Wayment* v. *Clear Channel Broadcasting* ,116 P. 3d 271(2005).

[27] *Martin* v. *Wilson Publishing*,497 A. 2d 322(1985).

[28] *Curtis Publishing Co.* v. *Butts*,388 U. S. 130(1967).

[29] *Martin* v. *Wilson Publishing*,497 A. 2d 322(1985).

[30] *Gertz* v. *Welch*,418 U. S. 323(1974).

[31] Ibid.

[32] *Time,Inc.* v. *Firestone*,424 U. S. 448(1976).

[33] *Wolston* v. *Reader's Digest*,443 U. S. 157(1979).

[34] *Hutchinson* v. *Proxmire*,443 U. S. 111(1979).

[35] See Stonecipher and Sneed, "Survey of the Professional Person, "328.

[36] See *Clardy* v. *The Cowles Pub. Co.* ,912 P. 2d 1078(1996);and *Carr* v. *Forbes*,259 F. 3d 273(2001).

[37] *American Future Systems Inc.* v. *Better Business Bureau of Eastern Pennsylvania* ,923 A. 2d 389

(2007).

[38] *Zupnik* v. *Associated Press Inc.*, 26 M. L. R 2084 (1998); see also *Scaccia* v. *Dayton Newspapers Inc.*, 170 Ohio App. 3d 471(2007).

[39] *Krauss* v. *Globe International Inc.*, 674 N. Y. S. 2d 662(1998).

[40] *Foretich* v. *Capital Cities/ABC, Inc.*, 37 F. 3d 1541 (1994).

[41] *Georgia Society of Plastic Surgeons* v. *Anderson*, 363 S. E. 2d 710(1987).

[42] *Lewis* v. *McGraw-Hill Broadcasting Co.*, *Inc.*, 832 P. 2d 1118(1992).

[43] *Riddle* v. *Golden Isle Broadcasting LLC*, 621 S. E. 2d 822(2005); 36 M. L. R. 2084(2008).

[44] *Lohrenz* v. *Donnelly*, 350 F. 3d 1272(2003). 美国最高法院于 2004 年拒绝审查此案。

[45] *Jewell* v. *Cox Enterprises Inc.*, 27 M. L. R. 2370 (1999), aff'd *Atlanta Journal-Constitution* v. *Jewell*, Ga. Ct. App., 29 M. L. R. 2537(2001). 2005 年，炸掉数家流产诊所和一间同性恋酒吧的埃里克·E. 鲁道夫(Eric E. Rudolph)承认，奥林匹克公园爆炸事件也是他之所为。理查德·朱厄尔于 2007 年 8 月 29 日去世。

[46] *Stepnes* v. *Ritschel*, 39 M. L. R. 2729(2011).

[47] *Trover* v. *Paxton Medical Group*, 36 M. L. R. 1241 (2007).

[48] *Total Exposure. com, Ltd.* v. *Miami Valley Broadcasting Corp.*, 34 M. L. R. 1880(2006).

[49] *Bose Corp.* v. *Consumers Union of the United States, Inc.*, 508 F. Supp. 1249(1981), rev'd 629 F. 2d 189 (1982), aff'd 446 U. S. 485(1984).

[50] *U. S. Healthcare, Inc.* v. *Blue Cross of Greater Philadelphia*, 898 F. 2d 914(1990).

[51] *Jadwin* v. *Minneapolis Star*, 367 N. W. 2d 476(1985).

[52] *Pegasus* v. *Reno Newspapers Inc.*, 57 P. 3d 82(2002).

[53] *Harris Nursing Home Inc.* v. *Narragansett Television Inc.*, 24 M. L. R. 1671(1995).

[54] *Worldnet Software Co.* v. *Gannett Satellite Information Network, Inc.*, 25 M. L. R. 2331(1997).

[55] *Beech Aircraft* v. *National Aviation Underwriters*, 11 M. L. R. 1401(1984).

[56] *Silvester* v. *ABC*, 839 F. 2d 1491(1988).

[57] *Turf Lawnmower Repair, Inc.* v. *Bergen Record*, 655 A. 2d 417(1995); See also *LL NJ Inc.* v. *NBC Subsidiary* (*WCAU-TV*) *L. P.*, 36 M. L. R. 1746 (2008).

[58] *Bank of Oregon* v. *Independent News*, 963 P. 2d 35

[59] 998 F. 2d 1325(1993).

[60] *Rust Evader Corp.* v. *Plain Dealer Publishing Co.*, 21 M. L. R. 2189(1993).

[61] *Revell* v. *Hoffman*, 309 F. 3d 1228(2002). See also *Newsom* v. *Henry*, 443 So. 2d 817(1984); and *Contemporary Mission* v. *New York Times*, 665 F. Supp. 248(1987), 842 F. 2d 612(1988).

[62] *Buendorf* v. *National Public Radio, Inc.*, 822 F. Supp. 6(1993).

[63] *Sipple* v. *Chronicle Publishing Co.*, 154 Cal. App. 3d 1040(1984).

[64] *Buendorf* v. *National Public Radio, Inc.*, 822 F. Supp. 6(1993).

[65] *Little Rock Newspapers* v. *Fitzhugh*, 954 S. W. 2d 187(1997).

[66] *Rollenhagen* v. *City of Orange*, 172 Cal. Rptr. 49 (1981).

[67] *Walker* v. *Colorado Springs Sun, Inc.*, 538 P. 2d 450 (1975).

[68] *AAFCO Heating and Air Conditioning Co.* v. *Northwest Publications, Inc.*, 321 N. E. 2d 580 (1974).

[69] *Gay* v. *Williams*, 486 F. Supp. 12(1979).

[70] *Chapadeau* v. *Utica Observer-Dispatch, Inc.*, 341 N. E. 2d 569(1975).

[71] *Berkeny* v. *Kinney*, 936 A. 2d 1010(2009).

[72] *Taskett* v. *King Broadcasting Co.*, 546 P. 2d 81 (1976).

[73] *Memphis Publishing Co.* v. *Nichols*, 569 S. W. 2d 412(1978).

[74] *Peagler* v. *Phoenix Newspapers*, 547 P. 2d 1074 (1976).

[75] *Jones* v. *Taibbi*, 512 N. E. 2d 260(1987).

[76] *Yeager* v. *Daily Record*, 32 M. L. R. 1667(2003).

[77] *Appleby* v. *Daily Hampshire*, 395 Mass. 2(1985); *McKinney* v. *Avery Journal, Inc.*, 393 S. E. 2d 295 (1990); and *Cole* v. *Star Tribune*, 26 M. L. R. 2415 (1998).

[78] *Garza* v. *The Hearst Corporation*, 23 M. L. R. 1733 (1995). See also *Martinez* v. *WTVG Inc.*, 35 M. L. R. 2176(2007).

[79] *Jones* v. *Sun Publishing*, 292 S. E. 2d 23(1982).

[80] *Richmond Newspapers* v. *Lipscomb*, 362 S. E. 2d 32 (1987).

[81] *Kassel* v. *Gannett Co., Inc.*, 875 F. 2d 935(1989).

[82] Ibid.

［83］ 376 U. S. 254(1964).

［84］ *Goldwater* v. *Ginzburg*,414 F. 2d 324(1969).

［85］ *Masson* v. *The New Yorker*,*Inc.*,111 S. Ct. 2419(1991).

［86］ *Durando* v. *Nutley Sun*,40 M. L. R. 1461(2012).

［87］ *Garrison* v. *Louisiana*,379 U. S. 64(1964).

［88］ *St. Amant* v. *Thompson*,390 U. S. 727(1968).

［89］ *Eastwood* v. *National Enquirer Inc.*,123 F. 3d 1249(1997).

［90］ *Lake Park Post*,*Inc.* v. *Farmer*,264 Ga. App. 299(2003).

［91］ 388 U. S. 130(1967).

［92］ See,for example,*Clyburn* v. *News World Communications*,903 F. 2d 29(1990).

［93］ See for example,*Bodana* v. *Times-Journal Inc.*,40 M. L. R. 1605(2012).

［94］ *Gertz* v. *Robert Welch*,*Inc.*,418 U. S. 323(1974).

［95］ *Bose Corporation* v. *Consumers Union of the United States*,*Inc.*,446 U. S. 485(1984).

［96］ *Anderson* v. *Augusta Chronicle*,619 S. E. 2d 428(2005).

［97］ *Jackson* v. *Hartig*,645 S. E. 2d 303(2007).

［98］ *Metts* v. *Mims*,37 M. L. R. 2275(2009).

［99］ *Kipper* v. *NYP Holding Co.*,37 M. L. R. 1673(2009).

［100］ Ibid.

［101］ Ibid.

［102］ *Trump* v. *O'Brien*,39 M. L. R. 2471(2011).

［103］ *Matthews* v. *Community Newspapers*,721 S. E. 2d 407(2012).

［104］ Lewis,"Judge's Ruling Bars the Times."2007 年 1 月,一家美国地区法院批准了《纽约时报》的即决判决申请,判决哈特菲尔未能证明实际恶意。*Hatfill* v. *New York Times Co.*, 35 M. L. R. 1391(2007);aff'd 36 M. L. R. 1897(2008).

［105］ See *Harte-Hanks Communications Inc.* v. *Connaughton*,109 S. Ct. 2678 (1989); and *Beckley Newspapers* v. *Hanks*,389 U. S. 81 (1967). See also *Johnson* v. *E. W. Scripps Co.*,31 M. L. R. 1503(2003).

［106］ *Don King Productions Inc.* v. *Walt Disney Co.*,40 So. 3d 2516(2010).

［107］ *Ball* v. *E. W. Scripps Co.*,801 S. W. 2d 684(1990).

［108］ *Herron* v. *King Broadcasting Co.*,746 P. 2d 295(1987).

［109］ *Church of Scientology International* v. *Behar*,238 F. 3d 168(2001).

［110］ *Elder* v. *Gaffney Ledger*,533 S. E. 2d 899(2000).

［111］ *Conradt* v. *NBC Universal Inc.*,536 F. Supp. 2d 380(2008).

［112］ American Law Institute,*Restatement of the Law of Torts*.

［113］ *Valadez* v. *Emmis Communications*,229 P. 3d 389(2010).

［114］ *Moreno* v. *Hanford Sentinel Inc.*,172 Cal. App. 4th 1125(2009).

［115］ *Falwell* v. *Flynt*,797 F. 2d 1270(1986).

［116］ *Hustler Magazine* v. *Falwell*,108 S. Ct. 876(1988).

［117］ Ibid.

［118］ *Estate of Duckett* v. *Cable News Network*,*LLP*,36 M. L. R. 2210(2008).

第6章
诽谤:抗辩事由与赔偿金

诽谤的抗辩事由有数百年的历史。多数抗辩事由源于普通法,不过,如今也有不少抗辩事由出自州成文法。美国最高法院自1960年代中期开始,对诽谤原告施加宪法第一修正案负担,而在此之前,抗辩事由是被告抵御诽谤诉讼的主要手段。今天,多数诽谤原告因无法履行举证责任而败诉,但抗辩事由仍是诽谤法中可行且重要的一部分。诽谤抗辩事由不仅能保护被告免于败诉,还能迅速中止原告的诉讼,为出版机构和广播公司节省时间和经费。援引适当的抗辩事由,被告甚至可以在庭审开始之前请求法院驳回起诉,这种情况称为即决判决。如果法官认为原告不可能证明本书第4、5章所载的事项,或认为被告有合法权利刊播诽谤性材料,他就有可能同意即决判决。诽谤抗辩事由是本章的主要内容。讨论完抗辩事由后,我们再来简单谈谈民事诽谤赔偿金和刑事诽谤。

 即决判决/诉讼时效

即决判决(summary judgmet),也称简易判决,无疑是大众传媒被告的益友。在传媒被告提出的即决判决申请中,约有3/4得到法院的批准。法院若是同意被告的即决判决申请,案件就到此结束,不再进入庭审程序。审判活动往往所费不赀,而且新闻传媒在陪审团审理的案件中胜算不大。下面是对即决判决程序的简笔勾勒:

在原告向法院提交书面诉状之后、庭审开始之前,被告可以向法院申请驳回诉讼,因为(1)原告未能证明诽谤的构成要件(传述公开、特定指向、诽谤性、虚假性和必要等级的过错),或者(2)被告有合法的抗辩事由,可以阻却原告胜诉。法院在审议被告的即决判决申请时,必须以最有利于原告的方式审查原告的主张。如果事实方面存有争议(事实争议应在后续庭审中解决),就暂时以有利于原告的方式来解读。综合考量了这些因素之后,如果法院断定,一个行事理性的陪审团不可能做出有利于原告的判决,那么法院就会批准被告的即决判决申请。[1](请注意,原告也可以申请即决判决,主张陪审团无论如何都不会做出有利于被告的判决。)

以下这起假想案例解释了即决判决是如何运作的。假设有这样一份小报——《艾奥瓦消费者新闻报》(*Iowa Consumer News*),编辑劳拉·帕克(Laura Parker)刊文指责大型谷物生产商"阿戈特农场"(Argot Farms)将已被农美国最高法院给初审法院和上诉法院极大的自由裁量空间来批准即决判决申请,尤其当原告具有公共性身份时。

业部认定为不适合人类食用的掺假玉米卖给麦片生产商。多年来,"阿戈特"在电视广告中将自己塑造成注重环保的良心企业,"为健康家庭生产健康食物"是它的口号。"阿戈特"起诉诽谤,诉称《艾奥瓦消费者新闻报》报道失实。帕克申请即决判决,理由如下:

1. 报道内容真实,故此案应被驳回。

2. "阿戈特农场"在电视上大做广告,应属公众人物,要想胜诉,必须证明实际恶意。但它在起诉状中只提出帕克有过失,没提及实际恶意。

"阿戈特农场"请求法院拒绝被告的即决判决申请,理由有三点:

1. 它只是一家想以普通广告赢得顾客的一般企业,不是公众人物。

2. 报道内容有假。

3. 帕克从不可靠的消息来源处获取信息。

法院在审议帕克的即决判决申请时,必须先假定"阿戈特农场"主张的所有事实为真,即帕克的报道失实且消息来源不可靠。当然,在案件进入庭审程序后,这些"事实"将重新根据证据检查验证。

根据原告提供的记录,法官有以下两种选择:

1. 同意帕克的主张,认定"阿戈特农场"为公众人物,鉴于诉状根本没有提及实际恶意,同意被告的即决判决申请。

2. 同意"阿戈特农场"的主张,认定它不是公众人物。基于报道失实的假设和被告有过失的证据,拒绝被告的即决判决申请。

以上两种情形,失利一方皆可上诉。上诉法院将会重新考量。"阿戈特"是公众人物吗?诉状中是否有充分证据证明被告的过失或实际恶意?上诉法院如果认同初审法院,就会维持即决判决。除非"阿戈特"上诉至更高级别

的法院,否则案件到此结束。当然,上诉法院也可能推翻下级法院的原判,它可能认定"阿戈特"不是公众人物,只要证明过失即可,又或者,它可能承认该公司的确是公众人物,但诉状中的证据足以证明实际恶意。在上述情形下,除非帕克继续上诉,否则案件将发回下级法院,进入庭审程序。案件进入庭审之后,"阿戈特"和帕克必须拿出证据来支持各自的主张。"原告主张为真"的假定将就此失效。[2]

美国最高法院给初审法院和上诉法院极大的自由裁量空间来批准即决判决申请,尤其当原告具有公共性身份时。1986 年,美国最高法院的大法官说,在涉及实际恶意的案件中,联邦法院必须批准有利于传媒被告的即决判决,除非原告能够证明,自己有能力向陪审团提供确实清楚的证据证明实际恶意。[3]一些初审法院在批准即决判决申请时犹豫不决,左右为难,因为它们深知,实际恶意的证明,关乎被告的主观心理状态,这个问题最好在庭审中考察。然而,对于那些喜欢利用法律恫吓新闻界的原告而言,如果法官动辄将原告胜诉机会微茫的案件拉入庭审,那么这无疑正好使他们有机可乘。联邦法官斯坦利·萨罗金(Stanley Sarokin)在 1985 年的一起案件中,解释了即决判决对新闻界的重要性:

传媒业巨头可能既有财力也有精力应付此类情形(诽谤诉讼的威胁)下的风险。但小型杂志、报纸、电视台和电台的自由意志,无疑会屈从于诽谤诉讼制造的恐惧。哪怕它们确信自己终会胜诉,辩护费用也将迅速突破其承受极限。虑及这一后果,传媒会避免发布可能招致讼累的报道。若结局果真如此,那么对于传媒,更重要的,对于整个国家,都将是一桩憾事。因此,相比于其他诉讼,我们在诽谤诉讼中更应重视即决判决的适当运用。[4]

诉讼时效

几乎所有刑事案件和大多数民事案件都有**诉讼时效(statute of limitations)**。法院不欢

迎陈年旧事,那么多新鲜的案子就够它们忙乎的了。除了谋杀和绑架以外,绝大多数犯罪的指控都必须在特定期限内开始。比如,在许多州,持械抢劫经过七年期限,便不再追诉。抢劫者从此获得自由。(不过,抢劫者仍有可能因未缴纳所劫财物的收入税而被指控,但这是另一回事。)

诽谤案的诉讼时效各州有所不同,一至三年不等。[5]大多数州的诉讼时效是一年或两年;这意味着,以冒犯性材料的发表日期为起算点,原告必须在一年或两年内提起诽谤诉讼。法院必须判断,系争材料的发表日期是哪天。美国法院对此形成的共识如下:

● **报纸**:发表日期是系争报道见报的日期。

● **电台和电视台**:发表日期是系争材料播出当日。

● **杂志**:发表日期是杂志向大众发行的日期,杂志封面上标明的日期不算。[6](封面标注的日期很少与杂志的正式发行日期吻合;例如,杂志的 10 月期往往在 9 月,甚至 8 月就发行了。)

● **互联网**:发表日期是系争材料发布于网上的日期。

冒犯性材料首次发布之后,如果再出版、再发布,又会如何呢?如果材料在再发表之前经过修改,那么诉讼时效就要重新计算。[7]许多州称之为"单次发表规则"(the single publication rule),即一期报纸或杂志,作为一个整体,构成单次发表。其中部分材料数月或数年后单独拿出来再发表,不构成法律意义上的"再出版"。2014 年 3 月 1 日的《里士满海滩检查者报》(Richmond Beach Examiner)是单次发表。该期报纸所有内容的诉讼时效,从该报出版当日起算。如果该期有几份报纸留到几周或几个月后发行,诉讼时效也不会重新起算。但是,如果电视台播出了这期报纸中的材料,诉讼时效期间就有可能重新起算,因为一些法院认为,这是面向新观众的新发表。[8]

互联网上的材料往往生命短暂,且极易改动,故单次发表规则是否适用的问题常被提出。在大部分情况下,法院的回答是肯定的,该规则同样适用于互联网。比如,在纽约州某法院 2012 年审理的一起案件中,一家报纸在更新网站时恢复了 2007 年的一篇文章,法院认为,这不是原始材料的再出版。[9]又如,在加利福尼亚州的一起案例中,原告主张,被告每次在网站上增加新内容,都是该网站所有内容的再出版。第 9 巡回区美国上诉法院不以为然,它判决,除非系争陈述被修改、被扩充或面向不同受众,否则就不是再出版。[10]2012 年,第 3 巡回区美国上诉法院对这一原则做出了最佳阐释:

> 网站处在不断的链接与更新之中。如果每一次链接或技术性改变都是再出版,诉讼时效就将永无止境地重启下去,其效用也将流于空谈。[11]

管辖权

如果原告没能在所在州规定的诉讼时效内起诉诽谤,他能否在诉讼时效更长的其他州起诉呢?回答是肯定的,只要诽谤材料在那个州发行即可。1984 年,美国最高法院在"基顿诉《好色客》案"(Keeton v. Hustler)[12]和"考尔德诉琼斯案"(Calder v. Jones)[13]中澄清了这一问题。纽约州居民凯西·基顿(Kathy Keeton)在新罕布什尔州起诉俄亥俄州的《好色客》杂志诽谤。《好色客》表示反对,它认为,原告应在纽约州或俄亥俄州起诉,不应在诉讼时效长达六年的新罕布什尔州起诉(新罕布什尔州目前的诉讼时效是三年)。被告指出,《好色客》杂志的发行量有 100 多万份,在新罕布什尔州仅售出 15 000 份。上诉法院判决,原告与新罕布什尔州的关系过于疏远,不能在该州主张权利,但美国最高法院的大法官一致投票推翻原判。威廉·伦奎斯特大法官写道,《好色客》在新罕布什尔州的常规发行,足以支持该州在此案中的管辖权。伦奎斯特大法官接着写道:"错误的事实陈述既伤害报道对象,也伤害读者:新罕布什尔州无疑可以用该州的诽谤法制止它欺骗本州市民。"他又说,该州还需要关注州内诽谤对州外居民的伤害。[14]

同日,美国最高法院在另一起案件中也做出了相似的判决。原告是加州居民,报道写于佛罗里达州,发表于佛罗里达州的一家报纸,该报也在加州发行。最高法院判决道,加州法院拥有此案的管辖权。案情大致如下:雪莉·琼斯(Shirley Jones)起诉两名记者诽谤,被告二人在佛罗里达州撰写并编辑的文章发表于《全国问询者报》。《全国问询者报》当时的全国发行量约为 500 万份,每周在加州发行 60 万份。初审法院判决,琼斯当然可以在加州起诉《全国问询者报》的发行人,但不能起诉记者。法院说,强令记者奔赴遥远的司法管辖区应诉,会对记者和编辑的宪法第一修正案权利造成寒蝉效应。美国最高法院再次一致投票反对,伦奎斯特大法官指出,系争文章的内容,关乎一位在加州工作的加州居民;文章中的材料来自加州的消息来源;文章对原告职业声誉和个人声誉造成的损害,也主要发生在加州,而且《全国问询者报》在加州销量巨大。他补充道:换言之,诽谤的主要负面效果发生在加州。伦奎斯特大法官写道:"在加州受到损害的个人,不必远赴佛罗里达州寻求救济,虽然行为人身处佛罗里达州,但他们有意制造的伤害发生在加州。"诽谤诉讼确实会抑制宪法第一修正案保障的活动,但诽谤法的宪法限制已经考虑到了这一点。他说:"在管辖权的问题上再次强调宪法保护,未免重复。"[15]

管辖权和互联网

美国最高法院的以上两起判例表达了一种观点:原告可以在系争报道发行范围内的任一司法管辖区起诉发行人,即便被告在该管辖区内发行量较小,即便原告不居住在该司法管辖区。那么,该原则又如何适用于网络传播呢?一家网站发布的信息,在全美的任何一州都可以浏览。原告可以在美国任一司法管辖区起诉网站运营者或材料发布者吗?如果有证据表明,某司法管辖区的居民接收、下载过该信息,这是否就意味着,原告可以在该管辖区起诉诽谤呢?还是说,原告必须与该管辖区

有更密切的关联?这些问题尚未完全得到解答。美国最高法院至少在三起涉及管辖权问题的案件中发表过意见。[16]下级法院似乎多多少少追随以下两种策略中的一种:第一种是较为宽松地适用考尔德案标准,第二种是以严格得多的方式适用考尔德案标准。请记住,美国最高法院之所以在考尔德案中判决加州法院可以对居住在佛罗里达州的记者行使管辖权,是因为系争文章的内容有关加州居民在加州的活动,而且文章发表于一个全国性刊物,该刊物在加州有很高的发行量。[17]尽管下级法院每年受理的此类案件数量渐长,但似乎并未随之产生一个"放诸四海而皆准"的判断标准。我们先来看看近年来的一些案例:

● 康涅狄格州某报张贴在网上的文章,引发了一起诽谤诉讼。第 4 巡回区美国上诉法院 2002 年判决,弗吉尼亚州的法院不能行使管辖权,因为没有证据证明,此文以弗吉尼亚州的居民为目标受众。[18]

● 同年,第 5 巡回区美国上诉法院判决,得克萨斯州居民不能在得克萨斯州起诉马萨诸塞州居民(同时也是纽约州一家网站的运营者),因为系争文章完全没有提及得克萨斯州,没有提及原告在得克萨斯州的活动,也不以得克萨斯州的读者为目标受众。第 5 巡回区美国上诉法院说,关键是文章所写的地理区域不是损害发生地。[19]

● 佛罗里达州最高法院 2010 年判决,华盛顿州居民发表的有关内华达州一家公司(主要经营区域在佛罗里达州)的诽谤性评论,起诉地点可以选在佛罗里达州。[20]

● 有人在网上张贴文章,诽谤亚利桑那州的一家公司,原告想在亚利桑那州的法院起诉。但一家美国地区法院 2010 年判决,系争材料对亚利桑那州的关注尚不足令该州拥有司法管辖权,哪怕原告发文时明知该公司设在亚利桑那州。"故意在互联网上发布诽谤性信息这一事实本身,不足令网站的作者或拥有者受到受害者所在州的司法管辖。"[21]

● 俄亥俄州最高法院 2010 年说,在数家网站上发表诽谤性评论的弗吉尼亚州居民,可

在俄亥俄州法院被起诉，哪怕诽谤性评论不以俄亥俄州居民为目标受众。在俄亥俄州以外发布的诽谤性陈述，如果意图伤害俄亥俄州居民，俄亥俄州法院也有管辖权。[22]

以上判决充满了矛盾冲突，我们列举这些判决，不是为了迷惑读者，而是为了说明，各家法院在这个问题上尚未形成共识。原告的居住地、被告的所在地、被告的意图、报道面向的受众、文章的内容，凡此种种，都是法院的考量因素。

最后要说明的是，澳大利亚、英国等国的法院，也开始对由美国境内的互联网诽谤信息引发的诽谤诉讼主张管辖权。澳大利亚最高法院判决，由于原告居住在澳大利亚，也由于伤害发生于系争信息在澳大利亚被下载之后，澳大利亚的法院可以行使管辖权。[23]有一起英国案件涉及一名美国公民——拳击推广人唐·金（Don King）。审理此案的英国法院说，

金在英国有很多朋友和熟人。该法院说，互联网言论的出版，发生在下载那一刻。请注意，当一家外国法院对诽谤案件行使管辖权时，在美国适用的许多宪法第一修正案保障，将无力在国境以外保护被告。（有关这一问题的更多讨论，**参见第 115～116 页。**）

小　结

原告必须在诉讼时效届满之前提起诽谤诉讼。诉讼时效的期限长短，由各州自行规定，一般是一年、两年或三年。超出诉讼时效的诽谤诉讼将被驳回。互联网言论引发的诽谤诉讼，其管辖权问题尚未在法院形成定论，但通常考量的因素有：信息内容指向何处、在何处造成伤害、信息在何处被下载。

真实

宪法第一修正案为诽谤被告提供了坚实的保护。在以报社或其他大众传媒为被告的诽谤案件中，原告必须依宪法之要求证明过错，被告因而得到妥善保护。不过，在"《纽约时报》诉沙利文案"之前，传统诽谤法中也不乏抗辩事由。[24]这些特许权来自普通法和州成文法。真实、特许权传播、公正评论、同意和答辩权都能保护诽谤被告——不论他是什么身份。每种抗辩在特定案件中能否适用，要视具体案情而定，即报道内容是什么，信息是如何获取的，报道以何种方式发表，等等。

真实曾是最重要的抗辩事由，为诽谤被告提供完全的保护。被告在使用这一抗辩事由时，必须证明自己发表的诽谤性指摘为真。真

实如今仍是诽谤的抗辩事由，但其重要性已不复当日，因为，当系争报道涉及公众关切的事务时，真伪性的举证责任便转移给了原告，这意味着，大多数原告必须承担证明诽谤性指摘为假的举证责任。只有在极少数情况下，当一般私人原告起诉非关公共事务的诽谤性陈述时，原告才不必证明系争陈述为假（作为过失的一部分）。此时，被告可以通过证明诽谤内容为真来免除责任，真伪性的举证责任改由被告承担，真实成了抗辩事由。证明系争陈述为假的规则，同样适用于证明系争陈述为真，内容颠倒即可。被告必须证明，系争言论大体真实。无关紧要的错误不会破坏真实抗辩。**请温习 124～126 页的内容。**

特许权传播

美国人历来珍视大胆而热烈的辩论，视它 为发现真理、达致共识的通道。法律千方百计

地保护这种讨论,以确保发言者不会因坦陈思想而无端受罚。联邦宪法第 1 条第 6 款规定,国会议员在参、众两院发表的评论,可以免于诉讼。这种保护被称作特许权,受保护的陈述被称作特许权传播。

绝对特许权

绝对特许权(有时也称为参与者特许权)保护大量言论和表达者。立法论坛上的所有发言者——国会参议员、众议员,州议会议员,市议会议员等——都享有这种特许权。2005 年,科罗拉多州和伊利诺伊州的上诉法院判决,绝对特许权适用于在县医院委员会和市议会分区委员会的会议上发表的言论。[25]立法听证会上的证人陈述也受绝对特许权保护。但这些评论必须在立法论坛上发表。美国最高法院 1979 年判决,参议员在参议院发表的言论,可以完全免于诽谤诉讼,但参议员办公室发出的有关该言论的新闻信和新闻发布稿不受绝对特许权保护。只有"对参议院审议必不可少"的言论才受保护,发给选民的新闻信或发给传媒的新闻发布稿,都不是审议程序的组成部分。[26]

与此类似,绝对特许权也保护司法论坛(法庭、大陪审团室等)上的言论和文件。法官、律师、证人、被告、原告等都受绝对特许权保护,只要言论在正式的听证或审理过程中发表,或文件与司法程序相关即可。宾夕法尼亚州的一名律师提起一桩诉讼,并将诉状的副本传真给了一名记者。诉状中提及的某人随即起诉该名律师诽谤。原告主张,被告将诉状发送给记者,就是发表诽谤性言论。律师辩称,诉状是受特许权保护的司法文件,故他给记者发送诉状的行为受特许权保护。宾夕法尼亚州最高法院不同意被告的主张,它判决,给记者发送文件是法律以外的行为,与法律程序无关。[27]此案

> 绝对特许权(有时也称为参与者特许权)保护大量言论和表达者。

引发的一个问题是:如果律师只是口头告知记者,建议他自行查阅诉状,那又会怎么样呢?能受保护吗?回答是:很可能受到保护。

最后,政府行政分支的工作人员也享有绝对特许权。总统、州长、市长、部长与其他行政工作人员的报告、政策陈述,乃至新闻发布会等,都受到保护。美国最高法院 1959 年判决,绝对特许权适用于政府官员发布的、与其公务职责有关的一切材料。[28]此案涉及一名官员发给传媒的一份新闻发布稿,其中解释了为何解雇两名联邦职员。纽约州上诉法院 20 年后呼应了此案。它说,助理检察长向传媒发布的有关集资骗局的新闻发布稿,受绝对特许权保护。[29]同样是媒体新闻发布稿,为何参议员威廉·普罗克斯迈尔却受到不同待遇呢(**参见第 137 页**)?原因是特许权的来源不同。国会特许权由美国宪法直接规定,受宪法条文限制。宪法只规定,审议程序和立法程序中的言论受特许权保护,普罗克斯迈尔的评论不在以上范围之内。绝对特许权的其他部分源自普通法或州成文法,相对而言,法院可以更自由地来解读。

适才讨论的特许权是**绝对特许权(absolute privilege)**。受绝对特许权保护的言论,表达者不得被起诉诽谤。一种类似的特许权也适用于某些私人传播。雇主与雇员的交谈受特许权保护;信用评级报告受特许权保护;雇主给雇员写的推荐信受特许权保护。此类私人传播,只要不在必须知情者以外传布,便受特许权保护。

有限特许权

有限特许权（qualified privilege）的保护范围之广，远超出表达者在公共或官方会议上享有的绝对免责权，也超出某些私人传播享有的附条件免责权。在有限特许权的荫蔽下，个人既可以报道政府官方程序中的事实，也可以传播政府官方报告的内容，即便所发表的材料诽谤他人，也可无虞于诽谤讼累。《侵权行为法重述》这样概括有限特许权：

> 在报道涉及公共事务的官方程序或公开会议时发表有关他人的诽谤性材料，受到有限特许权保护，但前提是，报道必须准确完整，或是对所发生事实的公正略写。[30]

随着法院不断扩张有限特许权的保护范围，使之覆盖更多类型的政府行为报道，《侵权行为法重述》给有限特许权下的定义已略显保守。有限特许权有时被称作报道者特许权，以区别于前文的绝对免责权（常被称作参与者特许权）。这里的"报道者"（reporter）指报道事实的任何人，不限于报社和电视台的记者。

有限特许权的适用标准

● 报道对象是受特许权保护的程序或文件

● 发表或播出的内容公正、准确地概括了事实

重要的且需要说明的是，有限特许权是有条件的特许权；也就是说，仅在满足特定条件时，该特许权才能作为抗辩事由发挥作用。条件如下：第一，有限特许权只适用于有关某些会议、听证、程序、报告和声明的报道；第二，根据法律，报道必须公正、准确地概述会议事实或报告内容。过去还有第三个条件——被告发表或播出含有诽谤性指摘的报道是为了满足公众的知情权，而不只是为了伤害原告。今天普遍认为，第三个条件不再适用；被告发表

或播出材料的动机没有相关性。[31]同样，哪怕报道者有实际恶意，有限特许权也不会失效。《侵权行为法重述》写道："即便发行人本人不相信诽谤性言论为真，或明知该言论为假，有限特许权也依然有效。"[32]大多数州都接受了这一规则。[33]

证明有限特许权适用于诽谤性材料的举证责任，由被告承担。特定场合（会议、程序、报告）是否受特许权保护，由法院判断。被告的报道是否公正、准确，由陪审团判断。

在细说该种抗辩事由的具体应用之前，我们先来看一个假想案例。在梅贝里（Mayberry）市议会的一次会议上，议员弗洛伊德·劳森（Floyd Lawson）谈到了该市垃圾处理费上涨的问题，他说："运送垃圾的联合垃圾公司本该给我们算便宜点儿，这家公司是一群骗子经营的，它存心欺骗市政府和全体市民。我从报纸上读到过，这些家伙是有组织犯罪团伙的成员。"在绝对特许权的保护下，联合垃圾公司的老板不能起诉劳森。参加会议的记者将劳森的这段评论写入了报道，只要记者在报道中公正、准确地概括了劳森说的话（"昨天晚上，市议员弗洛伊德·劳森在市议会会议上说，联合垃圾公司的老板是有组织犯罪团伙的成员，他们欺骗了全体市民。"），报社也可免于诽谤诉讼。

我们先来看看，法院目前认定哪些场合受有限特许权保护。

立法程序

立法机关（上至国会，下至村议会）的会议上发生的一切，都适用有限特许权。不过有法院曾判决，只有在会议官方程序中的发言，才受该抗辩事由保护。宾夕法尼亚州一家高级法院判决，某报社对市民在镇监督人委员会休会期间所发评论的报道，不适用特许权保护。[34]该特许权既适用于报道上述机关的委员会会议，也适用于报道这些机关收到的请

愿、申诉等。唯一的条件是,市议会等立法机关必须正式收到投诉或请愿,特许权才能适用。如果"市民争取清洁街道联盟"(Citizens for Cleaner Streets)向市议会申诉,指责街道卫生监督员无能,工作中错误成堆,那么市议会一收到申诉,有关这些指责的报道就受特许权保护。市议会不需要对这份文件做任何事情,只要接收即可。但是,如果申诉书的复印件只在市民中流传,从未正式呈递给市议会,那么特许权可能适用,也可能不适用,要看法官是否愿意宽泛地解读这一保护。该特许权还常适用于:报道议员在会后召开的新闻发布会,报道立法机关在非公开会议上发表的言论,报道议员在常规会议前后的非正式聚会上发表的言论,尤其当所发表言论和所发生事实牵涉重大公共利益时。

司法程序

报道者特许权也适用于司法论坛上的行为,如证人的证词、律师的辩论、法官的声明等。对审判、判决、陪审团裁断、法院判决意见、司法命令、大陪审团指控所做的报道,都受特许权保护。纽约州一家初审法院 2002 年判决,记者对律师违纪听证会的报道受特许权保护,因为这种听证具有准司法性质。一名女性在公开法庭上指控丈夫对她实施婚内强奸,当地报纸对此事的报道受特许权保护。[35]纽约州一家初审法院 2011 年判决,刑事案件起诉书中的材料受特许权保护。[36]对于专跑法庭口的记者而言,最大的难题可能是报道民事诉讼。根据美国的法律制度,当原告向法院工作人员提交诉状,并对被告发出传票时,诉讼即告开始。诉状中举目皆是指控之词,大多数具有诽谤性。诉状的内容可以作为记者的报道依据吗?

传统上,各州对这个问题有两种处理办法。我们先来看第一种。在一些州,除非法院实施了某种司法行为,否则起诉状不受特许权保护。[37]如果法院排定了双方当事人的出庭时间,起诉状就能享受特许权保护。这意味着,特许权的适用以法官的介入为前提。这是

为了防止一些案件在起诉后迅速撤回,而这一期间的相关报道却损毁了无辜当事人的清誉。支持这种规则的人认为,法官一旦介入,要撤回案件就会难得多。反对者则提出,这不失为一个好主意,可惜过时了。诽谤专家布鲁斯·桑福德(Bruce Sanford)指出:"法院现已认识到,存心诽谤的人可以轻易绕避这个古老规则;只要提出程序性申请,就可以完成所需的司法行为。"[38]有鉴于此,越来越多的州如今采用第二种规则:只要诉状呈递给法院,分配到备审案件目录编号,或针对被告的传票已经发出,诉状便受特许权保护。[39]此处需要提醒两点重要事项:第一,如果律师说案件已经起诉,记者最好不要轻信。律师可能撒谎,律师只想把事情公开,以利于当事人。记者最好打电话给法院,确认律师提供的情况是否属实。第二,如果律师说案件已经起诉,别把他提供的案情当真。艾奥瓦州最高法院曾判决,律师提交诉状后向记者发表的评论不受特许权保护。[40]2009 年,纽约州最高法院上诉分部判决,一篇根据法院电子刑事档案内的信息写成的报纸文章,受特许权保护。[41]

部分司法程序不对公众开放,相关的新闻报道可能受特许权保护,也可能不受保护。例如,为保护当事人的隐私,涉及未成年人和离婚的法庭程序通常不向大众开放。[42]一些州认为,闭庭审理这类案件是重要的公共政策,因此反对公开此类程序,在传媒报道引发诉讼的情形下,也拒绝对大众传媒适用特许权保护。但这条规则目前也在变化当中。第 9 巡回区美国上诉法院曾判决,虽然家事法院的庭审不允许普通公众旁听,但根据加州法律,传媒报道家事法院的司法程序,仍受特许权保护。[43]如果你广泛查阅美国最高法院审理的由庭审报道引发的隐私权诉讼,你会发现,宪法第一修正案对这些原告的限制,可能并不亚于对诽谤原告的限制。[44]

行政行为

随着特许权制度的发展,如今有大量诉讼围绕着有限特许权对政府行政分支的适用而

展开。报道市长、局长和其他行政官员、行政机构(包括执法机构)的声明或活动,一般受特许权保护。

受该抗辩保护的新闻报道,其内容一般仅限于官方性质的讲话、报告、听证或声明等,即通常所称之"政府行为"。法律有时要求官员从事特定的行为,有时又要求官员从事的行为是公务职责的自然延伸即可。一家联邦法院曾判决,记者对某州消费者保护委员会一次调查的报道受特许权保护,哪怕记者从未见过这份调查报告,只是透过该委员会的新闻发布稿获取信息。[45]密苏里州的州务卿曾在一份新闻发布稿中提醒民众谨防诈骗性投资项目。《圣路易斯邮报—快报》(*St. Louis Post Dispatch*)根据新闻发布稿写了一篇报道,内容有州务卿的警告与州政府发现的一些问题项目。一家联邦法院判决,该新闻发布稿是受特许权保护的文件。[46]一家法院在 2010 年的一起案件中判决,某市政府对一名病患死于医院急诊室之事的调查,受特许权保护。[47]加州上诉法院判决,根据地区检察官和市道德委员会的调查报告写成的报纸报道,受特许权保护。[48]即便新闻报道的依据是调查政府不法情事的保密文件[49]或封闭程序,报道仍受特许权保护。说到封闭程序,马萨诸塞州最高法院界定的官方政府行为,就包括闭门举行的活动。[50]

记者从警方与其他执法机构处获得大量信息,其中有多少受特许权保护?回答是,受保护的信息正在与日俱增。几十年来,有关某人被捕并被控某罪名的报道,一向受特许权保护。通常而言,这些信息出自警方的官方文件——有些地方称为拘留记录簿(blotter),有些地方则称为监禁登记簿(jail register)。今天,受保护的信息远远多于以往。俄克拉何马州民事上诉法院 2010 年判决,警方发布搜查犯罪嫌疑人的新闻发布稿和警方召开相关的新闻发布会,乃是行使官方职能,受特许权保护。[51]四年后,一家纽约州最高法院①做出类似的判决。[52]佐治亚州上诉法院 2009 年判

决,治安官在事关某调查的采访中对记者说的话,受特许权保护。[53]根据伊利诺伊州上诉法院的判决,山中湖(Lake in the Hills)警察局发给一家报社的电子邮件受特许权保护。[54]即便警方提供的信息有误,特许权也仍然适用。佛罗里达州的一名法官写道:"有时,传媒发布了官方消息来源提供的信息,后来却证实该信息不尽准确,这也是无法避免之事。报纸或电视新闻的报道对象自然会感到不快,但相较于公众从特许权中获得的好处,这点儿不快也只不过是微小代价。"[55]阿肯色州最高法院 2009 年判决,案件报告中的目击者陈述受特许权保护,虽然这类陈述本不该外泄。该法院说:"不能仅因报社没调查自己是否可以查看这部分案件报告,就断言它失去了特许权保护。"[56]

不过我们也要小心。不是每位警察就每个话题发表的每句陈述都一定能适用特许权。爱达荷州最高法院就认为,一名警察私底下对记者所说的话不应适用特许权。该法院说,这些陈述不属于受特许权保护的警察局官方报告。[57]另需注意的是,如果含有诽谤性陈述的文件不是在美国境内制作的,一些美国法院也会拒绝特许权抗辩。2001 年,内华达州最高法院拒绝对一本图书中根据英国警方秘密报告写成的那部分内容适用特许权。该法院说,这类报告通常无缘与美国公众见面,故不满足官方行为或官方程序的要求。在四年后的一起案件中,系争陈述指称两名俄罗斯人涉嫌腐败与犯罪,审理此案的一家美国地区法院拒绝了被告的特许权抗辩。该法院说:"本案被告不得主张特许权抗辩,因为这种抗辩不保护外国政府的官方报告。"[58]

特许权不只保护对政府官方程序的报道,华盛顿州最高法院曾判决,对罢免请愿的报道也受特许权保护。[59]爱达荷州一家联邦法院判决,对公民集会抗议法官一事的报道,适用特许权保护。这显然不是官方会议,但关涉重要的公共事务,即公共官员的行止。法院说:"在社区成员人人皆可参加的公开集会上的发

---

① 纽约州拥有一般管辖权的初审法院称为最高法院(Supreme Court)。参见本书第 1 章。——译者注

言,受有限特许权保护,这是一般原则。"[60]《侵权行为法重述》说,对公开会议上所发生之事的报道,若会议讨论的是公众关切的事务,则受特许权保护。[61]由此看来,报道公开会议是否适用特许权抗辩,关键得看会议讨论的话题。会议讨论的话题是公众关切的事项吗?还是多少涉及一点儿公众关切的事项?又或是纯粹的私人话题?

中立报道

1977年,第2巡回区美国上诉法院创设了一种新的有限特许权,称为"**中立报道**"(**neutral reportage**)。[62]一言以蔽之,它的核心内容就是:当传媒报道的诽谤性材料由负责任、有声望的消息来源提供,并且具有新闻价值时,该报道便受特许权保护。纵使记者撰写报道时明知系争陈述失实,也不影响该特许权的适用。极少有法院接受这种特许权。[63]大多数法院拒绝接受,其中包括宾夕法尼亚州最高法院。[64]这些法院指出,中立报道不符合美国最高法院的判例,如"格茨诉韦尔奇案",并认为这种抗辩没有存在的必要,或者没有法律依据。在大多数司法管辖区,中立报道不是有效的抗辩事由。接受该抗辩的法院似乎一致认为,中立报道应当具备四项要件:

- 诽谤性指摘必须具有新闻价值,能引发公共争议,或与公共争议有关。
- 该指摘必须来自负责任、有声望的消息来源。
- 报道必须准确、中立。
- 指摘对象必须是公共官员或公众人物。[65]

滥用特许权

有限特许权是否适用于特定报道,只是判断的第一步而已。法院接下来会问:报道是否公正、准确、真实地报道了所发生的事实或记录中的内容?

- 公正意味着平衡。报道应当是全面的,包含争议各方的声音。在一场公开集会上,如果发言者中有人攻击康拉德·内格尔(Conrad Nagel),有人维护他,则报道应该反映这两种不同的立场。一份法庭记录,如果既有关于报道对象的正面描述,也有负面描述,则新闻应该同时报道这两种不同的描述。如果记者报道一起针对当地医生的诉讼,报道中就应该有医生的回应。报道必须平衡,这是关键。
- 准确或真实的报道意味着,报道应该诚实地反映记录内容或他人所言。不过,报道也不必逐字记录他人所言。康涅狄格州上诉法院最近判决:"不必强求每个非关紧要的细节都准确无误,或强令新闻报道达到科学报告所要求的精确。"[66]加州上诉法院指出:"特许权一般都能适用,除非报道与事实之间的差距大到会给读者造成全然不同的印象。"[67]新闻报道必须是对陈述或文件的精确归纳。如果原始陈述或文件本来就有错误,则特许权不受影响。

看似细微的错误也有可能令报道失去特许权保护,这通常是因为错误内容改变了一般读者对报道的认知。《魅力》(Glamour)杂志1988年报道了一起备受关注的儿童监护权案件。作者使用了多种消息来源,包括监护权之战中的书面证词,这些是受特许权保护的文件。一名临床心理学家与此案中的父亲埃里克·福里特奇(Eric Foretich)谈过话,他出具的书面证词谈到了福里特奇幼妹的夭折。这位心理学家说,福里特奇"准备葬礼,选择墓地,还要为死去的婴孩守灵,诸如此类。……他谈到死去的妹妹,谈到他母亲尖叫着在屋内跑来跑去,留下他独自抱着这个孩子"。《魅力》杂志的报道写道:"在他[福里特奇]十几岁

报道是否公正、准确、真实地报道了所发生的事实或记录中的内容?

时，妹妹出生后不久就夭折了。他母亲将死婴递给了他，由他安排了葬礼。"

哥伦比亚特区的一家地区法院说，该杂志未能公正、准确地概括书面证词的内容。证词中，埃里克的母亲是一个因丧女之痛几近发狂的女人。而杂志报道中的她，却是一个冷漠无情的女人。[68]

俄亥俄州的一家报纸报道说，当地警察局的一名警官因"在工作期间与一名女性做爱"而被解雇。文中的女性是警方的一名调度员。警官否认了以上指控，一场仲裁听证会为此召开。仲裁报告的结论是：该警官的确对这位女性发出过性爱评论，但没有确凿证据证明他碰过她，也没有证据支持二人有性关系。警官起诉报社诽谤，被告辩称，报道准确概括了听证会报告的内容。法院判决说，虽有证据表明二人确实不清不楚，但仲裁报告和后续的司法审查丝毫没有提到该警官在工作期间与那名女性发生过性关系。系争报道不够准确，它缺少了官方报告中的关键内容。[69]

其他类型的错误就没那么重要了。新泽西州的一家报纸报道了一名警察在警察局总部与女性做爱，被起诉诽谤。消息来自县检察官在市政会议上公开朗读的一封信。原告不否认这种情况受特许权保护，但他指出报道有误。官方记录说，事情发生在市政大楼，不是警察局。法院指出，警察局就在市政大楼内，如此细微的错误无关紧要。[70]华盛顿州斯波坎（Spokane）的一家报纸报道说，一名商人在微软对他提起的诉讼中败诉，损失了 25 万美元。微软公司起诉 T. 詹姆斯·利（T. James Le）出售微软的盗版软件。新闻报道根据受特许权保护的法庭档案写成，其中有一些细微失实。比如报道说，利在 1998 年 12 月出售 Office Pro 和 Windows 95 的盗版复制品。事实上，他在 1998 年 12 月只卖过 Windows 95 的复制品。但华盛顿州上诉法院（Washington Court of Appeals）说，这个错误不重要。法院说："从整篇报道来看，受质疑的段落从法律上来看是基本真实、公正的。"[71]

新闻报道还应以报道的形式呈现。如果被告没说明自己是在报道公开会议上的发言，或是在重复公开记录中的内容，那就有可能失去特许权。根据法律规定，读者应当知道，自己读的是有关公开会议或官方听证会上所发生事实的报道，或者读的是取材于官方记录的报道。这些事实应尽量在导语和标题中点明，如以下加框文字所示。

> **市政会议：市长炮轰工程承包商欺诈**
> 在今天的市政会议上，约翰·史密斯市长谴责"顶点"建筑公司从事欺诈性交易。

哥伦比亚特区美国上诉法院判决，有限特许权不适用于某杂志对国家运输安全委员会（National Transportation Safety Board）官方报告的概括。国家运输安全委员会的报告是官方记录，显然受记者特许权保护。但该杂志未提醒读者，这是对官方文件的总结概括。法院说："系争[诽谤性]陈述在文中以历史事实之形式出现，文章没有特别指明其出处。"它给读者留下的印象是，文章作者乃是基于其研究得出了系争陈述中的结论。[72]

最后还有一点需要指出。根据普通法，如果一篇报道的目的不是向读者提供信息，而是伤害诽谤目标，那么即使报道公正、真实，也可能不受特许权保护。法院将这种伤害意图称为普通法恶意。今天，在大多数州，哪怕原告能证明普通法恶意，出版者也仍受特许权保护。不过，这种保护并非处处适用。明尼苏达州上诉法院 1999 年 6 月判决，在该州，如果原告能证明普通法恶意，就能压倒特许权抗辩。[73]我们在此预先提醒各位，请小心。

> **小 结**
> 如果传媒在报道公开会议、立法程序、司法程序或政府官方报告时发表了诽谤性材料，有限特许权就会给予保护。该特许权覆盖公共机关的所有会议、司法程序的所有方面、政府行政分支发布的报告和陈

述,甚至适用于公众就他们所关切之事务召开的非官方集会。只要新闻报道公正(平衡)、准确(真实)地描述会议上发生的 事实与报告中记载的内容,原告就无法在诽谤诉讼中获胜。

 # 对观点的保护

法律历来保护观点表达。观点是 21 世纪大众传媒的基本成分,艺术评论、音乐评论、电影评论、电视评论、政治评论、新闻分析、社论,乃至广告,都是观点表达的具体类型。观点的交流往往热烈而夸张,它们是美国政治和社会讨论的组成部分。数世纪以来,"公正评论与批评"这种普通法抗辩事由,是保护观点表达免于诽谤诉讼的坚实后盾。然而,过去 40 年间新增的两种抗辩引人发问:公正评论抗辩赋予观点表达的普通法保护是否还有存在的必要? 是否依然切实可行? 我们将在接下去的几页中介绍这三种抗辩。

修辞夸张

1960 年代末,某房地产开发商就名下一块土地的分区变化问题,与当地市议会商议。他同时还与市议会协商了另一块土地的购买事宜。一家地方报纸刊文报道了这些交易,并指出,一些人认为该开发商是在"敲诈勒索"。诽谤官司一路打到了美国最高法院。原告认为,读者读了报道后,会误以为开发商真的是在敲诈勒索,最高法院对此不以为然。最高法院说,报道提供了所有必要的背景信息,帮助读者理解商谈内容。"再粗心的读者也看得出来,'敲诈勒索'一词无非是修辞夸张,是那些认为[开发商的]商议地位极不合理的人给他取的戏称。"[74]

四年后,美国最高法院又在一起涉及邮政工人纷争的案件中做出类似的判决。当时,全国邮递员协会(National Association of Letter Carriers)正全力吸纳弗吉尼亚州一家邮局的邮政工人。该协会在每月出版的新闻信上刊登尚未入会的工人名单,标题是"工贼名单"。为表强调,新闻信的编辑还引用了美国作家杰克·伦敦(Jack London)一个世纪以前为"工贼"下的定义。伦敦说,在其他人长着心脏的地方,工贼长的是充满堕落原则的毒瘤,工贼背叛自己的上帝、国家、家庭和阶级。一位邮政工人起诉诽谤,声称自己不是叛徒。美国最高法院援引格林贝尔特案(Greenbelt)指出,没有读者会将这封新闻信理解为指控原告叛国。它是修辞夸张——一种虚张声势的表达方式而已。[75]

如此一来,观点表达就可以用"无人会信的修辞夸张"来做抗辩。下面是曾被法院认定为修辞夸张的例证:

● 底特律的一家报纸称,前著名联盟棒球手塞西尔·菲尔德(Cecil Fielder)"无法抑制赌博冲动",现在手头拮据。[76]

● 某脱口秀节目主持人称,一名在家里无证经营一个人手不足的托儿所的女性无异于杀人凶手。政府机构发现三个月大的婴儿死在该女家中的摇篮里,她被控危害儿童福利及故意向警方提供虚假证词。[77]

● 一名脱口秀节目主持人评论道,伊拉克

观点是 21 世纪大众传媒的基本成分,艺术评论、音乐评论、电影评论、电视评论、政治评论、新闻分析、社论,乃至广告,都是观点表达的具体类型。法律历来保护观点表达。观点表达可以用"无人会信的修辞夸张"来做抗辩。

臭名昭著的阿布-格莱布监狱（Abu Ghraib prison）的美国政府承包商是"职业杀手""唯利是图的雇佣兵"，杀人无须负责。[78]

● 纽约市一名市议员指责某 DJ 是"病态的种族主义恋童癖，专猎儿童"，他声称：必须将这个"变态"关入铁窗，"从地球表面开除"。[79]

● 纽约州一家上诉法院 2012 年判决，在针锋相对的政治恶斗中，一名政客称其对手是恐怖主义者乃属修辞夸张，并非事实性指摘。

修辞夸张之所以受到保护，是因为读者或听众一定知道，如此离谱的言论只是在表达观点，而非陈述事实。语气通常是关键。作者在发表讽刺和戏仿时必须确认：理性的读者事实上能够意识到，该言论无意于表述事实。但二者有时也并非泾渭分明。2002 年，得克萨斯州一家上诉法院面临一桩棘手案件，达拉斯的一家另类周报发表了一篇貌似新闻报道，但实为讽刺性虚构故事的作品。在得克萨斯州的小镇庞德（Ponder），一名七年级学生因为给同班同学读了一则涉及毒品、暴力的万圣节故事，被关入少管所五天。地方政府说，这则故事相当于暴力威胁，故对男孩略施小惩。《达拉斯观察者报》（Dallas Observer）的一名记者显然认为以上惩罚荒谬至极，他写了一篇虚构小说，讽刺庞德的法官与检察官。讽刺小说写道，当地官方因一名一年级女孩选了莫里斯·桑达克（Maurice Sendak）的《野兽家园》（Where the Wild Things Are，一部颇为流行的童书）写读书报告，就将她关入监狱。小说写道，这名六岁女孩戴着镣铐出庭，检察官说，他还没想好，是否要将这个孩子当作成人来起诉。小说发表在《达拉斯观察者报》的《新闻》栏目中，它提了一笔七年级学生的真实案件，但其他内容纯属虚构。

一些读者误将小说视为新闻报道，针对庞德两位官员的投诉源源不断。法官与检察官双双起诉诽谤。被告报社向法院申请即决判决，它主张系争言论是修辞夸张。初审法院拒绝了被告的即决判决申请，上诉法院维持原判。上诉法院说，传媒近年来颇为关注校园暴力，必须在这一语境中审视系争言论。该法院又说，此前的真实事件就发生在庞德，并涉及讽刺小说中的两名官员。[80] 得克萨斯州最高法院推翻原判，批准了被告的即决判决申请。它判决道，理性的读者不会把这篇小说理解为事实陈述。法院说，文章中有线索表明它是虚构作品，比如，文章虚构了法官说的话，称法官说：就是要引起"恐慌与过度反应"。文中还虚构了得克萨斯州前州长乔治·W. 布什说的话，称他曾说：莫里斯·桑达克的书"明显具有不正常的性暗示"，"零容忍意味着我们一点儿也不能容忍"。法院说，这篇文章确实虚虚实实、似是而非，但这就是讽刺作品的特点。[81] 报社最后赢了，但五年韶光虚掷，所费不赀，足见讽刺作家务须谨慎。

修辞夸张是一种有力的抗辩事由，但也并非无懈可击。网络用户尤须小心。互联网上非专业人士的言论，往往受情绪驱策，不经大脑思考。网络用户甚至不考虑自己发表的评论是否有可能引发侵权责任。伊利诺伊州一名网络用户在某报的网站上发帖，指责某二人贿赂几位市政府官员，从而顺利谋得分区变更。在因之而起的诽谤诉讼中，伊利诺伊州上诉法院判决，系争陈述不是修辞夸张，因为从发帖内容中看不出来作者不是在陈述事实。该法院又指出，不能仅凭言论发表在互联网上，就自动认定它是修辞夸张。这一警告堪称及时。[82]

宪法第一修正案

美国最高法院 1991 年判决，就公众关切之事发表的"纯粹观点"，受宪法第一修正案保护。[83] 起诉此类言论的诽谤诉讼不可能成功。

如今，全美各级法院都已接受该原则为诽谤法的基本规则。但在如何界定"纯粹观点"的问题上，各家法院尚有不同意见。伦奎斯特首席大法官代表美国最高法院撰写了1991年米尔科维奇案判决意见,他说,纯粹观点是无法被证实或证伪的陈述,纯粹观点不表明甚至不暗示可被证伪的事实。

此案案情大致如下:俄亥俄州的一名体育专栏撰稿人写道,一位中学摔跤教练与一位中学校长,在事关恢复该校摔跤队参赛资格的听证会上"撒了谎"(该校摔跤队此前被剥夺了全州摔跤锦标赛的参赛资格)。我们无从得知特德·迪亚迪恩(Ted Diadiun)写作该专栏文章的真实意图,但他在原告起诉报社诽谤后声明,他只是在表达观点,即他认为,教练和校长在听证会上作证时不诚实。

此案在州法院和联邦法院长达15年,1991年,美国最高法院终于做出判决:迪亚迪恩的言论是事实陈述,而不只是观点。伦奎斯特首席大法官说,即便专栏撰稿人写了"在我看来,米尔科维奇[教练]撒了谎"或者"我认为米尔科维奇撒了谎",也于事无补。他仍是在陈述事实。首席大法官说,迪亚迪恩其实是在告诉读者:"我了解的一些内情令我相信,这二人在宣誓作证时撒了谎。"而这是事实陈述。最后,被告报社付给原告116 000美元赔偿金。更重要的是,被告花了近50万美元为自己辩护。

下级法院一般不会抗拒美国最高法院阐明的原则,但偶尔也有例外,本案就是如此。自1991年以来,美国大多数下级法院在涉及观点表达的案件中,都表达了对米尔科维奇案标准的不满。大家的共识似乎是,以"言论能否被证实或证伪"这么单一的标准判断观点表达,难免过于保守。它可能剥夺一些言论的宪法第一修正案保护——那些作者希望写成观点,同时读者或观众也视作观点的言论。

许多法院在判断言论是事实陈述还是观点表达时,采用一种不同的判断标准。该标准包括美国最高法院提出的"言论能否被证实或证伪",但同时也要求法院从其他角度加以考察。

奥尔曼案标准

1984年,哥伦比亚特区美国上诉法院提出了一种四步判准,用于判断系争言论是事实陈述还是发言者或写作者的个人观点。该标准出自"奥尔曼诉埃文斯案"(*Ollman v. Evans*)[84],故称为"奥尔曼案标准"(*Ollman test*)。以下是该判准的四个步骤:

● **系争陈述能否被证实或证伪?** 这是米尔科维奇案提出的基本标准。

● **词语的日常意义或一般意义是什么?** 一些词语貌似事实陈述,但其实多用于观点表达。当你称某人为火鸡时,你不是真的想说此人身披羽毛,口中咕咕叫。当你称某人为笨蛋时,通常也不是说他的智商远低于平均水平。

● **系争言论的新闻语境是什么?** 报纸读者期望在头版的新闻报道中读到事实陈述,期待在社论版中读到观点。NBC的新闻主播布赖恩·威廉斯(Brian Williams)为我们提供新闻事实,拉什·林博为我们供应观点,至于他们自己如何命名他们的言论,其实并不重要。

● **系争言论的社会语境是什么?** 特定种类的政治或社会置境,往往产生特定种类的言论。在知名科学家讲儿童疫苗注射的讲座上,观众期待听到事实。在议会成员候选人之间的唇枪舌剑中,观众期待听到观点。劳工纠纷、政治集会、抗议集会或其他此类情境,通常会催生情绪高昂、信马由缰的评议。通常,人们在这些情境中并不指望听到事实陈述。

奥尔曼案标准

1. 系争陈述能否被证实或证伪?

2. 词语的日常意义或一般意义是什么?

3. 系争言论的新闻语境是什么?

4. 系争言论的社会语境是什么?

言论自由与黑猩猩

首家抵制米尔科维奇案单一标准的重要法院,是纽约州的最高法院——纽约州上诉法院(New York Court of Appeals)。"伊姆诺公司诉穆尔-杨科夫斯基案"(*Immuno, A. G. v. Moor-Jankowski*)[85]涉及一家学术期刊。

该刊发表了一位研究者的来信,信中称,澳大利亚的一家制药公司计划在塞拉利昂修建实验室,用黑猩猩来从事肝病药物研究。来信说,该公司之所以这么做,是为了绕避西欧和北美国家的灵长类动物进口限制,这些动物是濒危物种。雪莉·麦格雷尔(Shirley McGreal)博士进而在信中指出,该计划会对塞拉利昂地区的黑猩猩种群造成严重威胁。以上评论以读者来信的形式发表,开头的编者按语指出,麦格雷尔是动物权益倡导者,还指出,澳大利亚的伊姆诺公司认为,麦格雷尔的指责有失准确、鲁莽粗疏。纽约州上诉法院说,这封读者来信是受保护的观点。根据米尔科维奇案的单一标准,信中的部分陈述可能会被视作事实陈述。但首席法官朱迪思·凯(Judith Kaye)拒绝采用这种单一标准,称它是完全忽视具体情境的"轻率"标准。诽谤性材料发表在《读者来信》栏目中,读者期望在这个论坛中读到观点表达。编辑也提醒过读者,信中表达的是写信者的个人观点。凯法官指出,这份学术期刊的读者是非常专业的研究者,他们能够理解,这是有关在医学研究中使用灵长类动物的争议。法院判决,根据纽约州宪法的新闻出版自由条款,这些言论受到保护。[86]

2010 年,弗吉尼亚州一家联邦法院遇到一起与伊姆诺公司案颇为相似的诽谤案。原告芭芭拉·阿瑟(Barbara Arthur)是全国疫苗信息中心(National Vaccine Information)的联合创始人。该组织主张停止对小儿强制接种麻疹和其他疾病的疫苗,因为这些疫苗可能导致儿童罹患孤独症。本案被告是小儿科医生兼传染病专家保罗·奥非特(Paul Offit)博士。阿瑟又写书,又上电台、电视台做节目,花了大把时间攻击奥非特,她说,奥非特跟着制药公司亦步亦趋,将关心子女的父母妖魔化。有家杂志刊登了一篇有关奥非特的特稿《恐慌的蔓延:一个人对抗反疫苗运动的战斗》,文中引用奥非特医生的原话说,阿瑟的理论令他发疯,"我就是想尖叫,因为她撒谎"。奥非特又说:"我之所以加入这场战斗,原因和她一样,我关心孩子。"

阿瑟说,"她撒谎"这句话失实并具有诽谤性。法院驳回了原告的主张,判决以上陈述只是为了加强语气、表达愤怒,并非真的指责阿瑟欠缺诚实信用。法院又说:

> 该陈述的性质(包括引用持特定科学观点与政策立场者的原话)与它所处的语境(很短的一段,前后是有关这一热点公共争议的长篇描述)均可证实,这是受保护的观点表达。[87]

还有一些法院在判断系争陈述是纯粹观点还是事实描述时,也采用了更为宽松的伊姆诺公司案标准。纽约州上诉法院在一起诽谤案中推翻了不利于报纸专栏作家的原审判决。该案原告是纽约州某小镇的检察官。有专栏作家撰文称,该检察官是政治打手、幕后权力黑手,将市政府如提线木偶般操弄于股掌之上,总有一天会整垮全镇。专栏文章还揭发了原告 35 年前在一场有关当地学区委员会的激烈争议中扮演的角色。陪审团判予原告 9 万美元赔偿金,但该州最高法院推翻了原判,它说,系争言论是观点。从文章通篇的语境来看,理性读者会得出这样的结论:系争陈述是观点表达,而非事实表述。法院指出几条线索,包括:(1)文章发表在评论版面上;(2)编者按语指出,此文是观点表达;(3)文章的整体语气、语调表明它是观点。法院判决说,"总有一天会整垮全镇"这样的表达只能视作观点。[88]在另一起案件中,一家美国地区法院与第 9 巡回区美国上诉法院都判决,《纽约邮报》(New York Post)发表的有关已故的约翰尼·科克伦(Johnnie Cochran,O. J. 辛普森的辩护律师之一)的文章,受宪法第一修正案保护。撰写此文的专栏作家称科克伦为"讼棍","为打赢官司不择手段,不惜牺牲事实真相"。初审法院判决道,这篇专栏文章的语气语调与系争陈述所处的语境,会让读者自然而然地视之为观点,而非事实陈述。上诉法院对此表示同意。[89]还有一起案件,系争言论是罗伯特·K.格雷(Robert K. Gray)传记里的一段话,内容是:这位前共和党政治人物兼公关老手曾伴装自己与罗纳德·里根和其他政府高层官员过从甚密。第 1 巡回区美国上诉法院判决,这是受保护的观点。法院说:"这只不过是一种主观判断,与其说是在讲'实际发生了何事',倒不如说是表达了对所发生之事的模糊而主观的看法。"[90]此案再次表明,语境是关键。

对于表达者而言,除非评论中只有观点,没有事实,否则以事实支撑观点很是重要。一家网站将一间度假酒店列入"2011 年最脏酒店"的名单,引得酒店起诉诽谤。原告诉称,这是事实表述,但一家联邦法院判决,没有哪个理性人会将这种评比(以顾客的评价为评比依据)混淆为事实表达。[91]也曾有法院判决,如果一场争议中的事实尽人皆知,那么基于这些事实抒发的观点也不必全以观点的面貌呈现。举一例以明之。一名男性打猎时意外射杀一人,被控过失杀人,后被法院宣告为无罪。纽约州某电台的脱口秀主持人与此人的姐妹有过一场谈话,主持人问她:有一个冷血杀手做兄弟是什么感受,他每次杀完人后,是否会在枪托上刻一道痕?主持人还说,所谓的打猎意外,其实不可能是意外。法院判定,这些言论是主持人在与来电话者争论时发表的观点,相关事实早已广为报道,众所周知。理性的听众不会认为这是事实陈述。[92]

不过还是得小心。观点所依据的事实必须真实。"纯粹观点"抗辩不保护夹杂在观点中的虚伪事实。佐治亚州一家联邦法院曾判决,称亚特兰大某电台名人(当时已在与公司达成共识的情况下离职)很可怜,是个二流货色、榆木脑袋,属于观点表达。但称他被公司辞退却是事实陈述,所以诽谤官司可以继续打下去。[93]一些法院曾判决,某些观点透露出作者明知诽谤事实,这种情况属于法院所称之事实与意见的混合体,它们可能无缘享受宪法第一修正案对纯粹观点的保护。纽约州最高法院判决,当一位公司管理人员告诉《纽约邮报》,他解雇了一名职员,因为"她不讲职业道德",而且"在公司里拿钱最多,干活最少"时,他其实是在暗示,自己知道公众不知情的某些事实(这些事实对他谈论的人有害,故具有诽谤性),而这些事实可以支撑他的观点。[94]

当被告试图以观点为抗辩时,遗漏某些事实也可能惹出麻烦。因为遗漏事实,读者对原告的印象可能不符合作者的本意。几年前,罗得岛州发生过这样一起案件:

基督教青年会(YMCA)某分支机构解雇了一名职员,引发了一场抗议,一名抗议者在活动中病倒。该分支机构的主席是一名内科医生,抗议者在门外游行时,他正在主持一个会议。得知有抗议者病倒后,他主动伸出援手,却被告知,急救人员马上就到,无须他帮忙。病倒的抗议者不幸身亡,传媒大肆报道此事,谴责该医生见死不救。所有报道都遗漏了一个事实——医生曾主动提供过帮助。医生起诉诽谤,诉称这样的报道显得他刻薄冷漠,甚至残酷无情。被告辩称,文中的诽谤性批评是观点。陪审团同意原告的主张,它指出,系争报道遗漏了医生主动伸出援手的关键事实,暗示了一些不真实的内容。[95]遗漏了这一信息,原本受到保护的观点表达就变成了诽谤性的事实陈述。

公正评论与批评

公正评论(fair comment)是普通法上的抗辩事由,它保护观点的公开发表,数世纪以来一直运行良好。但和诽谤法的其他内容一样,它也受到宪法第一修正案介入诽谤法的严重影响。本章前文介绍过宪法第一修正案对观点的保护,在这种新保护出现后,大多数律师认为,普通法抗辩固然可行,但力道不足,还不如靠宪法的力量保护客户更有意义。公正评论抗辩于是渐趋式微。[96]数百起公正评论判例如今仍然记载在书上,但似乎已经无人问津。

使用公正评论抗辩,要求法院采用一种三

步判准:

1. 系争陈述是观点表达吗？法院传统上采用单一标准,即该陈述能否被证实或证伪。

2. **诽谤性言论是否聚焦于有关正当公众利益的事务？**法院十分宽泛地界定"正当公众利益",文化艺术、宗教、医药、广告等皆可纳入其内。

3. **评论有事实依据吗？**评论文章或节目必须有事实依据,才能主张公正评论抗辩。不过,如果相关事实已经广为人知,就不必向读者或观众再三重复。

综上所述,因发表诽谤性观点而被起诉的被告,可以从以上三种策略中任选一种,或同时使用三种。被告可以主张,诽谤性陈述如此夸张、不切实际,所以不会有人把它们视作事实陈述,它们是修辞夸张。被告也可以主张,系争陈述是受宪法保护的纯粹观点。最后,被告还可以主张普通法上的公正评论抗辩。

如何避免由观点引发的诽谤诉讼？

记者可以采取几个步骤来避免此类诉讼。大众传媒律师戴维·厄特夫斯基(David Utevsky)建议如下:

● 陈述观点时,尽可能确保受众将它们理解为观点。不过要记住,"在我看来"

之类的表述,并不能将事实陈述转化为受保护的观点。

● 别指望新闻语境保护你。法院不会仅因诽谤出现在评论或专栏版面,就将它认定为观点。

● 明明白白地陈述观点的事实依据。问问自己:法院会认为这些事实足以支撑你的观点吗？

● 确保事实真实。如果事实方面存有争议,表达观点时应提及争议双方。

小　结

观点表达通常可豁免于诽谤责任。法院说过,修辞夸张——关于某人某事的夸张评论——显然不是事实陈述,无法支持原告的诉求。美国宪法也保护观点表达,但根据美国最高法院的解释,宪法只保护纯粹观点,暗含虚伪事实的观点表达不受保护。美国最高法院提出过判断系争言论是否属于观点的标准,即言论能否被证伪。其他法院提出了更宽松的标准,除了要判断系争言论能否被证伪之外,还要考察词语的一般意义、新闻语境和社会语境。最后,观点也受普通法公正评论抗辩的保护。

其他抗辩事由与赔偿金

被告对抗诽谤诉讼的武器,不只是报道者特许权和观点抗辩。除此之外,至少还有两种普通法抗辩:**同意(consent)**和**答辩权(right of reply)**。与公正评论抗辩一样,这两种抗辩事由历史悠久,也都有过光辉岁月,但如今已渐趋式微。过去 40 年间,它们很少用于诽谤诉讼。我们简要介绍一下这两种抗辩。

同意

许多法律专家认为,如果某人事先同意发表诽谤材料,他就不能再起诉诽谤。[97] 假设《里弗市哨兵报》(*River City Sentinel*)的记者玛丽·琼斯听到传言,说约翰·史密斯是有组织犯罪团伙的头目。琼斯采访了史密斯,告诉他自己听闻如上传言,问他是否介意《里弗市哨兵报》发表这一传言。史密斯说没问题,琼斯于是撰写、发表了相关报道。在这种情形下,史密斯是同意记者发表诽谤材料的。当然,这种情况如今不太可能发生。这种明示同意极为罕见。法院认为,原告必须在诽谤材料发表之前,明知或有充分理由应知诽谤陈述的全部内容,方可认定同意有效。

不过,部分法院也认可另一种同意,即所谓的间接同意或默示同意。原告至少可以通过数种方式给出这种同意。一些法院曾判决,当某人对诽谤性指责做出回应,而诽谤性指责随着回应一道发表时,受害者便是间接同意诽谤发表。[98]其中的逻辑很明显:既然要发表被诽谤者的回应,原初的指责就得一道发表,否则说不通。也有法院曾判决,原告本人将不利于自己的诽谤性指责告知他人,就意味着他默示同意诽谤性指责在其他地方公开。[99]默示同意有完美的法理依据,但只有部分法院接受它。不过,批评他人之前先让对方开口发言是个不错的主意。给报道对象一个答辩机会,没准记者就能发现报道中的错误,而错误是可以在报道刊播之前改正的。同时,这样做也更公平、公正。

答辩权

答辩权也是一种抗辩,它与"同意"的境遇颇为相似,近年来也没得到普遍适用。答辩权有时也被称作"正当防卫"。某人遭到诽谤后,可以用诽谤性传播来做出回应,他人不能起诉这种回应。唯一的限制是,回应必须与原初的诽谤相当。正当防卫也有相同的限制,防卫者的应对,不得远远超出挑衅。有人冲你吐唾沫,你却开枪射死了他,在这种情况下,法院是不会接受正当防卫抗辩的。

答辩权在诽谤法中的适用大致如下:如果约瑟夫·奥戴尤(Joseph Adieu)诽谤克丽·奥谢(Kerry O'Shea),奥谢就有权利做出回应。如果她的回应是诽谤性的,则答辩权抗辩将阻却奥戴尤成功起诉诽谤。不过如上情形今天极少发生;更有可能的是,奥谢放弃答辩,直接起诉奥戴尤。报纸和电台、电视台极少反击攻击者,既然如此,答辩权又如何保护大众传媒呢?一些诽谤专家提出,当新闻传媒充当传播管道,传达争议一方的评论时,就可以在诽谤诉讼的抗辩中使用答辩权。[100]举例说明:假设奥戴尤在公开演讲中诽谤奥谢,当地报纸在读者来信专栏中发表了奥谢的诽谤性回应,奥戴尤起诉报社诽谤。报社这时就可以主张答辩权保护。[101]

法学教授查尔斯·格雷戈里(Charles Gregory)和哈里·卡尔文(Harry Kalven)在《侵权案例与资料》(*Cases and Materials on Torts*)中写道:

> 该权利的边界未能明确设立,它导致的问题,让人不禁联想到正当防卫引发的问题:原告初始攻击的力度必须有多大?初始攻击必须具有诽谤性吗?初始攻击若是真实的或受特许权保护,又该如何处理?被告做出回应时可以使用多少语言暴力?他能为第三方辩护吗?[102]

此类问题不断削弱着答辩权抗辩的实际效用。

> 默示同意有完美的法理依据,但只有部分法院接受它。

赔偿金

多数情况下,原告起诉诽谤时会诉请赔偿金,以填补损害。原告极少会请求法院判令被告停止侵害（停止传布系争材料）。法官更不可能在尚未开庭审理、尚未认定系争材料是否具有诽谤性时，就同意禁止被告传播系争材料。比如在佛蒙特州，一位家事法院的法官在审理一起离婚案件时，命令丈夫不得再在博客上发表有关妻子及失败婚姻的文章。[103] 许多宪法第一修正案律师认为，这是对言论的事前限制。

如前文所述，在大多数诽谤案中，赔偿金是关键。在诽谤诉讼中，法院一开始计算赔偿金额，就意味着原告已经满足所有要件，包括证明过错，而被告提出的所有抗辩皆不成立。至于赔偿金额具体该如何计算，这不是新闻记者必须掌握的内容，但稍微了解一下，也不无用处。今天的诽谤法中共有四类赔偿金。在法院判给原告任何一种赔偿金前，原告先得证明一些事项。

实际损害赔偿

最常见的诽谤赔偿金是**实际损害赔偿**（actual damages），或称实际伤害赔偿（damages for actual injury）。原告必须向法院出示证据证明，诽谤材料的发表对他们造成了实际损害，其中可能包括名誉或社会地位受损、财产损失、人格受辱、精神伤害与痛苦等。[104] 以上概念，有一些非常模糊。精神伤害或痛苦如何在法庭上证明？又如何以具体金额度量？正因为如此，实际损害赔偿的判定很难精确。原告诉请的金额与他遭受的实际损害可能相关，也可能无关。法院——通常是陪审团——判给原告的只是它认为原告应得的金额，往往不顾原告实际遭受的损害。如果赔偿金额过高，初审法官或上诉法院还会做出调整。这种不精确性给诉讼双方，尤其是被告，造成了很大压力，令他们倾向于庭外和解。

特定损害赔偿

特定损害赔偿（special damages）是诽谤性陈述造成的具体金钱损失。特定损害赔偿必须有精确的名目，比实际损害赔偿要精确得多。如果原告能证明，自己损失了 23 567.19

美元，那么在原告说服陪审团认定被告有责任的前提下，这笔金额便是原告可以请求而且可能得到的特定损害赔偿。特定损害赔偿代表特定的金钱损失，也只能是金钱损失。大多数原告不会诉请特定损害赔偿。但在一些案件中，特定损害赔偿是原告能够请求的唯一赔偿金。例如在商业诽谤中，原告唯一可能获得的补偿，就是特定损害赔偿。

> 最常见的诽谤赔偿金是实际损害赔偿，或称实际伤害赔偿。

推定赔偿

推定赔偿（presumed damages）是原告无须证明伤害或损失就能获得的赔偿金。公共性原告（包括公共官员和公众人物）与起诉公言论（系争陈述涉及公众关切之事务）的一般私人原告只有证明被告有实际恶意，即明知虚假或全然不顾事实真伪，才能获得推定赔偿（有时也称为一般或补偿性赔偿金）。但是，就有关私人事务的诽谤性陈述起诉的一般私人原告，只要证明过失，就可以获得推定赔偿。[105]

惩罚性赔偿

律师们常将**惩罚性赔偿**（punitive damages）称为"罚金"（smart money）。惩罚性赔偿往往金额巨大。其他赔偿金都以补偿原告所受的伤害为目的，惩罚性赔偿金却是为了惩罚被告的不当行为，并警告其他人勿蹈覆辙。

公共性原告和起诉公言论（系争陈述涉及公众关切之事务）的一般私人原告，都必须证明实际恶意，即被告明知虚假或全然不顾事实真伪，只有这样才能获得惩罚性赔偿。起诉私言论的一般私人原告，只要证明过失就可以获得惩罚性赔偿。

惩罚性赔偿是诽谤诉讼中最沉重的负担，许多人认为它极不公平。一些司法管辖区禁止惩罚性赔偿，包括路易斯安那州、马萨诸塞州、内布拉斯加州、新罕布什尔州、俄勒冈州和华盛顿州；一些司法管辖区限制惩罚性赔偿，如科罗拉多州、佛罗里达州、佐治亚州、堪萨斯州、蒙大拿州、密西西比州、北达科他州和弗吉尼亚州。[106]还有一些州的立法机关已在考虑限制惩罚性赔偿，如亚拉巴马州、伊利诺伊州和印第安纳州。只有极少数法律权威主张完全废除惩罚性赔偿。在某些情况下，惩罚性赔偿确实能达成一定的目的。多数法律专家认为，故意销售有害或危险商品的企业必须受到惩罚。持续发表恶劣谎言、伤害无辜者清誉的出版者也应该承担严重后果。但是，一些惩罚性赔偿的超高金额与受害人遭受的损害完全不成比例，许多律师因此提出，如此巨额的赔偿金违反了美国宪法第八修正案（该修正案禁止过高的罚款）。美国最高法院从未完全同意这一主张，但它近年来确实也在控制过高的惩罚性赔偿，尽管不那么明显。1991 年，美国最高法院判决，各法院的惩罚性赔偿的算法还没有"不公平到违宪的地步"。但哈里·布莱克门（Harry Blackmun）大法官也代表最高法院写道："人们期待美国最高法院能提供合理、充分的指导规则，指导陪审团审理这类案件，这种期待确实有宪法上的意义。"[107]五年后，美国最高法院以惩罚性赔偿"金额过高"为由，推翻了一名亚拉巴马人得到的 200 万美元的赔偿。此人起诉宝马公司将一辆在运输过程中轻微擦伤又重新喷了漆的汽车当作新车卖给他。最高法院再次拒绝以明确的标准指导下级法院计算惩罚性赔偿金额，不过它提示下级法院注意以下三个事项：被告行为应受责难的程度、惩罚性赔偿与实际损害赔偿的比率、惩罚性赔偿金额与州政府对类似行为征收的刑事或民事罚金的比较。[108]2001 年，美国最高法院再度谈及这一问题，它告诫下级上诉法院要"仔细查验"陪审团判予原告的惩罚性赔偿金额是否过高。[109]2003 年，美国最高法院对惩罚性赔偿做出最严厉的打击，它在一起针对州农场保险公司（State Farm Insurance Company）的诽谤案中，推翻了犹他州一个陪审团判给原告夫妇的 1 亿 4 500 万美元。安东尼·肯尼迪大法官代表六位多数派大法官撰写了法院判决意见，他说，被告是否有钱与惩罚性赔偿是否违宪无关，被告的财富不能证明惩罚性赔偿的合宪性。陪审团判给这对夫妇的补偿性赔偿是 100 万美元，余下的 1 亿 4 400 万美元是惩罚性赔偿。肯尼迪大法官说，145 比 1 的比率，可见赔偿金额"既不合理，与被告的不当行为也不成比例"。他说，这一金额是荒谬、武断的，其依据与其说是被告造成的伤害，毋宁说是被告有钱。他说，犹他州法院利用这起案件，在全国范围内曝光了这家保险公司的缺陷，并惩罚它。[110]这起案件以相当抽象的概念讨论了补偿性赔偿与惩罚性赔偿的"合理"比率，它能否在下级法院中切实降低过高的赔偿金额呢？我们仍需进一步观察。

撤回法

在诽谤故事中，"我要求撤回"这句话颇为常见。何为撤回（retraction）？撤回既是道歉，又是更正。假设你是一名编辑，你错误报道说：琼·亚当斯因在商店里行窃而被捕。在撤回声明中，你首先得告诉读者或听众，琼·亚当斯没有因盗窃而被捕，错误在你。然后，你还要为错误报道给亚当斯造成的不便道歉，你甚至可能说一些关于她的好话。在普通法中，及时而诚恳的撤回，通常关系到原告名誉是否真的受损。毕竟你在尽力恢复她昨天刚刚受损的部分名誉。如此一来，她有可能难以证明实际损害。

知识窗

俄勒冈州的撤回法

这里介绍的俄勒冈州撤回法，是撤回法中的典型。出版者和广播公司若能满足此类法律的要求，便能大大降低原告在诽谤诉讼中的获赔金额。

30.165 按要求发布更正或撤回声明

1. 被诽谤者必须在得知诽谤性陈述的20 天内，向诽谤性言论的出版者发出书面的更正或撤回请求，亲自递送或挂号信递送皆可。必须在请求中特别指明哪些言论失实并具有诽谤性，并要求出版者更正或撤回。请求中还可以说明，哪些消息来源能提供事实真相。诽谤受害人本人或代理律师必须在书面请求上签字。

2. 诽谤性陈述的出版者自收到更正或撤回请求之日起，有不超过两周的时间可以调查该请求，并在调查后发布更正或撤回，具体要求如下：

(a)报纸、杂志或其他定期发行的印刷刊物，在调查完成后发行的第一期刊物中发表更正或撤回。

(b)电台或电视台在调查完成后的第一个节目中播放更正或撤回。

(c)电影院在调查完成后的第一场公映中发布更正或撤回。

3. 出版者必须在更正或撤回中声明，诽谤性陈述没有事实依据，出版者为此道歉。

4. 更正或撤回，应以与诽谤性陈述显著程度大致相当的方式发布。[1955 c.365 §3]

根据诽谤法权威布鲁斯·桑福德（Bruce Sanford）的统计，美国共有 33 个州有撤回法。[111]部分法律提供的保护十分周全，也有一些法律提供的保护极为有限。例如，华盛顿州的相关法律只规定了编辑和其他新闻制作者的责任，在当地传媒工作的大多数人甚至不将该法视作撤回法。[112]根据典型的撤回法，原告在起诉诽谤之前，必须给出版者撤回诽谤的机会。如果出版者尊重该请求，及时撤回了诽谤性材料，在相同显著的报纸版面上发表了撤回声明，那么原告在诉讼中可能获得的赔偿金就会减少（有时甚至得不到赔偿金）。如果原告没有请求撤回，或没有以法律要求的方式请求撤回，诽谤起诉将被驳回。[113]

至少在两个州，法院将州议会制定的撤回法宣布为违宪。在亚利桑那州[114]和蒙大拿州[115]，州最高法院判决，州宪法赋予公民因人身、财产或人格受损害而向法院起诉的权利。撤回法削减了这种权利，因此违宪。

至少有一个州的法院将撤回法适用于网络诽谤。佐治亚州最高法院 2002 年判决，该州的撤回法（仅适用于惩罚性赔偿，不适用于诉权）也适用于互联网上的出版。该案的初审法院和上诉法院均认为，撤回法不适用于互联网出版，只适用于传统媒体。原告因之前没有请求撤回，失去了诉请惩罚性赔偿的机会。[116]

小 结

同意和答辩权是次要抗辩，它们至今存在，偶尔还能裨益于诽谤被告。原告要想在诽谤诉讼中获得赔偿金，就必须向法院证明，其名誉确实受到了损害，这被称为实际损害赔偿。原告若能证明特定的金钱损失，法院可能会判予特定损害赔偿。原告也可以诉请惩罚性赔偿。在多个州，传媒若是及时撤回诽谤，就能大幅度降低赔偿金额，甚至能减少诽谤诉讼发生的可能性，这些内容规定在称为撤回法的州法中。

刑事诽谤

自诽谤法诞生以来,刑事诽谤便是其中的一部分。它是煽动性诽谤和民事诽谤的近亲。第4章、第5章和本章的大部分内容讨论的是民事诽谤,即一人起诉另一人诽谤。**刑事诽谤(criminal libel)** 的理论依据是:有时,政府有必要代表诽谤受害者指控诽谤者。传统上,刑事诽谤的合理性在于,如果政府不采取行动,受害者可能会对诽谤者动用暴力,以补偿自己所受的损害。防止此类暴力行为,是政府的实质性利益所在。

刑事诽谤于今已是往日遗迹之一种,但这种遗迹似乎不易消逝。目前,仅有16个州和两个美国属地的刑法典中还规定有刑事诽谤。[117] 2008年,华盛顿州一家上诉法院宣布该州有关刑事诽谤的法律违宪,州议会于次年废除该法。[118] 过去45年间,全美的刑事诽谤案件总计不到100起,但每年似乎都有一两起。有个科罗拉多人曾被控刑事诽谤,因为他篡改了一名女性的照片,令她摆出尴尬姿势。

这类案件十分罕见,传媒法资源中心(Media Law Resource Center)的一项研究表明,大多数刑事诽谤指控乃是出于政治原因。刑事诽谤案件常因针对执法官员和民选官员的批评而起。例如,2005年,32岁的新墨西哥州法明顿人胡安·马塔(Juan Mata)被判刑事诽谤罪,因为他四处散布请愿书,要求当地警察局调查一名警官,他还在警察局外示威,高举标语骂这名警官"肮脏",是个"骗子"。负责此案的市检察官告诉当地报社,他很感恩"我们居住在一个有言论自由的国家,但有些言论就是不能自由发表"。马塔曾对市政府及五名警官提起过民事诽谤诉讼,他声称,警方对他动粗。[119]

只要民事救济够用,大多数州不愿指控刑事诽谤,将别人的麻烦招揽到自己身上。检察官起诉刑事诽谤很难得到民众的支持。我们

这个时代,谋杀、抢劫、强奸、攻击多得吓人,大多数选民更愿意政府官员把力气花在这些罪犯身上。多年前,纽约州的一名法官很好地表达了这一立场:

> 简言之,该理论就是,诽谤受害者尽可以在民事诉讼中获得充分救济。公众不会有什么损失。辩冤白谤和充分的伤害补偿也可以在民事法庭中实现。因此,原则上,只有罪大恶极的暴行,才有必要以公众的名义提起刑事控诉。[120]

刑事诽谤在几个重要方面有别于民事诽谤。首先,刑事诽谤的受害人可以是死者。如果有人伤害死者的名誉,政府可以动用刑事诽谤法指控他。在一些州,刑事诽谤与妨害治安相关,这种指控过去很常见。如果有人以出版物、言论或小册子煽动读者或听众,引发实实在在或迫在眉睫的暴力行为,政府就可以指控该人刑事诽谤。不过,美国最高法院1966年判决,以妨害治安为由指控刑事诽谤是违宪的。[121] 该判决是"妨害治安"这一理由在刑事诽谤指控中被取消的一个重要因素,但也只是其中一个因素而已。今天,这种案件已极不可能再发生了。

自《纽约时报》诉沙利文案"[122] 以来,美国最高法院只审理过一起刑事诽谤案。它在"加里森诉路易斯安那州案"(*Garrison v. Louisiana*)[123] 中判决:当刑事诽谤诉讼源于针对公共官员的诽谤时,州政府必须证明被告有实际恶意,即明知虚假或全然不顾事实真伪。布伦南大法官写道,说服本院在民事诉讼中引入宪法第一修正案保护批评公共官员之言论的理由,同样也适用于刑事诽谤案件。他又说:"宪法对表达自由的保障,敦促我们在刑事案件中适用相同的标准。"在受害人为一般私人

的刑事诽谤案件中,实际恶意原则是否适用呢? 美国最高法院尚未回答这个问题。但加里森案是对刑事诽谤的沉重打击。现存的州刑事诽谤法,大多数无法满足美国最高法院在1966 年提出的最低宪法标准。[124]

 参考书目

American Law Institute. *Restatement of the Law of Torts*. 2nd ed. Philadelphia: American Law Institute, 1975.

"Criminalizing Speech About reputation: The Legacy of Criminal Libel in the U. S. After *Sullivan* and *Garrison*." *Media Law Resource Center Bulletin*, 2003, No. 1.

"Developments in Criminal Defamation Law Since 2002." *Media Law Resource Center Bulletin*, 2004, No. 4, Pt. 2.

Dill, Barbara. "Libel Law Doesn't Work, But Can It Be Fixed?" In *At What Price? Libel Law and Freedom of the Press*, by Martin London and Barbara Dill. New York: The Twentieth Century Fund Press, 1993.

Goodnough, Abby. "Blog Takes Failed Marriage Into Fight Over Free Speech." *The New York Times*, 10 January 2008, A8.

Greenhouse, Linda. "For First Time Justices Reject Punitive Award." *The New Yokr Times*, 21 May 1996, A1.

——. "Justices Limit Punitive Damages—Victory for Tort Reform." *The New York Times*, 8 April 2003, A16.

——. "Punitive Damages Must Get a Searching Review on Appeal, Justices Rule." *The New York Times*, 15 May 2001, A18.

Gregory, Charles O., and Harry Kalven. *Cases and Materials on Torts*. 2nd ed. Boston: Little, Brown, 1969.

McGraw, David. "The Right to Republish Libel: Neutral Reportage and the Reasonable Reader." *Akron Law Review* 25(1991): 335.

Phelps, Robert, and Douglas Hamilton. *Libel*. New York: Macmillan, 1966.

Pogrebin, Robin. "Publication Date Open to Dispute in Internet Age." *The New York Times*, 3 November 1997, C1.

Prosser, William L. *Handbook of the Law of Torts*. St. Paul, Minn.: West Publishing, 1963.

Sanford, Bruce W. *Libel and Privacy*. 2nd ed. Englewood Cliffs, N. J.: Prentice-Hall Law & Business, 1993.

 注释

[1] See, for example, *Nader* v. *DeToledano*, 408 A. 2d 31 (1979).

[2] 这是有关法院如何对待即决判决申请的简要描述,不是关于诽谤诉讼程序的详细解释。

[3] *Anderson* v. *Liberty Lobby*, 477 U. S. 242(1986).

[4] *Schiavone Construction* v. *Time*, 619 F. Supp. 684 (1985).

[5] 大多数法院判决,诽谤诉讼的诉讼时效同样适用于隐私侵权诉讼。See, for example, *Christoff* v. *Nestle USA Inc.*, 152 Cal. App. 4th 1439(2007); *Pierce* v. *Clarion Ledger*, 34 M. L. R. 1275(2006); and *Chaker* v. *Crogan*, 33 M. L. R. 2569(2005).

[6] *Printon Inc.* v. *McGraw-Hill Inc.*, 35 F. Supp. 2d 1325(1998); See also *MacDonald* v. *Time*, 554 F. Supp. 1053(1983); *Wildmon* v. *Hustler*, 508 F. Supp. 87(1980); *Bradford* v. *American Media Operations*, *Inc.*, 882 F. Supp. 1508(1995); and *Williamson* v. *New Times Inc.*, 980 S. W. 2d 706(1998).

[7] *Firth* v. *New York*, 747 N. Y. S. 2d 69(2002); *Van Buskirk* v. *New York Times*, 325 F. 3d 87(2003); *Mitan* v. *Davis*, W. D. Ky., Civil Action No. 3: 00 CV-841-5, 2/3/03; *McCandliss* v. *Cox Enterprises Inc.*,

593 S. E. 2d 856(2004);and *Traditional Cat Ass'n* v. *Gilbreath*,Cal. Ct. App. No. D041421,5/6/04. 在一些州,如果冒犯性材料在同一家报纸的另一种版本上发表,或发布于该报网站,则构成一次新的独立发表。See *Rivera* v. *NYP Holdings Inc.*,35 M. L. R. 2127 (2007). 一些州尚未接受单次发表规则。See *Taub* v. *McClatchy Newspapers Inc.*,35 M. L. R. 2179 (2007),for example.

[8] *Lehman* v. *Discovery Communications Inc.*,32 M. L. R. 2377(2004).

[9] *Martin* v. *Daily News LP*,40 M. L. R. 1749(2012).

[10] *Yeager* v. *Bowlin*,40 M. L. R. 2491(2012).

[11] *In re Philadelphia Newspapers*,*LLC*,3 Fd. 161(2012).

[12] 465 U. S. 770(1984).

[13] 465 U. S. 783(1984).

[14] *Keeton* v. *Hustler*,465 U. S. 770(1984).

[15] *Calder* v. *Jones*,465 U. S. 783(1984).

[16] *ALS Scan Inc.* v. *Digital Services Consultants Inc.*,U. S. No. 02-483,cert. den. 1/13/03;*Griffs* v. *Luban*,U. S. No. 02-754,cert. den. 3/10/03;and *Young* v. *New Haven Advocate*,315 F. 3d 256(2002).

[17] 465 U. S. 783(1984).

[18] *Young* v. *New Haven Advocate*,315 F. 3d 256(2002). 2003 年 5 月,美国最高法院拒绝复审此案。

[19] *Revell* v. *Lidov*,317 F. 3d 467(2002).

[20] *Internet Solutions Corp.* v. *Marshall*,38 M. L. R. 2428(2010).

[21] *Xcentric Ventures*,*LLC* v. *Bird*,683 F. Supp. 2d 1068(2010).

[22] *Kauffmann Racing Equipment*,*LLC* v. *Roberts*,126 Ohio St. 3d 81(2010).

[23] *King* v. *Lewis*,High Court of Justice,Queen's Bench Division,No. [2004]EWHC,168(QB),2/6/04.

[24] 376 U. S. 254(1964).

[25] *Wilson* v. *Meyer*,34 M. L. R. 1906(2005);and *Stevens* v. *Porr*,34 M. L. R. 1086(2005).

[26] *Hutchinson* v. *Proxmire*,443 U. S. 111(1979). 普罗克斯迈尔在批评政府虚掷公帑的新闻发布稿中抨击一个密歇根人,被起诉诽谤。

[27] *Bochetto* v. *Gibson*,32 M. L. R. 2474(2004).

[28] *Barr* v. *Mateo*,353 U. S. 171(1959).

[29] *Gautsche* v. *New York*,415 N. Y. S. 2d 280(1979).

[30] American Law Institute,*Restatement of the Law of Torts*.

[31] See *Schiavone Construction* v. *Time*,569 F. Supp. 614(1983).

[32] American Law Institute,*Restatement of the Law of Torts*.

[33] See *Solaia Technology*,*LLC* v. *Specialty Publishing Co.*,34 M. L. R. 1997(2006),for example. 但也有相反的判例。see *Freedom Communications Inc.* v. *Sotelo*,34 M. L. R. 2207(2006). 得克萨斯州上诉法院 (Texas Court of Appeals)在该案中说,实际恶意可阻却有限特许权适用。

[34] *DeMary* v. *Latrobe Printing and Publishing Co.*,28 M. L. R. 1337(2000).

[35] *Wong* v. *World Journal*,31 M. L. R. 1214(2002); and *Tonnessen* v. *Denver Publishing Co.*,3 P. 3d 959 (2000).

[36] *Klig* v. *Harper's Magazine Foundation*,39 M. L. R. 1987(2011).

[37] See *Amway Corp.* v. *Procter and Gamble Co.*,31 M. L. R. 2441(2003),for example.

[38] Sanford,*Libel and Privacy*.

[39] See *Clapp* v. *Olympic View Publishing Co.*,*LLC*,136 Wn. App. 1045(2007),for example.

[40] *Kennedy* v. *Zimmerman*,601 N. W. 2d 61(1999).

[41] *Cholowski* v. *Civiletti*,37 M. L. R. 2437(2009).

[42] 但在 *Riemers* v. *Grand Forks Herald*,32 M. L. R. 2381(2004)中,北达科他州最高法院判决,有关离婚程序的报道受特许权保护。

[43] *Dorsey* v. *National Enquirer*,*Inc.*,973 F. 2d 1431 (1992).

[44] See *Cox Broadcasting Co.* v. *Cohn*,420 U. S. 469 (1975);and *Florida Star* v. *B. J. F.*,109 S. Ct. 2603(1989).

[45] *Testmasters Educational Services Inc.* v. *NYP Holdings Inc.*,603 F. Supp. 584(2009).

[46] *Hinkle* v. *St. Louis Post Dispatch*,40 M. L. R. 1256 (2012).

[47] *Rubel* v. *Daily News LP*,38 M. L. R. 2396(2010).

[48] *Brooks* v. *San Francisco Chronicle*,38 M. L. R. 2495 (2010).

[49] *Ingere* v. *ABC*,11 M. L. R. 1227(1984).

[50] *Howell* v. *Enterprise Publishing Co.*,455 Mass. 641 (2010).

[51] *Stewart* v. *NYT Broadcast Holdings*,*LLC*,240 P. 3d 772(2010).

[52] *Boucher* v. *Times/Review Newspaper Corp.*,38 M. L. R. 2360(2014).

[53] *Community Newspapers Holding Inc.* v. *King*,682 S. E. 2d 346(2009).

[54] *Eubanks* v. *Northwest Herald Newspaper*,922 N. E. 2d 1196(2010).

[55] *Vaillcourt* v. *Media General Operations Inc.*,36 M. L. R. 1543(2007).

[56] *Whiteside* v. *Russellville Newspapers Inc.*,375 Ark. 245(2009).

[57] *Wiemer* v. *Rankin*,790 P. 2d 347(1990).

[58] *Wynn* v. *Smith*,16 P. 3d 424(2001);and *OAO Alfa Bank* v. *Center for Public Integrity*,D. D. C.,No. 00-2208(JDB),9/27/05.

[59] *Herron* v. *Tribune Publishing Co.*,736 P. 2d 249 (1987).

[60] *Borg* v. *Borg*,231 F. 2d 788(1956).

[61] American Law Institute,*Restatement of the Law of Torts*.

[62] *Edwards* v. *National Audubon Society*,*Inc.*,556 F. 2d 113(1977),cert. den. 434 U. S. 1002(1977).

[63] See *Price* v. *Viking Penguin*,*Inc.*,881 F. 2d 1426 (1989);and *Schwartz* v. *Salt Lake City Tribune* (2005).

[64] See,for example,*Dickey* v. *Columbia Broadcasting System*,*Inc.*,583 F. 2d 1221(1978);*Young* v. *The Morning Journal*,76 Ohio St. 3d 627(1996);*Norton* v. *Glenn*,797 A. 2d 294(2002),aff'd 860 A. 2d 48 (2004);and *Bennett* v. *Columbia University*,34 M. L. R. 2202(2006).

[65] See *Khawar* v. *Globe International Inc.*,46 Cal. App. 4th 22 (1996);aff'd 79 Cal. Rptr. 2d 178 (1998).

[66] *Burton* v. *American Lawyer Media Inc.*,847 A. 2d 1115(2004).

[67] *Colt* v. *Freedom Communications Inc.*,109 Cal. App. 4th 1551(2003).

[68] *Foretich* v. *Advance Magazine Publishers*,*Inc.*,18 M. L. R. 2280(1991).

[69] *Young* v. *Gannett Satellite Information Network*,40 M. L. R. 1197(2011).

[70] *Rabbitt* v. *Gannett Satellite Information Network Inc.*,32 M. L. R. 1410(2003).

[71] *Alpine Industries Computers Inc.* v. *Cowles Publishing Co.*,57 P. 3d 1178(2002).

[72] *Dameron* v. *Washingtonian*,779 F. 2d 736(1985); see also *Trover* v. *Kluger*,37 M. L. R. 1165(2008).

[73] *Moreno* v. *Crookston Times Printing Co.*,594 N. W. 2d 555(1999).

[74] *Greenbelt Publishing Ass'n*,*Inc.* v. *Bresler*,398 U. S. 6(1970).

[75] *Old Dominion Branch No. 496*,*National Association of Letter Carriers* v. *Austin*,94 S. Ct. 2770(1974);

see also *Delaney* v. *International Union UAW Local 94*,32 M. L. R. 1454(2004).

[76] *Fielder* v. *Greater Detroit News Media Inc.*,35 M. L. R. 1380(2006).

[77] *Anslow* v. *Gach*,32 M. L. R. 2438(2003).

[78] *Caci Premier Technology Inc.* v. *Rhodes*,36 M. L. R. 2121(2008).

[79] *Torain* v. *Liu*,479 Fed. Appx. 46(2008).

[80] *New Times Inc.* v. *Isaacks*,91 S. W. 3d 844(2002).

[81] *New Times Inc.* v. *Isaacks*,32 M. L. R. 2480(2004).

[82] *Maxon* v. *Ottawa Publishing Co.*,38 M. L. R. 1953 (2010).

[83] *Milkovich* v. *Lorain Journal Co.*,110 S. Ct. 2695 (1991).

[84] 750 F. 2d 970(1984).

[85] 77 N. Y. 2d 235(1991).

[86] *Immuno*,*A. G.* v. *Moor-Jankowski*,77 N. Y. 2d 235 (1991).

[87] *Arthur* v. *Offit*,38 M. L. R. 1508(2010).

[88] *Mann* v. *Abel*,885 N. E. 2d 884(2008).

[89] *Cochran* v. *NYP Holdings Inc.*,27 M. L. R. 1108 (1998),aff'd 210 F. 3d 1036(2000).

[90] *Gray* v. *St. Martin's Press Inc.*,221 F. 3d 243 (2000).

[91] *Seaton* v. *TripAdvisor LLC*,E. D. Tenn. No. 11-549, 8/22/12.

[92] *Gisel* v. *Clear Channel Communications Inc.*,40 M. L. R. 2137(2012).

[93] *No Witness*,*LLC* v. *Cumulus Media Partners*,*LLC*, 35 M. L. R. 2537(2007).

[94] *Pepler* v. *Rugged Land*,*LLC*,34 M. L. R. 1796 (2006).

[95] *Healy* v. *New England Newspapers*,520 A. 2d 147 (1987).

[96] 但是参见 *Magnusson* v. *New York Times Co.*,32 M. L. R. 2496(2004). 俄克拉何马州最高法院在该案中判决,公正评论抗辩适用于一名内科医生对一家电视台提起的诽谤诉讼。

[97] Phelps and Hamilton,*Libel*,and Sanford,*Libel and Privacy*.

[98] See *Pulverman* v. *A. S. Abell Co.*,228 F. 2d 797 (1956),for example.

[99] *Pressley* v. *Continental Can Co.*,250 S. E. 2d 676 (1978).

[100] See Phelps and Hamilton,*Libel*.

[101] See *Fowler* v. *New York Herald*,172 N. Y. S. 423 (1918).

[102] Gregory and Kalven, *Cases and Materials on Torts*.

[103] Goodnough, "Blog Takes Failed Marriage."

[104] See Justice Lewis Powell's opinion in *Gertz* v. *Robert Welch*, *Inc.*, 4118 U. S. 323(1974).

[105] *Dun&Bradstreet* v. *Greenmoss Builders*, 472 U. S. 479(1985).

[106] Dill, "Libel Law Doesn't Work."

[107] *Pacific Mutual Life Insurance Co.* v. *Haslip*, 111 S. Ct. 1032(1991).

[108] Greenhouse, "Justices Reject Punitive Award."

[109] Greenhouse, "Punitive Damages."

[110] *State Farm* v. *Campbell*, 538 U. S. 408(2003); and Greenhouse, "Justices Limit."

[111] Sanford, *Libel and Privacy*.

[112] Washington Revised Code Annotated § 9:58.040 (1977).

[113] *Milsap* v. *Stanford*, 139 F. 3d 902(1998).

[114] *Boswell* v. *Phoenix Newspapers*, 730 P. 2d 186(1986).

[115] *Madison* v. *Yunker*, 589 P. 2d 126(1978).

[116] *Mathis* v. *Cannon*, 573 S. E. 2d 376(2002).

[117] 这16个州是科罗拉多州、佛罗里达州、爱达荷州、堪萨斯州、路易斯安那州、马萨诸塞州、密歇根州、明尼苏达州、蒙大拿州、新罕布什尔州、新墨西哥州、北卡罗来纳州、北达科他州、俄克拉何马州、弗吉尼亚州和威斯康星州。

[118] *Parmelee* v. *O'Neal*, 36 M. L. R. 1863(2008).

[119] Mayeux, "Jury Finds Mata Guilty."

[120] *People* v. *Quill*, 177 N. Y. 2d 380(1958).

[121] 384 U. S. 195(1966).

[122] 376 U. S. 254(1964); see also *Ivey* v. *State*, 29 M. L. R. 2089(2001).

[123] 379 U. S. 64(1964).

[124] 2004年,加州一家地区法院根据宪法第一修正案推翻了一部州法,该法规定,错误批评警察是犯罪。严格说来,这不是刑事诽谤法,但它在很多方面与刑事诽谤法相同。*Hamilton* v. *City of San Bernardino*, 32 M. L. R. 2594(2004). 第9巡回区美国上诉法院在2005年做出过类似判决。See *Chaker* v. *Crogan*, 33 M. L. R. 2569(2005). 加州最高法院曾在2002年支持过同一部立法,*People* v. *Stanistreet*, 58 P. 3d 465(2002).

第 7 章
侵害隐私：盗用与侵扰

侵害隐私是一种多面性的民事侵权，涉及不同类型的伤害。侵害隐私的行为包括：商业性地盗用他人的姓名或类似物，侵扰私人领域，公开令人尴尬的私事，公开令人尴尬的虚假私事（类似诽谤）。我们将先对隐私权做一综观性介绍，再来逐一探讨以上四种隐私侵权行为。

 ## 隐私的概念与来源

隐私权这一抽象概念直到 19 世纪末 20 世纪初才进入美国社会。

如今，21 世纪的第二个十年已经过半，隐私却仍处于危境；这部分是由于传播技术的巨变，部分是由于"9·11"恐怖袭击引发的焦虑，也有部分是因为，从小习惯了真人秀的新一代美国人，为了换取参与电子社交与声名鹊起的机会，似乎也热衷于放弃自己的隐私。

隐私是个令人捉摸不定的概念——一代人认为是隐私的，另一代人可能不做如是观。在不同时代、不同地域、不同文化中，人们对"何为隐私"的理解各不相同。隐私至少包含三种不同的基本内涵：

● 自主之隐私（privacy of autonomy）：这里的隐私，意味着自主个体做出个人的、私人的决定，不受政府的干扰或侵犯。在这一隐私内涵中，最具争议性的问题是女性的堕胎权，这是美国最高法院在 1973 年"罗诉韦德案"（*Roe v. Wade*）中提出的。美国最高法院在较近的"劳伦斯诉得克萨斯州案"（*Lawrence v. Texas*，有关此案的更多内容，参见第一章）中写道："吾国之法律与传统，为个人在婚姻、生育、避孕、家庭关系、子女养育和教育方面的自主决定提供了宪法保护。"换言之，这是个人（有时是夫妻与家庭）所拥有的、不受政府不当干涉的自主决策权。

● 空间之隐私（privacy of space）：这是隐私的传统内涵，它意味着，人们拥有地理或物理的隐私区域，他人不得侵扰或擅入。杰里·康（Jerry Kang）教授称之为个人的领地独处（territorial solitude）。"一个人的家就是他的堡垒"道出了其中的精髓。本章有关"侵扰"的法律，为侵犯个人的物理空间（如擅入或以高科技手段录音、录像）提供了救济。

● 信息之隐私（privacy of information）：信息隐私权是隐私的第三种内涵，我们都有不能被他人泄露或泄露给他人的关于自身的事实和数据。随着谷歌、Facebook 和雅虎等公司大量收集有关他人的信息，这种隐私概念如今显得尤为紧要。这些公司专门从事数据采集，可能拥有关于你的大量信息，它们有时会把这些信息卖给企业、个人，甚至政府部门。

以上三种隐私内涵的共同之处在于控制，即个人有能力控制本人的个人决策、物理空间和信息流通。于是，有关隐私的讨论和争论常常会涉及取用、保密、匿名等概念。

在美国，隐私法的渊源主要有以下四种：

● **宪法**：在联邦宪法和州宪法层次，法院都承认隐私权。隐私权或是明确规定在宪法条文之中，或是隐含在宪法文本的字里行间。美国宪法及其修正案都没有特别使用"隐私"一词，但美国最高法院承认，这是一种未予列出的联邦宪法权利，隐含在多条宪法修正案中。例如，第四修正案保护人们的住所、文件与财产不受无理搜查和扣押，除非执法官员能证明正当理由，且法官颁发搜查令，否则不得随意搜查。由此观之，宪法第四修正案中暗含着个人对其住所、文件和财产的隐私权。此外，美国最高法院还说过，宪法第十四修正案的"正当程序"条款所规定的"自由"，包括隐私利益。

与联邦宪法不同，至少有十个州的宪法中明确写着"隐私""私人"之类字眼。如加州宪法第 1 条第 1 款规定，人人有权"追求并获得安全、幸福与隐私"，此为不可剥夺之权利。佛罗里达州宪法第 23 条第 1 款规定："每个自然人皆享有独处权，政府不得侵扰其私人生活，本法另有规定的除外。"夏威夷宪法第 6 条第 1 款规定："人们的隐私权得到承认，除非证明重大的州利益，否则不得侵犯。"由此可见，州宪法以多种不同的方式规定了隐私权。

● **成文法**：联邦和州层次的诸多成文法也保护隐私利益。比如，联邦《家庭教育权与隐私法》（Family Educational Rights and Privacy Act）限制公众查阅学生的教育记录（有关该法的更多内容，参见第 3 章和第 9 章），联邦《健康保险可携性与可责性法案》（Health Insurance Portability and Accountability Act）保护医疗机构和医疗保险公司持有的可辨识个人身份的医疗健康信息（更多内容参见第 9 章），联邦《儿童在线隐私保护法》（Children's Online Privacy Protection Act）旨在保护儿童（及其父母）在使用互联网与其他数字科技时的隐私（更多内容参见第 15 章）。各州也有保护隐私利益的成文法。一些州的成文法还规定，名人去世之后，其继承人有权控制死者姓名或类似物中的公开利益。另外，佛罗里达等州还在公开记录法中设置了法定例外，以防公开尸检图像，保护死者亲人的隐私利益（参见第 9 章"限制近用信息的州成文法"）。

● **普通法**：本章与下一章将集中讨论三种普通法隐私诉由：（1）盗用/公开权；（2）侵扰；（3）公开隐私事实（也称公开私人信息）。当个人的隐私遭受侵害时，这些普通法上的隐私理论可以提供救济。第四种普通法隐私理论称为错误暴露他人隐私（false light），本书对此讨论不多，因为它与诽谤法有交叉，而且越来越多的州拒绝承认这种隐私侵权方式。应指出的是，一些州已经通过了成文法，将这些普通法上的隐私理论全部或部分编入法典。

● **行政法**：联邦贸易委员会（FTC）正日趋成为美国主要的隐私政策制定者与执行者，在隐私保护中发挥着核心作用。2012 年，FTC 发布了一份重要报告，题为《在快速变化的时代里保护消费者隐私：给商业公司和政策制定者的建议》（"Protecting Consumer Privacy in an Era of Rapid Change: Recommendations for Businesses and Policymakers"）。该报告的网址是 http://ftc.gov/os/2012/03/120326privacy report.pdf。近年来，FTC 处理过针对 Facebook 和 MySpace 的投诉，因为这两家公司涉嫌在隐私条款中作假（有关 FTC 在互联网隐私保护领域的积极作用，可参见第 15 章）。此外，FTC 还十分关注政府与私人机构使用的人脸识别技术中的隐私问题。科技已促生了诸多变化，十年前，我们简直不敢想象，本书还会提到人脸识别技术和 FTC 对它的顾虑。

侵犯隐私

大众传媒深度介入了隐私法的发展，早期的隐私侵权诉讼，绝大多数是针对大众传媒而发的。过去一百年间，州议会和法院设立了合法权利，允许自认为受到损害的人们起诉大众传媒侵犯其隐私权。与诽谤法不同，隐私法在很多方面仍参差不齐，因为它还年轻，尚在发展之中，而诽谤法已有数百年的历史。有意思的是，正是 19 世纪末报纸的刺探报道，催生了今天的隐私法，但现如今，大众传媒已不再是隐私权的唯一担心。

 知识窗

你的 Facebook 密码呢？禁止雇主获知密码的新法律

你的老板（或未来的老板）可以要求你透露社交媒体的账户密码吗？2012 年，马里兰州的一部新法实施生效，它规定："雇主不得要求雇员或求职者公开用户名、密码或其他透过电子传播设备进入其个人账户或服务的方式。"《马里兰州劳资法》（Maryland Labor and Employment Code）第 3－712 条还规定，雇主"不得因雇员拒绝透露以上信息而解雇、处罚雇员，或威胁解雇、惩罚雇员"。该法代表了一些州的发展趋势，加利福尼亚州、伊利诺伊州和马萨诸塞州已提供立法保护，禁止雇主强迫雇员和求职者披露社交媒体密码。加州的相关法律于 2013 年 1 月 1 日生效，它规定："雇主不得要求雇员或求职者……公开用户名或密码，以进入其个人社交媒体。"加州州长杰里·布朗（Jerry Brown）在提到新法时骄傲地说："本州是引领社交媒体革命的先锋，这些法律将保护加州所有人的私人社交媒体账户不受未经授权的侵扰。"到 2015 年，我们有望见到大多数州通过类似立法。

隐私法的发展

直到 19 世纪末，人们对隐私权的需求才成为美国的公共议题。彼时的美国，正处于快速城市化的进程中。许多城市的街道上游荡着穷困潦倒的移民，或称第一代美国人。大城市的日报为吸引这些潜在读者，极尽煽情之能事。编辑常常在报纸版面上大肆报道"富人与名人"的生活，想让读者也感受一把财富、地位和名望。

正是这类新闻报道，令塞缪尔·D. 沃伦（Samuel D. Warren）和路易斯·D. 布兰代斯（Louis D. Brandeis）这两位波士顿律师在《哈佛法律评论》（*Harvard Law Review*）上撰文主张承认隐私权为法定权利。沃伦出身于波士顿的名门望族，他力劝好友布兰代斯（后成为美国最高法院大法官）与他合写《隐私权》（"The Right to Privacy"）[1] 一文。此文发表于 1890 年，被视为当代隐私法的渊源。

两位作者在文章中指出："抓拍照片与报界已侵入个人与家庭生活的神圣领域；数不清的机械设备，威胁着要把'密室中的低语将在屋顶被宣扬'变成现实。"沃伦和布兰代斯说，传媒上的流言蜚语令他们倍感困扰，他们说，这些小道消息已在各个方面逾越了礼貌、庄重的明显界限：

为了满足下流品味，性关系的细节在日报版面上艳帜高张。为了吸引好逸恶劳之人，报纸长篇累牍地刊登无聊八卦。这些内容若非侵扰他人家庭生活,根本无从获取……

普通法向来承认,个人的住所是其堡垒,甚至能将执法官员拒之门外。难道法院在向政府紧闭这座堡垒的前门之后,却要对粗鄙下流的窥私欲大开后门吗?[2]

这两位年轻律师建议,为了制止以上非法行为,法院应当承认隐私权为合法权利,市民可以上法院制止他人未经授权的侵扰行为,同时为个人隐私被刺探、被公开而遭受的痛苦请求金钱赔偿。

从沃伦和布兰代斯的文章首度发表,到第一个州正式承认隐私法,中间相隔了 13 个年头。纽约州立法禁止人们利用他人从事商业推广,并称之为隐私权。有趣的是,《哈佛法律评论》上刊登的那篇文章,甚至从未提及过该法捍卫的权利。

在接下来的一个世纪中,隐私法缓慢地向前发展。今天,除三个州以外,其余各州均已承认隐私权。北达科他州至今拒绝承认隐私侵权,佛蒙特州和怀俄明州至今没有隐私权案件的记录。[3]有一些州拒绝接受四种隐私侵权行为中的一种或数种。[4]直到《欧洲人权公约》(European Convention on Human Rights)成为西欧法律的一部分,英、法等国才承认隐私侵权。[5]

各州的隐私法各具特点,其差异远大于诽谤法的州际差异。换言之,对每个州或大多数州的诽谤法做总结,要比对隐私法做类似总结容易得多。这部分是因为,一些州以成文法保护隐私权,而这些成文法又十分特别。例如,纽约州的成文法对该州如何保护隐私权做了非常明确的规定,但没有规定大多数州隐私法共有的一些内容。

今天的隐私法规定了四种侵权行为。其中三种与沃伦、布兰代斯 1890 年提出的隐私法完全无关。

> 直到 19 世纪末,人们对隐私权的需求才成为美国的公共议题。从沃伦和布兰代斯 1890 年关于建议承认隐私权为合法权利的文章首度发表,到美国第一个州正式承认隐私法,中间相隔了 13 个年头。在接下来的一个世纪中,隐私法缓慢地向前发展。

> **四种隐私侵权行为**
> 1. 盗用他人的姓名或类似物用于商业目的
> 2. 侵扰他人的私人领域
> 3. 公开披露他人的私人事实
> 4. 发表错误暴露他人隐私的材料

第一种隐私侵权称为**盗用**(appropriation),即获取他人的姓名、图片、照片或类似物,未经允许而用于商业目的。严格来说,在部分拥有隐私法的州,盗用是唯一被承认的隐私侵权行为。如果是未经同意而使用名人的姓名或类似物,这种盗用就影响了名人的**公开权**(right of publicity)。有些州的法律只规定了这一种隐私侵权行为,不过,司法解释允许这种侵权行为包含隐私侵权的其他方式。

侵扰(intrusion)是第二种隐私侵权,这一领域的法律如今发展迅速。一提到侵犯隐私,大多数人就会想到侵扰。侵扰私人领域或侵扰他人私生活是被禁止的。

隐私法的第三种内容是禁止**公开他人的私人信息**(publication of private information)——真实的信息。何为真实的私人信息?家长里短的八卦、私下对话的谈资、个人悲剧的细节、疾病等等,都曾引发过隐私侵权诉讼。

最后,**错误暴露他人隐私**(false light)是隐私侵权的第四种表现。这类隐私侵权从“盗用”中衍生而来,乍看根本不像隐私侵权,但法律视之为隐私侵权。由于“错误暴露他人隐私”与诽谤有重叠,也由于越来越多的州不看好这种隐私侵权,本书对它着墨不多,少于其他三种隐私侵权。

互联网的飞速发展,对隐私法的适用提出了巨大挑战。人们能够轻松地接触、使用互联网,由此造成了大量隐私问题。2012 年 3 月,联邦贸易委员(FTC)发布报告《在快速变化的时代里保护消费者隐私:给商业公司和政策制定者的建议》,向收集或使用客户数据(该数据可合理关联到特定用户、计算机或其他设备)的商业机构提出建议框架与行为准则,这些建议和准则适用于所有商业机构,除非哪家商业机构每年只从不到 5 000 个客户处收集非敏感信息,且不与第三方分享数据。几部联邦法也提出了隐私问题,如《健康保险可携性与可责性法案》(参见第 9 章)。FTC 的报告指出:"此建议框架旨在鼓励最佳行为,无意与现存法律和规章冲突。框架的部分内容超出了现有法律的要求,但并无扞格之处。这些法律管辖之下的商业机构,应将建议框架视作最佳行为之准则,以加强保护客户之隐私。"报告的详细内容参见 http://ftc.gov/os/2012/03/120326privacyreport.pdf。

特别受关注的一条原则是"以设计保护隐私"(Privacy by Design),FTC 呼吁各家公司将隐私保护内化为具体行为,如注重数据安全、数据精确性、合理的收集限制、合理的保存与处置行为等。其他关键原则还有:

● 为客户提供选择机会:公司应给客户提供选择机会,让客户自行决定哪些个人信息可以分享、与谁分享。其中包括"请勿追踪"机制,该机制为客户提供一种简单方法,控制他人对其网上行动的追踪。

● 更高的透明度:公司应将收集、使用客户信息的具体细节公开,允许客户查阅有关公司的信息。

虽然 FTC 的报告只是建议,但它呼请国会考虑制定最基础的隐私法,FTC 此前也呼吁过国会制定数据安全和数据代理领域的法律,它这次在报告中重申了这一点。如果自律努力仍然无效,我们有望在不久的将来见到一大波联邦隐私立法。

在逐一介绍四种隐私侵权行为之前,我们有必要先提醒大家注意以下事项:首先,只有自然人才享有隐私权保护。公司、工会、协会等机构可以透过诽谤法来保护名誉权,但不享有隐私权。[6](有其他法律保护商业企业免受不公平的商业利用。)

将四种隐私侵权行为分别看待,将有利于理解隐私权。不要试图在"公开他人的私人信息"领域使用"盗用"的抗辩事由,那是无效的。

隐私法的很多内容没有逻辑可言。比如,"错误暴露他人隐私"为何会被视作隐私侵权?挑战隐私法的逻辑没有意义,而且会让学习变得更难。

隐私法很年轻——若从沃伦和布兰代斯的建议开始算起,也不过区区 125 年历史。还有大量法律问题至今尚未得到解答,或至少未能得到令人满意的解答。恶劣的法院判决所在多有。初审法官极少有机会见识隐私权案件,律师也不太熟悉隐私法。考虑到以上两个因素,你就不难理解,为何法院会做出错误判决。例如,路易斯安那州一家初审法院曾判决,一所房屋享有隐私权。

最后有必要提一下道德与伦理的问题。在接下去的几页篇幅中,我们将交给记者、摄影师、广告与公关人员一张路径图,告诉他们如何守法。但这些路径并非任何时刻都管用。许多读者和观众要求大众传媒在特定领域内实行自律,这种要求今时尤甚以往。自律的要求通常比法律更高。记者应当好好考虑受众的这些要求。在某些情况下,先发表、再挨骂不失为合适的应对之法,但思虑周全的记者通常会有不同的选择。

 盗用

未经同意,将他人的姓名或类似物用于商业或贸易目的,是非法行为。

盗用是四种隐私侵权行为中最古老的一种,也是最好理解的一种。盗用保护个人的姓名或类似物不受商业利用。目前有据可考的最早两起隐私权案件,就是盗用保护个人免遭商业利用的例子。1902年，纽约州奥尔巴尼的年轻女子阿比盖尔·罗伯逊（Abigail Roberson）一早醒来，发现自己的照片出现在富兰克林·米尔斯牌面粉的广告上，随广告传遍全镇大街小巷。共有25 000份广告传单在商店、货栈、酒吧等公共场所发放。罗伯逊说，她觉得尴尬极了，这种商业利用对她造成了莫大伤害。她起诉隐私侵权，可官司打输了，州最高法院判决：

> 考经据典之后，我们得出结论：所谓的"隐私权"，尚未在我国司法界确立长久稳固的地位，我们认为，它会破坏长期以来指导司法与公众的既立原则。[7]

此案判决在纽约州掀起轩然大波，大量报纸、杂志对法院的判决结果愤愤不平。这场争议最终平息于州议会，次年，即1903年，纽约州议会通过了美国首部隐私法。该法规定得十分狭窄，它只禁止一种行为，即未经同意以广告或商业目的使用他人的姓名或类似物。这种行为被规定为轻罪。除刑事惩罚以外，该法允许受害者申请禁制令，制止行为人使用受害者的姓名、照片，还允许受害者诉请金钱赔偿。

两年后，佐治亚州成为第一个以普通法承认隐私权的州。亚特兰大艺术家保罗·佩维西奇（Paolo Pavesich）发现，一家人寿保险公司在报纸广告中使用了他的照片。佩维西奇的照片被用于前后对比广告，广告表现了一名买了足够人寿保险的志得意满的成功男性。广告还让这位艺术家开口推荐该公司的产品。艺术家诉请25 000美元，并在佐治亚州最高法院胜诉，该法院判决道：

> 原告的形象与特征归原告本人所有。被告保险公司及其代理人无权出于广告目的将它们公之于众……正如他们无权强令原告为此目的展示自身一样。[8]

公开权

盗用侵权其实包含两种稍有不同的诉由。一是隐私权，另一是**公开权**。其间的差异看似条文主义，但其实十分重要。

● 传统上，盗用旨在保护个人免于因姓名或类似物被用于商业或贸易目的而遭受情感伤害。感受一下，阿比盖尔·罗伯逊那天清早起床发现自己的照片出现在广告上是什么尴尬心情。而公开权是为了补偿个人因姓名或类似物被用于商业或贸易目的而遭受的经济损失。道理很简单：个人的姓名或类似物有经济价值，未经允许便使用他人的姓名或类似物，简直和盗窃没什么两样。不过，情感伤害和经济损失之区别，有时说起来容易，识别起来难。[9]

● 隐私权和公开权的第二个区别有助于解决这一问题。公开权保护财产权——姓名或类似物中的经济价值——所以，通常只有那些姓名或类似物中有商业价值的人，才可能成功地主张公开权受到侵害。普通人（如无名女）发现自己的照片出现在麦片盒子上，可能会觉得尴尬，但极难在法庭上主张，米尔斯公司之所以使用她的照片做推销，是因为全美的孩子都想吃她吃的麦片。但孩子们可能会想和篮球明星勒布朗·詹姆斯（LeBron James）或游泳健将迈克尔·菲尔普斯（Michael Phelps）吃同一种麦片。这些职业运动员的姓名和照片具有商业价值，能提升消费者眼中麦片（或麦片盒子）的价值。简言之，只有名人的姓名或类似物，才有法律承认的经济价值，而且，也只有他们，才能以公开权为由诉请损害赔偿，极不寻常的案件除外。普通人只能在隐私权诉讼中主张情感伤害。

● 最后一点，房屋、名画、戒指等有经济价值的东西，在主人身故之后可以传给后代。有情感价值的东西，如名誉或精神健康，在主人去世时随之消亡。有鉴于此，在一些州，社会名流、体育明星或其他名人有可能将自己姓名中的财产权传给后代。死者的公开权被侵犯，其后代可以起诉索赔。律师说，公开权是可以继承的，但隐私权随人的死亡而终结。

案例

Pitbull 伤害了洛翰吗？
只提及姓名，非为盗用

说唱歌手 Pitbull 在 2011 年的《给我你的一切》(Give Me Everything)这首歌中，提到了女演员林赛·洛翰(Lindsay Lohan)。这位麻烦不断的好莱坞女星，显然不是 Pitbull 的粉丝，她向法院起诉这位说唱歌手。她说，她从未同意或授权 Pitbull 在歌曲中使用其名字，因此这是盗用。

2013 年 2 月，纽约州一位联邦法官批准了 Pitbull 的驳回原告起诉的申请。丹尼斯·R. 赫尔利(Denis R. Hurley)法官写道，根据纽约州的盗用法，"在艺术作品中使用他人姓名——即便未经同意——不被禁止"。歌曲是受宪法第一修正案保护的作品。赫尔利法官进一步论证道："歌曲的制作和发行，最终固然是以赚钱为目的，但这并不意味着，原告的姓名是被用于纽约州盗用法所规定的'广告'或'商业目的'。"此外，该法官还指出，Pitbull 对原告姓名的使用是附带性的，"全歌共 104 行，洛翰的名字只出现了一次"。基于以上理由，法官驳回了洛翰的起诉；她告错了。

隐私权已有 125 年历史，公开权的确立则要晚得多。[10] 仅在过去 30 年间，公开权诉讼的数量才加速增长。这背后有两个原因。第一，在全美以至全球，名人崇拜急剧膨胀，传统媒体和互联网上充斥着娱乐明星、歌手和体育名人的报道和照片。出版界、电视界和网站都心心念念于这些名人。第二，看到这一趋势的美国公司和其他机构，如今热衷于以名人的姓名和类似物装饰产品、做广告和推广。很多名人认为，他们应该从中获取经济报偿。例如，许多大学生运动员起诉全国大学体育协会(NCAA)和艺电公司(Electronic Arts)等游戏制作商，因为它们未经同意或付费，就擅自使用运动员的姓名、类似物和其他个人数据。

案例

本地名人、Facebook"点赞"与公开权：
"动态赞助"惹上官司

"一位深得信任的朋友给出的建议，比什么都有影响力。""信任，是广告的圣杯。"Facebook 的 CEO 马克·扎克伯格(Mark Zuckerberg)在解释 Facebook 的"动态赞助"(Sponsored Stories)时这样说道。

动态赞助出现在 Facebook 用户的个人主页上，一般包括另一名用户的姓名、头像，以及此人对某广告商的"点赞"，旁边是广告商的商标。简言之，动态赞助是一种广告，它的力量来自 Facebook 好友的"点赞"。好友的"点赞"，被解读为对广告产品或服务的个人支持。

2011 年，一家联邦地区法院审理了"弗雷利诉 Facebook 案"(Fraley v. Facebook)，几名 Facebook 用户因其姓名与照片被用于动态赞助，起诉 Facebook 侵犯公开权。他们诉称，Facebook 在动态赞助中使用其姓名和形象，是未经同意盗用其姓名和类似物用于商业目的。特别是，他们指出，"原告一旦在某公司的 Facebook 主页上'点赞'，其姓名和头像就会在未经同意的情况下,作为动态赞助发送给 Facebook 好友"。

Facebook 公司申请驳回原告的公开权诉讼,但被地区法院法官露西·科尔(Lucy Koh)拒绝,她写道:原告"自圆其说地阐明,自己的姓名、照片和类似物未经本人同意,被用于针对其他消费者的付费商业推广,原告因此在经济上蒙受损失"。科尔法官引用扎克伯格本人的评论(前文所引),证明原告"有事实证明,他们的背书具有确凿的、可度量的、可证明的经济价值"。她说,根据加州法律,一般不被视作名人的"本地名人",如弗雷利一案中的原告,也可以成功地提起公开权

诉讼。判决书中的一句判词暗示,社交媒体同样有力量影响法律意义上的名人或公众人物,科尔法官观察到,"在真人秀节目、You-Tube、推特和社交媒体网站统治下的社会里,'名人'与'非名人'的分界线正在日趋模糊、崩解"。

弗雷利案后来演变成大规模的团体诉讼,原告是"所有拥有或曾经拥有 Facebook 账户,其姓名、昵称、假名、头像、照片、类似物或身份被用于动态赞助的美国人"。不过,每位出现在动态赞助中的 Facebook 用户,顶多从赔偿金中分一小杯羹——区区 15 美元。

今天,公开权案件在数量上与隐私权案件不相上下。在接下来有关盗用的讨论中,我们将不再特意区分公开权和隐私权。相关的法律基本上相同,只是原告诉请的赔偿不同而已。

使用姓名或类似物

法院花了大把时间来界定,哪些是对姓名或类似物的合法使用,哪些不是。1970 年代及 1980 年代,大多数法院似乎对"使用"一词采广义理解。不过在 1990 年代初,一些上诉法院开始窄化"使用"的定义。这一趋势反映在大量案件中。

姓名是什么,人人都知道,不必展开来讨论。不过,须指出的是,艺名、笔名、假名等在法律上与真名无分轩轾。如果歌手 Lady Gaga 的名字未经同意而被一家假发公司用于假发广告,则该假发公司不得以 Lady Gaga 的真名是斯蒂芬妮·乔安妮·安杰利娜·杰马诺塔(Stefani Joanne Angelina Germanotta)为由,来对抗她的公开权诉讼。只有自然人的姓名才受盗用保护。企业、公司、学校的名称是另一回事,不受该法保护。不过,使用柯达、佳洁士等商标名称,会导致其他严重的法律问题(参见第 14 章)。

类似物又是什么呢? 个人的照片显然是类似物。前模特安·K. 肯尼斯(Ann K. Kennis)起诉"吸血鬼周末"(Vampire Weekend)乐队,索赔 200 万美元,因为她 25 年前拍摄的一张照片被用于流行音乐专辑"Contra"的封面,而她从未同意该乐队使用这张照片。[11]创作型歌手塔斯利马·亚辛(Tasleema Yasin)起诉一家出版商(Q-Boro Holdings LLC)在《小布娃娃》(Baby Doll)的封面上使用其照片。该书的内容与她全然无关,书中完全没有提及她(此为虚构作品)。另须注意的是,照片不必非得表现面部,才能成为类似物。[12]纽约州一家法院审理过一起案件,有人偷拍了一名女性在小溪中沐浴的背影,后将照片用于广告。法院说,这张背影照片可否被视作原告的类似物,应由陪审团来判断。[13]不过,纽约州另一家法院在 2011 年判决,"精纯力量训练营"(Pure Power Boot Camp)在广告中使用两名前任健身教练的形象不侵犯公开权。为什么呢? 因为这两位教练背对着镜头,无法被辨识。该法院指出,必须"明显呈现""可辨识的特征",才能使个人"从广告中被辨识"。[14]类似物也可以是素描或绘画。[15]

保护姓名或类似物的法律也可能保护嗓音。2008 年,第 3 巡回区美国上诉法院拒绝驳回一起案件。此案原告是约翰·法森达(John Facenda)的儿子,他起诉 N.F.L. 电影公司(N.F.L. Films)在推广视频游戏"Madden N.F.L. 06"时,使用了他父亲独具特色的低沉嗓音。法森达为 N.F.L. 配音多年,他的声音出现在十分流行的"全国橄榄球联盟"游戏中。不过,他从未同意将自己的声音用于视频游戏广告。法院说,法森达的声音具有商业价值,N.F.L. 公司未经法森达本人同意,便将它用于商业目的,故此案必须进入庭审程序。[16]

一些名人主张,自己扮演的影视角色也应该得到类似物的保护,他们有时也能胜诉。演员乔治·麦克法兰(George McFarland)少时曾在 1930 年代的系列喜剧电影《我们这伙人》(Our Gang)[该系列短片后在电视上播出,名为《小淘气》(The Little Rascals)]中扮演斯潘基(Spanky)一角。麦克法兰后起诉斯潘基·麦克法兰餐厅的老板,因为这家餐厅到处陈设着与这部喜剧电影有关的纪念品。一家上诉法院判决,演员与角色是否真的难分彼此,以至于一旦在商业运营中使用角色的名字,便会唤起人们对麦克法兰本人形象的印象? 这显然是一个可判决的事实问题。[17]第 9 巡回区美国上诉法院在另一起案件中得出了同样的结论。此案中,乔治·文特(George Wendt)和约翰·拉特曾伯格(John Ratzenberger)起诉一家连锁餐厅,因为该餐厅陈设了两个长相酷似诺姆·彼得森和克利夫·克拉文(文特和拉特曾伯格在长青电视连续剧《干杯》中饰演的角色)的机器人。法院说,演员不会仅仅因为在电影或电视剧中扮演了一个虚构角色,就失去控制他人在商业活动中利用其类似物的权利。[18]伍迪·艾伦(Woody Ellen)曾起诉"美国服饰"(American Apparel,该品牌以风格活泼的广告著称)服装公司,2009 年,双方以 500 万美元达成和解。美国服饰公司将电影《安妮·霍尔》(Annie Hall)中的一帧画面(艾伦扮演一个哈西德派犹太人)用于洛杉矶、纽约两地的广告牌和网站。艾伦诉请 1 000 万美元赔偿。不过,也并非所有法院都遵循这一路数。2008 年,纽约州一家联邦法院判决,州成文法不能"扩展适用于名人创作的虚构人物"。[19]

另有名人主张,一家公司在广告中使用外形或嗓音与之相似的人物时,其公开权亦遭到侵犯,他们有时也能胜诉。2012 年 8 月,"老海军"(Old Navy)与金·卡达希恩(Kim Kardashian)达成和解,赔偿金额没有对外公开。此案起因于电视商业广告"超可爱"(Super C-U-T-E),广告中,长相酷似卡达希恩的梅利莎·莫利纳罗(Melissa Molinaro)一边唱歌,一边在老海军的商铺里血拼。卡达希恩诉请数百万美元赔偿金,她诉称,莫利纳罗拍摄的广告"错误地表现了卡达希恩支持老海军,或与它有关联",且该广告故意"误导或欺骗公众相信"卡达希恩本人现身于广告之中。读者可以上网搜索卡达希恩和莫利纳罗(她最有名的表演,也许是在 2012 年的电影《鲨鱼侵袭》中饰演主角)的照片,看看她们是否真的难分彼此。[20]

又如,贝特·米德勒(Bette Midler)成功起诉了福特汽车公司。福特公司请来一位嗓音极似米德勒的歌手,在电视广告中演唱米德勒的一首主打歌。一家联邦上诉法院判决道:"歌者以歌曲阐释自身,模仿其声音,就是剽窃其身份。"该法院说,并非一切嗓音模仿皆为可诉。不过,刻意模仿某著名专业歌手的独特嗓音,就有可能构成盗用。[21]其他演员也对广告商提起过类似诉讼。在使用相貌或声音极像名人的模特或歌手时,广告商的免责声明能保护它免于盗用诉讼吗? 答案是肯定的,前提是,免责声明要足够醒目。整版广告底部的小字号把戏无补于事,同样,在电台或电视广告中,以音乐或噪声遮遮掩掩的音频免责声明也起不了多大作用。

名人起诉广告商之战的高潮(也许在你看来是低潮标志也未可知),是 1992 年电视名人范娜·怀特(Vanna White)成功起诉三星电子公司。在三星公司投放的报纸和杂志广告中,

> 创造性地使用名人形象，可能是个人表达的重要管道。此时，表达自由权优先于名人的公开权。

一个机器人（令人想起《星球大战》中的 C3PO）头戴金色假发，身穿晚礼服，佩戴珠宝饰品，站在类似"幸运之轮"（Wheel of Fortune)使用的屏幕旁边。广告表达的意思是：有一天，怀特在电视节目中的位置早已被机器人取代，三星的电子产品却还长盛不衰。一家联邦法院判决，该广告使用怀特的形象，乃是可诉之盗用。[22]

怀特案以后，法院取悦名人的倾向多少有所改变。在一些重要案件中，辩护律师成功提出了宪法第一修正案问题，要求法院在保护表达自由与保护名人形象之间有所平衡。在第 10 巡回区美国上诉法院审理的一起案件中，美国职棒大联盟（Major League Players Association）请求法院禁止发行一套取笑多位知名选手的讽刺性棒球卡片。法院说，即便这套卡片对球员极尽讽刺挖苦之能事，且其销售属于商业项目，但它仍属宪法第一修正案保护的戏仿作品或社会评论。法院说："尽管不是核心的政治性言论……但这类针对重要社会活动的评论仍属受保护的言论。"[23]在更近的一起案例中，一家联邦法院判决，在网上的"幻想棒球联赛"（fantasy baseball leagues）中使用职棒大联盟球员的名字，不是对球员身份的商业利用。[24]

加州最高法院在 2001 年的一起重要判决中提出一种有用的标准，用于判断使用名人类似物是否侵犯公开权，以及这种使用何时是受保护的自由表达。该标准被其他法院广为援引。

画家加里·萨德鲁普（Gary Saderup）创作了一幅炭笔画，画的是喜剧组合"三个臭皮匠"（Three Stooges）。绘制单幅作品不是问题，因为法律规定，单幅原创作品不受限制。但萨德普鲁又用它制作了拼版印刷品，还把它印在 T 恤上。拥有"三个臭皮匠"相关权利的喜剧Ⅲ公司（Comedy Ⅲ Inc.）因此起诉萨德鲁普。加州最高法院立刻意识到，此案事关宪法第一修正案。该法院指出，"由于名人具有公共意义，因此在有关公共议题的不受约束的讨论中，尤其是在有关文化和价值观的论争中，使用名人的类似物可能具有重要作用"。它又说，创造性地使用名人形象，可能是个人表达的重要管道。名人在社会中的重要性意味着，公开权有可能压制另类的名人形象（"打破偶像的、无关偶像的或其他试图重新界定偶像形象的"版本），从而阻遏重要的表达。因此，必须设立一种平衡不同价值的标准。加州最高法院特别关注复制中的"改变性要素"。如果只是原封不动地再现了名人形象，那么其中的宪法第一修正案价值必然是微小的。然而，如果使用者在形象中加入了其他元素，相当程度上将该形象转变为戏仿，比如在歌曲中使用他人的姓名，奚落名人，或以某种方式使用名人的类似物来表达自己的观点或想法，那就是另一回事了。此时，表达自由权优先于名人的公开权。"三个臭皮匠"案提出的以上规则，通常称为"改变性使用"标准。加州最高法院说，在眼下这起案件中，萨德鲁普只是简单地再现了"三个臭皮匠"的形象，没有其他重要表达，又致力于商业营利，故须为侵犯喜剧Ⅲ公司的公开权负责。[25]

 案例

《拆弹部队》盗用了吗？
改编后的电影人物

2010 年 3 月，电影《拆弹部队》（The Hurt Locker）荣获包括最佳影片奖在内的六项奥斯卡奖。它讲述了美军一个精英拆弹小组在伊拉克执行危险任务的故事。这部影片也引发了一场官司。在伊拉克担任拆弹专家的杰弗里·萨弗（Jeffrey Sarver）诉称，该片主角（威尔·詹姆斯中士）的原型就是他本人。萨弗在"萨弗诉拆弹部队公司案"（Sarver

v. *Hurt Locker*, *LLC*）中，以盗用/侵犯公开权为由起诉。他说，《拆弹部队》未经他本人同意，就将他的身份与类似物用于电影制作。该片的编剧马克·博尔（Mark Boal）2004 年在为《花花公子》（*Playboy*）的一篇文章收集信息时，曾在萨弗所在的部队嵌入式采访过。萨弗归国后，博尔也访问过他数次。

2011 年 10 月，美国地区法院法官杰奎琳·阮（Jacqueline Nguyen）观察到，加州最高法院曾在喜剧Ⅲ制片公司案（前文的"三个臭皮匠"案）中提出了"改变性使用"标准。阮法官指出，根据"改变性使用"标准，法院应比较系争作品（本案中为电影《拆弹部队》）与原告本人的形象（杰弗里·萨弗），以视被告的作品是否具有独特的表达性内容，比如是否具有改变性。阮法官最后做出不利于萨弗的判决，她写道："纵使威尔·詹姆斯的角色确实以萨弗为原型，理性的事实裁判者也不会因此认为，该作品不具有改变性。被告无疑

在威尔·詹姆斯的角色中加入了大量独特的表达性内容。即使萨弗与威尔·詹姆斯外形相像、特质相似，我们也难以否认，剧本中有大量原创性的表达内容。"二者的区别在哪里呢？被告辩称："和萨弗不同，威尔·詹姆斯在前往伊拉克之前曾在阿富汗服役；他的拆弹小组中，有一名非洲裔美国人；他曾误射一名想要营救他的美军士兵；他回国之后又被派往伊拉克工作（原告回国后，在新泽西州的一个美军基地工作）。"此外，威尔·詹姆斯与其他虚构角色之间的对话是原创的。法官因此得出结论，即令威尔·詹姆斯的确是以萨弗为原型创作的，这一电影角色也已与原型截然不同，它是被告个人表达的产物，不是萨弗的类似物。

萨弗上诉至第 9 巡回区美国上诉法院，该法院于 2013 年 5 月举行口头辩论。萨弗的律师称："该电影讲述了我的当事人的人生故事。"本书付印之时，该上诉法院尚未做出判决。

2003 年，第 6 巡回区美国上诉法院援引卡通公司案（*Cardtoons*）和萨德鲁普案做出判决：画家里克·拉什（Rick Rush）没有侵犯老虎伍兹（Tiger Woods）的公开权。拉什以老虎伍兹在 1997 年高尔夫大师赛中夺冠为主题画了一幅画。画中，伍兹处于前景的突出位置，另六位重量级的高尔夫选手则被用作背景。拉什一共制作了 250 幅丝网印制彩色画，每幅售价 700 美元，他还制作了 5 000 幅更小的印刷画，每幅售价 15 美元。老虎伍兹的市场营销权由 ETW 公司独家拥有，该公司起诉拉什侵犯商标权，并侵犯老虎伍兹的公开权。第 6 巡回区美国上诉法院说，一个人的形象或类似物不是商标（有关商标法的更多内容，参见第 14 章）。至于公开权，该法院说，拉什的作品具有独创性和改变性，应受宪法第一修正案保护。作品中的独创性内容压倒了作品对 ETW 市场的负面影响。[26]

自萨德鲁普案以来，唯一一起涉及名人的重要相反判决，是密苏里州上诉法院在 2006 年夏天做出的。此案中，陪审团判令漫画家托德·麦克法兰（Todd McFarlane）赔偿 1 500 万美元，上诉法院维持原判。1992 年，麦克法兰创造了一个漫画形象，名为安东尼·特威斯特里（Anthony Twistelli）。他后将这一漫画人物改名为安东尼·特威斯特（Anthony Twist），并对粉丝说，这个形象的原型，是全美曲棍球联盟（National Hockey League）的选手托尼·特威斯特（Tony Twist）。特威斯特起诉盗用。十年官司之后，密苏里州上诉法院拒绝了被告的言论自由主张，接受"突出使用"（predominant-use）标准。所谓"突出使用"标准，就是具有突出艺术目的的言论受到保护，具有突出商业目的的言论不受保护。这种标准极具主观性，其他法院从未用过。它意味着，法官得来判断何为艺术、何为商业。麦克法兰提出，他首次使用特威斯特的名字时，特威斯特在加拿大仍寂寂无名，使用他的名字根本无益于商业目的。密苏里州上诉法院不同意这种主张。该法院说，麦克法兰试图制造托尼·特威斯特与漫画有关这样一种读者印象，这就足够了。[27]

案例

大学橄榄球视频游戏：前球员起诉艺电公司侵犯公开权

艺电公司（Electronic Arts）制作了一系列视频游戏，取名为"NCAA 橄榄球"。这些游戏效果逼真、细节丰富，颇受玩家好评。游戏中有 100 多支"虚拟球队"，全都使用真实大学的名字、制服、战歌和吉祥物。游戏中的虚拟球员长得也很像真实球员，还使用真实球员的重要生平信息。

罗格斯大学的前四分卫选手瑞安·哈特（Ryan Hart）起诉艺电公司，诉称艺电公司在"NCAA 橄榄球"中使用他的类似物和生平信息，侵犯其公开权。艺电公司反对说，视频游戏是受宪法第一修正案保护的言论形态，而且，"NCAA 橄榄球"是艺术性表达。

2013 年 5 月，一家联邦上诉法院在"哈特诉艺电公司案"（*Hart v. Electronic Arts*）[28]中指出，"三个臭皮匠"案提出的"改变性使用"标准，能妥适地平衡哈特的公开权利益与艺电公司的表达自由利益。该上诉法院在解释"改变性使用"标准时指出，在另一种媒介上原封不动地再现名人形象，称不上改变性使用。改变性使用是改变名人类似物背后的意义，所采用的方法，也许是讽刺，也许是社会评论，又或者是将名人置于幻想、想象的场景之中。

上诉法院在哈特案中适用了"改变性使用"标准，它写道，此案的核心争点是：真实世界中的四分卫瑞安·哈特，其身份在"NCAA 橄榄球"视频游戏中是否被改变？该法院解释道，哈特的"身份"不仅包括视觉类似物，也包括生平数据。

该法院审查了视频游戏的内容。它认为，哈特的"化身确实很像真人。不仅发色、发型、肤色一致，就连佩戴的饰物，也与哈特在罗格斯校队时佩戴的饰物相似。视频游戏中的信息……也精确再现了哈特本人的重要生平细节"。

该法院继而考察了一个重要因素——哈特身份的使用语境——以判断该使用是否具有改变性。法院最终做出了有利于哈特、不利于艺电公司的判决，它写道："数字版瑞安·哈特所做的事，与真人版瑞安·哈特在罗格斯大学所做的事无异，那就是打橄榄球，在数字化再现的大学橄榄球赛场上打橄榄球。这不具有改变性；视频游戏中形形色色的声光变幻，无法以显著方式改变上诉人的身份。"

艺电公司主张，该视频游戏的玩家可以自行改变化身的外貌形象，故使用具有改变性。但上诉法院不同意这一主张，它写道："哈特的类似物是游戏体验的核心内容，有鉴于此，我们在适用改变性标准时，不考虑玩家改变数字化身的能力。"

"NCAA 橄榄球"视频游戏并未显著改变哈特的身份，故无法在公开权诉讼中胜出。2013 年，还有几起类似案件在其他法院悬而未决。

须指出的是，版权案件中也有改变性使用、戏仿之类的问题（参见第 14 章）。其实，萨德鲁普案提出的改变性使用标准，在很大程度上借鉴了版权法中的"正当使用"（fair use）。例如，2012 年，第 7 巡回区美国上诉法院在"布朗马克电影公司诉喜剧合伙人案"（*Brownmark Films v. Comedy Partners*）[29]中面临这样一个问题："南方公园"（South Park）对病毒视频"What What"的戏仿，是否侵犯该病毒视频所有者的版权？第 7 巡回区美国上诉法院写道："'南方公园'版本再现了原始版本的很大一部分，使用了相同的角度、框架、舞步和视觉元素。不过，在'南方公园'中，9 岁稚童巴特斯（Butters）穿着各式戏服，吸引观众关注他的天真可爱：他时而扮成泰迪熊，时而扮成宇航员，甚至还扮成一株雏菊。"第 7 巡回区美国上诉法院做出了有利于"南方公园"的判决，它指出，"南方公园"版本的深层意图"是

评论、批评'病毒视频'"。该法院又说，"南方公园"视频"模仿并讽刺了一个特别有名的病毒视频"，"这类戏仿性使用具有**明显的改变性价值**"。

广告与商业目的

什么是广告与商业目的？对于这个问题的回答，各州虽有细微差异——尤其是拥有成文法的州——但我们还是可以总结出一般的指导规则：广告或商业目的是商业使用；换言之，就是有人从中赚钱。以下是有可能被视作商业使用的具体例证：

1. 在电视台、电台、报纸、杂志、互联网、海报或户外广告牌的广告中使用他人的姓名或照片。2005 年，"说唱歌手 50 美分"（Rapper 50 Cent）起诉费城的一个汽车经销商，诉请 100 万美元赔偿金，因为该经销商使用他的名字为道奇车做广告。广告的标语是："正如 50 分所说。"

2. 在照相馆的橱窗中展示他人照片，以说明照相馆的摄影水平。

3. 误称某人食用某种麦片或驾驶某品牌的汽车。

4. 在网站的横幅广告或其他商业信息中使用他人的姓名或类似物。

5. 在剧情片、电视情景喜剧或小说等商业娱乐产品中使用他人的类似物或身份。

佐治亚州最高法院 2013 年审理的"布拉德诉 MRA 股份有限公司案"（*Bullard v. MRA Holdings, LLC*）就属于例 1 情形。此案原告是琳赛·布拉德（Lindsey Bullard），她诉称，"狂野女孩"（Girls Gone Wild）视频的封面盗用了她的照片。此事可回溯至 2000 年，那时布拉德年仅 14 岁，还是个中学生。一次春假期间，她在佛罗里达州帕纳马（Panama）的一个停车场里对两个陌生男人袒胸露乳。布拉德知道这两个人在拍她，但不知道他们将来会怎么使用这段视频。结果，这段视频被卖给了 MRA 公司，用于"狂野女孩"的营销。从视频中截取的一张静态照片，被用作"狂野女孩"的封面。照片中，布拉德的胸部用"接受教育！"（Get Educated!）这几个字遮了起来。该形象还出现在电视和互联网广告中。

佐治亚州最高法院做出了有利于布拉德的判决，它写道："根据本案案情，使用布拉德的形象，会让人认为她支持'狂野女孩'视频。"被告辩称，布拉德同意拍摄，就等于同意 MRA 公司在视频封面上使用她的形象。佐治亚州最高法院表示反对，它写道："布拉德对之祖露胸部的那两名男性从未向布拉德说明过自己为 MRA 工作，或与 MRA 有关，或打算将布拉德的形象交给 MRA 公司，以助销售'狂野女孩'。布拉德本人也从未接触过 MRA，或允许 MRA 使用其形象。"此案中是否还有欠缺有效同意的问题呢？正如后文即将介绍的，在未经家长或监护人允许的情况下，未成年人一般无法有效地同意他人使用自己的姓名或类似物。不过佐治亚州最高法院认为，既然它已做出有利于琳赛·布拉德的判决，这个问题也就不必讨论了。

例 5 这类使用，极易引发复杂的法律问题。因为其中涉及各种不同的情况，法院往往无法从纷繁复杂的情境中理出头绪，得出较为一致的判决。如果一位制片人恰巧在电视剧中使用了某个真人的名字，该怎么办？比如下面这起案件：迈克尔·科斯坦萨（Michael Costanza）起诉杰里·塞恩费尔德（Jerry Seinfeld）等人在一部成功的情景喜剧中使用"科斯坦萨"这个姓。但剧中人物名为乔治，且剧中完全没有出现原告的全名或照片。纽约州一家法院判决：虚构人物与原告姓氏相似，不等于违法盗用。[30] 密歇根州的一起案件更复杂。NBC 播出了一部文献纪录片，讲述流行音乐组合"诱惑"乐队（the Temptations）的故事。该乐队 1964—1968 年的主唱是戴维·拉芬（David Ruffin），拉芬的后人诉称，制片人在影片中塑造拉芬的形象，乃是盗用他的身份，侵犯公开权。一家美国地区法院判原告败诉，它说,即便是在娱乐电影中讲述某人的人生故事,也不侵犯公开权。"类似物"不包括某人生平的一般事件。"盗用侵权"保护的是姓名或类似物,生平故事不具有姓名或类似物的价值。[31] 2005 年,佛罗里达州最高法院判决,如果电影或其他使用没有"直接"推销某种产品或服务,就不得适用该州的商业盗用法。1991 年,渔船安德烈亚·盖尔号(Andrea Gail)在"完美风暴"中失踪,多年后,两名船员的子女起诉时代华纳公司,因为该公司未经同意,就在制作电影时使用了他们父亲的名字。佛罗里达州最高法院说,该影片的确是为营利而制作,但这仍不满足该州相关法律规定的"商业目的"。[32] 不过,在这种情况下要警惕另一种诉由——错误暴露他人隐私,因为电影有一定的虚构成分(参见第 8 章)。

新闻和信息例外

设想这样一种情形:约翰·史密斯被警方追捕,飙车时翻了车。史密斯的照片于是登上一家报纸的头版。史密斯起诉该报侵犯隐私权,他诉称,该报头版使用他的照片吸引读者,提高了发行量,因此他的照片被用于商业目的。你觉得这说得通吗?

一个多世纪前,纽约州的法院率先拒绝了这一观点,法院判决,法律惩罚的对象是商业性使用,不是信息传播。[33] 自此之后,其他法院都一致反对这种主张。美国最高法院曾判决,报纸、图书和杂志确实以营利为出售目的,但不能因此取消它们的表达自由保护。[34]

何为新闻?何为信息?向 15 位法官发问,可能会得到 15 个不同的回答。电视真人秀模糊了合法新闻与纯粹娱乐之间的界限。连法官也困惑起来。新泽西州一位上诉法官指出了这个问题,他写道:"在评判出版物受特许权保护的程度时,非要把作为信息的新闻与作为娱乐的新闻分出个子丑寅卯来,是既不可行,也不可取的。"这起案件的起因是:有几人被送往医院急诊室抢救,这一过程被拍了下来在求知频道(Learning Channel)的电视节目《创伤:急诊室内的人生》("Trauma:Life in the ER")中播出。法院认定该节目为新闻。[35] 不过也有相反的情况,例如,伊利诺伊州的一家美国地区法院曾拒绝驳回一起公开权诉讼。该案原告是一名在开车途中被警察拦下的女司机,其后的故事出现在传记频道(Biography Channel)一档有关女警的真人秀节目《女性力量》("Female Forces")中。法院认为,该节目是营利性产品。[36]

在另一起案件中,佛罗里达州一名 14 岁模特为少女杂志《年轻且摩登》(Young and Modern)拍摄了一组照片。照片刊登在该杂志 1995 年的某一期上,但不是少女期待的版面,而是被用于装饰一个叫作《爱情危机》("Love Crisis")的专栏。在这一期的专栏文章里,有位 14 岁读者写信对专栏作者说,她在一次聚会时喝得酩酊大醉,与三个男孩发生了性关系。她问该怎么办?专栏作者答复说:以后别这么做了,一定要去做个检查,看看是否染上了性病、是否怀孕。这期专栏的标题是:《我被糟蹋了,和三个人上了床》,一旁配发了原告的三张照片。原告诉称,她的照片被用于商业目的,但纽约州上诉法院不同意这一主张。该法院说,文章具有新闻价值,不是伪装的广告。出版物使用这些照片,可能是为了增加发行量、提高杂志价值,但这并不意味着照片被用于商业目的的。[37]

新闻与娱乐的界限日趋模糊,是问题之一。还有一个更大的问题,就是信息与营销的融合。广告与出版物内容(或电视节目)的亲密关系提出了一个现实问题:某种特定使用,能否豁免于针对商业使用的一般禁止性规定。近年来的两起案件提出了这个问题。

1999 年,演员达斯廷·霍夫曼(Dustin Hoffman)起诉《洛杉矶杂志》(Los Angeles Magazine)在时尚特稿"大幻想"(Grand Illusions)中使用他的照片。该杂志运用电脑图像技术,将演员(有在世的,也有已故的)的照片与模特身着最新款服装的照片拼接起来。这些服装的设计师是杂志的广告商。但这篇特稿是评论,不是广告。霍夫曼的照片是在宣传电影《窈窕淑男》(*Tootsie*)的公开场合拍的,在这部电影中,霍夫曼被装扮成一个女人。《洛杉矶杂志》把霍夫曼的头部移接在一名女模特的躯干上,新照片的说明是:"穿上理查德·泰勒(Richard Tyler)的奶白色真丝礼服和拉尔夫·劳伦(Ralph Lauren)的高跟鞋,达斯廷·霍夫曼就不再是男扮女装了。"初审法院判决,霍夫曼的照片被用于商业目的,但第 9 巡回区美国上诉法院不同意原判。该法院判决道:"文章从整体上看内容丰富,集合了时尚照片、幽默及有关经典电影和著名演员的视觉与文字评论。商业因素与表达内容'不可避免地杂糅在一起',无法将商业元素'从受完全保护的整体'中分离出来。"[38]

大概就在霍夫曼案做出判决的同时,该联邦上诉法院还面临着一起类似的案件。在这起案件中,原告的类似物被服装品牌 Abercrombie & Fitch 用于新品目录。A&F 的每季新品目录中既有商品描述,也有其他信息,每期都围绕一个主题展开。引发诉讼的这一期以冲浪为主题,其中有关于加州著名冲浪胜地的报道和其他类似材料。原告的照片拍摄于 1964 年,照片刊登在促销 T 恤的旁边,这些促销 T 恤类似于 1960 年代的冲浪者穿的 T 恤。第 9 巡回区美国上诉法院说,系争内容是推销 A&F 产品的销售目录,有别于霍夫曼案中的特稿文章。该法院并未将这一使用界定为"商业言论",但它认为,该新品目录的商业性比《洛杉矶杂志》的特稿文章要强得多。新品目录的出版者没有以任何方式将这张照片与其他信息类文章相关联。法院称这种使用为"橱窗展示",不属于法律规定的信息例外。[39]

其他例外

在新闻或信息中发表、播出他人的姓名或类似物,是豁免于盗用规则的例外情形。一些法院还提出过其他例外,这加增了隐私法的不确定性。同一行为,有的法院视为盗用规则的例外,有的法院则不然,并非所有法院都能意见一致。有一种例外,是许多司法管辖区都承认的,这就是"附带使用"(incidental use),即允许一些商品短暂地、附带地使用他人的姓名或类似物。一家法院判决道:"附带使用原则的产生","乃是考虑到,如果惩罚每一种未经授权的使用,不论这种使用有多细微、多短暂,则势将对表达造成不合理负担"。[40]亚马逊网站展示了一本图书的封面,图书封面上的模特起诉亚马逊盗用。第 11 巡回区美国上诉法院判决,在线经销商不过是展示了图书封面而已,与实体书店的展示行为并无二致。该法院说:"亚马逊使用图书封面中的形象,显然不是为了推销产品或服务。这种使用对互联网图书销售而言,仅仅是附带的或习惯性的。"[41]在一起案件中,原告伊夫琳·坎德拉里亚(Ev-

elyn Candelaria)的形象出现在抨击快餐饮食习惯的纪录片《超重的我》("Super Size Me")中,持续 3~4 秒钟。她出现在一个讨论场景(有关麦当劳产品的营养成分与公众能否轻松获知这一信息)中,没有发言。一家法院判决,她的出现是附带性的。[42]还有一起案件,加州一家联邦法院判决,辛格勒公司(Cingular)在介绍一种新型手机服务的新闻发布稿中使用传奇飞行员查克·耶格尔(Chuck Yeager)的姓名,可能就不只是附带性使用了。该法院拒绝了被告的"驳回原告起诉之申请"。新闻发布稿这样写道:"近 60 年前,传奇试飞员查克·耶格尔突破了音障,达到 1 马赫的速度。如今,辛格勒公司正以我们的 1 马赫和 2 马赫移动指挥中心突破另一种障碍。"[43]

布思案规则

布思案规则与附带使用原则的关系很紧密;有一些法院认为,前者是后

> 有一种例外,是许多司法管辖区都承认的,这就是"附带使用",即允许一些商品短暂地、附带地使用他人的姓名或类似物。

者的一部分。在大多数州,当传媒使用他人的姓名或类似物为自己做广告时,布思案规则为传媒提供了相当广泛的保护。换言之,如果某人的照片或姓名已经或将要成为杂志、报纸或电视节目的新闻内容,那么,使用该人的姓名或类似物为杂志、报纸或电视台做广告,通常不被视为盗用。

布思案规则的诞生,与奥斯卡奖获奖女演员雪莉·布思(Shirley Booth)有关。[44]有人在牙买加拍到布思的照片,该照片后被时尚旅行杂志《假日》(Holiday)用于一篇特稿。为了吸引人们投放广告或订阅杂志,《假日》接着又用这张照片为自己做了广告,它用一整版广告告知读者:这张照片代表了《假日》的内容。布思不反对《假日》在特稿中使用其照片,但她反对在广告中使用。法院拒绝将这种使用认定为隐私侵权。纽约州最高法院判决道,表达自由的存续,相当程度上有赖于广告商和订户对传媒的经济支持。为了赢得这种支持,出版物或电台、电视台必须推销自己。既然布思的照片最初被用于新闻报道,那么之后被用于杂志推销,相对于原始使用而言,也只是为了展示杂志品质和内容的附带使用而已。该照片未被用于推销意大利面条或二手车,因此不构成隐私侵权。[45]

起初,布思案规则只保护一家传媒刊播该传媒使用过的材料。部分法院至今仍遵循这一规则。但也有法院发展出更宽泛的保护。比如,一家美国地区法院判决,报纸和杂志在电视上为自己做广告时,可以使用以前发表过的材料。[46]也就是说,报纸报道中出现过的姓名或类似物,可被用于该报的电视广告。1995年,纽约州最高法院判决,根据附带使用规则,在有关网络服务的广告中未经同意而使用电台名人霍华德·斯特恩(Howard Stern)的照片,不侵犯斯特恩的隐私权。斯特恩宣布竞选纽约州州长之后,网络服务提供商 Delphi 专门设立电子公告板,为用户讨论他参选一事提供平台,公告板上使用了一张斯特恩光屁股的古怪照片(斯特恩本人摆拍)。这张照片曾用在《纽约杂志》(New York Magazine)和《纽约邮报》(New York Post)的广告中,图片说明是:"此人应成为下届纽约州州长吗?"广告邀请读者在电子公告板上参与讨论。斯特恩主张,Delphi 不是报纸、杂志之类的新闻或信息传媒,不能主张附带使用例外。法院不同意,它说,网络服务提供者相当于报贩、书店等新闻散布者。[47]在拓展布思案规则的道路上,法院会走多远,这一点无人知晓。但趋势似乎是扩大保护,而非缩小保护。

显然,某人的姓名或照片被用于推广一家传媒,并不意味着此人支持该传媒。《论坛》(Forum)杂志使用雪儿(Cher)的照片推销某期杂志。广告暗示雪儿支持《论坛》,而这与实情不符。雪儿起诉《论坛》并胜诉。那期杂志中,确实有一篇关于雪儿的访谈文章,但法院判决说,广告的所作所为,远不只是向读者介绍刊物的新闻内容与品质。[48]

最后,在政治广告中使用他人的姓名或类似物不是盗用。"投给琼斯,别投给史密斯"这一竞选广告不能成为史密斯起诉盗用的理由。在"救救鲸鱼""停止种族歧视"等公益广告中使用他人的姓名或类似物,也不能支持盗用诉讼。一家联邦法院 2006 年判决,被告在广告中使用原告二人的照片,是为了反对全美退休者联盟(American Association of Retired Persons)支持同性恋婚姻,这不构成盗用,因为它不属于商业使用,广告提出了公众关心的问题。[49]为基督教青年会或红十字会这种非营利组织所做的广告,如果使用了他人的姓名或类似物,又当如何呢? 许多此类组织会发放传单和小册子,以刺激捐款,推进社会工作。基督教青年会未经授权,使用了一个孩子在池中游泳的照片,这能支持盗用诉讼吗? 一般情况下不太可能,但第 6 巡回区美国上诉法院确曾在一起案件中维持了初审法院判给一个孩子的少量赔偿金。这个孩子的照片,未经同意就被肯塔基州一个宗教团体用在邮发的募捐广告中。"小姐妹圣母升天修道会"(The Little Sisters of the Assumption Order)向 125 000 个家庭寄信,为穷人募捐,信中就有这个孩子的照片。初审法院判予原告 100 美元盗用赔偿金，上诉法院维持原判。[50] 1995 年，纽约州上诉法院曾做出类似判决。它认定，根据纽约州隐私法，非营利组织"纽约州社区服务社"（Community Service Society of New York）在一次募捐中使用他人的照片，系属用于广告。

被告在为纽约穷人募捐的新闻信中使用了原告的照片。[51] 目前仅有这两起案件，但它们表明，任何组织在使用真人的姓名或面貌募捐时都得谨慎，商业组织如此，非商业组织也不例外。

同意作为抗辩

法律只禁止人们未经授权而将他人的姓名或类似物用于商业目的。拥有成文隐私法的各州通常要求，在使用他人的姓名或类似物之前，应先获得书面授权或同意。不过，也未必只有书面同意才有效。第 9 巡回区美国上诉法院在 2012 年写道："同意可以是默示的，是否同意，可以从理性人的视角做客观判断"，或根据使用或出售照片之行业"广为人知的既有行规"判断。[52] 不过，在任何诉讼中，被告都得证明，他在使用他人的姓名或照片之前，得到了对方的同意。书面同意通常无可辩驳，是对抗盗用主张的坚实抗辩，哪怕原告说自己不理解所签署的内容，也不会破坏书面同意的效力。一名摄影师为职业网球选手阿纳斯塔西娅·米斯金娜（Anastasia Myskina）拍照，米斯金娜签署了同意文件，允许康泰纳仕（Condé Nast）出版集团在 GQ 杂志 2002 年的运动特刊中使用她的照片。她之后又起诉该杂志侵犯隐私权，诉称该杂志以她不同意或未料及的方式使用照片，属于盗用类似物。杂志在抗辩时出示了原告签署的同意书。原告说，她对所签署的文件有误解，英语不是她的母语。一家联邦法院说，她的这一声明（即使真实）与本案无关。双方签署合同以后，就受合同条款的约束，是否理解合同内容、是否读过合同，都非为所问。[53] 在口头同意的情况下，原、被告双方可能会各执一词，一方坚称已获同意，另一方则拒不认账。这时，事实发现者不得不判断谁说的是真话。此外，在姓名或类似物发表或播出之前，口头同意可以撤回。

双方若能事先签署模特许可书（见下文），同意问题便很好解决。但此类法律文书不是同意成立的必要条件。有两起判决说明了这一点。萨姆（Sam）与约瑟夫·希法诺（Joseph Schifano）二人起诉格林县（Greene County）的灰狗公园（一家赛狗场）在广告图册中使用他们的照片。原告经常去这家公园，一天，他们正和几个人一起坐在"赢家看台"（公园的一部分，可为有兴趣的观众预留）上，被公园拍了下来。灰狗公园使用照片之前，并未得到二人的书面同意，但有充分的证据证明，公园的工作人员告诉过原告为什么拍照，也告诉过原告，如果不愿被摄入，他们可以离开。亚拉巴马州最高法院 1993 年判决道："在工作人员提供选择机会的情况下，原告既不反对，也不离开，这就意味着，他们同意拍摄。"[54]

一年后，第 9 巡回区美国上诉法院做出类似的判决。此案涉及有名的电视情景喜剧《夜荫》（Evening Shade）。乡村音乐创作歌手伍德·牛顿（Wood Newton）起诉该情景喜剧的制作人，因为剧中由伯特·雷诺兹（Burt Reynolds）饰演的主角也叫伍德·牛顿。该剧的制片人琳达·布拉德沃思-托马斯（Linda Bloodworth-Thomas）与伍德·牛顿是同乡，在同一个小镇长大，牛顿本人与剧中人物有几分相似。牛顿从未签字许可该剧使用他的姓名，但该剧首播时，他曾写信给制作人道："我想告诉你们，你们使用我的名字，我倍感荣幸，和我谈及此事的每个人都认为，这着实令人兴奋，我也深有同感。"过了几个月，该剧制作人拒绝采用牛顿为该剧创作的音乐，之后牛顿起诉盗用。第 9 巡回区美国上诉法院判决道："虽然牛顿从未说出'我同意'三个字，但显而易见，

> 法律只禁止人们未经授权而将他人的姓名或类似物用于商业目的。

他是同意的。"[55]

摄影师使用的模特许可书或同意书

我同意担任×××（摄影师姓名）的模特/拍摄对象，基于后文之条款或费用，特此授权摄影师、其法律代表、其供职对象、其雇员以及获其允许者使用、再使用、出版、再出版我的照片，不论我的形象是否被歪曲。使用时可以用我的真名，也可以用化名。摄影师可以在工作室或其他场所，通过任何途径复制彩色或黑白照片，照片可用于任何目的，也可与其他印刷材料结合使用。

我放弃审查或许可照片成品、可能与照片结合使用的广告材料或照片可能用途的任何权利。

我同意，摄影师、他的代表、根据他授权工作的职员或任何人或公司、他供职的任何人或公司，包括出版或播送最后成品（部分或全部）的公司，在照片的摄制、成品的制作和复制过程中，不必因故意或无意地歪曲、模糊、改变、制造视觉幻觉、使用合成图片而承担责任，即使我因此受到嘲笑、讽刺、责备、蔑视或羞辱，相关人员也不必承担责任。

同意无效之情形

有时，哪怕是书面同意，也无法用作抗辩，传媒必须警惕以下情形：

1. 今日之同意，在遥远的未来未必有效，无偿的口头同意尤其如此。 书面同意一般可长时间使用，口头同意则不然。法院曾在一些案件中判决，如果同意者名气大涨，口头同意便会因年深日久而失效。我们假想一下这种情形：哈里·卡森（Harry Carson）给车库乐队"丑陋贝类"（Hideous Shellfish）拍了一张照片，照片中，乐队成员正在弹奏顶点牌吉他和贝斯。卡森说，他会试着把这张照片卖给乐器制作商，乐队成员口头同意了。结果照片没卖出去。五年后，丑陋贝类乐队已售出

500万张CD。这时，顶点公司买了这张照片用于广告，广告语是："丑陋贝类弹奏顶点牌乐器。"乐队起诉盗用；卡森和顶点公司说，该乐队五年前是同意使用的。在这种情形下，法院很可能判决，以上同意不再有效。卡森和顶点公司在使用该照片之前，应当重新获得授权。如果是书面同意，很可能就不会有这个问题。[56]

2. 一些人没有能力给出同意。 哪些人呢？下面简单举几个例子。

（1）年龄未满的人，没有能力给出同意。在大多数州，自然人必须年满18周岁，才能合法地缔结合约。很多十几岁少女，出于各种原因，坚称自己已年满18岁，签下了同意书，允许摄影师使用照片。后来反悔了，又起诉盗用，这时才表露，自己签署同意书时只有16岁。法院通常要求看证据，即撒谎少女当时在被告看来是可信的。同时，法院也要求被告证明，他曾试图求证少女的年龄。

（2）精神病人一般没有能力给出同意。[57]

（3）监狱内的服刑人员有时没有能力给出同意。

被告必须确认：同意书的签署者有能力合法地给出同意。只向法官出示书面同意书是不够的。

3. 如果照片被实质性修改，使用同意很可能因此失效。 多年前，美国一位著名的时装模特在拍摄一组照片时，签署了一份标准格式的许可书，授权摄影师和照片持有者以任何方式使用这些照片，放弃对使用的审核。这些照片最后落入一个广告商的手中，他修改了照片，制造出一种淫荡的情调。模特起诉盗用；广告商辩称，原告同意对照片做任何使用。纽约州一家法院承认，原告的确放弃了控制他人使用其原始照片的权利，但它又指出，广告中的照片，不是模特当时拍摄的照片。原始照片已被实质性修改。原告当初的同意自然无法再保护被告。[58] 此案于50年前做出判决，当时要修改照片还得花点儿功夫。如今，一台电脑，几个软件，一眨眼工夫，人人都可以实质性地修改照片。但简单不等于合法。杂志编辑

和网络内容提供者必须加倍小心。书面同意只保护对原始照片的使用（可以有微小改动），一旦使用者大幅度地修改照片中的拍摄对象或拍摄对象身处的背景，书面同意就不再提供保护。[59]

死后人生：死后公开权

隐私权是人身权，随自然人的死亡而消亡。而公开权在人死之后，还可能继续存在。这里用上"可能"二字很有必要，因为各州的法律对此有不同规定，在一些司法管辖区，这个问题仍然悬而未决，州法院的判决也五花八门。一些州已经通过了成文法，确保已故公众人物的后代在一段时间内，有权保护其先人不遭他人商业利用。这段时间，加州规定为 70 年，弗吉尼亚州规定为 20 年。[60] 在已故歌手猫王的故乡——田纳西州，名人死后，其后人可享 10 年初始保护期，倘若此项权利被持续使用，则可以无限期后延，仅在两年内没有任何使用的情况下，该项权利才宣告终结。如此一来，只要猫王的后人持续使用他的姓名、类似物和形象，他们就能永远从中获利。至少在一个州，即纽约州，"名人后代应能控制公开"的理念被完全拒绝。可见，案件在哪里审理，对结果至关重要。

比如，小弗农·J. 塔特姆（Vernon J. Tatum Jr.）起诉新奥尔良国际机场盗用，他已故的母亲埃利娜·C. 塔特姆（Ellyna C. Tatum）的形象出现在机场内的壁画上。埃利娜·塔特姆是新奥尔良著名的爵士乐歌手，1986 年去世。2012 年，路易斯安那州一家上诉法院驳回了"塔特姆诉新奥尔良航空委员会案"（*Tatum v. New Orleans Aviation Board*），该法院指出："隐私权是仅属于已故塔特姆女士本人的人身权。路易斯安那州的法律，无论是成文法还是案例法，皆未授权塔特姆先生（儿子）代表其已故母亲主张这一权利。"路易斯安那州没有关于死后公开权的立法，这起案件就这样画上了句号。

利用已故娱乐名人销售产品的现象正日趋增多，从某些方面来看，这也情有可原。不过今天，受保护的不仅有影视名人的形象。历史人物，如小马丁·路德·金（Martin Luther King Jr.）、乔治·巴顿将军（Gen. George Patton）、民权运动偶像罗莎·帕克斯（Rosa Parks）、建筑师弗兰克·劳埃德·赖特（Frank Lloyd Wright）和棒球运动员贝比·鲁思（Babe Ruth）等等，其形象也被主张为私人财产，他人必须支付费用、获得许可，方可使用。耶路撒冷的希伯来大学（Hebrew University）继承了爱因斯坦的遗产，过去五年间，爱因斯坦的形象为它带来了 7 600 万美元收入。[61]

日后，随着计算机技术的发达，各种生物、外星人、星际飞船，甚至已故名人的形象都将出现在电影和电视屏幕上，隐私法领域的新挑战也将层出不穷。使用乔治·卢卡斯（George Lucas）等人引领的技术，久逝的名人有可能重登商业广告，乃至电影银幕，其形象与活生生的真人并无区别。无疑，这一领域的立法者非得和创造这种非凡技术的男男女女们一样有创意不可。

小　结

未经同意，盗用他人的姓名或类似物用于商业目的，乃是侵犯他人的隐私权，同时有可能侵犯他人的公开权。使用他人的照片、素描、昵称或艺名，皆属使用姓名或类似物。不过，杂志、图书、报纸和电台电视台新闻节目发布新闻和信息，不被视作商业目的，即便大众传媒有可能从中获利。其结果是，如果某人的姓名或形象出现在新闻报道或其他类似材料中，他就不能起诉盗用。此外，新闻传媒在为自己做广告时，可以再次使用刊播过的新闻报道或图片，以证明其报道品质。

要想将他人的姓名或类似物用于商业

目的,最好先得到对方的书面同意。书面同意有时也会失效,比如书面同意在多年前做出,或书面同意的签署者不能合法给出同意,又或者,照片或其他材料被实质性地修改了。

法院也承认公开权。公开权诉讼主要由名人提起,名人认为,未经同意而使用其姓名或类似物,会剥夺他们出售该权利并获得经济收益的机会。在一些州,公开权与其他财产一样,可由后代继承,这意味着,一个人死后,其后人可以控制其姓名或类似物的使用。

 # 侵扰

以理性人眼中的高度冒犯性方式,侵扰个人的独处空间或私人生活,是非法行为。

人们在听到"侵犯隐私"一词时,脑中浮现的,往往就是侵扰。带有长焦镜头的相机、偷录机、窥探,凡此种种,都与侵扰有关。侵扰与民事或刑事侵入(trepass,参见第9章有关侵入的内容)有诸多共同点。原告在一起诉讼中既起诉侵扰又起诉侵入的情况,也并不少见。但这两个诉由是有区别的:并非每一种侵扰都是侵入,反之亦然。谷歌公司有一个"街景"(Street View)地图服务,提供许多美国城市的街道实景图。[62]这些地图是这样拍摄的:由专人驾驶安装有全景相机的车辆,沿着街道行驶并拍摄。拍摄车通常会在公共街道上来回拍摄,但有一次,一辆拍摄车开进了宾夕法尼亚州某住宅的私人车道。房主起诉侵扰和侵入。第3巡回区美国上诉法院驳回了隐私权诉讼,它说,谷歌的照片只显示了房屋的外观和草坪,这是每个路过或驶过这条街道的人都能看得见的。但是,当拍摄车驶入私人车道时,它便是未经邀请地故意进入他人的私人地产,此为侵入。该法院说,侵入是有可能成立的法律主张。此外,统辖这两类诉讼的法律也有所不同。侵扰是本章本节的重点,侵入和其他有关偷录机、偷拍机使用的法律,将在第9章"新闻采集"部分介绍。

与另三种隐私侵权方式不同,侵扰的核心是信息如何被获取、被收集,而不是信息如何被报道或发表。构成侵扰的,是收集材料的行为。不论所收集的信息是否被刊播,原告皆可起诉侵扰。

在一起侵扰案件中,最重要的法律要素,是法院所称之"合理的隐私期待"(reasonable expectation of privacy)。这在许多案件中是一种主观判断。如果法院判决,原告在被告收集或试图收集信息时没有合理的隐私期待,侵扰诉讼便告失败。

侵扰与传媒

非法侵扰有可能以多种方式发生。窃听他人谈话是侵扰;从他人的私人记录或计算机中收集个人信息是侵扰;用长焦镜头拍摄他人也可能是侵扰。在每起侵扰案件中,法院都会问一个问题:在信息收集过程中,侵扰对象"是否有合理的隐私期待"? 在判断隐私侵扰是否发生时,这个问题最为关键。记者坐在餐馆的餐桌边偷听邻桌的交谈,不是侵扰。如果其他食客也能听到这番谈话,交谈者就没有合理的隐私期待。[63]但是,如果记者藏身在他人办公室的柜子中偷听他人谈话,那就是侵扰了。二人在私人办公室中交谈,有合理的隐私期待。

如今，法院正在着手解决互联网用户的合理隐私期待问题，对于那些视网络为安全港的人而言，法院的判决结果颇为不利。至少有两家下级法院判决，参与聊天室谈话与发送电子邮件信息给聊天室其他参与者的网络用户，对这些信息内容没有合理的隐私期待。[64] 2002 年，马萨诸塞州一家联邦法院判决，一家保险公司的两名职员，在工作时互发的你侬我侬的性爱邮件，不享有合理的隐私期待。[65] 2010 年，美国最高法院判决，当加州安大略（Ontario）市政府检查该市警官杰弗里·夸恩（Jeffry Quon）从寻呼机（市政府发放）中发出的讯息时，只要检查出于"与工作有关的合法目的"，夸恩就没有合理的隐私期待。[66] 缅因州一家美国地区法院判决，一名学生对大学公共电脑上的文件没有合理的隐私期待。[67] 第 1 巡回区美国上诉法院判决，电子邮件在传输过程中，哪怕有千分之一秒储存在传输该信息的网络服务提供者的服务器上，该网络服务提供者的雇员阅读这些信息就不算违反联邦窃听法。连锁公司（Interloc Inc.）是一家数据交换所，它拷贝用户发给 Amazon.com 的信息，引发了一起诉讼。连锁公司的客户是珍稀图书与绝版图书的交易商，当亚马逊无法为顾客提供绝版和珍稀图书时，这家公司确实有助于客户追踪这类图书。第 1 巡回区美国上诉法院判决，窃听法禁止窃取未被储存的信息，但不保护已被储存的信息。[68]

有关侵扰和网络传播，不少问题现已得到回答，但仍有大量问题悬而未决。例如，通过无线网络（即通常所称 wi-fi）收发材料的互联网用户，有合理的隐私期待吗？法院尚未对此做出判决。再如，尽管法院一致认为，公司职员在公司计算机上收发的个人电子邮件不能豁免于上司的审查，但是，如果公司职员使用私人电邮（如雅虎提供的邮件服务）收发电子邮件，这些邮件是否也要对上司开放审查呢？[69]

公众视野下无隐私

众目睽睽之下发生的事，一般不被视为私密。这条规则貌似简单，但有时也未必真的简单。你在街角跳吉格舞，被旁人拍到了，这时的你，自然无法主张自己身处私人环境。另一方面，夫妻的床笫之事，显然最具有私密性（当然，我们假设他们的卧房没有大玻璃窗，路人站在附近的人行道上无法窥见其卧房内部）。但在以上两种极端之间，还有诸多情境，要区分何者为公，何者为私，对法官和陪审团而言颇有难度。犹他州最高法院最近提出，合理的隐私期待是否存在，"取决于行为及周遭环境的特定性质"。[70] 该法院只潦草地说了一句：要视情况而定。这个问题常留给陪审团决定。但最近的案例法能提供一些指导：

● 加州上诉法院 2006 年判决，摄影师站在公园里拍摄犯罪受害人的照片，不算侵扰私人空间。[71]

● 一家联邦上诉法院判决，有人拍到一名女性站在家门外与电视制作人交谈，这时，这名女性没有合理的隐私期待。该法院指出，街上来来往往的路人，个个抬眼就能看到她。[72]

个人在公共场所没有合理的隐私期待，2011 年的"斯皮弗格尔诉福克斯广播公司案"（*Spilfogel* v. *Fox Broadcasting Co.*）[73] 为这条原则做了很好的注释。此案原告是阿琳·斯皮弗格尔（Arlene Spilfogel）。在佛罗里达州的一次路检中，不知情的她被真人秀节目《传奇警察》（"COPS"）拍到。斯皮弗格尔当时正站在大街上，讲述着路检的细节，关于她如何驾驶没有牌照和车前灯的车辆闯过数个停车标。审理此案的上诉法院根据佛罗里达州法律，驳回了她的侵扰主张，因为"拍摄活动发生在公共街道上"，而"佛罗里达州法律明文规定的是侵扰私人空间"。该法院的结论是："斯皮弗格尔自愿现身于公共场所，她没有合理的隐私期待。"

案例

妓院、偷拍机与隐私：
缅因州的顾客这下不好受了

一名女子在尊巴工作室的幌子下开设妓院，被控卖淫。妓院在开张期间偷拍了顾客的性爱视频，这些顾客因此起诉侵扰。2013年，缅因州一位法官判决，这些顾客没有合理的隐私期待。据《波特兰先锋新闻报》(Portland Press Herald)报道，法官南希·米尔斯(Nancy Mills)论证道："这些顾客可能主观上期待隐私，但我找不到社会愿意接受的客观隐私期待。"简言之，违法者对其违法行为不享有合理的隐私期待。

此案中，摆在法官面前的争点问题是什么呢？缅因州有偷拍法，它规定，在更衣室、浴室等"私人空间"偷拍他人是犯罪。马克·斯特朗(Mark Strong)在肯纳邦克(Kennebunk)的尊巴工作室中拍摄妓女与恩客的性爱活动，涉嫌违反该法，被控46项罪名。由于米尔斯法官认为妓院顾客不享有隐私，针对斯特朗的46项指控全都被撤销了。

人们在工作场所内是否有合理的隐私期待？对法院而言，这是一个问题。美国广播公司(ABC)派出一名记者，到加州一家电话推销公司担任电话推销员。这位记者秘密摄录下几名同事的谈话，ABC因此被诉侵扰。ABC辩称，办公室内没有合理的隐私期待，工作人员共享一个狭小空间，有的只是三面围挡的开放式办公格子，同事间的交谈，其他人都能听得到。加州最高法院不同意ABC的观点，它判决道：

普通公众无法随意进出办公室等工作场所，职员们在这些空间内享有有限但合法的隐私期待，他们应能期待，自己的谈话和其他交流不会被卧底的电视记者秘密拍摄，哪怕这些谈话可能不完全具有私人性质。[74]

2004年，ABC再次遇挫。在一起侵扰案中，它的即决判决申请被拒。此案的起因是：一名记者兼制作人潜入星探为怀揣演员梦的男男女女们开设的工作坊，偷录内部谈话。工作坊的运作方式是：学员交一笔费用加入工作坊，便可与星探(星探对于决定哪些演员出现在电影和电视剧中作用巨大)见面、交谈。在加州，这类工作坊是有争议的，全国广播公司的新闻节目《20/20》对此做了报道。记者不仅拍摄了工作坊内的真实表演，还偷录下表演者在休息间歇的私人对话。一些表演者起诉侵权。在加州，录制他人谈话必须得到谈话各方的同意，除非谈话发生在公开集会上。ABC请求法院驳回此案，它说，这些对话发生在公共空间。一家美国地区法院判决：即便部分谈话能被其他学员听到，原告也仍然有合理的隐私期待。当他们窝在教室角落或背靠墙壁交谈时，他们断然想不到，有记者正在偷录他们的对话。因此，这不是公共空间。[75]

 案例

在公共场所拍摄警察的权利：
拿起智能手机，做一名公民记者

普通民众(包括公民记者)有拍摄警察在公共场所执法的宪法第一修正案权利吗？第1巡回区美国上诉法院在2011年的"格利克诉坎尼夫案"(Glik v. Cunniffe)[76]中回答了

这个问题。一天，西蒙·格利克(Simon Glik)在波士顿公园看到几名警察正在逮捕一名男性，他认为警察过度使用暴力，于是在距离警察10英尺的位置，用手机拍下了现场的情况。格利克因此被捕。

第 1 巡回区美国上诉法院判决："格利克拍摄公共空间里的警察，乃是行使其宪法第一修正案权利；警方没有正当理由扣押格利克，这侵犯了他的宪法第四修正案权利。"该上诉法院论证道："收集有关政府官员的信息以供传播之用，有助于保护并促进关于政府公务的自由讨论，这符合宪法第一修正案的利益。"它又说："宪法第一修正案保护人们在公共空间内拍摄政府官员，本院对这一权利的承认与支持，与大量联邦地区法院和巡回区上诉法院做出的判决相符。"2012 年 1 月，波士顿警察局致函格利克，承认警方的行为"有违波士顿警察局的行为规范"，并称，警方的内部调查显示，两名警察逮捕格利克是"无理惩罚"。2012 年 4 月，格利克收到一条好消息，波士顿市同意用 17 万美元补偿他的损失和法律费用。

哥伦比亚特区警察局局长在面临一起类似诉讼的情况下，于 2012 年 7 月下令："根据宪法第一修正案，路人有权利观察并记录警察在公共场所的履职行为。"警方发言人在宣布以上政策时说，"该命令再次确认，警方承认，不仅传媒从业人员享有宪法第一修正案权利，大众也同样享有。"如今，人们天天用智能手机记录事件，随后将这些图像资料发给或售予新闻机构，随着公民新闻的兴起，警方的这种态度尤显重要。

2012 年，美国司法部对此发表评论道："拍摄警察在公共场所的履职活动，受宪法第一修正案保护。"不过，司法部也承认，"直到最近，法院才开始细致地界定人们拍摄警察的权利"。相关信件的复本，可见于 http://www.justice.gov/crt/about/spl/documents/Sharp_ltr_5-14-12.pdf。

加州的另一起判决表明，法官在判断侵扰程度时有多审慎。一辆汽车载着舒尔曼（Shulman）一家四口，意外驶离 10 号州际公路，撞上路堤后，仰天栽入一条排水沟。救援人员赶到了现场，包括一架救援直升机，机上有医生、护士各一人。直升机上另有一名摄像师，是一家电视制作公司的工作人员。这位摄像师正在为电视节目《在现场：紧急事件反应》（"On Scene: Emergency Response"）收集素材。机上的护士劳拉·卡纳汉（Laura Carnahan）佩戴着麦克风，为视频输送音频流。救援人员将鲁思·舒尔曼（Ruth Shulman）救出汽车时，卡纳汉在一旁安抚她。二人的对话，被一旁拍摄的摄像师记录了下来。舒尔曼被抬入救援直升机，在飞往医院途中，摄像师收集了更多的视频和音频材料。后因伤势较重而截瘫的舒尔曼起诉隐私侵权，诉由包括侵扰和公开私人事实。加州几家法院驳回了公开私人事实的主张，它们指出，公众对相关事实有很大的兴趣。加州最高法院说，舒尔曼被直升机送往医院途中录制的视频和音频内容，陪审团当然有可能认定为侵扰。但当她被抬下失

事汽车时，她没有合理的隐私期待，因为她当时身处公共高速公路。[77]2009 年，加州一家美国地区法院判决，新闻传媒无权进入一般公众均被排除在外的事故或犯罪现场。[78]

从某人的邻人家中，用变焦镜头拍摄该人在自家后院的照片或视频，是否构成侵扰？答案是：不一定。正如一家联邦法院在 2011 年的"韦布诉哥伦比亚广播公司案"（Webb v. CBS Broadcasting, Inc.）[79]中所指出的，这取决于具体的案情与语境。在韦布案中，CBS新闻部的一名记者和一名摄像经原告（吉尔和罗伯特·韦布）的邻居同意，将一台装有变焦镜头的摄像机带入这位邻居的家中，并在一楼厨房的窗户前架设摄像机。从这个角度，记者能拍到原告在后院游泳池边活动的画面。法院判决，原告没有合理的隐私期待，它写道："从邻居家的一楼窗口向外望，肉眼就能看到原告的后院"，"当事物清晰可见时，就不存在合法的隐私期待"。法院还强调，这位邻居的房屋在山坡上，比原告的后院高出 3～5 英尺（记者因此才能向下看到后院），不容争议的是，从邻居家厨房窗户拍到的画面，"从人行道

或街道上也能拍得到，因为……人们能从多处看到原告的后院"。韦布一家输了官司，因为他们所在的位置，不是理性人能期待的与外界隔绝的空间。

对于"在公共场所拍摄他人是侵犯隐私"这一主张，法院几乎总是拒绝的。然而，拍摄与骚扰拍摄对象之间的界限有时非常微妙。大约40年前，曾有法院禁止一名摄影师在10码以内拍摄杰奎琳·肯尼迪·奥纳西斯（Jacqueline Kennedy Onassis）及其孩子，因为法官认为，该摄影师无休止地拍摄骚扰了这家人。[80] 1996年，宾夕法尼亚州一家法院发布了一道类似的命令，以保护该州的一家人免受记者骚扰，这些记者当时正在为电视节目《内幕》（"Inside Story"）做报道。[81] 多年来，狗仔队一直令加州和纽约州头疼。这些虎视眈眈的摄影记者对名人追逐不休，企望拍到秘辛照片，卖给日趋增多的八卦小报和杂志。

加州尤其下重拳对付狗仔队。该州有成文法规定，对正在从事"个人或家庭活动"的人摄影、摄像或录音，乃是隐私侵权，行为人须为此承担侵权责任。该法既限制面部拍摄，也严格限制使用长焦镜头和扩音设备（能收录远距离对话的话筒）。该法还规定，如果狗仔队在拍摄期间攻击名人，赔偿金可以增至三倍，而且摄影师无权保留出售照片的收益。

该法经2010年修订后更趋严格。以往，个人或公司发表狗仔队拍摄的"推定隐私侵权"的照片，是享有豁免权的，如今，这项豁免权也被废除了。惩罚有可能很严厉。同时，如果新闻传媒明知照片或录像是违法拍摄的还购入，那么受害人也可以向传媒索赔。

加州反狗仔队法的新内容，于2012年首度遭遇司法挑战。在一起涉及歌手贾斯汀·比伯（Justin Bieber）的案件中，法官严厉谴责该法。此案缘起如下：据称，摄影记者保罗·雷夫（Paul Raef）在洛杉矶高速公路上以每小时80英里的速度，切换多条车道，追逐比伯驾驶的汽车。雷夫是依加州机动车法40008（a）条被指控的第一人，该法于2011年实施生效，它规定："出于商业目的，以任何形式对他人拍摄、录音等"，并因此违反加州安全驾驶法的行为是轻罪，最高可处2 500美元罚金和6个月监禁。简言之，该法针对的就是狗仔队因追逐拍照而鲁莽驾驶的现象。

加州高级法院（California Superior Court）的法官托马斯·鲁宾逊（Thomas Rubinson）驳回了控方依新法对雷夫发起的指控，他指出，新法过于宽泛，可能一并禁止了宪法第一修正案保障的合法信息搜集活动，故而违宪。为说明该法过于宽泛，鲁宾逊法官举例道，该法甚至可以适用于因跟拍婚车而鲁莽驾驶的婚礼摄影师，或适用于为拍摄突发政治抗议而鲁莽驾驶的报社摄影记者。不过，鲁宾逊法官没有驳回控方依加州传统驾驶法而对雷夫发起的指控。鲁宾逊法官说，加州立法者仅需提高加州驾驶法的罚金额度即可。

2013年初，鲁宾逊法官拒绝重新考察他之前反对新法的判决。这意味着，该法的合宪性将由加州一家上诉法院再度审查。希望在不久的将来，这个问题能在法院得到解决。

2013年1月1日，一名猎奇名流的摄影记者被汽车撞上，不幸身亡。加州民众呼吁立法机关制定更严格的法律。死者当时刚拍完比伯的跑车（这辆跑车依加州高速公路巡逻队之令停在路边），正横穿一条车水马龙的大马路。比伯本人没有驾驶，但他发布声明说，希望"此类悲剧能最终促成有意义的立法和必要措施，以保护名人、警察、无辜路人和拍摄者本人的生命与安全"。麦莉·赛勒斯（Miley Cyrus）等年轻名人也响应比伯的号召，呼吁进一步打压狗仔队。

案例

史蒂文·泰勒与时运不济的夏威夷反狗仔队议案

2013 年,为表对"空中铁匠"乐队(Aerosmith)歌手兼毛伊岛(Maui)私宅主人史蒂文·泰勒(Steven Tyler)的尊重,夏威夷的立法者审议了议案——"史蒂文·泰勒法"。该议案亦步亦趋地追随前文讨论过的加州反狗仔队法。其中规定:"以对理性人而言具有冒犯性的方式,在他人从事个人或家庭活动且有合理的隐私期待时开展拍摄、录音等,须承担推定隐私侵权的民事责任。"

该议案明言,它的目的"是创设推定隐私侵权这一民事诉由,从而吸引名人访问并定居本州"。泰勒显然是夏威夷人的偶像,议案中指出,许多住在夏威夷的名人"备受摄影师和记者的骚扰",而泰勒"不为所动,依然来我们美丽的夏威夷旅行、居住"。

2013 年 2 月,夏威夷参议院司法委员会(Hawaii Senate Judiciary Committee)举行了听证,史蒂文·泰勒出席了听证,一道出席的还有"弗利特伍德麦克"摇滚乐队(Fleetwood Mac)的米克·弗利特伍德(Mick Fleetwood),他也住在毛伊岛。"克鲁小丑"乐队(Motley Crüe)的汤米·李(Tommy Lee)给委员会写了一封支持信,其中写道:"在夏威夷,狗仔队无孔不入,而夏威夷又少了其他州的推定隐私侵权法,名人几乎无法在这里找到内心平静,而眼下的议案能扭转这一局面。"另有约十位名人也签名支持这一议案,包括奥兹·奥斯本(Ozzy Osbourne)和布兰妮·斯皮尔斯(Britney Spears)。委员会通过了这个议案,但增加了一些修正条款,进一步明确了"个人或家庭活动"等概念,并将该法的覆盖范围限定于在原告拥有或租赁的土地(即原告有合理隐私期待的空间)上发生的活动。

2013 年 3 月,夏威夷参议院以 23 票对 2 票的压倒性优势通过该议案。但众议院当月未通过该议案,一名众议员告诉美联社:"众议院对它的支持为零。"泰勒这下高兴不起来了,没准还会痛哭一场呢。

使用偷拍偷录设备

视频和音频设备变得越来越精细小巧,这样一来,包括记者在内的任何人,都有可能秘密记录他人的谈话、会面、会议和其他活动。这种摄录是侵扰吗?也许很难一概而论。

加州一家美国上诉法院于 1971 年判决,这种秘密摄录有可能是非法侵扰。这起案件颇为特殊。案情大概是这样的:洛杉矶警方想逮捕一个无照行医者,《生活》(Life)杂志的两名记者同意与警方合作。二人假扮夫妻,进入"医生"的住所兼行医场所。A. A. 迪特曼(A. A. Dietemann)在给"太太"做检查时,"先生"在一旁偷偷拍下了整个过程。与此同时,现场对话也被秘密地录了音。几周后,警方逮捕了迪特曼。《生活》杂志也刊出了报道,其中包括录音内容和记者在迪特曼家中拍摄的几张照片。加州一家上诉法院支持迪特曼的侵扰诉讼,它判决,房屋所有权人有权利"要求他人不得将[他们在房屋中的]所见所闻,以照片或录音的方式传播给……普罗大众"。[82] 至今没有其他法院援引过这一判例,不过,后来的案件,也都不涉及在私宅内录音或拍照的情况。

例如,1975 年,阿林·卡西迪(Arlyn Cassidy)等几名芝加哥警察到该市的按摩院内卧底调查。一家按摩院(警方在这家按摩院里抓过人)的老板认为,自己受到了警方骚扰,于是,他邀请电视台的新闻摄制组进入按摩院秘密拍摄。摄像机架在一面双向镜之后,它拍到卡西迪警官走进来,花 30 美元看了一场奢华内衣模特秀,接着逮捕了一名上来拉客的女孩。在另三名卧底警察进入按摩院的同时,电视台的新闻摄制组从另一个门冲入,拍下警察离开的镜头。这些警察以迪特曼案为判例,起诉侵扰。

伊利诺伊州一家上诉法院做出了有利于记者的判决,它认为,此案在很多重要方面不同于迪特曼案。第一,拍摄发生时,卡西迪等原告是正在执行公务的公共官员。第二,摄制组身处的空间不是私宅,而是公共商业机构。第三,摄制组乃是应按摩院老板之邀前来拍摄的。法院判决道,"在我们看来","收集并传播有关政府公务的新闻,不存在侵犯隐私权的问题"。[83]

肯塔基州的一家巡回法院判决,一名年轻女性秘密录下她和律师在律师办公室的谈话,不构成侵扰。律师约翰·T. 麦考尔(John T. McCall)在谈话中向这名女性提出不道德的收费标准。一家报社发表谈话内容后,麦考尔起诉侵扰。法院再次指出,此案与迪特曼案不同,它指出,本案中的女性,乃是应麦考尔之邀进入他办公室的。法院判决道:"律师作为法律工作人员,与未来客户讨论法律问题,不属于法律意义上的私密领域。"[84]肯塔基州的一家上诉法院维持原判。[85]

> 律师作为法律工作人员,与未来客户讨论法律问题,不属于法律意义上的私密领域。

最后,伊利诺伊州的一家美国地区法院在1994年驳回了一起侵扰诉讼。被告是美国广播公司(ABC)新闻部,它秘密拍摄了一家眼科诊所的眼科检查,诊所老板起诉侵扰。法院判决,原告只能证明有关诊所的内容被电视台播出,却没能证明拍摄造成了任何损害。原告还提出,偷拍偷录侵犯了医生-病人特许权,这一主张也被法院拒绝。法院说,该特许权乃属病人所有,非属医生所有。如果是医生拍摄了检查过程,那确有可能侵犯该项特许权,构成侵扰。但如果是病人(ABC的工作人员)同意拍摄,则不存在法律问题。

1995年初,第5巡回区美国上诉法院维持以上判决。上诉法院明确拒绝了原告提出的"1971年迪特曼案适用于本案"的主张。上诉法院说,迪特曼是在自宅中行医,本案中的眼科诊所却是公共商业场所。而且,迪特曼没做广告,眼科诊所却积极招揽公众前来就诊。[86]此类案件逐渐瓦解了迪特曼案。

案例

秘密侵扰动物饲养机构:"农业封口"法和"农场拉奇"的兴起

众多动物权益保护者与调查性新闻机构都热衷于揭发动物养殖场和屠宰场的恶劣环境和动物虐待问题。动物权益保护者和调查性报道记者有时会秘密前往这些场所,拍摄动物的生存条件和受虐情况。他们因此被冠以"农场拉奇"(farmarazzi)之名,这个单词是"帕帕拉奇"(paparazzi,即狗仔队)的变形。

2012年,艾奥瓦州和犹他州通过了俗称"农业封口"法("ag-gag" laws)的刑事法律,提高了秘密拍摄的难度。犹他州的法律规定,未经同意,"明知或故意地在农业设施上安放摄录设备,拍摄图像或记录声音",或者"伪装身份接近农业设施",成立"干扰农业经营"罪。

在堪萨斯州、北达科他州和蒙大拿州加入之后,目前共有五个州拥有类似的"农业封口"法。堪萨斯州的法律规定:"未经主人的有效同意,不得蓄意破坏动物养殖场的经营活动……进入动物养殖场拍照录像。"

2013年,另有几个州也想通过类似立法,尚处于议案阶段。"美国防止动物虐待协会"(American Society for the Prevention of Cruelty to Animals)等团体大力反对此类法律。总之,"农业封口"法反映了宪法第一修正案利益与私人财产权之间的紧张关系。

侵扰与公开非法获取的信息

以非法侵扰手段收集信息,并非大多数记者的工作常态。不过,使用他人以非法手段获取的信息,则要另当别论。这种情况虽不普遍,但也确实存在。如果报社、电台、电视台或网站刊播第三方以非法侵扰手段获得的材料,受害人有可能成功起诉这些传媒吗? 美国最高法院最近在"巴特尼基诉沃珀案"(*Bartnicki v. Vopper*)中被问到了这个问题,它的回答是否定的,这也呼应了下级法院早前的一些判决。[87] 不过,这个否定回答是有条件的。此案起因大致如下:一家广播电台在节目中播出了教师工会二人的手机谈话录音,其中有针对当地学区委员会成员的不那么含蓄的威胁。这番谈话被不知名者非法截听、录音,并散发给了当地的新闻传媒。这两名工会人员依联邦窃听法提起诉讼,根据该法,公开传述非法截听所得的传播内容是侵权。美国最高法院以6比3的投票结果做出判决,它承认,此案牵涉信息自由流通、个人隐私权和私人言论保护这三种利益的艰难选择。约翰·保罗·史蒂文斯(John Paul Stevens)大法官指出,立宪者"显然没预见到手机、截听等科技进步的成果,也料想不到科技会造成此等冲突"。不过,尽管美国最高法院的多数派判决,播出录音的电台没有责任,但大法官们说,他们之所以如此下判,只是因为电台没有参与截听或录音,而且谈话内容既具有新闻价值,又具有公共意义。从巴特尼基案可见:新闻传媒可以自由地刊播:(1)真实的材料;(2)具有公共意义的事项;(3)合法获取的材料,至于消息来源是否以非法手段获取该材料,非为所问,即便消息来源是以非法手段获取材料,也无关紧要;(4)政府证明不了更高等级的利益。在巴特尼基案中,美国最高法院的多数派允许传媒播放非法录制的对话,理由是,"在本案中,隐私利益必须对报道公共事务的利益做出退让"。

有三起独立的案件(两起由美国上诉法院做出判决,[88]第三起由一家马里兰州法院做出判决[89])指出,只要发表者是以合法方式获得所发表的材料,发表者便无须承担侵扰责任。在马里兰州的那起案件里,马里兰大学篮球队的几名球员(前任与现任)起诉《华盛顿明星晚报》(*Washington Evening Star*),他们诉称,该报发表的一篇文章泄露了他们的部分课业成绩。有人为《华盛顿明星晚报》提供了这一信息。没有证据表明,记者亲自打探了这些记录或指使别人这么做。这些运动员的侵扰诉讼最终未能成功。[90]

请记住,如果记者确因盗窃文件、截听电话而实施了非法侵扰,那么,以上判例就都无法施以援手了。美国最高法院曾在巴特尼基案中指出,如果新闻传媒发表了以直接违法(如违反联邦窃听法)的方式获取的材料,那么哪怕新闻报道具有明显的新闻价值,也未必足以翼护传媒。除法律之外,道德问题也得考虑。记者在做出刊播决定时,往往会扯着"服务公共福祉"的虎皮做大旗,这在21世纪可能行不太通了。

小 结

侵扰他人的私人空间,或简称侵扰,是隐私侵权的一种表现。只要非法收集了有关他人的信息,侵权即告发生。这种诉由的成立,不以后续的信息公开为必要。有被告会在抗辩中主张,发表信息是为了服务公共福祉,但这种抗辩通常起不了什么作用。在侵扰诉讼中,原告必须说服法院相信,侵扰发生时,自己有合理的隐私期待,换言之,原告要对"合理的隐私期待"承担举证责任。一般规则是,个人在公共场所没有合理的隐私期待。公共街道、餐厅,甚至对公众开放的私人商业场所,都不是个人能合理期待隐私的空间。偷拍机和偷录机的使用,时常会引发侵扰诉讼,法院的判决结果视个案而定,端视信息在何处收集。不过,在一些司法管辖区,法律明文禁止使用这类设备。新闻传媒刊播由第三方(出版商与广播公司以外的第三方)以侵扰手段获得的材料,一般不被视为侵权。

参考书目

Chambers, Marcia. "Case of Art, Icons and Law, with Woods in the Middle." *The New York Times*, 3 July 2002, C13.

Crampton, Thomas. "Oops, Did It Again. An Irish Bill Seeks to Protect Personal Privacy." *The New York Times*, 2 October 2006, C6.

Glater, Jonathan D. "Open Secrets." *The New York Times*, 27 June 2008, C1.

Helft, Miguel. "For Data, Tug Grows over Privacy vs. Security." *The New York Times*, 3 August 2010, B1.

Hughes, C. J. "Woody Allen Settles Lawsuit for Big Money and Little Angst." *The New York Times*, 19 May 2009, A20.

Jewell, Mark. "Setback Seen for E-Mail Privacy." *Seattle Post-Intelligencer*, 2 July 2004, C2.

Kirkpatrick, David. *The Facebook Effect*. New York: Simon and Schuster, 2010.

Kuczynski, Alex. "Dustin Hoffman Wins Suit on Photo Alteration." *The New York Times*, 23 January 1999, A30.

Lee, Jennifer S. "Dirty Laundry, Online for All to See." *The New York Times*, 5 September 2002, E1.

Liptak, Adam. "Court Weighs Whether Corporations Have Personal Property Rights." *The New York Times*, 20 January 2011, A-21.

——. "When Free Worlds Collide." *The New York Times*, 28 February 2010, Week In Review, p. 1.

Madoff, Ray. "The New Grave Robbers." *The New York Times*, 28 March 2011, A25.

Mangan, Timothy. "Lawsuit Settled Over Look-Alike." *Orange County Register*, 30 August 2012.

Markoff, John. "You're Leaving a Digital Trail. Should You Care?" *The New York Times*, 30 November 2008, B1.

Nizer, Louis. "The Right of Privacy: A Half Century's Development." *Michigan Law Review* 93 (February 1941).

Pember, Don R. "The Burgeoning Scope of Access Privacy and the Portent for a Free Press." *Iowa Law Review* 64 (1979): 1155.

——. *Privacy and the Press*. Seattle: University of Washington Press, 1972.

Prosser, William L. "Privacy." *California Law Review* 48 (1960): 383.

Sanford, Bruce W. *Libel and Privacy*. 2nd ed. Englewood Cliffs, N. J.: Prentice Hall Law and Business, 1993.

"Schwarzenegger Signs Law Aimed at Paparazzi Wallet." *The New York Times*, 2 October 2005, 17.

Thamel, Pete. "N. C. A. A. Fails to Stop Licensing Lawsuit." *The New York Times*, 9 February 2010, B-11.

Thomas, Katie. "Image Rights vs. Free Speech in Video Game Suite." *The New York Times*, 10 November 2010, A1.

Warren, Samuel D., and Louis D. Brandeis. "The Right to Privacy." *Harvard Law Review* 4 (1890): 220.

 注释

[1] Warren and Brandeis, "The Right to Privacy," 220.

[2] Ibid., 230.

[3] Sanford, *Libel and Privacy*.

[4] 数个州不肯接受"错误公开他人隐私"侵权, 因为它太像诽谤了。See *Jews for Jesus Inc. v. Rapp*, 36 M. L. R. 2540(2008), for example.

[5] 爱尔兰政府曾考虑模仿美国法来制定本国的隐私法, 其中也有盗用、侵扰、公开隐私事实等内容。See Crampton, "Oops, Did It Again."

[6] 美国最高法院于 2011 年判决, 公司不享有隐私权。此案源于《信息自由法》规定的一种个人隐私例外, AT&T 以隐私例外为由, 拒绝披露它提供给联邦通信委员会的文件, 该公司的竞争对手之一向联邦通信委员会申请获取该文件。*Federal Communications*

Commission v. *AT&T*, 131 S. Ct. 1177 (2011), and Liptak, "Court Weighs Whether Corporations. "

[7] *Roberson* v. *Rochester Folding Box Co.*, 171 N. Y. 538 (1902).

[8] *Pavesich* v. *New England Mutual Life Insurance Co.*, 122 Ga. 190 (1905).

[9] See *Villalovos* v. *Sundance Associates Inc.*, 31 M. L. R. 1274 (2003), for example.

[10] *Haelan Laboratories, Inc.* v. *Topps Chewing Gum*, 202 F. 2d 866 (1953).

[11] Huffington Post, Jan. 28, 2011.

[12] *Yasin* v. *Q-Boro Holdings LLC*, 38 M. L. R. 1733 (2010).

[13] *Cohen* v. *Herbal Concepts*, 473 N. Y. S. 2d 426 (1989).

[14] *Pure Power Fitness Camp* v. *Warrior Fitness Boot Camp*, 813 F. Supp. 2d 489 (S. D. N. Y. 2011).

[15] *Ali* v. *Playgirl*, 447 F. Supp. 723 (1978).

[16] *Facenda* v. *N. F. L. Films*, 36 M. L. R. 2473 (2008). 此案于 2009 年和解。

[17] *McFarland* v. *Miller*, 14 F. 3d 912 (1994).

[18] *Wendt* v. *Host International*, 125 F. 3d 800 (1997).

[19] *Burck d/b/a The Naked Cowboy* v. *Mars., Inc.*, No. 08 Cir. 1330 (S. D. N. Y., June 23, 2008).

[20] Mangan, "Lawsuit Settled Over Look-Alike. "

[21] *Midler* v. *Ford Motor Co.*, 849 F. 2d 460 (1988).

[22] *White* v. *Samsung Electronics America, Inc.*, 971 F. 2d 1395 (1992); rehearing den. 989 F. 2d 1512 (1992).

[23] *Cardtoons* v. *Major League Baseball Players Association*, 95 F. 3d 959 (1996).

[24] *C. B. C. Distribution and Marketing Inc.* v. *Major League Baseball Advanced Media L. P.*, 34 M. L. R. 2287 (2006). 美国最高法院拒绝受理此案。U. S. No. 07-1099 (2008).

[25] *Comedy III Inc.* v. *Gary Saderup Inc.*, 21 P. 3d 797 (2001). 美国最高法院拒绝审理此案上诉。See also *Kirby* v. *Sega of America Inc.*, 50 Cal. Rptr. 3d 607 (2006), 加州上诉法院适用改变性使用标准，拒绝了一名女性认为其类似物被视频游戏盗用的主张。

[26] *ETW Corp.* v. *Jireh Publishing Inc.*, 332 F. 3d 915 (2003). See also Chamber, "Case of Art, Icons and Law. "

[27] *Doe* v. *McFarlane*, 34 M. L. R. 2057 (2006).

[28] 717 F. 3d 141 (3d Cir. 2013).

[29] 682 F. 3d 687 (7th Cir. 2012).

[30] *Costanza* v. *Seinfeld*, 719 N. Y. S. 2d 29 (2001).

[31] *Ruffin-Steinbeck* v. *de Passe*, 82 F. Supp. 2d 723 (2000), aff'd 267 F. 3d 457 (2001).

[32] *Tyne* v. *Time Warner Entertainment Co.*, 901 S. 2d 802 (2005); 33 M. L. R. 2318 (2005).

[33] *Moser* v. *Press Publishing Co.*, 109 N. Y. S. 963 (1908); *Jeffries* v. *New York Evening Journal*, 124 N. Y. S. 780 (1910).

[34] *Time, Inc.* v. *Hill*, 385 U. S. 374 (1967).

[35] *Castro* v. *NYT Television*, 32 M. L. R. 2555 (2004).

[36] *Best* v. *Malec*, 38 M. L. R. 1801 (2010). 法院说，它会听听被告所提出的，有关该节目是新闻，而不仅是娱乐的主张。

[37] *Messenger* v. *Gruner + Jahr Printing and Publishing*, 94 N. Y. 2d 436 (2000).

[38] *Hoffman* v. *Capital Cities/ABC Inc.*, 33 F. Supp. 2d 867 (1999), rev'd 255 F. 3d 1180 (2001).

[39] *Downing* v. *Abercrombie & Fitch*, 265 F. 3d 994 (2001).

[40] *Preston* v. *Martin Bregman Productions, Inc.*, 765 F. Supp. 116 (1991).

[41] *Almeida* v. *Amazon. com Inc.*, 34 M. L. R. 2118 (2006).

[42] *Candelaria* v. *Spurlock*, 36 M. L. R. 2150 (2008).

[43] *Yeager* v. *Cingular Wireless LLC*, 36 M. L. R. 2396 (2008); 38 M. L. R. 1183 (2009).

[44] 1952 年，布思凭借在电影《兰闺春怨》(*Come Back Little Sheba*) 中的表演，获得奥斯卡最佳女主角奖。

[45] *Booth* v. *Curtis Publishing Co.*, 11 N. Y. S. 2d 907 (1962).

[46] *Friedan* v. *Friedan*, 414 F. Supp. 77 (1976).

[47] *Stern* v. *Delphi Internet Services Corp.*, 626 N. Y. S. 2d 694 (1995).

[48] *Cher* v. *Forum International*, 692 F. 2d 634 (1982).

[49] *Raymen* v. *United Senior Association Inc.*, 409 F. Supp. 2d 15 (2006).

[50] *Bowling* v. *The Missionary Servants of the Most Holy Trinity*, 972 F. 2d 346 (1992).

[51] *Vinales* v. *Community Service Society of New York, Inc.*, 23 M. L. R. 1638 (1995).

[52] *Jones* v. *Corbis Corp.*, 2012 U. S. App. LEXIS 14543 (9th Cir. July 16, 2012).

[53] *Myskina* v. *Condé Nast Publications Inc.*, 33 M. L. R. 2199 (2005).

[54] *Schifano* v. *Greene County Greyhound Park, Inc.*, 624 So. 178 (1993).

[55] *Newton* v. *Thomason*, 22 F. 3d 1455 (1994). 一些州的公开权法律要求必须有明示的书面或口头同意。See, for example, *Bosley* v. *Wildwett. com*, 310 F.

Supp. 2d 914(2004), rev'd on other grounds, 32 M. L. R. 1641(2004).

[56] See *McAndrews* v. *Roy*, 131 So. 2d 256(1961); and *Welch* v. *Mr. Christmas Tree*, 57 N. Y. 2d 143 (1982).

[57] *Delan* v. *CBS*, 445 N. Y. S. 2d 898(1981).

[58] *Russell* v. *Marboro Books*, 183 N. Y. S. 2d 8(1959).

[59] See, for example, *Dittner* v. *Troma*, 6 M. L. R. 1991 (1980).

[60] 拥有相关成文法的州有加利福尼亚州、佛罗里达州、印第安纳州、肯塔基州、内布拉斯加州、俄克拉何马州、田纳西州、犹他州和弗吉尼亚州。

[61] Madoff,"The New Grave Robbers."

[62] *Boring* v. *Google Inc.*, 362 Fed. Appx, 273(2010).

[63] See *Simtel Communications* v. *National Broadcasting Company Inc.*, 84 Cal. Rptr. 2d 329(1999).

[64] See *U. S.* v. *Charbonneau*, 979 F. Supp. 1177(1997); and *Pennsylvania* v. *Proetto*, Pa. Super. Ct. No. 1076 EDA 2000, 3/28/01.

[65] *Garrity* v. *John Hancock Mutual Life Insurance Co.*, D. Mass., No. 00-12143-RWZ, 5/7/02.

[66] *City of Ontario* v. *Quon*, 560 U. S. 746(2010).

[67] *U. S.* v. *Bunnell*, D. Me., Crim. No. 0213-B-S, 5/10/02.

[68] Jewell,"Setback Seen for E-Mail Privacy."

[69] Glater,"Open Secrets."

[70] *Jensen* v. *Sawyers*, 33 M. L. R. 2578(2005).

[71] *Deteresa* v. *American Broadcasting Co. Inc.*, 121 F. 3d 460(1997).

[72] *Savala* v. *Freedom Communications Inc.*, 34 M. L. R. 2241(2006).

[73] 39 M. L. R. 1977(11th Cir. 2011).

[74] *Sanders* v. *American Broadcasting Companies*, 978 P. 2d 67(1999). 桑德斯(Sanders)后与美国广播公司达成和解,接受超出 90 万美元的和解协议金。

[75] *Turnbull* v. *American Broadcasting Companies*, 32 M. L. R. 2442(2004). 不过原告最终败诉。

[76] 655 F. 3d 78(1st Cir. 2001). 近期有关在公众场合录制警察声音和州窃听法的案件,参见 *ACLU of Illinois* v. *Alvarez*, 679 F. 3d 583(7th Cir. 2012). 此案中,第 7 巡回区美国上诉法院写道:"宪法第一修正案为伊利诺伊州可在多大程度上限制人们在公共场合对警察讲话录音和录像设定了边界。"

[77] *Shulman* v. *Group W. Productions Inc.*, 955 P. 2d 469(1998). 此案最终庭外和解。

[78] *Chavez* v. *City of Oakland*, 137 M. L. R. 1905(2009).

[79] 39 M. L. R. 2627(N. D. Ill. Oct. 17, 2011).

[80] *Gallela* v. *Onassis*, 487 F. 2d 986(1973), 533 F. Supp. 1076(1982).

[81] *Wolfson* v. *Lewis*, 924 F. Supp. 1413(1996).

[82] *Dietemann* v. *Time, Inc.*, 499 F. 2d 245(1971).

[83] *Cassidy* v. *ABC*, 377 N. E. 2d 126(1978).

[84] *McCall* v. *Courier-Journal*, 4 M. L. R. 2337(1979).

[85] *McCall* v. *Courier-Journal*, 6 M. L. R. 1112(1980).

[86] *Desnick* v. *Capital Cities/ABC, Inc.*, 851 F. Supp. 303(1994), aff'd *Desnick*, v. *American Broadcasting Companies, Inc.*, 44 F. 3d 1345(1995).

[87] *Bartnicki* v. *Vopper*, 532 U. S. 514(2001).

[88] *Liberty Lobby* v. *Pearson*, 390 F. 2d 489(1968); and *Pearson* v. *Dodd*, 410 F. 2d 701(1969).

[89] *Bilney* v. *Evening Star*, 406 A. 2d(1979).

[90] 1996 年,佛罗里达州一对夫妻利用警用无线电搜索器,窃听共和党领袖议员的一次会议,会上讨论了一次即将展开的道德调查。这对夫妇把谈话内容偷录下来,将一份拷贝交给众议员詹姆斯·麦克德莫特(James McDermott)。这位众议员又把录音交给道德委员会的成员,并放给记者们听。一名与会者根据联邦窃听法起诉麦克德莫特。哥伦比亚特区美国上诉法院于 2006 年判决:宪法第一修正案不能免除国会议员的责任,因为他明知是谁截听了谈话,也明知这番谈话是被非法截听的。2007 年 5 月,同一家法院以满席听审维持了以上判决。*Boehner* v. *McDermott*, 441 F. 3d 1010(2006); *Boehner* v. *McDermott*, 35 M. L. R. 1705(2007); 美国最高法院拒绝受理此案的上诉。

第8章
侵害隐私:公开私人信息
与错误暴露隐私

1890 年,传媒对他人私生活的公开报道,令法律学者塞缪尔·D. 沃伦和路易斯·D. 布兰代斯倡言保护隐私权。这种报道,有人称之为八卦闲言,也有人视之为正当新闻。不管怎么称呼,它已成为越来越多的美国期刊和电视节目的惯用手段。而法律,正如你接下来将要看到的,对此很是无能为力。在本章中,我们还将探索一种最奇怪的隐私侵权——错误暴露隐私。

 ## 公开私人事实

"公开私人事实"这种隐私侵权(民法诉由)的最常见定义,可见于《侵权行为法重述(第二次)》,该定义被多个州采纳:

公开有关他人私生活的事项,且所公开的事项符合以下情况时,行为人须承担隐私侵权责任:

a. 对理性人具有高度冒犯性;
b. 与合理的公众关切无关。

这种新闻发轫于 19 世纪末,当时的新闻批评家称之为"锁眼新闻"。如今,我们早已对印刷和电子传媒上的窥探、八卦和丑闻报道习以为常。不少人认为,这类新闻具有冒犯性,应被制止。律师塞缪尔·沃伦和路易斯·布兰代斯甚至建议以法律途径解决问题,设立隐私权,由法院介入处理。[1] 但美国法院却没那么热心。在隐私权的四种侵权行为中,这种得到司法界的承认最少。许多州的法院至今尚未承认,甚至干脆拒绝承认这种侵权。例如,北卡罗来纳州最高法院拒绝承认这种侵权,称它"在宪法上可疑"。[2] 许多法官和法学家之所以认为这种侵权在宪法上可疑,主要是因为它惩罚新闻传媒,或者说,它惩罚一切发表合法获取之真实信息的人。强令传媒承担侵权责任,似乎有违宪法第一修正案的基本信条,也与大批案例法相扞格。因此,尽管美国 80％司法管辖区的法院愿意受理此类案件,但原告鲜少胜诉。不止一个法学家曾提出,哪怕这类隐私侵权彻底消失,也不会有多少人因此受损。芝加哥大学法学教授哈里·卡尔文(Harry Kalven)48 年前写道,在"公开私人事实"案法院和法学家是否真的了解民意？人们希望个人隐私得到更多保护吗？鉴于大多数美国人似乎首鼠两端，这些问题并不容易回答。

件中,抗辩的规模和力度提出了一个问题:这类侵权案件真能提供有效救济吗?他说:"我的意思是,这就好比一座大山生出了一只小老鼠。"[3]

然而,今天我们有必要问一问:法院和法学家是否真的了解民意?人们希望个人隐私得到更多保护吗?鉴于大多数美国人似乎首鼠两端,这些问题并不容易回答。

调查表明,人们是关心隐私的。但与此同时,许多美国人,甚至大多数美国人,似乎又不怎么在意隐私。人们一边谴责传媒报道公众人物的私生活,掉过头去又汲汲营营于报纸、电视和网络上的八卦新闻。大多数美国人随身携带着可以公开摄录或秘密摄录朋友、邻居甚至路人的设备,这不禁令人起疑:他们真的忧心隐私吗? 如今,社交媒体网站爆炸式发展,用户心甘情愿地在上面与"朋友"甚至陌生人分享私生活中的各种隐秘,哪里见得到对隐

私的一丁点儿担心? 也许,法律并未超出民意多远。

当大众传媒因报道私人事实而被诉时,法律明显偏向于传媒。但是,虑及民意内部似有冲突,记者最好不要只问"发表该信息是否合法?"也应该问问"是否应该发表?"[4]

要理解隐私法的这一方面,最简单的办法,就是把这种侵权拆分开来,分别考察其中的每一个要件(参见下面方框里的内容)。原告必须承担证明诸项要件的举证责任,如果不能说服法院相信三个要件中的任何一个,原告便得承担败诉后果。

"公开私人事实"侵权的要件

1. 必须存在公开他人隐私事实的行为。

2. 该材料的披露,必须对理性人具有高度冒犯性。

3. 被公开的材料,必须与正当合理的公众关切无关。

公开

隐私法中的"公开"(publicity),不同于诽谤法中的"公开"(publication)。在诽谤法中,"公开"意味着行为人将材料传述给第三人,有一人即可。隐私法中的"公开"则不同。它意味着将材料公之于众,向很多人公开,且相关事实很快就会众所周知。[5]如果报道在报纸上发表,或通过电台、电视台播出,或在网站、聊天室或者电子公报板上出现,通常即可推定为公开。

假设你曾与一名电台 DJ 相恋,并育有一子。分手后,这名 DJ 在电台节目中对你谩骂、挖苦,披露了这段长达 20 年的恋情和其中的

细节。此时你感受如何? 这是真事,是佛罗里达州一家上诉法院 2012 年 9 月下判的"无名氏诉比斯利广播集团案"(*Doe v. Beasley Broadcast Group, Inc.*)的真实案情。该上诉法院拒绝驳回原告的诉由。法院认为,原告"提供的证据表明,这名 DJ 的确在节目中披露了有关原告的私人事实。原告还证明了,节目播出之后,她倍感压力、焦虑和羞辱,身体也因此患病,如大面积的皮疹、面部脓肿,还留下了伤疤"。在"公开私人事实"诉讼中,这类精神损害可透过赔偿金获得救济。

私人事实

原告要想胜诉,就必须证明,被公开的材料确实具有私人性。公共场合发生的事实,被

视作公共信息。比如,在一起性侵案中,受害人在性侵者的量刑听证中作证,美联社报道了

受害人的身份，这位年轻人起诉隐私侵权。在量刑听证之前，法庭记录中没有受害人的名字，他的名字从未公开过。但请注意：他是在公开的法庭上作证。第 4 巡回区美国上诉法院做出了有利于美联社的判决，它说："我们无法理解，原告既然在公开法庭上自愿披露信息，此事又如何能与公共利益无关？"[6] 两名年轻女性在佛罗里达州大柏树印第安保留区（Big Cypress Indian Reservation）观看一次摇滚音乐会，其中一人被拍了下来，照片（被摄女性袒露前胸，上饰文身或彩绘）发表在《数字时代》（*Stuff*）杂志上，标题是《她们的父母必定为此骄傲》。这名女性起诉隐私侵权。她诉称，照片是在私人领地上拍摄的，且音乐会只对持票者开放，属于私人活动。佛罗里达州巡回法院（Florida Circuit Court）不以为然，它指出，无论是基于法律，还是基于常理，摇滚音乐会都属于公开活动。[7]

"发现"（Discovery）频道播出了一部纪录片，内容有关十年前的一场刑事审判，它因此被诉隐私侵权。原告诉称，他自刑满释放以来隐姓埋名，行为从未逾矩。他的朋友、同事对这段往事均不知情。法院却指出，这些信息保存在公开的法庭记录中，无论过去多少年，都无法被视作私人信息。[8] 2004 年，加州最高法院做出不利于原告的判决。

原本私密的信息，若已被众人（民众中的很大一部分）所知，就不再具有私人性。一个女人举枪暗杀杰拉德·福特（Gerald Ford）总统，临危之际，奥利弗·西普尔（Oliver Sipple）挡开了枪口。《旧金山纪事报》（*San Francisco Chronicle*）的一名专栏作家写道：西普尔是同性恋，也许正是因为这个原因，福特总统从未感谢过这位恩人的义举。西普尔据此起诉隐私侵权，但以败诉告终。法院之所以这样判决，究其原因，至少部分是因为西普尔的性取向在旧金山算不上什么秘密。加州一家上诉法院指出，西普尔时常光顾同性恋酒吧，与其他同性恋一道游行，公开地为同性恋政治候选人助选，而且，不少同性恋出版物报道过他在同性恋社群中的活动。法院因此判决：西普尔

是同性恋，早已不是私人事实。[9]

不过，若就此认为，但凡有人知情，私人事实便不再具有私密性，那就又言过其实了。1994 年，佐治亚州一家上诉法院判决，当一家电视台非故意地透露一名艾滋病人的身份时，原告曾与朋友、家人和医生讨论过病情的事实，不会妨碍他成功起诉。该法院说，原告在与家人、医生讨论病情时，可以暂时放弃隐私权，但在涉及电视节目时，仍可保有隐私权。[10]

档案、文件等公共记录（公共记录意味着对公众开放、供公众检阅）中的信息，一般不被视作私人信息。设想有份文件从未有人翻阅，某天，其中的内容被发表了，会怎么样呢？在这种情况下，该信息仍有可能不被视作私人信息。博伊西（Boise）的《爱达荷政治家报》（*Idaho Statesman*）刊登了一张照片，拍摄的是警方在 1955 年性丑闻调查期间收到的一份手书声明。声明的撰写者当年被起诉并被定罪，但这份声明还牵连到当年未被起诉的人。这份档案不是刑事程序的组成部分，也从未被收入公开的法庭记录，但 40 年来，它一直躺在公共刑案文件中，保存在法院书记员的办公室里。1995 年，在爱达荷州一场有关限制同性恋权利的论争中，这份声明被人发现并被发表。这份 40 年前的旧档案涉及一名同性恋（但他从未被指控为犯罪），此人起诉隐私侵权。爱达荷州上诉法院说，被告的发表行为受到保护，因为这份档案是官方刑事文件的一部分。该法院援引沃伦·伯格大法官 1975 年的一段判词说道："负责的新闻传媒无疑是我们所期冀的，但传媒的守信负责，并非靠宪法强制得来，正如其他许多美德无法透过立法规定一样。"爱达荷州最高法院经两次听证，维持了下级法院的原判，它说，报社准确地报道了对公众开放的法庭记录中的信息，无须承担侵权责任。[11]

如果有人主动告诉记者一些旁人不知道的私事，相关信息还具有私人性吗？答案是否定的。不过，如果记者承诺不公开此人的姓名，那又会如何呢？华盛顿州的一起案件提出了这个问题。在这起案件中，四名高中生起诉

他们所在的学区侵犯隐私权,起因是学生报纸巨细靡遗地报道了他们的性生活。这四名学生说,前来采访的学生记者曾承诺为他们的身份保密。学区则坚称,这些学生同意公开其姓名。案件进入庭审程序,陪审团于 2010 年认定,系争报道具有新闻价值(参见本章后文有关新闻价值的部分),不属于隐私侵权。[12] 如果有书面同意,这类案件解决起来要快得多。法院一般遵循的标准是:只要个人有能力给出同意(不论年龄),其同意便有效。在"学生传媒法中心"的律师看来,问题的关键是:同意者是否真能理解信息披露的后果?

曝光强奸受害人的身份

在"公开私人事实"领域中,最具争议的问题是公开性侵受害人的姓名。这里涉及两个问题:第一,发表受害人的姓名或身份是否合法? 第二,发表受害人的姓名或身份是否应当? 对此,法律是明确的,道德方面却复杂得多。

自 1970 年代中期以来,各级法院一贯且一致判决:如果受害人的姓名来自公共档案或公开程序,或是记者经由其他合法途径获得,则可以合法发表,不会引发侵权责任。有四个州(佛罗里达州、佐治亚州、南卡罗来纳州和威斯康星州)一度立法禁止发表此等材料。但这些法律不是被法院宣布为无效,[13] 就是已遭废止。1975 年,佐治亚州一家广播公司因公开强奸受害人的姓名,被诉隐私侵权。美国最高法院判决,强奸受害人不能胜诉,因其身份已在公开的法院档案中披露。拜伦·怀特(Byron White)大法官写道:"我们不愿开这样的先河,即一边对传媒开放公共记录,一边又禁止它们发表冒犯理性人感情的记录内容。"他又说:"这样的规则令新闻界极难在恪守法律的同时,还能为读者提供有关公共事务的信息。"[14] 14 年后,美国最高法院重申了这一判决,它指出,不能仅因一家报纸疏忽大意地发表了性侵受害人的姓名(来源文件非为公共记录),便起诉它隐私侵权。此案中,一名警官误将一份非为公共记录的文件交给记者,而报社

也违反自身政策,发表了受害人的姓名。瑟古德·马歇尔(Thurgood Marshall)大法官写道:"按要求,政府官员不得透露这种报告,但这并不意味着报社从政府处接受信息就是非法。"不过,马歇尔大法官也指出,最高法院这一判决的适用范围有限:"我们认为,当报社发表以合法手段获取的真实信息时,即便真要惩罚,也只能是为了保护最高等级的政府利益,而且惩罚必须合理适度。"[15] 自 1989 年以来,下级法院一直沿用以上规则。[16] 如此一来,在性侵受害人起诉报社、电台、电视台或博客博主公开其姓名的隐私权案件中,原告胜诉固然不是全无可能,但也是机会微茫。

话说回来,发表受害人的姓名又是否应当呢? 事实上,在过去 20 年间,大多数出版物和电台、电视台一般都不公开性侵受害人的姓名。[17] 50 年前,公开性侵受害人的姓名司空见惯,但这种做法,如今在很大程度上已被摒弃。不过,的确有一些传媒机构仍在发表。批评者对此提出三条批评理由:

● 性侵受害人会受到三次伤害:第一次是在性侵过程中;第二次是在案件侦查和审判期间,在受害人接受警方、公诉人和辩方律师(通常都不怎么具有同情心)的询问时;第三次是在身份被传媒曝光,邻居、朋友和同事得知性侵细节时。

● 社会常常会对强奸受害人指指点点,将他们视作与强奸者一样有罪,这可能会困扰受害人多年。

● 由于以上两项因素,不少受害人因害怕身份被泄露,通常选择不报警,尤其是在熟人作案的情况下。强奸者于是逍遥法外,可能继续攻击其他人。

以上理由实在难以辩驳。但仍有一些记者不计后果地刊播受害人的姓名。他们认为,社会有必要知道一切犯罪受害人的姓名,这一点至关重要。公开受害人的姓名,有助于提高报道的可信度,增加报道对受众的意义。也有人指出,如果新闻传媒不发表强奸受害人的姓名,就意味着将这类受害人与其他犯罪(如抢劫等)的受害人区别对待。这会强化一种观

念，即强奸受害人至少要为自己的命运负部分责任，或者强奸受害人是"残次品"。全美女性组织（National Organization for Women）的前主席卡伦·德克罗（Karen DeCrow）说："我们该明白过来了：将受害人遮遮掩掩，只会固化她的被抛弃者的身份，并暗示她此生再无机会重建正常的社会关系。"她号召道："摘掉耻辱的面纱。发表受害人的名字吧。"《得梅因纪事报》（Des Moines Register）的前任主编吉尼瓦·奥弗霍尔泽（Geneva Overholser）认为，新闻传媒隐瞒受害人姓名的做法，正在强化一种观念，即强奸是一种与众不同的攻击，不属于残忍的暴力犯罪。她说，这种"偏狭之见，最好暴露在灼灼日光下，方有可能清除"[18]。一些报社力求中庸，它们采用的方案是，除非受害人本人同意，否则不发表受害人的姓名。保护那些不愿公开身份的受害人，披露那些不介意公开身份的受害人的姓名，这种做法或许能打破德克罗指出的前述迷思。

高度冒犯性的公开

法院在认定了某人的私生活事实被公开之后，接着还得问两个问题：

1. 理性人是否认为这种公开具有高度冒犯性？

2. 被公开的私人事实是否涉及合理的公众关切？换言之，被公开的事实是否具有新闻价值？

公开重要但具有冒犯性（或令人尴尬）的信息，是否构成隐私侵权？面对这个问题，法官和陪审团常常陷入两难。相关的法律非常明确：如果系争材料涉及合理的公众关切，则不论公开是否具有冒犯性或是否令人尴尬，都无关紧要，均不构成隐私侵权。法院有时也以"新闻价值"代替"合理的公众关切"。过去100 年间，法院对于人们需要接收哪些种类的信息，向来极不乐意严格设限。法官一次又一次判决，向公众传播重要的公共信息，是新闻传媒的责任，而且，判断信息重要与否，是记者和编辑的工作，不是法院的工作。如果系争材料关涉合理的公众利益，哪怕只有分毫，新闻传媒通常都能胜诉，该材料的公开是否具有冒犯性，在所不论。本章后文将更充分地讨论这一理念。

请记住，材料的公开，必须对理性人具有高度冒犯性，过度敏感者不在考虑之列。判断标准是：设想一个理性人身处与原告相同的境地，他会认为相关私人事实的公开具有高度冒犯性吗？之所以采用"理性人"标准，是因为法律顾忌所谓的"薄头骨"或"鸡蛋壳"（意指极为脆弱）原告。这些原告十分敏感，在他们眼里，什么都具有冒犯性。若非采用理性人标准，"鸡蛋壳"原告但凡遇到点儿人人在日常生活中都难免遇到的一般情感创伤，就能轻而易举地获得赔偿金（金钱赔偿）。[19]

有种观点认为，如果传媒报道某人的死亡，死者父母或其他亲属可以起诉隐私侵权。法院一般不接受这种观点。死者家人起诉的目的，通常是保护死者的私人信息：他是个瘾君子，是个帮派混混，或自杀身亡，如此等等。但要记住，隐私权是人格权，原告必须主张某种情感伤害，已死之人做不到这一点，隐私权是随个人死亡而消亡的权利。不过近几年来，陆陆续续有几起案件的原告提出另一项主张。这些案件聚焦于死者的照片。死者的亲属诉称，这种图像的传播或散布，会对他们本人造成严重的情感伤害。

美国一家政府机构曾拒绝发布比尔·克林顿总统一名侍从武官的死亡现场照片，因为死者的家属认为，这些照片一旦公开，他们自身的隐私利益将会受损。该政府机构于是依照《信息自由法》（Freedom of Information Act）的隐私豁免例外，拒绝公开相关照片。这一决定于 2004 年得到美国最高法院的支持。有关此案（National Archives & Records Administration v. Favish）[20]判决的完整

> 判断信息重要与否，是记者和编辑的工作，不是法院的工作。

讨论，请参见第9章。然而三年后，第10巡回区美国上诉法院在"肖勒诉哈珀杂志基金会案"（*Showler v. Harper's Magazine Foundation*）中判决，美国最高法院的判例，不适用于它正在审理的案件：一名死亡士兵的父亲起诉隐私侵权，因为有人在葬礼上拍摄他儿子躺在棺木中的照片。该法院说，美国最高法院2004年的判例无法适用于本案，因为在那起案件中，最高法院是在适用一部成文法——《信息自由法》，而不是在考察隐私侵权的诉由。[21]而眼下这起是侵扰案件，不是私人事实案件。

2009年，第3巡回区美国上诉法院驳回了一起隐私权案件。原告是一名青年的父亲，这名年轻人不幸身亡，可能是意外，也可能是自杀。验尸官拍摄的尸体照片不知如何流传到了网上（*Werner v. County of Northampton*）[22]。再来看最后一起案件，2010年，加州上诉法院判决，一家初审法院驳回一起隐私侵权案件的决定是错误的。此案的起因是：几名警察用电子邮件将一名十几岁少年被断头的尸体照片发送给了熟人。加州上诉法院在"卡特索拉斯诉加州高速公路巡警局案"（*Catsouras v. Department of the California Highway Patrol*）中判决道，死者家属在死者的死亡形象上享有隐私利益。该法院指出，既然这些图像没有出现在大众传媒的新闻报道中，那么私人事实案件中的传统抗辩（即公开具有新闻价值，关涉公共利益，受宪法第一修正案保护）也就不能适用于本案。[23]

在保护死者隐私的问题上，最大的进展可能出现在2012年，第9巡回区美国上诉法院在"马什诉圣迭戈县案"（*Marsh v. County of San Diego*）[24]中判决道，美国宪法"保护父母有权支配已逝子女的遗体、记录和形象，非经授权，政府不得公开利用"。这是首家承认个人在控制家人死亡图像方面拥有宪法权利（不仅仅是成文法或普通法权利）的联邦上诉法院。在此案中，第9巡回区美国上诉法院既援引了法维什（*Favish*）案，又援引了卡特索拉斯案。亚历克斯·科津斯基（Alex Kozinski）法

官代表意见一致的三人法官团写道："尊重家庭成员在死亡图像上的隐私，乃是立之已久的传统，符合宪法第十四修正案保护的两种隐私利益。"

马什案涉及尸检照片的复制与公开，案情大概是这样的：一名前任地区副检察官拍摄了数张尸体解剖的照片，并将其中一张交给一家报社和一家电视台。照片中的两岁男孩死于严重的脑部创伤，据称是成年人虐待所致。死者母亲起诉隐私侵权，她担心，自己如果从新闻传媒和互联网上看到这些图像，情感上会受到巨大打击。科津斯基法官论证道，这位母亲的"恐惧并非无中生有，鉴于互联网无所不及的特性，她很可能会在新闻网站、博客和社交网站上看到死去儿子的照片。如此侵扰一位母亲对孩子的哀悼——全无合理、合法的政府目的——'有违道德良知'，侵犯了马什的正当程序权利"。其他法院是否会追随第9巡回区美国上诉法院，也承认人们对故去家人的影像拥有宪法性隐私权，我们仍需拭目以待。

必须指出的是，目前看来，在"公开私人事实"案件中，新闻价值（即公众合理关切的材料，接下去几页将进一步解释）仍能为新闻记者发布类似图像提供有效抗辩。而且，一些死亡图像颇为温和，不那么血淋淋，其冒犯性可能达不到让原告胜诉的程度。

法官也是人，也有七情六欲，虽说他们在多数情况下会支持新闻传媒发布真实信息的权利，但偶尔有那么一两起案件，法院也会认为，报纸和电台、电视台的做法太过火了，有必要略施惩罚。本书援引几起特殊案件（比如卡特索拉斯案），以提醒新闻界注意：即便是专家眼中隐私法领域最坚稳的原则，也不免有例外。

多年前，一名女性患上了一种罕见病，她吃个不停，体重却一直下降，无奈之下只能住院求医。记者闻风而至，突袭了她的病房，他们推开紧闭的房门，违背病人的意愿拍个不停。这名病人就是多萝西·巴伯（Dorothy Barber）。《时代》（*Time*）杂志刊登了一篇报道，以《时代》独有的风格称她为"饥肠辘辘的

饕餮"。巴伯起诉《时代》侵权，并终获胜诉。法官说，医院是人们应能期待隐私的场所。[25]之所以会有这样的判决结果，病人在医院病房中的隐私期待只是一个因素，因为在此前的数起案件中，也曾有病人被认为是公众合理关切的对象，不享有隐私权。更重要的原因是，《时代》对这起罕见病例的报道确实具有冒犯性，几乎是在冷嘲热讽。这种病不传染，对大众的影响微乎其微。法院判决道：《时代》的报道将巴伯写成了一个怪胎，也正因为如此，该信息对任何理性人而言都具有高度冒犯性。

在另一起案件中，陪审团在初审中做出了不利于被告报社的裁断，南卡罗来纳州最高法院维持了原判。被告报社发表了一篇有关未成年少女怀孕的报道，其中称，某男孩（未成年人）是一个非婚生婴儿的父亲。婴儿生父的姓名，是记者从婴儿母亲处得知的。记者与这名男孩谈过话，男孩也知道该报正在调查未成年人怀孕之事。男孩说，记者从未告诉过他，报道中可能会使用他的名字。报社则辩称，该信息关涉重要的公众兴趣。州最高法院说，这是一个应由陪审团裁断的问题，而陪审团已经裁断，该信息不涉及重大的公众兴趣[26]，且其公开发表具有高度冒犯性。

合理的公众关切与新闻价值

以上案件都比较特殊，其结果与大多数"公开私人事实"案件不同。确实，在有些情况下，法院会判决，私人事实被公开了，且这种公开对理性人具有高度冒犯性。但在更多情况下，法官或上诉法院会判决，报道事项关涉合理的公众兴趣，其重要性超出报道给原告造成的尴尬与困扰。换言之，公众兴趣优先于冒犯性。在过去 100 年间，"公众兴趣"被界定得极为宽泛。大多数法官将公众兴趣的标准设得极低，重点不是考察人们**应该（should）**有兴趣读什么或听什么，而是读者或听众事实上认为什么有趣。法院在适用"《纽约时报》诉沙利文案"诽谤规则（参见第 5 章）时提出的相对狭窄的"公众关切"定义，并未被适用于隐私侵权案件。在隐私领域内设立标准的，是 72 年前的一起案件，法官至今还经常援引它。

1937 年，《纽约客》（New Yorker）杂志发表了一篇有关某少年天才的文章，遗憾的是，这位神童并未如预言般成名成家。（参见下框中关于威廉·詹姆斯·西迪斯的内容。）昔日神童当时已经年近不惑，他起诉隐私侵权。一家联邦上诉法院判决道，虽然这篇文章可能令这个男人感到尴尬，但公众喜欢阅读邻人与社群成员的不幸和困顿。查尔斯·克拉克（Charles Clark）法官写道："倘若此为社会风气，则法院禁止人们在报纸、图书和杂志上发表这种表达，便是不明智的。"[27]此后，美国法院曾判决，新闻报道中的以下事项符合公众兴趣，或是公众合理关切的对象：两名律师利用他们一手策划的婚外情敲诈勒索[28]；两名起初被指控性侵，而后又洗刷了污名的卧底警察，其姓名被曝光[29]；一名 18 岁女孩接受节育手术[30]；一个年轻人住院戒毒[31]；一名 12 岁女孩产子[32]；一个人体冲浪者的私生活[33]。纽约州一家法院曾判决，就连一家电视台为报道和暖春日而播出的一对男女手牵手走在麦迪逊大道上的视频，同样关涉合理的公众兴趣。这对情侣反对电视台播出该报道，因为男方是有妇之夫，而女方也已有婚约。法院说，该新闻节目探索了人们对于浪漫的态度，当它展现举止浪漫的人时，报道对象便具有新闻价值。[34]

> 以下文字摘自贾里德·L. 曼利[Jared L. Manley，作家詹姆斯·瑟伯（James Thurber）的笔名]的一篇文章，报道对象是威廉·詹姆斯·西迪斯（William James Sidis）。文章发表于 1937 年 8 月 14 日的《纽约客》，它引发了美国最著名的隐私权诉讼"西迪斯诉 F-R 出版公司案"（Sidis v. F-R Publishing Co.）。

"他们如今身在何方？""4月愚人！"

"1910年1月一个飘雪之夜，哈佛大学数学专业约百名教授和高年级学生济济一堂，在马萨诸塞州坎布里奇的一个报告厅里，谛听威廉·詹姆斯·西迪斯发表演讲。"西迪斯从未在公共场合演讲过，他起初还有点儿窘迫，有点儿尴尬。听众必须竖起耳朵来听，因为他的声音很低，听不太清楚，而且，他还时不时紧张地尖笑一声……。这位演讲者身穿天鹅绒裤子，当时11岁……。演讲结束后，麻省理工学院的知名教授丹尼尔·F. 科姆斯托克（Daniel F. Comstock）激动地向如堕五里雾中的记者预言，小西迪斯长大后，定会成为伟大的数学家、科学界的领先人物。

（文章的下一部分解释了幼年西迪斯如何成为父亲的实验对象，他的心理学家父亲，如何从他尚在襁褓中时起就教育儿子。曼利接着介绍了西迪斯的受教育经历，以及他如何费尽心机地躲避公众关注，还谈到他从事的一系列普通工作，以及他如何拒绝在科学或数学领域内就业。）

"威廉·詹姆斯·西迪斯今年39岁，住在波士顿衰败的南城边上，走廊尽头隔出的一间狭小陋室中……。在经历了童年时代的严格管制之后，他似乎很享受如今这种散漫、不负责任的生活，这真是一个讽刺……。西迪斯目前在一家商业公司任职，一如往常般做着普通职员的工作。他说：他一向做不长，因为老板和同事很快就会发现，他是那个有名的神童，然后他就做不下去了。他说：'我一看到数学公式，就浑身不舒服。'"

（曼利说，西迪斯如今醉心于收集有轨电车票，喜欢研究印第安人的历史，正在写一篇关于洪水的论文。）

"最后，他的拜访者（曼利）斗胆提起科姆斯托克教授当年的预言，科姆斯托克教授说，为饱学之士做讲座的这个小男孩，日后必将成为伟大的数学家、科学界的著名领军者。威廉·詹姆斯·西迪斯笑了笑说：'这很奇怪，不过我出生在4月愚人节。'"

不过，新闻价值主张也未必总能奏效。第11巡回区美国上诉法院2009年判决，当《好色客》（*Hustler*）杂志发表职业女摔跤手南希·贝努瓦（Nancy Benoit，被同为摔跤手的丈夫杀害）20年前的裸照，而其母根据佐治亚州的州法起诉隐私侵权时，新闻价值抗辩并不能保护被告。《好色客》的律师辩称，该照片是为配合贝努瓦的生平简介而发表的，故具有新闻价值。问题是，生平简介能救一张照片于诉讼水火吗？第11巡回区美国上诉法院的回答是否定的。法官团判决道，生平简介不能"将受保护的私人照片拖入新闻价值例外"。[35]该上诉法院补充道，南希·贝努瓦几十年前拍摄的裸照，与真正有新闻价值的内容（她被谋杀）和"贝努瓦的生平简介并无关系。尽管生平简介中提到，她年轻时曾钟情于模特职业，但这与她的裸照关系不大。生平简介不足以赋予这些裸照新闻价值"。

我们再来看看有关合理公众关切的常见问题，或者说，法院认为哪些内容具有新闻价值。

新闻报道的呈现方式，会影响合理公众兴趣的有无吗？ 尽管有巴伯案在前，但在通常情况下，对一篇新闻报道做煽情化处理，并不会取消新闻价值对它的保护。两名幼童被闷死在一只废弃冰箱中，他们的父母说，相关报道的煽情处理与报道本身一样招人讨厌。但法院判决说，报道的写作方式，与它是否受到言论自由和新闻出版自由的宪法保障无关。顺便说一句，法院认为，该案的系争报道受宪法保护。[36]在另一起案件中，波士顿一家报社发表了一起机动车事故的可怕的现场照片，照片中的受害人浑身是血。法院拒绝了原告的诉讼请求。马萨诸塞州最高法院指出："许多事情委实令人痛苦或品味有欠，但不可诉。"[37]一名女性报警举发丈夫强奸自己，强奸在她本人毫无知觉的情况下发生，直到看到录像，她才知情。她将录像交给警方，警方承诺保密，仅将录像用于执法目的。结果，这一录像却落入电视台手中。当她的丈夫因其他性侵行为被捕时，电视台播出了录像中的几个片段。这位女性起诉隐私侵权——私人事实被公开。法院驳回了此案，法院判决道，该录像带涉及合理的公众关切，即针对她丈夫的指控。法院说，录像带的敏感性不会削弱它的新闻价值。[38]

隐私法是否保护非自愿的公众人物，即无辜被推入公众视野的那些人？ 非自愿公众人物在诽谤法中受到更高程度的保护（参见第 5 章），但这种保护不适用于隐私权案件。83 年前，肯塔基州最高法院曾判决说，隐私权保护个人独处的权利，以免个人被迫暴露于众目睽睽之下，但也有一些场合，"一个人，不论情愿与否，都会成为公众事件的演出者"。该法院指出，在这个节点上，此人很大程度上失去了隐私权。[39] 一个年轻人因涉嫌扒窃被警方逮捕，一家电视台播出了相关报道。年轻人后被释放，警方承认抓错了人。年轻人起诉电视台侵犯隐私，堪萨斯州一家法院判决，这不是隐私侵权。法院说，原告被卷入了一起有新闻价值的事件，公众有权利获知相关信息。法院还说："纵使原告被卷入是全然非自愿且违背其本人意愿的，也改变不了判决结果。"[40] 1978 年，伊利诺伊州一家法院判决，报道一名男孩过量吸毒而死并详述他生前生活细节的新闻，不侵犯隐私权。因为，这名男孩在吸毒社群中的行为早已使他成为非自愿公众人物。法院判决道："一个人不一定非得积极寻求关注，才会被公众目光捕获。"[41] 这些案件符合隐私法在大多数情况下的适用状况。

与公众人物过从甚密之人，是否会因此失去部分隐私权？ 相关的法院判决并不多，但目前来看，回答似乎是肯定的。有些人的生活，与名人或其他有新闻价值的人物交织缠绕，这些人也会因此失去部分隐私。1997 年，犹他州一家报社发表了一篇报道，称徒步者在某条土径旁发现了一具男尸。警方说，此人"貌似在手淫时死亡"。当谋杀指控终被提起时，这一报道广为传布。死者家属诉称，报道中的信息，反映了她与死者的婚姻中的隐秘细节。第 10 巡回区美国上诉法院支持驳回起诉，它说，要想界定隐私权的边界几乎是不可能的，但在此案中，它不能阻止传媒报道死者配偶的行为，因为这涉及死者的婚姻关系。该法院说："其他任何结论，都会令隐私权超出合理边界。"[42] 九年前，纽约州一家法院也得出过类似结论。原告帕梅拉·豪厄尔（Pamela Howell）的丈夫将原告秘密送入一家私人心理医疗机构治疗。原告的亲友对此毫不知情。该治疗机构的另一名病人赫达·努斯鲍姆（Hedda Nussbaum）是全国传媒数月来关注的对象，传媒关注她的原因是：她六岁的女儿受虐待而死。一名摄影记者秘密抓拍到一张努斯鲍姆的照片，而原告帕梅拉·豪厄尔当时正好站在努斯鲍姆旁边。纽约州一家报纸刊登了这张照片。豪厄尔起诉隐私侵权，但败诉了。法院说，有关努斯鲍姆的报道吸引着公众的浓厚兴趣，豪厄尔能够胜诉的唯一途径，是证明自己的照片与文章无关。但法院说，她证明不了。她在错误的时间出现在错误的地点，但这并不能导致责任成立。[43]

新闻传媒在讨论一个有新闻价值的人物时，能挖掘其私生活到何种地步？有禁区吗？ 在 20 世纪的最后 25 年里，法院开始透过一些案件，为新闻界阐明指导规则。虽然禁区很狭窄，但确实存在。两起重要案件说明了这一点。

1970 年代初，《体育画报》（Sports Illustrated）发表了一篇有关人体冲浪者迈克·弗吉尔（Mike Virgil）的长文。当时，除了南加州等地的冲浪者团体以外，很少有人知道人体冲浪这项体育运动。记者柯里·柯克帕特里克（Curry Kirkpatrick）问弗吉尔，他为何甘冒生命风险，从事一项人们认为极度危险的运动。弗吉尔回答道，他的生活与他从事的这项体育运动一样。他指出自己的一些个人特质，这些特质在大多数人看来，即使算不上愚蠢，也实在是够鲁莽的（比如，他会用嘴熄灭香烟，会头朝下栽下一段楼梯，会生吃昆虫）。报道发表后,弗吉尔起诉侵权。他同意传媒报道自己的公开活动,但认为传媒不该报道私生活中的那些令人尴尬的方面。法院表示反对。上诉法院判决道,公私信息的分际,在于"公开的目的,不再是为公众提供他们有权获知的信息,而是**为了一己之私**,病态、煽情地刺探他人的私生活"。[44]换言之,新闻价值的对立面,是为了自己的目的,病态、煽情地刺探他人的生活。一家下级法院在适用该标准时说:"任何读者都会认为,此文公开私人事实的目的,是解释原告为何以极大胆、极危险的方式从事人体冲浪,这是合理的新闻手法。"换言之,如果该杂志发表一篇文章,写一个住在加州的怪人生吃虫子、头朝下冲下楼梯,那么很可能会被认定为隐私侵权。但是,传媒将这些个人细节写入报道,是为了尽力解释弗吉尔的公共生活。这些细节虽然令人尴尬,但它们为有关弗吉尔公共角色的报道提供了重要语境。

如此一来,法院通常会在这类案件中寻找令人尴尬的私人信息与有新闻价值的报道内容之间有什么关联。新闻传媒在报道公众人物的私生活时能走多远,不仅取决于传媒说了什么——信息私人到何种程度,也取决于传媒为何使用该材料。在解释某人的公共生活时,私生活中的许多成分也具有合理的公众关切。

新闻价值:合理公众关切的因素

法院在判断私人事实是否涉及合理的公众关切(即是否具有新闻价值)时,通常会考虑三个因素。请回忆前文谈过的弗吉尔案,"为了一己之私,病态、煽情地刺探他人的私生活"是新闻价值或合理公众关切的反面。

1. 被发表之私人事实的社会价值。

2. 被公开之私人事实切入私人事务的深度。

3. 原告(私人事实所关涉之个人)获得知名度的自愿程度。

最后,正如一家法院所指出的,新闻价值的判断,要考虑以下两项利益的冲突:个人保护私人事实免受公众关注的权利与公众的知情权。

道德与隐私

记者务须牢记,法官和陪审团在"私人事实"案件中判断被告是否有责任时,通常要就一些相当弹性的概念提问。所公开的材料,是否对理性人具有冒犯性?是否涉及合理的公众关切?这意味着,这一领域的法律并非坚如磐石,它会随公众情感的变化而改变。长期来看,法官和陪审团的判决往往反映了公众舆论。这也是为什么,大众传媒的工作人员有必要问更多的问题——特别是要问,公开私人信息的道德意义何在?

从很多方面来看,新闻都是相当艰辛的职业。许多记者和编辑投入大量时日,有时似乎是太多时日,来揭露生活中肮脏、悲惨的那一面。新闻从业者很容易变得不再敏感,不再为这类报道导致的痛苦所动。他们还要时时面临艰难抉择。几年前,杰出编辑约翰·席根塔勒(John Seigenthaler)向电视观众讲述了报社编辑在日复一日地决定哪些报道和照片该上头版时所经历的种种。他说,他记得在一次会议上,工作人员不得不决定将哪张照片放上头版:是一起悲惨的交通事故?还是一片烂漫的春日花田?他说,他们选择了花田,但同时也提醒读者,生活并非只是鲜花盛开,也有很多阴暗之事必须被报道。

说到隐私,优秀的编辑都认同,报道对象的感受和情感应纳入考量。但与此同时,这些感受和情感不应被用作借口,来拒绝公开关涉合理的公众关切的公共信息。这里的关键词是合理的公众关切。是否要刊播某一报道?

> 优秀的编辑都认同,报道对象的感受和情感应纳入考量。但与此同时,这些感受和情感不应被用作借口,来拒绝公开关涉合理的公众关切的公共信息。这里的关键词是合理的公众关切。

做决定时必须小心翼翼，慎之又慎。太多的记者不愿做这个决定。相反，他们宣称，自己的工作只是报道新闻，把发现和盘托出即可。他们主张，记者不应当做决定。有人称之为排水管式新闻：从排水管一头流进去的，几乎原封不动地又从另一头流出来。不过如今，大众传媒的工作人员都清楚（连受众也知道），记者每天都在做决定。应该报道什么？应该引用谁的话？报道应该如何写？新闻从来也不是一种纯然客观的活动，现在不是，将来也不会是。

值得指出的是，职业新闻记者协会（Society of Professional Journalists, SPJ）的职业道德守则提醒记者，"信息的收集与报道会造成伤害和不安。报道新闻不能成为傲慢自负的通行证"。职业新闻记者协会的道德守则还指导

记者"展现良好的品味，不要迎合可怕的窥私欲"。在考虑是否报道私人事实时，这类道德考量显然是相关的。[45]

法院与公众将继续在隐私权案件中支持新闻传媒的工作，只要他们多少能够确信，记者愿意问以下这个问题：这篇报道中有合理的公众关切吗？公开私人事实于今主要是道德问题，但倘若传媒业者以率然放纵的方式追逐新闻，如当今部分传媒之所为，那么总有一天，它也可能成为法律问题。伟大的美国法学家勒尼得·汉德（Learned Hand）有句名言，我们必须牢记，他说："自由存于人民的心灵与头脑之中。"民众心智中的自由一旦死亡，没有任何法院或宪法能令它起死回生。

▌ 旧事重提

若是某人身处公众视野之下，新闻传媒通常能安全无虞地报道他的私人生活。正如前文所指出的，美国法院业已确立起一种几乎确凿无疑的抗辩，能对抗任何诉讼。不过，有些人虽进入过公众视野，却已退出公共舞台许久，过上了遗世独立的平静生活，这些人起诉的隐私权案件相当常见。这些原告往往主张，时间流逝暗淡了公众的镁光灯，曾因知名度而被剥夺了隐私权的人，在经过一段不确定的时光后，至少重获了部分保护。

至少有两类案件时常发生。第一类是追忆往事的新闻报道、图书或电视纪录片。换言之，就是历史。比如"1990 年的今天，玛丽·贝丝·埃尔罗伊（Mary Beth Ellroy）被判谋杀罪名成立，入狱 15 年，她杀害了自己才出生两周的孩子"。这类诉讼从未成功过。我们来举一个典型的例子，这是新泽西州最高法院判决的一起案件。此案涉及一本书，书中详述了八年前的一系列犯罪活动。约瑟夫·卡林格（Joseph Kallinger）父子于 1975 年被警方逮捕，他们犯下了杀人、抢劫和强奸等罪行。1983 年，纽约州城市大学（City University）的一名刑法学教授写了一本书，讲述卡林格的人

生与罪行。约瑟夫·卡林格的受害者之一提起诉讼，他主张，这一悲惨遭遇在公共出版物上的重演，对他造成了新的创伤，打扰了他的宁静，并且具有高度冒犯性。新泽西州最高法院对此表示同意，但判决原告败诉，因为书中揭示的事实不是私人的，而是公共性的，"即便它们是私人的，也具有合理的公众关切"。[46]时光流逝不会将原告从这种公开性中超拔出来。相关事实来自公开的法庭档案，该法院指出，美国最高法院的"考克斯诉科恩案"（Cox v. Cohn）[47]判决不仅适用于同时代的事件。

第二类报道比较麻烦。比如有一则新闻报道说，电影明星锡德·费尔德曼（Sid Feldman）曾于 1995 年被前妻举发持有儿童色情品。这篇报道也是讲述往事，但它加了一句，"费尔德曼如今在佛罗里达州戴德县（Dade County）卖房子"。这样一来，报道范围就超越了历史。一些法院曾判决，"他们今在何方"之类的报道是可被允许的，只要报道不是刻意为了羞辱原告就好。[48]但也有一些法官对这类报道的容忍度较低，他们会问一个问题：在报道中描述费尔德曼如今的工作，与当年的对他的指控并列，目的是什么？[49]传媒在为这类案

件辩护时,需要应答得当。如果费尔德曼正在竞选公职,如果他开了一家生意兴隆的照相馆,专为小孩子拍照,如果他今天又因持有儿童色情品而被捕——那么这些都能把过去与现在合情合理地联结起来。但是,如果只报道他如今在卖房子,可能就无法说服法院认为这样的报道应免于诉讼。

记者在准备发表一篇新闻报道时,可以扪心自问的最重要的问题也许是:为什么?为什么发表这一信息?如果记者有充分的理由,大多数法官会倾向于保护新闻传媒。但若是没有一个好理由,问题就会复杂得多。

互联网上的隐私事实

我们在第7章探讨过"通过互联网搜集私人信息"这一侵扰行为。将私人事实放在互联网上公开,或将从互联网上获得的私人信息在网上公开,都属于隐私法上的"公开私人事实"。隐私法在互联网领域的适用,与在报纸等传统媒体领域的适用一般无二。所考察的问题也不外乎:被公开的私人事实对理性人具有冒犯性吗?是否关涉合理的公众关切或公众兴趣?

现如今,我们只要在电脑上敲击几个键,就能窥探他人的生活。个人数据遭到各种数据银行和其他网络来源泄露的情况,所在多有,这样的故事常可见于报章媒体。本书写作时,联邦贸易委员会(FTC)正在考虑出台相关规则,控制美国商业机构私下里挖掘网络用户的数据。但除此之外,政府几乎毫无作为。国会议员年年谴责科技公司利用个人信息,但尽管有如此强烈的公众关切,政府为解决该问题所做的工作,堪称微乎其微。Facebook、谷歌、推特等公司在华府都设有代表(通常称为游说者),这些游说者的工作就是拜访参、众两院议员。(推特的一位发言人说,它的代表不是游说者,而是"帮助政客理解微博客服务的非官方大使"。)[50] 这些公司给政治候选人的捐款也在逐年增长。有人说,"互联网隐私"这个概念本身就自相矛盾。这种说法也许不完全正确,但年复一年,这一描述越来越趋向于准确。在这个问题上,除非美国人自己要求改变,否则不会有所改变。不过,正如第7章所指出的,大多数美国人口头上宣称在乎隐私,行事作风却往往背道而驰。

> 将私人事实放在互联网上公开,或将从互联网上获得的私人信息在网上公开,都属于隐私法上的"公开私人事实"。隐私法在互联网领域的适用,与在报纸等传统媒体领域的适用一般无二。

小 结

公开他人的私人信息,在满足以下条件时成立隐私侵权:(1)这种公开对理性人而言具有冒犯性;(2)被公开的信息,与合理的公众关切或公众兴趣无关。"公开"意味着将信息传播给多人共知。如果只是进一步公开已被视为公开的信息,则无侵权责任可言。例如,新闻传媒可以自由地报道公共文件中令人尴尬的敏感材料。而且,被公开的材料必须在理性人看来具有冒犯性;法律不保护高度敏感的个人。

法院在判断某信息是否涉及合理的公众关切时,会采用多种策略。公众极感兴趣的报道,一般都具有合理的公众关切。有关自愿或非自愿公众人物的报道,通常也被认为具有公众关切。在刊播私人信息的问题上,有一点颇为重要,即令人尴尬的私人信息与有新闻价值的报道内容之间,是否存在某种关联。传媒不能只是为了娱乐或讨好受众,就公开他人私生活中令人尴尬的细节。讲述过往的新闻报道——包括某人生活的尴尬细节——通常受到保护,可以免于隐私权诉讼。但是,如果新闻报道提及报道对象的当下情况,法院通常会要求被告举出合理理由,说明此人当下的生活或工作与其尴尬过往有关。

错误暴露隐私

在满足以下两个条件时,错误报道他人的隐私属于非法:

1. 对他人的错误报道,在理性人看来具有高度冒犯性。

2. 材料的发表者在公开该材料时主观上有过错。

隐私侵权的第四种方式,是造成隐私法领域多数争议的罪魁祸首。它与隐私侵权到底有什么关系呢? 多家州法院拒绝承认这种隐私侵权。1998 年,明尼苏达州最高法院承认了盗用、公开私人事实和侵扰三种诉由,但拒绝承认错误暴露隐私。四年后,科罗拉多州最高法院也拒绝承认错误暴露隐私侵权。两家法院都说,该诉由在很大程度上与诽谤同源,因此没必要设置两种侵权。[51] 2008 年,佛罗里达州最高法院以相同的理由拒绝承认错误暴露隐私侵权。[52]

案例

忽略关键事实的危险:遗漏材料与选择性报道事实造成的虚假意思

记者有可能因遗漏关键事实而陷入讼累。2012 年,田纳西州一家上诉法院在"艾森斯坦诉 WTVF-TV 案"(*Eisenstein v. WTVF-TV, News Channel 5 Network*)中解释了这一原则。该法院指出,在错误暴露隐私案件中,字面真实不能作为抗辩事由。它写道:"在错误暴露隐私案件中,事实有可能是真实的。但呈现事实的角度或对特定重要事实的遗漏,会让原告遭人误会。也就是说,有些话分开来看句句属实,合在一起却表达了一个虚假意思。""呈现事实的角度"意味着,记者如果在报道中夸大无关事实,或选择性地呈现信息,令受众对报道对象有所误解,则有可能惹上官司。正如宾夕法尼亚州最高法院 2012 年在"克拉朱斯基诉古索夫案"(*Krajewski v. Gusoff*)中所解释的,"错误暴露隐私能提供救济的场合,不仅包括发表确凿为假的材料,而且包括事实固然为真,却采用选择性报道方式令受众对报道对象产生错误印象"。问题的关键是,新闻报道"讲述的故事,是否制造了一种错误印象? 这种错误印象也许源自真实的陈述"。

这些法院的逻辑似乎颇为有力——诽谤和错误暴露隐私在某些方面是相似的。从根本上而言,它们都是发表对原告不敬的材料。区别在于,要成立错误暴露隐私侵权,所发表的恼人言论不必达到伤害他人名誉的地步。换言之,原告无须向法院证明自己名誉受损,只消证明虚假内容被发表,且造成了尴尬或耻辱即可。而在诽谤诉讼中,原告必须证明名誉损害之后果。错误暴露隐私产生于 80 多年前,一些原告主张自己受到了损害,却无法满足当时的隐私法规定的要件,于是,有法官想为他们寻觅一条救济途径。在第一起有据可考的错误暴露隐私案件中,一位女性作为原告提起了诉讼,案件的起因是,在一部有关纽约市的"纪录片"中,有六秒她在纽约街头卖面包的镜头。这部电影的主要出场者都是念台词的演员。法院判决:这部电影是虚构作品或娱乐作品,不是新闻。(确实,这听起来像盗用,但法院不这么看。)错误暴露隐私便是源自此案。[53]

错误暴露隐私侵权有三个要件。首先,原告必须证明特定陈述为假。诽谤诉讼中有关真伪性的规则,在此一样适用(参见第 4 章)。关键是,那些刺到痛处、造成羞辱或尴尬的言论是否大体真实。细节上的错误无关紧要。

例如,迪安杰洛·贝利(Deangelo Bailey)起诉饶舌歌手马歇尔·布鲁斯·马瑟斯三世[Marshall Bruce Mathers Ⅲ,以埃米纳姆(Eminem)之名著称]在 1999 年的歌曲《脑损伤》(*Brain Damage*)中错误暴露他的隐私。这首自传性歌曲唱出了马瑟斯学生时代遭受的种种霸凌:贝利如何把他的头摁到小便池上,如何打断他的鼻梁骨令他血染衣衫,等等。贝利主张,这些指摘没有证据支持,但法院说,歌词中戳到痛处的内容是——贝利是一个霸凌者,而贝利本人也承认,自己年幼时欺负过马瑟斯。这就意味着大体真实。此案故被驳回。[54]

错误暴露隐私

1. 所发表的材料必须令他人对报道对象产生误解。

2. 错误材料对理性人具有高度冒犯性。

3. 材料的发表者主观上有过错。

原告还必须证明,虚假陈述对理性人具有高度冒犯性,且被告在发表该材料时有过错。隐私法中的过错,其定义与诽谤法中的过错相同(参见第 5 章)。发表者犯下的一个小错误就有可能引发错误暴露隐私诉讼,当然,这类案件也有可能透过其他途径发生。以下是几类常见情况的总结:

虚构

虚构是对事实的刻意扭曲,通常是为了将事实戏剧化。最早的错误暴露隐私案件,正是肇源于电台、电视台对真实新闻事件的戏剧化处理。由于不知道事实真相,或者由于真实生活过于无趣,撰稿人常常会做点儿手脚,给事件增加点儿戏剧性。而这种营造生动性的后果,便是错误暴露隐私诉讼。[55]如今,电视节目和电影中充斥着这种本应真实发生过,其实却未必如此的事件。电视制片人甚至给这类节目取了一个名字——文献电视片(docudrama)。这种作品对制作者而言颇有风险,制作者可能因此面临诽谤诉讼和错误暴露隐私诉讼。电视台或电影公司避免风险的简单方法,就是从它们打算刻画、描绘的真人处购得相关权利。一签完合同(同时拿到一些报酬),真实生活中的人物哪怕对传媒刻画自己的方式有所不满,也无计可施了。至于那些不肯签合同的人,别写入故事就好了。对于视频故事而言,他们不存在。(你总以为,这些故事是真实、准确的。)长此以往,制作公司便开始尽量避免在报道中涉及真实人物,推广作品时只强调"基于真实的故事改编"。它的潜台词是——"多数故事情节乃出于虚构"。

多年前,许多杂志和一些报纸的记者和编辑会尽力把报道写得戏剧化,他们的办法,不外乎是在新闻报道中添点儿对话,或者加一些额外的"事实"。[56]时至今日,只有超市小报或八卦杂志还会采用这种方法。这类新闻催生的诽谤和错误暴露隐私诉讼,与小报和八卦杂志所占的市场份额完全不成比例。有时,引发诉讼的报道稀奇古怪到了令人难以置信的地步。阿肯色州有位 96 岁的老人起诉小报《太阳报》(*the Sun*),因为该报在一篇纯属虚构的文章中使用了她的照片。文章写道,一名 101 岁的女送报员因身怀有孕不得不放弃送报工作。十年前,原告内莉·米切尔(Nellie Mitchell)的照片曾在另一份小报(与被告同属一家公司)上发表,用在一篇有关阿肯色州芒廷霍姆(Mountain Home)的真实报道中。《太阳报》的编辑需要一张照片来配合假新闻,于是随手用了米切尔的照片,无疑,他们以为她早死了。一家美国地区法院的陪审团判给这位老妪 150 万美元赔偿金。[57]对于想要营造戏剧化效果的撰稿人而言,最简便的办法,是在改动事实的同时，也变更名字，并切忌使用真人照片。

真人的姓名常常出现在小说、电影、电视节目甚至广告中。这种情况发生时，人们通常会起诉盗用（参见第 7 章有关盗用的内容）。不过，起诉错误暴露隐私的案件也偶有发生。这类诉讼的结果，往往取决于被告是只用了原告的名字，还是同时用了原告的身份。受过良好教育的白人小劳伦斯·博茨（Lawrence Botts Jr.）曾因一则筹募教育善款的广告，起诉《纽约时报》、一家广告公司和联合黑人学院基金会（United Negro College Fund），诉由就是错误暴露隐私。广告虚构了一个黑人因为上不起大学就用酒精麻醉自己、荒度光阴的故事。广告中的黑人名为拉里·博茨（Larry Botts）。第 3 巡回区美国上诉法院驳回了此案，它说，广告所使用的姓名与无名氏无异，这个形象是"底层黑人青年的典型写照"。[58]

使用某人的姓名与使用某人的身份，其间的差别可能颇为微妙，但也十分容易掌握。我们来假想以下这种情况：作家诺拉·罗伯茨（Nora Roberts）写了一部小说，主人公是一位身患艾滋病的女明星。书中，女明星的闺蜜是一个身材矮胖的护士，名叫朱莉娅·罗伯茨（Julia Roberts）。没错，作家使用了女演员朱莉娅·罗伯茨的姓名，但没使用她的身份。不过，如果作家给小说中患有艾滋病的女演员取名为朱莉娅·罗伯茨，她也是又高又瘦，也获过奥斯卡奖，也嫁给了一位名叫丹尼尔·莫德（Daniel Moder）的摄影师，那么，这位作家使用的就不只是朱莉娅·罗伯茨的姓名了，还有她的身份。必须有多少特征相同，原告才能起诉自己的身份遭盗用、隐私被错误暴露呢？对于这个问题，法院需要逐案判断。

小说和故事片通常会自带免责声明："此为虚构作品。所有人物和事件均为虚构，如有雷同，纯属巧合。"这种免责声明能避免错误暴露隐私诉讼吗？答案是否定的。尽管它在说明作者、发行人或制片人的意图方面有些许价值，但道理很明白：实施了不法行为之后，行为人不能仅凭声明自己没有责任，就逃避承担责任。假设你在车上放了一个大大的警示牌，上面写着："别挡道。本人车技差，撞人非我之过。"如果你真的引发了交通事故，这块牌子免除不了你的责任。同样，如果作者明显盗用他人身份，且错误暴露了他人隐私，那么图书上的免责声明（作品为虚构、人物为虚构等）也无法免除隐私侵权诉讼。

其他错误

虚构导致的错误暴露隐私诉讼，现已不再多见。如今，错误暴露隐私诉讼更多地源于单纯的编辑、写作失误或判断错误。误用图像（包括静态、动态图像）是一个常见的问题。1940 及 1950 年代，《星期六晚邮报》备受此类诉讼的困扰。该杂志有次刊登了一张小女孩的照片，女孩在一个十字路口被一辆加速的汽车撞倒，正躺在路中央号啕大哭。女孩是受害人，明明是驾车者擅闯红灯。编辑却在杂志中暗示，是女孩自己冲入车流，导致了这起事故。实情是：编辑需要一张照片，来配合一篇有关行人行路不慎的报道，他们随便从文件中翻出了这张照片，就用上了。这张照片与报道内容全然无关，唯一的共同点是，有人被车撞了。

埃莉诺·休·莱弗顿（Eleanor Sue Leverton）起诉《星期六晚邮报》并胜诉。赫伯特·F. 古德里奇（Herbert F. Goodrich）法官判决道，在有关埃莉诺的交通事故中，这张照片显然具有新闻价值。

但问题的关键在于，原告，一起特定交通事故中的合理报道对象，如今却成了说明行人行路疏忽大意的可怕例证。我们认为，这超出了权利的边界。[59]

坐落于首都华府的 WJLA 电视台（WJLA-TV），曾被卷入一起诉讼。这起

> 误用图像（包括静态、动态图像），是错误暴露隐私诉讼中常见的问题。

诉讼形象地说明了电视台或出版物何时可以使用无关照片配合报道，何时不能。该电视台播出了一则新闻报道，内容是生殖器疱疹的新疗法。不幸的是，电视新闻制作人认为，所有新闻报道都得配发图像，因为观众不愿干坐着听人念新闻。但医学报道不容易找视觉素材。疱疹报道在下午 6 点和晚间 11 点的新闻节目中播出。两个时段的报道都采用了同一个视频：行人熙熙攘攘，走在闹市大街上。镜头推进放大，落在一位名叫琳达·邓肯（Linda Duncan）的女性身上，当时她正站在一个角落里。邓肯转身面向摄像机，她的容貌清晰可辨。在下午 6 点的节目中，这段视频没有解说词。镜头聚焦到原告邓肯身上，随即又切换到了记者，记者伫立街头，说道："这种方法无法治愈 2 000 万患有疱疹的美国人。"接着，报道展开。但在晚间 11 点的新闻节目中，记者的开场白由主持人代劳，同期播出了那段市井画面，包括琳达·邓肯的特写镜头。琳达·邓肯起诉隐私侵权和诽谤。被告就下午 6 点的节目向法院提出驳回原告起诉的申请，法院批准了。法院说，原告画面与记者陈述之间没有充分的联系。但法院拒绝了被告就晚间 11 点节目提出的即决判决申请。法院判决道："摄像机的移动、原告的动作（转身面向镜头）、路人的位置等因素辐辏在一起，使原告成为画面的中心。这一画面与主持人关于 2 000 万美国人得疱疹的评论同时出现，足令人们推论认为原告是疱疹患者之一。"这种关联是否紧密，应由陪审团决定。[60]

法院认为，理性的陪审员有能力区辨，在什么情况下，使用无关图像配合报道会造成虚假印象，什么情况下不会。《华雷斯日报》（El Diario Juarez）刊文称，一位移民官私放数卡车非法移民入境，还收受贩毒者的贿赂，放过藏毒的卡车。报社在这篇报道中使用了另一名官员克里斯托弗·豪斯曼（Christopher Houseman）的照片。照片中的豪斯曼（从未有过非法活动）身穿制服，正带着警犬在一个边境检查站工作，背景中有一座桥。报道的消息头表明，发稿地点是得克萨斯州麦卡伦（McAllen）。豪斯曼的照片则表明，他在得克萨斯州埃尔帕索（El Paso）工作。两地的桥梁也有所不同。得克萨斯州上诉法院判决，豪斯曼的错误暴露隐私诉讼不能成立，因为理性读者看得出来，原告的工作地点在埃尔帕索，不在麦卡伦，他不可能是那位被控从事非法勾当的官员。[61]

错误有时难以避免，人们对此束手无策。俄克拉何马的一家报社发表了一篇文章，报道当地一名前任教师的死讯，他曾被判谋杀罪，另据报道，他患有精神疾病。报道旁边配发的照片，却是居住在亚利桑那州凤凰城的弗伦奇·科尔伯特（Frenche Colbert）。科尔伯特多年前从法学院毕业时，曾将这张照片寄给报社。不知怎的，他的照片与这位教师的照片混在了一起。无疑，这张照片的发表，会让旁人对科尔伯特产生误会。[62] 在这种情况下，过错要件是一个有力抗辩。

只要稍加留意，发行人和广播公司就可以避免不少错误暴露隐私诉讼。新闻传媒应当尽量避免使用无关照片来说明新闻报道和文章。比如，一家员工杂志刊文称，工人的疏忽大意是造成工伤事故的主要原因。这时，编辑应克制冲动，不要随便从文件夹中抽出一张工人在流水线上作业的照片。照片中的工人可能会认为，报道和照片是在暗示，她就是那个疏忽大意的员工。同样，传媒在报道民众对公园内毒品交易的抱怨时，也不要使用孩子们在当地公园停车场内玩耍的老照片。错误的照片与错误的文字结合在一起，会让受众误以为照片中的某个孩子正在售毒或吸毒。

高度冒犯性的材料

要想在错误暴露隐私诉讼中胜诉，原告就必须说服法院相信，虚假材料对理性人具有高度冒犯性。尽管有记录表明，在一些错误暴露隐私诉讼中，即使材料不具有冒犯性，原告也还是胜诉了，[63] 但这些案件颇有些年头了，如今已不再具有权威性。典型的当代案例是"西本科诉沃思出版公司案"（*Cibenko v. Worth Publishers*）。原告是纽约—新泽西港务局的警察，他的照片出现在一本大学社会学教材中。照片所在的部分，标题是"挑选罪犯"，照片中，白人警察（西本科）正在公共场所用警棍戳一名熟睡的黑人。照片说明这样写道：

> 某人是否会被逮捕、被定罪、被判刑，社会地位似乎是最显著的决定因素。在这张照片中，警察正制止一名黑人睡在公共场所。如果"行为人"是一个衣冠楚楚的中年白人，他还会这么做吗？

警察西本科诉称，以上照片和照片说明将他塑造成了一个种族主义者，这种描述是错误的。新泽西州一家美国地区法院不同意他的说法，它判决，照片和照片说明中没有冒犯性内容，特别是没有高度冒犯性的内容。[64] 缅因州的一家美国地区法院驳回了一名男子起诉的案件。这名男子不慎跌出一架小飞机的机舱，所幸他牢牢地抓住门把手，直到飞行员紧急迫降成功。《全国问询者报》在报道中添油加醋，对原告吊在机舱门上时的所思所想发挥了一通想象。记者从未采访过受害人，自然无从知晓他当时的心思意念。法院判决说，文章对原告身体感受和心理恐惧的描述，也许是夸张的，甚至是想象的，但对理性人而言不具有冒犯性。[65]

过错要件

白 1967 年以来，错误暴露隐私诉讼的原告必须证明过错（非常类似于诽谤案中的过错）。最开始适用过错要件的案件，是美国最高法院审理的第一起大众传媒隐私侵权案件。[66] 1950 年代初，詹姆斯·希尔（James Hill）一家在自宅中被三个逃犯劫持了 24 小时。逃犯离开希尔家后不久，就被警方抓获。这一事件在传媒上广为报道。大约同一时间，美国其他地方也发生了类似的人质劫持事件。作家约瑟夫·海斯（Joseph Hayes）写了一本小说，题为《生死关头》（*The Desperate Hours*），书中讲述了希利亚德（Hilliard）一家四口被三个逃犯劫持为人质的虚构故事。此书后被改编成电影和话剧。话剧《生死关头》在百老汇开演之前，《生活》（*Life*）杂志发表了一篇有关此剧的特稿，其中指出，该剧重现了詹姆斯·希尔一家的遭际。演员们甚至被带到希尔一家的旧宅（已空置），在当初的事发地点拍照。

詹姆斯·希尔起诉隐私侵权。他诉称，《生活》杂志将他家人的姓名用于商业目的，并且错误曝光了他们一家的隐私。《生死关头》讲述的故事，从梗概上看，的确与希尔一家的遭遇相仿，但也有多处不同。比如，虚构的希

利亚德一家，比真实的希尔一家遭受了更多的身体伤害和言语侮辱。

希尔一家在纽约州的初审法院和上诉法院获得了赔偿金，[67] 但美国最高法院撤销了下级法院的原判，将案件发回重审。希尔一家就此罢手，诉讼到此结束。

美国最高法院以 5 比 4 的投票结果做出判决。威廉·布伦南大法官说，这家人的姓名和照片并未被用于商业目的。布伦南大法官提醒所有关注此案的人注意：报纸和杂志发表的信息，并非用于商业目的（参见第 7 章），尽管这些出版物通常被视作营利性产业。

布伦南大法官将他在"《纽约时报》诉沙利文案"中设立的宪法第一修正案标准（参见第 5 章）适用于错误暴露隐私诉讼。"我们认为，基于宪法对言论和传媒的保护，对于公众感兴趣的事务，如果缺乏证据证明，被告在发表错误报道时明知虚假或全然不顾事实真伪，则不得依纽约州隐私法提供救济。"[68]

沙利文案下判三年之后的 1967 年，美国最高法院对"时代公司诉希尔案"做出判决。但自 1967 年以来，美国最高法院已经实质性地调整了诽谤案的过错要件。1974 年，美国

最高法院在"格茨诉韦尔奇案"中重申,公众人物原告只有证明实际恶意,才能在诽谤案中胜诉,但它又加了一条:一般私人原告也必须证明过错,至少过失。[69] 在错误暴露隐私诉讼中,美国最高法院是否也有意适用这种双层过错标准呢? 格茨案做出判决后不久,最高法院曾有机会澄清这个问题,但它放过了这次机会。在"坎特雷尔诉福里斯特城出版公司案"(Cantrell v. Forest City Publishing Co.)[70] 这起错误暴露隐私案中,美国最高法院的结论是:有充分的理由证明,被告全然不顾事实真伪。最高法院说,因为本案原告能够证明实际恶意,所以没必要考虑一般私人原告是否只需要证明过失,即可满足错误暴露隐私的过错要件。斯图尔特(Stewart)大法官代表美国最高法院写道:"本案没为本院提供机会来考量对于传述虚假言论、损害一般私人的发行人或广播公司,各州能否合宪地适用更宽松的责任标准,或者'时代公司诉希尔案'宣明的宪法标准是否应适用于一切错误暴露隐私案件。"

格茨案提出的阶梯式过错标准是否适用于错误暴露隐私案件? 这一问题至今未有定论。大多数专家认为,"时代公司诉希尔案"设下的规则(所有原告都必须证明实际恶意,即被告明知所言虚假或全然不顾事实真伪),在大多数司法管辖区仍将屹立不倒。有几个因素支撑这一结论。首先,美国最高法院本可在坎特雷尔案中改变这一规则,但它没有。其次,美国最高法院还可以在格茨案中修订"时代公司诉希尔案",但它也没有。最后,不具有诽谤性的陈述对原告造成的伤害远远小于诽谤——损害较小,过错标准自然应该更高。一些法院却有不同见解,它们在错误暴露隐私案件中提出,一般私人原告只需证明过失即可。[71] 不过,大多数受理过此类案件的法院判决,所有原告在成功求偿之前,都必须证明实际恶意。[72]

在结束隐私权问题的讨论之前,我们还要重申几点。第一,请牢记,隐私权的主体只有自然人。企业、政府等没有隐私权。第二,从民法上看,已死之人不可能被诽谤,不过,有一些州的隐私法规定,死者的亲属可以提起隐私侵权诉讼。

虽说隐私法不如诽谤法完善,隐私权案件也相对较少,但隐私侵权诉讼对记者的威胁正与日俱增。记者若能坚持负责任地报道新闻,就能长舒一口气,因为原告胜诉的机会很小。

小 结

发表虚假信息,置他人于误会之中,会造成隐私侵权。但是,这种虚假信息必须对理性人具有冒犯性。而且,原告必须证明被告主观上有过错,即全然不顾事实真伪或明知虚假。

在真实报道中加一点儿虚构材料,是导致错误暴露隐私诉讼的一个常见原因。以假名换真名的办法通常有助于阻止原告胜诉。小说或舞台剧阴差阳错地使用了他人的真名,不能成为隐私侵权的诉由。在新闻或特稿中发表有关他人的虚假信息,是大多数错误暴露隐私诉讼的起因。新闻报道中根本没谈及的某个人,其照片却被用于配合文字,这种情况也常会引发错误暴露隐私诉讼。

发表虚假信息,置他人于误会之中,会造成隐私侵权。但是,这种虚假信息必须对理性人具有冒犯性。而且,原告必须证明被告主观上有过错,即全然不顾事实真伪或明知虚假。

参考书目

Andrews, Edmund. "European Law Aims to Protect Privacy of Data."*The New York Times*, 26 October 1998,

A1.

Burns, John F. "British Judge Rules Tabloid Report Tying

Grand Prix Boss to 'Orgy' Violated Privacy." *The New York Times*, 25 July 2008, A6.

Kalven, Harry Jr "Privacy in Tort Law—Were Warren and Brandeis Wrong?" *Law and Contemporary Problems* 31(1996):326.

Marcus, Paul, and Tara L. McMahon. "Limiting Disclosure of Rape Victims' Identities." *Southern California Law Review* 64(1991):1019.

Pember, Don R. "The Burgeoning Scope of Access Privacy and the Portent for a Free Press." *Iowa Law Review* 64(1979):1155.

——. *Privacy and the Press*. Seattle: University of Washington Press, 1972.

Pember, Don R. and Dwight L. Teeter. "Privacy and the Press Since *Time v. Hill.*" *Washington Law Review*

50(1974):57.

Pilgrim, Tim A. "Docudramas and False Light Invasion of Privacy." *Communications and the Law*, June 1988, 3.

Prosser, William L. "Privacy." *California Law Review* 48(1960):383.

Swift, Mike. "Bracing for Privacy Battle." *The Seattle Times*, 21 June 2010, A7.

"Washington Jury Finds Paper's Oral Sex Articles Did Not Invade Student's Privacy." *Student Press Law Center*, April 22, 2010.

Warren, Samuel D., and Louis D. Brandeis. "The Right to Privacy." *Harvard Law Review* 4(1890):220.

Wyatt, Robert O. *Free Expression and the American Public*. Murfreesboro: Middle Tennessee State University, 1991.

 注释

[1] Warren and Brandeis, "The Right to Privacy," 220.

[2] *Hall* v. *Post*, 15 M. L. R. 2329(1988).

[3] Kalven, "Privacy in Tort Law," 326.

[4] 欧洲法院一直不愿接受美国隐私法，不过，一家英国法院 2008 年曾判决，某小报报道一名赛车裁判参加一场纳粹主题的 SM 狂欢，乃是侵犯其隐私。这是否表明英国的司法哲学有所改变，目前还不敢妄断。参见 Burns, "British Judge Rules Tabloid."

[5] See *Lowe* v. *Hearst Communications Inc.*, 34 M. L. R. 1823(2006). 明尼苏达州上诉法院 2009 年判决，在互联网上张贴私人信息，足以支持隐私侵权诉讼，有多少人看见非为所问。See http://www.rcfp.org/newsitems/index.php?i=10857.

[6] *Doe 2* v. *Associated Press*, 331 F. 3d 417(2003).

[7] *Mayhall* v. *Dennis Stuff Inc.*, 31 M. L. R. 1567(2002).

[8] *Gates* v. *Discovery Communications Inc.*, 101 P. 3d 552(2004).

[9] *Sipple* v. *Chronicle Publishing Co.*, 154 Cal. App. 3d 1040(1984).

[10] *Multimedia WMAZ Inc.* v. *Kubach*, 443 S. E. 2d 491(1994).

[11] *Uranga* v. *Federated Publications Inc.*, 28 M. L. R. 2265(2000), aff'd 67 P. 3d 29(2003).

[12] "Washington Jury Finds."

[13] *Florida* v. *Globe Communications Corp.*, 622 So. 2d 1066(1993), aff'd 648 So. 2d 110(1994); and *Dye* v.

Wallace, 553 S. E. 2d 561(2001).

[14] *Cox Broadcasting* v. *Cohn*, 420 U. S. 469(1975).

[15] *Florida Star* v. *B. J. F.*, 109 S. Ct. 2603(1989).

[16] See, for example, *Macon Telegraph Publishing Co.* v. *Tatum*, 436 S. E. 2d 655(1993); and *Star Telegram Inc.* v. *Doe*, 23 M. L. R. 2492(1995).

[17] Marcus and McMahon, "Limiting Disclosure," 1019.

[18] Marcus and McMahon, "Limiting Disclosure," 1019.

[19] *Andren* v. *Knight-Ridder Newspapers*, 10 M. L. R. 2109(1984).

[20] *National Archives & Records Administration* v. *Favish*, 541 U. S. 157(2004).

[21] *Showler* v. *Harper's Magazine Foundation*, 35 M. L. R. 1577(2007).

[22] *Werner* v. *County of Northampton*, 37 M. L. R. 2592(2009).

[23] *Catsouras* v. *Department of the California Highway Patrol*, 181 Cal. App. 4th 856(2010).

[24] 680 F. 3d 1148(9th Cir. 2012).

[25] *Barber* v. *Time*, 159 S. W. 2d 291(1942).

[26] *Hawkins* v. *Multimedia*, 344 S. E. 2d 145(1986).

[27] *Sidis* v. *F-R Publishing Co.*, 113 F. 2d 806(1940).

[28] *Lowe* v. *Hearst Communications Inc.*, 487 F. 3d 246(2007).

[29] *Alvarado* v. *KOB-TV*, 493 F. 3d 1210(2007).

[30] *Howard* v. *Des Moines Register*, 283 N. W. 2d 789

(1979).

[31] *Carter* v. *Superior Court of San Diego County*, 30 M. L. R. 1193(2002).

[32] *Meetze* v. *AP*, 95 S. E. 2d 606(1956).

[33] *Virgil* v. *Time*, *Inc.*, 527 F. 2d 1122(1975).

[34] *DeGregario* v. *CBS*, 43 N. Y. S. 2d 922(1984).

[35] *Toffoloni* v. *LFP Publishing Group LLC*, 572 F. 3d 1201(11th Cir. 2009).

[36] *Costlow* v. *Cuismano*, 311 N. Y. S. 2d 92(1970).

[37] *Kelley* v. *Post Publishing Co.*, 327 Mass. 275(1951).

[38] *Anderson* v. *Suiters*, 499 F. 3d 1228(2007).

[39] *Jones* v. *Herald Post Co.*, 18 S. W. 2d 972(1929).

[40] *Williams* v. *KCMO Broadcasting Co.*, 472 S. W. 2d 1(1971).

[41] *Beresky* v. *Teschner*, 381 N. E. 2d 979(1978).

[42] *Livsey* v. *Salt Lake County*, 275 F. 3d 952(2002).

[43] *Howell* v. *New York Post Co.*, 612 N. E. 2d 699 (1993).

[44] *Virgil* v. *Time Inc.*, 527 F. 2d 1122(1975).

[45] Available online at http://www. spj. org/ethics. asp.

[46] *Romaine* v. *Kallinger*, 537 A. 2d 284(1988).

[47] 420 U. S. 469(1975).

[48] See *Kent* v. *Pittsburgh Press*, 349 F. Supp. 622(1972); *Sidis* v. *F-R Publishing Co.*, 113 F. 2d 806(1940); and *Bernstein* v. *NBC*, 232 F. 2d 369(1955).

[49] See, for example, *Hall* v. *Post*, 355 S. E. 2d 816 (1987).

[50] Swift, "Bracing for Privacy Battle. "

[51] *Lake* v. *Wal-Mart Stores Inc.*, 582 N. W. 2d 231 (1998); and *Denver Publishing* v. *Bueno*, 54 P. 3d 893(2002).

[52] *Jews for Jesus Inc.* v. *Rapp*, 36 M. L. R. 2540 (2008); and *Anderson* v. *Gannett*, 36 M. L. R. 2553 (2008).

[53] *Blumenthal* v. *Picture Classics*, 235 App. Div. 570 (1931); aff'd 261 N. Y. 504(1933).

[54] *Bailey* v. *Mathers*, 33 M. L. R. 2053(2005).

[55] See, for example, *Strickler* v. *NBC*, 167 F. Supp. 68 (1958).

[56] See *Acquino* v. *Bulletin Co.*, 190 Pa. Super. 528

(1959), for example.

[57] *Peoples Bank* &. *Trust Co. of Mountain Home* v. *Globe International*, *Inc.*, 786 F. Supp. 791(1992). See also *Varnish* v. *Best Medium*, 405 F. 2d 608 (1968).

[58] *Botts* v. *New York Times Co.*, 106 Fed. Appx. 109 (2004).

[59] *Leverton* v. *Curtis Publishing Co.*, 192 F. 2d 974 (1951).

[60] *Duncan* v. *WJLA-TV*, 10 M. L. R. 1395(1984).

[61] *Houseman* v. *Publicationes Paso Del Norte*, *S. A.*, No. 08-06-00034-CV, Aug. 23, 2007.

[62] *Colbert* v. *World Publishing*, 747 P. 2d 286(1987).

[63] See *Molony* v. *Boy Comics Publishers*, 65 N. Y. S. 173(1948); and *Spahn* v. *Julian Messner*, *Inc.*, 18 N. Y. 2d 324(1966).

[64] *Cibenko* v. *Worth Publishers*, 510 F. Supp. 761 (1981).

[65] *Dempsey* v. *National Enquirer Inc.*, 687 F. Supp. 692(1988).

[66] *Time*, *Inc.* v. *Hill*, 385 U. S. 374(1967).

[67] *Hill* v. *Hayes*, 207 N. Y. S. 2d 901(1960), 18 App. Div. 2d 485(1963).

[68] *Time*, *Inc.* v. *Hill*, 385 U. S. 374(1967).

[69] 418 U. S. 323(1974).

[70] 419 U. S. 245(1974).

[71] See *Wood* v. *Hustler*, 736 F. 2d 1084(1984); and *Crump* v. *Beckley Newspapers*, 370 S. E. 2d 70 (1984).

[72] See *Dodrill* v. *Arkansas Democrat Co.*, 5 M. L. R. 1090(1979); *McCall* v. *Courier-Journal and Louis-ville Times Co.*, 4 M. L. R. 2337(1979), aff'd 6 M. L. R. 1112(1980); *Goodrich* v. *Waterbury Republi-can-American Inc.*, 448 A. 2d 1317(1987); *Colbert* v. *World Publishing Co.*, 747 P. 2d 286(1987); *Ross* v. *Fox Television Stations Inc.*, 34 M. L. R. 1567 (2006); *Welling* v. *Weinfeld*, 113 Ohio St. 3d 464 (2007); and *Meyerkord* v. *Zipatoni Co.*, 276 S. W. 3d 319(2008); *Miles* v. *Raycom Media Inc.*, 38 M. L. R. 2374(2010).

第9章
采集信息：记录与会议

本章旨在探究：对于想要收集信息、了解本国及本社区事务的记者和普通公民而言，法律到底发挥着怎样的作用？20年前，本书只关注联邦及州成文法如何允许或限制人们从政府档案或政府会议中采集信息。如今，相关法律也涉及政府与其他方面如何防止新闻界收集有关大量民众及其活动的数据。本章兼及以上两个方面。另外，本书将在第12章中讨论近用司法程序和司法档案的问题。

信息，是美国新闻与美国政治的命脉。公民和记者对于政府制作、保管的信息拥有何等权利？迟至20世纪中叶，对于这个问题，仍未有明确规则。记者尚能操弄复杂而非正式的手腕，从政府内部的消息来源处获得他们所需的材料。一般公民则完全不得其门而入。

1950年代以来，州和联邦制定、通过了多部法律，保障公众近用政府档案和会议。20世纪七八十年代堪称信息公开的"黄金年代"。自此之后，政府越来越抗拒公众近用此类材料——2001年的"9·11"恐怖袭击进一步加深了这种抵触心态。

巴拉克·奥巴马总统甫一宣誓就职，便郑重宣告将改变这一现况。他宣布将在任期内推进信息公开，并声明，政府机构在收到《信息自由法》申请时，应优先考虑公开，且披露信息应当及时。[1]

尽管奥巴马信誓旦旦地承诺改变，并向民众许下一个更透明的联邦政府，实情却不免令人失望。乔治·华盛顿大学（George Washington University）的国家安全档案馆（National Security Archive）2012年12月发布过一个评估报告。该报告指出，虽然司法部部长埃里克·霍尔德（Eric Holder）在2009年3月的一个备忘录中呼吁各家行政机构核查信息公开政策，并设法加以改善，但国家安全档案馆调查的99家政府机构中，有超过60％没有任何动作。而且，该报告还揭示了自2007年《公开政府法》（OPEN Government Act，将于本章后文介绍）通过以来，有56家行政机构从未更新过信息公开规定，而该法恰恰要求各家行政机构改革收费制度，为所有信息公开申请提供更简便易用的追踪码，公开出版信息公开的数据，并与政府信息服务办公室（Office of Government Information Services）的协调员合作。曾参与起草《公开政府法》的美国参议员约翰·科赖恩（John Cornryn）发表声明回应这一评估报告，他在声明中说："奥巴马总统上任时保证过，他的政府将是美国有史以来最透明的政府。而这份报告却表明，他的保证是何等的空洞。"科赖恩的同僚、参议员帕特里克·莱希（Patrick Leahy）说，国家安全档案馆的报告"表明，绝大多数联邦行政机构既未实现总统许给国人的开放、透明政府，也未依国会《公开政府法》的要求实施重要改革"。

而且，在奥巴马总统上任四年之后，公众想要获得联邦行政机构的记录仍非易事。彭博新闻社

> 尽管奥巴马信誓旦旦地向民众许下一个更透明的联邦政府，实情却不免令人失望。

(Bloomberg News)2012 年 9 月发布的研究报告表明,在该社调查的 57 家重要联邦机构中,只有 8 家能及时回应(在法律规定的 20 天时限内)信息公开申请。彭博新闻社向这些行政机构申请部长和最高官员的出行记录。换言之,只有 14% 的行政机构基本符合要求。竟有 27 家行政机构(超出总数的 47%)三个月后都未能走完程序。例如,国土安全部未能应彭博社之申请,提供部长珍妮特·纳波利塔诺(Janet Napolitano)的出行记录,司法部也未能提供部长埃里克·霍尔德的记录。纽约大学教授保罗·莱特(Paul Light)对彭博社说:"竞选期间,奥巴马曾无情催逼米特·罗姆尼(Mitt Romney)公开其纳税情况,而现在,他任命的高层官员在被要求披露外出行程时,也是一副抗拒的嘴脸,这何其讽刺!"

联邦政府 2012 财政年度的数据显示,该年度内,联邦行政机构共积压 71 790 份信息公开申请——比两年前的 69 526 份略有增长。2012 财政年度末,积压申请数量最多的,当数国土安全部,共 28 500 份。最新的完整数据,可登录联邦政府的官方网站 http://www.foia.gov 查询,该网站由司法部运营。

政府规避信息公开的途径有很多种,比如秘密登记,如此一来,公众甚至都不知道有这些文件存在。又比如动用保密特许权,声称某些文件或证言可能会威胁国家安全。2006 年,《纽约时报》揭露了一项持续长达 7 年的项目。政府情报部门通过该项目将存放于华府档案馆的一些文献移出公众视线,而这是"多年来一直向大众公开的数千份历史文献,其中一些已由国务院出版,另一些则已由历史学家翻拍"。[2] 简言之,联邦政府将超过 55 000 页的解密文件重新定密了。

解密(从保密状态调整至非保密状态)有成本吗? 当然有,而且成本非常之高! 根据信息安全监察办公室(Information Security Oversight Office)2012 年发布的报告,2011 财政年度内,41 家行政机构共花费 5 276 万美元,用于系统性地自动审核解密项目和解密行动。这 41 家机构包括国防部,但不包括中央情报局、国防情报局和其他国防、安全机构,如国家安全局。信息安全监察办公室隶属于国家档案与记录管理局(National Archives and Records Administration),该局自称"美国的档案保管员",专门保存、守护联邦政府的档案。完整的报告可从以下网址获取:http://www.archives.gov/isoo/reports/2011-cost-report.pdf,国家档案与记录管理局的网址是 http://www.archives.gov。

在政府的重重限制下,记者与维权人士不得不上法院主张被侵犯的权利。但是,权利和自由植根于法律。人们上法院去请求什么的时候,法官首先会问:"法律是如何规定的?"如此一来,记者要想得到法律的襄助,就必须从本书第一章所讨论的法律渊源中寻求支持。

 ## 新闻采集与法律

为了采集信息,记者必须有获取信息的通道。总体而言,记者可以从三种法律渊源处寻找近用档案、记录、会议、会场等的合法权利(有关法院、庭审和司法程序的信息将在第 12 章讨论),它们是:

● 普通法
● 宪法(宪法第一修正案)
● 成文法(州成文法与联邦成文法)

虽说英美两国都有开放政府的传统,但普通法几乎没有对公众近用政府档案和会议的权利做出规定。英国的保密风格直接影响了殖民地议会的行事方式。1787 年费城制宪会议就是秘密召开的。1794 年以前,公众和传媒可以旁听众议院的会议,但直到 1794 年,公众与记者才获准进入参议院的议事厅。如今，虽说公众可以旁听国会的几乎所有会议，但大量（甚至大多数）国会事务，其实是由经常秘密开会的各个委员会负责开展的。

的确有普通法判例要求政府公开特定的公共档案，供民众检视，但这一普通法权利受到重重限制。比如，根据普通法，申请查看某份记录的申请人，一般必须与该记录有"利害关系"。在大多数情况下，这种利害关系必须涉及某种诉讼，而记录的申请者正是诉讼参与人。哪怕是这种程度的有限公开，也仅适用于那些法律"要求政府保存"的记录。而政府保存的大量重要记录，不属于法律"要求政府保存"的范围。由此看来，普通法对新闻采集的帮助不大。

宪法与新闻采集

对于想要检阅政府记录、旁听政府会议的公民而言，美国宪法能提供协助吗？令人哑舌的是，宪法第一修正案在界定公民和记者的新闻采集权时，发挥的作用十分有限。宪法第一修正案制定之时，新闻采集不是传媒的首要功能。国会在起草并通过宪法第一修正案时留存的文件，无法支持"新闻出版自由保护新闻采集"的观点。宪法第一修正案被视作公众借以对抗政府的管道，却未必能保障公众报道政府的所做所为。[3]

美国最高法院探索过表达自由与新闻采集的关系。1964 年，最高法院在一起与传媒无关的案件中写道：宪法保障的言论自由和新闻出版自由，不包括不受限制地采集信息的权利。[4]八年后，拜伦·怀特大法官代表他本人和另三位大法官说："这并不意味着，新闻采集没有资格获得宪法第一修正案保护；如果新闻采集无法享受一定程度的保护，新闻出版自由权将被掏空。"[5]许多宪法第一修正案律师将这段话视作宪法保障新闻采集的依据，但也有人表示反对。怀特大法官的这段话出现在附带意见（dictum）①中，该案的核心问题是记者拒绝披露秘密消息来源姓名的权利（参见第10 章）。怀特大法官说，他看不出来，新闻采集与记者保护消息来源姓名的权利有何关联。这起判决支持信息近用权享有宪法第一修正案保障吗？我们很难这么说。

迄今为止，美国最高法院对这一问题只发表过以上评论，而且是以抽象或理论的方式。

美国最高法院曾三度被问到：宪法第一修正案是否保障记者有进入监狱采访的权利？最高法院的回答都是否定的。在"佩尔诉普罗库尼尔案"（Pell v. Procunier）[6]中，加州的几名记者想采访该州监狱中的特定犯人。在"萨克斯比诉《华盛顿邮报》案"（Saxbe v. Washington Post）[7]中，《华盛顿邮报》的几名记者想采访宾夕法尼亚州刘易斯堡（Lewisburg）和康涅狄格州丹伯里（Danbury）联邦监狱中的某些犯人。在以上两例中，记者均被拒之门外。美国联邦监狱局规定（加州的规定与此类似）：

> 传媒从业人员不得采访服刑人员。即令服刑人员本人要求或主动寻求接受采访，也不影响该规定之适用。

问题的关键，不是记者能不能进入监狱采访。其实，新闻传媒可以参观、拍摄监狱设施，可以与偶遇的服刑人员短暂交谈，也可以与服刑人员互通邮件。而且，根据联邦规则的相关解释，记者可以对随机挑选的服刑人员做较长时间的采访。事实上，在《华盛顿邮报》案中，一名记者确曾造访过刘易斯堡，也在那里采访过一些

> 如果新闻采集无法享受一定程度的保护，新闻出版自由权将被掏空。

---

① 指法官在法庭判决意见书中就某一与案件并非必定相关的法律点或并非为确定当事人的权利所必要的法律点所发表的意见。此种意见在论证时有说服论述的价值，但不能作为判例约束以后的案件。——译者注

美国最高法院的斯图尔特大法官不认为宪法第一修正案赋予了新闻人采访监狱的特殊权利。他写道:"在采访监狱和服刑人员的问题上,新闻人不享有超越一般大众的宪法权利。"

起案件中,美国最高法院均以 5 比 4 的投票结果反对传媒的主张。斯图尔特大法官在多数派意见中写道,传媒已拥有采访监狱的充分渠道,没有证据表明,狱方官员对记者有所保留。斯图尔特大法官不认为宪法第一修正案赋予了新闻人采访监狱的特殊权利。这位大法官写道:"在采访监狱和服刑人员的问题上,新闻人不享有超越一般大众的宪法权利。"[8]

一家美国地区法院在萨克斯比案中判决说:面对面地采访特定犯人,乃是准确且有效地报道犯人和监狱之所必需。但美国最高法院不同意这一论断。最高法院似乎想说:宪法第一修正案保障表达自由,但并不保证有效而准确的报道。

1978 年,在一起涉及传媒采访县监狱的案件中,美国最高法院内部也发生了类似分歧。[9]1975 年,一名犯人在加州圣丽塔县(Santa Rita County)监狱内自杀身亡。精神病医生事后发布报告称,该监狱条件恶劣。KQED 电视台想获准进入该监狱考察并拍摄。治安官霍钦斯(Sheriff Houchins)称,该监狱每年向公众开放六次,传媒可以任选一次参加。但这些开放活动不包括参观牢房和自杀地点。参观者也不能携带照相机和录像机,不过,治安官办公室可以提供监狱部分区域的照片。

KQED 电视台的几位记者参加了一次监狱参观,却很不满意以上种种限制。霍钦斯认为,若是放任新闻传媒采访而不加约束,恐怕会侵犯服刑人员的隐私权,还会制造出一些监狱名人,给监狱管理人员惹来种种麻烦,扰乱监狱的正常秩序。霍钦斯指出,记者其实可以接近犯人——他们可以采访个别

"宪法第一修正案和第十四修正案皆未强制规定一种可据以近用政府掌控之信息或信息来源的权利。"

犯人。

在以上两起案件中,传媒皆主张,宪法第一修正案赋予自由传媒从事新闻采集的权利,狱方禁止传媒采访特定犯人,就是剥夺这一宪法权利。在两服刑人员,可以采访在押候审人员,可以打电话采访,可以给犯人写信,等等。但 KQED 电视台仍然认为,自己享有受宪法保障的新闻采集权,故对圣丽塔县监狱设下的限制发起了挑战。

美国最高法院的投票结果是 4 比 3,首席大法官沃伦·伯格主笔法院判决意见。他声明:"宪法第一修正案和第十四修正案皆未强制规定一种可据以近用政府掌控之信息或信息来源的权利。"KQED 电视台主张,唯有通过近用监狱,新闻传媒方能履行公共责任。对于这一观点,首席大法官似乎颇为担忧。

传媒认为,在有关监狱条件的充分公共讨论中,传媒对监狱的近用必不可少。以上论断虽未明言,但暗示着这样一层意思:传媒人是最有资格揭露公共机构渎职的人……然而传媒不是政府的替身,也不是政府的助手……我们不能混淆传媒与政府的角色。[10]

2009 年,第 2 巡回区美国上诉法院在"哈默诉阿什克罗夫特案"(Hammer v. Ashcroft)[11]中判决:印第安纳州特雷霍特(Terre Haute)联邦监狱的一条规定没有侵害犯人的权利,故可被允许。该规定禁止记者与特别关押的犯人(主要是关在死囚室里的犯人)会面。其他区域的犯人可以接受传媒的面对面采访。上诉法院在支持该项规定时说,关押于特别区域的犯人,也不是完全不能与传媒接触,他们可以透过电话和邮件与记者交流。该法院发现,监狱之所以反对传媒当面采访死囚,主要是担心这类采访一旦播出,恐怕会将犯人变成名人。政府不希望有人因犯罪而成名,比如俄克拉何马市爆炸案的罪魁祸首蒂莫西·麦克维(Timothy McVeigh),他在行刑前就关押于此。政府还担心,明星犯人会在监狱内部招来嫉妒,引发骚动。2010 年,美国最高法院拒绝受理此案,上诉法院的判决于是生效。

1980 年的一起案件,被诸多论者盛赞为宪法性"知情权"的肇始。美国最高法院于此案判决,宪法第一修正案确实保障公民参与刑

事审判的权利。[12]（参见第 12 章有关"里士满报业公司诉弗吉尼亚州案"的完整讨论。）然而，尽管伯格首席大法官的判决意见在论及宪法第一修正案与旁听刑事审判时非常明确，但在谈到其他情境下更广泛的新闻采集宪法权利时，却语焉不详。过去 20 年间，美国最高法院甚少澄清它在这一问题上的立场。它在里士满报业公司案后审理了不少涉及近用权的案件，[13]却从未在近用司法程序以外的案件中明确承认这一权利。

下级联邦法院和州法院亦步亦趋地追随美国最高法院的以上判决，拒绝接受"宪法第一修正案保障近用信息与会议之权利"的观点。不过也有例外，比如以下：

● 2008 年，一家联邦地区法院重申了一些法院的结论，即"票站调查事关政府事务与政治，也涉及传媒采集信息的权利，故受宪法第一修正案保护"。[14]该法院指出，政府不可以对票站调查做基于内容的规管，但内容中立的时间—地点—方式限制或许没有问题，具体应视传媒被拒于投票站之外多远而定。

● 白宫工作人员企图将 CNN 的拍摄人员逐出报道总统的电视网摄像记者团，一家美国地区法院制止了这一歧视之举，它指出，宪法第一修正案包括"近用有关政府运作与政府行为之新闻与信息的权利"。[15]

● 俄亥俄州一家地区法院 1988 年判决，传媒和公众享有近用立法程序（本案中为市议会会议）的有限的宪法第一修正案权利。该法院说，在宪法第一修正案之下，政府会议应推定为公开，仅当有正式证据证明，保护隐私或保密确属必要时，方可例外。[16]

● 第 9 巡回区美国上诉法院 2002 年判决，公众享有"观看死刑执行过程的宪法第一修正案权利，该权利自死刑犯被送入行刑室的那一刻起始"。[17]该上诉法院写道，这一近用权包括观看初始程序（包括对死囚采取强制约束并将其安置在行刑设备上）的权利。它说："保障民众近用政府程序的权利，乃是为了活跃公共讨论。"十年后，第 9 巡回区美国上诉法院在另一起案件中重申了这一立场，此案的缘起是爱达荷州拒绝人们观看行刑程序的初始部分，即死囚进入行刑室，体内被插入静脉注射管的过程。斯蒂芬·莱因哈特（Stephen Reinhardt）法官阻止了爱达荷州，他在"美联社诉奥特案"（*Associated Press v. Otter*）[18]中代表意见一致的三人法官团写道："宪法第一修正案保护人们观看完整行刑程序的权利。"

不幸的是，更多案例法与以上判决背道而驰。例如，2008 年，堪萨斯州一家联邦法院不同意第 9 巡回区美国上诉法院的上述判决。地区法院法官苏珊·韦伯（Susan Webber）拒绝承认公众有观看行刑过程的宪法第一修正案权利。她在"《阿肯色时报》诉诺里斯案"（*Arkansas Times v. Norris*）中写道："美国最高法院从未承认过，公众有观看行刑程序的宪法第一修正案权利。"她又写道，在所有联邦上诉法院中，只有第 9 巡回区美国上诉法院认为，宪法第一修正案保障此种权利。[19]韦伯法官反对公众观看行刑，她说："刑事审判素来公开，这无可置疑，但与此相反的是，美国的行刑过程自 1830 年代开始，就由公共广场移入了监狱高墙，成了私人事件。"其他法院也拒绝在类似情境下承认宪法第一修正案保障近用权。

 案例

在联邦设施外拍照？
未必如你想象般简单

2010 年，纽约民权联盟基金会（New York Civil Liberties Union Foundation）挑战了一条不太为人所知的联邦规定的合宪性，此案即"穆苏梅西诉美国国土安全部案"（*Musumeci v. United States Department of Homeland Security*）。该联邦规定的内容如下：在"安全规范、规定、命令、指令，或联邦法院之命令或规定明令禁止"的情况下，"进入联邦设施"者不得出于新闻报道之目的,拍摄"大楼入口、大厅、门厅、走廊和会堂"。

2009 年,安东尼奥·穆苏梅西(Antonio Musumeci)因违反该条联邦规定(41 Code of Federal Regulations § 102 - 74.420)而被捕。当时,他正在曼哈顿下区一个广场内拍摄一场政治抗议,该广场紧邻莫伊尼汉联邦法院(Moynihan Federal Courthouse)。穆苏梅西声称,广场内没有任何标识指出此处是联邦设施,也没有联邦规定限制人们在这一区域拍摄。纽约民权联盟基金会主张,该条规定(1)实施时反复无常,只是"逮捕、烦扰合法拍摄者的借口而已";(2)违宪,因为它管控的是户外区域的非商业性拍摄,而人行道、广场等户外区域原本就是公众可以自由来去的公共空间。此案于 2010 年 10 月达成和解,联邦保护服务处(Federal Protective Service)同意付给穆苏梅西 1 500 美元。更重要的是,调解协议要求联邦保护服务处向所有职员发放书面通知,提醒他们:一般安保规定并未禁止人们在联邦法院之外的公共空间拍摄。同时,调解协议也允许联邦保护服务处的安保人员(包括其他执法人员)向拍摄者询问为何拍摄、身份为何等问题,并采取合法措施,以确认这些拍摄者是否正在从事非法行为或正在为恐怖主义者踩点。

> "对于依法公开的政府程序,公众和传媒没有拍摄或录音的宪法第一修正案权利。"大多数法院并不认为,只要亮出宪法第一修正案,大家就可以畅通无阻地近用政府记录、政府会议或政府设施。

2004 年,第 8 巡回区美国上诉法院在"赖斯诉肯普克案"(*Rice v. Kempker*)中判决:"宪法第一修正案不保护人们在行刑室中使用摄像机、照相机或录音机。"[20] 此案中,密苏里州的宗教团体"新生命福音传道者中心"(New Life Evangelistic Center)根据宪法第一修正案,要求拍摄谋杀犯丹尼尔·巴齐尔(Daniel Basile)在密苏里州一家矫正机构内被处决的过程。该组织称,观众若能目睹一个人被执行死刑时的痛苦、恐惧,他们便会明白,死刑是个错误,而这种认识将有助于终结密苏里州,乃至美国的死刑。但上诉法院认为,"对于依法公开的政府程序,公众和传媒没有拍摄或录音的宪法第一修正案权利"。大多数法院并不认为,只要亮出宪法第一修正案,大家就可以畅通无阻地近用政府记录、政府会议或政府设施。另须牢记的是:在几乎所有承认宪法第一修正案保障近用权的案件中,法院都强调,这一权利既属于传媒,也属于公众。在这个问题上,记者并无特权,记者享有的权利,与一般公民无异。

采访政府官员:记者有采访权吗?

本章迄今为止介绍的每起涉及宪法第一修正案的案例,不是关乎近用某一地点(如政府监狱),就是关乎近用某个程序(如政府会议或行刑过程)。然而,如果记者只是想与某人(如市长、州长等政府官员)交谈,而这位官员又打出一条"不予置评政策",拒绝接受采访,那该怎么办呢? 换言之,新闻传媒是否拥有一种宪法第一修正案权利,可据以面访政府官员,而政府官员不得拒绝?

答案可能是否定的。第 4 巡回区美国上诉法院 2006 年判决,马里兰州州长小罗伯特·L. 埃利希(Robert L. Ehrlich Jr.)下令拒绝《巴尔的摩太阳报》(*Baltimore Sun*)两名记者的采访时,并未侵犯记者的宪法第一修正案权利。该报在"《巴尔的摩太阳报》诉埃利希案"(*Baltimore Sun v. Ehrlich*)[21]中诉称,州长之所以命令下属不得接受采访,是因为他不满意该报记者戴维·尼特金(David Nitkin)和迈克尔·奥利斯克(Michael Olesker)此前的报道,该命令是对"负面"报道和评论的报复。然而第 4 巡回区美国上诉法院判决:"政府官员拒绝向记者提供其可酌情提供的信息或拒绝回答问题,非属可诉的报复行为。"它说,政府对《巴尔的摩太阳报》报道的反应,"无论是在新闻业中,还是在记者与政府的互动中,都是普遍存在的现象"。某位记者因某篇报道的缘故,得到的信息少于其他记者,这种情况所在多有。允许《巴尔的摩太阳报》继续这场诉讼，就意味着，"在公共官员与传媒的'几乎每次'互动中，都'埋下宪法案件的种子'"。该上诉法院又说："在政府与传媒的互动中，当政府官员因不满意记者此前的报道内容或报道方式，而拒绝向记者提供其可酌情提供的信息或拒绝回答记者的提问时，记者所需忍受的，也不过是最低限度的不便罢了。"

2005 年，一家联邦地区法院在"扬斯敦出版公司诉麦凯尔维案"（*Youngstown Publishing Co. v. McKelvey*）[22] 中做出了类似判决。此案起因如下：2003 年，时任俄亥俄州扬斯敦市市长的乔治·麦凯尔维（George McKelvey）下达了"不予置评政策"，要求市政府所有职员不得接受双月刊《商业新闻》（*Business Journal*）的采访。法官判决，麦凯尔维此举不违反宪法第一修正案。法官的结论是："《商业新闻》主张近用权的对象，是不对公众开放的信息，故属凌驾于一般大众权利之上的特许近用权，不适用宪法保障。不予置评政策并不会妨碍《商业新闻》从事受宪法保护的活动，原告未能证明报复主张。"《商业新闻》上诉至第 6 巡回区美国上诉法院，上诉法院于 2006 年 6 月驳回此案，因为新市长上任后，撤销了麦凯尔维的命令。简言之，新市长废除了不予置评政策，此案不再具有实际意义。[23]

2007 年又有一起案情略有差异的案件，一位联邦法官在"城市放送公司诉芬克贝纳案"（*Citicasters Co. v. Finkbeiner*）中判决道：俄亥俄州托莱多（Toledo）市市长不能将某位电台记者排斥在对所有记者开放的市长新闻发布会之外。[24] 詹姆斯·G. 卡尔（James G. Carr）法官说，新闻发布会是公共事件，此案与"《巴尔的摩太阳报》诉埃利希案"和"扬斯敦出版公司诉麦凯尔维案"不同，在后两起案件中，政府官员拒绝的是记者的私人采访或个别提问。市长办公室认为，被拒于新闻发布会门外的电台人员不是新闻记者，而是娱乐节目工作人员，但这一主张未能说服法院。

综观之，这三起案件表明：政府官员可以拒绝接受某位记者的当面采访，也可以拒绝向新闻传媒的特定成员发表评论，但不能有选择地将某位记者排除在对所有新闻传媒开放的公开新闻发布会之外。

一些政府机构甚至对所有职员都下了"禁谈"令。比如，在密西西比州韦夫兰（Waveland）市这个坐落于墨西哥湾的小城，市议会于 2010 年通过一条政策，它规定：未经市长或市检察官同意，所有职员、官员或委员都不得接受传媒采访，不得透过传媒发言或召开新闻发布会。该政策被编入政府职员的日常手册中。

宪法第一修正案对新闻采集的保护

随着原告在针对传媒的诽谤案中愈来愈难以胜诉（公共官员和公众人物极证明实际恶意），原告的律师如今不仅起诉新闻的**报道**方式，还更频繁地起诉新闻的**采集**方式。记者在采集新闻时也得守法。有人认为，宪法对新闻出版自由的保障意味着记者可以在采集新闻时违反刑事和民事法律，这种观点一般不见容于法院。

例如 1998 年，马里兰州一家美国地区法院拒绝驳回针对某自由职业记者的指控。劳伦斯·马修斯（Lawrence Matthews）被控接收并传播儿童色情，但他本人声称，他采集的是新闻，不是儿童色情。马修斯说，执法官员太热衷于控诉网络用户，他认为，他调查完成的新闻报道，将揭露这种侵扰过度的官方行为。他说他的工作符合公共利益。法院却不为所动。威廉斯（Williams）法官说："很显然，宪法第一修正案并未准许新闻界自动免受普遍适用的法律的约束。哪怕执法官员在调查中确有行事不妥之处，法院也看不出来，被告如何能以接收与传播此类材料来揭发执法官员的不当行为。"[25] 2000 年，第 4 巡回区美国上诉法院维持威廉斯法官的判决，拒绝了马修斯的主张，即他可以根据宪法第一修正案主张一种新闻目的抗辩，以此来对抗联邦儿童色情法。[26] 该法院也拒绝了法庭之友"记者争取新闻出版自由委员会"（Re-

> 原告的律师如今不仅起诉新闻的报道方式，还更频繁地起诉新闻的采集方式。宪法第一修正案并未给记者和消息来源颁发违反刑事法律的许可证。

porters Committee for Freedom of the Press)的主张,即记者在新闻采集中应可免受此等法律的约束。第4巡回区美国上诉法院援引美国最高法院在"布兰兹堡诉海斯案"(*Branzburg v. Hayes*)中的判决文,表达了如下观点:宪法第一修正案并未"给记者和消息来源颁发违反刑事法律的许可证"。[27]

大多数记者在调查警方执法时不会违反刑法,马修斯这样的情况少之又少。但记者确实会违反其他法律。对此类情形稍做全面了解,我们便会发现,法院已不再容忍这些行为。

非法侵入(Trespass) 西弗吉尼亚州一位法官2009年判决:两名记者没有进入马西能源公司(Massey Energy Company)的私人地产拍摄一群抗议者的宪法第一修正案权利,这些抗议者当时正反对削山开矿工程。当然,也有可能发生另一种情形:记者(包括学生记者)即便身处公共地产,也会因涉嫌非法侵入而被捕,仅仅是因为惹恼了警方。2010年,俄亥俄州立大学学生报纸《灯塔报》(*Lantern*)的摄影记者亚历克斯·科特兰(Alex Kotran),因拍摄警察在体育场内围捕两头误入的奶牛,面临着非法侵入的指控。据《灯塔报》报道,科特兰说,他双手被铐,警察"告诉我,我被捕了。我提醒他,我所在的是公共领域"。似乎每年都有记者触犯非法侵入方面的法律,其中一些并无疑义,另一些却是执法人员故意与传媒作对。**非法侵入**指未经他人允许,故意进入他人的领地。同意是非法侵入的有效抗辩,但记者如果超出同意的范围,进入不允许进入的区域,同样也有责任。

实施了非法侵入的记者,可能同时面临民事责任和刑事指控。一家联邦上诉法院1995年写道:"记者没有非法侵入的特权。"[28]这一点很重要,记者必须记取。记者无权侵入私人领地,甚至也无权侵入政府的地产。

有一起案件很能说明刑事侵入的危险性。亚利桑那州凤凰城附近有一家《东谷论坛报》(*East Valley Tribune*),该报记者布赖恩·韦尔斯(Bryon Wells)想采访当地

> 实施了非法侵入的记者,可能同时面临民事责任和刑事指控。

一名被解雇的警察——丹尼尔·洛夫莱斯(Daniel Lovelace)。洛夫莱斯曾卷入一起致命的枪击事件,被控二级谋杀。记者韦尔斯穿过一道关闭的但未上锁的大门(门上挂着"不得擅入"的牌子),进入洛夫莱斯家的篱笆院。记者走到前门,按了门铃,洛夫莱斯的妻子出来应门,她要求记者离开,记者平静地走了。2004年,一位法官基于以上事实,支持对记者韦尔斯的定罪(非法侵入罪),韦尔斯被罚款300美元,并处一年缓刑。[29]迈克尔·D. 琼斯(Michael D. Jones)法官维持初审法院的有罪判决,他写道:"违反刑事侵入法的记者,不能仅因正在行使宪法第一修正案权利,便免于刑事指控。"亚利桑那州刑事侵入法规定:"故意非法进入或逗留于他人围以篱笆的院子……为一级刑事侵入罪。"[30]

不是所有未经邀请便进入私人领地的记者,都构成非法侵入。关键是主人或居住者是否要求记者离开。一家法院曾判决:当一名女性允许CBS电视台的工作人员随同一个危机干预小组进入她家时,她就无法再主张记者的进入是非法侵入。[31]一些私人领地欢迎公众进入,而传媒也是公众的一部分。美国广播公司(ABC)曾派出一组摄像人员,在一家眼科诊所秘密拍摄医生给病人做眼科检查的过程。这些检查对所有前来收集信息、寻求医疗或其他服务的顾客开放。诊所主人起诉非法侵入,第7巡回区美国上诉法院驳回了此案,它说:此案中,非法侵入旨在保护的法益(不受干扰地使用并享受个人财产)并未受到侵犯。该诊所对所有寻求眼科服务的人开放。诊室内的活动并未受到干扰,也没有谁的私人空间受到侵扰。[32]

2010年的"博林诉谷歌公司案"(*Boring v. Google, Inc.*)[33]涉及谷歌公司的街景项目,一家联邦上诉法院做出了有利于一对宾州夫妇的判决,这对夫妇居住在一条私人街道上,街道入口处标明"私人街道,非请勿入"。如上诉法院所说,谷歌的街景项目"在互联网上提供美国各大城市的街道全景。为完成街景项目,谷歌的工作人员在小客车上装置数字全景

摄像机，穿行在城市的大街小巷拍摄"。原告夫妇发现，谷歌"数月前未经授权便驶入其车道，拍摄其住宅（包括游泳池）的彩色图像"。原告夫妇起诉非法侵入，第 3 巡回区美国上诉法院做出了有利于原告的判决，它写道："博林夫妇诉称，谷歌未经允许便进入其私人地产。若经证实，这是非法侵入无疑。"2010 年 10 月，美国最高法院拒绝审查此案。

乘直升机飞到他人住宅或其他私产的上方，拍摄他人的照片，是否构成非法侵入呢？这取决于直升机飞得多高。电视新闻杂志经常使用直升机航拍名人的婚礼。在一个稍有不同的情境下，一架新闻直升机在盖尔·贝弗斯（Gail Bevers）家上空盘旋了 10 分钟，拍摄到的画面用来配合有关租住屋恶劣环境的报道。被直升机"吓得半死"的贝弗斯起诉非法侵入。2002 年，得克萨斯州一家上诉法院审理了她的案件，它说："判断空中飞行是否构成侵入的关键之一，是飞行器的高度。"[34] 该法院指出，尽管"业主无权禁止他人飞越其地产，因为空域属于公共领域"，但"紧贴地面的"飞行同样会严重扰乱业主对土地的使用和安居，可能构成非法侵入。在贝弗斯案中，法院的结论是："从法律角度而言，在 300～400 英尺的高度盘旋 10 分钟，尚未达到'严重扰乱'下方土地之使用的程度。"该上诉法院于是批准传媒被告的即决判决申请。

如果记者随同政府官员、警察或消防员进入私人地产，又当如何？这些政府职员能允许传媒非法进入私人地产吗？答案是否定的。曾有法院判决，在此类案件中，不仅记者要承担责任，带记者进去的执法官员也有风险。

1999 年，美国最高法院全体大法官意见一致地做出判决：执法官员允许记者随同他们进入私宅实施搜查或逮捕，乃是侵犯"宪法第四修正案保障的住宅隐私权"。有两起案件一路上诉至美国最高法院。第一起是"威尔逊诉莱恩案"（Wilson v. Layne），其缘起如下：一个联邦与地方联合执法小组邀请《华盛顿邮报》的一名记者兼摄影师随同他们前往马里兰州罗克维尔（Rockville）追捕逃犯。第二起是"汉隆诉伯杰案"（Hanlon v. Berger），此案涉及美国鱼类及野生动物管理局（U. S. Fish and Wildlife Service），该局工作人员邀请 CNN 的数位记者和摄像一同前往蒙大拿州搜查一个牧场，收集牧场主人非法毒害野生动物的证据。美国最高法院关注的争点是：带记者进入私人地产的政府工作人员，是否应为这一侵权负责？业主能否起诉政府工作人员侵犯其宪法第四修正案权利？政府工作人员主张，他们之所以邀请记者随行，是因为，传媒近距离地报道政府执法，有利于公众理解执法，也有助于警方获得更多的公众合作。首席大法官威廉·伦奎斯特代表美国最高法院写道："打造良好的警民关系这一需求本身，尚不足以证明带人侵入私人住宅的正当性，这一点殆无疑义。"首席大法官援引了近 400 年前英国法院的一起判决，以证美国最高法院的决定："每个人的家就是他的城堡和要塞，是他抵抗伤害与暴力的防御工事，是他得享安宁的栖息之所。"不过，鉴于以上逮捕活动发生之时有关传媒随行的法律尚未制定，美国最高法院判决，在威尔逊案中，要求警察为其行为承担赔偿责任不太公平。警察无法清楚预见到其所作所为有可能违反宪法。[35]

美国最高法院并未处理记者和摄像的责任，伯杰案被发回第 9 巡回区美国上诉法院，由该法院根据美国最高法院有关警方责任的判决重新审理。[36] 该上诉法院此前曾判决：记者与搜查蒙大拿牧场的政府职员密切合作，所以，电视台记者和制片人是事实上的"政府行动者"或"联合行动者"，也可以与联邦官员一样成为宪法第四修正案诉讼的被告。[37] 美国最高法院做出判决后，该上诉法院经重审后判决：记者不享有威尔逊案中政府职员享有的有限豁免权，该法院恢复了伯杰对记者提起的宪法第四修正案诉讼，并推翻了下级法院驳回起诉（非法侵入和故意制造情感伤

> 乘直升机飞到他人住宅或其他私产的上方，对其拍摄照片，是否构成非法侵入呢？这取决于直升机飞得多高。

> 打造良好的警民关系这一需求本身，尚不足以证明带人侵入私人住宅的正当性，这一点殆无疑义。

害)的原判。[38] 2001 年,保罗·伯杰与 CNN 达成保密和解,和解金额不明,此案终于落下帷幕。[39]

2010 年,在"弗雷德里克诉传记频道案"(*Frederick v. Biography Channel*)[40]中,美国地区法院法官米尔顿·沙德尔(Milton Shadur)拒绝驳回两名女性的起诉。沙德尔法官说,伊利诺伊州内珀维尔(Naperville)警方与几家传媒机构(包括传记频道和 A&E 电视网)的合作行动给他人造成了极大困扰。此案的缘起是:传媒被告与内珀维尔警方密切合作,拍摄电视真人秀节目《女警察》("Female Forces"),其中有一集拍到了两名原告,镜头中,警方正在逮捕一名原告,而原告明确拒绝拍摄。真正的问题在于,内珀维尔警方扣留了两名女性后,特意等《女警察》的录制人员赶到现场,方便他们拍摄逮捕现场。换言之,警方没有立即实施逮捕,一直等到摄像机到位后才动手!沙德尔法官说,"政府机构与私人机构之间的象征性关系"(此案中的私人机构是传记频道和 A&E 电视网),有可能将私人机构转变为政府参与者。沙德尔法官发现,内珀维尔市政府的确与传媒被告有正式的合同。鉴于传媒被告紧随政府官员(此案中是内珀维尔警方)行动,可以认定,它们已转变为政府参与者。两名原告于是得以继续起诉传记频道和 A&E 电视网侵犯其宪法第四修正案权利。

记者若想涉足私人领地,必须得到所有者或居住者的同意。警方和消防员无权同意传媒进入。报道游行或抗议的记者,可能会误入非公共区域,记者最好提前与警方会面,解释自己的行动。记者必须履行新闻职业规范,遵守警方的一切合法命令。记者不得干扰警方的行动,不得与维护治安的警察发生言语冲突。紧张局势下,警方常会担心失去临场控制。

学生记者有时会被控"扰乱社会治安"(disorderly conduct)。据学生传媒法中心的报道,俄亥俄大学的摄影记者尼古拉斯·坦纳(Nicolas Tanner)因在俄亥俄州阿森斯(Athens)拍摄一次医疗急救的现场照片,于 2012 年 10 月被捕。警方称,救护人员当时正急着把事故受害者送入救护车,坦纳却在一旁"不停地拍照",拒绝让路。坦纳被控"干扰并妨碍政府官员或急救人员并且拒捕"。学生传媒法中心说,坦纳拒绝认罪,他说,他告诉救护人员,自己"有权留在现场,而且,躺在担架上的那个我当时根本看不见的人,也没有任何隐私预期"。警方到达现场后,坦纳说:"很明显,他们不是来执法的,他们是来限制我的拍摄权的。"

另据学生传媒法中心报道,全美摄影摄像记者协会(National Press Photographers Association)的总顾问米基·奥斯特雷切尔(Mickey Osterreicher)说,以上指控应被撤销。他认为,"警方逮捕一个人必须有合法依据。拍个照难道也会干扰、妨碍警方的行动吗?我实在想不通"。奥斯特雷切尔后又代表全美摄影摄像记者协会致函阿森斯警察局局长、学生传媒法中心和职业新闻记者协会(Society of Professional Journalists),要求撤销对坦纳的指控。三个月后的 2013 年 2 月,指控被撤销。奥斯特雷切尔告诉学生传媒法中心,他很满意这一结果,但也担心坦纳被捕一事会对其他摄影记者造成寒蝉效应。

大多数城市和州都有关于妨碍公职人员执行公务的法律,哪怕记者并未非法侵入,政府也可以根据这些法律逮捕记者(**参见第 243~244 页**)。这些法律对传媒的适用可能是违宪的[41],但违宪判决做出之时,记者已经被捕数周或数月了。

骚扰(Harassment) 1996 年,宾夕法尼亚州一位联邦法官下令禁止两名记者采集新闻,此事非同寻常。记者保罗·刘易斯(Paul Lewis)和斯蒂芬·威尔逊(Stephen Wilson)供职于电视新闻娱乐节目《内幕版本》("Inside Edition")。他们当时正在制作一期节目,揭发美国保健公司(U. S. HealthCare)一边大幅度削减花在病人身上的开支,一边却给高管发放高薪。报道的重点是伦纳德·艾布拉姆森

记者若想涉足私人领地,必须得到所有者或居住者的同意。警方和消防员无权同意传媒进入。报道游行或抗议的记者,可能会误入非公共区域,记者最好提前与警方会面,解释自己的行动。

(Leonard Abramson)和他的女儿南希(Nan-cy)、女婿理查德·沃尔夫森(Richard Wolfson)。沃尔夫森夫妇声称,他们夫妇拒绝了记者的采访后,两名记者使用伏击式采访、枪型麦克风和其他电子设备对他们倍加骚扰,侵犯其隐私。这对夫妇还说,记者无所不用其极,甚至跟踪他们的女儿上学,他们一家人前往佛罗里达度假时,记者也穷追不舍。沃尔夫森夫妇起诉记者跟踪、骚扰、非法侵入和侵扰私人空间,并请求法官禁止记者使用侵扰性新闻采集技术(在庭审之前)。法官认为,沃尔夫森夫妇在这起案件中占了上风。他说,两名记者采用盯梢、追逐、跟踪等不合理手段,成功地将这家人圈禁在了家里。法官发出临时禁令,禁止刘易斯和威尔逊侵犯沃尔夫森一家的隐私,要求记者不得骚扰、纠缠、跟踪、恐吓或伏击这家人,是否使用摄像机在所不论。[42] 1997 年,双方达成和解,法官撤销了针对《内幕版本》节目的临时禁令。

2009 年,妮科尔·里奇(Nicole Richie)从洛杉矶一位法官处获得一道为期三年的限制性命令,该命令要求两名摄影记者不得接近里奇周围 50 码的区域。里奇称,正是这两名摄影记者导致她在贝弗利山撞车,她说,她很担心自己和两个孩子的安全。

欺诈(Fraud)　所谓欺诈,就是传播明知为假的陈述,引诱原告相信并对原告造成损害。一般而言,如果卖家在商品质量上对买家撒谎,我们便认为卖家实施了欺诈。但是,如果记者为获取信息而撒谎,可以认定为欺诈吗?请设想下面这个场景:一名报纸编辑听到一则有鼻子有眼的传言,说当地有个零售商欺骗顾客。为查证核实,两名报社记者向该零售商求职,以便打入内部,一探究竟。这两名记者使用假名、假工作履历,向老板撒谎说他们正在找工作。他们对自己的记者身份讳莫如深,当然更不会透露,他们即将监视店里的其他职员。这两名记者的行为合法吗? 1996 年,北卡罗来纳州的一个陪审团裁断:ABC 的记者在调查连锁超市是否违反卫生法时,为了得到超市的工作,隐瞒其工作经历和求职意

图,系属欺诈,并伴有其他违法情事。陪审团判给原告 500 万美元赔偿金,赔偿金额后在上诉审中被缩减至象征性的 2 美元。一家美国上诉法院判决,这两名记者的行为尚不符合北卡罗来纳州法律对欺诈的严格界定。[43] 不过,这起高调的官司催生了大量新闻报道,数量之多,甚至远超于 ABC 对那家连锁超市的报道。这些报道让人们开始关注"记者假扮他人暗访"的问题。换一个州,如果相关立法有所不同,欺诈定罪也有可能维持原判。事实上,仅一年之后,明尼苏达州就发生了一起与 ABC 案几乎一模一样的案件,WCCO 电视台及其记者被判欺诈、非法侵入罪成立。在此案中,记者隐瞒了工作经历和报道意图,向一家智障人员看护机构申请志愿者岗位。她偷偷摸摸地拍摄看护机构内的活动,部分内容在电视台播出。[44]

还有一个问题与欺诈密切相关,那就是记者为获取信息而假冒政府公职人员。联邦法和州法都禁止这种假冒行为,宪法第一修正案也不提供任何保护。2002 年 4 月,一家联邦法院判了记者阿维·利杰(Avi Lidgi)一年缓刑和 60 小时社区服务。这名 27 岁的记者为了获取俄亥俄州克利夫兰(Cleveland)市一起间谍案的秘密法律文件,不惜假冒联邦检察官,还谎称自己是联邦法官的助手。[45] 大陪审团起诉这名记者三项罪名(他可能面临长达九年的铁窗生涯),他同意认一项罪(假冒联邦官员罪)。

不遵守合法命令(Failure to Obey Lawful Orders)　警方和消防人员常常会限制传媒与公众进入事故和火灾现场。记者必须遵守命令,否则会被指控妨害治安,甚至可能更糟。比如,《奥克兰论坛报》(Oakland Tribune)的摄影记者雷蒙多·查维斯(Raymundo Chavez)就曾在 2009 年输了一起官司。事情的起因是这样的:查维斯把车停在高速公路的快车道上,下车拍摄一起刚刚发生的机动车交通事故,他因此被捕。查维斯起诉称,其宪法第一修正案权利遭到了侵犯。事发现场曾有警察告知查维斯这是犯罪现场,并要求他离

开。一家美国地区法院的查尔斯·布雷耶(Charles Breyer)法官判查维斯败诉,他在"查维斯诉奥克兰市案"(*Chavez v. City of Oakland*)中说:"一般大众不得进入的事故或犯罪现场,传媒也没有涉足其中的宪法第一修正案权利。"布莱耶法官还说,查维斯未能"举出一起类似案例支持其主张,换言之,没有哪起案例说警察不能制止报社的摄影记者站在高速公路中央拍照"。

不过话说回来,警察对记者发出的命令是否合法,有时并不那么明朗。2011 年,密尔沃基(Milwaukee)市福克斯电视台(Fox TV)的资深记者克林特·菲林格(Clint Fillinger)因"抗拒、干扰警察"而被捕,他当时正站在警方设置的警戒线以外几英尺处拍摄一场火灾。记者争取新闻出版自由委员会网站上的一个帖子写道:从现场录像中能听到,菲林格在警方命令他退后时说:"大家都站在这里。如果一般公众能站在这里,我也可以站在这里。"[46]菲林格和电视台认为警方的要求不合理,因为警方要求他离开一般大众可以自由出入的区域。全美摄影摄像记者协会和威斯康星州新闻摄影摄像记者协会(Wisconsin News Photographers Association)正式致函密尔沃基市警察局局长,要求立即撤销所有指控。

由此看来,宪法第一修正案并未赋予传媒进入灾难现场的特殊权利,如果记者拒不遵守现场警方的合法命令,宪法第一修正案也不能保护记者免遭逮捕或免受妨碍治安的指控。但至少有三个州(加利福尼亚州、俄亥俄州和俄勒冈州)现已立法,为记者在特定情境下采集新闻提供了一些(尽管不是完全)保护。例如,加州允许"经正当授权的""通讯社、报社、电台、电视台或网络"的工作人员进入执法部门因"洪灾、火灾、地震、爆炸、事故或其他灾难"而封闭的区域。[47]俄勒冈州允许记者"合理进入"搜查现场或救援现场。[48]

大陪审团通常闭门工作,如果有人试图从大陪审员处打探信息,法院往往十分敏感。如果有人试图引诱大陪审员泄露秘密证词,法院必定会给予惩罚。

录像和录音(Taping and Recording) 另有大量法律会直接影响新闻采集。宪法第一修正案也不保护违反这些法律的记者。例如,在大多数州和哥伦比亚特区,记者在采访消息来源时可以秘密录音。我们称这些州为"一方同意州",因为只需谈话一方(即摄录的记者)知道交谈过程被摄录即可。虽有 38 个州和哥伦比亚特区属于对记者较为友好的"一方同意州",但也有 12 个州(其中有加利福尼亚州、宾夕法尼亚州和佛罗里达州)要求记者在摄录前获得交谈各方的许可,即所谓"各方同意州"。[49]这些州的法律禁止任何人秘密摄录谈话过程,无论是当面交谈、电话交流还是其他场合的谈话。例如,加州刑法第 632 条规定以下行为是犯罪:

> 故意且**未经各方同意**,以电子放大设备或录音设备窃听或记录秘密谈话。至于交谈是当面进行,抑或是通过电报、电话或其他设备实现,在所不论,无线电除外。

加州法院曾判决,"秘密谈话"意味着交谈各方对谈话内容不被偷听或不被录音有合理的期待。[50]录音之时,违法行为即告发生,录音材料之后是否刊播,非为所问。

如果有人从"一方同意州"打电话给居住在"各方同意州"的人,并录下谈话内容,该适用什么法律呢?2006 年,加州最高法院在"卡尼诉萨洛蒙·史密斯·巴尼案"(*Kearney v. Salomon Smith Barney*)中判决:当某人从佐治亚州(一方同意州)打电话给加州的居民,并秘密录下通话内容时,应适用加州的各方同意法。[51]马里兰也认为,当外州人对电话通话内容录音时,应适用该州的各方同意法。[52]这样看来,向"各方同意州"拨打电话的记者,最好在录音之前征得通话对象的同意。

联邦政府与近半数州立法禁止窃听。越来越多的州立法禁止秘密拍摄身处私密场所(有合理隐私期待之场所)的个人。这些法律主要针对的是窥私癖,但同时也波及了记者和合法的摄影摄像师。任何人若想安全地从事新闻业，都得了解所在州有关新闻采集的法律。各州的相关法律存在着微妙差异，而且会因时而变。记者只有知法懂法，才能得到最佳保障。记者争取新闻出版自由委员会的网站上能找到很好的资源，网址是：http://www.rcfp.org/reporters-recording-guide。

窃听法难免会涉及一个问题：何为谈话中的合理隐私期待？例如，密歇根州最高法院在2011年的"鲍恩斯诉阿里案"（*Bowens v. Ary*）[53]中就曾面临这样一个问题：在一场音乐会的后台给某段对话录像，是否违反该州的窃听法？这场由德瑞博士（Dr. Dre）、史努比狗狗（Snoop Dogg）、冰块（Ice Cube）和埃米纳姆（Eminem）等说唱巨星参演的音乐会，在底特律的乔·路易斯体育馆（Joe Louis Arena）上演。引发法律争议的对话，发生在警察（原告）与音乐会组织者之间，谈话内容是：音乐会主办方可否在德瑞博士和史努比狗狗表演之前播放一段性爱视频。这段"独家后台录像"后被收入巡回音乐会的DVD，警察因此起诉。密歇根州窃听法禁止"任何人（不论是否在场）未经谈话各方同意，故意使用设备窃听私人谈话"。关键词是"私人谈话"——必须是窃听私人谈话，才有可能违反该法。

密歇根州最高法院在鲍恩斯案中得出的结论是，原告对录像对话没有合理的隐私期待。之所以得出这一结论，以下事实至关重要：(1)有400多人拥有后台通行证，包括地方传媒与全国传媒的大量工作人员；(2)谈话被摄录时，房间中至少有九个身份可被识别的人在场，同时还有其他身份不明的人来来去去，如果他们愿意，他们都能听到这场谈话；(3)原告明知附近有多名摄制人员，包括MTV的工作人员和被告专门请来拍摄后台事务的人员。因为原告对谈话没有合理的隐私期待，密歇根州最高法院判决，被告不违反密歇根州的窃听法。

小　结

无论是记者还是一般人，都很难获得政府手中的信息。法律未必总是管用。普通法对想要检视政府记录的人助益不大。美国立宪之时，新闻采集尚未成为传媒的核心职能。几乎没有证据表明，新闻采集权是宪法第一修正案意欲保护的内容。有些联邦法院认为，新闻和信息采集应受美国宪法的一定保护，但它们在提供这种保护时又显得颇为悭吝。美国最高法院指出，记者在监狱和看守所采集信息的权利，与一般民众无异。下级法院承认更为广泛（尽管仍然有限）的宪法近用权。但是，如果记者在采集新闻时有违法情事，法院也不会允许记者仗着宪法第一修正案免除违法后果。很多原告发现，与其起诉记者诽谤或侵犯隐私，还不如起诉传媒的新闻采集方式来得容易。以非法侵入、欺诈、冒充、不遵守合法命令和其他诉由提起的诉讼十分常见。

《信息自由法》

普通法与宪法均未明确规定民众近用政府信息的权利，而这种权利对大多数民众而言又必不可少。自1950年代初期起，传媒和民间游说团体便勠力推进立法，以确保公众和传媒有权利检阅政府掌握的记录和其他信息，并有权利参加公共机构举办的会议。美国各州如今都有这类法律。此外，联邦层面还有公开记录法和公开会议法。我们先来看联邦立法。

1966年，美国国会通过了《**信息自由法**》（**Freedom of Information Act, FOIA**），显然，该法旨在公开长期以来不对公众开放的记录和文件。国会留下的立法文件表明，该法的立法

目的,是确立"最大限度地公开政府记录"之一般原则。参议院在立法目的报告中引用了詹姆斯·麦迪逊的一段话:

> 知识永远胜过无知,吾人若欲实现自治,必须以知识所赋之力量为自我武装。国民政府若无国民之信息,或若无获取该信息之途径,则不过是一场闹剧或一场悲剧的开场,甚至二者皆然。[54]

公众和传媒都接受这一原则。

将近 50 年过去了,《信息自由法》已是调查性报道记者的有力工具。例如 2013 年,《孟菲斯商报》(*Memphis Commercial Appeal*)靠《信息自由法》打了一场大胜仗,与联邦调查局就有关欧内斯特·威瑟斯(Ernest Withers)的文件达成了和解。威瑟斯是著名的非洲裔美国摄影师,20 世纪五六十年代拍摄了大量有关南方民权运动(如小石城中心中学的种族融合之战)的经典黑白影像。报社的调查表明,他当时还有另一重身份——联邦调查局的付费线人。为获取相关记录,了解威瑟斯与联邦调查局的关系(包括其线人文件),报社向联邦调查局发起了漫长而昂贵的诉讼之战。联邦调查局既不承认,也不否认威瑟斯曾为它工作。在联邦法官强制联邦调查局承认威瑟斯曾担任该局线人之后,双方达成了和解。

根据和解协议,联邦调查局同意:(1)为《孟菲斯商报》支付 186 000 美元诉讼费;(2)由国家档案与记录管理局提供文件,而非由联邦调查局提供文件。如此一来,大量记录与照片有望公开,该报编辑克里斯·佩克(Chris Peck)说,这些记录和照片"显然有助于美国人更好地理解联邦调查局在民权运动中扮演的复杂角色"。该报代理律师查克·托宾(Chuck Tobin)说:"联邦调查局此前曾与本报尖锐对峙,它的理由是,它得对秘密线人项目绝对保密。这一和解兼具创造性与历史性,使有关威瑟斯的秘密文件重见天日,我们由此才能更多地查知,联邦调查局为何以及如何暗中监视民权运动中的抗议者。"

2012 年,《华尔街日报》使用《信息自由法》发掘国家反恐中心(National Counterterrorism Center)的权力运作记录与奥巴马政府内部因这一反恐项目而滋生的巨大争议。奥巴马政府给了国家反恐中心极大的权力,哪怕毫无理由怀疑他人违法,反恐中心也可以查阅有关美国公民的政府文件,以便发现犯罪可能。2012 年 12 月,《华尔街日报》报道:"该部门获得了一项新权力,可以保存无辜美国公民的文件长达五年,并通过分析这些文件发现可疑的行为模式。而以上二者,皆不被允许。"

同年,美联社凭借《信息自由法》,揭开了联邦调查局保存的大量有关玛丽莲·梦露(Marilyn Monroe)的文件。美联社 2012 年 12 月报道说,这些文件透露了"该影星熟识的部分共产主义倾向人士的姓名,这些人曾令政府官员和梦露本人的随从不安"。美联社又说,"梦露文件始于 1955 年,多数内容聚焦于她的外出和交游,目的是探查她的左倾迹象和她与共产主义的可能关联"。欲知梦露文件的详情,可登录 http://bigstory.ap.org/article/fbi-removes-many-redactions-marilyn-monroe-file。

不仅记者可以提出《信息自由法》申请,普通公民也可以提出《信息自由法》申请。例如,2009 年,乔治·华盛顿大学的国家安全档案馆代表珍珠果酱乐队(Pearl Jam)、特伦特·莱兹诺尔(Trent Reznor)等知名音乐人,向国防部提出《信息自由法》申请。这些音乐人想知道,哪些音乐人的音乐被关塔那摩等羁押中心用作审讯工具。根据此前透露的文件和囚犯、狱卒的证言,这次申请特别锁定九寸钉(Nine Inch Nails)、愤怒对抗体制(Rage Against the Machine)、红辣椒(Red Hot Chili Peppers)、软饼干(Limp Bizkit)等乐队的音乐。申请信息公开的音乐人很怕自己的音乐被用于折磨被羁押者。

各家联邦行政机构一共收到多少份《信息自由法》申请? 根据司法部的数据,2012 财政年度共有 651 254 份申请(可从 http://www.foia.gov/index.html 查询)。比两年前的 2010 财政年度增加了 53 000 多份。

政府机构收到《信息自由法》申请后，必须在 20 天内给出答复（后文细谈），但是，如果政府机构拒绝公开文件，因此展开的《信息自由法》之争将耗时长久且所费不赀，哪怕申请人最后获胜。例如，2012 年 10 月，旧金山一位联邦法官下令，要求司法部和联邦调查局付给调查性报道记者兼作家塞思·罗森菲尔德（Seth Rosenfeld）47 万美元。罗森菲尔德曾向联邦调查局发出《信息自由法》申请，请求该局公开有关加州大学伯克利分校 1960 年代抗议运动的记录。他申请的文件既涉及联邦调查局对学校师生的监视，也涉及罗纳德·里根担任加州州长期间与联邦调查局的关系。申请被拒后，罗森菲尔德起诉联邦调查局。两起诉讼旷日持久，但均以罗森菲尔德胜诉告终，法官判赔的上述金额，是他打官司付出的律师费和诉讼费。

根据《信息自由法》，如果原告（信息公开申请人）胜出，法院可以命令联邦行政机构付给原告合理的律师费和诉讼费。不过，该法不强求法院判给原告律师费和诉讼费，法院有自由裁量权。法院在决定是否判赔时，一般会衡酌四个因素：(1)公开信息所增进的公共利益；(2)胜诉原告从中获得的商业利益；(3)所公开的记录对原告具有何种价值（学术的？新闻的？公众取向的？）；(4)政府拒绝公开有无合理依据？拒绝申请仅仅是为了避免尴尬或打击申请人吗？

爱德华·陈（Edward Chen）法官考察以上因素后，做出了有利于罗森菲尔德的判决。他根据第二项因素指出，罗森菲尔德著书立说虽有可能受经济利益驱动，但"想要出版一本书的单纯意愿，并不必然意味着原告的利益是纯粹商业性的"。陈法官判给原告的 47 万美元，最终没有落入罗森菲尔德的腰包，而是付给了在长达 20 多年的时间里帮助罗森菲尔德打赢官司的律师事务所。罗森菲尔德案同时也说明，对于信息申请者而言，《信息自由法》案件是何等漫长又昂贵。在罗森菲尔德案中，律师戴维·格林（David Greene）一直陪伴罗森菲尔德坚持到最后。

 ## 案例

若是政府撒谎会怎样？

若是政府当庭撒谎，抵死否认自己手上有原告申请的记录，那么联邦法官一怒之下，也许会判令政府付给原告诉讼费和律师费。2011 年 11 月的"南加州伊斯兰舒拉委员会诉联邦调查局案"（*Islamic Shura Council of Southern California v. FBI*）[55] 即属此例。此案的起因是：南加州伊斯兰舒拉委员会（Islamic Shura Council of Southern California）向联邦调查局申请公开该局监视该委员会活动的记录。联邦地区法官科马克·J.卡尼（Cormac J. Carney）判决：联邦调查局必须向原告支付律师费。

卡尼法官写道："为防政府再次欺骗法院，本院必须施以金钱惩戒。"他又说："诉讼双方不能自行选择何时对法院讲真话。在司法程序的各个阶段，都必须实话实说，否则司法的意义将丧失殆尽。政府说，为保护国家安全，它起初不得不欺骗本院，本院对此难表赞同。"他严厉地批评联邦调查局道："政府欺骗本院毫无事实或法律依据，全然错误。"2011 年 12 月，卡尼法官命令联邦调查局向原告支付合理的律师费用 36 248 美元。

适用法律

《信息自由法》所能发挥的作用，相当程度上取决于政府解释、适用该法的方式。一些评论家说,乔治·W. 布什对保密的热衷,超过了近年来的其他总统。

纽约市、华府两地的恐怖主义袭击,加上政府强化国土安全的举措,直接影响了《信息自由法》的适用。2001 年 10 月,司法部部长约翰·阿什克罗夫特(John Ashcroft)命令所有行政机构更细致地审核依《信息自由法》公开的文件。

巴拉克·奥巴马 2009 年刚一上任,便发布备忘录承诺,此届政府将给政府信息公开带来新气象,尤其是在回应信息公开申请方面。他宣布:

> 《信息自由法》之实施,应本着"公开能驱散疑云"的明确信念。政府不能仅因政府官员可能会因所公开的信息而倍感尴尬,或因政府的错误和失败可能将就此败露,或因一些凭空假想的、虚无缥缈的恐惧,就将信息严防死守起来。政府绝不能为了保护政府官员的个人利益而拒绝公开,否则,公仆的服务对象就将付出代价。行政机构在依《信息自由法》答复申请时应当行动迅速,秉持合作精神,它们应认识到,这些机构乃是为服务公众而设的。[56]

奥巴马这番有关政府透明的论调,初期效果就不能令人满意。乔治·华盛顿大学的非营利性组织国家安全档案馆 2010 年发布报告说,尽管奥巴马总统和司法部部长埃里克·霍尔德均于 2009 年发布备忘录,呼吁政府机构实施信息公开改革,但国家安全档案馆的调查发现:(1)年深日久的申请——部分长达 18 年——依然存在;(2)只有少数机构回应奥巴马和霍尔德的备忘录,在信息公开领域做出切实的改变;(3)包括霍尔德本人的司法部在内的 28 家行政机构中,只有四家行政机构的信息公开数量增加,拒绝申请的数量减少。

在奥巴马政府的治下,行政机构的拖延能达到何种地步呢?近期的案例表明,可以长达五年。2013 年 5 月,第 4 巡回区美国上诉法院在"科尔曼诉美国禁毒署案"(*Coleman v. Drug Enforcement Administration*)[57]中考察了约翰·科尔曼(John Coleman)2008 年向美国禁毒署发出的《信息自由法》申请。科尔曼请求禁毒署披露肌肉松弛药物"肌安宁"(carisoprodol)的监管文件。从这起案件中,我们能看出联邦机构惯用的拖延战术。第 4 巡回区美国上诉法院指出:"法律要求行政机构在 20 个工作日之内回应《信息自由法》申请,禁毒署却花了 16 个月才答复,最后还拒绝了科尔曼的申请,理由是,他没有预先支付处理费用。科尔曼向司法部申诉禁毒署的费用决定。司法部的信息政策办公室(Office of Information Policy)用了 7 个多月才处理完科尔曼的申诉,并将申请发回禁毒署重新处理。科尔曼又等了近 5 个月,禁毒署才有所动作。终于,兜兜转转近两年半之后……科尔曼向法院起诉禁毒署,希望得到他最初申请的文件。"该法院严厉批评了禁毒署,并做出有利于科尔曼的判决,它毫不留情地指出:没有"任何借口能解释眼下这件事,禁毒署沉默了那么久,远非法律要求的立即答复。国会从未在《信息自由法》中允许政府袖手坐等数月,什么都不干。如今是时候解决科尔曼在 2008 年 2 月 29 日提出的申请了"。

2002 年,前总统乔治·W. 布什签署了《国土安全法》(Homeland Security Act)[58],这对近用权的支持者是一次打击。其中最具争议的条款是"基础设施关键信息法"(Critical Information Infrastructure Act)。它规定,有一种事项可豁免于《信息自由法》和州及地方公开法,即所谓"基础设施关键信息",这些信息是个人与商业机构自愿向联邦政府(尤其是国土安全部)提交的。问题出在哪里呢?《旧金山纪事报》在社论中指出,该法"允许个人隐藏有关'重要基础设施'的信息"——包括健康和安全方面的隐患——只要个人自愿向政府部门提交数据即可。它适用于私人经营的电厂、桥梁、水坝、港口或化工厂"。[59]新法还规定,自愿提交信息者,其姓名或名称皆可保密。

参议员帕特里克·莱希指出,这是《信息自由法》36 年来遭逢的最大失败","大企业从此可以藏身于秘密帷幕之后"。尤其是,该法鼓励企业提交有关重要基础设施的信息（这类信息十分广泛，包括"非属公共领域，但有关重要基础设施或受保护之系统的信息"）。该法不仅规定，以上信息可豁免于《信息自由法》和州公开法，还规定，"出于善意向政府提交信息的"公司，可豁免于"依联邦法或州法提起的民事诉讼"。泄露信息者，可被处以刑事惩罚。该法极易被滥用：公司会乐于向政府提交信息，以防传媒获得这些信息，万一暴露公司劣行的信息外泄，公司也可以免于诉讼。

《信息自由法》之所以运行不畅，难以达成预期目标，高层的政策决策是原因之一。例如，奥巴马总统 2009 年违背透明化承诺，签署了《保护国家安全档案法》(Protected National Security Document Act)。该法规定，美国政府虐囚的照片不得公开。尤其是，国防部部长可以将"美军执行海外任务时对待'9·11'之后被雇佣、扣留、羁押之人的"所有记录秘而不宣，只要国防部部长能证明，"此类记录的公开会危及海外的美国公民、美军官兵和美国政府职员"。美国最高法院根据该法推翻了下级法院的一起判决。美国公民自由联盟（ACLU）依《信息自由法》向国防部发出申请，请求公开 44 名被羁押者的照片。下级法院命令国防部交出这些照片，美国最高法院推翻了原判。简言之，国防部在新法的庇佑下战胜了《信息自由法》。

2011 年，奥巴马政府拒绝公开海军海豹突击队在巴基斯坦阿伯塔巴德（Abbottabad）发动突袭，击毙奥萨马·本·拉登的照片和视频。本·拉登尸体及海葬的照片和视频引发了一场争议。2013 年，"司法观察"（Judicial Watch)在哥伦比亚特区美国上诉法院主张，根据《信息自由法》，它有权利获得这些照片，情势于是进一步白热化。

司法观察认为，它有权利近用中央情报局持有的这 52 份照片和视频。2012 年，一位联邦法官在"司法观察诉国防部案"(Judicial Watch v. Dept. of Defense)[60]中拒绝了司法观察的请求。中央情报局主要根据《信息自由法》的第一项豁免例外（国家安全与国家秘密）反对公开，它指出，公开这些内容"很可能激怒'基地'组织及其同情者，诱发各种恐怖组织和其他反美团体加强宣传，导致美国本土、美国国民、美国官员或其他旅居海外的政府工作人员遭到报复性袭击"。詹姆斯·博斯伯格（James Boasberg）法官同意中情局的以上主张。他决定维持中情局的决定，他说，司法观察只是"猜疑行政分支的官员高估了公开的风险。《信息自由法》允许行政部门为保护国家安全而拒绝公开正确定密的保密信息；中情局在本案中证明了司法观察申请的记录是正确定密的保密信息，本院无法命令中情局公开这些信息"。

2013 年 1 月，司法观察的律师在上诉庭辩中提出，博斯伯格法官将 52 份照片和视频混作一谈，不顾这些照片和视频是有差异的，所能产生的影响也各不相同。该律师提醒道，部分图像并不血腥，应不至于引发中情局担心的暴力事件。况且政府本身也说，它给了本·拉登一个体面、庄重的海葬。

2013 年 5 月，哥伦比亚特区美国上诉法院做出了有利于政府的判决，它的结论是：有关本·拉登的 52 份图像资料，由中情局正确地定密为"绝密"，根据《信息自由法》，这些图像可以免于公开。该上诉法院写道："由于美军人员参与了这名'基地'组织创始人与头目的海葬，中情局的声明让我们有理由相信，曝光这些美军人员的形象，可能会给他们带来极严重的伤害。"

 案例

一次不行，再来一次：不同的人提出同样的 FOIA 申请

假设这样一种情形：柯利先生向某个政府机构发出信息公开申请，请求得到某个记录，结果却遭到拒绝。柯利先生接着起诉该

家政府机构，被联邦法官驳回了。如今又有舒尔茨先生，向同一家政府机构发出信息公开申请，请求获得同一份记录。请注意：舒尔

茨先生与柯利先生并无法律关系，舒尔茨先生从未控制、资助或参与柯利先生的诉讼。舒尔茨先生的申请，会因柯利先生此前的败诉而被自动回绝吗？根据美国最高法院 2008 年的一起判例，答案是否定的。[61] 先前诉讼的结果，不影响其他人（与第一起案件的原告没有法律关系，不曾控制、参与先前的诉讼）再次申请同一份记录。美国最高法院允许不同人重复申请同一信息，它写道："我们的判决强调了以下一般规则：诉讼当事人无须受限于与本人无关之案件的判决结果。"

《信息自由法》与电子传播

截至 2000 年，绝大多数政府记录的制作、传输与储存，都已采用电子化格式。在计算机存储取代纸质记录的同时，联邦政府的行政机构也开始阻挠人们近用这些电子记录。大多数官僚似乎认为，电子记录是一类特殊数据，不在《信息自由法》规定的公开之列，公众无缘亲近。[62]

 案例

FBI 的文件公开网站——"Vault"
从惠特尼·休斯顿到乔·帕特诺

你想不想八卦一下，联邦调查局（FBI）是否为某个明星或名人建了档？有时，我们轻轻松松就能找到此类档案，只需访问 FBI 的 "Vault" 网站即可，它的网址是 http://vault.fbi.gov。要想搜索近期新增的档案，可以访问 http://vault.fbi.gov/recently-added。

FBI 给某位名人建档，并不意味着这位名人干了什么坏事、正在接受调查。在很多情况下，FBI 之所以给名人建档，是因为名人受到了威胁。例如，在已故宾州橄榄球教练乔·帕特诺（Joe Paterno）的 FBI 档案中，就有他在 20 世纪七八十年代倍受威胁的记录，包括匹兹堡大学一名不满球迷的来信，其中写道："宾州队的比赛策略烂透了。"（帕特诺文件共有 872 页，这句话出现在第 681 页，参见 http://vault.fbi.gov/joe-paterno/joe-paterno-part-01-of-01/view。）

2013 年，FBI 在 Vault 中新增了多位已故之人的文件，包括前《60 分钟》记者麦克·华莱士（"国外的一份反情报文件透露，华莱士曾于 1970 年造访古巴"）、惠特尼·休斯顿（休斯顿曾于 1988—1999 年期间屡次受到威胁，文件反映了 FBI 对此展开的数次调查）和航天员尼尔·阿姆斯特朗（文件共 18 页，时间跨度为 1969—1985 年，主要是有关方面在考察阿姆斯特朗的行政任命时请 FBI 做的调查，其中并无损害阿姆斯特朗声誉的信息）。2012 年，FBI 公开了"武当派"乐队（Wu-tang Clan）成员拉塞尔·蒂龙·琼斯（Russell Tyrone Jones）的文件（FBI 调查了该乐队成员的活动，但没提起刑事控诉。这份文件的起止年份为 1999—2004 年）。顺便说一句，琼斯的绰号是"肮脏坏家伙"（Ol' Dirty Bastard），这个绰号比他的真名更为世人所知。

1996 年，国会通过了《信息自由法》的一条修正案，该修正案要求政府机构以公开纸质档案的标准公开电子记录，包括所有电子邮件、信件或笔记。这条修正案被称为《电子信息自由法》（Electronic Freedom of Information Act），它的编号是 5 U.S.C. §552，也称为 e-FOIA，它还规定了行政机构在面对多个电子记录申请时，应以何种优先顺序处理申请。

优先级排在首位的，是一旦延误恐将危及他人生命或安全的申请。优先级排在次位的，是专门向公众传播信息的新闻传媒提出的申请。新法还要求行政机构在网上公布文件索引，并尽一切合理之可能，以申请人要求的格式（如磁带、磁盘、纸张）提供文件。不过，该法没有定义"电子信息"，它将这一重要问题留给联邦机构和法院。

白宫工作人员的电子邮件和黑莓手机记录又当如何呢？2010 年，一场始于布什执政时期的漫长讼争落下帷幕，奥巴马政府继而致函以下两家机构的律师：乔治·华盛顿大学的国家安全档案馆和华盛顿特区的"负责守德之公民"（Citizens for Ethics and Responsibility）。信中介绍了一个新程序，它专用于获取并保存总统办公室工作人员（使用的是 EmailXtender 系统）的电子邮件记录。[63] 2007 年小布什总统执政期间，熟知白宫计算机系统内情的告密者称，非保密的白宫电子邮件系统自 2002 年以来就没有系统地存档过电子邮件，而且，2003 年 3 月至 2005 年 10 月间，至少有 500 万份电子邮件信息消失得无影无踪。

 知识窗

改革《信息自由法》：2007 年《公开政府法》

2007 年 12 月，布什总统签署了《以公开推进全国政府工作效率法》（The Opening Promotes Effectiveness in Our National Government Act），简称《公开政府法》（OPEN Government Act），这是《信息自由法》多年来的首次大规模修订。新法没有改变《信息自由法》的九项例外，但推出了几项改革，以加快信息公开申请的处理程序，帮助申请者更轻松地获得更优质的信息，并确保联邦机构对不能及时回应申请负责。其中的特别之处包括：

● 对每份处理时间将超过 10 日的信息公开申请，政府机构必须分配一个追踪码，并开设专门的电话号码或网站，方便申请者查询申请的处理状态。

● 惩罚逾期（20 日限期）不回应信息公开申请的行政机构，这些机构不得向申请者收取查询费和复制费，除非有"非常或例外情况"能证明延误之迫不得已。

● 允许胜出的申请者向政府被告索赔律师费和诉讼费。此处所谓"胜出"，既包括申请者获得强制政府机构公开记录的法庭命令，也包括政府机构在诉讼中自愿停战，主动向申请者提供记录。2009 年，哥伦比亚特区美国上诉法院在"萨默斯诉司法部案"（Summers v. Department of Justice）中判决：2007 年《公开政府法》允许胜出原告获赔律师费和诉讼费的规定不溯及既往。

● 设立政府信息服务办公室（Office of Government Information Services），该办公室既是监督员，又调解《信息自由法》纠纷，以调解代替诉讼。在调解失败、无法定分止争之时，该办公室可以提出判决建议。政府信息服务办公室还负责审查政府机构是否遵守《信息自由法》规则，并向国会和总统建言应如何改善《信息自由法》。政府信息服务办公室于 2009 年 9 月正式开张，于 2011 年 3 月发布报告（网址 http://www.archives.gov/ogis/reports/building-bridges-report.pdf），详述首年度的运行情况。该报告称，政府信息服务办公室共"处理 391 起个案，其中多数未上升至纠纷级别。纠纷共 83 起（涉及 24 个政府部门或行政机构），政府信息服务办公室解决了其中的大多数，80% 以上的个案以申请者与行政机构达成协议告终。倘若没有政府信息服务办公室，大多数苦主恐怕得不到帮助"。

以上是 2007 年《公开政府法》实施的重要改革，该法的其他改革努力，将在本章后文论及。

案例

《信息自由法》诉讼与获赔律师费：时机决定一切

2010年，哥伦比亚特区美国上诉法院判决：根据2007年《公开政府法》，如果政府被告在《信息自由法》诉讼中"自愿或单方面改变"被申请信息的状态，信息申请者可以向政府被告索赔律师费，但这一规定不溯及既往。换言之，如果一起案件起始于该法通过之前，而在该法通过之后达成和解，以上条款就不适用。依2007年《公开政府法》的规定，原告要求政府被告赔付律师费有特别前提，即以下四项事实：(1)原告对行政机构发出《信息自由法》申请；(2)行政机构不公开原告申请的记录；(3)原告起诉，要求行政机构公开记录；(4)行政机构自愿或单方面改变记录的状态，向申请者提供记录。在"司法观察诉土地管理局案"(*Judicial Watch, Inc. v. Bureau of Land Management*)[64]中，以上四项事实皆发生于2007年《公开政府法》立法之前，但双方当事人达成正式和解，却是在立法之后。如此一来，上诉法院便面临着以下问题：如果行政机构在2007年《公开政府法》颁布之前单方面决定公开信息，而当事人双方在该法颁布之后正式和解，那么2007年《公开政府法》是否适用呢？法院判决：如果在这种情况下适用2007年法，将产生不被允许的溯及既往效果。它说："此案中，信息是在2007年法实施之前公开的，故适用新法属于溯及既往。"它又说："根据新法，司法观察能否得到律师费，取决于四个必要事实，[记录之]公开是这四个必要事实中的最后一环，而这一事实早在新法实施之前数月就已发生。"简言之，本案虽在新法实施之后正式和解，但这于事无补，司法观察还是得不到律师费，因为早在2007年《公开政府法》通过之前，原告申请的信息便已移交。

行政机构的记录

在接下去的几页里，我们将粗线条地勾勒联邦《信息自由法》与九种豁免公开的事项，并为记者或公民使用该法提供一些建议。记录公开法有两种立法模式。第一种是规定"以下记录可供公众检视"，然后具体列举可公开的记录类型。第二种模式是宣布"所有政府记录皆应公开以供公众检视，以下几类记录除外"，然后具体列举例外类型。1966年，国会采用了第二种立法模式，1967年，《信息自由法》实施生效。该法后经数次修订，几次重要的修订发生在1974年、1976年、1986年和1996年。2002年通过的《国土安全法》也对《信息自由法》有直接影响。2007年，《信息自由法》再次修订，如前文所述，布什总统在2007年签署了《公开政府法》。

何为行政机构？

《信息自由法》允许公众近用所有联邦机构保存的一切记录，仅九类材料可免于公开。该法给"行政机构"所下的定义是：

任一行政部门、军事部门、国营公司、由政府控股的公司或政府行政分支中的其他部门（包括总统行政办公室）或任一独立的管理机构。

《信息自由法》既适用于政府行政分支内部的行政机构，也兼及**联邦贸易委员会**、联邦航空署(Federal Aviation Agency)、核能管理委员会(Nuclear Regulatory Commission)、社会保障局（Social Security Administration）、证券交易委员会（Exchange Commission）等独立的行政管理机构。国会与联邦法院持有的记录，不受该法管辖。一些与政府行政分支有关联的机构，也不受该法管辖。哥伦比亚特区美国上诉法院 1985 年判决，经济顾问委员会（Council of Economic Advisors）虽与总统走得很近，但不受该法管辖，因为它只建议并协助总统，本身不制定政策。该机构没有管理权，不能制定、发布规则。该法院还判决道，总统行政办公室中的部分工作确实受《信息自由法》管辖，但该法不适用于"总统在行政办公室中的贴身幕僚，因为这些人的唯一职责是协助总统，为总统出谋划策"。[65]

准政府实体是否属于受《信息自由法》管辖的行政机构？这个问题颇为有趣。以华府的史密森学会（the Smithsonian Institution）为例，它的大部分预算经费来自政府资助，但它却不是政府机构，不必受制于《信息自由法》。不过，史密森学会 2008 年受到经济丑闻与开销问题的双重打击，有人在国会提出议案，主张将它纳入政府机构。为消除公众的顾虑，也为阻止以上议案通过立法，史密森学会于 2008 年 11 月召开了"成立 162 年以来的首次公开董事会，向公众承诺公开、透明与负责"。[66]史密森学会还在 2009 年 1 月正式采行效法《信息自由法》的新政策，向公众披露更多记录。

与史密森学会恰好相反，美国邮政局是政府机构，它还拥有自己的信息公开网站 http://www.usps.com/foia。国家铁路客运公司（National Railroad Passenger Corporation of the USA），即通常所称之"美铁"（Amtrak），虽属营利性私人公司，严格而言不是政府机构，但根据《铁路客运法》（Rail Passenger Service Act）的规定，它也受制于《信息自由法》。国会 1967 年设立的非营利性私人公司公共广播公司（Corporation for Public Broadcasting）却不受《信息自由法》管辖。

何为记录？

国会未在《信息自由法》中详细说明记录的物理特征。纸质档案、电子邮件和其他计算机生成的材料自然都属于记录。[67]"记录"也包括电影、磁带，甚至三维物体，比如刑事诉讼中的证据。《信息自由法》规定，记录是"政府机构以任何形式（包括电子形式）保存的"信息。2007 年《公开政府法》扩张了记录的定义，将"非政府机构依政府合同为行政机构保存的"信息也囊括其中。这一改变很是关键，它意味着，服务于政府的私人机构持有的记录，今后同样也会收到《信息自由法》申请。

> 《信息自由法》允许公众近用所有联邦机构保存的一切记录，仅九类材料可免于公开。国会与联邦法院持有的记录，不受该法管辖。

何为行政机构记录？

法律既界定了"行政机构"，也界定了"记录"。那么行政机构的记录又是什么呢？可叹的是，它并非以上两个概念的简单拼凑。"行政机构记录"所涉之广，远超出以上两部分的简单加总。我们先来看看，法院是如何给"行政机构记录"下定义的：

> 如果行政机构制作或持有文件，且在信息公开申请提出时，该机构仍持有该文件，则该文件很可能是行政机构记录。如果行政机构制作了文件，却不保存或控制该文件，则该文件不是行政机构记录。
>
> 如果行政机构仅保存文件，但未制作该文件，则该文件可能是，也可能不是行政机构记录。如果行政机构乃因履行公务职责而持有文件，则该文件可能是行政机构记录。如果行政机构只是碰巧获得文件，则该文件可能不是行政机构记录。

美国地区法院法官罗伊斯·C. 兰伯思（Royce C. Lamberth）2009 年判决，白宫的访客登记是《信息自由法》规定的公共记录，因为它在国土安全部这一政府机构的合法"控

> 2007 年《公开政府法》扩张了记录的定义，将"非政府机构依政府合同为行政机构保存的"信息也囊括其中。这意味着，服务于政府的私人机构持有的记录，今后同样也会收到《信息自由法》申请。

制"之下,哪怕这些记录移交白宫或副总统办公室,甚至已从国土安全部的内部文件中销毁或删除,也改变不了它的公共记录性质。[68]制作访客登记的美国特勤局(Secret Service)是国土安全部的分支机构。兰伯思法官又指出,这些访客登记也不受总统通信特权庇护,无法根据《信息自由法》的例外 5 免于公开(**参见第 257~258 页**)。他在同一起案件的先前判决[69]中提出,在判断一家机构是否充分"控制"了某个文件,从而令该文件成为"行政机构记录"时,应考察以下四项因素:

1. 文件制作者想保留还是放弃对该记录的控制。

2. 行政机构以该机构认为合适的方式使用与处置该记录的能力。

3. 行政机构工作人员阅读或倚赖该文件的程度。

4. 该文件被整合入行政机构之文档系统的程度。

虽有这一判例在先,但有迹象表明,奥巴马政府打造透明政府的承诺不过是虚饰的花言巧语,远非现实。2010 年,在司法部与公益组织司法观察的一场旷日持久的争论中,司法部仍然认为,特勤局持有的白宫访客记录不受制于《信息自由法》,可以免于公开。2013 年 8 月,哥伦比亚特区美国上诉法院在"司法观察诉特勤局案"(*Judicial Watch v. Secret Service*)中判决,白宫访客记录非属"行政机构记录",不受制于《信息自由法》。该法院写道:"国会曾明确指出,它不希望某些文件(比如总统及其贴身顾问的任命日程表)因《信息自由法》而公之于众。如果批准司法观察的信息公开申请,势必会暴露这些日程表的内容。"

《信息自由法》例外

档案、文件或录音录像等"行政机构记录",若属于《信息自由法》规定的九项豁免公开例外之一,即可免于公众检视。请注意,这不是说,只要档案、文件属于某项例外,联邦行政机构就**不得**公开。[70]法律只是规定**可以**不公开。这九项例外是比较明确、具体的,但尚未明确、具体到无须任何司法解释的地步。法官如何解释这些例外中的字词,会实质性地改变《信息自由法》的意涵,也会扩张或收缩信息公开的范围。近年来,收缩的趋向似乎更为明显。我们将分别考察每项例外,描述其意涵,并简要探究有关每个例外如何适用的案例法。有一点很重要:在反恐战争的背景下,政府机构和法院将对多种例外做出扩张解释。

在以下这些例外中,政府机构和部门使用哪一种最多呢?多年来,援引最多的《信息自由法》例外是例外 6,即保护个人隐私事项。例外 7(c)也保护个人隐私,是使用频率居于第二的例外事项。例外 5 排在第三。

> 若属于《信息自由法》规定的九项豁免公开例外之一,即可免于公众检视。请注意,这不是说,只要档案、文件属于某项例外,联邦行政机构就不得公开。法律只是规定可以不公开。这九项例外是比较明确、具体的,但尚未明确、具体到无须任何司法解释的地步。

《信息自由法》规定的可免于公开的事项

1. 国家安全事项
2. 内务材料
3. 成文法规定的豁免公开材料
4. 商业秘密
5. 工作文件、律师—客户特权材料
6. 个人隐私文件
7. 执法记录
8. 金融机构材料
9. 地质数据

国家安全

例外 1:依行政命令所设之标准特别批准保密的事项,内容关涉国防安全或外交利益,此类事项应依行政命令的规定正确地定密。这类例外包罗甚广,主要关于国家安全与防卫、情报收集与外交。有三种密级：(1)最低等级——秘密级(confidential)，据合理预期，一旦泄露会对国家安全造成损害；(2)机密级(secret)，一旦泄露会对国家安全造成严重损害；(3)最高等级——绝密级(top secret)，一旦泄露会给国家安全造成非常严重的损害。[71]

根据《信息自由法》，政府机构在主张某一事项属于可豁免于公开的例外时，必须为不公开的理由承担举证责任。不过，法院在适用例外1时，往往比较看重政府机构的宣誓书。如果政府机构的宣誓书能够(1)较细致地阐明不公开的理由，(2)证明相关信息合乎逻辑地属于例外事项，(3)与其他记录或证据不冲突，那么法院一般都会做出有利于政府的判决。2006年，一位联邦法官根据以上标准做出判决：根据例外1，美国国防部可以不公开古巴关塔那摩湾监狱在押人员(以往与现在)的照片。政府认为，公开这些照片"不仅会增加在押人员及其家人惨遭报复的风险，而且会加剧在押人员对报复的恐惧心，降低他们与情报人员合作的可能性"[72]，法官表示同意。

内务活动

例外2：仅与行政机构内部人事规则与人事活动有关的事项。美国最高法院2011年判决，例外2保护的材料，"仅限于有关行政机构内部人事规则与人事活动"的材料，海军部不得根据例外2拒绝公开华盛顿州皮吉特湾(Puget Sound)一储存炸药和武器的海军基地的数据与地图。海军部拒绝公开相关数据，声称这些材料一旦公开，会危及基地及周边社区的安全。最高法院在"米尔纳诉海军部案"(*Milner v. Department of the Navy*)[73]中指出，正如例外2的字面意思所述，"行政机构的'人事规则与人事活动'是事关雇员关系或人力资源的规则与活动"，"例外2指称的所有规则与活动，都有一个关键特征，即涉及联邦机构的工作条件——如雇佣与解雇、工作规程与纪律、奖惩制度等"。因此，根据例外2的"字面意思"(美国最高法院语)，原告申请的地图

与数据不属于例外2的范畴。最高法院又说，政府与其使用例外2，"还不如使用手头的其他工具来保护涉及国家安全的信息和敏感材料。比如，《信息自由法》例外1就阻止公众接触保密档案"。

2011年的米尔纳案很重要，因为它对例外2做了十分窄化的解读，能防止联邦政府对它做扩张解释，从而压制某些记录的公开，而这种压制很可能损害联邦机构的职能。一些下级法院曾接受扩张解释(称为"高2"解释)，但最高法院在米尔纳案中明确反对扩张解释。

2011年5月，司法部发布了一份详尽的指导报告，内容是如何根据米尔纳案判决解释例外2。该报告可见于 http://www.justice.gov/oip/foiapost/2011foiapost15.html。

法定例外

例外3：成文法(除了552b)明确规定的可免于公开的事项，前提是：成文法(A)(i)以不容置疑的方式规定了某些事项不得公开；或(ii)设定了免于公开的特别标准，或指出哪些类型的事项应免于公开。(B)若成文法在2009年《公开信息自由法》(OPEN FOIA Act)颁布后制定，则必须明确引用例外3条文。

此例外经2009年修订，新增了要求(B)。它明文规定，《公开信息自由法》(2009年10月8日)之后制定的成文法，只有明确引用《信息自由法》的例外3条文，才符合例外3的要求。这一增修条款为新制定的法律设置了额外的障碍。这些成文法只有同时满足(A)和(B)的要求，才能规定例外3事项。例外3旨在保护联邦法律要求保密或允许保密的信息。大量记录属于这一例外，包括人口普查局的记录、公共设施的信息、商业秘密、专利申请、纳税申报、银行记录、老兵福利、中央情报局和国家安全局持有的档案等。

法院在判断例外3是否适用于某一记录或档案时，通常会问三个问题：

1. 有哪部成文法授权或要求不公开信息吗？

> 1984年，国会投票决定，中央情报局的所有行动文件均可依《信息自由法》免于公开。中央情报局现已利用这一例外，将自己的行动几乎完全排除在公众检视之外。

2. 该成文法是否特别指明哪些信息可免于公开，或提出具体标准以判断哪些信息可免于公开？

3. 申请人所申请的记录或信息，是否属于可豁免公开的信息类型？

当以上三个问题的答案均为肯定时，行政机构可以合法地拒绝公开。

中央情报局现已利用这一例外，将自己的行动几乎完全排除在公众检视之外。1984年，国会投票决定，中央情报局的所有行动文件均可依《信息自由法》免于公开。1985年，美国最高法院判决，中央情报局1952—1966年期间在80所大学资助的研究项目（神经麻痹物质对人体的影响），相关文件不受公众检视。律师约翰·西姆斯（John Sims）想查阅参与这项研究的学校和个人。中央情报局认为，这些姓名和名称可以免于公开，因为根据1947年的一部法律，中央情报局不得公开情报来源的姓名或名称。美国最高法院同意这一主张，它判决，根据1947年《国家安全法》（National Security Act），中央情报局有权保护其情报来源，消息来源是否具有秘密性非为所问。[74]

一家上诉法院曾判决，根据例外3，美国烟酒枪炮及爆炸物管理局（Bureau of Alcohol, Tobacco, Firearms and Explosives）不必向芝加哥市政府提供该局数据库中的枪炮销售与回收记录。该法院指出，2005年的一部联邦法明确规定，烟酒枪炮及爆炸物管理局的火器数据库"可豁免于司法程序"，"不必受制于民事诉讼中的传票或其他取证程序"，"以免这些数据库被用于执法以外的目的"。芝加哥市政府以制造公害为诉由，对枪支生产商和交易商提起民事诉讼，它想获得这些记录显然不是为了执法，而是为了打官司。[75]

商业秘密
例外4：从他人处获得的、他人有权拒绝泄露或有权保密的商业秘密与商业、财务信息。 仅当满足以下三个条件时，例外4才适用：（1）信息必须是商业秘密，或具有商业或财务性质；（2）信息必须从他人处获得；（3）信息必须是保密的，或是他人有权拒绝泄露的。根据例外4，有两类信息可免于公开——商业秘密与财务、商业信息。"他人"（person）一词，常做宽泛解释，不仅包括个人，也包括合伙企业、法人团体和协会联盟。商业秘密例外引发的诉讼不多。

公司若想阻止政府机构公开其秘密的商业信息或财务信息，就必须证明，如上信息的公开（1）会令公司在商业竞争中遭受"严重损害"；或（2）会损害政府日后获得此类信息的能力。一旦公司透过信函或宣誓书表明，政府机构公开其秘密的商业或财务信息，将令公司在竞争中严重受挫，举证责任便转移至政府机构，这时政府机构就得解释，为什么公开相关信息不会造成严重损害。

例如，哥伦比亚特区美国上诉法院2010年在"联合科技公司诉美国国防部案"（*United Technologies Corp. v. U. S. Department of Defense*）[76]中判决，根据例外4，国防合同管理局（Defense Contract Management Agency）不得公开西科斯基飞机公司（Sikorsky Aircraft Corporation）和普惠公司（Pratt and Whitney）这两大国防承包商的质检程序评估档案。西科斯基飞机公司生产直升机，普惠公司则生产飞机引擎。国防合同管理局的工作是监督西科斯基、普惠等国防承包商，确保它们在为美国政府提供服务和物资时履行合同约定的义务。国防合同管理局在西科斯基和普惠有常驻工作人员，一旦发现问题，会立即通知承包商，并发出"纠正措施要求"（Corrective Action Request）或检查报告，要求对方改正。两名记者申请获得西科斯基和普惠公司的纠正措施要求与检查报告，这两家公司竭力阻止国防合同管理局公开这些记录。哥伦比亚特区美国上诉法院做出了有利于两家公司的判决，它说，记者申请的档案"似乎暴露了西科斯基和普惠公司的专利性制造与质检程序。至少，它们指明了特定的部件与设备，描述了内部检查的时间安排和具体标准。换言之，这些文件部分描述了两家承包商如何生产、检查直升机和/或引擎。一旦公开，竞争对手可能会利用这些信息改进生产与品控流程，而这正是例外 4 旨在预防的'利用他人专利信息'的情况"。该上诉法院判决，国防合同管理局未能驳倒这一结论，故该局不得向记者披露相关记录。

工作文件/取证

　　例外 5：政府机构之间和政府机构内部的备忘录和信函，除了依法向与政府机构有诉讼关系的另一政府机构开放之外，其他人不得获取。这一例外保护两类材料免于公开。第一类称为工作文件最为恰当，即研究、报告、备忘录和其他用于协助政府工作人员制作最终报告、制定政府政策或达成决定的文件档案。用于政府决策程序的文件要想适用例外 5，必须满足两个条件：(1)决策前（在做出决策之前使用）；(2)审议性（文件必须在提出建议、做出决定的审议程序中发挥直接作用）。美国法院将例外 5 的这一部分称为"审议性程序例外"，它们认为，这一例外通常保护在政府机构内部和政府机构之间的决策程序中使用的记录，例如：

- 推荐
- 顾问意见
- 文件草案
- 提议
- 建议
- 反映撰作者个人意见的其他主观性文档

　　有时，审议过程中产生的文件会被政府机构直接采纳为最终政策，或被整合进最终政策，成为其一部分（如政府机构在解释政策时反复提及一份备忘录，或政策直接援引备忘录中的内容）。美国最高法院 1975 年判决，例外 5 不能用于保护此类文件。它说，既然决定已经做出，那么公开这些材料也不会破坏决策过程。[77]

　　什么是政府机构审议时使用的决策前文件呢？能不能举一个例子？2013 年，一家联邦地区法院在"查尔斯诉武装部队法医办公室案"（*Charles v. Office of the Armed Forces Medical Examiner*）[78]中判决，伊拉克与阿富汗的死难美军士兵的初步尸检报告，属于例外 5 的保护范围。该法院指出："初步尸检报告是最终尸检报告的草稿。"这家联邦地区法院接受了政府的主张，即初步尸检报告中的信息不完整，最终尸检报告往往还会进行调整，比如给出不同的死因判断。

　　例外 5 保护的第二种材料，是一般不在民事法律程序中公开的材料。所有诉讼都有"取证"程序。通过取证，一方当事人得以了解另一方当事人拥有的证据、证人证言和其他材料。不过，一些材料无法经由取证程序获得。某人在咨询律师、讨论案件时，双方的谈话内容是保密的。律师—客户特权保护律师与客户间的交流，之所以要保密，是为了确保客户能安心地寻求法律协助，律师能安心地提供法律协助。例外 5 保护政府律师与客户之间的大多数保密交流。但正如前文所指出的，当一份文件被采纳为政府最终政策或被纳入最终政策后，律师—客户特权就无法保护这份文件免于公开。除此之外，律师—客户之间往来的大多数文件都被认为是保密的，或是个人有权拒绝泄露。除了律师—客户特权所保护的交流之外，律师的"工作成果"（律师在诉讼过程中或思考时制作的文件）一般也属于豁免内容。联邦机构与律师之间的类似交谈和材料，也受例外 5 这一部分条款的保护。

　　2001 年，美国最高法院缩小了例外 5 的适用范围，它说，印第安部落与印第安人事务局（Bureau of Indian Affairs，代表美国处理与印第安部落关系的政府机构）之间的交流，不属于例外 5 的范围。此案的争议焦点是克拉马斯河谷（Klamath River Basin，位于俄勒冈州和北加州）的水资源分配。一群灌溉者提起一系列《信息自由法》诉讼，要求查阅印第安部落与印第安人事务局之间有关水问题的通信复印件。政府拒绝了，理由是，鉴于印第安部落与印第安人事务局之间的特殊关系,这些记录受例外 5 保护,正如律师与客户的通信受保护一般。美国最高法院的全体大法官一致反对以上主张。戴维·苏特(David Souter)大法官代表美国最高法院撰写判决意见,他写道,《信息自由法》规定的公开原则必定会有例外,但适用这些例外必须十分审慎。苏特大法官写道:"归根结底,要让我们将'印第安人信任'例外加入该法,是绝无可能的。"最高法院还认为,印第安部落与印第安人事务局之间的交流,也不能比作政府机构与外部顾问之间的交流(这种材料有时被视作机构内或机构间的备忘录)。[79]

例外 5 还有一种事关总统的**行政特权**(executive privilege),包括总统的通信特权(presidential communications privilege)。[80] 其中的细节颇为复杂,但关键之处有三点。第一,这些特权并非绝对。第二,尽管"总统行政办公室"是《信息自由法》规定的行政机构,但"总统办公室"(总统最重要的贴身顾问,如白宫幕僚长、白宫法律顾问等,负责辅佐总统,为总统提供建议)不受制于《信息自由法》。第三,正如一家上诉法院在 2004 年所指出的,总统通信特权的解释很狭窄,需要权衡总统的保密需要与政府的公开义务而定。[81]

白宫录音带在水门事件中扮演了显要角色,理查德·尼克松(Richard Nixon)总统曾极力主张,这份录音带应受绝对行政特权保护。美国最高法院却判决,绝对特权旨在保护军事和外交秘密,其他情形应适用有限特权,保密需要必须与其他价值相权衡。最高法院说,此案中,总统的保密需要固然重要,但刑事调查更为要紧。[82]

一家联邦法院在 2008 年判决,白宫官员与司法部官员之间往来的 68 页电子邮件,受例外 5 的总统通信特权保护。阿尔伯特·冈萨雷斯(Alberto Gonzales)任司法部部长期间,曾有数名检察官被停职、免职,上述邮件正是关乎这一争议性事件。[83] 司法部称,这些邮件的内容包括"应对国会的聆讯、应对行政分支以外的调查、提出今后的检察官任命

方案、商议检察官的任命问题、建议更新文件档案、计划聘用司法部新人等"。这些材料事关决策的制定,应该受到保护,盖因总统通信特权不仅覆盖决策做成之后的最终材料,也覆盖之前的商议材料,而且,这一特权延伸至总统的近身顾问与总统从未亲自过目的文件。

个人隐私

例外 6:一旦泄露,会无端侵害他人隐私的人事档案、医疗档案和其他类似文件。 该例外保护"人事档案、医疗档案和其他类似文件"。人事档案和医疗档案较易识别。"类似文件"该如何界定,往往令法院挠头。评判的关键,不是文件属于何种类型,而是文件包含的信息属于何种类型。含有类似个人信息的文件应属"类似文件"。[84] 但并非所有含有个人信息的文件都会被认定为类似文件。一家美国上诉法院曾判决,"不仅要考察信息是否具有私人性","还要考察信息是否具有高度私人性,其私密程度是否与人事记录或医疗记录相当"。[85]

2013 年,一位联邦法官在"查尔斯诉武装部队法医办公室案"(Charles v. Office of the Armed Forces Medical Examiner)中判决,伊拉克和阿富汗阵亡美军官兵的最终尸检报告属于"类似文件"。法官指出,"每份尸检报告中都有关于某个人的信息"。1980 年代末,《纽约时报》申请"挑战者号"航天飞机 1986 年 1 月爆炸失事前的舱内对话录音。美国宇航局(National Aeronautics and Space Administration)认为,这份录音应免于公开,因为它含有的个人信息类似于人事档案与医疗档案。美国地区法院[86]和美国上诉法院[87]的法官团均判决,录音中的内容,在私人性上无法与人事档案或医疗档案相提并论。宇航局又向上诉法院申请满席复审,结果,上诉法院以 6 比 5 的投票结果推翻了先前的判决。该法院说:"录音带中虽无宇航员的个人生活信息,但公开该文件,将暴露机组人员在生命最后几秒钟内发出的声音,他们的声音都变调了。"六位法

官指出，噪音传达的信息是独特的，它独立于谈话内容中的信息。[88]

就算法院认定某份文件是医疗档案、人事档案或类似文件，也并不意味着，文件内的数据就能自动免于公开。这只是第一步。法院接着还要判断：

1. 公开该信息将侵犯个人隐私，且
2. 公开该信息显然是对个人隐私的无端侵犯。

美国最高法院 1976 年明言，设置例外 6 的目的，不是排除每一次隐私侵权，而是"防止无端侵犯他人隐私"。[89] 政府一般要承担证明"公开信息会无端侵犯他人隐私"的举证责任。不过，这一举证负担也并非无法承受之重。一家美国地区法院就接受了政府的如下主张：公开"挑战者号"航天飞机上的对话录音，会无端侵犯他人隐私。[90] 录音的文字稿虽早已公开，但法院却仍然做出上述判决。

一家联邦上诉法院 2008 年判决，例外 6 保护的隐私利益，比向美联社公开约翰·沃克·林德（John Walker Lindh）的减刑申请所具有的公共利益更重要。林德人称"美国塔利班"，他供述自己曾协助阿富汗塔利班，因此获刑 20 年，他后向特赦检察官办公室（Office of the Pardon Attorney）申请减刑。[91] 上诉法院在描述此案的隐私利益时指出，"减刑申请要求申请人提供姓名、社会保障号、出生日期、出生地、犯罪记录、判刑信息、既往犯罪的减刑情况、有关现罪的详细描述、减刑申请为何应被批准的详细理由"。摆在法院面前的问题是："林德的隐私利益，是否比公开该文件所服务的公共利益更重要？"法院说，在司法部看来，林德的减刑申请与政府渎职一事全然无关，而美联社未能举出任何证据，反驳司法部的上述主张。上诉法院因此得出结论："美联社未能证明，因为公开林德的减刑申请有助于实现某一明确的公共目的，所以政府不应拒绝公开。"法院还说，根据例外 7（c）的隐私条款（见本章后文），林德的申请应可免于公开。

古巴关塔那摩湾的在押人员，有时能收到红十字会转寄的家信。2009 年，第 2 巡回区

美国上诉法院判决，根据例外 6，国防部在应美联社的申请公开两封家信之前，可以删去在押人员家人的姓名和住址。[92] 这两封家信，是在押人员在行政审查委员会（Administrative Review Board）的听证会上提交的，在押人员在听证会上做了不利于塔利班的口供。首先，第 2 巡回区美国上诉法院认为，这些信件属于例外 6 的"类似文件"，理由是，"类似文件""包罗甚广，有关个人的政府记录皆可囊括其内"。该法院接着指出，"向美联社公开在押人员家人的姓名、住址，无异于将这些信息昭告天下，其中牵涉相当重要的隐私利益，因为这些信息是人们一般不愿公之于众的"。它又写道："姓名、住址一旦公开，这些人作为关塔那摩湾在押人员亲属的身份，将暴露无遗"，同时"还将暴露，他们是作证指控塔利班的在押人员的家人"。政府认为，这会威胁这些亲属的人身安全，塔利班可能会伺机报复。其次，法院权衡了隐私利益和"信息公开法意欲达成的基本目标，即公开政府机构的行止，供民众检视"，它说："例外 6 是否适用，需要权衡个人的隐私权与信息公开法意欲达成的基本目标，即公开政府机构的行止，供民众检视。"美联社主张，由于在押人员声称自己的身份被搞错，所以在评判国防部是否正确跟进了这一问题时，家属的身份信息必不可少。但第 2 巡回区美国上诉法院做出了有利于国防部的判决，结论是："公开家属的姓名和住址，显属无端侵犯家属的隐私利益，盖因这种公开丝毫不能裨益于传媒对国防部的调查。"

执法

例外 7：为实现执法目的而汇集的记录或信息，仅当公开该记录或信息会造成以下情况时，例外 7 才适用：（a）照常理推断，公开记录或信息会妨碍执法进程；（b）会剥夺他人接受公正审判的权利；（c）照常理推断，会无端侵犯个人隐私；（d）照常理推断，会泄露秘密消息来源的身份（秘密消息来源包括秘密提供信息的州、地方或外国政府机构或任何私人机构）和秘密消息来源提供的信息（主要指刑事执法部

门在刑事案件调查过程中汇集的记录或信息，以及行政机构在依法调查国家安全情报时汇集的记录或信息)；(e)会泄露执法部门调查或指控的技术和程序，或会泄露执法部门调查或指控的指导方针，且按常理推断，这种泄露有利于违法犯罪人员逃脱法律制裁；(f)照常理推断，会危及他人的生命与人身安全。

例外7是一种包罗颇广的例外，它为行政机构主张豁免公开大开方便之门。和例外6一样，例外7的适用必须满足双重标准。第一重标准或第一个问题(律师和法官通常称为初始问题)是：申请人申请的信息或记录，是否为执法目的而汇集？

政府若是证明不了记录是为执法目的而汇集，例外7就不适用。不过，法院在做出这一判断时，一般愿意给政府宽松的空间。关键问题是：政府在答复申请人的信息公开申请时，该信息是否正被用于执法目的。

当然，执法机构不能随意称一份文件为"因执法目的而汇集"。我们来看一个案例。塞思·罗森菲尔德起诉国防部和联邦调查局，要求查阅联邦调查局1960年代初在加州大学调查教师、学生和记者的记录。当时正值学生发起"言论自由运动"(Free Speech Movement)之际，这些学生抗议加州大学禁止在校园内开展政治活动(此为该校校规)。国防部和联邦调查局主张，申请人申请的信息，是政府为调查这场学生运动是否被共产党人从内部操控而收集的。第9巡回区美国上诉法院也同意，罗森菲尔德申请的部分材料，确实是为执法目的而收集的，但其余材料却是在这一调查需要早已不复存在的情况下收集的。该法院说，执法目的只是幌子而已，真正的目的，是常规性地监视许多人，帮助联邦调查局防范政治对手。[93]

根据《信息自由法》，为执法目的而收集的信息，也未必一定不能公开。法院接着还得判断：公开材料是否会导致前文提及的六种后果之一。例如，公开信息会妨碍执法吗？会剥夺他人接受公正审判的权利吗？

1986年，国会修订了例外7，联邦执法部门从此更有理由拒绝信息公开申请了。法院对这一例外做广义解读，令联邦调查局、特勤局、禁毒署和其他联邦政策机构更有合法理由拒绝公开信息。例如，1989年，美国最高法院同意，联邦调查局保存的电子逮捕记录(常称"刑事犯登记表")一旦公开，会无端侵犯他人隐私。刑事犯登记表中有全国2 400万人的逮捕、起诉、宣告无罪、定罪和判刑的信息。其中部分内容确实极为敏感，但大量内容早已在刑事司法系统处理这些人时公之于众。而且，全部数据都能从全美各地的州和地方执法机关处获取。联邦调查局无非是将各地警局的零散数据汇总起来，集合成一个计算机文件而已。

CBS记者罗伯特·施纳克(Robert Schnake)向联邦调查局发出申请，要求公开查尔斯·梅迪科(Charles Medico)的信息。联邦调查局以相关信息属于例外7的个人隐私为由拒绝公开。一家美国地区法院支持联邦调查局的做法，它说，施纳克申请的材料，对梅迪科而言具有私人性质。哥伦比亚特区美国上诉法院推翻了原判，它指出，既然相关记录可从州及地方当局获取，联邦政府就不能再以隐私利益为由拒绝公开。[94]美国最高法院又以9比0的投票结果推翻了上诉法院的判决，约翰·保罗·史蒂文斯大法官代表最高法院写道，刑事犯登记表中的隐私利益极为重要，"当今社会，计算机能汇集并储存大量信息，若是没有计算机，这些信息早已在某人年届80岁之前便被遗忘，联邦调查局的刑事犯登记表肯定也早已进了故纸堆。这一技术变革必然影响到隐私利益"。他又说，以往通过其他手段难以获取的信息，如今因为有了联邦机构的计算机，变得唾手可得了。史蒂文斯大法官指出，"显然，搜遍全县的法院文件、县政档案和地方警局辛苦得来的公共记录，与存放于一家信息中心的电子摘要，二者不可同日而语"。[95]

案例

谋杀、入监照与例外 7(c)

2011 年，贾里德·李·洛克纳（Jared Lee Loughner）因涉嫌在亚利桑那州图森（Tucson）谋杀美国地区法官约翰·M. 罗尔（John M. Roll），并射击美国众议员加布丽埃勒·吉福兹（Gabrielle Giffords），被联邦警察采取强制措施。警方给洛克纳拍了多张入监照存档。

数家新闻传媒申请公开洛克纳的入监照。洛克纳的律师请求法院下令阻止美国法警局（United States Marshals Service）公开照片。律师说，公开这些照片将侵害宪法第六修正案赋予洛克纳的公正审判权。洛克纳的律师认为，根据例外 7(c)，洛克纳的入监照可以免于公开，理由是，这些照片(1)乃是为执法目的而制作；(2)合理地引发了隐私关切；(3)不能促进《信息自由法》旨在促进的公共利益。起诉洛克纳的检察官也支持洛克纳律师的申请。

2012 年 12 月，美国法警局开始采用正式的"入监照公开政策"。该政策规定，"除非美国法警局的总顾问认为(1)信息公开的申请者证明了入监照中的公共利益在重要性上超过隐私利益，或者(2)信息公开申请具有特殊性，恰好符合第 6 巡回区美国上诉法院的相关判例，否则，不论申请人是谁，美国法警局都不会公开入监照"。这里提到了第 6 巡回区美国上诉法院，为什么这点很重要呢？

虽说美国最高法院从未处理过这一问题，但第 6 巡回区美国上诉法院曾在"《底特律自由新闻报》诉司法部案"［Detroit Free Press v. Department of Justice，73 F.3d 93 (6th Cir. 1996)］中判决，在某些情形下，入监照必须公开。这与美国法警局的立场恰好相反。

2004 年，美国最高法院在"国家档案与记录管理局诉法维什案"（National Archives & Records Administration v. Favish）中判决：根据例外 7(c)，小文森特·福斯特（Vincent Foster Jr.，比尔·克林顿总统的副法律顾问）的死亡现场照片，不能向艾伦·法维什（Allan Favish）披露。[96]官方说，福斯特死于自杀，法维什对这种说法持有怀疑，他认为，政府的调查"草率粗疏、难以服人"，所以，他想查看死亡现场照片。但福斯特的家人反对公开照片。他们担心自己的隐私受到侵害，故主张这些照片受例外 7(c)保护，用美国最高法院的话来说，这是为了"避免煽情文化侵蚀人们内心的平静与安宁"。

美国最高法院做出了有利于福斯特家人的判决，它首先确认，在死亡现场照片的披露问题上，例外 7(c)允许死者近亲属以自己的名义主张隐私权，抵制侵扰。最高法院接着处理下一个问题：公开照片是否会无端侵扰死者家人的隐私权？安东尼·肯尼迪大法官代表美国最高法院写道：

一边是例外 7(c)保护的隐私利益，一边是揭发政府官员失职的公共利益，二者冲突之下，信息公开的申请人不能仅凭一己疑心便得偿所愿。相反，申请人（法维什）必须提供足以令理性人信服的证据，证明政府的确有行为失当之处。

美国最高法院认为，艾伦·法维什未能善尽举证责任，因此得出结论：他"未能出具证据令理性人信服，政府的确有失职之可能"。

一家联邦上诉法院 2011 年审理的《监狱法律新闻报》诉司法部部长办公室案"（Prison Legal News v. Executive Office for United States Attorneys）[97]同样关乎例外 7(c)。乔伊·吉泽斯·埃斯特拉（Joey Jesus Estrella）被同牢的两名犯人虐杀，联邦监狱局的工作人员拍摄了尸检图片和录像，埃斯特拉的残躯在照片和录像上一览无遗。此案的争点问题是：

例外 7(c)能否阻止一家报道监狱问题的报社得到上述图像资料？诉讼双方皆同意，此案涉及埃斯特拉遗属的隐私利益。

第 10 巡回区美国上诉法院援引美国最高法院的法维什案为判例（"判例"的意思参见本书第一章）。该上诉法院指出，《监狱法律新闻报》申请公开的记录，"无疑展现了死亡现场的景象"。该上诉法院称这些图像"令人毛骨悚然"，特别是"尸体伤口的近景照片和录像开头尸体躺在囚室地板上的部分"。该法院表示，埃斯特拉的家人对这些图像和视频拥有"高度的"隐私利益。尽管这些图像在两名凶手的审判中也公开过，但该法院仍然认为，埃斯特拉的家人对此拥有隐私利益，因为：其一，这些图像已在刑事审判后封存，不再公开；其二，埃斯特拉的家人"从未积极主动地将这些图像放入公共领域"。

第 10 巡回区美国上诉法院在肯认了埃斯特拉家人的隐私利益后，又将这一利益与图像中的公共利益相权衡。《监狱法律新闻报》声称，这些图像(1)能"让公众了解联邦监狱局如何保护狱中犯人免遭其他囚犯的暴力"；(2)能帮助公众更好地理解，公诉人为何对杀害埃斯特拉的凶手拟求死刑。该上诉法院认为，仅有这些公共利益还不够，它说，"录像是在埃斯特拉被害后拍摄的，无法反映联邦监狱局在埃斯特拉死前的作为"，而且，在埃斯特拉被害案的审判中，"控辩双方均表明，从录像开始到监狱局工作人员将凶手拖出囚室，其间发生的事情已为众人所知。可以说，录像揭示的监狱局对这一事件的反应，早已全部公开"。该法院又说，新闻传媒早在审判期间就已广泛报道了所有图像的内容。

第 10 巡回区美国上诉法院得出的结论是："公开这些图像供传媒复制、传播，确实能在现有的已知之上增加一点儿信息，但新增的那一丁点儿公共利益，无法与埃斯特拉家人的重要隐私利益相比。"该法院因此判决，例外 7(c)与埃斯特拉家人的隐私利益更重

要——申请人申请公开的照片和录像将永远封存。法维什判例的持久影响力（遗属对至爱亲人的死亡现场图像享有隐私权）由此可见一斑。

最后需指出的是，例外 7(c)仅适用于自然人。2011 年 3 月，美国最高法院在"联邦通信委员会诉 AT&T 公司案"（FCC v. AT&T, Inc.）[98]中指出，公司没有"隐私"权，不得适用这一例外。简言之，自然人可以主张个人隐私例外，公司不能。

财务记录

例外 8：由负责监管金融机构的政府机构制作的、或以其名义制作的、或为其使用而制作的检查、运营或形势报告中包含的材料，或涉及检查、运营或形势报告的材料。这是一种极少被使用的例外，设置这种例外的目的，是防止敏感的财务报告或监察报告外泄，这类报告一旦被公开，可能会损害银行、信托公司、投资公司和其他金融机构的公共信用。

一家联邦法院于 2007 年判决，美国证监会可以根据例外 8 拒绝公开证监会调查嘉信理财（Charles Schwab Corporation）和纽柯钢铁（Nucor Corporation）的档案。[99]该法院先是承认，"例外 8 旨在确保金融机构的安全"，而且，"国会制定例外 8，也是为了推进银行与监管机构之间的交流"。它接着判决道，此案中，申请人申请的档案受到例外 8 保护，因其"制作生产与证监会正在进行的检查或调查相关，证监会通过这些档案来了解证监会律师正在检查或调查的信息和机构"。

地质数据

例外 9：地质与地理信息、数据，包括标示矿井的地图。石油、天然气的开采者向政府提供了大量有关矿井的信息。此项例外能防止投机者和其他开采者获得这一宝贵信息。

处理《信息自由法》申请

提交《信息自由法》申请很容易。在记者争取新闻出版自由委员会的网站上，就有网络申请信的生成器，地址是 http://www.rcfp.org/foia。政府机构也在网上提供了大量信息，指导人们提交《信息自由法》申请。司法部的网站上就有关于《信息自由法》的链接 http://www.justice.gov/oip/index.html。

政府部门必须在 20 个工作日之内答复申请人。记者如有急需，可以申请"加急审核"。"加急审核"有两个条件：(1)申请人专门从事信息传播工作；(2)申请人迫切需要将政府的某一真实行为告知公众。如果申请人在申请遭拒后提出申诉，政府机构必须在 20 日之内做出裁定。各政府机构必须按季度(甚至更频繁)公布所保存档案和记录的目录。

> ### 如何理解"20 日答复时限"？
>
> 理解联邦法规定的 20 日答复期限非常重要。第一，计时的起算点，是政府机构的对口部门最初收到申请的日期。第二，这 20 日不包括周六、周日和法定节日。第三，政府机构不必在 20 日之内提供档案，但必须在这一期限内就如何回应申请做出实质性决定。
>
> 例如，哥伦比亚特区美国上诉法院 2013 年判决，政府机构虽"不必在 20 个工作日之内提供档案"，但"至少必须在这一期限内，表明将要提供的档案的范围，对于不打算提供的档案，也要说明将主张哪些例外"。[100]该法院指出，在 20 日窗口期内，"政府机构必须决定是否同意申请，即申请者能否得到他所申请的全部档案。行政机构不能只是决定日后再做决定"。
>
> 但该法院又说，在"非常情况"下，政府机构可以向申请人发出书面通知，将期限延长至 30 个工作日。什么情况下可以延期呢？一种情况是：申请者在一份申请中请求公开大量分散的、独立的记录。联邦法对"非常情况"做了完全列举[5U.S.C. §552(a)(6)(B)(i)]。

各家政府机构每年都得向国会提交报告，报告中必须列出当年公开了哪些材料，拒绝公开了哪些材料，并列明开支。2007 年《公开政府法》还规定，政府机构必须报告"答复申请之天数的算数平均数(从政府机构收到申请之日起)、中位数和浮动范围"。此外，为敦促行事拖拉的政府机构加快办事流程，《公开政府法》还要求政府机构报告延宕最久的 10 起申请。如果公民或记者因得不到材料而去法院起诉，输了官司的政府机构可能还得支付原告的诉讼费和法院费用。根据《信息自由法》，在以政府机构为被告的《信息自由法》诉讼中，法院可以判给"胜出"的原告合理的律师费，但不是必须判赔。也就是说，原告即便有资格，也未必真能得到律师费。法院在判断原告应否得到律师费时，常会衡酌以下四个因素：(1)案件关涉的公共利益(比如，所公开的信息是否有助于公众做出重要的政治选择)；(2)原告获得的商业利益(如原告是否利用该信息写书获利)；(3)原告对记录的兴趣属于何种性质(原告是否有个人动机或利益动机)；(4)政府机构不愿公开记录的合理性(政府机构拒绝公开是否有合理的法律依据)。如今，政府机构的工作人员也得为同意或拒绝申请负责，这是联邦机构强烈反对的一条规定。拒绝信息公开申请的政府职员，必须向申请人表露身份。任性、武断地拒绝申请的政府职员，还有可能受到文官委员会(Civil Service Commission)的处分。

提交信息公开申请是不收费的，但搜索、复制和审核文件可能会产生一定费用，政府机构可以合理收费，金额的多少，取决于申请人的具体类型。

> 政府部门必须在 20 个工作日之内答复提交《信息自由法》申请的申请者。记者如有急需，可以申请"加急审核"。

为敦促行事拖拉的政府机构加快办事流程,《公开政府法》要求政府机构报告延宕最久的10起申请。

《信息自由法》将申请人分为以下三类,分别收取不同的资费:

1. **商业申请人**:按时间收取搜索、处理费用(具体工作包括:初步审核记录,初步判断申请人申请的记录是否属于《信息自由法》的公开范围)和复制费。

2. **教育机构、非商业性科研机构和新闻传媒的代表**:只收取复制费(前100页免费)。

3. **其他申请人**:按时间收取搜索费用(前两小时免费)和复制费(前100页免费)。

根据《信息自由法》,申请人若想减免资费,就必须证明公开信息"将增进公共利益,能大大有助于公众理解政府运作和政府活动,而非仅有利于申请人本人的商业利益"。2007年《公开政府法》大大扩充了"新闻传媒代表"的定义,为传媒工作的自由撰稿记者也被涵括在内,"只要记者能充分证明,他期望透过新闻传媒将申请到的信息公之于众即可,记者与传媒之间是否有雇佣关系,非为所问"。该法还明确规定:"随着新闻传播方式的发展演进(比如,报纸现可通过电子通信设备传播),新兴传媒也应被一视同仁。"

根据乔治·W.布什总统2005年签署的行政命令,每家联邦行政机构必须开设《信息自由法》申请人服务中心,申请人可以联系服务中心,与联络人对话,了解申请的处理状态,接收行政机构的答复。《信息自由法》服务中心和联络人有用吗?国家安全档案馆(NSA)2008年发布了一份报告,考察不同政府机构的服务中心和联络人,它发现,申请人的体验多为"肯定","新的顾客服务系统方便了申请人追踪申请"。[101]国家安全档案馆给53家服务中心打了电话,查询申请的进展。这53家机构均确认已收到申请,其中44家"至少就未决的信息公开申请提供了基本信息",比如,申请在处理队列中排于什么位置。2007年《公开政府法》将小布什行政命令中的联络人制度写入法律,要求每家政府机构设置一位或多位公共联络人,"具体负责:协助减少政府机构的拖延,提高透明度,帮助申请人了解申请的进展,协助解决纠纷"。

《信息自由法》并不难用。学生传媒法中心和记者争取新闻出版自由委员会均对外提供免费的、自动生成的信息公开申请信。"填空"模式非常方便。登录 http://www.splc.org,即可找到学生传媒法中心的在线服务。

以上是对《信息自由法》的简要介绍。如欲了解更多的细节和信息,可以使用以下七种出色的网络资源——前五种是私立机构,后两种是政府机构:

● **The FOIA Project**:

http://foiaproject.org

● **National Security Archive, George Washington University**:

http://www.gwu.edu/~nsarchiv/nsa/foia.html

● **National Freedom of Information Center**:

http://www.nfoic.org

● **Public Citizen Freedom of Information Clearinghouse**:

http://www.citizen.org/Page.aspx?pid=5171

● **RCFP Federal Open Government Guide**:

http://www.rcfp.org/federal-open-government-guide

● **U. S. Department of Justice, FOIA Information Center**:

http://www.justice.gov/oip/index.html

● **Federal Communications Commission (FCC) FOIA Center**:

http://www.fcc.gov/foia

成功获得记录的小窍门

很多资深记者认为,正式的信息公开申请,只应在万不得已时使用。华盛顿州《三城论坛报》(*Tri-City Herald*)的前任编辑杰克·布里格斯(Jack Briggs)建议记者:

● 最好以非正式的方式向政府机构

请求文件——正式的信息公开申请通常耗时更久，而且久得多。

● 查询公开的法院记录，以视能否找到记者所需的信息。

● 在政府机构内部培育可信赖的消息来源。

● 打电话追踪信息公开申请的进展。

● 除非有理由抓狂，否则不要抓狂。

● 别忘了时常恭维一下帮助你的《信息自由法》官员。

联邦会议公开法

1976 年，国会通过且总统签署了《阳光政府法》(Government in Sunshine Act)，即**联邦会议公开法**(federal open-meetings law)。该法影响了近 50 家联邦部门、委员会和机构，这些机构"由两个或两个以上成员共同领导，且多数领导人由总统经国会建议和同意后任命"。传媒法学生应该了解，其中就有联邦通信委员会(FCC)。FCC 共有五名委员，三名以上（包括三名）委员参加的会议，必须对大众公开。讽刺的是，有人批评说，《阳光政府法》事实上降低了 FCC 的透明度。大量讨论和争论，如今发生在只有两名委员参加的闭门会议中，或发生在委员们的法律助手和联络人之间。按要求，这些公共机构必须公开召开公务会议。会议通知必须提前一周公布。而且，政府机构还必须仔细记录闭门会议上发生的一切。法律还规定，政府机构的官员不得与有业务往来的公司代表和其他利益相关人士举行非正式交谈，除非谈话内容有完整记录，并存入公共档案。

法院对该法的适用范围有严格解释，即该法仅适用于由总统任命成员的机构。1981 年，哥伦比亚特区美国上诉法院判决，《阳光政府法》不适用于克莱斯勒贷款担保委员会(Chrysler Loan Guarantee Board)，该机构由国会创设，主要任务是监督汽车制造商的联邦贷款担保。该委员会的成员不由总统任命，而是由担任其他联邦职务的官员（如财政部部长、总审计长、美联储主席）兼任。哥伦比亚特区美国上诉法院指出："国会若想让该委员会受《阳光政府法》管辖，早在它成立之初便可如此规定。"[102] 另外，委员会或政府机构必须有一定的行事自主权，只有这样才能适用该法。一家美国上诉法院判决，该法不适用于总统的经济顾问委员会。该法院说，经济顾问委员会的唯一职能是提供建议、协助总统。除此之外，再无其他。因此，它既不适用《信息自由法》，也不适用《阳光政府法》。[103] 适用《阳光政府法》的机构或委员会，也并非绝对不能闭门开会。该法列举了可以闭门开会的 10 种条件或例外。前 9 种例外与《信息自由法》相同。第 10 种例外是：政府机构正在参与仲裁，或者正在裁定或处理一起案件或一个问题。

例外 10 曾被用于阻止公众参与核管理委员会(Nuclear Regulatory Commission)召开的一次会议。核管理委员会当时正讨论重开宾夕法尼亚州三哩岛(Three Mile Island)的一家核电厂。一家联邦地区法院判决，这次会议可能会对联邦政府如何处理核反应堆一事做出最终决定，因此可以不对传媒与公众开放。[104]

> 法院对《阳光政府法》的适用范围有严格解释，即该法仅适用于由总统任命成员的机构。

小　结

根据法律，公众可以近用联邦记录和联邦机构召开的会议。《信息自由法》规定，政府行政分支和独立监管委员会持有的一切记录，皆应向公众公开，包括电子记录和电子邮件。美国法院给"记录"下的定义相当宽泛，但一般而言，政府机构必须制作并持有记录，只有这样方可对它适用《信息自由法》。九类信息可免于公开，包括涉及国家安全的记录、政府机构的工作文件、高度私密的信息、执法文件等。行政机构必须公开记录索引，并允许民众复制。信息公开的申请人应依特定流程申请记录或档案，这一点很重要。

《阳光政府法》是联邦会议公开法，它影响了约 50 家行政机构和监管委员会。除

非属于该法规定的 10 种例外情形，否则这些机构的成员不得召开秘密会议。这些例外几乎与《信息自由法》的例外相同，只不过多了一种，即在讨论特定案件或者问题的仲裁或决断时，可以闭门开会。

有关会议与记录的州法

和联邦层次相比，在州层次上讨论近用问题不是很容易，因为这涉及数百部法律。（大多数州有多部法律涉及会议和记录的近用。）在接下去的几页里，我们顶多只能提供一些梗概。哈罗德·克罗斯（Harold Cross）1953 年在他的先驱性著作《人民的知情权》（The People's Right to Know）中曾做出过精辟总结。[105]克罗斯是首位对近用问题发表综合性研究成果的学者。他在书中提出了每起近用案件都存在的四个问题：

1. 特定记录或程序是公开的吗？公共官员保存的诸多记录、召开的诸多会议，事实上根本不公开。警方的大量工作（尽管警察身为公共官员，在公共设施内工作）并不向公众开放，供公众检视。

2. 所谓公开，是指记录对公众开放，公众可自由检阅吗？是指会议对公众开放，公众可参与旁听吗？青少年法院的听审在法律上是公开听审，但通常不对公众开放。

3. 谁可以查阅记录？谁可以旁听公开的会议？比如，许多记录仅对公众中的部分成员公开，不对所有人公开。警局出具的机动车事故报告，对保险公司协调员和律师公开，但通常不向一般大众公开。

4. 记录和会议对一般大众开放时，法院会为近用请求遭拒的公民和记者提供法律救济吗？

最后一个问题的重要性，今时可能不如克罗斯写作此书的 1953 年。当年，公众近用各州公共记录和会议的依据是普通法。今日的情况已不复如此，成文法早已接管了这一领域，这些成文法通常（但并非总是）会为请求遭拒的市民提供救济。救济条款在各州的公开会议法中更为普遍。在提供近用权的问题上，公开会议法比公开记录法更加有效。在多个司法管辖区，公开记录法仍然脆弱且模糊。

州公开会议法

全美 50 个州，每个州都有公开会议法，但参差不齐。

我们很难概括 50 个州的公开会议法。2006 年，记者争取新闻出版自由委员会出版了第五版《政府公开手册》（Open Government Guide），并称该手册是"各州公开记录

法与公开会议法的完整信息汇总。手册以标准格式陈示各州的信息，以便读者比较不同州的法律"。该手册对记者颇为有用，它的网址是：http://www.rcfp.org/open-government-guide。

公开会议法的最重要特征之一，是对不遵

守该法的政府官员施以严峻惩罚。通常而言,对违法者惩以高额罚金的法律,比只收点儿小罚金或根本不惩罚的法律更令人满意。

州公开会议法能否对违反该法的政府官员处以刑事制裁和惩罚呢?根据第5巡回区美国上诉法院2012年在"阿斯盖尔森诉阿博特案"(*Asgeirsson v. Abbott*)[106]中的判决,答案是肯定的。此案源于多名地方政府官员对《得克萨斯州公开会议法》(Texas Open Meetings Act)发起的挑战。与很多公开会议法一样,《得克萨斯州公开会议法》规定,政府机构的会议必须向大众开放。该法禁止政府机构人员故意参加、组织闭门会议,或向大众关闭会议大门。违者成立轻罪,可处500美元以下罚金,或一至六个月监禁。在阿斯盖尔森案中,政府官员认为,该法的规定(不在公开会议上讨论公共事务即为犯罪)侵犯了宪法第一修正案赋予他们的言论自由权(换言之,《得克萨斯州公开会议法》惩罚政府官员在闭门会议上发表私人政治言论)。第5巡回区美国上诉法院拒绝了政府官员的主张,它支持《得克萨斯州公开会议法》和该法对违法官员的刑事制裁。该法院写道:该法旨在实现多种重要利益,包括遏制政府贪腐、增加政府透明度、培育民众对政府的信任、确保政府机构的全体人员参与讨论公共事务等,这些都能证明该法的正当性。

公开会议法的另一个重要方面,是开篇的立法宣言。它铿锵有力地支持民众旁听政府机构召开的会议,而这种支持有助于说服法官在解释该法时偏向于公开会议的支持者,而非政府。例如,华盛顿州的公开会议法开篇写道:

> 本州议会认为,本州一切公共机构及其附属机构之存在,皆以协助民众行动为要义。本章之目的,在于敦促此等公共机构公开履职活动,披露商议过程。特此声明。

州公开会议法通常有两种写法。一些州法规定,所有会议皆应公开,以下除外,接着列出可以闭门召开的会议。一些州法则仅列出哪些政府机构必须公开召开会议。美国国会显然被排除在外,州议会一般也被排除在外。不过,州对这一问题的规定不如联邦来得干脆。一些州的公开会议法确实适用于部分立法程序。一般而言,州公开会议法不适用于以下机构的会议:假释与赦免委员会、执法机构、国民警卫队(National Guard)等军事机构、医院委员会等医疗机构等。

未界定"会议"等核心概念的州公开会议法合宪吗?根据阿肯色州最高法院2012年12月在"麦卡琴诉史密斯堡案"(*McCutchen v. City of Fort Smith*)[107]中的判决,答案是肯定的。此案涉及《阿肯色州信息自由法》(Arkansas Freedom of Information Act)中的会议公开条款。核心争点是:史密斯堡议会理事会的一名成员在正式开会前分发给其他成员的备忘录,是否也是会议的一部分?该成员在备忘录中表达了对理事会即将讨论的一份立法建议案的意见,同时提供了背景信息。阿肯色州最高法院做出了"**成文法之解释**"(**statutory construction**),它考察了《阿肯色州信息自由法》的立法意图及立法史,并得出以下结论:理事会成员的行为不是会议,故不违反《阿肯色州信息自由法》。它指出,"立法机关的立法目的要由司法机关来实现,鉴于我院此前对《阿肯色州信息自由法》的解释,我们已实现了这一目的"。至于成文法未能界定"会议"一词,法院说,质疑该法合宪性之人应该要求议会——而非法院——给出更好的定义。

大多数公开会议法都规定,政府机构在某些情况下可以召开闭门会议,或称**内部会议**(**executive sessions**),比如涉及人事问题的会议。公开传扬某位教师的个人问题,可能会无端侵犯他人隐私。关于房地产交易的讨论也是如此。除13个州之外,其他州均在公开会议法中规定,内部会议不能做出最终决定,理事会或委员会如果要就任何问题做出最终决策,必须重新公开召开会议。

> 公开会议法确实能帮助记者近用各种程序,但别忘了,记者还有一件更有力的武器——公开报道。

当主持会议的政府官员宣布,接下去将举行内部会议时,在场的记者应确认以下事项:

1. 会议主持人已说明闭门会议将要讨论哪些问题,或者为何要举行内部会议。

2. 如果记者认为闭门开会不妥,应正式提出反对。记者应询问政府机构的职员,究竟基于法律的哪一条哪一款召开闭门会议。记者也可以要求该政府机构投票,以视多数成员(在一些州是2/3多数)是否同意闭门开会。

3. 记者还应该询问闭门会议何时结束,以便参加闭门会议之后的公开会议。

大多数公开会议法不仅要求会议向民众公开,还要求政府部门早早通知民众,近期将召开哪些常规会议和特别会议,以便使有意参与的民众有所预备。究竟应提前多久通知,各州的规定有所不同,但通常而言,特别会议必须提前一到两天通知。

几乎所有的公开会议法都规定了某种形式的禁令或民事救济,以备违法情况发生。近半数州的公开会议法针对故意违法者规定了刑事惩罚。在多个州,在本该公开举行却未能公开举行的会议上做出的决定,皆为无效。必须重新开会才能补救。对于明知故犯的政府官员,大多数州规定了罚金、短期监禁等惩罚,但刑事指控较为罕见。

如果有人要求记者离开记者认为应向传媒和公众开放的会议,记者该怎么办?首先要找出是谁将你拒于门外,询问对方将你拒于门外的法律依据。不要自愿离开会场;但若是有人命令你离开,你就照办,并立即联系编辑。我们不建议抵抗,因为你可能因此遭到刑事指控。公开会议法确实能帮助记者近用各种程序,但别忘了,记者还有一件更有力的武器——公开报道。政府官员不喜欢记者报道他们秘密开会。如果政府机构滥用权利召开内部会议,你尽可以将此事公之于众,你只要实事求是地报道他们召开秘密会议即可。用上一组照片,展示会议室大门关上的过程,再配上公开会议法中的适当条文,相信我,你马上就能重入会场,这可比去法院起诉快得多。

给记者的小窍门

● 询问闭门会议的法律依据。

● 找出是谁要求闭门开会以及为什么。

● 不要自愿离开会场,但万一被逐出会场,也别抵抗。

● 立即给编辑打电话。

● 别忘了,曝光和法律都是帮助记者进入会场的武器。

州公开记录法

美国各州也都有**公开记录法**(open-records law)。这些法律或采用联邦模式(除去例外,所有记录都应公开),或采用列举模式,列举公众有权查阅的记录类型。

各州公开记录法(有时也称为公共记录法或信息自由法)的公开范围各不相同。你有必要了解所在州的法律。有关公开记录法的出色网上资源有:

● **Reporters Committee for Freedom of the Press, Open Government Guide**

http//www. rcfp. org/ogg

● **National Freedom of Information Coalition, State FOI Laws**

http://www. nfoic. org/state-foi-laws

此外,全美各地还有多家机构致力于研究个别州的公开记录法。一些机构(包括政府机构和私人资助的团体)为记者制作了有用的手册,概括某个州的公开会议法和公开记录法。以下是其中部分机构及其网址:

● **加利福尼亚州: The First Amendment Project**

http://www. thefirstamendment. org

● 康涅狄格州：Freedom of Information Commission

http://www.state.ct.us/foi

● 佛罗里达州：First Amendment Foundation

http://www.floridafaf.org

● 纽约州：Committee on Open Government

http://www.dos.state.ny.us/coog/coogwww.html

● 宾夕法尼亚州：Pennsylvania Freedom of Information Coalition

http://www.pafoic.org

● 得克萨斯州：Freedom of Information Foundation of Texas

http://www.foift.org

围绕 911 报警电话录音（尤其是来电者被人攻击或惊慌失措时）应否公开一事，一场运动正日趋高涨。反对公开者认为，公开这些录音，无非是为了满足受众的煽情欲和窥私欲，如果这些录音在电视上播出，又放在人人皆可收听的网上，那就更是如此了。支持公开者则认为，公众只有听到这些电话，才能判断执法部门能否有效地应对紧急情况。未来几年，这场争斗还将继续。

大多数州法允许所有人查阅记录，也有一些州法只允许本州居民查阅公共记录，这一点后文还将讨论，此处不赘。在判断人们能否近用某份记录时，他们为何想要查阅记录通常无足轻重。各州的信息自由法规定，公众可以近用本州公共机构持有的记录。通常，这些法律对"公共机构"的界定十分宽泛，一般包括州政府办公室、部、局、委员会和理事会。地方政府机构（市、县、乡）保存的记录，同样也应当公开，另外还有学区、公共设施和市政公司保存的记录。一些州的法律还适用于州长持有的记录。[108] 不过，这些州法通常不适用于法院或立法机关保存的记录。这两大政府分支在公开记录的问题上自有政策。州法对"公共记录"概念的界定，也有自由和保守之分。在以自由方式界定公共记录的州，政府机构拥有的全部记录，皆可归入公共记录。而在较保守的州，人们只能近用政府机构依法必须保存的记录。

一州能否在允许本州居民近用公共记录的同时，拒绝向外州人提供同等的近用权？答案是肯定的。美国最高法院 2013 年在"麦克伯尼诉扬案"（*McBurney v. Young*）[109] 中回答了这一问题。麦克伯尼案的核心问题是：《弗吉尼亚州信息自由法》（Virginia Freedom of Information Act）规定，"一切公共记录，应对本州公民开放，供本州公民检视与复印"，却未向非弗吉尼亚人提供同等权利。换言之，只有弗吉尼亚人可以使用弗吉尼亚州的信息自由法。另外还有七个州也有类似的公开记录法（亚拉巴马州、阿肯色州、特拉华州、密苏里州、新罕布什尔州、新泽西州和田纳西州）。

罗得岛州和加州的居民不满意弗吉尼亚州法的这一规定，以起诉发起挑战。美国最高法院的全体成员一致支持弗吉尼亚州的信息自由法。塞缪尔·阿利托大法官代表美国最高法院写道："该法特意区分本州人与非本州人，显然不是出于地方保护主义。州信息自由法本质上代表了一种机制，即一州主权的最终所有者（该州全体州民），可以要求代表他们行使权力的州政府官员对他们有所交代。"阿利托大法官又说："仅限弗吉尼亚人使用州信息自由法的条款意识到，弗吉尼亚州的纳税者，才是为州政府从事信息记录支付固定成本的金主。"美国最高法院于是得出结论，弗吉尼亚州的信息自由法不违反美国宪法的"特权与豁免条款"（Privileges and Immunities Clause，该条款已超越本书的讨论范围，在此略过）。

> 大多数州法允许所有人查阅记录，也有一些州法只允许本州居民查阅公共记录。在判断人们能否近用某份记录时，他们为何想要查阅记录通常无足轻重。

知识窗 ————————————————

短信、电子邮件与公共记录

公共官员在归政府所有的电话和手持设备上收发的文本信息,是州公开记录法规定的公共记录吗?这是法院正纠结的一个问题。2008 年,这个问题出现在密歇根州法院面前。底特律的几家报社根据州信息自由法,要求公开底特律臭名昭著的前市长克瓦恩·基尔帕特里克(Kwame Kilpatrick)发出的手机短信。密歇根州一家法院命令基尔帕特里克公开他与前幕僚长克里斯蒂娜·贝蒂(Christine Beatty)的性爱短信。此次公开的短信还曝光了二人为隐瞒这些短信而达成的秘密协议,说明二人曾在一起诉讼(有关一个警方举报人)中撒谎。

在大多数州,政府工作人员执行公务时通过政府电脑收发的电子邮件被视作公共记录。例如,佛罗里达州的"公共记录"就包括"数据处理软件或其他材料,不论其物理形式为何"。不过,经政府电邮系统发出的个人邮件未必属于公共记录,尤其当邮件内容纯属私人、与政府运作毫无关系时。2010 年,密歇根州一家上诉法院在"豪厄尔教育协会诉豪厄尔教育委员会案"(Howell Education Association v. Howell Board of Education)[110]中判决,密歇根州《信息自由法》

不会仅因个人电子邮件通过政府的电邮系统收发,就将它们悉数归为公共记录。该法院区分了纯属私人的电子邮件(非公共记录)和为履行公务而收发的电子邮件(公共记录)。2011 年,密歇根州最高法院拒绝受理此案上诉。同样,威斯康星州最高法院 2010 年在"希尔诉威斯康星拉皮兹学区案"(Schill v. Wisconsin Rapids School District)[111]中判决,教师的私人电子邮件(使用学区的电邮账号和学区名下的计算机发送,但内容"纯属私人","与政府的运作全然无关")不受制于该州的公开记录法。威斯康星州最高法院指出,"不能仅因这些邮件通过政府职员的电子邮件系统收发,并保存在这些系统之中,便要求它们对申请者公开"。西弗吉尼亚州最高法院也得出过类似的结论,它在 2009 年的"美联社诉坎特伯雷案"(Associated Press v. Canterbury)[112]中判决道,根据西弗吉尼亚州的《信息自由法》,"仅当电子邮件或其他文字涉及公务活动(如特定公共机构的职责)时,才能认定它为公共记录"。归根结底,电子邮件的内容也影响到它是否属于公共记录。

各州的信息自由法都规定了免于公开的例外。在一些州,政府机构**可以**不公开例外事项,在另一些州,政府机构**不可以**公开例外事项。以下六种例外,各州的公开记录法均有规定:

1. 州法或联邦法规定的保密信息
2. 执法信息和调查信息
3. 商业秘密和商业信息
4. 原始的部门备忘录(工作文件)
5. 个人隐私信息
6. 以公共机构为被告之诉讼的相关信息

州和地方政府能否对自己制作并保存的

特定记录主张版权保护,从而阻止这些记录按信息自由法的规定公之于众呢?2008 年,这个问题首次出现在南卡罗来纳州,在该州最高法院审理的"西戈诉霍里县案"(Seago v. Horry County)中,"政府机构主张,根据联邦版权法,系争信息受版权保护"。[113]南卡州最高法院需要考察的是:政府机构的上述主张,能否阻止公共档案依《南卡罗来纳州信息自由法》公开?此案源于一家专门收集电子地图数据的公司,该公司从各种政府机构(此案中是奥里县)处收集包括数字影像地图在内的地图数据,顾客交一定的费用,就可以上它的网站获取数据。奥里县对该县的一部分地图数据拥有版权。南卡州最高法院做出了有利于该县的判决,它说:"虽说公共机构必须依《信息自由法》提供公共信息,但它同时也可以根据版权保护,限制他人出于商业目的传播这一信息。"

 知识窗

911 电话录音和临终之音

有些州兴起了一项运动,倡议将 911 紧急呼叫中心的电话录音和文字记录规定为公开记录法的豁免公开例外。为什么呢?因为 911 电话中可能有某人的临终遗言,也可能有某人突遭袭击或身陷险境时的惊恐呼喊。2010 年,亚拉巴马州修订了公开记录法,禁止公开 911 来电的录音,仅当法官事先认定公开录音所促进的公共利益超出来电者的隐私利益时,方可例外。亚拉巴马州的法律仅适用于录音,来电的文字记录仍可公开,申请者只需为文本抄录工作支付"合理费用"即可。在不久的将来,其他州也有望采纳类似的制度。

州记录的复制件有时极贵。例如,2010 年,《密尔沃基新闻哨兵报》(*Milwaukee Journal Sentinel*)向密尔沃基市警察局申请警方的事故报告,警察局报价超过 3 500 美元。警察局声称,这类报告共有 500 多份,将其中的保密信息涂黑要花大量时间。警察局的收费标准是,劳务费每小时 40 多美元,复印费每页 25 美分。更令人咋舌的是,该局还对员工处理申请的工作时长设置了上限。《密尔沃基新闻哨兵报》没付钱,它起诉了密尔沃基警察局,诉称该局收取过高的检查费和复印费,并对员工处理信息公开申请的时间任意设限,违反《威斯康星州公开记录法》。为了压低费用,诉讼有时似乎是难免的。我们再举一个高收费的例子:2011 年 3 月,左翼杂志《琼斯母亲》(*Mother Jones*)的编辑被告知,他们必须预付近 6 万美元,才能得到密西西比州共和党州长黑利·巴伯(Haley Barbour)的电子邮件。该杂志申请了巴伯自 2004 年 1 月任职以来的所有公务电邮、日程安排、通话记录和外出记录。《琼斯母亲》被告知,提取 2006—2011 年的电子邮件,预计需用 832 工时。此外,州长的律师还得审查每份电子邮件(预计有 3 万多份电子邮件),以防有的邮件受律师—客户特权或其他特权保护,不应公开,而这也会产生相应的费用。另外,杂志编辑还获知,要想得到州长的每日日程、电话记录和外出记录,至少得花 4 700 美元。一切加总,《琼斯母亲》要想得到依《密西西比州公共记录法》申请的全部档案,需花费 20 万美元。该州公共记录法规定,"各家公共机构可以收取合理费用,用于支付搜索、审核、复制和邮递(如果可行)公共记录所支出的实际成本,但不得超出成本。公共机构应在办理申请之前收取费用"。

违反州公开记录法的代价十分高昂。例如,艾奥瓦州最高法院 2011 年 11 月判决,艾奥瓦州里弗代尔市(Riverdale)必须为三位信息公开申请人(三人根据该州《信息自由法》申请查看监控录像)支付 64 000 多美元的律师费。[114]这三位申请人想查看他们本人与里弗代尔市市长杰弗里·格林德尔(Jeffrey Grindle)因早先的信息公开申请而在市政府书记处的柜台前发生冲突的监控录像。该市的首席律师曾书面建议市长:市政厅的监控录像属于公开范围,市长曾允许一名报社记者查看过录像,却拒绝将它交给三个普通市民。事实证明,他犯了一个 64 000 美元的错误。艾奥瓦州最高法院严厉批评了这位市长,它写道:"里弗代尔市给记者播放了这段记录双方冲突的录像,却不让申请信息公开的被告查看同一段录像,这实在说不过去。"

 案例

伤脑筋的信息公开申请与奥巴马的出生证之争

2010年,夏威夷州州长琳达·林格尔(Linda Lingle)签署了一部法律,其中规定,该州政府机构可以无视重复的信息公开申请(政府机构此前一年已做出回应,并明确表示拒绝)。该法出台的背景是:有人不相信奥巴马总统出生在美国,认为他没资格当选美国总统,于是反复申请公开奥巴马的出生证。

据美联社2010年5月报道,夏威夷的卫生部门每周收到10~20封电子邮件,要求证实奥巴马的出生情况,其中很多申请是由外州居民提出的。新法的危险之处在于,它适用于各类记录的重复申请(不仅限于对奥巴马出生证的申请),可能会危及在收集信息时日复一日地申请公共记录的记者。

公共政府的私人化

如今,私人公司开始接管传统意义上的政府事务,这一趋势对新闻界提出了新挑战。营利与非营利机构从政府手中接管了公立学校、看守所、监狱、州及地方福利机构和其他诸多服务部门。一般认为,这些私人公司与公共机构不同,没有保存公开记录或召开公开会议的责任。例如,2006年,俄亥俄州最高法院在"奥里纳房屋公司诉蒙哥马利市案"(*Oriana House, Inc. v. Montgomery*)中判决,奥里纳房屋公司作为一家私人公司,虽与俄亥俄州萨米特县(Summit County)签订了合同,运营该县的监禁与矫正项目,但它与政府机构并非"功能对等",故不受制于俄亥俄州的公开记录法。[115]俄亥俄州最高法院以4比3的投票结果判决,奥里纳房屋公司可以豁免于公开规定,尽管该公司承担了历来由政府机构履行的职责,还收取了萨米特县开办社区犯罪矫正机构和投入矫正项目的所有经费。该法院的多数派强调了以下两项事实:(1)"没有证据……证明,有任何政府机构控制着奥里纳房屋公司的日常运作";(2)奥里纳房屋公司"乃是作为非营利性私人公司设立,而非作为政府机构设立"。令记者和信息公开倡议者伤心的是,该法院的多数派得出结论道:"不能仅因私人公司代表州政府或市政府提供服务,就要求它公开记录,供公众检视。要让一家私人机构遵守公开记录法的规定,应该要难得多。"

尽管俄亥俄州的判决对信息公开不利,但也有一些州在类似案情下做出了不同的判决。例如,田纳西州的一位法官2008年判决,一家私人监狱公司与政府机构"功能对等",故受制于田纳西州的公开记录法。[116]这位法官认为,州宪法规定,运营监狱乃是政府职能,这一点非常重要。而私人的"美国矫正公司"(Corrections Corporation of America)在田纳西州运营着不止6家拘留所。2009年,田纳西州上诉法院在"弗里德曼诉美国矫正公司案"(*Friedman v. Corrections Corporation of America*)中维持原判。该法院指出,州政府不能把责任甩给私人机构。2010年,田纳西州最高法院拒绝受理美国矫正公司的上诉,信息公开的倡议者大获全胜。威斯康星州最高法院2008年判决:市政当局不能因为与独立承包商评核人签了约,让评核人收集并保存地产评估记录,就以为能躲避威斯康星州公开记录法规定的责任,将这类记录的申请者推给评核人了事。[117]

案例

大学解囊邀请佩林演讲 公众不满：给我看看花了多少钱！

加州 2008 年通过的一部法律(California Government Code § 6253.31)规定：包括加州大学在内的州或地方政府机构与私人机构签订的合同，不论合同条款是什么，均应依加州公开记录法向公众披露。新法还规定，州或地方政府机构不得允许第三方控制信息的披露。

2010 年，新法获得广泛关注，原因是，莎拉·佩林(Sarah Palin)应邀在加州州立大学斯塔尼斯劳斯分校(Stanislaus)的 50 周年募捐活动上发表付费演讲。人们想知道，她的演讲报酬是多少。但演讲费由非营利的加州州立大学斯塔尼斯劳斯分校基金会(CSU Stanislaus Foundation)以私有资金支付。该基金会是专为加州州立大学各分校募集私人资金，以支付学生奖学金、教授教席之用的 87 家基金会之一。加州州立大学基金会声称，它豁免于加州的公开记录法，无须公开佩林的酬金。它还提出，它与佩林签订的合同中有保密条款，双方约定对演讲报酬保密。支持 2008 年新法的州参议员利兰·伊(Leland Yee)认为，根据新法，校方应公开与佩林的合同。伊还建议，日后应在法律中明确规定，大学基金会也应当遵守加州的公开记录法。2010 年 5 月，加州州立大学终于还是在网上公开了所有相关文件，地址是：http://www.calstate.edu/pa/News/2010/release/CalAwarePRA.shtml。为保护隐私，电子邮件地址、学生姓名、捐款者数据等个人信息被涂黑，这是此类案例中的标准程序。

小　结

美国各州都有近用公开会议和公共记录的法律。好的公开会议法，通常会义正词严地支持会议公开，会在界定公开会议时规定必须有多少成员参加，并规定，不当的闭门会议做出的决定一律无效。大多数法律允许公共机构在讨论人事、地产交易和诉讼等事宜时闭门开会。

州公开记录法多数模仿联邦法。州和地方政府机构均受这些法律管束，这些法律适用于大多数政府机构，立法机关和法院除外。大多数州法适用于这些政府机构保存的所有记录，但一些州法仅适用于法律要求政府机构保存的记录。州公开记录法规定的例外包括：其他州法明确规定为例外的材料、执法部门的调查信息、工作文件和高度私人的信息。大多数州法规定，如果申请人的信息公开申请被拒，申请人可以向司法机关寻求救济。纽约州和康涅狄格州设立了仲裁委员会，专门处理这类问题。佛罗里达州通过了一条宪法修正案，管理州政府的近用问题。记者与公众如今面临的一大问题是，政府机构越来越多地将政府职能转交给私人公司。

限制信息近用的法律

既然有法律支持公众近用政府持有的文件，自然也有法律限制公众近用这等文件。单单在联邦法中，就有不少条款限制公众的近用。税法、间谍法、原子能法和其他数十种法律中，都有限制信息(如个人的税务信息、国家安全问题和涉及核武器的事项)传播的条款。

> 联邦政府在过去 40 年间至少设置了三套相当宽泛的规则,来管理政府持有的信息。这三套规则都以保护隐私权的名义通过。

除了这些法律之外,联邦政府在过去 40 年间至少设置了三套相当宽泛的规则,来管理政府持有的信息。这三套规则都以保护隐私权的名义通过。本书篇幅有限,无法详尽介绍,但以收集信息为业者有必要了解它们的内容。

学校记录

1974 年通过的《家庭教育权与隐私法》(Family Educational Rights and Privacy Act) 亦称"巴克利修正案"(Buckley Amendment),是专门保护学生"教育记录"隐私的联邦法。[118]该法适用于接受美国教育部资金的各级学校(小学、中学和大学)。简言之,《家庭教育权与隐私法》会影响:

● 谁能查看教育记录(教育记录被定义为"由教育机构保存""直接关涉学生"的记录);以及

● 在未经学生或家长同意的情况下,学校可以公开哪些信息,不可以公开哪些信息。

《家庭教育权与隐私法》距今最近的修正案于 2009 年实施生效。我们来简要介绍一下这部法律。

根据《家庭教育权与隐私法》,父母在孩子年满 18 周岁或上大学之前,可以查看孩子的教育记录。一般情况下,孩子上大学之后,家长不能再查看教育记录,除非得到孩子的书面同意。不过,遇到以下例外情形,学生家长未经同意也可以查看:(1)学生是联邦税收意义上的受扶养者;(2)学生面临健康或安全危机;(3)学生未满 21 岁,且有违反法律或政策之情事,比如使用、持有酒精或管制物资。

《家庭教育权与隐私法》对报道大专院校的记者颇有影响,因为它禁止校方擅自(未经学生同意)披露含有"个人身份信息"的学生教育记录。所谓"个人身份信息",包括学生的姓名、住址、出生日期、出生地、社会保障号、学生身份码和(根据 2009 年实施生效的规则)任何"与特定学生有关联的,且校园内任一陌生理性人都能据此辨识该名学生的其他信息"。校方在未经同意公开学生记录(如操行报告)之前,先得审核所有的个人身份信息,或是涂黑,或是删除。未经同意,不得公开学生父母和其他家人的姓名、住址。

> 《家庭教育权与隐私法》对报道大专院校的记者颇有影响,因为它禁止校方擅自(未经学生同意)披露含有"个人身份信息"的学生教育记录。

另一方面,《家庭教育权与隐私法》允许网上或纸质的学生名录在未经同意的情况下披露名录信息(如学生的姓名、专业、住址和电话号码)。不过,校方必须提前告知学生,使他们有机会请求不予公开。简言之,校方必须通知学生,让学生有机会选择不公开信息。

大学生给校方发电子邮件投诉某位教师,这封邮件是《家庭教育权与隐私法》中的"教育记录"吗?这位教师可否凭借公开记录法查出投诉学生的姓名?2012 年,佛罗里达州一家上诉法院在"雷亚诉桑蒂菲学院理事会案"(Rhea v. District Board of Trustees of Sante Fe College)中判决道:此类邮件不是教育记录,因为不直接关涉学生。相反,它直接关涉一名教师,与学生关系不大,因此,该教师有权利知道,是谁写邮件投诉自己。此案判决虽仅在一个上诉区内有拘束力,但它指出了很重要的一点,文件中的信息要想成为《家庭教育权与隐私法》中的教育记录,必须"直接关涉"学生。正如佛罗里达州上诉法院所写:"本案中的电子邮件,主要关涉教师达内尔·雷亚(Darnell Rhea)的教育方法与他在课堂上的所谓不当言行,与邮件作者及课堂上的其他学生关系不大。邮件内容围绕这名教师展开。邮件虽是学生所写,但不会因此成为'教育记录'。"

《家庭教育权与隐私法》有一部分对报道校园犯罪的学生记者颇为重要。该法规定,教育记录不包括"执法机构为实现执法目的而在教育机构内设立的执法单位所保存的记录"。换言之，事故报告、逮捕报告、违章停车罚单和校园警方制作的其他档案，不属于《家庭教育权与隐私法》规定的"教育记录"，记者未经学生同意便可取用。

比如下面这起案件：北卡大学教堂山分校的几名学生运动员收到了交通罚单。包括学生传媒《塔希尔日报》（*Daily Tar Heel*）在内的几家报社对此颇感兴趣，申请将罚单公开。北卡罗来纳州的一位法官 2011 年判决，这些交通罚单不受《家庭教育权与隐私法》保护。小霍华德·曼宁（Howard Manning Jr.）法官写道："如果违章停车不断累积，达到纪律处分的地步，那么这种纪律处分确实可受《家庭教育权与隐私法》庇护。但这种遥远的可能性不足以构成现下的威胁，以至于要屏蔽每个学生收到的停车罚单数量。"

2012 年，同一位法官判决道，北卡大学就学生运动员收受不当好处（如机票、珠宝、服装、鞋履、汽车、代付违规停车罚单、现金和免费餐饮）一事提交给全国大学生体育协会（NCAA）的事实陈述和答复，不受《家庭教育权与隐私法》保护，无法免于公开。曼宁法官指出，"正如违规停车罚单案一样，这类不当行为与教育无关。这种行为（接受不当好处——非学术性）与课堂、考试分数、学分、SAT 或 ACT 成绩、成绩排名以及其他关乎学生学业进步的事项、学生因违反教育规则或诚信守则而受到纪律处分的事项等（以上都

受《家庭教育权与隐私法》保护）均无关系"。2012 年 10 月，《塔希尔日报》、《罗利新闻观察者报》（Raleigh News & Observer）和其他新闻机构终获胜利，北卡大学同意和解，按曼宁法官的命令提供相关记录，并为以上传媒支付 45 000 美元律师费。许多档案如今上网便可查到，地址是 http://uncnews. unc. edu/ images/stories/pdf/102612. pdf。

应指出的是，许多大学企望在《家庭教育权与隐私法》的荫庇下隐瞒有关运动项目、学生运动员，甚至支持者/捐赠者的不利信息。例如，2012 年 11 月，据《信使邮报》（*Post and Courier*）报道，查尔斯顿学院（College of Charleston）在一名女性棒球运动员疑遭性侵的案件发生后，多次拒绝公开含有嫌疑人身份（据称是大学棒球运动员）的事件报告。《信使邮报》刊文指出，"这一信息至关重要，能证实或证伪受害人家属提出的关键主张：犯罪嫌疑人是棒球运动员，并因此受到包庇"。

2002 年，美国最高法院以 7 比 2 的投票结果判决，《家庭教育权与隐私法》能帮助传媒获得校园犯罪报告和记录。最高法院之所以能做到这一点，是因为它体察到大学校方害怕被学生起诉的心理，并做了安抚。最高法院判决，学生不能因学校公开了《家庭教育权与隐私法》规定的个人材料，便起诉学校，《家庭教育权与隐私法》并未赋予学生起诉学校的权利。[119]最高法院判决道，校方违反该法应受的惩罚，不是被个人起诉，而是被取消联邦资助。

医疗健康记录

2003 年，一系列新的隐私规定实施生效，这些规定限制了记者获取医院和其他医疗机构的病人信息。这些规定是根据 1996 年《健康保险可携性与可责性法案》（Health Insurance Portability and Accountability Act）制定的，官方名称是《保护个人可识别性健康信息之隐私的联邦标准》（Federal Standards for Privacy of Individually Identifiable Health Information）。《西雅图时报》（*Seattle Times*）写道："对于新闻传媒而言，《健康保险可携性与可责性法案》规则意味着，在枪击事件、汽车相撞和其他有新闻价值的事件中，医院不会对记者透露任何信息，除非记者知道病人的姓名。过去发生此类情形时，记者无须知道患者的姓

名。"[120]记者争取新闻出版自由委员会的珍妮弗·拉弗勒(Jennifer LaFleur)在《遗失的报道》白皮书中写道:"根据《健康保险可携性与可责性法案》,医院将只发布病人的姓名,并用只言片语描述病况,这还是有前提的,前提是,病人同意公布姓名,且记者事先知道病人的全名。"[121]拉弗勒又说,全美各地有许多"记者说,警察局和消防局也仗着《健康保险可携性与可责性法案》,不肯公开事故信息"。

须指出的重点是,警察局、消防局和其他执法机构不在《健康保险可携性与可责性法案》的覆盖范围之内。故警方无权对警方报告或警方记录中的事故受害人或枪击受害人的信息保密。《健康保险可携性与可责性法案》只针对医疗保险、医疗保健资讯服务中心和医疗服务提供者。

美国卫生及公众服务部(Department of Health and Human Services)专门在网上解释了《健康保险可携性与可责性法案》及其隐私规定。网址是:http://www.hhs.gov/ocr/privacy/index.html。想向医疗服务提供者索要信息的记者,应当熟知该法的相关条款。该网站指出了《健康保险可携性与可责性法案》与州公开记录法的关联,这对记者很重要。你能在"有关州公开记录法的常见问题"链接中找到这部分内容。该网站上有这样一段话:"不在'覆盖范围内'的州政府机构……不必遵守《健康保险可携性与可责性法案》的隐私规定,亦即,该政府机构可以根据州公开记录法披露信息,不受隐私规定的限制。"也就是说,警察局、消防局等不在覆盖范围内的机构,不

能仗着《健康保险可携性与可责性法案》,将本应公开的信息做保密处理。

不当扩张《健康保险可携性与可责性法案》的情形,仍然时有发生。1880 年代至 1950 年代末,在内布拉斯加州黑斯廷斯(Hastings)一家精神病院的墓地中,一共下葬了 957 名死去的病人,他们的墓碑上只有编号,没有姓名。在医疗服务提供者——黑斯廷斯地区中心(Hastings Regional Center)保存的一份记录中,有这些逝者的身份信息。一家历史学会申请公开这份记录。2008 年,内布拉斯加州一位法官援引《健康保险可携性与可责性法案》,拒绝了历史学会的申请。尽管相关人员已去世多年,且隐私权随个人死亡而终结是一般法律规则,但亚当斯县(Adams County)的地区法官特里·哈德(Terri Harder)仍认为,这份记录是"个人的可识别性健康信息",受《健康保险可携性与可责性法案》保护,可免于公开,而且,公开这份记录"会暴露这些人曾因精神疾病或其他严重问题而入院治疗的事实"。[122]

2009 年,内布拉斯加州最高法院推翻了下级法院的原判,允许历史学会获得这些姓名。该法院写道:"《健康保险可携性与可责性法案》虽禁止公开他人的可识别性医疗信息,但允许公开依州法应予公开的信息。内布拉斯加州的公开记录法规定,医疗记录必须保密,但出生和死亡记录不在保密之列。我们的隐私法也适用于医疗记录和病史,不适用于死亡记录。历史学会申请的是死亡记录,它属于公共记录。"[123]

联邦隐私法

1974 年《隐私法》(Privacy Act of 1974)有两大目标。第一,防止联邦政府滥用个人数据。毕竟联邦政府掌握着数量惊人的个人数据。第二,确保个人能近用联邦机构持有的、有关其本人的记录。对新闻传媒而言,该法的第一个目标更为麻烦。

《隐私法》要求每家联邦机构只收集相关的、必要的信息,尽可能直接向本人收集信息,并允许人们审核、修正其个人记录和信息。该法还规定,没有本人的书面同意,政府机构不得公开"个人的可识别记录"。该法的这一部分,似与联邦《信息自由法》的精神相扞格,国

会不得不澄清联邦机构对于《隐私法》的责任。《隐私法》的增补条款特别规定,《信息自由法》要求公开的记录,不受《隐私法》限制,不得免于公众检视。遗憾的是,对于手握信息的政府官员而言,《隐私法》和《信息自由法》都不够明确。

一家联邦上诉法院最近总结了《信息自由法》和《隐私法》的紧张关系,它写道:"这两部法律的互动结果是,在《信息自由法》要求公开的场合,《隐私法》不能阻拦;但在《信息自由法》允许不公开的例外情形下,《隐私法》便强制政府机构不得公开。"[124]

2012 年,美国最高法院在"联邦航空管理局诉库珀案"(Federal Aviation Administration v. Cooper)[125]中判决:政府机构错误曝光了原告的隐私信息,原告依《隐私法》胜诉,但不能获赔精神或情感伤害赔偿金。最高法院做出了**成文法之解释**(statutory construction,参见第 1 章),塞缪尔・阿利托大法官代表多数派写道,《隐私法》中的"实际损害赔偿",仅指确有证据证明的、有形的经济与金钱损失,类似于第六章诽谤法中的**特别损害赔偿**(special damages)。

1974 年《隐私法》对记者有何影响呢?记者有时从秘密消息来源处获取信息,而消息来源的信息泄露行为可能违反了 1974 年《隐私法》。记者也许会因此收到传票,被要求在受害人提起的民事诉讼中出庭作证。换言之,隐私信息遭泄露的受害人根据 1974 年《隐私法》起诉,他要找出是谁泄露了自己的隐私,于是给收到隐私信息的记者发传票。

犯罪记录隐私法

根据 1968 年《公共汽车犯罪控制与街道安全法》(Omnibus Crime Control and Safe Streets Act),尼克松政府设立的联邦执法援助管理局(Law Enforcement Assistance Administration)尝试建立一套全国性的电脑档案保存系统。使用该系统,各地警察局可以查阅全美几乎所有警察局的记录。

国会很担心这套系统被滥用,于是限制了数据近用。警方记录中向来有大量错误信息、过时信息和隐私信息。集中化的记录保存系统存在一个问题,即一些论者所称的"档案效应"。这些计算机化的、集中保存的记录,与以前的警方记录判然有别。某一有限地理区域内的警察局制作、保存的零散记录,由于体量巨大、不易检索,其实不太容易查阅。联邦政策于是强制规定,各州若要加入全国性记录保存系统,必须遵守一些规定,包括限制传播刑事记录中的非定罪数据。

"刑事司法信息系统"是这样定义"非定罪数据"的:

未经处理的逮捕信息(距离逮捕日期已逾一年,尚未起诉);或者暴露以下事实的信息:警方决定不将案件移交检察官,检察官决定不启动刑事程序,刑事程序被无限期延后,当事人被无罪释放和控方撤回指控。

因这些州法的存在,新闻传媒要想查阅警方保存的犯罪历史记录几乎不太可能,除非有以下这几种情况:(1)有人正被刑事司法系统追诉;(2)所查找的数据是定罪记录;(3)所查找的数据是按年代顺序保存,也只能按这一顺序查找的原始记录,比如逮捕记录。如果记者事先知道逮捕日期,应该就能查到逮捕信息,哪怕当事人最后未被定罪。这些法律是否实质性地影响了新闻传媒报道刑事司法的能力?这很难说。优秀的警事新闻记者一般都能找到他们想要的信息。但潜在的问题也显而易见。一位观察家指出:

一方面,不加控制地传播、公开犯罪历史记录,难免会对相关人员造成负面影响。但另一方面,公众和传媒若想有效地监督并评判警方、公诉机关和法院的运作,又离不开有关这些公务活动的基本记录。[126]

这种监督能力至关重要。设想一下这样的情况：有人指摘一名检察官在决定是否发起指控时，对自己的朋友或特定的种族、人种有所偏私。如果此时不能对照逮捕记录与指控记录，又如何调查上述指摘是否属实？刑事司法系统的工作人员自然能获得他们所需的记录，但历史表明，必须有人敦促他们，他们才会有所行动。而敦促正是传媒的工作。

限制信息近用的州法

> 各州都有限制近用信息的成文法，这里所说的信息，是指根据信息自由法本可公开的信息。

各州都有限制近用信息（这里所说的信息，是指根据信息自由法本可公开的信息）的成文法。华盛顿州就有 100 多种法律限制对特定信息的近用。一些州法限制近用商业秘密，一些州法则限制近用依环境法提交给州政府的信息。赛车手戴尔·厄恩哈特（Dale Earnhardt）2001 年殒命于戴通纳 500 大赛，《奥兰多哨兵报》（Orlando Sentinel）等报社申请公开尸检照片。佛罗里达州议会为此立法规定，尸检照片和尸检视频豁免于州公开记录法，应予保密。[127]报界希望透过这些照片判断戴尔的死因，并探查某种安全设备能否救他一命。2002 年，佛罗里达州一家上诉法院肯认了该法及其适用的合宪性。2003 年 7 月，佛罗里达州最高法院拒绝受理此案，上诉法院的判决由此生效。[128]2003 年 12 月，美国最高法院拒绝受理此案。[129]

2009 年，宾夕法尼亚州最高法院判决，尸检报告是官方记录，依宾州公开记录法应予公开。但它又指出，初审法院法官在确有必要的恰当情形下，可以依据自由裁量权保护尸检报告免于公开。它说："初审法院可在必要时基于隐私或特权考量，限制公众近用尸检报告（或部分尸检报告）。"[130]

 案例

死亡图像与公开记录之争：互联网改变了游戏规则

全美各地的立法机关，正在将死亡现场的图像和尸检照片列为州公开记录法的例外事项。2013 年，得克萨斯州的立法者审议了一部议案，该议案一概禁止州政府机构发布"敏感的犯罪现场图像"。得克萨斯州参议院 1512 号议案将这类图像定义为"表现死者被肢解、砍头的照片，或尸体严重毁损、残缺不全的照片，或暴露死者生殖器的照片"。该议案允许"从事新闻采集活动的善意传媒从业人员"查看并复制此类图像，但先得拿到法庭命令。2011 年，佛罗里达州立法规定，谋杀现场的照片、录像和录音应免于公开（但允许"死者配偶查看并复制图像，收听录音"）。2010 年，佐治亚州的立法者匆忙通过一部法律，将"执法机关汇集的呈现部分或全部裸体、出现肢解尸体或者表现伤者或死者的照片、视频或其他材料"豁免于公开记录法。这一立法举动发生在一次信息公开申请之后。《好色客》杂志的撰稿人向佐治亚州调查局（Georgia Bureau of Investigation）申请梅雷迪思·埃默森（Meredith Emerson）被害案的文件。这位徒步者全身衣物被扒光，在佐治亚州的密林中惨遭砍头。《好色客》撰稿人当时正在写一篇有关凶手加里·迈克尔·希尔顿（Gary Michael Hilton）的文章。佐治亚州调查局的文件中有梅雷迪思全身赤裸并遭砍头的照片。2012 年 7 月 17 日，学生传媒法中心的主任弗兰克·洛莫特（Frank LoMonte）在该中心的网站上刊文写道："尸检报告历来是公共记录，主张保密的隐私倡议者们却正在全国范围内积聚起支持力量,这部分是因为,人们担心这些会大大扰乱幸存者心神的残忍照片,会在网上广为传布。"洛莫特举例说,伊利诺伊州允许公众近用尸检报告,但官员可以撤下极度具体的尸检照片。之后十年,这

一争斗还将继续下去,它是隐私权与公众知情权相冲突的现实表达——这一冲突在互联网上被进一步放大,因为在互联网上,死亡现场和尸检图像总是不胫而走,而且将永远存留在网络空间里。

离婚是部分州法限制公众近用的另一个领域。例如,加州一家上诉法院 2006 年在"伯克尔诉伯克尔案"(Burkle v. Burkle)中推翻了一部州法。该法规定,离婚诉讼的一方当事人经向法官申请,可以封存有关离婚双方财产和负债的全部法院文件。[131]该上诉法院承认,离婚双方在财产信息上享有隐私利益(包括身份盗用的可能性),但依然认为,"宪法第一修正案保障公众有权近用离婚诉讼的法庭记录",并判决系争法律过于宽泛,在保护隐私利益时未能剪裁得宜。特别是,该法要求法官自动封存所有涉及财务信息的起诉状和答辩状,哪怕只是蜻蜓点水地提及此类信息,也要一并封

存。而且,法官没有自由裁量权,不能只涂黑文件中有关财务信息的特定部分(这才是真正有可能伤害隐私利益的部分)。其他州的法院也推翻了类似的法律——有时是基于宪法第一修正案近用权,有时是基于州宪法近用权。[132]

2009 年,因真人秀"十口之家"(Jon and Kate Plus 8)走红的乔恩与凯特·戈斯林(Jon and Kate Gosselin)夫妇,在宾夕法尼亚州蒙哥马利县起诉离婚(不是在他们家所在的伯克斯县)。在这里,离婚文件自动封存。这显然是戈斯林夫妇不愿被大众消费的极少的几件事之一。

 知识窗

州政府防止过度申请的新举措

2009 年,加州通过了 520 号议案,它规定,如果加州法院的法官认为信息公开的申请者乃是出于"不当目的"申请记录,比如蓄意烦扰一家公共机构或其职员,法官可以签发保护性命令,限制申请者根据《加州公开记录法》提出申请的数量和范围。2009 年,华盛顿州立法规定,如果该州囚犯申请信息

公开的目的是烦扰或恐吓政府机构或其职员,又或者,如果信息公开申请有可能被用于协助某种犯罪活动,则州政府机构可以申请禁制令,防止囚犯获得记录。其他州也正在考虑或已经考虑采用类似的制度,以免信息公开申请被滥用。

小　结

所有州政府和联邦政府,都有将某些类型的信息排除在公众检视之外的法律。我们在讨论《信息自由法》的例外 3 时,指出了其中的一部分。如今,隐私权俨然是公众近用信息的一大障碍。联邦政府立法保

护学生记录中的隐私。国会通过了一部联邦隐私法,该法常与《信息自由法》的条款发生冲突。联邦政府坚持认为,各州应立法控制公众近用犯罪历史记录。各州也已通过大量隐私法。如今,隐私权常被用于禁止公众近用公共记录。

参考书目

Associated Press. "Judge: Private Prison Company Must Produce Records. "29 July 2008.

——. "Judge Says Regional Center Burial Records Can Remain Sealed. "16 February 2008.

Barringer, Felicity. "Appeals Court Rejects Damages Against ABC in Food Lion Case. " *The New York Times*, 21 October 1999, A1.

Beesley, Susan L. , and Theresa Glover. "Developments Under the Freedom of Information Act, 1986. "*Duke Law Journal* (1987):521.

Boule, Margie. "No-Fly List Clips Singer, But Parent Who Abducts Kids Glides. " *Oregonian*, 30 September 2004, E01.

Burns, Robert. " Document: Bin Laden Evaded U. S. Forces. " *Associated Press*, 22 March 2005.

The Bush Administration and the News Media. Washington, D. C. : Reporters Committee for Freedom of the Press, 1992.

Bush, Ellen M. "Access to Governors' Records: State Statutes and the Use of Executive Privilege. "*Journalism Quarterly* 71(1994):135.

The Clinton Administration and the News Media. Washington, D. C: Reporters Committee for Freedom of the Press, 1996.

Clymer, Adam. "Government Openness at Issue as Bush Holds on to Records. "*The New York Times*, 3 January 2003, A1.

"CNN, Federal Government Settle Suit with Montana Rancher. " *Associated Press*, 5 June 2001.

Cross, Harold. *The People's Right to Know*. New York: Columbia University Press, 1953.

Denniston, Lyle. "Reagan Legacy: Law Against Leaks. " *Washington Journalism Review*, December 1988, 10.

Dobbs, Michael. "Records Counter a Critic of Kerry. " *Washington Post*, 19 April 2004.

Editorial. "Reinforce Anti-Secrecy Law. " *San Francisco Chronicle*, 4 April 2003, A24.

Editorial. "Turn Over the Logs, Mr. Bush. " *Hartford Courant*, 16 January 2007, A8.

Eilperin, Juliet. "Bush Appointee Said to Reject Advice on Endangered Species. "*Washington Post*, 30 October 2006, A3.

Fought, Barbara C. "Privatization Threatens Access. " *Quill*, September 1997, 8.

Greenhouse, Linda. "Police Violate Privacy in Home Raids with Journalists. " *The New York Times*, 25 May 1999, A25.

Grossman, Andrea. "Editor Awarded Almost $ 67,000 in Attorney Fees. "*Reporters Committee for Freedom of the Press*, 24 January 2007, http://www. rcfp. org/news/2007/0124-foi-editor. html.

Halstuk, Martin. "In Review: The Threat to Freedom of Information. "*Columbia Journalism Review*, January-February 2002, 8.

Hayes, Michael J. "Whatever Happened to 'The Right to Know'? Access to Government-Controlled Information Since *Richmond Newspapers*. "*Virginia Law Review* 73(1987):111.

Higgins, Steven. "Press and Criminal Record Privacy. "*St. Louis University Law Journal* 20(1977):509.

Homefront Confidential: How the War on Terrorism Affects Access to Information and the Public's Right to Know. 6th ed. Arlington, Va. : Reporters Committee for Freedom of the Press, 2005.

How to Use the Federal FOI Act, 8th ed. Arlington, Va. : FOI Service Center, 1998.

"Journalist Gets Probation for Posing as Federal Official. " *Plain Dealer*, 13 April 2002, B2.

"Judge Upholds Reporter's Trespassing Conviction. "*Associated Press*, 6 July 2004.

Kaplan, Carl S. "Judge Says Recording of Electronic Chats Is Legal. "*Cyber Law Journal*, 14 January 2000.

Kirtley, Jane E. , ed. *The First Amendment Handbook*, Washington, D. C. : Reporters Committee for Freedom of the Press, 1986.

Knight Open Government Survey 2008. Washington, D. C. : National Security Archive at George Washington University, 2008.

LaFleur, Jennifer. *The Lost Stories: How a Steady Stream of Laws, Regulations and Judicial Decisions Have Eroded Reporting on Important Issues*. Arlington, Va. : Reporters Committee for Freedom of the Press, 2003.

Lewis, Neil. "White House Holds Up Release of Reagan-

Era Documents. "*The Oregonian*, 9 June 2001, A10.

Lundstrom, Margie. "The Privacy Boogeyman Runs Amok as Public Records Are Sealed. " *Sacramento Bee*, 5 March 2005, A3.

Marwick, Christine M. , ed. *Litigation Under the Amended Freedom of Information Act*. 2nd ed. Washington, D. C. : American Civil Liberties Union and Freedom of Information Clearing House, 1976.

Meier, Barry. "Jury Says ABC Owes Damages of $5.5 Million. "*The New York Times*, 23 January 1997, A1.

Middleton, Kent. "Journalists, Trespass, and Officials: Closing the Door on *Florida Publishing Co. v. Fletcher.* " *Pepperdine Law Review* 16(1989):259.

Mifflin, Laurie. "Judge Slashes $5.5 Million Award to Grocery Chain for ABC Report. " *The New York Times*, 30 August 1997, A1.

Morrissey, David H. "FOIA Foiled?" *Presstime*, March 1995, 29.

Ostrom, Carol M. "Privacy Rules to Limit Word on Patient. "*The Seattle Times*, 13 April 2003, B1.

Padover, Saul. ed. *The Complete Madison*. New York: Harper & Row, 1953.

Pember, Don R. "The Burgeoning Scope of 'Access Privacy' and the Portent for a Free Press. "*Iowa Law Review* 64(1979):1155.

Pogrebin, Robin. "At Public Board Meeting, Smithsonian Practices New Openness. "*The New York Times*, 18 November 2008, A13.

Pseudo-Secrets : A Freedom of Information Audit of the U. S. Government's Policies on Sensitive Unclassified Information. Washington, D. C. : National Security Archive, George Washington University, March 2006.

"Rancher at Center of Lawsuit Over Televised Raid Dies. " *Associated Press*, 17 April 2003.

Riechmann, Deb. "Congress Fears Nuclear Secrets May Slip Out in Old Documents. "*Seattle Post-Intelligencer*, 25 August 1999, A5.

Ritter, Bob. *New Technology and the First Amendment*. Greencastle, Ind. : SPJ Reports, 1993.

Rourke, Francis. *Secrecy and Publicity*. Baltimore, Md. : Johns Hopkins University Press, 1961.

Schiesel, Seth. "Jury Finds NBC Negligent in 'Dateline' Report. "*The New York Times*, 9 July 1998, A19.

Schulz, David A. "Troubling Ruling Restricts News Gathering. " *Editor & Publisher*, 29 June 1996, 5.

Secrecy Report Card 2006. Washington, D. C. : OpenTheGovernment. org, 2006.

Secrecy Report Card 2007. Washington, D. C. : OpenTheGovernment. org, 2007.

Shane, Scott. "U. S. Reclassifies Many Documents in Secret Review. " *The New York Times*, 21 February 2006, A1.

Sherer, Michael D. "Free-Lance Photojournalists and the Law. " *Communications and the Law* 10(1988):39.

Stewart, Potter. "Or of the Press. "*Hastings Law Journal* 26(1975):631.

U. S. Senate. *Clarifying and Protecting Right of Public to Information*. 89th Cong. , 1st Sess. , 1965, S. Rept. 813.

Weiner, Tim. "Lawmaker Tells of High Cost of Data Secrecy. "*The New York Times*, 28 June 1996, A9.

——. " U. S. Plans Secrecy Overhaul to Open Millions of Records. "*The New York Times*, 18 March 1994, A1.

Wicklein, John. "FOIA Foiled. "*American Journalism Review*, April 1996, 36.

 注释

[1] Memorandum for the Heads of Executive Departments and Agencies, Freedom of Information Act, Jan. 21, 2009, available online at http://www. whitehouse. gov/the_press_office/FreedomofInformationAct.

[2] Shane, "U. S. Reclassifies Many Documents. "

[3] See Rourke, *Secrecy and Publicity* ; and Padover, *The Complete Madison*.

[4] *Zemel* v. *Rusk*, 381 U. S. 1(1964).

[5] *Branzburg* v. *Hayes*, 408 U. S. 665(1972).

[6] 417 U. S. 817(1974).

[7] 417 U. S. 843(1974).

[8] *Pell* v. *Procunier*, 417 U. S. 817(1974).

[9] *Houchins* v. *KQED*, 438 U. S. 1(1978).

[10] *Houchins* v. *KQED*, 438 U. S. 1(1978).

[11] 570 F. 3d 798(7th Cir. 2009),cert. den. ,559 U. S. 991(2010).

[12] *Richmond Newspapers* v. *Virginia*,448 U. S. 555 (1980).

[13] See,for example,*Press-Enterprise Co.* v. *Riverside Superior Court*,464 U. S. 501(1984).

[14] *American Broadcasting Companies*,*Inc.* v. *Ritchie*, 36 M. L. R. 2601(D. Minn. 2008). See also *CBS*, *Inc.* v. *Smith*,681 F. Supp. 794(S. D. Fla. 1988)(此案判决:"票站调查和记者采访显然受宪法第一修正案之言论自由、新闻出版自由保障。");and *Daily Herald Co.* v. *Munro*,838 F. 2d 380(9th Cir. 1988) (此案判决,票站调查"从数个方面来看,都是受宪法第一修正案保护的言论"。)

[15] *CNN* v. *ABC*,518 F. Supp. 1238(1981).

[16] *WJW* v. *Cleveland*,686 F. Supp. 177(1988).

[17] *California First Amendment Coalition* v. *Woodford*,299 F. 3d 868(2002).

[18] 682 F. 3d 821(9th Cir. 2012).

[19] 36 M. L. R. 1405(E. D. Ark. 2008).

[20] *Rice* v. *Kempker*,374 F. 3d 675(2004).

[21] 437 F. 3d 410(4th Cir. 2006). 州长命令中的相关内容如下:"另行通知之前,行政部门或机构之人员皆不得接受戴维·尼特金(David Nitkin)或迈克尔·奥利斯克(Michael Olesker)的采访。不得回电或答应任何请求。州长新闻办公室认为,这两名记者目前无法客观报道关于埃利希政府的任何事务。此命令即刻生效。"

[22] 2005 U. S. Dist. LEXIS 9476(N. D. Ohio 2005).

[23] 34 M. L. R. 2036(6th Cir. 2006).

[24] Permanent Injunction,*Citicasters Co.* v. *Finkbeiner*, Case No. 07-CV-00117(N. D. Ohio 2007).

[25] *U. S.* v. *Matthews*,11 F. Supp. 2d 656(1998). 马修斯被判入狱 18 个月。

[26] *U. S.* v. *Matthews*,209 F. 3d 338(2000),cert. den. , 531 U. S. 910(2000).

[27] 408 U. S. 665,691(1972).

[28] *Desnick* v. *American Broadcasting Companies*,*Inc.*, 44 F. 3d 1345,1351(1995).

[29] "Judge Upholds Reporter's Trespassing Conviction,"*Arizona* v. *Wells*,2004 WL 1925617(Ariz. Super. 2004).

[30] Arizona Revised Statute §13-1504(2004).

[31] *Baugh* v. *CBS*,*Inc.* ,828 F. Supp. 745(1993).

[32] *Desnick* v. *American Broadcasting Companies*,*Inc.*, 44 F. 3d 1345(1995).

[33] 38 M. L. R. 1306(3d Cir. 2010),cert. den. ,131 S.

Ct. 150(2010).

[34] *Bevers* v. *Gaylord Broadcasting Co.* ,30 M. L. R. 2586,2590(2002).

[35] *Wilson* v. *Layne*,526 U. S. 603(1999).

[36] *Hanlon* v. *Berger*,526 U. S. 808(1999).

[37] *Berger* v. *Hanlon*,129 F. 3d 505(1997).

[38] *Berger* v. *Hanlon*,188 F. 3d 1155(1999). 牧场主夫妇被宣告无罪,但搜查镜头在 CNN 前后播出了 10 次。

[39] "CNN,Federal Government Settle Suit with Montana Rancher. "

[40] 683 F. Supp. 2d 798(N. D. Ill. 2010).

[41] *City of Houston* v. *Hill*,482 U. S. 451(1987).

[42] *Wolfson* v. *Lewis*,924 F. Supp. 1413(1996).

[43] *Food Lion Inc.* v. *Capital Cities/ABC*,194 F. 3d 505 (1999);see also Barringer,"Appeals Court Rejects Damages. "

[44] *Special Force Ministries* v. *WCCO Television*,584 N. W. 2d 789(1998).

[45] "Journalist Gets Probation. "

[46] http://www. rcfp. org/newsitems/index. php? i = 12164.

[47] California Penal Code §409. 5(2007). See also Ohio Revised Code Annotated §2917. 13(2006).

[48] Oregon Revised Statute §401. 570(2006).

[49] 这 12 个"各方同意州"是加利福尼亚州、康涅狄格州、佛罗里达州、伊利诺伊州、马里兰州、马萨诸塞州、密歇根州、蒙大拿州、内华达州、新罕布什尔州、宾夕法尼亚州和华盛顿州。

[50] *Flanagan* v. *Flanagan*,41 P. 3d 575(2002).

[51] 39 Cal. 4th 95(2006).

[52] *Perry* v. *Maryland*,357 Md. 37(Md. Ct. App. 1999).

[53] 794 N. W. 2d 842(Mich. 2011).

[54] U. S. Senate,*Clarifying and Protecting*,2-3.

[55] 2011 U. S. Dist. LEXIS 134123(C. D. Cal. Nov. 17, 2011).

[56] Memorandum for the Heads of Executive Departments and Agencies,Freedom of Information Act, Office of the President,Jan. 21,2009,available online at http://www. whitehouse. gov/the_press_office/FreedomofInformationAct.
美国司法部部长埃里克·霍尔德于 2009 年 3 月发布一份备忘录,他在解释《信息自由法》时呼吁公开,并鼓励"行政机构酌情公开信息。行政机构不应仅因自己在技术上能够证明某一文件属于《信息自由法》的豁免公开事项,便拒绝公开"。Memorandum for Heads of Executive Departments and Agencies, the Freedom of Information Act,Office of the Attor-

ney General, Mar. 19, 2009, available online at http://www. usdoj. gov/ag/foia-memo-march2009. pdf.

[57] 714 F. 3d 816(4th Cir. 2013).

[58] Public Law No. 107-296.

[59] Editorial,"Reinforce Anti-Secrecy Law,"A24.

[60] 857 F. Supp. 2d 44(D. D. C. 2012).

[61] *Taylor* v. *Sturgell*,553 U. S. 880(2008).

[62] Morrissey,"FOIA Foiled?"29.

[63] 此信内容可参见 http://www. gwu. edu/~nsarchiv/news/20100115a/WH_letter. pdf。

[64] 610 F. 3d 747(D. C. Cir. July 6,2010).

[65] *Rushforth* v. *Council of Economic Advisors*,762 F. 2d 1038(1985).

[66] Pogrebin, "At Public Board Meeting, Smithsonian Practices New Openness. "

[67] *Long* v. *IRS*,596 F. 2d 362(1979).

[68] *Citizens for Responsibility and Ethics in Washington* v. *U. S. Department of Homeland Security*,2009 WL 50149(D. D. C. Jan. 9,2009). 近期另一起与白宫访客登记有关的案件是 *Judicial Watch, Inc. v. U. S. Secret Service*, 579F. Supp. 2d 182 (D. D. C. 2008).

[69] *Citizens for Responsibility and Ethics in Washington* v. *U. S. Department of Homeland Security*,527 F. Supp. 2d 76(D. D. C. 2007).

[70] See *Chrysler Corp.* v. *Brown*,441 U. S. 281(1979).

[71] Executive Order No. 12958,3C. F. R. 333(1996).

[72] *Associated Press* v. *U. S. Department of Defense*, 462 F. Supp. 2d 573(S. D. N. Y. 2006).

[73] 131 S. Ct. 1259(2011).

[74] *Sims* v. *CIA*,471 U. S. 159(1985). 西姆斯今在加州萨克拉门托的太平洋大学麦乔治法学院(The Pacific McGeorge School of Law)任宪法学教授。

[75] *City of Chicago* v. *U. S. Department of Treasury*, 423 F. 3d 777(7th Cir. 2005).

[76] 601 F. 3d 557(D. C. Cir. Mar. 23,2010).

[77] *NLRB* v. *Sears,Roebuck and Company*,421 U. S. 132(1973).

[78] 935 F. Supp. 2d 86(D. D. C. Mar. 27,2013).

[79] *Department of the Interior* v. *Klamath Water Users*,532 U. S. 1(2001).

[80] See *Judicial Watch, Inc.* v. *Department of Justice*, 365 F. 3d 1108(D. C. Cir. 2004).

[81] Ibid.

[82] *U. S.* v. *Nixon*,418 U. S. 683(1974).

[83] *Democratic National Committee* v. *Department of Justice*,539 F. Supp. 2d 363(D. D. C. 2008).

[84] *State Department* v. *Washington Post*,456 U. S. 595 (1982).

[85] *Kurzon* v. *Health and Human Services*,649 F. 2d 65 (1981).

[86] *New York Times* v. *NASA*,679 F. Supp. 33(1987).

[87] *New York Times* v. *NASA*,852 F. 2d 602(1988).

[88] *New York Times* v. *NASA*,970 F. 2d 1002(1990).

[89] *Department of the Air Force* v. *Rose*,425 U. S. 352 (1976).

[90] *New York Times* v. *NASA*,782 F. Supp. 628(1991).

[91] *Associated Press* v. *Department of Justice*,549 F. 3d 62(2d Cir. 2008).

[92] *Associated Press* v. *Department of Defense*,554 F. 3d 274(2d Cir. 2009).

[93] *Rosenfeld* v. *U. S. Department of Justice*,57 F. 3d 803(1995).

[94] *Reporters Committee for Freedom of the Press* v. *Justice Department*,816 F. 2d 730(1987).

[95] *Justice Department* v. *Reporters Committee*,109 S. Ct. 1486(1989).

[96] 541 U. S. 157(2004).

[97] 628 F. 3d 1243(10th Cir. 2011).

[98] 131 S. Ct. 1177(2011).

[99] *Gavin* v. *Securities and Exchange Commission*,2007 U. S. Dist. LEXIS 62252(D. Minn. Aug. 23,2007). 证监会在其他问题上主张例外 8 也获得成功。See *Bloomberg* v. *Securities and Exchange Commission*, 357 F. Supp. 2d 156(D. D. C. 2004)(法院判决:"将鼓励金融机构坦率评估产业困境、讨论自律应对之会议的总结性档案豁免于公开,无疑有利于"例外 8 保护的利益。)

[100] *Citizens for Responsibility & Ethics in Washington* v. *FEC*,711 F. 3d 180(D. D. C. Apr. 2,2013).

[101] *Knight Open Government Survey 2008*,4 - 5,available online at http://www. gwu. edu/~nsarchiv/NSAEBB/NSAEBB246/eo_audit. pdf.

[102] *Symons* v. *Chrysler Corporation Loan Guarantee Board*,670 F. 2d 238(1981).

[103] *Rushforth* v. *Council of Economic Advisors*,762 F. 2d 1038(1985).

[104] *Philadelphia Newspapers* v. *Nuclear Regulatory Commission*,9 M. L. R. 1843(1983).

[105] Cross,*The People's Right to Know.*

[106] 696 F. 3d 454(5th Cir. 2012).

[107] 2012 Ark. 452(2012).

[108] Bush,"Access to Governors' Records,"135.

[109] 133 S. Ct. 1709(2013).

[110] 789 N. W. 2d 495(Mich. Ct. App. 2010).

[111] 786 N. W. 2d 177(Wis. 2010).

[112] 688 S. E. 2d 317(W. Va. 2009).

[113] 663 S. E. 2d 38(S. C. 2008).

[114] *City of Riverdale* v. *Diercks*, 806 N. W. 2d 643(Iowa 2011).

[115] 854 N. E. 2d 193(Ohio 2006).

[116] *Associated Press*, "Judge: Private Prison Company Must Produce Records."

[117] *Wiredata*, *Inc.* v. *Village of Sussex*, 751 N. W. 2d 736(Wisc. 2008).

[118] 20 U. S. C. § 1232g(2009). 教育部有专门关于《家庭教育权与隐私法》的网站，网址是 http://www. ed. gov/policy/gen/guid/fpco/ferpa/index. html。

[119] *Gonzaga University* v. *Doe*, 536 U. S. 273(2002).

[120] Ostrom, "Privacy Rules to Limit Word on Patients."

[121] LaFleur, "The Lost Stories."

[122] *Associated Press*, "Judge Says Regional Center Burial Records Can Remain Sealed."

[123] *Nebraska Ex Rel Adams County Historical Society* v. *Kinyoun*, 765 N. W. 2d 212(Neb. 2009).

[124] *News-Press* v. *Department of Homeland Security*, 489 F. 3d 1173,1189(11th Cir. 2007).

[125] 132 S. Ct. 1441(2012).

[126] Higgins, "Press and Criminal Record Privacy," 509.

[127] Florida Statute § 406. 135(2001).

[128] *Campus Communications*, *Inc.* v. *Earnhardt*, 821 So. 2d 388(2002). 佛罗里达州最高法院以 4 比 3 的投票结果(微弱多数)决定不受理此案。

[129] *Campus Communications*, *Inc.* v. *Earnhardt*, 124 S. Ct. 821(2003).

[130] *Penn Jersey Advance*, *Inc.* v. *Grim*, 962 A. 2d 632 (Pa. 2009).

[131] 135 Cal. App. 4th 1045(2006). 加州最高法院拒绝受理此案。*Burkle* v. *Burkle*, 2006 Cal. LEXIS 5955(2006).

[132] See *Associated Press v. New Hampshire*, 153 N. H. 120(2005). 此案中，新罕布什尔州某一法律被宣布为违宪，法院说，限制近用离婚记录的规定，完全取消了"公众近用法院记录的权利"。它还强调："《新罕布什尔州宪法》为公众创设了近用法院记录的权利。"

第 10 章
保护信息来源/藐视法庭的惩处权

信息是新闻业的命脉。日复一日,记者们以采集信息为业。要说圈外人觊觎记者采集到的信息,实在一点儿也不稀奇。有时,他们只是想要报章媒体、广播电视刊播过的信息。有时,他们想要更多,比如未刊出的信息、未播放的照片视频、信息来源的姓名。法官、大陪审团,甚至立法委员会都有权力发出传票,强制记者透露这些信息。本章的第一部分将探讨两个问题:(1)记者收到传票时若拒绝合作,法律会为记者提供多少保护?(2)记者的行为最终会如何影响我们的所读、所见与所闻?

 ## 记者、看守所与秘密信源

有抱负的记者应该了解以下职业风险:

1. 你收到传票后,如果拒绝向调查刑事犯罪的大陪审团透露秘密信源的姓名,你可能被判藐视法庭,不止本人被关入看守所,还要交一大笔罚款(同时被罚的,还有你所在的报社、电视台或网站)。例如,2005 年,《纽约时报》前记者朱迪丝·米勒(Judith Miller)因拒绝披露是谁向她透露了瓦莱丽·普拉姆(Valerie Plame)的中情局秘密特工身份,在弗吉尼亚州的一家看守所被关了 85 天。

2. 如果法官在刑事或民事司法程序中命令你交出笔记、照片或录像,而你拒不从命,你可能被判藐视法庭,被关入牢狱,还得交一大笔罚款(同时被罚款的,还有你所在的报社、电视台或网站)。例如,2006—2007 年,自由撰稿博主乔希·沃尔夫(Josh Wolf)被关了 226 天,创下了历史纪录。因为他在收到传票后,拒绝交出他在旧金山一次示威游行中拍摄的录像(未播出),这次游行毁损了一辆警车。

3. 如果你弃守保密承诺,在法庭上、大陪审团前、报纸或网站上透露了消息来源的姓名,你有可能被消息来源起诉索赔。这类民事诉讼乃是基于禁止食言原则(promissory estoppel)。

面对藐视法庭判决、监禁与罚款,那些拒绝服从传票与法庭命令、拒绝披露秘密信源的记者以及拒绝向法庭交出笔记、照片和录像的记者,不得不求助于盾法和宪法第一修正案(有时是普通法)特许权。然而,正如本章后文将要说明的,你所在州的盾法或法院创设的宪法第一修正案特许权未必能保你安然无虞。截至 2014 年 1 月,全美共有 39 个州

> 如果你弃守保密承诺,在法庭上、大陪审团前、报纸或网站上透露了消息来源的姓名,你有可能被消息来源起诉索赔。

拥有盾法,这些法律在(1)保护谁、(2)保护什么、(3)何时保护等问题上各有不同规定。而且,美国最高法院曾判决,记者没有在大陪审团程序中拒绝作证的宪法第一修正案特许权。

在民事和刑事程序(区别于大陪审团程序)中,联邦上诉法院和一些州法院承认了基于宪法第一修正案的特许权,但这些由司法机关创设的特许权也不是绝对的。

 案例

严防看门狗:奥巴马政府密查美联社的电话记录

在宪法第一修正案的翼护之下,新闻界理应扮演好政府看门狗的角色,举发政府的腐败与滥权情事。而新闻界之所以能够看家护院,有一个必要前提,就是独立于政府。

于是,当2013年5月有消息爆出,美国司法部曾于2012年密查美联社记者两个多月的电话记录时,许多记者和新闻机构都大为震惊。简言之,政府正在暗中监视看门狗。

美联社总裁兼CEO加里·普鲁伊特(Gary Pruitt)称,司法部"密查美联社数十位记者在日常信息采集工作中与大量消息来源通话的电话号码"。普鲁伊特致函司法部部长埃里克·霍尔德说:"如此大规模地收集美联社及其记者的电话记录,实无合理依据。这些电话记录很有可能泄露了美联社那两个月期间在各种新闻采集活动中与秘密信源的交流,它们就像美联社的新闻采集路径图,泄露了政府原本无权了解的美联社的活动与运作信息。"《纽约时报》也抨击了司法部的做法,称之为"对消息来源的非法调查,试图恫吓告密者"。

司法部自辩说,密查美联社记者的电话记录,是为了查清哪些政府官员向美联社记者非法泄露了有关也门塔利班恐怖袭击的信息。换言之,从美联社记者接听、拨出的电话号码顺藤摸瓜,司法部可以查知政府信源的身份,并对他们提出告诉。至少司法部是这么解释其行为的合理性的。

同在2013年5月,另有消息曝光说,司法部还搜查了福克斯新闻(Fox News)的记者詹姆斯·罗森(James Rosen)的私人电子邮件。这次秘密搜查是为了查证,是谁向罗森泄露了有关朝鲜的保密信息。

此后不久,曾长期担任《华盛顿邮报》执行总编的小伦纳德·唐尼(Leonard Downie Jr.)撰文讨论了这两起事件。他说:"奥巴马政府针对泄密事件的打击持续升级,是本人自尼克松政府以来所见之最,这种做法无视宪法第一修正案,威胁了愈来愈多的政府信源——这些信源所提供的大多数信息并非保密信息,而这些信息是记者监督政府官员所不可或缺的。"

那么,记者为什么要服从传票和法庭命令呢?有多个原因。

大多数记者是高效的信息采集者。记者采集的部分信息,最终并未进入报纸或电视报道。有时,消息来源不希望自己的名字出现在报道中。最突出的例子是水门事件。多年来,人们只知道水门事件的消息来源是"深喉",直到几十年后的2005年"深喉"自曝身份,我们才知道,他是W.马克·费尔特(W. Mark Felt)。2008年,费尔特去世,他是美国现代新闻史上最著名的秘密信源。然而,记者不仅是

高效的信息采集者,也是优秀的记录者。未被公开报道的材料,通常保存在笔记本、计算机硬盘、录像带和录音带中。对一些人而言,这些未披露的信息非常重要,甚至可以说至关紧要。执法官员想知道,犯罪嫌疑人在接受采访时告诉了记者什么——发表或播出的,只是部分访谈内容而已。为证明报道失实、纯属虚构或出于实际恶意,诽谤原告需要知道,记者在制作报道时使用了哪些消息来源。一场暴力示威之后,警方想锁定哪些人在煽动暴力或从事犯罪,这时,现场的录像就颇为有用。因为

以上种种,总是有人想让记者披露他们决定不予刊播的信息。在大多数情况下,记者会同意这些请求,但偶尔也会拒绝。当记者拒绝时,想要信息的人通常会用一道法庭命令或一张**传票(subpoena)**强令记者披露信源的姓名或公开秘密信息。又或者,政府工作人员会凭借**搜查令(warrant)**,在新闻编辑室或记者家中搜查他们想要的信息。

在美国社会,新闻界在收集、发布新闻和信息时,应当以中立者的面貌出现。当政府或他人侵入新闻编辑室或记者笔记本时,这种中立性便大受威胁。如果政府人员能以法庭命令威胁记者,进而得知消息来源的姓名,那么原本信任记者的消息来源就有可能不再与记者合作。如果游行示威者得知政府会利用电视台的录像辨认并指控抗议者,那么电视台的新闻工作人员便很难在抗议集会上受欢迎。如果政府人员或民事、刑事诉讼当事人可以强制记者披露他们决定不予公开的信息,那么记者作为新闻采集者的工作效能便会严重受损。最终,流向公众的信息将因此减少,受损的是整个社会。

> 在美国社会,新闻界在收集、发布新闻和信息时,应当以中立者的面貌出现。

新闻与新闻信源

如果说新闻和信息是新闻传媒的命脉,那么消息来源便是这命脉的重要涌泉。记者的工作离不开他们培育的消息来源。消息来源形形色色,不一而足。有时,消息来源之所以愿意与记者合作,是因为记者承诺不会泄露其身份。消息来源又为何想要匿名呢? 原因不止一端。在有关犯罪的报道中,消息来源往往自己也参与了犯罪,所以不愿公开这一事实。在有关政府管理不善或不诚实的报道中,消息来源往往是政府机构内部的职员,泄露其身份可能连累他因向传媒举发上级的错误而失去饭碗。也有一些人不愿卷入爆炸性新闻发表后的各种麻烦,而匿名能使他们超脱事外。

 案例

防止泄露事关国家安全的秘密:
内部人员威胁工作小组 & 其他旨在阻止向记者泄密的行动

政府职员屡屡将国家安保信息外泄给《纽约时报》等报社的记者,为此,美国国家情报主任(Director of National Intelligence)詹姆斯·R. 克拉珀(James R. Clapper)于 2012 年 6 月宣布,他将采取两步措施,防止国家安全信息在未经授权的情况下外泄。

克拉珀特别要求所有情报部门(如中央情报局、联邦调查局、国家安全局)在反间谍测谎程序中增加一个问题,内容涉及擅自泄露保密信息。另外,鉴于司法部拒绝起诉此类案件,克拉珀要求情报机构督察长(Intelli-gence Community Inspector General)独立调查几起擅自泄露保密信息的案件。

同年,联邦政府成立了跨部门的"内部人员威胁工作小组"(Insider Threat Task Force),以消除漏洞,加强保密信息的保护。美国国防部部长利昂·帕内塔(Leon Panetta)在 2012 年 7 月的一次听证中告诉众议院军事委员会(House Armed Services Committee)说,国防部将开启一个"自上而下"的新监控系统,专门报告保密信息的泄露情况。在这一系统下,主管情报工作的国防部副部长将协同负责公共关系的助理部长,监控所有国家级大传媒的报道,以发现是否有保密信息外泄。监控对象还包括倡导记者报道国防部的五角大楼传媒协会(Pentagon Press Association)。重要的是,负责公共关系的助理部长成为华府地区向传媒发布国防部信息的唯一官方管道。

此外,众议院犯罪、恐怖主义与国土安全委员会(House Subcommittee on Crime, Terrorism, and Homeland Security)举行了听证,考察以 1917 年《间谍法》惩罚外泄保密信息给记者的联邦政府职员是否有效。2012 年 4 月,政府根据《间谍法》指控中央情报局前情报官员约翰·柯里寇(John Kiriakou)在多个场合向三名记者泄露保密信息,包括中情局一名卧底特工的姓名和中情局另一名雇员在保密行动中的身份。同年 10 月,柯里寇承认,自己曾向记者泄露中情局一名卧底特工的姓名。作为交换,控方放弃了《间谍法》指控。2013 年初,根据控辩双方达成的认罪协议,柯里寇因违反 1982 年《情报人员身份保护法》(Intelligence Identities Protection Act)被判入狱 30 个月。《情报人员身份保护法》禁止未经授权地故意泄露秘密特工的身份。

国家安全与信息自由流通(民主社会中信息向公众自由流通)之间,存在着一种紧张关系。这种张力在 2014 年仍然存在,而且不会很快消失。

记者素有使用秘密信源的传统,目的是获取政府官员企图遮盖的信息。拒绝透露秘密信源的身份,是记者秉持的职业道德。最早有据可查的案例发生在 1848 年,《纽约先驱报》(New York Herald)的一名记者不肯告诉美国参议院,究竟是谁向他提供了美国旨在结束美西战争的待签条约的复制件。这名记者因藐视参议院而被拘禁。一家美国上诉法院拒绝了他的求释申请。[1]

1960 年代末及进入 1970 年代之后,要求记者公开消息来源姓名或与当局分享秘密信息的情况越来越多。在美国的社会大动荡时期,传媒勤于记录黑人与白人、反战人士与警方、主流文化与反主流文化萌芽之间的冲突。新闻传媒暗中获得的信息,往往政府官员也很感兴趣。记者与消息来源之间的保密关系,常常激得当局想要查出到底是谁向传媒泄露了保密信息。

 案例

科罗拉多州影院枪击案:
詹姆斯·霍姆斯案信息外泄,引发 2013 年藐视法庭之争

2013 年,福克斯新闻记者贾纳·温特(Jana Winter)面临着藐视法庭的风险,她有可能被判罚金和 6 个月监禁。为什么?因为温特拒绝向法官透露消息来源的身份。事情的起因是:2012 年 7 月,詹姆斯·霍姆斯(James Holmes)涉嫌在科罗拉多州奥罗拉(Aurora)的一家电影院内枪杀 12 人,案发前,他曾将一个笔记本寄给一位心理学家。而温特的消息来源向她描述了笔记本中的部分内容。

报道发表前两天,法官下达了钳口令,限制此案的审前报道。钳口令禁止控辩双方和执法官员向传媒散播信息,以防损害霍姆斯接受无偏陪审团之公正审判的宪法第六修正案权利。

2012 年 7 月 25 日,温特在一篇报道中描述了霍姆斯笔记本中的内容,并指出,她的消息来源是两位不具名的执法官员。温特在报道中引用一名消息来源的原话说:有"一本笔记本,里面记满了他预谋杀人的细节。还有他打算怎么干的绘图——大屠杀的示意图"。显而易见,这类庭外信息有可能引发陪审员

候选人对霍姆斯的偏见。

科罗拉多州是拥有盾法的 39 个州(2014 年初的数据)之一。不过,科罗拉多州盾法只为记者提供不披露消息来源的有限特许权。如果有人(如本案中的詹姆斯·霍姆斯)想要克服这一特许权并强制记者透露信息,必须证明以下三点:(1)所寻求的信息与本案的关键问题直接相关;(2)所寻求的信息无法从其他人处获知;(3)想给记者发传票的一方,其利益超出记者依宪法第一修正案享有的利益。

在纽约市工作的温特声称,虽然科罗拉多州盾法无法支持她保守秘密信源的身份,但纽约州盾法可以。纽约州盾法远比科罗拉多州盾法给力。2013 年 11 月,纽约州的最高上诉法院听取了有关此问题的口头辩论,2013 年 12 月,它做出了有利于温特的判决。

收到传票的记者有两种选择。第一,记者或新闻机构可以选择合作,透露对方想要的信息。但这会破坏记者与消息来源的关系,或有损于大多数新闻传媒力图塑造的独立形象。第二,记者可以向法院申请撤回传票或在法庭上反对这一命令。不过上法院打官司耗时费钱。记者倘若拒绝合作,很可能被判蔑视法庭,接踵而来的是罚金和监禁。如此看来,这个选择也不轻松。

然而,社会也一样难以抉择。这一困境涉及有关政府建构与政治理念这两项基本利益。一方面,每位市民都有义务与政府合作,并有义务在恰当的权威机关中作证。这一理念早在 18 世纪初便已牢固树立,并成为准则。约翰·亨利·威格莫尔(John Henry Wigmore)在其有关证据的经典论文中写道:"公众有权利得到每个人的证据。"[2]同时,美国宪法第六修正案也确保公民有权利以强制程序取得对本人有利的证人。无论是对社会,还是对想要证明清白的个人,这一权利都是有价值的。1919 年,美国最高法院在论及证人的责任与权利时这样写道:

众所周知,出庭和向法院或大陪审团提供证词是公共责任,这种责任,是政府治下人人在被正确传唤时均应履行的,……个人之牺牲,是为公共福祉所做出的必要奉献。[3]

但是,社会又得益于新闻传媒提供的信息。当记者被迫打破保密承诺,或成为执法者的工具时,信息的流通便会滞碍难行。了解内情(通常是重要情况)者生怕记者在压力下出卖自己,就会不愿向记者提供信息。记者与消息来源之间的脆弱关系可能因此受损。

> 美国宪法第六修正案确保公民有权利以强制程序取得对本人有利的证人。无论是对社会,还是对想要证明清白的个人,这一权利都是有价值的。

记者承诺保密的技巧

报社律师戴维·厄特夫斯基(David Utevsky)在西雅图的一次研讨会上,向记者和撰稿人提出以下建议:

● 不要习惯性地承诺保密,不要将保密承诺当作标准的采访技巧。

● 避免做出绝对的保密承诺。尽量说服消息来源同意,你在收到传票时可以透露他的姓名。

● 不可只倚赖一位匿名信源的信息。最好从非保密信源处得到证实。

● 刊播材料之前想一想,是否还有其他人(警方、律师等)想知道消息来源的身份。你是他们获得信息的唯一来源吗?他们可以从他处了解该信息吗?

● 想一想,能否在不透露信息来自匿名信源的情况下使用该信息。

在承诺为消息来源保密之前,记者应当与上级或编辑商议;一旦发生诉讼,记者只能依靠传媒。

过去 40 年间,越来越多的记者被迫与司法当局合作,人们也随之呼求法院与州立法机关在保护司法系统的同时也保护新闻传媒。

> 过去 40 年间出现的记者特许权,几乎难以称为完整、完善的法律方案。

我们需要这样的规则:它要求记者与需要信息的各方分享有价值的信息,但仅在极少数没有这种合作便会造成严重伤害的情况下,才可以对记者提出这种要求。这些规则被称作记者特许权。这类特许权在法律上并不新鲜。医生、律师和神职人员都享有类似的特许权。过去 40 年间出现的记者特许权,几乎难以称为完整、完善的法律方案。特许权的来源随司法管辖区而改变,特许权的范围也是如此。密歇根州的记者可以合法地规避一种传票,而她在俄亥俄州的同行却享受不到同样的好处。这就有必要综合概括有关该特许权的条款,尤其关注源自宪法第一修正案的权利。为保周全,记者应该了解所在州的法律。记者争取新闻出版自由委员会为此准备了出色的网络资源,详细记录了每个州的具体规定,网址是 http://www.rcfp.org/privilege。该组织称之为"有关记者特许权的完整信息综合——免于强制出庭作证或透露消息来源及信息的权利——各州与各联邦巡回区一应俱全"。

弃守保密承诺

许多记者不愿透露消息来源的姓名,认为这有违道德,或者会削弱他们未来使用消息来源的能力。约 20 年前,记者发现了保护消息来源身份的另一个理由:如果违反保密承诺,记者会被起诉。

1991 年,美国最高法院由五位大法官组成的多数派,在"科恩诉考尔斯传媒公司案"(*Cohen v. Cowles Media , Inc.*)[4]中判决,当记者违反其本人对消息来源做出的保密承诺,令消息来源蒙受直接损害时,消息来源可以起诉记者,宪法第一修正案不禁止此类案件。在科恩案中,明尼苏达州两家报纸的记者从共和党政客丹·科恩(Dan Cohen)处获取信息,承诺在报道中为他匿名。科恩提供了有关一位公职竞选对手的信息。科恩提供的信息,后被证实是过时的、不重要的。而编辑也决定不采用科恩提供的信息,转而报道科恩本人在匿名的掩护下给竞争对手抹黑的伎俩。两家报社决定公开科恩的姓名,科恩的上司读到报道后解雇了他,科恩失去了工作。

科恩起诉两家报社的权利,来自一种法律理论——"禁止食言原则"。美国最高法院的多数派认为,"宪法第一修正案并未赋予传媒一种无视承诺(州法要求履行该承诺)的宪法权利"。多数派认为:"一系列判例已经明确了这一点:普遍适用的法律,不会仅仅因为在适用于新闻传媒时会对传媒收集与报道新闻的能力产生附带影响,就违反宪法第一修正案。"上面这段话很重要,记者在收集信息时应当牢记:违反了一般法律就抬出宪法第一修正案要求免责的做法,是行不通的。我们曾在第 9 章劳伦斯·马修斯的儿童色情案中谈过这条法则,请回忆一下。

禁止食言原则是古老的英美法规则,旨在防止背信所致的不公。承诺本身尚不构成强制性协议,但某人信赖的承诺却可以。原告要想在禁止食言案件中胜诉,通常需要证明:

1. 被告向原告做出过清楚、明确的承诺;
2. 被告有意让原告信赖这一承诺;
3. 原告合乎理性地信赖这一承诺,并因此蒙受损失或损害;
4. 该承诺必须由法院强制执行,以利原告获得公平正义。

设想这样一种情况:一名记者想方设法地游说某家化工厂的一名实验室技术人员,想让她透露信息,证明她的老板污染了附近一条河流。她不愿;她怕事情暴露,丢掉饭碗。但记者不断怂恿她,并明确承诺,他拿到信息后,无论如何不会透露她的姓名。报道发表了,记者向调查污染的州立法委员会供出了她的姓名。这名实验室技术人员被开除了。她随即向法院提起禁止食言诉讼。透过这起假想案例，我们需要了解：如果你违背了对消息来源的保密承诺，而且消息来源因此受损，那么宪法第一修正案也保不了你。

近期这一领域的最重要判决，也许是第 6 巡回区美国上诉法院 2005 年做成的"文图拉诉《辛辛那提问询者报》案"（*Ventura v. Cincinnati Enquirer*）[5]。原告乔治·G. 文图拉（George G. Ventura）起诉《辛辛那提问询者报》及其发行商甘尼特公司（Gannett Co.）。此案的诉由不止一端，包括违约与食言。文图拉诉称，在大陪审团调查《辛辛那提问询者报》记者迈克尔·加拉格尔（Michael Gallagher）的非法新闻采集活动时，记者向大陪审团公开了文图拉的匿名信源身份。特别需说明的是，文图拉于 1997 年与加拉格尔达成保密协议。当时，加拉格尔正在调查金吉达品牌国际公司（Chiquita Brands International, Inc.），而文图拉曾在这家以香蕉著称的大公司出任过法律顾问，但已因上诉法院所谓的"不够友好的环境"而离职。在加拉格尔承诺保密的前提下，文图拉给了他进入金吉达内部语音信箱系统的私人密码和秘密存取代码。加拉格尔入侵了金吉达的内部语音信箱系统，因此被《辛辛那提问询者报》开除，还收到了在大陪审团前作证的传票。加拉格尔在作证时向大陪审团提交了他与文图拉的电话录音，谈话内容涉及金吉达的语音信箱系统。该录音直接导致（至少是部分原因）文图拉被控多项"未经授权进入计算机系统"罪。文图拉于是想从加拉格尔、《辛辛那提问询者报》和甘尼特公司处获得民事救济。他诉称，记者将录音泄露给大陪审团，违反了保密协议。然而，文图拉会输掉这起民事诉讼。

初审法院做出了有利于《辛辛那提问询者报》、不利于文图拉的即决判决。第 6 巡回区美国上诉法院维持原判，它说："俄亥俄州的公共政策反对人们利用协议掩盖罪行，如本案之情况，原告（文图拉）迫使法院执行他与共谋者（加拉格尔）的协议，以隐瞒原告的犯罪证据。"该上诉法院认为，"公共政策不允许原告利用加拉格尔的承诺来掩盖罪行"。换言之，第 6 巡回区美国上诉法院承认，加拉格尔拥有一种绝对特许权或免责权，可以透露文图拉的名字，不必承担民事责任，因为这一特许权"抑制了以民事诉讼面貌出现的报复威胁，有助于鼓励传媒积极地报道犯罪。同时也有利于政府机关调查刑事案件并指控相关责任人"。

消息来源要求保密，记者该如何应对？

1. 除非采访对象要求匿名，否则访问内容均被推定为可以公开。

2. 记者应意识到，自己没有义务为消息来源已提供的信息承诺匿名。

3. 在向消息来源做出承诺之前，记者应努力找到信息的相关情况及出处。

4. 在向消息来源做出承诺之前，记者应先与编辑或新闻主管商量。

5. 尽量确保承诺简单易行，并确保消息来源和你本人完全理解你答应的条件。

6. 将你对消息来源的承诺记录下来。

7. 避免在消息来源已经同意的报道中增加内容，尽量避免向消息来源承诺，他可以审核、批准报道。

这意味着什么呢？如果其他法院接受第 6 巡回区美国上诉法院的逻辑，则"文图拉诉《辛辛那提问询者报》案"的结果便意味着记者可以打破与消息来源的保密协议，且不用为此承担民事责任，但这仅限于记者在大陪审团背景下，向公诉人透露消息来源的姓名。第 6 巡回区美国上诉法院的判决只考察了一个州（俄亥俄州）的公共政策，记者不该想当然地将这一判决结果推广至其他司法管辖区。

对新闻信源的宪法保护

1972年，美国最高法院以5比4的投票结果判决：记者在向大陪审团作证时，没有拒绝透露秘密信源或其他信息的宪法第一修正案特许权。[6]40多年前的这一判决，是美国最高法院对这个问题的最后一次发言。2005及2006年，联邦上诉法院援引"布兰兹堡诉海斯案"(*Branzburg v. Hayes*)判例，将拒绝遵守大陪审团传票的《纽约时报》记者朱迪丝·米勒和博客博主乔舒亚·沃尔夫(Joshua Wolf)送入了看守所。[7]与此同时，大多数联邦法院仅在大陪审团场合下适用布兰兹堡案判例，而且，这些法院或是基于宪法第一修正案，或是基于普通法原则，创设出一种对记者的优先保护，保护记者有权利在非大陪审团场合中拒绝作证。下面，我们将以布兰兹堡案为起点讲述这一过程。

美国最高法院在布兰兹堡案中将三起类似案件合并为一。考察的核心问题是：宪法第一修正案是否保护记者不在大陪审团前就秘密信息作证。第一起案件涉及《路易斯维尔信使新闻报》(*Louisville Courier-Journal*)的记者保罗·布兰兹堡(Paul Branzburg)。1971年，布兰兹堡被传唤就肯塔基州的毒品使用情况作证，他此前写过两篇文章，报道这一地区的毒品问题与毒品贩子。第二起案件，马萨诸塞州电视记者保罗·帕帕斯(Paul Pappas)被传唤向大陪审团讲述他在黑豹党总部的所见所闻，1970年7月，他曾深入黑豹党总部采访约三小时。最后一起案件，《纽约时报》记者厄尔·考德威尔(Earl Caldwell)收到传票，要求他在调查加州奥克兰地区黑豹党活动的大陪审团前作证。考德威尔是黑人，颇得黑豹党首领的信任，曾写过多篇有关这一军事团体的出色报道，可见他对该团体的活动颇为熟悉。美国最高法院将以上三起案件并案处理，通常称为布兰兹堡案。

美国最高法院在此案中分裂为三派。以拜伦·怀特为首的四位大法官认为，被传唤至大陪审团前作证的记者，不享有宪法第一修正案特许权。最高法院的判决意见由怀特大法官执笔。怀特大法官说，虽然美国最高法院对宪法第一修正案问题十分敏感，但本案不属于这类问题。本案不存在事前限制，传媒发表的内容并未受到限制；传媒没有被迫发表它不愿发表的信息，也未因刊登某些内容而受到惩罚。怀特大法官写道：

新闻传媒使用秘密信源的做法，并未受到禁止或限制……

摆在我们面前的唯一问题是，记者是否有义务与其他公民一样，回应大陪审团的传票，回答有关犯罪调查的问题。一般而言，公民没有回避大陪审团传票的宪法权利；宪法第一修正案和其他宪法条款均不保护普通公民拒绝向大陪审团透露其秘密获得的信息。[8]

怀特大法官总结说：新闻记者也是普通公民。

有四位大法官发表反对意见，他们的观点与其余大法官相去甚远。威廉·O.道格拉斯(William O. Douglas)大法官认为，宪法第一修正案赋予了传媒绝对的、无限制的特许权。在任何情况下，记者均应有能力保护秘密信源的身份。波特·斯图尔特(Potter Stewart)、威廉·布伦南与瑟古德·马歇尔三位大法官没那么激进，他们建议，记者应受有限特许权，而非绝对特许权保护。这三位大法官主张，记者可以保护秘密信源的身份，除非政府证明以下几点：

1. 有可能之理由相信，记者掌握的信息与某一违法行为明显相关。

2. 无法以其他对宪法第一修正案权利破坏较小的替代方案获取该信息。

3. 该信息对州政府意义极为重大。

斯图尔特大法官代表反对意见的大法官写道,政府若是无法证明以上三点,便不应强迫记者作证。

刘易斯·鲍威尔大法官投票给了怀特大法官一派,从而形成 5 票多数。不过,鲍威尔大法官在简短的协同意见书中,似乎更支持与多数派相反的意见。他写道:"美国最高法院并不认为,被传唤到大陪审团前作证的新闻人,在收集新闻或保护消息来源方面没有任何宪法权利。"他认为,记者不应受到骚扰,与此同时,新闻出版自由与公民的作证义务应有适当平衡。鲍威尔大法官写道:"简言之,在合法的宪法第一修正案利益亟须保护的情况下,新闻人应可向法院寻求救济。"两年后,鲍威尔大法官在"萨克斯比诉《华盛顿邮报》案"(Saxbe v. Washington Post)[9] 的一个注释中再次强调,布兰兹堡案判决的适用范围极为狭窄,记者并非没有保护消息来源身份的宪法第一修正案权利。

下级法院的判决

大多数下级法院认为,布兰兹堡案判决的适用范围十分有限,正如鲍威尔大法官 1974 年所言。此案仅关乎记者在大陪审团前作证的义务。而这也是下级法院适用该判例的一般方式,在大陪审团程序以外的其他情形下,下级法院赋予记者拒绝作证的有限权利。注意第 3 巡回区美国上诉法院在 1979 年的一起判决中使用的措辞,它是这样描述布兰兹堡案的:

美国最高法院于此案(布兰兹堡案)判决,宪法第一修正案并未赋予记者绝对特许权,使之能拒绝在大陪审团前作证,拒绝回答与犯罪调查相关的问题。自此之后,再无最高法院判例将该判决的适用扩张至超出维护执法中的公共利益与确保有效的大陪审团程序所必需的范围。[10]

也不是所有上诉法院都如此看待布兰兹堡案。1998 年,第 5 巡回区美国上诉法院的一个法官团写道:

虽则有些法院从鲍威尔大法官的协同意见中寻得指示,建构出一种新闻记者在刑事案件中享有的宽泛的有限特许权,但我们反对这么做。鲍威尔大法官的协同意见不过是在强调:在特定情形下,宪法第一修正案必须保护传媒免受政府侵扰。[11]

第 5 巡回区美国上诉法院要求电视台交出电视节目未播出的采访录像,该录像记录了记者对 名被控纵火者的访问。

在 12 家联邦上诉法院中,有 10 家判决,宪法第一修正案至少为记者(被传唤作证,或者被要求交出照片或其他材料的记者)提供了一种有限或有条件的保护,大陪审团程序除外。[12] 1987 年,第 6 巡回区美国上诉法院(肯塔基州、密歇根州、俄亥俄州和田纳西州)拒绝这么做。它说:"因为我们认为,接受这一立场……就意味着,我们将布兰兹堡案的多数派判决偷换成了斯图尔特大法官的反对意见。我们必须拒绝这一立场……鲍威尔大法官的意见显然不能改写多数派的判决意见,从而赋予新闻记者作证特许权。"[13]

20 多年后的 2008 年,第 6 巡回区美国上诉法院的上述立场发挥了重要作用。密歇根州(第 6 巡回区内的一个州)的一位联邦法官下令,要求《底特律自由新闻报》(Detroit Free Press)的记者戴维·阿申费尔特(David Ashenfelter)透露匿名信源。这位普利策奖获奖记者四年前写过一篇有关联邦助理检察官理查德·孔韦尔蒂诺(Richard Convertino)

大多数下级法院认为,布兰兹堡案判决的适用范围十分有限,正如鲍威尔大法官 1974 年所言。

的负面报道,其中有数名匿名信源是司法部官员。孔韦尔蒂诺提起民事诉讼,状告司法部违反联邦《隐私法》,泄露人事档案中的保密信息。为锁定司法部内部的匿名泄密者,孔韦尔蒂诺对拒绝透露信源的阿申费尔特发出传票。2008 年 8 月,罗伯特·克莱兰(Robert Cleland)法官做出了不利于阿申费尔特的判决,他写道:"第 6 巡回区已明确否认记者享有宪法第一修正案特许权。"他指出记者透露信源的必要性,写道:"找不出阿申费尔特的信源,孔韦尔蒂诺就无法善尽举证责任。"[14]同年 10 月,阿申费尔特没有出庭作证——这一大胆举动通常会触发藐视法庭判决。2008 年 12 月,阿申费尔特出庭作证,为保持沉默,他采用了一种新策略:他反复提出,宪法第五修正案保护他有不自证其罪的权利(这一权利有可能是相关的,因为孔韦尔蒂诺曾提出,阿申费尔特与司法部的告密人员共谋违反联邦法律)。

2009 年 2 月,阿申费尔特再度被要求出庭作证,他面临两种选择:(1)回答孔韦尔蒂诺的问题,透露司法部的秘密信源;或(2)提供证据证明,他本人的确被指控犯罪,故有理由根据宪法第五修正案提出反对。双方的拉锯一直持续到 2009 年 4 月,庭上,孔韦尔蒂诺的律师要求阿申费尔特给出信源的名字,阿申费尔特再次主张宪法第五修正案权利,克莱兰法官做出了有利于阿申费尔特的判决。这免除了阿申费尔特的牢狱之灾。虽然这一判决是基于宪法第五修正案而非宪法第一修正案做出的,但诸多论者还是盛赞它为新闻出版自由的胜利。

2012 年,哥伦比亚特区美国上诉法院为孔韦尔蒂诺案注入了新生命,此时距离孔韦尔蒂诺起诉已逾八年,他仍不知道,是谁将他的隐私信息透露给了记者阿申费尔特。2012 年,司法部声称,继续在司法部内部调查泄密者"只是虚掷时光",故法院应做出有利于司法部的**即决判决**。但上诉法院认为,"孔韦尔蒂诺有充分证据证明,更深入的调查仍有可能揭示秘密信源的身份"。尤其是,孔韦尔蒂诺有望从《底特律自由新闻报》的其他人员处得悉

内情。该上诉法院写道:"《底特律自由新闻报》提供的证词或公开的文件,有可能揭示秘密信源的身份。虽然记者(阿申费尔特)可以行使宪法第五修正案权利,但《底特律自由新闻报》作为一家公司,不享有宪法第五修正案特许权。"换言之,孔韦尔蒂诺想从记者阿申费尔特处获取信息也许会碰壁,但他仍有可能从其他人处寻求信息,比如《底特律自由新闻报》的编辑。

2013 年 1 月,孔韦尔蒂诺频收捷报。他此前曾向法院申请强制《底特律自由新闻报》出示文件,并指派公司代表出庭作证。2013 年 1 月,联邦法官批准了他的申请。罗伯特·H. 克莱兰法官指出,孔韦尔蒂诺申请的文件包括:"(1)提及秘密信源的文件;(2)与孔韦尔蒂诺报道相关的文件;(3)指认秘密信源身份的文件。这些文件能为孔韦尔蒂诺提供直接或间接证据,使他能透过这些文件得知:《底特律自由新闻报》的哪些记者拥有关于孔韦尔蒂诺的信息,这些记者与司法部的哪些职员或官员有联系。"克莱兰法官说:"目前看来,《底特律自由新闻报》是孔韦尔蒂诺查访秘密信源的最佳机会,也许是唯一机会。此处所涉的宪法第一修正案利益较轻,不足以让我为《底特律自由新闻报》下达保护性命令。"

在理查德·波斯纳(Richard Posner)法官的带领下,第 7 巡回区美国上诉法院在"麦凯维特诉帕拉什案"(*McKevitt v. Pallasch*)[15]中拒绝承认记者的特许权,相反,它判决道:"法院只消确认一件事,即针对传媒发出的传票……在具体情境下是否合理,而这是对传票实施司法审查的一般标准。"这一判决的影响尚不明确,但有一点确凿无疑:它代表了一位备受尊崇的法学家对布兰兹堡案的反思。及至 2014 年 1 月,美国共有 39 个州制定了**盾法(shield law)**,在一定程度上保护记者(虽非绝对保护)免于被迫透露秘密信源。剩余 11 个州(怀俄明州除外)的上诉法院也均已承认,记者享有某种宪法或普通法作证特许权。

这项宪法特许权的弹性颇大。能否成功适用,取决于几个因素:(1)记者涉入的是何种

程序？相较于被传唤到大陪审团前作证的记者，涉入民事诉讼的记者更容易获得特许权保护。(2)对方想要什么材料？如果对方想要秘密信源的姓名，记者更有可能受到特许权保护。相较之下，如果法庭想让记者就非保密信息或记者目睹的事件作证，记者受特许权保护的可能性就较小。(3)最后，联邦法院与州法院从宪法或普通法中发展出来的作证特许权，受法院所设各种标准的制约。这些标准多数参照斯图尔特大法官在布兰兹堡案中总结的标准：信息重要吗？与当下的程序是否明显相关？能否从他处获取？需要牢记的关键是：美国最高法院至今尚无有拘束力的判例，故下级法院可以自行设立规则。也正因为如此，不同州、不同联邦司法管辖区的规则有着显著差异。请研究你所在地区的法院判例，将其作为有关这一问题的最终权威。

民事案件

记者有可能被传唤到三种不同的法庭程序中作证：民事诉讼、刑事案件或大陪审团程序。法院最有可能在民事诉讼中承认记者有拒绝作证的权利。如果记者是被传唤到大陪审团前作证，则法院最有可能不承认这一权利。仅在布兰兹堡案做成判决一年之后，便有法院承认，记者享有在民事案件中拒绝作证的特许权。华府一美国地区法院撤销了多家报纸、杂志的记者收到的传票。据称，这些记者在报道水门事件时获得了一些材料，而这些材料正是民主党全国委员会想要的，它当时正为索赔而起诉水门窃贼。[16]该法院说，根据宪法第一修正案，记者至少享有一种有限的特许权，可以拒绝回答此类问题或提供此类材料。四年后，第 10 巡回区美国上诉法院判决，电影制作人阿瑟·赫希(Arthur Hirsch)不应被迫公开与一起民事诉讼相关的秘密信息。这起民事诉讼的原告是卡伦·西尔克伍德(Karen Silkwood)的后人，被告是西尔克伍德工作过的核电厂克尔-麦吉公司(Kerr-McGee Corporation)。[17]西尔克伍德曾威胁揭发核电厂的安全隐患，之后在一起汽车事故中神秘死亡。

赫希当时正准备拍摄有关卡伦·西尔克伍德生平与死亡的纪录片。

在一起典型的民事诉讼中，法院在判断是否可以强制记者作证时，会问以下三个问题：

1. 向记者索要信息的人(常为原告)是否已证明，该信息的确与本案相关？信息必须与法庭要考察的问题相关。

2. 该信息是否触及争点问题的核心？对案件的结果是否重要？

3. 信息的索要者能否向法院证明，该信息无法从其他途径获得？

如果以上三问的回答皆为肯定，法院就很有可能要求记者透露秘密信息。法官适用以上标准的宽严程度，多半取决于记者与案件的关系。如果记者不是诉讼一方当事人，只是持有对诉讼一方或双方有价值的信息，法官通常会非常严格地适用这一标准，记者一般不会被要求作证。当然，也不能一概而论。1996 年，康涅狄格州一位联邦法官判决，记者必须在一起证券案件中，就被告是否确实说过记者在文章中引用的那段话作证。[18]该法官判决说，记者的证词与案件直接相关，且无法从其他来源处获得。法院还指出，它想要的不是有关秘密信源的信息。如果记者是诉讼的一方当事人，无论原告还是被告，法院会更不愿意饶过记者。此时，法院更有可能要求记者合作，当然，话也不能说死。

2001 年邮寄炭疽菌事件发生之后，史蒂文·哈特菲尔(Steven Hatfill)博士一度遭到怀疑。2007 年，哈特菲尔博士起诉联邦政府将他的嫌疑人身份泄露给记者。一位联邦法官命令六名记者透露联邦调查局和司法部内部的秘密信源。[19]美国地区法院法官雷吉·B. 沃尔顿(Reggie B. Walton)承认，记者拥有拒绝作证的有限宪法特许权，但他指出，哈特菲尔已经克服了这一特许权，因为对他的诉讼来说，"信源的真实身份十分重要，可以说必不可少"，同时也因为，哈特菲尔"已穷尽了其他

> 法院最有可能在民事诉讼中承认记者有拒绝作证的权利。在一起典型的民事诉讼中，法院在判断是否可以强制记者作证时，会问三个问题。

所有办法，仍未得知究竟是何人泄密"。

三名记者的信源主动解除了与记者的保密协议，这些记者终于松了一口气，但事情还没完。2008 年，《今日美国》前记者托妮·洛西（Toni Locy）被沃尔顿法官判为藐视法庭，每天要交 5 000 美元罚金，直到她向哈特菲尔透露信源的那一天为止。[20]且沃尔顿法官不准洛西接受《今日美国》报社的经济支援。不过，上诉法院很快就暂停收取罚金，它要先完整地审理这一问题，而后再做出决定。[21]再后来，哈特菲尔与美国政府以 500 多万美元赔偿金达成和解，以上问题因失去实际意义而被上诉法院驳回。[22]

更有可能出现的情况是，记者本人成为被告，尤其是诽谤被告。通常，原告希望得知记者在写作报道时使用的信源，了解记者从哪里得知信息、如何得知信息。在这种情况下，法院能否强制记者出庭作证，往往取决于几个因素。这些因素都与前文提出的三步判准有关。一般而言，原告必须证明，记者持有的信息触及案件的关键核心。比如，原告可能必须证明，倘若没有记者的信息，原告根本无从证明被告有过失或实际恶意。[23]又或者，法院可能会要求原告证明，原告起诉诽谤确实有实质根据，而不只是为了烦扰被告。[24]最后，法院通常还会要求原告证明，原告已穷尽所有可能之方法，再无其他途径可获知这一信息。美国最高法院 1979 年判决，原告询问记者在准备诽谤报道时的所思所想，不算侵犯记者的宪法第一修正案权利。[25]这些问题可能涉及秘密信源，也可能不涉及。

如果记者在诽谤诉讼中拒不遵守法庭命令，不向原告提供关键信息，就会面临**藐视法庭（contempt of court）**的指控，很可能被判罚金和监禁。这还不够。有法院曾判决（作为法律问题），如果记者拒绝透露诽谤报道的信源，法院就可以推定记者没有信源。[26]如此一来，报社或广播公司将再无自辩机会。这相当于法官说，报道是记者凭空编造的。这种情况虽说不常发生，但也绝对吓人。

例如，2005 年，马萨诸塞州最高法院在"阿亚什诉达娜-法伯癌症研究院案"（*Ayash v. Dana-Farber Cancer Institute*）[27]中，支持不利于《波士顿环球报》（*Boston Globe*）的缺席裁判，因为该报不肯透露秘密信源。在这起诽谤诉讼中，达娜-法伯癌症研究院的洛伊丝·J.阿亚什（Lois J. Ayash）医生诉称，《波士顿环球报》1995 年发表了记者理查德·A. 诺克斯（Richard A. Knox）的一系列尖刻、失实的报道。报道称，阿亚什的几位病人，在治疗期间接受了过量的高毒性化疗药物。一篇文章的标题甚至直言不讳（如果虚假，即为诽谤）地写道："医生下令治死了癌症患者"（请回忆第 4 章的内容，记得我们在卡托·凯林案中讲过，虚假标题也能成为诽谤诉讼的依据）。在此案的取证阶段，阿亚什想知道，诺克斯在写文章（这些文章后发表在《波士顿环球报》上，成为医生起诉的依据，至少是部分依据）之前咨询了哪些信源。此案尚在初审期间，《波士顿环球报》就不顾法庭命令，拒不透露有关秘密信源的信息。马萨诸塞州是 11 个没有盾法的州之一。初审法院的法官判决，《波士顿环球报》和诺克斯有藐视法庭的民事不法行为，同时，法官做出了不利于报社和记者的审前判决（pretrial judgment）。具体赔偿金额由陪审团议定，陪审团判给阿亚什 210 万美元，数额十分惊人。

马萨诸塞州最高法院维持了下级法院的缺席判决与判赔金额，它指出，"《波士顿环球报》等被告不能因报纸发行人或记者之身份而享有特殊的宪法或成文法作证特许权，从而拒绝服从法庭命令"。它同意初审法院法官的判断，即"被告对信息的需求，超出了保护信息自由流向传媒的公共利益"。马萨诸塞州最高法院对判赔金额的支持，使该州立法机关于 2005 年重新讨论是否有必要加入大多数州的行列，以盾法保护理查德·诺克斯等记者，从而使其不必身陷两难，在违反保密誓约与接受缺席判决、被判巨额赔偿金之间无法抉择。

最后，第 9 巡回区美国上诉法院于 1993 年做出重要判决，将记者在民事诉讼中享有的特许权扩张至图书作者。一般而言，这种特许权的主体是现职记者,即在报纸、杂志和广播公司拿薪水的职员。图书作者等自由撰稿人一般不受保护。第 9 巡回区美国上诉法院判决,图书作者显然有权利主张宪法第一修正案特许权。[28]诺里斯(Norris)法官写道:"记者的特许权旨在保护调查性报道,使用什么媒体向公众报道新闻非关紧要。"

刑事案件

在民事案件中,法院相当大方地认可记者享有宪法第一修正案特许权,这至少是因为,民事案件中不涉及竞争性的宪法权利。在刑事案件中,记者的特许权必须与被告的宪法第六修正案权利相权衡。其结果是,法院不太可能允许记者拒绝回答有关秘密信源身份或其他保密信息的问题。在大多数情况下,下级法院会将斯图尔特大法官在布兰兹堡案中提出的判准稍加改变,用于判断记者是否应被强制作证。

例如,在"美国诉伯克案"(U. S. v. Burke)中,被告被控涉入波士顿学院的一次非法篮球赌球活动。被告对控方主要证人(一个有名的黑社会人物)的证词有异议,请求法院传唤采访过这名证人的《体育画报》记者道格拉斯·卢尼(Douglas Looney),并要求记者提供未刊发的笔记和草稿。第 2 巡回区美国上诉法院撤销了这张传票,它指出,当信息(1)高度重要且相关,(2)对辩护十分必要或关键,(3)无法从其他来源处获知时,法院才可以命令记者透露秘密信源。[29]

1984 年,华盛顿州最高法院判决,《埃弗里特先驱报》(Everett Herald)的记者不必公开数位秘密信源的姓名。在华盛顿州的斯诺霍米什(Snohomish)郊区,一个面积 80 英亩的农场内据传有邪教活动。记者加里·拉森(Gary Larson)使用秘密信源提供的信息,写了 6 篇报道。报道发表后,当局开始注意农场上的活动。农场主人西奥多·里纳尔多(Theodore Rinaldo)被判强奸罪、殴打罪、胁迫及恐吓证人罪。里纳尔多被定罪一年之后,曾为他作证的几位证人承认自己作伪证。里纳尔多因贿赂证人等罪名第二次受审。第二次审判

期间,里纳尔多想强迫记者说出信源的名字。詹姆斯·多利弗(James Dolliver)法官判决,里纳尔多必须证明,这些信息在辩护中不可或缺,而且他已做合理努力,尽量从其他途径获得该材料。里纳尔多无法证明上述事项,于是传票被撤销。[30]

在较近的一起备受关注的刑事案件中,宪法第一修正案特许权也发挥了作用。"美国塔利班"约翰·菲利普·沃克·林德(John Philip Walker Lindh)于 2002 年 2 月被指控,据称他加入了对抗美军的阿富汗恐怖组织。2001 年 11 月,林德被美军俘虏。代表 CNN 报道阿富汗军事冲突的自由撰稿记者罗伯特·扬·佩尔顿(Robert Young Pelton)采访过林德。林德的律师发传票给佩尔顿,要求他在一次申请排除不利证据的听证中就采访内容作证。佩尔顿申请撤销传票,理由是,他享有宪法第一修正案特许权,可以不公开自己在阿富汗采访期间获得的信息。2002 年 7 月,弗吉尼亚州亚历山德里亚(Alexandria)一家联邦地区法院的法官拒绝了佩尔顿的申请。[31]这位法官认为,宪法第一修正案特许权源自鲍威尔大法官在布兰兹堡案中发表的协同意见,仅适用于"记者生产保密证据或政府骚扰记者的情况"。佩尔顿承认,此案中不存在为信源保密的问题,林德就是信源。该法官据此判决:"记者不能使用为信源保密或受到政府骚扰等理由,主张宪法第一修正案特许权。"佩尔顿又提出,"阿富汗战地记者的特殊身份,是启动该特许权的充分条件。"但又被法院拒绝了。法官称之为"新奇主张",并指出,案例法中绝无先例支持佩尔顿的上述主张,所以法院只能拒绝佩尔顿的撤销传票申请。在法官做出以上判决三天之后,林德承认了协助塔利班与携带爆炸物两项罪名。佩尔顿因此未被强迫作证。

大陪审团程序

大多数联邦下级法院和州最高法院都承

在民事案件中,法院相当大方地认可记者享有宪法第一修正案特许权。在刑事案件中,记者的特许权必须与被告的宪法第六修正案权利相权衡。其结果是,法院不太可能允许记者拒绝回答有关秘密信源身份或其他保密信息的问题。

认,记者在民事和刑事诉讼中享有拒绝透露秘密信源的有限特许权。但这些法院拒绝将该项宪法第一修正案特许权推广适用至大陪审团程序。这种拒绝是切实存在的,尽管宪法并未规定,大陪审团有权强制公开(宪法规定,刑事被告有权利强制记者作证)。之所以如此,最显见的理由是,美国最高法院的唯一一起相关判例,正是有关大陪审团作证的,而最高法院在这起案件("布兰兹堡诉海斯案")[32]中否认记者有特许权。

例如,2001年,第5巡回区美国上诉法院驳回了自由撰稿人瓦妮萨·莱格特(Vanessa Leggett)的上诉。莱格特不肯向休斯敦的一个联邦大陪审团交出自己的研究材料。莱格特打算写一本书,内容涉及司法部正在调查的一起1997年的谋杀案。得克萨斯州当时没有保护记者的盾法,现在有了(参见本章之后的内容),但莱格特是否符合盾法的保护要求尚有疑问,因为她是自由撰稿者,不是传媒的现职记者。莱格特想主张宪法特许权,被上诉法院拒绝了。该法院说,虽然宪法第一修正案特许权在民事诉讼中保护记者的秘密信源,但它在刑事诉讼中的适用有所限缩,在大陪审团程序中更是跌到谷底。该法院判决道:"公众在执法程序中的利益,始终超出传媒的利益。"[33] 2002年,美国最高法院拒绝受理莱格特的案件。

如果要求记者公开信息的不是大陪审团,而是特别检察官,那么又会如何?2004年,第1巡回区美国上诉法院回答了这一问题。[34]该法院判决说:"尽管我们面对的是特别检察官,而非大陪审团,但布兰兹堡案判决依然有效。"它又说:"两起案件对特许权的顾虑是相同的。"该法院拒绝将记者的特许权扩展适用至特别检察官要求获取保密信息的情况。

联邦调查局曾对罗得岛州普罗维登斯(Providence)的政府贪腐展开调查。调查大获成功,将数位市政府官员送入牢狱,包括市长文森特·钱奇(Vincent Cianci)。有人向报道此事的资深电视记者吉姆·塔里卡尼(Jim Taricani)泄露了一份秘密监控录像,画面中,联邦调查局的一名线人递给普罗维登斯官员弗兰克·E. 科伦特(Frank E. Corrente)一个信封,内有1 000美元现金。科伦特后被判受贿罪。与此同时,一场宪法第一修正案争议围绕泄密者的身份展开了。

塔里卡尼所在的电视台(NBC在普罗维登斯的附属台WJAR-TV)播出了秘密录像的部分内容。一位联邦法官为此指任了特别检察官,专门调查是谁向塔里卡尼泄露了秘密录像。塔里卡尼拒绝说出秘密信源,法官判他有藐视法庭的民事不法行为,每日罚款1 000美元。法官在判决中说,否定记者在大陪审团程序中享有作证特许权的布兰兹堡案判决,在涉及特别检察官的案件中同样具有拘束力。第1巡回区美国上诉法院维持了地区法院法官的藐视法庭判决。它写道:"法院要求塔里卡尼提供的信息,无疑与善意的刑事调查高度相关",而且"有关方面已穷尽合理努力,想从其他途径获取这一信息"。重要的是,该上诉法院颇为赞许地援引了波斯纳法官2003年的麦凯维特案判决(参见本章前文),而麦凯维特案怀疑布兰兹堡案会在一般相关性和一般合理性所要求的范围以外,为记者提供任何保护。

既然上诉法院的判决不利于塔里卡尼,地区法院便从2004年8月开始对记者收取罚金,每日1 000美元。直到2004年11月初,塔里卡尼还没透露消息来源,这期间,他累计缴纳罚金8.5万美元。美国地区法院法官欧内斯特·托里斯(Ernest Torres)意识到,民事罚款还不足以令塔里卡尼放弃秘密信源,于是他下令,除非记者放弃信源,否则就要将他的藐视法庭从民事不法升级为刑事犯罪。法官暂停了每日1 000美元的罚款,因为此案如今关乎刑事犯罪,不再是民事惩罚。不久,托里斯法官判塔里卡尼藐视法庭罪。这位艾美奖得主公开声明:"我30年前开始从事记者职业时,根本料想不到有一天我会仅仅因为工作而在法庭上受审,并可能面临铁窗生涯。"[35]

2004年12月,就在塔里卡尼被判藐视法庭罪后不久,律师小约瑟夫·贝维拉夸(Joseph Bevilacqua Jr.)宣誓后承认,自己就是塔里卡尼的秘密信源。贝维拉夸曾是市政府官员约瑟夫·潘诺（Joseph Pannone）的律师，潘诺也在普罗维登斯贪腐案中被定罪。然而，就连贝维拉夸也无法将塔里卡尼从藐视法庭罪中解脱出来。2004 年 12 月 9 日，55 岁的塔里卡尼被判居家隔离六个月。法官说："若非因为他的健康状况和清白记录，无论如何也该判

他入狱服刑。"[36] 居家隔离期间，塔里卡尼只能在接受治疗时出门。

2005 年 4 月，经缓刑官建议，塔里卡尼的家庭监禁提早两个月结束。虽然塔里卡尼提早获释，但此案象征着近年来记者在保护信源时自身所受保护的低谷。若非身体虚弱，塔里卡尼很可能被判入狱，而不只是关在家里。

匿名与互联网

与记者保护信源身份相关的一个有趣问题是：在一起诉讼中，当事人可否强制网络服务提供者提供网上匿名信息发布者的姓名。例如，曾荣登《时尚》（Vogue）封面的名模利斯库拉·科恩（Liskula Cohen）在 2009 年的一起诽谤诉讼中，向法院申请强制谷歌及其旗下公司 Blogger.com 透露一位匿名网络用户的身份，此人在博客（http://skanksnyc. blogspot.

com）上发表匿名评论，骂她是烂货、婊子，并"对她的外貌、卫生和性事大喷诽谤之辞"。[37] 琼·A. 马登（Joan A. Madden）法官做出了有利于科恩的判决，要求谷歌和/或 Blogger.com 向这位前模特公开匿名博主的身份（透过 IP 地址和 e-mail 邮箱）。科恩发现，这名博主原来是她在派对和餐厅中认识的女性熟人。

 案例

解析网络匿名言论案：
揭开诽谤评论发布者的面纱

"一大笔钱不知所终，蒂娜不愿让任何人看账本。她不正是靠记账为生的吗？你刚才看到了吗？爱达荷在侵吞公款排行榜上位居前列。"

这些涉嫌诽谤的评论足以令人身败名裂，2012 年，这些评论发表在"近乎无辜的旁观者"的博客上。评论中的"蒂娜"，是库特内县（Kootenai County）共和党中央委员会的主席蒂娜·雅各布森（Tina Jacobson）。雅各布森起诉匿名博主诽谤，被告是"无名氏"（Doe Defendant）。要等到被告的身份查明之后，再以真名相称。[38]

上述评论发表在 Huckleberries Online 上。该博客网站由《发言人评论报》（Spokesman-Review）运营。该报主要服务于华盛顿州斯波坎（Spokane），也兼及邻近的爱达荷州

库特内县，蒂娜·雅各布森就居住在这里。

此案的关键法律争点是：法院可否应蒂娜·雅各布森之申请，下令要求《发言人评论报》透露"近乎无辜的旁观者"的身份，以便雅各布森继续其诉讼。法院的回答是肯定的，于是《发言人评论报》透露，发帖人是琳达·库克（Linda Cook）。

2012 年 7 月，地区法院法官约翰·帕特里克·卢斯特（John Patrick Luster）做出了以上决定，理由是什么呢？他首先指出，虽说宪法第一修正案保护匿名言论，但这种保护不是绝对的。卢斯特法官此处适用了登卓案（Dendrite）与卡希尔案（Cahill）标准的变通版本。这两起案件我们后文详述，此处不赘。卢斯特法官认为，这起诽谤案能够挺过即决判决申请。他写道："发帖人特别使用'侵吞公款'一词，并指出原告的职业是'记账

人'。以上表述,足令原告在职业上受辱,对其个人名誉有负面影响。"

卢斯特法官在权衡发帖人的言论自由权与雅各布森的名誉权(登卓案判准的最后一步)时写道:"本案中,原告获知发帖人身份之需要,优先于被告匿名发表言论之自由。"他命令《发言人评论报》的老板向雅各布森交出"反映发帖人身份、电子邮件和 IP 地址的文件"。这种"揭开面纱"的现象如今在美国各地越来越常见,这证明,人们对网络匿名的期待往往是错误的。

2008 年,有家网站名噪一时,引得各大传媒开始关注以上问题。在这家如今已不复存在的网站(JuicyCampus.com)上,大学生可以匿名发表同学的八卦,这些八卦有时具有冒犯性、反同性恋倾向和诽谤性。[39] 又或者,设想一下,有人在 MySpace 上冒充你诽谤别人,这时,你也会想知道谁是始作俑者。你能找出这个人吗?

回答是肯定的,不过是在满足特定条件的前提下。全国各地的州法院都在努力解决匿名发帖的问题,并回答何时可以允许受害人强制网络服务提供者透露发帖人的身份。法院正努力协调相互冲突的利益,天平的一端,是匿名发言者的宪法第一修正案权利(参见第 3 章有关事前限制与抗议的内容),另一端则是匿名网络诽谤或其他非法网络言论(如泄露商业秘密等财产信息)受害人获得救济的权利。匿名发表言论的宪法第一修正案权利不是绝对的,它在某些情况下也得做出退让。然而,判断退让的时机颇为复杂微妙。正如加州一家上诉法院 2008 年在一起案件中所写,"正确的关注点……是如何为受害人提供救济途径,同时又不损害网络用户与他人自由交流的合法权利"。[40] 此案起因于雅虎信息公告板上的诽谤性帖子,原告想知道这些评论出自谁手。新泽西州一家上诉法院判决,法院不应该在诽谤诉讼中率然签发传票,要求公开匿名发帖者的身份,除非这是"一起初步证明的诽谤案"(prima facie case for libel,即原告提出的证据足以支持其诉讼请求,可以将案件交由陪审团裁断)。[41] 该法院提出了一种四步判准,即通常所称登卓案判准,它还指出,下级法院应当采用这一判准:

原告应先尽量通知匿名发帖人:他是原告申请身份公开的对象。

原告应指出哪些陈述涉嫌诽谤。

原告应以充分证据证明诉由的每一项要件,包括损害。

法院应权衡被告匿名发表言论的宪法第一修正案权利与原告的权利,并衡酌是否有必要公开匿名发帖人的身份,以利原告的诉讼顺利进行。

华盛顿州一家联邦法院在"无名氏诉 2TheMart.com 案"(Doe v. 2TheMart.com)中提出了一种颇为相似的规则。它说,法院一般不应签发传票,除非(1)所寻求的信息涉及原告诉求或被告抗辩中的核心关键;(2)所寻求的信息与案件直接相关或实质相关;(3)寻求公开的一方已证明,该信息无法从其他渠道知晓。[42] 2008 年,一位联邦法官在宾州的一起案件中采纳了如上判准。此案案情大致如下:原告布伦达·恩特莱恩(Brenda Enterline)起诉当地一家医疗机构性骚扰,《波科诺记事报》(Pocono Record)的网站报道了此事,有匿名用户在文章后发表评论,恩特莱恩想知道这些评论者的身份。[43] 与 2TheMart.com 案一样,匿名发帖人不是此案被告,但恩特莱恩认为,这些人掌握的信息有助于她打赢官司。美国地区法院法官 A. 理查德·卡普托(A. Richard Caputo)做出了不利于恩特莱恩、有利于《波科诺记事报》的判决,他指出,匿名发帖人的身份,虽说"与原告有关性骚扰及报复的核心主张直接并实质相关",却并非原告实现诉求所不可或缺之信息。卡普托法官写道:"[恩特莱恩]在获知报社网站评论者的身份后所欲了解的信息,也可以透过一般的取证方式获得,比如提取恩特莱恩同事的证词。"简言之,她还有其他方法获得有利信息,打赢这场官司,"不必非得侵害匿名评论者的宪法第一修正案权利"。也就是说,《波科诺记事报》没必要放弃发帖人的身份。

在 2005 年的诽谤诉讼"无名氏诉卡希尔案"(*Doe v. Cahill*)中,特拉华州最高法院写道:"即决判决的标准,是在原告的名誉权与被告匿名发表言论的权利之间求取平衡的适当标准。"[44]这又是什么标准呢?该法院称之为登卓案判准的变通版本,它由两部分组成。原告必须(1)尽合理之努力通知被告(匿名发帖人):他是法院传票或命令要求公开身份的对象;(2)以充分证据证明诉由的每一项要件,对抗被告(此案中是诽谤被告)的即决判决申请。

2006 年,亚利桑那州的一位联邦法官采纳了卡希尔案的即决判决标准。此案原告是贝斯特韦斯特(Best Western)酒店集团。据称,被告在网上匿名发布信息,损害了贝斯特韦斯特酒店集团的声誉。原告想知道被告的身份。法院指出,"匿名发表网络言论,是宪法第一修正案权利",但"这一权利不是绝对的",贝斯特韦斯特酒店集团也有"救济其损害的需要"。法院认为,卡希尔案提出的判准是协调以上利益冲突的妥适标准。[45]

 知识窗

报社反击其网站上燃起的匿名怒火

在报社网站发表的新闻文章后面,往往跟着匿名者发布的庸俗帖子,这些帖子又往往具有诽谤性。有些报社越来越厌烦这种帖子,于是出台新政策,要求发言者必须以 Facebook 账户登录。2013 年 2 月,《迈阿密先驱报》(*Miami Herald*)宣布实施这一政策,它说:"任何有话想说的人,应该都会愿意将自己的名字写在上面。"该报执行总编阿明达·马库斯·冈萨雷斯(Aminda Marques Gonzales)又说:"我们知道,这一举措不是万灵丹,也不无争议。有些用户一开始就用假身份设立了账户。在继续监督那些偏离文明规则的帖子的同时,我们也将防范这种情况。"

2007 年末,亚利桑那州一家上诉法院在"莫比利沙公司诉无名氏案"(*Mobilisa, Inc. v. Doe*)[46]中采纳了登卓案判准的一种变通版本。它说,申请者必须证明以下三项事实,才能对匿名网络发帖人的身份强制取证:

1. 申请者通知过匿名发帖人,而且匿名发帖人有合理的机会来回应取证请求(换言之,申请者必须尽力通知匿名发帖人,在匿名发帖人使用的媒介上发送或张贴信息,给匿名发帖人提供回应以上通知的合理机会)。

2. 不论申请人是否知道匿名发帖人的身份,其诉由都要足够稳固,经受得住即决判决申请的考验。

3. 双方对抗性利益与需要(对信息的需要与匿名发言的权利)的权衡结果倾向于公开匿名发帖人的身份。

2012 年,数家法院采用登卓案判准来判断是否应当公开匿名发帖人的身份。比如,印第安纳州一家上诉法院在"印第安纳州报社案"(*In re: Indiana Newspapers*)中采纳了该判准的修改版本,要求原告出具初步证据(prima facie evidence),证明诽谤主张的每一项要件(在不知道匿名评论者身份的情况下),否则不得强制新闻机构公开匿名评论者的身份。所谓初步证据,就是初看之下似能证明当事人请求的充分有效证据,尽管之后可能会被提出反证或遭到反驳。此案的起因是:《印第安纳波利斯明星报》(*Indianapolis Star*)的一位读者,以"打倒小马"(DownWithTheColts)之名,在报社网站上发表涉嫌诽谤的评论。"中印第安纳州青少年成就机构"(Junior Achievement of Central Indiana)的前总裁兼 CEO 杰弗里·米勒(Jeffrey Miller)诉称,"打倒小马"的一个帖子指称他监守自盗,对他实施了诽谤。米勒申请强制《印第安纳波利斯明星报》公开"打倒小马"的身份。于是法律争点就变成:新闻机构(《印第安纳波利斯明星报》)作为非诉讼一方当事人,可否被强制向诽谤原告(杰弗里·米勒)公开匿名发帖人("打倒小马")的身份。上诉法院将此案发回初审法院,由初审法院来判断,米勒是否满足登卓案判准的修订版。

到了 2014 年初,以下情况已相当明朗:(1)网络匿名权不是绝对的,法院有权力强迫网站运营者和交互性计算机服务提供者公开匿名发帖人的 IP 地址与 e-mail 地址;(2)大多数法院采用登卓案判准或卡希尔案判准的变化版本,来判断是否有合理依据"揭开"匿名发帖人的面纱。

如果某家报社网站自愿公开匿名发帖人的身份,情况又会如何呢? 在 2010 年,这个问题的答案是诉讼。俄亥俄州法官雪莉·斯特里克兰·萨福德(Shirley Strickland Saffold)起诉《克利夫兰实话报》(Cleveland Plain Dealer),因为该报报道说,萨福德法官在它的网站上匿名评论未决案件。法官显然不该评论自己正在审理的案件,故《克利夫兰实话报》报道萨福德法官涉嫌不当发帖,着实是抓了条大新闻。萨福德法官起诉的依据是:《克利夫兰实话报》公开她的姓名有违隐私政策,她还指出,发表评论的人其实是她的女儿。

非秘密信息与放弃特许权

美国法官素来倾向于允许记者保护秘密消息来源和秘密信息,但如果记者不愿透露的是非秘密信息,多数法院保护记者的意愿会大大下降。记者如今收到的大多数传票,是针对非秘密信息而发的。

第 5 巡回区美国上诉法院的一起判决颇为典型。该法院说,在刑事案件中,记者不享有不公开非秘密信息的特许权。[47]一家美国地区法院也曾在 1990 年判决,目睹警方殴打犯罪嫌疑人的记者,必须代表受害人作证。法官说:"仅因目击者是记者,就主张此类个人观察应受特许权保护的观点,在本院看来毫无根据。"[48]

摄影记者曾被迫交出楼房起火[49]、工业事故[50]和致命车祸[51]的照片,还曾被迫交出一起人身伤害诉讼的原告的照片,被告是一家保险公司。[52]新闻传媒一般无法说服法院相信,当它拒绝提供非保密信息时,的确重要的利益攸关其中。

记者还得担心一件事,某些行为可能会让他们事实上放弃拒证权。

2006 年,第 9 巡回区美国上诉法院认为,乔舒亚·沃尔夫不受宪法第一修正案保护。沃尔夫拒绝将他在一次抗议示威的现场拍摄的录像交给政府。该上诉法院写道:"录像记录的活动发生在光天化日之下,并非由沃尔夫的提问或拍摄促发。沃尔夫只不过拍摄了人们在公共场所的行为。而且,沃尔夫没说该录像是秘密内容,也没承诺过为任何人匿名或保密。因此,本案不会引发我们在涉及记者的案件中通常会有的顾虑。"[53]

即便联邦法院承认记者享有保护非秘密信息的有限特许权,该特许权的范围也是十分有限的。例如,第 2 巡回区美国上诉法院(包括纽约州、康涅狄格州和佛蒙特州)1998 年"承认,非秘密信息受有限特许权保护",但它又指出,"在涉及非秘密信息时,克服记者特许权所需的要求,也比涉及秘密材料时所需的要求为低"。[54]

记者还得担心一件事,某些行为可能会让他们事实上放弃拒证权。华府的一起案件就体现了这种两难困境。六名警察起诉市政府和警方高层,索赔 900 万美元。1986 年,警方的一次禁毒行动搞砸了,没能一网打尽原计划逮捕的数百人,六名警察受到了纪律处分。突击行动失败后,《华盛顿邮报》的记者琳达·惠勒(Linda Wheeler)在一篇报道中透露,该报道事先已得知突袭行动的秘密计划。受处分的六名警察认为,导致行动失败的泄密出自警局高层,与他们无关。他们给惠勒发传票,希望得知泄密的源头。

记者拒绝说出消息来源,被判藐视法庭。法院说,记者曾在 1986 年向丈夫与另一人(二人皆为美国公园警察)透露过秘密信源的姓名,这意味着,她已经放弃了她可能享有的特许权保护。理查德 · A. 利维(Richard A. Levie)法官写道:"记者不能在 1986 年向他人透露信源……又在 1991 年(作为司法程序的证人)选择不予透露。"哥伦比亚特区美国上诉法院维持原判。[55]

1991 年夏,此案被宣布为无效审判,惠勒逃过了作证之劫,但重审又排定了日程。惠勒的丈夫(惠勒曾向他透露信源的身份)被迫在庭审延期之前出庭作证。记者争取新闻出版自由委员会的执行主席简 · 柯特利(Jane Kirtley)说:"这有可能成为非常有效的骚扰手段。"她指出,法官或律师可能会说:"好吧,我承认记者受盾法或记者特许权保护,但我打算传唤你的配偶、子女、父母、狗或你身边的任何人,看他们知道些什么。"

在本章后文将要讨论的盾法中,也有放弃"记者—消息来源"特许权的问题。较近的两起案件是"弗洛里斯诉库珀轮胎与橡胶公司案"(Flores v. Cooper Tire and Rubber Co.)[56]和"麦加里诉圣迭戈大学案"(McGarry v. University of San Diego)。[57]

何时或如何才算是记者事实上放弃拒证特许权呢?这个问题的答案并不明确。相关法律太过发散,难以总结。不过可以肯定的是,承诺保密的记者应对信息完全保密。

何为记者?

因记者特许权而生的一个相关问题是:何为记者?[58]在 20 世纪七八十年代该特许权发轫之初,记者的定义是相对明确的:记者是为新闻传媒收集新闻的人。21 世纪,随着互动式计算机传播与 900 电话信息服务的发展,几乎人人都可以报道新闻或他们称之为新闻的东西。这就产生了一系列问题,比如,博客博主是记者吗?以互联网或 900 电话号码传播信息的人,应被视作法律意义上的记者吗?以上问题尚未形成定论,但至少有一家法院曾试过解决这个问题。

马克 · 马登(Mark Madden)是一名口无遮拦的职业摔跤评论员,通过 900 电话"广播"其评论。他的评论常语带讽刺,有时想入非非,还总是挑衅别人。听众拨打电话,每分钟付 1.69 美元就能收听他的评论。世界摔跤锦标赛协会(World Championship Wrestling,WCW)拥有这条线路,每周付给马登 350 美元作为报酬。[59]马登在一次评论中说,世界摔跤锦标赛联合会(World Wrestling Federation,WWF)——WCW 的主要竞争对手——陷入了严重的财务危机。WCW 与 WWF 相互起诉对方不正当竞争。马登收到传票,被传唤至法院就 WWF 财务危机一事的信源作证。马登提出宪法第一修正案特许权,主张自己是受宪法保护的记者。1997 年,一家美国地区法院同意他的主张,[60]但一家美国上诉法院于 1998 年 7 月推翻了下级法院的原判。上诉法院的法官说,马登是大肆炒作的娱乐界人士,不是报道新闻的记者。

在认定了马登不是记者之后,第 3 巡回区美国上诉法院的三人法官团将"记者"界定如下,记者是:

● 从事调查性报道的人;

● 采集新闻的人;

● 在开始采集新闻之时,便立意要向公众传播所采新闻的人。[61]

案例

独立采集信息并报道：识别记者的关键

2011 年，第 2 巡回区美国上诉法院在"雪佛龙公司诉伯林杰案"(Chevron Corp. v. Berlinger)中判决：如果有人想凭借记者特许权保护调查所得的信息，不在法庭上公之于众，那就必须证明，他们乃是为了"独立报道与评论之目的"收集信息。这场争议的焦点是石油公司雪佛龙觊觎约瑟夫·伯林杰(Joseph Berlinger)所拍纪录片《原油》(Crude)的弃用片段，该公司想利用这些片段打赢一场官司。伯林杰主张，身为记者，他受特许权保护，不必将弃用片段交给雪佛龙。第 2 巡回区美国上诉法院拒绝了伯林杰的主张，维持初审法院的原判，即该纪录片并非伯林杰独立制作，而是有人协助，此人的目的，是借机讲述自己的故事。而且，伯林杰还在此人的坚持下改动了《原油》的部分内容。第 2 巡回区美国上诉法院指出，"不是只有在传媒机构工作的记者，才享有特许权"，但它又强调，记者在信息收集过程中必须"以独立传媒之角色"行事，这才是关键。归根结底，要想得到记者特许权的保护，就得秉持记者的职业道德信条，远离那些可能会破坏客观报道的利益冲突。

2010 年，新罕布什尔州最高法院判决，"聚爆"(Implode)公司运营的一家网站受新闻人特许权保护，可以不公开信源。这家网站给抵押贷款公司排名，并允许注册用户公开评论贷方。新罕布什尔州最高法院在"抵押贷款专家公司诉聚爆-外爆重工公司案"(Mortgage Specialists, Inc. v. Implode-Explode Heavy Industries, Inc.)[62]中写道："聚爆公司运营的网站与传媒相仿……。我们的结论是，聚爆公司的网站具有信息传播功能，有利于信息向公众流动。所以，聚爆是享受新闻采集特许权的记者。"

在"何为记者"的问题上，最新也是最具吸引力的议题之一，是博客博主的地位。这是州盾法(参见本章后文)和宪法第一修正案特许权都绕避不了的问题。2006 年，加州一家上诉法院在"奥格雷迪诉高级法院案"(O'Grady v. Superior Court)[63]中判决，根据加州盾法、宪法第一修正案与加州宪法，奥格雷迪的两家网站 PowerPage[64]与 Apple Insider[65]在发布有关苹果电脑和苹果其他产品的信息时，有权利享受保护。苹果公司发传票给这两家网站的运营者，想查出是谁向他们泄露了苹果即将发布新款计算机的秘密计划。两家网站的运营者提出，当他们在网站上张贴信息时，他们的身份是网站发行人、编辑和记者，所以不必透露信源的姓名。

从字面上看，加州盾法和州宪法保护"发行人、编辑、记者或其他与报纸、杂志等定期发行的出版物有业务关联或受上述出版物雇用的人员"，这些人员可以不公开信息来源。[66]请注意措辞，加州法律的保护对象有报纸和杂志，没有网站和数字媒体。不过，加州这家上诉法院判决，以上法条也保护两家网站的运营者，它写道：这些网站"获取并传递读者极有兴趣了解的信息"，"无论从哪个方面来看，都与传统刊物记者或编辑无异"。该法院又说，网站与传统新闻期刊的区别"仅在于，网站利用高科技持续不断地更新内容"。基于宪法第一修正案的保护，该法院认定，"区别对待网站运营者与透过传统媒体为公众提供新闻的记者、编辑和发行人，是站不住脚的"，这些网站运营者"也就受众关心的当下事件采集、选择并制作信息"。其他州法院是否会采纳这种有利于记者、博客博主的立场，尚待观察总结。

电话记录

政府官员和律师想透过传票得到的,可不只是秘密信源的姓名、记者的采访笔记、摄像素材和新闻照片而已。别忘了,存在记者通话记录中的电话号码也能透露秘密信源的身份。

2006 年,一家联邦上诉法院在"纽约时报公司诉冈萨雷斯案"(*New York Times Co. v. Gonzales*)[67]中审查了联邦大陪审团发出的一张传票。这张传票要求为《纽约时报》提供服务的电话公司交出该报两名记者为期 11 天的电话记录。这两名记者调查过政府的一项秘密计划(美国政府因两家伊斯兰慈善机构涉嫌资助恐怖主义行动,计划冻结它们的资产)。政府希望透过这张传票来找出,是谁未经授权向记者泄露了政府的计划。《纽约时报》的记者收到了一个好消息和一个坏消息。好消息是,该上诉法院判决,"报社或记者所享有的拒绝公开传票所要求之信息的权利,同样也保护第三人保存的报社电话记录或记者电话记录"。法院说:"电话是今日记者从业的必备工具,是记者采集信息时不可或缺的帮手",故"记者享有的普通法或宪法第一修正案保护,同样也保护他们的电话记录"。

坏消息是,该上诉法院还判决,尽管记者在此类案件中受普通法特许权保护,但这种保护是有限的,而本案案情表明,政府的需要足以压倒记者的特许权。它写道:

政府有必要对即将发生的财产冻结或搜查保密,这事关重大的政府利益,目的是防止目标听闻风声后转移财产或销毁证据。目下的调查,不仅关乎保密执法这一重要原则,还涉及一系列可能严重干扰司法公正的事实,即向调查目标通风报信。

法院下令审查电话记录,它说,记者"是除信源之外,唯一能确认谈话内容并描述泄密情况的证人",而且,"记者的行止,是大陪审团调查的核心(可能也是大陪审团调查的肇因)。他们的证词有可能揭示信源(一人或多人)与泄密之间的关系……对当下的调查而言相当关键"。报社提出"宪法第一修正案保护记者"的主张。法院断然拒绝了这一主张,它说,美国最高法院的"布兰兹堡诉海斯案"(见本章前文,该案同样牵涉大陪审团)没有为记者拒绝大陪审团传票提供任何特许权。2006 年,美国最高法院拒绝复查该上诉法院的判决。[68]

时光再回拨近 20 年,另一家上诉法院也给过记者类似的打击,当时是在"记者争取新闻出版自由委员会诉美国电话电报公司案"(*Reporters Committee for Freedom of the Press v. American Telephone & Telegraph Co.*)[69]中。28 年后,"纽约时报公司诉冈萨雷斯案"在解释"记者争取新闻出版自由委员会案"时说,该案"表明,记者对第三方掌握的电话记录所享有的宪法第一修正案权利,并不多于他们对航空公司、酒店或出租车保存的记录所享有的宪法第一修正案权利"。

小　结

近年来,被传唤在司法程序中作证的记者越来越多。这些记者常被要求透露保密信息,这或许是为了协助警方调查犯罪,或许是为了帮助刑事被告辩护,又或许是为了帮助诽谤原告证明被告有过失或实际恶意。拒绝服从法庭命令的记者有可能被判藐视法庭。美国最高法院 1972 年判决,记者与其他公民一样,不享有拒绝向大陪审团作证的宪法第一修正案特许权。不过,虽有美国最高法院的这起判例在先,联邦下级法院和州法院仍发展出了保护记者的宪法特许权或普通法特许权。这种特许权是有限的。在多数情况下,法院不会强求记者作证,除非信息的索取者能证明:(1)记者掌握的信息与案件相关;(2)客观上有公开该信息的迫切需求;(3)无法透过其他途径获得该信息。

法院会在不同类型的司法程序中变通

地适用上述标准。在民事诉讼中,记者最有可能逃脱被迫作证的困境,特别是在记者非为诉讼一方当事人时。在刑事诉讼中,记者被迫作证的可能性较高,但即便如此,也有大量例证表明,记者在刑事诉讼中也有可能得到有限特许权的保护,从而免除作证义务。不过通常而言,被传唤到大陪审团前作证的记者必须尊重这张传票。越来越多的法院想让记者就非保密信息提供证词,在这些案件中,相关法律的保护力度较小。一家联邦上诉法院曾判决,为推进合法的执法程序,法院可以要求记者提供收费电话记录。

对新闻信源的立法与行政保护

到 2014 年 1 月为止,全美各州(怀俄明州除外)均为记者提供了某种形式的保护,允许他们为信源或信息保密,尽管保护的程度与方式各有不同。特别要指出的是,全美有 39 个州拥有保护记者的盾法,其余州则承认司法创设的特许权,这些特许权以宪法第一修正案、州宪法或普通法中的一种或多种为依据。需要说明的是,拥有盾法的州,也可能同时承认司法创设的特许权,故在一州之内,记者可能受到双重保护。

然而,到 2013 年 12 月为止,联邦层面尚无盾法保护被联邦法院和联邦大陪审团传唤的记者。不过,联邦盾法的立法议案于 2013 年 5 月提交给了参、众两院。该议案之提交与当月爆出的一起丑闻有关:2012 年,司法部秘密提取了 100 名美联社记者的 20 多条电话线路长达 2 个多月的电话记录(参见本章前文"严防看门狗")。不过,到本书第 19 版付梓之时,2013 年《信息自由流通法》(Free Flow of Information Act)尚未成为法律。

盾法

1896 年,马里兰州开先河地赋予记者拒绝在司法程序中作证的有限特许权。2011 年,西弗吉尼亚州成为第 40 个拥有盾法的州。不过,夏威夷州的盾法于 2013 年 7 月 1 日失效,该州的立法者没有更新其期限。夏威夷 2008 年盾法中有一条规定,除非立法者更新期限,否则该法于通过五年之时期满失效。如此一来,及至 2014 年 1 月,美国共有 39 个州拥有盾法。哥伦比亚特区也有类似的法律,但到 2013 年 12 月为止,美国没有联邦盾法。盾法是州立法机关制定、通过的成文法,不过有一个例外,犹他州最高法院 2008 年批准并通过了记者的"盾规"(shield rule),适用于全州所有的法院程序,盾规得到数家新闻集团的支持与倡导。各州盾法的保护范围与概念定义各有不同,有的差异还很大。比如,在"谁是受盾法保护的记者"这个问题上,各州并无统一定义。

盾法规定了记者的特许权。这些法律通常规定:(1)谁能使用该项特许权(谁是记者);(2)哪些信息受特许权保护(秘密信息和/或非秘密信息;只保护消息来源或保护消息来源和/或信息);(3)附随的条件和限制(比如,只要记者自愿公开材料的部分内容,即可视为记者自动放弃特许权;强制公开的场合)。

例如，亚拉巴马州盾法有如下规定：

供职或有联系于报社、广播电台或电视台并从事新闻采集的人员，不得被迫在司法程序或审判中，在法官或大陪审团前，在特别审理委员会的官员或其代理人前，在议会委员会前，或者在其他地方公开其所供职或有联系的报社、电台、电视台所刊播信息的消息来源。[70]

在判断何人、何事受盾法保护的问题上，州盾法措辞的精确性十分重要。2005 年的"普赖斯诉时代公司案"（*Price v. Time, Inc.*）就说明了这一点。第 11 巡回区美国上诉法院根据亚拉巴马州盾法判决道：该州盾法不适用于《体育画报》杂志，因为亚拉巴马州盾法规定的适用范围是"报纸、广播电台或电视台"，显然不包括《体育画报》之类的杂志。该法院得出上述结论，乃是依照"显然意义原则"（plain meaning rule），即严格遵照立法词语的通常字义，不加入自己的观点。第 11 巡回区美国上诉法院写道："在我们看来，'报纸'不等于'报纸和杂志'，这一点显而易见。"

在 2012 年的一起刑事案件中，一名阿米什（Amish）农夫被控违法出售未经巴氏消毒的生牛奶。威斯康星州司法部想强迫三名记者（其中既有电视台记者，也有报社记者）为控方作证，引发了一场有关"威斯康星州盾法是否保护记者不在法庭上泄露信息"的争议。这三名记者曾报道说，威斯康星州农业监管部门封了这个农夫的冷却器，命令他停售牛奶，他却依然我行我素地出售生牛奶。记者进过他的农场，亲眼见证了他的违法行为，包括那些被撕下的封条。司法部的官员想让这些记者作证讲述亲见亲闻，以坐实对农夫的指控。

这些记者很幸运，威斯康星州于 2010 年通过盾法。特别要指出的是，该法 885.14 条保护"新闻人"（news persons）。用该法的原文解释，新闻人就是常规且持续地"采集、接收、制作或向公众传播新闻或信息"的人。新闻人一般受到保护，不必被迫作证说出秘密信源和

"新闻人秘密采集或制作的新闻或信息"，该法的保护范围甚至可以更宽，"任何新闻、信息或任何信源的身份"皆可囊括其中。

不过，与大多数州盾法一样，威斯康星州盾法的保护不是绝对的，尤其当记者被传唤在刑事案件中作证时。威斯康星州盾法允许法官发出传票，强制记者在刑事案件中出庭作证，只要记者掌握的新闻、信息或信源身份满足以下条件：（1）与案件"高度相关"；（2）乃是证立一造主张、辩护的前提，或是证明争点问题的必要条件；（3）无法从他处获取。除了以上三个条件之外，法官还必须确认，"公开新闻、信息或信源身份确实关乎至高的公共利益"。各州盾法几乎都规定了以上几个因素或其变通版本，以判断是否可以强制记者作证。

我们再回到之前那场争议，巡回法院法官盖伊·雷诺兹（Guy Reynolds）在 2012 年 11 月的一次听证中说，威斯康星州司法部未能证明，它想从记者口中得知的信息无法透过其他途径获取。特别是，曾有记者指出，其他人也去过阿米什农夫的住所，这些人也可以就其见闻作证。一名电视记者的律师德鲁·申克曼（Drew Shenkman）甚至指出，在电视台播出的相关报道中，镜头中就有现身于农夫宅院的其他人——其他可能的信源。据《巴拉布新闻共和国》（*Baraboo News Republic*）报道，雷诺兹法官说，如果政府能证明自己无法从其他来源处获得同一信息，那么他今后也许会重新考虑签发传票。

在网络信息公告板上张贴信息、意见的人，是否也是州盾法中的记者？2010 年，新泽西州一家上诉法院在"太多传媒有限公司诉黑尔案"（*Too Much Media, LLC v. Hale*）[71] 中判决，新泽西州盾法不保护一位在 Oprano.com 网站上张贴信息的女性。该网站自称"网络成人娱乐业的《华尔街日报》"。它提供论坛，供会员讨论有关成人娱乐业的各种话题，评论内容向大众开放。新泽西州盾法仅适用于"新闻传媒"的成员，即"供职于或有联系于报社、杂志、新闻协会、通讯社、电台、电视台或其他以印刷、图片、机械或电子手段向大众

传播新闻的传媒"。它又将"新闻"定义为"由供职于或有联系于新闻传媒的人,在工作关系存续期间采集、获取、传送、汇聚、编辑或传播的书面、口头或图像信息"。发帖女性认为自己符合上述定义,但上诉法院拒绝了她的主张,它说:"仅靠自称为记者是不够的。本案被告主张自己是新闻人,唯一的证据是她自说自话地将自己定义为新闻人,以及作证时自述有采集信息的意愿,而初审法院对这一点是存疑的。"该上诉法院又说,该女性"未能证明自己与任何新闻机构有业务关联,也未能证明自己遵守新闻业的职业规范,比如从事编辑工作、核查事实或披露利益冲突"。

2011 年 6 月,新泽西州最高法院维持原判,认定新泽西州盾法不适用于本案,理由是:"我们认为,网络信息公告板不是本州盾法列举的新闻机构之一,我们认为,立法机关并不想在诽谤案中为信息公告板上的发言人提供一种绝对特许权。"新泽西州最高法院还说:"无论是给编辑写一封信,还是在网络信息公告板上发表评论,都无法建立盾法所要求的与'新闻传媒'的关联。"另一方面,新泽西州最高法院又明确指出,"恪守专业信条或遵守职业规范(如披露利益冲突或记笔记)……不是盾法的要求"。

2013 年,一家初审法院的法官判决,新泽西州盾法保护"县市监督员"(County Watchers)博客的主要撰稿人兼编辑蒂娜·雷纳(Tina Renna)。该博客报道了新泽西州尤宁县(Union County)的浪费、腐败和管理不善等问题。雷纳的博客文章揭露道,尤宁县 16 名政府工作人员在 2012 年 10 月桑迪飓风来袭期间,将县政府的发电机派作不当用途。当地一名公诉人传唤雷纳就此事在大陪审团前作证,雷纳意欲拒绝,理由是,她受新泽西州盾法的保护。

卡伦·卡西迪(Karen Cassidy)法官根据新泽西州最高法院的"太多传媒案"判例,做出了有利于雷纳的判决。他说:"雷纳和另外两三名博主确实发帖批评了尤宁县的管理和政治问题,而这些问题是其他传媒尚未触及的。"

尽管雷纳的写作质量"不及印刷传媒的记者",她的帖子有时甚至是对尤宁县政府工作人员的"个人攻击",但她不会因此失去新泽西州盾法的保护。重要的是,雷纳常规性地发表文章,报道市政府的会议、法令和预算。她使用的新闻采集方法,是"传统新闻媒体"(卡西迪法官语)惯常使用的方法,比如采访消息来源,在县政府会议上提问,利用新泽西州的公开记录法获取文件,等等。

卡西迪法官还写道:"雷纳所在的组织明确宣称,其目标是成为公民监督员,促进政府之清正廉洁,但这并不意味着,'县市监督员'博客不能同时拥有传播新闻的目标。记者与公民监督员这两种身份并不互斥。"卡西迪法官指出,"县市监督员"博客确有可能对尤宁县怀有偏见,但这种偏见不影响它作为新闻传媒之一员的地位。"细究之下,许多全国性出版物,如《标准周刊》(Weekly Standard)和《新共和》(New Republic),都自有其观点,前者偏向保守而后者偏向自由,它们都有意识形态上的倾向性,却也都被视作聘请记者报道有价值之新闻事件的主流出版物。"卡西迪法官批准了雷纳的申请,撤销传票,将她纳入新泽西州盾法的保护之下。

盾法也会有缺陷。以下是部分问题:

● 极少有盾法能达到或超越宪法特许权的保护。

● 大多数州的盾法相当受限。比如说,阿拉斯加州、路易斯安那州、新墨西哥州和北达科他州的盾法规定,只要法官认为司法或公共政策需要特许权向其他利益让步,盾法便须做出退让。[72]

● 在一些州,只要记者曾经公开过保密内容的任何部分,便视作记者自动放弃特许权。[73]

● 在一些州,仅当记者与消息来源对保密一事有共识时,盾法才适用。[74]

● 州盾法一般不适用于自由撰稿人、图书作者、有线电视运营商和博客博主。如佛罗里达州盾法仅适用于"职业记者",将"图书作者"排除在外。不过,佛罗里达州盾法将"独立订约人"包括在内。这意味着,只要自由撰稿人"有规律地采集、拍摄、记录、撰写、编辑、报道或出版新闻,无论是为了利润还是生计",就受州盾法保护。

● 盾法一般只保护别人告诉记者的内容,不保护记者的亲见亲闻。[75]例如,马里兰州一家上诉法院 2003 年判决,当传票要求记者在警察局的行政听证会上就目睹的事件提供证言时,该州盾法不为记者提供保护。[76]

2008 年,一个新问题浮出水面,它关系到数字时代州盾法的适用范围。众所周知,在报社网站的新闻报道之后,往往跟着用户对报道内容的评论。假如有用户匿名发表了涉嫌诽谤的评论,报社可以根据盾法,拒绝公开匿名

用户的身份吗?这个问题现在很热门,因为大量报社网站都允许读者匿名评论新闻报道,而有些匿名评论可能涉嫌诽谤、中伤他人。报社当然知道匿名发帖人的 IP 地址。2008 年,佛罗里达、蒙大拿、俄勒冈三州的法官判决,这三州的盾法支持报社拒绝公开匿名发帖人的 IP 地址,至少在匿名评论的内容关涉报社报道时是如此。[77]其他州是否也会如此宽泛地解释盾法,保护报社不公开第三方(报社网站上的发帖人)的身份,仍有待进一步观察。

完美的盾法应比宪法第一修正案特许权更胜一筹。但完美的盾法并不存在。于是,纵然是在那些有盾法的州,记者最后往往还得求助于宪法特许权。

联邦指导原则

在盾法的影响下,司法部制定了一系列规则,指导联邦检察官何时可以对现职记者发出传票以及具体的方法。[78]以下是对这些指导原则的概略总结:

1. 司法部在判断是否要以传票获取记者的保密信息时,必须在思想信息的自由传播与有效执法这两种公共利益之间求取平衡。

2. 在考虑向传媒发出传票之前,应先穷尽所有的合理努力,尽量从其他来源处获取信息。

3. 在考虑向传媒发出传票之前,应先与新闻传媒协商获取信息。

4. 协商失败(记者不肯自愿提供材料)后,首席检察官应根据以下指导原则批准

传票:

a. 必须有充分的犯罪证据是从非传媒来源处获得的。司法部不允许以记者为调查起点。

b. 记者手中的信息是调查成功的关键——不是外围信息或猜测性信息。

c. 政府试过从非传媒来源处获取信息但无果。

d. 若想以传票获取未发表的信息或保密材料,应当万分小心。

e. 即便是以传票获取已发表的信息,也必须谨慎,因为,记者收集的信息会被政府所用之可能性,曾让记者遇到过麻烦。

f. 传票必须针对特定信息而发。

 ## 电话记录:2013 年美联社争议

司法部的工作人员若想查看传媒成员的电话记录,上述规则 1 到规则 3 也适用。与传媒协商失败后,司法部工作人员必须得到首席检察官的批准,才能发出传票。这种情况适用

以下指导原则:

1. 有合理根据相信确有犯罪发生,且所索取的信息是成功调查犯罪事实的关键,不可或缺。

2. 传票应"尽可能明确"，仅针对有关某一特定主题的信息而发，覆盖时段也应有所限制。

3. 政府在发出传票之前应已穷尽其他一切合理方法。

4. 应及时通知记者：政府打算发出传票。

5. 经传票获取的信息应严加看管，避免未获授权者接触。

2013 年，司法部被曝出曾于 2012 年秘密调取美联社记者超过两个月的电话记录。上述规则成了这场争议的核心。司法部查看了美联社约百名记者的 20 多条电话线路（一些是工作线路，一些是私人线路）的通话记录。司法部说，它想从电话号码中分析出，是谁向美联社记者泄露了塔利班追随者 2012 年在也门密谋发动恐怖袭击未遂的保密信息。据称，该信息的泄露威胁到一名双重间谍的安全，该特工此前成功打入了阿拉伯半岛的塔利班恐怖分子网络。

美联社总裁加里·普鲁伊特在美联社网站上发布声明称，"该传票范围过宽，涉及美联社新闻采集过程中的大量电话记录"。尤其是，司法部的指导原则明确规定："传票应尽可能明确，应仅针对有关某一特定主题的信息，且覆盖时段也应有所限制。"此次司法部获取美联社的电话记录范围之广，堪称史无前例。不仅如此，司法部的指导原则还规定，司法部在以传票获取记者的电话记录之前，应先与新闻机构协商。而在 2013 年的美联社事件中，双方全无协商可言。

2013 年 5 月 14 日，记者争取新闻出版自由委员会代表 51 个新闻机构致函司法部部长埃里克·霍尔德，其中写道："自司法部发布指导原则三十载以来，我们从未见过司法部如此逾矩地攫取新闻采集素材，且相关记者事先未能得到任何通知，也没有机会主张司法审查。"

霍尔德 2013 年 7 月宣布，司法部将修改指导原则，以保护记者。他的报告可见于以下地址：http://www.justice.gov/ag/news-media.pdf。

搜查新闻编辑室

宪法第一修正案是否保护新闻编辑室或记者住宅不受警方或联邦探员搜查？1978 年，美国最高法院拒绝将宪法第一修正案扩张到这一地步。[79]不过此后，国会和不少州议会都向新闻生产场所提供了有限的立法保护。我们再回到 1978 年的这起案件，此案源于 1970 年代早期的政治骚乱，而我们前文论及的大量有关消息来源的案件，恰好也都发生在 1970 年代。

> 宪法第一修正案是否保护新闻编辑室或记者住宅不受警方或联邦探员搜查？1978 年，美国最高法院拒绝将宪法第一修正案扩张到这一地步。不过此后，国会和不少州议会都向新闻生产场所提供了有限的立法保护。

1971 年 4 月，学生示威者占领了斯坦福大学医院的行政办公室，警方受命前往驱散学生。警方进入大楼西侧时，示威者从东侧涌出。之后，大楼外发生了混战，几名警察受伤，二人伤势严重。一名学生拍下了警方与学生交战的场面，第二天，照片登载在学生报纸《斯坦福日报》（Stanford Daily）上。圣克拉拉县（Santa Clara County）的执法人员想查出是哪个学生袭击了警员并使其受伤，便执搜查令前去搜查《斯坦福日报》的新闻编辑室，希望能找到那名学生拍下的更多照片。《斯坦福日报》的采编人员与此次混战无关，也从未涉及其他非法情事。经彻底搜查，执法人员没有发现证据。

此类搜查称为无辜第三方搜查，或简称第三方搜查，即警方为收集证据而搜查他人的房屋和办公场所，哪怕全无理由怀疑房屋或办公场所的主人或住客涉足犯罪。这类搜查并不稀奇，但在此案中，学生报社主张，这类搜查会危及新闻出版自由，除非警察事先获得传票（对警方而言，获得传票比获得搜查令更难），否则不应允许。在警方申请传票的程序中，传媒会在搜查之前得到通知，编辑和记者也有机会提出反对。

《斯坦福日报》主张,警方突击搜查新闻编辑室,会严重危及传媒采集、分析和发布新闻的能力。传媒工作争分夺秒,警方的搜查势必干扰紧张的新闻采编活动。此外,秘密信源有可能因担心包藏其身份的证据日后在搜查中泄露而拒绝与记者合作。如果笔记和录音有可能被搜走,记者日后难免会有所忌惮,也许再也不敢记笔记、录音了。《斯坦福日报》的律师提出,以上种种,都会对传媒造成寒蝉效应。

美国最高法院以 5 比 3 的投票结果拒绝了报社的主张。拜伦·怀特大法官判决说:究其根本,这是一个宪法第四修正案问题(即宪法第四修正案是否允许搜查),而非宪法第一修正案问题。根据现行法律,如果警方确有理由认为能找到犯罪证据,则任何场所皆可下令搜查。怀特大法官写道:"宪法第四修正案本身拥有一套用以平衡隐私权与公共需求的机制,法院没有理由修改第四修正案,重建一套新的平衡。"这位大法官承认,"搜查所得的材料确实有可能受宪法第一修正案保护,因此必须'谨慎而严格地'适用宪法第四修正案"。他又说:"如果搜查目标是很有可能受到保护的材料,则执行搜查令时应尽量控制现场警察的自由裁量权。"不过,怀特大法官反对"突击搜查恐将威胁新闻出版自由"的观点,他指出,立宪者肯定了解 17、18 世纪传媒与王权的冲突,彼时,搜查令对传媒而言是个严重问题,但立宪者并未因此在涉及传媒的场合禁用搜查令。他们显然认为,宪法第四修正案足以保护传媒。[80]

泽克案(Zurcher case)之前数十年间,警方搜查新闻编辑室的情况很罕见,此后却陡然遍地开花。记者向立法机关求助,国会通过了 1980 年《隐私保护法》(Privacy Protection Act)[81]。该法限制了警察和特工搜查、获取材料的手段与方式,这些材料掌握在传媒业者或想以演讲等方式公开传播的人的手中。《隐私保护法》保护两类材料,一是工作成果

(work products),二是记录材料(documentary materials)。工作成果是"为向公众传递信息而制作的材料"。用外行的话来说,工作成果就是记者的笔记、原始拍摄素材、弃用片段等。记录材料则是"正式记录信息的材料",如政府报告(government reports)、未经出版的原稿(manuscripts)等。国会是根据美国宪法的商业条款①制定该法的,因此,该法不仅约束联邦执法人员,也约束州和地方机构。执法部门只有先拿到传票,才能得到工作成果或记录材料;仅凭搜查令无法得到以上两种材料。不过也有例外。如遇以下两种情况之任何一种,执法部门可以仅凭搜查令搜查新闻编辑室:

1. 有合理根据认为,这些材料的持有者曾经或正在实施犯罪,而犯罪事实与上述材料相关。此即"嫌疑人例外"。

2. 有理由认为,立即获取这些材料是防止某人死亡或受到严重伤害的必要条件。

满足以上两项条件之一或属于以下两种情况之一,当局仅凭搜查令(无须传票)就可以得到记录材料:

1. 有理由认为,依传票发出的通知会导致此类材料被损毁、篡改或隐瞒。

2. 材料的持有者不肯依法庭命令提供材料。当局穷尽了其他法律救济途径,并且有理由认为,再不获得材料会妨碍司法公正。

在大多数情况下,执法人员只有先申请到传票,才能从新闻编辑室或记者家中获得信息。

然而,第 4 巡回区美国上诉法院 2012 年的"森尼特诉美国案"(Sennett v. United States)[82]表明,使用前述"嫌疑人例外",仅凭搜查令(没有传票)也是可以的。数年前,华府的四季酒店外发生了一起大规模骚乱,摄影记者劳拉·森尼特(Laura Sennett)拍下了现场照片。2008 年 4 月,16 名游行示威的蒙面人在国际货币基金组织(IMF)召开会议期间,"闯入酒店大堂,向多名目标投掷鞭炮、烟火和

---

① 美国宪法的商业条款指美国宪法第 1 条第 8 款第 3 项,该条款授权国会排他地管理对外贸易、州际商业和同印第安部落的商业贸易。相当数量的联邦法律和条例是根据该条款制定的。——译者注

注满染料的气球"。这些破坏者还砸碎了四季酒店的一大面玻璃窗,随后逃之夭夭。好在酒店的安保录像拍到了与抗议者同时现身于酒店大堂的森尼特,也拍到她"随抗议者离开酒店,去往同一方向"。

一位执法官员在酒店的监控录像中认出了森尼特,他通过可靠信源以及在谷歌、雅虎上找到的录像断定,森尼特参与了华府的多起抗议活动。简言之,森尼特似乎既是记者,也是嫌疑人。执法人员拿到了搜查令,前去搜查她的居所,他们认为,这里很可能"藏匿着抗议者于国际货币基金组织会议期间在四季酒店实施犯罪的证据"。

联邦探员查获了一个外置硬盘,内存照片7 000多张,另有两台电脑、数部相机与多张储存卡。森尼特起诉称,联邦探员仅凭搜查令就实施搜查,违反了《隐私保护法》,她认为,联邦探员应先获得传票。联邦探员反对道,此案适用"嫌疑人例外",因为有合理根据认为,森尼特也从事了照片中的犯罪活动。

第4巡回区美国上诉法院承认,森尼特"貌似合理地解释了她为何出现在监控镜头中——为了记录那起她原以为是合法抗议的事件",却仍然做出不利于她的判决。理由是:这种貌似合理的解释"不足以完全否定"执法人员提出的"合理根据"。该上诉法院维持了地区法院法官的原判,即"理性人应有理由认为,森尼特在这次破坏事件中充当了破坏团伙的摄影师,她拍摄的记录有助于实现该团伙的目标,并可用于向外界宣称:该团伙对破坏事件负责"。

如何应对传票

记者收到传票后该怎么办?首先,应尽量避免这种情况发生。非经深思熟虑(是否确实有必要以保密承诺来换取信息?),切勿答应为消息来源保密。在承诺为消息来源保密之前,记者应当先与编辑或新闻部门主管商量。此外,切勿与社外人员谈论涉及秘密信息或秘密信源的报道,非正式的谈论也不可以,以免日后被法院视为主动放弃特许权。

万一传票送达,首先要记住,警察不是上门来逮捕你的。传票只是一道命令,传召你出席某种程序或提供某些文件,所以别怕。立即告知编辑或新闻部门主管,请他们咨询你所在新闻机构的法律顾问。记者虽无义务为送达传票者大开方便之门,但一味抗拒可能导致传票被弃,继之而来的就是搜查令。另外要记住,不要替任何人接收传票。

如果传票只是想要刊播过的材料或视频,报社或广播公司一般都会爽快地交出材料。记者应熟悉所在新闻机构有关记者保留笔记、录音、初稿等资料的政策。如果没有此类政策,最好建议管理层尽快制定。传票一旦送达,传票索要的材料便会被视为正式证据,记者如果因为不想提供材料而毁损材料,极有可能被判藐视法庭。因此,一旦收到传票,记者就要开始整理材料,以备日后被迫交出。

如果你坚信不应交出材料或说出消息来源的姓名,而你所在的新闻机构与你意见相左,那你最好自己请一位律师。公司的律师是为公司服务的,不是为你个人服务的。最后请记住,记者被逼交出材料或姓名的概率很低。在大多数情况下,法律站在你这一边。

如果警方持搜查令(而不是传票)不当现身,开始搜查新闻编辑室,你该怎么办?记者争取新闻出版自由委员会在《宪法第一修正案手册》("First Amendment Handbook")中建议:"摄影和摄像记者应拍下搜查场面。传媒工作人员虽不能妨碍执法,但也不必协助搜查。"当然,所有记者如今都可以用手机拍摄非法搜查的场景,以便留存证据,供日后出庭时证明:这是1980年《隐私保护法》规定的无效搜查。同时立即打电话给所在新闻机构的律师。

小　结

州议会和联邦政府均已制定法律或订立规则,为记者提供一些保护。40个州现已通过盾法,为记者拒绝在司法程序中作证提供有限特许权。这些法律当然有用,但也不无问题。其一,各州的盾法参差有别,难求一致。其二,这些法律在概念定义上尚有漏洞,使得法院能够做出十分狭义的解释。其三,它们通常只保护别人告诉记者的事情,不保护记者的亲见亲闻。法院常将盾法视作立法机关对司法权的无端干预,并以最无用的方式解释盾法。到2012年为止,联邦层面尚无盾法保护记者在联邦司法程序中拒绝公开消息来源与秘密信息。

司法部也订立了规则,规定联邦探员应当何时传唤记者、如何传唤记者、如何索取记者手中的记录和记者的电话记录。这些规则要求联邦探员在信息自由流通这一公共利益与有效执法之间求取平衡。

美国最高法院曾判决,宪法第一修正案不禁止政府搜查新闻编辑室或记者私宅,美国国会为此通过了1980年《隐私保护法》。该法规定,联邦、州及地方警察机构要想获得记者的工作成果或其他记录材料,必须先拿到传票,不能仅凭搜查令强取。该法也特别规定了一些例外。比如,如果警方认为记者实施了犯罪,或者,如果警方确有理由相信得不到这些材料的话,有人会因此受害,又或者,如果警方担心在警方申请传票的过程中,这些材料有可能被销毁,那么仅凭搜查令也可以开展搜查、获取材料。

藐视法庭的惩处权

如果违反司法命令或国会委员会的命令,大众传媒业者即刻就会尝到苦头。拒绝回应传票的记者、批评法官的编辑、拒绝依判决支付诽谤或隐私侵权赔偿金的报社,都可以被判藐视法庭。2008年,一位联邦法官判《今日美国》的前记者托妮·洛西藐视法庭,罚金为每日5 000美元。洛西在系列报道中指称科学家史蒂文·J.哈特菲尔与2001年底的炭疽邮件有关,但拒绝透露消息来源。[83] 根据判决,洛西一天不透露消息来源的身份,就要罚款一天,罚金逐日累加,而且必须由洛西本人承担(藐视法庭令不许她以雇主或他人的资助支付罚金)。哈特菲尔依《隐私法》(参见第9章)起诉联邦政府,他诉称,政府职员故意将其姓名(作为炭疽邮件事件的相关人员)泄露给记者,侵犯了他的隐私权。哈特菲尔申请到了传票,

传唤洛西等几名记者,想挖出他们在政府内部的消息来源。洛西拒绝透露消息来源,说自己忘了。洛西说,美国宪法第一修正案与普通法特许权保护她不透露消息来源的身份,但美国地区法院法官雷吉·B.沃尔顿拒绝了她的主张。不过,洛西最终得以免交巨额罚金,因为同年稍晚,在上诉法院还没来得及就哈特菲尔是否可以强制洛西作证一事下判前,美国政府便同意以580万美元与哈特菲尔和解。鉴于双方已经和解,2008年11月,哥伦比亚特区美国上诉法院的三人法官团撤销了沃尔顿法官的藐视法庭令,并以无实际意义为由驳回了此案。2009年2月,沃尔顿法官签发了一纸命令,接受上诉法院的裁决,撤销藐视法庭判决。虽说和解达成了,藐视法庭令也撤销了,但哈特菲尔花了高额诉讼费,这笔钱,他想让

洛西来付。

2004 年,在另一起备受瞩目的案件中,美国地区法院法官托马斯·彭菲尔德·杰克逊(Thomas Penfield Jackson)判五名记者藐视法庭。[84]为什么呢?因为杰克逊法官下过一道命令,要求这些记者披露他们在报道李文和间谍调查案时使用的秘密信源,这些记者却置若罔闻。[85]杰克逊法官命每位记者(包括《洛杉矶时报》《纽约时报》等著名大报的记者)每天缴纳 500 美元罚款,直到乖乖吐露消息来源的身份为止。李文和曾是洛斯阿拉莫斯(Los Alamos)国家实验室的核物理学家,被控 59 项

罪名,李认了其中一项罪名,其余 58 项指控全被撤销。李文和后来起诉联邦政府,在打官司的过程中,他想知道记者信源的姓名。2005年 6 月,哥伦比亚特区美国上诉法院的匿名三人法官团在"李诉司法部案"(Lee v. Department of Justice)中,维持杰克逊法官对四位记者做出的藐视法庭罪判决和每日 500 美元的罚款。2005 年 11 月,第五名记者——《华盛顿邮报》的沃尔特·平卡斯(Walter Pincus)——也因拒绝透露秘密信源的身份,被判民事藐视法庭。

藐视法庭的类型

普通法中有多种藐视法庭,人们想方设法地界定它们,却总是不能令人满意。关于哪种行为构成哪种藐视,不同法院常有不同意见。本书无意于定分止争,只是想提点以下内容:法官动用藐视法庭的惩处权,通常是为了实现两个目的:

在法律纠纷中保护诉讼人的权利。比如在某起盗窃案中,记者拒绝透露消息来源的姓名,而这一信息对被告的辩护尤为重要,记者的不合作可能会威胁被告接受公正审判的权利。这时,法官可以动用藐视法庭的惩处权,强制记者作证。又比如,一家电视台在诽谤案中败诉后,拒绝向原告支付赔偿金,而这会危害受害人修复其名誉的权利。同样,法官也可以动用藐视法庭的惩处权,强令电视台支付法院判赔的金额。

维护法律、法院的权威或法官的权力。有的被告在庭审中滔滔不绝,不肯闭嘴;有的律师经法官多次警告不准与记者谈论案情,却依然我行我素。这些人也可以用藐视法庭来惩罚。同样,倘若哪个撰稿人在报纸评论中大放厥词,肆无忌惮地批评法院的判决,也有可能惹祸上身。

以藐视法庭惩处权保护诉讼人权利的法官,通常会对惩处对象给出不确定的量刑。换

言之,法官可以监禁记者,直到他愿意吐口重要信源的名字为止。法院也可以命令广播公司每日缴纳一定数额的罚款,直到它付给原告赔偿金为止。惩罚的目的,是强迫受罚者有所作为。

以藐视法庭惩处权维护法律、法院权威与法官权力的法官,通常会给出确定的量刑——比如一笔数额确定的罚款(25 000 美元)或一段时间确定的监禁(30 日)。这纯粹是为了惩罚,没有胁迫之意。

藐视法庭与新闻传媒

藐视法庭的惩处权颇为宽泛,凡违反法官命令者,均是以身犯险。记者是高危人群。对新闻传媒而言,哪些情况下最有可能发生藐视法庭呢?我们列举如下:

1. 在诽谤案或隐私侵权案中,不肯支付法院判赔的赔偿金。

2. 不遵守法庭命令。法官规定不准在审判庭内拍照,或命令记者不许报道案件的某些方面,而记者拒不服从。不遵守命令的记者,可能被判藐视法庭。

3. 记者拒绝披露消息来源的身份,拒绝出庭作证,或拒绝在大陪审团前作证。

4. 发表评论批评法院,可能是在社论中

批评法院,也可能是用漫画嘲讽法官。曾有此类行为被判为藐视法庭。

　　5. 干扰陪审团。案件审理期间,记者试图与陪审员搭话,问他们是否认为被告有罪。

　　以上是传媒业者可能蹈险的常见情形,虽难免有所遗漏,但重要方面多已列出。

并行禁止规则

　　记者违反法庭命令时,藐视法庭的惩处可能迫在眉睫。但是,如果法庭命令明显违法或违宪,又该怎么办呢? 违反这种命令的记者,会被判藐视法庭吗? 这是一个重要问题,答案是:有可能,因为对此至今尚未形成定论。此处所涉的法律概念,称为**并行禁止规则(collateral bar rule)**,该规则要求人们遵守所有法庭命令,哪怕是那些貌似违宪,且之后确实也被上诉法院认定为违宪的法庭命令,也必须遵行,直至它们被撤销为止。并行禁止规则的意思是说,违反法庭命令者,不能借由挑战该命令的合宪性来为自己辩护。正确的做法是:人人都应遵守法庭命令,然后寄希望于在上诉中推翻它。尽管这条规则极少适用于新闻传媒,但一家美国上诉法院 1972 年的一起判决提醒我们关注它。此案中,《巴吞鲁日倡言晨报》(*Baton Rouge Morning Advocate*)的记者吉布斯·亚当斯(Gibbs Adams)与《州时报》(*State Times*)的记者拉里·迪金森(Larry Dickinson)将他们视为"违宪"的法庭命令(禁止他们报道一场公开的联邦法庭听证)置于脑后,全然不顾。两位记者各被罚款 300 美元,他们对该命令提起上诉。第 5 巡回区美国上诉法院说,初审法官的行为显然违宪,但它仍然维持了藐视法庭判决。它说,任何人都不得违抗法庭命令,哪怕这命令之后归于无效。[86]

　　该规则(有时也称为迪金森案规则)貌似有失公平,其实却有它的道理。如果人们可以自行选择是否遵守法庭命令,法院将无法正常运转。法官若是失去强制他人作为或不作为的权力,便无法履行职责,法院也会沦为只能不痛不痒地提出建议或意见的仲裁委员会。

为迪金森案撰写判决意见的法官写道:"新闻人也是公民。他们有时也必须等待。"这可能说出了很多法官的心声。[87]

　　1972 年之后,涉及传媒的此类重要案件只发生过一起。《普罗维登斯新闻报》及其主编查尔斯·豪泽(Charles Hauser)因违抗法官的命令(禁止传媒发表 FBI 以非法窃听手段获得的信息),被罗得岛州一位联邦法官判为藐视法庭。[88]第 1 巡回区美国上诉法院判决:初审法官的命令显然无效,不能依此判处报社及其主编藐视法庭。不过,该上诉法院又说,出版商和广播公司应尽量先上诉,而不是违抗法庭命令。[89]由于第 5 巡回区美国上诉法院与第 1 巡回区美国上诉法院在这个问题上有意见分歧,美国最高法院同意受理上诉。美国最高法院的大法官在阅读了律师辩论意见书、听取了口头辩论后驳回了上诉,因为,代表政府的特别检察官没能从司法部副部长处得到申请调卷令的正当授权。[90]于是,在联邦层面,这一问题仍然悬而未决。不过,华盛顿州和伊利诺伊州的法院明确拒绝迪金森案规则[91],亚利桑那州[92]、加利福尼亚州[93]、马萨诸塞州[94]和亚拉巴马州[95]的法院也考察过这个问题,但态度模棱两可。

> 并行禁止规则(有时也称为迪金森案规则)貌似有失公平,其实却有它的道理。如果人们可以自行选择是否遵守法庭命令,法院将无法正常运转。

小　结

　　藐视法庭的惩处权是英国王权的遗产。今天,法院有权惩罚那些冒犯法庭、干扰司法程序或违抗法庭命令的人,而且这项权力颇为宽泛。它既可以保护诉讼当事人的权利，也可以惩罚冒犯法庭的不良行为。

藐视法庭的惩处权也受到一些限制。立法机关通常会限制法官可判处的刑罚，或是规定，法官在判处藐视法庭之前必须召集陪审团审理。美国最高法院曾判决，

批评法院的言论，除非有干扰司法之明显而即刻的危险，否则不应被判藐视法庭。一些司法管辖区的上诉法院曾判决，哪怕是违宪的法庭命令，人们也必须遵守(迪金森案规则)。

参考书目

Agents of Discovery. Washington, D. C. : Reporters Committee for Freedom of the Press, 2003.

Alexander, Laurence B. , and Leah Cooper. "Words That Shield: A Textual Analysis of the Journalist's Privilege. "*Newspaper Research Journal* 18(1997):51.

Associated Press. "Judge: Shield Law Protects Anonymous Commentators. "4 September 2008.

Barringer, Felicity. "Justice Department in Rare Move, Obtains a Reporter's Phone Records. "*The New York Times*, 29 August 2001, A18.

Belluck, Pam. "Reporter Is Found Guilty for Refusal to Name Source. "*The New York Times*, 19 November 2004, A24.

——. "Reporter Who Shielded Source Will Serve Sentence at Home. "*The New York Times*, 10 December 2004, A28.

Berger, Robert G. "The No Source's Presumption: The Harshest Remedy. "*American University Law Review* 36(1987):603.

Broder, John M. "From Grand Jury Leaks Comes a Clash of Rights. "*The New York Times*, 15 January 2005, A8.

Calvert, Clay. "And You Call Yourself a Journalist? Wrestling With a Definition of 'Journalist' in the Law. "*Dickinson Law Review* 103(1999):411.

Confidential Sources and Information. Washington, D. C. : Reporters Committee for Freedom of the Press, 1993.

Editorial. "Corbett All Atwitter. " *Philadelphia Inquirer*, 25 May 2010, A14.

Fost, Dan. "Bay Judge Weighs Rights of Bloggers. " *San Francisco Chronicle*, 8 March 2005, A1.

Frazer, Douglas H. "The Newsperson's Privilege in Grand Jury Proceedings: An Argument for Uniform Recognition and Application. "*Journal of Criminal Law and Criminology* 75(1984):413.

Glaberson, William. "Wrestling Insults Fuel Free Speech Case. "*The New York Times*, 24 October 1998, A10.

Gregorian, Dareh. "Model Snared in Ugly Web. " *New York Post*, 6 January 2009, 7.

Jurkowitz, Mark. "Reporters Found in Contempt in Nuclear Case. "*The Boston Globe*, 19 August 2004, A3.

Kase, Kathryn. "When a Promise Is Not a Promise: The Legal Consequences for Journalists Who Break Promises of Confidentiality to Sources. "*Hastings Communications and Entertainment Law Journal* 12(1990):565.

Langley, Monica, and Lee Levine. "*Branzburg* Revisited: Confidential Sources and First Amendment Values. "*George Washington Law Review* 57(1988):13.

Liptak, Adam. "Reporter from Time Is Held in Contempt in C. I. A Leak Case. "*The New York Times*, 10 August 2004, A1.

Malheiro, Sharon K. "The Journalist's Reportorial Privilege—What Does It Protect and What Are Its Limits?"*Drake Law Review* 38(1988-89):79.

Mullen, Lawrence J. "Developments in the News Media Privilege: The Qualified Constitutional Approach Becoming Common Law. "*Maine Law Review* 33(1981):401.

Parrell, Mark J. "Press/Confidential Source Relations: Protecting Sources and the First Amendment. "*Communications and the Law* 47, March 1993.

Shenon, Philip. "Leak Inquiry Said to Focus on Calls with Times. "*The New York Times*, 12 April 2008, A16.

Tucker, Neely. "Wen Ho Lee Reporters Held in Con-

tempt. "*Washington Post*, 19 August 2004, A02.

Utevsky, David. "Protection of Sources and Unpublished Information." Paper presented at the meeting of Washington Volunteer Lawyers for the Arts, Seattle,

Wash. , 27 January 1989.

Wigmore, John H. *A Treatise on the Anglo-American System of Evidence in Trials at Common Law.* 2nd ed. Boston: Little, Brown, 1934.

 注释

[1] *Ex Parte Nugent*, 16 Fed. Cas. 471(1848).

[2] Wigmore, *Anglo-American System of Evidence*.

[3] *Blair* v. *U. S.* , 250 U. S. 273(1919).

[4] 501 U. S. 663(1991).

[5] 396 F. 3d 784(6th Cir. 2005).

[6] *Branzburg* v. *Hayes*, 408 U. S. 665(1972).

[7] *In re Grand Jury Subpoena : Judith Miller*, 397 F. 3d 964(D. C. Cir. 2005); and *In re Grand Jury Subpoena : Joshua Wolf*, 35 M. L. R. 1207(9th Cir. 2006).

[8] *Branzburg* v. *Hayes*, 408 U. S. 665(1972).

[9] 417 U. S. 843(1974).

[10] *Riley* v. *Chester*, 612 F. 2d 708(1979).

[11] *U. S.* v. *Smith*, 135 F. 2d 363 (1998); See also *WTHR-TV* v. *Cline*, 693 N. E. 2d 1(1998).

[12] 第 5 巡回区美国上诉法院也在这 10 家法院之中。虽然 1998 年的"美国诉史密斯案"似乎反对赋予记者特许权,但该法院的法官此前还曾判决,至少在民事诉讼中,记者享有特许权。(参见 *Miller* v. *Transamerican Press* , *Inc.* , 621 F. 2d 721 [1980].)1998 年的"美国诉史密斯案"没有推翻先前的判决,它只是提出,因为此案涉及刑事案件,故应适用不同标准。

[13] *Storer Communications* v. *Giovan*, 810 F. 2d 580 (1987).

[14] *Convertino* v. *U. S. Department of Justice*, 2008 WL 4104347(E. D. Mich. Aug. 28, 2008). See also *Convertino* v. *U. S. Department of Justice*, 2008 WL 4998369(E. D. Mich. Nov. 21, 2008); *Convertino* v. *U. S. Department of Justice*, Order and Order Denying Non-Party Respondent's Emergency Order, Case No. 07-CV-13842(E. D. Mich. Mar. 31, 2009).

[15] 339 F. 3d 530(7th Cir. 2003).

[16] *Democratic National Committee* v. *McCord*, 356 F. Supp. 1394(1973).

[17] *Silkwood* v. *Kerr-McGee*, 563 F. 2d 433(1977).

[18] *SEC* v. *Seahawk Deep Ocean Technology*, *Inc.* , 166 F. R. D. 268(1996).

[19] *Hatfill* v. *Gonzales*, 505 F. Supp. 2d 33(D. D. C. 2007).

[20] *Hatfill* v. *Mukasey*, 539 F. Supp. 2d 96(D. D. C. 2008).

[21] *Hatfill* v. *Mukasey*, 2008 U. S. App. LEXIS 5755 (D. C. Cir. Mar. 11, 2008).

[22] *Hatfill* v. *Mukasey*, Order No. 08-5049(D. C. Cir. Nov. 17, 2008).

[23] *Cervantes* v. *Time*, 446 F. 2d 986(1972).

[24] *Senear* v. *Daily Journal-American*, 641 P. 2d 1180 (1982).

[25] *Herbert* v. *Lando*, 441 U. S. 153(1979).

[26] See *Downing* v. *Monitor Publishing*, 415 A. 2d 683 (1980); and *Sierra Life* v. *Magic Valley Newspapers*, 623 P. 2d 103(1980).

[27] 822 N. E. 2d 667; 33 M. L. R. 1513(Mass. 2005).

[28] *Shoen* v. *Shoen*, 5 F. 3d 1289(1993).

[29] *U. S.* v. *Burke*, 700 F. 2d 70(1983).

[30] *State* v. *Rinaldo*, 684 P. 2d 608(1984).

[31] *U. S.* v. *Lindh*, 210 F. Supp. 2d 780(E. D. Va. 2002).

[32] 408 U. S. 665(1972).

[33] *In re Grand Jury Subpoenas*, 29 M. L. R. 2301(2001).

[34] 373 F. 3d 37(1st Cir. 2004).

[35] Belluck, "Reporter Is Found Guilty. "

[36] Belluck, "Reporter Who Shielded Source. "

[37] Gregorian, "Model Snared in Ugly Web. "

[38] Memorandum Opinion and Order, *Jacobson* v. *Doe*, Case No. CV-12-3098 (Idaho Dist. Ct. July 10, 2012).

[39] 根据《通信端正法》第 230 条的规定,JuicyCampus 很可能受到保护,不必因第三人制作、发表的诽谤性言论承担间接责任。第 230 条保护网络服务提供者和交互性计算机服务提供者无须为第三方制作、发布的内容负责(参见第 4 章有关网络诽谤的内容)。不过,利用 JuicyCampus 发布诽谤性评论的人不能免除责任。2008 年,至少有两个州在调查 JuicyCampus 是否涉嫌欺诈,欺诈的具体表现是违反用户协

议,允许用户发布诽谤性信息。2009 年 2 月,Juicy-Campus 的创立者马特·艾夫斯特(Matt Ivester)关闭了这家网站。他否认关闭网站的原因是法律责任问题,他说是因为经济与广告问题。

[40] *Krinsky* v. *Doe 6*,159 Cal. App. 4th 1154,1167(Cal. Ct. App. 2008).

[41] *Dendrite International Inc.* v. *Doe*,775 A. 2d 756(N. J. Super. Ct. 2001).

[42] *Doe* v. *2TheMart. com Inc.*,140 F. Supp. 2d 1088(W. D. Wash. 2001).

[43] *Enterline* v. *Pocono Medical Center*,37 M. L. R. 1057(M. D. Pa. 2008).

[44] *Doe* v. *Cahill*,884 A. 2d 451(Del. 2005).

[45] *Best Western International*,*Inc.* v. *Doe*,2006 U. S. Dist. LEXIS 56014(D. Ariz. 2006). 不过也有其他法院质疑过卡希尔案提出的即决判决标准(在涉及匿名网络帖子的诽谤案中)。 See *McMann* v. *Doe*,460 F. Supp. 2d 259(D. Mass. 2006).

[46] 170 P. 3d 712(Ariz. Ct. App. 2007).

[47] *U. S.* v. *Smith*,135 F. 3d 963(1998).

[48] *Dillon* v. *San Francisco*,748 F. Supp. 722(1990).

[49] *Marketos* v. *American Employers Insurance Co.*,460 N. W. 2d 272(1990).

[50] *Stickels* v. *General Rental Co.*,*Inc.*,750 F. Supp. 729(1990).

[51] *Idoho* v. *Salsbury*,924 P. 2d 208(1996).

[52] *Weathers* v. *American Family Mutual Insurance Co.*,17 M. L. R. 1534(1990).

[53] *In re Grand Jury Subpoena*:*Joshua Wolf*,35 M. L. R. 1207(9th Cir. 2006).

[54] *Gonzales* v. *National Broadcasting Co. Inc.*,186 F. 3d 102(2d Cir. 1998). 另一些联邦上诉法院也承认,记者可以凭借有限特许权保护秘密信源提供的信息。 See *U. S.* v. *LaRouche Campaign*,841 F. 2d 1176(1st Cir. 1988); and *Mark* v. *Shoen*,48 F. 3d 412(9th Cir. 1995),此案判决:"若民事诉讼人需要的信息非为保密信息,民事诉讼人证明了以下几点便有权利要求取证:(1)已穷尽所有的合理替代方法,仍得不到所需材料;(2)所需材料与现有证据不重复;(3)所需材料与案中的重要争点明显相关。在这种情况下,哪怕并非一方当事人的记者主张特许权,也无济于事。"

[55] *Wheeler* v. *Goulart*,18 M. L. R. 2296(1990); and *Goulart* v. *Barry*,18 M. L. R. 2056(1991).

[56] 178 P. 3d 1176(Ariz. 2008)(有关亚利桑那州盾法)。

[57] 154 Cal. App. 4th 97(Cal. 2007)(有关加利福尼亚州盾法)。

[58] Calvert,"And You Call Yourself a Journalist?"

[59] Glaberson,"Wrestling Insults."

[60] *Titan Sports Inc.* v. *Turner Broadcasting Systems Inc.*,967 F. Supp. 142(1997).

[61] *In re Madden*,151 F. 3d 125(1998).

[62] 999 A. 2d 184(N. H. 2010).

[63] 139 Cal. App. 4th 1423(2006).

[64] The site can be found online at http://www. powerpage. org.

[65] The site can be found online at http://www. appleinsider. com.

[66] California Evidence Code § 1070(2007);and California Constitution,Article I,§ 2.

[67] 459 F. 3d 160(2d Cir. 2006).

[68] *New York Times Co.* v. *Gonzales*,549 U. S. 1049(2006).

[69] 593 F. 3d 1030(D. C. Cir. 1978).

[70] Alabama Code,12-21-142(2010).

[71] 993 A. 2d 845(N. J. Super. Ct. App. Div. 2010),*affirmed*,20 A. 3d 364(N. J. 2011).

[72] *Confidential Sources and Information*.

[73] *In re Schuman*,537 A. 2d 297(1988).

[74] *Outlet Communications*,*Inc.* v. *Rhode Island*,588 A. 2d 1050(1991).

[75] *Delaney* v. *Superior Court*,249 Cal. Rptr. 60(1988); and *Minnesota* v. *Knutson*,523 N. W. 2d 909(1994).

[76] *Prince George's County*,*Maryland* v. *Hartley*,31 M. L. R. 1679(2003).

[77] Order,*Beal* v. *Calobrisi*,Case No. 08-Ca-1075(Fla. Cir. Ct. Okaloosa County Oct. 9,2008),网络地址: http://www. newsroomlawblog. com/uploads/file/Beal_v_Calobrisi. pdf;and Associated Press,"Judge: Shield Law Protects Anonymous Commentators."

[78] See 28 C. F. R. § 50. 10.

[79] *Zurcher* v. *Stanford Daily*,436 U. S. 547(1978).

[80] *Zurcher* v. *Stanford Daily*,436 U. S. 547(1978).

[81] See 42 U. S. C. §§ 2000aa-2000aa-12.

[82] 667 F. 3d 531(4th Cir. 2012).

[83] *Hatfill* v. *Mukasey*,539 F. Supp. 2d 96(D. D. C. 2008). 此案上诉期间,上诉法院要求洛西继续缴纳罚金。 *Hatfill* v. *Mukasey*,2008 U. S. App. LEXIS 5755(D. C. Cir. Mar. 11,2008).

[84] *Lee* v. *U. S. Department of Justice*,327 F. Supp. 2d 26(D. D. C. Aug. 18,2004).

[85] Jurkowitz,"Reporters Found in Contempt."

[86] *U. S.* v. *Dickinson*,465 F. 2d 496(1972).

[87] Ibid.

[88] *In re Providence Journal*,630 F. Supp. 993(1986).

[89] *In re Providence Journal*,820 F. 2d 1354(1987).

[90] *U. S. v. Providence Journal*,108 S. Ct. 1502(1998).

[91] *State ex rel Superior Court* v. *Sperry*,483 P. 2d 609 (1971); and *Cooper* v. *Rockford Newspapers*,365 N. E. 2d 746(1977).

[92] *Phoenix Newspapers* v. *Superior Court*,418 P. 2d 594（1966）; and *State* v. *Chavez*, 601 P. 2d 301 (1979).

[93] *In re Berry*,493 P. 2d 273(1968).

[94] *Fitchburg* v. *707 Main Corp.*, 343 N. E. 2d 149 (1976).

[95] *Ex parte Purvis*,382 So. 2d 512(1980).

第11章
新闻出版自由与公正审判：
审判层次的救济与限制性命令

新闻传媒与刑事司法体系相交,常会产生一些法律问题。这些问题往往是两种宪法权利相互冲突的结果,这两种权利,一是宪法第一修正案保障的新闻出版自由,一是宪法第六修正案保障的当事人接受公正审判的权利。如果新闻传媒报道一起犯罪或一名犯罪嫌疑人,读者和观众难道不会就此咬定被追诉者有罪或无罪吗? 若果真如此,陪审团成员(他们也是读者和观众)难道不会怀着有利于或不利于被告的偏见来审案吗? 这对公正审判会造成什么影响? 相反,如果法庭为了保护程序公正而限制大众传媒报道,难道不会干扰新闻出版自由吗? 宪法第一修正案怎么办? 我们将在本章及第 12 章探讨这些问题。我们将讨论:哪些类型的报道有可能伤害当事人接受公正审判的权利? 法院为了克服公开报道的影响或限制此类信息的传播,采用了哪些具体方案?

 ## 带偏见的犯罪报道

美国人对犯罪新闻颇为着迷,这早已不是什么新鲜事。事实上,美国民众向来热衷于犯罪报道和罪犯报道。19 世纪,绞刑是洋溢着狂欢节气氛的盛会,人们趋之若鹜。1920 和 1930 年代,州监狱时不时发行彩票,中奖者可以凭票参观处决犯人。犯罪小说与悬疑小说是如今最风行的出版物,罪案剧更是高居电视节目的排行榜首,比如《法律与秩序》("Law and Order")、《犯罪现场调查》("CSI")等。

新闻传媒尤其是电视台对犯罪和刑事司法的报道举目皆是。凡有名人受审,管他是罗伯特·布莱克(Robert Blake)、科比·布赖恩特(Kobe Bryant)、迈克尔·杰克逊(Michael Jackson)、玛莎·斯图尔特(Martha Stewart)还是别的什么名人,一干电视新闻制作人便唾沫齐飞。这是因为单家传媒(如《芝加哥论坛报》或明尼阿波利斯的 WCCO 电视台)上的犯罪报道数量有所增长,还是因为越来越多的大众传媒加入了报道犯罪的行列,以至于让人产生了这个错觉,委实难以判断。2005 年初,迈克尔·杰克逊案开庭首日,到场的印刷传媒记者和电台电视台记者约有 500 位。此番出动的记者,明显多于报道大多数联邦政府、重大政治事件乃至更重要案件之庭审(如埃及数百万人的安然公司案）的记者。美国人素来喜新厌旧，为了争夺受众稍纵即逝的短暂注意，传媒业者心安理得地报道着案情以外的内容，包括道听途说的传言、关于被告有罪与否的个人判断，以及不了解真实庭审程序的大把所谓专家的猜测等。

这种报道犯罪和刑事司法的方式，是"新闻出版自由—公正审判"冲突的核心问题。这一冲突可追溯至美国立国之初。今天的许多律师和法官指出，一旦大传媒咬定被告有罪，被告便极难，甚至不可能得到宪法第六修正案赋予的公正审判。因为这类报道必定会影响社区成员，而最后坐在陪审席上裁断被告有罪与否的，也正是这些社区成员。编辑、记者却认为，新闻界的影响被严重夸大了，而且无论如何，宪法第一修正案都保护新闻传媒免于政府干涉，哪怕传媒偶尔行事莽撞、不负责任。

也不是所有犯罪报道或罪犯报道都有问题。尽管多数论者认为，新闻传媒在报道犯罪时似乎将重心放错了地方，但就连最苛刻的批评家也不否认，大多数报道是公正客观的。不过，当传媒狂轰滥炸地报道某起犯罪或某个被告——怀俄明州的马修·谢泼德（Matthew Shepard）被杀案、科罗拉多州的乔贝尼特·拉姆齐（JonBenet Ramsey）被杀案、华盛顿特区枪击案、莱西·彼得森（Laci Peterson）被害案、科比·布赖恩特性侵案或迈克尔·杰克逊变童案——时，原本沉潜的问题便会浮显。哪类新闻最有可能造成偏见呢？以下是批评家认为有可能威胁被告权利的几种常见报道：

其一，关于被告认罪或据称认罪的报道，包括暗示被告可能认罪的报道。宪法第五修正案规定，任何人都不必自证其罪。被告有时会在法庭上翻供，无辜者有时也会认罪。2010年，埃迪·洛厄里（Eddie Lowery）从堪萨斯州的一所监狱获释。他被错判了强奸罪，在高墙后整整虚度十年。DNA 证据却证实，真凶另有其人。洛厄里案并非孤例。《纽约时报》2012 年报道，根据"清白项目"（Innocence Project）的统计，在 DNA 证据推翻的 289 起定罪中，有 24％即 70 起中有虚假供述的情况。该组织指出，鉴于只有部分刑事案件有 DNA 证据，被发现的虚假供述只是冰山一角。研究表明，精神受创者、精神病患者、年幼者或易受他人暗示者，最有可能在警方的诱导下认罪。洛厄里告诉记者，他实在熬不住没完没了的审讯。[1]2006 年，约翰·马克·卡尔（John Mark Karr）供认自己在 1996 年杀害了 6 岁的乔贝尼特·拉姆齐。一直等到官方将卡尔从泰国引渡回国后，才证实这一供述为假。

其二，有关被告在测谎或类似测试中表现的报道，以及有关被告拒绝接受此类测试的报道。形形色色的科学或法医学证据，对警方锁定犯罪嫌疑人也许有用，但因其不完全可靠，故在法庭上没有证据资格。如果警方收集或处理 DNA 检材不当，得到的 DNA 证据也不是 100％有说服力。

其三，有关被告犯罪记录的报道，或有关被告曾被定罪的报道。此类信息不会被法庭采信。某人以前抢劫过 99 次，这次又因涉嫌抢劫被捕，那么他这次可能也犯了罪，这种推理在一些人看来是完全合乎逻辑的。但是，被告的过往在当下这起抢劫案中其实并不重要。州政府必须证明的是：被告实施了**这一次**抢劫。

其四，质疑证人可信度的报道，含有证人对公诉人、警方、受害人甚至法官之个人感受的报道。

其五，有关被告性情（恨小孩子和狗）、交友（与众所周知的帮派成员勾勾搭搭）与品行（稍受刺激就会攻击别人）的报道。

其六，可能激起对被告不利的公众情绪的报道。包括：在警方掌握充分证据之前呼吁逮捕犯罪嫌疑人；就被告是否有罪或应当如何量刑等问题发起街头随访；围绕被告有罪与否的证据展开电视辩论。上述种种，在传播大量错误消息的同时，也会将陪审团置于如火上炙烤般尴尬的处境。

其七，判决前刊播的、暗示或明示被告有罪的报道。2008 年，凯茜·安东尼（Casey Anthony）被控一级谋杀，受害人是她两岁的女儿。判决之前，包括传媒业者（尤其是一些电视评论员)在内的许多人都认为她有罪,但陪审团最终认定谋杀罪名不成立,仅认定四项轻罪,包括向警方撒谎等。2012 年,上诉法院又推翻了其中两项定罪。

对陪审员的影响

新闻传媒对刑事案件的密集报道,有可能伤害被告的权利。不过,新闻报道是否真的会损害被告的宪法第六修正案权利,这一点至今尚未有定论。有人义正词严地主张,一切公开报道都会让陪审团对被告心生偏见。这些人的批评对象还不止新闻传媒。2005 年春,《美国新闻与世界报道》(*U. S. News and World Report*)发表了一篇长文,大意是说:讲述罪案现场调查人员故事的剧集《犯罪现场调查》(和其他类似剧集)影响了全美陪审团的裁断。一些公诉人指出,不少平常追剧的陪审员在认定被告有罪之前,会要求控方出示 DNA 检测结果等科学证据。公诉人称,这类电视剧集将科学证据吹得神乎其神,实情却并非如此。新闻报道真的会损害被告的宪法第六修正案权利吗?争议双方各执一词,但都苦于没有证据。传媒的批评者指着几起他们认为陪审团裁断不当的案件,将责任归咎于电视节目。

事实上,迄今为止,没有证据证明,新闻传媒对特定案件的密集报道会对被告造成负面影响。近 60 年来,社会科学家千方百计地想要证实或证伪这一命题,结果却都徒劳无功。法律不允许研究者在此类研究中使用真实案件中的真实陪审员,研究者只能改换其他方法采集数据。一些研究者试着在实验场景中模拟审判。一些研究者则采用调查法了解社区成员如何看待传媒广为报道的本地刑事案件。以上两种技术,都没能给出令人满意的结果。令问题益发复杂的是,许多社会科学家开始认为,人们所能记住的从电视、博客上看到、读到的内容,远远少于我们以往的设想。可以说,社会科学家未能稳健地证明以下假设:有偏见的报道会严重损害被告接受公正审判的权利。

一些内行人士开始表达对传统假设的保留意见。威斯康星大学的研究者罗伯特·E. 德雷克塞尔(Robert E. Drechsel)经大量研究后得出结论:"有证据表明,新闻出版自由—公正审判问题的严重性可能被夸大了。大多数法官与司法界人士似乎并未感知到,有偏见的报道会频繁地带来大问题。"[2]至少两家美国上诉法院的法官表达了类似意见。1988 年,第 9 巡回区美国上诉法院的法官指出:"审前报道并未将每起刑事案件都引向裁判不公。"[3]第 4 巡回区美国上诉法院的法官说:"将所有潜在的陪审员视为易受审前报道操控的无头脑之人,这简直近乎侮辱。"他们又说:"社会上存在一种倾向,即时常高估公众对新闻的觉知程度。"[4]

2010 年,美国最高法院在安然公司前总裁杰弗里·K. 斯基林(Jeffrey K. Skilling)被判诈骗罪后上诉的案件中衡酌了这一问题。休斯敦的这家能源公司垮台后,当地数千人失了业。斯基林的律师主张,以上定罪应被推翻,因为在初审中,陪审团对被告怀有偏见,"当地居民对眼睁睁看着安然破产的那些人普遍怀有偏见"。美国最高法院却不以为然。鲁思·金斯伯格大法官写道,陪审团偏见仅出现在极端案件中。虽说休斯敦当地有大量负面报道,但金斯伯格大法官指出了以下几点:

● 从安然破产到此案开庭审理,中间相隔了四年。公开报道的高潮已过。

● 休斯敦地区共有四百万人口,人人都是潜在陪审员。"考虑到潜在陪审员的总体规模如此之大且如此多元,认为从中选不出 12 个不偏不倚之人的观点很难证立。"

● 陪审团在认定斯基林诈骗罪名成立的同时,也免除了他九项内幕交易的罪名。

● 陪审员填过一份主要由斯基林的律师团队起草的冗长问卷,之后还被个别提问过。

> 大多数法官与司法界人士似乎并未感知到,有偏见的报道会频繁地带来大问题。

金斯伯格大法官又说："上诉法院在事后评估传媒对陪审员的影响时，应留意到，自己缺乏初审法官对情境的现场理解。"美国最高法院的判决对部分下级法院产生了即时影响。犹他州一家联邦法院判决，仅凭陪审员接触过犯罪新闻报道，无法推断出被告被剥夺了接受公正审判的权利。美国最高法院提出，初审法院在评估潜在陪审员的偏见时，应考量五个因素，此即斯基林案判准。

1. 新闻传媒对案件审理程序的干扰；
2. 罪案发生社区的规模与特征；
3. 传媒报道的性质与基调；
4. 罪案与庭审之间的时间间隔；
5. 罪案对所在社区的影响。[5]

下一个话题是陪审团本身——何为公正无偏的陪审员？

法律与带偏见的新闻

"公正无偏的陪审员"这个概念，已在美国法庭上沿用 200 多年，它源自 1807 年的美国前副总统阿伦·伯尔（Aaron Burr）叛国案，语出约翰·马歇尔（John Marshall）首席大法官。在这起案件中，辩方指责陪审员有偏见。马歇尔大法官说：一个公正无偏的陪审员，其判断不会受审判庭外所得信息的影响，其头脑不会因既强且深的刻板印象而僵闭。"轻微印象，"马歇尔写道，"显然敌不过庭上的证据，它不会禁锢陪审员公正审酌证据的头脑，故不足以据此反对一名陪审员。"[6]

过去 60 年间，美国最高法院也曾设下其他判准，用于指导初审法官和上诉法院，这些判准都建基于约翰·马歇尔首席大法官的上述话语。最高法院审理过几起涉及审前报道的案件，其中有三起特别突出。第一起源自印第安纳州残忍的连环杀人案。莱斯利·欧文（Leslie Irvin）因涉嫌六起谋杀案被捕。有关欧文对其罪行供认不讳的报道广为传布。案件审理期间，在 430 位陪审员候选人中，有 375 位告诉法官，自己认为欧文有罪。而在最终选出的 12 位陪审员中，有 8 位告诉法庭，他们在庭审开始之前，就已认定欧文有罪。美国最高法院推翻了对欧文的有罪判决，它指出，在如此多人、如此多次承认自己怀有偏见的案件中，公正无偏的宣誓变得无足轻重。[7]

14 年后，绰号"冲浪默夫"（Murph the Surf）的冲浪者杰克·墨菲（Jack Murphy），因不服抢劫和攻击罪名而提起上诉，他说，审前报道剥夺了他接受公正审判的权利。墨菲涉嫌从纽约市国家历史博物馆盗走数百万美元的珠宝（包括传说中的"印度之星"蓝宝石）。墨菲称，有关这起盗窃案的铺天盖地的报道，以及有关他早年犯罪记录和阴暗历史的报道，使陪审团对他产生了偏见。美国最高法院不同意他的说法。在 78 位接受质询的陪审员候选人中，仅有 20 位向佛罗里达州的初审法官承认自己相信墨菲有罪。美国最高法院认为，这一比例较之欧文案中的恶意与偏见证据，实在是相距不可以道里计。瑟古德·马歇尔大法官判决道：宪法要求为被告准备"公正无偏的陪审团"，"但这并不意味着，陪审员必须对案情和争点一无所知"。[8]陪审员若能放下个人印象和一己之见，仅凭法庭上呈示的证据做出深思熟虑的裁断，便已足够。很多人认为，美国最高法院的"墨菲诉佛罗里达州案"（Murphy v. Florida）否定了一种经常被提及的成见，即有关刑事案件的公开报道会自动导致人们对被告生出偏见。

9 年后，美国最高法院在"巴顿诉扬特案"（Patton v. Yount）[9]中再次强调了这一点。它说："问题的关键，不是当地社区是否记得此案，而是扬特案的陪审员是否形成了根深蒂固的成见，以至于无法公正地判断被告是否有罪。"

> **何为公正无偏的陪审员**
> 一个公正无偏的陪审员，其判断不会受审判庭外所得信息的影响，其头脑不会

因既强且深的刻板印象而僵闭。美国诉伯尔案,1807 年。

"宪法规定,被告应当拥有公正无偏的陪审团,但这并不意味着,陪审员必须对案情和争点一无所知。"墨菲诉佛罗里达州案,1975 年。

"问题的关键,不是当地社区是否记得此案,而是扬特案的陪审员是否形成了根深蒂固的成见,以至于无法公正地判断被告是否有罪。"巴顿诉扬特案,1984 年。

我们可从以上判决和其他相关判决中总结出两个重点。美国最高法院允许了解案情并持有个人观点的人进入陪审团,但有两个前提:

1. 既有的了解和观点,尚未深固到在证据面前也无法被搁置一旁的地步。

2. 相关报道没有广泛、偏私到令人无法相信陪审员候选人之公正无偏宣誓的地步。[10]

小 结

美国宪法第一修正案保障新闻出版自由;美国宪法第六修正案确保每个刑事被告都有接受公正审判的权利。很多人认为,这两项修正案相互冲突,因为刑案报道常会令社区成员生出不利于被告的偏见,以致无法组成公正无偏的陪审团。对被告伤害最大的报道包括:有关被告认罪或据称认罪的材料、对被告犯罪记录的报道、对被告性格的描述、对被告测谎表现或拒绝测谎的报道、在法院做出判决前暗示被告有罪的报道等等。

社会科学研究尚未证实,此类报道确实会造成偏见,又或者,人们无法放下自己对案件的既有看法,仅凭法庭上呈示的事实做出裁断。一个公正无偏的陪审员,未必对案件毫不知情或毫无印象,但陪审员不能有过于根深蒂固的印象和看法,以至于无视庭审证据。

传统的司法救济

200 多年来,美国法官采用多种方法来减少、弱化审前报道对审判的影响。其中既包括审慎地考察陪审员候选人对案件的了解,也包括变更审判地点和延期审理案件。如果确有证据证明新闻报道妨碍了公正审判,有罪判决也可以被推翻,当然,这是万不得已时的最后手段。[11]最后手段的代价十分高昂,因为往往涉及重审,会增加涉案各方的开支与不便。这些传统的司法工具,有时被称作审判层次的救济,它们能使法院在不干涉新闻传媒的情况下减少报道的影响。

> 如果确有证据证明新闻报道妨碍了公正审判,有罪判决也可以被推翻,当然,这是万不得已时的最后手段。最后手段的代价十分高昂,因为往往涉及重审,会增加涉案各方的开支与不便。

如何应对审前报道——审判层次的救济

1. 预先甄选陪审员
2. 变更审判地点
3. 更换陪审员
4. 延期审理
5. 警诫陪审员
6. 隔离陪审员

预先甄选

陪审员在坐上陪审席之前，先得经受律师和法官的质询。这道程序旨在保护司法程序，以免陪审员对案件已有定见或对涉案一方怀有严重偏见。"**预先甄选**"（voir dire，法文原意是"讲真话"）程序意味着，每位陪审员候选人在进入陪审团之前，都要经受询问，以视是否怀有偏见。审前报道是造成陪审员偏见的原因之一，但不是唯一原因。在一起警察被枪杀的案件中，如果某位陪审员候选人恰好有个警察儿子，她很可能怀有偏见。在被告打算以精神失常为辩护策略的案件中，如果某位陪审员说她不相信心理学或精神病学，那她也很可能对被告怀有偏见。再如，如果某位陪审员是被告的生意伙伴，那在这种情况下，难保他能做到公正无偏。

对陪审员候选人的初筛，以书面问卷的方式进行。初筛之后，控辩双方再对剩余人选提问，双方均可请求法庭排除某位陪审员候选人。这称作申请陪审员回避（challenging a juror）。回避有两种：**有因回避（challenges for cause）**与**无因回避（peremptory challenges）**。律师在申请有因回避时必须说服法庭相信，自己有很好的理由说明此人不宜进入陪审团。根深蒂固的偏见就是一个好理由。任何理由都可用于申请有因回避。律师的工作是说服法官相信其理由正当。在 2007 年的刘易斯·"滑板车"·利比（Lewis "Scooter" Libby，前副总统迪克·切尼的高级助理）案中，法官允许辩方律师以有因回避的方式，将所有自称不相信布什政府或反对布什政策的陪审团候选人排除。无论是控方还是辩方，申请有因回避的次数均无限制。

无因回避稍有不同。顾名思义，无因回避不需要说明理由，而且法官无权拒绝。[12] 唯一的限制是申请次数。少至两三次，多至十或二十次，视案件、犯罪类型、州法和法官而定。有些人是控方或辩方不愿在陪审席上见到的，而法官又拒绝了有因回避，这时就可以申请无因回避。究其原因，也许是律师对某位陪审员候选人有不好的直觉，想将此人从最后名单上去除，也许是律师觉得某位陪审员的社会或种族背景有问题。

在一起典型的刑事案件中，两造律师都会向陪审员候选人提问，并根据回答及直觉做出选择。在一些高调案件中，两造律师通常会更深入地鉴察陪审员候选人。例如，在 2001 年春的一起案件中，一名前三 K 党人被控于 1963 年炸毁了亚拉巴马州伯明翰（Birmingham）的一座教堂，造成四名黑人女孩死亡。控方组织了焦点组访谈，还问卷调查了伯明翰地区的 500 位居民，以便了解当地社区对种族的态度。政府律师利用研究所得的信息来选择陪审员。最后，陪审团由 8 名白人、4 名黑人组成，他们只合议了两个多小时，就做出了有罪判决。[13] 2004 年初，玛莎·斯图尔特被控妨碍司法公正和证券欺诈，开庭之前，她的律师和顾问采用民意调查与焦点组访谈，来探查哪类人做陪审员对她比较有利。

预先甄选是筛除有偏见的陪审员的好办法吗？被问到这一问题的绝大多数初审法官说，他们认为，这种问答程序能很好或较好地筛除有成见的陪审员。[14] 大多数律师说，他们认为预先甄选在一定程度上有效。不过，也有批评者说，预先甄选只能发现陪审员候选人意识到的偏见或承认了也不太尴尬的偏见。这种观点很难反驳。有偏见的陪审员在被问及偏见时会撒谎。他们甚至可能都没意识到，自己对被告是否有罪已经形成了先入之见。而这些偏见可能与审前报道无关。陪审团候选人有可能因种族、职业或居住区域而对被告产生偏见。

优秀的律师挑选陪审员，就好比走钢丝，必须把握好精微尺度。辩方律师当然不希望陪审员了解案件的方方面面，更不希望陪审员已经认定被告有罪。但话说回来，如果陪审员对一起传媒广泛报道的案件一无所知，那也不是什么好事。马克·吐温曾开玩笑说："光靠笨蛋就能做出公正无私的审判。"[15] 没有哪个律师希望陪审席上坐满笨蛋。联邦检察官杰伊·B. 斯蒂芬斯(Jay B. Stephens)吐露过大多数好律师的心声,他认为,最好的陪审员是聪明的陪审员,注重倾听证据、评估证据,不会迷失于不相干的问题。他说:"我认为,符合以上标准的陪审员,应是充分掌握信息的陪审员,应是参与社区活动、了解社区事务并注意时刻更新信息的社区成员。"[16]

变更审判地点

在某一社区内被广泛报道的严重犯罪,换至同一州的另一社区,可能受传媒关注较少。为了组成一个对案件所知较少的陪审团,法院可以将审判地点移至其他社区。这就是**变更审判地点(change of venue)**。如果法院下令变更审判地点,所有审判参与人——控方、辩方律师、法官、被告、证人等——都将转移至新地点。陪审团将从新社区的公民中产生。例如,2003 年,几名狙击手被控在华盛顿特区市郊发动恐怖威胁,此案被转移至距离案发社区较远的地方审理。又如,斯科特·彼得森(Scott Peterson)被控杀害其怀孕的妻子一案,审判地点次年移至距离其家乡加州莫德斯托(Modesto,Calif.)50 英里之处。

州法院的案件可以转移至同州的另一地点。联邦案件可以转移至另一家联邦法院,不过最好是在距离案发地点尽可能近的地方。1997 年有一起联邦案件,被告被控炸毁俄克拉何马市联邦大楼,该案后来移至邻州(科罗拉多州)的丹佛市审理。此案之所以被移至另一个州,而不是俄克拉何马州的另一个城市,主要是为了找到一个能容纳如此大规模审判的审判庭。

变更审判地点的费用颇为高昂。在另一个城市举行审判,证人、律师和其他人的交通、食宿都要花钱。被告还必须放弃在犯罪地接受审判的宪法权利。此外,新的审判地点也可能会出现相关报道,令变更审判地点的初衷落空。变更审判地点的效果,常常取决于转移距离的远近。华盛顿州一位初审法官担心当地报纸对一起谋杀案的报道,于是下令变更审判地点。他将案件转移到邻县审理,这是除案发地以外,该州唯一一个"惹事"报纸有相当发行量的县。此次变更审判地点收效甚微,法官最后迫不得已,向新闻传媒关闭了部分程序。[17]之所以认为变更审判地点能减少陪审团的偏见,主要是因为,犯罪报道几乎都是本地报道。詹姆斯维尔(Jamesville)的民众已因大量报道形成了先入之见,而在 250 英里以外的雷蒙德镇(Raymond Town),传媒的报道却没那么密集。不过,我们如今生活在互联网时代,消息轻易便能跨过州界,与在本地传播无异。这是否会影响变更审判地点的效果,还有待进一步观察。

变更审判地点可能会减少偏见报道对陪审团的影响,但同时也会给审判带来其他问题。不同社区的种族构成不同,审判结果可能会因之而变。1992 年,四名白人警察被控殴打黑人罗德尼·金(Rodney King),审判移至白人居多的洛杉矶郊区。尽管路人拍摄的录像表明,金确曾遭到殴打,但陪审团宣告三名警察无罪,未就第四名警察达成一致裁断。警察侵犯金民权的联邦案件在洛杉矶市区审理,陪审团中有不同种族的成员,结果四名警察均被定罪。

在一些州,辩方可以申请**更换陪审员(change of veniremen)**,而非变更审判地点。也就是说,不是将审判移至另一个城市举行,而是由法院从遥远社区运来一个陪审团。例如,2011 年 5 月,在佛罗里达州奥兰多备受传媒关注的凯茜·安东尼(被控杀害她的两岁幼女)案中,法官从 100 英里以外的克利尔沃特(Clearwater)运来一个陪审团。很大一部分奥兰多人对此案有所耳闻,很多人甚至还抗议过被告。被告的女儿失踪了六个月之久,腐败的尸体最后在她家附近找到。更换陪审员的具体程序通常是这样的:法官和律师造访远方的

变更审判地点的效果,常常取决于转移距离的远近。

社区并遴选陪审员，然后把陪审员送到审判地。这种办法能为政府节省下一大笔开支，只需花费审判期间陪审员的开支即可。

延期审理

当审判延期，或法院批准**延期审理**（continuance）时，审判就会被推迟。法官希望，将审判推迟几周甚至几个月之后，当地民众会忘记至少部分案件报道，这种期待也许是合理的。不过，在推迟审判之前，被告先得放弃宪法赋予的迅速审判权。美国法院总是讼案盈庭，如今很难有真正迅速的审判，但延期审理会使案件拖得更久。未获保释的被告会在拘留所滞留更长时间。而且，当案件最终开庭审理时，相关报道也许，甚至很有可能会卷土重来。

不过，在部分案件中，延期审理堪称完美的解决方案。当一位法官正要按原计划在周一上午开庭审理一起医疗事故案时，周日的报纸凑巧发表了一篇特稿长文，内容是，由于法院在医疗事故案件中判给原告巨额赔偿金，所以医生的医疗事故保险费飙升。文中指出，医生将这部分额外的保费转嫁给了病人。这篇报道被广为传读。陪审员也要向医生付费，如果他们知道，自己判给受害者赔偿金会提高保费，并最终导致病人承担更高的医疗费用时，他们很难不踟蹰犹豫。法官故将此案延期两个月审理，让这篇报道从公众的印象中消退。

警诫陪审员

陪审团一经组成，法官就要指导陪审员，要求他们只能根据法庭上呈示的证据做出裁断。法官说，他们相信，大多数陪审员能十分严肃地对待这一**警诫**（admonition）。研究者在唯一一项调查真实陪审团审议的大型研究中发现，陪审员能够认真听取并遵循法官的指导。法官对陪审员的警告包括：不得在审判期间阅读、收看有关案情的报纸报道或电视节目。不过，在这个人手一部电子通信设备的今天，许多法官会提出更多要求。在美国司法学会（Judicial Conference of the United States）的敦促下，联邦法官现已增加以下指导内容：

不得在手机上，通过电子邮件、黑莓、iPhone、短信，或在推特、博客、网站上，或通过互联网聊天室或任何其他社交媒体网站，包括Facebook、MySpace、LinkedIn 和 YouTube 等，与任何人交流有关案件的信息。

州法院或是已经订立，或是即将订立相关规则。法官发现，一些陪审员在庭审期间利用个人通信设备收集有关案件的外界信息，并与外界人员交流。正如《纽约时报》记者约翰·施瓦茨（John Schwartz）所指出的，使用这些小型设备，陪审员可以上网搜索被告的名字，在谷歌地图上查找案发地点，告诉朋友们陪审团室内的情况，并搜索未在法庭上披露的大量细节。因为陪审员从事如上违背法律程序的行为，无效审判越来越常见。在阿肯色州，一家建筑材料公司请求法院推翻 1 260 万美元的赔偿金，它说，这是因为一名陪审员在该民事案件审理期间上推特发布更新。在宾夕法尼亚州，一名被控腐败的前参议员的律师请求法院宣告审判无效，因为一名陪审员在案件审理期间上推特和 Facebook 发布更新。[18]

隔离陪审团

陪审团一经选定、组成,审前报道的问题便退居其次,其他问题继之浮现。庭审期间,律师会就证据或证人证言的可采性展开论辩,这时,陪审员会被屏退,这种情况并不少见。这种情况发生时,公众和传媒仍可留在审判庭内(少数特殊案件除外),因此,现场讨论的内容很有可能登上报纸和电视。又或许,庭审期间,审判庭外的人会制造有偏见的信息,这些信息也会被新闻传媒报道。在某些场合下,法官的事先警诫还不足以让陪审团避免接触此类报道,这时就要将陪审员隔离起来。他们每晚不能回家,而是统一住在酒店。他们一道吃饭,一道休息,一道往返于审判庭。电话和电子邮件(如果获准使用)要由法庭工作人员审查。报纸和电视新闻节目也要经过事先检查,不得有关于在审案件的报道。这一程序称作**"隔离陪审团"**(sequestration of the jury)。在一些州,凡庭审超过一天的案件,都强制适用以上程序,除非州政府和辩方一致同意放弃。在部分州,所有死刑案件都必须隔离陪审团。不过在大多数司法管辖区,只有当法官特别下令时,陪审员才会被隔离。

隔离陪审团会给州政府、陪审员和刑事司法制度带来严重问题。陪审员的食宿会花去州政府的大笔经费。据报道,纽约州在 2001 年放弃强制隔离陪审团之前,每年为此花费 250 万美元。[19]再看陪审员。陪审员付出的不仅是时间,还有金钱。对一些人而言,三两天住在酒店、吃在餐馆的生活可能是一种享受,但隔离陪审团的案件往往动辄持续数周,乃至数月。生活被打乱不说,极少有陪审员能负担得起这期间的收入损失。在超长期的审判中,一些耐不住煎熬的陪审员会在结案前请求退出。许多律师担心,刑事司法制度也会因此遭殃。隔离或许能避免陪审员接触有偏见的报道,但同时也可能令陪审员生出另一种偏见——因被迫与亲友长期分离而生出的偏见。辩方律师最常表达这种担忧,他们认为,陪审员会将这种种麻烦归咎于被告。不过,据报道,在 1995 年 O. J. 辛普森(O. J. Simpson)被宣告无罪之后,一些陪审员(他们被隔离的时间与辛普森被关押的时间一样长)说,他们因此而同情被告。[20]第二起辛普森案是民事案件,未被隔离的陪审团最终认定,辛普森对两名受害人的死亡负有责任。

小 结

在一起刑事案件中,初审法院有很多方法来对付有偏见的审前报道。每位公民在被选任为陪审员之前,都要经过律师和法官的询问。在这一预先甄选环节,律师和法官可以向陪审员候选人提问,以考察他们对案件的了解。对被告是否有罪已形成定见的人,可以被排除出陪审团。

法院有权力将审判地点移至他处,以确保陪审团不被大众传媒玷染。这种做法所费不赀,但也是对付煽情报道的有效方法。

法院也可以延期审理,等到相关报道偃旗息鼓后再开庭审理。被告必须放弃迅速审判权,不过,延期审理的确能缓解密集报道的影响,高度敏感的案件除外。

法官会告诫陪审员:必须根据庭上呈示的事实做出裁断,担任陪审员期间不得阅读、观看任何与案件有关的新闻报道或使用个人手持式通信设备。有证据表明,陪审员很认真地对待这些警告。

在重要案件中,陪审团可能被隔离起来,以防他们接触有关庭审的公开报道。

控制报道的限制性命令

多年来，法官一直以上述方法对付有偏见的审前报道。一些法官与律师觉得，这些办法已经严重过时。过去 20 年间，大众传媒——尤其是有线电视频道、博客和其他网站——已全面渗透，无所不在。法院一变更审判地点或大规模地预先甄选陪审员，州政府的钱就哗哗地往外流。有人认为，这些救济方法未必总能见效。更好的解决方案，是由法院控制传媒刊播信息的种类和数量。若能做到这一点，就再也不必担心有偏见的报道了。

初审法官应该如何限制传媒的偏见报道呢？美国最高法院在 1966 年的一起案件中给出了一些指导。此案是 20 世纪最受传媒关注的刑事案件之一：萨姆·谢泼德（Sam Sheppard）医生被控谋杀其有孕在身的妻子玛丽莲（Marilyn）。谢泼德太太于 1954 年 7 月 4 日清晨遇害。她的丈夫萨姆称，她是在睡梦之中被擅入者重击致死的。调查一开始，当地警方就锁定了谢泼德。神秘谋杀案该有的一切要素，此案一应俱全，自然吸引了全国传媒的视线，登上了全国各地报纸的头版。克利夫兰的报界，如《克利夫兰新闻报》（Cleveland Press），更是在头版以大字号标题要求当局指控并监禁谢泼德。三周铺天盖地的新闻攻势之后，谢泼德被捕并被控谋杀。此案审理期间，报道进一步升级。等到这位有钱的骨科医生被定罪时，没人感到意外。谢泼德几次上诉，均被驳回。12 年后，美国最高法院推翻了对谢泼德的定罪，最高法院判决，由于密集的审前报道和庭审报道，谢泼德被剥夺了接受公正审判的权利。[21]

美国最高法院批评了新闻传媒对此案的报道，尤其是审前和审中的混乱情势。汤姆·克拉克（Tom Clark）大法官虽也不买记者借口的账，但他批评最多、最严厉的，是初审法官竟然允许此等事情发生，甚至到了失控的地步。克拉克大法官说，布莱辛（Blythin）法官和其他法院工作人员应当更好地控制传媒对审判庭的使用，控制律师和警察向传媒提供信息，甚至禁止律师、证人或其他诉讼参与人发表与案件无关的陈述。[22] 美国最高法院申明，初审法官有责任确保被告的权利不受有偏见的传媒报道的伤害。

美国最高法院示意（尽管是间接暗示）法官以**限制性命令**（restrictive orders）约束诉讼参与人的行为，限制他们说什么、何时说以及对谁说。记者得不到有偏见的信息，自然也就刊播不了这等信息。保护受刑事追诉者的权利，可谓任重道远。两年后，美国律师协会（American Bar Association）提出了类似的建议。在很短的时间内，限制性命令成为法官控制未决刑案报道数量和类型的常用方法。但法官比美国最高法院 1966 年的建议走得更远。一些命令不仅针对诉讼参与人，也针对新闻传媒。一些法院向新闻传媒颁发限制性命令，记者称之为**钳口令**（gag orders）。钳口令禁止传媒刊播特定类型的信息，甚至禁止记者就未决案件的某些方面发表评论。这种针对传媒的限制性命令，引发了明显且麻烦的宪法第一修正案问题，无论如何，它们都是最赤裸裸的事前审查。

我们接下来看看这些限制性命令，记住，它们分为两种不同类型：

1. 直接针对新闻传媒的命令，限制传媒刊播的内容。

2. 针对诉讼参与人的命令，限制他们对公众和记者发表有关未决法律问题的内容。

针对新闻传媒的限制性命令

现实中不存在所谓典型的限制性命令。事实上，这正是法官眼中限制性命令的优点。每道命令都可以因案制宜。限制性命令通常颇为全面。针对新闻传媒的命令，多为限制传媒报道一起案件的某些细节，或者限制传媒报道被告的认罪供述或犯罪记录。针对诉讼参与人的命令则宽泛得多，如禁止律师、证人或其他人就案件的各个方面发表评论。1975 年的一起颇为煽情的谋杀案，将审前报道和钳口令的问题送入了美国最高法院。

欧文·西蒙茨（Erwin Simants）在内布拉斯加州北普拉特（North Platte）被捕，并被控谋杀亨利·凯利（Henry Kellie）一家六口。和谢泼德案一样，西蒙茨的被捕也吸引了全国各地传媒的眼球，当地法官休·斯图尔特（Hugh Stuart）疲于应付全州乃至全国的记者。他的对策是颁发一道限制性命令，禁止传媒刊播他认为对西蒙茨有偏见的大量信息。该命令经内布拉斯加最高法院修正后，只禁止传媒报道有关西蒙茨可能向警方或第三方认罪的信息和其他"强烈暗示性"信息。该命令的效力，维持到陪审团产生为止。

内布拉斯加州的新闻界将这道禁令上诉至美国最高法院，1976 年 6 月，美国最高法院做出判决，它宣布，斯图尔特法官的命令是针对新闻传媒的违宪事前审查。九位大法官一致认为，斯图尔特法官的命令违反了宪法第一修正案。不过，是否所有针对传媒的限制性命令都违反宪法第一修正案呢？在这个问题上，大法官内部发生了分裂。四位大法官——波特·斯图尔特、威廉·布伦南、瑟古德·马歇尔和约翰·保罗·史蒂文斯——说，此类限制性命令任何时候都不应被允许。还有四位大法官——沃伦·伯格、哈里·布莱克门、威廉·伦奎斯特和刘易斯·鲍威尔——说，此类命令在极特殊的情况下可被允许。第九位大法官——拜伦·怀特——说，本案没有必要判断此类限制性命令可否在极端案件中被准许，但他加入了以伯格首席大法官为首的阵营。

伯格首席大法官主笔的意见于是成为美国最高法院的官方判决意见。

伯格首席大法官写道，"综合考察弊害的严重性和弊害发生的可能性，足以认定对言论自由的此等侵害是避免威胁之所必需时"，[23]针对新闻传媒的限制性命令始得被允许。伯格提出了一种三步判准，用以评估针对传媒的限制性命令能否经受得住宪法第一修正案的检验。他说，仅当满足以下条件时，此等限制性命令才符合宪法。

1. 确实存在有关案件的广泛、密集的报道。

2. 没有其他替代方案可缓解审前报道的影响。

3. 限制性命令确实能有效防止偏见性材料影响潜在陪审员。

伯格首席大法官写道，事前限制是例外，不是原则。仅当被告的权利面临明显而现实的危险时，法院才能合宪地颁发这种限制性命令。伯格说，在西蒙茨一案中，虽有大量相关报道，但没有证据表明，斯图尔特法官考虑过其他救济途径的效果。与此同时，当地小社区内漫天都是关于西蒙茨本人和西蒙茨对警方认罪的传言。伯格大法官怀疑，这道限制性命令是否真能阻止公众接触有偏见的信息。

内布拉斯加州新闻协会案判准

1. 确实存在有关案件的广泛、密集的报道。

2. 没有其他替代方案可以缓解审前报道的影响。

3. 限制性命令确实能有效防止偏见性材料影响潜在陪审员。

请注意，美国最高法院没有说针对庭审参与人发出的限制性命令违宪。本案不涉及这个问题，但通说认为（过去、现在皆如此），法院有较大的权力限制律师、警察和其他庭审参

人在法庭之外谈论案件。例如，美国司法学会的《公正审判/新闻出版自由指导手册》（"Guidelines on Fair Trial/Free Press"）特别建议联邦法院明定规则，限制律师和法庭工作人员公开讨论刑事案件，并建议法院在敏感案件中颁布特别规定，禁止所有庭审参与人发表无关评论。不过，根据"内布拉斯加州新闻协会诉斯图尔特案"（*Nebraska Press Association v. Stuart*），一般的指导原则是：

美国地区法院不得发布法庭规则或司法命令，禁止新闻传媒刊播它们已掌握的有关刑事案件的信息。

1978 及 1979 年，美国最高法院在几起判决中巩固了内布拉斯加州新闻协会案确立的原则，即针对传媒内容的限制，仅在极少数情形下可被容忍。1978 年，美国最高法院禁止弗吉尼亚州仅因《弗吉尼亚导报》（*Virginian Pilot*）发表一篇有关州司法评议委员会秘密会议的准确报道而惩罚该报。[24]弗吉尼亚州有成文法授权州司法评议委员会受理有关法官失职或渎职的投诉，因为此类问题往往比较敏感，弗吉尼亚州特别立法规定，相关程序不向传媒和公众开放。州政府主张，为鼓励投诉和证人作证，也为保护法官不受未经证实的指控伤害，维护民众对司法的信念，保密确属必要。美国最高法院也承认保密的意义，但它还是做出了不利于州政府的判决。伯格首席大法官代表意见一致的全体大法官写道："弗吉尼亚州意欲惩罚的言论，恰恰接近宪法第一修正案保护的核心地带，刑事制裁所促进的共同利益，尚不足以合理化对言论自由和新闻出版自由的现实伤害与潜在伤害。"最高法院承认，该州的司法评议委员会可以秘密开会，报告和材料也可以保密。不过，新闻传媒虽然无权查阅这些信息，但只要传媒得到了信息，就不能因出版该信息而受罚。由此看来，美国最高法院延续了内布拉斯加州新闻协会案的思路，限制法院对传媒的发表权设限。

1979 年，美国最高法院宣布，西弗吉尼亚州的某一成文法违宪。该法规定，报社未经青少年法庭的书面同意，擅自发表未成年犯罪嫌疑人或未成年刑事被告的姓名是犯罪。[25]伯格首席大法官再次代表最高法院主笔判决意见，他强调了一个事实，即新闻传媒可以发表它以合法方式获得的真实信息。此案中，一名 14 岁男孩因涉嫌枪杀一名 15 岁学生而被捕，西弗吉尼亚州查尔斯顿（Charleston）的两家报纸发表了被捕男孩的姓名。两家报社的记者是从目击者处得知男孩姓名的。伯格首席大法官写道，"如果信息以合法方式取得"，"州政府就不得惩罚传媒，除非是为了促进比当下利益更为重要的利益"。

> 伯格首席大法官写道："如果信息以合法方式取得，州政府就不得惩罚传媒，除非是为了促进比当下利益更为重要的利益。"

由于以上三起判决，针对新闻传媒的限制性命令在过去 30 年间大为减少。大多数初审法官甚至懒得颁发这样的命令。

纽约州一家美国地区法院的反应就颇具代表性。一名州议会议员被控在联邦纳税申报时漏报了 22.5 万美元收入，并向联邦职员撒谎。被告请求法院禁止新闻传媒和公诉人发布或发表新闻稿、他本人的面部照片和他本人进入法庭的照片及视频。法官也认为，社会上的确存在关于此案的大量报道，而且被告手戴镣铐的照片有可能妨碍他接受公正审判的权利。但法官又指出，该联邦法院的辖区内共有 700 万人口，且庭审排期至少在六个月以后。法官说，陪审员的挑选余地这么大，经过全面的陪审员甄选，必定能选出一个公正无偏的陪审团，故拒绝被告的申请。[26]

初审法院颁发的此类命令，往往在上诉中被推翻。例如，一名报社摄影记者经法院同意，在庭审中给被告拍了一张照片。照片拍完后，公诉人告诉法官，另一名法官曾下令禁止传媒给这位被告拍照，因为照片很可能会影响目击证人的辨认。法院于是命令记者不得再拍照，也不得发表已拍摄的照片。加州上诉法院(the California Court of Appeals)撤销了这道命令,因为它是事前限制。[27]加州上诉法院判决:该命令旨在确保目击证人做出可靠的辨认,但"现有证据未能证明,如果没有这种事前限制,辨认工作或被告的正当程序权利就会受损"。传媒已经拿到被告的一张照片,目击者很可能见过这张照片。2008 年,加州另一家初审法院禁止一家报社报道一起民事诉讼的"任何方面",此命令后被加州一家上诉法院推翻。初审法院的理由是,目击证人有可能阅读有关庭审的新闻报道。上诉法院说,这一潜在危险不足以证明事前限制的正当性,还有其他方法可以保护被告接受公正审判的权利,法院可以提醒目击者不要阅读传媒的报道。[28]2010 年,俄亥俄州最高法院推翻了一道限制性命令,该命令允许新闻传媒旁听一起案件的审理,但禁止传媒报道任何相关内容。一名女性及其男友被控过失杀人和危害儿童,二人分别受审。初审法院说,有关女性一案(先审理)的报道,可能会给第二起案件的陪审员造成先入之见。俄亥俄州最高法院说,除非情况紧急,且确有证据表明被告的公正审判权危在旦夕,否则不该考虑下令让传媒噤声。法官没有召开听证来判断危险的大小,光凭推断就做了决定。法官唯一考虑过的替代方案,是将审判地点更换到邻近的一个大县。但该方案又因交通费用被否决了。俄亥俄州最高法院说,额外的交通费用也难以证明事前限制的正当性。[29]

2006 年,阿肯色州最高法院推翻了一道针对新闻传媒的限制性命令,该命令禁止新闻传媒发表阿肯色州西海伦娜(West Helena)市市长在公开听证中的证言。事情的起因是这样的:西海伦娜市市长约翰尼·韦弗(Johnny Weaver)意欲解雇警察局长,被市议会的议员起诉。韦弗市长向"司法纪律与履职不能委员会"(Judicial Discipline and Disability Commission)投诉此案的承审法官,称该法官有渎职之嫌。市长在审前听证中概述了投诉内容,法官封闭了听证,禁止传媒报道市长的证言。法官说,向司法委员会做出的此类指控,在这一阶段通常是保密的,相关指控会伤害法官的名誉,甚至动摇公众对司法系统的信心。州最高法院说,这道限制性命令同样会动摇公众对法院的信心,由谁来当西海伦娜市的警察局长是一个攸关重大利益的问题,初审法官提出的种种顾虑,没有一个足以支持事前限制。[30]

我们来看最后一例,第 2 巡回区美国上诉法院 2005 年判决:在一起前银行主管被控妨碍联邦股票调查的案件中,初审法官对无效审判的忧心,尚不足以允许他下令禁止传媒发表陪审员的姓名。该上诉法院指出,陪审员的姓名已在公开法庭上宣布过,且没有证据证明,报道这些名字会伤害被告的公正审判权。初审法官甚至从未考虑过其他可行的替代方案。[31]

上诉法院支持过针对传媒的钳口令吗?理由充分的话,也不无可能。在 NBA 明星科比·布赖恩特强奸案的审前程序中,一场非公开听证的电子记录被意外泄露给了七家传媒。这份记录中有强奸案受害人的身份。初审法院下令,禁止传媒发布文件内的信息。科罗拉多州最高法院支持初审法院的禁令。科罗拉多州最高法院指出,虽说美国最高法院允许公开强奸受害人的身份(参见第 216～217 页),但瑟古德·马歇尔大法官也说过,州法院也不是完全无权保护性侵受害人的身份,只要是为了保护更高层级的利益即可。所谓更高层级的利益,在本案中,就是科罗拉多州强奸受害人保护法(rape shield statute)的强制规定。[32]针对布赖恩特的强奸指控后被撤销。

针对诉讼参与人的限制性命令

限制传媒发言的法律通常是明确的,而且自 1976 年以来迅速成熟。相形之下,禁止诉讼参与人就案件发言的法律就不那么清楚了，而且尚在发展之中。禁止诉讼参与人发言，其背后的逻辑很简单：如果律师、警察、目击者和其他人都不得谈论案件，记者自然无从获取可能带有偏见的大量素材。如果没有报道可以刊播，潜在的陪审员自然看不见、听不到这样的信息。

　　针对诉讼参与人的钳口令并不常见，当然也不少见，尤其是在涉及名人或高曝光被告的高调案件中。在 2005 年的迈克尔·杰克逊娈童案中，法官禁止律师在审判庭外讨论案件。在斯科特·彼得森杀妻案中，法官禁止律师、目击证人和警察对外讨论案情。这些命令通常覆盖全面。联邦政府对南方保健公司（HealthSouth）前 CEO 理查德·斯克鲁士（Richard Scrushy）提起的公诉吸引了广泛关注。亚拉巴马州一位联邦法官下达了一道包罗甚广的限制性命令，禁止诉讼各方和律师在庭外发言。[33] 其中规定：

　　● 此案最后判决之前，包括证人在内的诉讼参与人，不得就以下内容在庭外发言：

　　1. 案件取证程序中提供的材料；

　　2. 诉讼一方或证人的性格、信誉、名誉、犯罪记录和预期证言；

　　3. 律师明知不会被法庭采信且极有可能引发陪审团偏见的内容；

　　4. 任何有关被告是否有罪的观点。

　　● 诉讼参与人必须从既有网页上删除非正式评论、指摘和取证阶段获得的信息。

　　● 律师不得在生效的法庭文件中评论与本案法律问题无关的证据。

　　● 所有法庭工作人员均不得泄露公开记录以外的案件信息。

　　不过，法官有时也会拒绝下达此类命令。比如，在佛罗里达州的特雷沃恩·马丁（Trayvon Martin）被杀案中，控方申请禁止被告乔治·齐默尔曼（George Zimmerman）的律师在庭外谈论此案，禁止他在社交媒体和一个专门讨论法律问题的网站上评论此案，但被法官拒绝了。

　　多年来，初审法官无须特别说明理由，就可以颁发针对诉讼参与人的限制性命令。不过近年来，上诉法院开始推行更严格的规则，法院必须遵守。

　　● 加利福尼亚州上诉法院 2007 年判决：禁止刑事诉讼当事人向公众或传媒提供尸检报告、犯罪现场照片、犯罪现场示意图等真实证据的钳口令无效。[34]

　　● 北卡罗来纳州上诉法院 2007 年判决，禁止民事诉讼当事人及其律师对新闻传媒谈论案件的钳口令违宪。该法院说，初审法院未能证明此种讨论明显有损公正审判，也没考虑过限制较小的替代方案。[35]

　　● 内华达州最高法院 2008 年判决，在一起离婚引发的子女抚养费纠纷案中，禁止当事人及其律师披露相关文件或讨论案情的钳口令，违反了美国宪法和内华达州宪法。[36]

　　哪怕确有理由颁发限制性命令，初审法官也仍须小心拟定命令的内容。纽约州一位法官禁止各方当事人讨论一起刑事案件的**各个**方面，如有违反，可处以高额罚金。第 2 巡回区美国上诉法院认为，该命令纵使确属必要，也仍然欠妥。"限制律师的言论，不得超出保护司法公正和被告接受公正审判之权利所需的必要限度。"该上诉法院认为，初审法官的命令太宽了，而且没考虑其他替代方案是否可行。[37] 在另一起案件中，俄亥俄州上诉法院判决，规定"各方当事人不得就此案之未决状态发表公开评论"的限制性命令，不能禁止一位诉讼当事人写信给一家报社，回应该报对其品行的指责。该上诉法院说：禁止发表有关未决诉讼的评论，并不意味着禁止诉讼当事人在报纸上发表任何评论。[38]

　　最后，在纽约州一起非同寻常的敲诈勒索案中，初审法院拒绝对一名证人签发钳口令，这名证人碰巧是传媒从业人员。小约翰·A. 戈蒂（John A. Gotti Jr.）被控敲诈勒索，并涉嫌于 1992 年谋杀柯蒂斯·斯利瓦（Curtis Sliwa，他立足社区，创立了打击犯罪的"守护天使"团队）未遂。斯利瓦多年来一口咬定正是戈蒂下令杀他，并在他主持的 WABC-AM 电台脱口秀中一再重复。该节目听众众多。戈蒂请求法院禁止斯利瓦发表此类陈述或以任何方式讨论案情,因为斯利瓦几乎铁定会成为戈蒂案的证人。法院也承认,这些评论可能带有偏见,但它说,限制性命令的效果,也许还比不上彻底的预先甄选和有力的陪审团警诫。法院说,它希望斯利瓦能尊重戈蒂的公正审判权,不再在电台上发表有偏见的评论,但钳口令是万不得已时才用的最后手段,此刻它还不想动用。[39]

即使没有限制性命令,法庭规则或行为规范也会禁止律师就案件发表非正式评论。美国最高法院在 1991 年的一起案件中明确了这一点。此案涉及一名律师违反律师的一般法庭规则。律师多米尼克·金泰尔(Dominic Gentile)的当事人被控从卧底警察租用的保险箱中取走现金和毒品。金泰尔举行新闻发布会,指责警方拿他的当事人当替罪羊。金泰尔说,他的当事人是无辜的,拿走现金和毒品的很可能是警察,他还将控方的一些证人称为毒品贩子。金泰尔的当事人后被无罪释放,但内华达州最高法院判决,金泰尔在新闻发布会上发表的评论违反了一条法庭规则,该规则对律师就未决案件发表的言论内容做出了限制,禁止刑事律师对当事人、嫌疑人或证人的品行、信用、名誉或犯罪记录发表有偏见的陈述。该规则同时为获准“陈述辩方性格秉性”的律师提供了安全港。

美国最高法院以 5 比 4 的投票做出判决,允许各州禁止律师发表很可能破坏司法程序的庭外陈述。[40]但最高法院也以 5 比 4 的投票结果判决,内华达州禁止律师发表非正式评论的现行规则,侵犯了金泰尔的宪法权利,因为它过于模糊。安全港条款表述不清,未能明确提示允许事项和禁止事项,会导致歧视性执行。综言之,最高法院的意思是,这类限制言论自由的规则是可被准许的,但前提是,必须明确规定什么能说、什么不能说。

接触陪审员

案件审结之后,律师通常会找陪审员谈话,以便发现陪审员根据哪些因素做出裁断。如今,在一些高曝光的案件中,记者也想采访陪审员。如果陪审员肯透露陪审团的审议过程,八卦电视节目和小报不惜砸下重金。案件审理期间或陪审员审议完成之前,法官当然可以禁止陪审员与记者交谈。但一旦陪审团完成工作,被法官解散,相关法律就晦暗不明了。法官颇为担心陪审团,一是怕陪审员受到传媒骚扰。为了采访到陪审员,记者有时会使用过激的语言和肢体动作。现如今,要想找到愿意担任陪审员的人已经够难的了。如果陪审员在审判结束之后还要饱受传媒骚扰,那就更是雪上加霜了。另外,法官还希望保护陪审团审议的纯粹性。一个陪审团共有 12 名陪审员。只要一人与记者交谈,就会泄露其他陪审员的行为与评论。在一些案件中,同一起犯罪可能有几名被告,几起案件分别独立审理。一起案件结束后,陪审员对审议过程的评论会影响后续的其他案件。此外,在陪审员认定被告有罪之后,被告有可能上诉,上诉之后可能还有重审。2002 年,在新泽西州,一名前任拉比被控杀妻,陪审团无法达成一致裁断。此案被传媒广为报道,并在“电视法庭”(Court TV)上播出。第一次审判之后,法院禁止传媒联络或采访陪审团。新泽西州最高法院维持这一命令,它认为,传媒对陪审员的采访有可能泄露陪审员的

> 如果陪审员肯透露陪审团的审议过程,八卦电视节目和小报不惜砸下重金。案件审理期间或陪审员审议完成之前,法官禁止陪审员与记者交谈。一旦陪审团完成工作,被法官解散,相关法律就晦暗不明了。对于传媒接触陪审员一事,大多数州法院都有自己的规则,且各有不同。

审议程序，包括陪审员对庭上证据的反应。新泽西州最高法院说，这会令控方在案件重审时占据优势。[41]

法官可以采用多种方式，限制解散后的陪审员与新闻传媒交谈。有时，法院只是就传媒何时和如何联系陪审员等问题订立规则。在马萨诸塞州的一家联邦法院，法官在一起案件结束后，延期一天向传媒公开陪审员的姓名和住址，使陪审员能从审判工作的压力下稍稍喘息，并有时间思考该对上门采访的传媒说些什么。该法院说，公众对此案有强烈兴趣，因为它事关马萨诸塞州众议院前发言人的受贿指控，传媒和公众应可获知陪审员的身份。[42]

一些法院曾限制公开陪审员的姓名、地址、电话和可用于辨识陪审员身份的其他信息（参见第 12 章）。在整个庭审过程中，每位陪审员只使用编号，这就是所谓的匿名陪审团。匿名陪审团很罕见，近年来使用过匿名陪审团的案件，有 1996 年"大学炸弹客"（Unabomber）案、俄克拉何马市联邦大楼爆炸案、前政府官员奥利弗·诺思（Oliver North）案和世贸中心爆炸案。[43] 也有一些法官曾签发限制性命令，禁止传媒向陪审员提问审议内容。不过一般规则是：无限期地禁止传媒接触陪审员的命令是违宪的。当然也有例外。[44]

对于传媒接触陪审员一事，大多数州法院都有自己的规则，且各有不同。联邦法官一般遵守美国司法学会出版的《陪审员手册》（"The Handbook for Jurors"）。该手册特别规定，应当由每位陪审员自行判断是否在审判结束后与传媒对话。

一些上诉法院不准初审法官禁止记者采访陪审员。如第 9 巡回区美国上诉法院曾推翻下级法院的一道命令，该命令禁止任何人在审判结束之后采访陪审员。据初审法官说，初审法院之所以签发这道命令，是为了尽量减少陪审员所受的骚扰。但上诉法院认为，并非所有陪审员都将传媒采访视为骚扰。[45] 2000 年，肯塔基州最高法院推翻了一道初审法院的禁令，该命令禁止任何人接触陪审员，哪怕是在案件审结之后。初审法官说，该命令旨在保护陪审员的个人安全和隐私。肯塔基州最高法院说，这道命令太过宽泛。前陪审员如果不愿与记者交谈，完全可以拒绝采访。如果记者穷追不舍，前陪审员可以向官方投诉骚扰或恐吓，甚至可以对记者提起民事诉讼。然而，禁止任何人在案件审结以后联系前陪审员的法院命令，远远超出了法院的管辖范围，案子一审结，法院的管辖权也就宣告终结了。[46]

美国最高法院 1990 年宣布，佛罗里达州某成文法（该法禁止在大陪审团前作证的目击证人泄露作证内容，大陪审团任期届满之后也不行）违宪。[47] 大陪审团程序是绝密。**大陪审团起诉书（indictment）**之外的一切，都不属于公开记录。此案涉及一名记者，公诉人认为，大陪审团应听取这名记者在准备一篇报道时的发现。记者收到传票，在大陪审团前作证。作证之后，他想写一篇有关其调查和在大陪审团前作证的新闻报道。但佛罗里达州的法律不准他这么做，于是，他到一家美国地区法院起诉，请求法院宣布该法违宪。美国最高法院最后确实这么做了。

威廉·伦奎斯特首席大法官写道，法院历来重视大陪审团程序的保密需要。他说，但"我们也认识到，大陪审团利益不是足以应付一切宪法问题的护符"。伦奎斯特首席大法官说，此案中，记者所欲公布的信息，是他在向大陪审团作证之前就已经掌握的信息，不是因为参与大陪审团程序而获得的信息。伦奎斯特首席大法官援引"史密斯诉每日邮报出版公司案"（*Smith v. Daily Mail Publishing Co.*）[48] 说道，州政府不得因记者发表他合法获得的信息而惩罚他。尽管大陪审团活动的保密性很重要，但还不足以压倒宪法第一修正案利益。

对记者而言，禁止新闻传媒发表刑案相关信息的限制性命令已不再是严重问题。不过，限制诉讼参与人的命令还是如鲠在喉，而且，这些命令未必真能如许多论者设想般服务于司法系统。流言最有可能在真实信息受阻遏的环境中滋长、蔓生。当记者决意报道一起案件时，与其让他们报道流言工厂生产的种种小道消息,还不如为他们提供真实准确的信息。

小　结

有时,初审法院试图用法庭命令来限制有偏见的信息发表。限制性命令有两种,一种限制新闻传媒发表的内容,另一种限制诉讼参与人公开讨论案件。这些限制性命令源自美国最高法院 1960 年代中期的一起著名判例,最高法院在这起案件中判决,初审法官有责任控制关于案件的公开报道。

美国最高法院 1976 年判决,除非满足以下条件,否则法院不得禁止新闻传媒发表以合法途径获取的刑案信息:

1. 确实存在有关案件的广泛、密集的报道。

2. 没有替代方案可以缓解审前报道的影响。

3. 限制性命令确实能有效防止偏见性材料影响潜在陪审员。

美国最高法院而后又在两起案件中重申,新闻传媒可以发表以合法途径获知的秘密信息。这两起案件,一起涉及凶杀案中未成年犯罪嫌疑人的姓名,另一起涉及州秘密司法委员会正在调查的法官的姓名。

虽说法官可以限制诉讼参与人对外谈论案件,但近年来,这些限制性命令也要经受违宪审查。新闻传媒能否在案件审结后接触陪审员,取决于联邦和各州的不同规定。

 参考书目

Bush, Chilton R. , ed. *Free Press and Fair Trial*: *Some Dimensions of the Problem*. Athens: University of Georgia Press, 1971.

Drechsel, Robert E. "An Alternative View of Media-Judiciary Relations: What the Non-Legal Evidence Suggests about the Fair Trial—Free Press Issue. "*Hofstra Law Review* 18(1989): 1.

Friendly, Alfred, and Ronald Goldfarb. *Crime and Publicity*. New York: Random House, Vintage Books, 1968.

Kirtley, Jane, ed. *The Privacy Paradox*. Arlington, Va: Reporters Committee for Freedom of the Press, 1998.

Labaton, Stephen. "Lessons of Simpson Case Are Reshaping the Law. " *The New York Times*, 6 October 1995, A1.

Minow, Newton, and Fred Cate. "Who Is an Impartial Juror in an Age of Mass Media?"*American University Law Review* 40(1991): 631.

Pember, Don R. "Does Pretrial Publicity Really Hurt?" *Columbia Journalism Review*, September/October 1984, 16.

Sack, Kevin. "Research Guided Jury Selection in Bombing Trial. "*The New York Times*, 3 May 2001, A12.

Schwartz, John. "Confessing to Crime, but Innocent. "*The New York Times*, 14 September 2010, A14.

——. "As Jurors Turn to Google and Twitter, Mistrials Are Popping Up. " *The New York Times*, 18 March 2009, A1.

Sengupta, Somini. "New York State Ends the Mandatory Sequestration of Jurors. " *The New York Times*, 31 May 2001, A20.

Shipler, David K. "Why Do Innocent People Confess?"*The New York Times*, 23 February 2012, Sunday Review Section.

U. S. Senate Subcommittee on Improvement in Judicial Machinery of the Senate Judiciary Committee. *Hearings of Federal Jury Selection*. 90th Cong. , 1st Sess. , 1967, 581.

注释

[1] Shipler,"Why Do Innocent";Schwartz,"Confessing to Crime."

[2] Drechsel,"Media-Judiciary Relations,"1.

[3] *Seattle Times* v. *U. S. District Court*,845 F. 2d 1243 (1988).

[4] *The Washington Post Co.* v. *Hughes*,923 F. 2d 324 (1991).

[5] *Skilling* v.*United States*,130 S. Ct. 2896(2010);*U. S.* v.*Mitchell*,39 M. L. R. 1183(2010).

[6] *U. S.* v.*Burr*,24 Fed. Cas. 49 No. 14692(1807).

[7] *Irvin* v.*Dowd*,366 U. S. 717(1961).

[8] *Murphy* v.*Florida*,421 U. S. 784(1975).

[9] 467 U. S. 1025(1984).

[10] See Minow and Cate,"Who Is an Impartial Juror?" 631.

[11] 如堪萨斯州一位法官宣布,2008 年的一起强奸案是无效审判,因为当地某报发表的报道很可能侵犯了被告接受公正审判的权利。See http://www. repf. org/newsitems/index. php? i=6902.

[12] 1986 年,美国最高法院试图限制仅因种族原因而排除陪审员候选人的无因回避(See *Baston* v. *Kentucky*,476 U. S. 29 [1986])。但多位辩方律师反映,该判决的效果不如预期,这些律师指出,以无因回避为手段排除黑人陪审员的现象依然存在。2008 年,美国最高法院再度尝试,推翻了对一个黑人男性的定罪,此人已在死囚室关了 12 年。最高法院的理由是:控方采用不正当手段,选出了一个全由白人组成的陪审团(See *Snyder* v. *Louisiana*,522 U. S. 472 [2008])。最高法院还指出,它很担心一些案件中存在仅因性别原因而排除陪审员候选人的现象(如在强奸案审判中排除女性)。

[13] Sack,"Research Guided Jury Selection."

[14] Bush,*Free Press and Fair Trial*.

[15] Mark Twain,*Roughing It*(New York:New American Library Edition,1962).

[16] U. S. Senate Subcommittee,*Federal Jury Selection*,581.

[17] *Federated Publications* v. *Kurtz*,94 Wash. 2d 51 (1980).

[18] Bush,*Free Press and Fair Trial*;and Schwartz,"As Jurors Turn to Google."

[19] Sengupta,"New York State."

[20] Labaton,"Lessons of Simpson Case."

[21] *Sheppard* v.*Maxwell*,384 U. S. 333(1966). 美国最

高法院做出判决之后,谢泼德案在俄亥俄州重审。他在重审中被宣告无罪释放。然而,他的人生已然尽毁,他几年后死于肝病。电视剧《亡命之徒》("The Fugitive")和同名电影正是取材于此案。

[22] *Sheppard* v. *Maxwell*,384 U. S. 333(1966).

[23] *Nebraska Press Association* v. *Stuart*,427 U. S. 539 (1976).

[24] *Landmark Communications* v. *Virginia*,435 U. S. 829(1978).

[25] *Smith* v. *Daily Mail Publishing Co.*,443 U. S. 97 (1979).

[26] *U. S.* v. *Corbin*,37 M. L. R. 1840(2009).

[27] *Los Angeles Times Communications LLC* v. *Superior Court*,38 M. L. R. 2566(2010).

[28] *Freedom Communications Inc.* v. *Superior Court at Orange County*,83 Cal. Rptr. 3d 861(2008).

[29] *State ex rel Toledo Blade* v. *Henry County Court of Common Pleas*,926 N. E. 2d 634(2010).

[30] *Helena Daily World* v. *Simes*,34 M. L. R. 1329 (2006).

[31] *U. S.* v. *Quattrone*,402 F. 3d 304(2005).

[32] *Colorado* v. *Bryant*,94 P. 3d 624(2004).

[33] *U. S.* v. *Scrushy*,32 M. L. R. 1814(2004).

[34] *Dixon* v. *Superior Court*,36 M. L. R. 1505(2007).

[35] *Beaufort County Board of Education* v. *Beaufort County Board of Commissioners*,645 S. E. 2d 857 (2007).

[36] *Johnson* v. *Eighth Judicial District Court*,182 P. 3d 194(2008).

[37] *U. S.* v. *Salameh*,992 F. 2d 445(1993).

[38] *In re Contempt of Richard Scaldini*,2008 Ohio 6154 (2008).

[39] *U. S.* v. *Gotti*,33 M. L. R. 1083(2004).

[40] *Gentile* v. *Nevada State Bar*,111 S. Ct. 2770(1991).

[41] *State* v. *Neulander*,30 M. L. R. 2281(2002).

[42] *United States* v. *DiMasi*,39 M. L. R. 2191(2011).

[43] Kirtley,*The Privacy Paradox*.

[44] *U. S.* v. *Cleveland*,128 F. 3d 267(1997).

[45] *U. S.* v. *Sherman*,581 F. 3d 1358(1978).

[46] *Cape Publications Inc.* v. *Braden*,39 S. W. 3d 823 (2001).

[47] *Butterworth* v. *Smith*,110 S. Ct. 1376(1990).

[48] *Smith* v. *Daily Mail Publishing Co.*,443 U. S. 97 (1979).

第 12 章
新闻出版自由与公正审判：不公开的司法程序

由于美国最高法院在一系列判决中反对法院以限制性命令阻止新闻传媒报道刑事司法活动，自 1980 年代以来，法官开始关闭司法程序、禁用法庭记录，以免记者获得可能不利于刑事被告接受公正审判的信息。新闻界对法院关闭审判庭的行为发起了挑战，上诉法院认为，这类行为与限制性命令一样，通常违反宪法第一修正案。以上问题是本章的重点之一，本章的另一个重点，是记者在审判庭内拍照和使用电子摄录设备的权利。本章还将讨论记者和其他庭审报道者是否可以在审判庭内使用电脑和其他通信设备。

 不公开的程序与封存的文件

犯罪报道、罪犯报道和庭审报道历来是美国传媒的重头戏。一个世纪以前，在大多数报社，最吃香的记者是警事新闻记者，不是什么政治记者或报道政府的记者。新闻界与司法系统的紧张关系也由来已久。然而，随着 21 世纪徐徐展开，许多观察家指出，二者关系的紧张程度再度升级。为什么呢？

● 过去 25 年间，大众传媒的规模大幅度增长，触角越伸越长。犯罪新闻不仅充斥报纸、杂志和传统的广播电视，也成为有线电视频道、数量日增的小报和互联网的重要内容，对被告权利的威胁也随之增长。

● 反恐战争与政府对恐怖主义的法律应对，造成司法体系各层界（从抓捕恐怖主义犯罪嫌疑人，到将他们关押于特殊设施，再到秘密审判）的秘密越来越多。记者和众多民权人士希望更多地了解这些程序，政府官员却拒绝公开。

● 因种种原因进入法庭的诉讼参与人，越来越多地要求法院封存记录、关闭听审，以保护他们的活动。公众对司法程序的检视也因此受挫。

● 公众对名人、体育明星、音乐家、电影明星的强烈迷恋，也包含着对被控犯罪者的病态好奇。一些人，如迈克尔·杰克逊和科比·布赖恩特，在与法律发生交集之前早已成名。而另一些人，如化肥经销商斯科特·彼得森、金融家伯尼·麦道夫（Bernie Madoff）和乔迪·阿里亚斯（Jodi Arias），原先只是普通人，后因其所作所为被投到公众的犀利目光之下。有关这些案件的公开报道往往是全国性的。

　　法官禁止传媒刊播内容的能力，受到上诉法院的严格限制，要想控制审前报道，只能另觅他法。法官转而限制公众和传媒对司法程序与文件的近用。美国最高法院也在一系列判决中限制了法官的这种权力，但不如它对传媒钳口令的限制来得精当。在一些论者看来，这个问题远未解决，封闭听审、封存文件的现

象依然存在，而且愈演愈烈。

　　本章将探索"近用司法系统"的问题。在法官封闭听审、封存文件升级的趋势下，美国最高法院在 1980 年首次尝试解决问题。1980年代中期也有两起相关案件。今天，法官要想关闭司法听证或拒绝公开文件，就得翻越很高的障碍。后文将介绍构筑这一障碍的司法判准，以及该判准如何在不同情境下适用。

审判公开与宪法

　　1980 年，在刘易斯·鲍威尔大法官缺席的情况下，美国最高法院以 7 比 1 的投票结果判决：公众与新闻传媒旁听刑事审判的权利，受普通法和宪法第一修正案保障。[1] 六年后，美国最高法院又将这一权利推广至其他司法程序和记录。大法官们在这起"《新闻—进取报》诉里弗赛德高级法院案"（*Press-Enterprise v. Riverside Superior Court*）[2] 中提出了一个相当复杂的判准，规定法官必须满足哪些条件，才能合宪地关闭司法程序。

　　首先，法官必须判断：所要封闭的程序或文件，是否属于法律推定公开的事项。一场推定公开的听证，就是平常对公众和新闻传媒公开的听证。法官在判断某个程序或文件是否推定为公开时，必须问以下两个问题：

　　1. 这一听证或文件是否历来对传媒及公众开放，或

　　2. 向公众和传媒开放这一听证或文件，是否对司法程序的运行有正面、积极的作用。

　　以上问题貌似简单易答，实则不然。伊利诺伊州一家美国地区法院 2007 年判决，刑案陪审员的姓名和住址不属于向传媒和公众推定公开的事项，因为该信息传统上不公开，而且，开放该信息与司法程序的正当运行无关。[3] 20 个月后，第 3 巡回区美国上诉法院做出截然相反的判决，它说，这些姓名历来对公众开放。该法院说，以前社区规模小，人人都知道刑案陪审员的姓名。在 1970 年代以前的近千年里，将陪审员姓名保密的情况"十分罕见"。[4] 如果法官断定这类听审历来开放，或允

许传媒和公众旁听对司法程序有正面积极的作用，法官就必须宣布，该听审推定为公开。接下来，申请闭庭审理的一方（被告或州政府）必须说服法院相信，自己有充足的理由要求闭庭。申请闭庭者必须

　　1. 说明，如果司法程序继续公开或法院允许他人查阅法庭文件，某种重要利益可能会因此受损。 这里所称的利益，包括被告接受公正审判的权利、保护证人隐私的利益等。接着，闭庭审理的主张者必须

　　2. 向法院证明，如果庭审或文件向传媒与公众开放，这一利益受损的可能性极大， 比如，陪审团会因此生出偏见，证人的隐私会因此受到侵害。

　　"可能性极大"这几个字很重要，闭庭审理的主张者很难迈过这个槛。光证明"有可能"甚至"颇有可能"是不够的。

　　闭庭审理的主张者若能证明伤害极有可能发生，法官就必须

　　3. 考虑是否能以合理的替代方案解决问题。 彻底的预先甄选或变更审判地点也可能减少偏见的产生。闭庭审理或封存文件是万不得已之法，不是优先选择。

　　如果没有可行的替代方案，法官就有责任

　　4. 细致厘定封闭的范围。闭庭审理或封存文件势必干扰传媒和公众出席听审或查阅文件的权利，法院要将这种干扰降至最低。 比如，审前的证据听证涉及很多问题，如果只有一个问题可能伤害被告，那么法院就只能封闭与这个问题有关的部分。又或者，证人作证

时,如果只有一部分证言可能让人尴尬或感到羞辱,那么法院只能在这一部分将公众和传媒排除在外,而不是整个作证过程都拒绝旁听。

最后,初审法官必须

5. 找到证据支持这一决定,并准备完备的事实案卷,供上诉法院评估。最后这一点很重要。上诉法院有必要确认,初审法官确实审慎考量过其他备选方案。佐治亚州最高法院曾宣布一道命令无效,该命令要求封闭一起谋杀案的审前程序。法官只是简单地写道:考虑过替代方案,发现替代方案不足以控制伤害。佐治亚州最高法院判决道:"封闭命令必须详述替代方案,并说明替代方案为何无法保护申请人[申请封闭的一方]的权利。"[5]

我们来举一个例子,看看法院在合宪地关闭一个程序之前得做些什么。2010年,南达科他州野生动物公园"熊国"(Bear Country)的股东们打响了一场争夺所有权和经营权的战争。诉讼当事人请求法官在庭上出示财务信息和有关公司市值的证人证言时关闭审判庭。法官同意了,向各方当事人发出钳口令,并下令封闭审判庭和法院案卷。一年后,南达科他州最高法院判决初审法官的命令不当。初审法官未能证明钳口令正当。这毕竟是一起没有陪审团的诉讼。至于封闭程序与案卷,该州最高法院说,初审法官未能正确地适用公开推定:

● 他未能要求当事人证明,封闭程序和案卷是保护更高价值之所必需。

● 他未能以具体证据证明封闭命令的正当性与合理性。

● 他未能细致地厘定封闭范围。[6]

《新闻—进取报》案判准既适用于听证,也适用于文件。第10巡回区美国上诉法院的一起判决对适用该判准颇具指导意义。蒂莫西·麦克维(Timothy McVeigh)和特里·L.尼科尔斯(Terry L. Nichols)被控向俄克拉荷马市的联邦大楼投放炸弹。记者想查阅有关此案司法程序的文件。尼科尔斯曾申请排除某些证据,如FBI探员最初讯问尼科尔斯时所做的笔录,麦克维和尼科尔斯还曾申请分别受审。记者希望查阅这些申请文件中不予公开的部分。第10巡回区美国上诉法院说,排除证据申请虽说来会公开,但被排除的证据一贯不可查阅,本案只封存了这些不可查阅的材料。查阅原始笔录没有传统或逻辑依据,不论该笔录是否出自FBI探员,因为它会曝光那些道听途说、没有依据、不宜公开的材料。该法院最后说,它认为,基于传统,记者有权利近用两名被告申请分别受审的部分文件。但它又说,公开其余内容可能危及两名被告接受公正审判的权利,因为这些文件中,有法院用于评估独立审判是否确有必要的直接材料。该上诉法院说,既然初审法官有充分的理由支持封闭命令,它也不愿事后置喙。[7]

公开审判与闭庭审判

在美国最高法院的指导下,下级法院将《新闻—进取报》案判准适用于大量听证和文件。大多数扩张"公开—近用"条款适用范围的案件,源于报纸和电台、电视台对法院闭庭决定的挑战。不过这类挑战如今越来越少,新闻传媒不再发起这类挑战。为什么呢?这部分是因为,大量小型、中型、乃至一些大型传媒本身正面临财务危机,无力投身昂贵的官司。正如一位传媒分析人士所说,传媒的关注重心,已从宪法第一修正案原则转移到了生存问题。而且,过去30年间为投资而冒险购入数百家家族传媒的大公司,本身也没有监督政府、开放政府的新闻理念。[8]

法官极难关闭传统刑事案件的庭审。美国最高法院1980年的"里士满报业公司诉弗吉尼亚州案"(*Richmond Newspapers v. Virginia*)[9]中明确了这一点。此案源于弗吉尼亚州的一起案件。1976年3月,约翰·史蒂文森(John Stevenson)被控谋杀,一审被判二级谋杀罪名成立,但这一定罪后被推翻。案件重审期间，一名陪审员中途请求退出，导致审判无效。第三次审判也以无效审判告终，因为一名陪审员候选人告诉其他陪审员候选人，史蒂文森曾因同一指控被定罪。庭审开始之后，此事才曝光。1978 年底，第四次审判即将开始之时，辩方请求法院闭庭审理，控方也没有反对，法院下令闭庭。里士满报业公司提出抗议，无果。1980 年 2 月，一纸上诉状来到美国最高法院。

伯格首席大法官执笔美国最高法院的判决意见，他指出，"法院审判历来向所有想旁听的民众公开"。大法官又说，审判公开是我国刑事司法制度的基本原则。权利法案或宪法虽未明文规定审判公开，但宪法第一修正案明确保障的诸项自由"有一个共同的核心目标，即确保民众自由地讨论政府事务"。他又说："宪法第一修正案对言论自由和新闻出版自由的保障，可解读为保护人人出席审判的权利，唯其如此，上述保障才有意义。"伯格首席大法官就此指出，宪法第一修正案禁止政府闭庭审理案件，宪法第一修正案通过之时，审判庭的大门是向公众开放的。

《新闻—进取报》案判准：何时可以封闭本应公开的司法程序和文件？

1. 申请闭庭审理的一方（辩方、控方或控辩双方）必须举出一种极重要的利益，而公开司法程序或文件可能会损害这种利益。

2. 申请闭庭者必须证明，如果公开程序或文件，该利益极可能因此受损。

3. 初审法院必须考虑其他合理的替代方案。

4. 如果法官认为封闭是唯一合理的解决方案，也必须将封闭范围控制在绝对必要的限度之内。

5. 初审法院必须有充分的证据支持封闭决定。

不过，伯格首席大法官并不认为宪法第一修正案绝对禁止闭庭审理。他指出，在一些情境（他明确拒绝定义这些情境）下，初审法官出于公正审判的需要，也可以禁止公众和传媒旁听庭审。美国最高法院虽未具体列举这些情境，但从判决文的语气和措辞来看，首席大法官显然认为，这类情境极为罕见。怀特、史蒂文斯、布伦南、马歇尔、斯图尔特和布莱克门大法官

> 美国最高法院的首席大法官伯格说："宪法第一修正案对言论自由和新闻出版自由的保障，可解读为保护人人出席审判的权利，唯其如此，上述保障才有意义。"他就此指出，宪法第一修正案禁止政府闭庭审理案件，宪法第一修正案通过之时，审判庭的大门是向公众开放的。

在五份独立的协同意见书中支持首席大法官的观点。其中只有斯图尔特大法官在主张保障审判公开时走得比伯格首席大法官更远。伦奎斯特大法官发表反对意见。

美国最高法院从未说过，民事案件也应向传媒和公众开放，但下级联邦法院和州法院做出过这样的判决。1984 年，第 3 巡回区美国上诉法院判决，民事审判程序也应对公众和传媒开放。该法院在涉及公司争夺委托投票权的"帕布利克实业公司诉科恩案"（*Publicker Industries v. Cohen*）[10] 中指出："调查表明，刑事司法制度与民事司法制度有很多共同特征，而美国最高法院曾根据这些特征，判决宪法第一修正案保障传媒和公众旁听刑事审判的权利。"第 3 巡回区美国上诉法院说，这种权利不是绝对的，但在没有明确证据证明闭庭审理有助于实现重要的政府利益，且闭庭审理是实现该利益的唯一途径时，民事诉讼程序也应当公开。1999 年，加州最高法院成为首个做出相同判决的州最高法院，它认为，传媒和公众拥有近用民事审判程序的宪法权利。[11]

当然，以上规则也有例外。下面是几个例子。

未成年人案件　涉及未成年人的案件，传统上不对传媒和公众开放。该政策旨在保护受害人和被告。这类案件的受害人一般也是未成年人，况且，矫正未成年罪犯是少年司法的原则。犯罪者的情况若在社区内广为人知，矫正起来就会难得多。

然而过去 20 年间，未成年人司法程序的

相关政策发生了一些变化。对这些程序的近用虽不常见，但也不再罕见。之所以如此，至少有以下几个原因。第一，多个州将涉及未成年人的程序分成两类：(1)未成年人犯罪案件；(2)儿童受虐、父母失职、家庭纠纷等涉及未成年人的案件。不少州区别对待以上两类案件，第一类案件的审理(刑事案件的审理)一般向传媒和公众开放，第二类案件(关乎社会问题)通常闭庭审理。但至少有 12 个州认为，第二类案件也应当公开审理。在许多情况下，少年法庭的法官允许记者旁听这类案件，以利于记者了解法庭正在处理的问题，但记者得答应不在报道中透露当事人的身份。过去 25 年间，未成年人的犯罪率剧增，这是促进未成年人犯罪案件进一步开放公开的第二个原因。50 年前，未成年人犯罪不过就是小偷小摸和企图伤害，现如今，未成年人被控抢劫、强奸，乃至谋杀的案件不乏所见。在这种情势下，公众要求进一步加强对未成年人司法程序的检视。

虽说目前的趋势是进一步开放涉及未成年人的庭审程序，但相关法律在各州、各案中并不一致。俄亥俄州最高法院 2006 年判决，在该州，未成年人司法程序既不推定为公开，也不推定为不公开。法院必须在个案中做出决定，所需考量的事项包括：开放庭审程序是否会对儿童造成伤害？伤害是否会超出公开带来的益处？是否有其他合理方案可以代替闭庭审理？[12]第 3 巡回区美国上诉法院也在 1994 年说过，《未成年人犯罪法》(Juvenile Delinquency Act)没有规定涉及未成年人的联邦司法程序必须公开或不公开，法院必须在个案中自行判断，平衡各方当事人的利益。[13]

以下是一些法院的判决：

● 2001 年，新墨西哥最高法院判决：新闻传媒无权旁听虐童案和照顾儿童不周案的庭审，尤其在当事人的身份很有可能被公开的情形下。[14]

● 2006 年，纽约州家事法院判决，在一起 7 岁女童被父母殴打致死的案件中，女童同胞手足的隐私利益，高于公众了解法院工作的利益。[15]

● 25 年多前，佛蒙特州最高法院判决，在一名 15 岁男孩被控杀害一名女孩并攻击另一名女孩的案件中，法官可以闭庭审理。该法院说，公开报道常被视作对未成年犯罪者的惩罚。[16]

● 但密苏里州最高法院 2005 年判决，在一名未成年人被控谋杀的案件中，司法程序理应公开，因为，若是成年人因相同罪行而受审，罪名会是一级谋杀。[17]

● 2007 年，俄亥俄州最高法院判决，未成年人法庭的法官禁止摄影记者在庭审中拍摄 15 岁被告的命令有误。被告被控加重谋杀罪和加重抢劫罪。当其父母反对记者拍照时，法官贸然做出决定，在没来得及召开听证讨论是否确有必要之前，就下令禁止记者拍摄。俄亥俄州最高法院说，法官必须有足够充分的证据证明，新闻传媒的在场会伤害被告或破坏程序公正，且以上伤害超出了公共利益，没有其他替代方案。[18]

记者和其他有兴趣报道未成年人司法程序的人，应当熟悉所在州或所在法院辖区的相关法律。由于法律模棱两可，同一州的法官也可能做出不同解释。但在目前和可见的未来，未成年人案件仍是"刑事案件对传媒和公众开放"原则的例外。

受害人及证人保护　美国最高法院曾判决，性犯罪案件的受害人出庭作证时，州政府可以请求封闭审判庭，以保护受害人。多个州的成文法支持在这种情形下关闭审判庭。不过，这些法律只是允许法院在受害人出庭作证时关闭审判庭，不能要求法院这么做。马萨诸塞州的成文法规定，当性犯罪案件的未成年受害人出庭作证时，法院必须闭庭。美国最高法院判决该法违宪。威廉·布伦南大法官承认，州政府确实有必要保护此类案件的受害人。但他又说，以上法律是有缺陷的，因为它**强令法院封闭审判程序**。布伦南大法官写道："尽管其中牵涉极重要的利益，但这也证明不了强制闭庭的正当性，显而易见，具体案情会影响〔州〕利益的重要程度。"布伦南大法官指出，根据该法，哪怕受害人本人想在公开法庭上作

证,初审法官也不能允许。[19] 华盛顿州 1992
年的一部州法规定,法院必须确保性犯罪案件
中的未成年受害人不被公开身份,该法也被宣
布为违宪,因为它要求初审法官在相关听证中
闭庭。[20] 但在 2008 年,爱达荷州一家美国地
区法院在一名强奸杀人犯(已被定罪)的量刑
听证①进行到 12 岁女孩作证描述自己落入罪
犯手中的遭遇时,关闭了审判庭。被告杀害了
女孩的数位家人,劫持了她和她的兄弟,后来
又杀害了她的兄弟。法官判决,保护幸存受害
人免受心理创伤是"极重要的利益",这种利益
压倒了新闻传媒近用这一部分刑事司法程序
的宪法第一修正案权利。受害女孩证言的文
本后向传媒和公众开放。[21]

卧底警察作证时,上诉法院通常允许关闭
审判庭。1997 年,纽约州最高法院(New York
Supreme Court)上诉分部判决,一家初审法院
在卧底警察作证期间关闭审判庭是对的,因为
这些警察将在被告被捕的区域内继续卧底。
卧底警察说,如果法庭在他们作证期间依然公
开,他们将性命堪忧。[22] 但是,这类闭庭不是
自动的。纽约州最高法院在 1993 年的一起案
件中判决,初审法官仅凭一名卧底警察将在
"布朗克斯(Bronx)地区"继续卧底,就在他作
证期间关闭审判庭是不对的。纽约州最高法
院说,布朗克斯地区方圆 41 平方英里,居住人
口达 210 万。这事实上意味着,每次有卧底警
察出庭作证,法院都要自动关闭审判庭。[23]

传统军事法庭　无论是根据军法还是根
据宪法第一修正案,军事法庭都应对传媒和公
众开放。[24] 当然也有例外。比如,在涉及保密
信息时,法院可以关闭审判庭,前提是,闭庭命
令必须剪裁得当,不能超出保护保密材料之所
必需。不过,据记者争取新闻出版自由委员会
2008 年 8 月发布的报告,近年来,公众和传媒
近用审前程序和法院材料的要求常常被拒。
研究表明,军方在半数案件中拒绝提供有关审
前听证的信息,拒绝公布军事法庭的日程安排

和摘要信息,甚至拒绝透露被告的姓名、被控
罪名等基本细节。[25]

恐怖主义犯罪嫌疑人、敌方作战人员等

自 2001 年"9·11"恐怖袭击与伊拉克、阿
富汗战事开始以来,美国政府便面临一个问
题:如何处理数百名被执法部门和军方羁押的
囚徒。这些囚徒应该接受审判吗? 如果是,该
由什么法院来审理这些案件? 这些人享有哪
些宪法权利(如果有的话)? 本书作者走笔至
此时,这些问题尚未完全解决。

如果举行审判,这些案件应如一般刑事审
判般,对传媒和公众开放吗? 还是应该闭庭审
理? 小布什政府的官员主张闭庭审理。他们
说,这类案件如果公开审理,所透露出来的信
息,哪怕是貌似无害的数据,也会被恐怖主义
者利用,帮助他们查探政府的调查方向。自由
主义人士则主张,所有司法程序都应公开。任
何被控犯罪者,都有获得公开审判的权利。到
2013 年底为止,奥巴马政府尚未解决这个问
题。政府有两种选择:第一,由联邦法院审理;
第二,由军事委员会或特别法庭审理。我们简
单考察一下这两种选择。

特别军事法庭或军事委员会　2001 年
"9·11"恐怖袭击之后,布什总统签署命令,授
权特别军事法庭和军事委员会审判疑似恐怖
主义者。恐怖袭击发生后,大量犯罪嫌疑人被
关押,多数关在古巴关塔那摩的一个军事设施
内,他们的命运便由这些委员会决定。2006
年 6 月,美国最高法院宣布这些委员会非法,
它说,总统无权设立特别法庭,而且,这些特别
法庭违反了《统一军法典》(Uniform Code of
Military Justice)和《日内瓦公约》。[26] 九个月
后,美国国会制定了一部新法,以变通方式重
新设立了这些委员会。普通联邦法院和特别
军事法庭的关键区别在于,特别军事法庭可以
采信传闻证据,普通联邦法院则不行。特别军

---

①　与中国的"审(trial)判(sentencing)合一"不同,在美国的刑事诉讼中,审判阶段只决定被告是否有罪,对被告判处
何种刑罚在量刑听证中确定。——译者注

事法庭能大大提高政府的举证自由度。2008年总统大选之后，特别军事法庭审理的案件很少，因为奥巴马总统说，他想关闭关塔那摩的关押设施，今后改由联邦法院审理这些案件。但奥巴马政府又在 2011 年 3 月宣布，总统改变了心意，奥巴马政府准备更多地动用特别军事法庭来审理被羁押者。[27] 之所以发生这样的变化，主要是因为，美国司法部部长埃里克·霍尔德 2009 年底宣布将在纽约市一家联邦法院起诉"9·11"恐怖袭击的策划者后，举国上下反应激烈。在特别军事法庭审理的案件中，最广为人知的一起发生在关塔那摩的军事监狱，该案起诉和定罪的对象是奥萨马·本·拉登的司机萨利姆·哈姆丹（Salim Hamdan），哈姆丹因支持恐怖主义而被定罪。此案貌似公开审理，但大多数中立观察家说，公开只是表面现象。此案审理期间，未经军方允准，无人能入场旁听。极少的几位记者确实旁听了，但全程由军方人员陪同，连如厕时也有人在门外站岗。此案的法庭文件是保密的，有些庭审程序是闭门举行的。[28] 新的行政分支上台后，是否会延续这种假模假式的公开而不顾自己承诺过要打造更透明的政府，我们还需进一步观察。

联邦法院的程序　目前已有多起恐怖主义案件在联邦法院审理，大多数对传媒和公众开放。例如，"9·11"事件的策划者萨卡里亚斯·穆萨维（Zacarias Moussaoui）和人称"鞋子炸弹客"的罗伯特·里德（Robert Reid），就都是在联邦法院被定罪的。2013 年，美国政府在曼哈顿的一家联邦法院对"基地"组织高层官员苏莱曼·阿布·盖斯（Sulaiman Abu Ghaith）发动了司法程序。2010 年底，关塔那摩的第一个住客艾哈迈德·盖拉尼（Ahmed Ghailani）在纽约市的一家联邦法院受审并被定罪。此人在 1998 年对美国驻肯尼亚和坦桑

尼亚大使馆制造了卡车炸弹袭击事件，被判终身监禁。这起案件是公开审理的。虽然被告被成功定罪，但国会诸多保守派议员和右翼评论者说，他们仍然认为，所有审判都应在关塔那摩基地的秘密法庭中举行。

在一些情形下，政府设法将公众挡在了联邦法院门外。美国政府拘留了持学生签证入美（住在南佛罗里达州）的阿尔及利亚人卡梅尔·贝拉豪尔（Kamel Bellahouel），据称，他与三名"9·11"劫机者有来往。所有程序，包括司法程序，都是秘密进行的。此案的所有记录都被封存。如果不是法院工作人员整理文档时出错，公共档案中甚至都没有此案的记录。这是人身保护令听证（政府在这类听证中必须证明扣押某人的理由），这类听证传统上是公开的。贝拉豪尔上诉至第 11 巡回区美国上诉法院，公共档案中有上诉记录，但具体内容一片空白。贝拉豪尔败诉，被驱逐出境。美国最高法院拒绝受理此案。

小　结

美国法庭传统上对传媒和公众开放，然而，在法院以限制性命令控制新闻报道的主意落空之后，一些法官试图以关闭审判庭、封存文件等方式解决问题。1980 年代，美国最高法院设立了一种司法判准（《新闻—进取报》案判准），它用于判断：对传媒和公众近用司法程序和文件的限制是否违反宪法第一修正案。美国法院此后判决，不分民刑，审判一般必须公开。例外情形有：在犯罪受害人和部分证人作证期间，法院可以闭庭；一些涉及未成年人的司法程序，可以不对大众公开。军事委员会对恐怖活动犯罪嫌疑人的审理是否应当公开，至今仍是悬而未决的问题。

其他听证的不公开举行

对外行而言,司法程序就是审判。但其实,大量司法程序发生在非审判的听证中,这些听证通常处理以往由审判决定的诸多事宜。许多审前听证源起于 1960 年代,当时的一系列判决大大扩张了刑事被告的权利,最主要的变化是刑事司法系统工作方式的变化,司法人员开始越来越紧密地与惩教机构、社会服务机构的工作人员合作。

这样的听证有:举证或排除证据听证(evidentiary or suppression hearings)、审前羁押听证(pretrial detention hearings)、答辩听证(plea hearings)、量刑前听证①与量刑后听证(presentence and postsentence hearings)等。许多听证在审判远未开始之前就举行了,甚至在陪审团选出之前数周举行。一些听证聚焦于对被告极为不利的信息。比如,法院可能会在举证听证中排除一项关键证据(如凶器),因为警方获取该证据的程序失当。一些人认为,如果这一事实公开,排除该证据的意义将不复存在,因为社区成员、陪审员已经知道有凶器的存在。又或者,州政府有可能认为,公开报道特定种类的证据,会不利于将来指控其他被告。

自 1986 年以来,美国法院已确认多种司法程序为推定公开。[29]美国最高法院特别指出,审前举证听证[30](如审议排除证据申请的听证)和陪审员预先甄选程序[31](voir dire proceedings)属于推定公开的司法程序。美国最高法院的判例适用于全美各地的法院。初审法官在封闭司法程序之前,必须按照严格的《新闻—进取报》案判准做出衡断。这对闭庭的支持者而言,是一道很高的障壁。一些下级法院曾判决,《新闻—进取报》案判准也适用于陪审员候选人在口头甄选开始之前填写的问卷。初审法院若想封闭陪审员甄选程序的任

何部分,就必须满足《新闻—进取报》案判准的严苛要求。美国最高法院 2010 年判决,佐治亚州一家初审法院在审核陪审员时将公众拒之门外,乃属违宪。最高法院说,初审法院有责任采取一切合理措施,确保公众参与刑事审判。[32]最高法院在判决书中写道:"无疑,在某些情形下,法官可能会认为,外人与陪审员的不当交流或其他安全考量足以证明闭庭的正当性。"它又写道:"但在上述情形下,法官必须阐明其所欲保护的利益和该利益受到的威胁,还必须提供足够明确的证据,供复审法院判断闭庭命令正确与否。"如本案这般,仅凭区区断言就下令封闭司法程序,是不够的。例如,在一起民事案件中,新泽西州的初审法官在陪审团做出裁断后召开了陪审员资格审查会,考察某位陪审员是否渎职,他决定闭门召开此会。法官说,他想与各位陪审员谈一谈某位陪审员的不当行为。初审法官的封闭命令受到了挑战,上诉法院也认为,虽然没有证据表明这类听证传统上公开,但"允许公众旁听,显然能抑制陪审员作伪证的情况,也能向公众证明:陪审员的行为也要经受检视"。上诉法院判决,该听证为推定公开,而法官未能说明封闭的理由。[33]

在南卡罗来纳州,初审法官关闭了一起备受关注的谋杀案的审前证据排除听证。被告被控在一家食品杂货店内持猎枪射杀其女友,并引发一场人质危机。电视台实况直播了这场危机事件。关于此案,共有近 40 篇报纸报道。法官说他很担心,因为此案既涉及种族问题,又涉及家庭暴力,家暴也是一触即发的火药桶。南卡罗来纳州最高法院否决了闭庭命令。该法院判决道:"这些顾虑无疑是真

自 1986 年以来,美国法院已确认多种司法程序为推定公开。

---

① 在科刑判决做出之前,由法官或陪审团接受并审查有关已被定罪的被告和相关犯罪的全部材料的程序。——译者注

实的,但关闭法庭无济于事。"封闭听证丝毫影响不了新闻传媒继续报道此案的能力。南卡罗来纳州最高法院说,退一步讲,就算公开报道审前听证确有可能对被告造成偏见,但关闭听证也无法阻止偏见。该法院指出,彻底甄选陪审员才是保护被告权利的更好办法。缅因州最高法院 2013 年判决说:有人担心,公开甄选陪审员会让陪审员候选人不肯说实话,可这一顾虑不足以将公众或传媒拒于司法程序之外。[34]

联邦和州上诉法院也审理过一些关于开放听证的案件。综言之,这些判例适用不广,只在某一联邦司法管辖区或一州之内适用。不过,以下这几种程序在大多数情形下都被视为公开,仅当有充分证据证明公开极有可能伤害其他重要利益时,才能允许闭门:

- 审前羁押听证
- 保释听证
- 答辩听证
- 预先甄选陪审员程序
- 量刑听证
- 律师纪律惩戒听证

不过,就算某类听证一般推定为公开,也并不意味着必定公开。以预先甄选陪审员听证为例。预先甄选陪审员听证在大多数情况下是公开的。电视名人玛莎·斯图尔特的律师想关闭预先甄选程序,他们一则担心传媒的密集报道,二则害怕陪审员候选人在传媒面前不愿说实话。初审法院同意了,但第 2 巡回区美国上诉法院推翻了这一决定。上诉法院的法官指出,传媒对此案的兴趣,并未扰乱司法程序或泄露法院禁止传媒泄露的信息。法官还说,他们不相信,传媒的在场会令陪审员作证时不够忠直坦诚。第 2 巡回区美国上诉法院说:"很难想象,一位在法官面前都不愿掩饰对被告有偏见的陪审员,会在记者面前遮遮掩掩。"[35]2004 年,华盛顿州最高法院推翻了一项一级谋杀定罪,因为初审法院以审判庭太小为由,禁止公众(包括被告的家人)旁听预先甄选陪审员程序,剥夺了被告接受公开审判的权利。该法院指出,初审法官没有适用《新闻—

进取报》案判准。[36]

在另一些案件中,上诉法院允许初审法院关闭陪审员预先甄选程序,以保护陪审员的身份,[37]或确保陪审员候选人直率、坦诚地回答问题。[38]2003 年,在底特律,有四人被控参与密谋"9·11"恐怖袭击,初审法官关闭了预先甄选陪审员程序的数个阶段。法官说,这是为了保护陪审员的隐私权,保护他们不受新闻传媒和他人的过度烦扰。他说,他也担心,传媒的报道会影响陪审员候选人回答问题。[39]

一些法院采用其他策略来应对陪审员问题。第 5 巡回区美国上诉法院判决,一位初审法官可以在办公室里私底下问两个陪审员是否有不端行为。该判决来自对埃德温·爱德华兹(Edwin Edwards,时任路易斯安那州州长)的第二次审判。此案第一次审判以无效审判告终。在第二次审判中,一位陪审员报告法警说,有位陪审员曾问他:"你知道上个陪审团是收了贿赂才投无罪票的吗?"法官将两位陪审员叫到办公室里询问此事。法官说,他不想让其他陪审员知道此事,所以才这么做。几天后,同样的事情再一次发生,法官又以相同的方式处理。审判结束后,新闻传媒申请获取相关档案,得到的却是编辑后的版本,陪审员的姓名和其他细节均被抹去。第 5 巡回区美国上诉法院支持初审法官的做法。它指出,询问陪审员历来是私底下进行的。而且,公开这类程序对本案极为有害,恐怕会将法院所谓之"茶壶里的风暴"变成无效审判。该上诉法院还支持初审法官编辑档案,以免陪审团被骚扰。[40]

也有一些程序,法院向来不推定为公开,这些程序一般不对公众公开,不受公众检视。比如,第 6 巡回区美国上诉法院曾判决,传媒和公众无权近用**简易陪审团审判(summary jury trial)**。简易陪审团审判是一种相当罕见的司法程序,有时用于民事案件,是法院在案件进入完整的陪审团审判之前,争取调解双方争议的一种制度。在这种程序中,双方律师向陪审员简要陈述主张。此时不传唤证人,尤其不鼓励对证据或其他材料提出反对。陪审员听取双方主张后，做出非正式裁断，法官据此调解案件。假设原告琼斯在简易陪审团审判中落于下风，她就更有可能选择接受调解，而非正式审判。第 6 巡回区美国上诉法院说，传媒和公众不享有近用这种程序的宪法第一修正案权利，因为这种权利历来不被承认，而且允许近用此类程序有违简易审判力求调解纠纷的初衷。[41]

大陪审团程序是保密的——一贯如此。传媒对此没有异议，但在近期的两起事件中，大陪审团的敏感材料被外泄给了传媒。辩方律师为此惶惶不安，他们担心这会伤害被告的利益，并影响未来的陪审员。第一起事件发生在 2004 年 12 月，《旧金山纪事报》发表了证人在联邦大陪审团前所作的部分证言，指摘大联盟有数位球员使用类固醇。之后一个月又发生了一起类似事件，ABC 新闻和 thesmoking-gun.com 网站发表了大量有关迈克尔·杰克逊娈童案的材料，这些材料来自此案的大陪审团程序。根据加州法律，大陪审团的文档通常在审判开始之前公开，但此案不同，由于传媒的报道过于密集，法官禁止发布相关材料。在以上两起案件中，传媒均未被罚款[42]，不过，传媒在发表在大陪审团听证中产生的秘密材料时，往往如履薄冰。在这种情形下，宪法第一修正案给予的保护微乎其微。（当记者拒绝透露大陪审团材料的消息来源时，宪法极少给予保护，相关内容**参见第 297~299 页**。）大陪审团程序保密的规则，同样也适用于大陪审团程序的附属程序。

最后需说明的是，不同法院对驱逐出境听证是否应当公开举行一事存有争议。传媒以前不关心这类听证，直到美国政府开始驱逐中东外侨（政府说，这些中东人都以某种方式参与了恐怖主义行动），传媒才有所关注。随着这些听证成为新闻热点，问题也浮出水面，它们是否应该公开举行呢？两家联邦上诉法院对此有截然相反的判断。第 6 巡回区美国上诉法院在来自密歇根州的一起案件中判决，此类程序具有准司法的性质，故应与刑事审判等量齐观，应推定为公开。[43]该法院说，这类听证历来对公众公开，而且公开能确保公正、防止错误，可谓意义重大。如此一来，凡闭门召开听证，就都得符合《新闻—进取报》案判准，而且必须剪裁适度。但第 3 巡回区美国上诉法院在一起来自新泽西州的案件中，做出了完全相反的判决。该法院判决，驱逐出境听证不能推定为公开。[44]它说，驱逐出境听证程序由美国国会立法规定，相关条款从未明确保障公众近用此类程序。它还说，许多听证都是闭门举行的，而且必须闭门，因为它们常在不对外开放的场所举行，比如监狱。该法院还说，公开此类听证弊大于利。政府认为，公开此类听证将暴露政府的线人和调查方法，客观上有助于仍在活动的恐怖分子，而且有损在押者的隐私利益。对此，第 3 巡回区美国上诉法院表示同意。新泽西州数家报社提起上诉，这些报社认为，政府应逐案说明闭门召开听证的理由的正当性，反对一刀切地关闭所有此类听证。美国最高法院拒绝受理此案上诉。这一法律问题至今悬而未决。

可近用之文件与不可近用之文件

如今，大量文件档案已被确认为推定公开，可供传媒和公众查阅，但尽管如此，封存法庭记录仍是一个日趋严重的问题。法院出于种种原因（如避免诉讼人尴尬，鼓励他们接受调解等）同意封存记录。2008 年夏，《塔尔萨世界报》（Tulsa World）报道说，2003 年至 2007 年，俄克拉何马州共封存 2 000 多起案件，其中包括离婚档案、意外致死的调解，甚至改名换姓。[45]在一些司法管辖区，问题已经相当严重，以至于内华达州要在 2007 年专门成立委员会，就民事法庭记录的保存、查阅和封存问题制定新规。[46]

司法程序中的各方当事人均可请求封存记录,法官做判断时,应适用《新闻—进取报》案判准(参见第 339~340 页)。在过去 20 年间,大量文件被确认为推定公开。

公开法庭上呈示的证据 公开法庭上呈示的证据,通常向公众开放。2011 年,犹他州最高法院说,传媒有权查阅刑事被告坦白其罪行的一封信件。这封信是住在被告隔壁囚室的犯人提交给法庭的。犹他州最高法院说,信中的大部分信息,在被告提交法庭的辩论意见书中都有,而辩论意见书属于公开文件。[47]佛罗里达州上诉法院 2005 年判决,传媒业者可以查阅在公开法庭上被采信为证据的犯罪现场照片、犯罪现场录像和尸检照片,以判断证人对这些材料的口头描述是否准确。该法院承认,这些照片会令受害人的亲友伤恸,但它说,司法公开在本案中是第一位的。[48]不过,这也并非不移的法则。在 "9·11" 嫌疑人萨卡里亚斯·穆萨维受审一案中,一家联邦地区法院判决,93 号航班(2001 年 9 月 11 日在宾夕法尼亚州坠毁)驾驶舱内的录音虽向陪审团播放,但不应透露给传媒和公众。受害人的隐私权和受害人家人的顾虑,压倒了公众近用录音的权利。不过,录音的文字记录向公众公开。[49]2010 年,犹他州一家联邦法院判决,在戴维·米切尔(David Mitchell)的行为能力听证(competency hearing)上播放的录像不应公开,尽管这场听证是公开举行的。米切尔被控(后被定罪)于 2002 年绑架并监禁伊丽莎白·斯马特(Elizabeth Smart)九个月。法官说,为确保米切尔受到公正审判并保护受害人的隐私利益,近用推定只能退居其次,哪怕这些录像听证期间已在公开法庭上播放过。[50]

法院日程表 第 2 巡回区美国上诉法院 2004 年判决:公众有查阅这些日程表的有限宪法第一修正案权利。这些日程表提供了司法程序和司法文件的索引。[51]

审前程序中提交的文件 第 9 巡回区美国上诉法院判决,审前程序是公开的,而且 "没有理由区分审前程序与为此提交的相关文件"。[52]

量刑前和量刑后调查报告 第 9 巡回区美国上诉法院判决,除非法官能证明确有必要封存这些记录,否则文件应向公众公开,供公众检视。[53]不过也有例外,宾夕法尼亚州一家联邦法院 2001 年封存了一份量刑前调查报告(有关一名前任州参议员)。这名前任州参议员被控贪腐,他本人也认罪了。法院以保护被告隐私权与法院的保密需要为由做出以上判决。[54]

诉辩交易 诉辩交易是检察官与被告达成的书面协议,辩方自认有罪,作为交换,控方在指控时降低刑责。

检察官起诉书、大陪审团起诉书、搜查许可证、支持性宣誓书①、证据和其他有关量刑的材料 前四项是控方在指控犯罪嫌疑人或收集指控所需的资料时产生的材料。量刑材料不止这些文件,还包括那些在定罪时不被采信的内容。北卡罗来纳州一家美国地区法院 2005 年判决,在调查 FBI 特别探员被控收受证人礼物时所用的搜查许可证,应向公众公开。该法院说,审判开始之前的负面报道,应以预先甄选陪审员之程序来解决。[55]当然,也不是所有调查记录都能公开。报界想要查阅警方为贾里德·洛克纳案准备的调查记录,却在一家联邦法院吃了闭门羹。洛克纳被控杀害六人并打伤议员加布丽埃勒·吉福兹。这家联邦法院说,这类记录不属于联邦法规定的司法记录,公众无权查阅。[56]

如果法官觉得公开某类材料会有损公共利益,他们也会划出界限。2001 年,纽约州一家联邦法院判决,虽然传媒可以查阅寄给法院书记员的信件(内容涉及量刑在即的被告),但寄给法院本身、供法官在量刑程序中参考的类似信件不在公开之列。法官说,发信人对信中的评论有隐私期待,法院需要人们不受阻碍地讨论量刑事宜,市民若是得知自己的想法和观

---

① 为支持当事人的某项请求而提出的宣誓书,如请求延期审理或申请签发禁制令等。——译者注

点将被公开，就会有所忌惮，不敢再写信评论。[57]肯塔基州最高法院 2002 年判决，初审法院可以永久封存针对罗马天主教牧师的部分性侵指控。初审法院说，被封存的指控是不切实际、喋喋不休的造谣。肯塔基州最高法院说，实在看不出来，允许公众查阅这种指控如何能够增进公众对司法程序的理解，它同意，公布这些材料会对教区造成不可挽回的伤害。[58]

陪审员记录　过去的 15～20 年间，近用陪审员信息成了一个敏感问题。刑事案件与日俱增，美国人担任陪审员的意愿却一再减弱，在这种背景下，法官越来越倾向于保护愿意承担这一重要公共职责的人。在大多数审判中，陪审员的姓名和住址都被视作公共记录，对传媒和公众开放。但在一些案件中，法官拒绝公开陪审员的姓名、住址，审判结束后也不公开。（有时，法院甚至不愿传媒报道已经公开的信息。**参见第 352～353 页**。）例如 2010 年，伊利诺伊州前州长罗德·布拉戈耶维奇（Rod Blagojevich）因向联邦探员撒谎而受审，伊利诺伊州一家美国地区法院拒绝公开陪审员的姓名，直至庭审结束、陪审团做出裁断为止。法官说，他曾向陪审员承诺保密，他担心被告太有名，陪审员会因此受到传媒和他人的骚扰。他说，陪审员会因传媒的接触而分心、烦恼或担惊受怕，从而无法履行职责。他还说，他认为，没有其他办法能比不公开陪审员的身份更现实、造成的负担更小。[59]

普通法或宪法是否允许法院拒绝公开此类信息呢？美国各家上诉法院对此意见不一。第 3 和第 4 巡回区美国上诉法院、密歇根州上诉法院和宾夕法尼亚州最高法院曾判决，公众至少有近用此类记录的有限权利。[60]这些法院所设的限制，通常涉及信息发布的时间和方式。北达科他州最高法院 2008 年判决：陪审员信息是公共记录，哪怕初审法院承诺过要保护陪审团问卷上的信息，也改变不了这类信息的公共性质。[61]相反，第 5 巡回区美国上诉法院、俄勒冈州最高法院和马萨诸塞州最高法院判决，陪审员信息

不一定要向公众公开。[62]

发表陪审员的姓名、住址，不论法律上是否允许，都是记者必须谨慎对待的职业道德问题。"拿得到就发表"这种下意识反应是不妥的。罗德尼·金案在南加州一审时，被控殴打金的警察被陪审团宣告无罪，抗议人群在洛杉矶的街头巷尾发起暴动。一家报社照旧发表了陪审员的姓名，这些信息很可能威胁每一位陪审员的人身安全。传媒有必要扪心自问：发表这些姓名的目的是什么？是为了告知受众重要信息吗？会威胁陪审员的隐私甚至人身安全吗？负责任的编辑和广播公司会慎重对待此事。

至少有一家联邦法院曾判决，陪审员递给法官的纸条（请求法官就法律问题或证据问题提供指导）不对外公开。一家报社请求查阅一起复杂案件中的这类记录，该案有五名被告，共产生 90 项裁断。法院说，此案中，陪审团审议的纯然性优先于宪法第一修正案利益。法院判决道："正如人们无权在陪审团审议期间进入审议现场一样……人们也无权获知，是哪些问题妨碍了陪审员审议。"[63]

庭外和解　有些领域，公众和传媒一般是不能近用的。民事诉讼往往以庭外和解的方式结束，诉讼双方同意和解，决定不再把官司一打到底。以往，由福特"探险者"汽车的问题轮胎、危险的硅胶隆胸填充物、爆炸的打火机和有缺陷的电视机引发的案件，都在庭外以和解告终。依保密命令，和解的条款与性质是不对外公开的。法官是促成和解的重要角色。传统上，这些和解协议被视作诉讼双方的私人事项。[64]如今，越来越多的和解协议都以专条专款要求双方对和解条件保密。被告之所以希望保密，是不想让敏感的或具有潜在危害的信息泄露出去。原告之所以同意保密，是想在调解时拿到更多的钱。如此一来，保密就变得司空见惯。乍看之下，封存这些协议没什么大不了，毕竟这是私人协议。但在某些情况下，公共利益会因此受损。比如，在一起医疗事故诉讼中，被告医生与原告病人达成了和解，被告赔给原告一笔钱了事，双方同意对和解协议

许多法官认为,和解协议中的保密条款有利于调解成功,美国法院聚讼盈庭,不堪重负,法官们乐于减少一点儿负累。

保密。结果,其他病人就无从得知医生的不当行为。再如,汽车生产商的顾客因汽车的一个报废零件受伤,原被告双方达成了保密的和解协议,同款汽车的其他车主就无法得到危险警告。

记者对这类保密协议的兴趣越来越高。吊诡的是,报社和广播公司有时也想在诽谤或隐私侵权诉讼中与原告达成保密和解。大多数法官不接受"传媒和公众应可近用保密和解协议"的主张。许多法官认为,和解协议中的保密条款有利于调解成功,美国法院聚讼盈庭,不堪重负,法官们乐于减少一点儿负累。[65]1986 年,第 3 巡回区美国上诉法院判决,公众有权近用保密的调解协议,这是首家做出这种判决的重要法院。[66]此后也有一些法院下令公开和解协议,供公众查阅。[67]不过,和解协议原则上仍不受宪法第一修正案影响。公开保密和解条款的记者可能会面临严重后果。曾有一名法院书记员误将一份文件交给记者柯尔斯滕·米切尔(Kirsten Mitchell),其中有大陆石油公司(Conoco Inc.)与一个拖车公园的居民(起诉大陆石油公司污染水源)达成的保密协议的细节。北卡罗来纳州《威尔明顿明星晨报》(*Wilmington Morning Star*)报道此事后,法院判处记者和报社藐视法庭,罚款 50 万美元。[68]

保护性法庭命令 诉讼一方当事人向另一方当事人提供的记录,受保护性法庭命令保护,通常也不公开。在取证阶段,法律纠纷的双方当事人可以探查对方的文件、证人和其他材料。法院在该阶段可以给予的协助包括:(1)强制双方当事人公开信息;(2)下令禁止双方当事人对外透露信息。宾夕法尼亚州近期发生的一起案件不失为一个好例子。

宾州警察局的一名警察起诉该州警方的几名雇员。他诉称,他以为州警使用了报废的雷达测速器,并将此事声张了出去,引来被告的刻意报复。取证期间,他得到了有关测速器的文件,律师将部分文件交给了传媒。被告从法院拿到一道保护性命令,以防原告进一步向传媒泄露文件。初审法院签发保护性命令的理由是,公开这些材料将造成严重损害。第 3 巡回区美国上诉法院撤销了这道命令,认为初审法院没有恰当理由签发保护性命令。该上诉法院提出初审法官应当适用的 7 步判准。该判准包含一系列问题,比如:公开文件是否侵犯隐私利益或造成严重尴尬?信息的索要者为何想得到受保护的信息,目的是否合法?案件所涉事项对公众是否重要?地区法院(此案初审法院)说,将材料泄露给传媒,可能会令潜在陪审员生出偏见。上诉法院则说:"这种认为信息外泄会造成伤害的主张,恰恰是宽泛的、未经证实的,不是什么好理由。"此案既涉及公共官员,也关乎重要的公共事务。上诉法院又说:"一些法院不假思索地签发含有保密条款的命令,不顾这类命令是否正当,也不考虑如何补偿因此受损的公共利益。"[69]

可惜此案并不典型。美国最高法院 1984 年判决,此类保密命令不是典型的事前限制,不需要"经受宪法第一修正案审查"。[70]如此一来,法官在签发此类命令时就有较大的自由空间。大多数法院依循美国最高法院的这起判例。底特律市有一名女性在参加一次派对(派对在市政府名下的大厦中举行)后被杀,有人起诉市政府。密歇根州一家美国地区法院判决,新闻传媒不得近用审前取证程序中产生的证词和其他材料。该法院说,它签发保护性命令,是为了防止传媒干扰凶杀案调查,同时也是为了保护证人与其他非诉讼参与人的隐私。[71]

国家安全 美国对恐怖主义和恐怖主义行动开战之后,法院记录被封存的情况大量发生。《纽约时报》2007 年初报道,国家安全局(National Security Agency)因在本土实施秘密监控项目,被人提起民事诉讼,布什政府以特别机密为由辩护。《纽约时报》写道:"原告和法官的书记员不得查阅该局的秘密档案。法官必须事先预约才能查看,而且不得复印。"[72]

恐怖主义者萨卡里亚斯·穆萨维的案子,

有助于我们了解这类案件的近用之难。此案中，政府不仅阻挠公众接近部分司法程序，还成功地说服法官封存了大部分法庭记录。此案的核心问题是：法国人穆萨维可否获准联络一个被囚的塔利班证人，据说此人能证明穆萨维的清白。2002 年 8 月，政府提出，穆萨维有可能利用他放在档案中的材料，用密码信息联络共谋者或同情者，利奥妮·布林克马（Leonie Brinkema）法官为此封闭了许多程序。一个月后，布林克马法官修改了命令，她说，这些材料将在提交 10 天后解封，这给政府留下了一点儿时间，好反对这些个人文件的公开。[73] 2003 年 4 月，几家新闻机构前往法院，想获得这些材料。[74] 翌日，布林克马法官宣布，她很怀疑政府能否"顶着秘密的帷幕"[75]，在一家普通法院指控穆萨维。这样一来，此案也许只能移交给更能容忍保密的军事法庭。2005 年 4 月，穆萨维突然认罪，此案中的近用问题因此成为未决问题。

宪法第一修正案赋予公众近用司法程序与文件的有限权利，这一权利已与法院欲将公众和传媒撵出审判庭的企图缠斗多时。许多初审法官仍然认为，要想解决刑事案件中的公开报道问题，封闭审判庭不失为简便易行的办法。有时，封闭动议的提出完全出人意料。这时记者该怎么办？记者争取新闻出版自由委员会的《宪法第一修正案手册》教给记者如下技巧：

● 如果你知道，你所在的新闻机构会派律师前往法院反对封闭，那么请问问法官能否与他交谈几句。

● 告诉法官，你所在的新闻机构反对封闭，希望有机会提出反对理由。请求法官短暂休庭，以便律师赶到法院。如果你知道律师的名字，就把名字告诉法官，以提高可信度。另外，请法官将你的反对记录在案。

● 如果法官不让你说话，命令你离开，那你就走。如果拒绝离开，你可能会被逮捕、被判藐视法庭。

● 离开法庭时给法官写张字条，告知法官，你所在的新闻机构反对封闭，而且你会立即联系编辑或律师。将字条交给法院工作人员，打电话给你的上级。

司法听证被关闭时，记者该如何应对？

● 立即给编辑打电话，找一位律师。
● 对法院关闭听证提出正式反对。
● 请求法官推迟关闭听证，直至律师抵达。

近用与广播电视记者

关于近用司法程序，有两个问题是广播电视记者独有的，印刷传媒的记者一般不会遇到。

● 能否获得并播出音频或视频证据的复制件？
● 是否有可能播出整个司法程序？

美国最高法院有两起判例，一出现就是广播电视记者的大绊脚石。第一起是 1965 年的"埃斯蒂斯诉得克萨斯州案"（Estes v. Texas）[76]，它支持下级法院下令禁止电台、电视台播放司法程序。另一起是 1978 年的"尼克松诉华纳传播公司案"（Nixon v. Warner Communications）[77]，美国最高法院拒绝承认记者有复制录音证据并在新闻节目中播出的权利。埃斯蒂斯案我们稍后再谈，先来看看第二起案件。第二起案件涉及理查德·尼克松总统的白宫录音带，这些录音带是 1970 年代水门事件多起审判的证据。广播公司想复制录音带，放给电台听众和电视观众听。美国最高法院承认，查阅证据是公认的权利，但它又说，该项权利不是绝对的。最高法院判决道："是否允许近用，最好由初审法院决定，由初审法院根据具体案件的相关事实与背景做出判断。"

> 关于近用司法程序，有两个问题是广播电视记者独有的，印刷传媒的记者一般不会遇到：能否获得并播出音频或视频证据的复制件？是否有可能播出整个司法程序？

1978年以来,法院在允许新闻传媒近用司法证据方面已有长足进步。不过,因尼克松案特别聚焦于录音证据,那些想阻止广播公司在新闻节目中使用录音证据的法官,拥有相当给力的判例。[78]本节由两部分内容组成,我们先看近用音频、视频证据的问题,再来看拍摄或播放司法程序的问题。

近用证据

当广播公司请求法院允许播放音频或视频证据时,法院通常需要考察多个因素。

● **该材料是否在公开法庭上被采信为证据,或该材料的文字稿是否已对外提供?** 如果以上两个问题的回答均为肯定,法院就更有可能同意广播公司的申请,但也不能打包票。在最早的一起相关案件中,有电视台记者想播放FBI一次突击行动的录像,这次突击行动涉及参、众两院的几位议员。录像在公开法庭上向陪审团播放,数名被告获罪。初审法官拒绝了记者的申请,他说,录像一旦播出,万一上诉法院日后下令重审,就很难再组建起陪审团。一家美国上诉法院推翻了原判,它指出,初审法院在平衡冲突利益时必须谨记,美国素有允许公众近用司法程序的深厚传统。在协调这些利益时,"法院必须恰如其分地优先考虑公众对司法记录的近用权"。该上诉法院承认,重审可能会成问题,但录像中只有在公开法庭上呈示的证据。[79]如果某材料不曾或不会被采信为证据,播出的可能性便微乎其微。我们来举一个例子。约翰·欣克利(John Hinckley)刺杀罗纳德·里根总统未遂一案,受到公众的高度关注。多家电视网想播出女演员乔迪·福斯特(Jodie Foster)的录像证词,但该录像从未被采信为证据,它只是证人的陈述,碰巧被拍下来而已。电视网的请求被法院拒绝了。[80]欣克利后因精神失常未被追究刑事责任,他为福斯特神魂颠倒,这种迷恋是他刺杀总统的重要动机。

● **播出材料会危害被告的公正审判权吗?** 马里兰州特别上诉法院维持了一家下级法院的判决,禁止电视台播出在一起谋杀案中被采信为证据的家庭录像。录像中的两名男性被控谋杀受害人。两名被告分别受审,初审法官禁止电视台在第二起案件审结之前播放录像。法院说,第二名被告的公正审判权,优先于传媒近用并播放这一证据的普通法或宪法权利。[81]然而八年后,第2巡回区美国上诉法院判决,广播传媒可以播出政府在一次庭前羁押听证上出示的录像证据。被告认为,传媒播出录像会威胁他们的公正审判权,但第2巡回区美国上诉法院说,被告的顾虑,完全可以通过彻底预先甄选陪审团,甚至变更审判地点来消除。[82]

● **录音、录像中有谁?** 与受害人或证人的录像相比,被告或警察的录像更有可能公开。比如在欣克利案中,福斯特是无意间被卷入的无辜第三方。又如,在一起绑架案中,广播公司申请播出绑匪拍摄的人质录像,被明尼苏达州一家美国地区法院拒绝了。该法院说,播出录像会对受害女性造成严重伤害,且无益于公共目的。[83]

● **播出录音、录像有助于实现公共目的吗?** 能帮助社区成员理解法院的工作、执法机关的运转或一起审判的某些重要方面吗?如果电子证据有助于实现某种公共目的,而不只是为了挑逗听众和观众,法院就更有可能允许传媒播放。

拍摄与播出司法程序

在距今仅约40年的1976年,除得克萨斯州和科罗拉多州以外,各州都禁止摄像机等摄录设备进入审判庭。如今,在全美50个州,每个州都至少有一些法院允许此类设备进入审判庭。在这一翻转旧规则的潮流中,密西西比州和南达科他州是最后加入的两个州。具体

规则各州各不相同,通常颇为复杂。我们在此稍做归纳:

● 在几乎所有州,摄录设备均可进入初审法院和上诉法院。有几个州只允许摄录设备进入上诉法院,但这些州的规则也因时而变。要想了解某个州的具体规则,最好上电台—电视台新闻编导协会(Radio-Television News Directors Association)的网站 http://www. rtn-da. org 查询。

● 在一些州,传媒在审判庭内使用这类设备的权利是推定的。在另一些州,广播公司和拍摄人员先得经法官允准,甚至诉讼各方首肯,才能使用这类设备。但无论是以上哪种情况,法官若有充足理由,便可禁止电子设备进入审判庭。

● 在一些情形下,传媒要拍摄司法程序的当事人,必须先经对方同意。不过,即便当事人拒绝拍摄,摄像机也仍然可以拍摄其他诉讼参与人或司法程序的一般场景。

● 一些州不允许拍摄陪审员。

传媒在审判庭内使用摄录设备的规则之所以能有如此翻转,全凭新闻界 40 余年来的努力。审判庭内禁止拍摄的制度,源自 1930 年代传媒对布鲁诺·豪普特曼(Bruno Hauptmann)案的拍摄。豪普特曼被控绑架并杀害查尔斯·林德伯格(Charles Lindbergh)与安妮·林德伯格(Anne Lindbergh)夫妇的幼子。传媒拍摄此案时几乎不加节制,将整个审判程序搅得一团糟。美国律师协会为此制定了"执业与司法伦理规则第 35 条"(Canon 35),呼吁法院在审判期间禁止他人使用摄影摄像机和其他电子摄录设备,大多数美国法院采纳了这条规则。[84]1940 及 1950 年代,摄录技术有所改善,同时,电视新闻成为美国人新闻菜单上的重头戏,在这种背景之下,改变旧规则的压力与日俱增。但美国最高法院 1965 年打压了这一势头,它判决,出现在得克萨斯州(未采纳"执业与司法伦理规则第 35 条"的两个州之一)某案件审判现场的摄像机和录音机,损害了被告接受公正审判的权利。[85]新闻界不顾挫折,继续勠力在全国范围内推动审判庭向摄

录设备开放。美国各州一个接一个地放弃了"执业与司法伦理规则第 35 条"。1981 年,美国最高法院判决,摄像机进入审判庭并不必然对审判程序造成负面影响。法院想要阻止传媒在审判现场使用这些设备,必须证明摄录设备对审判程序有干扰。被告要想以审判过程被播出为由推翻定罪判决,也必须证明,电子设备确实对审判程序的重要方面造成了实质性影响。[86]

州法院 自美国最高法院 1981 年做出上述判决以来,州法院纷纷设立标准,用于评估两类被告((1)不愿让电视台播出审判过程的被告,(2)定罪后主张权利受到侵犯的被告)提出的投诉。在加州,初审法官在禁止他人拍摄法庭程序之前,先得做特别调查。在佛罗里达州,如果被告或其他诉讼参与人抗议电视台的报道,初审法院必须召开证据听证。在将摄像机和录音机撵出法院之前,法院先得确认,电子传媒报道对审判的影响"本质上不同于"其他类型报道的影响。[87]密西西比州最高法院 2005 年判决,初审法院不得禁止电视台播出量刑听证,除非法院能证明,对所有大众传媒封闭这一程序是正当合理的。[88]佐治亚州最高法院同年判决,初审法院必须有特别的事实性理由,才能拒绝报社拍摄谋杀案审判现场的照片。只是猜想有可能发生损害是不够的。[89]

在允许摄像机进入审判庭的问题上,各州的规定有所不同。在一些州,除非主要的诉讼参与人同意,否则法院不会允许摄像机进入。在更多州,摄像机能否进入审判庭,全凭法官自由裁量。如果某位诉讼参与人反对摄像机进入审判庭,传媒必须给予尊重,避开拍摄此人。当法庭呈示犯罪现场的血腥照片等特别证据时,法官也可以要求传媒人员关闭摄像机。大多数州还规定了审判庭内一次能容纳的摄影机和摄像机的数量。其他规定还包括摄像机的摆放位置、拍摄时不得使用闪光灯的要求,乃至拍摄人员和技术人员的着装标准。新闻传媒只能通过组团协议分享法庭上的拍摄成果,因为大多数州规定,移动、摆放摄像机

只能在闭庭期间进行。

联邦法院 美国最高法院一般不准摄像机进入。2011 年,传媒希望美国最高法院至少允许它们拍摄有关奥巴马医保法合宪与否的口头辩论。[90] 亚当·利普塔克(Adam Liptak)在《纽约时报》中写道,这一请求注定失败。为什么呢?因为多数大法官不希望电视台播放这场辩论,甚至不愿传媒拍摄。[91] 利普塔克举出以下原因:

● 一些大法官说,他们不相信公众能理解口头辩论的内容。

● 一些大法官说,拍摄和播放听证所营造的公众检视,有可能令律师甚至大法官改变其行为,而且是负面的改变。

● 一些大法官说,他们担心个人隐私或法庭威信受到损害。

利普塔克说,还有一种大法官虽未明言但真实存在的顾虑,那就是"只言片语"的问题。虽有部分广播公司想播出整个听证过程,但大多数公司无疑只想展示其中的片段。有线电视公司 C-Span 的总裁布赖恩·兰姆(Brian Lamb)说:"在现代社会,大法官不喜欢人们从只言片语中断章取义。"除非美国最高法院的人员构成发生重大变化,否则,最高法院向电视台开放听证的可能性微乎其微,甚至为零。

联邦下级法院不像美国最高法院那样绝对禁止摄像机和其他摄录设备进入,但也不如州法院开放。联邦初审法院时不时试验性地允许使用摄像机。例如,2011 年,美国法院行政管理办公室(Administrative Office of U. S. Courts)允许 14 家美国地区法院在部分民事案件中有限地使用摄像机,称为"数码摄像试验项目"(Digital Video Recording Pilot Project)。拍摄哪些案件,由每家法院的主管法官自行决定,但拍摄前先得征得全体诉讼当事人的同意。陪审员、候选陪审员、候补陪审员或陪审员预先甄选程序不能拍摄。拍摄工作由法院工作人员或法院聘请的专人负责。录制完成后,由法官决定是否要将视频放到网上供公众观看。到 2013 年 1 月为止,有近 12 万人观看过"美国法院网"(U. S. Courts Web)上的录像资料。

联邦上诉法院极少允许摄像机进入,除非巡回区的法官同意。目前,只有第 2 巡回区和第 9 巡回区允许摄像机进入。

联邦法院修改了录音规则。2010 年 3 月,美国司法会议(Judicial Conference)宣布,联邦法院可以向大众提供法庭听证的数字录音。录音可在网上获取,收费 2.4 美元。是否公开录音,由每个区的主管法官在考量安全因素后决定。同年 9 月,美国最高法院说,它将在口头辩论结束几天后在最高法院的网站上公开录音。最高法院以前只在辩论当天公开"重要"辩论的一小部分录音,完整录音要到下一个开庭季开始之前才公布。大多数评论家额手称颂,称最高法院终于可以不必再判断哪些辩论重要或具有新闻价值了,毕竟,这项工作是否合乎宪法第一修正案都要打个问号。

手机、笔记本电脑、推特和短信 第 11 章有一节探讨过陪审员使用个人手持通信设备的问题。审判庭内的其他人(如记者、博客博主、观众)可以使用这些设备吗?这个法律问题刚提出没多久,可惜答案还不确定。

大多数州法院和联邦法院允许人们在审判庭内使用手机。当然,手机用户不能大声打电话干扰法庭秩序。电话铃声太响也会令人生厌。使用笔记本电脑的规则,各家法院有所不同。键盘敲击声太吵的话,法院可能会要求使用者安静,或干脆将他请出审判庭。不过,在使用这些设备对外实时报道的问题上,各家法院的态度有所不同。佛罗里达地区上诉法院(Florida District Court of Appeals)说,人们可以使用笔记本电脑向庭外发送信息,但不能干扰庭审或陪审团。[92] 弗吉尼亚州的一家联邦法院做出了相同的判决。[93] 佐治亚州的一位联邦法官却说,通过笔记本电脑从审判庭实时发送电子信息,恰好符合广播的定义,而广播是联邦规则禁止的事项。该法院说,禁止使用这些设备对外发送信息,并不会引发宪法第一修正案问题,因为记者仍能参加并报道庭审。[94]

短信和推特的待遇大概也差不多,发送短信和推特也不能扰乱司法程序或干扰陪审团。

2010 年底，康涅狄格州的斯蒂芬·J.海斯
（Stephen J. Hayes）案提出了一个有趣的问题。
海斯被控闯入康涅狄格州切希尔（Cheshire）的
一户人家，杀害了三口人。辩方律师说，被告
将对定罪判决提起上诉，部分理由是，记者使
用推特报道此案，密集的报道在法庭内造成了
一种不恰当的马戏团气氛。辩方首席律师托
马斯·厄尔曼（Thomas Ullmann）说，记者不停
地发推特，为广大社区提供实时信息，被煽情
细节鼓动起来的公众情绪不当地动摇了陪审
团。厄尔曼说："我认为，审判庭里的新科技确
实有可能影响个人接受公正审判的权利。"[95]
本书写作时，此案的上诉审尚未开始。

我们能为记者和博客博主提供的最佳建
议是：问问法庭工作人员，能否在庭审期间使
用这些设备。在大多数情况下，记者能否获准
在法庭内使用社交媒体发布实时报道，取决于
法官的心情。不要想当然地以为，法官一定会
允准。如果有法律问题，传媒的律师最好在庭
审开始之前或中途休庭期间向法官提出。事
先请求法官是比较妥当的方案，也能避免记者
和博客博主在审判期间、众目睽睽之下被逐出
法庭的尴尬。

执行死刑　在美国，法院禁止传媒播出死
刑的执行。2004 年夏，第 8 巡回区美国上诉
法院判决，传媒没有拍摄死刑的宪法第一修正
案权利。该判决支持密苏里州矫正局的一项
政策，禁止一切摄录设备出现在行刑室。[96]过
去 15 年间，其他法院也做出过类似判决。[97]

广播公司将摄像机和其他类似设备送入
陪审团室的努力，也宣告失败。2002 年 11
月，休斯敦一位初审法官允许 PBS 的纪录片
节目《前线》（"Frontline"）拍摄一起死刑案的
陪审团审议过程。17 岁的被告和他的母亲同
意拍摄，这个年轻人的律师也同意。律师里卡
多·罗德里切斯（Ricardo Rodriquez）说："如果
得克萨斯州想处决一名 17 岁少年，全世界都
应该见证这一时刻，以确保它没有犯错。"但州
政府反对拍摄，它说，这会将审议过程变成一
个"幸存者"式的真人秀节目。多数研究陪审
团问题的专家也同意这一观点，认为政府以流

行电视节目"幸存者"来打比方是恰当的。西
北大学的法学教授沙利·戴蒙德（Shari Dia-
mond）对《纽约时报》记者亚当·利普塔克说：
"在我看来，征召普通市民参加真人秀电视节
目是一个坏点子。"[98]她又说："这无异于将陪
审员架上全国性的表演舞台，对其工作造成的
干扰难以估量。"

三个月后，得克萨斯州刑事上诉法院（该
州的最高刑事上诉法院）否定了初审法官的计
划。该法院援引得克萨斯州的成文法说："陪
审团审议时，旁人不得在场。"它说，这意味着
禁止拍摄，它还说，拍摄会对陪审团施加"外界
影响和压力"。[99]

一些州法院偶尔会允许他人拍摄刑事案
件的陪审团审议过程。出于研究或教育目的
拍摄民事案件陪审团审议的情况也曾有过。[100]
但一般规则是，摄像机和录音设备不得进入陪
审团室，这个禁令近期内不太可能改变。

小　结

传媒近用审前程序和审前文件的权利
是有限的。审前听证通常推定为公开，仅
当满足以下四点要求时，公开推定才能被
打破：(1)有更重要的利益需要保护；(2)公
开听证有伤害这一权利的"实质可能性"；
(3)封闭命令必须剪裁合理，不得超出保护
上述利益之所必需；(4)封闭听证确实能保
护该利益。初审法官必须阐明事实支持以
上四点要求，以备上诉法院审查。

广播电视记者要想获得音频视频证
据，或拍摄、播出司法程序，会面临较多障
碍。经过传媒不懈的努力，近用录制证据
的空间有所拓展，法院赋予记者更多的权
利来复制这些材料，以供日后播出。如今，
除两个州和哥伦比亚特区以外，各州都允
许摄像机和录音设备进入审判庭。美国最
高法院判决，此类设备本身并不妨碍被告
接受公正审判的权利。联邦法院一般不允
许摄像机进入审判庭。另外，死刑的行刑
过程不允许拍摄，陪审员的审议过程一般
也不允许拍摄。

法官—律师—传媒指导原则

无论是限制性命令,还是封闭法庭程序,都是阻止新闻传媒影响潜在陪审员的有效办法。但在代议制民主中,它们也是危险的方法。多个州的法官、律师和传媒发现,合作、克制和互信也能有效地保护被告的权利,还能大大减少对民众权利的伤害。

法官、律师和记者尽力达成共识,并就如何解决大多数问题提出建议。这些建议通常以指导原则或建议书的形式,提供给新闻传媒和刑事司法的参与人。**法官—律师—传媒指导原则(bench-bar-press guidelines)**通常建议执法官员:有关犯罪嫌疑人和犯罪的某些信息可以公开,且公开对审判程序的影响极小。这些指导原则也建议记者:报道某些信息(**参见第321～322 页**的有害陈述列表)可能会破坏被告接受公正审判的机会,也不能为公众提供有用或重要的信息。这些指导原则通常采用非常简明的表格形式,但有时也有好几页文字。

一些州的法官—律师—传媒指导原则已有 50 多年历史。它们在部分社区运行极佳,解决了不少两难困境。合作精神在传媒、法院、律师和执法官员中间生长。这类社区极少出现法院下达限制性命令或封闭法庭的情况。但在大多数社区和州,要想推动这类指导规则运行其实颇为不易。制定指导规则只是第一步。协议达成后,如果法官、律师和传媒仍然各行其是,指导规则也不过就是一纸空文罢了。

本章花了大量篇幅讨论"新闻出版自由与公正审判"的问题,因为这个问题很重要,而且尚未解决。无论是在传媒界,还是在法律界,人们对该问题的解决之法都是各执一词,分歧颇多。多年前,南部某州上演过一场有关"新闻出版自由与公正审判"的论争,美国公民自由联盟(ACLU)的全国总部以法庭之友的身份提交了一份辩论意见书,大力支持新闻出版自由,美国公民自由联盟的州总部却提交了一份站在法院立场的辩论意见书,支持公正审判。

犯罪,尤其是暴力犯罪,是美国传媒的关注焦点,电视新闻尤其如此。警方、公诉人和法院的工作对整个社会极为重要,但传媒对刑事司法制度的严肃报道却付之阙如。多年前,艾尔弗雷德·弗兰德利(Alfred Friendly)与罗纳德·戈德法布(Ronald Goldfarb)在《犯罪和报道》(*Crime and Publicity*)中写道:

> 限制新闻传媒,就是限制公众对刑事司法的监督……传媒把守着正义的门户。它还翼护着正义大厦本身,看护着通往它的种种复杂道路,这些道路连接着警察局和街头,连接着公诉人的办公室,也连接着压力丛生、交易达成的法院走廊。[101]

两位作者还指出,我们不愿看到新闻界只是多少有点儿自由,正如我们不能容忍审判近乎公正一样。"令问题更为复杂的是,"他们指出,"自由传媒显然是公正审判的主要社会后盾,而公正审判也是新闻出版自由的重要保障。"

与法院打交道的记者必须了解这些问题。他们在追逐新闻时,不应无视法院为了实现公平、正义而采用的敏感机制。与此同时,他们也不应任由司法系统的专制一面阻碍他们向公众提供民主运行所不可或缺的信息。

小 结

一些州的传媒、律师和法官自愿订立了法官—律师—传媒协议,以解决新闻出版自由与公正审判的冲突。这类协议通常就刑事案件的相关信息应否公开一事,对各方提出建议。这些指导规则若是运行良

好,传媒、法院和律师便能培育合作精神,
不再互相对抗。有了它们,法院下达限制

性命令或关闭听证的需要就会大大减少,
甚至完全消失。

参考书目

Bechamps, Anne T. "Sealed Out-of-Court Settlements: When Does the Public Have a Right to Know?" *Notre Dame Law Review* 66(1990):117.

Broder, John M. "From Grand Jury Leaks Comes a Clash of Rights." *The New York Times*, 15 January 2005, A8.

Bush, Chilton R., ed. *Free Press and Fair Trial: Some Dimension of the Problem*. Athens: University of Georgia Press, 1971.

Cys, Richard L., and Andrew M. Mar. "Media Access to the New Special Tribunals: Lessons Learned from History and the Military Courts." *First Amendment Law Letter*, Winter 2002, 1.

Friendly, Alfred, and Ronald Goldfarb. *Crime and Publicity*. New York: Random House, Vintage Books, 1968.

Glaberson, William. "A Conviction, But a System Still on Trial." *The New York Times*, 10 August 2008, 20.

——. "Connecticut Killer's Appeal Will Point at Twitter Use in Coverage." *The New York Times*, 2 December 2010, A27.

Liptak, Adam. "Inviting TV into Jury Room in Capital Case." *The New York Times*, 11 November 2002,

A1.

——. "Secrecy at Issue in Suits Opposing Domestic Spying." *The New York Times*, 26 January 2007, A1.

——. "Shrinking Newsrooms Wage Fewer Battles for Public Access to Courtrooms." *The New York Times*, 1 September 2009, A10.

——. "Supreme Court TV? Nice Idea but Still Not Likely." *The New York Times*, 29 November 2011, A16.

Shane, Scott, and Landler, Mark. "Obama, in Reversal, Clears Way for Guantanamo Trials to Resume." *The New York Times*, 8 March 2011, A19.

Shenon, Philip. "Judge Critical of Secrecy in Terror Case Prosecution." *The New York Times*, 5 April 2003, B13.

——. "News Groups Want Terror Case Files." *The New York Times*, 4 April 2003, B13.

Weiss, Debra Cassens. "Judge Explains Why He Allowed Reporter to Live Blog Federal Criminal Trial." *ABA Journal Law News Now*, 16 January 2009.

White, Frank W. "Cameras in the Courtroom: A U. S. Survey." *Journalism Monographs* 60(1979).

注释

[1] *Richmond Newspapers* v. *Virginia*, 448 U. S. 555(1980).

[2] 478 U. S. 1(1986).

[3] *United States* v. *Black*, 483 F. Supp. 2d 618(2007).

[4] *United States* v. *Wecht*, 537 F. 3d 222(2008).

[5] *Rockdale Citizen Publishing Co.* v. *Georgia*, 463 S. E. 2d 864(1995).

[6] *Rapid City Journal* v. *Delany*, 2011 S. D. 55(2011).

[7] *U. S.* v. *McVeigh*, 119 F. 3d 806(1997).

[8] See Adam Liptak's report in *The New York Times*,

"Shrinking Newsrooms Wage Fewer Battles for Public Access to Courtrooms." 此文对该问题有更充分的讨论。

[9] 448 U. S. 555(1980).

[10] 733 F. 2d 1059(1984).

[11] *NBC Subsidiary* (*KNBC-TV Inc.*) v. *Superior Court*, 980 P. 2d 337(1999).

[12] *State ex rel Plain Dealer Publishing Co.* v. *Floyd*, 34 M. L. R. 2325(2006).

[13] *U. S. v. A. D.*, 28 F. 3d 1353(1994); see also *U. S. v. Three Juveniles*, 61 F. 2d 86(1995).

[14] *Albuquerque Journal v. Jewell*, 18 P. 3d 334(2001).

[15] *In re S/B/B/R Children*, 34 M. L. R. 2147(2006).

[16] *In re J. S.*, 438 A. 2d 1125(1981).

[17] *State ex rel St. Louis Post-Dispatch LLC v. Garvey*, 179 S. W. 3d 899(2005).

[18] *State ex rel Dispatch Printing Co. v. Geer*, 114 Ohio St. 3d 511(2007); see also *Chicago Tribune Co. v. Mauffray*, 996 So. 2d 1273(2008).

[19] *Globe Newspapers v. Superior Court*, 457 U. S. 596 (1982).

[20] *Allied Daily Newspapers v. Eikenberry*, 848 P. 2d 1258(1993).

[21] *In re Spokesman-Review*, D. Idaho, No. MC 08-6420-5-EJL, 8/5/08; *United States v. Duncan*, No. 07-023-N-EJS, 8/5/08.

[22] *New York v. Rivera*, 656 N. Y. S. 2d 884(1997); see also *Ayala v. Speckard*, 131 F. 3d 62(1997).

[23] *New York v. Martinez*, 82 N. Y. 2d 436(1993).

[24] Cys and Mar, "Media Access to the New Special Tribunals."

[25] http://www. rcfp. org/newsitems/index. php?! = 6914.

[26] *Hamdan v. Rumsfeld*, 126 S. Ct. 2749(2006).

[27] Shane and Landler, "Obama in Reversal."

[28] Glaberson, "A Conviction, But a System Still on Trial."

[29] 联邦司法中心(The Federal Judicial Center)出版了一份《封闭法院文件与程序》的指南。登录该机构的网站 www. fjc. gov 即可获取。

[30] *Press-Enterprise v. Riverside Superior Court*, 478 U. S. 1(1986).

[31] *Press-Enterprise v. Riverside Superior Court*, 464 U. S. 501(1984).

[32] *Presley v. Georgia*, 130 S. Ct. 721(2010); see also *U. S. v. Bonds*, 39 M. L. R. 1507(2011).

[33] *Barber v. Shop-Rite of Englewood & Associates Inc.*, 923 A. 2d 286(2007).

[34] *Ex parte Hearst-Argyle Television Inc.*, 34 M. L. R. 1833(2006); *State v. Strong*, 41 M. L. R. 1237 (2013).

[35] *ABC Inc. v. Stewart*, 360 F. 3d 90(2004).

[36] *In re Personal Restraint Petition of Orange*, 32 M. L. R. 2569(2004). See also *United States v. Gupta*, 40 M. L. R. 2569(2012).

[37] Liptak, "Nameless Juries on the Rise."

[38] *In re South Carolina Press Association*, 946 F. 2d 1037(1991).

[39] *U. S. v. Koubriti*, 252 F. Supp. 2d 424(2003).

[40] *U. S. v. Edwards*, 823 F. 2d 111(1987).

[41] *Cincinnati Gas and Electric Co. v. General Electric*, 854 F. 2d 900(1988).

[42] Broder, "From Grand Jury Leaks."

[43] *Detroit Free Press v. Ashcroft*, 30 M. L. R. 2313 (2002).

[44] *North Jersey Media Group Inc. v. Ashcroft*, 308 F. 3d 198(2002).

[45] http://www. rcfp. org/newsitems/index. php?! = 6907.

[46] *In re Creation of a Committee to Review the Preservation, Access and Sealing of Court Records*, 36 M. L. R. 1253(2007).

[47] *State v. Allgier*, 258 P. 3d 589(2011).

[48] *Sarasota Herald-Tribune v. State*, 924 So. 2d 8 (2005).

[49] *United States v. Moussaoui*, 34 M. L. R. 1546(2006).

[50] *United States v. Mitchell*, 38 M. L. R. 2256(2010).

[51] *Hartford Courant v. Pellegrino*, 371 F. 3d 49(2004).

[52] *A. P. v. U. S. District Court*, 705 F. 3d 1143(1983).

[53] *U. S. v. Schlette*, 685 F. 2d 1574 (1988); *United States v. Langston*, 37 M. L. R. 1411(2008).

[54] *United States v. Loeper*, 132 F. Supp. 2d 337(2001).

[55] *U. S. v. Blowers*, 34 M. L. R. 1235(2005).

[56] *United States v. Loughner*, 39 M. L. R. 2155(2011).

[57] *U. S. v. Lawrence*, 29 M. L. R. 2294(2001).

[58] *Roman Catholic Diocese of Lexington v. Noble*, 92 S. W. 2d 724(2002).

[59] *U. S. v. Blagojevich*, 38 M. L. R. 2089(2010).

[60] *In re Baltimore Sun*, 14 M. L. R. 2378(1998); *People v. Mitchell*, 592 N. W. 2d 798(1999); *Commonwealth v. Long*, 922 A. 2d 892(2007); and *United States v. Wecht*, 3d Cir. No. 07-4767, 8/1/08.

[61] *Forum Communications Co. v. Paulson*, 36 M. L. R. 1929(2008); *Stephens Media LLC v. Eighth Judicial District Court of Nevada*, 221 P. 3d 1240 (2009).

[62] *U. S. v. Edwards*, 823 F. 2d 111(1987); *Jury Service Resource Center v. Muniz*, 34 M. L. R. 1727(2006); and *Commonwealth v. Silva*, 864 N. E. 2d 1(2007).

[63] *United States v. Kemp*, 366 F. Supp. 2d 255(2005).

[64] See Bechamps, "Sealed Out-of-Court Settlements," 117.

[65] 1995 年,有人建议美国司法学会(联邦法院的政策制

定机构)将民事案件的记录自动封存。该建议未被
采纳。

［66］ *Bank of America* v. *Hotel Rittenhouse Assoc.*, 800 F. 2d 339(1986).

［67］ See *EEOC* v. *The Erection Co.*, 900 F. 2d 168(1990); *Pansy* v. *Stroudsburg*, 22 F. 3d 772 (1994); *Des Moines School District* v. *Des Moines Register and Tribune Co.*, 487 N. W. 2d 667(1992); and *CLB* v. *PHC*, 36 M. L. R. 1990(2008).

［68］ *Ashcraft* v. *Conoco Inc.*, 26 M. L. R. 1620(1998).

［69］ *Shingara* v. *Skiles*, 420 F. 3d 301(2005).

［70］ *Seattle Times Co.* v. *Rhinehart*, 104 S. Ct. 2199(1984).

［71］ *Flagg* v. *City of Detroit*, 38 M. L. R. 1916(2010).

［72］ Liptak,"Secrecy at Issue."

［73］ *United States* v. *Moussaoui*, 31 M. L. R. 1574(2002).

［74］ Shenon,"News Groups Want Terror Case Files."

［75］ Shenon,"Judge Critical of Secrecy."

［76］ 381 U. S. 532(1965).

［77］ 434 U. S. 591(1978).

［78］ See, for example, *Group W Television Inc.* v. *Maryland*, 626 A. 2d 1032(1993).

［79］ *In re Application of NBC*, 653 F. 2d 609(1981).

［80］ *In re Application of ABC*, 537 F. Supp. 1168(1982).

［81］ *Group W Television Inc.* v. *Maryland*, 626 A. 2d 1032(1993).

［82］ *United States* v. *Graham*, 257 F. 3d 143(2001).

［83］ *In re Application of KSTP*, 504 F. Supp. 360(1980).

［84］ White,"Cameras in the Courtroom."

［85］ *Estes* v. *Texas*, 381 U. S. 532(1965).

［86］ *Chandler* v. *Florida*, 449 U. S. 560(1981).

［87］ *Florida* v. *Palm Beach Newspapers*, 395 So. 2d 544 (1981).

［88］ *In re WBLT Inc.*, 905 So. 2d 1196(2005).

［89］ *Morris Communications LLC* v. *Griffin*, 33 M. L. R. 2394(2005).

［90］ 美国最高法院在听证结束几天后公开了口头辩论的录音。两年后,它又以同样的方式公开了同性恋结婚案的口头辩论。

［91］ Liptak,"Supreme Court TV?"

［92］ *Morris Publishing*, LLC v. *State of Florida*, 38 M. L. R. 1245(2010).

［93］ http://www. rcfp. org/newsitems/index. php?! = 11187.

［94］ *United States* v. *Shelnutt*, 37 M. L. R. 2594(2009).

［95］ Glaberson,"Connecticut Killer's."

［96］ *Rice* v. *Kempker*, 374 F. 3d 675(2004).

［97］ See *KQED, Inc.* v. *Vasquez*, 18 M. L. R. 2323(1991); See also *Campbell* v. *Blodgett*, 982 F. 2d 1356(1993); *California First Amendment Coalition* v. *Calderon*, 130 F. 3d 976(1998); and *Entertainment Network Inc.* v. *Lappin*, 134 F. Supp. 2d 1002(2001).

［98］ Liptak,"Inviting TV into Jury Room."

［99］ *State ex rel Rosenthal* v. *Poe*, Tex. Crim. App., No. 74,515,2/13/03.

［100］ Liptak,"Inviting TV into Jury Room."

［101］ Friendly and Goldfarb, *Crime and Publicity*.

第 13 章
规管淫秽与色情材料

2012 年 4 月,成人电影的制作人艾拉·艾萨克斯(Ira Isaacs)因在网站上散布情色电影,被洛杉矶一家联邦法院的陪审团判多项淫秽罪名成立。这些视频的尺度之大,远远超出"邪恶影像"(Wicked Pictures)、"生动娱乐"(Vivid Entertainment)等公司制作的主流成人电影。2013 年,61 岁的艾萨克斯被判在联邦监狱服刑四年。

与此相反,2010 年 7 月,一位联邦法官驳回了一起淫秽案,被告是成人电影制作人约翰·斯塔格利亚诺(John Stagliano)及其"罪恶天使"(Evil Angel)公司。该判决对联邦政府而言不啻当头一棒。一方面,成人娱乐业在美国备受青睐、吸金无数,成人电影明星罗恩·杰里米(Ron

符合淫秽之三步判准的性爱言论不受宪法第一修正案保护。

Jeremy)和詹娜·詹姆森(Jenna Jameson)如今已是流行文化中的偶像。另一方面,露骨的性爱内容也广受厌憎。保守的宗教人士与反色情的女性主义者尤其对成人业大加挞伐。2012 年 11 月,纽约上州的地区检察官马克·苏本(Mark Suben)被迫召开新闻发布会,证实有关他本人的传言:他确曾在 1970 年代初出演过 12 部成人电影。苏本在谈到这一永久污点时对记者说,他"万万没有料到,这么多年之后,还不得不面对这一切"。另需指出的是,符合淫秽之三步判准的性爱言论不受宪法第一修正案保护。本章包括三个方面的内容:(1)当代美国淫秽法;(2)政府如何规管互联网上的露骨性爱内容;(3)政府如何对性产业实施分区管理。

淫秽法

1966 年,美国最高法院的约翰·哈伦(John Harlan)大法官在谈及露骨性爱言论的规管时,称之为"棘手难缠的问题"。[1]令人伤心的是,饶是在以下两项重要事实的前提下,该问题的复杂性也至今未减。

第一,55 年多前,美国最高法院在"罗思诉美国案"(Roth v.United States)[2]中明言:只有"淫秽"这种露骨的性爱言论,才不受宪

法第一修正案的言论自由、新闻出版自由保护。

第二,美国最高法院在 1973 年的"米勒诉加州案"(Miller v.California)[3]中确立的标准,至今仍是所有法院判断淫秽的标准。

这个问题之所以遗留至今,原因显然不止一端。首先,米勒案的淫秽判准(参见本章后文)相当灵活,在实际适用中给法官和陪审团

留下了宽广的解释空间。该判准的一部分内容是当代社区标准,而社区标准各州不同,这就导致了一种吊诡的结果:一部成人 DVD 可能在一个州受宪法第一修正案保护,在另一个州却不受保护。

其次,有了互联网、手机,有了交互式多媒体视频点播(video-on-demand)、按次计费电影(pay-per-view movies)等有线电视、卫星电视服务,人们获取成人内容比以前容易多了。对于那些知情同意且想在家中自得其乐(不让其他社群成员看到或受冒犯)的成年人而言,这自然是好消息。[4] 但对于未成年人的父母而言,这却不是什么好事,小孩子如今也能轻松接触(故意或碰巧)到成人内容了。

再次,有些人认为,哪怕是符合米勒案判准的淫秽言论,也应当受宪法第一修正案保护。理由有二:第一,露骨性爱内容是大量成年人极为热衷的娱乐方式;第二,没有确凿证据证明,观看这类内容果真会肇致伤害,相反,目前可见的证据众说纷纭,甚至彼此冲突。

 案例

何为今日之色情业? 旅馆、有线电视公司和巴诺书店?

2013 年,以反色情为宗旨的"传媒道德"组织(Morality in Media, MIM)发布了一份"一打肮脏公司"(Dirty Dozen)清单,其中列出了"美国色情业的前 12 名推动者",甫看这份名单,有几个名字可能会让你大吃一惊,因为它们是颇为主流的公司。

比如,被点名的有希尔顿酒店。MIM 称,希尔顿"与凯悦、喜达屋等诸多顶级连锁酒店一样,为客人提供硬核(hardcore)色情电影;顾客一打开电视,屏幕上就弹出'成人'频道的广告"。有线电视公司康卡斯特也在这份名单上,MIM 写道:"康卡斯特、时代华纳、威讯(Verizon)、DIRECTV 和 DISH 等大型有线电视和卫星电视公司,向数以千万计的美国家庭提供硬核色情频道和按次收费电影。其中要数康卡斯特规模最大。"

巴诺书店(Barnes & Noble)也在这份名单上。为什么呢? MIM 写道:"这家拥有 689 间零售书店和一个超高人气网站的财富 500 强公司,堪称成人色情和儿童色情的大供应商。随机抽检中发现,单间书店目前在售的色情杂志,就有超过二十种之多。此外,该公司还售卖多种性爱图本,如乔克·斯特奇斯(Jock Sturges)和戴维·汉密尔顿(David Hamilton)的作品,它们通常被放在恋童癖系列中,因为其中有唤起性欲的儿童照片。"

凯瑟琳·麦金农(Catharine MacKinnon)等女性主义法学家声称,色情作品会物化女性,它象征着"男性对女性的权力,这种权力以不平等的性行为形之于外"。[5] 也有人从保守的宗教视角出发,认为色情内容会破坏家庭价值观,侵蚀婚姻,令用户陷溺其中不可自拔,破坏其个人生活。无论是反色情的女性主义者还是宗教保守人士,其观点固然值得研究,但必须强调的是,"色情"不等于"淫秽"。事实上,根据米勒案判准,"淫秽"有着非常严格的法律定义,而"色情"在美国并无法律定义,相反,这一概念被人们随意取用(及误用),法律外行拿它来指代一切在他们看来具有冒犯性的性爱言论或有害的性爱言论。另需指出的是,如今在成人业工作的大量女性,如斯托米·丹尼尔斯(Stormy Daniels)、詹娜·詹姆森等,都非常成功。只有在极少数行业中,女性收入才能达到男性的两倍,而上述女性投身的成人业正是其中之一。2009 年,成人明星萨沙·格雷(Sasha Grey)在史蒂文·索德伯格(Steven Soderbergh)执导的主流电影《应召女友》(*The Girlfriend Experience*)中表现出色,备受赞誉。2010 年,格雷出演 HBO 的原创系列剧《明星伙伴》(*Entourage*)。当然,这不是说成人业没有剥削(几乎所有行业都有剥削),但值得注意的是,丹尼尔斯、詹姆森、格雷等人,恰恰反驳了那种认为"一切性爱内容都必然有损于女性"的观点。

复次,眼下还有一个问题,就是政府的稀缺财政资源在淫秽案检控中的低效使用,毕竟,涉入其中的成人都是依自由意志参与制作性爱材料的。很多人认为,还有比这更严重的问题值得操心,比如儿童色情(另一种露骨的性爱言论,和淫秽一样,不受宪法第一修正案保护,详见本章后文),又比如恐怖主义和全球变暖。

常见概念

淫秽(obscenity)——美国最高法院在米勒案中界定的、范围极窄的一种材料。淫秽材料不受宪法第一修正案保护。淫秽材料有时也称为硬核色情。

不雅材料(indecent material)——可能含有性描写的材料,通常称作成人材料或性爱材料。这种材料受宪法第一修正——

案保护,但不得出现在儿童可接触的作品中(弹性淫秽法),也不得出现在无线电台或电视台的节目中(有线电视或卫星电视则不同)。(第 16 章将充分讨论播出不雅材料的问题,同时也将讨论联邦通信委员会对此类材料的规管。)

色情品(pornography)——这个概念没有法律意义,但时常出现在法律外行和政客的口中,它指涉颇广,从淫秽到激情爱情片,都可被囊括其中。这一不精确概念的过度使用(及误用),使这个已经一团乱麻的法律领域更加令人困扰。

最后一个问题是,有些达不到米勒案淫秽标准(换言之,这些内容还没"坏"到淫秽的地步)的性爱内容若在无线电台或电视台上播出,该如何处置呢? 正如第 16 章将讨论的,联邦通信委员会也限制这类性爱内容,只要它符合该委员会定义的"不雅"即可。"不雅"是另一个法律概念,与"淫秽"一样,"不雅"的定义在实际适用中也是问题百出。

早期淫秽法

美国历史上第一起有据可考的淫秽指控,发生在 1815 年。杰西·沙普利斯(Jesse Sharpless)因展出的绘画表现了"一名男性对一名女性的不雅姿势"而被罚款。在这之前,美国也有过涉及淫秽的定罪记录,但这些案件都是根据普通法中的"背叛上帝罪"(crimes against God)起诉的,而不仅仅是因为展示色情图片。1821 年,彼得·霍姆斯(Peter Holmes)因出版约翰·克莱兰(John Cleland)的《一个快乐女人的回忆》(*Memories of a Woman of Pleasure*)而获罪。

淫秽立法和相关指控在 19 世纪变得更常见了,并伴随着 19 世纪二三十年代及内战之后的社会变革起起落落。1842 年,美国通过了第一部联邦淫秽法,主要管制淫秽文章的进口。1873 年,19 世纪最全面的淫秽法制定出台。安东尼·科姆斯托克(Anthony Comstock)在立法过程中对国会施压颇大,故该法又称《科姆斯托克法》(Comstock Act)。该法规定,凡淫秽书籍、小册子、图片等,均不得邮寄。但国会没有明确淫秽的定义。修订后的《科姆斯托克法》至今依然有效。

19 世纪末和 20 世纪上半叶,美国海关局、美国邮政局等联邦机构是美国最警觉的反淫秽斗士。这些机构禁绝、焚毁、没收了大量色情材料,其中有宗教物品、艺术品、书籍(包括当时最优秀的图书）和诸多节育资料。20世纪初，电影业开始勃兴，地方政府和州政府的审查者又忙着去查禁他们眼中的淫秽电影了。淫秽指控与上诉层出不穷，美国法院，尤其是联邦法院诉讼盈庭。美国最高法院似乎也对此类案件颇感兴趣。1957—1977 年间，美国最高法院审理了近 90 起淫秽案件，为其中近 40 起撰写了判决意见。

定义淫秽

规定淫秽为非法是一回事，给"淫秽"下定义又是另一回事。1873 年《科姆斯托克法》通过之后，美国法院开始考虑什么是淫秽、什么不是淫秽，当时借用了英国的淫秽定义，即希克林案规则（*Hicklin* rule）。[6] 根据希克林案规则，如果**一件作品有可能令心智软弱者受到不道德影响，并沉醉耽溺其中**，该作品即可被认定为淫秽。根据这个定义，如果一部作品可能对儿童的心智有所影响，则该作品应被视作对诸色人等皆有影响。而且，只要一部作品的部分内容，哪怕是极少部分的内容符合以上定义，整部作品就都可以被认定为淫秽。20 世纪上半叶，这一极为宽泛且宽松的定义，使联邦政府和州政府有可能对色情材料发起咄咄逼人的攻势。

1957 年，美国最高法院抛弃了希克林案规则，它宣布，这一规则使美国成年人只能阅读或观看适合儿童的内容。费利克斯·法兰克福特（Felix Frankfurter）大法官指出，"这显然是因噎废食"。[7] 在放弃希克林案规则的同时，美国最高法院不得不从 1957 年的"罗思诉美国案"[8] 开始重新定义"淫秽"。在接下去的九年里，美国最高法院透过一系列淫秽案件，形塑出"罗思—《回忆录》案"判准（*Roth-Memoirs* test）。[9] 这个判断标准由三部分组成。

第一，从整体上看，某材料的基调必须旨在唤起淫欲。

第二，法院必须认定该材料明显具有冒犯性，因为它在描写或展现性事时，有违当代社区标准。

第三，法院在认定该材料为淫秽之前，先得确认它没有任何回馈社会的价值。

这一判断标准比希克林案规则明确得多，其中第三部分尤其令政府检控官挠头。一件作品哪怕只有一丁点儿社会价值，也不得被认定为淫秽。

小 结

直到 19 世纪初，美国才出现针对淫秽的指控。19 世纪二三十年代，多个州开始颁布实施早期的淫秽法。第一部相关的联邦法于 1842 年通过。内战后，政府积极地指控淫秽，1873 年，国会通过了一部严格的淫秽法。"淫秽"被定义为一切可能令心智软弱者受到不道德影响，并因此堕落耽溺的东西。这一规则称为希克林案规则，它意味着，只要一本书或其他作品的任何部分，有可能令碰巧看到这部作品的人（如孩子或过度敏感者）腐化堕落，该材料即为淫秽，所有人都不得购买或接触。这个定义有利于政府查禁大量材料。

1950 及 1960 年代，美国最高法院接受了一种新定义，或曰淫秽的新判断标准，即"罗思—《回忆录》案"判准。

当代淫秽法

1967 年,一个专门研究如何规管淫秽材料的委员会,在林登·约翰逊(Lyndon Johnson)总统的任命下成立了。两年后,这个顶尖研究小组以多数成员的名义发表了一份报告,建议撤销一切限制色情材料的法律,同意成年人接触此类材料。[10] 不过这已是 1969 年,约翰逊总统已经卸任。新入主白宫的理查德·尼克松断然否定了这一报告,宣布将永不松懈地反对淫秽。1973 年,一个较为保守的美国最高法院在"米勒诉加州案"[11]中重新定义了淫秽。这就是如今全美法院必须采用的标准。

米勒案判准

马文·米勒(Marvin Miller)未经同意,给纽波特比奇(Newport Beach)的一家餐馆寄了五本小册子,被判违反加州刑法。这几本小册子是为四本色情图书和一部电影所做的广告,其中有男女以各种姿势交合的春宫图。收到小册子的餐馆报了警,州政府起诉米勒。

在米勒案中,美国最高法院自 1957 年以来,首度就"淫秽"的定义形成多数意见。首席大法官沃伦·伯格和另四位大法官认为,满足以下标准的材料可被认定为淫秽。

1. 一个普通人,根据当代地方社区标准,会认为系争作品整体上旨在唤起淫欲。

2. 该作品以州法界定的"明显冒犯性方式"表现性行为。

3. 该作品不具有严肃的文学、艺术、政治或科学价值。

以上三项要素都含蓄隐晦、模棱两可,有待进一步解释。自 1973 年以来,美国最高法院透过米勒案和后续一系列淫秽案件,提出了一些指导性原则。

普通人

米勒案判准的第一个问题是:一个普通人,根据当代社区标准,是否会认为系争作品整体上旨在激发淫欲。这一判断应当由事实裁判者做出,

> 在米勒案中,美国最高法院自 1957 年以来,首度就"淫秽"的定义形成多数意见。

事实裁判者可能是初审法官,也可能是陪审团,以陪审团居多。美国最高法院希望事实裁判者依照社区居民的标准,来判断一部作品是否旨在唤起淫欲。陪审员不应根据个人标准做判断。美国最高法院 1974 年指出:

> 本院不止一次地强调,必须以当代社区标准为断,确保不以个别陪审员的个人观点或系争材料对特别敏感或钝感之个人或团体的影响为断。[12]

注意这段引语的最后部分。美国最高法院希望,事实裁判者在做出这一关键性判断时采用普通人标准。加州一位初审法官在指导陪审员时说,陪审员应当考察系争材料对所有社群成员的影响,包括儿童和高度敏感者。美国最高法院认为,这位法官的指导有误。[13]首席大法官伯格写道:"在讨论这一问题时,不应将儿童包括于'社区'之内。"不过,法官可以指导陪审团考察系争材料对敏感或钝感人员的影响,只要这些人被视作社区的组成部分即可。伯格首席大法官写道:"社区包括组成社区的一切成年人,陪审团在把握相关社区标准时,可以考虑所有社区成员。"

美国法院将"淫欲"解释为对裸体、性或排泄的可耻或病态兴趣。此处涉及两个关键点。首先,在判断系争材料是否旨在激发淫欲时,

必须以作品整体为判断(不能将一部 DVD 中的个别画面抽离出来单独考察)。其次,淫欲的定义只涉及裸体、性和排泄,与暴力无关。因此,淫秽法只处理有关"性"的内容,暴力故事或暴力图像不归淫秽法管。

社区标准

在米勒案判准的第一部分中,社区标准是关键。伯格首席大法官曾在米勒案中明确指出,这里的社区标准是地方标准。在大多数司法管辖区,"地方标准"被引申为"州标准"。一州之内的所有社区共用一个标准。一些案件涉及色情材料在美国境内的长途运输和性爱材料的境外输入,这时,社区标准便会成为重要因素。

在美国邮政局起诉的案件中,政府可以自由地选择案件的审理地点。可以是材料的寄出城市,可以是材料的寄抵城市,也可以是材料寄送时途经的任何城市。例如,一本杂志从波士顿寄往达拉斯,案件的审理地点可以是波士顿、达拉斯或其间任何地方。所以,该案适用的标准,可能是马萨诸塞州标准或得克萨斯州标准。如果杂志递送时途经宾夕法尼亚州和肯塔基州,那么也有可能适用宾夕法尼亚州标准或肯塔基州标准。这种政府行为被称为"购买审判地"(venue shopping),即选择最容易定罪的审判地点。俄勒冈州某邮政局局长请怀俄明州某邮政局局长以假名向一个俄勒冈人索要色情材料。被告将材料寄到怀俄明州后,案件审理采用的是怀俄明标准,而非俄勒冈标准。证据表明,被告从未在怀俄明居住、旅行过,也没有任何工作往来。第 10 巡回区美国上诉法院维持对被告的定罪,它指出,根据现行法律,"联邦执法官员……可以自由选择陪审团观念最为严苛的审判地点"。[14] 被查获的进口色情材料,应适用查获地所在州的标准。

互联网这一全球传播系统的发展,给地方标准乃至州标准的适用带来大量困难。关停达拉斯的一家书店或起诉明尼阿波利斯的一个分销商是同一回事。然而,西雅图的一个网站运营者数秒之内便可触及全世界各个角落的用户,这又该适用什么社区标准呢?

> 美国法院将"淫欲"解释为对裸体、性或排泄的可耻或病态兴趣。

现况是,法院允许政府自行选择指控地点,正如它们在邮政时代的做法一样。2003 年,联邦政府成功地在宾夕法尼亚州匹兹堡起诉南加州的成人内容制作公司极限联合公司(Extreme Associates, Inc.)和它的加州老板罗布·布莱克(Rob Black)、莉齐·博登(Lizzie Borden)。这起案件缘何能落在匹兹堡呢?因为匹兹堡的一名邮政检查员访问了极限联合公司的网站,注册成为它的会员,观看了网站上的电影片段,并预定了视频。政府之所以选择在匹兹堡起诉,很大程度上是因为,此地的社区标准比成人视频产业集中的南加州更为保守。

不过,网络成人内容也应适用地方标准的观念,在 2009 年受到了挑战。第 9 巡回区美国上诉法院在"美国诉基尔布赖德案"(*United States v. Kilbride*)[15] 中提出:"规管互联网上的淫秽内容(包括经由电子邮件传输的淫秽),必须适用全国性标准。"不过,此判决只在第 9 巡回区内有效,许多法院似乎不愿接受。例如,第 11 巡回区美国上诉法院在"美国诉利特尔案"(*United States v. Little*)[16] 中拒绝适用全国性标准。与此类似,哥伦比亚特区的一家美国地区法院在 2010 年的"美国诉斯塔格利亚诺案"(*United States v. Stagliano*)[17] 中,也拒绝对互联网适用全国性标准。

如何确定当代社区标准呢?这显非易事。首先,社区标准的内容由陪审团决定,没有陪审团时,由法官决定。陪审员必须揣摩所在社区其他成年人的接受度与容忍度。多数人自然不会与邻居谈论自己观看了哪些成人 DVD,或购买了哪些成人杂志。所以,你能想象得到,在一个人口数以万计的城市或人口数以百万计的州,陪审员要想揣度社区标准有多难。其次,政府不必出具有关社

> 被查获的进口色情材料,应适用查获地所在州的标准。法院允许政府自行选择指控地点,正如它们在邮政时代的做法一样。

区标准的任何证据。淫秽案被告可以举证说明社区标准。一种方法是"类比法"。辩方律师可以指出,与被控材料相似的性爱材料正在当地商店里自由出售。在《勉强合法》(Barely Legal)杂志被控淫秽的社区里,以相同方式表现年轻女性的类似杂志可以自由发行,这一证据与判断社区对《勉强合法》的容忍度有相关性。辩方律师还会以搜索引擎证据证明,社区内有很多人经常上网搜索与被控材料相似的性爱内容,或上网购买这类内容。利用 Google Trends 之类的技术,我们可以精准定位人们闭门不出时喜欢浏览的内容。

明显冒犯性

米勒案判准的第二部分是:淫秽作品必须以州法规定的"明显冒犯性方式"描写性行为。"明显冒犯性"也由事实裁判者依当代社区标准判断。不过美国最高法院对此有所限制,只有硬核性爱材料,才能满足明显冒犯性标准。佐治亚州的法院曾认定,杰克·尼科尔森(Jack Nicholson)和坎迪丝·伯根(Candice Bergen)主演的限制级电影《性关系》(Carnal Knowledge)具有明显冒犯性。美国最高法院推翻了这一判决,它说,佐治亚州法院误解了米勒案判准的第二部分。[18] 伦奎斯特大法官写道,具有明显冒犯性的材料,既包括"直白地描写、刻画性行为的材料,不论该性行为是正常还是变态,真实还是虚拟",也包括"描写、刻画手淫、排泄和猥亵展示生殖器"的材料。伦奎斯特大法官承认,以上描述并非穷尽列举,但唯有与此相当的内容,才堪称明显冒犯性。他又说,米勒案判准的第二部分"旨在对淫秽材料的认定做出宪法限制"。

州法应该界定淫秽材料或淫秽行为的类型。不少州淫秽法将伦奎斯特大法官的描述用作淫秽的定义。另一些州淫秽法的精确性则稍逊一筹。美国最高法院允许州法不做具体描述,只要州最高法院在解释州法时只禁止伦奎斯特大法官指出的材料即可。[19]

> 州法应该界定淫秽材料或淫秽行为的类型。

重要价值

淫秽作品必须欠缺重要的文学、艺术、政治或科学价值。米勒案判准的这一部分,虽不及"罗思—《回忆录》案"判准的"没有任何回馈社会的价值"来得宽泛,但对热衷于根据米勒案判准前两部分定罪的法官和陪审团而言,也不失为一种制约机制。在判断一部作品是否具有重要价值时,法官应发挥显著作用。重要价值不能依一般人的品味或标准做判断。该标准考察的不是社区内的普通人能否发现重要的文学、艺术、政治或科学价值,而是理性人能否在系争材料中发现此等价值。[20] 陪审员应判断的是:理性人能否看到作品中的重要价值。控辩双方常会引入专家证据,以"教育"陪审团了解系争材料的价值。

1990 年,辛辛那提当代艺术中心(Cincinnati Contemporary Arts Center)因展出罗伯特·马普尔索普(Robert Mapplethorpe)的照片(部分照片以同性间性爱和虐恋为主题)被控淫秽。辩方律师卢·西尔金(Lou Sirkin)请来艺术领域的专家(博物馆馆长)出庭作证,向陪审团说明这些照片的重要艺术价值。该博物馆最终能被宣告无罪,以上证据可谓厥功至伟。[21] 如今,当成人 DVD 和视频被控淫秽时,辩方律师通常会从金赛性爱、性别和生殖研究院(Kinsey Institute for Research in Sex, Gender and Reproduction)请来性爱治疗师和专家,说明普通夫妻可以如何使用这类材料刺激性生活、了解不同性行为并讨论性习惯。换言之,成人 DVD 和视频可能具有教育价值。例如,在 2000 年的一起案件中,密苏里州圣路易斯附近一个由 12 位女性组成的陪审团,在听了马斯特斯与约翰逊诊所(Masters and Johnson clinic)的性爱治疗师马克·F. 施瓦茨(Mark F. Schwartz)医生给出的证言后,认定两部视频(表现女性之间和男女之间的肛交、口交和阴道性交)不是淫秽。[22]

<table>
<tr><td>

米勒案判准

1. 一个普通人,根据当代地方社区标准,会认为作品整体上旨在激发淫欲。

2. 作品以州法界定的"明显冒犯性方

</td><td>

式"刻画性行为。

3. 作品没有严肃的文学、艺术、政治或科学价值。

</td></tr>
</table>

其他标准

"米勒诉加州案"所设的三步法,是今日美国的淫秽判断标准。但美国最高法院、下级法院和政府其他部门也在尝试提出其他附加标准,以助力评判色情材料(erotic material),尽管成功程度有所不同。以下是其中部分标准的简要介绍:

弹性淫秽法

美国最高法院允许各州采用**弹性淫秽法**(**variable obscenity statutes**)。一些材料可以合法地传播、出售给成年人,但不得传播、山售给未成年人(18 岁以下)。换言之,弹性淫秽法允许《花花公子》(*Playboy*)出售给成年人,但不准出售给未成年人。弹性淫秽法意味着,一个州可以拥有两套淫秽标准,一套适用于成年人,另一套适用于未成年人。这种理念源自1968 年的"金斯伯格诉纽约州案"(*Ginsberg v. New York*)[23]。此案案情大致如下:长岛一家快餐店的老板,将四本以裸女为特色的杂志(可以合法出售给成年人)卖给了一名 16 岁男孩,受到纽约州的刑事指控。美国最高法院判决,宪法第一修正案不禁止纽约州指控被告。布伦南大法官说,州政府可以启用双重标准,一套用于成年人,另一套用于未成年人,因为美国最高法院承认,保护儿童是重要的州利益。不过,弹性淫秽法也并非全然不受宪法限制。1975 年,美国最高法院在"厄兹诺兹尼克诉杰克逊维尔市案"(*Erznoznik v. City of Jacksonville*)[24]中推翻了一部法律,因为它没能明确规定,哪些材料不得传播给未成年人。杰克逊维尔市的市政规章规定,如果人们能从大街上看到露天汽车电影院的银幕,该电影院就不得放映暴露女性乳房或臀部的电影。刘易斯·鲍威尔大法官写道:"只有在相对狭窄且界定明确的前提下,政府才可以禁止人们向儿童传播受宪法保护的材料。"禁止展现裸体的规定过于宽泛、不够明确;他又说,仅当某材料对未成年人具有强烈的性诱惑时,才可以立法压制。不分语境或其他因素,一刀切地禁止所有裸体,是违反宪法第一修正案的。

 知识窗

弹性淫秽法和赛博空间:确保未成年人远离互联网与手机短信中的成人内容

联邦政府曾多次尝试将互联网上的性爱内容(非淫秽)排除在未成年人的接触范围之外,这些尝试皆被认定为违宪(见本章后文)。但在 2010 年,俄亥俄州的弹性淫秽法得到第 6 巡回区美国上诉法院的支持。特别需要指出的是,该上诉法院对俄亥俄州的法律做了狭义解释——仅适用于针对未成年人的电子传播,且发送者明知或应知接收者是未成年人。该上诉法院在"美国书商争取表达自由基金会诉斯特里克兰案"(*American Booksellers Foundation for Free Expression v. Strickland*)[25]中还指出,俄亥俄州的上述法律不适用于"面向众人的传播",如公开网站和公共聊天室。什么意思呢?

如果某人通过电子邮件向俄亥俄州的一名未成年人发送性爱(非淫秽)图像,且明知或应知邮件接收者是未成年人,那么此人便成立传播"对未成年人有害之材料"罪。但如果同一材料发布在网站上,互联网上人人皆可浏览,未成年人碰巧也在网上看到了这一材料,那就不能给行为人定罪。

2011年,马萨诸塞州州长德瓦尔·帕特里克(Deval Patrick)签署一部议案,修订了该州的既有法律。旧法只禁止以书写、印刷、录制或现场表演等方式向未成年人传播有害的性爱材料。新法填补了这个漏洞,以短信、电子邮件和其他电子传播形式向未成年人传播有害的性爱材料也在禁止之列。

> 要求杂志售卖处用不透明的覆盖物覆盖杂志三分之二封面的法律,是完全合法的。

州和市可以制定、通过弹性淫秽法,但不得阻挠受宪法保护的材料向成年人流通。既要允许成年人接触性爱内容,又要保护未成年人,一种可行的平衡方案,是在杂志销售处设立"眼罩架"(不透明的覆盖物)。眼罩架遮住了杂志封面的绝大部分,只余下顶部可见,既能让成年人看到杂志名称,又将未成年人不该看到的性爱图像遮了起来。要求杂志售卖处用眼罩架覆盖杂志三分之二封面的法律,是完全合法的。另一种平衡方案,是要求成人DVD租售商店将此类DVD集中在一个独立区域,仅限成年人进入。

未成年人不得购买哪些材料呢?这是一个棘手的难题。这些材料不是米勒案判准下的淫秽材料(成年人可以购买),它的定义不能过宽,不能禁止向未成年人出售一切裸体图像(这将荡决所有生物教材)。多个州用"对未成年人有害"来描述成年人可以购买、未成年人不能购买的性爱材料。这些定义通常是米勒案判准的变形版本。比如,佛罗里达州将"对未成年人有害"定义为"描画裸体、性行为或性兴奋的图像,且(a)显著诉诸可耻、病态的淫欲;(b)整体而言,对成人社群有关哪些材料适合未成年人的主流标准具有明显冒犯性;(c)总体而言,对未成年人没有重要的文学、艺术、政治或科学价值"。[26]

儿童色情

> 制作、散布和持有儿童色情品,不受宪法第一修正案保护。

你是否认为,主流网站上不会出现儿童色情?2013年3月,Facebook上出现了一个男子性虐女孩的视频。由杰里米·卡普兰(Jeremy Kaplan)制作的福克斯新闻报道说,这个视频"如野草般蔓延,它穿越高墙,泛滥于互联网,被用户不知情地传播开来"。尽管Facebook撤下了这个视频,但据报道,它共被分享32 000次,获得5 000多个"赞"。该视频于2005年首次现身于互联网,视频中的男子至今仍逍遥法外。在FBI的通缉人员名单中,他的代号是无名氏8号。

制作、散布和持有儿童色情品,不受宪法第一修正案保护。联邦法规定,18周岁以下未成年人的"性行为"(包括性交、人兽交和手淫)图像与"猥亵展现生殖器或阴部"的图像是非法的。[27]禁止儿童色情有两方面立法依据:其一,这类材料的制作过程会对参与其中的未成年人造成生理和情感伤害;其二,这些图像是永久记录,参与其中的儿童长大后若被人发现,将备受困扰。

必须指出的重要的一点是,这类非法材料不必满足米勒案设立的淫秽判准。换言之,记录未成年人性行为的图像要构成儿童色情,并除外于宪法第一修正案保护,不必非得达到淫秽的程度。俄亥俄州有法律规定,未成年人的父母或监护人以外的其他人,一概不得持有未成年人的裸体图像。如此一来,该法有可能禁止祖父母、外祖父母拥有孙子女、外孙子女的婴儿期裸照。俄亥俄州最高法院对该法的用语做了狭义解释,它说,该法只禁止"下流地展示未成年人的裸体,或刻意地突出未成年人的生殖器"。美国最高法院认同以上解释。[28]

1996年,美国国会修订了联邦儿童色情法,禁止销售、传布任何"貌似"表现未成年人性行为的图像。根据新法,儿童色情不仅包括儿童的真实影像(照片、视频或胶片),还包括计算机生成的图像,或者由电子、机械或其他手段生成的图像,只要"这些视觉图像表现或貌似表现未成年人从事性行为即可"。原先的儿童色情法旨在保护儿童不受剥削,1996 年《儿童色情防治法》(Child Pornography Prevention Act)则是为了保护儿童不落入恋童癖和骚扰者的魔掌,这主要是考虑到,儿童色情图像可能会激发这些人的罪行。该法还明确规定,如果此类材料由成年人制作,且在广告、推广、描述或展示中不以"儿童"为噱头,则可以不予指控。美国最高法院 2002 年判决,该法的一个重要部分违反了宪法第一修正案。安东尼·肯尼迪大法官写道:《儿童色情防治法》"禁止的言论不记录犯罪活动,而且生产过程中也没有受害者"。他说,相反,"该法禁止的是'十几岁少年从事性活动'这一观念的视觉呈现,而少年发生性行为是当代社会的现实,也是各时代艺术和文学作品的创作主题"。美国最高法院还指出,该法的立法依据不够充分,国会证明不了,在可能激发想法与冲动的言论与儿童受虐的事实之间,存在着直接关联。肯尼迪大法官说:"不能仅因言论有刺激非法行为的倾向,就对言论予以钳制,这个理由不够充分。"[29]

美国最高法院推翻《儿童色情防治法》之后,美国国会又于 2003 年通过了《终止剥削儿童之起诉救济及其他作为法》(Prosecutorial Remedies and Other Tools to End the Exploitation of Children Today Act,PROTECT 法

案)。该法的目的之一,是限制推销儿童色情。从字面上看,该法禁止任何人在做广告、促销或索要材料时,故意"暗示或意图令他人相信",相关材料是用儿童真人制作的儿童色情品,哪怕材料中根本没有儿童真人或完全无害。2008 年,美国最高法院在"美国诉威廉斯案"(United States v. Williams)中支持 PROTECT 法案,它的结论是:该法既不过宽,也不模糊(参见第 1 章关于模糊和过宽规则的内容)。"仅当表达者本人相信或意图令听众相信,所交易的内容以儿童真人[着重号为作者所加]为表现对象时"[30],才触犯该法。安东宁·斯卡利亚大法官代表多数派执笔判决意见,他澄清道,美国最高法院无意推翻 2002 年的"阿什克罗夫特诉言论自由联盟案"(Ashcroft v. Free Speech Coalition)判决。斯卡利亚大法官写道:"虚拟的儿童色情可以流通,只要供需双方都明了,这不是真人色情即可。"即便推广的材料不是真人儿童色情,也可依 PROTECT 法案定罪,不过,斯卡利亚大法官指出,定罪的前提,是"被告本人相信,或欲使他人相信,该材料是儿童色情"。那么,PROTECT 法案在何种情形下适用呢?斯卡利亚大法官举例道:"向卧底警察索要儿童色情的网络用户违反了该法。哪怕卧底警察根本没有儿童色情,也不影响该行为的法律后果。另外,将虚拟儿童色情当作真人儿童色情推销,同样也是违法的。"

 案例

可以发生性行为,却不能拍摄性爱照片:
自愿的性行为与儿童色情法之脱节

在伊利诺伊州,年满 17 周岁者,可以自愿与他人发生性行为。但伊利诺伊州另有法律规定,17 岁少年的性爱影像是非法儿童色情品。

这样一来,32 岁的马歇尔·C. 霍林斯(Marshall C. Hollins)与其 17 岁女友 A. V. 做爱是合法的。A. V. 已达到与他人发生性

行为的法定年龄;当然强奸是另一回事。但如果霍林斯拿起手机拍摄自己与女友的性爱照片,他便成了儿童色情品的制作者,哪怕他拍摄的性行为本身是合法的。

A. V. 的母亲在 A. V. 的电子邮箱中发现了这些照片,霍林斯被判三项儿童色情罪名成立。2012 年,霍林斯上诉至伊利诺伊州

最高法院，他在"伊利诺伊州诉霍林斯案"（*Illinois v. Hollins*）[31]中主张，"将儿童色情法适用于年龄足以与他人合法自愿发生性行为的人，对于该法保护儿童免受性剥削、性虐待的立法目的并无裨益"。

伊利诺伊州最高法院拒绝了这一主张，维持对霍林斯的定罪。它的理由是，相较之下，17岁女孩比较能够理解性行为的风险，却不太能够理解性行为被他人摄录的巨大风险。它写道："性行为的后果是具体的，对少年男女而言，它在大多数情况下是显而易见的，不外乎就是意外怀孕、性传播疾病和情感问题……被拍入色情照片或录像的危险，却不易预见，而且微妙得多。"一次亲密接触的记录将被永久留存，也可能被传播给第三方。2012年11月，美国最高法院拒绝了霍林斯的调卷令申请。

2007年，俄亥俄州最高法院在"俄亥俄州诉图利案"（*Ohio v. Tooley*）中，对2002年的美国最高法院判决（涉及《儿童色情防治法》和"虚拟"儿童色情）做了一个有趣的改变。俄亥俄州最高法院支持一部成文法，该法禁止人们利用数字合成技术拼接真实成人和真实儿童的照片，制造出二者发生性行为的嫁接或"变种"图像。[32]简言之，根据俄亥俄州法律，该州检察官仍需排除合理怀疑（刑事案件的证明标准）地证明，变种图像表现的是儿童真人。这与美国最高法院的言论自由联盟案判决（涉及《儿童色情防治法》）是一致的，由计算机生成的虚拟儿童形象仍受宪法第一修正案保护。俄亥俄州最高法院区分了以下二者：

● 受宪法第一修正案保护的虚拟儿童色情（完全由计算机生成，或仅使用成年人制作）；

● 不受宪法第一修正案保护的变种儿童色情（改变真实儿童的形象，使之看似正在发生性行为）。

2008年，此案被告向美国最高法院申请调卷令。最高法院拒绝了，它决定不干涉俄亥俄州最高法院的判决。

虚拟儿童色情的法律问题依然存在。2011年，第2巡回区美国上诉法院在"美国诉霍塔林案"（*United States v. Hotaling*）[33]中维持对纽约州一名男子的儿童色情定罪，它判决道："以数字手段将儿童的面部嫁接到成年人的性爱图片上，系属儿童色情，不受宪法第一修正案保护。"此案的核心是被告约翰·C.霍塔林（John C. Hotaling）对图片的处理——将未成年女孩真人的头部，拼接到正在进行"性行为"（由联邦儿童法定义）的全裸或半裸成年女性身上。霍塔林案有别于美国最高法院的"阿什克罗夫特诉言论自由联盟案"，言论自由联盟案中的言论没有使用未成年人真人的形象。

 知识窗

**性罪犯不得使用社交网络：
印第安纳州的相关法律于2013年被推翻**

人人都知道，性魔常潜伏于网络上，他们勾搭未成年人，企图与之发生性行为。但州政府可以禁止所有性罪犯（包括那些服完刑的人）使用一切社交媒体吗？

印第安纳州的一部成文法规定，该州登记在册的性罪犯，不得使用社交媒体网站、聊天室和即时通信工具，违者有罪。2013年，第7巡回区美国上诉法院在"无名氏诉马里恩县案"（*Doe v. Marion County*）中宣布该法违宪。印第安纳州称，该法旨在保护公共安全，尤其是保护未成年人免受网上有害内容的伤害。一名登记在册的性罪犯（我们姑且称他为无名氏)对该法发起了挑战，他认为，该法剥夺了宪法第一修正案赋予他的发表与接收言论的自由。无名氏曾因两项儿童性剥削罪名入狱，几年前刑满释放。

第 7 巡回区美国上诉法院首先宣布，系争法律内容中立，它同等适用于性罪犯想要使用的一切社交媒体网站，不分内容、主题，故应适用"中度检视"标准。根据中度检视标准，该法院判决，相较于印第安纳州提出的重要利益，系争法律不够剪裁适度。它的结论是，该法限制的言论，远远超出保护未成年人之所必需。第 7 巡回区美国上诉法院论证道："只要无名氏不与未成年人发生不当交流，他使用社交媒体就不会构成任何危险。进一步而言，社交媒体活动中的这一

极微小部分是否属于非法传播，本身也没有定论。由此可见，印第安纳州的法律打击面过宽，它镇制的活动，超出了它企望矫正的罪恶。"该法院又说："印第安纳州之所以禁止无名氏使用社交媒体，是担心他在登录这些网站或系统后，可能会从事该州有权加以制止的活动。"它建议印第安纳州的立法机关重新制定更明确的法律，该法律应"仅适用于高风险人群——这些人对社交媒体的使用会促进他们猎艳儿童。目前来看，该州并无证据证明，系争法律覆盖的人员全都表现出此等风险。另外，我们想要澄清一下，以上判决不应被解读为限制立法机关对这一当代挑战提出合宪性解决方案的能力。"

下面是近年来对儿童色情法的另一例调整，也是由互联网引发的。2011 年，俄勒冈州最高法院在"州诉巴杰案"(State v. Barger)[34]中判决，仅仅在计算机屏幕中搜索、观看儿童色情图像，不是该州儿童色情法规定的"持有或控制"此等图像。该法院认为，它面对的问题是：

能否仅因有证据表明，一名计算机用户有意使用浏览器接触并(根据合理推断)浏览了性虐儿童的数字图像，便认定这种行为构成俄勒冈州法律规定的故意"持有或控制"儿童色情品？

为回答以上问题，俄勒冈州最高法院重点探究了该州儿童色情法中"持有"和"控制"二词的意涵。换言之，该法院做了**成文法之解释**(参见第 1 章)的工作。它的结论是："网络影像是不可触摸的，这就好比某人看到访客寄存在自己家中的物品。主人知道此物存在，甚至可能正是主人请求访客将它带来观看的，但主人并不因此持有此物。"俄勒冈州最高法院在一个有趣的类比中写道："在互联网上浏览，就如同进入博物馆参观——这些照片就

在他期待的地方，任他观看，但这绝不意味着他持有它们。"该法院指出，单纯地在计算机屏幕上接触和观看图像，不同于持有、控制这些图像。继阿拉斯加州和佐治亚州的法院之后，俄勒冈州如今也承认，这种解释有利于被告脱罪。

另一些司法管辖区的法院(包括伊利诺伊州和宾夕法尼亚州)正好相反，它们认为，依所在州的成文法，在网上接触和观看儿童色情图像足以构成"持有"。

儿童制作的儿童色情品和性短信

事关儿童色情的一个新情况是：未成年人制作本人的性材料，在社交网络上发布，或在手机上传播。在手机上传播，就是性短信(sexting)。当儿童是儿童色情品的制作者时，又当如何呢？2009 年，宾夕法尼亚州格林斯堡塞勒姆中学(Greensburg Salem High School)的六名学生面临儿童色情指控，几名十四五岁的女孩给自己拍了全裸和半裸照片，发到同校男友的手机上。女孩被控制作、传播儿童色情品，收到照片的男孩则被控持有儿童色情品。与此案类似，2009 年，新泽西州一名 14 岁女孩在 MySpace 上发布了自己的 30 张裸照，她

因此被捕，面临儿童色情的指控。2008 年，威斯康星州拉克罗斯（LaCrosse）的 17 岁男孩面临着儿童色情重罪指控，他在 MySpace 上发布了一名 16 岁女孩的裸照。讽刺的是，受害人出庭作证说，正是她本人拍摄了这些照片，并通过电子邮件发送给了被告。裸体虽不能与儿童色情简单地画等号（儿童色情必须表现性行为或色情地展示性器官或阴部），但未成年人收取、持有或传播其他未成年人（也包括自己）的性照片不能豁免于儿童色情法。

不过，到了 2010 及 2011 年，各州考虑到一般的儿童色情法过于严苛，开始尝试专门就未成年人发送性短信的问题立法。为何说普通的儿童色情法过于苛刻呢？这是因为，因性短信而被控儿童色情的未成年人，一旦定罪就是重罪，光是传送或持有儿童色情品，就有可能被判入狱五年，还会被贴上性罪犯的标签，留下一世污名。2011 年，佛罗里达州通过了性短信法，到 2014 年，已有超过 15 个州颁行了性短信法。路易斯安那州的性短信法规定："不满 17 岁者，不得有意、自愿地使用计算机或远程通信设备，向他人传输本人的不雅视觉材料。"在大多数此类立法中，未满一定年龄的未成年人发送性短信是违法的，但顶多构成轻罪（而非重罪），只需处以罚金和/或社会服务。

淫秽与女性

一些女性主义学者认为，性内容令女性屈从于男性，使女性沦为取悦男性的性工具，从而物化、剥削女性，导致针对女性的暴力。[35] 1984 年，印第安纳波利斯市基于以上观点，立法禁止"色情"——注意不是淫秽。该法将色情定义为"以文字、图像描绘针对女性的性压迫"，包括把女性表现为"享受痛苦或羞辱的性工具"和"被征服、战胜、侵犯、剥削、占有或使用，摆出受奴役、从属或展览姿势的性工具"。1985 年，一家上诉法院在"美国书商联盟公司诉赫德纳特案"（American Booksellers

> 一些女性主义学者认为，性内容令女性屈从于男性，使女性沦为取悦男性的性工具，从而物化、剥削女性，导致针对女性的暴力。

Association, Inc. v. Hudnut）[36] 中宣布该法违宪，它指出，该法禁止的内容，远远不止米勒案判准下的淫秽，该法是对言论的**基于观点的歧视**（参见第 3 章）。该法院写道，根据该法，"'表现女性从属地位'的言论，以及表现女性'受奴役、从属或展览姿势'的言论"一概应被禁止，不论作品整体上的文学或政治价值有多高。相反，只要言论表现女性的平等地位，它就是合法的，不论其性内容如何明显。这是思想控制。这意味着，关于女性的有些观点可获批准，有些观点则不可以。此案做出判决后，美国不再有类似的法律通过。

小　结

米勒案判准是美国法院判断淫秽的标准。该判准由三部分组成。满足以下条件者，即为淫秽：

1. 一个普通人，根据当代地方社区标准，会认为系争作品整体上旨在唤起淫欲。事实发现者应采用地方（通常是州）标准，而非全国性标准。

2. 系争作品以州法规定的明显冒犯性方式刻画性行为。同样，事实发现者也应当依照地方社区标准来判断"明显冒犯性"。不过，美国最高法院曾判决，只有硬核色情才能被认定为具有明显冒犯性。而且，立法机关或州最高法院必须明确界定哪些类型的冒犯性材料可以被认定为淫秽。

3. 系争材料没有重要的文学、艺术、政治或科学价值。

美国最高法院曾判决，各州在阻止色情材料向儿童销售或传播时，或在保护儿童不被电影制作人强迫从事性行为时，可以使用更宽泛的淫秽定义。但制定此类法律时必须倍加审慎，以免违宪地禁止了合法材料。一些法律禁止人们利用儿童制作性材料，这也得到了美国最高法院的首肯。

控制淫秽

一个多世纪以来,刑事指控一直是州政府控制淫秽的典型方式。

案件进入庭审程序后,法官和陪审团必须判断:被告出售或展示的材料是淫秽吗? 米勒案判准的第一、第二部分,即淫欲和明显冒犯性,由事实发现者——陪审团或法官(如果没有陪审团的话)来判断。陪审团也可以评判作品是否具有重要价值,但这个问题通常被视作法律问题,法官扮演着更重要的角色。

除了判断系争材料是否属于淫秽之外,陪审员还要回答一个问题:被告是否知道自己出售、散布或出版的材料是什么内容? 这称作"明知"(scienter)。美国最高法院在 1959 年的"史密斯诉加利福尼亚州案"(Smith v. California)[37]中判决,在认定被告"出售淫秽图书、杂志"罪成立之前,州政府必须证明,书商了解系争材料的内容。布伦南大法官写道:"若对不知情内容的书商定罪,他必将只出售自己审查过的书籍;这样一来,州在限制淫秽文学的同时,势必也限制了受宪法保护的言论。"

但是,关于明知要件,州政府必须证明什么呢? 难道政府必须证明,色情材料的销售者明知它是淫秽还继续销售吗? 非也。美国最高法院曾判决,政府只要证明,被告对材料内容有大概了解,就足够了。比如知道某部电影中有性虐镜头。[38]1990 年代中期,有两人在贝灵汉(Bellingham)市设起报摊,出售一份着力讨论强奸问题的杂志《回答我!》(Answer Me!),华盛顿州霍特科姆县(Whatcom County)的检察官指控二人淫秽。报摊经营者坚称,该杂志虽有性内容,却是一种讽刺。检察官不同意这种说法。不过到了末了,这个问题却是无关的。陪审团宣告二人无罪,因为陪审员说,州政府未能证明,报摊经营者明知该出版物的内容。"明知"证据不足。[39]

在任何社区内,淫秽指控的发起,都取决于当地检察官对这一领域的法律有多上心。一些检察官是色情材料的死对头,不懈地指控成人材料的销售者。更多检察官却认为,淫秽在重要性上远远不及办公室里堆积如山的谋杀、强奸、暴力攻击、抢劫和盗窃案。与此同时,有些地区的市民比其他地方的市民更能容忍成人材料。

政府除了以刑法禁止生产、销售和散布淫秽材料外,还采用其他手段阻止此类材料的流通。一些社区在民事公害法中将销售、散布淫秽材料定义为公害。淫秽的判断标准仍是米勒案判准。公诉人可以对成人书店或成人电影院提起公害诉讼,正如对制造太多噪声的工厂和在自家车库外经营修车生意的房屋业主提起公害诉讼一样。法官先得判断,被告出售或散布的材料是否属于淫秽。如果该材料被认定为淫秽,法院就会签发禁制令,命令被告停止销售或散布,以减少公害。

 案例

强令成人电影男演员戴安全套,是对色情谷成人业的威胁吗?

2012 年,洛杉矶市市长安东尼奥·维拉莱格萨(Antonio Villaraigosa)签署了一部新法,它规定,洛杉矶市政府在为成人电影颁发拍摄许可时,必须要求男演员在出演家中或后院内的性爱镜头时使用安全套,南加州的成人电影业因此大受打击。该法全称《洛杉矶市促进成人电影业之性行为安全法》(City of Los Angeles Safer Sex in the Adult Film Industry Act)。成人业行业组织"言论自由联盟"(Free Speech Coalition)的首脑黛安娜·

杜克(Diane Duke)尖锐抨击该法。杜克在言论自由联盟的网站上写道:"强制使用安全套不会令演员更安全。"她指出,该法"会降低既有的成功标准与程序,不利于演员的健康。政府对自愿成年人之间的性行为强加干涉实在糟糕。政府的手不该伸到我们的卧室里头——无论这卧室是真实的,还是布景"。

演员戴安全套出演的成人电影,不如不戴安全套的电影来得卖座。几家坐落于洛杉矶圣费尔南多谷(San Fernando Valley,俗称色情谷)的业内大公司说,它们只能避开洛杉矶市,转战到洛杉矶县的其他城市拍摄。

2012年11月,洛杉矶县的选民通过投票,也要求男演员在性交时戴安全套。说白

了,这下洛杉矶市和洛杉矶县都要求演员戴安全套了。2013年3月,成人电影公司"邪恶制作"(Immoral Productions)因违反该县的安全套使用规定而被起诉,成为业内首例。

《好色客》杂志帝国的"国王"拉里·弗林特(Larry Flynt)宣布,他将去洛杉矶县以外的地方拍摄,他告诉"成人视频新闻"(Adult Video News)道:"我们将继续在墨西哥、沙漠、夏威夷等地拍摄,费用也不会增加,因为我们不是一周拍一两个女孩,而是一周拍一打。"事实上,到2013年为止,文图拉县(Ventura County)卡马里奥市(City of Camarillo)的官员已经收到数家成人电影公司的拍摄申请。

邮政审查

在美国,没有哪家行政机构在管控淫秽的积极性上堪与美国邮政(U. S. Postal Service)匹敌。2008年,一位邮政检查员一口气买下了五部DVD,让卖家寄往坦帕(Tampa)的一个邮箱,最终令加州的制作人保罗·利特尔(Paul Little)在佛罗里达州被定罪。这是美国邮政一个多世纪以来常用的策略。美国最高法院1878年判决,在美国使用邮政服务是特许权(privilege),而非天赋权利(right)。[40]这一判决赋予了邮政总局控制邮件内容的实质性权力。政府虽不能合法地干预一级邮件,但不论邮件以何种方式传递,寄送淫秽材料都属于非法。杂志销售者、图书分销商等其他邮政类别(二级、四级)的使用者,面临的问题更为严重。邮政检查员还可以审查互联网。

1873年《科姆斯托克法》(参见本章前文)

授予美国邮政管控色情材料经邮件流通的基本权力。不过,其他许多法律也一样适用。比如,如果有顾客收到自己不想要且本人视作淫秽的材料,可以请求邮政总局通知发件人勿再发送此类材料。一旦邮政总局向发件人发出通知,发件人就不得再向同一位顾客寄发类似邮件,否则就是违法。注意,此处是由邮政顾客自行判断某一材料是否属于淫秽,故该法影响面颇广。美国最高法院在1970年的一起判决中肯定该法(《美国法典》第39章3008条)合宪。[41]伯格首席大法官写道:"在我们看来,寄件人的权利,应止步于一个不情愿的收件人的信箱。"

《美国法典》第39章3010条允许邮政客户拒收含有性爱内容的广告,哪怕他从未收到过此类邮件。

电影审查

市政府与州政府审查电影的情况,如今已不多见。这主要有两个原因:(1)成人电影院在互联网时代已近乎绝迹;(2)大多数商业电影院不放映NC-17级别的电影。然而,就在

距今不远的 1960 年代中期,近 50 个美国城市中活跃着审查委员会(censorship boards)。美国电影协会(Motion Picture Association of America)采行的自愿电影分级制度(分为 G,PG,PG-13,R 和 NC-17 各级),安抚了大多数对电影内容忧心忡忡的人。

迟至 1952 年,电影才得到宪法第一修正案的保护。[42]20 世纪六七十年代,法院检视了数部地方电影审查条例,并制定了严格的规则,强制地方社区遵守宪法第一修正案原则。[43]一般而言,审查委员会和法院必须快速、及时地判断某部电影能否播映,而且,政府得承担证明电影不受宪法第一修正案保护的举证责任。

录像经销商不受电影分级制度的管束,库存中常有那些只能在 X 级电影院播映的电影。限制政府查禁电影的宪法规则,同样也适用于录像租赁。成人录像店在一些市镇仍然处境堪忧。2008 年,在弗吉尼亚州的斯汤顿(Staunton),一个由四名男性、三名女性组成的陪审团判成人商店老板里克·克里亚尔(Rick Krial)出售淫秽 DVD 轻罪成立。克里亚尔的商店于 2007 年 10 月开业,此事发生在商店开张后不久。2010 年,在得克萨斯州的哈里斯县(Harris County),尤金·埃瑟里奇(Eugene Etheridge)因未获成人业执照便经营"录像窥视秀"(设多个独立小隔间,供顾客观看成人电影),被陪审团认定为有罪,判四个月监禁。

> 迟至 1952 年,电影才得到宪法第一修正案的保护。市政府与州政府审查电影的情况,如今已不多见。限制政府查禁电影的宪法规则,同样也适用于录像租赁。

小　结

> 在美国历史上,邮政审查是政府控制淫秽材料(也包括网络材料)传播的重要手段。如今的邮政局不再那么咄咄逼人,而是允许顾客自行拒绝成人材料和其他色情出版物。地方政府可以在电影放映之前实施审查,或限制录像、DVD 的出租,但必须遵守美国最高法院订立的严格程序。

规管非淫秽的色情材料

因淫秽而起的战火,已延烧一个多世纪之久。过去 50 年间,美国最高法院限缩了"淫秽"的法律定义,社会团体甚至部分政府行政机构于是不断施压,要求禁止非淫秽的成人材料(这些材料在半个世纪前可能是淫秽,如今却受宪法第一修正案保护)。从许多方面来看,这已成为成人性爱材料之战的主战场。

《好色客》《花花公子》、说唱音乐、同性恋艺术展览、成人录像、互联网上的性爱网站,在在都是美国各地试图控制乃至查禁的大众传播形态。这些材料难免会对部分人有所冒犯,但一般都受宪法第一修正案的完全保护,因为它们不符合米勒案的淫秽判准。接下来,我们将简要介绍这种法律冲突。

性产业

性产业(sexually oriented business)——脱衣舞俱乐部、成人录像店和成人电影院——主要受限于以下两类地方法律:

1. 分区法

2. 表达性行为法(象征性言论法)

并非所有言论(DVD、录像和杂志)都是符合米勒案判准的淫秽[44],而且,美国最高法院曾判决,裸体舞"是表达性行为,受宪法第一修正案一定程度的保护"[45]。由于以上两点，性产业的分区和政府对性产业的规管滋生了诸多涉及表达自由的宪法问题。联邦法院与州法院每年至少得受理一打针对此类法律的挑战，许多市政府在制定此类法律时聘请顾问公司做帮手，却也无济于事（参见 http://www.duncanassociates.com）。

市政府通常采用两种方法来对性产业分区：第一，将性产业集中在一个区域（红灯区）；第二，将它们分散在社区内，通常是较远的工业区，远离学校和住宅。只要满足一定的条件，这些分区策略也还算过关。比如，华盛顿州某地的市政条例禁止成人电影院设在距离居民区、教堂、公园或学校不足 1 000 英尺的地方。美国最高法院在"伦顿诉游戏时光影院公司案"（*Renton v. Playtime Theatres, Inc.*）中支持该条例。[46]如果此类分区法旨在减少性产业的次生影响，美国最高法院就会高抬贵手，对它们适用相对宽松的司法检视标准。性产业的次生影响指性产业可能催生的外部问题，如犯罪率升高、不动产价值走低、生活品质下降等。次生影响还包括舞女和恩客之直接接触导致性传播疾病蔓延。市政府若能证明，它针对的乃是性产业的次生影响，而非性产业中的言论，相关法令就能被认定为内容中立。同时，市政府还必须证明，分区法

1. 服务于重要的政府利益；

2. 并未禁绝本市的性产业，或不合理地限制替代性传播渠道。

看！这有多像法院对内容中立的时间—地点—方式限制（参见第 3 章）适用的中度检视标准。法院在适用这一判准时，通常对市政府极表尊重。虽说市政府必须证明，负面的次生影响在相关法律制定之前便已存在，以"圆说市政府的立法逻辑"[47]，但这个任务并不重。政府不必自己研究本地的负面次生影响，也无须提交有关损害的定量数据。正如得克萨斯州一家上诉法院 2013 年所写的，市政府不必自己研究本地的次生影响，只需倚赖"可合理信任为相关"[48]的证据即可。这类证据既包括其他地区的研究和经验，也包括大学教

授和研究人员的专家证言。这家得克萨斯州上诉法院写道，只要"市政府的证据能合理地支持其理论"即可，它还指出，市政府"不必预先证明立法的效用"。此案中，法院支持埃尔帕索（El Paso）的条例，该条例对性产业做出了如下限制：(1)房屋内外必须有照明；(2)半裸雇员在 18 英寸的舞台上表演时，与客人的距离不得少于 6 英尺；(3)不得雇用或招待不满 18 周岁者。市政府的举证责任是宽松的，它不必自行研究（可以借鉴其他市的研究），只要所倚赖的证据可被合理信任为相关，且能支持政府的管制措施即可。

性产业的老板可能会反对此类证据，并在一些案件中利用法院对次生影响的怀疑[49]取胜，不过，聘请专家证人、自己做研究等都得花时间花钱，而且，性产业举出的证据必须能够直接质疑政府的证据。

至于重要利益，法院常会毫不犹豫地认定，市政府在阻止成人娱乐业的次生影响上的确有重要利益。不过在 2006 年，一家联邦法院对明尼苏达州德卢斯（Duluth）的一部限制性产业营业时间的市政条例颁发了限制性命令。该法院指出，德卢斯"没有证据证明，限制营业时间对克服负面次生影响而言是必不可少的"，故原告"之主张（该法的目的不是克服负面次生影响）有可能胜出"。[50]

第二个要求是政府"不得禁绝性产业，不得无理压缩性产业在社区内的空间"。对此，美国法院业已明确：性产业可获之土地，不一定是商业上最有利的地块，也不一定非得有大量空间。例如，华盛顿州伦顿市（Renton）只将该市土地的 5%（520 英亩）留给性产业，而美国最高法院表示支持。不过，分区法提供的土地不能连既有的性产业都容纳不下，因新分区法而被迫搬离的性产业，必须有机会重新选址经营。[51]

除了对性产业进行分区之外，多个市还以立法手段影响性产业中的表达性行为。正如前文所指出的，美国最高法院认为裸体舞是言论，不过，美国最高法院和其他法院也允许市政府规定最少衣着（如丁字裤、乳饰），因为这

些乃是以最轻微的方式干预舞蹈传递的色情信息。在 2000 年的一起案件中，一家裸体舞机构起诉宾夕法尼亚州伊利市（Erie）禁止在公共场合全裸的规定，美国最高法院支持该市的规定。"丁字裤、乳饰对总体表达的影响，堪称微乎其微。"[52]另外，市政府也可以制定合理规则，禁止舞者与顾客发生性行为和性接触，比如禁止舞者在顾客的膝上跳舞。典型的规定有：

- 舞者和顾客间的最小距离要求
- 舞台的高度要求
- 舞台周围的护栏要求
- 禁止直接给小费
- 最低灯光亮度要求
- 禁止包厢和 VIP 房设房门和隔墙

与分区法一样，如果这些限制旨在控制公共健康、安全方面的负面次生影响（如扩散性传播疾病、破坏善良风俗等），那就适用中度检视标准。政府所需证明的是：

1. 这些限制是为了实现与言论内容无关的重要政府利益；

2. 这些限制是实现上述利益之所必需（不超过必要限度）。

2008 年，第 6 巡回区美国上诉法院根据这一**中度检视**标准，支持肯塔基州肯顿县（Kenton County）的某一条例。该条例要求舞者在结束舞台上的半裸表演之后，一小时内不得接近顾客区周围五英尺的范围。[53]该规定旨在减少卖淫，肯顿县认为，如果表演者结束演出后立即坐到顾客身边，要求顾客买酒，有时就会引发性行为。第 6 巡回区美国上诉法院观察到，该法"仅限制舞者每晚结束表演后一个小时内的活动"，它指出，肯顿县"的目的是控制成人业表演者与顾客之间的卖淫风险。该县采用的方式，很大程度上保留了表演者和顾客的交流能力，只是他们不能再以身体接触的方式交流罢了。我们因此认为，该规定达到了中度检视标准的要求"。

是否可以禁止人们在性产业经营场所内饮酒呢？2010 年，第 11 巡回区美国上诉法院在"弗拉尼根责任有限公司诉富尔顿县案"

（*Flanigan's Enterprise*, *Inc.* v. *Fulton County*）[54]中支持佐治亚州富尔顿县（Fulton County）的一部成文法，该法禁止在性产业的经营场所内出售、持有和消费酒精饮料。富尔顿县称，它担心酒精和现场的裸体舞一相结合，会对社区造成不良影响，故该法只应适用中度检视标准。第 11 巡回区美国上诉法院同意这一主张，它指出，富尔顿县提供的证据"显然描绘出该县的一幅生动形象，供应酒精饮料的脱衣舞夜店在其中扮演着不受欢迎的醒目角色。性犯罪和毒品犯罪多发于夜店、附近的便宜旅馆及周边区域，因此，执法机关和司法机关（至少是青少年法院）不得不投入资源对抗次生影响。而且周边地区都颇为破败，需要修缮"。

2011 年，密苏里州最高法院支持一部综合性州法，该法（1）禁止在公共场所跳裸体舞；（2）禁止半裸的舞者触碰顾客或接近顾客周围 6 英尺范围；（3）禁止酒精饮料进入性产业营业场所；（4）禁止性产业在午夜至清晨 6 点之间营业；（5）要求每个包间内的情况均可见于中央控制室。[55]密苏里州最高法院支持该法的合宪性，它以"次生影响规则"论证道："这些限制并非基于言论内容，而是为了防止性产业对密苏里州居民的健康、幸福与安全造成负面影响。"该法院之所以得出如上结论，部分是因为，系争法律在前言（即立法意图）中陈明，该法之通过，乃是为了"促进本州公民的健康、安全与公共福利，特为此设立合理且统一的规范，防止本州性产业肇致的不良影响"。

密苏里州的法律内容中立，故只适用司法审查的中度检视标准。密苏里州最高法院根据这一标准，认为该州"有可合理信赖的充分证据。尽管性产业攻击并试图破坏州政府的部分证据，但未能直接质疑其他证据和政府限制负面次生影响的逻辑"。该法院于是得出结论道："政府至少举证证明了，立法机关正当合理地认为，采取这些限制性措施的目的是最大限度地减少性产业的负面次生影响，此为重要的政府利益。"成人业向美国最高法院申请调卷令,2012 年 10 月被美国最高法院拒绝。

除了分区法和规管性产业经营场所内部活动的法律以外,一些政府机构还动用第三种手段来对付性产业——税收。比如,犹他州就有一种税,专门针对其员工在一年中有 30 天或 30 天以上时间,以全裸或半裸方式提供服务的经营场所,所征税款为总收入的 10%,这笔税款专门用于治疗性犯罪者。2009 年,犹他州最高法院支持该项税收。该法院认为,对于裸体舞这一言论活动而言,这是内容中立的规定,因为它适用于一切以裸体提供服务的经营活动。犹他州最高法院写道,该税收"是普遍适用的;一年内有 30 天以上使用裸体的经营机构全都适用,不论这些机构是否以裸体传递信息——色情信息或其他信息"。该法院在同一个判决意见中推翻了针对出台服务的类似税收,因为"出台服务"的定义太过模糊。

2009 年,得克萨斯州一家上诉法院推翻了向每位进入性产业经营场所的顾客收费 5 美元的法律。[56] 这家上诉法院宣布该法违宪,它写道:"此税因一小群人参与受宪法第一修正案保护的言论活动而征收,虽说这种言论处于宪法保护的边缘位置,"这是基于内容的税收,针对的是裸体舞这种表达性活动,势必无法通过司法审查的**严格检视**标准。不过,这一胜利很短暂。2011 年 8 月,得克萨斯州最高法院认定,5 美元的收费是内容中立的,必须以宽松得多的司法审查标准来判断它是否违宪,即根据次生影响规则(参见本章)做**中度检视**。得克萨斯州最高法院论证道:"这项费用针对的不是裸体舞的表达性内容,而是这种表达在有酒精饮料的环境中可能引发的次生影响。"该法院推翻了上诉法院的原判,维持收费 5 美元的法律。2012 年,得克萨斯州娱乐业联盟(Texas Entertainment Association)向美国最高法院申请调卷令,未果。得克萨斯州最高法院 2011 年的判决就此生效,顾客在进入既提供裸体表演,又供应酒精饮料的经营场所时,必须交 5 美元。

2013 年 1 月 1 日,伊利诺伊州的《现场成人娱乐机构收费法》(Live Adult Entertainment Facility Surcharge Act)实施生效,它对脱衣舞俱乐部加征一笔年度费用,金额均摊到每位顾客大概是 3 美元。该法不要求脱衣舞俱乐部直接向顾客收费,俱乐部可以自行决定这笔款项如何产生。伊利诺伊州的脱衣舞俱乐部还可以选择不按每位顾客 3 美元的金额缴纳这笔费用,而是按年收入缴纳固定金额。例如,年盈利 200 万美元以上的俱乐部,每年固定缴纳 25 000 美元,年收入不足 50 万美元的俱乐部,缴纳 5 000 美元。所得款项将汇总到性侵服务与预防基金会(Sexual Assault Services and Prevention Fund),由该基金会发放给各家性犯罪组织,为性犯罪受害人提供社区扶助,并支持性犯罪的预防工作。

对艺术和流行文化的攻击

除了性爱杂志、DVD 和网站之外,美国流行文化中的其他形态也常因性内容而被告上法庭,或受到倡议团体的挑战。例如,2008 年,在弗吉尼亚比奇(Virginia Beach)的一家购物中心,Abercrombie & Fitch 的门店里展出了两张大幅宣传照,照片上的两名年轻模特衣着暴露。一张照片中,男模特上身赤裸,镜头聚焦于他的上半个臀部,另一张照片上的女模特则前胸半露。该店经理因涉嫌淫秽轻罪而被警方传讯。照片虽遭警方没收,但所幸淫秽指控后被撤销。2008 年,宾夕法尼亚州亚当斯镇(Adams Township)政府称一家钢管舞及健身会所为性产业,试图将它关闭。美国公民自由联盟(ACLU)代表会所经营者斯蒂法妮·巴宾斯(Stephanie Babines)向联邦法院起诉,该镇做出让步,允许巴宾斯继续营业,但巴宾斯必须承诺不在会所内开展任何性活动。1990 年,饶舌组合 2 Live Crew 的歌曲《想多下流就多下流》(*As Nasty As They Wanna Be*)被一位法官宣布为淫秽,[57]同年,辛辛那提当代艺术中心因展出罗伯特·马普尔索普的摄影作品而被控淫秽。1999 年,纽约市市长鲁迪·朱利安尼(Rudy Giuliani)将已拨给布鲁克林博物馆(Brooklyn Museum)的资金撤回,因为该博物馆举办了一场市长称为"病态""恶心"的临时展览。[58]根据联邦法律的规定,全国艺术基金会(National Endowment for the Arts)如今在资助艺术家时,必须"将一般的庄重标准纳入考量"。[59]

已故的喜剧演员伦尼·布鲁斯(Lenny Bruce)在 1964 年两度被判淫秽罪,一次是因为他在芝加哥表演的单口相声[60],另一次是因为他在纽约市格林尼治村表演的固定节目[61]。这证明,审查并非笑谈。为了验证"当代社区标准"(米勒案淫秽判准使用的概念)是如何演变的,如今有些喜剧演员特意使用布鲁斯用过的语言,却不必再担心自己被控淫秽。2005 年有部电影名为《贵族》(*The Aristo-crats*),多名喜剧演员在该片中开讲"史上最下流笑话"(包括绘声绘色地讲述乱伦、人兽交和身体排泄),这部电影在全国各地的录像店里都能租得到。

 案例

对吉姆·莫里森关上大门:佛罗里达州迟来的赦免

1969 年 3 月,"大门"乐队(Doors)的主唱吉姆·莫里森(Jim Morrison)在迈阿密的一次演唱会上被捕,他被控在台上"众目睽睽之下暴露私处并模仿手淫、口交等下流猥亵行为"。据说,莫里森一边问观众"你们想看我的鸡鸡吗",一边解开了裤子。40 多年后的 2010 年 12 月,佛罗里达州赦免委员会(Flori-da Clemency Board)应州长查利·克里斯特(Charlie Crist)之请赦免了莫里森。不过为时已晚,莫里森早已于 1971 年故去。

兄弟会派对的必选曲目——金斯曼乐队的《路易,路易》(*Louie, Louie*)听起来含糊不清,连在安静的房间里也听不清楚。1964 年,FBI 花费数月,调查这首歌的歌词是否淫秽。佛罗里达州有人投诉说,当此歌以超常速度播放时,就能听得出来淫秽歌词。你可以查考 FBI 调查此歌的文件,地址是 http://vault.fbi.gov/louie-louie-the-song,看看联邦调查局的调查结果!

赛博空间的色情材料

自 1996 年以来,美国国会通过了三部联邦成文法,控制美国人在互联网上的所见。应指出的是,联邦法律明文禁止淫秽材料在互联网上传输。有成文法规定,跨州传输淫秽材料是犯罪,无论传输渠道是卡车还是轿车,是美国邮政还是 UPS 快递,是无线电视还是卫星转播。同样,此类材料也不得在互联网上传输,连电子邮件也不可以。[62]根据联邦法律,用计算机传输儿童色情也在禁止之列。

上文提及的三部联邦成文法特别针对非淫秽的成人性爱材料(受宪法第一修正案保护的材料)。这三部法律是:

● 1996 年《通信端正法》(Communications Decency Act)

● 1998 年《儿童在线保护法》(Child On-line Protection Act)

● 2001 年《儿童互联网保护法》(Children's Internet Protection Act)

我们来简单介绍一下这几部法律和相关的法院判决。

《通信端正法》

《通信端正法》（CDA）是重构远程通信规范之庞大法律的一部分。该法规定，在未成年人能接触到的公共计算机网络上传播不雅材料，或允许不雅材料透过此等网络传播是犯罪。违者最高可处 25 万美元罚金和五年监禁。该法将不雅（indecency）定义为"以明显冒犯性（根据当代社区标准判断）的方式描绘性行为、排泄行为、性器官、排泄器官的评论、请求、意见、建议、图像或其他传播"。

1997 年，美国最高法院在"雷诺诉美国公民自由联盟"（Reno v. ACLU）[63] 中判决，《通信端正法》中保护未成年人免受"不雅"和"明显冒犯性"网络传播干扰的条款是违宪的。最高法院首先指出，经互联网传播的言论，与印刷传媒上的言论一样（参见第 3 章），享受宪法第一修正案的完全保护。约翰·保罗·史蒂文斯大法官代表多数大法官写道，该法"严重压制了受宪法保护的言论"，它所限制的，远不只是满足米勒案判准的淫秽言论而已，它"威胁要将互联网社区中的很大一部分付之一炬"。美国最高法院并未打击国会"保护未成年人远离有害材料"的立法目的，但它根据模糊与过宽即无效的原则（参见第 1 章有关这两种原则的讨论），批评了《通信端正法》为达成这一目标而使用的概念和语言。最高法院指出，不仅"不雅""明显冒犯性"等概念缺乏精确定义，而且《通信端正法》在"避免未成年人接触有害言论的同时，……也有效压制了成年人依其宪法权利可以自由获取和自由向他人发表的大量言论"。史蒂文斯大法官指出，米勒案判准保护具有严肃文学、艺术、政治或科学价值的言论，而《通信端正法》没有规定此类保留条款，未保护具有社会回馈价值的性言论。其结果是，《通信端正法》有可能压制关于节育措施、同性恋和强奸后果等合法话题的讨论。

《儿童在线保护法》

1998 年，美国国会再度发力，通过了《儿童在线保护法》（COPA）。该法禁止商业网站在明知的主观状态下向未成年人（17 岁以下）传播有害材料。有害材料的定义是：对未成年人而言，以激发淫欲为目的，形象地描绘淫荡行为或性行为，且缺乏重要的文学、艺术或科学价值的材料。该法要求陪审团在评估材料时适用"当代社区标准"。违反该法者可被处以 5 万美元罚金和 6 个月监禁。不过，该法还规定，网站运营者如果只允许持有信用卡、储蓄账户、成人登录码或成人身份证号码的用户登入网站，便可免于指控。理由是：既然只有成年人能接触到这些内容，那就意味着网站运营者诚实地相信，自己的传播对象是成年人，不是未成年人。

2004 年，已在各级联邦法院辗转五年的"阿什克罗夫特诉美国公民自由联盟案"（Ashcroft v. ACLU）[64] 来到了美国最高法院。最高法院基于宪法第一修正案，维持下级法院对《儿童在线保护法》颁发的临时禁令。最高法院认为，《儿童在线保护法》是基于言论内容的限制，故应适用**严格检视**标准（参见第 2 章）。最高法院指出，政府必须证明，《儿童在线保护法》限制的言论，没有超出确保未成年人安全之所必需。其中包括，政府必须证明，ACLU 等原告提出的限制性较小的替代方案，对以上目标之达成不如《儿童在线保护法》来得有效。安东尼·肯尼迪大法官代表五位多数派大法官写道，父母可以购买互联网过滤器，过滤器"对言论的限制比《儿童在线保护法》小。过滤器是在终端上对言论做选择性限制，不是在源头上一概禁止"。肯尼迪大法官还指出，与《儿童在线保护法》不同，"提倡使用过滤器不会将发表某类言论贬抑为犯罪，潜在的寒蝉效应从而得以消除，或至少大大减少"。他又说，过滤器"可能比《儿童在线保护法》更有效"。最高法院多数派的结论是：政府未能证明，《儿童在线保护法》是保护未成年人的限制最小的手段，故维持对《儿童在线保护法》的临时禁令，将案件发回重审。

2006 年末，政府又回到宾夕法尼亚州的联邦法院，想在"美国公民自由联盟诉冈萨雷斯案"[ACLU v. Gonzales，此时阿尔伯托·冈萨雷斯(Alberto Gonzales)已取代约翰·阿什克罗夫特(John Ashcroft),成为新一任美国司法部部长]中挽救《儿童在线保护法》。2007年3月,美国地区法院法官小洛厄尔·A. 里德(Lowell A. Reed Jr.)再度拒绝政府,颁发了反对《儿童在线保护法》实施的永久禁令,并判决,对于"国会保护未成年人这一重大利益而言",《儿童在线保护法》"未能做到剪裁适度","《儿童在线保护法》模糊且过宽,故不可被允许"。[65](参见第 1 章的模糊与过宽即无效原则。)

令人吃惊的是,联邦政府仍不肯放弃《儿童在线保护法》;2008 年,它重返法院(此时距《儿童在线保护法》通过已有十年),请求费城的第 3 巡回区美国上诉法院推翻里德法官2007 年的永久禁令。不出所料,第 3 巡回区美国上诉法院维持了里德的禁令,它说:"《儿童在线保护法》经受不住严格检视标准与模糊或过宽分析,故属违宪。"[66]该上诉法院认为,过滤软件要优于政府管控,它写道:"过滤器与政府对过滤器的推广,比《儿童在线保护法》更为有效。"2009 年 1 月,美国最高法院拒绝了政府的调卷令申请,此案终于尘埃落定。经过时逾十年的诉讼,《儿童在线保护法》终归未能实施生效,宪法第一修正案赢了。

《儿童互联网保护法》

2001 年,国会通过了《儿童互联网保护法》(CIPA),第三次想要限制互联网上的近用。该法规定,公立图书馆要想继续获得联邦政府的互联网使用资助,就必须在所有连接互联网的电脑上安装反色情过滤器。在美国,约有 1 400 万美国人通过图书馆的电脑上网。联邦政府每年拿出约 2 亿美元资助这笔上网费用。

过滤器有个问题,它会"过度屏蔽"并筛除一些无辜材料和重要信息,这些材料与信息往往涉及性安全、强奸、乳腺癌和性传播疾病等话题。一些图书馆如今设置两类电脑,一类安装未成年人使用的过滤器(儿童区),另一类安装成年人使用的过滤器(成人区)。也有别的选择,比如,得克萨斯州休斯敦的公立图书馆在所有电脑上都安装同一种过滤器,但成年人在成人区使用电脑时,可以要求解除过滤器功能。[67]也有图书馆完全不过滤网络上的性内容。2006 年,在康涅狄格州,一名登记在册的性侵者"在哈特福德(Hartford)公立图书馆的一台电脑上浏览儿童色情,被抓了个现行",[68]从而暴露出一些图书馆没安装过滤软件的事实。2006 年,马里兰州霍华德县(Howard County)的公立图书馆是该州唯一不安装过滤软件的图书馆,尽管它有政策禁止读者浏览淫秽或色情网站。[69]

《儿童互联网保护法》是否侵犯了图书馆成年读者获取言论的宪法第一修正案权利?这是 2003 年"美国诉美国图书馆协会案"(*United States v. American Library Association*)[70]的核心争点。美国最高法院支持该法的合宪性,不过,它也明确指出,在图书馆的成人区内,成年人可以要求解除屏蔽,并(或)解除过滤软件的功能。在保护成年人接收信息的权利与保护未成年人免受性表达干扰的利益之间,这不失为一种平衡。正如肯尼迪大法官在协同意见书中所写:"如果图书管理员能够回应成年读者的请求,不耽延地开放过滤材料或解除互联网过滤软件,本案就没什么好讨论的了。"

> 经过时逾十年的诉讼,《儿童在线保护法》终归未能实施生效,宪法第一修正案赢了。

 案例

复仇色情网站:州政府能阻止它们吗? 诉讼会伤害它们吗?

2013 年,一种新型的成人内容登上全美的报章媒体,成为头条新闻。所谓的复仇色情或羞辱色情,是指前男友或其他人将女性自愿拍摄的性爱照片张贴出来,以表公然羞辱。

"Is Anybody Down"网站是这场争议的

焦点。据科罗拉多州丹佛市 CBS4 报道,该网站的运营者克雷格·布里顿(Craig Brittain)曾向多名女性索要性爱照片,并发布在自己的网站上。布里顿的网站还公布了这些女性的个人信息,如姓名、家乡,有时还有电话号码。尽管布里顿声称将关停该网站,但 Salon.com 2013 年 4 月的报道称,他正在申请新的 URL。

为对付此类网站,佛罗里达州的立法者在 2013 年提交了一份议案,其中规定,故意"在社交网站或其他网站上张贴"他人的裸照,并加附"个人身份信息","骚扰拍摄对象或让他人骚扰拍摄对象"的行为是一种犯罪。该议案是这样定义"骚扰"的:"针对特定个人,以期对该人造成实质性情感伤害且无合法目的之行为。"

加州大学洛杉矶分校(UCLA)的宪法第一修正案学者尤金·沃洛克(Eugene Volokh)在博客上这样评价佛罗里达州的议案:"只对'有合法目的'的言论进行豁免的言论限制,很可能因模糊而违宪。"不过他又说:"一部制定明确的法律,如果在有充分理由认为裸照的拍摄对象不同意公开的情况下禁止未经同意而张贴他人的裸照,就很有可能得到法院的支持。"

新泽西州现已立法规定,"明知无权公开,却未经同意而自行公开暴露他人私密部位或表现他人进行插入式性行为或其他性接触的照片、胶片、录像或其他复制品"是一种犯罪。

也有人对复仇色情网站提起民事诉讼。2013 年,17 名女性对 Texxxan.com 网站及其主办方 GoDaddy.com 提起集体诉讼。原告诉称,Texxxan.com"专门公开年轻女性的私密照片,披露这些女性的私人事实,所有这些,均未得到受害者的同意或授权。该网站之设立,就是为了严重打击、羞辱、伤害此案的所有女性原告和其他女性受害者"。

近年来,类似诉讼必定还将发生。这些诉讼能否成功,我们仍需拭目以待。

当代的网上问题:新的".XXX"领域

2011 年,互联网名称与数字地址分配机构(Internet Corporation for Assigned Names and Numbers, ICANN)批准将".xxx"作为成人娱乐网站的专用域名。换言之,成人网站的地址将不再以".com"作为后缀,而是代之以".xxx"。美国成人娱乐业的行业组织言论自由联盟激烈反对,它认为".xxx"域名不仅在互联网上开辟出一个虚拟的红灯区,还会导致外国政府加强查禁成人内容。据报道,就在 ICANN 批准".xxx"顶级域名的同月,印度政府便计划屏蔽一切".xxx"网站。".xxx"网站的域名注册由 ICM 域名注册公司(ICM Registry)管理,该注册公司的网址是 http://www.icmregistry.com。注册一个".xxx"域名,收费约为 60 美元。

小 结

政府煞费苦心地想要控制非淫秽的性言论。许多市政府对性产业实行分区,并管理其中的性言论——裸体舞。新近出现的一种控制手段是对性产业额外收税或对顾客直接收税。博物馆、音乐家和喜剧演员都曾因为涉性内容而不得不面对怒气冲冲的政府官员。为制止政府的进一步审查,电影、音乐和视频游戏产业自愿采行分级制度,或以警示语提醒家长注意。互联网是审查的主战场,国会自 1996 年以来三次试图管制网络内容(《通信端正法》、《儿童在线保护法》和《儿童互联网保护法》)即为明证。

参考书目

Above the Law: The Justice Department's War against the First Amendment. Medford, N. Y.: The American Civil Liberties Union, 1991.

Attorney General's Commission on Pornography. *Final Report*. Washington, D. C.: U. S. Department of Justice, 1986.

Blakely, C. "Is One Woman's Sexuality Another Woman's Pornography?" *Ms.*, April 1985, 37.

Brown, Tina. "Sex Convict charged Again." *Hartford Courant*, 25 October 2006, B1.

Bunker, Matthew D., Paul H. Gates Jr., and Sigman L. Splichal. "RICO and Obscenity Prosecutions: Racketeering Laws Threaten Free Expression." *Journalism Quarterly*, 70(1993):692..

"Court Upholds Conviction in Child Pornography Case." *The New York Times*, 12 June 1994, 16.

DeFord, Susan. "Libraries Rethink Unrestricted Web." *Washington Post*, 6 July 2006.

de Grazia, Edward. *Girls Lean Back Everywhere: The law of Obscenity and the Assault on Genius*. New York: Random House, 1992.

"The First Amendment Under Fire from the Left." *The New York Times*, 13 March 1994, 40.

Garber, Marjorie. "Maximum Exposure." *The New York Times*, 3 December 1993, 15.

Golden, Tim. "Court Bars Decency Standards in Awarding of U. S. Arts Grants." *The New York Times*, 6 November 1996, A10.

Greenhouse, Linda. "Decency Act Fails." *The New York Times*, 27 June 1997, A1.

——. "Justices Give Reprieve to an Internet Pornography Statute. *The New York times*, 14 May 2002, A17.

——. "Justices Uphold Decency Test in Awarding Arts Grants, Backing Subjective Judgments." *The New York Times*, 26 June 1998, A17.

Hayes, Michael. "Store Busted in Oklahoma, Porn Confiscated." Free Speech Coalition Web Site, 9 May 2006, http://www. freespeechcoalition. com/FSCView. asp? Coid=243.

Levine, Samantha, and Jennifer Radcliffe. "Texas AG: Children Need to Be Protected from Net Predators." *Houston Chronicle*, 12 July 2006, A4.

MacKinnon, Catharine A. *Only Words*. Cambridge, Mass.: Harvard University Press, 1993.

Mendels, Pamela. "Child Pornography Issue Raised in Budget." *The New York Times*, 3 October 1996, A11.

——. "Setback for a Law Shielding Minors From Smut Web Sites." *The New York Times*, 2 February 1999, A10.

Munz, Michele. "Jury Finds Explicit Videos From Store Are Not Obscene." *St. LouisPost-Dispatch*, 27 October 2000, 1.

"Pennsylvania: Child-Pornography Ruling." *The New York Times*, 8 March 2003, A15.

"Pornography." *Ms.*, January/February 1994, 32.

Report of the Commission on Obscenity and Pornography. NewYork: Bantam Books, 1978.

Schwartz, John. "Internet Filters Block Many Useful Sites, Study Finds." *The New York Times*, 12 November 2002, A27.

Sheehan, Kathy, and Helen Buller. "Jury Acquits Newsstand Operators." *The Bellingham Herald*, 2 February 1996, A1.

Stark, Christine, and Rebecca Whisnant. *Not for Sale: Feminists Resisting Prostitution and Pornography*. North Melbourne, Australia: Spinifex Press, 2004.

Stern, Ronald M. "Regulation of Adult Businesses Through Zoning after *Renton*." *Pacific Law Journal* 18(1987):351.

Stern, Ronald M. "Sex, Lies, and Prior Restraints: 'Sexually Oriented Business'—The New Obscenity." *University of Detroit Law Review* 68(1991):253.

Strossen, Nadine. *Defending Pornography, Free Speech, Sex, and the Fight for Women's Rights*. New York: Scribner, 1994.

Wilkerson, Isabel. "Obscenity Jurors Were Pulled 2 Ways." *The New York Times*, 10 October 1990, A12.

注释

[1] *A Book Named "John Cleland's Memoirs of a Woman of Pleasure"* v. *Massachusetts*, 383 U. S. 413, 455 (1966)(Harlan, J., dissenting).

[2] 354 U. S. 476(1957).

[3] 413 U. S. 15(1973).

[4] 有一种观点认为,淫秽法不仅违反宪法第一修正案对言论的保护,而且侵犯成年人在家中观看性内容的宪法隐私权。该观点是宾夕法尼亚州匹兹堡的一家联邦法院在 2005 年的"美国诉极限联合公司案"(*United States* v. *Extreme Associates, Inc.*, 352 F. Supp. 2d 578(W. D. Pa. 2005))中提出的。不过,此判决后被上诉法院推翻,美国最高法院拒绝复查此案,使它又被发回初审法院。*United States* v. *Extreme Associates, Inc.*, 431 F. 3d 150(3d Cir. 2005), cert. den. , 126 S. Ct. 2048(2006).

[5] MacKinnon, *Only Words*, 40.

[6] *Regina* v. *Hicklin*, L. R. 3 Q. B. 360(1868).

[7] *Butler* v. *Michigan*, 352 U. S. 380(1957).

[8] 354 U. S. 476(1957).

[9] See *Manual Enterprises, Inc.* v. *J. Edward Day*, 370 U. S. 478 (1962); *Jacobellis* v. *Ohio*, 378 U. S. 184 (1964); and *Memoirs of a Woman of Pleasure* v. *Massachusetts*, 383 U. S. 413(1966).

[10] *Report of the Commission on Obscenity and Pornography*.

[11] 413 U. S. 15(1973).

[12] *Hamling* v. *United States*, 418 U. S. 87(1974).

[13] *Pinkus* v. *U. S.*, 436 U. S. 293(1978).

[14] *U. S.* v. *Blucher*, 581 F. 2d 244(1978).

[15] 584 F. 3d 1240(9th Cir. 2009).

[16] 2010 U. S. App. LEXIS 2320(11th Cir. Feb. 2, 2010).

[17] 693 F. Supp. 2d 25(D. D. C. 2010).

[18] *Jenkins* v. *Georgia*, 418 U. S. 153(1974).

[19] *Ward* v. *Illinois*, 431 U. S. 767(1977).

[20] *Pope* v. *Illinois*, 481 U. S. 497(1987).

[21] Wilkerson, "Obscenity Jurors Were Pulled 2 Ways."

[22] Munz, "Jury Finds Explicit Videos from Store Are Not Obscene."

[23] 390 U. S. 51(1968).

[24] 422 U. S. 205(1975).

[25] 601 F. 3d 622(6th Cir. 2010).

[26] Florida Statute § 847. 001(2008).

[27] 18 U. S. C. § 2256(2007).

[28] *Osborne* v. *Ohio*, 495 U. S. 103(1990).

[29] *Ashcroft* v. *Free Speech Coalition*, 535 U. S. 234 (2002).

[30] 553 U. S. 285(2008).

[31] 971 N. E. 2d 504(Ill. 2012).

[32] 872 N. E. 2d 894(Ohio 2007), cert. den. , 128 S. Ct. 912(2008).

[33] 634 F. 3d 725(2d Cir. 2011).

[34] 349 Ore. 553(2011).

[35] See MacKinnon, *Only Words*; and Stark and Whisnant, *Not for Sale*.

[36] 771 F. 2d 323(7th Cir. 1985).

[37] 361 U. S. 147(1959).

[38] *Hamling* v. *United States*, 418 U. S. 87(1974).

[39] Sheehan and Buller, "Jury Acquits."

[40] *Ex parte Jackson*, 96 U. S. 727(1878).

[41] *Rowan* v. *Post Office*, 397 U. S. 728(1970).

[42] *Burstyn* v. *Wilson*, 343 U. S. 495(1952).

[43] See, for example, *Freedman* v. *Maryland*, 380 U. S. 51(1965); *Interstate Circuit* v. *Dallas*, 390 U. S. 676 (1968); and *Star* v. *Preller*, 419 U. S. 956(1974).

[44] 说出来你可能不信,一些州至今认为,震动按摩器等性爱玩具是"淫秽的"性工具,故禁止出售和分发。例如,2007 年,第 11 巡回区美国上诉法院支持亚拉巴马州的某一立法,该法禁止出售"主要用于刺激人类性器官"的设备。*Williams* v. *Morgan*, 478 F. 3d 1316 (11th Cir. 2007), cert. den. , 128 S. Ct. 77 (2007). 第 11 巡回区美国上诉法院认为,保护"公共道德"是证明亚拉巴马州相关法律正当的充分理由。然而,第 5 巡回区美国上诉法院在 2008 年推翻了得克萨斯州的类似法律,得州的法律将推销、出售、赠送或出借性爱设备规定为犯罪,唯一的例外是行为人出于"真正的医疗"目的从事上述行为。*Reliable Consultants* v. *Earle*, 517 F. 3d 738(5th Cir. 2008). 第 5 巡回区美国上诉法院援引美国最高法院 2003 年的"劳伦斯诉得克萨斯州案"(参见第 1 章)为据,拒绝接受得克萨斯州的公共道德理由,它认为该法"不合理地限制了个人依其自主选择从事私密活动的正当程序权利"。

[45] *City of Erie* v. *Pap's A. M.*, 529 U. S. 277(2000).

[46] 475 U. S. 41(1986).

[47] *City of Los Angeles* v. *Alameda Books*, *Inc.*, 535 U. S. 425,438(2002).

[48] *Foster* v. *City of El Paso*, 396 S. W. 3d 244(Tex. Ct. App. 2013).

[49] See *Daytona Grand*, *Inc.* v. *City of Daytona Beach*, 2006 U. S. Dist. LEXIS 41164(M. D. Fla. 2006). 该案推翻了某一禁止在酒吧表演裸体舞的条例。市政府主张,喝酒和观看裸体舞一相结合,就会产生次生影响。酒吧则以专家证言和证据反驳以上主张。成人业的胜利是短暂的,2007 年 6 月,一家联邦上诉法院推翻了地区法院的原判,上诉法院认为,成人业的专家"未能直接质疑所有证据"。*Daytona Grand*, *Inc.* v. *City of Daytona Beach*, 490 F. 3d 860(11th Cir. 2007).

[50] *Northshore Experience*, *Inc.* v. *City of Duluth*, 442 F. Supp. 2d 713(D. Minn. 2006).

[51] *Fly Fish*, *Inc.* v. *City of Cocoa Beach*, 337 F. 3d 1301(11th Cir. 2003).

[52] *City of Erie* v. *Pap's A. M.*, 529 U. S. 277,294 (2000). 多家上诉法院此后指出,要求舞者穿得更多的法律,可能剥夺了言论自由权。第 11 巡回区美国上诉法院 2003 年判决,要求衣服遮住"三分之一臀部"和"四分之一女性乳房"的法律,"重设了裸体和非裸体的界限,该法禁止色情舞者穿着美国最高法院认为与宪法第一修正案精神相符的衣着"。*Peek-a-Boo Lounge* v. *Manatee County*, 337 F. 3d 1251(11th Cir. 2003).

[53] 729, *Inc.* v. *Kenton County Fiscal Court*, 515 F. 3d 485(6th Cir. 2008).

[54] 596 F. 3d 1265(11th Cir. 2010).

[55] *Ocello* v. *Koster*, 354 S. W. 3d 187(Mo. 2011).

[56] *Combs* v. *Texas Entertainment Association*, *Inc.*, 347 S. W. 3d 277(Tex. 2011).

[57] *Skyywalker Records*, *Inc.* v. *Navarro*, 739 F. Supp. 578(S. D. Fla. 1990). 一家联邦上诉法院推翻了定罪,因为当地治安官"未能举证反驳 2 Live Crew 的专家证言(该作品有艺术价值)"。*Luke Records* v. *Navarro*, 960 F. 2d 134(11th Cir. 1992).

[58] 一位联邦法官判决:市长撤回已拨给博物馆的经费,是有违宪法第一修正案的做法。该法官指出,不能"因为市长对参展作品有成见",就惩罚博物馆,而且,纽约市和布鲁克林博物馆签订的协议或合同并未规定,"市长或市政府有权否决博物馆选择的展品"。*Brooklyn Institute of Arts and Sciences* v. *City of New York*, 64 F. Supp. 2d 184(E. D. N. Y. 1999).

[59] 20 U. S. C. § 954(2007).

[60] See *Illinois* v. *Bruce*, 202 N. E. 2d 497(Ill. 1964)(reversing the conviction).

[61] 39 年后的 2003 年,纽约州州长乔治·帕塔基(George Pataki)正式赦免布鲁斯,不过为时已晚,这位喜剧演员早已于 1966 年死于过量吸毒。

[62] 18 U. S. C. § 1465.

[63] 521 U. S. 844(1997).

[64] 542 U. S. 656(2004).

[65] *ACLU* v. *Gonzales*, 478 F. Supp. 2d 775(E. D. Pa. 2007).

[66] *ACLU* v. *Mukasey*, 534 F. 3d 181(3d Cir. 2008), cert. den., 2009 U. S. LEXIS 598(Jan. 21,2009).

[67] Levine and Radcliffe, "Texas AG: Children Need to Be Protected."

[68] Brown, "Sex Convict Charged Again."

[69] DeFord, "Libraries Rethink Unrestricted Web."

[70] 539 U. S. 194(2003).

第14章
版　　权

版权法已有近 500 年历史。1518 年,英王亨利八世颁发了第一份皇家特许印刷状,是为版权法之滥觞。美国版权法源自美国宪法,它保护各种智识成果。如今,案例法虽仍聚焦于创作传统原创作品(图书、照片、诗歌等)的作者和艺术家的权利,但法庭之争也涉及电影、录像、数据库、电子书和 CD 的保护。

 ## 知识产权法

版权(copyright)这一法律领域,处理的是无形财产——触不到、摸不着、无法锁起来保管的财产。这个概念有时令人困惑,法律如何能保护你触摸不到的东西呢? 想想你刚从书店买来的平装小说。你拥有这本书,可以随心所欲地处置它。读完之后可以卖掉,捐给慈善商店,送给朋友读,或者干脆一页页撕下来生营火。但你不拥有书中的文字编排,它属于版权人(书的发行人或作者)。因此,未经允许,你不能翻印这本书或复制其中的大段章节。这本书上凝结着两种财产:(1)物理的或有形的书,和(2)印在书页上的文字与插图。我们之前讨论过有关学生言论自由、成人材料、未经同意在广告中使用名人姓名或形象等问题的法律,与这些法律相比,有关无形资产的法律似乎既深奥又枯燥。不过,随着传媒娱乐节目成为美国文化与商业的重要组成部分,知识产权的问题对法律外行而言也变得更复杂、更有趣了。

比如,谁拥有体育报道? 报道(此为广义)职业运动员及其团队的报纸、杂志、电视台、电台、博客博主等,对报道拥有权利吗? 运动员对本人的形象和成就拥有权利吗? 职业队伍的老板拥有控制照片或报道的权利吗? 这真的很复杂。以美国职棒大联盟的纳什维尔骑士队(Nashville Knights)为例。骑士队自然会将比赛播出权签给某家电台、电视台或有线电视。这些传媒机构于是拥有这一权利。骑士队不会再给其他人免费报道的权利,否则就会破坏为他们赚来大钱的合同。再来看,骑士队拥有自己的网站,美国职棒大联盟也拥有自己的网络部门(年入数百万美元)。如果球队和大联盟无法限制主流传媒的报道内容,这些收入来源就会受到影响。[1] 报道球队的记者想采访球员;骑士队则要限制采访或拍照,只有这样,他们自己的网站才有独家报道可发。这时,新闻传媒就会以新闻出版自由为由进行质疑。骑士队愿意与报社、杂志社或电台、电视台的记者合作,但它也希望,记者在俱乐部会所和其他地方都能守规矩,遵守专为记者而设的行为规则(记者能和谁说话,能说些什么)。不过,一大波博客博主最近蜂拥而入,这些网络记者也想采访球员和俱乐部,却不愿遵守老规矩。球队该如何是好? 谁又对球员和比赛拥有权利? 诸如此类的问题层出不穷,它们都涉及知识产权法。[2]

知识产权法有很多分支部门。本章主要聚焦版权法,不过,在具体讨论版权法之前,我们先来看看知识产权法中有关专利、商标和剽窃的内容。

专利

数十年来,专利保护为美国的科技发展做出了重要贡献。没有专利法,美国社会未必能享受到托马斯·爱迪生(Thomas Edison)、亚历山大·格雷厄姆·贝尔(Alexander Graham Bell)与莱特兄弟(Wright brothers)等天才的智慧成果。美国宪法授权美国国会保护发明者的权利,以推动科学和应用技术的进步。因此,正如詹姆斯·格雷克(James Gleick)在《纽约时代杂志》(*The New York Times Magazine*,)中所写,专利局负责执行一项浮士德式的交易——“发明者放弃保密,将秘密公之于众,使人人都看得见。作为交换,政府保障发明者垄断技术 20 年”。[3]

专利保护至少有三种不同类型。一种保护有用的发明,如一种机器或工艺。一台打字机可以申请专利,一种在录音时减少杂音或噪声的特别方法,也可以申请专利。专利法还保护设计,比如一件产品的外观。家具、轮胎纹路或皮带扣的设计可以申请专利。大量专利保护植物,不过,只有无性繁殖(比如插条、嫁接)的植物才能获得专利保护,种子繁殖的植物不行。美国政府批准专利之后,专利权方才生效。许多商品上贴着的我们熟悉的缩略语“pat. pending”,意思是:已申请专利,正待批准。

商标

商标,是一个人或一家公司的商品或服务区别于其竞争对手的文字、符号或图案(或三者的结合)。商品上的商标提示买家此为正品。商标也保护制造商或服务提供者免遭不正当竞争。2012 年,纳瓦霍族(Navajo Nation)起诉服饰零售商 Urban Outfitters 商标侵权,并违反《印第安艺术与手工艺法》(Indian Arts and Crafts Act),因它未经允许,就在自己的产品上使用纳瓦霍族的名称和纹饰。纳瓦霍族说,该零售商在银饰、背包、衬衫、购物包乃至内衣上都使用了纳瓦霍族的名称和图样。诉状中称,这种使用“欺骗、迷惑了消费者”,“旨在误导消费者认为该公司的产品与纳瓦霍族有关”。商标法的功能,就是去除市场中的乱花迷眼,明确某种商品或服务系由某家企业提供。Popsicles(雪糕品牌)、Q-Tips(化妆品品牌)、Jell-O(速凝甜品品牌)、Super Glue(胶水品牌)、Velcro(尼龙搭扣品牌)、iPod,以及其他数以千计的品牌,均受商标法保护。商标法不仅仅保护商号名称。可口可乐的经典沙漏瓶也是注册标识。纽约克莱斯勒大厦的装饰艺术风格尖顶、纽约证交所大楼的新古典主义外观也一样。“李维斯”(Levi's)牛仔裤的后袋设计是商标,2001—2006 年,利瓦伊·斯特劳斯(Levi Strauss)近百次起诉“化石”(Fossil)、“琼斯服饰”(Jones Apparel)等公司的后袋设计侵犯其商标。2010 年,一家联邦法院判决,美格牌(Maker's Mark)波本威士忌酒瓶上的红色手工封蜡受商标保护。这种纯粹装饰性的独特封蜡,于 1958 年申请了商标。二十年后,快活牌(Cuervo)龙舌兰酒的生产商开始在酒瓶上使用类似封蜡。波本威士忌的生产商起诉反对,历经七年,终获胜诉。[4]

在一个众人以赚钱和维护经济利益为圭臬的年代,商标侵权案件层出不穷。一些诉讼很有意义。2012 年末,华纳兄弟娱乐公司(Warner Brothers Entertainment)起诉全球避难所公司(Global Asylum Inc.)。全球公司与华纳兄弟一样,也投身于电影产业。这家公司出品所谓的"恶搞影片",花小钱戏讽一些大制作影片,使用与原作相似的片名。在华纳公司计划发行《霍比特人:意外之旅》(The Hobbit: An Unexpected Journey)的前三天,全球公司说,它即将发行一部"恶搞影片",名为《霍比特人之时代》。华纳兄弟拥有根据托尔金(J. R. R. Tolkien)的小说《霍比特人》和《指环王》制作并发行电影的权利。华纳兄弟说,全球公司的恶搞影片侵犯了它的商标,并会误导公众。一家联邦法院同意以上主张,禁止《霍比特人之时代》发行。另一方面,也有一些案件似乎很愚蠢。自 2005 年以来,亚拉巴马大学一直阻挠画家丹尼尔·穆尔(Daniel Moore)就亚拉巴马足球队的比赛场景创作画作并加以销售。20 多年来,这位画家一直在用画笔记录比赛场景,然后出售作品的海报和喷墨打印版,价格从 35 到 3 000 美元不等。亚拉巴马大学认为,穆尔在作品中描画它的队服、徽标和其他标志,侵犯了它的商标。2012 年 6 月,此案终于画上句点,第 11 巡回区美国上诉法院判决,穆尔拥有创作这些作品的宪法第一修正案权利。[5]

2005 年,利奥·斯托勒(Leo Stoller)声称,他已为"潜行"(stealth)一词注册了商标,所以哥伦比亚电影公司(Columbia Pictures)不能在一部有关美国海军精英飞行员的电影中用该词为影片命名。法律专家指出,商标法并未赋予某人排他性地使用某一词语的权利,它所赋予的,只是防止顾客混淆的权利。但据《纽约时报》报道,斯托勒还是不断地寄信抗议。[6] "没有它,别离家"(Don't Leave Home Without It)和"想做就做"(Just Do It)是注册

商标。公司和个人普遍使用的通用词语,不能作为商标受到保护,有人想注册也不行。2004年,第 4 巡回区美国上诉法院判决,《赠品杂志》(Freebies Magazine)的发行人不能为"赠品"(freebie)一词主张商标保护,因为它是收录于多部词典的通用词语,而且出现在数百种出版物、广告和网站中。此案被告乃是在该词的普通词义(俚语,意为免费给予或收受的东西)范围内使用该词。[7] 一些电话号码受商标保护(如 1-800-FLOWERS)。1985 年,一家联邦法院推翻了专利与商标局(Patent and Trademark Office)的决定,首度批准将一种颜色注册为商标。欧文斯-科宁玻璃纤维公司(Owens-Corning Fiberglas Corporation)用在一种家庭隔热材料上的粉红色赢得了保护。该公司从 1956 年开始销售这种粉红色产品,粉红色是它的广告与营销策略。一次抽样调查显示,受访的消费者也认为,这种粉红色是该公司的品牌象征。美国最高法院 1995 年的一起判决(全体大法官意见一致)再次巩固了这一理念。最高法院说,Qualitex 公司可以将一种特别的暗金绿色注册为商标,该公司自 1950 年代以来,一直在为干洗机制作的垫子上使用这种颜色。2008 年,经美国专利与商标局批准,鞋履设计师克里斯琴·鲁布托(Christian Louboutin)设计的红色鞋底获得了商标。2012 年,第 2 巡回区美国上诉法院同意,鲁布托的红色鞋底可以作为商标受到保护,但鞋子的其他部分必须是红色的对比色。[8]

商标法也保护假日酒店(Holiday Inn)、麦当劳等企业的服务标识和 Dolby 磁带盒、Real 奶酪等商品和服务的认证标记。集体商标(collective mark)保护全国零售商协会(National Association of Realtors)等组织的成员。此外,产品的包装方法也受到保护。1991 年,出版《韦氏新学院词典》(第九版)的梅里亚姆-韦伯斯特公司(Merriam-Webster)起诉兰登书屋商标侵权,胜诉后获赔 400 多万美元。兰登书屋在出版《韦氏学院词典》时,模仿了梅里亚姆-韦伯斯特公司版词典的外观。原告诉称,被告所

出版词典的颜色、护封设计、"韦氏"一词在书脊上的位置,在在都是为了欺骗潜在的顾客。陪审团同意原告的主张。商标注册五年后,必须续展注册。之后每十年续注一次。只要正确续注,商标将永久有效。目前仍在使用的历史最悠久的商标,可追溯至 18、19 世纪。高露洁 1806 年注册,哥顿(Gordon's)金酒的商标于 1769 年首次启用。金吉达(Chiquita)香蕉 1876 年开始出售;柯达相机与胶卷,1886 年;塔巴斯科(Tabasco)辣椒酱,1868 年。

商标与服务标识的四种主要功能

● 用于辨识某销售者的商品,以区别于其他人销售的商品。

● 它意味着,贴同一商标或服务标识的所有商品源自一处。

● 它意味着,贴同一标识的所有商品质量水平相等。

● 是广告和营销的重要工具。

商标的所有权可以永存不灭,但商标或商号名称的所有者却可能失去所有权。2003年,福特汽车公司想将一款车型命名为"Futura",该公司曾在 1959—1962 年、1970 年代末及 1980 年代初用过这个名字,之后就再没使用。汽车配件连锁店白氏兄弟(Pep Boys)将它注册为商标。等到福特公司再想使用这个名字时,白氏兄弟上法院阻止福特公司。2004年,一家联邦法院判决,福特公司在 20 年前停止使用这个名字时,就已放弃了这个商标。最少三年不用,即可视为放弃。如果商标所有者允许他人以"通用"的方式使用其商标,也可能会失去商标保护。如果"超级胶"(Super Glue 商标名)的制造商没有阻止其他胶水生产商称自己的产品为超级胶,商标保护将就此失去。尼龙、干冰、电梯、烤玉米片、葡萄干小麦片、阿司匹林、羊毛脂、蜡纸油印机、玻璃纸、油布、小麦片、拉链、溜溜球、胸罩,这些都曾是注册商标,但由于所有者未能妥善保护,如今全成了通用词语。商标名称被人们广为使用时,便有转变为通用词语的趋势。2006 年 7 月,搜索引擎 Google 的所有者激动地宣布,"google"被收入了《韦氏学院词典》的最新版,该词从寂寂无名到人人使用,不过才用了八年时间。但让 Google 老板兴奋不起来的是,许多人如今将它用作动词,"G"不再大写。("约翰 google 了'城区车商',想买一辆二手本田。")他们希望人们这样写:"约翰使用 Google 搜索引擎,想从城区车商那里找一辆二手本田。"为了阻止他人非法使用自己的商标和商品名称,写抗议信、威胁起诉甚至打官司可能是必不可少的。这是商标所有者的责任,政府机构不会主动过问盗用商标的不法行为。

> 商标的所有权可以永存不灭,但商标或商号名称的所有者却可能失去所有权。

商标法的目的,是减少市场上的鱼目混珠。有法院曾判决,戏仿有商标的产品,未必构成侵权,因为不会导致混淆。所以,"高贵狗狗"(Haute Diggity Dog)出售"嚼嚼·威登"(Chewy Vuitton)犬用玩具,并不侵犯箱包与时尚品牌路易·威登(Louis Vuitton)的商标。2007 年,第 4 巡回区美国上诉法院判决:"给小狗咬来玩的'嚼嚼·威登'戏谑了路易·威登手包的优雅和昂贵,这种奢侈品是绝不可能用来给狗咬的。"[9]

多年来,美国商标法只禁止同类商品使用他人的商标或商号。索尼的竞争者,不能将自己的便携式录放机命名为 Walkman,运动器械的生产商却可以将自己的跑步机称为 Walkman。1996 年 1 月,美国国会继 27 个州之后,通过了《联邦商标淡化法》(Federal Trademark Dilution Act)。根据该法,商标与商品名称的所有者可以反对任何人使用相同或相似的商标,哪怕是在非同类产品上使用。换言之,美泰克(Maytag)过去只能禁止同行生产的家用电器使用其商标和商品名称。根据新法,美泰克还可以反对汽车与摄像机使用其名称和注册商标。索尼也可以制止运动器械生产商将跑步机称为 Walkman。新法的支持者认为,就算不会混淆商品来源,只要使用他人的名称或标识,就会削弱或淡化该名称或标识的价值与独特性。在新闻报道、新闻评论、戏仿作品、讽刺或其他类型的言论中使用注册商标或商品名称,不适用该法。

新法通过时,颇有些争议。反对者认为,"商标淡化"的概念太过模糊。何为商标淡化?商标侵权要求有消费者混淆两种商品的证据,而这不易证明。新法之下,商标持有者可以起诉那些并未造成实际损害的行为。21世纪初,美国最高法院曾在一起案件中试着解决这个问题,但未能成功。此案原告是全国大型零售商,被告是一家小店的老板。1998年,肯塔基州伊丽莎白敦(Elizabethtown)的维克托·莫斯利(Victor Moseley)在当地出售性爱玩具、女性内衣和新奇玩意的商业街里,开了一间小店——维克托的小秘密(Victor's Little Secret)。女性内衣与服饰零售商"维多利亚的秘密"(Victoria's Secret)依新法起诉莫斯利,它诉称,"维克托的小秘密"淡化了著名品牌"维多利亚的秘密"的独特品质。美国最高法院2003年判决,"维多利亚的秘密"不必非得证明盗用导致的实际经济损失,但必须证明当下的某种损害(不是未来的损害),比如失去独特性或形象遭玷污。但最高法院并未特别指出,具体应从哪些方面来加以证明。最高法院说,仅证明两个商标之间有记忆关联(消费者看到其中一个,会想起另一个)是不够的。原告必须证明,消费者因竞争者的商标而对"维多利亚的秘密"产生了不同印象。约翰·保罗·史蒂文斯大法官补充说,只证明商标的形象遭到败坏,也是不够的。[10]此案后被发回下级法院重审。2010年,第6巡回区美国上诉法院判决,维克托与凯茜·莫斯利(Cathy Moseley)夫妇不能将出售成人新奇玩具和情趣内衣的小店命名为"维克托的秘密"或"维克托的小秘密"。该法院说,使用这些名称会给"维多利亚的秘密"抹黑,可能有损该连锁公司的生意。[11]

最后,我们来看一下商标的申请流程。商标的申请者必须向华府的专利与商标局提交申请。申请人在提交申请之前,最好先搜索看看别人是否已捷足先登。这不是强制性规定,但我们建议这么做。申请人在提交申请时须交275～375美元注册费,如果专利与商标局的查验员发现,申请人申请注册的标识已被他人注册,那么不光申请不成,申请费也打了水漂。具体有以下几种搜索途径:(1)在弗吉尼亚州阿灵顿(Arlington)的专利与商标局图书馆(Patent and Trademark Office Library)搜索;(2)在遍布全美的60个地区图书馆搜索;(3)在互联网上通过美国商标电子搜索系统(U. S. Trademark Electronic Search Systems)搜索。商标的权利人可以用"TM"标识提醒公众尊重商标权利。不是只有已注册或已提交申请的商标才可以使用"TM"标识。根据法律规定,商标的权利人是最先使用某个符号、词语或短语的人,而非最早注册该标识的人。[12]

并非所有商标侵权案都会在法庭中画上句点。摇滚乐队"邮政局"(Postal Service)2003年发行专辑"放弃"(Give Up)时,收到了邮政局的抗议信。信中说,"邮政局"是美国邮政局的注册商标。15个月后,美国邮政局又写信给乐队成员,允许他们使用这个名称,条件是乐队同意推广邮政服务,并且,乐队日后发行的专辑和后续工作都必须对商标一事做出声明。邮政局同意在其网站上销售该乐队的CD,这或许也能赚点儿钱。[13]你看,法官丝毫没有介入此事。

剽窃

所谓剽窃,就是将他人的观点、思想或文字据为己有,作为自己的成果加以传播。因他人的工作而得到赞誉,是剽窃的关键。大众传媒虽不盛行剽窃,但问题之严重,还是超出很多人(尤其是编辑)的预料。数年前,《纽约时报》的编辑揭发该报记者杰森·布莱尔(Jayson Blair)有杜撰、剽窃等情事,这些编辑表示,他们自己也为之大惊失色。最令人不安的是,布莱尔的报道对象几乎无人向报社投诉。很多人说,他们以为记者就是要剽窃、要编造事实的。多数东窗事发的剽窃事件,通常在法律系统外解决。剽窃者颜面扫地,名誉破碎,往往因此失去工作,还可能失去未来的写书合约或任务。剽窃一旦闹上法院,就成为版权案件。不过,正如纽约大学教授西瓦·韦德海纳森(Siva Vaidhyanathan)所指出的,版权侵权和剽窃还是有区别的,尽管二者有重合之处。"有的剽窃可能侵犯版权,有的剽窃——使用他人的观点未标明出处,却不违法。剽窃是道德概念。版权是法律概念。"[14]环顾斯世,指控他人剽窃或侵犯版权的情况比比皆是,影响到美国社会的方方面面。以下是最近的一些例子:

电影 近年来,多部电影的制作人被指剽窃或侵犯版权。这些电影包括《龙卷风》(*Twister*)、《勇者无惧》(*Amistad*)、《最后的武士》(*The Last Samurai*)、《破碎之花》(*Broken Flowers*)、《婚礼傲客》(*Wedding Crashers*)、《疯狂主妇之日记》(*Diary of a Mad Housewife*)、《辛瑞那》(*Syriana*)、《后窗惊魂》(*Disturbia*)、《本杰明·巴顿奇事》(*The Curious Case of Benjamin Button*)、《布鲁诺》(*Bruno*)和《阿凡达》(*Avatar*)。

图书 "哈利·波特"的作者 J. K. 罗琳(J. K. Rowling)被指剽窃英国作家阿德里安·雅各布斯(Adrian Jacobs)的作品。雅各布斯的遗产代管人声称,《哈利·波特与火焰杯》(*Harry Potter and the Goblet of Fire*)抄袭了雅各布斯的小说《魔法师威利奇遇记》(*The Adventures of Willy the Wizard*)。纽约州一位联邦法官驳回了此案。不过,有时剽窃确有其事。历史学家斯蒂芬·E. 安布罗斯(Stephen E. Ambrose)和多丽丝·克恩斯·古德温(Doris Kerns Goodwin)承认,他们写书时"借用"了他人作品中的段落。

2012 年,31 岁的成功作家、演说家、《纽约客》签约撰稿人乔纳·莱勒(Jonah Lehrer)被曝光在一本有关鲍勃·迪伦(Bob Dylan)的书中编造这位歌手的引语,并抄袭他自己为其他出版物写的文章。莱勒从《纽约客》引咎辞职。

新闻 2010 年,《纽约时报》的财经记者扎卡里·科威(Zachery Kouwe)被指抄袭《华尔街日报》,后辞职。大约与此同时,《野兽日报》(*The Daily Beast*)的记者杰拉尔德·波斯纳(Gerald Posner)被指从《迈阿密先驱报》中寻章摘句,用于自己的报道,他也辞职了。[15]2011 年,《华盛顿邮报》的编辑承认,该报一名记者曾使用《亚利桑那共和报》(*Arizona Republic*)上的材料,未注明出处。

以上种种,在新闻业内不算普遍,但也绝不罕见。

有时,连政府官员也难逃劫数。2008 年,小布什总统的白宫联络人蒂姆·戈格莱茵(Tim Goeglein)辞职,他承认,自己在给家乡报社写专栏时,曾多次抄袭他人。[16]同年,被小布什总统任命为联邦地区法院法官的美国参议院司法委员会前总顾问迈克尔·E. 奥尼尔(Michael E. O'Neill),被指在《美国最高法院经济评论》(*Supreme Court Economic Review*)刊登的一篇文章中剽窃。参议院未通过他的任命。[17]

剽窃是否愈演愈烈,今时胜过以往?似乎是这样的。原因何在呢?可能有多种解释,但其中有三个原因最为突出。第一,在当今这个已为大众传媒全面渗透的社会,赚钱的冲动驱策许多人犯险"借用"他人的成功作品。将近 200 年前,查尔斯·C. 科尔顿(Charles C. Colton)说:"模仿是最真诚的致敬。"在我们这样一个快速消费大众文化的社会,模仿不仅是一种致敬,更是大大有利可图。第二,如今有了互联网,"借用"他人更加容易,而且容易得多。过去,剽窃者必须拿到书、报纸或杂志,才能抄袭其中的段落。如今,这些材料可以下载到计算机上。敲击几下键盘,几乎什么都能找得到。第三,偷盗他人的知识产权,不再如以往般罪大恶极。许多人,尤其是年青一代,并不信奉知识产权保护。"人人都应能自由使用互联网上的一切"这种观念虽未普及,但也已为许多人接受。有研究表明,如今大学生剽窃的情况远甚以往。学术诚信中心(Center for Academic Integrity)2010 年发布的一份报告表明,14 000 名受访学生中,有 40％承认,自己写作业时至少抄袭过几句未标明来源的材料。[18]《纽约时报》引用罗格斯大学(Rutgers University)的一名学生说:"你坐在电脑前,你用眼前的这台机器下载过音乐,这可能是非法的,你也用它免费下载过 HBO 昨晚播出的视频。"[19]这样一来,从网络杂志报道或维基文章中复制几段文字,似乎也无足轻重。

大多数抄袭者并非奸佞之徒。举目望去,几乎没有多少图书、电影、戏剧、故事或歌曲是全新的、原创的;大多数创作者都以这样或那样的方式,从前人或同行处汲取养料。他们透过致谢或其他方式来偿还,感谢施予他们养分

的作者。使用他人材料还故意隐瞒、欺骗,则是道德问题。而且法律规定,将他人的作品当作自己的作品加以传播是违法的。

版权法保护"固定于有形载体的原创作品",包括文字作品、照片、绘画、音乐、戏剧和其他类似作品。思想通常由专利法或合同法保护。版权法不保护思想,但保护思想的具体表达。商标保护源于市场需要,专利和版权则是立法的创造物。商标保护可以永续,版权和专利保护则有法定期限。本章的剩余部分将围绕版权展开。在 21 世纪,大众传媒业者要想避免打官司,不必非得成为版权法律师。不过,新闻撰稿人、广播电视业者、广告文案撰稿人、公关人士,尤其是网络写手,应当了解如何保护自己的作品免遭他人盗用和如何避免非法使用他人的作品。

版权法之根

在机器印刷得以发展之前,版权保护并无必要。手工复制文稿要耗费大量时间、精力,盗用此类作品枯燥、单调且无利可图。印刷机投入使用后,小偷就能在相对较短的时间内,以较低廉的成本,将一部作品复制成多部。从此,一切都改变了。之后的每一次技术进步,都给版权法带来了新的压力。电影、广播传媒、唱片、磁带、录像、复印技术,以及最新的计算机交互传播依次出现,政府若想保护版权,就得修订或重新解释版权法。

英国是最早着手保护版权的国家。版权法滥觞于 16 世纪的英国,当时的政府向几个大印刷商颁授印刷特许权,作为交换,这些印刷商必须向政府表出忠心,并协助政府剪除反政府的作者和出版商。不过,直到 18 世纪初英国议会通过英国第一部版权法,作者的权利才得到保

> 要想激励人们创作图书、戏剧和艺术品,就得确保创作者从中获得报偿。这就是版权法背后的真实逻辑——培育创造精神。

护。该法规定,创作作品的作者或从作者处获得作品权利的人,可以主张作品的版权。政府通过该法背认,要想激励人们创作图书、戏剧和艺术品,就得确保创作者从中获得报偿。这就是版权法背后的真实逻辑——培育创造精神。假使某位剧作家明知,她的戏剧作品一经发表,她本人就会失去对剧作的控制,他人可以随意复制,那么她将无心创作新戏。缪斯之神有强大的创造力,但必须给她的人间代理人一点儿好处。

美国独立之前,英国版权法也适用于北美各殖民地。美国版权法直接源自美国宪法。宪法第 1 条第 8 款是现代美国版权法的渊源:

> 国会有权……对著作家和发明家的著作和发明,在某一期限内给予专有权利的保障,以促进科学和工艺之进步。

该条款授权国会立法保护版权和专利。

1790 年,国会通过了一部类似于英国法的法律。该法赋予作者(美国公民)保护其图书、地图和图表的权利,保护期限总计 28 年——14 年初始授权,外加 14 年续期。1802 年,该法经过修订,将出版物纳入其中。1831 年,保护期限又延长了 14 年。初始授权改为 28 年,续期仍是 14 年。同时,音乐创作也列入保护。19 世纪,照片、美术作品和翻译也先后纳入保护。

该法在 1909 年大幅修订过一次,如今的版权法于 1976 年通过。1976 年联邦版权法优先于几乎所有保护写作、音乐与艺术作品的州法。因此,版权法目前实质上是联邦法,由联邦成文法和解释该成文法的法院判例统领。1988 年,美国国会批准美国加入有 102 年历史的《伯尔尼公约》(Berne Convention)——全世界声名卓著的国际版权公约。虑及美国法与国际法之间的重大差异,美国曾犹豫是否要加入这一公约。但 1976 年美国版权法修订之后,二者间的差异已经微乎其微。急于开拓海外业务的美国传媒公司希望拓展商贸关系,增强美国在国际版权法事务上的影响力,于是对政府施压,敦促政府加入公约。

版权保护什么

版权法授予作者或版权所有人以任何方式、任何原因复制版权作品的排他性专有权。该法承认以下六项排他性权利:

- 复制作品的权利
- 制作衍生作品的权利
- 公开发行作品的权利
- 公开表演作品的权利
- 公开展示作品的权利
- 以数字方式公开播放录音的权利

这些权利在传统媒体时代是十分清楚的。博格斯出版公司(Bogus Publishing)印了 1 000 册斯蒂芬·金(Stephen King)的小说拿去书店卖,显然侵犯了金的专有发行权。但在计算机和互联网时代,以上权利就不再那么分明了。将一份版权文件存储在硬盘、软盘或计算机的 RAM 上,侵犯了版权作品的专有复制权吗? 有可能,法院似乎会这么说。透过互联网传输版权作品,是公开表演作品吗? 很有可能。美国法院正在解决这些问题。一些下级法院判决,未经授权地使用从互联网上下载的材料,或者未经同意地向网站或电子公告板上传有版权的材料,均可构成侵权。[20] 1997 年 12 月,得克萨斯州一家联邦法院判决:网络服务提供者未获授权便向用户提供受版权保护的图像,侵犯了版权所有者的复制权、发行权和展示权,须承担直接侵犯版权的责任。网络服务提供者辩称,它不过是连接订阅服务商(将照片扫描入系统)与订户(下载照片)的管道而已。被告说,它出售的是接入订阅服务商的管道,它不出售图像。法院不同意这种主张,法院判决道:"'网络世界'不出售管道——它出售图像。"[21] 然而,根据 1998 年通过的一部联邦法律,在版权侵权活动中只充当管道的网络服务提供者,在大多数情况下不会被追究违法责任(**参见第 414 页**)。内华达州的一家美国地区法院 1999 年判决,将一张有版权的照片扫描输入计算机做图像处理,并插入新作品的行为,构成版权侵权。该法院说,对任何有版权的材料做数字化处理皆为侵权——即便只是存储在计算机的内存中。

任何人在印刷、广播、改编或翻译版权作品之前,必须先征得版权所有者的同意。根据版权法,版权所有者有权利排他性地独享版权材料。用版权法的原文来说,版权保护延及"所有固定于有形载体的原创作品"。国会已将"固定于有形载体"解释为作品"具有相当的稳定性,可被感知、复制或传播一段不短的时间"。根据如上标准,报纸报道、整份报纸、杂志文章、广告和为大众传媒创作的其他种种,皆受版权保护。以数字形式创作,并经电子手段传输的材料,也受版权保护。不固定于有形载体、不受联邦版权法保护的例子有:即兴表演和演讲、即兴素描。然而,不受联邦版权法保护,并不意味着他人可以未经同意就摄录表演者的行为。有联邦法律规定,未经授权地摄录现场音乐表演,是一种犯罪。[22] 其他法律也禁止上述行为,如公开权(参见第 7 章)和普通法上的版权。[23]

> 联邦版权法列举了大量受版权保护的作品,此处仅举部分以为说明:
> 1. 文学作品(包括计算机软件)
> 2. 音乐作品,包括配词
> 3. 戏剧作品,包括配乐
> 4. 哑剧与舞蹈作品
> 5. 图画、图表与雕塑作品
> 6. 动画与其他音像作品
> 7. 录音作品

版权法也明确规定了哪些东西不受版权保护:

1. 微不足道的材料不受版权保护。标题、标语、对公共领域内作品的微小改动等,不受知识产权法保护。(但可能受其他法律保护,如不正当竞争法。)

2. 思想不受版权保护。版权法保护思想的文字表达或形象表达,比如文稿,但不保护思想本身。法学教授戴维·E. 希普利(David E. Shipley)说:"这条立之已久的原则,说易行难。"我们往往难以截然区分表达与被表达的思想。音乐家迈克尔·约翰·布莱克(Michael John Blake)根据圆周率(3.14 之后无穷)写了一首歌,并录了下来。圆周率是圆周长除以直径所得的数值。许多音乐家都曾以这一数值为灵感创作歌曲,一位数字代表一个音符。布莱克拍摄的 MV 在 YouTube 上很流行。很快就有人起诉他侵犯版权,原告拉斯·埃里克森(Lars Erickson)十多年前做过类似的事情——还为他的音乐登记了版权。2012 年,美国地区法院法官迈克尔·西蒙(Michael Simon)判决,圆周率是不受版权保护的事实存在,将圆周率转换成音乐是不受版权保护的思想。西蒙法官说:"音符的编排是一种表达,它源于将圆周率转换成音乐的想法,而想法不受版权保护。"埃里克森的版权是有效的,但他不能用他的版权来阻止别人在音乐中实现类似的想法。[24]

3. 事实不受版权保护。"地球是圆的"是事实。作者不能为这一表述登记版权,从此据为己有。

4. 根据威廉·斯特朗(William Strong)的《版权手册》(*The Copyright Book*),实用物品(用于制造他物的物品)不受版权法保护。灯是实用物品,它的存在,是为了制造光。一盏灯的基本设计不受版权保护。不过,在斯特朗看来,任何能从实用物品本身脱颖而出、超脱于实用价值之上的设计元素,可以享受版权保护。比如,一盏蒂凡尼(Tiffany)灯饰的设计就享受版权保护。蒂凡尼灯饰的独特性,与制造光的实用目的全然无关;这些独特设计是纯粹装饰性的。

5. 方法、制度、数学原理、公式和方程式不受版权保护。但是,对思想或制度的解释或阐述受版权保护。法律保护的是作者用于表达的文字或图像形式,不是思想、计划或方法本身。有人写了一本书,出版了。作者在书中提出一个新的数学公式。虽然这本书受版权保护,但书中的公式不受保护,他人尽可以自由取用。换言之,一篇文章或一本书的版权,不能排除公众使用这篇文章或这本书中所教的内容。

所有图书与创造性作品都受保护吗?非也。版权法特别规定,只有"原创"(original)作品才受版权保护。何为原创作品?美国法院在解释 1909 年法中的这一词语时说,"原创"意味着,作品是由作者本人创作的。1973 年,一名法院记录员(专门抄录司法程序的法院职员)对玛丽·乔·科佩奇尼(Mary Jo Kopechne)死亡调查中的一份记录主张版权。年轻女子科佩奇尼与爱德华·肯尼迪(Edward Kennedy)参议员同车外出,二人所驾车辆在马萨诸塞州查帕奎迪克(Chappaquiddick)附近坠桥入水,女子溺水身亡。一位联邦法官在"李普曼诉马萨诸塞州案"(*Lipman v. Commonwealth*)[25]中判决,这类记录不受版权保护。"确切地说,抄录就是将他人的话逐字逐句地记录下来,既然如此,这位记录员的产品就没有原创性。"

1985 年,制片承包商公司(Production

Contractors Inc.)想阻止芝加哥 WGN 电视台播出感恩节周日的圣诞游行。举办该次游行的制片承包商公司已将游行的独家播出权卖给了 WLS 电视台。原告诉称,这次游行受版权保护,WGN 电视台播出游行就是违反版权法。一家联邦地区法院不同意原告的主张,它判决说:圣诞游行不受版权保护;它是一个普通想法,不是原创性事件。[26]

近年来,服装款式也在争取版权保护。2010 年,纽约州参议员查尔斯·E. 舒默(Charles E. Schumer)向国会提议立法保护时尚设计师的服装设计。2011 年,路易斯安那州的黑人希望,他们为一年一度的狂欢节(Mardi Gras)游行制作的戏服能得到版权保护。部分戏服的设计与制作费用高达 6 000 美元。根据联邦法,服饰、戏服不受版权保护,但"狂欢节印第安人"(Mardi Gras Indians)的律师说,若将它们归入"盛装礼服"或"艺术作品",便可得到版权法保护,从而避免他人复制或拍照后用于图书、海报。[27]

作品只有具有原创性,才能得到版权保护。那么,作品是否必须质量很高或新鲜、新颖呢?答案是否定的。庸常的作品也受版权保护。美国法院一贯认为,司法机关在适用版权法时,不必担当文学或艺术评论家。1903 年,奥利弗·温德尔·霍姆斯(Oliver Wendell Holmes)大法官在"布莱斯坦诉唐纳森印刷公司案"(*Bleistein v. Donaldson Lithographing Co.*)中写道:"让只受过法律训练的人来评判插图的价值,是一件危险的事。"[28]霍姆斯大法官在谈及此案的招贴时指出:哪怕是最不起眼的图片,也可能是原创作品。

1992 年,第 9 巡回区美国上诉法院重申了以上观点,它判决,未经编辑的新闻录像素材足够具有原创性,受版权保护。[29]此案的双方当事人,一是洛杉矶新闻社(Los Angeles News Service),另一是音像报道社(Audio Video Reporting Service)。洛杉矶新闻社的业务是拍摄新闻事件,然后将未经剪辑但受版权保护的片子卖给各家电视台。电视台买来原始素材,编辑后在新闻节目中播出。音像报道社则录下电视台的新闻节目,卖给有兴趣的人。比如,一位接受了采访的商界女强人,想向音像报道社购买一份自己出镜的报道。又或者,因学校项目出现在新闻报道中的孩子,其父母可能想要一份报道的复制件。

洛杉矶新闻社起诉音像报道社,它诉称,被告出售的录像,均来自洛杉矶新闻社提供给当地电视台的受版权保护的新闻素材,故被告侵犯了洛杉矶新闻社的版权。音像报道社应诉答辩时提出几点理由,其中之一是,未经剪辑的原始片子原创性不足,不受版权保护;摄像师的工作,无非就是打开摄像机开关,对准新闻事件而已,无须投入创造力或智识。上诉法院不同意被告的主张,它指出,摄像师在摄像时必须做出创造性决定。摄像师必须选择拍摄对象、背景和角度,必须考虑光线、动作等等。法院说:"[成为原创作品]所要求的创造性水平是极低的,微量便已足够。"与此类似,新颖性对版权而言也不重要:作者不必是第一个说某些话的人,也能为这番话获得版权保护。一家法院判决说:"宪法和版权法提出的全部要求是:'作者'贡献的不只是细微改动,而是他自己的东西。"[30]

版权与事实

事实不受版权保护。电影《艺术家》(*The Artist*)2012 年获得奥斯卡最佳影片奖,约翰·肯尼迪 1963 年 11 月遇刺身亡,乔治·华盛顿是美国第一任总统,这些都是事实,无人可以对这些事实主张所有权,人人都可以刊播这些事实。这个道理貌似简单,但每当有人辛辛苦苦地汇集起一系列事实,想为自己的工作寻求版权保护时,问题便复杂起来。我们在这一小节将重点关注三个方面:数据库、新闻事件和研究发现。

电话簿与数据库

早在计算机诞生之前，美国大多数家庭就已拥有一种复杂的数据库——电话号码簿，其中列出电话公司客户的姓名、地址和电话号码。1991 年，美国最高法院审理了一起貌似意义不大的案件，涉及白页电话号码簿的版权保护，其判决结果却对各类数据库产生了深刻影响，引发了至今尚未完全解决的种种问题。

此案原告是一家小型的乡村电话公司——乡村电话服务公司（Rural Telephone Service），它发行一种白页电话簿，列出其客户的姓名、地址和电话号码。被告是发行地区性电话簿的费斯特出版公司（Feist Publications），它的电话簿集合了多家小电话公司的客户信息。费斯特公司请求乡村电话服务公司允许自己使用该电话公司的客户信息，乡村电话服务公司拒绝了。费斯特公司最后还是使用了这些信息，乡村电话服务公司于是起诉对方侵犯版权。费斯特公司认为，电话簿中只有事实，而事实不受版权保护。乡村电话服务公司表示反对，它提出，电话簿是事实的汇集，受版权保护。乡村电话服务公司还提出第二种主张，即所谓"额头流汗"（the sweat of the brow）原则。这是部分法院以往承认的一种法律观点，大意是：事实虽不受版权保护，但为汇集事实而投入大量时间、精力的人，理应从艰苦劳动中获得回报。乡村电话服务公司认为，收集电话簿信息耗时费力，版权法应保护这一工作成果。

美国最高法院的全体成员一致反对原告的上述两项主张。桑德拉·戴·奥康纳大法官说："额头流汗"原则无据可依。她引用前任大法官威廉·布伦南的话说："版权法的主要目的，不是犒赏作者的劳作，而是推动科学与艺术的进步。"奥康纳大法官说，一些事实汇集确实受版权保护。保护与否的关键在于：组织、挑选、整合事实的方式是否具有新颖性或原创性。乡村电话服务公司以字母顺序排列姓名，事实上，所有白页电话簿都是如

> 美国最高法院的大法官威廉·布伦南说："版权法的主要目的，不是犒赏作者的劳作，而是推动科学与艺术的进步。"

此，其新颖性不足以启动版权保护。[31]

此判决在前数字化时代影响不大。但在计算机时代，按字母顺序排列事实的产物，即我们通常所称之数据库，是计算机软件和交互式网站中发展最为快速、盈利最为丰厚的应用。由于费斯特案判决，只有那些以新颖或艺术的方式组织、挑选、整合事实的数据库，才受版权法保护。纽约州全体注册公共会计师的名录（按字母顺序排列）、加州所有按摩店的名单，都不符合美国最高法院的标准。[32]

美国多个州有反不正当竞争法（**参见第 398～399 页**），可以阻止他人盗用数据库。在大型商业数据库老板的施压下，国会曾多次尝试立法保护事实的汇集，但每次都遇到障碍。数据库行业以外的组织反对此类立法，特别是图书馆和部分科技公司。它们说，这类立法会纵容大公司垄断事实，进而阻碍研究工作。此处显然存在宪法问题。美国最高法院曾于 1991 年判决，"额头流汗"原则在宪法上无效，而该原则恰好是国会立法的核心。直到 2013 年末，问题尚未得到解决。

新闻事件

新闻本质上是对事实的描述。那么，新闻报道受版权保护吗？记者可否对自己的报道主张专有权？假设某电视台记者独家采访了一位隐遁的公众人物，晚间节目播出了这个专访。版权法是否禁止其他记者提及这次访问披露的内容？答案是否定的。其他电视台不能重播同一个专访，报社不能刊登这次专访的文字稿件，但它们可以告诉观众和读者，这位公众人物在接受采访时说了些什么。版权法甚至不要求竞争媒体说明是哪位记者做了专访。当然，这不太道德，但也司空见惯。剽窃诉讼可能会因之而起。

版权法保护新闻报道的表达——讲故事的方式、呈现事实的风格与方法，但不保护新闻报道中的事实。很多作者不太能理解，也不太能接受这一点。毕竟，记者历尽艰辛才发掘出一个故事，难道不应该拥有独家讲述这个故事的权利吗？这种想法还是反映了早已被美

国最高法院否定的"额头流汗"原则。在这个问题上，法律是明确的：艰苦的工作必须从其自身获得回报。版权只保护讲故事的方式，不保护故事里的事实。

研究发现与历史

《迈阿密先驱报》的普利策奖获奖记者吉恩·米勒（Gene Miller）写了《黎明前83小时》（83 Hours Till Dawn）一书，记录广为人知的芭芭拉·麦克尔（Barbara Mackle）绑架案。米勒说，为了写这本书，他至少花了2 500多小时，这起绑架案的许多情况，都是他首次发现的，而且只记录在他的书之中。环球电影公司（Universal Studios）想以1971年的这起绑架事件为蓝本拍一部电影，但无法就报酬一事与米勒达成协议。电影最后还是拍了，米勒起诉版权侵权。米勒的作品与环球电影公司的剧本惊人地相似——米勒写书时犯过的错误，电影也一一再现了。环球电影公司却认为，它只是在讲述一起新闻事件，米勒为挖掘相关事实而从事的研究不受版权法保护。一家美国地区法院同意米勒的观点。该法院说："为了获知不受版权保护的事实，研究工作需要付出劳动和金钱。本院认为，这些付出有别于事实本身，更近似于事实的表达，而非事实。"法官判决：有必要对作者为表达事实而付出的努力与智慧给予报偿。[33]然而，第5巡回区美国上诉法院推翻了下级法院的原判。它说："版权法区分事实与事实的表达，如果研究也受版权保护，那么这一重要区分将无以为继。区分事实与为获取事实而开展的研究没有合理依据。"以版权保护研究，无异于以版权保护研究发现的事实。[34]该法院又说："事实并非源自描述事实的图书作者，也并非源自事实的'发现'者。发现者只不过发现并记录了事实而已。他不可以主张自己'原创'了事实，不过，报道的方法，即事实的'表达'，可能具有原创性。"

第7巡回区美国上诉法院在一起案件中做出了相似的判决。此案涉及臭名昭著的银行劫匪约翰·迪林杰（John Dillinger），在1930年代，他是地方警察和FBI撒开大网追捕的对象。大多数历史学家认为，迪林杰死于1934年7月22日，当天，他离开芝加哥比奥格拉夫电影院时，被埋伏在外的政府探员击毙。杰伊·罗伯特·纳什（Jay Robert Nash）写了至少两本书来反驳这一结论。纳什认为，迪林杰早已得知电影院外暗藏伏击，他派了一个与自己长相酷似的人前去电影院。FBI行动失败，倍感尴尬，于是闭口不谈此事。迪林杰从此隐退，不再犯案，在西海岸度过余生。

CBS电视剧《西蒙与西蒙》（Simon and Simon）1984年播出的一集暗示迪林杰还活着，就住在加州。纳什起诉CBS公司，声称该公司侵犯其版权。CBS的高级职员承认自己读过纳什的书，也坦言使用了纳什的一些观点。但他们指出，既然纳什声称自己是在书写历史，而历史是事实的汇聚，那么此等材料就不受版权保护。法院同意CBS的主张。要是纳什将其作品定性为虚构小说，CBS也许得负侵权责任，但他没有。伊斯特布鲁克（Easterbrook）法官写道："只要版权存续，夏洛克·福尔摩斯的创作者就把握着人物的命运，但第一个推断迪林杰尚在人世的人，不能对这一历史主张权利。"纳什的权利在他的表达，不在事实本身。[35]

区分历史事实与虚构作品是美国版权法的要义。只要这种二分法存在，《圣血，圣杯》（Holy Blood, Holy Grail）的作者在美国起诉《达·芬奇密码》的作者丹·布朗（Dan Brown）和出版商兰登书屋就注定失败。迈克尔·贝金特（Michael Baigent）和理查德·利（Richard Leigh）说，他们潜心研究十年，才写成《圣血，圣杯》一书。该书的核心内容是，耶稣娶了玛利亚·抹大拉为妻，二人生儿育女，血脉延续至今。贝金特和利还在书中揭露，罗马天主教会内部的宗派数世纪以来一直在掩盖事实。2003年，丹·布朗写了一本悬疑惊悚小说（销量达4 000万册），差不多讲了同样的故事。布朗承认，他得益于贝金特和利1982年出版的《圣血，圣杯》，但否认侵犯该书的版权。两位原告在英国起诉，在英国，事实—虚构的界分不像在美国般被广为接受。英国版权律师安东尼·戈尔德（Anthony

Gold)说:"此案的有趣之处在于,作者能在多大程度上使用他人的研究,[在英国]是不太明确的。"贝金特和利主张,布朗盗用了其历史作品的核心主题。但伦敦一家法院判决,原告未能准确地阐明核心主题是什么,故未能证明这一主张。此案以贝金特和利败诉告终。[36]

盗用

本章的重点是版权,但版权法的一个附属领域也有必要提一下,因为它同样防止有人盗窃无形财产。在版权侵权诉讼中,**盗用(misappropriation)** 或 **不正当竞争(unfair competition)** 有时会作为附加司法救济被提出。版权如今在很大程度上源自联邦成文法,盗用则仍是普通法的产物。80多年前,美国最高法院审理了一起对传媒而言最具有指导性、最为重要的案件。此案争议双方是美联社(Associated Press)和它的竞争对手——威廉·伦道夫·赫斯特(William Randolph Hearst)麾下的国际新闻社(International News Service)。

美联社指称国际新闻社盗用其新闻,它说,国际新闻社的官员贿赂美联社职员,抢在美联社的成员报之前拿到该社的新闻。美联社还说,赫斯特的通讯社从公告栏和刊登美联社电讯的报纸上剽窃新闻。国际新闻社的编辑有时改写一下,有时原封不动地就把美联社记者写的新闻发出去了。这里的问题不是版权,因为美联社没为自己的材料登记版权。美联社说,它无法为所有电讯登记版权,因为数量太多,发稿速度太快。国际新闻社主张,这些材料没有登记版权,故属于公共领域,人人皆可使用。

美国最高法院以7比1的投票结果做出判决。马伦·皮特尼(Mahlon Pitney)大法官代表多数派撰写法院判决意见。他说,新闻、事件没有财产权,它们是众人共有的财产,是今日之历史。但这位大法官接着又写道:

尽管我们可以认为而且确实这样认为:诉讼双方(美联社和国际新闻社)自相关材料首次发布之时起,就不再对公众保留任何财产利益,但这绝不意味着,它们彼此之间也不再存在财产利益。[37]

盗用法旨在防止

● 有人将自己的作品当作他人的作品来传播;

● 有人将他人的作品当作自己的作品来传播。

若是琼·布朗(Joan Brown)出版一份杂志,唤作《名利扬》(Vanity Fare),封面也模仿《名利场》(Vanity Fair)来设计,以迷惑读者,鱼目混珠,那就是将自己的作品当作别人的作品来传播。反之,如果一家电台的播报员在新闻节目中念念当地报纸,当作自己的原创作品,那就是将别人的作品当作自己的作品来传播。以上两种情况,原告皆可在盗用诉讼中胜诉。盗用或不正当竞争诉讼中的关键法律问题是,是否有相当数量的一般谨慎人可能会被误导,或对材料的来源感到困惑。

在1919年的"美联社诉国际新闻社案"之后,涉及传媒的盗用案件一度很是罕见。但互联网产生之后,大量材料十分易得,这一领域的诉讼自然随之增加。例如,2009年,美联社起诉全头条新闻公司(All Headline News Corp.)盗用。被告专门雇人在网上搜索可以转发的新闻报道,有时改写一下,更多时候原文照用,不做任何编辑。美联社的报道是全头条的主要目标。被告承认,它曾多次不当使用美联社的内容,并同意支付赔偿金与美联社和解。[38]从事这种活动的个人和公司,人称"聚合者",因为他们汇聚他人的作品,以供己用。这种第三方打包商(尤其是新闻方面的)如今越来越常见。

部分"打包商"受合理使用原则(fair use doctrine)的保护。例如,内华达州一家联邦法院2010年判决,一家房地产公司在博客上转载《拉斯韦加斯新闻评论报》(Las Vegas Review Journal)的一篇文章,系属合理使用(**参见第405页**)。不过,越来越多的诉讼是根据盗用和

"热点新闻原则"(hot news doctrine,源于 1919 年的"美联社诉国际新闻社案")提起的。热点新闻原则是一种诉由,新闻采集者可据此防止竞争者搭便车转发自己的突发新闻报道。不过,法律虽明确保护美联社等新闻采集者,反对他人转发一篇文章的大部分内容,但法院也在探索,转发一篇报道的基本内容到何种地步才受法律追究。例如,几家银行起诉小网站 theflyonthewall. com 的运营者,因为他在网上报道这些银行提供给客户的股票购买建议。银行主张,thefly 网站抢在银行客户细思这些建议之前,将它们放在网上广为传布,违反了热点新闻原则。2010 年,一家美国地区法院同意银行的主张,即 theflyonthewall 搭了银行的便车。但第 2 巡回区美国上诉法院于 2011 年推翻了原判。该法院说,传统版权法依然保护银行的工作——theflyonthewall 不得转发银行的分析报告,但它可以合法地报道分析员的发现,如摩根士丹利的分析员在投资评等时给福特或微软的股票升了级。罗伯特·D. 萨克

(Robert D. Sack)法官说,这是新闻。他又说:"一家公司有制造新闻的能力(发布可能影响股票市价的推荐报告),并不意味着,它有权控制由谁公开这一新闻、如何公开这一新闻。"第 2 巡回区美国上诉法院说,热点新闻原则的效力并未受到影响,只是银行一案与它无关。

thefly 的做法,恰似谷歌或 CNN 在线公布以下消息:"据《纽约时报》报道,美国司法部部长即将辞职。"虽说上述判决仅在第 2 巡回区(纽约州、康涅狄格州和佛蒙特州)之内有直接拘束力,但第 2 巡回区美国上诉法院在全国颇具影响力,而且萨克法官是版权法领域公认的领军型专家。[39] 互联网兴起后,报纸、杂志等传统媒体倍感经济压力,在这种背景下,此类诉讼无疑会更常发生。传统新闻媒体担心,新兴的网络媒体会频搭便车,使得传统媒体代价高昂的新闻采集工作失去市场。传统媒体指出,制作新闻报道所需的时间、经费实在高得吓人。热点新闻原则是州法的产物,不过有人正努力将它纳入联邦法。

版权保护的期限

版权保护的时间长短,取决于作品的创作日期。美国版权法在 1976 年经过一次大的修订,大大延长了版权保护期。1998 年,美国国会通过了《桑尼·博诺版权期限延长法》(Sonny Bono Copyright Extension Act),又为版权作品的保护期增加了 20 年。1978 年 1 月 1 日以后创作的作品,保护期是作者终生及作者死亡后 70 年。作者可以享用其劳动成果直至去世,其继承人也能从父母、兄弟姐妹的作品中获利一段时间。70 年后,作品进入公共领域。到那时,人人皆可复制,不问理由,也无须向最初的版权所有者支付版税。如果一件作品是合作作品,由两人或两人以上创作,则保护期是最后死亡的作者终生及其死亡后 70 年。职务作品的保护期是作品发表后 95 年。职务作品包括作者为出版商撰写的图书(版权归出版商所有),以及大多数电影、唱片、电视节目等

合力创作的作品。[40] 1976 年版权法于 1978 年实施生效,1978 年之前创作的作品,保护期为 95 年,从作品最初获得版权之日起算。

版权保护期有多长?

1978 年 1 月 1 日以后创作的作品
作者终生外加 70 年

合作作品
最晚去世的作者终生外加 70 年

职务作品
发表后 95 年

1978 年 1 月 1 日以前创作的作品
95 年

小　结

美国版权法源自英国政府在 16、17 世纪确立的规则。保护无形财产的当代依据是美国宪法。自 1789 年以来，美国已历经多部联邦版权法。当下实施的版权法于 1976 年通过，它赋予作者或版权所有者以任何方式、任何理由独家复制版权作品的排他性权利。该法保护所有固定于有形介质的原创作品，包括文学作品、新闻报道、杂志文章、电视节目、电影，甚至广告。微不足道的材料、实用物品、观点想法、方法制度等没有版权。

新闻事件也没有版权，但描述或解释这些事件的报道或节目受版权保护。保护的对象是作者呈现新闻事实的风格或方式。与此相似，事实不受版权保护，但连缀这些事实的作品是言论表达，受版权保护。新闻和事实虽无版权，但将他人采集的新闻或事实当作自己的作品来传播，可能违反其他法律，构成盗用或不正当竞争。在大多数情况下，版权作品的保护期是作者或创作者终生外加 70 年。1978 年之前的作品与职务作品适用不同的规则。

合理使用

版权所有者几乎拥有使用作品的排他性独占权。"几乎"一词必不可少，因为这种独占权受到四种限制。其中三种前文已做讨论。第一，作品必须可受版权保护。不受版权法保护的作品，不产生合法的排他性使用权。第二，这种独占权只保护原创作品，非原创作品不受保护。第三，版权保护不是永久的，它会在某个时间点停止，作品从此进入公共领域。

第四种限制比前三种更宽泛，当然也更具有争议性，它涉及对版权材料的有限复制。这就是**合理使用(fair use)** 原则，一家法院将它定义为：

> 旨在平衡"作者从作品中获取报偿之权利"与"尽可能广泛地传播观念与信息之公共利益"这两种价值的理性规则。[41]

该原则允许他人有限地复制受版权保护、尚未进入公共领域的原创作品。不过，合理使用原则很多时候说起来容易，用

起来很难。正如版权律师迈克尔·D. 库兹内特斯基（Michael D. Kuznetsky）近期所言，法院和诸多法律学者都认为，合理使用是版权法中最难的问题。它夹杂着事实问题与法律问题，多种因素互竞高下，常会造就不同的结果。2012 年的一起判决说明了这一点。

2007 年，流行歌手诺莉娅·洛伦佐·蒙吉（Noelia Lorenzo Monge）与制作人乔奇·雷诺索（Jorge Reynoso）在拉斯韦加斯秘密成婚。为了保持蒙吉的年轻单身名人形象，这对夫妻隐瞒了婚事，连雷诺索的母亲也蒙在鼓里。然而，一个曾为这对夫妇做过保镖的狗仔队员，从他们的私人相机中找到了婚礼上用过的存储卡。他以此勒索钱财，勒索不成后，又于 2009 年将照片卖给了八卦杂志《电视注释》（TVNotas）。这对夫妻为求自保，给大多数照片注册了版权，包括《电视注释》杂志发表的六张照片中的五张。夫妻二人起诉版权侵权，杂志社以合理使用为由抗辩，它说，它可以在报道新闻中使用有版权的材料。接下来的问题是：发表这些照片是否属于新闻报道（告知粉丝这对夫妻已经结婚，证实传言）？

版权所有者几乎拥有使用作品的排他性独占权。"几乎"一词必不可少，因为这种独占权受到四种限制。

一家下级法院驳回了版权诉讼，但第 9 巡回区美国上诉法院于 2012 年推翻原判，它说，合理使用原则不适用于此案，商业性地使用他人未发表的作品是不允许的。M. 玛格丽特·麦基翁（M. Margaret McKeown）法官写道："在版权法领域，新闻报道不是可以赖以脱身的万灵丹。"《电视注释》若想在报道中证明这对夫妻已婚，完全可以另觅他途（如公开结婚证书），不必非得发表有版权的照片。[42]

130 年前，凡复制他人的版权作品，均属违法。这种绝对禁令对学者、批评家和教师颇为不利，从事以上职业者，往往想在工作中少量使用有版权的材料。于是，一种司法救济应运而生。其核心观点是，既然版权法的初衷是促进艺术和科学的发展，那么版权法的实施就不应阻挠出版学术作品的艺术家和科学家。1879 年，美国最高法院在"贝克诉塞尔登案"（*Baker v. Selden*）中写道：

出版一本有关科学和工艺的图书，是为了向全世界传播书中的有用知识。若使用这些有用知识即为盗版，以上目标便无从实现。[43]

合理使用原则源出于法院，根据这一司法原则，只要材料的出版裨益于科学、艺术、批评等，少量的复制是可被允许的。

1976 年，美国国会将这一司法原则写入版权法。第 107 条规定："为批评、评论、新闻报道、教学（包括复印多份在课堂上使用）、学术研究等目的……合理地使用版权作品，非属侵犯版权。"

该法规定，法院在判断某种使用是否构成合理使用时，应考量以下因素：

1. 使用的目的与性质

2. 版权作品的性质

3. 相较于整部版权作品，被使用部分的数量与重要性

4. 使用对版权作品的潜在市场或价值的影响

在适用合理使用原则时，以上因素应逐项考察。有趣的是，版权法中规定的、此处列出的合理使用判准（1～4），与法院在普通法合理使用原则下适用的判准极为接近。这种相似并非偶然。参、众两院的委员会在有关第 107 条的报告中写道，新法"认同合理使用司法原则的目标与范围"，但又不希望它停滞在 1976 年。"法院必须根据具体案情，逐案调适这一原则。第 107 条的目的，是重申既有的合理使用原则，不是改变、缩小或扩大它。"

使用的目的与性质

使用的目的与性质，是法院要考察的第一个因素。非商业、非营利性的使用被认定为合理使用的可能性较高。但也不能仅凭某个材料被用于商业活动，就断言这种使用不是合理使用。第 2 巡回区美国上诉法院曾指出，根据新版权法通过时参、众两院的委员会报告，国会并不认为，只有非营利性的教育使用才是合理使用。该法院说，这些报告"明确承认……活动的商业性、非营利性等属性虽非判断合理使用的决定性因素，但可以，也应该与其他因素一道加以综合考量"。[44]

版权法具体列举了几种合理使用，包括：

● 批评与评论

● 教学

● 学术与研究

一种使用属于以上几类之一，并不意味着合理使用抗辩就会自动胜出。与此同时，非属以上几类的使用，也有可能是合理使用。下面的案例就能说明这些原则。

喜剧中心频道的《每日秀》（"The Daily Show"）节目，为介绍公用电视（public access television）节目的情况，使用了公用电视节目《桑德拉·凯恩喜剧秀》（"The Sandra Kane Blew Comedy Show"）中的一个片段。桑德拉·凯恩是喜剧演员，做过脱衣舞女，她上节目时衣着暴露，在节目中又唱又跳，讲笑话逗乐子。凯恩起诉版权侵权，但一家联邦法院说，乔恩·斯图尔特(Jon Stewart)在《每日秀》中使用这一片段是合理使用。该法院判决道："被告播放原告的一段节目，是为了批判性地审视公用电视节目的质量。"[45]

但在另一起案件中，加州一家联邦法院拒绝了被告的合理使用抗辩。此案的缘起是：某互联网电子公告板的运营者在网站上全文张贴《洛杉矶时报》和《华盛顿邮报》的文章(有版权)，供人们发表评论，批评新闻报道的采写方法。加州这家联邦法院指出，给通篇照搬的版权文章加上评论，不能令这种使用摇身一变为合理使用。法院签发了禁制令，并判被告赔偿100 万美元。[46]如何解释以上两起貌似相反的判决呢？当然，我们可以说，"评论"和"批评"的概念暧昧模糊，容有很大的解释空间。但更好的解释是被告使用版权材料的数量。在加州这起案件中，被告使用了两家报社的大量文章。在另一起案件中，被告的使用量要小得多。

评论和批评更适用于被告使用一小部分作品的情况。书评人写书评时引用某部作品的部分段落，显然受到保护。记者报道某位诗人荣获普利策奖时，自然也可以摘用一两行诗句。但若是海报印制商将这几行诗句用大号字体印在 11×14 英寸的海报上，以 10 美元一张的价格出售，那就是侵犯版权。记者使用诗句，是为了向读者展示诗人的作品，海报印制商使用诗句，无非是为了赚钱。

版权法传统上认为，为教育目的而有限地使用版权材料，是一种合理使用。教师复印《新闻周刊》上的短文发给全班同学，通常没有侵权之虞。不过，更大规模的复制可能就享受不了同等保护，尤其在涉及商业利益时。1990年代，复印公司与大学教授合作，推出所谓的"课程包"。教授向复印中心提供课堂上使用的文章和图书章节的目录。复印中心复印这些材料，装订后作为教材卖给注册该门课程的学生。图书出版商与其他版权人起诉侵权。金考公司(Kinko's)等复印中心主张，复印这些材料是出于教育目的，是法律允许的合理使

用。多家联邦法院一致认为，这些材料虽说最终用于教育目的，但复印中心制作"课程包"乃是出于商业原因——不满足合理使用的要求。第 6 巡回区美国上诉法院在判决中指出，1976年版权法通过时，国会接受教育使用为合理使用，但这种复制必须：

● 简短——1 000 字以下；
● 即兴的——来不及获得许可；
● 一学期不超过 9 次，如果是复印同一作者的作品，复印的份数也要有所限制；
● 标注版权提示；
● 代替不了原作，不会影响原作的销售，且收取的费用不超过复印成本。[47]

在新闻文章或广播电视报道中使用少量版权材料，一般属于合理使用。但博客等网络传播兴起之后，这类使用变得越来越成问题。美联社(由 1 500 家日报共同拥有，向数千家新闻机构提供文章和播放素材)2009 年宣布，它将考虑以法律手段制止网站、博客和谷歌、雅虎等搜索引擎未经同意便使用其作品，并要求它们分享因使用美联社材料而获得的收益。这些新闻整合者和搜索引擎公司却认为，这是合理使用。美联社发言人说，博客直接引用美联社报道的情况，实在太过普遍，有时逾越了合理使用的边界。美联社官员说，博客博主最好自己总结文章内容，避免直接使用原文。2009 年 7 月，美联社宣布，它将在所有文章上安装 metatags 软件。这些标签会向人们解释，使用美联社作品应该遵守哪些版权规则，它还会提醒美联社，是否有人改写了它的文章，具体是怎样改写的。[48](有关这一问题的更多讨论，参见第 398 页。)

联邦法院曾至少两次判决，为公共利益而使用是合理使用。第一起案件涉及富翁隐士霍华德·休斯(Howard Hughes)的传记对一份版权材料的使用。休斯手下的一家公司发现这份材料会被用于休斯的传记，便花钱买下了它的版权，以阻止出版商使用。第 2 巡回区美国上诉法院判决说，允许个人以买断版权的手段阻止他人使用这些材料，有悖于公共利益。[49]

一家联邦法院在另一起案件中判决,一位作家在写书分析约翰·F. 肯尼迪遇刺事件时使用一部 8 毫米电影胶片(受版权保护)中的画面,是符合公共利益的,作者是为了说明他对总统遇刺案的理解。这部胶片由现场目击者拍摄,后被时代公司(Time, Inc.)买下,时代公司是版权人。[50]需注意的是,这两起判决十分罕见。

如今,一些法官在考察被告的合理使用主张时,会讨论"转化性使用"(transformative use)的问题。如果有人将版权作品的一部分用于其他目的(即转化),这种使用就很有可能被认定为合理使用。例如,美国广播公司(ABC)播出了一则电视新闻,大意是,大麻合法化的倡议者如何将吸食者的形象由长发嬉皮士改换成重症病人,其中使用了《新闻周刊》近期的封面和一张内文照片。《新闻周刊》报道的是大麻的医疗用途。审理此案的联邦法院说,美国广播公司使用《新闻周刊》的封面和照片是合理使用,因为这是转化性使用。[51]电视公司将版权作品转化使用于有关当下问题的新闻报道。

美联社曾起诉街头艺术家谢泼德·费尔雷(Shepard Fairey)侵犯版权,转化性使用是这起案件的核心争点。2006 年 4 月,为美联社工作的自由摄影师曼尼·加西亚(Mannie Garcia)在全国记者俱乐部(National Press Club)里拍到参议员巴拉克·奥巴马的一张照片。用一位记者的话来说,画面中陷入沉思的奥巴马举目前视,仿佛望向未来。费尔雷在这张照片的基础上,创作了如今大红大紫的红白蓝 HOPE(希望)海报。这张海报在大选期间迅速走红,海报和贴纸卖出去成百上千份,一张签名海报在 eBay 上标价数千美元。华盛顿特区的国家肖像艺术馆(National Portrait Gallery)也收藏了该作品的蜡印版。2009 年,美联社起诉费尔雷侵犯版权,它说,费尔雷应先征得该社的同意,才能使用这张照片。美联社要求得到认可与报偿。费尔雷的律师承认,画家确实参考了加西亚的照片,但画家将它转化为了"抽象的、理想化的炫目视觉形象,创造

了强有力的新意涵,传达了全然不同于原作的信息"。[52]转化性使用的问题没能在法院进一步展开,因为诉讼双方在 2011 年初达成了和解。美联社说,费尔雷同意,未经许可不再使用美联社的照片,此外,双方将"合力推广'HOPE'形象,共享相关海报和商品的权利,双方还将开展合作,由美联社提供照片,费尔雷在照片的基础上开展创作"。2011 年,另一起涉及转化性使用的案件在纽约州一家联邦法院做出判决。法官判决,画家理查德·普林斯(Richard Prince)使用帕特里克·卡里乌(Patrick Cariou)的摄影集《是的,拉斯塔》(Yes Rasta)中的照片,侵犯了卡里乌的版权。普林斯在这些照片的基础上绘画、拼贴,他认为,自己的作品是对原作的评价和批评,是转化性使用,故属合理使用。德博拉·巴茨(Deborah Batts)法官拒绝了被告的主张,她说,一件新的艺术作品,必须以某种方式评价原作或批判性地回顾原作,而普林斯的作品未能做到这一点,普林斯只是对卡里乌的照片稍加改动而已。[53]第 2 巡回区美国上诉法院 2013 年判决,巴茨法官释法有误,法律并不要求新作品评价原作者、原作品或流行文化,只要理性观察者能发现作品是转化性使用就足矣。该法院说,普林斯的大多数作品都表现出与卡里乌的照片完全不同的审美取向。

在版权作品的基础上有所增补,可能会被认定为转化性使用。但至少有一家法院判决,删减版权作品的内容不是转化性使用。科罗拉多州的"清洁电影"(Clean Flicks)公司专门买来电影的 DVD 拷贝进行编辑,删除该公司所认为的冒犯性内容,并将"清洁后"的电影出售给有需要的买家。一家电影公司与电影导演联盟起诉该公司侵犯版权。被告认为,它的编辑工作只是转化性使用;法院不以为然,法院判决,转化性使用意味着增加一点儿东西,而此案中的侵权者什么都没增加,只从原作品中删除了一些材料而已。清洁电影公司还提出,它没有伤害电影制作者,它只是开发了新市场,一个好莱坞尚未覆盖的市场。毕竟,该公司的每一张 DVD 都是花钱买来的。但法院

说，电影公司有权利不进入一个市场。美国地区法院法官理查德·马特什（Richard Matsch）说："是否应以某种方式编辑这些电影，从而使更多人能够接受，愿意在家庭环境中用 DVD 播放，这不仅是营销问题，更是版权人定位受众的问题。"[54]

版权作品的性质

法院在版权侵权诉讼中适用这一标准时，会考虑以下问题：

● 版权作品是否易于获取？使用绝版作品的严重性，远低于使用可在本地书店购得的图书。

● 版权作品是否属于消费品？消费品是只打算使用一次的东西，比如与课本配套的练习册或填字游戏书。消费品一般定价较低，用后即弃。一名教师买了一本生物练习册，每页复印 30 份，分发给学生使用，不能算是合理使用。但要是这位教师将《科学》杂志上的一篇文章复印 30 份，在课堂上分发，就很有可能是合理使用。

● 作品是信息类作品还是创作类作品？复制报纸文章、杂志文章或百科全书词条，比复制小说、戏剧或诗歌更有可能是合理使用。倒不是说复制所有信息类作品都是合理使用，只是更有可能而已。

● 作品是否已经出版？收藏于图书馆等处所的手稿、信件等未发表的材料，公众有时也能见得到。作者的优先出版权是一种重要权利。

20 多年前，《民族》（Nation）杂志抢在已故总统杰拉德·福特的回忆录出版之前，在一篇文章中发表了书稿中的段落和引语。《民族》发表的文章全文共 2 250 字，其中仅 300 个字受版权保护，但这 300 个字揭示了回忆录的核心内容——福特解释了他为何赦免因水门事件遭弹劾而黯然辞职的前总统理查德·尼克松（尼克松遭到弹劾，但他在参议院做出决定之前就主动辞职了）。福特回忆录的出版商起诉《民族》侵犯版权，《民族》称，使用 300 个字应为合理使用。美国最高法院不

美国最高法院的大法官桑德拉·戴·奥康纳写道："作品尚未出版这一点，虽说未必是否定合理使用的决定性因素，但应是关键因素。"

同意《民族》的主张，拒绝了合理使用抗辩，并推翻了下级法院的原则。桑德拉·戴·奥康纳大法官写道："《民族》为增强报道（有关即将出版的福特回忆录）的真确性，引用了书稿原文，这种做法强行将优先出版权这种重要的、有市场价值的附属权据为己有。"奥康纳大法官说，1976 年版权法承认作者有优先出版权。当讼争涉及未出版的作品时，合理使用的范围就会相对限缩。配合 1976 年版权法发布的参议院报告特别申明："对未出版作品适用合理使用原则应受到严格限制。这是因为，作品虽未公开，但这是版权人审慎选择后做出的决定。在一般情况下，版权人的'优先出版权'在重要性上超过任何复制需要。"奥康纳大法官的结论是："作品尚未出版这一点，虽说未必是否定合理使用的决定性因素，但应是关键因素。"[55]

马克·吐温曾说，学生听课所得，也许多于老师所教。上过火炉子的猫，可能永远不会去坐另一只火炉子。同样有可能的是，这只猫也不会去坐熄火的炉子。一些下级法院在解读奥康纳大法官的《民族》案判决意见时，也是这种情况。法官们读到"作品尚未出版这一点，虽说**未必是**否定合理使用的**决定性**因素，但应是关键因素"时，忽略了其中的加重文字。第 2 巡回区美国上诉法院（在全国范围都颇具权威）的法官在一系列案件中判决，凡使用未出版的作品，都不是合理使用。[56]

1992 年秋，国会修订了联邦版权法，解决了这一问题。如今的版权法规定：如果满足合理使用的四步判准，则"作品尚未出版之事实，不能妨碍法院认定某种使用为合理使用"。这次修订将版权法拨回到"哈珀与罗出版公司诉民族公司案"（*Harper & Row Publishers v. Nation Enterprises*）刚刚做出判决、上诉法院

还没来得及误解此案的时候。不过,即便如此,刊播未公开发表的材料仍然极为危险,尽管未必致命。除非使用者能以充分理由证明合理使用的其他三条标准,否则没有胜算的可能。

作品的使用量

作品被使用的绝对量,不如被使用部分占整部作品的比例来得重要。字数的重要性不如百分比。比如,一本书共 450 页,有人使用了其中的 500 个字;一首诗共 40 个字,有人使用了其中的 20 个字。以上两种情形,前者的危害比后者小得多。被使用部分相较于作品总体有多少? 法院在面对这个问题时,既会考察原文照用的部分,也会考察变换措辞的部分。使用同义词一般很难让侵权者解脱责任。1980 年代中期,素负声望的作家伊恩·汉密尔顿(Ian Hamilton)想出版一本传记,传主是《麦田里的守望者》的作者、一向深居简出的小说家 J. D. 塞林格。因为塞林格本人不配合,汉密尔顿就想使用塞林格写给朋友、熟人的大量信件。这些信件从未出版过。塞林格起诉版权侵权,他诉称,信件内容受知识产权的保护。汉密尔顿为避免打官司,特意改写了书稿,删除了大多数直接引用,改为转述信件内容。第 2 巡回区美国上诉法院判决,这种使用侵犯了版权,不属于合理使用。改写塞林格的原话保护不了汉密尔顿。乔恩·O. 纽曼(Jon O. Newman)法官说:“受保护的是表达方式,即作者对事件的分析或解释——谋篇布局、遣词造句和突出强调。”[57]汉密尔顿的改写过于接近塞林格本人的措辞和创作风格了。这位传记作家领会了信件的“精髓”。无奈之下,汉密尔顿只好放弃原有打算,改为写作《寻找 J. D. 塞林格》(In Search of J. D. Salinger),记录塞林格的文学生涯(不使用书信中的材料)和汉密尔顿本人为他作传不成的经历。

可以使用原创作品的多少内容,取决于使用的是什么材料。一家律所代表《拉斯韦加斯新闻评论报》起诉一家房地产公司。该报发表的一篇文章共 30 句,房地产公司用了 8 句。被告辩称这是合理使用。联邦法院表示同意,它指出,被告使用的那部分内容,只是有关联邦住房建设规划的事实性新闻而已。法院说,即便被告使用的部分占整篇文章的四分之一,也推翻不了合理使用抗辩。[58]

法官面临的最棘手任务,是判断戏仿是否属于合理使用。戏仿往往以批判又滑稽的方式调侃原作。成功的戏仿作品必须反映原书、原影片或原歌曲的内容,而不只是反映原作的风格和形式。近年来最愚蠢的一起诉讼,就是有关戏仿的。福克斯新闻网(Fox News Network)不想让作家阿尔·弗兰肯(Al Franken)将新书命名为《谎言与撒谎者:公正中允地观察右翼》(Lies and the Lying Liars Who Tell Them: A Fair and Balanced Look at the Right),此书是对美国保守派媒体的严肃批评。福克斯称,“公正中允”(fair and balanced)是它的台标,它拥有版权。弗兰肯则说,他的书是对福克斯新闻网和其他传媒的社会评论。一家联邦法院同意弗兰肯的主张,该法院说,这起诉讼无论是在事实上还是在法律上,都毫无意义。丹尼·钦法官说:“戏仿是受宪法第一修正案保护的艺术表达。戏仿的关键是模仿。本案中,无论你是否同意弗兰肯先生使用‘公正中允’,他显然都是在嘲讽福克斯。”[59]

1992 年,第 6 巡回区美国上诉法院判决:商业性的戏仿,无论是戏仿某本书、某部电影还是某首歌曲,都不是合理使用。这类作品是商业性的,不能与艺术评论或批评(通常受合理使用原则保护)等量齐观。[60]这一结论若被其他法院广泛接受,将对整个原创作品领域造成极大破坏。所幸,美国最高法院在两年后抵制了这一观点。这是美国最高法院审理过的最有趣的版权案件之一,案情大抵如下:罗伊·奥比森(Roy Orbison)和威廉·迪斯(William Dees)1964 年合写了一首乡村摇滚歌曲《哦,漂亮女人》(Oh, Pretty Woman),由奥比森演唱,阿库夫-罗斯音乐公司(Acuff-Rose

Music)发行。2 Live Crew 乐队的主创、饶舌歌手卢瑟·坎贝尔(Luther Campbell)请求阿库夫-罗斯音乐公司允许其乐队翻唱这首歌曲,但被拒绝了。坎贝尔还是径自翻唱了,歌词与原作相去甚远。初审法院称 2 Live Crew 演唱的版本是戏仿,驳回了此案。上诉法院推翻原判,它判决,商业性戏仿永远不能成为合理使用。美国最高法院支持初审法院,将案件发回重审。最高法院说,此案必须由陪审团来判断,2 Live Crew 乐队的戏仿是否属于合理使用。戴维·苏特大法官写道:"版权法说得很明白,作品的商业性目的或非营利性教育目的,只是考察作品之目的和性质的一步而已……因此,不能仅凭一种使用是教育性的非营利使用,就排除它被认定为侵权的可能性,正如不能排除一种商业性使用被认定为合理使用的可能性。如果将商业性使用完全排除在合理使用之外,那么版权法列举的其他使用几乎都会有池鱼之殃——包括新闻报道、评论、批评、教学、学术和研究,盖因这些活动在美国一般都为营利而进行。"[61]

苏特大法官说,戏仿源于对原作的影射。"它的艺术魅力来自一种张力——众所周知的原作与其戏仿孪生子之间的张力。"此案中,戏仿作品确实使用了原作的开场歌词和音乐特征。"但是,若说戏仿作品借用原作的即兴重复段和第一句歌词触及了原作的'核心',那么这正是戏仿的目标所在,因为这是最容易让人想起这首歌的部分。"考虑到戏仿的目标,我们就不能仅因戏仿作品选取了原作的核心部分,就认为这种使用逾矩。苏特还说,2 Live Crew 乐队在使用原作的第一句歌词后加入了自己的歌词,这一点十分重要。另外,戏仿作品虽使用了原作的低音即兴重复段,但也加入了原创旋律。

戏仿作品可以使用原作的多少材料,仍堪称合理使用呢?坎贝尔案未能提出精确的指导规则,也许根本不可能制定出精确的规则。但若是没有指导规则,合理使用和戏仿的问题就还将继续困扰司法机关。畅销小说《飘》(Gone with the Wind)是玛格丽特·米切尔(Margaret Mitchell)1930 年代的作品,2001年,该书的版权人上法院阻止霍顿·米夫林公司(Houghton Mifflin)出版"《飘》的戏仿作品"(评论家语)。原告诉称,作家艾丽斯·兰德尔(Alice Randall)在小说《飘荡》(The Wind Done Gone)中侵犯了《飘》的版权。《飘荡》从一位种植园奴隶的视角重述了米切尔的故事,书中的叙述者是《飘》的主人公郝思嘉同父异母的妹妹,即原作中保姆的女儿。原告称,兰德尔使用了原作的 15 个人物与多个场景,并一字不落地照搬原作的对话。一年后,此案达成和解。[62] 2009 年,J. D. 塞林格的律师起诉版权侵权,这次的被告是瑞士作家弗雷德里克·科尔汀(Fredrik Colting)——小说《60 年后:走过麦田》(60 Years Later: Coming Through the Rye)的作者。《60 年后》的主人公是 76 岁的 C 先生,这个人物显然是《麦田里的守望者》的主角霍尔顿·考尔菲德(Holden Caulfield)的老年版。一家联邦法院判决,科尔汀对塞林格原作风格和内容的取用,均已超出批评原作之所需。该法院颁发了禁制令,禁止《60 年后》出版发行。[63] 科尔汀上诉。2010年 5 月,第 2 巡回区美国上诉法院说,它同意下级法院的判断,即塞林格的律师有可能在版权侵权案中胜诉,但它撤销了下级法院依程序性理由颁发的禁制令。它要求下级法院重新评估此案是否确实有必要颁发禁制令。[64] 此案的后续进展尚未上报。

使用对市场的影响

第四条标准是使用对版权作品的潜在市场或价值的影响。虽说法院应当均衡考虑四条标准,不宜畸轻畸重,但大多数法院还是分配给最后一条标准更多的权重(相比于其余三条)。立法者在有关 1976 年版权法的国会委员会报告中指出:"若一种使用挤占了版权作品的常态市场,则该使用一般应被视为侵权,极个别特殊情况除外。"桑德拉·戴·奥康纳大法官在"哈珀与罗出版公司诉《民族》杂志案"中指出:"最后一个因素无疑是合理使用的最重要成分。"[65]"更重要的是,"奥康纳大法官写道,"要想对抗合理使用,原告只需证明:某种使用的广泛传布,将对版权作品的潜在市场造成不利影响。"

原告要是证明不了被告的使用会对自己造成负面经济影响,法院通常会支持这种使用为合理使用。1997 年,华纳图书公司(Warner Books)出版了杰拉尔德·塞伦特(Gerald Celente)的作品《新千年之趋势:如何因应 21 世纪的变革并从中获利》(*Trends 2000 : How to Prepare for and Profit from the Changes of the 21st Century*)。该书的能源章节批评了核电业,其中使用了美国能源意识委员会(United State Council for Energy Awareness)的一幅广告照片。照片中,农场主路易斯·伊伦菲尔德(Louise Ihlenfeldt)与一头奶牛站在碧空下的苜蓿地里。广告的配图文字描述了伊伦菲尔德一家如何与一英里之外的核电站和谐共处。《新千年之趋势》的作者非常不屑于广告传递的信息,对核电业大加挞伐。华纳公司未经同意使用上述照片,被诉版权侵权。华纳公司主张其使用为合理使用。法院指出,被告的使用确实是出于营利目的,而且使用了整张照片,但它判决,使用彩色照片的黑白翻版,不太可能对原作的市场产生负面冲击。法院判决说:"认为路易斯·伊伦菲尔德与奶牛的合影(尽管拍得颇具戏剧效果)有广阔市场的观点,颇为可疑。"[66] 1998 年,华盛顿州的一位联邦法官否决了陪审团判给作家韦德·库克(Wade Cook)的近 70 万美元赔偿金。库克诉称,电影编剧兼演讲家托尼·罗宾斯(Tony Robbins)使用了他原创的两个词组。陪审团裁断:罗宾斯确实在财经研讨会上分发的工作手册中使用"meter drop"和"rolling stocks"多达 12 次。但杰克·坦纳(Jack Tanner)法官说,没有证据证明,被告使用这两个词组会对原告造成任何损害。[67] 2002 年,纽约州一家联邦法院判决,网站运营者苏珊·皮特(Susan Pitt)以芭比娃娃为原型创造出"地牢娃娃",用在一个有关性奴役和性虐待的故事中,这种使用是合理使用,因为色情玩偶"地牢娃娃"不太可能影响芭比娃娃的市场。[68] 在第 2 巡回区美国上诉法院审理的一起案件中,一家专门举办行政培训研讨会的公司诉称,被告在批评原告时使用了原告的版权材料,原告认为,这会严重影响市场对其服务的需求。第 2 巡回区美国上诉法院说:"如果被告网站上的批评阻遏了市场对原告服务的需求,那么根据宪法第一修正案,这是原告在意见自由市场上必须付出的代价。"[69] 当然,如果被告使用原告的材料开办培训研讨会,与原告竞争,那判决结果就可能迥乎不同。

法院在评估某种使用对原告的经济影响时,不仅要考虑使用的直接影响,也要考虑使用对衍生作品的影响。假设这样一个情境:剧作家弗吉尼娅·米勒(Virginia Miller)将斯蒂芬·金的小说改编成了电影剧本,剧本中的大量材料来自小说。在版权诉讼中,金要想证明米勒的电影剧本对小说销量有直接影响,可能有点难度。电影剧本不在市场上出售。但若是米勒把剧本卖给电影制作公司,就会夺走金将小说改编为剧本并加以出售的机会。金因此失去了衍生权利,即作者出售原作品之衍生作品的权利。

艺术家杰夫·孔斯(Jeff Koons)在创作雕塑时使用了一张有版权的照片,被诉版权侵权。他辩称说,他的雕塑作品不会影响照片销售,因为它们是不同的作品——尽管看起来一样。但一家美国上诉法院不同意他的说法,该法院判决说,两件作品确实不同,但照片的创作者本可以将照片的使用权卖给其他想创作同样雕塑的艺术家,并收取报酬,而孔斯剥夺了他的这一权利。[70]

判断合理使用时应考量的因素	的数量与重要性
1. 使用的目的与性质 2. 版权作品的性质 3. 被使用部分相较于整部版权作品	4. 使用对版权作品之潜在市场或价值的影响

以上标准的适用

当被告主张合理使用时，法院必须适用前文提出的四个标准。下面两起案件说明了法院是如何适用这些标准的。保守派脱口秀主持人迈克尔·萨维奇（Michael Savage）起诉美国-伊斯兰关系委员会（Council on American-Islamic Relations）侵犯版权。萨维奇有一个受版权保护的两小时节目，他在节目中攻击美国-伊斯兰关系委员会和伊斯兰教。被告在自己的网站上批评萨维奇的言论时，用了该节目的 4 分钟片段，被告认为这是合理使用。

● **使用的目的与性质**：该片段主要用于批评、评论萨维奇的观点。以录音片段证明萨维奇确实发表过这些言论的做法并不稀奇。第一点有利于被告。

● **版权作品的性质**：版权作品似乎更接近于信息型而非原创型，但这次听证处理的是被告的即决判决申请，故要以最有利于原告的方式解读证据（该材料系属"原创表演"）。第二点有利于原告。

● **被使用材料的数量**：和两小时的节目相比，使用其中的 4 分钟来批评原告的观点还算合理。这一点有利于被告。

● **对原作市场价值的影响**：如果被告使用这 4 分钟片段会让部分听众拒听萨维奇将来的节目，那么这可能会对萨维奇的未来收入有所影响，但不会影响原作的市场。原告甚至从未暗示过，该版权作品除了最初播放之外，还有其他市场。这一点有利于被告。综言之，这 4 分钟使用是合理使用。[71]

第二起案件。莎拉·佩林（Sarah Palin）的《美国心》（*America by Heart*）出版前几天，高客传媒（Gawker Media）在网上贴出该书的内容共 21 页。新闻传媒常撰文介绍未发行图书的内容，但通常是转述，很少直接引用。此书的发行商哈珀柯林斯出版集团（HarperCollins）提起诉讼，请求法院下令强制高客移除这些片段。法院在下令之前，先得评估哈珀柯林斯公司是否有胜诉之可能，或者说，被告的使用是否属于合理使用。

● **使用的目的与性质**：法院判决说，这是纯商业性的使用；被告的网站上没有关于此书的批评或评论。这一点有利于原告。

● **版权作品的性质**：这是尚未出版的作品。这一点有利于原告。

● **被使用材料的数量**：高客传媒从尚未出版的图书中取用了 21 页。法院说，这个量不小。这一点有利于原告。

● **对原作市场价值的影响**：法院说，它只能推测原作可能受到的影响。但它又指出，原告为《美国心》精心策划了推广活动，胜利在望时却杀出被告这个程咬金，这意味着，出版商有可能失去商业优势。这一点上双方打成平手。

综上，法院认为，高客传媒有可能败诉，于是签发法庭命令，要求被告移除系争材料。[72] 法院做出这一决定后几天，有报道说，哈珀柯林斯公司与高客传媒达成了和解。[73]

沙发娱乐公司（Sofa Entertainment）拥有多部电影与电视节目的版权，它起诉音乐剧《泽西男孩》（*Jersey Boys*）的制作人使用《埃德·沙利文秀》（"Ed Sullivan Show"）中的 7 秒片段。《泽西男孩》讲的是四季乐队（The Four Seasons）的故事，剧中，一名演员用这个片段向观众解释四季乐队如何在 60 年代英国音乐团体风行一时之际发展自己，得到成长。这个片段的内容是：主持人沙利文将四季乐队介绍给观众,并提示乐队开始表演。

● **使用的目的与性质**:法院说,这一使用明显属于转化性使用,是为了展现四季乐队的持久影响力。这一点有利于被告。

● **版权作品的性质**:被使用的片段主要传达了事实性信息。这一点有利于被告。

● **被使用材料的数量**:法院说,被使用的片段"在数量上不具有显著性"。这一点有利于被告。

● **对原作市场价值的影响**:法院说,《泽西男孩》显然代替不了《埃德·沙利文秀》,它对沙发娱乐的各种节目影响极小。这一点也有利于被告。

法院说,这是合理使用。

小　结

版权法赋予版权作品的作者或所有者排他性的独占使用权,但它也承认,在某些情形下,他人可以复制版权作品的部分内容。如果这种使用属于法律规定的合理使用,使用者无须承担法律责任。

法院在判断某种使用是否属于合理使用时,会考虑四个因素:

1. 使用的目的和性质是什么? 被告为什么使用? 是商业使用还是出于非营利性教育目的的使用? 使用旨在以某种方式推进公共利益吗?

2. 版权作品的性质是什么? 是练习册等消费品,还是报纸杂志文章等更有可能被人引用、借鉴的作品? 版权作品是否已出版、已在售? 以前出版过吗?

3. 相对于整部版权作品,被使用的部分有多少? 是大作品的一小部分? 还是小作品的一大部分?

4. 使用对版权作品的潜在市场或价值有何影响? 是减少了原作的销售机会,还是与其价值或销售无关?

法院会逐一地、细致地考察以上因素,不过大多数法院最为看重的是第4条。在胜负难定的案件中,使用对版权作品之市场或价值的影响,往往是最关键的问题。

 版权保护与侵权

在 1989 年《伯尔尼公约》适用于美国版权法之前,一部作品除非贴有**版权标记**(copyright notice),否则不受保护。不加版权标记,就意味着失去大多数版权保护。然而根据国际法,加注版权标记不是作品受保护的必要前提。作品自创作完成之日起,就受到保护。如今,美国法规定,公开发行的作品"可以"加注版权标记。不过,美国版权局仍强烈建议创作者在所有作品上都加注版权标记。版权法保护"善意侵权者"不被追究侵权责任。如果有人复制了一部没有版权标记的作品,他可以说自己是善意侵权;换言之,他可以说,他不知道自己复制的作品受版权保护。不加版权标记,法院也未必会认定为善意侵权,但加注版权标记会减少被告提出善意侵权抗辩的可能性。在作品上加注正确的版权标记只是审慎之举。

版权标记

版权标记中首先应有"Copyright"、缩略语"Copr."或符号ⓒ(在圆圈内的字母 C,符号Ⓟ用于唱片)。版权标记还应标明出版年份。具体而言,期刊应提供出版日期,图书应提供版权标记可置于作品上的任何"目力可及"之处。

首次上市出售的年份(例如,某书于 2013 年 11 或 12 月份印刷,2014 年 1 月上架销售,那就应该在版权标记中标注 2014)。版权标记还得说明版权人的姓名或名称。大多数专家建议在版权标记中同时使用"Copyright"和©,使用后者是为了符合国际版权协议的要求。标记©能保护一部作品在多数国家免遭盗版。版权标记应该长成这样:

Copyright © 2003 by Jane Adams

版权标记可置于作品上的任何"目力可及"之处。(录音制品无法为目力所及,故适用不同规则。)国会图书馆版权局(Copyright Office)曾发布具体规则,充实法律规定的"目力可及"。这些规则列举了版权标记在一本书上的八个落脚处,如扉页、扉页下一页、封面侧边等。再来看照片,版权标记可以加注在照片的正面或背面,也可以加注在与照片一体的衬纸或镜框上。[74]

版权法还规定,在以下三种情况下,遗漏版权标记不会使作品失去版权保护:(1)只有数量较少的复制件遗漏版权标记;(2)版权人五年内努力纠正这一疏漏;(3)版权人曾明确要求给作品加注版权标记,出版时仍被遗漏。

版权法也保护善意侵权者。善意侵权者不承担侵权责任(不能被起诉),除非侵权者在被告知作品受保护后,继续实施侵权行为。

登记

根据版权法,一件作品自创作完成、固定于有形介质之日起,便受到版权保护。在作品上加注版权标记并非必需,但我们强烈建议版权人这么做。作品在作者终生及作者死后 70 年内受到保护。不过,版权作品只有先在联邦政府登记,版权人才可以依版权法起诉侵权。作者或版权所有者在登记版权时必须做以下三件事:

1. 正确地填写登记表。作品的类型不同,登记表也不同。表格可从华府的国会图书馆版权局信息与出版部(Information and Publications Section)获取。某些作品的登记表可在网上获取。

2. 作品的性质和登记方式不同,登记费用也不同。图书的在线登记费是 35 美元,低于其他作品。

3. 交给版权局两份完整的作品复本。如果是未出版的作品,一份完整复本就够了。

版权法规定,作者或版权所有者可在 90 天内登记版权。如果超过 90 天还未登记且有侵权行为发生,该怎么办呢?版权人仍然可以登记版权并起诉侵权。不过在这类案件中,原告即便胜诉,也无法赢取法定赔偿和律师费。所以最好养成作品一出版或一播出便登记版权的习惯。怎样才算版权登记成功呢?法院有两种观点。一些法院说,只有等到版权局正式下发登记证书,作品才算登记成功。[75]也有法院说,登记申请一寄给版权局,作品就算正式登记了。[76]

侵权

在美国,图书、电影、歌曲、文章和照片的创作者似乎越来越难以满足大众传媒对新产品的饕餮需求了,于是,提起知识产权诉讼成了迅速发展的产业。细心的报纸读者经常能读到侵权官司。大多数诉讼并没那么重要,却严重困扰着电影制作人和图书发行人。2010 年 6 月至 12 月区区数月,就有环球影业(Universal Pictures)因电影《后窗惊魂》(*Disturbia*)

被诉,饶舌歌手德雷克(Drake)因歌曲《你是我有过的最好》(*Best I Ever Had*)被诉,还有百老汇音乐剧《费拉》(*Fela*)的制作人被诉。这还只是冰山一角。

当人们认为自己控制版权作品使用的独有权被侵犯时,便会起诉侵权。联邦版权法其实没有定义何为侵权,它只是说,凡侵犯版权人之"独有权",即为侵犯版权。审理版权案件的法院在判断一种使用是否构成侵权时,多聚焦于以下三条标准(参见下框文字)。

> 1. 原告作品的版权是否有效?法院自然要考察原告的作品是否正确登记了版权,但更重要的是,法院得判断:登记了版权的作品,是否属于享受版权保护的原创作品?
> 2. 在原告所称之侵权行为发生之前,被告是否接触过原告的作品?
> 3. 两部作品是否相同或非常相似?

原告作品的原创性

原告要想成功起诉侵权有一个前提,即原告作品的版权是有效的。正如本书前述,非原创作品不享受版权保护。作品登记版权时,政府不会评估它是否具有原创性,或是否可受合法的版权保护。仅当诉讼发生时,原创性的问题才会摆上台面。于是,在许多版权侵权诉讼中,"原告的作品是否具有原创性"就成了核心问题。当然,原告的作品也可能因缺乏原创性或新颖性而得不到版权保护。

例如,人人都可以在图书中或报道中使用历史。玛格丽特·亚历山大(Margaret Alexander)起诉亚历克斯·黑利(Alex Haley)侵权。她诉称,被告在1976年出版并大获成功的小说《根》(*Roots*)中,使用了其小说《嘉年华》(*Jubilee*)以及《我如何写作嘉年华一书》(*How I Wrote Jubilee*)的部分内容。但法院指出,亚历山大所称之盗用部分,大多数是历史(有关美国黑人文化的故事)或公共领域内的材料,比如有关早期美国黑人文化的民间传

说。法院判决说:"如果相似的二者有共同来源,或相似的材料并非原告原创,那就无侵权可言。"[77]

美国法院还判决,"通用元素"(Scènes à faire)不受版权保护。故事中的场景或事件,只是在基本的情节前提下自然生发而成的。例如,恐龙动物园的概念不受版权保护。通电围栏、自动化参观、恐龙幼儿园、穿制服的工作人员等等,都是源于恐龙动物园这一基本前提的通用元素,不受版权保护。

戴维和珍妮·斯泰尔斯(David and Jeanie Stiles)出版了两本有关树屋建造的书:《树屋手册》(*The Tree House Book*,1979)和《你能建造的树屋》(*Tree Houses You Can Build*,1988)。这两本书中都有简短的一章指导读者按步骤建造树屋。哈珀柯林斯公司2006年出版的《男孩子冒险书》(*The Dangerous Book for Boys*)中,也有一章写如何建造树屋。斯泰尔斯起诉版权侵权。法院做出了有利于哈珀柯林斯公司的判决,理由是,系争材料不具有原创性,故不受版权保护。上述几部作品的树屋建造流程确实相似,但这一建造流程并不新奇。[78]

接触

版权侵权诉讼的第二个问题是接触(access)。原告必须证明,被告接触得到自己的版权作品,有机会复制该作品。如果原告证明不了被告有机会见到、读到自己的作品,便难以证明侵权。正如勒尼德·汉德所写:

> 如果有人完全不知道济慈的《希腊古瓮颂》(*Ode on a Grecian Urn*),仅凭一己之力,神奇地创作了一首同样的诗,那他便是该诗的"作者",如果他又登记了版权,其他人就不能复制该诗,尽管他们还能复制济慈的诗。[79]

我们用一个假想案例来解释汉德这段话。一名年轻女子,自出生之日起,就生活在一个偏远的岛上,与世隔绝。她勤于笔耕,写了一本小说,简直和罗伯特·克莱斯(Robert

Crais)的《嫌疑人》(Suspect)一模一样。在这种情况下,克莱斯要想胜诉很难,因为他无法证明这位年轻的女作家接触过自己的作品。以上情况显然不太可能发生,但很能说明问题。原告不仅要证明两部作品相同,还得证明被告窃取了他的作品。要想证明这一点,就必须有被告接触过被窃作品的证据。

1998 年,马里恩·利昂·比(Marion Leon Bea)起诉"家庭影院"(Home Box Office, HBO)在制作电影《浪子回头金不换》(First Time Felon)时,窃取了他的电影剧本。法院指出,两部剧本的相似度不高。但原告败诉的关键原因,是他无法证明 HBO 在拍摄《浪子回头金不换》之前接触过他的剧本。[80] 再来看一例。辛西娅·克莱(Cynthia Clay)起诉詹姆斯·卡梅隆(James Cameron)侵犯版权。她说,被告从她的《另一个星球的故事》(Zollocco: a Story of Another Universe)中窃取了一些元素。两部作品虽不乏相似之处,但克莱还是败诉了,因她未能证明,卡梅隆在拍《阿凡达》时接触过她的小说。克莱说,她给多位出版商和经纪人寄过书,但这不足以证明卡梅隆读过这本书。审理此案的美国地区法院判决说,必须有证据证明,被告很有可能接触过这部作品。法院需要的不是原告的臆测,而是证明这位电影导演见过原告作品的切实证据。[81]

复制与相当类似

法院考察的最后一个因素,是被告是否复制了原告的作品。在部分案件中,复制证据是确凿无疑的。比如被告将一份 DVD 或 CD 复制成多份,复印了一篇短篇小说或一首歌曲的歌词,或者在自己的作品中过多地使用了被告的作品。此前十年最出名的版权纠纷之一,是哈利·波特的作者 J. K. 罗琳起诉《哈利·波特辞典》(The Harry Potter Lexicon)的发行人侵犯版权。《辞典》源自一家同名网站,这家网站由 50 岁的中学图书馆管理员、彻头彻尾的波特迷斯蒂芬·简·范德·阿克(Stephen Jan Vander Ark)设立。互联网上有多家以哈利·波特为主题的网站和聊天室,其中大部分

得到罗琳的支持。但当 RDR 图书公司宣布出版《辞典》(哈利·波特小说的指导手册)时,罗琳起诉了这家出版商。原告主张,《辞典》不过是"将哈利·波特系列作品中的虚构事实聚合、重组了一下,毫无创见或批评"。RDR 公司辩称,《辞典》一书就人物、人物关系、文学典故的意涵等做了相当数量的原创分析和评论。2008 年 9 月,纽约州一家美国地区法院同意罗琳的主张,判决两种作品相当类似。《辞典》使用罗琳的作品过多。[82] RDR 公司起初说要上诉,两个月后又撤回了上诉。2009 年 1 月,RDR 图书公司出版了第二本有关哈利·波特的书《辞典:有关哈利·波特小说的未授权指南与相关材料》(The Lexicon: An Unauthorized Guide to Harry Potter Fiction and Related Materials),该书使用原作的材料要少得多,评论则多得多。

有时,问题会稍微复杂一点,比如,一张看起来很像版权图片的照片。在这些案件中,法官必须担当艺术批评家的角色,分辨两件貌似相同的作品。1993 年,兰登书屋委托杰克·利(Jack Leigh)前往佐治亚州萨凡纳的博纳文图尔公墓(Bonaventure Cemetery),拍摄飞女(Bird Girl)雕像。这张照片后被用于小说《午夜善恶园》(Midnight in the Garden of Good and Evil)的封面。小说大获成功,照片也一举成名。华纳兄弟公司把这部小说改编成了电影,它也想在广告中使用类似的照片。飞女雕像因利的照片成名之后,主人将她移出了墓地。征得主人同意后,华纳公司制作了一个复制品放在墓地里,为电影拍了推广照。电影刚一上映,利就起诉版权侵权。华纳兄弟公司没有使用利的照片,但它拍摄的照片与原作非常相似。第 11 巡回区美国上诉法院的法官必须分析二者的异同。二者的差异表现在:明暗对比有所不同;华纳兄弟的照片上,雕像更小更远;电影海报上的照片是绿/橙色调;新仿的雕像上有凯尔特十字。但相同之处也很明显:两张照片都从较低角度拍摄;光源都在顶部;墓地的其他部分都做了虚化处理。第 11 巡回区美国上诉法院最后判决,两张照片有充分的相

似性,因此法院无法批准华纳兄弟的既决判决申请,此案交回给陪审团审理。[83]

然而,更常见的情况不是直接复制。在有些案件中,被告之所以被起诉,不是因为使用了某句歌词或作品的某一部分,而是因为盗用"作品的基本要素或结构"。两部作品有细微相似还不够,必须相当类似(substantially similar)。而这又是说易行难的事,规则说起来简单,适用起来却未必如此。我们如何判断两部作品"相当类似"呢?各地法院以多种标准来判断两部作品是否相当类似,不过,几乎所有标准都聚焦于作品的两个方面。法院首先会问,两部作品的总体思想或主题是否一样?如果两部作品的总体思想不相似,则不存在侵权,而且,法院通常认为,这种相似性必须能为一般外行(不是专家)所轻易察知。

达里尔·墨菲(Daryl Murphy)为芝加哥住房管理局(Chicago Housing Authority Projects)的租户们拍了一部纪录片,片中有住户采访、风景、建筑、家庭聚会等等。九个月后,电视卡通节目《PJ 秀》("PJs")播出,它也关注城市住房问题。墨菲起诉该节目的制作人,包括喜剧演员埃迪·墨菲(Eddie Murphy)侵犯版权。受理此案的联邦地区法院判决:这两件作品不是相当类似。原告的影片是有关真人生活的纪录片,《PJ 秀》是卡通喜剧。纪录片是对真人的一系列独立访问,卡通是虚构的,有故事主线贯穿每一集。两部作品在形象上和感觉上都完全不同。[84]

如果两部作品的中心思想相当类似,法院就得实施第二步,看看作品如何表达这一思想或观念——主题是如何展开的?近年来的一些案件可以说明这个问题。汤米·皮诺(Tommy Pino)起诉维亚康姆公司(Viacom Inc.,后文简称为 Viacom)侵权,他说,他之所以起诉侵权,是因为被告的电视真人秀节目《职业 VS 业余》("Pros vs. Joes")很像他提议过的一个节目方案和他交给众多经纪人和电视网的脚本。这些电视网中就有 Viacom 旗下的 CBS。被告的节目与皮诺的方案都是职业运动员对阵业余选手的体育真人秀。联邦法

院承认这种相似性,但二者实现想法的具体方法颇为不同:情节不同,对话不同,气氛不同,场景和地点也不同。除了一些元素和总体想法之外,二者并无相当类似之处。[85]加州一家联邦法院在另一起案件中得出了相同的结论。拥有"美食频道"(Food Network)的 E. W. 斯克里普斯公司(E. W. Scripps Co.)被诉侵权。原告诉称,雷切尔·雷(Rachael Ray)的节目《杯盏之中》("Inside Dish")侵犯了他曾经提议的名厨秀节目《演艺大主厨》("Showbiz Chef")。两个节目背后的理念(邀请明星厨师做嘉宾的脱口秀节目)是相似的,但这些要素不受版权保护。二者呈现基本要素的方式没有相似性:情节不同(原告的节目没有明确情节),对话不同,气氛不同,场景不同(《演艺大主厨》计划在名厨家中拍摄,而雷切尔·雷的脱口秀则在电视台录制),事件发生的顺序也不同。法院说,理性陪审团不会认为这两个节目相当类似。[86]

格温·奥唐奈(Gwen O'Donnell)起诉时代华纳娱乐公司侵权,她说,HBO 的剧集《六尺之下》(Six Feet Under)复制了她在 1990 年代末写的《芬克的葬仪社》(The Funk Parlor)。奥唐奈的故事讲述了在康涅狄格州经营小型家族葬仪社的一家人的生活。HBO 的剧集也以葬仪社为背景,不过故事发生在洛杉矶。奥唐奈的剧本和《六尺之下》都以父亲去世、浪子返乡开场。但美国上诉法院判决,这大概是二者的唯一相似之处。在《芬克的葬仪社》中,父亲的死牵出一系列谋杀。法院说,《六尺之下》的人物、气氛、主题、节奏、对话和事件顺序都有所不同。法院说:"《芬克的葬仪社》是凶杀悬疑故事,情节由一系列谋杀事件推进,这些谋杀挽救了葬仪社的生意。《六尺之下》中的死亡则完全不同,死亡引发人们探索人与人之间的关系与人之为人的意义。"这两部作品不是相当类似。[87]

要想证明版权侵权并不容易;但出人意料的是,每年都有大量案件最后以有利于原告的方式达成和解。大多数此类案件是在庭外和解的。明目张胆地窃取他人的材料,老实人是不敢

这么做的。只要我们在创作故事、剧本和艺术品时保持创新,那就没什么可担心的。规避侵权诉讼的最好办法,也是最简便的办法,就是老老实实地做自己的工作,做有独创性的工作。

版权侵权与互联网

过去 200 年间,规范大众传媒的法律不得不因应媒介技术的多次变化而做出调整。美国第一部版权法通过之时,印刷物是大众传媒的同义词。自此之后,摄影、无线电、电影、录音、电视、复印、计算机程序、CD-ROM 等纷纷诞生,推着版权法向前走。然而,没有哪种技术对版权法的挑战能与互联网相提并论。互联网天生有助于人们窃取他人的作品。正如一位法律专家所指出的,复制数字化信息迅速、便捷、成本低,而且复制品与原作一模一样。信息一经复制,便可轻松地经由网络传播出去,接收者进一步复制,进一步传播,循环往复,无止无休。计算机传播引发的版权问题,如今已是司空见惯。有关这类诉讼的报道,几乎无日不出现于传媒之上。我们试举近期的三例:"谷歌就图书版权一案达成和解","唱片公司告赢某网络音乐分享者","博客博主因泄露枪炮玫瑰未发行专辑中的歌曲而被捕"。2009 年,谷歌公司宣布一项计划,它说,它将扫描全世界的所有图书,包括公共领域内的作品和受版权保护的作品。消息一出,许多出版商和作者纷纷起诉谷歌。最后,这家网络巨头与原告达成和解,条件是,谷歌承诺向读者收费,并与版权人共享收益,另外,谷歌在扫描时还会付给版权人一笔固定费用,当然,版权人也可以选择退出扫描。[88]2011 年 3 月,一家联邦法院否决了原被告的和解协议,该法院说,这些协议令谷歌公司相对于竞争对手和版权人大占优势。2012 年,谷歌与几家大出版商达成和解,但问题尚未完全解决。

复制与传播的便捷性是问题之一。另一个问题是,许多互联网用户显然不认为他人的作品应当受到版权保护。漫画家加里·拉森(Gary Larson)吁请网络用户停止在网上复制他的漫画《远端》(The Far Side),大量用户答复说:他们停不了。一位用户回应道:"这些版权侵权案真是气死我了!"另一用户理直气壮地说:"要是我们看不了《远端》,听不了《辛普森一家》的音频文件,那还要网络有何用?""作家或摄影师应能保护自己作品"的观点历来不乏反对者,但在互联网出现之前,这些人充其量只能自己偷来享用,比如非法翻录 CD 或电影,复印一系列短篇小说,等等。而现在,人们不仅能够非法复制,还能在数秒之内转发给十万人众。

美国法院用传统版权法来解决这些新问题,并小有所成。一些法学家说,现有法律足可解决问题。美国一家地区法院的法官利奥尼·布林克马(Leonie Brinkema)写道:"新技术——从电视,到录像机,到数字传输——都在版权法的大框架之下,也都服务于版权法旨在推进的目标。""互联网也不例外。"[89]不过也有论者认为,这一领域需要新的法律。

《数字千禧年版权法》

1990 年代中期,世界知识产权组织(World Intellectual Property Organization)在两部国际公约中赋予数字作品的所有者版权保护。这两部公约还提出了赛博空间内的合理使用抗辩。[90]美国同意遵守这些新规,并于1998 年通过了《数字千禧年版权法》(Digital Millennium Copyright Act)。《数字千禧年版权法》比世界知识产权组织的公约走得更远,它还禁止人们绕避防止版权作品遭窃的加密技术,并将生产、进口和销售解密设备规定为非法。2001 年夏,27 岁的俄罗斯密码译解者德米特里·斯克利亚罗夫(Dmitry Sklyarov)在计算机黑客大会上发表演讲,介绍如何解密电子书的保护软件,之后在拉斯韦加斯被捕。六个月后,美国政府同意推迟指控斯克利亚罗夫,条件是,斯克利亚罗夫承诺作证揭发他的雇主——俄罗斯的 Elcomsoft 软件公司。此案的基本问题是:如果一种设备既可用于绕避版权保护,又可用于其他合法目的,政府是否可以将制作、销售该种设备规定为犯罪? 1984 年,美国最高法院曾因另一项技术发明——录像机(VCR)——而面临这一问题。好莱坞的电视制作公司想阻止这种新设备在美国出售,因为它能复制电视机上播出的版权节目。美国最高法院判决:虽然有人非法使用这一设备,但 VCR 还有大量合法用途。该机器的制作商不必为他人的非法使用承担责任。[91]可娱乐业从业者指出,如今时代已变。复制版权材料如此轻易、如此迅速,版权人根本追赶不上非法用户,因此是时候禁止这些设备了。判断某个软件或硬件是否违反《数字千禧年版权法》是一个基本的法律问题。可是,被用于从事非法活动的机器或程序,是否也有明显合法的用途呢? 多家联邦法院支持《数字千禧年版权法》的合宪性。[92]第 2 巡回区美国上诉法院同意,计算机程序受宪法第一修正案保护,但它又说,审慎细致的法律(如《数字千禧年版权法》)不违反宪法。然而,有更多的诉讼涌入法院,这说明,问题远未解决。《数字千禧年版权法》还规定了刑事惩罚——50 万美元罚金和 5 年监禁。该法还对互联网上的音乐传输规定了强制性许可和版税制度,这种制度与电台、电视台播出音乐必须缴纳版税的制度非常相似。不过,如果网络服务提供者只是传输用户上传的版权材料,则无须承担版权责任,这称为“避风港”。

因谷歌旗下的视频分享网站 YouTube 之故,避风港规定经历了一次严峻的法庭考验。YouTube 是一家成立于 2005 年的免费网站(盈利模式是广告),人人皆可以通过该网站上传、下载视频文件。YouTube 传输成千上万的视频片段,其中很多是版权材料。2007 年,MTV 和喜剧中心的母公司 Viacom 要求 YouTube 移除 10 万多个视频(Viacom 声称对这些视频拥有版权),Viacom 还要求 YouTube 今后自动过滤已登记版权的材料。Viacom 后又起诉谷歌公司侵犯版权,索赔 10 亿美元。YouTube 评估了诉讼的利弊得失后,开始移除 Viacom 拥有版权的材料。NBC 环球(NBC Universal)、迪士尼

公司(Walt Disney Company)和新闻集团(News Corporation)等公司也与 YouTube 协商,要求该网站移除版权材料,或支付使用许可费。YouTube 认为,根据《数字千禧年版权法》,它只要在得到通知后移除版权材料,就可以免除法律责任。2010 年 5 月,一家联邦法院同意 YouTube 的以上观点。它说,《数字千禧年版权法》的避风港条款保护该公司免于 Viacom 的版权诉讼。只要 YouTube 在得到版权人的通知后撤下材料,就会受到保护,无须承担责任。路易斯·L. 斯坦顿(Louis L. Stanton)法官说,被告公司显然知道用户将版权材料上传到了自己的网站,但它不知道,哪些视频的上传征得了版权人同意,哪些没有。斯坦顿法官写道:强制网络公司审查用户上传的每一个视频,“与《数字千禧年版权法》的架构与运行相互扞格”。[93]然而,2012 年 4 月,一家联邦上诉法院推翻了下级法院的判决。第 2 巡回区美国上诉法院判决:“理性陪审团有可能认为 YouTube 明知”侵权,“至少明知一小部分视频的侵权性质”。该上诉法院说,下级法院应该审查 YouTube 是否对一些用户上传版权材料之事实装聋作哑。正如《纽约时报》的记者所指出的,此案(还在进行中)已成为传统媒体公司与其新型竞争对手展开对决的象征。[94]

文件分享

文件分享(计算机用户将文件从一台计算机转移至另一台计算机或多台计算机的能力)在过去十年间催生了最复杂、最受关注的版权问题。然而,到了 2009 年末,文件分享已不再是版权诉讼的主要争点。这不是因为问题解决了,而是因为问题似乎无解。每每产生一种法律解决方案,便有新技术帮助文件分享者绕避法律限制。终于有一天,唱片业的领袖得出了一个结论,无论他们做什么,也许都无法阻止音乐的广泛分享。正如有人说的,妖怪已经被放出魔瓶了。

1990 年代末以前,通过互联网窃取音乐制品不是严重问题,因为从网上下载一首歌太慢了。后来,数据压缩技术解决了这个问题,MP3

播放器的引入则使音乐爱好者得以接触这一技术，令音乐文件的非法分享呈爆炸式增长。音乐业竭力阻止 MP3 播放器的制作与销售，但法院判决，它们只是空间移动装置，不是录音设备。法院说："MP3 播放器复制文件的目的，是方便移动……用户硬盘中已有的文件。"法院将这种新设备比作家用录像机，而家用录像机是美国最高法院认可的合法设备。[95]

Napster、StreamCast Networks、Grokster 等文件分享网络公司蓬勃兴起，进一步推动了版权音乐的免费传输，从此，音乐发烧友不必花钱买 CD，也能听到音乐制品。这些公司一个接一个地被告上法庭，诉由是教唆版权侵权。在大多数情况下，法院会支持唱片业。[96]但打官司旷日持久、所费不赀，也不能彻底解决文件分享带来的问题，因为总会有新的、稍有不同的软件和服务继之而起。于是，唱片业开始直接打击文件分享者——使用点对点音乐分享系统的个人。2003 年至 2008 年末，美国唱片业协会（Recording Industry Association of America）代表唱片业，起诉 35 000 人在网上交换音乐，平均每起案件获赔 3 500 美元（判决、调解均算在内）——远远不及诉讼成本。[97]

其间，苹果公司先后向市场推出了 iPod 和 iPhone，这两种新设备也可以下载音乐。与此同时，用户可以在 iTunes 等网站上合法购买音乐，合法下载的途径更丰富了。多家唱片公司与苹果公司（还有其他设备制造商，如生产可携式播放器 Zune 的微软公司）达成协议，唱片公司为苹果公司（和其他类似公司）提供音乐制品，放弃数字版权，每首歌收取一小笔费用。用户下载一首歌一般收费 99 美分，唱片公司得 70 美分，其余归苹果公司（或其他公司）。到 2009 年为止，苹果公司已一跃成为全美最大的唱片音乐经销商。如今，大多数音乐爱好者不是下载音乐，就是使用 Spotify、Pandora 和 YouTube 等音乐流媒体网站，总体而言，后一种情况更为常见。

电影与电视

电影电视业（大部分情况下是合一的，一家公司既生产电影，又生产电视节目）如今也面临着唱片业曾经面临的问题。DVD 销量下滑，电视网观众日渐流失，电影院的上座率频频告急，视像行业不断赔钱。非法下载电影已是多年顽疾。2009 年 4 月，有个电视喜剧演员开玩笑说，过去一周内，已有一百万人看过《X 战警前传：金刚狼》（X-Men Origins：Wolverine）了。"当然，"他又说，"这部电影 5 月 1 日才上映。"甚至有人看完盗版电影后还发表评论文章。《阿凡达》上映前两天，这部电影就已被下载 50 万次。电子书也有盗版问题。丹·布朗写了一本《失落的密符》（The Last Symbol），亚马逊售出的 kindle 电子版比纸质版还多。与此同时，这部电子书被非法下载了 10 万多次。大众传媒业面临的问题如此严峻，逼使美国参议院在 2010 年审议一项打击非法文件分享与伪造的规定。根据该规定（在参议院一票未得），司法部可对助长盗版的网站提起民事诉讼。

下载是一种盗版方法，最近，另一种新威胁也在逼近电影电视业——实现在线观看电视、电影的流媒体技术。目前，人们可以在几处网络资源上合法地在线观看电影和电视节目，但这些合法网站上的新电影或新节目往往很少。非法网站却能提供盗版复制品。视像业希望通过诉讼来对付这种流媒体。如 2011 年初，一家联邦法院命令 Ivi 公司停止在网上播放版权归电视网所有的电视节目。原告说，Ivi 公司在纽约等四座大城市截取原告的播放信号，未经授权便在互联网上播出，并向用户收取会员费。会员每月只需付给 Ivi 公司 4.99 美元，就可以用一个媒体播放器将节目下载到计算机上。电视台认为，Ivi 公司拐走了原本观看无线电视和有线电视的观众，破坏了原告以广告获利的能力。[98]

使用便携式录像机在电影院内翻拍，是大多数盗版的源头。不过，也有不少音像制品是在制作阶段被窃取或复制的。为了解决这个问题，许多工作室把新老电视节目都放在网上，供人们免费观看。和以往不同，许多大制作电影如今在全球同步上映。这个行业相信，只要能在第一时间看到，大多数人还是情愿花钱观看高质量电影的。

国会参、众两院也收到过一揽子解决盗版问题的议案，但直到 2013 年年中为止，国会尚未通过任何相关立法。

政治与版权

2008 年大选首次引发人们关注一个事实：候选人愈来愈多地使用互联网来传播政治信息。但也有候选人发现，一些版权人利用 1998 年《数字千禧年版权法》中的条款，禁止（一位评论家称之为"查禁"）候选人使用有关自己的信息。《数字千禧年版权法》规定，网络服务提供者未经同意传输他人的版权材料，只要在得到版权人的侵权通知后迅速移除材料，就无须承担侵权责任。《数字千禧年版权法》要求立即移除，没时间在听证中判断是否属于合理使用。即便有，那也是后话了。

选战期间，福克斯新闻禁止约翰·麦凯恩（John McCain）使用该公司主持的政治辩论的片段。华纳音乐集团（Warner Music Group）要求 YouTube 移除一个攻击巴拉克·奥巴马的视频，因为其中使用了该集团拥有版权的音乐。距离 2008 年大选不到三周，几家新闻机构通知 YouTube 移除麦凯恩的广告，因为其中有它们制作的新闻节目的片段。[99] 斯坦福大学法学教授劳伦斯·莱西格（Lawrence Lessig）等权威专家认为，以上情况皆属合理使用。但在狂热而瞬息万变的政治竞选中，根本没时间等到法院的判决。莱西格主张修订《数字千禧年版权法》，他认为，《数字千禧年版权法》应明确规定，该法不得在竞选中用于上述用途，它只能用来保护材料不被移除就可能遭受严重经济损失的版权人。[100]

选战期间，参议员麦凯恩与版权法的不期之遇不只涉及《数字千禧年版权法》，他还被创作型歌手杰克逊·布朗（Jackson Browne）起诉。布朗诉称，麦凯恩的竞选团队未经布朗本人同意，在广告中使用了他的歌曲《忙碌奔波》（Running on Empty）。布朗支持的是奥巴马。

2009 年 2 月，一家美国地区法院拒绝了麦凯恩的即决判决申请，并定下陪审团开庭审理的日期。不过，此案后来达成和解，共和党和麦凯恩向布朗道歉，并承诺今后尊重音乐人的版权。2009 年 4 月，另一位创作型歌手、老鹰乐队的创始人之一唐·亨利（Don Henley）起诉美国参议员的加州共和党候选人查尔斯·德沃尔（Charles DeVore）。亨利诉称，德沃尔在竞选视频中使用《夏日男孩》（The Boys of Summer）和《舞舞舞》（All She Wants to Do Is Dance）这两首歌，侵犯了他的版权。[101] 这起案件也以和解告终。2010 年 5 月，戴维·伯恩（David Byrne）起诉佛罗里达州州长查利·克里斯特，因为克里斯特州长未经同意，在竞选广告中使用了传声头像乐队（Talking Heads）的歌曲《无果之路》（Road to Nowhere）。伯恩索赔 100 万美元，这是其他人开出过的价码（他拒绝了）。此案于 2011 年达成和解，克里斯特公开赔礼道歉。[102]

遗憾的是，在 2012 年大选期间，这一切都故态复萌。共和党候选人，通常是那些不太懂版权法的共和党人，不得不放弃使用阿尔·格林（Al Green）的《让我们相伴相随》（Let's Stay Together）、幸存者乐队（Survivor）的《虎之眼》（Eye of the Tiger）、索马里裔音乐人克南（K'naan）的《挥舞旗帜》（Wavin' the Flag）和扭曲姐妹乐队（Twisted Sister）的《我们不会再忍受》（We are not Going to Take It）。

文件分享的困境仍然存在。版权法中还有涉及互联网的其他诸多问题。上传、传播、下载版权照片也是严重问题——尤其对《花花公子》这种靠照片（当然还有严肃文章）吸引大多数读者购买杂志的出版物来说。[103] 网络服务提供者在消极、中立地传输用户张贴的照片时,是否要为此承担侵权责任?这是一个新近产生的问题。至少有一家法院判决说,根据联邦版权法,网络服务提供者没有责任。[104]

小 结

要想保护一部作品的版权,作家或版权所有者应当正确地标注版权标记,并向政府登记版权。正确的版权标记是这样的:

Copyright ⓒ 2014 by Jane Adams
（唱片使用符号ⓟ）

版权标记必须标注在可见的位置。要想获得版权法的完整保护,作品还必须在国会图书馆的版权局登记。登记人需在登记时交给版权局正确填写的登记表、作品的两份复本和一定金额的费用。

原告起诉版权侵权时,法院会根据三个重要标准进行考察。第一,原告的作品是否具有原创性?如果原告登记的材料属于公共领域,原告就不能起诉版权侵权。第二,被告能否接触到原告的作品?必须有证据证明,被告在原告诉称的侵权发生之前,看到或听到过版权作品。最后一条,是否有证据证明,被告确实复制了原告的作品?如果没有证据,那就要考察两部作品是否相当类似。法院在考察最后这个问题时,需要判断两部作品表达的思想是否相似。如果两部作品主旨相似,那接着还要考察,这些思想的表达方式是否也相似。互联网上的版权侵权是新问题,法院既适用传统版权法,也适用新制定的成文法。

唱片业与点对点文件分享者的对战似乎硝烟将尽,有关《数字千禧年版权法》之覆盖面与意涵的诉讼却刚刚拉开帷幕。电影电视业也面临着来自视频盗版者的新挑战。

自由撰稿与版权

自由撰稿记者、作家或自由摄影师对自己卖给发行人的报道或照片享有什么权利呢?作者或摄影师是作品的创造者,他们拥有报道或照片。这意味着,自由撰稿人和自由摄影师理论上可以自行选择将哪些权利出售或转让给发行人。不过,新入行的作者或摄影师往往没有多少选择机会,只能被图书出版商或杂志发行人牵着鼻子走。供不应求的作者则可以保留大部分权利,以便日后获利。大多数出版商都有政策明确规定,在决定购买报道、照片或图画时,会同时购入哪些权利。一年更新一次的《撰稿人市场》(The Writer's Market)是撰稿人的最佳指南。下框文字列出了出版商可能会买入的权利。

1. 所有权利:创作者将报道或照片的完整所有权全数卖出。

2. 首次刊载权:买家有权在世界任何一地的期刊上首次使用作品,但只能用一次,然后创作者可以将它卖给其他人。

3. 北美首次刊载权:与2中的权利一样,唯一的区别是,买家首次使用作品的范围是北美,不是全球。

4. 同步刊载权:买家买下与其他期刊同时刊载某材料的权利。但所有发行人都必须知道,该作品将同时发表。

5. 一次刊载权:买家购买的是作品的单次使用权,创作人不保证作品从未在其他地方发表过。

常见的操作方式是,发行人会买下报道或照片的所有权利,但同意在报道或照片发表之后,再将权利转让给创作者。在这种情况下,作者或摄影师有责任提出再转让,他们必须在作品发表后立即请求再转让。发行人会签署一份权利转让书,创作者应在两周或三周之内,拿着权利转让书到版权局登记。再转让完成之后,创作者可以再次出售作品。

赔偿金

在版权诉讼中,原告可以请求法院评估自己的损失与侵权人盗用版权作品所得的收益。赔偿金可少可多。在每一起案件中,原告都必须向法院证明自己的损失或被告的收益。不过,原告也可以不证明实际损失,而是请求法院评估法定赔偿金(statutory damages),即法律规定的赔偿金额。法定赔偿金的底线是750 美元,当然,在善意侵权案件中,法院也可能启用自由裁量权降低赔偿金额。法定赔偿金的上限是 3 万美元。如果原告能证明被告故意且反复侵权,最高赔偿金也可涨至 15 万美元。

在版权诉讼中,法院还有权制止被告继续侵权,可以没收含有侵权内容的材料,可以下令销毁这些作品。没收和销毁如今十分罕见。在版权侵权案件中,被告也可以被控刑事罪名。被告若是"出于故意或牟利目的"侵犯版权,有可能被判罚款或一年以下监禁。

对于大多数富有创造力的大众传媒业者而言,版权法不难理解,也不应成为威胁。版权法的意思很简单,无非就是专心做好自己的工作,不要觊觎他人的作品。一些专家认为,版权对新闻出版自由有害。从某种意义上来说,也许确实如此。但大多数作者和记者——从新闻出版自由中获益最多的人——都支持版权法,因为版权法保护他们的权利。杰尔姆·弗兰克(Jerome Frank)法官曾试图解释这一显见的矛盾,他说,我们擅长于向自己隐瞒一个事实,即我们拥有并支持"本质上互不相容的理念"。弗兰克建议我们把这些相互冲突的不同理念保存在独立的"由逻辑密封的隔间"里。

美国法院在承认作者需求的同时也认可社会的需求,故允许他人出于公共利益之需要复制版权材料。由于法院的这一态度,版权法对大众传媒冲击极小,或者应该说没有多少影响。

参考书目

Arango, Tim. "Who Owns Sports Coverage?" *The New York Times*, 21 April 2009, C1.

Benson, Ken, and Tim Arango. "With Bloggers in the Bleachers, Leagues See a Threat to Profits." *The New York Times*, 20 August 2009, A1.

Cohen, Naomi. "A Google Search of a Distinctly Retro Kind." *The New York Times*, 4March 2009, C1.

"Don Henley Sues Senate Candidate Over Song Use." CNN, 18 April 2009.

Foster, Mary. "Who Owns Colorful Mardi Gras Images?" *The Seattle Times*, 13 February 2011, A14.

Gabriel, Trip. "For Students in Internet Age, No Shame in Copy and Paste." *The New York Times*, 8 February 2010, A1.

Ginsburg, Jane C. "No Sweat? Copyright and Other Protection of Works of Information After *Feist v. Rural Telephone*." *Columbia Law Review* 92 (1992): 339.

Gleick, James. "Patently Absurd." *The New York Times*

Magazine, 12 March 2000, 44.

Greenhouse, Linda. "Ruling on *Victor* vs. *Victoria* Offers Split Victory of Sorts." *The New York Times*, 5 March 2003, A16.

Hansell, Saul. "The Associated Press to Set Guidelines for Using Its Articles." *The New York Times*, 16 June 2008, C7.

——. "McCain in Fight Over YouTube." *The New York Times*, 20 October 2008, B8.

Helft, Miguel. "Judge Sides With Google in Viacom Video Suit." *The New York Times*, 23 June 2010, B1.

Italie, Hillel. "Compensation for Use of Copyright Obama Image Sought by AP." *The Seattle Post-Intelligencer*, 5 February 2009, A4.

Hoyt, Clark. "Journalistic Shoplifting." *The New York Times*, 3 July 2010, The Week in Review, 10.

"Jackson Browne Versus John McCain." *The New York Times*, 25 February 2009, C2.

Jeffrey, Don, and Van Voris, Bob. "Ivi Must Halt Web-Streaming of TV Shows." *The Seattle Times*, 23 February 2011, A13.

"Jury Award for Wade Cook Overruled." *Seattle Post Intelligencer*, 18 December 1998, E4.

Kaplan, Benjamin, and Ralph S. Brown Jr. *Cases on Copyright*. 2nd ed. Mineola, N. Y. : Foundation Press, 1974.

Kennedy, Randy. "Shepard Fairey and the A. P. Settle Legal Dispute." *The New York Times*, 13 January 2011, C2.

——. "Court Rules in Artist's Favor." *The New York Times*, 26 April 2013, C-23.

Kirkpatrick, David. "Court Halts Book Based on 'Gone With the Wind.'" *The New York Times*, 21 April 2001, A1.

——. "'Wind' Book Wins Ruling in U. S. Court." *The New York Times*, 26 May 2001, B1.

Lattman, Peter. "English Copyright Lawsuit Against 'The Da Vinci Code' Kicks Off in London." *The Wall Street Journal Online*, 26 February 2006.

Lee, Jennifer. "U. S. Arrests Russian Cryptographer as Copyright Violator." *The New York Times*, 18 July 2001, C8.

Lessig, Lawrence. "Copyright and Politics Don't Mix." *The New York Times*, 21 October 2008, A25.

Liptak, Adam. "Copying Issue Raises Hurdle for Bush Pick." *The New York Times*, 4 July 2008, A1.

Lyall, Sarah. "Idea for 'Da Vinci Code' Was Not Stolen, Judge Says." *The New York Times*, 8 April 2006, A15.

"Makers Mark Trademark Seal Is Affirmed." *The New York Times*, 4 March 2010, B4.

Moynihan, Colin. "He Says He Owns the Word 'Stealth.'" *The New York Times*, 4 July 2005, C5.

Nakashima, Ryan. "Music Industry Desists From Suing Swappers." *The Seattle Post-Intelligencer*, 20 December 2008, B2.

Oberthur, Anna. "Pole Dancing Copyright Is Another Test for IP Laws." *Daily Journal*, 14 February 2006.

Pérez-Peña, Richard. "A. P. Seeks to Block Unpaid Use of Content." *The New York Times*, 24 July 2009, B3.

——. "A. P. Seeks to Rein in Sites Using Its Content." *The New York Times*, 6 April 2009, B1.

Peters, Jeremy, and Bosman, Julie. "Palin's Publishers and Gawker Settle Case." *The New York times*, 25 January 2010, B5.

Raustiala, Kal, and Sprigman, Christopher. "Why Imitation Is the Sincerest Form of Fashion." *The New York Times*, 13 August 2010, A19.

Richtel, Matt, and Sara Robinson. "Ear Training: A Digital Music Primer." *The New York Times*, 19 July 1999, C6.

Robinson, Sara. "3 Copyright Lawsuits Test Limits of New Digital Media." *The New York Times*, 24 January 2000, C8.

Schiesel, Seth. "Global Agreement Reached to Widen Law on Copyright." *The New York Times*, 21 December 1996, A1.

Sisario, Ben. "Postal Service Tale: Indie Rock, Snail Mail and Trademark Law." *The New York Times*, 6 November 2004, A1.

——. "Talking Head to Campaign: That's My Song." *The New York Times*, 5 May 2010, 1 A15.

Sorkin, Andrew Ross. "Software Bullet Is Sought to Kill Musical Piracy." *The New York Times*, 4 May 2003, A1.

Stelter, Brain. "Viacom Suit vs YouTube is Restored." *The New York Times*, 6 April 2012, B1.

Stolberg, Sheryl G. "Bush Aide Resigns Over Plagiarism in Columns He Wrote." *The New York Times*, 1 March 2008, A9.

Strong, William. *The Copyright Book*. Cambridge, Mass. : The MIT Press, 1981.

Tatum, Kevin. "Demonstration on Internet Piracy of Copyright Properties Reinforces the Need for Legislation." *Journal of Copyright Information*, May 1996,6.

Thomas,Katie. "Sports Stars' Catchphrase:'If I Say It,I Own It.'" *The New York Times*,12 October 2010, B4.

"Trademarks and the Press." *American Journalism Re-view*,October 1993,43.

Vaidhyanathan,Siva. "Copyright Jungle."*Columbia Journalism Review*,September-October 2006,42.

Whitley,Angus. "Legal Downloads Soar in iPod World." *Seattle Post-Intelligencer*,20 January 2005,C1.

 ## 注释

[1] 东南联盟(Southeastern Conference)等美国大学的体育联盟曾订立规则,禁止球迷将他们在比赛或球队活动中用手机或摄像机拍摄的照片或视频传扬出去。体育联盟的官员说,在网上传播这些影像是对运动员的剥削,而且可能让学校的官方网站蒙受经济损失。See Benson and Arango, "With Bloggers in the Bleachers."

[2] 有关此问题的完整讨论,参见 Arango, "Who Owns Sports Coverage?"

[3] Gleick,"Patently Absurd."

[4] "Makers Mark."

[5] *Warner Brothers Entertainment* v. *Global Asylum Inc.*,41 M. L. R. 1096(2012);*University of Alabama Trustees* v. *New life Art*, *Inc.*, No. 9 16412 (11th Cir.,June 11,2012).

[6] Dunlap, "What Next?"; and Moynihan, "He Says He Owns."

[7] *Retail Services Inc.* v. *Freebies Publishing*,4th Cir., No. 03-1272,4/13/04.

[8] *Christian Louboutin* v. *Yves Saint Laurent America*, 66 F. 3d 206(2012).

[9] *Louis Vuitton Malletier S. A.* v. *Haute Diggity Dog LLC*,507 F. 3d 252(2007).

[10] *Moseley* v. *V. Secret Catalogue*, *Inc.*,537 U. S. 418 (2003). See also Greenhouse,"Ruling on *Victor* vs. *Victoria*."

[11] *V. Secret Catalogue*, *Inc.* v. *Moseley*,605 F. 3d 382 (2010).

[12] 读者可以登录 http://www. uspto. gov,获取《有关商标的基本事实》(*Basic Facts About Trademarks*)一书。对纸质书感兴趣的读者,请致电"商标协助中心"(Trademark Assistance Center),电话号码是 1-800-986-9199。

[13] Sisario,"Postal Service Tale."

[14] Vaidhyanathan,"Copyright Jungle."

[15] Hoyt,"Journalistic Shoplifting."

[16] Stolberg,"Bush Aide Resigns."

[17] Liptak,"Copying Issue Raises Hurdle."

[18] Gabriel,"For Students in Internet Age."

[19] Ibid.

[20] See,for example, *Playboy Enterprises*, *Inc.* v. *Starware Publishers Corp.*,900 F. Supp. 433(1995).

[21] *Playboy Enterprises*, *Inc.* v. *Webbworld Inc.*, D. C. N. Texas Civil No. 3196-CV-3222-H,12/11/97. 但得克萨斯州的另一家联邦法院得出了不同结论,see *Rogers* v. *Better Business Bureau of Metropolitan Houston*, *Inc.*, S. D. Tex., 4;10-3741(8-15-12).

[22] *United States* v. *Moghadam*,11th Cir., No. 98-2180, 5/19/99.

[23] 根据 1909 年法,美国有两种版权保护:普通法版权和成文法版权。普通法保护未发表的作品,这与 18 世纪英国普通法的做法一样。普通法保护是自动的;换言之,作品自诞生之日起就受到保护,而且这种保护是永久的——或直至作品出版。为保护已出版的作品,作家、摄影师和作曲家必须向美国政府登记图书、照片或歌曲的版权,并在作品上注明版权标志。1976 年版权法几令普通法再无用武之地。如今,唯一受普通法保护的作品是即席演讲、即兴素描等不固定于有形载体的作品。它们自诞生之时起,仍受普通法版权的保护。一旦被写下来、录下来、拍下来或以任何其他方式固定在有形载体上,便受新法保护。

[24] *Erickson* v. *Blake*,839 F. Supp. 2d 1132(2012).

[25] 475 F. 3d 565(1973).

[26] *Production Contractors* v. *WGN Continental Broadcasting*,622 F. Supp. 1500(1985).

[27] Raustiala and Sprigman, "Why Imitation Is," and Foster,"Who Owns Colorful."

[28] 188 U. S. 239(1903).

[29] *Los Angeles News Service* v. *Tullo*,973 F. 2d 791

(1992).

[30] *Amsterdam* v. *Triangle Publishing Co.*, 189 F. 2d 104(1951).

[31] *Feist Publications*, *Inc.* v. *Rural Telephone Service Co.*, *Inc.*, 111 S. Ct. 1282(1991).

[32] 费斯特案做出判决的同年,第 2 巡回区美国上诉法院判决,一种纽约市商业公司电话簿的制作者以创造性方式编排并选择所收录的公司,体现出新颖性。See *Key Publications*, *Inc.* v. *Chinatown Today*, 945 F. 2d 509(1991). 1997 年,第 7 巡回区美国上诉法院判决,一种牙科医疗程序的分类法是创造性工作,远非单纯的汇编。*American Dental Association* v. *Delta Dental Plan Association*, CA-7, No. 96-4140, 9/30/97. See also *Warren Publishing Co.* v. *Microdos Data Corp.*, CA-11 en banc, No. 93-8474, 6/10/97.

[33] *Miller* v. *Universal City Studios*, 460 F. Supp. 984 (1978).

[34] *Miller* v. *Universal City Studios*, 650 F. 2d 1365 (1981).

[35] *Nash* v. *CBS*, 899 F. 2d 1537(1990).

[36] Lyall, "Idea for 'Da Vinci Code'"; and Lattman, "English Copyright Lawsuit." 2006 年,第 2 巡回区美国上诉法院维持一家下级法院的判决。该下级法院在刘易斯·珀杜(Lewis Perdue)起诉的侵权案中,批准了布朗的即决判决申请。珀杜称,《达·芬奇密码》的部分内容抄袭他的两部小说。该法院说,布朗的小说与《达·芬奇遗产》和《上帝之女》均非相当类似。

[37] *Associated Press* v. *International News Service*, 248 U. S. 215(1919).

[38] *Associated Press* v. *All Headline News Corp.*, 608 F. Supp. 2d 454(2009).

[39] *Barclays' Capitol Inc.* v. *Theflyonthewall. com*, 700 F. Supp. 310(2010);650. F. 3d. 876(2011). See also *National Basketball Association*, *Inc.* v. *Motorola Inc.*, 105 F. 3d 841(1997).

[40] 读者可从美国版权局获取有关版权法的各种材料,包括保护期(http://www. copyright. gov/)。

[41] *Triangle Publications* v. *Knight-Ridder*, 626 F. 2d 1171(1980).

[42] *Monge* v. *Maya Magazines*, No. 10-56710(9th Cir. 2012).

[43] *Baker* v. *Selden*, 101 U. S. 99(1879).

[44] *Maxtone-Graham* v. *Burchaell*, 803 F. 2d 1253(1986).

[45] *Kane* v. *Comedy Partners*, 32 M. L. R. 1113(2003).

[46] *Los Angeles Times* v. *Free Republic*, 29 M. L. R.

1028(2000).

[47] *Basic Books Inc.* v. *Kinko's Graphics Corp.*, 758 F. Supp. 1552 (1991); "Copying of Materials for Coursepak Does Not Constitute Fair Use, CA6 Rules,"1 E. P. L. R. 809(1996).

[48] Hansell, "The Associated Press to Set Guidelines"; and Pérez-Peña, "A. P. Seeks to Rein" and "A. P. Seeks to Block."

[49] *Rosemont* v. *Random House*, 366 F. 2d 303(1966).

[50] *Time*, *Inc.* v. *Bernard Geis Associates*, 239 F. Supp. 130(1968).

[51] *Morgenstein* v. *ABC Inc.*, 27 M. L. R. 1350(1998).

[52] Italie, "Compensation for Use"; and Kennedy, "Artist Sues the A. P."

[53] Kennedy, "Shepard Fairey"; and *Cariou* v. *Prince*, 08-CV-11327(S. D. N. Y., March 18, 2011); Kennedy, "Court Rules."

[54] *Clean Flicks of Colorado* v. *Soderbergh*, 433 F. Supp. 2d 1236(2006).

[55] *Harper & Row Publishers* v. *Nation Enterprises*, 471 U. S. 539(1985). 报社、电视台或网站可以总结它所知的未出版回忆录或图书的内容,但不能使用原稿的句子、段落。这条分界线对一些人来说细微难查,但在法院看来是重要的界分标准。

[56] See *Salinger* v. *Random House*, 811 F. 2d 90(1987); and *New Era Publications* v. *Henry Holt & Co.*, *Inc.*, 873 F. 2d 576(1990).

[57] *Salinger* v. *Random House*, 811 F. 2d 90(1987).

[58] *Righthaven LLC* v. *Realty One Group Inc.*, 38 M. L. R. 2441 (2010). See also *Righthaven LLC* v. *Hoehm*, 39 M. L. R. 1956(2011).

[59] *Fox News Network LLC* v. *Penguin Group* (USA) *Inc.*, 31 M. L. R. 2254(2003).

[60] *Campbell* v. *Acuff-Rose Music*, *Inc.*, 92 F. 2d 1429 (1992).

[61] *Campbell* v. *Acuff-Rose Music*, *Inc.*, 114 S. Ct. 1164 (1994).

[62] *Suntrust Bank* v. *Houghton Mifflin Company*, 268 F. 3d 1257 (2001). See also Kirkpatrick, "'Wind' Book Wins Ruling."

[63] *Salinger* v. *Colting*, 641 F. Supp. 2d 250(2009).

[64] *Salinger* v. *Colting*, 607 F. 3d 68(2010).

[65] *Harper & Row Publishers* v. *Nation Enterprises*, 471 U. S. 539(1985).

[66] *Baraban* v. *Time Warner Inc.*, 28 M. L. R. 2013 (2000).

[67] "Jury Award for Wade Cook Overruled."

［68］*Mattel Inc.* v. *P. H.* , 50 N. Y. , No. 01 CIV. 1864 (LTS) , 10/30/02.

［69］*NXIVM Corp.* v. *Ross Inst.* , 2d Cir. , No. 03-7952, 4/24/04.

［70］*Rogers* v. *Koons* , 960 F. 2d 301(1992).

［71］*Savage* v. *Council on American-Islamic Relations Inc.* , 36 M. L. R. 2089(2008).

［72］*HarperCollins Publishers LLC* v. *Gawker Media LLC* , 721 F. Supp. 2d 303(2010).

［73］Peters and Bosman, "Palin's Publishers. "

［74］美国版权局提供有关版权法一切问题的信息，包括如何加注正确的版权标记（网址是 http://www.copyright. gov/）。

［75］See *Goebel* v. *Manis* , 39 F. Supp. 2d 1318(1999) , for example.

［76］*Denenberg* v. *Berman* , D. Neb. No. 4:02CV7, 7/23/02; and *Well-Made Toy Mfg. Corp.* v. *Goffa Intern Corp.* , 210 F. Supp. 2d 147(2002) , for example.

［77］*Alexander* v. *Haley* , 460 F. Supp. 40(1978).

［78］*Stiles* v. *Harper-Collins Publishers* , LLC, 39 M. L. R. 2423(2011).

［79］*Sheldon* v. *Metro-Goldwyn-Mayer Pictures* , 81 F. 2d 49(1939).

［80］*Bea* v. *Home Box Office* , 26 M. L. R. 2373(1998).

［81］*Clay* v. *Cameron* , 39 M. L. R. 2720(2011).

［82］*Warner Bros Entertainment* , Inc. and *J. K. Rowling* v. *RDR Books* , 575 F. Supp. 513(2008).

［83］*Leigh* v. *Warner Brothers Inc.* , 212 F. 3d 1210(2000).

［84］*Murphy* v. *Murphy* , 35 M. L. R. 1716(2007).

［85］*Pino* v. *Viacom Inc.* , 36 M. L. R. 1678(2008).

［86］*Zella* v. *E. W. Scripps Co.* , 36 M. L. R. 1353(2007); see also *Rosenfeld* v. *Twentieth Century Fox Film Corp.* , 37 M. L. R. 1348(2009).

［87］*Funky Films Inc.* v. *Time Warner Entertainment Co.* , 34 M. L. R. 2345(2006).

［88］Johnson-Laird, "Exploring the Information Super-highway"; and Cohen, "A Google Search. "

［89］*Religious Technology Center* v. *Lerma* , 24 M. L. R. 2473(1996).

［90］Schiesel, "Global Agreement Reached. "

［91］*Sony Corp.* v. *Universal City Studios* , *Inc.* , 464 U. S. 417(1984).

［92］*Universal City Studios* , *Inc.* v. *Corley* , 2d Cir. , No. 00-9185, 11/28/01. See also *Felten* v. *Recording Industry Association of America* , D. N. J. , No. CV-01-2669(GEB) , 11/27/01.

［93］Helft, "Judge Sides with Google. "

［94］Stelter, "Viacom Suit. "

［95］*Recording Industry Association of America* v. *Diamond Multimedia Systems* , 9th Cir. , No. 98-56727, 6/15/99.

［96］*A&M Records Inc.* v. *Napster Inc.* , 239 F. 3d 1004 (2001); *Metro-Goldwyn-Mayer Studios Inc.* v. *Grokster Ltd.* , 125 S. Ct. 2264(2005).

［97］Nakashima, "Music Industry Desists. "

［98］Jeffrey and Van Voris, "Ivi Must Halt. "

［99］Hansell, "McCain in Fight. "

［100］Lessig, "Copyright and Politics. "

［101］"Jackson Browne"; and"Don Henley Sues. "

［102］Sisario, "Talking Head. "

［103］*Playboy Enterprises* , *Inc.* v. *Starware Publishers Corp.* , 900 F. Supp. 433(1995); and *Playboy Enterprises* , *Inc.* v. *George Frena* , 839 F. Supp. 1552 (1993).

［104］*CoStar Group Inc.* v. *LoopNet Inc.* , 4th Cir. , No. 03-1911, 6/21/04.

第 15 章
广告规管

广告是我们这个时代的主要文化象征,作为一种表达,它既受法律规管,也受宪法第一修正案保护。广告还是笔大买卖,2014 年,在"超级碗"(Super Bowl)上播一条 30 秒钟的电视广告,价格高达 450 万美元,创下了历史纪录。据 eMarketer 公司统计,全美各类传媒 2012 年的广告收入是 1 660 亿美元,2016 年有望升至 1 890 亿美元。仅汽车公司 2012 年一个季度的广告投入就高达 27 亿美元。广告收益为传媒的大多数内容生产提供了资金支持;没有广告,电视网和日报将不复存在。所以可以说,广告是一种非常重要的言论。

广告信息受政府规管;事实上,广告可能是政府规管得最多的一种现代言论。联邦、州及地方各个层级的法律都控制着公司和机构如何宣传其产品与服务。本章将介绍最常见的规管类型,但远未达到面面俱到、巨细靡遗的程度。广告受数千法律的规管。广告从业人员,尤其是广告文案撰稿人,有必要全面了解相关法律的内容,本章只是学习的起点。

 ## 广告与宪法第一修正案

曾有很长一段时间,广告不受宪法第一修正案保护。迟至 1975 年,美国最高法院才首度明言:"商业广告享受一定程度的宪法第一修正案保护"。最高法院在"比奇洛诉弗吉尼亚州案"(*Bigelow v. Virginia*)中说:"不能仅因言论与商品市场或服务市场有关,就抹杀它在意见自由市场上的价值。"[1](参见第 2 章关于意见自由市场的内容)。不过,最高法院也说,广告"应受合理规管"。美国法院此后构建了一种**商业言论原则(commercial speech doctrine)**,用以明确:(1)广告究竟享有多少宪法第一修正案保护;(2)政府要实施合理规管,必须满足哪些条件。商业言论原则是在比奇洛案之后五年间的一系列案件中逐步成形的。

● 1976 年,美国最高法院判决,弗吉尼亚州禁止商家给处方药价格做广告的成文法违反了宪法第一修正案。[2]

● 1977 年,美国最高法院推翻了新泽西州的某一市镇条例,该条例禁止人们在前门草坪上放置"待售""已售"标牌。市镇官方认为,该条例实属必要,因为此类标识会导致白人户主慌忙出售房屋(这些户主担心,随着镇上黑人家庭的增多,房产价值会下降)。最高法院反对此论,它判决,放置此类标牌受宪法第一修正案保护。[3]

● 1980 年,美国最高法院在"中央赫德森电气公司诉公共服务委员会案"（*Central Hudson Gas & Electric Corp. v. Public Service Commission*）中宣告纽约州一部条例无效，该条例完全禁止电力公司发布促销广告。此案如今常称为赫德森案。[4]

根据美国最高法院的判例，各州有相当宽泛的权限来规管医生、律师、牙医为其专业服务所做的广告。例如，美国最高法院 2006 年支持佛罗里达州律师协会惩戒两名律师在律所广告中使用比特犬标识和 1-800-PIT-BULL 号码。[5]不过，哪怕是备遭憎恨的律师，也有权利就某些事项做广告。例如，第 5 巡回区美国上诉法院 2011 年判决，律师可以就自己代理案件的成果与经验发表真实客观、可查证核实的陈述（如一名律师曾将 50 起案件坚持到陪审团做出裁断，曾为客户争取到 100 万美元和解金，曾在 90% 的情况下为客户争取到和解。这些都是在陈述律师以往的职业活动，是可验证核查的客观事实），但不允许空口许诺未来案件的结果，因为"打包票说一方当事人必胜，

无疑是虚假的、欺骗性的。没有哪位律师能保证案件的未来结果"。[6]这家法院还判决说，律师的电视广告可以雇演员扮演客户，但各州可以要求此类广告披露："广告中的'客户'由演员扮演"。

商业言论原则

宪法第一修正案不保护虚假广告或误导性广告，也不保护有关非法产品或服务的广告。

政府可以规管有关合法商品与服务的诚实广告，前提是：

a. 有重大的州利益可证明政府规管的合理性。

b. 有证据表明，政府的规管能直接增进这一利益。

c. 政府利益与政府规管是合理匹配的。

商业言论原则

为合法产品或服务所做的诚实广告，确实受宪法第一修正案保护，但相较于政治言论，广告所受的保护在范围和程度上都是有限的。宪法第一修正案对言论的保护呈阶梯状分布，政治言论高居阶梯顶端，受最高保护，淫秽言论则完全不受宪法第一修正案保护（参见第 13 章），商业言论居于二者之间。[7]

然而，要给"商业言论"下定义很不容易。美国法院至今还在想办法解决这个起始问题，法院常将商业言论定义为：

● 仅关乎言论者与受众之经济利益的表达，或

● 提议从事某种商业交易的表达。

法院最近发现，在某些案件中，政治言论和商业言论并非泾渭分明。[8]但区分二者又至关重要，如果言论是商业性的，那么根据中央赫德森案标准，政府要证明规管该言论的法律合宪，就会容易得多；相反，政府要想证明自己

针对政治言论的规管合宪，必须经受严格检视标准的考验。如果言论涉及专业材料和专业活动（如医生就一种新药发表讲话或开办研讨会），法院在判断它是否属于商业言论时，一般要衡酌三个因素：（1）该表达是否属于广告；（2）是否关乎某件产品；（3）发言是否出于经济动机。[9]

商业言论一般享受有限的宪法第一修正案保护，不过，有两类商业言论不受保护。

● **政府可以禁止虚假的、误导性的、欺骗性的广告。**

本章后文将以大量篇幅界定、解释这类规管。

● **政府可以禁止有关非法商品和服务的广告。**这会将不少广告排除在宪法第一修正案的保护之外。设置这一例外，主要

> 商业言论一般享受有限的宪法第一修正案保护。有两类商业言论不受保护：虚假的、误导性的、欺骗性的广告；非法商品和服务的广告。

是为了方便政府禁止歧视性招聘广告。雇主招聘时因种族、宗教、血统,甚至性别而歧视应聘者是非法的。比如,只向"白人"或"男性"抛出橄榄枝的广告,便属此类。[10]

政府也可以规管有关合法商品和服务的诚实广告,只要政府能满足以下三个条件:

● **政府必须以重大的州利益来证明其规管正当合理。**举个例子,如果州政府想限制医生、律师做广告,它可以说,公众不够精明,容易被这些专业人士的花言巧语蒙骗,而且,纵是完全诚实的声言,也可能具有欺骗性。保护公众免遭欺骗是一州的重大利益。[11]2010 年,第 9 巡回区美国上诉法院在"丛林狼出版公司诉米勒案"(*Coyote Publishing*, *Inc. v. Miller*)[12]中判决,阻遏性交易所带来的利益,足可证明内华达州立法禁止妓院广告的合理性。该法院在得出上述结论时说:"公众素有反对卖淫的历史传统。"内华达是全美唯一一个允许在部分县内出售性服务的州,换言之,在内华达的妓院里卖淫是合法的。

● **其次,政府必须证明,禁止广告能直接增进前述利益。**我们可以把这种利益设想成政府意欲达成的目标。禁止广告有助于政府实现这一目标吗?在这个问题上,单凭猜测和想象就想证明一部法律能直接增进政府利益,并以某种实质性方式减除伤害是不够的。事实上,正如一家联邦上诉法院在 2009 年所写的:"对于政府提出的主张(限制广告能增进政府利益),我们会独立做出评估,评断的依据是历史、舆论和常识等可靠资源。"[13]巴尔的摩有一部条例,禁止酒精饮料的户外广告设在儿童步行上学途经的区域或儿童玩耍的周边场所,该条例后被允许实施,因为它直接地、实质性地增进了该市保护未成年人的利益。[14]

● **最后,州政府必须证明,它所主张的利益与它所实施的规管之间,存在"合理适度"的关系。**合理适度意味着,为达成所欲达成的目标,政府规管必须经过精细剪裁,但未必非得是限制最小的手段。一家联邦上诉法院 2006 年判决,密苏里州一部禁止在高速公路左右一英里范围内设置性产业广告牌(不论广告牌上的文字或图像为何)的法律,相对于该州减少成人业的间接影响(参见第 13 章关于间接影响的内容)这一重大利益而言,称不上剪裁精细。[15]密苏里州认为,取消了广告牌,光顾性产业的人就会减少,没了顾客,店家就只能关张。虽有证据证明,该法的确能直接增进一州的重大利益,但法院判决,它不够剪裁精细,因为"哪怕广告只是提及店家的名称或地址,也有遭刑事控诉之虞",该法从而禁止了"大量有关合法活动的诚实言论,其数量之巨,令人断难接受"。重要的是,该法院还说,密苏里州未能证明,"限制程度低得多的规管方式无法充分实现该利益"。

在 2009 年的"阿比林 30 号零售公司诉西克斯案"(*Abilene Retail No. 30*, *Inc. v. Six*)中,美国地区法院法官朱莉·鲁宾逊(Julie Robinson)签发了临时禁制令(参见第 1 章有关衡平法的内容),禁止堪萨斯州实施一部类似的法律,该法禁止在堪萨斯州高速公路沿途设置性产业广告和广告牌(参见第 13 章有关性产业限制的内容)。鲁宾逊法官写道:该法"横扫一切为性产业发声的言论,不论相关言论是否属于淫秽,或是否关乎图书、杂志等受宪法保护之产品的销售"。换言之,该法与该法意欲达成的目标之间,没有合理适度的关系。堪萨斯州首席检察官史蒂夫·西克斯(Steve Six)于 2009 年 8 月宣布,他不会上诉。同月,南卡罗来纳州一位法官签发永久禁令,不许该州禁止在公共道路沿途一英里范围内设置性产业广告牌。此案与堪萨斯州那起案件的原告,都是拥有数块高速公路广告牌的狮洞成人超市(Lion's Den Adult Superstore)的老板。美国地区法院法官卡梅隆·麦高恩(Cameron McGowan)在推翻南卡州的规定时指出,该法不够剪裁精细,它禁止一切成人业广告牌,全然不顾广告牌的内容是什么或其中宣传的生意是否合法。

州政府必须证明,它所主张的利益与它所实施的规管之间,存在"合理适度"的关系。合理适度意味着,为达成所欲达成的目标,政府规管必须经过精细剪裁,但未必非得是限制最小的手段。

案例

香烟盒、图像与刺目警告：
食品与药物管理局 2012 年输给烟草巨头，2013 年让步

一家联邦上诉法院 2012 年判决，食品与药物管理局（Food & Drug Administration，FDA）强令烟草公司在香烟盒上印警告图像的规定，侵犯了烟草公司的宪法第一修正案权利。烟草公司此役大获全胜。FDA 根据 2009 年《家庭吸烟预防与烟草控制法》（Family Smoking Prevention and Tobacco Control Act）的规定，要求烟草公司在香烟盒上印上：（1）大张图片，申明吸烟对健康的危害；（2）警告文字，如"吸烟导致中风和心脏疾病"和"吸烟会成瘾"等；（3）全美癌症研究院"戒烟热线网"（Network of Tobacco Cessation Quitlines）的电话号码 1-800-QUIT-NOW。FDA 选了 9 幅照片，包括熏黑的肺、从气管切开术的喉部切口处吸烟的男子、解剖台上胸部缝线的尸体、烟雾缭绕中的婴儿等。

哥伦比亚特区美国上诉法院在"雷诺烟草公司诉 FDA 案"（*R. J. Reynolds Tobacco Co. v. FDA*）[16] 中评估了这些要求的合宪性，适用的是中央赫德森案标准。该法院首先承认，根据中央赫德森案标准，FDA 想要降低吸烟率的利益是显著的。但该法在面临中央赫德森案标准的第二部分时遇到了困难。法院判决，FDA 未能以数据证明，这些警告图像能直接降低吸烟率。法院还指出："FDA 坚称，警告图像的效用已得到'国际共识'，却未能提供证据证明，在有同样要求的国家，这类警告已直接带来吸烟率的实质性下降。"哥伦比亚特区美国上诉法院的结论是：FDA 倚赖的是"可疑的社会科学"。

2012 年 3 月，政府决定不将此案上诉至美国最高法院。司法部部长埃里克·霍尔德说，FDA 将研究制定能与宪法第一修正案友好共处的新警告。毋庸置疑，不管 FDA 制定出来的新警告长什么样，它都将再次引发政府与烟草巨头的法律争战。

1995 年，美国最高法院推翻了一条联邦规定，该规定禁止酿造商在啤酒、麦芽酒的酒瓶和酒罐上标注酒精含量。政府说，这是为了防止年轻人仅因某款啤酒或麦芽酒的酒精含量最高便出手购买，因此称得上正当合理。美国最高法院的全体成员一致同意，政府意欲减少年轻人的酒精消费量，堪称良善美意，但最高法院又说，没有证据证明，该规定能达成上述目标。克拉伦斯·托马斯大法官写道，政府并未禁止啤酒广告透露酒精含量，也不限制酿造商使用哪些词语描述产品。托马斯大法官写道："诚然，政府的利益是正当的，但这是一条令人困惑的规定，它的非理性注定它无法达成上述目标。"[17]

2010 年，第 2 巡回区美国上诉法院在"亚历山大诉卡希尔案"（*Alexander v. Cahill*）[18] 中判决纽约州某法律违宪。该法禁止律师发布某些广告，如客户好评（事情尚未完结）、法官画像、与律师能力无关的吸睛手段、暗示必有好结果的商号名称或外号。一家专打人身损害官司的律所对该法发起了挑战。亚历山大 & 卡特拉诺（Alexander & Catalano）律师事务所在电视广告中使用了一些特效，比如用小缕烟雾与蓝色电流包围律所的名称。广告中还有一些戏剧化处理、喜剧感和特效，比如将两位律师拍成巨人，个头比当地大楼还高，能一阵风似地飞奔到客户门前，速度快得连身形都看不清。第 2 巡回区美国上诉法院首先指出，纽约州的法律"再度要求我们评估宪法第一修正案保护商业言论的范围和州政府在规范此类言论时必须提供的证据"。该上诉法院承认，纽约州在保护法律专业的形象与声誉、防止律师广告误导他人方面的确有重大利益，但它仍然根据中央赫德森案标准认定该法违宪，理由有二：（1）纽约州未能以充分的证据证明，限制律师广告的规定能直接增进这些利

益,即能切实地减少损害;(2)该禁令不够剪裁精细、合理适度,限制了太多只具有潜在误导性的言论。

2001 年,美国最高法院判决马萨诸塞州某法律违宪,该法禁止烟草公司在公共游乐场和学校周边 1 000 英尺范围内设置无烟烟草产品和雪茄的户外广告与销售点广告。[19]最高法院承认,州政府在减少年轻人使用此类产品方面拥有重大利益。最高法院的多数派也承认,有充分证据表明,烟草公司为提高销量,专门针对年轻男性发布广告。但在最高法院看来,这条规定还是过头了,不够合理适度。桑德拉·戴·奥康纳大法官写道:这条规定与该州的分区法配合,能全面禁绝有关无烟烟草产品与雪茄的诚实信息向成年消费者传播。该法也未能区分针对儿童的讯息和针对成年人的讯息。该法显然不够剪裁精细,无法在不妨碍受

保护言论的同时,推进该州所称之利益。

宪法第一修正案与广告的关系还有另一个维度,我们也有必要稍加探索。报纸、杂志或电台、电视台拒绝刊播广告,是否违反宪法第一修正案?答案是否定的。一条立之已久的法律原则是,这根本就与宪法第一修正案无关;这只是大众传媒作为私主体,拒绝与另一个私主体做生意而已。[20]1996 年,一家美国地区法院将上述原则扩展适用于互联网,它判决,私人公司"赛博空间促销"(Cyber Promotions)没有权利擅自给美国在线(America Online)的用户发送电邮广告。该法院说,互联网虽然提供了传播海量信息的机会,但目前还无法监管信息的内容。韦纳(Weiner)法官写道:"我们因此认为……私人网络服务商有权利阻止他人未经同意便擅自发送电子邮件广告给其用户。"[21]

 案例

事实性信息的强制披露:这张机票价钱几何?

政府可以强制公司在广告中披露它们不愿公开的事实,以免消费者上当受骗吗?答案是肯定的,前提是,政府的规定必须与政府的利益(避免消费者被骗)合理相关。[22]

2012 年,一家联邦上诉法院维持了交通部的一条规定。该规定事关航空公司广告中的机票价格,它要求,印刷广告和网站广告上最显眼的机票价格,应当是含税的全部票价。航空公司可以提供明细,向顾客说明基准票价、税款和附加费用分别是多少,但不能将某一部分特别突出,或"用与全价相同或更大的字号"来展示。

在"精神航空公司诉美国交通部案"(*Spirit Airlines v. U.S. Department of Transportation*)[23]中,数家航空公司以宪法第一修正案为由,对上述规定发起挑战。哥伦比亚特区美国上诉法院维持了上述规定,理由是:"该规定旨在防止消费者弄错票价,毋庸置疑,要求广告以最醒目的数字标示机票全价与这一利益合理相关。"法院又说,该规定"没有限制言论,只是要求航空公司披露顾客必须支付的全部票价而已。宪法第一修正案显然允许这么做"。2013 年 4 月,美国最高法院拒绝受理航空公司的上诉。

强制性广告补贴与政府言论

过去十年间接触过电视广告的人,应该对"今晚就吃牛肉""喝牛奶了吗?"等广告语都不陌生。头一句广告语,是美国最高法院 2005 年下判的一起案件的核心要角。此案与中央赫

德森案的商业言论无关,它要解决的问题是:"用联邦项目的资助做广告推广农产品,是否违反美国宪法第一修正案?"[24]"约翰斯诉牲畜营销协会案"(*Johanns v. Livestock Marketing*

Association）源于国会 1980 年代通过的一部联邦成文法和相关的命令。根据该法律与相关命令，农户每售出一头牛，美国农业部就要收取 1 美元代扣费。1 美元看似不多，但聚沙成塔，自 1988 年以来，农业部已收取 10 亿多美元代扣费。根据联邦《牛肉推广与研究法》（Beef Promotion and Research Act），这笔钱中的很大一部分用来给牛肉做广告，包括"今晚就吃牛肉"。

这句广告语乍看有利于整个牛肉业，但大量牛肉生产商反对该广告，因为，正如美国最高法院所指出的，"该广告语将牛肉作为一整类商品加以推广，而不少牛肉生产商认为，这妨碍了他们推广美国牛肉、谷物喂养的牛肉、注册的安格斯牛肉或赫里福牛肉"。换言之，牲畜营销协会和其他原告不愿被迫资助他们不认同的言论——一般牛肉广告。原告因此认为，这强迫他们资助他们不赞同的言论，侵犯了他们的宪法第一修正案权利，即保持沉默的权利。宪法虽未明言，但沉默也是言论自由的一部分。

美国最高法院曾在数起案件中承认，宪法第一修正案权利包括不被政府强制发言的权利。比如，最高法院在 1943 年"西弗吉尼亚教育委员会诉巴尼特案"（West Virginia Board of Education v. Barnette）中判决，公立学校不得强令学生背诵效忠宣誓或向美国国旗敬礼。[25]换言之，学生有权利不发言。不过，美国最高法院的多数派将牲畜营销协会案区别于类似案件，因为这是一起被迫资助案——不是被迫发言案，更重要的是，相关广告是"政府言论"，不是违背个人本意的私人言论。安东宁·斯卡利亚大法官代表六人多数派写道：

"由始至终，促销牛肉的信息都是联邦政府发出的信息"，而且"每个促销项目所用的每个字，都是农业部部长拍板敲定的"。最高法院多数派的结论是："如果有人强迫他人支持个人言论，市民自然可以发起挑战，但市民没有不资助政府言论的宪法第一修正案权利。"斯卡利亚大法官指出，一个人不能仅仅因为不同意政府花钱的方式，就不再缴纳收入税。简言之，美国最高法院的多数派大法官认为，牛肉广告是政府言论，与宪法第一修正案无关。最高法院支持联邦政府的牛肉营销项目和强制牧场主资助广告的做法。

> 美国最高法院曾在数起案件中承认，宪法第一修正案权利包括不被政府强制发言的权利。

小　结

美国各级政府皆有规管广告的法律，广告人必须熟悉这些规则。由于大量商业广告含有对顾客有用的信息，自 1970 年代中期以来，商业广告得到了宪法第一修正案的有限保护。根据商业言论原则和中央赫德森案标准，政府可以禁止（1）推广非法活动的广告或（2）误导性的、不诚实的广告。政府也可以规管有关合法活动与商品的诚实广告，前提是，政府得证明：（1）有重大的州利益可证明规管的正当性；（2）规管能直接增进上述利益；（3）政府利益与政府规管之间存在合理适度的关系。专业人士（律师和医生）的广告，可能受到更为严格的规管。

广告的规管

对广告业本身、大众传媒和政府机构而言，规管虚假广告都是颇为艰巨的任务。我们来简单地看一下规管过程。

自律

报纸、杂志、电台、电视台和网络服务供应商等大众传媒一般都有广告自律规则。这些自律规则源起于各种顾虑。有时，传媒老板认为广告推销的产品具有冒犯性，如 NC-17（17 岁以下青少年不能观看的电影）、成人电影或避孕套。有时，传媒会认为广告的品味太差，如模特衣着暴露或摆出放荡姿势的服装广告。传媒因经济利益而拒发广告的情形也很常见。电视台一般不会为竞争对手转播的体育赛事做广告。推销非法商品和服务的广告、证言貌似有假或证言未经证实的广告、抹黑竞争对手产品的广告也可能被拒之门外。例如，2004 年底，CBS、NBC 和 ABC 停播了米勒啤酒公司（Miller Brewing Co.）的电视广告，因为这些广告取笑安海斯-布希公司（Anheuser-Busch）的畅销产品百威啤酒，还发表未经证实的言论，说其对米勒干啤、米勒低卡啤酒与百威做过口味对比测验。[26] CBS 认为，米勒公司有三个广告"不当贬抑他人的产品"。请记住，大众传媒无须任何理由，就可以拒绝刊播任何内容。

商业改善局（Better Business Bureau）的广告自律理事会[Advertising Self-Regulatory Council，2012 年 4 月之前称为全国广告审查理事会（National Advertising Review Council）]下辖两个重要分部，为广告商提供建议与庭外解决争端的方法。这两个分部是：

● 全国广告分部（National Advertising Division, NAD）：该机构是广告业的自律论坛，它负责审查广告的真实性与准确性，并提供比诉讼费用更低的争端处理机制。比如，全国广告分部曾于 2012 年指出，吉列公司（Gillette）在为一种剃毛产品命名时使用"滋润丰盈"（MoistureRich）一词，会让人误以为使用该剃毛刀能滋润皮肤。全国广告分部建议吉列停用"滋润丰盈"，并建议吉列不再将该产品描述为"令肌肤滋润丰盈"。向全国广告分部提出争议的，是吉列的竞争对手，生产舒芙剃毛刀的舒适公司（Schick）。要想了解有关全国广告分部的更多信息，可登录 http://www.asrcreviews.org/category/nad/about_nad。

● 儿童广告审查部（Child Advertising Review Unit, CARU）：该机构自称广告业自律项目的儿童分支，它评估所有传媒中面向儿童的广告和促销材料，以确保真实、准确，并符合"儿童广告自律规范"和相关法律。例如，2012 年，儿童广告审查部建议贝姿派对娃娃（Bratz Party Dolls）的制造商更换外包装，原包装上写着"现有上百种姿势"，并印有三个娃娃不同姿势的照片。其中一个贝姿娃娃单腿站立，右膝弯曲约 30 度，双臂外展。儿童广告审查部认为，这种包装会误导儿童以为自己能将娃娃摆弄成包装上的造型，但其实不行。有关儿童广告审查部的更多信息，请登录 http://www.asrcreviews.org/category/caru/about_caru 查询。

广告商若不服全国广告分部或儿童广告审查部的决定，可以向全国广告审查委员会（National Advertising Review Board, NARB）申诉，它的网站是 http://www.asrcreviews.org/category/narb。

竞争者与消费者提起的诉讼

漱口水预防龋齿的效果不输于牙线——这是辉瑞公司（Pfizer Inc.）2004 年 6 月为著名的李施德林漱口水启动的大型媒体广告项目"大爆炸"（The Big Bang）所传达的讯息。电视广告称："李施德林防治牙菌斑和牙龈炎的效果堪比牙线，临床研究证实了这一点。"然而，强生公司旗下一家生产牙线的公司认为，该广告有关漱口水疗效的内容是虚假的，具有欺骗性。该公司根据联邦《拉纳姆法》（Lanham Act）向一家联邦法院起诉辉瑞公司，诉称辉瑞的广告不当威胁了牙线的销售。2005年，纽约州一家联邦法院做出了有利于强生公司的判决，它说："辉瑞的潜台词是，李施德林可以取代牙线，这是虚假并具有误导性的。"[27] 美国地区法院法官丹尼·钦签发了禁制令，命令辉瑞公司停发上述广告。钦法官写道："我发现，辉瑞的广告确实暗示，李施德林是牙线的替代品——使用牙线的益处，完全可

以通过使用李施德林漱口水来获得，这样一来，那些没时间或不愿使用牙线的消费者可能就会改用李施德林。"2005 年，辉瑞公司不得不投入 200 万美元，在全美部署 4 000 名工人，给各地货架上的李施德林漱口水贴上贴纸，并将瓶颈处的标签撤下。

1975 年以前，虚假广告引发的诉讼非常少见。但随着比较广告的迅速增多，越来越多的广告商因涉嫌发布虚假广告和广告欺诈，被竞争者告上法庭。

 案例

虚假广告的嗅觉测试 & 不可靠的证据？
猫砂、法律与令人掩鼻的境况！

2012 年，一家联邦法院在"丘奇 & 德怀特公司诉高乐氏公司案"（*Church & Dwight Co. v. Clorox Co.*）中签发了禁制令，禁止猫砂制造商高乐氏（Clorox）播出一则商业广告。该广告暗示，高乐氏公司生产的以活性炭为基底的猫砂，在清除恶臭的效果上，优于以小苏打为基底的猫砂，后者是竞争品牌力锤（Arm & Hammer）的产品。该电视广告称："'清新一步'猫砂的原料是**活性炭，吸收臭味比小苏打更有效。**"广告画面如下：两个烧杯，一个标着"活性炭"，代表"清新一步"，另一个标着"小苏打"。将两个烧杯注满绿色气体，"清新一步"烧杯中的气体迅速消失，小苏打烧杯中的气体则变化不大。广告虽未明确提及力锤，但力锤是市面上唯一一个用小苏打制造猫砂的大品牌。

力锤猫砂的生产商丘奇 & 德怀特公司（Church & Dwight Co.）根据联邦《拉纳姆法》起诉高乐氏公司，它诉称，"清新一步"广告有多处误导消费者，比如：小苏打猫砂不能很好地清除异味，小苏打猫砂清除异味的效果不如"清新一步"。高乐氏回应称，它做过嗅觉评估"罐子测验"，测验表明，活性炭比小苏打更能有效地清除猫窝气味。参加测验的共有 11 人，他们的任务是嗅闻不同的罐子，

这些罐子里都装有猫的排泄物（尿液或粪便），部分罐子的排泄物上覆盖活性炭，其他则覆盖小苏打。这些人重复测验了四次，高乐氏称，当猫的排泄物上覆盖活性炭时，11人全部评分为 0（无异味）。

根据《拉纳姆法》，如果上述测试（1）不够可靠，无法得出广告中的结论，或（2）与广告内容无关，丘奇 & 德怀特公司就能证明广告虚假。而且，根据"虚假暗示"（falsity by necessary implication）原则，如果一家公司对产品某些方面的描述可能暗示更广泛的断言，那么这些隐含的断言可能也是《拉纳姆法》所称的虚假内容，因此，广告制作者必须谨防制造虚假的言外之意。

美国地区法院法官杰德·S. 雷科夫（Jed S. Rakoff）的结论是：高乐氏的罐子测验不可靠，退一步说，即便测验可靠，它也未必能支持"清新一步"广告传达的言外之意，即活性炭猫砂的性能有别于小苏打猫砂。他写道："高乐氏在将猫咪排泄物送去测验之前，将它封存了 22～26 个小时。在现实世界中，猫咪不会密封排泄物，可见罐子测验是在非现实条件下进行的，难以说明猫砂中的活性炭在现实环境中会如何表现。"他又说："罐子测验说明不了垃圾中的排泄物与罐子里的

排泄物有何差异，故无法支持高乐氏的声言。总而言之，高乐氏广告暗示的内容有假。"雷科夫法官还写道："高乐氏自己的证据也承认，人类，哪怕是受过专门训练的测验员，在空无一物的情况下也会说自己闻到了异味。"丘奇＆德怀特公司的专家指出，11名测验员将鼻子凑到装有猫咪排泄物的罐口共44次，一次也没闻到令人不快的气味，这实在是难以令人信服。法院同意以上说法。

"清新一步"广告是虚假的，它的证据是不可靠的。正如雷科夫法官所总结的："高乐氏做这个'实验'，可谓搬起石头砸自己的脚，它在猫砂消费者最关心的问题上撒了谎。"

60多年前，国会为阻止市场上的不正当竞争，通过了联邦《拉纳姆法》。该法第43条（a）款创设了非法广告诉由。该法规定，"在商业广告或促销中错误地描述产地，错误或误导性地描述事实，错误或误导性地展现事实，歪曲本人或他人的产品、服务或商业活动的性质、特点、质量或产地"，应当承担民事赔偿责任。一开始，该法只禁止广告商发布有关自身产品的虚假陈述（"在市区行驶，新款凯雷德每耗油一加仑可跑60英里"）。经国会1989年修订后，该法如今也禁止广告商发表有关竞争者产品的虚假描述（"在市区行驶，新款凯雷德每耗油一加仑可跑26英里，福特福克斯只能跑5英里"）。1970年代以前，广告商很少触犯《拉纳姆法》的这一条款。1946—1968年期间，美国法院审理的虚假广告案件不到30起。[28]虚假广告增多的背后，有以下几个因素：

● 比较广告更常见了，广告商不仅在比较广告中推销自己的产品，还贬抑竞争者的产品。电视网起初拒播此类广告，而后在联邦贸易委员会（FTC）的压力下无奈为之。FTC认为，这类广告能促进市场竞争。

● 广告作为一切产品的营销方式，其重要性在过去50年间益发凸显。卖方投入大笔经费塑造产品形象，也更严肃地对待竞争者破坏或削弱此等形象的企图。

● 原告似乎更容易在虚假广告诉讼中取胜了。[29]虚假广告多年以来的复杂判准，如今被简化成以下三个方面：

1. 广告或显或隐地传达了什么信息？

2. 该信息是否虚假或具有误导性？

3. 该信息是否有损于原告？

● 赔偿金额飙升。以前，原告只想阻止竞争者发布广告声明。阻止竞争者发布声明比赢取赔偿金容易，因为原告只有证明特别的金钱损失，才能获得金钱赔偿。鉴于广告声明的模糊性与激励消费者购买特定品牌产品的复杂因素，原告通常不易证明金钱损失。不过，美国法院在提高赔偿金额的同时，也放松了这一标准。[30]如今，原告不仅有可能赢得实际损害赔偿和诉讼费，还能从虚假广告的利润中分一杯羹。在虚假情况特别严重的案件中，法官甚至可以将赔偿金额翻倍甚至提高至三倍。

概言之，"竞争者告竞争者"的案件如今很常见。比如2010年，体重监督员公司（Weight Watchers）将竞争对手珍妮·克雷格公司（Jenny Craig）告上联邦法院。原告诉称，女演员瓦莱丽·伯蒂内利（Valerie Bertinelli）在珍妮·克雷格公司的电视广告中，发表了引人误会的虚假声明。珍妮·克雷格公司同意停播广告，双方庭外和解，被告不必承认自己有不法行为。

与竞争者不同，消费者要想起诉虚假广告会难得多。这部分是因为，《拉纳姆法》的相关规定是为救济不正当竞争而设，一般只允许竞争者起诉。非竞争者很难根据《拉纳姆法》起诉虚假广告。2002年，网球选手安娜·库尔尼科娃（Anna Kournikova）向一家联邦地区法院申请临时禁制令，被法院拒绝，这就是很好的证明。库尔尼科娃根据《拉纳姆法》，向法院申请禁止《阁楼》（Penthouse）杂志发布虚假广告。该杂志刊登了一位女性赤裸上身晒日光浴的多张照片，封面和内页皆误称该女性是库

与竞争者不同，消费者要想起诉虚假广告会难得多。一些由消费者提起的集体诉讼以巨额赔偿金达成和解。

尔尼科娃。[31]2002 年 6 月的《阁楼》封面上,大黑字体写着:"独家:在天体沙滩上近身拍摄库尔尼科娃"。杂志内页照片上的女性,其实不是这位出生于俄罗斯的网球选手(令这位女球员闻名于世的,与其说是球艺,不如说是美貌)。库尔尼科娃起诉《阁楼》杂志的出版商通用传媒传播公司(General Media Communications, Inc.),诉由有多项,其中就有虚假广告。法院称,该杂志的行为"应当受到谴责",但拒绝颁发临时禁制令,它写道:"无论从哪个方面来看,库尔尼科娃都无法主张自己是《阁楼》杂志的竞争者。《阁楼》与库尔尼科娃在使用库尔尼科娃的姓名和身份方面,也许存在着竞争关系,但这不足以构成虚假广告诉讼所需的'竞争性损害'。"普通法里也没有虚假广告侵权。正如乔治(George)与彼得·罗斯登(Peter Rosden)在《广告法》(*The Law of Advertising*)中所指出的,普通法向来不善于保护消费者。"在普通法形成之时,"他们写道,"市面上只有为数不多的由他人制造的产品,买家自己就能很好地做出评价。"[32]那时的标语都是买家注意事项。

最近,一些由消费者提起的集体诉讼以巨额赔偿金达成和解。2006 年一起案件的和解金是 1 050 万美元。有人起诉无所不在、无所不知的心理学家"菲尔·麦克劳博士"为"苗条起来"减肥营养剂做误导他人的虚假声明。根据和解协议,菲尔博士不承认自己有责任,并否认自己有不法行为。[33]

州法与地方法

州政府规管广告的历史要早于联邦政府好几年。想一想公众对广告规管开始感兴趣的时间(世纪之交),你就不会觉得奇怪了。当时的联邦政府,规模远不及今天。纽约律师哈里·尼姆斯(Harry Nims)1911 年起草了一部示范法,名为《印刷者法》(**Printers' Ink Statute**,该法是在《印刷者》杂志的推动下通过的)。如今,大多数州都有这种法律,许多州还有"不正当与欺骗性行为及活动法",赋予消费者在虚假广告案件中寻求司法救济的权利。这些法律常被称作"小联邦贸易委员会法",州法院将联邦贸易委员会在适用联邦广告法时发展出来的指导规则运用于本州的广告规管。[34]不少地方政府还有消费者保护法,也可适用于虚假广告。

在 2010 年的一起集体诉讼中,州法是核心要角。原告起诉可口可乐公司的维生素水(VitaminWater)在标签上欺骗消费者。原告根据加利福尼亚州、纽约州、新泽西州的消费者保护法起诉可口可乐公司,这三州的消费者保护法禁止生产商给食品错贴标签,这些法律使用的措辞与联邦《食品、药物与化妆品法》(Food, Drug and Cosmetic Act)大致相同。《食品、药物与化妆品法》授权食品与药物管理局(FDA)保护公众健康,确保"食品的安全、健康、卫生,标签标示正确",该法还规定,如果食品的标签"虚假或具有误导性",即可认定为标签标示错误。不过,《食品、药物与化妆品法》没有赋予私人起诉的权利,而是责令食品与药物管理局执行该规定。在"阿克曼诉可口可乐公司案"(*Ackerman v. Coca-Cola Company*)[35]中,原告根据州法挑战维生素水的标签说明("维生素＋水＝你的一切所需")与"拯救"(Rescue)维生素水的标签说明("以特殊配方实现最佳的新陈代谢功能,本品含有的抗氧化剂能降低慢性病风险,本品含有的维生素能促进人体吸收并使用食物能量。")。2010 年 7 月,美国地区法院法官约翰·格利森(John Gleeson)拒绝驳回原告的大多数主张,这对组织此次起诉的华盛顿州"公共利益科学中心"(Center for Science in the Public Interest)来说是个胜利。

联邦规管

多家联邦行政机构有权执行消费者保护法。联邦贸易委员会(FTC)是政府的主要代理,但并非唯一代理。自1990年代,食品与药物管理局开始狂飙突进地逼使多家公司更改标签说明和广告促销内容。

比如,2010年,食品与药物管理局就醉尔斯冰淇淋公司(Dreyers Grand Ice Cream)某种产品的标签问题向该公司发出警告信。这种冰淇淋在外盒上声明该产品不含反式脂肪,但没有同时提醒消费者,该产品含有很高的饱和脂肪和脂肪总量,这种做法违反了《食品、药物与化妆品法》。同年,另几家公司也收到了食品与药物管理局的类似信件,也是因为这些公司只标明"不含反式脂肪",未透露产品含有大量饱和脂肪和脂肪总量的事实。收到警告信的公司必须在15个工作日之内告知食品与药物管理局,它们将采取哪些改正措施。

国会于1914年设立FTC,专门监管不正当商业竞争。一个世纪后,FTC是唯一一家有权保护消费者、维护经济领域竞争态势的联邦行政机构。FTC的工作包括制止不正当竞争、欺骗与对消费者不公的行为,同时又不妨碍合法的商业活动。2012财年,FTC共有1 100名全职员工,预算3亿1 300万美元。FTC由美国总统任命的五名委员领导,委员的任期是七年。总统选择其中一名委员担任主席。与第16章将要介绍的联邦通信委员会(FCC)一样,五名委员中,来自同一政党的委员不得超过三人。2012年,FTC在联邦法院发起62起诉讼,获得94道救济命令、永久性禁制令和得利返还。同年,它还赢取了19笔民事罚款,包括来自谷歌公司的2 250万美元。同年,FTC还让477 000位消费者获得了金钱救济,总额达2 680万美元。比如,购买处方药时被CVS药店多收费的消费者,收到了FTC发出的12 900张退款支票,总计500万美元。此外,FTC还费心地教育消费者和企业,鼓励企业为消费者提供更多选择和必要信息,教育消费者如何守法,并加深公众对竞争的理解。

1938年,国会通过了《贸易委员会法》(Trade Commission Act)的"惠勒-利修正案"(Wheeler-Lea Amendment),该修正案授权FTC对抗商业活动中的一切不正当、欺骗性行为与活动,不论这些活动是否影响竞争。自此之后,FTC发展成为美国最大的独立规管机构之一。除监管虚假广告之外,它还肩负着执行美国反托拉斯法和《诚实借贷法》(Truth in Lending Law)、《公平信用报告法》(Fair Credit Reporting Act)等联邦法律的重责大任。委员会的五名委员由总统提名,经参议院批准后上任,任期七年。FTC的总部设在华盛顿特区,在全国设有11个地区办公处。

从FTC的历史可见,它常受时代政治气候的裹挟。它曾因多年碌碌无为,被人戏称为"宾夕法尼亚大道上的灰色小女人"。在1960年代末至1970年代这个消费者至上的时代,FTC大展雄风,主动进攻美国最大的几家广告商,如可口可乐公司和ITT大陆烘焙公司(ITT Continental Baking)。1980年代罗纳德·里根入主白宫后,FTC也表现出席卷华盛顿特区的"去管制"精神。

1990年代,FTC恢复了进取力,对卡夫通用食品公司(Kraft General Foods)等数家全国性广告商提起虚假广告诉讼。它还起诉多家公司使用信息广告(新闻节目时长的电视广告)销售产品和服务,如节食计划、减脂塑形、秃顶治疗等。FTC还起诉烟草业,最终终结了骆驼牌香烟的卡通形象乔·凯麦尔(Joe Camel),并阻止了面向儿童的香烟广告。

近年来,FTC也活跃在反托拉斯的前沿阵地上。2012年,赫兹(Hertz)租车公司想以23亿美元收购竞争对手省钱租车公司(Dollar Thrifty)。因为这两家公司是盈利颇丰的美国机场租车市场上不相上下的对手,也因为这场合并将增长它们向消费者提价的能力,FTC便介入此事,命令赫兹公司出售优势租车公司

近年来,联邦贸易委员会(FTC)也活跃在反托拉斯的前沿阵地上。

（Advantage Rent A Car），同时出售省钱公司29 家机场租车所的运营权。2012 年 11 月，FTC 的主席乔恩·莱博维茨（Jon Leibowitz）宣布和解，他解释道："美国消费者每年在全国各地机场租借的机动车超过 5 000 万辆，花费110 亿美元，对每个普通人而言，这都是一笔省不了的钱。FTC 今天发起的两党行动，就是为了确保消费者在出行时不会被迫支付更高的租车费。"

互联网上的隐私问题（如公司和广告商跟踪、监视消费者访问的网站）如今是 FTC 的一大心病。2011 年，FTC 发布了一个初步报告，题目是《在变动不居的时代里保护消费者的隐私：给公司与政策制定者的建议框架》。该报告提出一个方案，用以平衡消费者的隐私利益与依靠消费者信息开发有益新产品与新服务的创新活动。它建议引入"请勿追踪"机制（消费者浏览器上的一种长期设置），让消费者自行选择是否允许他人收集有关自己的搜索和浏览数据。该报告还批评互联网业以自律途径解决隐私问题的速度太慢，且未能提供充分、有效的保护。

社交媒体和搜索引擎发现自己暴露在了FTC 保护在线隐私的火力之下，尤其当它们做出虚假承诺时。2012 年 5 月，社交媒体MySpace 与 FTC 达成和解，起因是，MySpace在"用户身份信息的分享与公开政策"中造假。紧接着，2012 年 8 月，FTC 与 Facebook 达成和解，FTC 指称这家社交媒体欺骗用户，Facebook 曾向用户承诺，将把 Facebook 上的用户信息作为私人信息加以保护，但 Facebook 反复允许这些信息被分享、被公开。FTC 指称的事项包括：（1）Facebook 向用户承诺，不与广告商分享用户信息，但它这么做了；（2）Facebook 声称，用户停用或删除账户后，其照片与视频将不再可见，但事实上，Facebook 仍允许他人访问这些内容；（3）Facebook 表示，用户安装的第三方 App 只能取用确保其正常运行所必需的用户信息，但这些 App 事实上几乎可以取用用户的一切个人数据，包括 App不需要的数据；（4）未经用户同意，就随意对隐私政策做出重要的退行性更改。

根据 FTC 与 Facebook 达成的和解协议与双方同意的法院决定（consent order），Facebook 必须：（1）向用户发出明确、醒目的警示，而且，Facebook 在超出用户的隐私设置范围与他人分享用户的信息时，必须先得到用户的明示同意；（2）成立综合性隐私项目，保护消费者的信息；（3）由独立第三方开展隐私审查，每两年一次，报告提交 FTC。双方同意的法院决定禁止 Facebook 在信息收集（包括从用户处收集信息和收集有关用户的信息）的隐私和安全问题上对用户撒谎。

此外，Facebook 每违反双方同意的法院决定一次，就得缴纳 16 000 美元民事罚款。

2012 年 11 月，一位联邦法官批准了一份和解协议。根据该协议，谷歌公司同意向FTC 支付 2 250 万美元，这一金额创下了历史纪录。谷歌向苹果 Safari 浏览器的用户承诺不安插追踪 cookies，也不向用户定向推送广告，但这些承诺全是假的。这违反了谷歌早先与 FTC 订立的隐私和解协议。这笔钱对谷歌来说不过是九牛一毛，但它表达了 FTC 保护网络隐私的决心。FTC 消费者保护局（Bureau of Consumer Protection）的局长戴维·维拉德克（David Vladeck）在新闻发布稿中称："法院同意 FTC 向谷歌收取创纪录的 2 250 万美元罚金，显然是消费者与隐私的一大胜利。正如本案与其他诸多案件所体现的，本委员会将继续确保其命令被严格遵守、消费者的隐私得到妥善保护。"

知识窗

人脸识别隐私与FTC:把你的数字手从我脸上拿开!

FTC很重视网络隐私保护,2012年10月,它发布了一份报告,题为《面对现实:人脸识别技术一般应用的最佳方式》。人脸识别技术常用于网络照片的"标记"(tagging)等。该报告指出:"公司可以利用该项技术比较不同形象的面部特征,进而识别个人。该技术能比较一个人的两个形象。这两个形象中只要有一个能被识别身份,就意味着,该技术除了能说明两张面孔匹配之外,还能用于识别匿名面孔的身份。"

2012年10月的这份报告只提供建议,不是具有拘束力的法律。它建议使用人脸识别技术的公司"为消费者的形象与计量生物学信息提供合理的数据安全保护",它还建议这些公司"以妥善之法保存、清除已收集的消费者形象和计量生物学数据"。该报告的完整版可见于以下地址:http://www.ftc.gov/os/2012/10/121022facialtechrpt.pdf。

电话推销

2003年,FTC启动了它最受欢迎、使用率最高的项目——"请勿来电全国登记系统"(National Do Not Call Registry)。不过,该系统也引发了一些争议。数家电话推销公司于2003年起诉FTC,原告诉称,请勿来电全国登记系统逾越了FTC的管辖范围,侵犯了宪法第一修正案赋予广告商的言论自由权。

2004年,第10巡回区美国上诉法院在"主流营销服务公司诉联邦通信委员会案"(*Mainstream Marketing Services, Inc. v. Federal Trade Commission*)[36]中支持请勿来电全国登记系统。该上诉法院适用商业言论原则和中央赫德森案标准(参见本章前文)得出结论:FTC的项目并未侵犯宪法第一修正案赋予电话推销员的言论自由权。法院在全体意见一致的判决书中写道:

政府已证明,请勿来电登记系统是为保护重大利益(保护隐私和消费者)而设,请勿来电登记系统阻截了用户不愿接听的大量促销电话,能直接增进这一利益。而且,这一规管制度剪裁得宜,它是用户本人"主动选择加入"的,亦即,FTC不限制广告商向愿意接听促销电话的用户发表这类言论。换言之,请勿来电

登记系统与政府意欲达成的目标之间,存在合理适度的关系,符合宪法第一修正案对限制商业言论的法律所设的限制。

FTC认为,该登记系统(这是一份电话号码列表,记录了主动表示不愿接听商业推销员来电的电话用户的电话号码)既能减少消费者在家遭受的隐私侵扰,又能降低欺骗性推销的风险,实属必要。政府还将请勿来电全国登记系统的使用范围限定于商家的推销电话,慈善募款或政治募捐电话不在禁止之列。但电话促销员认为,该制度对政治电话和慈善电话网开一面,属于"覆盖不足"(underinclusive),为有效达成保护隐私、防止欺诈的目的,该系统也应适用于政治和慈善募捐,不应只针对商业销售电话。第10巡回区美国上诉法院拒绝了这一主张,它写道:"根据'覆盖不足'发起的宪法第一修正案挑战,在商业言论语境中很难成功。宪法第一修正案一般不要求政府规管一个问题的各个方面,政府可以先在前沿上推进。"换言之,政府可以先将注意力集中在商业促销电话上,把政治和慈善电话带来的问题暂且放一放。

以上判决是隐私倡导者的胜利,但同时也

打击了电话促销者的言论自由权。美国最高法院拒绝受理上诉,这给此案画上了句号(至少暂时)。美国法院除了支持全国登记系统之外,也支持各州的请勿来电登记系统,特别强调州法的自愿"加入"性质,换句话说,这些登记系统只适用于主动登记的人,不自动适用于每个人。[37]

根据 2008 年的一部法律,除非用户拨打 1-888-382-1222 将其电话号码删除,否则其电话号码将永远保存在登记系统中。在此之前,用户每五年得重新登记一次。到 2013 年 12 月为止,请勿来电全国登记系统中一共有 2 亿 2 300 万个座机号码和手机号码。不过,该系统也并非一贯运行良好。2013 财年,FTC 共收到 370 万件投诉,较 2012 年的 380 万件略有下降。

"请勿来电"规定有一个例外——"既有商业关系"(established business relationship)例外。根据该例外,公司可以打电话给与自己有商业关系的用户,哪怕该用户的电话号码就在登记系统内。"既有商业关系"的存续期间,是用户购买、租借某公司的商品和服务后 18 个月内。

最后,根据 FTC 的规定,电话促销者不能在晚 9 点至早 8 点打电话,除非对方事先同意接听深夜来电。若想了解请勿来电全国登记系统的更多情况,请访问 FTC 的网站 http://www.consumer.ftc.gov/articles/0108-national-do-not-call-registry。电话促销者的行为规范可在 https://donotcall.gov/faq/faqbusiness.aspx 上查询。

FTC 在司法部的帮助下积极推进"请勿来电"规定。违反该规定的公司,最高面临 16 000 美元的民事罚款。到 2010 年为止,FTC 共起诉 60 多起违反"请勿来电"规定的电话促销案件。其中 48 起以法庭命令结案,FTC 共收到民事罚款近 2 100 万美元,赔偿金和利润返还 1 200 万美元。

2009 年,FTC 下令禁止自动录音电话(事先录音的商业促销电话),除非电话促销公司得到顾客同意接听此类电话的书面授权。卖家和电话促销公司若向没有给出书面同意的消费者发送此类信息,将面临最高 16 000 美元的罚金(单次拨打电话的罚金)。

哪怕拨打对象不在请勿来电登记系统内,自动录音电话也依然非法。只有当消费者以书面形式同意接听时,它才是合法的。此外,政治性质的自动录音电话(这是 2012 年大选期间很多人的一大梦魇)和慈善机构募集善款的自动录音电话未被禁止。

到 2012 年 7 月为止,FTC 提起了一系列针对自动录音电话的诉讼,违法者共计支付 560 万美元罚金。2012 年 11 月,FTC 召开发布会,宣布它"结束了亚利桑那州、佛罗里达州五家公司的业务,这几家公司拨打了数百万通非法录音电话,来电者自称'雷切尔'或'持卡人服务公司'"。2012 年,FTC 向接到自动录音电话的消费者提出了一条小建议:"挂下电话。别按 1 转接人工座席,也别按任何键试图将你的电话号码从对方的名单中撤下,否则你会听到更多录音电话。"

> 2003 年,联邦贸易委员会(FTC)启动了它最受欢迎、使用率最高的项目——"请勿来电全国登记系统"。支持该系统的有关判决,是隐私倡导者的胜利,但同时也打击了电话促销者的言论自由权。"请勿来电"规定有一个例外——"既有商业关系"例外。2009 年,FTC 下令禁止自动录音电话(事先录音的商业促销电话)。

规管垃圾电子邮件

现如今,最具劝服力的广告和最恼人的广告都出现在网上。凡使用电子邮件者,几乎都收到过不请自来的商业广告,我们可以称之为"垃圾邮件"(spam)。如果你的电脑或电邮系统没有安装过滤器或其他保护程序,垃圾邮件就会把你的电子邮箱搞得一团糟。而且,垃圾邮件时不时还以性爱广告的形式出现,这不仅是有些人不乐见的,而且具有冒犯性。但另一方面,如果垃圾广告推销的是合法产品,内容真实不具有欺骗性,那它也是受宪法第一修正案保护的商业言论。同时,垃圾广告还是高效、廉价地推销产品或服务的方式。

为消除垃圾邮件的负面性,国会 2003 年通过了《反垃圾邮件法》(CAN-SPAM Act),乔治·W. 布什总统同年签署了该法。[38]《反垃圾邮件法》是简称,它的全称是 2003 年《防治不请自来的色情与营销法案》(Controlling the Assault of Non-Solicited Pornography and Marketing Act)。它适用于"主要""为商品或服务做广告或推销"的"商业电子邮件信息"。

律师格伦·B. 马尼欣(Glenn B. Manishin)和斯蒂法妮·A. 乔伊斯(Stephanie A. Joyce)在一篇出色的文章[39]中指出了《反垃圾邮件法》的五个组成部分:

1. **虚假/误导性信息**:禁止标题含有"实质上虚假或引人误会"之信息的商业电子邮件。

2. **回复地址和退出机制**:所有商业电子邮件都必须有回复地址和"退出"机制,邮件接收者可在收到信息后的 30 天内要求退出。

3. **10 天禁止期**:如果邮件接收者行使退出权(表示今后不想再收到此类邮件),垃圾邮件发送者不得在 10 个工作日之内发送商业电子邮件给任何人。

4. **披露规定**:凡属商业电子邮件者,必须披露以下三方面事项:(a)明确所发信息的性质是"广告或推销";(b)向接收者提示"退出"机制;(c)提供"有效的邮政地址"。凡"包含性材料的"商业电子邮件,必须在邮件标题中附上警告。为执行这一条款,FTC 于 2004 年规定,发送性材料的垃圾邮件发送者,必须在邮件标题中附上警示语——"露骨性爱描写",否则就是违反联邦法律,可能会被罚款。[40]此外,在一打开垃圾电子邮件就能见到的内容中,不得有性材料。

5. **加重情节**:该法将以下情节规定为"加重情节",有相关情节者,可处以额外的民事和经济罚款:(a)以搜寻攻击(harvesting)手段获取电子邮件地址,或使用以搜寻攻击手段获取的邮件地址;(b)自动开立多个电子邮件账户,发送商业电子邮件;(c)使用未经授权的中继设备转发商业电邮信息。

2008 年,FTC 进一步规定:商业电邮发布者所须披露的"有效邮政地址",既可以是邮局的注册邮箱,也可以是按美国邮政局规定设立的私人邮箱。FTC 还规定,商业邮件发送者提供的"退出"机制,不能要求接收者实施过于复杂的操作,回复一封电子邮件或访问一个网页即可退出,才是妥适的退出机制。

《反垃圾邮件法》并未向垃圾邮件接收者提供私人诉由或私人救济,它规定由 FTC 在司法部和联邦调查局的协助下执行该法。例如 2011 年,FTC 在加州一家联邦法院起诉菲利普·A. 弗洛拉(Phillip A. Flora),它诉称,加州亨廷顿比奇(Huntington Beach)的弗洛拉未经同意,向全美各地消费者的手机和其他无线设备发送了 500 多万份商业短信(垃圾短信)。这些短信具有很强的误导性,它们伪装成来自联邦政府某行政机构的样子,网站地址是"loanmod-gov. net"("gov"用在网站地址的最末,即"顶级域名"部分时,表明该网站由联邦政府、州政府或地方政府运营)。

有了《反垃圾邮件法》的加持,FTC 常能在此类案件中胜诉。例如,2009 年,密歇根州布卢姆菲尔德(Bloomfield)的艾伦·M. 拉尔斯基(Alan M. Ralsky)和斯科特·布拉德利(Scott Bradley)共谋实施电汇诈骗、邮件诈骗,意图违反《反垃圾邮件法》,并实际实施了电汇诈骗、洗钱等行为,违反了《反垃圾邮件法》,二人分别被判入狱 51 个月和 40 个月。拉尔斯基自诩"垃圾电邮教父"。他和他的同伙源源不断地向他人的邮箱发送垃圾电邮,并图谋利用僵尸网络挟持大量计算机,实施大范围的国际股票诈骗计划。这些垃圾电邮不是含有虚假的误导性信息,就是故意遗漏重要内容,它们由软件程序生产并发送,很难回溯到拉尔斯基及其同谋。

《反垃圾邮件法》虽然不为垃圾邮件的接

收者提供民事救济，但服务器受垃圾邮件影响的网络服务提供商，可以在美国联邦法院对垃圾邮件的发送者提起民事诉讼，可以申请永久禁制令，还可以为垃圾邮件造成的损失请求金钱赔偿。2009 年，法院判给社交网站 Facebook 一道永久禁制令和超过 7 亿 1 100 万美元赔偿金，此案被告是桑福德·华莱士（Sanford Wallace），据称，此人发送的垃圾邮件破坏了 Facebook 大量用户的账户。

根据《反垃圾邮件法》，行为人每发出一封违反该法的电邮，最高可被罚款 16 000 美元，而且，被追究的往往不止一人。

除了联邦有《反垃圾邮件法》之外，部分州也有针对此类邮件的立法。不过，弗吉尼亚州的相关法律于 2008 年被该州最高法院宣布为违宪，臭名昭著的垃圾邮件制造者杰里米·杰恩斯（Jeremy Jaynes）因而得以脱罪（杰恩斯 24 小时之内在至少三个不同场合发出了一万多封垃圾电邮）。[41]弗吉尼亚州最高法院的结论是，该法"因限制过宽而违宪……它禁止一切匿名邮件，包括受美国宪法第一修正案保护的政治、宗教言论"（参见第 1 章的过宽限制原则）。概言之，弗吉尼亚州法律的问题在于，它不是只限制商业电邮或欺诈电邮。弗吉尼亚州最高法院在谈到政治性匿名电邮（非商业）的重要性时，援引了美国最高法院的"麦金太尔诉俄亥俄州选举委员会案"（*McIntyre v. Ohio Elections Commission*，参见第 3 章）。弗吉尼亚州的判决并不影响《反垃圾邮件法》，2009 年，美国最高法院拒绝审查弗吉尼亚州最高法院的判决。

除垃圾邮件之外，联邦政府还要拿出越来越多的精力，来对付一种恼人的新广告——商业传真。2005 年联邦《垃圾传真防治法》（Junk Fax Prevention Act）禁止不请自来的传真广告，除非发送者与接收者之间存在"既有商业关系"。在双方有商业关系的情况下，发送者无须得到接收者的明示同意，即可发送商业传真。FTC 于 2008 年指出，如果传真号码来自接收者

> 除了联邦有《反垃圾邮件法》之外，部分州也有针对此类邮件的立法。

本人的姓名住址录、广告或网站，则可推定，接收者自愿向公众公开传真号码。2005 年《垃圾传真防治法》也规定了类似于《反垃圾邮件法》的退出条款。所有不请自来的传真广告，都必须在首页或封面提供免费的退出机制，允许接收者将自己从传真名单上删除。

2012 年，FTC 对经营街道地图公司的帕特里克·基恩（Patrick Keane）罚款 60 万美元。FTC 称，基恩反复向大量与他没有商业来往的人发送垃圾传真（不请自来的传真广告）。FTC 又称，基恩违反了禁止发送垃圾传真的命令。因为基恩故意且反复违法，FTC 于 2012 年对他处以罚款，每份垃圾传真罚款 16 000 美元，38 次违法记录共计罚款 608 000 美元。

小 结

广告业的自律近年来持续加强，尤其是在比较广告发展起来之后。商业改善局下属的全国广告分部和儿童广告审查部是广告业自律的主要敦促者。不过，这种规管仍是为了实现广告商的利益，而非消费者的利益。广告商依《拉纳姆法》第 43 条（a）款相互起诉的案件也在迅速增多。依该法寻求救济的广告商，可以阻止对手的误导，并/或取得金钱赔偿。我们再强调一次，《拉纳姆法》几乎没为消费者提供救济途径。州和地方层级都有禁止虚假广告的法律，但这些法律的适用总是显得力有不逮。FTC 仍是美国防治虚假广告或误导性广告的最有力武器。

联邦贸易委员会

联邦贸易委员会(FTC)的重要任务之一，是确保国民不成为误导性、欺骗性广告的受害者。FTC结合传统与实务，将广告定义为旨在诱发公众对商品、服务、人员或机构之兴趣的行为、方法或设备。除常见类型的产品广告和服务广告之外，这一定义还将优惠券、竞赛、免费赠品、奖品甚至产品标签也囊括在内。有一家公司曾对FTC发起挑战，这家公司认为，它举办的展览不是广告，而是其经营理念的表白。不过，这种挑战鲜有成功的时候。FTC所说的广告，一般是指它可以规管的广告。[42]

FTC能规管一切广告吗？法律上来说不行。但事实上，它可以规管几乎所有广告。国会设立FTC的目的是规管州际商业，而商品或服务总归要在州际商业中销售，承载广告的传媒也或多或少地受到州际商业的影响。尽管许多商品和服务仅在本地出售，但几乎每家我们能想得到的广告传媒，都受州际商业的影响，或本身影响着州际商业。所有电台、电视台，都在影响着州际商业。大多数报社，至少跨过州界发行了那么几份报纸。

FTC不准任何人在任何传媒（包括互联网）上发布欺骗性广告或从事营销欺诈。例如，2012年底，FTC与网络运营商Coleadium公司及其老板贾森·阿卡蒂夫(Jason Akatiff)以100万美元达成和解（双方同意的法院决定）。FTC称，Coleadium公司以"Ads4Dough"之名义做生意，招募了多名推销员，这些推销员设立假冒的新闻网站，发布虚假内容，为巴西莓营养剂做广告，还将结肠清洁剂当作减肥产品来推销。假冒的新闻网站常常冒用合法新闻机构的标识，并使用混淆视听的域名，如"nbcreports.com""usa-healthnewstoday.org"。FTC称，Coleadium公司是巴西莓网络卖家与推销员的中介。推销员设立假冒的新闻网站，以貌似客观的新闻报道推销产品，吸引消费者前往卖家的网站。诸如此类的案件，令FTC下决心打压误导消费者的网络广告。

简言之，FTC对治虚假广告的规则可以概括为以下两个重要方面：

其一，广告必须真实，不能误导消费者。误导性广告包括：（1）遗漏实质信息的广告；（2）含有不实暗示的广告；（3）免责声明与信息披露不够明确、不够显著以至于理性消费者看不到、听不到或理解不了的广告。

其二，广告中的描述必须有事实依据，广告商在发布广告之前，必须为所有明示和/或暗示的产品描述找到合理依据。健康和安全方面的描述，会受到更为严格的审查，FTC一般会要求广告商提供充分、可靠的科学证据加以证明。

在此奉劝广告专业的学生，进入职场时务须谨记：广告得用事实说话，不要误导消费者（不管是故意有所遗漏，还是或明或暗地失实表述），事先应当求证广告的内容。

在上述两项重要规则的实际适用中，有三个关键因素依次显现，如下面文字框内所示。后文还将对此详加探论。

FTC给虚假广告下的定义

1. 广告中必须有可能误导消费者的表述、遗漏或其他做法。

2. 必须从理性消费者的视角来看待这种行为或做法。

3. 上述表述、遗漏或其他做法必须事关紧要。

联邦贸易委员会(FTC)的重要任务之一，是确保国民不成为误导性、欺骗性广告的受害者。FTC结合传统与实务，将广告定义为旨在诱发公众对商品、服务、人员或机构之兴趣的行为、方法或设备。FTC所说的广告，一般是指它可以规管的广告。

定义虚假广告

1. 有可能误导消费者的表述、遗漏或其他做法。FTC 在做出这一判断时，既要考察广告本身，也要考察交易的其他各个方面。正如一家联邦法院在 2008 年所指出的，"法院在评估广告所传达的意思时，必须考察广告给人留下的整体印象，而非字面上的真假"。[43] 该法院还指出，广告的意涵"既可以通过广告本身的用语来判断，也可以从消费者对广告意涵的解读来推导"。另须牢记的是，遗漏重要信息也会令广告具有误导性。

2. 必须从理性消费者的视角来看待这种行为或做法。该问题涉及消费者的解读或反应是否合理。当广告和销售行为指向特定群体，如儿童、老人或绝症患者时，就必须以这一群体中理性成员的视角来看待广告或销售行为。同理，当广告针对特殊职业群体（比如医生）时，也应该从该群体的理性成员的视角加以评估。相较于普通人，受过良好教育的医生可能更能理解复杂的药品广告。

广告商无须为消费者的每种解读或行为负责。FTC 曾指出，法律不保护愚蠢头脑或"脆弱心智"。FTC 的一位委员说："有些人因无知或愚昧，甚至可能会被十分诚实的广告误导。""比如，有些头脑拎不清楚的人或许会以为，所有丹麦糕点都是在丹麦生产的。那么，美国产丹麦点心的广告，是否可被起诉为广告欺诈呢？""显然不能！"[44] 如果广告向理性消费者传达的意思不止一种，且其中一种意思为假，那么销售者就要为这一误解负责。

FTC 评估的是广告整体。正文正确、标题错误也不行，因为理性消费者可能只瞟了一眼标题。如果电视播音员宣称一块手表百分之百防水，那么广告商在屏幕底端打出长长一段小字为这种功能设下种种条件也是没用的。[45] 尼桑汽车公司（Nissan Motor Corporation）同意终止"尼桑挑战"这一广告促销方案。该广告说，试驾尼桑蓝鸟后购买了本田雅阁或丰田凯美瑞的消费者，可以从尼桑公司拿到 100 美元。但消费者要想得到这 100 美元，必须满足几个条件，而广告没有醒目地突出这些内容。消费者必须买下本田或丰田，提了车，并在试驾后 7 天内将购买凭证交给尼桑——不能在试驾当天。[46] 同样，广告商也不能用销售点的信息纠正广告中的不实之词。卖家不能一边在吸尘器广告中保证消费者不满意可以全额退款，一边又在商店陈列的商品上贴标签，给这一保证附加条件。FTC 说，附加条件必须清楚易懂。

"FTC 一般不会基于主观描述（品味、感觉、外观、气味）起诉广告。"FTC 认为，理性消费者一般不会把这些话当真，因此它们不太可能具有欺骗性。这些描述被称为**吹捧式广告（puffery）**，比如：一家商店出售"镇上最时尚的鞋履"，一种可乐是"周边最提神醒脑的饮料"。

最后，FTC 指出，在以下几种情况中，它会以比较宽松的方式审核广告：（1）当消费者能非常轻松地评估产品或服务时；（2）当产品和服务价格低廉时；（3）当产品和服务是人们经常购买的产品和服务时。1983 年的一份声明写道："在这些情况下，卖家不会为了蝇头小利而弄虚作假……他们一般都想拉到回头客。"

3. 上述表述、遗漏或其他做法必须事关紧要。"事关紧要"的错误表述或做法，是很可能影响消费者选择的表述和做法。换言之，根据 FTC 的政策声明，"它对消费者而言是重要信息"。FTC 认为，在判断某表述是否事关紧要时，有几类信息特别重要。有关一件产品特性的直接表述，通常被认为事关紧要。涉及健康和安全的广告内容，通常被推定为事关紧要。有关"产品或服务之核心特征"的信息，通常被视为事关紧要。有关产品和服务的用途、效能或成本的信息，也被看作事关紧要。关于耐久性、性能、质保或

> "法院在评估广告所传达的意思时，必须考察广告给人留下的整体印象，而非字面上的真假。"

> 联邦贸易委员会（FTC）指出，法律不保护愚蠢头脑或"脆弱心智"。FTC 评估的是广告整体。正文正确、标题错误也不行，因为理性消费者可能只瞟了一眼标题。广告的附加条件必须清楚易懂。

质量的表述也被认为事关紧要。

 案例

斯凯奇健身鞋的粗心之误?
4 000 万美元买个教训

2012 年,加州的斯凯奇运动鞋公司同意支付 4 000 万美元巨款,与 FTC 达成和解。FTC 起诉该公司以未经证实的广告内容欺骗消费者,称"塑形"健身鞋能减肥,并能增强、紧塑臀部、腿部和腹部的肌肉。这 4 000 万美元全部返还给了购买这款鞋子的消费者。斯凯奇的广告请来金·卡戴珊(Kim Kardashian)和布鲁克·伯克(Brooke Burke)等名人代言,卡戴珊曾现身于斯凯奇的 2011 年超级碗广告。和解协议还禁止斯凯奇对塑形鞋做如下描述,除非这些陈述内容真实,且有充分、可靠的科学证据:(1)增强肌肉;(2)减重;(3)能带来其他健康或健美的益处,包括消耗热量、燃脂、促进血液循环、加强有氧训练、拉紧和激活肌肉等。根据该命令,所谓"充分、可靠的科学证据",是指"至少有两项由不同研究者独立开展的有关塑形鞋的严格人体临床研究(有合理的研究设计与研究程序),研究结果比照所有相关且可靠的科学证据,足证该公司的表述为真"。

演示或模拟常成为 FTC 的调查对象,这种调查往往涉及"事关紧要"的问题。一家剃须膏生产商多年来宣称,它的产品质量好到可以刮砂纸。在一次电视演示中,工作人员将"快速剃须膏"(Rapid Shave)抹在一张砂纸上,片刻后,沙子被刮了下来。这场演示是假的。演示者刮的不是砂纸,而是洒在玻璃上的沙子。FTC 认为该广告具有欺骗性,"快速剃须膏能用来刮砂纸"是事关紧要的表述。美国最高法院表示同意,尽管高露洁棕榄公司(Colgate-Palmolive)辩解说,只要剃须膏留在砂纸上的时间足够长,它就能刮砂纸,但因为沙子和纸的颜色一样,电视上无法展示,该公司才不得不使用铺在玻璃上的沙子。[47] FTC 还认为,30 分钟电视购物节目《惊人发现:魔棒》("Amazing Discoveries: Magic Wand")对一种厨房搅拌器的演示是假的,具有误导性。FTC 说,广告商事先去除了凤梨的内核部分,却给人一种魔棒能将整个新鲜凤梨打碎的错误印象。推销员还说,魔棒能打发脱脂乳,但他们演示时用的是奶油。[48]

 案例

运动员护口器能防止脑震荡吗?
FTC 反对制造商的说法

2012 年,专为运动员制作护口器的宾州大脑护垫公司(Brain-Pad, Inc.)开始执行双方同意的法院决定。该决定禁止大脑护垫公司在广告中宣称护口器能降低运动员罹患脑震荡的风险,除非:(1)其表述真实;(2)其表述不具有误导性;(3)该公司在做出上述表述之前,已有基于科学界一般标准得出的,数量、质量均充足、可靠的科学证据,可证其表述有效。换言之,该公司必须有科学证据支持其说法。FTC 执行局的局长戴维·维拉德克承认,护口器确实能保护运动员的牙齿,但他在宣布和解结果时说:"要说这些设备能降低脑震荡风险,那也未免太牵强了些。尚未有充分的科学证据能证实这一说法。"

规管虚假广告的方法

FTC 在对付虚假广告时遇到的最大敌人，是起诉广告商所需的时间。广告项目稍纵即逝，FTC 很难在一个生命短暂的广告项目被另一个取代之前追究广告商的责任。不过，如果说时间是 FTC 最大的敌人，那么曝光就是 FTC 最强的盟友。广告商害怕虚假广告诉讼带来的曝光。曝光会让一家公司损失数百万美元，消费者的反应也会令产品销量直线下降。

除了曝光这种非正式制裁，FTC 还有一整套方法可以对付虚假广告。我们来看看 FTC 的军火库。

> **FTC 制止虚假广告的工具**
> - 指导规则与《儿童在线隐私保护法》
> - 自愿遵守
> - 同意协议
> - 受诉命令
> - 证实
> - 更正性广告
> - 禁制令
> - 贸易规管规则

指导规则与《儿童在线隐私保护法》

FTC 为各种产品、服务和营销活动发布行业指导规则。这些指导规则是提醒企业的政策声明，它们告诉企业，FTC 认可哪些广告表述和做法。例如，2012 年，FTC 向公众征询“珠宝、贵金属与锡蜡业指导规则”的修订意见。这些指导规则提醒广告商如何避免发表虚假表述，对于一些特殊商品，还探讨了应在何时披露必要信息，以避免欺骗性商业活动。迄今为止，FTC 已发布数百种指导规则。有的指导规则解释了何时能在广告中使用“免费”一词，何时不能用。有的指导规则专门针对私人职业学校、家教课程广告和环保声明。FTC 的指导规则、报告和政策声明可见于以下两个地址：

http://www.ftc.gov/bcp/menus/resources/guidance/adv.shtm

http://www.ftc.gov/bcp/menus/resources/guidance.shtm

1997 年，FTC 在一份声明中提出了一些原则，用以评估网站运营者在儿童网站上收集信息、推荐活动的正当性。其中举例说，如果有网站运营者声称，从儿童处收集到的个人身份信息将会被用于某一目的，结果却被用于其他目的，网站运营者的表述就具有欺骗性。该指导原则还说，网站运营者未经父母同意，将收集到的儿童身份信息出售或披露给第三方是不对的。1998 年，国会通过了《儿童在线隐私保护法》（Children's Online Privacy Protection Act，COPPA），将上述指导规则写入法律。这些规则如今称为“COPPA 规则”，专门保护网络上的儿童隐私。有关《儿童在线隐私保护法》的细节内容，可参考 FTC 的网站，地址是 http://business.ftc.gov/privacy-and-security/children's-privacy。我们须知，《儿童在线隐私保护法》适用于面向儿童的网站和从儿童处收集信息的网站。《儿童在线隐私保护法》针对的是为 13 岁以下儿童提供服务，或有意收集 13 岁以下儿童个人信息的网站运营者或网络服务供应商。《儿童在线隐私保护法》要求网站运营者通知父母，并在收集、使用或披露从儿童处获取的个人信息之前，首先得到父母的同意。

正如前文所指出的，《儿童在线隐私保护法》于 1998 年通过。自此之后，获取个人信息的数字技术已发生巨变。2012 年 12 月，FTC 通过了 COPPA 规则的修订版本，以便这些规则能因应技术的发展，能适用于透过智能手机和平板电脑收集未成年人个人信息的移动应用。

> 《儿童在线隐私保护法》于 1998 年通过，该法针对的是为 13 岁以下儿童提供服务，或有意收集 13 岁以下儿童个人信息的网站运营者或网络服务供应商。《儿童在线隐私保护法》要求网站运营者通知父母，并在收集、使用或披露从儿童处获取的个人信息之前，首先得到父母的同意。

新规则于2013年7月1日实施生效。

FTC还更新了"个人信息"的定义,使之突破了传统范畴(姓名、家庭住址、昵称、电话号码和社会保障号)。如今,个人信息还包括照片、音视频文件和某些"永久识别码"(persistent identifiers),如IP地址和cookies保存的客户码。永久识别码主要用于(1)识别在不同时间上网的同一用户和使用不同网站和网络服务的同一用户;(2)支持网站的内部运营和线上服务等。在网站的内部运营中,验证用户身份、保护用户安全等功能可以合法地使用永久识别码。

2012年修正案还扩张了"运营者"(operator)的定义,新定义是"收集用户个人信息的儿童网站或服务"。此外,修正案还更新了"儿童网站或在线服务"的定义,透过儿童网站或在线服务收集个人信息,且主观上对此明知的插件程序或广告网络也被包括在内。

网站运营者在收集未成年人的个人信息之前,应先获得"父母同意"。"父母同意"必须是可验证的,可以是家长同意书(有家长签字)的电子扫描件、视频会议记录、政府的鉴定、支付系统(如符合特定条件的借记卡和电子支付系统)的记录等。

2012年初,FTC发布报告《给孩子使用的移动App:隐私泄露令人失望》("Mobile Apps for Kids:Current Privacy Disclosure Are Disappointing")。FTC调查了两家规模最大的App商店——苹果App商店和安卓市场,评估了儿童App的种类、数据披露情况、交互性能(如与社交网站的关联情况)、评级和家长管控。正如报告的标题所示,FTC对调查结果深感不满。FTC在调查中发现,数百个开发者为儿童制作了丰富多样的App,但在苹果App商店的促销页面上,几乎没有关于数据收集和分享的信息,同样,安卓市场促销页面的一般许可声明中,也没有多少相关信息。该报告呼吁"儿童App生态系统"的全部成员(商店、开发者和提供服务的第三方)更加积极主动地向父母提供关键信息。2012年12月,FTC发布跟进报告,表示"进展甚微","关于儿童移动App的隐私操作和互动性能,父母仍未得到基本信息"。

FTC执行《儿童在线隐私保护法》颇为勤力。比如,2012年10月,为贾斯汀·比伯、黛米·洛瓦托(Demi Lovato)、赛琳娜·戈麦斯(Selena Gomez)的拥趸运作粉丝网站(www. BieberFever.com、www. Demi LovatoFanClub. net和www. SelenaGomez. com)的网站运营者"艺术家舞台"(Artist Arena),同意以100万美元与FTC达成和解。FTC指称该运营商未经父母同意,从未满13岁的儿童处不当收集个人信息,违反了《儿童在线隐私保护法》。双方同意的法院决定还要求"艺术家舞台"删除所有以违法手段获取的个人信息。FTC主席乔恩·莱博维茨在宣布和解的新闻发布稿中说:"营销人员有必要知道,纵使社会上存在对比伯的狂热追随,在收集儿童的个人信息之前,也必须获得家长同意,这是免除不了的法律义务。"

 知识窗

App、个人信息和儿童:必与FTC狭路相逢

2013年,社交网络App"路途"(Path)以80万美元与FTC达成和解;"路途"未经父母同意,收集了3 000名儿童的个人信息,违反了《儿童在线隐私保护法》。FTC的新闻发布稿称,儿童可以在"路途"App上创建日志,上传、存储并分享照片、文字"想法"、精确位置和正在收听的歌曲名称。"路途"2.0版还从儿童的通讯簿里收集个人信息,包括全名、住址、电话号码、电子邮箱地址、生日等。

FTC还要求"路途"删除它从未满13岁儿童处收集的信息。

2012 年 12 月，FTC 更新并加强了 COPPA 规则，以跟上不断发展的移动与数字技术。修订内容包括但不限于：

（1）明确未成年人的"个人信息"包括地理位置信息，照片，含有未成年人声音、形象的音视频文件；

（2）扩张"儿童网站或在线服务"的定义，故意（明知的主观状态）透过儿童网站或在线服务收集个人信息的插件程序或广告网络也被囊括在内。此前，儿童 App 和儿童网站允许第三方透过插件程序，在不告知家长、不经家长同意的情况下从儿童处收集个人信息，如今，这个漏洞也被堵上了。

2012 年 12 月的修订还丰富了"可验证的父母同意"的具体获取方式，签名同意书的电子扫描件和视频会议记录也可算在内。

FTC 的指导规则不具有法律效力；换言之，违反指导规则，不一定在法律上自动成立发布虚假广告。FTC 通常会要求广告商证实那些超出指导规则允许范围的广告声明，甚至会对企业提起虚假广告诉讼。不过，这些指导规则对诚实守信、恪守法律的广告商是有利的。

自愿遵守

行业指导规则仅适用于未来的广告项目、尚未发生的事件。我们要介绍的下一项救济方式是自愿遵守，它适用于已经结束或即将结束的广告项目。设想这样一种情形：一家公司的广告项目已接近尾声，该公司在广告中宣称，它的漱口水有助于消费者预防感冒。FTC 认为，该广告具有欺骗性。如果广告商记录良好，且广告造成的危害不大，那么该公司可以自愿同意终止广告，从此不再发布同样的广告声明。如此一来，广告商无须承认错误，FTC 也不再咬定广告具有欺骗性。双方达成合意，广告商同意不在未来的广告项目中重复上述广告声明。这种协议能为广告商免除大量法律缠斗和公开曝光，省下大笔资金。既然广告项目已经或即将结束，这种处理方式可谓正合广告商的心意。这种救济方式用得不多。

同意协议

FTC 最常用的救济方式是同意协议（consent agreement），或称**双方同意的法院决定（consent order）或同意令（consent decree）**。这是 FTC 与广告商签署的一种书面协议，广告商同意不再在广告中发表某一声明。广告商签署同意协议，不等于它承认自己有错，所以也谈不上什么责任。同意协议只是一个承诺，广告商承诺将来不做某事。广告中的误导性内容有时只是小疵误，但有时包藏着广告商欺骗消费者的企图。2009 年，家乐氏公司（Kellogg）与 FTC 达成同意协议。该公司的广告夸口说，覆有糖霜的"迷你麦"全麦早餐"经临床证明，能提高孩子的注意力近 20%"，FTC 起诉该广告为虚假广告，违反联邦法律。同意协议禁止家乐氏公司在食品广告中采用欺骗性或误导性的健康声明，并禁止该公司拿任何实验或研究说事。2010 年，FTC 进一步扩大了与家乐氏的同意协议，禁止该公司宣扬其食品有任何健康方面的益处，除非有科学证据的支持，且不具有误导性。FTC 为什么这么做呢？因为差不多就在家乐氏同意停发"迷你麦"虚假广告的同时，它又启动了一个新的广告项目，吹嘘"卜卜米"脆米花对身体的益处。家乐氏在产品的外包装上宣称，"卜卜米"脆米花"能增强孩子的免疫力"，"含有 25% 每日所需的抗氧化剂和营养成分——维生素 A、B、C 和 E"。脆米花包装盒的背面写道："改良后的'卜卜米'脆米花含有人体所需的抗氧化剂和营养成分。"FTC 主席乔恩·莱博维茨在新闻发布稿中评论

联邦贸易委员会（FTC）最常用的救济方式是同意协议，或称双方同意的法院决定或同意令。这是 FTC 与广告商签署的一种书面协议，广告商同意不再在广告中发表某一声明。广告商签署同意协议，不等于它承认自己有错，所以也谈不上什么责任。顶着巨大压力的广告商很难拒签同意协议。拒签的后果是诉讼和曝光。

道:"一家美国大公司不该发布暧昧含糊的广告声明——而且不止一次,是两次——说自己的谷类食品能改善儿童的健康状况。家乐氏下次在启动广告项目之前,实在有必要三思而行,唯有如此,父母才能为孩子做出最佳选择。"

顶着巨大压力的广告商很难拒签同意协议。拒签的后果是诉讼和曝光。曝光造成的损失,比罚款还大。而且,时间因素也对广告商有利。这时,广告项目一般已经结束。

如果广告商签署了同意协议,而后又违反其中的条款,会怎么样呢?同意协议对广告商未来的行为有法律效力。广告商每违反同意协议一次,就会面临最高 16 000 美元的民事罚款。

 案例

钱去哪了!

FTC 从发布虚假广告的公司拿到的钱,最后谁得到了呢?

对消费者来说,好消息是他们有时能拿回一部分钱。例如 2010 年,FTC 向购买来德爱(Rite Aid)牌抗菌药丸和含片的消费者寄出 2 335 张退款支票,这些消费者误以为,来德爱药丸和含片能预防、治疗感冒和流感,或减轻症状、缩短病程。FTC 起诉来德爱公司及其供应商发布虚假广告,与此同时,FTC 还打击多家公司就感冒和流感的治疗方法发布未经证实的声明。同年,FTC 寄出超过 34 000 张支票,平均每张 540 美元,总额近 1 800 万美元,用以补偿一系列跨境诈骗的受害者,这些受害者的被骗款项,透过美国第二大电子转账公司速汇金(MoneyGram)支付。

FTC 指控速汇金的工作人员协助电话销售员和其他骗子诈骗,美国消费者被骗在美国境内或向加拿大电汇数百万美元——这些消费者被骗中了彩票、入选了某个神秘购物者项目或得到一笔贷款。

我们再来看最后一个例子:2010 年,FTC 向 1 100 多名音乐爱好者寄出索赔表,这些音乐爱好者在 2009 年购买布鲁斯·斯普林斯廷(Bruce Springsteen)演唱会的门票时,被票务大师(Ticketmaster)网站误导到它的门票转卖网站"即时有票"(TicketsNow)。FTC 指称票务大师骗购,票务大师及其分支机构为了与 FTC 达成和解,同意向部分购票者退款。

受诉命令

广告商有时不想签署同意协议。也许是因为它自认为广告声明属实,又或是因为它想推迟 FTC 禁止某些产品声明。这时,FTC 可以下令停发某种广告声明,这称作**受诉命令 (litigated order)**。在这种情况下,FTC 的专职律师会起诉广告商,行政法法官会举行听证,法官可能支持起诉,也可能驳回起诉。无论哪种情况,败诉一方都可以上诉至 FTC。在 FTC 的委员处输掉上诉的广告商,可以将受诉命令上诉至联邦法院。不遵守受诉命令的广告商,可能会面临巨额民事罚款,日罚金高达万元。例如,在旷日持久(11 年)的"巨力多"(Geritol)案中,FTC 于 1965 年发布受诉命令,禁止 J.B. 威廉斯公司(J. B. Williams Company)在营养补充剂"巨力多"的广告中暗示该产品对自感疲劳、乏力的人群有益处。[49] FTC 认为,医学证据表明,"巨力多"作为补充维生素和铁的营养剂,仅对一小部分疲劳者有帮助,对大多数人而言,疲劳是疾病症状,"巨力多"没有治疗价值。J. B. 威廉斯公司拒不服从受诉命令(至少 FTC 这么说),于 1973 年被罚款 80 多万美元。1974 年,一家上诉法院推翻了罚款,将此案发回地区法院,由陪审团审理。广告商此前曾向法院申请陪审团审理,但被拒绝了。[50] 如此一来,此案将由陪审团来决定,巨力多广告是否违反受诉命令。1976

年,案件第二次审理,FTC 赢得 28 万美元。

2010 年,生命锁公司(LifeLock, Inc.)同意以 1100 万美元和解一起联邦诉讼。FTC 称,生命锁公司在推销身份防窃服务时发表了虚假声明,该公司的广告策略是将公司 CEO 的社会保障号印在一辆卡车的车身上,然后开着卡车在城市的大街小巷里穿行。广告语写道:"你也许听说过有人的身份被身份窃贼盗取……生命锁将保护你,绝不让这种事情发生在你身上!"和解协议的部分内容是:生命锁公司永不再发表欺骗性声明,永不再错误描述身份防窃服务的方式、方法、程序和效果。

有时,FTC 对一些公司施压的唯一有效方法是起诉。2010 年,FTC 在联邦法院起诉一家名为"戒酒公司"(Alcoholism Cure Corporation)的佛罗里达公司。FTC 诉称,戒酒公司以号称"永久治愈"酒瘾的骗人项目,从数百名嗜酒者处骗取了大笔钱财,消费者得到的不过是一些自然补剂的无效混合物而已。更夸张的是,如果消费者想退掉会员资格,该公司就会威胁说要揭发他们的嗜酒问题。FTC 说,该公司在广告中夸口说,它拥有一支专门治疗上瘾性疾病的"医生团队",为会员定制个人治疗方案,而这全是假的。FTC 请求法院对该公司签发永久禁制令(参见第 1 章关于衡平法的内容),禁止它今后发表类似声明。

证实

自 1972 年以来,广告**证实**(**substantiation**)一直是 FTC 规管体系的重要组成部分。它的原理很简单:FTC 要求广告商证实广告声明。FTC 不事先推定广告声明为假或具有误导性,它只是要求广告商证明广告声言。证实领域如今活跃着一组专家,他们负责仔细观察广告,找出其中最可疑的声明。FTC 最近发布相关的政策声明是在 1984 年。托马斯·J. 麦格鲁(Thomas J. McGrew)律师在《洛杉矶新闻日报》(*Los Angeles Daily Journal*)上撰文道:根据这一政策,"医生推荐""有实验证明"等广告声明必须有确凿的证据,其他声明至少要有"合理依据"。[51]政策声明说:证实到何种程度堪称"合理",端视"声明的类型、产品、虚假声明的后果、真实声明的益处、证实的成本……和相关领域的专家认为合理的证实数量"而定,不能一概而论。膳食补充品、减肥药等事关身体健康的产品,在发布广告之前,必须以"充分、可靠的科学证据"加以证实。

更正性广告

更正性广告(**corrective advertising**)是一种颇具争议的方案,它的前提假设是:在有些情况下,停发广告还不够。如果某个长期广告项目运作得很成功,那么即便广告商停发广告,误导性信息的残余也会在公众记忆中驻留许久。更正性广告的运作方式是:FTC 强令广告商向公众承认,自己有误导消费者的不诚实行径。有评论者称,这是"商场上的切腹自尽"。

FTC 于 1971 年首度使用更正性广告,并在重视消费者保护的 1970 年代频繁采用这一策略。FTC 从未就"何时使用更正性广告"阐明过政策,不过,它在答复公共表述研究所(Institute for Public Representation)的请求时说,更正性广告可用于以下情形:

> 如果欺骗性广告制造或强化了公众头脑中的错误认识,且这种错误认识在广告结束后依然存在,消费者继续根据这一错误认识做出购买决定,对市场竞争造成了持续的明显伤害。

1980 年代初以来,FTC 开始克制地使用更正性广告,但它仍是一种政策选择。1999 年 5 月,FTC 命令制药巨头诺华公司(Novartis A. G.)发布广告,更正"多恩氏(Doan's)背痛药优于其他止痛药"的广告宣传。FTC 说,诺华公司必须拨出 800 万美元来发布更正性广告,声明"多恩氏虽是一种有效的背痛药,但没有证据表明,它比其他缓解背痛的止痛药效果更好"。该公司还得在多恩氏的外包装上发表类似声明,持续时间为一年。[52]

禁制令

1973 年,国会通过了《跨阿拉斯加输油管道授权法》(Trans-Alaska Pipeline Authorization Act),该法的附属条款授权 FTC 禁止它认为违反该法的广告。

FTC 的律师可以在联邦法院申请限制性命令。禁制令显然是一种严厉的救济方式,FTC 说过,它不会轻易动用。FTC 的发言人说,FTC 只会在如下情况中使用该项权力:(1)广告会肇致伤害;(2)有明显的违法行为;(3)预计广告不会很快结束。

2004 年,FTC 与凯文·特鲁多(Kevin Trudeau)在联邦法院达成和解。特鲁多是一个获利颇丰的推销员,他参与制作或亲自制作的电视直销节目有数百之多。此次和解包括一道永久禁制令,该禁令禁止特鲁多现身于任何电视直销节目,也禁止特鲁多制作或发布这类节目,但纯为传播信息的真实电视购物节目除外。[53]特鲁多同意遵守禁令,也同意付给 FTC 200 万美元,为以前的错误宣传做出补偿。比如,他宣传过一种珊瑚钙产品能治愈癌症等重病,还宣传过一种止痛药能永久治愈或缓解剧烈疼痛。特鲁多在全国性电视购物节目中说,从日本珊瑚中提取的珊瑚钙,能为人体提供两加仑牛奶所含的钙,且吸收速度快于普通钙,还能治愈癌症、心脏病等疾病。特鲁多在另一个电视广告中声称,止痛药 Biotape 能一劳永逸地缓解剧烈疼痛,包括极为折磨人的背痛和关节炎疼痛。FTC 消费者保护局局长莉迪娅·帕内斯(Lydia Parnes)说,永久禁制令"旨在夷平误导美国消费者多年的电视购物广告帝国。发布虚假广告的广告商应当引以为鉴,亡羊补牢,否则后果严重"。

不出所料,2007 年 11 月,美国地区法院法官罗伯特·W.格特尔曼(Robert W. Gettleman)判特鲁多藐视法庭,因为特鲁多违反了 2004 年的永久禁制令,在多个电视购物节目中错误地描述他写的《"他们"不想让你知道的减肥疗法》(The Weight Loss Cure "They" Don't Want You to Know About)一书。[54]特鲁多在拍得活似脱口秀的购物节目中反复宣称,他的节食方案"简单易行"。但正如判决意见所指出的,他的节食方案其实非常复杂、困难。格特尔曼法官在判决书中称特鲁是"见鬼的推销员"和"前重罪犯"(特鲁多曾在 1990 年代因开空头支票和信用卡诈骗被判重罪)。格特尔曼写道:

> 特鲁多没在电视购物节目中说明的是:他的节食方案需要结肠灌洗,每天必须在室外步行一英里,只能吃 100% 有机的食物,还得摄入特别的营养补剂和食品。他也没说,他的节食计划要求 30 天内做 15 次结肠灌洗,日摄入热量不得超过 500 卡路里,这些都要在内科医生的监护下进行。

2008 年 8 月,格特尔曼法官拒绝了特鲁多的重审申请,他再次认定,特鲁多的电视购物节目违反了 2004 年的禁制令。[55]格特尔曼法官指出,"禁制令的用语清楚得不能再清楚:特鲁多可以在电视购物节目中推销其图书作品,前提是'不得误传书籍内容'"。法官对特鲁多"罚款 5 173 000 美元,作为违反禁制令的惩罚,这是对特鲁多靠电视购物广告从《减肥》一书中所获版税的保守估计"。格特尔曼法官还规定,特鲁多三年内不得制作、播出或参与涉及其本人利益的任何电视购物节目(包括图书推销节目)。2008 年 11 月,格特尔曼法官在 FTC 的强烈要求下修改了特鲁多案判决,将罚款金额提高到惊人的 37 616 161 美元——这是消费者因特鲁多的欺骗性电视购物节目而支付的大致金额。[56]

2011 年 11 月,第 7 巡回区美国上诉法院在"FTC 诉特鲁多案"(Federal Trade Commission v. Trudeau)[57]中维持格特尔曼法官判赔的 3 760 万美元。该法院说,格特尔曼法官已充分解释了这一金额是如何得出的(《减肥》书价×电视购物广告播出期间消费者通过 800 电话所下订单的数量+运费—退款金

> 联邦贸易委员会(FTC)的律师可以在联邦法院申请限制性命令。禁制令显然是一种严厉的救济方式,FTC 不会轻易动用。

额），该上诉法院又说："如果地区法院认为，除非以消费者的损失确定补救性处罚的金额，否则无法完全救济受害者的实际损失，那么这也属于地区法院的自由裁量范围。"

第 7 巡回区美国上诉法院也支持格特尔曼法官提出的 200 万美元履约保证金（performance bond）。换言之，特鲁多日后在推销图书或现身电视购物广告之前，先得给法院交一笔履约保证金。如果特鲁多制作欺骗性电视购物节目，他将损失这 200 万美元。上诉法院支持履约保证金，它说，200 万美元"与欺骗性电视购物节目造成的损失是相称的。考虑到近一年来，'减肥治疗'电视购物节目每天都能卖出去数千本书，这个金额或许还低了点儿"。其他法院也支持这种履约保证金，认为这是阻遏不法商业言论的可行之法。

贸易规管规则

1975 年 1 月，福特总统签署了《马格努森-莫斯消费产品担保——联邦贸易委员会改进法》（Magnuson-Moss Warranty—Federal Trade Commission Improvement Act），这是自 1938 年"惠勒-利修正案"以来最重要的贸易规管立法，它大大扩张了 FTC 的权力和管辖范围。在该法签署之前，FTC 只能处理"商业领域"的不当欺骗。而新法将它的管辖范围扩大到了"影响商业"的行为。这一措辞变化赋予了 FTC 新的规管领域。此外，该法还授予了 FTC 重要的新权力。

该法在三个方面有助于 FTC 对付欺骗性广告。第一，它授权 FTC 发布贸易规管规则，定义不正当、欺骗性的行为或活动，并宣布这些行为或活动违法。这项权力的重要性不容低估。过去，FTC 只能逐一审查欺骗性广告。我们假设这样一种情况：四五种早餐谷物都在广告中声称对儿童有益，因为含有日推荐摄入维生素和矿物质的 9 倍量。医学专家认为，超过日推荐摄取量的维生素没有用处，所以这些广告可能具有欺骗性或误导性。FTC 过去只能分别起诉各个广告商，并在每起案件中证明广告内容违法。根据新规，FTC 可以发布行业规管规则，宣布以超量维生素和矿物质为噱头的广告宣传具有虚假性和误导性，是违法的。FTC 只需证明广告商明知上述贸易规管规则，或"客观环境表明广告商明知"该规则即可。

贸易规管规则（trade regulation rules）的好处颇多。首先，此类规则能简化并加速执法程序。广告商可以挑战贸易规管规则，向法院上诉，但多数情况下不会花钱这么做。贸易规管规则有巨大的威慑力，能全面界定非法活动的边界。过去，FTC 颁发禁令后，企业还总想打擦边球，在禁令规定的狭窄范围附近蠢蠢欲动。贸易规管规则却宽泛得多，广告商再想打擦边球也就难得多。而且，有了贸易规管规则后，FTC 能一视同仁地处理问题，平等对待整个行业，而不是只起诉一两家企业杀鸡儆猴。

该法改善 FTC 救济方式的第二个方面是，FTC 可以对故意违反受诉命令者处以民事罚款，哪怕此人不是受诉命令最初针对的对象。举个例子，化工公司 A 出售一种在封闭空间内使用具有毒性的喷漆，却宣传说该产品安全无害。FTC 下令要求该公司不得再在广告中宣称其产品完全无害。化工公司 B 也出售具有同样毒性的喷漆，且以同样的方式做广告。如果能证明，公司 B 明知 FTC 针对公司 A 的禁令，却继续在广告中宣称其产品安全无害，那么公司 B 也同样违反禁令，可被处以每日最高 1 万美元的罚款。

第三，根据该法，FTC 有权利代表受害的消费者（因广告商违反禁令或违反贸易规管规则而受损的消费者）在联邦法院起诉，这是 FTC 一直不愿使用的一种权利。

小 结

几乎一切欺骗性、误导性的广告，FTC 都有权力规管。欺骗性广告是很有可能误导消费者的广告；FTC 必须从理性消费者的视角来审查广告或活动；欺骗性广告的表述、遗漏等必须事关紧要。FTC 可以用以下救济方法规管欺骗性广告或不实广告：

1. FTC 发布的规则或意见建议。这些规则或建议会事先告知广告商可以如何描述其产品。

2. 广告商自愿终止欺骗性广告。

3. 广告商签署的同意协议。广告商承诺终止欺骗性广告。

4. FTC 向广告商发布的受诉命令。受诉命令要求广告商终止特定的广告声明，不遵守受诉命令的广告商会受到严厉

惩罚。

5. 证实广告。广告商必须证明广告中的所有声明。

6. 更正性广告。广告商必须在未来的广告中承认以前的广告有误。

7. 禁制令。可立即终止会对消费者造成损害的广告项目。

8. 贸易规管规则。贸易规管规则可以规管全行业的广告。

 ## 规管过程

要想理解规管过程的重要性，先得熟悉虚假广告案件的程序，了解可能会被视作虚假广告的类型，并熟悉虚假广告的抗辩事由。

程序

FTC 无意审查大众传媒刊播的所有广告。大多数引发 FTC 关注的案件，都起源于消费者或竞争者的来信。现如今，人们可以在 FTC 的网站(http://www.ftc.gov)上直接投诉。FTC 的专职律师收到投诉后，会先做筛选。如果他们认为没价值，事情便就此告终。如果他们认为存在可证明的违法情事，他们就会为委员准备起诉书(建议稿)、同意协议(建议协议)和备忘录。各位委员接着投票决定是否起诉。

如果委员们认为广告违法，FTC 会通知广告商，给它签署同意协议的机会，广告商也可以与 FTC 讨价还价，争取更有利的同意协议。在这一节点上，可能会发生以下三种情况：

1. 广告商同意签署同意协议，委员会投票决定接受协议。在这种情况下，FTC 会在 60 天内下达命令，事情完结。

2. 广告商同意签署协议，委员会拒绝接受。

3. 广告商拒签协议。

在后两种情况下，FTC 会起诉广告商，听证将在行政法法官的主持下召开。法官在 FTC 内部主持听证。听证很像审判，不过没那么正式。如果法官认为有充分的证据证明广告违法，就会命令广告商停止非法行为(这就是受诉命令)。法官也有权驳回起诉。在这种情况下，双方皆可向 FTC 的委员上诉，请求推翻法官的判决。

如果委员们认为广告不具有误导性或欺骗性，案件将到此结束。但是，如果委员们支持法官的判决(不利于广告商)，则该命令一经上诉法院确定便具有法律效力。广告商可以向联邦法院上诉。

法院一般很难推翻 FTC 的裁决。法官推翻 FTC 决定的理由只有那么几种。遇到以下几种情况，法院可以推翻 FTC 的裁决：(1)有"可靠的证据"证明，FTC 在处理案件时犯了

> 法院一般很难推翻联邦贸易委员会(FTC)的裁决。法官推翻 FTC 决定的理由只有那么几种。

错；(2)没有证据支持 FTC 的结论；(3)违宪——比如 FTC 没走正当的法律程序；(4)诉讼超出了 FTC 的权限；(5)裁决所依据的事实没有充分的证据支持；(6)FTC 行事武断任性。巡回区美国上诉法院做出的不利判决,可上诉至美国最高法院,但前提是美国最高法院肯颁发调卷令。

虚假广告的特殊情况

在结束这一话题之前,我们还要关注几个有关虚假广告的特别问题。

证言广告

电视观众都在电视广告中见到过知名运动员、名人、专家和普通消费者为自己使用(据称)或信任的产品背书。2008 年,辉瑞公司撤下了人工心脏先驱罗伯特·贾维克(Robert Jarvik)为降脂药立普妥(Lipitor)拍摄的广告,这之后,公众和国会开始关注此类广告的真假问题。《洛杉矶时报》报道说:"该广告给观众留下的印象是,贾维克提出了一些医疗建议。但贾维克其实没有行医资格。广告在拍摄时还使用替身冒充贾维克精力充沛地畅游山中湖泊。"[58]《今日美国》指出,虽说"贾维克毕业于医学院,但他没有行医开方的资格,也不给人看病。他是立普妥的制造商辉瑞公司的顾问,酬金 135 万美元。做广告一个月之后,他才开始服用立普妥"。[59]国会为此召开了听证会。

FTC 专门制定了有关消费者、名人、专家和组织为产品与服务背书的规则。它将"背书"定义为:消费者认为反映了独立第三方之观点、看法、发现或经验的"广告信息"(包括口头陈述,演示,提供个人姓名、组织名称或印章)。[60]根据 FTC 的规则,广告系的学生必须理解以下关键点:

● 背书必须反映背书者的诚实意见、发现、看法或经验,不得欺骗,也不得有广告商无法证实的内容。[61]

● 仅当广告商有充分理由相信,背书的专家或名人不会改变他们在广告中表明的看法时,才可以使用背书。[62]

● 如果广告声称背书者是产品的使用者,那么背书者在背书之前,就必须已经是产品的真实用户了。而且,仅当广告商有合理理由相信背书者将继续使用该产品时,才可以发布广告。

● 如果广告明示或暗示产品由"真实的消费者"背书,那就必须使用真实的消费者,视频、音频皆然。否则就必须以明确、显著的方式披露:广告中的人物不是真实的消费者。[63]

● 如果广告明示或暗示背书者是专家,背书者就必须要有与背书内容相关的专业知识。[64]

2007 年,FTC 就《广告使用背书与证言之指导规则》("Guides Concerning the Use of Endorsements and Testimonials in Advertising")向公众征集意见建议,该文件自 1980 年以来从未修订过,具体内容见 http://www.ftc.gov/bcp/guides/endorse.htm。2008 年 11 月,FTC 根据公众的反馈,提议对这份指导规则做些微小改动,包括澄清以下这点:在判断某广告陈述是否属于"背书"时,背书者的陈述与广告商的陈述是否相同无关紧要。FTC 提议的另一项重要修改是重申

2008 年,辉瑞公司撤下了人工心脏先驱罗伯特·贾维克为降脂药立普妥拍摄的广告。这之后,公众和国会开始关注此类广告的真假问题。

FTC 早已在执法活动中申明的两项原则。第一,广告商要对背书中的错误陈述或未经证实的陈述负责,也要对未向公众透露"广告商与背书者有实质性关联"一事负责。第二,背书者也要对其陈述负责。[65]

最具争议的修改提议,主要影响了减肥药和减肥食品公司,它涉及以下这种情况:真人(背书者)在广告中声称某产品减重效果明显(我两周减了 40 磅),广告商同时在广告底部打出一行免责声明,称"效果因人而异"或"以上效果不典型"。根据 FTC 提议的新规则,上诉免责声明不足令广告商免责。根据修改提议,如果证言不能代表一般消费者的体验,广告商就应当以明显、醒目的方式告知消费者,一般能期待什么结果。换言之,广告应明确告知典型效果(当然,这得事先得到证实),只说"背书者所收效果不典型"是不够的。

 案例

FTC 打击博客文章、证言和网上评论

2009 年的修订版《背书与证言广告指导规则》明确规定,评论他人的产品或服务并收受现金或其他报酬的博客博主,必须披露本人与卖家的实质关联。博客博主何时必须披露这种关系?广告商又有什么义务?该指导规则用下面的例子回答了这两个问题。

一名大学生因视频游戏打得好,博得了一个视频游戏专家的名声,他开了博客,分享打游戏的经验。博客读者有时会征求他对视频游戏软硬件的意见。某游戏公司新开发了一款视频游戏,给这位大学生送了一个免费版本,请他写点儿什么。大学生试玩过新游戏后,写了一篇溢美评论。他的评论以用户生成内容的形式发出,读者不可能知道,这篇评论是游戏公司用免费游戏换来的。考虑到该款视频游戏的价格,大学生证言的可信度很有可能受到实质性影响。因此,这位博客博主应当明显而醒目地公开他收受免费视频游戏的事实。游戏公司在送出视频游戏时,也应当建议他披露这种关联,并设立相关程序,监督他是否听从建议。

FTC 消费者保护局的律师莱斯利·费尔(Lesley Fair)建议,当博客博主与广告商的关系有可能影响其评论在消费者眼中的可信度时,博客博主应当明白披露这种关系。收受免费产品或外快,并在博客上推销产品的博客博主,与那些参与网络营销项目的博客博主(签约收受免费的产品样本,为产品撰写评论或为网络广告机构提供服务)一样,也要遵守修订版指导规则。

诱饵调包式广告

FTC 禁止**诱饵调包式广告**(bait-and-switch advertising)。所谓诱饵调包式广告,就是"广告商以事实上不打算出售的产品和服务为诱饵吸引消费者,而后又诱劝消费者放弃广告中的商品,以便广告商以更高的价格或更有利可图的方式出售其他产品"。[66] FTC 规则的部分内容如下:

● 广告商若是没有出售某产品的真实意愿,就不该在广告中假装出售该产品。[67]

● 广告商不能为了出售其他商品而拒绝向消费者出示或出售广告中的商品。[68]

2010 年,FTC 打击了一种高科技的诱饵调包式广告,与使用诱饵调包式广告向消费者出售演唱会门票的"票务大师"及其分支机构达成和解。FTC 诉称,2009 年 2 月 2 日,布鲁斯·斯普林斯廷 5、6 月演唱会的门票开售时,票务大师的网站上出现了"无票"字样,显示暂时无票可售。FTC 说,票务大师利用自己的

网站页面,将不知内情的消费者引导到"即时有票"网站,这家网站的票价要高得多——有时是票面价格的两倍、三倍甚至四倍。为与 FTC 达成和解,票务大师同意透过"即时有票"网站,向购买斯普林斯廷 14 场演唱会门票的消费者退款,并同意向消费者说明在其转售网站上买票的代价与风险。

抗辩事由

虚假广告诉讼的基本抗辩是真实,即证明产品与广告商的声明相符。比如,产品确实在广告商宣称的产地制造,或产品真如广告商吹嘘般对消费者有益。虽说在此类案件中,政府得承担证明广告虚假的举证责任,但广告商若能证明广告内容真实,总归是有益无害的。

广告商可采用的另一个策略是打击政府诉讼的其他方面。比如,广告商可以主张,欺骗性陈述对广告整体而言非关紧要,不会影响消费者的购买决定,或广告没有暗示政府以为它暗示的内容。举个例子,Dry Ban 公司曾说,它在广告中称自己的除臭剂"清新干燥",并不意味着该产品在使用时是干的,只是说该产品的干燥效果比其他止汗剂好一点儿。

广告公司/发行人的责任

如果你去广告公司工作,你就得知道,如果你所在的公司积极参与制作虚假广告,或者明知或应知广告虚假或未经证实,那它也要承担相应的责任。FTC 明确规定,广告公司"有义务查明广告声明是否经过证实"。[69]

Craigslist 和 Roommates. com 之类的网站面临的一个新问题是:用户在网站上发布违反联邦法或州法的广告,会不会连累网站?第 7 巡回区美国上诉法院 2008 年判决,尽管 Craigslist 上的歧视性(如"不租少数族裔""有孩子免谈")租房广告违反联邦《公平住房法》(Fair Housing Act),但 Craigslist 仍受《通信端正法》(参见第 4 章)第 230 条的保护,其责任可免。[70]《公平住房法》一般适用于刊登歧视性广告的印刷报纸。第 7 巡回区美国上诉法院判决,Craigslist 受《通信端正法》第 230 条保护,该条款保护作为信息发布管道(而非发行人或言论者)的网络服务供应商。该上诉法院论证说,Craigslist"不是广告作者,不能将它视作广告内容的'发表者'"。然而,第 9 巡回区美国上诉法院 2008 年在一起涉及 Roommates. com 的案件中得出了完全相反的结论。它判决:该室友匹配网站发布了违反《公平住房法》和加州住房歧视法的信息,不能依《通信端止法》第 230 条免除责任。[71] Roommates. com 的问题在于,它主动请求用户输入特定内容,并要求他们使用下拉菜单,就特定问题选择答案,而答案选项中含有非法的歧视。正如亚历克斯·科津斯基(Alex Kozinski)法官代表第 9 巡回区美国上诉法院的多数法官所写:

> Roommates 既诱使用户提供涉嫌非法的内容,又在自己的业务中积极加以利用。Roommates 不只是提供可用于正当或不正当目的的中立平台而已;Roommates 制作、开发的歧视性问题、歧视性答案和歧视性搜索机制,均表明了该网站的非法性。

简言之,Roommates. com 不只是单纯的信息传输管道,它近似于发行人或言论者。与之相反,Craigslist 没有主动诱使用户提供内容,只为广告提供发布平台而已。

2012 年,肯塔基州的一位联邦法官在"琼斯诉

> Craigslist 和 Roommates. com 之类的网站面临的一个新问题是:用户在网站上发布违反联邦法或州法的广告,会不会连累网站?

肮脏世界娱乐唱片公司案"(*Jones v. Dirty World Entertainment Recordings*)[72]中援引了 Roommates. com 案的判决,支持如下主张:鼓励用户制作冒犯性内容的网站,不能享受《通信端正法》的免责保护。虽然这是一起诽谤案(参见第 4 章有关诽谤的内容),但它的判决结果表明,其他司法管辖区也认同第 9 巡回区美国上诉法院在 Roommates. com 案中表达的逻辑和结论。

另一个相关问题是网络上的性服务分类广告。2012 及 2013 年,华盛顿州、田纳西州等州通过立法,专门针对 Backpage. com 等为伴宴服务、非法卖淫或与未成年人援交发布分类广告的网站。田纳西州的法律(Tennessee Code Ann. §39-13-315)规定:"故意出售或主动要求出售理性人眼中的未成年人性交易广告,即构成发布性侵未成年人的商业广告。"而且,"被告不知道广告中未成年人年龄之事实,不能作为抗辩"。该法还规定,唯一可用的抗辩事由是,网站在发布广告前做出过合理努力,曾设法验证"广告中未成年人的真实年龄,包括查看广告中未成年人的驾照、结婚证、出生证或者其他政府部门或教育机构给出的身份证明及文件,而不是单凭他人对未成年人年龄的口头、书面描述或未成年人的表观年龄来做判断"。

Backpage. com 起诉田纳西州,诉称该法会对言论造成寒蝉效应,而且未能顾及《通信端正法》为第三人发布之非法内容提供的免责保护。2013 年 1 月,一位联邦法官应 Backpage. com 之申请,颁发了一道临时禁制令(参见第 1 章),禁止田纳西州执行该法。约翰·尼克松(John Nixon)法官论证道:"美国宪法告诉我们,在涉及言论自由时,州政府不能大刀阔斧地对待必须以手术刀精微处理的问题。"2013 年 3 月,该法官将临时禁制令改为永久禁制令,Backpage. com 在"Backpage. com 有限公司诉库珀案"(*Backpage. com, LLC v. Cooper*)中大获全胜。

华盛顿州 2012 年通过的类似法律也被 Backpage. com 挑战成功。2012 年 12 月,华盛顿州同意和解,条件是该州废除该法,并付给 Backpage. com 律师费 20 万美元。华盛顿州首席检察官罗布·麦克纳(Rob McKenna)在宣布双方和解时说:"国会必须重新审视《通信端正法》,补上法律漏洞,以免 Backpage 之流靠为非法服务做广告大发横财,对儿童造成毁灭性伤害。"

小　结

起诉广告商的起诉状由 FTC 的工作人员准备,交由五位委员投票批准。行政法法官召开听证(有点像审判),判断 FTC 对广告商的指称是否确凿。美国上诉法院可以审查 FTC 的所有命令。广告商尤其要当心广告中的证言和背书。法律规定,诱饵调包式广告是违法的,在这类广告中,消费者被低价承诺诱骗到商店,却被销售员劝购更贵的商品。虚假广告案一般不追究广告公司和发行人/广播公司的责任,但有迹象表明,法律正在起变化。

参考书目

"A Positive Agenda for Consumers: The FTC Year in Review. "Federal Trade Commission, April 2003.

Cancelada, Gregory. "CBS and NBC Will Stop Running Some Miller Ads After Complaint by A-B. " *St. Louis Post-Dispatch*, 18 December 2004, B3.

Cushman, John Jr. "Judge Rules F. D. A. Has Right to Curb Tobacco as Drug. " *The New York Times*, 26 April 1997, A1.

Davidson, Paul. "Feds Say Telemarketer Violated No-Call Rules. "*USA Today*, 1 September 2004, 3B.

Daykin, Tom. "Networks Blow Whistle on Ads." *Milwaukee Journal Sentinel*, 6 January 2005, D3.

Devore, P. Cameron. "Commercial Speech: 1988." Remarks to Communications Law 1988 Practicing Law Institute, New York City, 10 November 1988.

———. "Supreme Court Boots Commercial Speech." *First Amendment Law Letter*, Fall 1990, 5.

Editorial. "Can You Believe What You See on TV? Ask Your Doctor." *USA Today*, 15 May 2008, 10A.

"Election Ad Law Struck Down." *The Washington Newspaper*, July 1998, 1.

Greenhouse, Linda. "Justices Strike Down Ban on Casino Gambling Ads." *The New York Times*, 15 June 1999, A1.

Howard, John A., and James Hulbert. *A Staff Report to the Federal Trade Commission*. Washington, D. C.: Federal Trade Commission, 1974.

Kogan, Jay S. "Celebrity Endorsement: Recognition of a Duty." *John Marshall Law Review* 21(1987): 47.

Labaton, Stephen. "The Regulatory Signals Shift." *The New York Times*, 6 June 2001, C1.

Lazarus, David. "Drug Ads a Test of Doctors' Patience." *Los Angeles Times*, 14 May 2008, C1.

Manishin, Glenn B., and Stephanie A. Joyce. "Current Spam Law & Policy: An Overview and Update." *Computer & Internet Lawyer*, September 2004, 1.

Mann, Charles C., and Mark L. Plummer. "The Big Headache." *The Atlantic Monthly*, October 1988, 39.

McGrew, Thomas J. "Advertising Law: Inactive FTC, Activism in Courts." *Los Angeles Daily Journal*, 17 January 1985.

Morris, Brian. "Consumer Standing to Sue for False and Misleading Advertising under Section 43 (a) of the Lanham Trademark Act." *Memphis State University Law Review* 17(1987): 417.

"A Nissan Unit Will Pull Ads." *The New York Times*, 10 March 1993.

"Novartis Is Ordered to Fix Doan's Ads." *The New York Times*, 28 May 1999, C16.

Pompeo, Paul E. "To Tell the Truth: Comparative Advertising and Lanham Act Section 43(a)." *Catholic University Law Review* 36(1987): 565.

Rohde, David. "Sweepstakes in Agreement to Reimburse New Yorkers." *The New York Times*, 25 August 1998, A16.

Rohrer, Daniel M., ed. *Mass Media, Freedom of Speech, and Advertising*. Dubuque, Iowa: Kendall/Hunt, 1979.

Rosden, George E., and Peter E. Rosden. *The Law of Advertising*. New York: Matthew Bender, 1986.

Savage, David G. "Supreme Court Upholds Fees for Beef Ads." *Los Angeles Times*, 24 May 2005, A12.

Selvin, Molly. "'Dr. Phil' Diet Pill Maker Settles Suit." *Los Angeles Times*, 26 September 2006, C8.

Singdahlsen, Jeffrey P. "The Risk of Chill: A Cost of the Standards Governing the Regulation of False Advertising under Section 43(a) of the Lanham Act." *Virginia Law Review* 77(1991): 339.

Tepper, Maury. "False Advertising Claims and the Revision of the Lanham Act: A Step in Which Direction?" *Cincinnati Law Review* 59(1991): 957.

Tewkesbury, Don. "FTC Restricts Claims by Infomercial Producers." *Seattle Post-Intelligencer*, 8 July 1993.

Waltzer, Garrett J. "Monetary Relief for False Advertising Claims Arising under Section 43 (a) of the Lanham Act." *UCLA Law Review* 34(1987): 953.

Weber, Matthew G. "Media Liability for Publication of Advertising: When to Kill the Messenger." *Denver University Law Review* 68(1991): 57.

"2004 Weight-Loss Advertising Survey: A Report from the Staff of the Federal Trade Commission." Federal Trade Commission, April 2005.

 注释

[1] 421 U. S. 809, 826(1975).

[2] *Virginia State Board of Pharmacy* v. *Virginia Citizens Consumer Council, Inc.*, 425 U. S. 748(1976).

[3] *Linmark Associates* v. *Township of Willingboro*, 431 U. S. 85(1977).

[4] 447 U. S. 557(1980).

[5] *Florida Bar* v. *Pape*, 918 So. 2d 240(Fla. 2005), cert. den., *Pape* v. *Florida Bar*, 126 S. Ct. 1632(2006).

[6] *Public Citizen, Inc.* v. *Louisiana Attorney Disciplinary Bd.*, 632 F. 3d 212(5th Cir. 2011).

[7] 宪法第一修正案仅为商业言论提供有限保护,但俄勒冈州最高法院判决,俄勒冈州宪法全面保护商业言论。*Outdoor Media Dimensions, Inc. v. Department of Transportation*, 132 P. 3d 5(Ore. 2006).

[8] See, e. g., *Bellsouth Telecommunications, Inc. v. Farris*, 542 F. 3d 499(6th Cir. 2008). 此案涉及一部法律,该法律禁止电信公司在用户账单上单独列出肯塔基州新征的一种税。此案判决说,该法"将用户(选民)蒙在鼓里,不让他们知道有这种新税以及新税对其收入的影响"。判决意见写道:"对于言论的这些限制,其政治性质在何处终结,其商业性质又在何处开始,委实难以分清。"

[9] *United States v. Caronia*, 576 F. Supp. 2d 385, 396(E. D. N. Y. 2008).

[10] *Pittsburgh Press Co. v. Pittsburgh Commission on Human Relations*, 413 U. S. 376(1973).

[11] *Bates and Van O'Steen v. Arizona*, 433 U. S. 350 (1977).

[12] 598 F. 3d 592(9th Cir. 2010), cert. den., 131 S. Ct. 1556(2011).

[13] *WV Association of Club Owners & Fraternal Services, Inc. v. Musgrave*, 2009 U. S. App. LEXIS 545 (4th Cir. 2009).

[14] *Anheuser-Busch Inc. v. Schmoke*, 101 F. 3d 325 (1996).

[15] *Passions Video, Inc. v. Nixon*, 458 F. 3d 837 (8th Cir. 2006), petition for rehearing denied, 2006 U. S. App. LEXIS 24092(2006).

[16] 696 F. 3d 1205(D. C. Cir. 2012).

[17] *Rubin v. Coors Brewing Co.*, 514 U. S. 476(1995).

[18] 598 F. 3d 79(2d Cir. 2010), cert. den., 131 S. Ct. 820 (2010).

[19] *Lorillard Tobacco Co. v. Reilly*, 533 U. S. 525 (2001).

[20] 广播公司确实担着播出政治广告的特定义务。参见第16章。此外,政府出版的出版物,如州立大学的校友杂志,在有些情况下可能也不能拒绝广告。See *Rutgers 1000 Alumni Council v. Rutgers*, 803 A. 2d 679(2002).

[21] *Cyber Promotions, Inc. v. America Online, Inc.*, 1 E. P. L. R. 756(1996), 24 M. L. R. 2505(1996).

[22] *Zauderer v. Office of Disciplinary Council*, 471 U. S. 626, 651(1985).

[23] 687 F. 3d 403(D. C. Cir. 2012), cert. denied, 133 S. Ct. 1723(2013).

[24] *Johanns v. Livestock Marketing Association*, 544 U. S. 550(2005).

[25] 319 U. S. 624(1943).

[26] Daykin, "Networks Blow Whistle on Ads"; and Cancelada, "CBS and NBC Will Stop Running Some Miller Ads."

[27] *McNeil-PPC, Inc. v. Pfizer, Inc.*, 351 F. Supp. 2d 226(S. D. N. Y. 2005).

[28] Pompeo, "To Tell the Truth," 565.

[29] Singdahlsen, "The Risk of Chill," 339.

[30] See *PPX Enterprises v. Audiofidelity Enterprises*, 818 F. 2d 266(1987); and *U-Haul International v. Jartran, Inc.*, 793 F. 2d 1034(1986).

[31] *Kournikova v. General Media Communications, Inc.*, 2002 U. S. Dist. LEXIS 25810(2002), aff'd 51 Fed. Appx. 739(9th Cir. 2002). 2003年5月,同一位法官再次审理库尔尼姫娃依《拉纳姆法》提起的虚假广告诉讼,但这次是考察被告的即决判决申请。加里·艾伦·菲斯(Gary Allen Fees)法官这回认定,库尔尼科娃在"娱乐业"中的确是《阁楼》的竞争者,她出售的2003年日历就是一种性感产品,但她还是未能证明竞争性损害。法院批准了《阁楼》的即决判决申请。库尔尼科娃又输了,无论是在球场上还是在法庭上,她都已适应了失败。*Kournikova v. General Media Communications, Inc.*, 278 F. Supp. 2d 111(2003).

[32] Rosden and Rosden, *The Law of Advertising*.

[33] Selvin, "'Dr. Phil' Diet Pill Maker Settles Suit."

[34] Kertz and Ohanian, "Recent Trends," 603.

[35] *Ackerman v. Coca-Cola. Co.*, 2010 U. S. Dist. LEXIS 73156(E. D. N. Y. 2010).

[36] 358 F. 3d 1228(2004), cert. den., 543 U. S. 812 (2004).

[37] *National Coalition of Prayer, Inc. v. Carter*, 455 F. 3d 783(7th Cir. 2006). 此案判决支持印第安纳州的请勿来电登记系统,该系统允许印第安纳州的电话用户自愿加入。判决意见写道:"州政府确保本州居民不在自宅内受无关言论打扰的利益,压倒了宪法第一修正案利益。" *Fraternal Order of Police v. Stenehjem*, 431 F. 3d 591(8th Cir. 2005). 此案判决支持北达科他州的请勿来电系统,法院认为,相关法律"显著促进了州政府保护居民隐私的利益"。

[38] 15 U. S. C. § 7701 et seq. (2004).

[39] Manishin and Joyce, "Current Spam Law & Policy."

[40] 16 C. F. R. 316(2004).

[41] *Jaynes v. Virginia*, 666 S. E. 2d 303(Va. 2008).

[42] 不同法院对广告的界定不甚统一。近年来,纽约州和加利福尼亚州的法官在两起案件中面临同一个问题:从一本书的正文中择取出来的、印在护封上的文

字,是否属于广告? 涉案出版物是《比尔兹敦女性的常识投资指南》(*Beardstown Ladies' Common-Sense Investment Guide*),该书的部分内容夸大了一种投资计划的成功。各方均同意,书中的错误内容受宪法第一修正案的完全保护,但两案原告均主张,当错误主张被印上封面(或录像盒的外包装)时,被告就是在做广告或发表商业言论,不享受宪法第一修正案的完全保护。加利福尼亚州的法院说,系争内容属于商业言论,不受完全保护。纽约州的法院却得出了完全相反的结论。See *Keimer* v. *Buena Vista Books*, 89 Cal. Rptr. 2d 781(1999); and *Lacoff* v. *Buena Vista Publishing Inc.*, 705 N. Y. S. 2d 183 (2000).

[43] *FTC* v. *National Urological Group*, 2008 U. S. Dist. LEXIS 44145(N. D. Ga. June 4, 2008).

[44] *In re Kirchner*, 63 F. T. C. 1282(1963), aff'd 337 F. 2d 751(1964).

[45] *Giant Food*, *Inc.* v. *FTC*, 322 F. 2d 977(1963).

[46] "Nissan Unit Will Pull Ads."

[47] *FTC* v. *Colgate-Palmolive Co.*, 380 U. S. 374(1965).

[48] Tewkesbury, "FTC Restricts Claims."

[49] *J. B. Williams* v. *FTC*, 381 F. 2d 884(1967).

[50] U. S. v. Williams Co., 498 F. 2d 414(1974).

[51] McGrew, "Advertising Law."

[52] "Novartis Is Ordered to Fix Doan's Ads."

[53] *FTC* v. *Trudeau*, Stipulated Final Order for Permanent Injunction and Settlement of Claims for Monetary Relief, Case Nos. 03-C-3904 and 98-C-016(N. D. Ill. 2004).

[54] *FTC* v. *Trudeau*, 2007 U. S. Dist. LEXIS 85214(N. D. Ill. Nov. 16, 2007).

[55] *FTC* v. *Trudeau*, 2008 U. S. Dist. LEXIS 59675(N. D. Ill. Aug. 7, 2008).

[56] Supplemental Order & Judgment, *FTC* v. *Trudeau*, 2008 U. S. Dist. LEXIS 109974(N. D. Ill. Nov. 4, 2008).

[57] 662 F. 3d 947(7th Cir. 2011).

[58] Lazarus, "Drug Ads a Test of Doctors' Patience."

[59] Editorial, "Can You Believe What You See on TV? Ask Your Doctor."

[60] 16 C. F. R. § 255. 0(2008).

[61] 16 C. F. R. § 255. 1(2008).

[62] 16 C. F. R. § 255. 1(2008).

[63] 16 C. F. R. § 255. 2(2008).

[64] 16 C. F. R. § 255. 3(2008).

[65] Notice of Proposed Changes to the Guides and Request for Public Comments, 16 C. F. R. Part 255: *Guides Concerning the Use of Endorsements and Testimonials in Advertising*, November 2008, available online at http://www. ftc. gov/os/2008/11/P034520endorsementguides. pdf.

[66] 16 C. F. R. § 238. 0(2008).

[67] 16 C. F. R. § 238. 1(2008),

[68] 16 C. F. R. § 238. 3(2008).

[69] *Bristol-Myers Co.*, 102 F. T. C. 21, 366(1983).

[70] *Chicago Lawyers' Committee* v. *Craigslist, Inc.*, 519 F. 3d 666(7th Cir. 2008).

[71] *Fair Housing Council of San Fernando Valley* v. *Roommates. com, LLC*, 521 F. 3d 1157(9th Cir. 2008).

[72] 840 F. Supp. 2d 1008(E. D. Ky. 2012).

第 16 章
电信规管

在美国,大量联邦规则管理着电信业。其中相当一部分涉及技术,比如规定广播电视塔的高度,规定发射机的功率。不过,本章重点关注的是另两种规则,第一种规则规定了谁能拥有并运营电信设备,第二种规则规定了这些电信设备可以传播哪些内容。本章还将介绍联邦通信委员会近年来对互联网与宽带供应商的规管。

 序幕

在电信规管的领域中,过往是当下的重要开场。此前 30 余年,无线广播和有线电视的规管经历了巨大变革,这场变革至今尚未结束,它是国会与联邦通信委员会迫于电信业和联邦法院的压力而发起的。究其根本原因,是人们看待电信业的方式发生了根本变化。在人们眼中,电信业曾是服务社会的公共机构,如今却是主要对客户(以广告商为主)和股东负责的私人企业。要想理解今天的电信规管制度,我们有必要花一点儿篇幅,先来看看电信业的发展和相关政府规则的演变。

规管的历史

美国对电信的规管,可追溯至 1910 年无线电发明后不久。国会当时立法规定,所有美国客轮都必须装载无线电。两年后,国会又通过了 **1912 年《无线电法》**（Radio Act of 1912）,要求一切无线电发射站都必须取得联邦政府颁发的执照。1920 年代,无线电的发展速度之快,超出了大多数观察家的预期。美国当时有数百万听众和大量无线电台。然而,传输无线电信号的电磁波谱(或称电波)却是有限的。正如高速公路仅能容纳有限数量的汽车通行一样,电波也只能承载一定数量的无线电信号。高速公路上汽车太多,就会发生事故和堵塞,同理,一段波谱上无线电信号太多,也会引发类似的混乱。信号互相重叠、互相干扰,听众根本听不清楚。1920 年代末,不情不愿的国会迫于无奈,只能再次立法。国会通过了 **1927 年《无线电法》**（Radio Act of 1927）,目

> 美国对电信的规管,可追溯至 1910 年无线电发明后不久。美国当时有数百万听众和大量无线电台。然而,传输无线电信号的电磁波谱(或称电波)却是有限的。

的是制定一套综合、全面的规则,解决因太多人想在同一时间发送无线电信号而导致的问题,进而恢复这一领域的秩序。新法规定了谁可以广播、谁不能广播,以及何时可以广播。同时,新法也十分重视节目内容。执照颁发与内容管理都关乎宪法第一修正案。无线电广播当然享有言论自由和新闻出版自由,可奇怪的是,相关的质疑当时非常罕见。

七年后的 1934 年,国会通过了**《联邦通信法》(Federal Communications Act)**,大幅度修订了 1927 年《无线电法》。该法至今仍是美国电信规管的基础。它扩张了《无线电法》的覆盖面,将电话、电报也一并纳入。它还规定设立联邦通信委员会(FCC),专门规管电信传媒。多年后与霍华德·斯特恩作对的,正是 FCC。

电话虽非本章的重点,但有必要提一句的是,电话至今仍归 FCC 监管。2012 年,FCC

在威瑞森、AT&T 和 T-Mobile 等全美几家最大的移动电话公司中发起"保护计划"(Protect Initiative)。该计划旨在解决智能手机和其他移动通信设备遭窃的问题。这一问题正变得日益严重,到 2012 年为止,纽约市、华府等美国大城市发生的抢劫事件,约有四成是冲着移动通信设备去的。FCC 希望借"保护计划",为失窃的智能手机设立数据库,并请移动电话公司切断失窃手机的通信服务。该计划起初号召移动电话公司根据失窃报告自行设立数据库,追踪上报失窃的移动设备,后又要求这些移动电话公司成立共享数据库,登记全美所有的失窃设备。根据该计划,移动电话公司每季度都要向 FCC 报告计划实施的最新进展。"保护计划"还呼吁移动电话公司发起教育活动,以广告等方式教导用户保护智能手机。

 知识窗

为何禁播橄榄球赛?
FCC 的陈年规定即将退出历史舞台

在过去超过 35 年的时间里,FCC 一直禁止有线电视公司与卫星电视公司(FCC 的术语是"多路视频节目分配者")在社区内播出当地无线电视台不播出的体育赛事。但在 2012 年,FCC 应"公共知识"(Public Knowledge)、"传媒近用项目"(Media Access Project)等多家非营利机构的请求,开始重新审视这一老旧规定。这些非营利机构认为,该规定不当阻挠了消费者观看当地的体育赛事,尤其是在票价和失业率都那么高的时候。

当初为何要禁播体育比赛呢?这关乎

门票销售,更准确地说,关乎稀缺性。职业体育联盟最初采纳"禁播"规定,是为了禁止地方电视台播出那些卖不完门票的比赛。到了 2012 年,只有全美橄榄球联盟(NFL)还在实施此类政策。如果比赛开始前 72 小时门票尚未售罄,比赛即可在当地禁播。2011 年赛季,布法罗比尔队(Buffalo Bills)共有三场比赛禁播。禁播规定是为保护 NFL 的商业模式而设的,但在过去 40 年间,传媒图景早已沧海桑田,很多人认为,现在是时候放弃禁播规定了。

广播规管哲学的变迁

无线广播频谱是有限的传输渠道,所以,不是谁想传送无线信号就可以传送。可用于广播的频道数量是确定的,想广播的人却比可用的频道多得多,这就是所谓的频谱稀缺性。于是,政府便介入其中,决定谁可以广播、谁不可以广播,并订立规则,确保广播者履行对公众的责任。政府将这些责任描述为"满足公众的利益、便利或需求"。

宪法第一修正案如何保护无线广播?围绕这一问题的争论虽未真正展开过,但政府的确有理由规管无线广播,该理由立基于两个貌似稳固的事实。第一,无线广播频谱是有限的传输渠道,所以,不是谁想传送无线信号就可以传送。可用于广播的频道数量是确定的,想广播的人却比可用的频道多得多,这就是所谓的**频谱稀缺性(spectrum scarcity)**。第二,私人固然可以拥有发射器、发射塔、麦克风及传输无线电信号所需的其他设备,但传输通道即无线电频道(信号经由这些通道传送到听众的无线电设备)的拥有者,却是全体国民。因此,频道使用者必须满足频道所有者的需求。于是就得有人来决定,在众多想要广播的人当中,该由谁来享有使用频道的特权。同时,还得有规则确保使用者满足频道所有者的需求。于是,政府便介入其中,决定谁可以广播、谁不可以广播,并订立规则,确保广播者履行对公众的责任。政府将这些责任描述为"满足公众的利益、便利或需求"(meeting the public interest,convenience or necessity,缩写为PICON),并以此证明所有相关规则的正当性与合理性。

PICON 中有一个重要概念——"公众利益",FCC 传统上用三项政策来实现公众利益:

● 竞争
● 多元化
● 地方性

符合"公众利益"标准

20 世纪的最后 25 年里,广播公司必须服务公众利益的理念,也在新经济自由主义的压力下逐渐溃散。市场利益取代了早先的公众需求,成为占统治地位的新主题。

的广播公司,可以继续使用电波收获权力与财富;不满足要求的,则面临罚款,甚至可能失去广播权。1920 年代末至 1960 年代,国会与 FCC 制定了各种规则,以确保广播公司的忠诚。以下是这些规则处理的部分问题:

● 谁可以广播,谁不能广播,执照的有效期(续展之前)是多久;
● 单个人或单家公司可以拥有的广播资产和其他传媒资产(如报社)的数量;
● 广播公司有责任满足公众的哪些需求与利益;
● 要求执照持有者报道重要的社区问题,并确保呈现问题的各个方面;
● 确保政治候选人能透过无线电台、电视台与选民交流;
● 限制每小时播出商业广告的分钟数。

这些规则的要旨显而易见。它们体现了如下观念:如果有限的电台、电视台掌握在尽可能多的各色人等手中,如果这些人能提供多样化的材料,娱乐、教育听众和观众,并为他们提供信息,那么广播业就算是最好地服务于这个国家了。政府,主要是 FCC,将确保广播业遵守这些规定。

我们前文谈过,有两个貌似稳固的事实,支持着政府规管无线广播。现如今,这两个事实却似乎有所动摇,相应地,政府的规管理由也开始根基松动。诚然,无线广播的频道是有限的。但有线电视、互联网等新媒体形态所应许的新通道,却有着无限的传输空间。20 世纪的最后 25 年里,广播公司必须服务公众利益的理念,也在新经济自由主义的压力下逐渐溃散。市场利益取代了早先的公众需求,成为占统治地位的新主题。拥有多家无线传媒的大公司主张,为听众和观众提供他们喜闻乐见的节目才是王道,而不是提供政府认为受众应该收听、收看的节目。而这恰巧也与电台、电视台老板的生财之道更为合拍。一时间，资本主义与市场驱动的逻辑甚嚣尘上，家长式保护与 PICON 被弃之一旁。在这种背景下，PICON中"公众利益"一词的含义激发起热火朝天的争论。什么是公众利益呢？公众利益是

● 公众想要的东西（公众有兴趣观看的东西）吗？

● 公众需要（哪怕公众没有兴趣观看）的东西吗？

此外，政府实施的各种规管，难道不正是宪法第一修正案禁止的干预吗？

新理论导致大批规管制度被废除。这些变化发生在过去的 35 年间。2007 年 12 月，FCC 解除了一条历史悠久的禁令，该禁令禁止一家公司在同一座城市或同一个市场内同时拥有一家报社与一家电视台。[1]新规定允许一家公司在同一座城市同时拥有一家报社和一家电视台，条件是：(1)该城市属于 20 个大型传媒市场之一；(2)电视台不是该市场内排名前四的电视台；(3)该市场内至少存在八种独立的"传媒声音"。不过，2011 年 7 月，第 3 巡回区美国上诉法院基于技术方面的理由，否定了 FCC 对交叉所有权的松绑，因为 FCC 没有提前告知公众并征求意见。

FCC 在 2007 年 12 月做出这一变动之前，还修改过其他所有权规定。比如，它在 2003 年放松了原有的所有权规则，不过，这一有争议的做法后被一家联邦上诉法院断然拒绝。相关内容将在后文讨论"普罗米修斯电台项目"(Prometheus Radio Project)案时详述。放松的规定包括：关于一家广播公司能拥有几家电台和/或电视台的规定，限制单人在一座城市内同时拥有报社和广播资产的规定，限制多系统有线电视运营商的用户数量的规定。广播执照（续展之前）的有效期被大大延长。我们将在后文讨论大多数规定（修订后）的细节部分。FCC 同时也废除了大量规定，包括：

● 限制各大电视网拥有、出售电视节目的规定。

● 要求广播公司查明听众、观众的需求和利益，以便制作出最好地服务于公众需求之节目的规定。

● 要求广播公司全面报道社区内重要公共争议的规定，即公正原则。

● 间接限制每小时广告播出时间的规定。

● 禁止单人在全美最大的 50 个市场内同时拥有电台和电视台的规定。

● 限制有线电视公司的收视费的规定。

● 禁止一家无线电视台在一个市场内同时拥有有线电视系统的规定，反之亦然。

● 禁止一家电视网拥有另一家电视网的规定。

● 要求电视台为该台支持的公职候选人的竞争对手提供免费回应时段的规定，同时，如果有人利用电视台损害他人的名誉或信用，电视台也必须为受害者提供免费的反驳时间。

● 要求在同一地方市场拥有无线电视台的有线电视系统不得播出任何无线电视台信号的规定。

普罗米修斯案及其后续影响

2003 年，FCC 决定放松所有权管制，却被司法机关严词拒绝。新规于 2004 年受到数家市民团体的挑战，案件由第 3 巡回区美国上诉法院审理。及至今日，每当 FCC 考虑修改所有权规定时，我们仍能感受到此案余波尚存。

"普罗米修斯电台项目诉 FCC 案"(Prometheus Radio Project v. FCC)[2] 的判决书首先肯认，FCC 有权规管传媒所有权。但更重要的是，判决书写道："FCC 未能充分证明，它对本地电视台所有权、本地电台所有权和本地传媒交叉所有权所做的数量限制是合理的。"第 3 巡回区美国上诉法院指出，FCC 自然有权推翻其禁令（不得在一个传媒社区内同时拥有一家全日制电视台与一家日报，即电视台/报社

交叉所有权规定),但它未能证明,2003 年新规对报社、电台、电视台交叉所有权的数量限制是合理的。

该上诉法院给 FCC 两种选择:一是补充证据,证明放松传媒所有权限制是合理的;二是修改现行规定。该法院暂不允许 FCC 执行新规——它于 2003 年 9 月签发紧急命令,禁止 FCC 实施新规。比尔·卡特(Bill Carter)在《纽约时报》中写道:"传媒公司的管理层弥漫着挫败感",因为"他们有一阵子享受不到 FCC 放松管制的新规带来的好处了"。[3]被禁止的 2003 年新规允许一家传媒集团在同一座城市内拥有一家日报社、三家电视台、八家电台和一个有线电视系统。

不过,普罗米修斯电台项目案判决保留了电视所有权限制(国会 2004 年通过),即 39% 的"全国观众覆盖率"上限。如此一来,Viacom 和新闻公司(News Corp.)这两家拥有众多电视台的公司,就不必卖掉或放弃部分电视台了。"全国观众覆盖率"是一家公司旗下的电视台所能覆盖的家庭总数。特高频(UHF)电视台的覆盖率限制是 50%。一家公司(或一个执照持有者)在全国范围内所能拥有的电台总量不受限制。

2005 年,美国最高法院拒绝审查第 3 巡回区美国上诉法院的判决。这意味着,第 3 巡回区美国上诉法院之前禁止的事项仍被禁止。也就是说,2003 年以前实施的限制性很强的所有权规定(如电视/报社交叉所有权规定,该规定禁止一家公司在同一座城市同时拥有商业无线电视台与日报),仍将在很大程度上控制大众传媒的交易活动,除非 FCC 能更好地证明 2003 年的政策调整,或能制定出新规则。

2011 年 7 月,第 3 巡回区美国上诉法院在普罗米修斯电台项目案中反对 FCC 放松报社/广播交叉所有权限制,理由是,FCC 在 2007 年 12 月改变其规定时,未能履行充分告知公众的义务。

2012 年 6 月,美国最高法院拒绝了论坛报公司(Tribune Co.)、传媒综合公司(Media General, Inc.)和全国广播公司协会(National Association of Broadcasters)等大型传媒公司与传媒机构发起的调卷令申请。这些传媒公司和机构请求美国最高法院审查第 3 巡回区美国上诉法院 2011 年的"普罗米修斯电台项目诉 FCC 案"判决。广播公司希望 FCC 放松所有权限制,尤其是放松报社/广播交叉所有权规定(禁止一家公司或个人在一个市场中同时拥有全日制电台、电视台和日报),对于这些公司而言,美国最高法院的拒绝不啻一次重大打击。报社/广播交叉所有权限制的历史可追溯至 1975 年,彼时的传媒市场环境迥异于今日,有线电视、卫星电视和互联网还远未兴起。

全国广播公司协会对美国最高法院的决定表示"失望,这些规定限制了地方广播公司与全国、跨国对手竞争的能力,而最高法院却拒绝审核这些规则。全国广播公司协会将继续呼吁改革过时的所有权规定"。简言之,广播公司认为,旧规定在互联网时代已经行不通了,新技术使得人们能透过多种平台获取新闻内容。

2014 年,FCC 考虑制定新规,放松或取消影响报社、电视台和电台的交叉所有权的规定。

小 结

广播电台是最早的电子传媒,自诞生之初便受到规管。不过,在 1927 年之前,政府对广播电台的规管微乎其微,政府既无法控制电台数量的增长,也不能让这些电台服务于听众的利益。1927 年,国会通过立法,制定了内容全面的规则,这些规则建基于以下假设:广播公司使用了无线电频道这种宝贵的公共资源,理当服务于公共利益。广播规管就是在这一逻辑下发展起来的。1980 年代,从自由市场经济理论中生长出来的竞争哲学开始统治国会和政府规管机构。在新理论的框架下,传统的市场力量被视为一切产业的最佳规管者。FCC 正设法放松交叉所有权限制,这种努力在 2014 年引发了一场争议。

对广播的基本规管

联邦通信委员会

1934 年《联邦通信法》规定,由七位委员组成的**联邦通信委员会(FCC)**负责规管广播电视业。1982 年,国会将委员人数缩减为五人。FCC 的委员由总统提名,经参议院批准后上任,任期五年。总统指定一名委员担任主席。委员会内,来自同一政党的委员不得超过三人。在奥巴马总统的任期内,FCC 的五位委员有三位来自民主党,两位来自共和党。2013 年,奥巴马总统提名汤姆·惠勒(Tom Wheeler)为 FCC 主席,取代朱利叶斯·格纳考斯基(Julius Genachowski)。惠勒为有线电视业和无线广播业当过说客,还曾是一位风险投资家。

知识窗

互联网与平板电脑上的电视频道

技术改变了我们的收视方式和电视的商业模式,也大大改变了电信业的规管。

2013 年,ABC、CBS、NBC 和福克斯等大型电视网与 Aereo 公司起了冲突,因为 Aereo 公司将这些电视网的信号和电视节目实时传送给用户,供用户在移动互联网上观看。

Aereo 的用户无须订购有线电视,只要每月花 8 美元,就能买到 Aereo 的服务。每位用户分得一个远程小型私人天线(约 10 美分硬币大小,安装在 Aereo 的数据中心)。这些天线连着互联网,用户能在平板电脑、智能手机和计算机上实时观看电视网播出的电视节目,还能把节目录下来。Aereo 起初只在纽约市开展业务,但它计划在 2013、2014 年将业务拓展到 20 多个城市。

各大电视网主张,Aereo 实时传送其内容(未经同意且不付报酬)乃是侵犯其版权。有线电视公司要想播出电视网的内容,一般得付转播费。

2012 年,纽约州一位联邦法官拒绝签发临时禁制令(参见第 1 章中关于衡平法和禁制令的内容)。2013 年 4 月,第 2 巡回区美国上诉法院以 2 比 1 的投票结果,维持对 Aereo 有利的判决。Aereo 得以继续开展业务。电视网宣布不会善罢甘休。

ABC 与 NBC 发布联合声明说,它们"有信心,内容所有者的权利将受到保护,法院终有一天会认识到,国会从未允许 Aereo 这类公司未经授权地转播我们的节目,并从中牟利"。

Aereo 威胁到了电视网的免费商业模式。我们应能在今后两年的新闻中看到这场争议的后续进展。

FCC 与其他行政机构一样,都是奉国会之命行事——FCC 是奉《联邦通信法》行事。该委员会有权力在《联邦通信法》的大体框架下订立具体规则和规管制度,这些规管制度也具有法律效力。1934 年《联邦通信法》对有些问题规定得十分具体。比如,第 315 条(机会平等条款,或称时间均等规则)详述了政治候选人使用广播传媒的规则。但在另一些领域,国会又巧妙地含糊其词。比如,国会要求广播公司根据"公众的利益、便利或需求"运营电台、电视台,对于这句话,一百个人可能有一百种理解。

 知识窗

频谱稀缺性:频道分享与赋予频谱新用途

随着越来越多的人使用智能手机、平板电脑和其他移动无线设备,美国面临着"频谱困境"。2012 年《中产阶级税收减免与创造就业法》(Middle Class Tax Relief and Job Creation Act)的部分内容,即通常所称之《频谱法》(Spectrum Act),专为解决频谱困境而设。具体而言,《频谱法》授权 FCC 在某种激励机制下开展频谱拍卖,并要求 FCC 拍卖一部分甚高频(VHF)和特高频(UHF)波段。FCC 说:"激励性拍卖是一种自愿的、市场化的手段。它鼓励执照持有人自愿让出频谱使用权,换取拍卖所得的部分收益,从而客观上达到重新分配频谱的目的。"拍卖频谱的目的,是重新分配现由无线电视台使用的频谱,以便:(1)满足无线宽带服务不断增长的需求;(2)刺激移动通信领域的革新与发明;(3)确保美国能紧跟全球无线革命。

2012 年,FCC 为广播执照持有人共享单个电视频道建立了制度框架。广播公司可以自愿加入激励性拍卖,拿出一个频道与一家或多家电视台共用。频道分享有助于盘活目前利用不足的电视频道,广播公司在让出频谱的同时,也能继续保持其原有的无线电视服务,这种灵活使用既能满足用户需求,也能兼顾商业需求。广播公司和观众都能从频道分享中受益,而且,频道分享也能释放频谱空间,供新兴的无线服务和移动宽带使用。

权限

国会根据美国宪法商业条款的授权,通过了 1934 年《联邦通信法》。州、县、市对电台、电视台没有规管权。联邦政府在这一立法领域捷足先登(州政府与地方政府只保留规管有线电视和其他电信产业——如公共载具——的一些权限)。1927 年《无线电法》引发了一个问题:联邦政府是否无权规管信号不跨越州界的广播公司和不开展州际商业活动的广播公司? 1933 年,美国最高法院在"联邦无线电委员会诉纳尔逊兄弟公司案"(FRC v. Nelson Brothers)[4] 中判决:州界无法阻隔无线电波,为确保广播设备的有效使用,全国性规管不仅合理,而且必要。

电话公司、电报公司等通信公司,被政府指定为公共载具(common carriers)。公共载具必须与一切意欲使用其服务的客户做生意。电台、电视台不是公共载具。它们想跟谁做生意,就跟谁做生意。此外,FCC 也无权为广播时段定价。广播的立基之本,是执照持有者之间的自由竞争。

FCC 和司法部有权审核传媒公司的合并,合并可能产生传媒巨头,进而影响顾客所收之内容与所付之费用。2011 年,FCC 以 4 比 1 的投票,批准康卡斯特公司(Comcast Corp.)持有 NBC 环球(NBC Universal)51% 的股份。康卡斯特公司是全美最大的有线电视运营商和互联网服务提供商,而 NBC 环球

州、县、市对电台电视台没有规管权。电话公司、电报公司等通信公司,被政府指定为公共载具。公共载具必须与一切意欲使用其服务的客户做生意。电台、电视台不是公共载具。它们想跟谁做生意,就跟谁做生意。广播的立基之本,是执照持有者之间的自由竞争。

的旗下,有 NBC、西班牙语电视频道 Telemundo 和有线频道 CNBC、Bravo 等。这次合并颇有争议,合并后,康卡斯特公司将控制大量内容与节目,恐会妨碍自由竞争。FCC 批准了此次合并,条件是:康卡斯特公司(1)为观众增加地方新闻报道;(2)提高西班牙语节目的多样性;(3)为低收入者提供价格优惠的宽带服务;(4)为学校、图书馆和服务水平较低的社区提供高速宽带等。此外,FCC 还要求康卡斯特公司不得因内容请求方与康卡斯特-NBC 环球有附属关系,就在分配视频内容时给予区别待遇。凡是康卡斯特公司在网上向自己的订户和多视频内容传输商订户提供的内容,也必须向其他多频道视频内容传输商(MVPDs)提供,而且要以公平的市场价值、一视同仁的价格与条件提供。

FCC 调查过康卡斯特-NBC 环球是否遵守上述条款。2012 年 6 月,FCC 又提出一项前所未见的合并条件,要求康卡斯特公司为不愿接受康卡斯特有线电视服务的消费者提供价格合理的宽带选择。对于那些不愿捆绑使用有线电视和宽带的消费者而言,这是件好事,以后,他们就可以单独购买宽带服务了。FCC 主席朱利叶斯·格纳考斯基声称,同意令规定的这项条件,将实施至 2015 年 2 月 21 日,它"将确保消费者能单选康卡斯特的宽带服务,这不仅对消费者有利,而且能激发网络视频供应商与卫星供应商的竞争意识"。这是 FCC 历史上第一个增加合并条件的同意令。此外,康卡斯特公司同意付给财政部 80 万美元。这明确表明,广播公司固然可以自由竞争,却不能因为自己使用了频率和波段 3 年或 300 年,就自以为拥有了这一公共资源。执照颁发之时,广播公司必须签署一个文件,声明该公司对某频率的使用并非永久使用。

知识窗

调低恼人电视广告的音量

电视广告是不是吵得你心烦意乱?一条新规从 2012 年 12 月开始实施,它要求电视广告必须与相邻电视节目(无论广告是在节目之前、之中还是之后)的平均音量一致。简言之,电视广告不能再以音量刺激观众。以上规定是国会《商业广告之噪声缓解法》(Commercial Advertisement Loudness Mitigation Act)的部分内容。该规定早在 2011 年 12 月就已出台,但 FCC 给无线电视台和付费电视供应商一年的时间适应新法。《商业广告之噪声缓解法》还规定,较小的广播公司若能证明自己在购置遵守该法所需的设备时有经济压力,就能得到一年宽免期。

审查权

严格而言,FCC 无权审查广播公司。《联邦通信法》第 326 条规定:

不得将本法的任何内容理解或解读为授权联邦通信委员会审查无线电内容或无线电台传送的信号,联邦通信委员会也不得宣布或确定,在某一条件下,它可以干涉经由无线电传播自由言论的权利。

禁止审查的要求在一些个案中得到严格执行。不过,只要广播公司播出一点儿违法内容,FCC 就可以采用罚款、拒绝续展执照等手段施以惩戒。1978 年,美国最高法院认可 FCC 对第 326 条的这种理解,支持 FCC 对纽约州无线电台 WBAI 的责难。事情的起因是,FCC 认为,该台播出的喜剧演员乔治·卡林(George Carlin)的独角戏用语不雅。[5] 大多数人称此事为"审查"。可以说,第 326 条的意义有限,对广播公司而言没多大价值。

FCC 在对付美国的广播公司方面拥有广泛的权力,包括规管美国广播网的活动(参见"全国广播公司诉美国案"[6])。《联邦通信法》第 303 条总结了 FCC 的基本职责,包括确定电台、电视台的分类,决定执照持有人必须使用的功率与技术设施,日间及夜间可用于播出的时长。FCC 还负责管理台址的选定、各台的服务区域、频率与波长的分配,甚至指定呼号。广播公司不经 FCC 批准或同意即可自作主张的事情不多。

2009 年,FCC 监管了全美的广播电视公司大规模地从模拟信号转换为数字信号的过程,这足可证明,FCC 拥有广泛的权力。

不过,FCC 的核心权力仍是颁发、续展执照与规管节目制作和节目内容。本章的剩余部分将围绕这些权力展开。

颁发执照

为广播公司颁发执照,是 FCC 最重要的职能之一。除了设立新台要向 FCC 申请执照以外,广播公司在做出大多数变动(如增加功率,改变天线的高度或地址,出售电台、电视台,所有权转让,等等)之前,也必须得到 FCC 的批准。例如 2010 年,康卡斯特公司、通用电气(General Electric)和 NBC 环球公司向 FCC 申请,请求 FCC 批准它们将一些电台、电视台、卫星地面站的执照转让给它们计划设立的新公司——新的 NBC 环球。电台、电视台的广播执照有效期为八年。

FCC 的传媒局(Media Bureau)负责为美国境内的无线电台和电视台颁发执照。2012年 10 月,FCC 公布了以下数据:

- 4 745 家有执照的 AM 电台
- 6 580 家有执照的商业 FM 电台
- 3 803 家有执照的教育 FM 电台
- 1 387 家全功率商业(UHF 与 VHF)电视台

除此之外,FCC 也为转播器、升压放大器和低功率电视台颁发执照。

没有执照的电台,也称盗版电台,于今仍然存在。它们是 FCC 执行局(Enforcement Bureau)的执行对象,执行的内容包括没收设备、罚款、取消日后持有 FCC 执照的资格、处以刑罚。

例如,2012 年,FCC 对小艾伯特·R. 奈特恩(Albert R. Knighten, Jr.)罚款 1 200 美元,因为奈特恩故意在佛罗里达州迈尔斯堡(Fort Myers)的住处经营一家没有执照的无线电发射机,使用频率 107.5MHz。同年,FCC 对伯特·宾(Burt Byng)罚款一万美元,因为宾在迈阿密经营一家没有执照的电台,使用频率 107.1MHz。在此类案件中,FCC 执行局的工作人员采用方位测定技术来定位无线电信号的发射源。

广播执照的申请者面临两种情况,一是设立新台,一是购买老台。无论哪种情况,程序都极为复杂。熟悉 FCC 规则的律师会全程指导申请者。要想申请一张新台执照(在广播频谱日渐拥挤的情况下,这种情况益发罕见),先得获得建造许可。取得建造许可是最大的难关。如果申请者得到建造许可,如果建造工程符合技术要求,且工程在规定时限内完成,FCC 一般都会颁发执照。

执照持有人必须满足以下条件:

1. 申请者必须是美国公民。外资股份低于 25% 的公司也满足该项条件。[7]

2. 申请者拥有充足的经费,在没有广告收入的情况下,也能建设并运营至少三个月。

3. 申请者拥有经营电台、电视台的技术资格,或者能聘请拥有这种技术资格的工作人员。

4. 申请者品行端正,在与 FCC 打交道时诚实守信、开诚布公。在申请书中弄虚作假的结果是自讨苦吃。如果申请者有重罪记录或违反 FCC 规定的记录,这一方面也会失分。

多重所有权规则

　　一个人或一家公司可以拥有多少广播资产？美国政府对此素有上限规定。1984 年，这个数字是 21——7 家电视台、7 家 AM 电台和 7 家 FM 电台。该规定反映了经典的自由主义宪法第一修正案理论，亦即，意见自由市场中的声音越多，人们越有可能认识和发现真理。在过去的 25 年间，这些规定在广播业和国会的压力下逐渐式微。联邦法院也判决，除非政府能证明这些规则有益于公共利益，否则便应取消。泛泛地主张多元声音对国家有好处的做法，于今已是难以为继。

　　2014 年，关乎所有权问题的重要联邦规则（仍然有效）包括：

　　● **电视台/报社交叉所有权规定**：一般禁止单一实体在同一市场内同时拥有提供全套服务的电台、电视台和日报。[8]

　　● **全国电视台所有权规定**：单一实体可以在全国拥有多家电视台，数量不限，只要观众不满全国电视观众总数的 39% 即可。

　　● **全国电台所有权规定**：单一实体可以在全国范围内拥有多家电台，数量不限。2014 年，得克萨斯州 Clear Channel 经营的电台超过 840 家，活跃在近 150 个市场上，每月听众超过 2 亿。

　　● **地方电视台所有权限制**：单一实体可以在一个地方市场（即 FCC 所称之"指定市场区域"或 DMA）内拥有两家电视台，条件是：(1) 两家电视台的覆盖范围不重叠；或 (2) 至少有一家电视台不是观众数量排名全国前四的电视台，如果这两家电视台合并，市场上至少还应有 8 家独立所有、独立运营的商业或非商业全功率电视台。

　　● **地方电台所有权限制**：地方市场的规模不同，限制也有所不同。一般而言：(a) 如果地方市场共有 14 家或不到 14 家电台，单一实体最多可拥有 5 家商业电台，提供同一服务（如 AM 或 FM）的不超过 3 家；(b) 如果地方市场共有 15～29 家电台，单一实体最多可拥有 6

家商业电台，提供同一服务的不超过 4 家；(c) 如果地方市场上共有 30～44（包括 44）家电台，单一实体最多可拥有 7 家商业电台，提供单一服务的不超过 4 家；(d) 如果地方市场共有 45 家或 45 家以上电台，单一实体最多可拥有 8 家商业电台，提供同一服务的不超过 5 家。

　　● **双重电视网禁令**：电视网的多重所有权一般可被允许，但全美"四大"电视网（ABC、CBS、福克斯和 NBC）不得合并。

　　政府还希望，电信财产的所有权能表现出种族多样性与性别多样性。FCC 时不时地出台一些项目，想降低黑人、西班牙裔、其他少数族裔与女性拥有电台、电视台的难度和在电台、电视台找工作的难度。多数情况下，法院对此持怀疑的态度。1990 年，美国最高法院肯认了这些优先项目的合宪性，威廉·布伦南大法官在判决书中写道，为了实现重要的政府目标，联邦政府有权采用"有意善待种族"的方法。布伦南说，提高广播所有权的多样性，是重要的政府目标。[9] 不过到了 1995 年，大量"肯定性行动"（affirmative action）项目受到辛辣批评。不出所料，美国最高法院在 1995 年的一起判决中推翻了早前的立场，它说，政府施惠于少数族裔的特别关照项目是违法的。[10] 2002 年，FCC 再度尝试提高广播领域的种族多样性，它制定了一套新规定，要求广播公司在为空缺岗位招聘工作人员或制定更长期的招聘方案时，必须通知社区所有成员这一求职机会。政府在颁发和续展执照时，会严格审查这些记录，但在许多观察家看来，新制度的"强制性"比不上老办法。

　　所有权多样性的欠缺，至今仍是问题。2012 年 12 月，FCC 传媒局的主管发布声明说："少数族裔和女性拥有电台、电视台的数量低得不成比例。"

　　通常情况下，一张广播执照的申请者不止一人。FCC 过去采用一套详细方案来判断申请者的资格。但一家联邦法院 1993 年判决，该程序武断、任性，与执照申请者日后能否服务于公共利益几乎无关。[11] 正当FCC费尽心思地为听证程序设立新标准时,国会介入此事,它告诉FCC,未来应将执照颁发给出价最高的合格申请者。换言之,FCC应引进拍卖机制。如今,大多数执照都是通过这种方式颁发出去的。

执照持有人不必花钱购买执照,但要想持有执照,每年得交一笔执照费。执照费的金额多少,取决于持有人持有的是电视台执照还是电台执照,以及所服务的市场的规模。

执照续展

广播执照每8年续展一次。执照续展程序不是自动的,但也相差无几。除非执照持有人在过去8年间犯过严重错误,否则FCC不会考虑其他申请者。国会曾指示FCC,凡满足以下条件的,应当续展其执照:

1. 服务于公众的利益、便利与需求。

2. 执照持有人不曾严重违反《联邦通信法》或FCC的规定。

3. 执照持有人没有其他违反《联邦通信法》或FCC规定的情事(加起来构成滥用)。

 案例

鲁珀特·默多克、新闻集团与电话黑客: 福克斯电视台该失去执照吗?

2013年5月,FCC驳回了非营利性监督机构"负责任、讲道德之华盛顿公民"(Citizens for Responsibility and Ethics in Washington,CREW)的请愿。CREW请求FCC拒绝三家福克斯电视台(由新闻集团拥有并经营)的执照续展申请。

CREW认为,这三家电视台不能再以"公共利益"之名义持有执照,因为新闻集团及其主席鲁珀特·默多克"从事恶名昭彰、违背良知的违法行为,这些行为已经排除合理怀疑地证明了,新闻集团旗下的福克斯电视台没有资格在美国持有广播执照"。CREW特别指出,"鲁珀特·默多克在美国和英国实施的违法行为恶名昭彰,其中包括:新闻集团的职员向英国政府官员行贿,违反《海外腐败

法》(Foreign Corrupt Practices Act);宣誓后作伪证;新闻集团黑入'9·11'受害者的手机语音信箱"。

FCC驳回了CREW的请愿。它强调,CREW"指出的问题尚未有最终判决结果"。FCC特别说明,它"在审核申请者、其母公司或其负责人的不法情事(FCC无权插手)时,只能以既判的不法行为作为根据"。FCC又给CREW留下了一点念想,它写道:"我们今日之决定,丝毫不会削减CREW所提出之问题的严重性,不代表FCC对正在进行的调查做出判断,也不代表相关判决结果出来之后FCC会如何做决定。"简言之,FCC认为,在这些问题有最终结论之前,拒绝这几家电视台的执照续展申请为时过早。

执照续展程序不是自动的,但也相差无几。除非执照持有人在过去8年间犯过严重错误,否则FCC不会考虑其他申请者。如果FCC认为执照持有者不满足条件,它必须拒绝续展执照,然后才可以考虑其他申请者。

《联邦通信法》特别指出,FCC不能考虑,是否将执照转发给其他申请者能更好地服务于公共利益。如果FCC认为执照持有者不满足条件,它必须拒绝续展执照,然后才可以考虑其他申请者。

FCC特别在意哪些违

法情事呢?播出虚假广告的电台、电视台,曾在申请续展时被拒。[12] 仅供老板私用的电台、电视台,也曾在申请续展时遭拒。[13] 如果电台、电视台不能充分监管所播出的节目,执照可能得不到续展。[14] 如今,FCC拒绝续展申请的主要原因是申请人在申请时撒谎造假。数家联邦法院曾判决,FCC拒绝续展执照不违反宪法第一修正案。哥伦比亚特区美国上诉法院承认,执照持有者被剥夺广播权,的确有

可能引发宪法第一修正案问题,但它在 80 多年前这样判决道:

这并不意味着,政府不能通过国会设立的行政机构,拒绝给滥用执照、播出诽谤内容或不实内容的人续展执照。这不是取消言论自由,只是国会在法定权限内行使规管权而已。[15]

此前一年,另一家美国上诉法院曾判决,FCC 完全有权利根据申请者的播出活动,决定是否续展其执照。

 知识窗

无需执照,即可使用空白地带:
填充频谱空缺

FCC 于 2008 年订立规则,允许新的无线设备与移动设备在没有执照的情况下,使用尚未被使用的广播电视频谱(称为"空白地带")。这些空白地带处在电视频道与更老的技术(如别在舞台演员、橄榄球裁判和教练身上的无线麦克风)所使用的空间之间。

新规则仍允许无线麦克风使用空白地带,同时也允许其他传输宽带数据的新设备使用这一空间,只要这些设备不干扰电视频道或无线麦克风即可。新设备需经 FCC 实验室鉴定,若造成有害干扰,将被逐出市场。

公众的作用与在线监督文件

听众和观众也会反对申请者续展执照,尽管这种情况鲜少发生。电台或电视台提出续展申请之后,民众可以向 FCC 发起正式请愿和非正式反对。请愿的截止日,是执照到期前一个月。除了发起正式请愿之外,人们还可以在 http://www.fcc.gov/complaints 上提交非正式投诉。

每家电台、电视台都必须公开文件,供公众监督、检视。FCC 要求,这些文件中,必须有"关于各台运作和各台为所在社区服务的各种信息,包括各台出售或赠与的政治时间、各台就重要社区问题播出的节目的季度清单、有关各台所有权和各台向 FCC 提出申请的数据"。

2012 年,FCC 修改了文件公开规定,要求电视台将文件存放在 FCC 运营的互联网数据库中,不再以纸质文件的形式存放在电视台。这一规定在两年内分阶段实施,从最大市场内的电视台开始。此举有利于公众查阅信息,公众不必再亲往电视台查阅、复印文件,但遭到广播公司的强烈反对,它们反对将政治候选人购买时段的广告费公之于众。

为什么呢?因为法律规定,电视台只能向政治候选人收取广告底价。电视台认为,如果公开相关信息,广告商就会砍价,要求与候选人和政治利益团体享受同等待遇。2012 年 4 月,全国广播公司协会声称:"若是 FCC 强使广播公司成为唯——种在互联网上公开政治广告费的传媒,那就是打击日日免费向数百万美国人提供地方新闻、娱乐、体育和气象信息的电视台的竞争力。"不过反过来说,有了这一公开规定,公众要想了解候选人花了多少钱做广告、购买了多少广告就方便多了。

2012 年 8 月,FCC 的公众检视文件网站投入使用,地址是 http://stations.fcc.gov。更多信息可见于 http://www.fcc.gov/guides/online-public-inspection-file-access-and-information。此后,广播公司制作的公共文件都必须上网,广播公司必须在六个月内上传公共文件。只有四大电视网(ABC、CBS、NBC 和福克斯)在全美前 50 个电视市场中的附属台,才必须上传政治文件。

小　结

国会设立FCC(共五名委员)的目的是规管广播业。一切无线广播与影响无线广播的电子通信,FCC皆有责任规管。法律明令禁止FCC审查节目内容,但其实,FCC对播出内容拥有相当大的控制权。FCC以颁发执照、续展执照的程序确保广播公司满足特定的标准,包括节目标准。

电台、电视台的执照有效期是8年。要想获得执照,申请人必须满足国会和FCC提出的数项重要条件。如果一张执照同时有两人或多人申请,FCC会采用竞拍的方式。如今,拍卖取代了考察申请者优点的比较听证程序。比较听证程序花销大、耗时久,而且,曾有法院判决,该程序所使用的标准,至少有一项根本无法实行。听众和观众可以反对FCC给某位申请者续展执照。不过这种情况相对罕见,近期的规则变化更是令普通公民难以发起有效的挑战。

节目内容的规管

制裁

广播公司若不遵守节目制作规定,在申请续展时可能会失去执照。不过,FCC极少动用这种制裁,要想对付不守规矩的电台、电视台,其他制裁手段还有很多(参见下框)。

违反内容规定,可能面临以下制裁

1. 警告。
2. 罚款(这种方式如今日益常见)。
3. 续展执照时附加条件。
4. 吊销广播执照(极少使用)。

广播公司在节目的制作、播出方面,肩负着多重职能,大至服务所在社区的公共利益,小至在日间、夜间的规定时间内插播适当的间歇节目。进入新世纪后,节目内容规则与执照颁发规则一样,也在迅速变化。FCC做了一些调整,不过,坚持要求FCC放弃或修改老规则的,其实是法院。比如美国最高法院判决,有关彩票信息与彩票广告的规则是违宪的。[16]

> FCC在规管节目内容时,可以插手电台、电视台的节目安排吗?

FCC在规管节目内容时,可以插手电台、电视台的节目安排吗?多年来,一直有市民团体向FCC呼吁,当某家电台放弃一种音乐形式(如古典音乐)力推另一种音乐形式(摇滚)时,FCC应当插手干预,FCC一直不予理会。听众继而诉至联邦法院。1970年,法院命令FCC审查一家电台在节目安排上的变化(该台裁撤了一种独特节目,引发社区民众抗议)。[17]1974年,哥伦比亚特区美国上诉法院又进一步要求,凡有电台取消独特节目而社区民众表示反对的,FCC应当召开听证会。[18]所谓独特节目,就是本地市场内其他电台不播出的节目。没了这种节目,社区民众将无缘接触到某种音乐或节目。此等抗议多发生在地方电台放弃古典音乐节目时,这时,古典音乐爱好者往往会提出抗议。但在1981年的西雅图,当社区(当时)唯一一家音乐台放弃摇滚乐时,摇滚乐迷也发起了抗议。1970年代末,FCC不顾法院的判例,坚持认为广播公司的节目安排应由市场决定,政府不该插手干预。1981年,美国最高法院支持FCC的主张,推翻了一家联邦下级法院的判决(要求FCC就广播公司改变节目安排一事召开听证会)。拜伦·怀特大法官代表多数派执笔法院判决意见,他写道:"FCC 认为,与其听命于不满的听众,不如倚赖市场力量。我们同意这一主张,故拒绝推翻 FCC 的相关政策。"不过,怀特大法官提醒 FCC 提防其政策的后果,准备好必要时调整规则,以便更好地服务于公共利益。[19]

儿童节目的规管

FCC 在两个关键方面规管儿童电视节目:

1. 限制儿童节目中的商业广告。

2. 就必须播出的教育节目提出要求。

在限制商业广告方面,FCC 强制规定,在主要针对 12 岁及 12 岁以下儿童的一小时节目中,周末时的广告不得超过 10 分半钟,平时的广告不得超过 12 分钟。以上限制不适用于完全禁止商业广告的非商业性教育台。FCC 还禁止针对儿童的"节目时长的广告"(program-length commercials)。何为"节目时长的广告"? 如果某产品的广告在有关该产品的节目中播出,那么整个节目都可算作广告时间,比如卡通节目播出节目内相关角色的玩偶广告。儿童节目与广告之间必须有缓冲地带或停顿时间,以便未成年人区辨表演和广告。

至于教育节目,FCC 曾于 1996 年根据 1990 年《儿童电视法》(Children's Television Act)制定了指导规则,要求广播公司每周至少播出三小时"核心教育节目"(每六个月考察一次平均数,以便广播电视公司灵活安排节目)。这类节目必须特别设计,以满足 16 岁及 16 岁以下儿童的教育或信息需求。它必须:

● 长达 30 分钟;

● 在早 7 点至晚 10 点之间播出;

● 是每周播出的常规节目,被其他节目占用的时间不得超过 10%。

有关儿童电视节目规则的最新完整信息,可见于 FCC 的网站,地址是:http://www.fcc.gov/guides/childrens-educational-television。

为了保护儿童观众,FCC 从 2009 年开始执行 2008 年 12 月通过的 2007 年《儿童安全观影法》(Child Safe Viewing Act)。FCC 依该法启动了一项程序,考察"可用于不同传播设备或平台的先进拦截技术"。该项目旨在考察符合以下条件的拦截技术:(1)可应用于多种传输平台与设备;(2)能根据字幕信息过滤语言;(3)能根据事先确立的分级标准独立地进行分级;(4)能有效帮助家长保护儿童远离不雅或令人反感的节目(由家长自行判断)。这种技术还能增强电视机(2000 年后在美国境内出售的、屏幕为 13 英寸和 13 英寸以上的电视机)中的电脑芯片。本章后文将进一步说明,芯片如何与"电视分级制度"(TV Parental Guidelines,依观众年龄与节目内容对电视节目进行评级)配合工作。

FCC 的儿童节目规则不仅适用于无线电视台,也适用于有线电视和卫星电视。有线电视和卫星电视会遵守这些规则吗? 2012 年 7 月,FCC 执行局的工作人员录下多家有线电视和卫星电视的儿童节目(面向 12 岁及 12 岁以下儿童的节目),并加以审核,之后执行局发布了一份报告。结论是:"有线电视和卫星电视很好地遵守了《儿童安全观影法》。执行局未发现广告方面的违禁情况。"

> 联邦通信委员会(FCC)还禁止针对儿童的"节目时长的广告",即如果某产品的广告在有关该产品的节目中播出,那么整个节目都可算作广告时间,比如卡通节目播出节目内相关角色的玩偶广告。儿童节目与广告之间必须有缓冲地带或停顿时间,以便未成年人区辨表演和广告。

淫秽、不雅与亵渎材料

"真他妈(fucking)太棒了!"橄榄球四分卫乔·弗拉科(Joe Flacco)难掩兴奋地向队友这

根据联邦法、州法和地方法,销售、散布或出版淫秽品均属非法。淫秽品不受宪法第一修正案保护。与此类似,根据《联邦通信法》,电视台或电台播出淫秽内容也属于非法。不过,联邦法律还规定,电台、电视台播出不雅材料也是非法的。

样喊道。就在巴尔的摩乌鸦队赢得 2013 年超级碗的片刻之后,这句话透过 CBS 电视网,传到数百万观众(包括孩子)的耳中。FCC 是否可以因 CBS 播出这一即兴而发的粗口,就对它开出罚单呢? CBS 在播出中场休息时,采用延时机制(因担心再次发生"乳头门"之类事件),但赛后场景是现场直播的。"父母监督电视协会"(Parents Television Council,一家监督广播内容的机构)的蒂姆·温特(Tim Winter)说:"臭名昭著的珍妮特·杰克逊(Janet Jackson)

事件发生 9 年之后,电视网照旧在收视率最高的年度电视盛事中发生'失误',我们真是受够了。"在这一小节中,我们将讨论 FCC 规管特定时段内不雅内容的权力。

根据联邦法、州法和地方法,销售、散布或出版淫秽品均属非法。淫秽品不受宪法第一修正案保护(参见第 13 章)。与此类似,根据《联邦通信法》,电视台或电台播出淫秽内容也属于非法。不过,联邦法律还规定,电台、电视台播出不雅材料也是非法的(有线电视受区别对待,后文再谈)。美国有多家法院定义过"淫秽",但要为"不雅"找到一个可操作的定义,则要难得多。

 案例

波士顿、戴维·奥尔蒂斯(David Ortiz)和 FCC: "这他妈的是我们的城市"

2013 年 4 月,制造波士顿马拉松恐袭事件的恐怖分子落网了,此后不久,波士顿红袜队(Red Sox)的重击手戴维·"老爹"·奥尔蒂斯(David "Big Papi" Ortiz)在芬威公园(Fenway Park)向球迷发表了情绪激动的演讲。奥尔蒂斯说:"这他妈的(fucking)是我们的城市,谁也别想夺走我们的自由。"电台和电视台现场直播了这次演讲。FCC 是否会打击不雅言论,追究播出以上内容的电台、电视台呢?

答案是否定的,FCC 主席朱利叶斯·格纳考斯基旋即在推特上回答道:"戴维·奥尔蒂斯今天在红袜队的比赛上道出了他的心声。我支持老爹和波士顿人。"

此事表明,何为"不雅"之判断具有很强的主观性。它还透露出一个信息:FCC 只追究那些"恶劣"至极的不雅事件。

以无线电波播出淫秽内容从未成为严重问题。以前,不雅也不是问题,近年来,情况才有所改变。1975 年,ABC、CBS 和 NBC 在全国广播公司协会和 FCC 的配合下,在黄金时段开辟出一个"家庭时间",令这一问题首度得到全国关注。[20] 美国大多数无线电视台都曾签字遵守全国广播公司协会制定的节目政策,它们得到通知:晚 7 点至 9 点是全家人齐聚观看电视的时间,该时段内不得播出含有情色意味或过度暴力的节目。结果是,经过数月愚蠢的自我审查[比如,有节目删除了"处女"一词;又如,在雪儿(Cher)和克萝丽丝·利奇曼

(Cloris Leachman)出演的节目中,演员们换上了更保守的戏服],一家联邦法院判决,这些限制违反了宪法第一修正案,因为它们是在 FCC 的诱导下产生的。[21]

与 HBO、MTV 等有线电视频道(它们执行的标准宽松得多)不同,无线电视台极少受到不雅投诉,因为它想吸引的受众人多面广。相反,无线电台的脸皮倒是厚得多,时常因播出不雅材料而收到罚单。不过,电视台近年来也开始试探法律边界。2004 年超级碗中场休息期间,CBS 播出了歌手珍妮特·杰克逊胸部走光的惊鸿一瞥,激起一片反对声浪,包括气

势汹汹的国会听证会。超级碗走光事件引发的诉讼,于 2004 年 9 月正式开始。2006 年,国会表白了惩治不雅内容的决心,将 FCC 针对单起不雅事件或亵渎内容的最高罚金从 32 500 美元提高到骇人的 325 000 美元。罚款金额的大幅提升,逼使广播公司在播出涉嫌不雅的内容之前三思而行。2004 年珍妮特·杰克逊走光事件发生之后,多家广播公司在国会和 FCC 的政治压力下开始实施自我审查——例如,NBC 从剧集《急诊室》(ER)中删除了 80 岁病人胸部的镜头[22],2004 年 11 月,ABC 的数家附属台决定不播出史蒂文·斯皮尔伯格(Steven Spielberg)的电影《拯救大兵瑞恩》(Saving Private Ryan),因为其中有粗口和密集暴力。[23]广播公司还情愿以巨额金钱换取不雅诉讼的迅速和解。比如,全美最大的连锁电台公司、拥有 800 多家电台的清晰频道传播公司(Clear Channel Communications)向 FCC 支付 175 万美元,以平息听众提出的多起不雅投诉,此金额创下了历史纪录。该公司还为霍华德·斯特恩等电台名嘴播出的节目内容交了 80 万美元罚款。斯特恩 2004 年宣布,他将于 2006 年离开所在电台,跳槽至天狼星卫星电台(Sirius Satellite Radio),以逃避 FCC 的罚款和清晰频道的自我审查。卫星电台尚不受 FCC 的不雅规管。

这种局面是如何形成的呢?其肇始或可追溯至 35 年前的"FCC 诉太平洋基金案"(FCC v. Pacifica Foundation)。1978 年,美国最高法院判决,禁止在特定时段内透过电波播出不雅内容的规定,不违反宪法第一修正案。美国最高法院维持了 FCC 的裁决,即纽约市 WBAI 电台于午后时分播出喜剧演员乔治·卡林的独角戏系属违法。[24]这场独角戏名为《七个脏词》(Seven Dirty Words),在一次有关英语的长篇讨论中播出。FCC 说,它不允许**"在儿童有可能观看的时段内**,以当代社区标准视为明显冒犯性的语言描述性器官和排泄器官、性行为和排泄行为"。FCC 说,儿童不太可能在晚 10 点至早 6 点收听电台或观看电视,后来,它将这八小时命名为成人节目

的避风港。卡林已于 2008 年去世,他留给 FCC 的遗产却留存至今,依然困扰着播出不雅内容的广播公司。

在美国最高法院做成这起判决后的多年里,FCC 继续打磨有关不雅内容的政策。FCC 的政策屡被诉至法院,但经受住了考验。[25] 2001 年,FCC 公布了有关不雅节目的相当全面、综合的新政策。[26]

FCC 的"不雅"定义沿袭了原有标准,它的定义是:在特定语境中,以当代社区标准视为明显冒犯性的方式,表现或描绘性器官和排泄器官、性行为和排泄行为。在断定某广播内容不雅之前,FCC 先得认准两件事。第一,相关材料必须属于不雅的范畴;换言之,它必须表现或描绘性器官和排泄器官、性行为和排泄行为。第二,依当代社区标准判断,该材料在广播传媒播出具有明显冒犯性。当代社区标准不是地方标准,不是某一地理区域内的标准,而是普通观众和听众的标准。

请注意,要想符合 FCC 的不雅定义,言论必须关涉性行为、排泄行为或性器官、排泄器官。这样说来,2007 年电台主持人唐·伊穆斯称罗格斯大学女篮队员为"卷毛荡妇",就算不得不雅。这种言论固然是种族主义的、冒犯性的、讨厌的,但没有描绘性器官或排泄器官、性行为或排泄行为。因此,CBS 电台解雇伊穆斯可以说是社群审查(参见第 2 章有关社群审查的内容),而非政府审查,更准确地说,这是公司审查。

"不雅"的定义与两步判定程序至今未变,但 FCC 于 2004 年下达了一道有争议的命令,彻底改变了 FCC 解释与适用该标准的方式。FCC 说,NBC 在 FCC 规定的安全港时段之外,播出爱尔兰摇滚乐队 U2 的主唱博诺(Bono)在 2003 年金球奖颁奖礼上发表获奖感言时所说的"真他妈(fucking)太棒了",属于播出"违反不雅与亵渎禁令的材料"。[27]这一论断令不少法律评论家大惊失色,为什么呢?因为博

> 在断定某广播内容不雅之前,联邦通信委员会(FCC)先得认准两件事:相关材料必须属于不雅的范畴;依普通观众和听众的标准,该材料在广播传媒播出具有明显冒犯性。

诺在现场只说过一次"他妈的"，并且稍纵即逝——没有反复使用或着重强调，而反复使用或着重强调是 FCC 以往判断言论是否具有明显冒犯性时特别关注的重要因素——而且，该词之使用与性无关，它只是为了强调 U2 获得最佳原创歌曲奖这件事有多棒。而且，NBC 的工作人员事先不知道博诺会使用这个脏词，NBC 之后在西海岸播出这个节目时，就"哔哔"掉了这个词（该节目在东海岸是现场直播的）。

FCC 不顾以上事实，径自得出结论说，博诺的用语在当时的语境下是不雅的、亵渎的。FCC 重申了判断不雅的两步程序，它写道："认定不雅，至少涉及两个基本判断。第一，涉嫌不雅的材料必须符合我们对不雅的定义，即该材料必须表现或描绘性器官、排泄器官或性行为、排泄行为……。第二，播出的内容，依当代社区标准判断具有明显冒犯性。"

FCC 认为，"鉴于'F 打头之词'的核心意思，在任何语境中使用这个词或它的变体，都天然地具有性意味，故符合不雅定义的第一条要求"。它接着又进入第二步程序（对电视传媒而言，博诺的言论依当代社区标准判断，是否具有明显冒犯性），它写道：

> 在英语中，"F 打头之词"是对性行为的最粗鲁、最形象、最赤裸裸的描写。该词之使用，一贯会召唤出一幅鄙俗的性爱图像。在全国播出的授奖典礼上无端使用该词着实令人震惊。NBC 举不出使用该词的政治价值、科学价值或其他独立价值，也举不出能减轻该词之冒犯性的其他因素。

FCC 由此断言，金球奖的直播节目是不雅的。重要的是，FCC 指出，NBC 本可以避免这个问题。它写道，该电视网"与其他执照持有者本来可以轻松避免播出不雅内容，只要将节目延迟一会儿播出，就有足够的时间屏蔽这个冒犯性单词"。FCC 接着又给不雅定义增加了一个新元素，它说："广播公司在现场直播中阻截瞬间粗口的难易程度，也是我们判断单次、无端使用粗俗脏话是否构成不雅的因素之一。"FCC 还写道："不能仅因特定词语或短语未被拖长或重复，就得出冒犯性材料非属不雅的结论。"FCC 最后还指出，NBC 确实不希望节目中出现冒犯性语言，但这不影响 FCC 对不雅的判断。

不仅如此，FCC 还说该节目亵渎。联邦法规定："以无线电波发表淫秽、不雅或亵渎言论者，可被处以罚金或两年以下监禁，或两刑并科。"[28] 金球奖博诺事件之前，FCC 素将"亵渎言论"定义为"对上帝的亵渎或对神的诅咒"。然而它在 2004 年 3 月一反常态，认定博诺的发言是亵渎。FCC 写道：

> 我们要提醒广播公司注意，FCC 不会再将亵渎言论仅仅定义为亵渎上帝或诅咒神的言论。我们还将根据语境，审查早 6 点至晚 10 点播出的"F 打头之词"和其他高度冒犯性词语（或变体）是否具有亵渎性。我们将逐一分析其他可能具有亵渎性的词语或短语。

概言之，2004 年 FCC 对博诺言论的处理，标志着一种净化电波言论的咄咄逼人的新态势。FCC 不仅认为博诺的言论不雅，还打开了第二条攻击路径——借亵渎之名规管广播内容。2014 年，FCC 将亵渎言论定义为"亲闻该言论之公众成员极受冒犯，其强烈程度堪比公害"。

2004 年 9 月，FCC 再次根据不雅标准，发出"明白责任通知"（Notice of Apparent Liability），向播出 2004 年 2 月 1 日超级碗中场休息秀的多名电视执照持有者开出罚单，总计 55 万美元。[29] 在当时而言，这是 FCC 向广播公司（即 CBS 各附属台）开出的最高额不雅罚单。问题出在珍妮特·杰克逊和贾斯廷·廷伯莱克（Justin Timerlake）身上。二人在中场休息时演唱《摇摆你的身体》（*Rock Your Body*），曲终之时，廷伯莱克扯落了杰克逊的部分紧身皮胸衣。杰克逊的胸部蓦地暴露在镜头前，这

2014 年，FCC 将亵渎言论定义为"亲闻该言论之公众成员极受冒犯，其强烈程度堪比公害"。

时，廷伯莱克正好唱到最后一句歌词"唱完这首歌前，我要让你一丝不挂"。

FCC 以两步法分析了这场表演：首先，考察该节目是否描写或刻画性器官或排泄器官、性行为或排泄行为；其次，依当代社区标准判断，播出内容是否具有明显冒犯性。第一个标准很好满足，FCC 写道，杰克逊的裸胸暴露在镜头前，显然表现了性器官。至于第二个标准——播出内容是否具有明显冒犯性——FCC 提出了常用于判断明显冒犯性的三个因素：

1. 描写的露骨性或形象性
2. 是否着重描写或反复详细描写性器官、排泄器官或性行为、排泄行为
3. 是否着眼于震惊、撩拨或勾引他人

FCC 综合考察了以上三个因素，得出的结论是：上述走光节目具有明显冒犯性。它先指出，录像"表明，杰克逊和廷伯莱克的表演具有露骨性和形象性，这一点殆无疑义。二人的表演，在廷伯莱克先生扯下杰克逊女士的紧身胸衣，露出其裸胸之一瞬达到高潮。CBS 承认其附属电视台播出了这一内容，包括杰克逊女士袒胸露乳的形象"。FCC 又说："裸露的目的，是勾引、撩拨和震惊电视观众。杰克逊女士走光时间很短，但这不具有决定性。"

超级碗事件不是 FCC 打击不雅的终点。同年，FCC 还对福克斯电视网的 169 家电视台开出罚单，总额超过 118 万美元（是超级碗罚款的两倍有余，创下了不雅罚金的新纪录）。在福克斯电视网 2003 年 4 月播出的真人秀《美国婚礼》（"Married by America"）中，有这样的画面：一场派对上，人们以颇具性挑逗的方式，从脱衣舞娘身上舔食奶油。虽然节目给裸体部分打了马赛克，但 FCC 仍然认定该节目不雅，因为 FCC 认为"这些镜头情色意味十足，脱衣舞娘们摆出有失庄重的撩人姿势，诱惑派对的参加者"。[30] 2012 年 9 月，在上述节目播出九年之后，FCC 终于放弃了对福克斯电视网的穷追不舍。FCC 之所以如此决定，与美国最高法院 2012 年 6 月做出判决的"FCC 诉福克斯电视台案"（*FCC v. Fox Tele-*

vision Stations）关系很大，此案将于后文详述。FCC 主席朱利叶斯·格纳考斯基的此番决定释放出一个信号，即 FCC 有可能放松对不雅的管制，今后只对最恶劣的案件下手。格纳考斯基 2012 年 9 月说："我已指示执行局，日后要集中资源，专门对付那些严重违反不雅规定的重要案件。"

自 2004 年始，FCC 在涉及金球奖、超级碗和《美国婚礼》的案件中收紧了言论尺度，更加积极地对付不雅与亵渎，但有一样却历久不变：在安全港时段内播放此类内容受到保护，不受 FCC 规管。时至今日，晚 10 点至早 6 点的安全港时段仍然有效——在这 8 小时内，无线电台、电视台可以播出不雅和亵渎言论。不过，淫秽言论完全不受宪法第一修正案保护（参见第 13 章），无论何时播出，都不受保护。换言之，在公共电波上，淫秽没有安全港。

2005 年，美国家庭协会（American Family Association）向 FCC 投诉获奖二战影片《拯救大兵瑞恩》不雅且亵渎，被 FCC 驳回。[31] 这部电影的对话中反复出现大量脏话，包括同一个单词（fuck）的多种变体。FCC 再次肯定，该词天然地具有性意涵，但它同时指出，在电影《拯救大兵瑞恩》的语境中使用该词，不具有明显的冒犯性。FCC 写道：

我们并不认为，对性器官或排泄器官、性行为或排泄行为的各般描写或刻画皆属不雅。事实上……仅当某种材料具有明显冒犯性（根据该材料是否具有露骨性或生动性，是否着重描写或反复描写，是否勾引或意图撩拨、震惊观众这三项因素综合考察）时，方能认定为不雅。在考察第三项因素时，我们同时还会考察，该材料是否具有社会的、科学的或艺术的价值。若是发现上述价值，该材料意图勾引、撩拨或惊世骇俗的过犯将被抵消。

FCC 将上述方法应用于 ABC 播出的《拯救大兵瑞恩》，它说，尽管被投诉的脏话在电影中反复出现并被着重强调，但"在具体语境中，它不是被用于撩拨或惊世骇俗"。这一点至关

重要。FCC 又说,遭质疑的用语,"对于实现该电影之目的必不可少,影片的目的,是通过这些士兵、这些被置于非常境地的普通美国人的眼目,向人们讲述战争的可怖。倘将这些语言全部删除,或换上温吞的语言……这部艺术作品的性质将被改变,观众观影时体验到的力量、现实感和贴近感将被削弱"。FCC 驳回了不雅和亵渎投诉,这是宪法第一修正案的一大胜利,无论是对广播公司,还是对观众,都是如此——尤其是观众观看重要电影的权利。

2006 年,FCC 向 CBS 中部时区和山区时区的附属电视台发出金额超过 360 万美元的"明白责任通知",因为这些电视台在安全港时段外播出的剧集《神不知鬼不觉》(Without a Trace)中,有"形象描绘十几岁少男少女参加性爱狂欢的材料"。[32]该剧集并未表现真实的裸体或真实的性爱,但 FCC 说,该材料

> 确实描画了少男少女宽衣解带的不同阶段。在这幕场景中,至少有三个表现性交的镜头,其中两个镜头是双人性交,另一个镜头是"群交"。在该场景的高潮镜头中,证人在派对上向其他人高呼,受害人是"色情片明星"。

FCC 据此指出,"该材料刻意表现未成年人的性活动,尤其恶劣"。它说:"被投诉之材料意在勾引、撩拨与震惊观众。它对性活动的描写是赤裸裸的、长篇大论的,其中有明显的性交,这远远超出了故事线的合理需要。"如此一来,FCC 似乎超越了职权,扮演起制作人与导演的角色来,它似乎知道,传达信息需要什么样的剧本、情节和故事线。FCC 又说,争议内容"的拍摄方式,使儿童也能轻易看得出来,镜头下的少年正在从事性活动,包括性交"。

2006—2011 年间,FCC 对不雅内容的规管(包括打击脱口而出的脏话,打击珍妮特·约翰逊乳头门之类片刻走光事件)在几起案件中受到了挑战,官司一路打到联邦法院。2012 年,这些案件雷声大、雨点小地结束了。

2012 年 6 月,美国最高法院在"FCC 诉福克斯电视台案"[33]中推翻了 FCC 对福克斯和 ABC 的罚款(这两家公司分别于 2002、2003 年播出疑为不雅的内容),对 FCC 小有打击。福克斯公司卷入的争议,源于两起脏话事件——两位名人在公告牌音乐奖(Billboard Music Awards)的颁奖仪式上发表即兴评论时,冲口而出了一两句咒骂。其一,雪儿在发表获奖感言时大声说:"批评我的人,过去 40 年来,年年都说我要出局了。让他们见鬼去吧!"其二,妮科尔·里奇(Nicole Richie)说:"你从普拉达手包中得到过什么屎?这他妈的不是那么容易的。"ABC 卷入的争议则与脏话无关,是因为《纽约重案组》(NYPD Blue)的镜头中出现了成年女性夏洛特·罗斯(Charlotte Ross)的裸臀,时长 7 秒左右,接着是她的侧胸,出现的时间稍短一点。

重要的是,这三起事件都发生在 2004 年博诺案之前。FCC 在博诺案中宣布,播出稍纵即逝的脏话,哪怕是只言片语,如博诺在金球奖颁奖典礼上脱口而出的"他妈的"(fucking),广播公司也会因此受罚。简言之,FCC 借由博诺案的这道命令,确立了一条新政策,向一闪而过的片段脏话和裸体形象发动攻势。FCC 此前从未因这种内容惩罚过广播公司。

后来证明,这一时间上的先后对福克斯电视台案判决意义重大。安东尼·肯尼迪大法官得出结论说,福克斯和 ABC 从未收到过有关新政策的"明确通知",因为这两家公司播出上述内容是在新政策采行之前。肯尼迪大法官写道:

> FCC 的命令受到了挑战,如今正在接受审查。FCC 在这道命令中采用了它在金球奖[博诺]命令中公布的新原则,即瞬间的脏话与片刻的裸露也属于不雅,可被起诉。但记录表明,FCC 从未在节目播出前通知过福克斯或 ABC,稍纵即逝的脏话或一闪即过的裸体镜头可被起诉为不雅;然而,福克斯和 ABC 还是被 FCC 认定为违规。

这一判决十分狭窄——因为 FCC 未能在

争议节目播出之前通知福克斯和 ABC,最高法院才撤销了罚款(这是宪法第十四修正案正当程序条款的要求)。

在福克斯电视台案中,美国最高法院的未行之事、未下之判也同样重要。具体而言,最高法院没有(1)提出 FCC 现行不雅政策(包括2004 年突然打击脏话的决定)中的宪法第一修正案问题;(2)推翻 1978 年的"FCC 诉太平洋基金案",该判例支持 FCC 规管广播公司在儿童可能观看的时段内播出不雅内容。最高法院还特别指出,FCC 可以本着"公共利益",修改现行的不雅政策。肯尼迪大法官写道:下级法院"可以检视、审查现行政策或修订后政策的内容与适用情况"。

在 2012 年的福克斯电视台案中,美国最高法院放弃了从宪法第一修正案角度重新考察 FCC 不雅监管(包括瞬间脏话)的大好机会,也放弃了反思太平洋基金案的大好机会。此案是司法极简主义的例证——司法极简是约翰·罗伯茨首席大法官治下的美国最高法院的特点,其判决只针对解决手头案件不得不面对的最小问题。鲁思·巴德·金斯伯格大法官在一份孤零零的协同意见书(无反对意见)中提出,如果有机会,她会提议推翻太平洋基金案。

福克斯电视台案下判不到一周,美国最高法院再次打击了 FCC。FCC 向美国最高法院申请"FCC 诉 CBS 公司案"(*FCC v. CBS Corp.*)的调卷令,遭到最高法院拒绝,第 3 巡回区美国上诉法院 2011 年的判决于是生效。第 3 巡回区美国上诉法院推翻了 FCC 对 CBS(因珍妮特·杰克逊走光事件)的罚款决定。该法院之所以推翻罚款,是因为它发现,FCC 武断地、任性地背离了其一贯的政策,FCC 此

前素来将稍纵即逝的播出内容排除在可诉不雅的范围以外。如此一来,在臭名昭著的"衣橱故障"激起全国一片喧腾的八年之后,此案悄无声息地结束了,CBS 不必承担任何责任。不过,CBS、福克斯、ABC 等广播公司如今知道了,FCC 很可能因它们播出稍纵即逝的脏话和裸体画面,就对它们施以惩罚,具体怎么办,全看 FCC 的高兴了。

公众向 FCC 投诉不雅材料时,先得做足哪些功课呢? FCC 在调查观众或听众的投诉之前,会要求投诉者满足三个要求。换言之,投诉者必须向 FCC 提供:

1. 问题节目的数据与播出时间;
2. 播出节目的电台、电视台的名称;
3. 节目中的关键性脏话。

第一个要求很重要,如果节目在安全港时段(晚 10 点—早 6 点)内播出,不雅或亵渎投诉将被驳回。这八小时内播出的不雅和亵渎内容(淫秽言论除外)受到保护,FCC 无权干涉。

第二个要求的重要性在于,FCC 得知道被投诉内容是哪个台(哪个执照持有者)播出的,才好去开展调查。

第三个要求可以用多种方式来满足。比如,投诉者可以提供完整录像(文字稿)或部分录像(文字稿),不仅要有说话内容,还要有相关语境。投诉者只指出某节目"播出了涉性对话"是不够的。关键是提供说话内容的细节(所使用的语言或所播出的图像)和相关语境。FCC 接受电子邮件投诉,民众可以发电子邮件到 fccinfo@fcc.gov 投诉。

> 联邦通信委员会(FCC)在调查观众或听众的投诉之前,会要求投诉者必须向 FCC 提供:问题节目的数据与播出时间;播出节目的电台、电视台的名称;节目中的关键性脏话。

 案例

福克斯电视台案的 2013 年余波:
"极度"新办法是出路吗?

2012 年"FCC 诉福克斯电视台案"之后,　　FCC 又是如何应对不雅内容的呢? FCC 驳

回了公众提出的 100 多万件不雅投诉，这些投诉静静地躺在 FCC 的文件夹里。大量投诉已积压了数年之久。

FCC 在等待福克斯电视台案出结果期间，不再处理投诉。之后，许多年深日久的投诉被 FCC 驳回，因为它们(1)太陈旧，调查起来有困难；(2)所涉问题不在 FCC 的管辖范围之内；或(3)信息不够充分，难以立案。

未来的不雅规管会如何展开呢? 2013 年 4 月，FCC 发布公告，就"是否应该调整现行不雅政策"一事征求公众意见。公告特别恳请公众考量 FCC 是否应该坚持博诺案政策，打击广播公司播出个别、短暂脏词的现象。

在征求各方意见的同时，FCC 也声明，它将继续只调查"极度不雅"案件，但没解释"极度不雅"这个模糊概念的意思。

有些人对 FCC 驳回一百万件投诉与发布公告征求公众意见(是否有必要调整不雅政策，是否应该放松规管)的做法表示不满。父母监督电视协会的会长蒂姆·温特说，父母监督电视协会"认为，FCC 不应只规管'极度不雅'的内容。FCC 应代表美国公众的利益，而非娱乐业的利益。一份材料要么是法律上的不雅，要么不是，没有中间地带。不雅内容不是非得重复多次，才能被起诉为不雅，FCC 的新方向不够明智，所导向的唯一结果，是新一轮的争吵"。2013 年 5 月，父母监督电视协会发起"无不雅周"(No Indecency Week)活动，鼓励公众向 FCC 提意见，反对 FCC 只处理"极端不雅"案件。

最后需指出的是，FCC 有可能调整其不雅政策。请访问 FCC 的网站追踪此事的进展，地址是：http://www.fcc.gov。

电视暴力

首先需指出的是，FCC 定义的"不雅"与暴力内容无关。所谓不雅，仅指对性器官、排泄器官或性行为、排泄行为的描写，不含暴力形象或暴力故事。在 FCC 看来，暴力和性截然不同，不可混为一谈。

1996 年，国会通过了《电信法》(Telecommunications Act)，为电视暴力增设了新规。该法要求电视机厂商在 2000 年 1 月 1 日后生产的电视接收器内安装微型芯片"童锁"(V-chip)，屏幕小于 13 英寸的电视机不受此等限制。观众一用上这种芯片和节目分级制度，就可以将暴力节目完全拒于门外。童锁由电视节目内置的一种信号触发、激活。该信号会通知电视接收器即将传输什么级别的电视节目。如果用户将电视接收器设置为拒收某种节目，电视信号将被阻断。该法通过两年之后，广播业、儿童保护团体、电影业与 FCC 协商出台了一个分级系统。在节目开始后的前 15 秒钟，电视屏幕一

> 在联邦通信委员会(FCC)看来，暴力和性截然不同，不可混为一谈。

角会出现分级信息。许多报纸、杂志的节目表也会提供分级信息。所有电视节目都分了级，新闻、体育和付费有线电视上的未编辑电影除外。共分 6 级：TV-Y、TV-7、TV-G、TV-PG、TV-14 和 TV-MA。每一级的具体描述参见 FCC 的 网 站 http://www.fcc.gov/cgb/consumerfacts/vchip.html。除分级之外，还有用字母表示的内容描述符，包括 V(暴力)、S(性)、L(语言)和 D(暗示性对话)。

大多数无线广播公司和有线电视公司都采纳了这套系统。在接纳童锁和分级系统一事上，电视业似乎比电视用户还要热情得多。凯泽家庭基金会(Kaiser Family Foundation)在 2004 年的调查中发现，"仅有 24% 的家长经常使用电视分级系统，仅有 15% 的家长使用童锁"。[34]

2007 年，FCC 发布大型报告，请求国会授权它规管无线电视和有线电视播放"过度暴力的节目"，比如，将此类节目移出儿童可能观看的时段。不过，直到 2014 年初，国会都没有扩

张 FCC 管理电视暴力的权力。

小 结

FCC 广泛控制着广播节目的内容。FCC 以多种惩戒手段实施控制，包括警告、罚款、拒绝续展执照或吊销执照。FCC 实施规管的范围颇广。大到要求节目必须符合社区需要，小到细微层面的规管，比如规定播出日各个时间段都要呈示台标。

FCC 不愿控制广播公司的节目选择。当一家电台砍掉一种类型的节目并上马新节目时，市民团体曾敦促 FCC 召开听证会。1970 年代早期，联邦法院支持市民的这些抗议，但美国最高法院 1981 年判决，当广播公司决定从一种节目样式转换到另一种节

目样式时，政府不必横加干涉。1980 年代中期，FCC 试图废除干涉儿童节目内容的规定。国会反对这些变化，要求 FCC 加强以下两方面的规定：(1) 每小时儿童节目的广告时间；(2) 面向儿童观众的最低服务标准。

联邦法律禁止广播公司播出淫秽或不雅材料。美国最高法院 1978 年判决，FCC 可以惩罚播出不雅（非淫秽）材料的电台、电视台。理由是，此类节目播出时，儿童有可能在场。2004 年，FCC 开始全力打击不雅内容。2007 年，FCC 请求国会授权它规管暴力内容，但直到 2014 年初，国会都没有授予 FCC 此等权力。

政治节目的规管

美国宪法之所以增设第一修正案保护言论自由和新闻出版自由，主要是为了保护政治辩论免遭政府干涉。近年来，美国法院和 FCC 废除了两种重要的内容规管，这两种规管主要涉及政治讨论，其一是公平原则 (fairness doctrine)，另一是有关个人攻击和政治社论的规定。公平原则是 FCC 在 1940 年代设立的，它规定，所有广播公司均有责任报道本社区内的重要公共事务，而且必须呈现一切重要观点。1980 年代末，FCC 宣布放弃公平原则，一家联邦上诉法院判决说，FCC 有权利放弃该原则。[35] 个人攻击规定是指，广播公司在节目中攻击个人或团体时，必须通知攻击对象，并提供免费的时间让对方答辩。有关政治社论的规定与此相似。如果广播公司支持某一职位的候选人，就必须通知其竞争者，并给予答辩机会。2000 年 10 月，一家美国联邦上诉法院命令 FCC 废除这些规定，理由之一是，它们违反宪法第一修正案。[36]

虽然 FCC 已于 1987 年叫停公平原则，但

许多共和党人（尤其是保守派电台的脱口秀主持人）担心奥巴马总统与民主党控制的国会重启这一制度。

共和党人将公平原则戏称为"嘘拉什"原则，因为根据公平原则，如果一家电台每天花三小时播出保守派主持人拉什·林博的节目，那就也得花三小时播出自由派脱口秀主持人的节目，以平衡各方观点，免得有失公平。为防国会重启这一制度，共和党人先发制人地提出了数项议案，如 2009 年的《广播公司自由法》(Broadcaster Freedom Act)。但到 2014 年为止，公平原则都未被重启。

FCC 有一个网页 (http://www.fcc.gov/mb/policy/political/candrule.htm)，专门登载有关候选人露面与候选人广告的成文法及相关规定。接下来，我们将简要讨论其中的两种规定：候选人近用规定与平等机会/均等时

公平原则是联邦通信委员会 (FCC) 在 1940 年代设立的，它规定，所有广播公司均有责任报道本社区内的重要公共事务，而且必须呈现一切重要观点。FCC 已于 1987 年叫停公平原则。

间规定。更详细的信息,可参见 FCC 的前述 网页。

候选人近用规定

根据**候选人近用规定(candidate access rule)**,广播公司不能禁绝联邦职位候选人购买时段为自己助选。1971 年国会通过的《联邦通信法》(Federal Communications Act)第 312 条(a)款(7)项规定,如果广播执照持有人故意且多次不"让联邦职位的合法竞选人合理地近用电台、电视台,或购买数量合理的时间用于竞选",则可吊销其执照。该规定仅适用于联邦职位的候选人:总统、副总统、美国参议员和众议员。

平等机会/均等时间规定

《联邦通信法》第 315 条提出了平等机会或**均等时间规定(equal time rules)**。自 1934 年《联邦通信法》通过以来,平等机会规定就一直存在,但它在 1959 年经过一次大的修订。这条规定很简单:如果一家电台或电视台允许一位合法的公职候选人使用其设施,就必须向同一职位的其他合法候选人提供平等机会。

平等机会意味着什么? 它意味着均等时间、同样设施和相等费用。如果约翰·史密斯在 WKTL 电视台购买了半个小时,为其市长竞选助威,那么该电视台也必须允许市长职位的其他合法竞选人购买半个小时。如果史密斯可以使用电视台的设备预录讲话,其他候选人也必须享有同等机会。如果电视台向史密斯收取了 100 美元,就必须向他的竞选对手也开价 100 美元。

电视台不必主动请求其他候选人露面。它要做的只是,在史密斯的电视讲话播出后一周之内,如果有其他候选人提出要求,那就给他们提供使用设备的同等机会。最后,第 315 条并未规定候选人有使用电台、电视台设备的权利。仅当电台、电视台允许一位候选人在自己台上露面时,第 315 条才能适用。不过,别忘了上文讨论过的第 312 条和一般的公共利益标准(该标准统摄电视台的一切运作)。

第 315 条明令禁止电台、电视台审查政治候选人制作的节目内容,法院在解释这一条款时十分严格。

使用电波

根据第 315 条,如果一位候选人使用了广播设备,则其竞选对手也可以使用该设备。那么,"使用"又是什么意思呢? 凡表现或呈现候选人的声音或形象,FCC 均视为"使用"。我们来举几个反例。比如,播音员在政治广告中宣读候选人的履历或讲述候选人对某个问题的立场,不是使用。与此类似,候选人的声音或形象被竞选对手用于广告,也不是使用。除此之外的大多数露面,包括在电视娱乐节目(如情景喜剧,甚至电视台播出的故事片)中露面,都是"使用"。2003 年,费城市长约翰·F. 斯特里特(John F. Street)原定在 CBS 的电视剧《骇客》(*Hack*)中露面,但 CBS 得知斯特里特正在竞选连任之后,取消了这一计划。该电视网说,斯特里特市长的露面有可能触发第 315 条,到那时,费城的 CBS 附属台就不得不向他的竞选对手提供同等的电视露面机会。[37]

2008 年,在马萨诸塞州州议员的民主党初选期间,候选人布赖恩·阿什(Brian Ashe)从马萨诸塞州斯普林菲尔德的 WHYN-AM 电台处获得了 20 个免费广告(各 30 秒)和 4 个 15 秒广告。[38]为什么呢? 因为他的竞选对手凯特莉·B. 沃尔什(Kateri B. Walsh)在宣布参加竞选之后,仍在该台主持一档节目。此外,WHYN-AM 电台同意在沃尔什参选期间停播其节目。

1959 年,国会修订了第 315 条,将四类相当宽泛的例外排除在"使用"之外。1959 年以来,FCC 相当自由地解释这些例外,进一步扩大了其范围。候选人的以下露面不属于"使用",换言之,竞选对手不能以这些露面为由,向电台、电视台要求同等时间。

> **平等机会规定不干涉政治候选人的以下露面**
> - 真实新闻广播(newscast)中的露面
> - 真实新闻采访中的露面
> - 真实新闻事件的现场报道中的露面
> - 新闻纪录片中的偶然露面

1. 候选人在真实新闻广播中的露面,不是法律意义上的"使用",不会触发第 315 条。 该例外范围颇广。FCC 曾判决:《今夜娱乐秀》("Entertainment Tonight")是真实的新闻广播;公职的合法候选人在《直击好莱坞》("Access Hollywood")上的露面属于真实新闻广播例外,不适用平等机会条款。是否属于真实新闻广播,关键是看节目是否以一种类似传统新闻广播的方式,报道了有关当下事件的新闻。FCC 不评估新闻广播所选主题的质量和重要性。FCC 曾认定,某候选人在《麦克劳克林专题讨论》("McLaughlin Group")节目的新闻报道部分出现,是新闻广播中的露面。[39] 不过,候选人在该节目的小组讨论环节露面,不能归入新闻广播例外。如果阅读新闻的播报员或记者是公职候选人,该例外也不能适用。

2. 候选人在真实新闻采访中的露面不是"使用"。 FCC 对真实新闻采访节目的定义是:按预定计划有规律地播出、由制作人控制、依新闻价值与新闻职业操守制作的节目,这种节目不为某位候选人助选。这一例外也非常宽泛。FCC 曾说,杰伊·勒诺(Jay Leno)2006 年 10 月在《今夜秀》("The Tonight Show")中采访加州州长阿诺德·施瓦辛格(Arnold Schwarzenegger,当时正在竞选连任)是真实的新闻采访,它指出,"该节目中的许多采访是

娱乐,但这无关紧要",它还说,勒诺本人缺乏操行也不重要。[40] 被 FCC 认定为真实新闻采访的,还有《萨莉·杰西·拉斐尔秀》("Sally Jessy Raphael Show")、《杰里·斯普林格》("Jerry Springer")、《政治不正确》("Politically Incorrect")和《霍华德·斯特恩》("Howard Stern")等节目所做的采访。

> 是否属于真实新闻广播,关键是看节目是否以一种类似传统新闻广播的方式,报道了有关当下事件的新闻。

3. 候选人在真实新闻事件的现场报道中露面不是"使用"。 候选人史密斯在仓库起火的现场,就本市纵火问题接受采访,不是第 315 条的"使用"。政治集会是真实的新闻事件,因此,播出候选人在政治集会上的露面,不会触发第 315 条。

4. 候选人在新闻纪录片中的露面不是"使用",前提是,该露面对节目主题而言是偶然的、附带的。 设想下面这种情形:2014 年华盛顿州美国参议员竞选期间,西雅图一家电视台播出了一部有关 1991 年海湾战争的纪录片,其中谈到战前驻扎于该州某空军基地的一支空军小队所发挥的作用。纪录片中有个片段讲述了路易斯·桑切斯(Luis Sanchez)的战时经历,这位战斗机飞行员曾在作战时从伊拉克上空被击落,但他设法躲过了敌人,10 天后抵达沙特阿拉伯的安全地带。桑切斯是西雅图的参议员候选人。他在纪录片中的露面,会触发第 315 条吗?该电视台只能向他的竞选对手提供时间吗?答案是否定的。因为桑切斯的露面只关乎其战时经历,与当下的政治竞选无关,他在纪录片中的露面是一次偶然露面。

政治候选人的辩论是真实新闻事件,播出辩论不会触发第 315 条。哪怕辩论由广播公司资助,也无改于这一点。

政治候选人举办的新闻发布会,一般也被视作真实新闻事件,可豁免于第 315 条。FCC 在判断候选人的新闻发布会可否豁免于平等机会条款时,会考虑三个条件:

1. 该发布会是否现场直播?

2. 是否属于广播公司真诚以为的真实新闻事件?

3. 是否有证据表明,广播公司偏袒或偏恶某位候选人?

符合法定条件的候选人

FCC 力求精确定义谁是符合法定条件的候选人、谁不是符合法定条件的候选人(参见下框)。

> **符合法定条件的候选人应——**
> ● 公开宣布本人是地方、县、州或联邦职位的提名人或候选人;
> ● 符合该职位的法定条件;
> ● 姓名出现在选票上,或有资格以补名的方式参选;

> ● 由众所周知(或被视为众所周知)的政党提名,或能有力地证明自己的确是候选人。

在初选中,第 315 条适用于政党内部的竞选。初选时,民主党人的对手是民主党人,共和党人的对手是共和党人,自由党人的对手是自由党人。如果一位民主党人在广播传媒上露面,竞争同一职位的其他民主党候选人也应得到同等机会。电台、电视台不必为共和党人、自由党人或其他独立候选人提供露面机会。在大选中,第 315 条的适用超越了党派界限,因为这时,所有候选人都在竞争同一个职位。

案例

FCC 不认可白人爱国党的前领袖为真正候选人

2010 年 6 月,FCC 传媒局的政策部(Policy Division)向密苏里州广播公司协会(Missouri Broadcasters Association)提出非正式口头建议,建议内容是:白人爱国党(White Patriot Party)的前任领袖小弗雷泽·格伦·米勒(Frazier Glenn Miller Jr.),很可能不是密苏里州美国参议员职位的真正候选人,故米勒不能强行使用密苏里州的电波,播出反犹广告(呼吁白人"夺回我们的国家")。密苏里州广播公司协会此前曾与该州司法部部长克里斯·科斯特(Chris Koster)一道向 FCC 请愿,他们认为,根据"候选人法定条件"的第 4 个条件,真正的候选人必须"有力地证明",自己从事了发表竞选演说、分发竞选材料、发布新闻稿、组建竞选团队和设立竞选总部等活动。他们认为,米勒从未做出过上述努力。米勒是共和党的补名候选人,他仍在透过网站http://www.whty.org 源源不断地喷吐种族主义信仰。

哪怕候选人本人仅露面一次,也会触发第 315 条,其支持者的露面则会触发"扎普尔规定"(**Zapple Rule**)。该规定是 FCC 应尼古拉斯·扎普尔(Nicholas Zapple)的一封来信制定的。扎普尔是参议院下属的传播委员会的工作人员。这条规定的内容是:如果广播公司允许一位候选人的支持者露面,就必须为竞争同一职位的其他符合法定条件的候选人的支持者提供同等机会。FCC 在 1972 年的《有关处理政治节目的报告》("Report Regarding the Handling of Political Broadcasts")中这样概括扎普尔规定:

本委员会提出,在竞选期间,当执照持有人向一位候选人的支持者或发言人出售时段,供其为候选人助选、讨论竞选事宜或批评竞选对手时,也必须为该候选人之竞选对手的发言人提供同等时间。"扎普尔"原则也称为准平等机会规定或公平原则的政党推论,它的基础是《联邦通信法》第 315 条的平等机会规定。当然,如果前一位候选人的支持者乃是付费购买时段,广播公司也就无须为另一方提供免费的答辩时间。

有关第 315 条,最后还需说明两点:第一,既然广播公司不能审查政治候选人的评论，那么万一这些评论引发诽谤诉讼，广播公司自然也可以置身事外，不受牵连。美国最高法院1959 年判决：电台、电视台无法控制候选人在电波中说什么，故不能要求它们为这些评论负责。不过，发表评论的候选人仍可被起诉。[41]第二，投票问题与学校公债摊购、公民立法创议（initiatives）①和复决投票（referendums）②一样，不受第 315 条管辖。那么这些规定适用于互联网吗？美国最高法院或联邦上诉法院从未特别讨论过这个问题。不过，既然美国最高法院在 1997 年[42]判决，网络传播享受与印刷传媒相同的宪法第一修正案保护，那么要想在互联网上适用候选人近用规定、平等机会规定或任何广播规管，都是不太可能的。

小　结

无线电台、电视台播出的政治节目受制于数条规定。《联邦通信法》第 312 条规定，广播公司不能完全拒绝联邦职位候选人的一切付费或免费露面。广播公司必须评估候选人的请求，仅当候选人的请求有可能严重干扰节目播出计划，或有可能引发过多的均等时间请求时，广播公司才可以拒绝。该规定仅适用于联邦职位候选人，不过，在政府强制广播公司服务于公共利益的命令中，很可能也有关于广播公司该如何对待州及地方候选人之露面请求的类似规定。

第 315 条规定，如果广播公司向一位公职候选人提供了使用广播设备的机会，就必须向竞选同一职位的其他所有符合法定条件的候选人提供同等机会。"使用广播设备"包括台上的一切露面，以下情形除外：

1. 真实的新闻广播
2. 真实的新闻采访
3. 现场新闻报道
4. 新闻纪录片中的偶然露面

候选人新闻发布会和候选人辩论会是新闻事件。初选期间，第 315 条仅适用于在政党内部竞逐本党提名的候选人。

新闻与公共事务

FCC 一向乐于规管娱乐节目的内容，却不愿对新闻节目制定类似规则。比如，暴力分级就不适用于电视新闻。1998 年，FCC 强化了这一立场，驳回了"传媒观察"（Media Watch）要求撤销丹佛市四家电视台执照的申请。传媒观察请求 FCC 拒绝为这些电视台续展执照，因为它们的新闻节目含有"毒害级"电视暴力，将导致"恐惧、无礼、模仿、冷漠和更多暴力行为"。FCC 回应道："记者和编辑在报道新闻与公共信息时自主做出判断，是宪法第一修正案保障之新闻出版自由的核心理念。"[43]

不过，若有证据表明无线电台或电视台故意歪曲新闻，FCC 也会采取行动。但 FCC 一般尊重广播公司的判断，这其实是尊重宪法第一修正案保障的新闻出版自由。2013年，FCC 在"关于广播新闻业的投诉"（Complaints About Broadcast Journalism）网页中这

---

①　公民享有的一种通常独立于立法机关的、在政治选举中提出法律议案和宪法修正案、决定法律议案和宪法修正案是否生效的权利。这种做法是 1860—1920 在瑞士发展起来的，1898 年被南达科他州引入美国，美国现有一些州承认公民享有这一权利。——译者注

②　将宪法、法律或重要的公共问题交由公民投票批准的制度。——译者注

> 广播公司作为公众的受托人,不可以故意歪曲新闻。广播公司有责任决定电台、电视台为公众呈现什么内容。联邦通信委员会(FCC)不仅打击故意歪曲新闻的行为,也制定了针对新闻骗局的规定。

样写道:

> 广播公司作为公众的受托人,不可以故意歪曲新闻。广播公司有责任决定电台、电视台为公众呈现什么内容。FCC曾公开指出,"操纵新闻或撰写有偏见的新闻,是极恶劣的反公益行为"。FCC如收到确凿证据,证明有人操纵新闻,必会行动起来,保护公共利益。这类证据包括内部人士或了解内情者的证人证言,可以是书面的,也可以是其他形式的。广播公司管理层下令篡改、歪曲新闻的证据尤为重要。FCC在此强调,没有证据,它不能介入。[44]

FCC不仅打击故意歪曲新闻的行为,也制定了针对新闻骗局的规定。在满足以下三个条件的情况下,FCC会禁止执照持有人播出有关犯罪和灾难的虚假信息:

1. 执照持有人明知信息为假;

2. 可预见到,播出该信息将造成实质性公害;

3. 播出该信息确实直接造成了实质性公害。

2013年愚人节,佛罗里达州博尼塔斯普林斯(Bonita Springs)一家电台的两位DJ对听众说,从当地居民家里的水龙头流出来的是"一氧化二氢"。"一氧化二氢"听起来像是一氧化碳之类的危险物质,但其实是水(H_2O)的化学分子式。一些听众听不懂这个笑话,他们大惊失色,打电话给当地的水务公司,要求对方发表声明,澄清自来水没有问题。两位DJ被停职一天,电台也出面道歉。电台经理对《迈尔斯堡新闻报》(Fort Myers News-Press)说:"我们十分严肃地对待此事。我们把FCC的执照看得很重。"那是因为,这恰好是FCC禁止的骗局类型,电台有可能遭到罚款和/或失去执照。

视频新闻发布稿、出资方身份披露与FCC

视频新闻发布稿(video news releases)相当于印刷出版界的新闻发布稿,它们伪装成新闻报道的样子,实则由公关公司或政府机构制作。视频新闻发布稿的内容通常如下:一个貌似记者的人报道了一个新闻故事,但此人实为演员。另一种常见形式,是让当地的新闻主持人用画外音朗读文案。传媒与民主中心(Center for Media and Democracy)[45]等团体认为,视频新闻发布稿已与真正的新闻报道难分彼此,其结果就是虚假新闻,更有甚者,地方电视台不加编辑地播出这些视频发布稿,从不公开来源,仿佛它们就是新闻。乔治·W. 布什总统在任期间,数家联邦政府机构都利用视频新闻发布稿来发布消息。

播出视频新闻发布稿,会给新闻台带来显而易见的道德问题,视频新闻发布稿模糊了客观新闻与商业广告(或宣传)之间的界限。不仅如此,它还会引发法律问题,也就是FCC所说的出资方身份披露的问题。2005年,FCC在"公开通知"(Public Notice)中要求:"无线电台、电视台及有线电视运营商在播出视频新闻发布稿时,必须向受众披露所播放材料的性质、来源与出资方。不遵守上述规定者,将被采取必要措施。"[46]不披露视频新闻发布稿的性质和来源的,FCC可罚款32 500美元(单次违反)。2006年,FCC又启动了一项大型调查,共调查77名执照持有人在播出视频新闻发布稿时,是否透露发布稿的来源。

根据FCC的相关规定,"如果电台或电视台直接或间接地收取了某人的金钱或服务,或者将要收取某人承诺给付的金钱或服务,则电台、电视台在播出材料的同时,必须披露出资情况"。仅当产品只在节目中短暂出现、转瞬即逝,且产品与节目主题有合理关联时,才不必说明视频新闻发布稿的来源。

这在现实中如何操作呢? 2011年,FCC

主张对新泽西州怀尔德伍德（Wildwood）的 WMGM-TV 电视台罚款 4 000 美元，因为该台在播出 Matrixx Initiatives 制药公司（Zicam 感冒药的生产商）的视频新闻发布稿时，没有披露出资人的身份。视频新闻发布稿以"如何治疗普通感冒"为主题，Zicam 感冒药在其中多次出现。正如 FCC 所指出的，"该视频新闻发布稿几乎完全围绕 Matrixx 公司的 Zicam 感冒药展开，有视觉形象，也有语言描述，出现 Zicam 的镜头很多"。

 知识窗

电台竞赛：FCC 的竞赛规则

你参加过电台竞赛吗？FCC 也有关于竞赛的规定，它将竞赛定义为"组织社会成员比拼运气、智慧、知识或技巧，并颁授奖项"的活动。

FCC 的竞赛规定主要包括两方面。第一，FCC 要求电台"全面、准确地披露关键赛制"。关键赛制包括：（1）入选资格；（2）报名期限；（3）选出决胜者的方法；（4）奖赏的范围、性质与价值。这些内容不得有假，不得误导、欺骗大众。重要的是，如果电台仅在自己的网站上张贴竞赛规则，那么这是不符合 FCC 的披露规定的。

第二，电台必须按照事先广而告之的程序组织竞赛。换言之，FCC 会检查竞赛的真实过程。

FCC 执行了这些规定吗？回答是肯定的。比如，2012 年 9 月，它对俄亥俄州克利夫兰市 WKNR（AM）电台的老板罚款 4 000 美元，因为该台多次有意不公开听众来电竞赛"谁在说话？"的关键赛制。FCC 的结论是，该电台披露关键赛制的频率不够高，也未能全面、准确地公布奖赏内容。

宪法第一修正案

电台、电视台不是公共载具；换言之，如果不情愿，它们有权利拒绝和别人做生意。1969 及 1970 年间，民主党全国委员会与华府的"商业经理争取和平运动"（Business Executives Movement for Peace）想从电视台和电视网购买时段，以募集经费抗议越战，并反对政府发动战争的方式。广播公司拒绝了这两个团体，理由是，播出此类有争议的广告和节目会触发公平原则，电视台就有义务为争议各方提供时段。这不仅十分麻烦，而且花销巨大。电视台告诉这两个团体，它们的基本政策是：不向任何想就争议问题发表观点的个人和团体出售时间。

广播公司的上述政策受到了挑战。裁判 FCC 支持广播公司，它说，如何最好地履行公平原则所要求的责任，应由每位执照持有人自行决定。但哥伦比亚特区美国上诉法院推翻了 FCC 的裁决，它说，公众获知信息的权利，深植于宪法第一修正案。该法院判决说：禁止社论性广告"将造就一种家长制模式，即由执照持有人和官僚来决定哪些问题重要、是否有必要全面报道、采用什么方式报道、报道的时间和风格等"。这种模式对宪法第一修正案是有害的。[47]

对一些人来说，在平常播放肥皂剧或啤酒广告的时段里看到反战信息或政党信息，可能确实令人不安……但我们不能把习以为常等同于正当或合宪。一个在商业主义中浸淫已久的社会，应当为关乎公共事务的言论提供一个出口。我们失去的，可能只是冷漠而已。

民主党人和商业团体的胜利没能维持多

> 政府对公共事务节目的内容实施有限管控。编辑工作是编辑人员的本职；编辑工作是对材料的挑选与选择。

久，美国最高法院以 7 比 2 的投票结果，推翻了哥伦比亚特区美国上诉法院的判决。最高法院判决，电台、电视台有权利不将时间出售给政治竞选广告和有关争议问题的广告，而且这种权利是绝对的。如果授权 FCC 对此指手画脚，政府对公共问题讨论的内容管控就会有扩张的风险。

有一种观点认为，允许广播公司拒播此类广告，就意味着任由它们控制民众在重要公共问题上的所见所闻，伯格大法官对此回应道：

> 编辑工作是编辑人员的本职；编辑工作是对材料的挑选与选择。编辑人员——报社编辑或广播电视编辑——可能而且确实滥用了这一权力，但我们仍然没有理由剥夺国会赋予他们的自由处理权。为了保护重要的价值，我们甘愿冒一点儿风险。[48]

美国最高法院内部意见严重分裂，布伦南大法官和马歇尔大法官提出反对意见。只有

斯图尔特、伦奎斯特两位大法官在首席大法官的意见书上签了字。其余大法官同意推翻上诉法院的原判，但所持理由不同。

我们来看最后一个案例。美国最高法院根据宪法第一修正案推翻了国会的一个成文法，该法禁止所有受公共广播公司（Corporation for Public Broadcasting）资助的非商业教育台就任何话题发表评论。[49] 国会的立法目的有二：一是防止政府干涉教育台的节目制作；二是防止公众以为，公共广播台的评论代表政府的官方观点。但美国最高法院认为，该禁令过于宽泛，远远超出了实现上述目的之所必需。

小 结

政府对公共事务节目的内容实施有限管控。FCC 驳回了所有关于电视新闻报道有偏见的投诉，可见这类投诉极难成功。美国最高法院允许广播公司自行决定是否播出社论性广告，它还推翻了禁止公共台播出评论的法律。

新技术的规管

无线广播历来是政府的重点规管对象，但随着各种新技术的出现，FCC 和国会也开始为新领域制定规则。FCC 在有线电视领域制定了诸多规定，国会也出台了两部内容全面的法律。针对低功率电视、多点转播服务、卫星天线电视和卫星直播的规定相继出台。曾涤荡无线广播领域的解除管制浪潮，也冲击了有线电视的规管。2001 年，一家联邦法院命令 FCC 重新考虑有关有线电视规模与节目内容的限制性规定，要求它说明这些规定背后的理由。国会曾授权 FCC 限制单个多系统运营者

的有线电视订户数量，上限是有线电视用户总数的 30％，还授权 FCC 禁止有线电视运营商（比如美国在线时代华纳）只为订户提供其附属公司制作的节目，规定附属公司的节目不得超出 40％。该上诉法院判决，上述规定均涉及宪法第一修正案，仅当有证据证明，它们能推进重要的政府利益，且对言论的冲击和限制不超出实现上述利益之所必需时，才能经受住宪法考验。该法院说，FCC 未能解释，为何要对订户设置 30％ 的上限，又为何要对附属公司的节目设置 40％ 的上限。[50]

卫星电台

曾几何时,空调是汽车上的时髦玩意,现如今却是许多汽车买家眼里必不可少的标配。今天,轿车或 SUV 上的新宠是卫星电台——在不远的未来,它也很可能成为车辆的基本配置。卫星电台与我们熟悉的免费无线广播正好相反。天狼星卫星电台以 5 亿美元签下脱口秀主持人、自称"传媒之王"的霍华德·斯特恩,这一决定对它的早期发展大为有益。[51]

对传媒法学生而言,理解斯特恩的这一转向非常重要。免费的无线广播受制于 FCC 的不雅、亵渎规定(见本章前文),卫星电台却不受此类限制,至少在本书付梓时仍是如此。斯特恩等口无遮拦的主持人故可在卫星电台上大放厥词、大喷脏话,一天内任何时段都可以,不必担心惹恼了 FCC。

FCC 虽不控制卫星电台或有线电视上的不雅内容,但可以规管卫星电台的其他方面。比如,成立于 1990 年的天狼星(比竞争对手 XM 卫星电台早两年)在发送三颗卫星之前,必须向 FCC 提出申请,这三颗卫星服役至 2000 年。FCC 还规管着功率等级、卫星电台设备的信号发射,以及把信号从卫星传输至地面设备的地面天线。

2008 年,天狼星与 XM 陷入财务困境,FCC 以 3 比 2 的投票结果,同意两家公司合并(新公司名为天狼星 XM 电台公司)。FCC 同意这两家公司合并是有前提的,首先,两家公司同意支付近 2 000 万美元罚金,因为:(1)它们未经 FCC 批准,就使用地面中继器(信号塔)接收卫星信号;(2)它们出售的接收设备超出了 FCC 设定的功率限制,干扰了 FM 电台的信号接收(霍华德·斯特恩的天狼星节目就干扰过全国公共电台的 FM 信号)。两家公司还答应在合并后的三年时间内,为部分服务设置价格上限,它们还承诺为少数族裔拥有的机构拨出部分频道(天狼星平台全日制音频频道的 4%,XM 平台全日制频道的 4%)。它们还同意提供新的节目包,内有两套选择。简言之,FCC 利用合并审查权,让新公司做出了让步。美国司法部宣布,这次合并不违反反垄断法。

这次大费周章的合并,最终能够惠及公共利益吗?还是会因新的垄断而伤害消费者的利益?这还有待观察。

到 2011 年为止,天狼星 XM 电台共向订户推出 180 个卫星广播频道,其中包括 70 多个免费商业音乐频道。它还遵守 FCC 的合并要求,为顾客提供多种节目包。到 2011 年初为止,天狼星 XM 共有 2 020 万订户,它预计,当年的新增订户将超过 100 万。它 2010 年的收益是 28.2 亿美元,比 2009 年的 24.7 亿增长了 14%。

互联网与宽带

2009 年,FCC 开始着手制定全国宽带计划,以确保人人都能用上宽带。此计划是大型联邦刺激方案——2009 年《美国复苏与再投资法》(American Recovery and Reinvestment Act)——的部分内容。国会责成 FCC 在 2010 年 2 月 17 日之前制定全国宽带计划。

2012 年 8 月,FCC 发布报告说,有近 1 900 万美国人(约占总人口的 6%)无法以临界速度登入宽带。乡村地区有近 1/4 人口(1 450 万)与宽带无缘。FCC 还在该报告中指出,哪怕是在已有宽带服务的地区,也仍有约 1 亿美国人尚未注册。

顾名思义,"宽带"意味着互联网的高速接入,比传统拨号接入速度更快、传输的内容更多,比如流媒体(在电脑上观看 Netflix 电影)和 VoIP(网络电话)。2010 年,FCC 专为"全国宽带计划"(National Broadband Plan)设立了网站,地址是:http://www. broadband.

gov。

"全国宽带计划"的第一个目标是让至少 1 亿美国家庭"以付得起的价格,享受 100 兆/秒的实际下载速度与 50 兆/秒的实际上传速度"。它的第二目标是让美国"在移动创新领域领先于全球,成为速度最快、无线网络覆盖最广的国家"。你可以登录 http://www.broadband.gov/download-plan 下载"全国宽带计划"。

"全国宽带计划"的四个关键方面是:

1. 制定政策确保充分竞争,实现用户福利、创新与投资的最大化。

2. 确保高效地分配、管理政府控制的资产或政府能施加影响的资产(如频谱、电线杆、开路权等),鼓励网络升级与竞争。

3. 改革现有的服务机制,支持高消费地区的宽带部署,确保低收入者也能消费得起宽带;激励人们接受、使用宽带。

4. 改革法律、政策、标准等,在政府深有影响力的领域(比如公共教育、健康医疗和政府运作)将宽带的好处最大化。

2010 年,FCC 主席朱利叶斯·格纳考斯基发布了一份重要声明,这份声明影响了时代华纳有线公司(Time Warner Cable)、康卡斯特公司、考克斯传播公司(Cox Communications)和 AT&T 等宽带供应商。格纳考斯基说:"宽带供应商有必要灵活地管理其网络,比如处理对网络有害的流量或用户不需要的流量,解决网络拥堵的影响。"

互联网上的拥堵是个大问题,某些应用所消耗的带宽,远远大于其他应用。举例来说,2010 年底的一项研究表明,高峰时段内,Netflix 的电影和电视节目服务,占用了美国互联网下行流量的 20% 以上。研究机构 NPD 曾于 2011 年估计,超过 60% 的在线视频,乃是通过 Netflix 的 250 多个设备播放的。

宽带供应商想对多占带宽者收取更高的费用,在收费上区别于只是上网查看电子邮件的消费者。格纳考斯基似乎给这种"按使用定价"的收费方式开了绿灯,他说,FCC 的研究"表明,商业创新有助于促进网络投资和网络使用效率,其重要性有目共睹。而商业创新包括按顾客实际使用量定价的机制,使价格与成本相匹配"。

归根结底,FCC 如何规管互联网在今后数年内仍将是一个有争议(甚至会引发官司)的问题。尽管格纳考斯基 2010 年 12 月声称,FCC"有责任保护宽带消费者,并促进创新、投资和竞争",但这一责任的范围与 FCC 管制互联网的权力,都具有高度争议性。

2011 年 1 月,威瑞森公司提起诉讼,挑战 FCC 于 2010 年批准的网络中立性规定(参见第 3 章有关网络中立性的内容)。威瑞森在宣布起诉时说:"FCC 自称拥有规管宽带网络和互联网的广泛权限,这令人十分担心。"

 知识窗

连接美国基金:高速互联网与美国乡村的语音服务

2011 年底,FCC 批准通过了连接美国基金(Connect America Fund,CAF),该基金每年斥资 45 亿美元,在全国范围内推广高速互联网与语音服务。CAF 的目标是什么?2012 年 7 月,FCC 在一份新闻发布稿中宣布,CAF"的目标,是在 6 年内给 700 万生活在乡村的美国人连上宽带,在 2020 年之前,给全国 1 900 万尚未得到宽带服务的居民连上宽带"。该新闻发布稿还说:"37 个州的近 40 万居民和小企业主,将在 3 年内连上高速互联网,这是连接美国基金的第一步规划。1 亿 1 500 万美元公共基金配合大额私人投资,有望将宽带基础设施迅速铺设至美国各地的乡村社区。"上述目标自然十分高远，能否实现，仍有待观察。有关 CAF 的更多信息，请参看 http://www.fcc. gov/encyclopedia/connecting-america.

有线电视

有线电视最早出现于 1940 年代，当时称为社区天线电视(CATV)。美国乡村因距离、地势等原因，电视信号接收不良，有商家便在山顶安装大型天线，接收电视信号，并用同轴电缆将信号传输给本地家庭，从中收取一点儿费用。1960 年代初，FCC 宣布对 CATV 拥有管辖权，但最初也只能做些无足轻重的动作，因其规管有线电视的权利并未明白确立。有线电视不是无线广播；其信号通过电缆传输，不是通过电波传递，没有频谱空间稀缺性的问题，而稀缺性是政府规管无线广播的重要理由。有线电视也不是电话、电报之类公共载具。FCC 规管公共载具的权限，也不能移植于有线电视。直到 20 多年后的 1984 年，《有线通信政策法》(Cable Communications Policy Act)通过，FCC 对有线电视的管辖权方始牢固确立。

规管有线电视的联邦法律

两部联邦法律为有线电视的规管奠定了基础。第一部是 1984 年的《有线通信政策法》，该法旨在推动有线电视的有序发展，故对这一新兴媒体颇为友好。在该法的推动下，有线电视蓬勃兴旺起来。到 1990 年代，几乎所有美国家庭都接入了有线电视，近 60% 的美国人通过线缆传输的信号观看电视。不过，有线电视业滥用了 1984 年《有线通信政策法》赋予的自由，采取了诸多粗暴的政策，令观众与国会议员愤怒不已。观众投诉的事项之一，是不断抬升的收视费。1992 年，国会通过了《有线电视消费者保护与竞争法》(Cable Television Consumer Protection and Competition Act)，该法对有线电视不太友好，它对大多数有线系统进行收费管理，并让 FCC 给有线电视制定强制性服务标准，大大增强了地方无线电视台相对于有线电视的竞争力。1984 年法至今仍是该领域的基本立法，在接下去的几页中，我们将讨论其中最重要的法条，并指出 1992 年法修改了哪些地方。

2007 年，FCC 经过投票，决定保留有线电视所有权的 30% 上限。该规定称为平行所有权限制，它规定了有线电视的订户数量上限：一家有线电视运营商，最多只能为 30% 的全国家庭提供服务。该规定于 1993 年制定，1999 年修订，2001 年被时代华纳公司告上联邦法院。法院认为，FCC 没能举出充分的证据支持该规定，要求 FCC 进一步说明理由，证明该规定的正当性。2007 年，FCC 在为 30% 上限辩护时说，为确保有线电视运营商无法设障阻挠无线电视网进入市场，也为避免无线电视网因有线电视运营商不肯传输其节目而退出市场，设置此等上限实属必要。但在 2008 年 8 月，哥伦比亚特区美国上诉法院推翻了 FCC 的 30% 上限规定。该法院判决，FCC 将订户上限规定为 30% 是"武断的、任性的"。

"康卡斯特公司诉 FCC 案"(*Comcast Corp*. v. *FCC*)逼使 FCC 从头来过，要么收集更多证据，更好地证明上限规定，要么提出全新方案。FCC 主席朱利叶斯·格纳考斯基用两句话仓促回应了上诉法院的判决，他说，他的工作人员正在"仔细研究法院对上限规定做出的判决，本委员会将在未来行动中充分考虑这一判决"。

1984 年,在联邦、州和地方各级政府疯狂规管有线电视数十年后,国会通过了《有线通信政策法》(后文简称《有线法》)。该法实有必要,因为部分州政府与地方政府当时正计划进一步控制日趋全国化的有线电视业。1988 年夏,在一起事关 FCC 是否有权利为有线电视设定技术标准的案件中,美国最高法院扩张解释了新《有线法》,它明确指出,该法支持 FCC 规管有线电视。[52]

立法目的

根据《有线法》第 601 条,该法的立法目的如下:

1. 制定关于有线通信的全国政策。

2. 制定恰当的经营权授予程序与标准,激励有线电视系统的成长、发展,并确保有线电视能响应地方社区的需求,服务地方社区的利益。

3. 为联邦、州和地方政府规管有线电视系统制定指导原则。

4. 确保并激励有线电视为公众提供尽可能多元的信息与服务。

5. 保护有线电视运营商在续展经营权时得到公平待遇,防止政府机构无端拒绝续展执照,为续展审查提供合理程序。

管辖权与特许经营权

联邦政府有权规管有线电视,但它将这一权力移交给了地方政府,由地方政府为有线电视运营商规定各种义务。地方政府就是"授予经营权的机关"(franchising authority),有权授予有线电视系统在特定区域内的经营权。经营权规定在特许经营协议中,只要运营商承诺提供符合标准的服务,就有权利在特定区域内为消费者提供服务。直到 20 年前,这都是一种排他性的权利。也就是说,一个社区只能有一家运营商提供服务。如此一来,有线电视公司就不得不竞标争取独家经营权。有人曾根据宪法对独家经营协议发起挑战,但美国最高法院并未将这种独家使用宣告为非法。[53]但在 1992 年,国会这么做了。不过话说回来,

在一个社区之内,不太可能由多家运营商为有线电视用户提供服务,这背后的原因,与其说是政府政策,毋宁说是经济使然。为整个社区安装线缆的成本太高,除非政府承诺独家专营,否则运营商无利可图。设若未来某天,单根电缆即可承载一个社区内的所有电话、电视与互联网流量,且这根电缆向所有意欲传送信号的人开放,到那时,多家有线电视公司在一个城市乃至一个小区内争夺有线电视用户的景象,才有可能变成现实。

收视费管理历来是有线电视运营商与政府规管部门(包括联邦和地方)发生冲突的焦点。1984 年和 1992 年有线法均授予 FCC 相当大的权力,可控制有线电视公司向顾客收取费用。1996 年《电信法》推翻了这一政策,即刻废除了 FCC 规管小型有线电视系统收费的权力,并要求 FCC 在 1999 年 3 月之前,逐步取消对大型有线电视系统的收费规管。这一政策是基于市场模式提出的,解除管制的支持者认为,如果电话公司和直播卫星(DBS)也传输电视节目,与有线电视竞争,那么有线电视运营商就只能将收费保持在一个更具竞争力的水平上。但有线电视的竞争对手未能发展起来。[54]电话公司发现,为居民和商家提供互联网接入服务赚钱更多,于是便对传输电视节目兴趣索然了。电视观众又排斥直播卫星服务,因为这些供应商不被允许传输地方电视台的节目。1999 年,国会修改了法律,允许直播卫星转播地方频道,并规定,只要直播卫星传输了一个本地频道,就得传输所有本地频道。[55]卫星运营商不喜欢这个规定,依宪法第一修正案对该法发起挑战,但失败了。[56]这一挑战刺激了 DBS 家庭接收系统的发展,但这对大多数社区的有线电视收费影响甚微,有线电视的收视费甚至比以前更高了。

必载规定

政府为了保护地方无线广播公司,曾要求一切有线电视运营商传送所有地方电视台的信号,这称为"必载规定"(must-carry rules)。到了有线电视网高速发展的 1980 年代,许多

有线电视运营商发现,这些规定制造了太多麻烦。根据这些规定,运营商只能优先转播本地无线台,而不是更具吸引力(当然也获利更丰)的有线电视网络。有线电视虽不存在稀缺性的问题,但大多数有线电视系统被限定在 36 个频道之内。在这种背景下,必载规定受到了挑战,1985 年,一家美国上诉法院判决:该规定违反了宪法第一修正案。[57] 政府强迫有线电视运营商转播地方台的做法,剥夺了有线电视运营商播出其他类型节目的宪法第一修正案权利。换言之,该法院认为,必载规定是基于内容的规管。政府希望修改其规定,但未获法院同意。[58] 1992 年有线法试图提升地方广播公司的地位,该法中有经过大幅度修改的必载规定。根据该法,地方广播公司既可以要求有线电视运营商传送其信号,也可以禁止有线电视运营商传送其信号(除非有线电视运营商支付转播费)。必载条款的适用,根据有线电视系统的频道容量大小而调整。拥有 12 个以下频道的小系统,只需转播三个地方商业台和一个非商业台。规模更大的有线电视系统,必须转播大多数甚至全部地方台。不太受欢迎的独立地方电视台,往往得主动请求有线电视转播其信号。备受青睐的大电视网附属台则不同,不仅无须主动请求,还能从中赚取转播费。

国会为新规定辩护的理由是:60% 的美国人通过电缆接收电视信号。美国广播系统的核心,始终是地方广播。若是允许有线电视运营商任意拒绝转播地方台,地方台就会严重受损。有线电视运营商则说,这种担心乃是空穴来风,拒绝转播备受欢迎的地方台并非明智之举。广播公司却说,许多地方台并不那么受欢迎,而且,有线电视运营商播出有线频道的收益,远远高于转播地方台信号。其结果是,许多不太受欢迎的无线频道将被抛弃,终至消亡。

特纳广播公司(Turner Broadcasting)的数个有线频道有可能被新增的地方无线频道挤占,该公司对新规发起挑战,引发了一场旷日持久的法律之战。[59] 美国最高法院通过两起

独立判决,最终认可了新规定。反对者的反对理由是:政府强令有线电视运营商传输一个频道而非另一个频道的做法,不亚于将政府对播放内容的判断强加给有线电视系统运营商,这种内容规管违反了宪法第一修正案。安东尼·肯尼迪大法官也认为,这些规定确实会对内容产生影响,因为它们决定了谁能在某个特定的有线电视市场中发声。他说:"但这种影响来自表意人向观众传输信息的方式,而非所传递的信息本身。"[60] 美国最高法院说,新规定的理由(保护地方无线广播,促进节目来源的多样性,维护电视市场的公平竞争)是充分的,因为这些规定终究是内容中立的。[61] 大多数有线电视系统扩容之后,转播地方台信号的问题逐渐得到缓解,但有线电视频道之间的竞争依然激烈。

2010 年,必载规定再度成为焦点。FCC 根据必载规定,命令大型有线电视运营商 Cablevision 使用纽约州长岛的有线电视系统,转播 WRNN 电视台的信号。一家上诉法院支持 FCC 的决定,美国最高法院维持原判。"Cablevision 有限公司诉 FCC 案"(*Cablevision Systems Corp. v. FCC*)[62] 的缘起是 FCC 的市场变更(market modification)条款。市场变更条款规定,FCC 可以从地方无线电视台的指定市场区域中增减社区,"以便更好地实现必载目标"。如果某社区在一家无线电视台的指定市场区域之外,该社区的有线电视运营商就不必再传输该电视台的信号(必载规定不再适用)。反之,如果一家无线电视台的市场区域内新增了一个社区,那么该社区的有线电视运营商必须传送该电视台的信号,除非该有线电视运营商已按必载规定的要求,将 1/3 频道用于转播地方无线电视台。在 Cablevision 案中,WRNN 电视台的市场区域包括 Cablevision 覆盖的长岛社区,而 Cablevision 抗议这一要求。第 2 巡回区美国上诉法院首先判定,FCC 要求 Cablevision 转播 WRNN 的命令是内容中立的。因此,该命令只需按中度检视标准接受司法审查即可。正如肯尼迪大法官在前文提及的特纳案中所提出的,必载规定适用

中度检视标准。第 2 巡回区美国上诉法院写道："FCC 的命令使 Cablevision 公司失去了对一个频道的控制权，这一负担，相较于此举所增进的政府利益（保留一个服务于当地社区的无线电视频道）而言，并未超出必要的限度。"

节目制作与表达自由

许多原先针对无线电视台的内容规定，也被 FCC 拿来要求有线电视系统。政治广告的均等时间规定、"最低单元收费"规定（lowest unit rate）、候选人近用规定、出资人身份披露规定和其他诸多规定，统统都适用于有线电视自制的节目。联邦法律禁止无线电视台播出淫秽内容，类似的规则也适用于有线电视。FCC 曾裁决，无线电视台只能在儿童不太可能观看电视的时段内（晚 10 点至早 6 点）播出不雅材料。与此相反，国会和法院允许有线电视运营商以更大的自由度播放不雅材料。例如，联邦法院一贯反对州政府禁止有线电视公司播出不雅材料或成人节目。[63] 1984 年《有线法》规定，各家有线电视运营商都必须应订户之要求，为订户提供拒收某些频道的锁箱（lock box）设备。1992 年法中有一些仓促起草的条款，根据这些条款，有线电视运营商可以禁止在商业租用频道（commercial leased-access channels）与政府和公立学校可用的公众近用频道（public access channels）上播出不雅节目。如果有线电视运营商允许在商业租用频道上播出不雅节目，就必须倒换这些信号的频率（没有特殊仪器无法接收），订户得提前 30 天发出书面申请，才能观看。1993 年，哥伦比亚特区美国上诉法院宣布上述条款违宪，因为它们限制了宪法第一修正案保护的言论。[64] 两年后，该法院又经满席听审，推翻了早先的判决。它判决说，有线电视运营商禁止在这些频道上播出不雅节目是私人行为，不是政府行为。因此，这些条款与宪法第一修正案无关。[65] 1996 年 6 月，内部意见严重分裂的美国最高法院宣布这些有线电视新规定无效，但保留了该法的其他部分。最高法院保留了该法允许有线电视运营商禁止在商业租用频道

上播出明显冒犯性节目的部分，但推翻了要求有线电视运营商倒换节目频率、强制订户提出书面申请的部分。最高法院说，这条规定限制了订户的观看内容，而且，强迫订户以书面申请的方式表达想看此类节目的意愿，乃是侵犯他人隐私权。与此同时，最高法院还推翻了该法授权有线电视运营商禁止在政府近用频道（government access channels）上播出不雅节目的部分。最高法院说，这类频道从无播出不雅内容的问题，最高法院担心，保守的有线电视运营商会控制公众近用频道的节目类型，而这类频道向来是那些想与更多受众交流的非营利组织的避风港。[66]

1998 年 12 月，特拉华州一家美国地区法院的三人特别法官团推翻了 1996 年《通信端正法》的第 505 条。该条规定，透过有线电视传输成人节目的发行商，必须完全倒换视频和音频信号，顾客是否要求倒换信号，非为所问。该法旨在保护儿童，防止信号渗漏（或称信号倒换不完全）。信号一发生渗漏，观众就可以看到、听到节目的部分内容。无法履行上述义务的发行商，必须将成人节目的播出时间限定在晚 10 点至早 6 点之间。花花公子娱乐公司（Playboy Entertainment）对第 505 条发起了挑战，它诉称，倒换技术十分昂贵，对于花不起这笔钱的有线电视运营商而言，与其冒违法风险，不如干脆停播此类节目。法院判决说，保护少年儿童、避免他们接触成人节目，自然是政府的正当利益，但在实现这一利益的多种方法中，第 505 条并非限制最小的方法。法院说，《通信端正法》也有条款要求有线电视运营商为想要屏蔽此类频道的订户提供拦截设备，该条款也能实现相同的目标，又不会干扰节目发行商的宪法第一修正案权利。[67] 两年后，美国最高法院以 5 比 4 的投票结果，维持下级法院的判决。安东尼·肯尼迪大法官写道，信号倒换技术并不完美，"对大量有线电视运营商而言，要想符合第 505 条的要求，唯一合理的方案就是走'时间渠道'，即在一天三分之二的时间里，不允许受保护的言论在有线电视服务区域内的家家户户播出，不管是否有儿童在场，也

不问观众的意愿如何"。他说,这极大地限制了受宪法第一修正案保护的言论。比较而言,由有线电视系统提供设备,允许订户自行拦阻他们不愿接收的频道,是明确得多、限制小得多的替代方案,同样也能实现政府的利益。[68]

《有线法》规定,有线电视系统必须为第三方(有线电视运营商和地方政府以外的其他人)提供近用渠道。具体方法有几种。分配特许经营权的地方政府机构,可以要求有线电视运营商提供公众近用频道、政府近用频道和教育近用频道。公众近用频道供公众免费使用,按照先来先得、一视同仁的原则提供服务。有线电视运营商和政府都不可以审查、查禁此类频道的内容。分配特许经营权的政府机构可以对公众近用频道采用有限的(内容中立的)时间—地点—方式限制,比如,每个使用者可以得到 30 分钟时间,又或者,使用者必须在计划使用之日前三天登记。政府频道和教育频道或是供学校使用,或是用于播放公开的听证或市议会的会议。这些频道专门用于播放政府视为妥当的内容。

有线电视运营商也必须提供商业近用频道。法律规定,有线电视运营商必须以合理的比例预留一定数量的频道,供"非附属台"使用。有线电视运营商不能控制这些节目的内容。预留给商业近用的频道数量,取决于有线电视系统的有效频道数量。有效频道,指的是正在使用的频道或可以使用的频道。有线电视运营商可以为使用这些频道定价格、开条件,只要"合理"即可。价格不能与内容有关;换言之,有线电视运营商不能向保守派脱口秀的播出者收取 100 美元,却向自由派脱口秀的播出者收取 500 美元。不过,有线电视运营商可以向不同类型的节目收取不同费用。比如,新闻节目每小时收费 50 美元,电影每小时收费 100 美元。

小　结

多年来,FCC 规管有线电视的权力一直是一个模糊暧昧的问题。渐渐地,FCC 开始在法院的首肯下规管这一新技术。1984 年,美国最高法院和国会明确授权 FCC,允许它广泛地制定规则,规管有线电视。但一家上诉法院之后的判决,又令人对政府规管有线电视产生了怀疑。

1984 年《有线通信政策法》是一部内容全面的法律,专为有线电视的规管制定政策和标准。1992 年《有线电视消费者保护与竞争法》对 1984 年法做了一些修订。根据该法,地方政府有责任规管所在社区的有线电视系统,地方政府的工作包括:授予特许经营权、收取特许经营费、延长特许经营权。《有线法》还要求有线电视运营商提供公众近用频道、政府近用频道和商业近用频道。

 参考书目

Ahrens, Frank. "FCC's New Standards-Bearer." *Washington Post*, 17 March 2005, E1.

——. "Powell Calls Rejection of Media Rules a Disappointment." *Washington Post*, 29 June 2004, E1.

——. "Radio Giant in Record Indecency Settlement. *Washington Post*, 9 June 2004, A1.

Andrews, Edmund. "Court Upholds a Ban on 'Indecent' Broadcast Programming." *The New York Times*, 1

July 1995, A9.

Barstow, David, and Robin Stein. "Under Bush, a New Age of Prepackaged News." *The New York Times*, 13 March 2005, A1.

Bernstein, Andrew A. "Access to Cable, Natural Monopoly, and the First Amendment." *Columbia Law Review* 86(1998):1663.

Blair, Jayson. "FCC Approves one Owner for New York

Area TV Stations." *The New York Times*, 26 July 2001, C18.

Brooke, James. "The FCC Supports TV News as Free Speech." *The New York Times*, 3 May 1998, A13.

Brown, Rhonda. "Ad Hoc Access: The Regulation of Editorial Advertising on Television and Radio." *Yale Law and Policy Review* 6(1998): 449.

Carter, Bill. "Media Ruling Merely Irritates Big Owners." *The New York Times*, 25 June 2004, C1.

Clausing, Jeri. "Satellite TV Is Poised for New Growth." *The New York Times*, 26 November 1999, C1.

Collins, Scott. "The Decency Debate; Pulled Into a Very Wide Net: Unusual Suspects Have Joined the Censor's Target List, Making for Strange Bedfellows (Wait Can We Say That?)." *Los Angeles Times*, 28 March 2004, E26.

Cowan, Geoffrey. *See No Evil*. New York: Simon & Schuster, 1979.

Creech, Kenneth C. *Electronic Media Law and Regulation*. Boston: Focal Press, 1993.

Cys, Richard L. "Broadcaster License Auctions: A Replacement for Comparative Hearings." *WSAB Bulletin*, January 1998, 4.

"FCC Repeals Network Rule." *The New York Times*, 20 April 2001, C13.

Fogarty, Joseph R., and Marcia Spielholz. "FCC Cable Jurisdiction: From Zero to Plenary in Twenty-Five Years." *Federal Communications Law Journal* 37 (1979): 361.

Gomery, Douglas. "Cable TV Rates: Not a Pretty Picture." *American Journalism Review*, July/August 1998, 66.

Goonan, Peter. "Brian Ashe, Candidate for 2nd Hampden District, Says He Has Reached Accord with Radio Station Over Opponent's Program." *The Republican* (Springfield, Mass.), 11 September 2008, B1.

Greenhouse, Linda. "High Courts Splits on Indecency Law Cable TV." *The New York Times*, 29 June 1996, A1.

Huff, Richard. "Fear Over 'Private' Parts." *Daily News* (New York), 11 November 2004, 111.

Kirtley, Jane. "Second Guessing News Judgment." *American Journalism Review*, October 1998, 86.

Labaton, Stephen. "Cable Rates Rising as Industry Nears End of Regulation." *The New York Times*, 3 March 1999, A1.

——. "Media Companies Succeed in Easing Ownership Limits." *The New York Times*, 16 April 2001, A1.

——. and Geraldine Fabrikant. "U. S. Court Ruling Lets Cable Giants Widen Their Reach." *The New York Times*, 31 March 2001, A1.

Lee, Jennifer. "Bill to Raise Indecency Fines Is Reintroduced." *The New York Times*, 9 October 2004, C3.

Levi, Lili. "The Hard Case of Broadcast Indecency." *New York University Review of Law and Social Change* 20(1992—93): 49.

Maynard, John. "FCC Is Asked to Revoke the Licenses of Two D. C. Stations." *Washington Post*, 2 September 2004, C7.

McChesney, Robert W. "Battle for U. S. Airwaves, 1928—1935." *Journal of Communication* 40 (Autumn 1990): 29.

Myerson, Michael. "The Cable Communications Policy Act of 1984: A Balancing Act on the Coaxial Wires." *Georgia Law Review* 19(1985): 543.

Miflin, Lawrie. "Revisions in TV Ratings Called Imminent." *The New York Times*, 16 June 1997, B1.

——. "TV Ratings Accord Comes Under Fire from Both Flanks." *The New York Times*, 11 July 1997, A1.

Pember, Don R. *Mass media in America*. 6th ed. New York: Macmillan, 1992.

"Pennsylvania: Mayor Cut from TV Show." *The New York Times*, 8 April 2003, A17.

Poling, Travis. "Clear Channel Puts Indecency Issue Behind." *San Antonio Express-News*, 10 June 2004, 1E.

Powe, Lucas A. *American Broadcasting and the First Amendment*. Berkeley: University of California Press, 1982.

Puzzanghera, Jim. "A Campaign to Head Off New Decency Rules." *Los Angeles Times*, 26 July 2006, C3.

Rutenberg, Jim. "Few Parents Use the V-Chip, a Survey Shows." *The New York Times*, 25 July 2001, B1.

Semuels, Alana. "Sirius Gives Stern, Agent $83-million Stock Bonus." *Los Angeles Times*, 10 January 2007, C1.

Siklos, Richard. "Broadcast Radio Is Scrambling to Regain Its Groove." *The New York Times*, 15 September 2006, C1.

Triplett, William. "Orgs Seek FCC Review of Bush Vids." *Daily Variety*, 22 March 2005, 6.

Tuohy, Lynne, and John M. Moran. "Judge Orders Tribune to Sell WTXX-TV." *Hartford Courant*, 22 March 2005, B7.

注释

[1] 这条禁令（一家公司不得在同一座城市同时拥有报社和电视台）起始于 1975 年，不过 FCC 曾在个案中豁免了一些公司，允许它们同时拥有不同形态的传媒。

[2] 373 F. 3d 372(3d Cir. 2004), cert. den., 545 U. S. 1123(2005).

[3] Carter,"Media Ruling Merely Irritates Big Owners."

[4] 289 U. S. 266(1933).

[5] *FCC v. Pacifica Foundation*, 438 U. S. 726(1978).

[6] *National Broadcasting Co. v. U. S.*, 319 U. S. 190 (1943).

[7] 1995 年，FCC 将福克斯新闻网（Fox Network）和八家电视台的老板鲁珀特·默多克（Rupert Murdoch）除外于了该条规定。默多克是已归化的美国公民，但拥有这些电视台 99％股份的新闻集团（News Corp.）却是一家澳大利亚公司。

[8] FCC 在审查传媒合并案时，一般考察四个因素：（1）交叉所有权能在多大程度上增加传媒发布地方新闻的数量；（2）每家传媒是否能独立地做出新闻判断；（3）所在市场区域的所有权集中程度；（4）报纸或电台、电视台的经济状况，报社或电台、电视台是否面临经济困境，老板是否承诺要大力投资新闻编辑室。

[9] *Metro Broadcasting, Inc. v. FCC*, 497 U. S. 547(1990).

[10] *Adarand Constructors, Inc. v. Pena*, 515 U. S. 200 (1995).

[11] *Bechtel v. Federal Communications Commission*, 10 F. 3d 875(1993).

[12] *May Seed and Nursery*, 2 F. C. C. 559(1936).

[13] *Young People's Association for the Propagation of the Gospel*, 6 F. C. C. 178(1936).

[14] *Cosmopolitan Broadcasting Corp.*, 59 F. C. C. 2d 558(1976).

[15] *Trinity Methodist Church, South v. FRC*, 62 F. 2d 650(1932).

[16] *Greater New Orleans Broadcasting Association v. United States*, 527 U. S. 173(1999).

[17] *Citizens' Committee to Preserve the Voice of the Arts in Atlanta v. FCC*, 436 F. 2d 263(1970).

[18] *Citizens' Committee to Save WEFM v. FCC*, 506 F. 2d 246(1974).

[19] *FCC v. WNCN Listeners Guild*, 101 S. Ct. 1266(1981).

[20] Cowan, See *No Evil*.

[21] *Writers Guide v. FCC*, 423 F. Supp. 1064(1976). 一

家联邦上诉法院推翻了下级法院的原判，理由是，美国地区法院没有此案的管辖权，这个问题首先应该在 FCC 寻求解决之道。See *Writers Guide* v. *ABC*, 609 F. 2d 355(1979). 各家电视网未再重新订立政策。

[22] Collins,"The Decency Debate."

[23] Huff,"Fear Over 'Private' Parts."

[24] *FCC v. Pacifica Foundation*, 438 U. S. 726(1978).

[25] *Action for Children's Television* v. *FCC*, 58 F. 3d 654 (1995); *Action for Children's Television* v. *FCC*, U. S. Sup. Ct. No. 95-520, cert. den.; and *Pacifica Foundation* v. *FCC*, U. S. S. Ct. No. 95-509, cert. den.

[26] *In re Industry Guidelines on the Commission's Case Law Interpreting 18 U. S. C. §1464 and Enforcement Policies Regarding Broadcast Indecency*, FCC, File No. EB-00-1H-0089, April 6, 2001.

[27] *In re Complaints Against Various Broadcast Licensees Regarding Their Airing of the "Golden Globe Award" Program*, Memorandum Opinion and Order, File No. EB-03-IH-0110(March 18, 2004).

[28] 18 U. S. C. §1464(2004).

[29] *In re Complaints Against Various Television Licensees Concerning Their February 1, 2004, Broadcast of the Super Bowl XXXVIII Halftime Show*, Notice of Apparent Liability for Forfeiture, File No. EB-04-IH-0011(Sept. 22, 2004).

[30] *In re Complaints Against Various Licensees Regarding Their Broadcast of the Fox Television Network Program "Married by America" on April 7, 2003*, Notice of Apparent Liability for Forfeiture, File No. EB-03-IH-0162(Oct. 12, 2004).

[31] *In re Complaints Against Various Television Licensees Regarding Their Broadcast on November 11, 2004, of the ABC Television Network's Presentation of the Film "Saving Private Ryan,"* Memorandum Opinion and Order, File No. EB-04-IH-0589 (Feb. 28, 2005).

[32] *In re Complaints Against Various Television Licensees Concerning Their Dec. 31, 2004, Broadcast of the Program "Without a Trace,"* Notice of Apparent Liability for Forfeiture, File No. EB-05-IH-0035 (Mar. 15, 2006).

［33］132 S. Ct. 2307(2012).

［34］Puzzanghera,"A Campaign to Head Off New Decency Rules. "

［35］*Syracuse Peace Council* v. *FCC*, 867 F. 2d 654 (1989). See also *Arkansas AFL-CIO* v. *FCC*, 11 F. 3d 1430(1993).

［36］*Radio-Television News Directors Association* v. *FCC*, 229 F. 3d 269(2000).

［37］"Pennsylvania: Mayor Cut from TV Show. "

［38］Goonan, "Brian Ashe, Candidate for 2nd Hampden District, Says He Has Reached Accord with Radio Station Over Opponent's Program. "

［39］*Telecommunications Research and Action Center* v. *FCC*, 26 F. 3d 185(1994).

［40］*In re Equal Opportunities Complaint Filed by Angelides for Governor Campaign Against 11 California Stations*, DA 06-2098(Oct. 26, 2006).

［41］*Farmers Educational and Cooperative Union of America* v. *WDAY*, 360 U. S. 525(1959).

［42］*Reno* v. *American Civil Liberties Union*, 117 S. Ct. 2329(1997).

［43］Brooke, "FCC Supports TV News. "

［44］"*FCC Consumer Facts: Complaints About Broadcast Journalism*," available online at http://www. fcc. gov/guides/broadcast-journalism-complaints.

［45］该机构的网站是 http://www. prwatch. org。

［46］Public notice, Media Bureau Docket No. 05-171, FCC 05-84, April 13, 2005.

［47］*In re Business Executives Movement for Peace* v. *FCC*, 450 F. 2d 642(1971).

［48］*CBS* v. *Democratic National Committee*, 412 U. S. 94 (1973).

［49］*FCC* v. *League of Women Voters*, 468 U. S. 912 (1984).

［50］Labaton and Fabrikant, "U. S. Court Ruling Lets Cable Giant. " See also *Time Warner Entertainment Co.* v. *FCC*, 240 F. 3d 1126(2001).

［51］Semuels, "Sirius Gives Stern, Agent $ 83-million Stock Bonus. "

［52］*New York City* v. *FCC*, 486 U. S. 57(1988).

［53］*Los Angeles* v. *Preferred Communications*, 476 U. S. 488(1986).

［54］Gomery, "Cable TV Rates"; and Labaton, "Cable Rates Rising. "

［55］The Satellite Home Viewer Improvement Act of 1999; see also Clausing, "Satellite TV Is Poised. "

［56］*Satellite Broadcasting and Communications Association* v. *Federal Communications Commission*, 275 F. 3d 337(2001).

［57］*Quincy Cable* v. *FCC*, 768 F. 2d 1434(1985).

［58］*Century Communications* v. *FCC*, 835 F. 2d 292 (1987).

［59］*Turner Broadcasting System*, *Inc.* v. *FCC*, 819 F. Supp. 32(1993).

［60］*Turner Broadcasting System*, *Inc.* v. *FCC*, 114 S. Ct. 2445(1994).

［61］*Turner Broadcasting System*, *Inc.* v. *FCC*, 117 S. Ct. 1174(1997).

［62］570 F. 3d 83(2d Cir. 2009), cert. den. , 130 S. Ct. 3275(2010).

［63］See for example, *Home Box Office* v. *Wilkinson*, 531 F. Supp. 987(1982); and *Jones* v. *Wilkinson*, 800 F. 2d 989(1986), aff'd 480 U. S. 926(1987).

［64］*Alliance for Community Media* v. *FCC*, 10 F. 3d 812 (1993).

［65］*Alliance for Community Media* v. *FCC*, 56 F. 3d 105 (1995).

［66］*Denver Area Educational Telecommunications Consortium Inc.* v. *FCC*; *Alliance for Community Media* v. *FCC*, 1 E. P. L. R. 331(1996); and Greenhouse, "High Court Splits," A1.

［67］*Playboy Entertainment Group*, *Inc.* v. *U. S.*, 30 F. Supp. 2d 702(1998).

［68］*United States* v. *Playboy Entertainment Group*, *Inc.*, 529 U. S. 803(2000); FCC 于 2001 年 11 月取消了这些规定。

专业词汇

A

绝对特许权（absolute privilege）：政府官员等在履行官方职责时所做评论可免于诽谤诉讼之免责权。

绝对保障论（absolutist theory）：该理论认为，宪法第一修正案是绝对的，政府不得制定任何法律削减表达自由。

实际损害赔偿（actual damages）：原告证明自己遭受的实际损害后得到的赔偿。

实际恶意（actual malice）：诽谤法的一种过错标准，即明知所发表的诽谤性材料为假或全然不顾其真伪。

行政机构（administrative agency）：由国会设立并提供资金的政府机构，成员由总统任命，其职责是执行特定领域内的法律，如规管广播、广告的法律。

警诫陪审团（admonition to a jury）：法官对陪审团的指导，要求陪审团避免与他人谈论正在审理中的案件，避免接触讨论案情或争点的广播电视、报纸或杂志报道。

1798 年外侨与煽动法（Alien and Sedition Acts of 1798）：联邦党人控制的国会通过的法律，目的是防止民主共和党阵营的主编与政界人士批评联邦政府。

法庭之友（amici curiae or Friends of the court）：案件当事人以外的个人或团体，在案件中没有具体的法律利益，但获准代表一方当事人就案件中的疑难法律问题陈述意见并提供建议。

答辩状（answer）：民事诉讼中，被告对原告起诉状所做的书面答复，被告在答辩状中否认原告的主张。

上诉人（appellant）：将案件从一家法院上诉至另一家法院的人。

上诉法院（appellate court）：拥有初审管辖权与上诉审管辖权的法院；受理案件上诉的法院。

被上诉人（appellee）：被上诉的人，即没有提出上诉的一方。

盗用（appropriation）：一种隐私侵权行为，即未经同意将他人的姓名或类似物用于广告或商业目的。

起诉认否程序（arraignment）：刑事被告首次在法庭上正式露面，法院向被告宣读起诉书，被告正式被控犯罪，被告须就起诉书指控的罪行做有罪答辩或无罪答辩。

B

诱饵调包式广告（bait-and-switch advertising）：一种非法的广告策略，卖家在广告中以低价产品吸引消费者，消费者来到卖场后，卖家却告诉消费者便宜货质量不好或没货，引诱消费者购买高价产品。

法官—律师—传媒指导原则（bench-bar-press guidelines）：律师、法官、警察和记者在庭审开始之前，就有关犯罪嫌疑人或刑事案件该报道什么、不该报道什么达成的非正式协议。

保证金（bond；bonding）：发行人为保证循规蹈矩而向政府交纳的一大笔钱。如果发行人违反政府的规定，政府就会没收保证金，报纸或杂志只有再次交纳保证金才能出版。

C

加利福尼亚方案（California Plan）：见密苏里方案（Missouri Plan）。

候选人近用规定（candidate access rule）：《联邦通信法》第 312 条的规定，该条禁止广播公司故意制定政策，不让所有联邦候选人有机会利用电台、电视台助选。

案例汇编（case reporter）：以年代顺序收集一家法院判决意见的书籍。

有因回避（challenge for cause）：刑事或民事案件中的诉讼人以特别理由申请个别陪审员回避。

更换陪审员（change of veniremen）：在远方社区组建陪审团，目的是找到对刑事案件或刑事被告所知不多的陪审员。

变更审判地点（change of venue）：将审判转移到远方社区举行，目的是找到没有读过、看过有偏报道的陪审员。

儿童广告审查部（Child Advertising Review Unit, CARU）：广告业自律项目的儿童分部，它的工作是评估媒体上的儿童广告和儿童促销材料，提高其真实性、准确性，并保护未成年人浏览广告商网页时的网络隐私。

援引码（citation）：标明案件在案例汇编中所处位置的编号，可用于在案例汇编中查找某起案件的法律意见。援引码的内容包括案例汇编的名称、卷数、页码和判决年份。

民事起诉状（civil complaint）：原告述明自己的合法权益遭受了侵害，并开始一项民事诉讼的文书。

《保密信息程序法》（Classified Information Procedures Act, CIPA）：一部联邦法律，法院用于判断，刑事案件审理期间，是否要保护、封存那些万一泄露出去会威胁国家安全的保密信息。

并行禁止规则（collateral bar rule）：禁止某人以"法庭命令违宪"为由违反法庭命令的规则。

商业言论原则（commercial speech doctrine）：该法律原则规定，关于合法产品与服务的真实广告通常受美国宪法第一修正案保护。

普通法（common law）：不是从立法，而是从共同体的普遍适用和习俗中获得权威的法律原则与规则。

同意意见或协同意见（concurring opinion）：上诉法院法官或大法官的单独书面意见，同意法院的判决结果，但提出不同的判决依据。

同意（consent）：诽谤案与隐私侵权案的一种抗辩理由，如果某人同意他人发表诽谤性报道或使用自己的姓名，就不能再起诉诽谤或盗用。

双方同意的法院决定（consent order or decree）：经法庭核准，被告同意终止某种行为（如停发虚假广告），而政府同意不再追究（如撤销广告诉讼）。

宪法（constitution）：国家的基本法，规定政府机关的组成、政府各分支的权利、义务和政府权力的边界。

藐视法庭（contempt of court）：不服从、不尊敬法官的行为，可判罚金或监禁。

延期审理（continuance）：推迟审判或听证，即审判被延后了。

版权（copyright）：保护作家、画家、摄影师、表演艺术家、发明家等无形财产创造者所创作作品的法律。

版权标记（copyright notice）：提醒使用者注意，作者或创作者已为作品申请了版权。

更正性广告（corrective advertising）：联邦贸易委员会订立的规则，要求广告商发广告更正欺骗性广告给人们造成的虚假印象。

对抗言论（counter speech）：对于我们不同意的言论，更好的应对策略不是审查，而是在意见市场上增加更多的言论，以对抗或反驳我们不同意的言论。

法院判决意见（court's opinion）：上诉法院述明判决理由或依据的官方文书。

刑事诽谤（criminal libel）：诽谤政府、死者或边界不清、难以定义的群体（如种族），政府代表受害者发起指控。

刑事诉讼（criminal prosecution; criminal action）：州政府对违反本州刑法的个人或团体提起的诉讼。

工团主义犯罪法（criminal syndicalism laws）：这些法律规定，旨在让工人或工会控制工业的鼓吹、策划与具体实施均为非法。

D

损害赔偿金（damages）：判给民事诉讼中胜诉一方的钱。

诽谤（defamation）：令某人遭受轻视、憎恨、嘲笑或降低其名誉的言论。

被告（defendant）：民事诉讼中被起诉的对象；刑事诉讼中被政府指控犯罪的人。

接受事实的抗辩或诉求不充分抗辩（demurrer）：被告承认原告所主张的事实为真，但认为这些事实仍不足以支撑诉讼。

重新审理（de novo）：完全重审。在某些情形下，拥有一般管辖权的法院会受理来自下级法院的上诉案件，并对全案重新进行审理，包括事实问题和法律问题。

附带意见（dicta）：法院判决意见中，不直接针对必要法律争点发表的意见。

直接上诉（direct appeal）：法律赋予当事人的向美国最高法院上诉的权利。如果上诉提不出足够充分的联邦问题,最高法院可以拒绝。

反对意见(dissenting opinion):不同意法院判决意见的法官或大法官发表的书面意见。

E

满席听审(en banc;sitting en banc):此为法语,指上诉法院的全体或多数大法官(或法官)共同审理一起案件。这有别于常见情况,常见情况是,案件由法院的一组大法官(或法官)审理。

均等时间规定(equal time rule):《联邦通信法》第 315 条规定,如果广播公司允许一位符合法定条件的候选人使用其广播设备,就得给予同一职位的其他符合法定条件的候选人同等的机会。

衡平法(equity):一种不同于普通法的法律制度,根据衡平法,法院有权本着公平、公正的理念审理案件,不受普通法中的严格先例的拘束。

《间谍法》(Espionage Act):国会 1917 年通过的法律,它规定,凡批评美国政府与美国参加欧洲第一次世界大战者,即违反该法。

行政特权(executive privilege):总统与其他行政首员享有的一种普通法特许权,叫据此将总统的文件、档案等保密,连国会也不得接触。

内部会议(executive session):市议会、教育委员会等政府机构闭门举行会议的委婉说法。

F

公正评论(fair comment):诽谤的抗辩事由,评论某人在公共领域开展之公共活动的诽谤性言论受到保护。

合理使用(fair use):版权法的内容,允许限量复制申请了版权保护的材料。

错误暴露他人隐私(false light):隐私法的内容,禁止以冒犯性方式错误描述他人。

《联邦通信法》(Federal Communications Act):1934 年通过,是美国广播规管的基础。

联邦通信委员会(Federal Communications Commission,FCC):总统任命的五人团体,其职责是执行广播与通信方面的联邦法律。

联邦会议公开法、《阳光政府法》(federal open-meetings law,Government in Sunshine Act):联邦法律,要求近 50 个联邦机构与部门公开举行所有会议,除非会议讨论的主题属于该法规定的 10 个例外之一。

联邦贸易委员会(Federal Trade Commission,FTC):总统任命的五人团体,其职责是执行有关广告、反托拉斯与其他商业问题的联邦法律。

挑衅性言论原则(fighting words doctrine):一条法律原则,它规定,如果言论有煽惑听众骚乱或发动暴力的明显而即刻的危险,则政府可以事前查禁。

《信息自由法》(Freedom of Information Act,FOIA):一部联邦法律,它规定,除该法规定的 9 类例外之外,政府行政分支内联邦机构制作、保存的档案,全部都要向公众开放,供公众查阅与复制。

FTC:见联邦贸易委员会(Federal Trade Commission)

G

钳口令(gag order):一种限制性法庭命令,禁止所有或部分审判参与者谈论案件,或禁止出版物与电台、电视台报道案件的特定方面。

大陪审团(grand jury):陪审团的一种,其职责是决定是否有充分证据可起诉犯罪嫌疑人,即是否可将犯罪嫌疑人交付审判。之所以称为大陪审团,是因为其成员人数较小陪审团或审判陪审团为多。

H

起哄者否决(heckler's Veto):和平发言者的言论有时会激起观众的负面反应,甚至暴力反应,这种反应会控制、压制发言者。政府有责任保护发言者,而不是听凭观众"否决"发言者的言论。

I

特定指向(identification):在诽谤诉讼中,特定指向要件意味着,原告必须证明,至少有一人认为,诽谤性评论针对的是原告而非他人。

弹劾(impeachment):针对公共官员发起的一种刑事程序,由"弹劾书"启动,然后进行审判。例如,众议院对总统提起弹劾,参议院对弹劾进行审理。

大陪审团起诉书(indictment):由大陪审团提交法院的书面文件,指控某人或某些人犯了罪,应当接受审判。

检察官起诉书(information):由检察官提交给法院的指控刑事犯罪的书面文件,指控某人或某些人犯了罪,应当接受审判。

中度检视(intermediate scrutiny):对内容中立的法律(比如对事件、地点、方式规管)实施司法审查的标准,该标准要求政府证明:(1)政府的规管为内容中立;(2)服务于某种实质利益;(3)没有完全禁止传播;(4)剪裁明确适度。

侵扰(intrusion):一种隐私侵权行为,指闯入或侵入他人的私人空间。

侵犯隐私(invasion of privacy):20世纪早期出现的一种民事侵权,包括四种非法行为:盗用、侵扰、公开隐私事实与错误暴露隐私。

J

法院判决(judgment of the court):法院对诉讼结果所下的最后判决。法院判决不同于陪审团做出的裁断。

衡平法判决;司法命令(judicial decree):衡平法院的判决;法院对已查明的事实的法律后果所做的宣告。

司法指导(judicial instructions):法官就与案件有关的法律问题(区别于事实)向陪审团成员所做的指示(通常为书面)。

司法审查(judicial review):法院宣布某成文法、规定或行政命令因与州宪法或联邦宪法冲突而无效的权力。

陪审团(jury):一定数量的普通人被召集到法庭上,裁断民事或刑事案件中的事实问题。有时也称为小陪审团,以区别于大陪审团。

陪审团之拒绝(jury nullification):陪审团的一种有争议的权力。陪审团宣誓要在法官的指导下按法官的解释适用法律,却在实际裁断时拒绝适用法律,根据良知和情感做出判断。用美国最高法院的话来说,这是陪审团"不顾法律和事实"的能力。

L

律师辩论意见书(legal brief,brief):诉讼一方或双方提送法庭的表明其对案件观点的书面辩论文件。

诽谤;书面诽谤(libel):出版或播出贬低他人名誉的言论,使被侵害者遭人鄙视、嘲笑、讥讽。

许可程序(licensing process):政府事前允许发行人或广播公司出版报纸或经营广播电台、电视台。违反法律或违背政府意愿者,会被吊销执照。在美国,印刷许可于1720年代寿终正寝。

诉讼当事人(litigant):诉讼中的一方。诉讼的参与者。

受诉命令(litigated order):联邦贸易委员会等政府机构发布的一种命令,要求停止某种行为,比如停发某个广告。

M

一致的节略意见(memorandum order):上诉法院对案件的判决宣告,只叙述判决结果,不说明判决理由。

盗用(misappropriation):为一己之利攫取他人之物,并加以不正当使用。比如,冒称一部小说是他人的系列畅销书之一而加以推广。也常称作不正当竞争。

密苏里方案(Missouri Plan):部分州的法官选任制度,先由州长任命法官,一段时间后,再由公民投票决定是否留任该法官。

N

全国广告分部(National Advertising Division,NAD):商业改善局的分支机构,专门评估广告声明的真实性,经常收到竞争广告商的投诉。

全国广告审查委员会(National Advertising Review Board,NARB):广告社群于1971年设立的自律机构,与负责调查的全国广告分部有密切合作。

过失(negligence):诽谤与其他侵权法的过错标准。过失行为是理性人不会从事的行为。在诽谤法中,法院判断过失的方法,是看被告在准备报道时是否尽到了合理的注意义务。

中立报道(neutral reportage):一种新兴的诽谤抗辩事由或特许权,大意是:即使记者怀疑诽谤性指称的真实性,仍可刊播可靠消息来源提供的关于公众人物的信息,只要记者准确地记录消息来源提供的信息即可。该抗辩事由未被法院广泛接受。

不应由司法机构受理的争议(nonjusticiable matter):不宜提交法院裁决的问题,因为法官不具备相关知识,或是因为该问题应由政府的另外分支回答,又或是因为相关的法庭命令无法被执行。

O

公开会议法(open-meetings laws):规定公共机构(一般是政府行政分支的机构)应公开召开会议且向公众和新闻媒介开放的州法和联邦法。

公开记录法(open-records laws):规定公众和新闻媒介可以查阅并复制公共机构(一般是政府行政分支的机构)制作、保存之记录的州法和联邦法。

判决意见(opinion):法院解释判决理由与适用

法律的书面意见。

口头辩论(oral argument)：诉讼当事人向法官或大法官口头陈述各自的依据。

初审管辖权(original jurisdiction)：初审管辖权有别于上诉管辖权。行使初审管辖权的法院既判决事实问题，又判决法律问题；行使上诉管辖权的法院只处理法律问题，同时审核初审法院认定的事实是否充分。

过宽限制原则(overbreadth doctrine)：该原则用于宣告那些过于宽泛的立法无效。如果一部法律不仅禁止了不受保护的言论，还禁止了大量受保护的言论，则该法可被宣告为违宪。换言之，该原则禁止政府在控制不法言论时误伤受宪法保障的大量言论。

P

法庭共同决议(per curiam opinion)：不署名的法庭判决意见。外人不知道作者是谁。

无因回避(peremptory challenge)：当事人可以不说明原因就拒绝某人担任陪审员。无因回避权的行使有次数限制。

申请人(petitioner)：请求法庭采取某项行动的人；提起诉讼的人或向更高级法院上诉的人(上诉人)，是被上诉人的对立面。

原告(plaintiff)：提起民事诉讼的人。

诉讼文件；诉状(pleadings)：诉讼当事人提交的含有诉讼请求、反驳与答辩的书面文件。

相对多数意见(plurality opinion)：美国最高法院的一种判决意见，即得不到五人支持，无法形成多数派判决意见，但支持者又相对较多的判决意见。

判例(precedent)：由既往案件确立的法律原则。法院应尽可能遵循判例。

推定赔偿(presumed damages)：原告无须证明伤害或损失，就能获得的赔偿。

审前会议(pretrial hearing)：刑事案件开庭审理前召开的听证，控辩双方的律师在法官面前就证据问题发表意见，比如被告的招供是否应被采信。这种听证有时也称为排除证据听证(suppression hearing)。

《印刷者法》(Printers' Ink statute)：1911年起草的一部示范法，目的是防治误导性虚假广告。20世纪初，大多数州采纳了该示范法。但这些法律在很大程度上无效，因为一般不被执行。

事前限制(prior restraint)：事前的审查与查禁，禁止媒体刊播某些招人讨厌的材料。与之相对的是事后惩罚，即在材料刊播之后惩罚责任人。

隐私法(Privacy Act)：禁止联邦机构披露某些材料的联邦法，因为披露这些材料会侵犯报告或文件中相关人员的隐私。

公众人物(public figure)：诽谤诉讼的一类原告，他们自愿投身公共争议，以期影响舆论，促成问题解决。

公共官员(public official)：诽谤诉讼的一类原告，他们是对政府公务之执行，于实际上或公众认知上，具有实质责任或控制的民选官员或任命官员。

传述公开(publication)：诽谤侵权成立的要件之一，指行为人向受害人之外的第三人披露诽谤内容。

公开他人的私人信息(publication of private information)：在隐私法中，公开令人尴尬的个人私人信息，且这些信息与合法的公众关切无关。

吹捧式广告(puffery)：有关某种产品的修辞夸张，不是事实性陈述。吹捧式广告一般是合法的。比如："这是今天市场上外观最美的汽车"。

惩罚性赔偿(punitive damages)：法院判给原告的一种赔偿金，其目的不是填补受害人的损失，而是惩罚被告的不法行为。

Q

有限特许权(qualified privilege)：根据诽谤法，只要记者(或任何人)公正、准确地报道了公开的会议或公开的文件，那么即便发表了会议或文件中的诽谤内容，也可免于诽谤诉讼。

R

1912年《无线电法》(Radio Act of 1912)：第一部联邦广播法，对新兴的广播业只有极少量的规管。根据该法，电台经营者必须持有执照。

1927年《无线电法》(Radio Act of 1927)：第一部内容全面的全国广播法，为广播的规管确立了基本框架，该框架后被1934年《联邦通信法》采纳。

应答人(respondent)：在法庭上对他人提起的诉讼做出回应的人，是起诉人的对立方。上诉案件中称为被上诉人(appellee)。

限制性命令(restrictive order)：限制刑案参与人或媒体谈论刑事案件相关事实的法庭命令。参见钳口令。

撤回（retraction）：在诽谤法中，为撤回或更正诽谤材料而刊播的声明。及时撤回通常能减少受害人的损失。有些州有撤回报道法，这些法律规定，原告在起诉之前必须先请求撤回，否则顶多只能得到特定损害赔偿。

公开权（right of publicity）：隐私法的分支，保护个人将其名声用于商业或广告目的并从中获利的权利。

答辩权（right of reply）：一种很少使用的诽谤抗辩事由，某人为回应他人发表的诽谤性评论而发表诽谤性评论，可免于被起诉诽谤。

四人原则（rule of four）：至少有四位美国最高法院大法官同意，最高法院才能签发调卷令，受理一起案件。

S

故意；明知（scienter）：在许多刑事案件中，政府必须证明，被告知道其行为的性质。例如在淫秽案中，政府一般必须证明，被告知道其所售图书的内容。

保密案件（secret dockets）：一些法院不让记者和公众知道某些案件的名称与编码，从而达到保密的目的。

第 312 条（Section 312）：见候选人近用规定（candidate access rule）。

第 315 条（Section 315）：见均等时间规定（equal time rules）。

1918 年《煽动法》（Sedition Act of 1918）：一战期间通过的《间谍法》的修正案，严厉限制人们批评美国政府与美国参加欧洲战争的决定。

煽动性诽谤（seditious libel）：诽谤政府，批评政府或政府官员。有时也称作煽动。

隔离陪审团（sequestration of the jury）：审判期间，将陪审团从社区中隔离出来。陪审团通常住在酒店，全体成员一起进餐。一般而言，隔离意味着将陪审员区隔于其他人。陪审员接触的新闻报道也要经过筛查，以免外界有关审判的信息污染陪审员。

盾法（shield laws）：一种州法，允许记者在某些情况下不在大陪审团前或其他司法论坛上透露秘密信源的姓名。

单一错误原则（single mistake rule）：一条诽谤法原则，它的具体内容是：指称专业人士或商业人士犯了一个错误的言论，不是诽谤（如"帕特·琼斯医生误诊了这位患者"）。

满席听审（sitting en banc）：见满席听审（en banc）。

口头诽谤（slander）：口头发表的诽谤。

史密斯法（Smith Act）：1940 年通过的联邦法，将鼓吹暴力推翻政府规定为非法。

特定损害赔偿（special damages）：法院根据原告证明的特定金钱损失判给原告的赔偿金。

频谱稀缺性（spectrum scarcity）：联邦通信委员会规管无线广播的理论依据，即可用于广播的频道数量是有限的，想要广播的人，多于可用频道的数量。

判决分歧（split of authority）：下级法院对同一个法律问题有不同意见。

遵循先例（stare decisis）：此概念是普通法运作的原理，它要求法官在判决时遵循案例法中的判例。

国家秘密特许权（state secrets privilege）：行政机构的一种特许权，常在战时使用。如果一起诉讼中披露的信息会影响国家安全，政府可以阻止该起诉讼。根据该原则，美国政府可以阻止司法程序中的信息公开，只要事关国家安全，且不应公开的军事事务有被泄露的"合理危险"。

诉讼时效（statute of limitations）：规定法律诉讼必须在不法行为实施之日起的特定时间期限内（民事诉讼通常是 1～3 年）开始的法律。

成文法（statutes）：立法机关制定的法律。

成文法之解释（statutory construction）：法院解释成文法意思的程序。

严格检视（strict scrutiny）：司法审查的一种标准，适用于基于言论内容限制言论的法律。它要求政府证明：政府规管言论是为了实现重大利益（最高级别的利益），采用的方法经过了精心剪裁，限制的言论不超过实现重大利益之所必需。

传票（subpoena）：指令证人出庭作证或提交书面文件的法庭命令。

证实（substantiation）：联邦贸易委员会的规定，要求广告商证明广告内容的真实性。

即决判决、简易判决（summary judgment）：在当事人对案件事实没有实质争议，案件仅涉及法律问题的情况下，法院不经开庭审理而及早解决案件的一种方式。相较于陪审团审判，即决判决颇为省钱。

简易陪审团审判（summary jury trial）：一种简化的陪审团审判程序，陪审员听取诉讼双方的主张，但不召集证人，庭上也极少出示证据。陪审团做出的非正式裁断可用作双方和解的基础，从而避免昂贵的审判。

遗存诉因法（survival statute）：该法律规定，如果原告在起诉之后、案件结束之前死亡，其继承人可以继续进行诉讼。

象征性言论原则（symbolic speech doctrine）：一种司法判准，用于判断某行为是否属于宪法第一修正案保护的言论。该判准包括两个方面：（1）行为人意欲以其行为传达特定的信息；（2）在行为发生的具体场合，应有人能够理解行为人传达的信息。

T

时间—地点—方式限制（time, place and manner restrictions or rules）：为实现某种政府利益，政府可以规管印刷材料出版和发行的时间、地点与方式。

侵权（tort）：侵犯由法律规定而非由合同约定的权利，侵犯他人人身或财产的不法行为。典型的侵权行为有诽谤、侵犯隐私、非法侵入与威胁。

商业诽谤（trade libel）：贬低他人的产品。商业诽谤与诽谤不同，前者是贬低产品，后者是贬损生产商或产品制造者。

贸易规管规则（trade regulation rules）：联邦贸易委员会制定的规则，禁止一整类产品在广告中发表某种声明。例如，生产商不能在广告中将果汁含量不到10%的果汁饮料称为果汁。

非法侵入（trespass）：非法进入他人的土地或住所。

初审法院（trial court）：审理一起案件的第一家法院。与受理上诉的上诉法院不同，初审法院既认定事实又适用法律。

真实威胁（true threats）：不受宪法第一修正案保护的一类言论。发言者郑重其事地表达对某人或某些人实施非法暴力的意图。

U

不正当竞争（unfair competition）：见盗用（mis-appropriation）。

V

弹性淫秽法（variable obscenity statutes）：最高法院确立的一条原则，允许各州禁止向儿童出售、散发或展示某些非淫秽的色情材料，只要这些法律不影响成年人获取此类材料即可。

（陪审团）裁断（verdict）：陪审团基于法官的指导做出的裁决。

基于观点的歧视（viewpoint-based discrimination）：基于内容的规管，且是其中最糟糕的一种。政府查禁或规管有关某话题或问题的一种观点，却不查禁或规管有关同一话题或问题的其他观点。比如在堕胎的问题上，如果政府查禁反对堕胎的言论，却不查禁支持女性堕胎权的言论，那就是基于观点的歧视。基于观点的歧视是违宪的。

模糊即无效原则（void for vagueness doctrine）：如果一部成文法或规章制定得非常模糊，以至于理性人（具有一般智力与理性）无法确知何种言论被允许、何种言论被禁止，那么该成文法或规章即为违宪。

预先甄选（voir dire）：法庭初步挑选参与审判的陪审员。争议双方可以要求某位陪审员候选人有因回避或无因回避。

W

令状（warrant）：法官或司法官签发的书面命令，令状有很多种，搜查令是其中之一，搜查令授权执法官员搜查他人的财产或住所，扣留犯罪证据。

调卷令（writ of certiorari）：上诉人得以让美国最高法院审查一起案件的通行证。调卷令一签发，最高法院就会命令下级法院移送案件卷宗，以供审查。

Z

扎普尔规定（Zapple Rule）：均等时间规定的推论，它的内容是：如果一位候选人（符合法定条件）的支持者获得了在电台或电视台上露面的时间，那么竞选同一职位的其他候选人（符合法定条件）的支持者也应该得到同等机会。

图书在版编目（CIP）数据

美国大众传媒法：第 19 版 /（美）唐·R. 彭伯
(Don R. Pember)，（美）克莱·卡尔弗特
(Clay Calvert) 著；张金玺译 . -- 北京：中国人民大
学出版社，2022.4
　（新闻与传播学译丛）
　书名原文：Mass Media Law, Nineteenth Edition
　ISBN 978-7-300-29967-9

　Ⅰ.①美… Ⅱ.①唐… ②克… ③张… Ⅲ.①大众传
播-法律-美国 Ⅳ.①D971.221

　中国版本图书馆 CIP 数据核字（2022）第 038821 号

新闻与传播学译丛
美国大众传媒法（第 19 版）
［美］唐·R. 彭伯
　　　克莱·卡尔弗特　　　著
张金玺　译
Meiguo Dazhong Chuanmeifa

出版发行	中国人民大学出版社			
社　　址	北京中关村大街 31 号		**邮政编码**	100080
电　　话	010 - 62511242（总编室）		010 - 62511770（质管部）	
	010 - 82501766（邮购部）		010 - 62514148（门市部）	
	010 - 62515195（发行公司）		010 - 62515275（盗版举报）	
网　　址	http://www.crup.com.cn			
经　　销	新华书店			
印　　刷	涿州市星河印刷有限公司			
规　　格	185 mm×260 mm　16 开本		**版　　次**	2022 年 4 月第 1 版
印　　张	33 插页 2		**印　　次**	2022 年 4 月第 1 次印刷
字　　数	1 021 000		**定　　价**	128.00 元